学ぶ人は、
変えて
ゆく人だ。

目の前にある問題はもちろん、
人生の問いや、
社会の課題を自ら見つけ、
挑み続けるために、人は学ぶ。
「学び」で、
少しずつ世界は変えてゆける。
いつでも、どこでも、誰でも、
学ぶことができる世の中へ。

旺文社

全国高校入試問題正解 2022年受験用

国語

旺文社

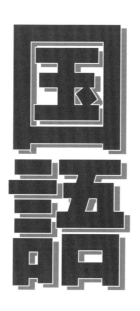

本書の刊行にあたって

全国の入学試験問題を掲載した「全国高校入試問題正解」が誕生して，すでに71年が経ちます。ここでは，改めてこの本を刊行する３つの意義を確認しようと思います。

①事実をありのままに伝える「報道性」

その年に出た入学試験問題がどんなもので，解答が何であるのかという事実を正確に伝える。この本は，無駄な加工を施さずにありのままを皆さんにお伝えする「ドキュメンタリー」の性質を持っています。また，客観資料に基づいた傾向分析と次年度への対策が付加価値として付されています。

②いちはやく報道する「速報性」

報道には事実を伝えるという側面のほかに，スピードも重要な要素になります。その意味でこの「入試正解」も，可能な限り迅速に皆さんにお届けできるよう最大限の努力をしています。入学試験が行われてすぐ問題を目にできるということは，来年の準備をいち早く行えるという利点があります。

③毎年の報道の積み重ねによる「資料性」

冒頭でも触れたように，この本には長い歴史があります。この時間の積み重ねと範囲の広さは，この本の資料としての価値を高めています。過去の問題との比較，また多様な問題同士の比較により，目指す高校の入学試験の特徴が明確に浮かび上がってきます。

以上の意義を鑑み，これからも私たちがこの「全国高校入試問題正解」を刊行し続けることが，微力ながら皆さんのお役にたてると信じています。どうぞこの本を有効に活用し，最大の効果を得られることを期待しています。

最後に，刊行にあたり入学試験問題や貴重な資料をご提供くださった各都道府県教育委員会・教育庁ならびに国立・私立高校，高等専門学校の関係諸先生方，また解答・校閲にあたられた諸先生方に，心より御礼申し上げます。

2021年6月　　　　旺 文 社

CONTENTS

2021／国語

公立高校

国立高校

私立高校

高等専門学校

この本の特長と効果的な使い方

しくみと特長

◆公立・国立・私立高校の問題を掲載

都道府県の公立高校（一部の独自入試問題を含む），国立大学附属高校，国立高専・都立高専，私立高校の国語の入試問題を，上記の順で配列してあります。

◆「解答」には「解き方」「別解」も収録

問題は各都道府県・各校ごとに掲げ，巻末に各都道府県・各校ごとに「解答」と「解き方」を収めました。難しい問題には，特にくわしい「解き方」をそえ，さらに別解がある場合は［または］と示しました。

◆「時間」・「満点」・「実施日」を問題の最初に明示

2021年入試を知るうえで，参考になる大切なデータです。満点を公表しない高校の場合は「非公表」としてありますが，全体の何％ぐらいが解けるか，と考えて活用してください。

また，各都道府県・各校の最近の「出題傾向と対策」を問題のはじめに入れました。志望校の出題傾向の分析に便利です。

◆各問題に，問題内容や出題傾向を表示

それぞれの問題のはじめに，学習のめやすとなるように問題内容を明示し，さらに次のような表記もしました。

よく出る ………よく出題される重要な問題
新傾向 ………新しいタイプの問題
思考力 ………思考力を問う問題
基 本 ………基本的な問題
難 ………特に難しい問題

◆出題傾向を分析し，効率のよい受験対策を指導

巻末の解説記事に「**2021年入試の出題傾向と2022年の予想・対策**」および公立・国立・私立高校別の「**2021年の出題内容一覧**」など，関係資料を豊富に収めました。これを参考に，志望校の出題傾向にターゲットをしぼった効果的な学習計画を立てることができます。

◇なお，編集上の都合により，写真や図版を差し替えた問題や一部掲載していない問題があります。あらかじめご了承ください。

効果的な使い方

■志望校選択のために

一口に高校といっても，公立のほかに国立，私立があり，さらに普通科・理数科・英語科など，いろいろな課程があります。

志望校の選択には，自分の実力や適性，将来の希望などもからんできます。入試問題の手ごたえや最近の出題傾向なども参考に，先生や保護者ともよく相談して，なるべく早めに志望校を決めるようにしてください。

■出題の傾向を活用して

志望校が決定したら，「**2021年の出題内容一覧**」などを参考にしながら，どこに照準を定めたらよいか判断します。高校によっては入試問題にもクセがあるものです。そのクセを知って受験対策を組み立てるのも効果的です。

やたらに勉強時間ばかり長くとっても，効果はありません。年間を通じて，ムリ・ムダ・ムラのない学習を心がけたいものです。

■解答は入試本番のつもりで

まず，志望校の問題にあたってみます。問題を解くときは示された時間内で，本番のつもりで解答しましょう。必ず自分の力で解き，「解答」「解き方」で自己採点し，まちがえたところは速やかに解決するようにしてください。

■よく出る問題を重点的に

本文中に よく出る および 基 本 と表示された問題は，自分の納得のいくまで徹底的に学習しておくことが必要です。

■さらに効果的な使い方

志望校の問題が済んだら，他校の問題も解いてみましょう。苦手分野を集中的に学習したり，「模擬テスト」として実戦演習のつもりで活用するのも効果的です。

［編集協力］株式会社 瑪瑙企画　［表紙デザイン］土屋真郁（丸屋）

公立高等学校

北海道

時間 45分　満点 60点　解答 P2　3月3日実施

出題傾向と対策

●総合問題二題、小説文一題、古文一題の四題構成。学校裁量問題は総合問題一題との差し替えで論説文が出題される。文章内容・設問ともに標準レベルだが、語彙、文法、古典知識などに関して幅広く問われるのが特徴的。記述問題もある程度あり、時間内で解き切れるかが課題。

●国語知識については時間をかけずに済むように、基本的知識を事前に幅広く押さえておくこと。抜き出しを含む記述問題については「設問の要求」をしっかり押さえ、傍線部や空欄前後の内容を確認してまとめる訓練が必要。

注意　問いのうち、字数が指示されているものについては、句読点や符号も字数に含めて答えなさい。

裁量問題選択校では二三四と裁量問題を出題し、一を除外。

一　漢字の読み書き・敬語・漢字知識・文脈把握（計21点）

次の問いに答えなさい。

問一、よく出る 基本 (1)〜(4)の――線部の読みを書きなさい。（各1点）

(1)家庭にガスを供給する。
(2)穀物を貯蔵する。
(3)雪が降って道幅が狭まる。
(4)応急処置を施す。

問二、よく出る 基本 (1)〜(4)の――線部を漢字で書きなさい。（各1点）

(1)時計のでんちを交換する。
(2)父のきょうりは青森県だ。
(3)柱時計が時をきざむ。
(4)手芸店にきぬいとを買いに行く。

問三、基本 次は、郵便局の受付の掲示文《けいじぶん》です。この掲示文が、待つことを求める文となるように、□に当てはまる表現を、「お……」という形の尊敬語を用いて書きなさい。（2点）

順番にお呼びしますので、番号札を取って□。

問四、よく出る 基本 楷書《かいしょ》で書かれた次の熟語を見て、(1)、(2)に答えなさい。

特技

(1)「特」の◯で囲んだ部分は何画目か書きなさい。（2点）

(2)「技」と同じ部首が使われている漢字を、行書で書かれた次のア〜クから選びなさい。（2点）

ア、枝　イ、徽　ウ、誓　エ、域　オ、孫　カ、独　キ、拠　ク、悠

問五、次の文章を読んで、(1)、(2)に答えなさい。

草食動物のウシは食事の時間が長い。というのも、ウシは草から栄養を取るのではなく、ウシの胃で暮らす微生物が草を分解してできたものがウシの栄養の主体だからだ。つまり、ウシがせっせと食べる草は、胃に暮らす微生物のエサとなる。

ウシが食べる草は、微生物にとってもそのままでは分解しにくい。そこで、ウシは飲み込んだ草を口に戻し、再びかみくだく〝反芻《はんすう》〟を行う。この繰り返しには長い時間がかかる。そこでウシは、食べる時間と眠る時間の両立を図った。食べながらうとうと眠り、眠っている間も食べ続ける。さらには、眠りながら反芻も行える。

うとうと眠りながらも、口をもごもご動かし続ける能力はウシにとって必然だったのだろう。逆に言うと、深く眠ってしまうと、反芻能力も落ちてしまう。だから、消化を進め栄養を得るためにも、深く眠るわけにはいかないのだ。このうとうと状態が続く割合は、エサによって変わる。消化しにくい干草を食べているときは一日の30%がうとうと状態だが、消化しやすい固形飼料を食べていると一日のわずか5%がうとうと状態になるに過ぎない。消化に費《つい》やすエネルギーが減り、深く眠れる時間が増えるため、ウシを太らせるには適している。まさに「寝る子は育つ」というわけだ。

関口雄祐（「眠れる美しい生き物」による）

(1)――線「ウシは食事の時間が長い」とありますが、筆者がこのように述べる理由を次のようにまとめるとき、①、②に当てはまる表現を、それぞれ文中から十五字以上、二十字以内で書き抜きなさい。（各2点）

ウシは、[①]から栄養を取っており、微生物が分解しやすくするために、[②]ことを長い時間をかけて繰り返す反芻が必要だから。

(2)ウシが固形飼料を食べたときの眠りについて、次のようにまとめるとき、□に当てはまる表現を、文中から五字以上、十字以内で書き抜きなさい。（3点）

干草と比べて固形飼料は消化しやすく、消化に費やすエネルギーが少なくてすむので、□が長くなる。

二 漢字知識・短文作成

次の問いに答えなさい。（計15点）

問一、基本　次のA～Dの――線部を漢字に直したとき、「緑茶」と熟語の構成が同じになるものを一つ選び、その漢字を書きなさい。（2点）

A　じどうや生徒の健康を観察する。
B　ようもうからフェルトを作る。
C　湿気が多くてふかいに感じる。
D　兄と腕ずもうでしょうぶをする。

問二、基本　(1)、(2)の文から、誤って使われている漢字一字をそれぞれ書き抜き、同じ読みの正しい漢字を書きなさい。（完答で各1点）

(1)環境や景観に配慮した市役所の新しい庁社の建設計画が進められている。
(2)学校図書館で定期購読している雑誌を、係の生徒が本棚に順助よく並べる。

問三、思考力　K中学校の生徒会長の岩崎《いわさき》さんは、校区に暮らしている高齢者のためのボランティア活動に取り組むことを、生徒会役員会議で提案しました。次は、配付した資料(A)、生徒会役員の話し合いの場面の一部(B)です。これらを読んで、(1)、(2)に答えなさい。

(A) 配布した資料

> 今年度の新たな取組（ボランティア活動）について
>
> [1]　校区内にあるX町内会の一人暮らしの高齢者の様子
> ～X町内会長の原田さん(61)の話～
> ・足腰が弱り、以前のように家事がはかどらず、もどかしい思いをしている人がいる。
> ・一人きりで過ごす時間が長く、寂《さび》しい思いをしている人がいる。
>
> [2]　校区内で一人暮らしをしている75歳以上の高齢者の世帯数
> ・13世帯
>
> [3]　ボランティア活動の候補案
> Ⅰ　夏季の草刈り、冬季の雪かき
> Ⅱ　季節の花とメッセージの手渡しプレゼント
>
> [4]　他校のボランティア活動経験者の感想
> ・相手の方の気持ちに寄り添って、自分から考えて行動できたので自信がついた。
> ・相手の方に喜んでもらおうと取り組んだら、自分の方が元気をもらった。
> ・相手の方に笑顔になってもらえて、自分の心も温かくなった。

(B)　生徒会役員の話し合いの場面の一部

（岩崎さん）　今年度の生徒会の新たな取組として、ボランティア活動を行うことを提案します。
　私は、先日家庭科の「高齢者と家族・地域社会」の学習で、X町内会長の原田さんにインタビューをしました。資料の[1]、[2]を見てください。原田さんは、X町内会にいる一人暮らしの高齢者のことが気がかりだという話をしてくれました。現在、K中学校の校区には、一人暮らしの七十五歳以上の高齢者世帯は、十三世帯あります。私は原田さんの話を聞いて、私達の身近にはX町内会の一人暮らしの高齢者のように、困っている高齢者がいるのではないかと考えました。
　皆さんは、この状況をどのように思いますか。私は、生徒会として、校区に住んでいる高齢者の方々のために、高齢者の気持ちに寄り添ったボランティア活動に取り組みたいと考えています。そこで、資料の[3]にあるようなボランティア活動の候補案を考えたので、意見を出してください。

〈岩崎さんの提案に対する意見交流〉

（岩崎さん）　皆さん、私の提案に対して前向きに話し合っていただき、ありがとうございました。

(1) 思考力　(B)の[　]で囲んだ部分で、あなたが岩崎さんの考えたボランティア活動の候補案のうち、いずれかのよさについて意見を述べるとしたら、どのような意見を述べますか。次の条件1、2にしたがって、「私の考える案□のよさは、」につなげて書きなさい。（6点）

条件1　(A)の[3]「ボランティア活動の候補案」のうち、あなたが選んだ案の記号を、□に書くこと。
条件2　(A)の[1]「校区内にあるX町内会の一人暮らしの高齢者の様子」のいずれかに触れながら、その高齢者が望んでいることを考えて、書くこと。

(2)岩崎さんは、話し合いの最後にボランティア活動の意義について述べて、話し合いを終えました。次は、岩崎さんの話した内容の概要です。□に当てはまる表現を、二十字程度で書きなさい。（5点）

> (A)の[4]「他校のボランティア活動経験者の感想」に共通して言えることをもとに、ボランティア活動は□ことを訴《うった》えて、活動に積極的に取り組もうと呼びかけた。

三 (小説文)文脈把握・内容吟味

次の文章を読んで、問いに答えなさい。（計15点）

（これは、小学校三年生の心平《しんぺい》が、以前、捕まえようとしたが逃げられた大きな雨鱒《あめます》を捕るために、学校が終わった後、一人で川へ行ったときの話です。）

川には誰もいなかった。心平が一番乗りだった。空はどんよりと曇っていた。重い雲が低くたれこめ、ゆっくりと東に流れていた。遠くの山並みは厚い雲に隠れてみえなかった。風はなく、川の風景は暗く沈んでいた。川の中も暗かった。よく眼《め》をこらして、しばらく眼がなれてくるまで水中をみていないと、よくみえなかった。それでも、眼がなれてきても、遠くまではみえにくかった。
　心平はいつにも増して、入念に勢い止めの中を探った。丸太の陰と大きな石のまわりは特に慎重《しんちょう》に探った。そのたびに、心平は緊張し、期待に胸をときめかせた。しかし、ウグイやヤマメはいたが、雨鱒はいなかった。そうやって、丸太を組んだ升目《ますめ》のひとつひとつを水門の方から対岸の森の方へと移動した。ウグイやヤマメは放っておいた。いまはそんなものはほしくなかった。ウグイやヤマメを突いて音を立てるのがいやだった。音を立てて、雨鱒を刺激するのがいやだった。ウグイやヤマメは、その気になればいつだって捕ることができるのだ。

　ふいに、大きな魚影が心平の眼を横切った。心平はすぐに雨鱒だとわかった。まだ勢い止めから離れずにいたのだ。

[1]「いた！」心平は水面から顔をあげていった。いつもの儀式《ぎしき》だった。

　心平はいそいで水中をのぞき込むと、みうしなってなるものかと眼を見開いて雨鱒のうしろ姿を追った。雨鱒は背中の白い斑点をゆらめかせて、大きな丸石の向こう側に消えると、すぐに一回りしてまた姿をみせた。雨鱒は、大きな石と石の間から身を乗り出すようにして静止すると、じっと心平をみた。ゆったりと呼吸していた。背ビレと胸ビレもゆったりと動かしていた。一点に静止するための動作だった。

　ヤスを突くには遠すぎたので、心平はそっと近づくことにした。

　心平は身をかがめて近づいた。心平が近づいても、雨鱒はじっと心平をみているだけで、逃げるようなそぶりはちっともみせなかった。距離が縮まると、雨鱒の背中の斑点がはっきりとみてとれた。実にきれいだった。心平はもう一歩前進した。川床の砂が少し舞いあがった。雨鱒はまだじっとして動かなかった。大きな眼が心平をみていた。心平はさらに雨鱒に近づいた。今度はヤスがとどく距離だった。しかし、もう少し近づけば万全だったので、心平はどうしようかと迷ったが、意を決して近づくことにした。心平はそっと注意して近づいた。まだ雨鱒は逃げなかった。もう、雨鱒は手のとどきそうな距離になっていた。心平は緊張した。ゆっくりと、慎重に前進した。心平は、[2]心臓が大きく鼓動《こどう》しているのがわかった。初めて魚を突いた時もこんな感じだったが、いま心平はそのことは忘れていた。眼の前の雨鱒のことしか頭になかった。

　心平はヤスを身体の脇《わき》に引き寄せると、緊張して持つ手にギュッと力を入れた。左手でしっかりと丸太をつかんで、バランスがくずれないように身体を支えた。丸太はぬるぬるしてすべったので、心平は身体を支えるだけにした。それだけでも心強かった。

　雨鱒を突く体勢はすっかり整った。あとは、秀二郎爺《しゅうじろうじ》っちゃに教えてもらった手順を素早くやってのければよかった。心平は、もうヤスの重さは感じていなかった。口が渇《かわ》いて、ドキドキする心臓の、大きくて早い鼓動だけが感じられた。

　心平は、雨鱒に悟られないように、注意して、そっと、ヤスの穂先を雨鱒の頭上に持っていった。それでも、雨鱒は動かなかった。心平は、もうひと呼吸、そっとヤスの穂先を近づけた。

　雨鱒の頭上で、切っ先の狙いがピタリと定まった。あとはいっきに突けばよかった。

　すると、心平は急に手が震えた。刺激が強すぎたのだ。ヤスの穂先がブルブルと震えてしまった。その瞬間、雨鱒はあっという間に反転して、石の向こう側に消えてしまった。

「はい！　逃げられただじゃ！」心平はがっかりした。水中をのぞいたまま声に出していった。

　緊張がとけていった。急にヤスが手に重くなった。その時、心平は初めて背中に水滴が落ちたのを感じた。いつの間にか雨が降ってきたのだった。雨は、まだポツリポツリと散発的だった。気温がぐっと下がり始めたのがわかった。

　心平は立ちあがると、笑ってため息をついた。

「はあ、ドキドキしたあ」と心平はいった。

　逃げられたのにはがっかりしたけど、もう少しのところまで追い詰《つ》めたことがうれしかった。次の機会にはきっと仕留めることができる。[3]希望と自信が、少年の胸にふくらんでいった。

（川上健一「雨鱒の川」による）

（注）勢い止め――川の中に丸太を組んで、川の水の勢いを弱めている場所。
　ヤス――水中の魚を刺して捕らえる道具。
　秀二郎爺っちゃ――魚捕りの名人。

問一、――線1「『いた！』心平は水面から顔をあげていった」とありますが、心平が雨鱒を見つけるまでの様子を、次のようにまとめるとき、□に当てはまる言葉を文中から十七字で書き抜きなさい。（2点）

> 遠くまでは見えにくい暗い川の中で、よく眼をこらし、□を探りながら、対岸の森の方へ移動し、ウグイやヤマメには目もくれず、雨鱒を探していた。

問二、思考力 ――線2「心臓が大きく鼓動しているのがわかった」とありますが、この時までの心平と雨鱒に関する描写を、次のように整理するとき、□に当てはまる表現を、文中の言葉を用いて二十字以上、二十五字以内で書きなさい。（3点）

心平に関する描写	雨鱒に関する描写
心平は身をかがめて近づいた。	雨鱒はじっと心平をみており、逃げるそぶりをみせなかった。
⇦	⇦
心平はもう一歩前進し、川床の砂が少し舞い上がった。	□。
⇦	⇦
心平はヤスの届く距離から、意を決してさらに近づいた。	雨鱒は心平の手が届く距離まで近づいても逃げなかった。

問三、思考力 ――線3「希望と自信が、少年の胸にふくらんでいった」とありますが、これは、心平が、どのような雨鱒捕りの経験をしたことにより、どのように思えたということですか。「雨鱒の頭上で、」に続けて、七十字程度で書きなさい。（6点）

問四、思考力 次は、この文章における表現上の工夫の一つをまとめたものです。□に当てはまる言葉を、文中から五字で書き抜きなさい。（4点）

> 心平の緊張が最も高まっているときと解けたときの落差を、□の感じ方の変化によって表現している。

四 (古文)動作主・口語訳・内容吟味

次の文章を読んで、問いに答えなさい。（計9点）

博雅三位《はくがのさんみ》、月の明かりける夜、直衣《なほし》にて、朱雀門《すざくもん》の前に ア遊びて、よもすがら、笛を イ吹かれけるに、同じさまに、直衣着たる男の、笛 ウ吹きければ、「たれならむ」と思ふほどに、その笛の音、この世にたぐひなくめでたく聞《きこ》えければ、あやしくて、近寄りて エ見ければ、いまだ見ぬ人なりけり。われもものをもいはず、かれもいふことなし。かくのごとく、月の夜ごとに、行きあひて、吹くこと、夜ごろになりぬ。

かの人の笛の音、ことにめでたかりければ、こころみに、かれを取りかへて吹きければ、世になきほどの笛なり。そののち、なほなほ月ごろになれば、行きあひて吹きけれど、「もとの笛を返し取らむ」ともいはざりければ、ながくかへてやみにけり。三位失《う》せてのち、帝《みかど》、この笛を オ召して、時の笛吹《ふえふき》どもに吹かせらるれど、その音を吹きあらはす人なかりけり。

（「十訓抄」による）

（注）博雅三位——平安中期の貴族で音楽の名人。
直衣——貴族の普段着。
よもすがら——一晩中。
たぐひなくめでたく——例がないほど素晴らしく。
なほなほ——引き続き。
ながくかへて——長い間、取り替えたままで。
失せて——亡くなって。

問一、よく出る ——線ア～オのうち、博雅三位の動作を表しているものを、全て選びなさい。（完答で3点）

問二、文中の□で囲んだ部分の博雅三位と男の様子を、次のようにまとめるとき、①、②に当てはまるものの組み合わせとして最も適当なものを、ア～エから選びなさい。（3点）

> 月が出ている夜に、朱雀門の前で二人は①笛を吹き合った。その後、二人で笛を吹き合うことが②。

ア、①待ち合わせて　②数夜にもなった
イ、①待ち合わせて　②一夜もなかった
ウ、①偶然出会い　②数夜にもなった
エ、①偶然出会い　②一夜もなかった

問三、次のア～エを、この文章で起きた順に並べかえなさい。（完答で3点）

ア、博雅三位には、男の笛の音が他に比べるものがないほど素晴らしく聞こえた。
イ、博雅三位と同じような素晴らしい音を出すことができる笛吹はいなかった。
ウ、博雅三位が、試しに男の笛を吹いてみたところ、素晴らしい笛だとわかった。
エ、博雅三位は、男から笛を返すように言われなかったので、その笛を長い間持っていた。

裁量問題 (論説文)漢字の読み書き・文脈把握・内容吟味・段落吟味

次の文章を読んで、問いに答えなさい。（計21点）

（これは、江戸時代の絵師である伊藤若冲《いとうじゃくちゅう》の生きた時代が、どのような時代であったかを説明した文章です。）

1 江戸時代の文化といったとき、多くの人がまず思い浮かべるのは元禄《げんろく》時代（一六八八—一七〇四年）だと思います。この時代、農村では農業生産力が増大し、都市部では地方の豊富な産物を流通させることによって経済的に豊かになっていきました。経済的に繁栄《はんえい》すると、文化も栄えるものです。食べていくので精一杯という状態でなくなれば、人は、生きていくためには必ずしも必要がないかもしれないようなことも楽しみ、そこにお金を使うようになるからです。

2 商売で豊かになるのは、1ぶしではなく商人、すなわち町人です。町人が経済力をもつようになったのに伴って、大坂や京都を中心に、井原西鶴《さいかく》や近松門左衛門《もんざえもん》らによる文芸、菱川師宣《ひしかわもろのぶ》らの浮世絵を代表とする町人文化が大きく花開きました。

3 伊藤若冲が生まれたのは、そのような時代からすこし下った一七一六年（正徳六／享保《きょうほう》元）、江戸時代も中期に差しかかったころのことです。

4 江戸幕府の開幕からすでに一〇〇年以上が経《た》ったこの時代には、相反する要素が併行《へいこう》して進んでいました。社会全体の様子を見ると、幕府の権力構造は硬直化しはじめていた一方、町人たちの産業や文化は盛んになっています。町人たちが自分たちの階級の文化を楽しんでいたことでもわかるように、近代的な「個」の意識が生まれはじめていたということができます。

5 当時の美術状況も、そのような時代の空気を反映し、大きな二つの流れが同時に存在していました。

6 幕府に2仕える画家や工芸家の仕事は、先人の型をなぞって継承することに重きをおくような、型にはまったものになっていきます。おもしろいことに、これは豊かさが町から郊外へ、さらにその先へと3波及していくこととセットになった現象でもありました。豊かな地域が広がっていくと、美術や工芸も大都市から地方都市、地方都市から農村へと階層を超えて広がっていくことになりますが、都にいる絵や工芸の偉い先生が、日本全国の弟子たちに教えに行けるわけではありません。遠く離れた土地にいる弟子にも、都にいる弟子たちと同じように教えようとする場合、型があると、誰にでも同じような手本を示すことができて、とても効率がよいわけです。

7 表現や創造の分野において、型があること自体は、必ずしも悪いことではありません。たとえば、私たちが浮世絵を見たとき、どの時代のどの絵師の手によるものを前にしても「これは浮世絵だ」と思うことができますが、それは独自に様式化され、浮世絵ならではの共通の型をもっているからです。浮世絵に限らず、江戸時代の美術においては、根っこに共通の「型」をもちつつ、その上にさまざまな個性が花開いていく——という図式が成り立っていました。

8 型と個性の関係については、歌舞伎《かぶき》やいけばななどの日本の伝統的な表現を思い浮かべるとわかりやすいと思います。歌舞伎にはセリフ回しやポーズなどに、何百年も伝承されてきた「型」があり、役者たちはまずそういった型を徹底的《てっていてき》に叩《たた》き込まれます。しかし、実際に役者たちが芝居を演じているのを見ると、たとえ同じ役を演じたとしても、演じる役者それぞれによって、その人ならではの個性が醸《かも》し出されているのがわかります。同じ悪党であっても、豪快さが際立《きわだ》つ場合もあれば、にじみ出る愛嬌《あいきょう》が印象に残ることもあります。そのように、[1]型をベースに個性を花開かせるという表現のあり方は、江戸時代には（江戸時代のみならず、東洋の技芸には比《ひ》較的《かくてき》共通して、といえるかもしれませんが）一般的なことだったのです。

9 そのように型が発達して様式化が進んだ一方で、新しい、個性的な表現が次々と生まれてきたのも、この時代の特徴です。庶民《しょみん》の間に芽生えはじめた個人という意識は、表現者それぞれの個性を尊重することにもつながり、それがさらに、とくに際立った個性、つまり、もの珍しいものや新しいものに対する好奇心へと発展していきました。

10 財力を蓄《たくわ》えた上方や江戸の町人は、自分たちの楽しみのために美術作品を生活の中に取り込むようになりましたが、もの珍しさを追い求めたい気持ちの高まった彼らは、もはや昔ながらのありきたりな表現では満足できません。自分たちがお金を出す作品には、[2]誰も見たことのないような斬新《ざんしん》な表現を求めるようになりました。

11 とくに地方の豪農たちが好んだのは、脱俗《だつぞく》の「奇」の表現でした。画家たちはこぞって新奇なモチーフや変わった表現の作品を描き、彼らの要望に応えます。この時代における美術は、階級制度に疑問を抱きはじめ、自己表現を求める人びとの心を自由に解き放つ役割を果たすものでもあった。そのようにいうことができると思います。

12 そうした時代状況を背景に、一八世紀、江戸時代中期の美術の表現はとても多様になっていきました。

（辻惟雄「伊藤若冲」による）

（注）脱俗――俗世間の気風から抜け出ること。

問一、**基本** ――線1を漢字で書きなさい。また、――線2、3の読みを書きなさい。（各1点）

問二、次は、ある生徒がこの文章から読み取った、型のよさをまとめたものです。[①]、[②]に当てはまる表現を、それぞれ五字以上、十字以内で書きなさい。ただし、[①]は文中の語を使って書くこと。また、[②]は「ジャンル」という語を使い、文中の浮世絵の例から考えて書くこと。（各2点）

> ・先生が、どの弟子たちにも同じように教えようとする場合、誰にでも同じような手本を示して、知識や技能等を[①]ことができる。
> ・ある美術作品を初めて見た人でも、特定の美術作品群との何らかの共通点を見出して、その作品の[②]ことができる。

問三、――線1「型をベースに個性を花開かせる」とありますが、江戸時代には一般的であったこうした表現のあり方について、いけばなを例に次のようにまとめるとき、[　]に当てはまる最も適当な表現を、文中から十字以上、十五字以内で書き抜きなさい。（4点）

> いけばなでは、最初に花材の選び方や花の配置などの[　]を身に付けるが、生けた人によって、作品に豪快さや繊細さなどが表れる。

問四、**難** **思考力** ――線2「誰も……斬新な表現」とありますが、江戸時代中期において、こうした斬新な表現はどのような役割を果たしたと筆者は述べていますか。「個人という意識」がどのように関係したのかが分かるようにして、百五字程度で説明しなさい。（6点）

問五、**思考力** この文章の段落と段落の関係について説明した文として最も適当なものを、ア～エから選びなさい。（4点）

ア、4の段落では、1から3の段落までの内容を受けて問題提起している。
イ、6の段落では、4と5の段落で説明された内容と対立する内容を述べている。
ウ、8の段落では、7の段落の要点を、具体例を用いて説明している。
エ、10の段落では、9の段落の内容を否定した上で、主張を展開している。

青森県

時間 50分 満点 100点 解答 P3 3月5日実施

出題傾向と対策

●放送による検査（省略）、漢字の読み書き、古文、論説文、小説文、条件作文の大問六題構成。設問は比較的解きやすいが、問題量も多く記述式もあるので、時間内に解き終わるかが課題となる。読解力だけでなく、書く力や聞き取り能力など、幅広い国語力が求められる。

●聞き取り、漢字の読み書き、語句の意味、文法、記述、作文と中学校の国語で学習する内容を網羅しておく。特に条件作文は、内容の割に字数が少なめなので、他県の入試問題も活用し、練習を繰り返しておきたい。

一 （省略）放送による検査 （計16点）

二 漢字の読み書き・熟語 よく出る

次の(1)、(2)に答えなさい （計14点）

(1) 次のア～オの――の漢字の読みがなを書きなさい。また、カ～コの――のカタカナの部分を楷書《かいしょ》で漢字に書き改めなさい。 （各1点）

ア、丹精こめて咲かせた花。
イ、全ての情報を網羅した資料。
ウ、世界最古の鋳造貨幣を見る。
エ、観光資源が街の発展を促す。
オ、元旦には近くの神社に詣でる。
カ、ジュンジョ立てて考える。
キ、内容をカンケツにまとめる。
ク、この辺りは日本有数のコクソウ地帯だ。
ケ、堂々とした姿で開会式にノゾむ。
コ、きつい練習にもネをあげることはない。

(2) 次のア、イの――のカタカナの部分を漢字で表したとき、その漢字と同じ漢字が使われている熟語を、それぞれあとの1～4の中から一つずつ選び、その番号を書きなさい。 （各2点）

ア、月の満ちカけを観察する。
1、出欠　2、図書　3、懸命　4、駆使

イ、質問ジコウを手帳にまとめる。
1、巧妙　2、項目　3、効果　4、郊外

三 （古文）仮名遣い・動作主・内容吟味・口語訳

次の文章を読んで、あとの(1)～(3)に答えなさい。 （計12点）

(注1)陰陽師《をんやうじ》のもとなる小童《こわらはべ》こそ、いみじう《(すばらしく)》物は㋐知りたれ。(注2)祓《はらへ》などしにいでたれば、(注3)祭文《さいもん》など㋑よむを、人は猶《なほ》《(人はただ聞いているだけだが)》こそきけ、ちうと《(さっと)》たち走りて、「酒、水、いかけ《(振りかけ)》させよ」ともいはぬに、しありくさまの《(それをしてまわる様子が、やるべきことをわきまえ)》、例しり、いささか《(少しも)》主に物いはせぬこそ、うらやましけれ。㋒さらんものがな使はん、《(こういう気のきく者を使いたいものだ、と思われる)》とこそおぼゆれ。

――『枕草子』より――

（注1）陰陽師…暦を仕立てたり占いや土地の吉凶などをみたりする役人。
（注2）祓…神に祈って罪・けがれを清め、災いを除くこと。また、その行事。
（注3）祭文…節をつけて読んで神仏に告げる言葉。

(1) 基本 いはせぬ　とありますが、すべてひらがなで現代かなづかいに書き改めなさい。 （4点）

(2) よく出る ㋐知りたれ、㋑よむ　の主語の組み合わせとして最も適切なものを、次の1～4の中から一つ選び、その番号を書きなさい。 （4点）

1、㋐陰陽師　㋑小童　2、㋐陰陽師　㋑作者
3、㋐小童　㋑陰陽師　4、㋐小童　㋑作者

(3) ㋒さらんものがな使はん、とこそおぼゆれ　とありますが、ある生徒が、作者がそのように思った理由を次のようにまとめました。□に入る「小童」の具体的な様子を、二十字以内で書きなさい。 （4点）

作者は、「小童」が陰陽師に指示されなくても□様子を見て、自分もそのような気のきく者を使いたいと思ったから。

四 （論説文）品詞識別・文脈把握・内容吟味

次の文章を読んで、あとの(1)～(5)に答えなさい。 （計22点）

筆者が、(注1)（まがりなりに、であるが）『日本国語大辞典』全巻をよんだ、ということを聞いて、学生は「いやいや、辞書はよむものではないでしょ」と言う。そのとおりだ。辞書はよむものではなく、何かを調べるため㋐に使うものだ。しかし、自身が母語としている言語の辞書は、そうでない言語の辞書と㋑少し違う点もありそうだ。スペイン語を母語としていない人がスペイン語の辞書を使って何かを調べる。このような場合は、「知らないことについて調べる」という面がつよそうだ。しかし、日本語を母語としている人が日本語についての辞書を調べる場合は、もちろんまったく知らない語についての情報を得ようとしている場合もあるだろうが、少しはわかっているけれども「確認」するということもあるだろう。それも結局は「調べる」ということであるが、多少余裕はありそうだ。せっぱつまっていない。その「余裕」の気分は「実用的」ということからは少し離れていて、「よむ」という側に少しちかいように思う。

オンライン版の場合は、調べたい文字列を検索欄に入力するところから始まる。入力してエンターキーをぽんと押すと、検索結果が出て来る。そこには「余裕の気分」も何もない。オンライン版は検索機能を使って、辞書に蓄蔵されている「情報」を引き出すという面が強い。いや、「強い」どころか、そういうものだ。㋒「よむ」という言語活動とは

だいぶ異なる。「よむ」は「考える」ということとセットになっていると思う。「よみながら考える」あるいは「考えながらよむ」。それなりの時間がかかるし、時間をある程度かけないと「よむ」ことができない。「よむ」は生体反応ではないので、AといえばB、BといえばCというわけにはいかない。「ああでもないこうでもない」というプロセスをともなう。

　辞書の全体は小説のようにまとまりをもった文章ではない。しかし、「日本語のリスト」であることは間違いない。自分のもっている「日本語のリスト」を、辞書をよみつつ点検してみる。「おお、自分のリストにはない語がずいぶんあるな」。㋓それを知ることは楽しいと筆者は思っている。自分の言語生活で出会える日本語はたかが知れている。本をあまり読まないということになると、出会っている日本語は「現代のはなしことば」寄りになる。もちろんそれで何も不自由はない。しかしどんな言語にも「はなしことば」と「書きことば」とがある。現在使われている「書きことば」には新聞などで接している。しかし、新聞には顔をださない「書きことば」もたくさんある。過去の「書きことば」となれば、新聞にはほとんど使われない。新聞だから、それは当然のことといえよう。

　母語については、母語だからみんな自信をもっている。自身の使い方と異なる使い方をみると間違っているのではないかと思う。筆者は、日本語についていろいろなことを発言している。そうした発言の中には、他者の使い方に疑問を呈しているようなものもあるが、自身の使い方が正しいということではなく、自身の使い方と照らし合わせると、そういうことを感じるということだ。言語には「多くの人が共有している部分」と、そこまでは共有されていない「個人的に使用している部分」とがある。そういうことを具体的に知るためにも㋔「照らし合わせ」には意義がある。「辞書をよむ」とそういうことにも気づく。辞書をよんで「ああでもないこうでもない」と考えることも大事だし、だからこそ、それを楽しみたい。

　さらに時間をかけてよみこんでいけば、新しい発見があるだろう。（注2）『広辞苑《こうじえん》』が内包している「情報」は一人の人間がすぐに把握できるようなものではない。それだけの「情報」を、バランスをとりながら、辞書のかたちに収めた編集者のエネルギーもまた並大抵のものではないことが、じっくりとよむことによって実感できた。その「実感」は大事にしていきたい。

――今野真二《こんのしんじ》『「広辞苑」をよむ』より――

（注1）まがりなり……不完全なこと。
（注2）広辞苑……国語辞典の一種。

(1) **よく出る** ㋐に と同じ働きをしているものを、次の1～4の中から一つ選び、その番号を書きなさい。（4点）
1、夏なのに涼しい。
2、風がさわやかに吹く。
3、すでに船は出てしまった。
4、野球の試合を見に行く。

(2) ㋑少し違う点 とありますが、本文中の語句を用いて、次のようにまとめました。□に入る適切な内容を、二十字以内で書きなさい。（4点）

> 自身が母語としていない言語の辞書を使って何かを調べる場合は、「知らないことについて調べる」という面がつよい。しかし、自身が母語としている言語の辞書を使って何かを調べる場合は、知らない語についての情報を得ようとしている場合もあるだろうが、多少余裕がありそうで、□という側にちかい。

(3) **基本** ㋒「よむ」という言語活動 とありますが、その特徴として適切でないものを、次の1～4の中から一つ選び、その番号を書きなさい。（4点）
1、「よむ」という言語活動は、無意識に行うため、AといえばB、BといえばCという関連性が生じる特徴がある。
2、「よむ」という言語活動は、ああもよめるしこうもよめるという経過をたどる特徴がある。
3、「よむ」という言語活動は、「よむ」と「考える」が一対の関係になっており、「考えながらよむ」特徴がある。
4、「よむ」という言語活動は、オンラインで検索することとは異なり、一定量の時間がかかる特徴がある。

(4) ある学級で、国語の時間に㋓それを知ることは楽しい について話し合いをしました。次は、村田さんのグループで話し合っている様子です。□A□、□B□に入る最も適切な語句を、□A□は十一字で、□B□は十五字で、それぞれ本文中からそのまま抜き出して書きなさい。（各2点）

> 村田　それを知るとは、どういうことかな。
> 吉崎　辞書と自分のもっている「日本語のリスト」を比較すると、□A□がわかるということだと思うよ。
> 山本　なぜ筆者は、それを知ることが楽しいんだろう。
> 伊藤　□B□は、「現代のはなしことば」や現在使われている「書きことば」に偏り、限界があるからじゃないかな。

(5) **思考力** ㋔「照らし合わせ」には意義がある とありますが、ある生徒が、その理由を次のようにまとめました。□に入る具体的な内容を、三十字以内で書きなさい。（6点）

> □と感じ、言語には「多くの人が共有している部分」と、共有されていない「個人的に使用している部分」があることを知ることができるから。

五 (小説文)活用・文脈把握・内容吟味

次の文章を読んで、あとの(1)～(6)に答えなさい。（計26点）

「それでは、お先に失礼します！」

扉のところで振り返ってそう[1]言った時、山田華《やまだはな》は思わず目を細めた。

校舎の西端の生徒会室には夕日が直接[2]差し込む。目を[3]そらさずにいたつもりなのに、まぶしすぎて、結局、現生徒会長の龍ケ崎《りゅうがさき》さんや、1年間一緒に事務局員を[4]務めてきた緑川美桜《みどりかわみお》の表情は読み取れなかった。

「やっかい払いできて、せいせいしている、かな」と華は口の中でつぶやいた。

ここのところ、自分がかなり面倒くさいやつだったことを、華は自覚している。

ゴム底の靴をキュッキュッと鳴らして校長室の前を過ぎ、昇降口から外に出た。校門のところで一度だけ生徒会室を振り返って、華は駅の方へと足早に歩き始めた。

県立みらい西高校の生徒会は毎年5月に改選される。去年、入学早々の選挙で事務局員、つまりヒラの生徒会メンバーになった華は、次の選挙でなんらかの「役」に立候補することになっていた。できれば、美桜が会長で自分が副会長にと思っていたのに、あてが外れた。会長には同学年の男子、加藤が立って、美桜は副会長を目指す。

じゃあ、自分はどうしよう。

成績優秀、容姿端麗、人望も厚い美桜が相手では分が悪すぎる。落ちると分かっている選挙のために、推薦人20人の署名を集め、実現もしないようなことを公約に掲げ、形の上でだけ競う。そんなのはバカらしすぎる。

だから「選挙には出ません」と伝えた。おとなげないと言われたけれど、まだおとなじゃないし。

「もともと生徒会なんて向いてないよね。わたしは、リーダーの器じゃない」

華は口の中でぼそっとつぶやいて、(あ)自分自身に言い聞かせた。

我ながら、まったくイケてない。華という名前からして、古風すぎて華々しさからほど遠い。おまけにいったん疑問を持つと、みんな納得していることでも混ぜっ返してしまう面倒くさい性格だ。生徒会ってなんだろうって考え始めたら、いろんなことが気になってきて、今、選挙に向かって進もうとしているメンバーと話が合わなくなってしまった。

本当に生徒会って［　　］だらけだ。選んでくださった人たちの意思を尊重しなければならないのに、実際は、先生の思惑と生徒の願望の間で板挟みになることがほとんどだし、いくらがんばっても、部活動の予算のことで恨まれたり、ささいな不手際《ふてぎわ》を責められたりもする。1年でやめて正解だ。

でも、これからは「帰宅部」になってしまうんだろうなあと考えたら、ちょっと泣けてきた。なんだか居場所がない感じがする。こんなに心細いのは、泣き虫だった小学校低学年の頃以来かもしれない。

どんよりした気分のまま歩いていると、ふいに小さい子の泣き声が聞こえてきた。

記憶の中の幼い自分の泣き声？

(い)心象風景ってやつだろうか。などと最初は思った。

でも、どうやら違うらしい。泣き声は本物だ。

目の前には児童公園があって、ブランコのところで幼稚園か小学校1、2年生くらいの小さい子が泣いていた。そのまわりにはもう少し体格のいい歳上の子たちがいる。

華は横目で見ながらもスルーすることにした。大きな子たちが泣いている子の面倒を見ているのかもしれないし、華が出ていって口を出すような場面ではないだろう。そもそも、こっちは自分のことだけでも目一杯だ。

でも、正直に言うと、その子の泣き方はただならぬ様子で、歳上の子たちも「まずい」とか「やばい」とか口々に言っていて、ひょっとしたらおとなを呼んだ方がいいんじゃないだろうかと、華も心のどこかで分かっていた。だからこそ、視線をそらして、はっきり気づかないようにした。我ながら卑怯《ひきょう》だった。

そのまま児童公園を通り過ぎようとした時、視界の端を影が横切った。

ふわっといい匂いがして、すぐに背後から声が聞こえてきた。

「やあ、きみたち、歳上がよってたかってその子を泣かしているのなら、どんないきさつがあったとしても、それはいじめだ。今すぐやめなさい」

女性の声だった。

低くて落ち着いていて、有無を言わさない芯の強さがあった。

「いじめじゃないです！　この子、さっきから泣いてて、どうしたらいいのかって」

少し大きな子たちのうちの一人が言った。

「じゃあ、見てるだけじゃなくて、助けを呼ぼう。公園の管理事務所というのがあったはずだけど、誰か知っている人がいたら知らせてきて。それと、念のために近くの交番へも。あたしはこの子の近くにいて、少し話を聞き出してみるよ」

テキパキと指示する様子は格好よかった。それに対して、自分はスルーしようとしてしまったことが、とても恥ずかしくて、華は顔がかーっと熱くなった。

するとそこへ、すぐに血相を変えたお母さんが子どもの名前を呼びながらやってきた。よかった、警察を呼ぶまでもなく、一件落着だ。

解決したのだから、さっさと帰ろうと華はそそくさと背を向けた。でも、なぜか足が動かなかった。

「それじゃ、あたしはこれで。最初に見つけてくれたきみたち、お手柄だったね。ほうっておいたら、もっと遠くに行ってしまったかもしれないからね」

指示出しをしていた女性が、第一発見者の子たちをほめるのを聞きながら、華は胸の鼓動が激しくなった。

——川端裕人《かわばたひろと》『風に乗って、跳べ　太陽ときみの声』より——

(1) **よく出る** 1言っ、2差し込む、3そらさ、4務め の中で、動詞の活用の種類が他と異なるものを一つ選び、その番号を書きなさい。（4点）

(2) **基本** (あ)自分自身に言い聞かせた とありますが、ある生徒が「華」の気持ちについて次のようにまとめました。［　　］に入る最も適切な語句を、本文中から八字でそのまま抜き出して書きなさい。（4点）

> ［　　］選挙はバカらしいし、もともと自分は生徒会に向いていなく、リーダーの器ではないと思っている。

(3) **基本** ［　　］に入る語として最も適切なものを、次の1～4の中から一つ選び、その番号を書きなさい。（4点）

1、格差　2、空想　3、矛盾　4、偽物

(4) (い)心象風景ってやつだろうか　とありますが、「華」が「心象風景」だと思った理由を次のようにまとめました。[A]には最も適切な語句を、本文中から五字でそのまま抜き出して書き、[B]には適切なそのときの「華」の具体的な気持ちを、十五字以内で書きなさい。(各2点)

> 「華」は生徒会を[A]だと思いこもうとしているが、今後のことを考えると[B]を感じていて、その気持ちが小学校低学年の頃に感じた気持ちと同じであったから。

(5) **思考力** ある生徒が、児童公園で泣いている子を見つけたあとの「華」について、次のようにまとめました。[　]に入る「華」の具体的な行動と様子を、三十字以内で書きなさい。(6点)

> 「華」は児童公園で泣いている子どもを見つけた。すると、そこに女性が現れた。「華」は、女性が子どもを助けるためにテキパキと指示した格好よい様子と、自分が[　]を比べることで、恥ずかしくて、顔が熱くなった。「華」は自分も女性のようにありたいと感じるが、何もできずに胸の鼓動が激しくなった。

(6) **よく出る** この文章について述べたものとして最も適切なものを、次の1〜4の中から一つ選び、その番号を書きなさい。(4点)

1、大きな身振りや手振りで話す「華」の様子を描くことで、ふだんは冷静な「華」が動揺していることを強調している。
2、現在の場面と回想する場面を描くことで、「華」の心情が不安定で落ち着かない状態であることを強調している。
3、「華」と「女性」が会話を交わす場面を多く描くことで、二人の心のつながりの深さを強調している。
4、「女性」が大きな子たちに最後まで厳しく質問を続ける姿を描くことで、その場の緊張感を強調している。

六 条件作文 思考力

ある中学校で、国語の時間に二つの名言を読み、「生き方」というテーマで、意見文を書くことになりました。次の【名言】と【意見の観点】を読んで、あとの(1)〜(3)に従って文章を書きなさい。(計10点)

> 【名言】
>
> A　過去も未来も存在せず、あるのは現在という瞬間だけだ。　トルストイ
>
> B　過去から学び、今日のために生き、未来に対して希望をもつ。　アインシュタイン
>
> 【意見の観点】
>
> AとBの「生き方」の違い

(1) 題名を書かないこと。
(2) 二段落構成とし、それぞれの段落に次の内容を書くこと。
・第一段落では、【意見の観点】をもとに、気づいたことを書くこと。
・第二段落では、気づいたことをふまえて、自分の意見を書くこと。
(3) 百五十字以上、二百字以内で書くこと。

岩手県

時間 50分　満点 100点　解答 P3　3月9日実施

出題傾向と対策

● 小説文、説明文と詩の融合問題、古文、図表の読み取り問題の大問四題構成。大問数や融合問題の種類は年によって異なるので注意。設問も知識系、選択肢系、記述系、条件作文と多様で、幅広く国語力を問う問題構成となっている。解答時間に比べて作業量が多いのが特徴。

● 課題文、設問ともにレベルは基本から標準程度が大半だが、記述も含め、知識、思考力、分析力が幅広く問われている。日頃の漢字知識・語彙知識の補充、そして問題文や設問文を早く正確に読解し処理する訓練が重要。

一 (小説文)漢字の読み書き・漢字知識・内容吟味・文脈把握

次の文章は、同じ大学に通う小説家の榛名忍《はるなしのぶ》と競歩選手の八千代篤彦《やちよあつひこ》が大会後に話している場面です。忍は、スランプで思うような小説が書けずに悩んでいて、競歩選手を主人公にした小説を書くために八千代の練習や大会に同行し、取材をしていました。この文章を読んで、あとの(1)〜(6)の問いに答えなさい。(計30点)

「20キロじゃもう日の目を見ることがないだろうから、50キロを歩けってことですか」

八千代の言い方には、明らかに①棘《とげ》があった。無人のトラックを見つめながら、忍は芝を撫《な》でつける。

「そうだ」

②喉の奥に力を入れて、頷《うなず》く。八千代が息を呑《の》んだ。「そうじゃないんだ」とおろおろ弁明すると思っていたんだろう。

「(注1)日本選手権のとき、言ってただろ。『胸の奥を爽やかな風が吹いてる気分だ』って。八千代だってわかるだろ？このままじゃ、東京オリンピックに出られないって」

　東京オリンピックまで二年を切った。日本選手権、全日本競歩、世界陸上、すべてのレースの先に、オリンピックが仁王立ちしている。

「八千代のフォームを見てると、ゆったりとしたペースで長い距離を歩く方が向いてると思うんだ。それに、お前は慶安(注2)でずっと一人で競歩をやって来た。そういう、一人でも自分のペースで生きられる奴《やつ》って、50キロの方が合ってる気がして」

　静かに、芝から立ちあがる。自分より背の高い八千代を、忍は見上げた。

「お前、20キロで長崎龍之介(注3)に勝ちたいわけじゃないだろ？　オリンピックに出たいんだろ？　お前の綺麗《きれい》で安定した歩形は、50キロで化けるかもしれない。なら……」

「よく、そんな提案できますね」

　何を考えているのか読めない顔を八千代はしていた。

「20キロですらゴール後にぶっ倒れてる俺に③50キロが向いてるなんて、競歩どころかスポーツすら碌《ろく》にしたことない先輩《せんぱい》が、どうして自信満々に言えるんですか」

「自信があるわけじゃないよ。でも、言わないわけにいかなかったんだ」

　だって、自分は彼が勝つところを見たいんだ。長距離を諦め、競歩に転向し、足掻《あが》きながら孤独に戦ってきた八千代篤彦という男が笑顔でゴールする瞬間を見たい。彼が勝てるなら、自分も勝てる気がする。不甲斐《ふがい》なく情けない自分に、勝てる気がする。

「こっちは、二年も20キロ競歩で頑張《がんば》ってきたんですよ。どのレースも勝てなかったけど、それでも、結構しんどい練習を、割と何度も心が折れそうになりながら、やってきたんですよ。そんな奴によく、20キロじゃ勝てないから50キロを歩け、なんて言えますね」
　[A]珍しく饒舌《じょうぜつ》に語った八千代の唇の端が、わずかに震えた。[B]外灯が八千代の顔に深く深く影を作っても、それでも見えた。
「『どれだけ言い訳したって、どんな事情があったって、競技の世界では結果がすべてですから』――そう言ったの、お前じゃないか」

　去年の三月、金沢で一緒に海鮮丼を食べながら八千代はそう言った。綺麗に繰り返した忍に、④八千代が一歩後退《あとずさ》る。自分の言葉が自分に返ってくる痛みに、呻《うめ》くみたいに。

「スランプだってぐずぐずしてた俺に、負けを認めることを教えたのはお前だったよ」

　負けた自分を抱えて立ち上がれずにいた榛名忍の肩を、「いい加減、自分を[C]慰めるのは終わりにしろ」と叩《たた》いたのは、間違いなく彼だった。

　何より、彼は『アリア』(注4)の読者なのだ。榛名忍の読者なのだ。

「50キロに転向しろなんて、お前じゃなかったら……こんな酷《ひど》いこと言わないよ」

　もし、誰かが忍に対して「君はもう小説じゃ先がないから」と言ってきたら、平手で殴るくらいは、きっとする。

　溜《た》め息《いき》が降ってくる。大きく息を吐き出して肩を上下させた八千代が、汗に濡《ぬ》れたこめかみを小指で掻《か》く。

　暗いはずのグラウンドが、一瞬だけとても眩《まぶ》しく感じた。外灯の光が強くなり、暗がりに浮かぶトラックの青色が、鮮やかに忍の視界で光る。夏と秋が入り混じった夜風が、競歩の足音に聞こえる。耳の奥で、たくさんの選手の息遣《いきづか》いがざわめいた。

「先輩じゃなかったら、殴ってますよ」

　そんな奇妙な浮遊感を切り裂くようにして、八千代が言った。笑顔半分、憤《いきどお》り半分という顔で、忍を見た。

「蔵前(注5)さんでも殴ったかもしれないです」

　今度は、はっきりと笑顔になる。肩を震わせる八千代の笑い声は、次第に大きくなっていった。蔵前を殴る自分を想像して、余計におかしくなったみたいだ。

「50キロって、四時間近くかかりますからね。応援する方もしんどいですよ？　いや、一番しんどいのは、実際に歩く俺だけど」

　笑いながら、忍の残酷で無鉄砲な提案を、受け入れた。あまりにも軽やかに、しなやかに、まるで競歩の歩形みたいに。

「……本気か」

　自分で提案したくせに、思わずそう問いかけてしまう。

「十月の終わりに全日本50km競歩高畠《たかはた》大会があります。申し込み締め切り、ぎりぎり間に合います。練習でも50キロ歩くことになるんで、それに付き合う先輩の負担も増えますけど。覚悟しておいてくださいね」

　はっきりと言った八千代に、息を飲むのは忍の番だった。彼の言葉を脳裏に刻みつけた。

　ああ、⑤俺も、覚悟をしよう。50キロを歩く彼と共に、小説家として戦う覚悟を決めよう。

　小説を、書こう。


（額賀澪《ぬかがみお》「競歩王」による）

(注1)　日本選手権…以前に八千代が出場した大会。
(注2)　慶安《けいあん》…忍と八千代が通う慶安大学。
(注3)　長崎龍之介《ながさきりゅうのすけ》…八千代のライバル。
(注4)　『アリア』…忍が執筆した小説の題名。
(注5)　蔵前《くらまえ》さん…世界陸上入賞の日本代表選手。

(1) よく出る 基本　本文中の二重傍線部A～Cの漢字について、正しい読みをひらがなで書きなさい。（各2点）

(2) よく出る　傍線部①　棘があった　とありますが、これはどのような言い方を表したものですか。次のア～エのうちから最も適当なものを一つ選び、その記号を書きなさい。（4点）

ア、強気な感じで、自信に満ちた言い方。
イ、責めるようで、きつさがある言い方。
ウ、落ち着きなく、慌てたような言い方。
エ、優柔不断で、はっきりしない言い方。

(3) 傍線部②　喉の奥に力を入れて、頷く　とありますが、この表現から忍のどのような様子が読み取れますか。次のア～エのうちから最も適当なものを一つ選び、その記号を書きなさい。（4点）

ア、八千代を説得する言葉が見つからずに、弱気になっている様子。
イ、八千代が提案を受け入れない理由が理解できず、困惑する様子。
ウ、八千代にはオリンピックを目指してほしいと、気がはやる様子。
エ、八千代を怒らせても、あえて自分の思いを伝えようとする様子。

(4) 傍線部③ 50キロが向いてる とありますが、忍がそう考えた理由を次のように説明するとき、[a]、[b] にあてはまる言葉はそれぞれ何ですか。[a] は本文中から九字でそのまま抜き出して書き、[b] は本文中から十六字でそのまま抜き出し、はじめと終わりの四字を書きなさい。 (各3点)

50キロ競歩の方が、八千代の[a]というフォームの長所と、[b]という持ち味を生かせると考えたから。

(5) 傍線部④ 八千代が一歩後退る とありますが、それはなぜですか。次のア～エのうちから最も適当なものを一つ選び、その記号を書きなさい。 (4点)

ア、言い訳せず結果を出すべきだ、と忍に言われたことを忘れていると指摘され、今の自分の努力不足を認めなければいけないから。

イ、言い訳せず結果を残すべきだ、と以前忍に言ったことを言い返され、20キロ競歩で勝つことの価値を認めなければいけないから。

ウ、競技では結果がすべてだ、とかつて自分が言ったことを持ち出され、20キロ競歩では勝てないことを認めなければいけないから。

エ、競技の世界では結果が大事だ、と忍に言い続けてきたことを思い出し、今の自分の練習量の少なさを認めなければいけないから。

(6) 思考力 傍線部⑤ 俺も、覚悟をしよう とありますが、忍の覚悟の内容はどのようなことですか。それを次のように説明するとき、[　] にあてはまる言葉を、八千代自身の「覚悟」の内容にふれながら、三十字以上四十字以内で書きなさい。ただし、解答の際に距離数を書く場合は、本文中の書き方にならって「50キロ」のように書くこと。 (6点)

[　] こと。

三 (詩を含む説明文・詩)漢字の読み書き・文・内容吟味・文脈把握・表現技法

次の《文章》と《詩》を読んで、あとの(1)～(7)の問いに答えなさい。(本文中のⅠ～Ⅲの記号は、出題の都合上付けたものです。) (計35点)

《文章》

Ⅰ　小さな靴　　高田敏子《たかだとしこ》

小さな靴が玄関においてある
満二歳になる英子の靴だ
忘れて行ったまま二カ月ほどが過ぎていて
英子の足にはもう合わない
子供はそうして次々に
新しい靴にはきかえてゆく

おとなの　疲れた靴ばかりのならぶ玄関に
小さな靴は　おいてある
花を飾るより　ずっと明るい

この詩の中心は最後の一行にあります。その一行で、玄関の片隅に置き忘れられている子供の小さな靴のイメージが、読む人の心に明るく浮かび上がってきます。「花を飾るより」と言われることで、小さな可愛《かわい》らしい靴のイメージが、美しい花のように①咲くのです。

もちろんここには、「次々に／新しい靴にはきかえてゆく」子どもの成長の速さや、「新しい靴」の子どもと「疲れた靴」の大人たちとの対比など、さまざまな詩人の感慨、詩人の思考内容(考え)もあります。しかし、そうしたものもみな、輝くように明るい小さな靴のイメージのなかへ溶け込んで行きます。

そしてその小さな靴にそそがれる明るい光の光源が、孫へ向けられた祖母、つまり詩人その人の愛情であることは、読む人が自《おの》ずと理解するところです。

状況は簡単ですから説明の必要はそうないでしょう。親(たぶん詩人の娘夫婦)に連れられてきたＡオサナい孫が遊び疲れて眠り込んでしまい、抱かれて帰って行ったあとに残された靴。詩人がたまたま見た日常の寸景《すんけい》。それが詩人のまなざしによって拾い上げられ、平易なことばで描きだされ、優しい輝きを得て、②詩の中心的イメージとして定着しています。

詩のなかに現れるイメージは、しかし、必ずしも日常のもの、現実のものとはＢカギりません。

Ⅱ　春の岬　　三好達治《みよしたつじ》

春の岬旅のをはり《おわり》の鷗《かもめ》どり
浮きつつ遠くなりにけるかも

春に旅をして、岬にやってきた。そこが旅の終着点。海ではカモメが波に揺られている——。

ここに描かれているのは現実の風景のようにも思えますし、またじっさい詩人が見た風景であるのでしょうが、しかしそれはむしろ、詩人の心の風景なのです。

春に憂鬱《ゆううつ》な心を懐《いだ》いて(たとえば失恋などをして)、ひとり宛《あて》のない旅に出て、どこかの岬までやってきたが、心は晴れないまま。岬の先は海で、もうそれ以上の行き先のない「旅のをはり」——。

回れ右をして別の方向へ行けばいいのに、などと賢いことを言ってはいけません。それは鬱屈《うっくつ》した若い心が辿《たど》り着いた行き止まりの場所、回れ右のできない場所なのですから。そのときぼんやりと立つ青年の目に映ったのが、波に緩やかに揺られながら次第に遠ざかっていくカモメなのです。

そのときカモメは、自分の見ている対象でありながら、同時に自分自身です。自分自身が緩やかに揺られつつ、自分自身から遠ざかっても行くような不思議な感覚。

感傷的と一言で切り捨てれば切り捨てられる青年期の憂愁《ゆうしゅう》です。しかし、そうした憂愁もまた人生の一断片《いちだんぺん》で、それをイメージの力でゆるやかに捉《とら》え、ことばに残すのも、詩の働きの一つです。

この詩は春ということばで始まる。そして春とは希望の象徴である。だからこの詩は、たとえ失恋しても希望へ向かおうとしている青年の、前向きの心を映している――。

教室でこの詩を扱ったとき、そういう読み方をした人がいました。

これは〈誤読〉の非常に単純な例ですが、③詩を読むときに気をつけるべき点を考えるのに役に立ちます。

春イコール新学期イコール希望、というような連想は、今の社会で流通している常識の一つです。しかし詩のことばは、そういう流通する常識に逆らうことで新しい力を獲得する。読者も社会流通の常識に捉《とら》われずに、自由な心で詩のことばを読むことが必要です。

この詩の場合、全体のリズム（「音の響き」）の物憂さや「旅のをはり」という表現から、詩人にとって春が決して希望の象徴ではないことが自ずと感得され、読者はそこから、春イコール希望ではない、この詩独自の空間へ入って行くのです。

ついでに言えば、この詩が一時期、非常に愛された詩でありながら、現在すこし忘れられているのは、春イコール憂鬱、という当時の青年にとってのもう一つの別の常識、いわば裏常識、に頼っているところがあるせいかも知れません。

ただそれでもこの詩が魅力的だと感じられるとすれば、それは、全体の音の響き（もう一つの基本要素）のゆるやかなけだるさが、いま説明した心象イメージの憂愁と遠く近く呼び合っていて、読む人を青春の心のCメイロ、この詩人にとってそれはそれとして嘘偽《うそいつわ》りのないもの、へと誘い込むからでしょう。

イメージ中心で、一見「小さな靴」と同じような日常風景のスケッチであるかに見えて、じつはそこに小さな仕掛けがしてある詩もあります。

Ⅲ　紙風船　　黒田三郎《くろださぶろう》

落ちてきたら
今度は
もっと高く
もっともっと高く
何度でも
打ち上げよう
美しい
願いごとのように

何度でも打ち上げられる紙風船。空に舞う美しい紙風船のイメージが、この詩の中心にあります。しかし空に打ち上げられているのは、ほんとうに紙風船なのでしょうか。「美しい／願いごとのように」と詩は言います。ですが、詩の言いたいのは実は逆です。「美しい願いごと」――たとえそれが叶《かな》わずに落ちてきても、その「美しい願いごと」を「もっともっと高く／何度でも／打ち上げよう」、紙風船のように、と詩は言っているのです。

比べるものと比べられるものを密《ひそ》かに逆転する仕掛け。それによってこの詩は、空に打ち上げられる美しい紙風船をうたうイメージの詩から、〈美しい願いごとは決して諦めるな〉という〈考え（思想）の詩〉、メッセージの詩へと転換しています。

ただ詩として大切なのは、そのメッセージが軽やかな紙風船のイメージに託されていることです。それによって読者は「願いごと」の内容を、決して重苦し過ぎるものとは感じない。そして自分自身のひそかな願いごとも、美しい紙風船のように、諦めることなく打ち上げつづけてみようかと、小さく励まされるかも知れません。それが④この詩の魅力でしょう。

（柴田翔《しばたしょう》「詩への道しるべ」による）

《詩》
春の河　　山村暮鳥《やまむらぼちょう》

たつぷり《たつぷり》と
春は
小さな川々まで
あふれてゐ《い》る
あふれてゐる

（山村暮鳥「雲」による）

(1) 基本　本文中の二重傍線部A～Cのカタカナにあたる漢字を、それぞれ楷書で正しく書きなさい。（各2点）

(2) 傍線部①　咲くのです　とありますが、その部分の主語にあたる文節はどれですか。本文中からそのまま抜き出して書きなさい。（3点）

(3) 思考力　傍線部②　詩の中心的イメージ　とありますが、それはどのようなイメージですか。次のア～エのうちから最も適当なものを一つ選び、その記号を書きなさい。（4点）

ア、「そうして次々に／新しい靴にはきかえてゆく」から読み取れる、育ち盛りの子どもの靴のイメージ。
イ、「疲れた靴」と「小さな靴」から読み取れる、大人と比べて元気さが感じられる子どもの靴のイメージ。
ウ、「小さな靴は／おいてある」から読み取れる、玄関に寂しげに取り残された子どもの靴のイメージ。
エ、「花を飾るより／ずっと明るい」から読み取れる、祖母の愛情に照らしだされた子どもの靴のイメージ。

(4) 傍線部③　詩を読むときに気をつけるべき点　とはどういうことですか。それを、次のように説明するとき、□にあてはまる言葉を、十五字以内で書きなさい。（5点）

詩のことばを、□こと。

(5) Ⅲの詩のなかで使われている表現技法は何ですか。次のア～エのうちから最も適当なものを一つ選び、その記号を書きなさい。（3点）

ア、倒置　イ、体言止め
ウ、対句　エ、擬人法

(6) 思考力　傍線部④　この詩の魅力　とありますが、それはどのような点にあると筆者は述べていますか。それを、次のように言い換えて説明するとき、［a］、［b］は本文中からあてはまる言葉をそれぞれ四字以内でそのまま抜き出して書き、［c］はあとのア～エのうちから最も適当なものを一つ選び、その記号を書きなさい。（各2点）

美しい［a］を美しい［b］にたとえることで、［c］表現されている点。

c の選択肢

ア、美しい願いごとは決して諦めるなというメッセージが軽やかに

イ、比べるものと比べられるものを逆転させる仕掛けが密かに

ウ、空に浮かぶ美しい紙風船のイメージが読者を励ますように

エ、軽やかで美しい紙風船が自分自身の密かな願いごとのように

(7) 思考力 点線部 じっさい詩人が見た風景であるのでしょうが、しかしそれはむしろ、詩人の心の風景なのです とあります。この考え方に従って、《文章》のⅡの詩と《詩》「春の河」について次の表のようにまとめたとき、X、Y にあてはまる言葉はそれぞれ何ですか。X は十字以内で書き、Y はあとのア〜エのうちから最も適当なものを一つ選び、その記号を書きなさい。（各4点）

	詩人が見た風景	詩人の心の風景
Ⅱの詩	カモメが波に揺られている岬の風景	旅のおわりの行き止まりを感じさせる岬の風景
「春の河」	X 風景	Y

Y の選択肢

ア、冬が終わる寂しさを感じさせる川の風景

イ、春を待つ楽しみを感じさせる川の風景

ウ、春を迎えた喜びを感じさせる川の風景

エ、夏へと向かう希望を感じさせる川の風景

三 (古文)古典知識・内容吟味

次の文章を読んで、あとの(1)〜(4)の問いに答えなさい。（計20点）

人の世を渉《わた》るは、①行旅の如《ごと》く然《しか》り。途《みち》に険夷(注)有り、日に晴雨有り。畢竟《ひつきやう》避くるを得ず。（結局のところ避けることができない。）只《た》だ宜《よろ》しく②処《ところ》に随《したが》ひ③時に随つて相緩急すべし。速やかなるを欲《ほつ》して（早く行き着こうとして）以《もつ》て災ひを取る勿《な》かれ。（ことがあってはならない。）猶予して（ぐずぐずして）以て期に（約束の期日に）後るる勿かれ。是れ旅に処するの道（方法）にして、即《すなは》ち（とりもなおさず）世を渉るの道なり（である）。

（「言志四録《げんしろく》」による）

(注) 険夷《けんい》有り…けわしい所もあれば平らなところもあること。

(1) よく出る 点線部 畢竟避くるを得ず とありますが、これを漢文で書くと「畢竟不得避」となります。点線部のとおりに読めるように、返り点を付けなさい。（3点）

(2) 傍線部① 行旅の如く然り とありますが、「行旅」は何と似ているのですか。それを、次のように説明するとき、□にあてはまる言葉を本文中からそのまま抜き出して書きなさい。（4点）

行旅は、□ことと似ている。

(3) 思考力 傍線部② 処、傍線部③ 時 とありますが、それが本文中で指し示しているのはそれぞれどの言葉ですか。次のア〜エのうちから最も適当な組み合わせを一つ選び、その記号を書きなさい。（5点）

ア、②世　③旅　　イ、②途　③日

ウ、②速　③後　　エ、②災　③期

(4) 思考力 次の会話は、この文章を読んだ四人が、内容について話し合ったものの一部です。a、b にあてはまる言葉はそれぞれ何ですか。a は本文中からあてはまる一文を抜き出し、はじめと終わりの五字を書き、b は本文中から六字でそのまま抜き出して書きなさい。（各4点）

春菜さん　私は、この文章の内容は、「急《せ》いては事を仕損ずる」ということわざと同じことを表していると思ったんだけど……。

夏江さん　たしかにそうだね。「急がば回れ」とも似ているよね。本文の「a。」のところが、この二つのことわざと同じようなことを述べていると思うよ。

秋斗さん　そうかなあ。私は、「急がば回れ」とは正反対の意味を表している文章だと思ったよ。

冬彦さん　そうだよね。「a。」の近くには「善は急げ」と同じような意味のことが書かれているよ。

秋斗さん　そうだよ。私はそこが大事なところだと思ったんだよ。

夏江さん　二つの正反対のことが書かれているなんて変だね。この文章は何を言いたいのかな……。

春菜さん　……あ、わかった。この文章は、「急いては事を仕損ずる」と同じことを述べているわけではなくて、柔軟に対応することが大事だということを述べているんじゃないかな。それを表現しているのが本文の「b」の部分だと思う。

四 内容吟味・条件作文

のぞみさんは、あとの《資料Ⅰ》、《資料Ⅱ》を見て、宿題のレポートを書こうとしています。《資料Ⅰ》は、ある調査で、テレビ、新聞、インターネット、雑誌の四つのメディアそれぞれに対して「情報源として重要だ」と回答した人の割合をまとめたものです。また、《資料Ⅱ》は、同じ調査で、それぞれのメディアに対して、「信頼できる」と回答した人の割合をまとめたものです。《資料Ⅰ》、《資料Ⅱ》を見て、次の(1)、(2)の問いに答えなさい。（計15点）

(1) 思考力 《資料Ⅰ》を見たのぞみさんは、次のような感想を持ちました。のぞみさんはどのメディアについての感想を述べていますか。あとのア〜エのうちから最も適当なものを一つ選び、その記号を書きなさい。（3点）

のぞみさんの感想

「このメディアだけが、年代が上がるにつれて『情報源として重要だ』と回答した人の割合が増えているね。何か理由があるのかな。」

ア、テレビ　　イ、新聞

ウ、インターネット　　エ、雑誌

(2) 思考力 《資料Ⅰ》と《資料Ⅱ》の両方から、インターネットはどのように受け止められていると読み取ることができますか。また、読み取ったことを踏まえて、インターネット上の情報を利用する際、あなたはどのようなことに注意しますか。あとの【条件】①～④に従ってあなたの考えを説明する文章を書きなさい。(12点)

【条件】

①説明する文章は、原稿用紙（15字詰×7行＝省略）の正しい使い方に従って、二つの段落で構成し、五行以上七行以内で書くこと。

②第一段落は、《資料Ⅰ》と《資料Ⅱ》から読み取れるインターネットの受け止められ方について書くこと。

③第二段落は、第一段落を踏まえて、インターネット上の情報を利用する際に注意することについて書くこと。

④資料で示された数値を書く場合は、次の例に示した書き方を参考にすること。

例　二〇・三%　または　二十・三%
　　四二・〇%　または　四十二%

《資料Ⅰ》情報源としての重要度（全年代・年代別）

		テレビ	新聞	インターネット	雑誌
全年代		88.1%	53.2%	75.1%	19.3%
年代別	10代	83.8%	28.9%	85.9%	7.7%
	20代	81.0%	32.2%	87.7%	18.5%
	30代	83.0%	34.0%	83.0%	16.6%
	40代	90.8%	54.0%	80.1%	18.7%
	50代	92.1%	70.1%	74.1%	23.4%
	60代	93.1%	80.0%	49.3%	24.5%

《資料Ⅱ》各メディアの信頼度（全年代）

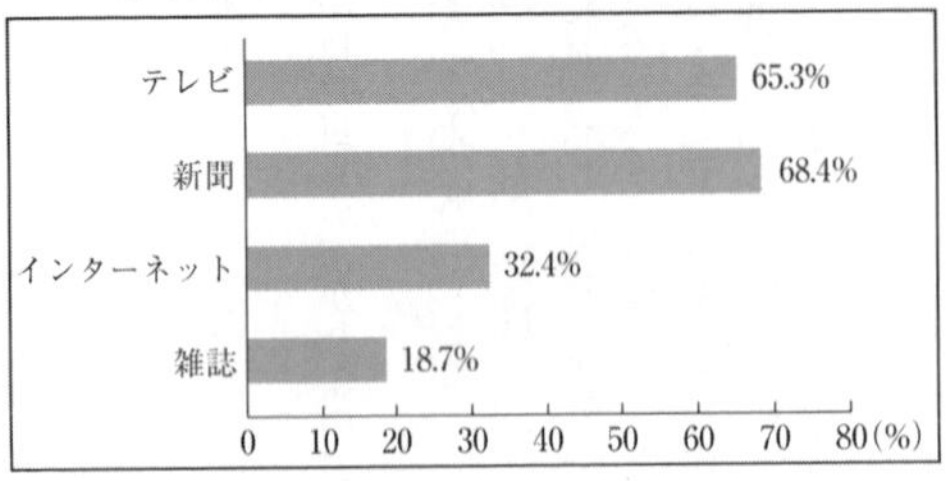

（総務省「令和元年度　情報通信メディアの利用時間と情報行動に関する調査報告書」から作成）

宮城県

時間 50分　満点 100点　解答 P5　3月4日実施

出題傾向と対策

●大問五題構成は例年どおり。一では、漢字と慣用句に加え、プレゼンテーションのための準備が出題された。小説文、論説文、古文の本文はいずれも読みやすく要旨を捉えやすい。また選択問題の難度は高くなく、条件作文も比較的取り組みやすいテーマであると言える。

●漢字、慣用句などの基礎的な学習は、怠りなく継続的に行うこと。また条件作文対策が重要である。制限時間を設けたうえで、資料を読み記述する練習を重ね、短時間で的確に意見をまとめ上げる力を養っておく。

一 漢字の読み書き・慣用句・聞く話す

次の問いに答えなさい。(計30点)

問一、よく出る 基本 次の文の――線部①～⑥のうち、漢字の部分はその読み方をひらがなで書き、カタカナの部分は漢字に改めなさい。(各2点)

・級友と約束を①交わす。
・知人に道案内を②頼む。
・前年の形式を③踏襲する。
・太陽の光を全身に④アびる。
・人生の⑤タビジを歩む。
・委員長としての⑥セキムを果たす。

問二、よく出る 基本 次の文の――線部①、②のカタカナを漢字に改めたものとして、正しいものを、それぞれあとのア～エから一つ選び、記号で答えなさい。(各2点)

・入場者の数をキ①セイする。
ア、省　イ、制　ウ、製　エ、精
・大会に参加するイ②コウを関係者に伝える。
ア、光　イ、行　ウ、降　エ、向

問三、よく出る 基本 次の□に共通して入る言葉を、あとのア～エから一つ選び、記号で答えなさい。(2点)

・□が回る　・□先三寸　・□の根の乾かぬうち
ア、首　イ、目　ウ、口　エ、舌

問四、Aさんの中学校では、三年生がクラスごとに校内に花を植える緑化活動をしています。Aさんのクラスでは、クラスで植える花を決めるために、グループごとにプレゼンテーションを行うことになり、Aさんたち四人のグループは、花言葉に着目して植える花を提案することを思いつきました。次は、Aさんたちが行った【話し合いの一部】と、プレゼンテーションで使うための【進行案】です。あとの(一)～(五)の問いに答えなさい。

【話し合いの一部】

〈Aさん〉　いろいろな花の候補があがったけれど、もっとクラスにぴったりの花はないかな。[①]みんなから支持してもらえるような花を提案したいよね。

〈Bさん〉　「イッチ」という花言葉をもつ「芝桜」はどうかな。②「イッチ」とは、「一致団結」の「一致」のことだよ。小さな花が仲むつまじく密集して咲く様子からついた花言葉で、咲いている様子も花言葉も、私たちのクラスにぴったりだと思うよ。

〈Cさん〉　うん、「一致」という花言葉はクラスにぴったりだね。まとまりがあって仲のよいところが、私たちのクラスのよいところだと感じていたから、私も芝桜がいいと思うな。

〈Dさん〉　③私もよい提案だと思うのだけれど、芝桜は他の花と比べて花が小さいので、華やかさが足りないという意見が出るかもしれないよ。芝桜を提案するのであれば、花言葉以外にも芝桜を提案する理由を準備したほうがよいと思うな。

〈Bさん〉　確かにそうだね。たとえば、芝桜は比較的育てやすい植物だという点を理由に付け足せないかな。日当たりのよいところに植える必要があるけれど、乾燥や寒さにも強い植物で、手入れもそれほど難しくないよ。

〈Cさん〉　私の家では、芝桜が広がって根付く性質を利用して、庭に雑草が生えるのを防いでいるよ。理由として使えそうだよね。

〈Aさん〉　校門付近に芝桜を植えることも合わせて提案するのはどうかな。芝桜は毎年花を咲かせるから、自分たちが植えた花を卒業後も見に来ることができるという提案になるよ。

〈Dさん〉　うん、芝桜を植える利点はいくつかあげられるね。花言葉に着目して芝桜を植えたいという提案に付け足せば、みんなからの共感を得やすくなりそうだね。

〈Aさん〉　それでは、説明内容を整理して、進行案を作ろうよ。

〈全　員〉　賛成。

【進行案】

クラスにぴったり！「芝桜」

説明内容	提示資料	担当
Ⅰ 初めに ・提案理由の説明	〔スライド１〕 テーマと提案理由 ・テーマ ・提案理由	Aさん
Ⅱ 色々な花と花言葉 ・花言葉の説明 ・色々な花の花言葉	〔スライド２〕 花の写真と花言葉 ・候補にあげた花の写真 ・その他の花言葉	Bさん Dさん
Ⅲ 芝桜を提案する理由 ・花言葉「一致」 ・芝桜が咲く様子	〔スライド３〕 芝桜の写真と花言葉 ・芝桜の花言葉 ・密集して咲く芝桜の写真 ・肩を組み合うクラス写真	Bさん Cさん
Ⅳ 花言葉以外の提案理由 ・芝桜を植える利点	〔スライド４〕 理由として付け加えるもの ・提案を補強するための理由	Cさん Dさん
Ⅴ まとめ ・提案理由のまとめ	〔スライド３〕※再提示 芝桜の写真と花言葉	Aさん

(一) 【話し合いの一部】の中の［①］にあてはまる言葉として、最も適切なものを、次のア～エから一つ選び、記号で答えなさい。（２点）

ア、まるで　イ、ぜひ　ウ、たとえ　エ、もし

(二) 【話し合いの一部】の中に、「②『イッチ』とは、『一致団結』の『一致』のことだよ。」とありますが、Bさんのこの発言における工夫を説明したものとして、最も適切なものを、次のア～エから一つ選び、記号で答えなさい。（２点）

ア、難解な言葉を理解してもらうために、類似する言葉を提示している。

イ、同音の言葉が多数あるため、熟語の漢字を一字ずつ確認している。

ウ、耳で聞いて分かりにくい言葉を、例を用いて理解しやすくしている。

エ、大切な情報を繰り返して、忘れることがないように念を押している。

(三) 【話し合いの一部】の中の「③私もよい提案だと思うのだけれど、」で始まるDさんの発言が果たす役割を説明したものとして、最も適切なものを、次のア～エから一つ選び、記号で答えなさい。（２点）

ア、説得力のある提案をするためには、聞き手からの意見や反論を想定して準備する必要があるということを提起する役割。

イ、話し手が提示したいと思う内容であっても、反対されてしまう要素は削除するほうがよいということを提言する役割。

ウ、提案の内容で短所と思われる点も、資料の提示の仕方や説明の工夫次第では長所となるということを指摘する役割。

エ、提案しようとしている内容に問題点があるため、提案の内容を根本から見直した方がよいということを忠告する役割。

(四) Aさんのグループでは、提案の中心となるところに時間を多く割り当てて、プレゼンテーションを行おうと考えました。Aさんたちが最も多く時間を配分しようと考えたのは、【進行案】にある説明内容のⅠ～Ⅴのどこか、最も適切なものを、次のア～オから一つ選び、記号で答えなさい。（２点）

ア、Ⅰ　イ、Ⅱ　ウ、Ⅲ　エ、Ⅳ　オ、Ⅴ

(五) 思考力 Aさんのグループでは、【進行案】の提示資料の欄にある〔スライド４〕として、次のア～ウを準備しましたが、検討した結果、アの資料を用いることにしました。Aさんたちがアの資料を用いることにした理由を具体的に、三十字以内で説明しなさい。（４点）

ア

芝桜にはこんなよい点も

1　育てやすい！
2　雑草を防ぐ！
3　毎年花を楽しめる！

イ

芝桜を植える利点について

芝桜は他の花と比べて手入れが簡単で、育てやすい花です。また、芝桜の広がって根付く点を利用すれば、雑草が生えることを防いでくれます。毎年花を咲かせるので春の楽しみが増えます。

ウ

ひと目で分かる芝桜のよさ

・花は小さいが、手入れが簡単。
・日当たりのよいところに植えれば、毎年花をつける。

二 （小説文）内容吟味

次の文章を読んで、あとの問いに答えなさい。（計20点）

（スポーツ誌『Gold』の記者、目黒明日香《めぐろあすか》は、かつて同じスイミングスクールに通っていた幼なじみの綾瀬裕《あやせゆう》がオリンピック競泳代表選考会に出場することを知り、取材を兼ねて裕の応援に駆けつける。）

台を蹴って飛び込む。数秒の潜水後、浮上して腕を掻《か》く。裕は六コース。なめらかできれいな泳ぎだ。パワフルでぐいぐい進む。座ってはいられず明日香は腰を浮かした。両手の拳を握りしめる。行け、速く、もっと、もっと。

勝っても負けても終わりじゃない。でも勝ちたい。負けたくない。そこにこだわるからこそ一秒でも速く、一センチでも高く、遠く、記録は塗り替えられる。新しい技が生み出され、超絶プレイに磨きがかかる。それを前進とか進化とか言うのならば、惹《ひ》かれずにいられない。人が前に進むようにできているのならば、むき出しの向上心に、畏怖や憧憬を持たずにいられない。①DNAにそうすり込まれている。

「裕！」

夢中で声を上げた。オリンピックに行って。夢を叶《かな》えて。最後のターン。

裕がトップに出た。ほんのわずかだがトップ。速く速く。もっと速く。水を摑《つか》んで水にのって水を蹴る。歓声が真昼の太陽のようにプールを照らす。青い水が白く輝く。そのまばゆさに明日香は身をゆだねた。光を*統《す》べる、遠い頂からの力に同化する。なんでもできそうだ。どこにでも行けそうだ。眠っていたものが一斉に目覚める。

ゴール。トップで壁に触れたのは裕だ。

水からあがった頭が電光掲示板の方を向く。*派遣記録突破。オリンピック代表決定。

裕の拳が真上に突き上げられる。場内は*興奮のるつぼとなり観客は総立ちだ。明日香は*石渡《いしわたり》と手を取り合い、涙を拭うことも忘れた。

優勝選手インタビューでは久しぶりに裕の声を聞くことができた。喜びが全身からほとばしっていた。片づけの手を止めて、明日香は思わず余韻に浸ってしまう。また目の奥が熱くなる。

「目黒さん、おめでとうを言いに行ったらどう？　感動の対面になるんじゃないの。写真に撮らせてよ」

石渡からもらったティッシュで洟《はな》をかみ、苦笑いと共に「いいえ」と断った。

観客はあらかた退出し、*メディアブースの人も減った。プールサイドでは用具の片づけ作業が始まっている。

「今日の報告をしなくてはいけませんし、私も自分の仕事を頑張るのみです」

「目黒さんの仕事？」

そこで首を傾《かし》げないでほしい。「あのですね」と言いかけて、②たくさんの顔や言葉が浮かんだ。

Goldへの*異動を言われたとき、スポーツへの苦手意識はどうしようもなかった。一事が万事、勝つか負けるかで色分けされ、華やかな勝利の陰で脱落していく人が大勢いる。しのぎを削り、順位を競い、多くの夢が砕け散る。スポーツを応援する人にしても、勝てば嬉《うれ》しいのはよくわかる。でも負けが続いたり、贔屓《ひいき》の選手が引退したり、不祥事を起こしたり、チームそのものが解体したりと、大なり小なり失望や落胆がつきまとう。心折れたりしないだろうか。

理解できずにいたけれど、もしかしたら勝ち負けにこだわっているのは自分なのかもしれない。負けたらおしまい、夢は破れると、いつしか思い込んでいた。つらくて苦しいことを強いるスポーツに対して、不信感を募らせていた。

けれどプロ野球の山川選手とのやりとりを思い出せば、勝っても負けても経験値を積んでいるのだ。いつかどこかでそれが生かされる。現役時代でなくても、スポーツの世界でなくても。男子バスケットで活躍した的場《まとば》はトレーナーになり、プロレスラーになれなかった定食屋の店主は不屈の魂で今の店をオープンさせた。負けて終わりではなく、道は続いている。

その道の上で、勝利は一番星のように輝く。③あまりにも眩《まぶ》しくて疎外感すら覚えてしまったけれど、きっとちがう。遥か彼方《かなた》だけでなく、光の粒は自分の中にもある。だからこんなにも引きつけられる。まるで恋をしているみたいに。

「私はスポーツファンに期待されるスポーツ誌で、期待に応える記事を書くんですよ」

「ほう」

「石渡さんのおっしゃった言葉の意味も、少しわかってきました。負けを卑下することなく、勝って輝くものに素直な称賛をおくりたいです。眩しいものは眩しい。多くの人の心を照らす。その尊さを美しい形で留めておけるのは雑誌ですし」

少しおどけて胸を張ると、④石渡は目を細め、「頑張ってね」とうなずいた。

「いろんな人が、いろんな場所から見上げている星だよね。大きいのも小さいのもある。その魅力を十分に伝えてくれたなら、ぼくとしてもとても嬉しい。期待してるよ」

会場で出会った*美濃部選手のコーチも「とても嬉しい」と言っていた。教え子の素晴らしい泳ぎを見たときの率直な感想だ。

スポーツ競技でなくても、誰かに喜んでもらえるようなことが、自分にもできるだろうか。

誰かの心を揺さぶることはできるだろうか。

「目黒さん、オリンピックで会おう」

Goldに異動になって名刺を作ってもらった日から、道の先に*燦然《さんぜん》と輝いていた巨大な星だ。四年に一度の世界大会。五十六年ぶりの自国開催。

「よろしくお願いします」

⑤今はその道が先の先まで、途切れることなく続いているのを知っている。

（大崎《おおさき》　梢《こずえ》「彼方のゴールド」による）

＊をつけた語句の〈注〉

統べる――一つにまとめて支配する。
派遣記録――代表選手を選考する基準となる記録。
興奮のるつぼ――大勢の人が熱狂している状態やその場所。
石渡――水泳競技を専門に取材する記者。
メディアブース――取材のために報道関係者が待機する場所。
異動――仕事の配属先が変わること。
美濃部選手――メダルの獲得を期待されている競泳の選手。
燦然と――きらきらと鮮やかに光り輝くさま。

問一、本文中に「①DNAにそうすり込まれている。」とありますが、明日香がこのように考えたのはなぜですか。最も適切なものを、次のア～エから一つ選び、記号で答えなさい。（3点）

ア、挑戦し続ける選手の姿に、人は心を動かされるのだと実感したから。

イ、進化する選手の様子から、自分も進化していくことを予感したから。

ウ、ひたむきに戦う選手に対し、声援を送り続ける人を見て共感したから。

エ、全力で競技に向かう選手を見て、平凡な自分との差を痛感したから。

問二、本文中に「②たくさんの顔や言葉が浮かんだ。」とありますが、次の対話は、このときの明日香の心情について話し合ったものです。あとの㈠、㈡の問いに答えなさい。

〈Xさん〉明日香がこの場面で思い浮かべた、たくさんの顔や言葉はどんな人たちのものだったのかな。

〈Yさん〉おそらく、取材を通して出会った人たちのことを思い出しているのだと思うよ。その中でも、プロ野球選手、バスケットのトレーナー、定食屋の店主などが、明日香の印象に残っている人なのだろうね。

〈Xさん〉Ｇｏｌｄに異動したばかりのとき、明日香はスポーツに苦手意識があったよね。それまでの明日香は、スポーツの世界ではどんな場面においても［　Ａ　］されてしまうものだと捉えていたのかな。

〈Yさん〉そうだね。でもいろいろな人に取材をして話を聞くうちに、スポーツの勝負を通して［　Ｂ　］が、いつかどこかで生かされるのだと思えるようになったんだね。「負けて終わりではなく、道は続いている」という言葉にそれが表れているね。

㈠［　Ａ　］にあてはまる言葉を、本文中から十一字でそのまま抜き出して答えなさい。（3点）

㈡［　Ｂ　］に入る適切な表現を考えて、十字以内で答えなさい。（3点）

問三、本文中に「③あまりにも眩しくて疎外感すら覚えてしまったけれど、きっとちがう。」とありますが、次の文は、このときの明日香の心情について説明したものです。［　　］にあてはまる適切な表現を考えて、十字以内で答えなさい。（3点）

勝利を手に入れた人は輝きを放ち、自分とは遠くかけ離れた存在だと感じてしまっていたが、本当はそうではなく、光の粒は自分の中にもきっとあり、自分にも［　　］のだと希望を抱いている。

問四、**基本** 本文中に「④石渡は目を細め、『頑張ってね』とうなずいた。」とありますが、このときの石渡の心情を説明したものとして、最も適切なものを、次のア〜エから一つ選び、記号で答えなさい。（3点）

ア、きっぱりと答える明日香の様子を意外に感じ、いぶかしく思っている。

イ、明るく答える明日香の様子に眩しさを感じ、うらやましく思っている。

ウ、控えめな返答をする明日香の様子に遠慮を感じ、寂しく思っている。

エ、しっかりと返答する明日香の様子に成長を感じ、嬉しく思っている。

問五、**思考力** 本文中に「⑤今はその道が先の先まで、途切れることなく続いているのを知っている。」とありますが、明日香がこのように思ったのはなぜですか。五十五字以内で答えなさい。（5点）

三 （論説文）内容吟味・文脈把握

次の文章を読んで、あとの問いに答えなさい。（計20点）

①メールが届いたら、即座に返事をしないと落ち着かない。なぜなら返事をしないと、相手が下すであろう自分への評価――「自分のことを無視したり軽く見たりしているのではないか」――を先どりして不安にかられ、即レス*を繰り返していく。

私たちのこうした行動や反応は、病理か何かのように論じられることもあるが、私はそうは思わない。独自の自己論や相互行為自体がもつ秩序を論じたE・ゴフマン*をあげるまでもなく、他者に対する自己提示や自己の印象操作は、スマホやケータイを介したコミュニケーションに限らず、私たちが普段から自然に行っている営みだからだ。

では何が問題なのだろうか。

②それは至便さ*、利便性の象徴でもある〝速度〟ではないか。

情報機器がもつ機能としての至便性である〝速度〟が、私たちの日常的なコミュニケーションや他者理解、他者への意思や感情の表明をめぐる〝速度〟にまで介入し、〝この速度こそ最適だよ〟といわんばかりに、私たちに強いてしまっているのだ。

「さくさくとつながる」ことは、便利なことだ。しかし③「さくさくと相手を理解し、さくさくと自分を相手に提示すること」は、はたして素晴らしいことなのだろうか。

かつてケータイやスマホなど想像もできなかった時代、私たちは家にある固定電話で友達と遅くまで電話をしたはずだ。電話は、リビングや廊下など、家の者が誰でも使える場所にあった。だからこそ、私たちは友たちと秘密の談話をしたり、長電話をしたりするときは、家族にわからないように工夫しただろう。

どうしたら家族にばれないように、あの子と電話できるのかを考えた時間。なんとか電話でき、深夜にこっそり二人で親密な会話を楽しめたときの楽しさや達成感。こうした営みは、けっして「さくさく」進められるものではなく、つねになんらかの困難や障壁をともなうし、時間やエネルギーがかかるものだ。

これはけっして昔を懐かしんだり、昔はよかったとノスタルジー*を語ったりしているわけではない。他者とつながり、他者を理解し、翻《ひるがえ》って自分を他者に提示する営みは、けっして「さくさく」達成されるものではなく、さまざまな困難や障壁、長い時間や多様なエネルギーがかかるものであり、私たちはスマホの〝速度〟に見合うように他者とはつながれないという事実を確認したいのだ。

スマホがもつ〝速度〟に関連して、さらに考えられること。

それは私たちが言葉を介して他者と出会い、他者を理解していたときの〝時間〟や〝あいまいさ〟〝余裕〟とでもいえる何かが、その〝速度〟によって奪われたり、変質したりしているのではないか、ということだ。

大学の講義でよく学生に尋ねることがある。

「あなたたちは、好きな人ができたとき、自分の思いを伝えようとして、まず何をしますか」と。別の尋ね方をするときもある。「好きな人ができて、あなたたちは自分の思いを伝えようとして、手紙を書くことはありますか」と。

多くの学生はこう答える。

「ケータイで自分の気持ちを伝えます」「まず電話（ケータイ）しますね」「手紙は書いたことはありません」等々。

「そうか、最近の若い人は手紙を書かんようになったな。私は大学生のとき、好きな人に一晩かけて便箋で一五枚書いたことがあるぞ」と、私は彼らの答えを受けて話しだす。この話にはオチがあり、一週間後、相手から便箋一〇枚くらいの返事が届く。「お友達でいましょうね」と。

過去の恥ずかしい出来事を学生に披露したいのではない。私が言いたいのは、〝言葉を尽くして、思いや考えをまとめ、相手に語りだす〟ということがもつ意味だ。

相手のことが好きだとして、自分はどのように好きなのか。それをどのように言葉を駆使して表わせば、一番印象深く相手に伝えることができるのだろうか。

手紙を書いているとき、私たちはこうした自分の思いや言葉と格闘しているだろう。ただ、そのとき実感するのは、自分の思いを、いかに言葉で言いつくすことが難しいのかということであり、同時に、相手がどのような人間であるのかを想像しつくすことの難しさでもある。いわば、自分と他者の間に横たわる〝距離〟や、他者理解の困難さや奥深さを思い知らされるのである。だからこそ、なんとか言葉を駆使し、自分の思いを相手に伝えようと、さらに奮起し、書くことにエネルギーを投入していくのだ。

アプリでもともと用意されたスタンプ*や顔文字で、自分の言いたいことや気持ちが伝わるのだろうか。伝わるとしても、そのやりとりによって、他者理解のどのような部分を達成できているのだろうか。

スマホに飼いならされることで、従来であれば多様な言葉をつくして相手に何かを伝えようとしたときに私たちがつぎこんでいた〝生きられた時間〟、④大切な〝無駄〟を失ってしまったような気がするのである。

だから、⑤スマホというツールに対する発想や認識を変えてみてはどうだろうか。

「多孔化*した現実のなかで、他者や多様な現実と平易につながることができるツールとしてのスマホ」ではなく、「ミステリアスでよくわからない存在としての他者と、それだけでは簡単につながることなどできはしないツールとしてのスマホ」というふうに。

（好井《よしい》 裕明《ひろあき》「違和感から始まる社会学」による）

＊をつけた語句の〈注〉

即レス——電子メールの受信後、即座に返信すること。
E・ゴフマン——アメリカの社会学者。
至便——非常に便利なこと。
ノスタルジー——ここでは、昔を懐かしむ気持ちのこと。
スタンプ——メッセンジャーアプリで、メッセージに添えたり、メッセージの代わりに送ったりするイラスト。
多孔化——ここでは、空間や時間に縛られずに、無数の情報に接続することができる状態にあること。

問一、**基本** 本文中に「①メールが届いたら、即座に返事をしないと落ち着かない。」とありますが、このように即座に返事をしないと落ち着かなくなるのは、なぜだと筆者は考えていますか。最も適切なものを、次のア～エから一つ選び、記号で答えなさい。（2点）

ア、相手の都合を考えようとはせずに、反射的に対応をしてしまうから。
イ、自分に対して相手が抱く印象を、勝手に想像して不安になるから。
ウ、相手を軽視してしまっている自分自身の姿勢を、認めたくないから。
エ、自分に対して相手が下しているであろう評価を、早く知りたいから。

問二、本文中に「②それは至便さ、利便性の象徴でもある〝速度〟ではないか。」とありますが、「それ」が指し示す内容を、三十字以内で答えなさい。（4点）

問三、本文中に「③『さくさくと相手を理解し、さくさくと自分を相手に提示すること』は、はたして素晴らしいことなのだろうか。」とありますが、次の文章は、この問いかけに込められた筆者の考えを説明したものです。［A］にあてはまる言葉を五字で、［B］にあてはまる言葉を十字で、それぞれ本文中からそのまま抜き出して答えなさい。（各3点）

> スマホやケータイなどの情報機器は、私たちの日常に、「さくさく」と感じられる〝速度〟をもたらしてくれる一方で、さまざまな場面でその〝速度〟を私たちに押しつけている。しかし、私たちが行う他者理解や自己提示の営みには、なにかしらの［A］が存在するものであり、実際にはスマホの至便性につり合うように［B］ということを確認しておく必要がある。

問四、**思考力** 本文中に「④大切な〝無駄〟」とありますが、筆者が述べる「大切な〝無駄〟」とはどのようなことですか。五十五字以内で説明しなさい。（5点）

問五、本文中に「⑤スマホというツールに対する発想や認識を変えてみてはどうだろうか。」とありますが、筆者がこのように提案するのはなぜですか。最も適切なものを、次のア～エから一つ選び、記号で答えなさい。（3点）

ア、スマホは、至便性がある道具ではなく、かえって他者との関係を阻害するものだと認識を変えて、使う場面や相手を選んでほしいから。
イ、スマホは、利便性や速度をもつ優れた道具だと再認識して、他者や多様な現実とつながる機会を数多く持ってほしいから。
ウ、スマホは、便利ではあるが万能なものではないと認識し直して、自己提示や他者理解の奥深さと向き合ってほしいから。
エ、スマホは、至便性があり必要不可欠な道具であるという認識を捨て去って、手紙や電話の方が便利なのだと分かってほしいから。

四（古文）仮名遣い・内容吟味

次の文章を読んで、あとの問いに答えなさい。（計10点）

それ（そもそも）、細工する人は、まづ斧《をの》うちにしたる木を取り重ねて、手斧《てうな》うちをして、次に鉋《かんな》をかけて、上《*》を磨くにも、さめ木賊《とくさ》*を①つかひてのち、椋《もく》*の葉にて磨き侍《はべ》るなり。②連歌の地《ぢ》もまたしかなり。（連歌の基本もまた同様です）大荒目《おおあらめ》に取りなしてはかなふべからず。（おおざっぱに言葉をつなげてはいけません）いかにも詞《ことば》の上下をも置き換へ置き換へして、しかも、あらあらしき詞などを、和《やは》らかなるに取り替へ取り替へ、いかにも執《しふ》すべきものなり。（できるだけよくなるようにこだわるべきです）当世の好士《かうし》、（現代の連歌愛好家が）あらあらしく耳なれぬことなどをめづらし顔に付け出《い》だすことは、③斧うちのままにて置きたらんがごとし。

（「連歌比況集《れんがひきょうしゅう》」による）

*をつけた語句の〈注〉

上――表面。おもて。

さめ木賊――ものを磨くための道具。粗めに磨くために用いる。

椋の葉――ムクノキの葉。ものを磨く仕上げの際に用いる。

問一、**よく出る** **基本** 本文中の「①つかひて」を現代仮名遣いに改めなさい。（2点）

問二、本文中に「②連歌の地もまたしかなり。」とありますが、次の文は、細工をする人が行うことと連歌の基本の似ている点をまとめたものです。あとの(一)、(二)の問いに答えなさい。

> 細工をする際に、道具を次々と替えながら、木を切り出し、削って、［A］いく過程と、連歌を詠む際に、言葉を置き換えたり取り替えたりして［B］過程が、こだわって作り上げるという点でよく似ている。

(一) ［A］に入る適切な表現を考えて、五字以内で答えなさい。（2点）

(二) ［B］にあてはまる言葉として、最も適切なものを、次のア～エから一つ選び、記号で答えなさい。（3点）

ア、吟味しようとする　イ、目新しくしようとする
ウ、詰め込もうとする　エ、大胆に用いようとする

問三、本文中に「③斧うちのままにて置きたらんがごとし。」とありますが、筆者がこの表現を通して伝えたいことはどのようなことですか。最も適切なものを、次のア～エから一つ選び、記号で答えなさい。（3点）

ア、使い古された技法にこだわらずに、新たな技法を探すのがよい。

イ、手間をかけ、よいものを作ろうとする基本を忘れてはならない。

ウ、ものを作るときは、材料や道具を大切に扱わなければならない。

エ、自身の苦労を周囲に誇示しようとするのは、見苦しいことである。

五 条件作文 **思考力**

次は、「どのようなときに国語の乱れを感じるか」という質問に対して、中学生の三人が述べた意見です。

> 〈Aさん〉　私は、敬語が正しく使われていないときに国語の乱れを感じます。敬語は、堅苦しく感じるという人もいますが、相手を大切に思う気持ちを表すことができるので、正しく使いたいです。
>
> 〈Bさん〉　私は、会話の中で若者言葉が使われると、国語の乱れを感じることがあります。確かに同世代や仲間内では通じやすいのですが、相手や場面によってはふさわしくない言葉だと思います。
>
> 〈Cさん〉　私は、テレビの出演者などが外来語を多用した発言をしていると、国語が乱れていると感じます。効果的な使い方もありますが、多用されると分かりにくく感じます。

三人の意見の中で、あなたが注目した意見を一つ選び、その意見に対するあなたの考えと、そのように考えた理由を、百六十字～二百字で書きなさい。（20点）

秋田県

時間	満点	解答
60分	100点	P6

3月9日実施

出題傾向と対策

●聞き取り検査（省略）、論説文、漢字と文法を含む国語の基礎知識、小説文、古文、課題作文の大問六題構成。漢字、文法、返り点などの基礎問題に加え、文章題では生徒のノートや会話から内容の理解を図る設問が出題された。課題作文は、二百五十字以内と字数がやや多め。

●基本的な文法、漢字などを着実に学習しておく。内容理解を図る問題では、どう表現が対応するのか気をつけ、指定字数や条件に合うようまとめる。課題作文では、自分の体験や意見をもとに説明する力を身につけておく。

一（省略）「聞くこと」に関する検査（計10点）

二（論説文）内容吟味・文脈把握

次の文章を読んで、1～4の問いに答えなさい。（計23点）

あなたは、バール*を使わずに釘《くぎ》を抜いたことはありますか。

かなりの力が必要で、よほど指先の力に自信がある人でなければ、そうそう抜けるものではありません。でも、バールのようなものを使えば、釘は楽に抜けます。もっと身近な例で、固い瓶の蓋《ふた》を開けようと汗をかいたこともあるかもしれません。これも専用の器具を使えばすぐに開きます。

このような場合、仮に道具の場所を忘れてしまっていて、探すのにかかった時間を差し引いても、道具を使ったほうが早いこともよくあります。

また、道具には、使い回しができるという性質もありま

す。ある場面での道具の使い方が、別の場面にも使えるなら、こんなに楽なことはありません。一度考えた方法を状況に応じて使い回すことで、再度考える時間と労力を削減できるからです。

道具がこの働きを持つのは、道具がそのフォルムや部品の組み合わせのうちに、問題解決の本質的な過程を封じ込めているからです。問題を解決しようとすると多くの場合には、何を実現すればいいのか明確にする、アイディアを試してみる、うまくいかなければ改良する、という手続きが必要です。ところが、道具を使い回すときには、この手続きを初めからやり直す必要はありません。

道具の使い回しで再度考える時間と労力を削減できるのは、このためです。

いま手元にある様々な道具を見ても、そうは思えないかもしれません。でも、新しい道具が生み出されるまでの過程を振り返ってみると、道具がその性質を備えていることがはっきりとわかります。

そもそも道具が生み出されるとき、その背景には、目の前にある不満な状態を、なんとか解消したいという欲求があります。例えば、楽に釘を抜きたいとか、楽に瓶の蓋を開けたいという気持ちです。これは解決を待つ問題といっていいでしょう。

私たちはこういった問題を解決するのに何が必要なのかを考え始めます。例えば、釘を抜くのなら、どの方向にどれくらい力を加えればいいのか、とか、どんな力が足りていないんだろうかと考えを巡らせます。いろんなアイディアを検討する過程で、解決方法が見つかります。

初めのうちは抽象的なアイディアかもしれません。しかし、それを実現するのは、いつだって具体的な部品の組み合わせです。ですから、いま手元にある道具のフォルムや部品の組み合わせは、人が問題をどんなふうに捉えたのか、そして、どう解決していったのかと直接的に対応しています。

ファンタジーアニメに登場するような＊呪具とは違って、道具にはスペル（呪文）が書いてありません。それもそのはずで、道具がもたらす作用は、文字のような＊表象に置き換えられているのではなく、道具の形状や部品の組み合わせとして組み込まれているからです。すなわち、道具の形そのものが道具の作用の表れなのです。そういう意味では、現実の道具というのは、アニメに登場する呪具などよりも魅惑的なように私には思えます。

端的にいえば、道具を使った問題解決は、過去に工夫が凝らされた問題解決を再び適用することにほかなりません。道具を使い回すといえば、それだけのことに思えますが、それは実際のところ、道具の内に封じ込められた問題解決の過程を呼び起こし、目の前の問題に再び適用することなのです。

「こんなことができたらいいな」と思うことを実現するプログラミング思考の観点から見れば、これは魔法のようですね。道具が備えた解決方法を引き出しさえすれば、いちいち考えなくても問題が正確に、かつ、美しく解決されるのですから。

（野村亮太《のむらりょうた》「プログラミング思考のレッスン」による）

【注】
＊バール……先端がL字形に曲がった鉄製の工具
＊呪具……神秘的なものの力を借りて様々な不思議な現象を起こそうとするときに使う道具
＊表象……外にあらわれたしるし

バール

1、使い回しができるという性質 により可能になることは何か。「…すること」に続くように、本文中から十三字で抜き書きしなさい。（2点）

2、思考力 問題解決の本質的な過程 とはどのようなことか。「…という手続き」に続くように、三十五字以内で書きなさい。（4点）

3、思考力 解決を待つ とあるが、ここで述べられている「解決」とは、何がどうなることか。本文中の語句を用いて十五字以内で書きなさい。（3点）

4、次のノートは、本文をもとにアニメに登場する呪具と現実の道具について読み取ったことや考えたことを、生徒がまとめたものである。これを読んで、後の問いに答えなさい。

〈アニメに登場する呪具と現実の道具との対比について〉

	道具がもたらす作用の表れ
アニメの呪具	作用が〔a〕⇩ スペル（呪文）
現実の道具	作用が組み込まれている ⇩〔b〕

○アニメに登場する呪具と現実の道具を対比して論じることで、〔c〕を明確に示すことができると思った。表にまとめてみたら、「魅惑的」という筆者の考えへの理解を読み手に促す効果もあるのではないかと思った。

〈「魅惑的」について〉

○これまで当たり前のように使っていたが、現実の道具には、呪具とは異なり、〔d〕という点で、魔法のような力がある。確かに「魅惑的」だと思う。

(1) 〔a〕〔b〕に当てはまる内容を、〔a〕には九字で、〔b〕には八字で本文中からそれぞれ抜き書きしなさい。（各3点）

(2) 〔c〕に当てはまる内容として最も適切なものを、次のア～エから一つ選んで記号を書きなさい。（3点）

ア、現実の道具の特徴　イ、両者の共通点
ウ、アニメの呪具の形状　エ、現実の道具の欠点

(3) 思考力 〔d〕に適する内容を、「過去」「現在」の二語を用いて、五十字以内で書きなさい。（5点）

三 漢字の読み書き・語句の意味・活用・意味用法の識別　よく出る　基本

次の文章を読んで、1～4の問いに答えなさい。（計14点）

現代において、人工知能（AI）は①著しい進歩を遂げています。社会生活の②コンカンとも言える経済活動においても、人の代わりに動いてくれるAIの需要が拡大しています。しかし、AIにはできないこともあるため、すべてを任せてよいわけではありません。

また、AIは、生存を優先したり、③利潤を追求したり

するような個体としての意思をもっていません。与えられた目標を達成するために④マヨわず作動しますが、自ら目標を見つけることはないようです。ですから、AIを活用する上で、目標を適切に設定することが重要であり、そのことは人間に委ねられているのです。

1、①著しい　②コンカン　③利潤　④マヨわず　の読み仮名を書きなさい。④マヨわずを漢字に直して書きなさい。（各2点）

2、拡大　の対義語を漢字で書きなさい。（2点）

3、任せ　の活用形を書きなさい。（2点）

4、られ　の助動詞としての意味を、次のア～エから一つ選んで記号を書きなさい。（2点）

ア、受け身　イ、可能　ウ、自発　エ、尊敬

四 （小説文）文脈把握・内容吟味

次の文章を読んで、1～4の問いに答えなさい。（計23点）

> 京都の寺で*活花《いけばな》の修行をしている少年僧胤舜《いんしゅん》は、宮中で行われる活花の会（宮中立花会《きゅうちゅうりっかえ》）で活《い》ける花についての意見を聞くため、寺の一室で重い病の床に伏している母（萩尾《はぎお》）のもとを訪ねた。そこで、他流派の二冊の活花図集を母に見せているところを、活花の師匠（広甫《こうほ》）に見られてしまった。

広甫は胤舜を睨《にら》んだ。宮中立花会で他派の活花を活けるなどあってはならないことだ。そんなことは言うまでもなく胤舜はわかっているはずだけに、広甫は二の句が継げなかった。

胤舜はそんな広甫から目をそらせて、右手と左手に『百《ひゃっ》花式《かしき》』と『挿花百規《そうかひゃっき》』をそれぞれ持った。

「母上は、このふたつの活花ではどちらがお好みでございますか。指で差してください」

胤舜が言うと萩尾は目に微笑を浮《うか》べ、横になったまま顔を向けていたが、ゆっくりと手を上げた。

視線がどこかうつろだった。そのときになって、広甫ははっとした。

すでに萩尾は目に光を失っているのではないか。そのことに胤舜が気づいていないはずはない。

（胤舜はわざとわからぬ振りをして母親に生花の図を選ばせようとしているのだ）

萩尾はすでに目が見えないことを胤舜に知られたくないと思っているのだろう。

それを知っているから、胤舜はわざと明るく萩尾に図を選ばせている。これは、母と息子の哀《かな》しい芝居なのだ。

そう思った広甫は目頭が熱くなった。

ゆっくりと萩尾は指差した。萩尾の指の先に図集はなかった。胤舜が持つふたつの図集のちょうど真ん中である。

萩尾が指差しているのは、胤舜だった。胤舜はしばらくじっと萩尾を見つめていたが、不意に両手の図集を置いて頭を下げ、

「母上、わかりましてございます」

と告げた。

ゆっくりと萩尾は目を閉じる。どうやら疲れて、眠ろうとしているようだ。

そんな萩尾の顔を胤舜は眺めていたが、不意に図集を胸に抱いて立ち上がった。広甫もすっと立ち上がる。

胤舜は涙をこらえるように、うつむいて廊下を歩くと、本堂に入って座り込んだ。広甫は静かに胤舜の前に立った。

「母上は図集ではなく、そなたを指差されたな」

「はい、母上はすでに目がお見えにならないようです。それで、わたしの声がした方を指差されたのだと思います」

切れ切れの声で胤舜がつぶやくように言うと広甫は頭を横に振った。

「いや、そうではあるまい。たとえ、目が見えずとも、どれがよいとあてずっぽうに答えることはできよう。萩尾様はわかったうえでそなたを指差されたのだ」

「なぜでございましょうか」

戸惑いながら胤舜は広甫を見上げた。

「わからぬか。萩尾様はそなたにひとの真似《まね》ではない、そなた自身の花を活けよと言われたのだ。いや、さらに言えば、そなた自身を活けよと言われたのではあるまいか」

「わたし自身を――」

「そうだ。萩尾様にとって、何より美しく、大切な花はそなただ。そなた自身を活けた花を見たいと萩尾様は思われたに相違あるまい」

胤舜は呆然《ぼうぜん》とした。

「わたし自身を活けることなどできるのでしょうか」

微笑して広甫は告げた。

「活花は、花の美しさだけを活けているのではない。花のいのちその物を活けておるのだ。そのことは池坊専応《いけのぼうせんおう》様の口伝《くでん》にもあるぞ」

池坊専応は池坊流の二十八世にあたる。立花についての様式をまとめ集大成した『池坊専応口伝』を遺《のこ》しており、その中で、

――瓶に花をさす事いにしへよりあるとはきゝ《き》侍《はべ》れど、それはうつくしき花をのみ賞して、草木の風興をもわきまへず、只《ただ》さし生たる計《ばかり》なり。

としている。すなわち昔からの活花は美しい花をただ愛《め》でるだけで草木の風趣を知らなかったというのだ。

これからの活花は「心の花」を生けねばならない、と専応は唱えている。そして心眼で自然の草木花を見ることは、自然の風景そのものを、さらに世界そのものを見ることでもあるのだ。

「花のいのちでございますか」

胤舜はうつむいて考えた。

いまの胤舜にとって最も大切なのは、母のいのちである。母のいのちを永らえさせたい、というのが何よりの願いだ。もし宮中立花会で活けるとしたら自分自身であり、母のいのちでもある花でなければならない。

胤舜は目を閉じて、心を鎮《しず》めた。やがて、瞼《まぶた》を上げると、手をつかえ、広甫に頭を下げた。

「申し訳ございませぬ。母を逝《い》かせたくないと思うあまり、心が乱れておりました。宮中立花会に出していただけるのであれば、わたし自身を示す花を活けたいと存じます」

広甫はたしかめるように胤舜を見つめた。

「さようか。では、そなたの思いを宮中立花会で示してみよ」

厳しい広甫の言葉にも、胤舜は表情を変えなかった。「かしこまりました」

再び、頭を下げた胤舜は、口元を真一文字に引き結んでいた。

（葉室麟《はむろりん》「嵯峨野花譜《さがのかふ》」による）

【注】

＊活花……草木の枝・花・葉などを素材にして花器と組み合わせて形をととのえ鑑賞する作品を作る芸術。立花はその様式のひとつ

1、そう思った広甫は目頭が熱くなった について、次のようにまとめた。これを読んで、後の問いに答えなさい。

> 母は、目が見えていないのに、見えているように振る舞い、胤舜は、それを知りながら、〔a〕をして図を選ばせている。そのことに気づいた広甫は、〔b〕。

(1) 〔a〕に当てはまる胤舜の行動を、本文中から九字で抜き書きしなさい。（3点）

(2) 〔b〕に当てはまる広甫の心情として最も適切なものを、次のア～エから一つ選んで記号を書きなさい。（3点）

ア、病気の母に頼ってしまう子の姿勢を心配している
イ、芝居をやめさせて母と子を助けたいと思っている
ウ、お互いを思い合う母と子の行動に心打たれている
エ、表面的な親子関係に哀れみの気持ちを抱いている

2、思考力 萩尾が指差しているのは、胤舜だった とあるが、萩尾の行為の意図を広甫はどのように捉えているか。「胤舜を指差すことで、」という書き出しに続けて、「…という気持ちを伝えたかったと捉えている」に続くように二十五字以内で書きなさい。（4点）

3、切れ切れの声で胤舜がつぶやくように言う とあるが、このときの胤舜の心情として最も適切なものを、次のア～エから一つ選んで記号を書きなさい。（3点）

ア、悲嘆　イ、後悔　ウ、興奮　エ、不満

4、次は、この場面をもとにグループで本紹介のポップ（広告）づくりに取り組んでいる生徒A、B、Cの会話である。グループが構想しているポップの案と会話を読んで、後の問いに答えなさい。

グループが構想しているポップの案

キャッチコピー案①《「これからの活花」に込めた師の思い》
案②《胤舜の葛藤…たどりついた境地》

メッセージ
活花という芸術をめぐり、母や師の気持ちを受け止めながら難題に挑む少年の物語。新たな一歩を踏み出そうとしているあなたにおすすめの一冊！

立花様式

A　イラストを入れて活花のイメージを紹介してみたけれどどうかな。

B　この場面は、活花の世界の〔Ⅰ〕的な面を描いている部分が多いから、具体的にイメージしてもらう工夫は効果的ね。

C　僕は、「これからの活花」に注目してキャッチコピー案①を作ってみたよ。

A　美しい花をただ切って活けるのが活花ではないんだね。花の〔Ⅱ〕や「心の花」を生けよという教えを聞いて、胤舜は自分の思いに改めて気づいていくからキーワードとして伝えるのはよい提案だよ。

B　私は、大きすぎる課題を前に呆然としていた胤舜が、「うつむいて考えた」以降、変化していく姿に着目してほしいからキャッチコピー案②を作ってみたわ。

C　たしかに、「口元を真一文字に引き結んでいた」には、〔Ⅲ〕と願う気持ちを示そうとする胤舜の覚悟を読み取ることができるね。

A　メッセージと合わせて、胤舜が成長していく物語だと紹介することで、読みたいという人が増えるといいね。

(1) 〔Ⅰ〕に当てはまる語句として最も適切なものを、次のア～エから一つ選んで記号を書きなさい。（2点）

ア、表面　イ、形式　ウ、運命　エ、精神

(2) 〔Ⅱ〕に当てはまる内容を、本文中から六字で抜き書きしなさい。（3点）

(3) 〔Ⅲ〕に適する内容を、「宮中立花会に出て、」という書き出しに続けて、四十字以内で書きなさい。（5点）

五 （古文）仮名遣い・動作主・古典知識・内容吟味

次の【Ⅰ】【Ⅱ】を読んで、1～4の問いに答えなさい。（計18点）

【Ⅰ】

宋人《そうひと》に玉を得《う》るもの或《あ》り。諸《これ》を＊子罕《しかん》に＊献《けん》ず。子罕受けず。玉を献ずる者①曰はく、「以《もつ》て＊玊人《きゆうじん》に示すに、玊人以て宝と為《な》せり。故《ゆゑ》に＊敢《あ》へて之《これ》を献ず。」と。子罕曰はく、「我は貪《むさぼ》らざるを以て宝と為し、＊爾《なんぢ》は玉を以て宝と為す。若《も》し以て我に与へば、皆宝を喪《うしな》ふなり。人々《ひとびと》其《そ》の宝を有するに＊若《し》かず。」と。

【Ⅱ】

宋人或得玉。献諸子罕。子罕弗受。献玉者曰、「以示玊人、玊人以為宝也。故敢献之。」子罕曰、「我以不貪為宝、爾以玉為宝。若以与我、皆喪宝也。不若人有其宝。」

（「春秋左氏伝」による）

【注】

＊子罕……宋の政治家
＊献ず……献上する
＊玊人……宝玉を磨く職人。「玊」は、玉を加工する人、の意

＊敢へて……進んで
＊爾……あなた。おまえ
＊に若かず……に及ばない。かなわない

【Ⅱ】

銀《しろかね》も金《くがね》も玉も②なにせむ（何になろうか）に優《まさ》れる宝子に及《し》かめやも（及ぶだろうか、いや及ばない）

山上憶良《やまのうへのおくら》

（「万葉集」による）

1、よく出る 基本 【Ⅰ】の①曰はく【Ⅱ】の②なにせむを現代仮名遣いに直し、すべて平仮名で書きなさい。（各2点）

2、【Ⅰ】の喪ふの主語として最も適切なものを、次のア～エから一つ選んで記号を書きなさい。（2点）
ア、宋人と玉人　イ、子罕と玉人
ウ、宋人と子罕　エ、宋人と子罕と玉人

3、よく出る 基本 【Ⅰ】の書き下し文を参考にして、献ズ諸ヲ子罕ニに返り点を書き入れなさい。（完答で2点）

4、次は、【Ⅰ】と【Ⅱ】を読んだ生徒A、B、Cの会話である。これを読んで、後の問いに答えなさい。

A　【Ⅰ】の文章では、子罕が宋人からの献上品を受け取らなかったね。
B　宋人は宝物の〔a〕を献上しようとしたけれど、子罕にとっての宝は違うものなのよね。
C　そうだね。子罕にとって大事なのは〔b〕という生き方を貫くことだったんだ。
A　子罕は、それぞれの宝を守ろうとしたんだね。
B　【Ⅱ】の和歌では、憶良が〔c〕はないと詠《よ》んでいるわ。
C　子罕と憶良にとっての宝は違うけれど、〔d〕を重んじていることは共通しているね。
A　自分にとっての宝は何なのか考えさせられたよ。

(1)〔a〕に当てはまる語句を、【Ⅰ】の本文中から漢字一字で抜き書きしなさい。（2点）

(2)〔b〕〔c〕に適する内容を、七字以内でそれぞれ書きなさい。（各3点）

(3)〔d〕に当てはまる内容として最も適切なものを、次のア～エから一つ選んで記号を書きなさい。（2点）
ア、政治家としての力量　イ、己の心を満たすもの
ウ、自由な発想や想像力　エ、裕福で安定した生活

六 課題作文 思考力

言葉の大切さについて、心に残っている言葉を一つ取り上げながら、次の〈条件〉にしたがって、あなたの考えを書きなさい。（12点）

〈条件〉
・題名は不要
・字数は二百字以上、二百五十字以内

山形県

時間 50分　満点 100点　解答 P7　3月10日実施

出題傾向と対策

●小説文、論説文、古文、漢字の読み書きと話し合いに関する問題、条件作文の大問五題構成。多様な観点から出題され、記述形式の設問が比較的多い。問題文は標準的だが、設問の量が多いので、時間配分に注意が必要。

●書かせる問題が多く、時間が取られるので、文章をすばやく読み取る練習が必要になる。抜き出しや記述形式の問題にも慣れておくこと。また、条件作文も出題されるので、練習を積んでおく。漢字の読み書きや慣用句などの基礎的な言語知識にも習熟しておくこと。

一 （小説文）漢字の読み書き・慣用句・文脈把握・内容吟味

次の文章を読んで、あとの問いに答えなさい。（計27点）

「望音《もね》」と「太郎《たろう》」は、東京の美術大学四年生である。次は、イギリス王立芸術院「ロイヤル・アカデミー」（ロイアカ）への留学を勧められている「望音」が、「太郎」と会話する中で、見学のため渡英したときのことを思い出す場面である。

三月上旬、ロイヤル・アカデミーの教授から、望音は一通のメールを受け取った。望音は誘われるままに、春休みを利用して、ロンドンを訪れた。

王立芸術院、英名でロイヤル・アカデミー・オブ・アーツは古めかしくて歴史を感じさせる外観でありながら、開放的で明るい雰囲気だった。美術館には豊富なコレクションの一部が無料で公開され、毎年名だたる現代アーティスト＊も参加する「夏季展覧会」は、ロンドンの夏の風物詩として有名らしい。さらに美術館の奥には、個性的な服装の若者たちが制作している建物があった。

印象に残ったのは、付属の小さなスペースで展示されて

いた学生たちの作品である。どれも素晴らしい絵ばかりで、望音は[a]圧倒された。

教授から大学院生を紹介され、アカデミー内を案内してもらいながら、彼らがしっかりと自作を説明し、確固たる*ビジョンを持って制作をしていることに驚かされた。

——で、あなたはここで、どんな絵を描きたいの？

そう訊《たず》ねられ、[1]望音はろくに答えられなかった。

その理由は、英語だったからだけではない。

望音はロンドンの*喧騒《けんそう》を行き先も決めずに彷徨《さまよ》った。明るい未来がこの街に広がっているはずなのに、頭のなかを不安が[b]塗りつぶす。離島出身で美術のことも日本のこともなにも知らなくて、東京でだって精一杯なのに、さまざまな人種や言語の行き交う、当たり前に自己主張を求められる大都会で、本当に自分はやっていけるのか。

とりあえず語学が留学の必要条件だったので、帰国後は参考書やオンライン英会話で勉強したけれど、根本的な迷いは消えなかった。覚悟がいまだに決まらないまま、また誰にも打ち明けられないまま、ここまで来てしまっていた。

「この美大に来たのも、本当はうちの意志じゃなかったんよ。うちはただ、絵が描ければそれでいいっていう気持ちがあって。それは島にいても、東京にいても、どこにいても同じじゃ。だったら、わざわざ海外に行く必要なんてない気もして——」

「なに言ってんの？」

いきなり太郎に一喝されて、望音は顔を上げた。

「ロイアカだよ？　マジですごいじゃん！　俺、望音が海外に行って勉強したあと、どんな絵を描くのか、めちゃくちゃ見てみたいよ。」

「見てみたい？」

望音は[2]目をぱちぱちさせながら太郎を見る。

「そう、たぶん俺だけじゃないよ。*ゼミのみんなだって、今の話を聞いたら、望音の絵がどんな風になるか知りたいって答えると思うよ。望音だって見てみたいと思わないの？　海外に身を置くことで『自分の絵』がどんな風に変わっていくのか。」

そう言われて、はじめて望音は思い出す。

絵は自分にとって「見たい世界」を描くものだった。

でもいつのまにか、熟知した世界ばかり描くようになっていた。描くことは冒険であり旅のはずなのに、安心するために、自分を守るために、自分の殻に*籠城《ろうじょう》してただただ描きやすいものばかり選んでいた。

この美大に来てから、少しずつ島にいた頃の自分には描けなかったものも描けるようになったのに、卒業制作のプランは、それ以前の自分の自己模倣でしかなかった。

もう島から出て行かなくちゃ。

もっと広くて未知の世界に足を踏み入れなくちゃ。

望音さ、と太郎は天を仰いだ。

「へこんでる場合じゃないよ。目の前に広がってる可能性に比べたら、どれもちっぽけなことじゃん。望音が本当にいいと思う絵を描いていれば、望音が望音じゃなくなるわけないよ。だって望音には、才能があるもん。」

太郎は自分の言葉に納得したようにつづける。

「うん、才能だよ。運や努力も関係するんだろうけど、生まれつき途方もない才能があるやつって、世の中にはごく稀《まれ》にいると思うんだ。そういうやつは放っておいても、回り道しても、いつか絶対に花ひらく。まわりには想像もつかなかったような、[3]大輪の花を咲かせるんだよ。」

才能という、実体のない言葉が望音にはずっと苦手だった。

母をはじめ周囲の口から出るたび、ぴんと来なくて信じられなかった。

自分に才能があるのかどうかは分からない。でもこうして誰かに才能があると信じてもらうことが、こんなにも勇気になるのだと望音ははじめて知った。太郎の言葉が、強力なおまじないのように望音に勇気を与える。その勇気が指先に伝わり、絵を描きたいという気持ちが広がっていく。

「俺さ、望音が咲かせるその花を、いつか見られるのを今から楽しみにしてるんだ。だってその花は本人への贈り物なだけじゃなくて、結果的にはまわりへの贈り物でもあって、他の大勢の人の心に必ず残るものだから。」

太郎は絵画棟を見上げながら言った。

〈一色さゆり『ピカソになれない私たち』による。一部省略がある。〉

〔注〕

*名だたる＝名高い。

*ビジョン＝将来の見通し。構想。

*喧騒＝人声や物音でさわがしい状態。

*ゼミ＝大学などで、少人数の学生や生徒が、教師の指導のもとで特定のテーマについて研究し、発表・討論を行う形式の授業。

*籠城＝ある場所に閉じこもって、外に出ないこと。

問一、よく出る 基本 ══部a、bの漢字の読み方を、ひらがなで書きなさい。（各2点）

問二、……部における「ぴんと来なくて」の意味として最も適切なものを、次のア～エから一つ選び、記号で答えなさい。（2点）

ア、状況の判断がつかなくて

イ、自分の感覚と合わなくて

ウ、瞬時の対応ができなくて

エ、相手の立場になれなくて

問三、難 ——部1について、「望音」が答えられなかった理由を、次のような形で説明したとき、□に入る適切な言葉を、本文に即して十五字以内で書きなさい。（4点）

英語でうまく伝えられなかったことに加え、□を持っておらず、留学することへの覚悟も決まっていなかったから。

問四、——部2は、「望音」のどのような様子を表していますか。最も適切なものを、次のア～エから一つ選び、記号で答えなさい。（3点）

ア、「太郎」からいきなり大声で注意されて、動揺し怖がっている様子。

イ、「太郎」に本心を理解してもらえなくて、平静を失っている様子。

ウ、「太郎」の絵に対する熱意に押されて、自信をなくしている様子。

エ、「太郎」から予想外の反応が返ってきて、驚き戸惑っている様子。

問五、〔思考力〕——線部3について、「太郎」は「大輪の花を咲かせる」とはどのようなことだと考えていますか。本文中の「太郎」の発言をふまえて、三十字以内で書きなさい。（5点）

問六、本文の表現の工夫とその効果を説明したものとして最も適切なものを、次のア～エから一つ選び、記号で答えなさい。（3点）

ア、「望音」が過去の自分を顧みる場面を織り交ぜることで、揺れ動く「望音」の心情が印象的に描かれている。

イ、ロンドンの街の明るい情景を差し挟むことで、希望に胸を膨らませる「望音」の姿が象徴的に描かれている。

ウ、視線を上げる「太郎」の動作を示すことで、自らの絵に誇りを抱く「太郎」の心情が客観的に描かれている。

エ、「太郎」の発言に擬人法を用いることで、豊かな表現で理想を語る「太郎」の姿が魅力的に描かれている。

問七、〔思考力〕絵を描くことに対する「望音」の心情の変化について、国語の授業で次のような話し合いが行われました。[Ⅰ]に入る適切な言葉を、二十五字以内で書き、[Ⅱ]に入る適切な言葉を、本文中から十四字で抜き出して書きなさい。（Ⅰ4点、Ⅱ2点）

Aさん　イギリスから帰国して以来、絵を描くことへの迷いが消えずにいた「望音」を動かしたのは、「太郎」の言葉だね。

Bさん　確かに。留学したあとの「望音」の絵を見たいという「太郎」の言葉がきっかけで、「望音」は「もう島から出て行かなくちゃ」と思っているね。これはどういうことかな。

Cさん　「望音」は、絵に対するかつての向き合い方を思い出したことで、[Ⅰ]自分を変えなくてはならないと考えたんだと思うよ。

Bさん　なるほど、自分を変えようとする決意の表れだったんだね。

Aさん　他にも、「太郎」から[Ⅱ]で、「望音」は勇気づけられ、絵を描きたいという気持ちが広がっていったんだね。

二 （論説文）漢字の読み書き・品詞識別・内容吟味・文脈把握・課題作文

次の文章を読んで、あとの問いに答えなさい。（計27点）

（筆者は、「知的創造の条件」について考察する中で、インターネット検索と図書館での調べものの間には、いくつかの違いがあると論じている。次は、筆者が両者の「構造性」における違いについて述べている部分である。）

構造性における違いですが、これを説明するためには、「情報」と「知識」の決定的な違いを確認しておく必要があります。一言でいうならば、「情報」とは要素であり、「知識」とはそれらの要素が集まって形作られる体系です。たとえば、私たちが何か知らない出来事についてのニュースを得たとき、それは少なくとも情報ですが、知識と言えるかどうかはまだわかりません。その情報が、既存の情報や知識と結びついて、ある状況を解釈するための体系的な仕組みとなったとき、そのニュースは初めて知識の一部となるのです。

[1]よく知られた古典的な例として、コペルニクス*の地動説*があります。一五世紀半ば以降の印刷革命によって、コペルニクスは身の周りに多数の印刷された天文学上のデータを集めておくことができるようになっていました。つまり、彼は活版印刷以前の時代とは比べものにならないほどの情報にアクセスできたのです。しかしそのこと自体は、まだ知識ではありません。コペルニクス自身が彼のいくつかの仮説に基づいてこれらの情報を選別し、比較し、数式と結びつけて仮説を検証していくことで、やがて地動説に至る考えにまとめ上げていったとき、単なる要素としての情報は体系としての知識に転化したのです。

このように、知識というのはバラバラな情報やデータの集まりではなく、様々な概念や事象の記述が相互に結びつき、全体として体系をなす状態を指します。いくら葉や実や枝を大量に集めても、それらは情報の山にすぎず、知識ではありません。情報だけでは、そこから新しい樹木が育ってくることはできないのです。そしてインターネットの検索システムの最大のリスクは、この情報と知識の質的な違いを[a]曖昧にしてしまうことにあると私は考えています。

というのもインターネット検索の場合、社会的に蓄積されてきた知識の構造やその中での個々の要素の位置関係など何も知らなくても、つまり樹木の幹と枝の関係など何もわからなくても、知りたい情報を瞬時に得ることができるわけです。つまり、ネットのユーザーは、その森のどのあたりがリンゴの樹《き》の群生地で、その中のどんな樹においしいリンゴの実がなっていることが多いかを知らなくても、瞬時にちょうどいい具合のリンゴの実が手に入る魔法を手に入れているようなものです。それで、[2]その魔法の使用に慣れてしまうと、いつもリンゴの実ばかりを集めていて、そのリンゴが実っている樹の幹を見定めたり、そこから出ているいくつもの枝の関係を見極めたりすることができなくなってしまうのです。

本を読んだり書いたりすることが可能にするのは、[3]これとは対照的な経験です。文学については言明を差し控えますが、少なくとも哲学や社会学などの本に関する限り、それらの読書で最も重要なのは、そこに書かれている情報を手に入れることではありません。その本の中には様々な事実についての記述が含まれていると思いますが、重要なのはそれらの記述自体ではなく、著者がそれらの記述をどのように結びつけ、いかなる論理に基づいて全体の論述に展開しているのかを読みながら見つけ出していくことなのです。この要素を体系化していく方法に、それぞれの著者の理論的な個性が現れます。

今のところ、必要な情報を即座に得るためならば、ネット検索よりも優れた仕組みはありません。わざわざ[4]図書館まで行って、関係のありそうな本を何冊も借りて一生懸命読んでみても、知りたかった情報に行き当《あた》らないというのはよくある経験です。見当違いの本を選んでしまったのかもしれません。借りてきた本を[b]隅から隅まで読んでも、肝心なことは書かれていなかったということも起こり得ます。しかしネット検索ならば、はるかに短時間で、関係のありそうな本を読むよりもかなり高い確率で求めていた情報には行き当ります。したがって、ある単一の情報を得るには、ネット検索のほうが読書よりも優れているとも言えるのです。

それでも、本の読者は一般的な検索システムよりもはるかに深くそこにある知識の構造を読み取ることができます。調べものをしていて、なかなか最初に求めていた情報に行きつかなくても、自分が考えを進めるにはもっと興味深い事例があるのを読書を通じて発見するかもしれません。それに図書館まで行って本を探していたならば、その目当ての本の近くには、関連するいろいろな本が並んでいて、そのなかの一冊に手を伸ばすことから研究を大発展させるきっかけが見つかるかもしれません。このように様々な要素が構造的に結びつき、さらに外に対して体系が開かれているのが知識の特徴です。ネット検索では、このような知識の構造には至らない。なぜなら検索システムは、そもそも知識を断片化し、情報として扱うことによって大量の迅速処理を可能にしているからです。

〈吉見俊哉『知的創造の条件』による。一部省略がある。〉

〔注〕
*コペルニクス＝ポーランドの天文学者。
*地動説＝地球が太陽の周りを公転しているとする説。

問一、よく出る 基本 ═部a、bの漢字の読み方を、ひらがなで書きなさい。（各2点）

問二、基本 ……部「いくら」の品詞として最も適切なものを、次のア～エから一つ選び、記号で答えなさい。（2点）
ア、名詞　イ、連体詞　ウ、副詞　エ、接続詞

問三、――部1について、筆者が「コペルニクスの地動説」を取り上げた意図として最も適切なものを、次のア～エから一つ選び、記号で答えなさい。（3点）
ア、情報と知識は質的に異なるものであるという自らの主張の裏付けとする意図。
イ、情報の集まりが必然的に知識になるという自らの主張の裏付けとする意図。
ウ、情報と知識を区別するのは間違いであるという自らの主張を明確にする意図。
エ、情報技術の進歩が知識の形成には不可欠であるという自らの主張を明確にする意図。

問四、思考力 ――部2について、次の(1)、(2)の問いに答えなさい。
(1)「その魔法」という表現は、何の、どのような特徴をたとえたものですか。本文中の言葉を使って、三十五字以内で書きなさい。（4点）
(2)「リンゴが実っている樹の幹」という表現は、何をたとえたものですか。――部2と同じ段落の本文中から十六字でさがし、その最初の五字を、抜き出して書きなさい。（2点）

問五、思考力 ――部3「これとは対照的な経験」とは、どのような経験ですか。次のような形で説明したとき、[Ⅰ]、[Ⅱ]に入る言葉の組み合わせとして最も適切なものを、あとのア～エから一つ選び、記号で答えなさい。（3点）

> [Ⅰ]を結びつけて全体の論述に至る[Ⅱ]を読者が読み取り、著者の理論的な個性に触れる経験。

ア、Ⅰ　本に書かれた情報　Ⅱ　文学的な表現
イ、Ⅰ　事実に関する記述　Ⅱ　論理的な展開
ウ、Ⅰ　文学的な表現　Ⅱ　本に書かれた情報
エ、Ⅰ　論理的な展開　Ⅱ　事実に関する記述

問六、――部4について、筆者は、図書館に行ったり、本を借りて読んだりすることに、どのようなよさがあると考えていますか。次のような形で説明したとき、[　]に入る適切な言葉を、本文中から十三字でさがし、その最初の五字を、抜き出して書きなさい。（3点）

> 図書館で本を探したり、調べものをしたりすることで、求めていた情報とは別の興味深い事例を発見したり、[　]を見つけたりする可能性が生まれるというよさ。

問七、難 本文全体を通して、筆者は、「知識」をどのようなものだと考えていますか。次の三つの言葉を使って、六十字以内で書きなさい。なお、三つの言葉はどのような順序で使ってもかまいません。（6点）
情報　要素　全体

三 （古文）仮名遣い・動作主・内容吟味

次の文章を読んで、あとの問いに答えなさい。（計15点）

[1]いにしへ、元興寺《ぐわんごうじ》の明詮《みやうせん》といへる名知識は、三十有余《よ》の晩年よりつとめて、朝夕のおこたりなかりければ、後は比類もなき碩学《せきがく》《学をきわめた人》に[A]至りて、慈恵僧正《じゑそうじやう》とも法問《仏法についての問答》せられ侍《はべ》り、仏家の文《仏教の書物》、ことごとくあきらめ《見極め明らかになさった》られけるとぞ。

そのむかし、ある殿閣《でんかく》《宮殿》の軒の下にて、[B]雨やどりせられけるに、屋の棟より[C]あつまり、軒よりおつる雫《しづく》にて、下の石くぼみて侍るをみて、悟られ侍るは、雨水といふ物、よろづにあたりて砕くるやわらかなる物なり。されど、功をつめば、此《こ》の雫にて、かたき石をもくぼめしむ。われおろかなりといふとも、まめやかに《まじめに》つとめば、などか《どうして》至らざるべきと、思ひ取り、此のこころ[D]おこたらずして、終《つひ》に[2]其《そ》の名を四海《天下》にひろめたまへりとぞ。

〈『塵塚』による〉

問一、よく出る 基本 ……部「いにしへ」を現代かなづかいに直し、すべてひらがなで書きなさい。（2点）

問二、═部A～Dの中から、主語が異なるものを一つ選び、記号で答えなさい。（2点）

問三、――部1「朝夕のおこたりなかりければ」とは、どのようなことですか。その説明として最も適切なものを、次のア～エから一つ選び、記号で答えなさい。（3点）

ア、一晩中慈恵僧正と仏法について問答を続けたということ。
イ、いつも怠けずに仏教の学問に打ち込んできたということ。
ウ、朝と夕方に仏教について熱心な指導を行ったということ。
エ、一日中手を抜かずに明詮と修行に励んでいたということ。

問四、「明詮」が悟ったことを、次のような形で説明したとき、［　　］に入る適切な言葉を、現代語で書きなさい。（4点）

> 軒から落ちる雫が石をくぼませるように、自分が未熟であったとしても、まじめに［　　］ことができるということ。

問五、――部2「其の名を四海にひろめたまへり」とは、どのようなことですか。その説明として最も適切なものを、次のア～エから一つ選び、記号で答えなさい。（4点）

ア、明詮を育て上げた慈恵僧正の評価が一気に高まったということ。
イ、明詮が仏教の修行を行った建物がひときわ有名になったということ。
ウ、明詮の書いた仏教の書物が人々によって広く読まれたということ。
エ、明詮が非常に優れているという評判が世間に広まったということ。

四 漢字の読み書き・聞く話す

次の問いに答えなさい。（計13点）

問一、よく出る 基本 次の1～5の＝＝部のカタカナの部分を、漢字で書きなさい。なお、楷書で丁寧に書くこと。（各2点）

1、発表を終えて肩のニが下りる。
2、信頼をヨせる。
3、ゲンミツに審査する。
4、優勝コウホの筆頭。
5、会場をセツエイする。

問二、次は、国語の授業で、緑さんと翼さんが、「ボランティア活動は全員参加にすべきかどうか」というテーマで話し合いを行っている場面です。この話し合いにおいて、緑さんが相手に意見をよりよく伝えるためには、緑さんは、伝え方をどのように改善するとよいですか。改善点として最も適切なものを、あとのア～エから一つ選び、記号で答えなさい。（3点）

> 緑さん　ボランティア活動は全員参加にすべきだと思います。私は、参加することに大きな意味があると思います。
> 翼さん　確かに、体験しないと実感できないことがあるので、その点は賛成です。ただ、私は希望者が参加して、参加者の自主性を大切にする方がいいと思いますが、どう考えますか。
> 緑さん　私もその点は大事だと思いますが、どんなことがきっかけでも、まずは参加することが大事です。とにかく一度体験してみれば、次からは自ら進んで参加するようになるはずです。
> 翼さん　参加したことがない人にとっては、よいきっかけになると思いますが、ボランティアは仕事や義務ではありません。ボランティアの本来の意義を考えると、希望者で行うべきだと思います。

ア、平易な言葉に言い換えて、相手の理解を深めるとよい。
イ、相手と同じ意見を述べて、相手の考えを尊重するとよい。
ウ、適切な根拠を示して、自分の主張に説得力をもたせるとよい。
エ、主張を繰り返し述べて、自分の立場を明確にするとよい。

五 条件作文 難 思考力

次の資料A、Bは、いずれも廃棄物に関する課題の解決に向けて、人々の理解や関心を深めるために作成されたものです。

これらの資料をもとに、まとまりのある二段落構成の文章を書きなさい。第一段落には、二つの資料について、どのようなことを訴えているかを、訴えている内容を効果的に伝えるための表現の工夫に触れながら書きなさい。それをふまえ、第二段落には、あなたがこれからの生活で心がけたいことを、自身の体験や見聞きしたことを含めて書きなさい。（18点）

ただし、あとの《注意》に従うこと。

資料A

（環境省ホームページから作成）

資料B

（経済産業省ホームページから作成）

注：資料B中の左の吹き出しはきれいな海の様子を、右の吹き出しはレジ袋の浮いた汚れた海の様子を表している。

《注意》
◇「題名」は書かないこと。
◇二段落構成とすること。
◇二〇〇字以上、二四〇字以内で書くこと。
◇文字は、正しく、整えて書くこと。

福島県

時間 50分　満点 50点　解答 P8　3月3日実施

出題傾向と対策

●漢字と慣用句、短歌の鑑賞、漢文の書き下し文と古文、小説文、論説文、条件作文の大問六題構成。例年、条件作文など記述式のほか、短詩系文学などの鑑賞、文法といった国語の基礎知識も出題されている。

●漢字、慣用句といった国語の基礎知識は着実に学習しておこう。古典は注釈を参考にしながら、文意をつかむとよい。記述式の設問は本文中から根拠となる表現を見つけ出し、問われている内容に即して文章をまとめること。二百字以内の作文も練習が必須である。

注意　字数指定のある問題の解答については、句読点も字数に含めること。

一 漢字の読み書き・慣用句　よく出る　基本

次の1、2の問いに答えなさい。（計9点）

1、次の各文中の――線をつけた漢字の読み方を、ひらがなで書きなさい。また、═══線をつけたカタカナの部分を、漢字に直して書きなさい。（各1点）

(1) 穏やかな天気が続く。
(2) 賛成が大半を占める。
(3) 彼は寡黙な人だ。
(4) 詳細な報告を受ける。
(5) 海面に釣り糸を垂らす。
(6) 友人に本をカりる。
(7) 研究のリョウイキを広げる。
(8) 予想以上にフクザツな問題だ。

2、次の各文中の――線をつけた慣用句の中で、使い方が正しくないものを、ア～オの中から一つ選びなさい。（1点）

ア、先輩からかけられた言葉を心に刻む。
イ、現実の厳しさを知り襟を正す。
ウ、彼の日々の努力には頭が下がる。
エ、大切な思い出を棚に上げる。
オ、研究の成果が認められ胸を張る。

二 （短歌）韻文知識・文脈把握

次の短歌を読んで、あとの問いに答えなさい。（計4点）

A　とぶ鳥もけもののごとく草潜《くぐ》りはしるときあり春のをはりは　前川《まえかわ》　佐美雄《さみお》

B　わたり来てひと夜を啼《な》きし青葉木菟《あおばずく》二夜は遠く啼きて今日なし　馬場《ばば》　あき子《こ》

C　春の谷あかるき雨の中にして鶯《うぐいす》なけり山のしづけさ　尾上《おのえ》　柴舟《さいしゅう》

D　木木の芽に春の霙《みぞれ》のひかるなりああ山鳩《やまばと》の聲《こえ》ひかるなり　前《まえ》　登志夫《としお》

E　二つゐて郭公《かっこう》どりの啼く聞けば谺《こだま》のごとしかはるがはるに　島木《しまき》　赤彦《あかひこ》

F　つばくらめ飛ぶかと見れば消え去りて空あをあをとはるかなるかな　窪田《くぼた》　空穂《うつぼ》

注1　フクロウの一種。
注2　雪がとけかけて雨まじりに降るもの。
注3　カッコウ。
注4　ツバメ。

1、鳥たちが交互に鳴いて声が響きわたる情景を、直喩を用いて表現している短歌はどれか。A～Fの中から一つ選びなさい。（1点）

2、春先の情景を描写した言葉を、鳥の声の印象を表す際にも用い、新しい季節の訪れに対する喜びをうたった短歌はどれか。A～Fの中から一つ選びなさい。（1点）

3、思考力　次の文章は、A～Fの中の二つの短歌の鑑賞文である。この鑑賞文を読んで、あとの(1)、(2)の問いに答えなさい。（各1点）

> この短歌は、俊敏に飛ぶ鳥の動きを捉えようとして、ふと、目に映った美しい情景を「　Ⅰ　」という言葉で表現したあとで、どこまでも広がる壮大な空間への印象を率直な言葉で表現している。
> また別の短歌は、数詞の使用や同じ言葉の繰り返しによって一首全体にリズムを作り出し、姿の見えない鳥の位置の変化をその声の様子から捉えている。「　Ⅱ　」という言葉が、鳥がどこかへ飛び去ったことを想像させ、作者のしみじみとした思いを印象づけている。

(1)　Ⅰ　にあてはまる最も適当な言葉を、その短歌の中から六字でそのまま書き抜きなさい。

(2)　Ⅱ　にあてはまる最も適当な言葉を、その短歌の中から四字でそのまま書き抜きなさい。

三 （古文）内容吟味

次の文章Ⅰ、文章Ⅱを読んで、あとの問いに答えなさい。（計5点）

文章Ⅰ

堯舜《げうしゆん》天下をひきゐるに仁（仁によって行い）をもつてして、民これに従ひ、桀紂《けつちう》天下をひきゐるに暴をもつてして、民これに従ふ。

（「大学」より）

注1　堯と舜。ともに、古代中国の伝説上の王。
注2　他者に対する思いやり。
注3　桀と紂。ともに、古代中国の王。
注4　他者を苦しめるようなひどい扱い。

文章Ⅱ

わがあしきをば（悪いことは）桀紂をひきて（例にあげて）なだめ、人のよきをば（よいことは）堯舜をひきいでてとがむ。「かれはかかるあしき事なしぬ。」（例として出して非難する）（あの人）（このような）（おこなった）といへば、「げにさあらん。」（いかにも、そうであろう）といふ。「このものかくよきことし侍《はべ》りぬ。」（しました）といへば、「いかがあらん、いぶかし。」（どうだろうか）（あやしいものだ）といふ。「げにも人はあしき心あるものかな。」（本当に）といへば、「よき名得まほし（得たい）と思ふが故に、人のあしきにてわがこころをなだめ、人のよきをばねたむよりいでくるなり。」（起こるのである）とはいひし。

（「花月草紙」より）

1、よく出る 基本 「いへば」の読み方を、現代仮名遣いに直してすべてひらがなで書きなさい。（1点）

2、難 思考力 次の会話は、文章Ⅰ、文章Ⅱについて、授業で話し合ったときの内容の一部である。あとの(1)、(2)の問いに答えなさい。

Aさん「文章Ⅰによると、堯と舜の天下の治め方と、桀と紂の天下の治め方とでは、だいぶ違いがあったようだね。」

Bさん「桀と紂は、ひどい王だったみたいだね。民に与える影響も大きかったのではないかな。」

Cさん「そう考えると、文章Ⅱは、悪いことをしたとしても桀や紂と比べればましで、よいことをしても堯や舜と比べれば十分ではないということを伝えたいんだね。」

Aさん「そうかな。そんなに単純な話ではないと思うよ。」

Bさん「誰かの悪い行いについて伝えられて、『【①】』と答えているよ。桀や紂と比べず、悪いこととしてあっさりと認めてしまう場合もあるようだよ。」

Cさん「確かにそうだね。どうしてかな。」

Aさん「【②】という点に違いがあるね。同じような悪い行いだったとしても、その点で受け止め方が変わるようだよ。」

Cさん「なるほど。他者には厳しくなるのか。よい行いの受け止め方にも、同じことがあてはまるのかもしれないね。」

(1) 【①】にあてはまる最も適当な言葉を、文章Ⅱ（文語文）から七字でそのまま書き抜きなさい。（1点）

(2) 【②】にあてはまる内容を、二十字以内で書きなさい。（2点）

3、「げにも人はあしき心あるものかな。」とあるが、「あしき心」が生じるのはなぜか。その理由の説明として最も適当なものを、次のア～オの中から一つ選びなさい。（1点）

ア、自分の評判を守ろうとして、他者の悪いところを取り上げて批判し、他者のよいところは羨ましく感じるようになるから。

イ、自分の評判を気にするあまり、他者の悪いところを見つけて安心し、他者のよいところは憎らしく思うようになるから。

ウ、他者よりも高い評価を得ようとして、他者の悪いところばかりを探して満足し、他者のよいところに気づかなくなるから。

エ、他者からの評判を気にするあまり、他者の悪いところは注意せず、他者のよいところだけを必要以上にほめようとするから。

オ、自分の評判を高めるために、他者の悪いところを参考に自分の行動を改め、他者のよいところをまねしようとするから。

四 （小説文）内容吟味・聞く話す・文脈把握

次の文章を読んで、あとの問いに答えなさい。（計13点）

（中学二年生の関口佐紀《せきぐちさき》には、《科学と実験の塾》に通っている小学五年生の弟の朋典《とものり》がいる。その塾には、塾長の久和《くわ》先生、助手の百瀬《ももせ》さん、久和先生の甥《おい》で佐紀の同級生の奈良《なら》くんがいる。ある日、佐紀はいつものように塾へ朋典を迎えに行ったのだが、朋典がふざけた拍子に、百瀬さんがやけどをしたことがわかった。）

気がついたときには、朋典をどなりつけていた。

「トモッ、なんでそんな馬鹿《ばか》なことしたのっ！」

ひやーん、となさけない声を出しながら、朋典が顔を天井に向ける。かまうことなくわたしは、トモの馬鹿っ、お母さんに怒られるからねっ、とどなりつづけた。息が止まってしまうんじゃないかと思うくらい、朋典は激しくしゃくりあげている。

「待って待って、関口くんのお姉さん。」

突然、百瀬さんがくるっとわたしのほうに顔を向けてきた。

「ちがうの。わたしも悪かったんだ。倒れそうになったアルコールランプをとっさに受けとめようとして、手を出しちゃったから。」

「そう……なんですか？」

「そうなのそうなの。だから、関口くんだけが悪いわけじゃないんだよ。」

わたしは、[1]ひざから力がぬけてしまいそうなくらい、ほっとした。

だったら、うちの親がなにか責任を取ったりするはめにはならないかもしれない。

「でもお、あんときオレがあ、あんなふうにい、腕をぐるぐる回したりしなければあ、百瀬さんはあ……。」

[注1]嗚咽《おえつ》にじゃまされながらも、朋典が必死になにかいおうとしている。

そんな朋典に、わたしは心の中で、馬鹿っ、と叫んだ。せっかく百瀬さんが、自分にも非があったってことにしてくれてるんだから、余計なことはいわないでって。そのままにしておいたほうが、お父さんもお母さんもこまらないんだよって。

わたしが思わず、朋典の口もとに向かって手を伸ばしそうになったそのとき、[2]すっと久和先生がひざを折って、朋典の真正面にしゃがみこんだ。

「それで？　朋典。あのときおまえが、腕をぐるぐる回してなかったら、百瀬さんはどうなってたと思う？」

「やけどなんかはあ、してなかったと思いますぅ。」

「そうだな、その通りだ。オレや百瀬さんがいつもいってるよな。火がついてるアルコールランプのそばでは、絶対にふざけちゃだめだぞって。ふざけると、こういうことになるんだ。だから、ふざけちゃいけない。朋典はもう、わかったよな？」

「はいぃ、わかりましたあ。」

「よし、じゃあ、もうなにも心配しなくていい。百瀬さんのやけどは、そんなにひどくないから。」

蛇口の水に腕をさらしたまま、百瀬さんが顔だけをうしろに向ける。

「そうそう、関口くん。こんなの、ぜんぜんたいしたことないから。こうやって流水で冷やしてれば、すーぐよくなっちゃうよ。」

久和先生も百瀬さんも、朋典に責任を取らせるつもりなんてなかったんだっていうことが、ようやくわたしにもわかってきた。

ふたりはただ、してはいけないことをしたらどうなってしまうのかを、きちんと朋典に見せていただけなんだ、きっと……。

廊下のほうから、どんどんどんどんっという足音が聞こえてきた。

「ワセリン、買ってきた！」

台所に飛びこんできたのは、奈良くんだった。

奈良くんがあわてて飛びだしていった理由が、いまになってわかった。

「おー、くれ。」

久和先生は、奈良くんの手からワセリンの容器を受けとると、それをすぐに、百瀬さんの腕にたっぷりと塗った。

「これで、この上からこうやってラップをですね……。」

そう説明しながら、用意してあったラップを、ワセリンを塗った百瀬さんの腕の上にぐるぐると巻いていく。

「応急処置ですけど、これやっとけば、この程度のやけどなら跡は残りませんから。」

「へー、ワセリンにこんな使い方があったんですねえ。」

百瀬さんは、いつもと同じうれしそうで楽しそうな口調でいいながら、久和先生の手もとをのぞきこんでいる。

「多分、病院でもこれと似たような処置しかしないとは思います。ただ、塗り薬は処方箋[注2]をもらって手に入れるやつのほうが効きはいいでしょうから、できれば、きちんと病院にいってください。もちろん、治療費はすべてこちらでお支払いしますんで。」

「いえいえ、本当にこんなやけど、たいしたことないですから。これで充分です。」

ふたりの会話を聞きながら、わたしは、朋典のせいでうちの親がこまったことになるんじゃないかってことばかり考えていた自分に、ひどくショックを受けていた。

どうして、そんなふうにしか考えられなかったんだろう。わたしは百瀬さんのやけどの心配もしないで、どうにかして朋典やうちの親が責任を取らずに済むようにって、そればかり考えていた。

どうしてほんの少しでも、百瀬さんのやけどはだいじょうぶなのかな、と思ったり、大変なことをしてしまった、とうろたえて泣いていた弟を安心させてやらなくちゃ、と思ったりしなかったんだろう……。

本当に、わたしは最低な女の子だと思った。なにひとついいところがない、最低な女の子だ。心底、そう思った。

「待たせてごめんな、佐紀。きょうのことは、オレのほうからお母さんにご連絡しておくから。朋典のこと、よろしくな。」

プールの水が入ってしまったようになっている耳で、ぼんやりと久和先生の声を聞く。

ちゃんとうなずくことができたのかどうかも、わからなかった。

家にもどると、お母さんが玄関の前でうろうろしながらわたしと朋典の帰りを待っていた。

「あ……お母さんだ。」

お母さんに気がついた[3]朋典が、わたしのシャツの袖をぎゅっとにぎってきた。いつものわたしなら、やめてよ、と払いのけていたかもしれない。だけど、そうはしなかった。朋典がいま、本当に弱ってしまっているのがわかっていたからだ。なにより、久和先生と百瀬さんがしていたように、わたしも朋典にやさしくしてみたかった。

「だいじょうぶだよ。久和先生、連絡しておいてくれるっていってたでしょ。」

「うん……。」

朋典は、わたしのうしろにかくれながら、のろのろと歩いている。

家の前までいくと、お母さんはまず、「朋典、お母さんにいうことあるね？」といった。朋典は、早くも嗚咽がこみあげてしまっているようで、うぐ、とか、あう、とかいうばかりだ。

「お母さん、トモね、ちゃんと百瀬さんにあやまってたよ。久和先生にも、しちゃいけないって注意されてることはもうしないって約束してた。すごく反省してると思うよ。」

わたしがそう助け舟を出すと、お母さんはちょっとびっくりしたような顔をしながら、朋典の頭を手のひらで大きくなで回した。

「[4]お姉ちゃんのいったこと、ホント？」

朋典が、うんうん、とうなずく。

「ちゃんとあやまったのね？」

うんっ、と大きくうなずいた朋典に、お母さんはやっと、いつものやさしい顔を見せた。

「よし、じゃあ、おうち入ろう。おなかすいたでしょ？ふたりとも。」

朋典の背中を押しながら歩きだしたお母さんが、ちらっとわたしのほうをふり返って、こそこそっとささやいた。

「ありがとね、佐紀。佐紀がいっしょにいてくれて、本当によかった。」

目の奥が、ぎゅうっと痛くなった。

ちがうんだよ、お母さん、と思う。

わたしはただ、久和先生と百瀬さんの真似《まね》をしただけなんだから。

人の気持ちを思いやることができる人たちの、真似をしただけなんだよ……。

それでも思う。朋典がわたしのシャツの袖をにぎってきたとき、ふり払わなくてよかったって。お姉ちゃんらしいことができて、本当によかったって。

わたしはお母さんに気づかれないよう、シャツの袖口で、[5]こっそり目もとをぬぐった。

（石川　宏千花「青春ノ帝国」より）

注1　声をつまらせて泣くこと。
注2　患者に投与する薬剤についての医師から薬剤師への指示書。

1、「[1]ひざから力がぬけてしまいそうなくらい、ほっとした。」とあるが、佐紀がほっとしたのはなぜか。その理由の説明として最も適当なものを、次のア～オの中から一つ選びなさい。（2点）

ア、朋典だけが悪かったのではないと聞かされて、姉として弟の代わりに責任を取る必要はないということを理解したから。
イ、朋典だけがふざけていたわけではないとわかって、事情を理解せずに朋典を激しく責めた自分の行動を反省したから。
ウ、朋典だけに非があったのではないと知って、親が百瀬さんのやけどについて責任を取らずに済みそうだと考えたから。
エ、百瀬さんから朋典に責任はないと説明されて、痛みをこらえて朋典をかばおうとする百瀬さんの優しさに気づいたから。
オ、百瀬さんから朋典が久和先生に厳しく叱られたと教えられて、朋典に対する怒りがおさまり冷静さを取り戻したから。

2、**思考力**「[2]すっと久和先生がひざを折って、朋典の真正面にしゃがみこんだ。」とあるが、この行動を含めた久和先生の朋典に対する言動には、どのような意図があったと佐紀は受け止めているか。これについて説明した次の文の空欄にあてはまる内容を三十字以内で書きなさい。（2点）

> 目の高さを合わせて語りかけ、朋典に［　　］という意図があった。

3、「[3]朋典が、わたしのシャツの袖をぎゅっとにぎってきた。」とあるが、このときの朋典の心情の説明として最も適当なものを、次のア～オの中から一つ選びなさい。（2点）

ア、怒りを抑えきれない様子の母の姿を見て、姉が心配しているとおりに母からひどく怒られてしまうにちがいないとおびえている。
イ、暗く沈んだ様子の母の姿を見て、取り返しのつかない失敗をしたことに気づいて母にどんな言葉で謝ればよいのかと悩んでいる。
ウ、自分の帰りを待ちきれない様子の母の姿を見て、心配をかけてしまったが母は自分のことを許してくれたようだと安心している。
エ、落ち着かない様子の母の姿を見て、自分のせいで百瀬さんに迷惑をかけたことを母に怒られるのではないかと不安になっている。
オ、不安そうな様子の母の姿を見て、自分の行動をどんなに深く反省したとしても母には許してもらえないだろうとあきらめている。

4、本文を朗読する場合、「[4]お姉ちゃんのいったこと、ホント？」は、佐紀の母の心情を考えるとどのように読むのがよいか。最も適当なものを、次のア～オの中から一つ選びなさい。（2点）

ア、佐紀の説明を聞き少し安心したが、朋典自身に気持ちを表現させたいという思いを踏まえ、確認するように落ち着いた調子で読む。
イ、言葉につまる朋典の様子からは、佐紀の説明が信じられないという思いを踏まえ、本当のことを語らせるように優しい調子で読む。
ウ、他人に迷惑をかけた朋典には、厳しく言い聞かせる必要があるという思いを踏まえ、反省を求めるように語気を強めた調子で読む。
エ、朋典は十分に反省しており、同じ失敗をすることはないだろうという思いを踏まえ、成長を実感するようにやわらかい調子で読む。
オ、朋典が疲れていることに気づいて、早く休ませてやりたいという思いを踏まえ、話を切り上げるようにきっぱりとした調子で読む。

5、「[5]こっそり目もとをぬぐった。」とあるが、この場面に至るまでの佐紀の心情について次のように説明したい。あとの(1)、(2)の問いに答えなさい。

> 母には感謝されたが、朋典に［Ⅰ］ことができたのは、久和先生や百瀬さんの真似をしただけで、自分の力ではないと佐紀は感じていた。しかし、真似をしただけだとしても、久和先生たちの対応から、どのように朋典に接すればよいかを考えるようになり、［Ⅱ］と自分の行動を前向きに受け止める気持ちも生じた。胸がいっぱいになり思わず涙が出てしまったが、それを母に知られるのは気恥ずかしいと感じている。

(1)　［Ⅰ］にあてはまる最も適当な言葉を、本文中から六字でそのまま書き抜きなさい。（1点）

(2)　**思考力**　［Ⅱ］にあてはまる内容を、四十五字以内で書きなさい。（4点）

五　（論説文）意味用法の識別・文脈把握・段落吟味・内容吟味

次の文章を読んで、あとの問いに答えなさい。（計13点）

文章を書くということは文を書くことです。文章を書く人は誰でも、一度に文章全体を書くことはできず、地道に一文一文書きつづけることしかできません。段落を作ることにしても、文を書いている合間に、改行一字下げの記号をときどき入れるにすぎません。私たちが文章を書くときには、文しか書いていないのです。一冊の本を書き上げる場合でも、何百、何千という文をひたすら書きつづける以外ありません。執筆過程のなかで、その都度その場の文脈を考えながら一文一文生みだし、それを次から次へと継ぎ足しながら文章という一本の線を紡《つむ》いでいくこと。これが文章を書くことです。このように、その場の文脈に合わせて即興的に考えながら文を継ぎ足していく[注1]ボトムアップ式の活動を「流れ」と呼ぶことにしましょう。　（第一段落）

一方、文章を書く人なら誰でも、アウトラインという名の文章構成の設計図を持っています。用意周到な書き手であれば、かなりしっかりしたアウトラインを作り、それにしたがって文章を書いていこうとするでしょう。そうした[注2]トップダウン式の活動を「構え」と呼ぶことにしましょう。

（第二段落）

「流れ」と「構え」とは、文章論の大家《たいか》である林四郎《はやししろう》氏の独創的な考え方を参考にしたものです。林氏は次のように語ります。

わたくしたちの思考場面に、一つの情報が送りこまれると、それ以後は、その情報が呼び起こす近接情報へ移ろうとする力が主に働いて、あることばから次のことばが選ばれるが、わたくしたちがものを考えるということは、多くの場合、何か外からの刺激を受けて、[注3]余儀なく次へ移っていくのであって、ただ無抵抗に意識表面をすべっていくのとはちがう。そこで、なるべく近接した情報へ安易に移行しようとする力を制して、随時、必要がもたらす新情報が飛びこんで来る。近接情報へ移行しようとする力は、つながろうとする力であり、新情報を迎えようとする力は、離れようとする力である。（中略）一応離れるが、やがてつながるべく意図されて離れるのが、言語表現における離れ方の特徴である。近接情報への無抵抗な移行を「流れ」と称したのに対して、このように意図的に離れることは「構え」と呼びたい。むやみに離れるのでなく、構えて離れるからである。

（第三段落）

つまり、先行文脈から自然につながろうとする力を「流れ」、新情報の導入によって意図的に離れようとする力を「構え」と呼びます。林氏の議論では、文の組み立てに関わる比較的小さい要素が中心ですが、本書では、段落のなかの文という大きい単位を、「流れ」と「構え」という観点から議論したいと思います。

（第四段落）

「流れ」と「構え」にはつねに[注4]拮抗《きっこう》する存在です。「流れ」が無目的に走りだそうとすると、「構え」がそれにストップをかけます。そのまま書きつづけてしまうと、あらぬ方向に文章が展開していってしまうからです。一方、「構え」が「流れ」を無理に押さえつけようとすると、「流れ」がそれに反発します。予定していた「構え」のとおりに書けないのは、設計図としての「構え」にそもそも無理があるためであり、「構え」を「流れ」に合わせて修正していくことで、自然な流れの文章ができあがっていくからです。このように、文章とは、「構え」と「流れ」の絶え間ない戦いの過程であり、両者の調整の歴史です。書き手によるそうした調整の歴史が文字として残り、それを読み手が文章として読んで理解していくのです。そう考えると、段落は「流れ」と「構え」が出会い、調整をする場だということになるでしょう。ボトムアップ式の活動とトップダウン式の作業がクロスする交差点なのです。

（第五段落）

1「魚の目」と「鳥の目」という比喩があります。「魚の目」というのは、海のなかを泳ぐ魚から見える水中の世界。潮の動きや外敵の存在など、周囲の状況を感じとりながら泳ぎます。「鳥の目」というのは、海のはるか上空から見える空中の世界。魚がどの方向に進んでいるのかを上空から[注5]モニターします。海のなかを泳ぐ魚が目的にむかって適切に進むには、「魚の目」と「鳥の目」を組み合わせて考えることが大事です。「魚の目」は「流れ」、「鳥の目」は「構え」です。私たちが文章を書いたり読んだりするとき、「魚の目」と「鳥の目」を行ったり来たりします。そうすることで、私たちの言語活動はより質の高いものになるのです。

（第六段落）

文章を書くことを車の運転になぞらえてみましょう。私たちが車を運転するとき、カーナビゲーション・システム、いわゆるカーナビを参考にします。カーナビのディスプレイは、空から見る「鳥の目」で私たちの行くべき道を教えてくれます。しかし、ハンドルを握る私たちは、カーナビの言うことに従うとは限りません。道路の渋滞状況や工事状況、スクールゾーンなどの時間帯、道幅の広さや見通しのよさ、さらには信号の変わるタイミングなど、「魚の目」で周囲の状況を見ながら、まさに「流れ」に合わせて進む道を柔軟に変えていきます。ときには「鳥の目」であるカーナビの選択を尊重し、ときには「魚の目」である自分の状況判断を優先し、調整しながら運転していくわけです。このように「鳥の目」と「魚の目」、二つの目を調整しながら自らの判断で運転していくさまは、設計図を参考にしながらも、現場の判断で選択を決めていくという文章を書く営みと共通するものです。2段落というものを、あらかじめ立てていた計画と、執筆過程で次々に思いつく即興との融合と見ることで、文章執筆の考え方は豊かになるでしょう。

（第七段落）

（石黒　圭「段落論　日本語の『わかりやすさ』の決め手」より）

注1　全体のうち下位に位置する側から上位に向かって伝達などを進める方式。

注2　全体のうち上位に位置する側から下位に向かって伝達などを進める方式。

注3　他に方法がない。やむをえない。

注4　力、勢力にほとんど差がなく、互いに張り合うこと。

注5　機械などが正常に保たれるように監視すること。

1、**基本**　次の各文中の――線をつけた言葉が、第三段落の「近接した」の「た」と同じ意味・用法のものを、ア～オの中から一つ選びなさい。（1点）

ア、去年に比べて今年の夏は暑かった。
イ、知りたいと思ったらすぐに調べる。
ウ、急いで行ったが間に合わなかった。
エ、明日は十時に出発の予定だったね。
オ、待合室の壁に掛かった絵を眺める。

2、次の図は、「流れ」と「構え」について、第一段落から第三段落までの内容を整理したものである。あとの(1)、(2)の問いに答えなさい。

	第一・第二段落
流れ	ボトムアップ式の活動 ＝ I 考えて書く
構え	文章構成の設計図にしたがって計画的に書く ＝ トップダウン式の活動

第三段落	
近接情報へ移行しようとする力 ＝ [Ⅱ] とする力	新情報を迎えようとする力 ＝ [Ⅲ] とする力

(1) [Ⅰ] にあてはまる最も適当な言葉を、本文中から十五字でそのまま書き抜きなさい。（1点）

(2) [Ⅱ]、[Ⅲ] にあてはまる言葉の組み合わせとして最も適当なものを、次のア～オの中から一つ選びなさい。（2点）

ア、Ⅱ 自然と受け流そう　Ⅲ 少しずつ歩み寄ろう

イ、Ⅱ 逆らわずに結び付こう　Ⅲ 目的をもって遠ざかろう

ウ、Ⅱ 意識して選択しよう　Ⅲ 素直に受け入れよう

エ、Ⅱ しっかりと理解しよう　Ⅲ 自分の意志で接近しよう

オ、Ⅱ あきらめずに近づこう　Ⅲ 慎重に距離をとろう

3、本文における第四段落の働きとして最も適当なものを、次のア～オの中から一つ選びなさい。（2点）

ア、第三段落の内容を受け継ぎ、第五段落以降で「流れ」と「構え」のどちらの観点から論じるのかを示す働き。

イ、第三段落の内容を整理して文章の書き方という話題から離れ、文章の読み方を論じる第五段落につなぐ働き。

ウ、第三段落の内容をまとめ、第五段落以降で「流れ」と「構え」をどのように捉えて論じるのかを示す働き。

エ、第三段落の内容を補足して新たな視点を示し、なぜその視点が必要なのかを論じる第五段落につなぐ働き。

オ、第三段落の内容を検証し、第五段落以降で「流れ」と「構え」以外の観点によって論じることを示す働き。

4、「[1]『魚の目』と『鳥の目』という比喩」とあるが、「魚の目」、「鳥の目」についての説明として最も適当なものを、次のア～オの中から一つ選びなさい。（2点）

ア、「魚の目」は文と文のつながりを意識し、文章構成の予定に基づいて適切な文をその都度考えることを表している。

イ、「鳥の目」は文章全体の構成を意識し、完成までのあらゆる経路を想定して柔軟に結論を変えることを表している。

ウ、「魚の目」が表す内容は運転者の目にもたとえられ、どのような状況であっても正しく判断することを示している。

エ、「鳥の目」が表す内容はカーナビにもたとえられ、当初の構想に沿って文章の完成形を目指すことを示している。

オ、「魚の目」は多様な視点から文章を検討し、何度も内容を確認することによって誤りを防ぐことを意味している。

5、思考力　「[2]段落というものを、あらかじめ立てていた計画と、執筆過程で次々に思いつく即興との融合と見る」とあるが、筆者は、段落ではどのようなことが行われると述べているか。六十字以内で書きなさい。（5点）

六　条件作文　思考力

下の資料は、全国の子供や若者を対象に行った意識調査の結果を、二つの年齢層に分けてグラフで表したものである。この資料を見て気づいたことと、「自分自身を変えること」についてのあなたの考えや意見を、次の条件に従って書きなさい。（6点）

条件
1、二段落構成とすること。
2、前段では、資料を見て気づいたことを書くこと。
3、後段では、前段を踏まえて、「自分自身を変えること」についてのあなたの考えや意見を書くこと。
4、全体を百五十字以上、二百字以内でまとめること。
5、氏名は書かないで、本文から書き始めること。
6、原稿用紙（10字詰×20行＝省略）の使い方に従って、文字や仮名遣いなどを正しく書き、漢字を適切に使うこと。

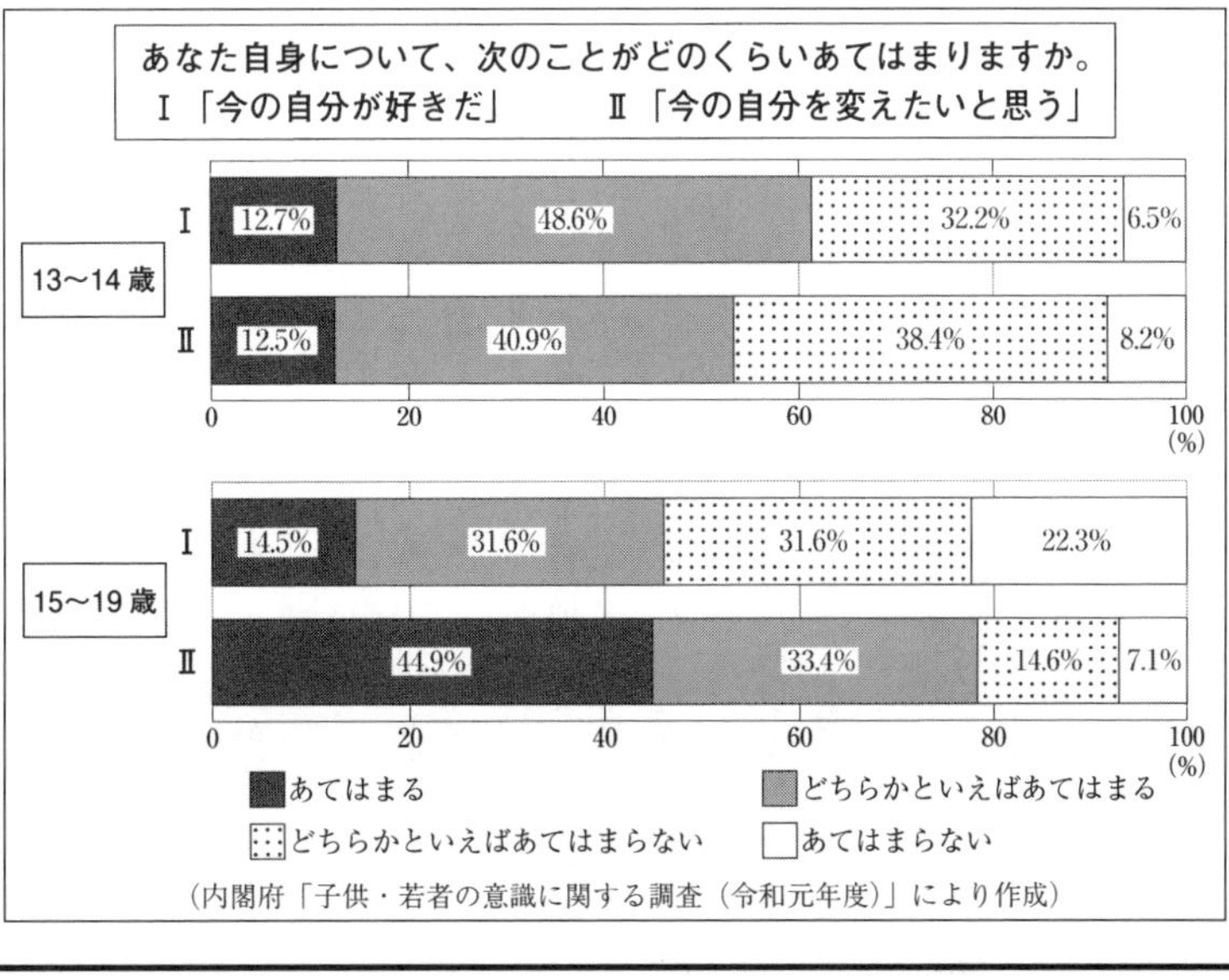

（内閣府「子供・若者の意識に関する調査（令和元年度）」により作成）

茨城県

時間 50分　満点 100点　解答 P9　3月3日実施

出題傾向と対策

●小説文と話し合い・読書紹介の複合問題、古文、論説文と資料を読み解く問題の複合問題、国語知識の小問集合の大問四題構成。図表を使った設問や本文をもとにした話し合いの問題が多いが、全体的に難易度は高くない。

●基礎基本をきちんと身につけること。問題の形式に気を取られがちになるが、問われていることは標準的なので、まずは問題集をやり込んで、どんな設問が出ても対応できる力をつけておく。短作文も出題されているので、普段から自分の考えを文章にまとめる練習もしておく。

一（小説文を含む話し合い）内容吟味・表現力・短文作成

次の文章と【Ⅰ】～【Ⅲ】について、後の㈠～㈤の問いに答えなさい。（計27点）

「話ってなに？」

その声は、ちょっと気まずい空気をまとって空っぽの教室にひびいた。前はこんなふうじゃなかったのにって悲しくなったけど、それもこれもぼくのせいだからしょうがない。

自分でどうにかするしかないのだ。

ぼくは席を立ち、ロッカーに押しこんでた大きな紙袋を持ってカイトの席にむかう。

「これ、カイトに見せたくて。」

ぼくが紙袋の中身を机の上にだすと、カイトはおずおずとそれを手にしてひろげた。

「……シャツ？」

土曜日に父さんにも見せた白いシャツで、すでに完成してる。

つぎに、ぼくはまだ仮縫い※1状態の黒い布のかたまりを見せた。

「こっちはベストとズボンになる予定。」

「作りかけ？」

「そう。おれが作ってる。」

カイトと目があった。けど、見てられなくなったぼくはすぐに視線をさげて、仮縫いのベストを机の上において頭をさげる。

「このあいだは、ごめん。おれ、カイトにウソついた。」

カイトの返事はない。ぼくは自分の上ばきを見つめたまま、ア小さく深呼吸して言葉をつづける。

「ホントは、興味、なくなんてない。夏休みから、ずっと被服室に行ってた。」

やっぱりカイトの反応《はんのう》はなく、もうぼくがなにをいってもしょうがないのかもって気持ちになりかけた。

けど、カイトにだけは本当のことを伝えるって決めたのだ。ウソをついたのがなかったことにはならないけど、だからこそ、こんどはちゃんと本当のことだけ伝えたいって。

「おれ、もともと運動神経よくないしさ。ジンタイソンショー※2もしちゃって、サッカー、だんだんツラくなってきて。そんなときに被服室に行くようになって、それで……。」

「それで？」

カイトがはじめてあいづちをうってくれて、ぼくは顔をあげた。

「やっぱり裁縫するの、楽しくて。じつは昔から好きだったんだ、縫いものするの。」

カイトは机の上のシャツをもう一度手にとった。そうして、じっくり観察すると。

顔をくしゃっとして笑った。

「ユートさ、こういうのは早くいえよ。」

ぼくが反応できないでいると、正面からパシッと軽くうでをたたかれた。

「ムリしておれにあわせて、好きでもないサッカーやることないじゃん。」

「で、でもおれ、中学でこっちにひっこしてきて友だちいなかったから、カイトが声かけてくれて、うれしかったんだ。だから、カイトといっしょに部活やったら、友だちになれるかなって──。」

すると、カイトはあきれた顔になって、こんどはバシバシぼくのうでをたたく。

「なんか、ムカついてきた。」

「ごめん……。」

「もういい。イおまえみたいなヤツは、サッカー部やめちまえ。」

針みたいに鋭いその言葉に、なぐられたようなショックを受けて息をのむ。

……やっぱり、いまさらだったのかもしれない。

ウソついたし、かくしごともしてた。あやまったって、そういうのがなかったことになるわけじゃない。

もう友だちでいられなくなっても、しょうがないのかもしれない──。

「それで、好きな服作れよ。」

しめっぽくなりかけた目をあげると、カイトはいたずらをたくらむように笑ってた。

「服作れるとか、すげーじゃん。」

（神戸遥真「ぼくのまつり縫い　手芸男子は好きっていえない」による。）

※1　仮縫い＝洋服で、本仕立ての前に仮に縫って体にあわせて形を整えること。下縫い。

※2　ジンタイソンショー＝じん帯損傷。関節の運動を安全にしたり制限したりする、強い丈夫な繊維性の組織が傷つくこと。

【Ⅰ】「文章の表現と登場人物の言動に着目して読む」という学習課題に取り組む春香さんのグループでの話し合い

春香	この文章には、今まで授業で学習した表現技法がたくさん出てきたよね。「くしゃっとして笑った」とか、「パシッと軽くうでをたたかれた」には、擬態語や擬音語が使われているよね。
正志	そうだね。「バシバシぼくのうでをたたく」もそうじゃないかな。それに直喩

健　もあったね。
あ、「針みたいに」ってところだね。僕は、カイトがシャツを手にとったときの表現が気になっているんだ。どうして「観察すると。」で、一回文章が区切られているのかな。普通なら次の「顔をくしゃっとして笑った」とつながるはずだよね。

みさき　カイトがどんな反応をするのか、ユートも読んでいる私たちも気になっているから、間《ま》をとって緊張感を高めているんじゃないかな。

春香　みさきさんの意見、いいね。文章の表現と内容には深い関係があるんだね。次に、気になった言動について話し合ってみようよ。

優里　この場面では、カイトの返事がなかったときのユートの気持ちが気になるね。「ア小さく深呼吸して言葉をつづける」というところでは、ユートはどんな気持ちだったのかな。

正志　ユートは決意を固めてこの場所に来ているよね。その後に、カイトがあいづちをうってくれて話も進んでいったね。

春香　二人が和解できそうな流れになったけれど、その後、カイトは「イおまえみたいなヤツは、サッカー部やめちまえ」と言っているでしょう。この言葉は、厳しいよね。カイトはどんな気持ちでこの言葉を言ったのかな。

1　優里　自分に合わせて好きでもないサッカーをやるよりも、好きな裁縫を頑張ってほしいと応援する気持ちだったんじゃないかな。

2　正志　でも、仲のよい自分に隠れて、こっそり被服室に行っていたから、どうしても許せずに責めてしまう気持ちの方が強そうだよ。

3　健　もともと運動神経がよくないのに、無理してサッカーを続けてけがをしたことにあきれる気持ちの表れじゃないかな。

4　みさき　それよりも、サッカーをやめるという言葉に落胆し、もう自分には関係ないと突き放す気持ちだったんじゃないかな。心配した分だけ腹も立つしね。

春香　なるほど、みんないろいろ考えているね。ユートとカイトはこの後どうなっていくのかな。今度、好きな本の紹介文を書くよね。私、この本で書こうと思う。全部読んで、いつものように読書記録をつけて、紹介文を書いてみるね。

(一) **よく出る** 【Ⅰ】に文章の表現と内容には深い関係がある とあるが、本文の表現と内容の説明として、最も適切なものを、次の1〜4の中から選んで、その番号を書きなさい。(5点)

1、場面の展開に沿った情景描写を繰り返すことで、ユートとカイトの心理的な隔たりを淡々《たんたん》と表現している。

2、文頭に「……」を入れることで、ユートとカイトそれぞれの希望や高揚感を効果的に表現している。

3、カタカナ表記や口語表現を多用することで、ユートとカイトの友情を生き生きと表現している。

4、心の中の思いを実際の会話のように書くことで、ユートとカイトの不安を暗示的に表現している。

(二) **思考力** ア小さく深呼吸して言葉をつづける とあるが、この時のユートの気持ちを、本文中の言葉を使って、四十五字以上、五十字以内で書きなさい。(句読点を含む。)(6点)

(三) イおまえみたいなヤツは、サッカー部やめちまえ とあるが、【Ⅰ】の[　]の中で、この言葉に込められたカイトの気持ちとして、最も適切な発言をしている人物は誰か。次の1〜4の中から選んで、その番号を書きなさい。(5点)

1、優里　2、正志　3、健　4、みさき

【Ⅱ】春香さんの読書記録

○ タイトルと著者名
『ぼくのまつり縫い』神戸遥真

○ 読み始め・読み終わり　5/2 〜 5/4

○ 選んだ理由
・授業で読んだ場面が印象に残り，結末が気になったから。

○ 授業で読んだ中で気になったところ
・ユートがサッカー部に入った理由
・ユートがカイトにうそをついた理由
・カイトの人物像

○ 読んで思ったこと・印象的だったこと
・友達っていいなと思った。ユートが勇気を出せてよかった！
・被服部の先輩たちがユートの家に来てくれて，とても優しい人たちだと思った。
・ファッションショーでカイトがユートの服を着て出てくれた。カイト，かっこいい！
・私も裁縫がしたくなった。
・被服部に入部届を出すという結末に安心した。

⇦ 【Ⅲ】読書記録をもとにした本の紹介文

『ぼくのまつり縫い』という小説が，私が皆さんに紹介したい小説です。
授業で読んだときに，ユートとカイトのやりとりがとても印象的だったので，小説を全部読んでみました。
ユートは中学校に入学してから，知り合いもなく，寂しさを感じていました。そのような時に，同じクラスのサッカー部のカイトが声をかけてくれたのです。ユートは，人気者のカイトと仲よくなりたくて，得意ではないのにサッカー部に入部しました。ところが，ケガをして休部しているとき，同じクラスでいつも小物を作っている糸《いと》井さんに声をかけられ，被服部での活動も始めます。ユートは夏休み中，サッカーではなく，大好きな裁縫に熱中して過ごしました。
ある日，ケガが治っても練習に来ないユートを心配して，カイトが声をかけます。ユートは「被服部なんて興味ない！」と大声で言ってしまったのを近くにいた糸井さんに聞かれ，被服部にも行きにくくなります。さらに，ウソをついたことで，カイトとも気まずくなってしまいます。落ち込み悩んでいるユートの家に，なんと，訪ねてきた人たちが……。そして，ユートは，自分の好きなことに向かって動き出します。
「本当の友達」について，深く考えることができる作品です。みなさんも，ぜひ読んでみてください。

(四) 春香さんは、【Ⅱ】の読書記録をもとにして、【Ⅲ】のように本の紹介文を書いた。書く際に気をつけた点として適切でないものを、次の1～4の中から一つ選んで、その番号を書きなさい。（5点）

1、紹介文を読む人が、本の内容を理解しやすいように、出来事を時系列で紹介した。
2、登場人物それぞれの言動について自分の考えを書き、最後に、読後の感想を述べた。
3、読みやすい紹介文になるように、段落に分けて自分の伝えたいことを整理した。
4、気になった点や読後の感想を、すべては書かずに、興味を引くような表現にした。

(五) 春香さんは、【Ⅲ】の紹介文の最初の一文を分かりやすく書き直すことにした。『ぼくのまつり縫い』という小説が、私が皆さんに紹介したい小説です。という箇所を、「私が」という書き出しに続けて、同じ言葉を繰り返さないように、二十五字以上、三十字以内で書きなさい。（句読点を含む。）（6点）

二 (古文を含む話し合い)文脈把握・内容吟味

雄一さんは、「自分の選んだ古典を紹介しよう」という国語の授業で、自作の四コマ漫画を使ってグループの友達に紹介し、その後で質問や感想をもらいました。次の【Ⅰ】～【Ⅲ】について、後の(一)～(四)の問いに答えなさい。（計16点）

【Ⅰ】雄一さんが選んだ古典

聟《むこ》あり。舅《しうと》(妻の父親)のかたへみまふとて(あいさつしようとして)、ある町をとほりしが、新しき鴈《がん》を棚に出し置《おき》たり。二百にて買い、矢をとほしもたせ行《ゆく》。舅出あひ鴈をみて、「是《これ》は」ととふに、「我等《ら》の道にて仕《つかまつり》たる(仕とめました)」とあれば、大《おほい》に悦喜《えつき》し、一族皆よせて披露し、振舞《ふるまひ》わめきけり。聟かつにのり(調子に乗り)、「今一度もたせまゐらせん」と家の子(家来)に示合《しめしあはせ》、「われはさきへゆかん。跡より(あとから)調《ととのへ》来《きた》れ(買ってこい)」といひすて、先《まづ》舅にあふと同じく、「いな仕合《しあはせ》にて(いやおどろいたことにわたしはしあわせもので)、又鴈を仕て候《さうらふ》」といふ。舅いさみほこれり。彼内《かのうち》の者、塩鯛《しほたい》に矢をつらぬき持《もち》きたれり。「して今の矢はあたらなんだか」。「されば、鴈にははづれて、塩鯛にあたりまゐらせた(当たりました)」と。

【Ⅱ】雄一さんが【Ⅰ】の古典を紹介する際に作った四コマ漫画

【Ⅲ】雄一さんが紹介した古典について、グループで出された質問や感想の一部

(一) 新傾向 【Ⅱ】の四コマめに入る絵として、最も適切なものを、次の1～4の中から選んで、その番号を書きなさい。（4点）

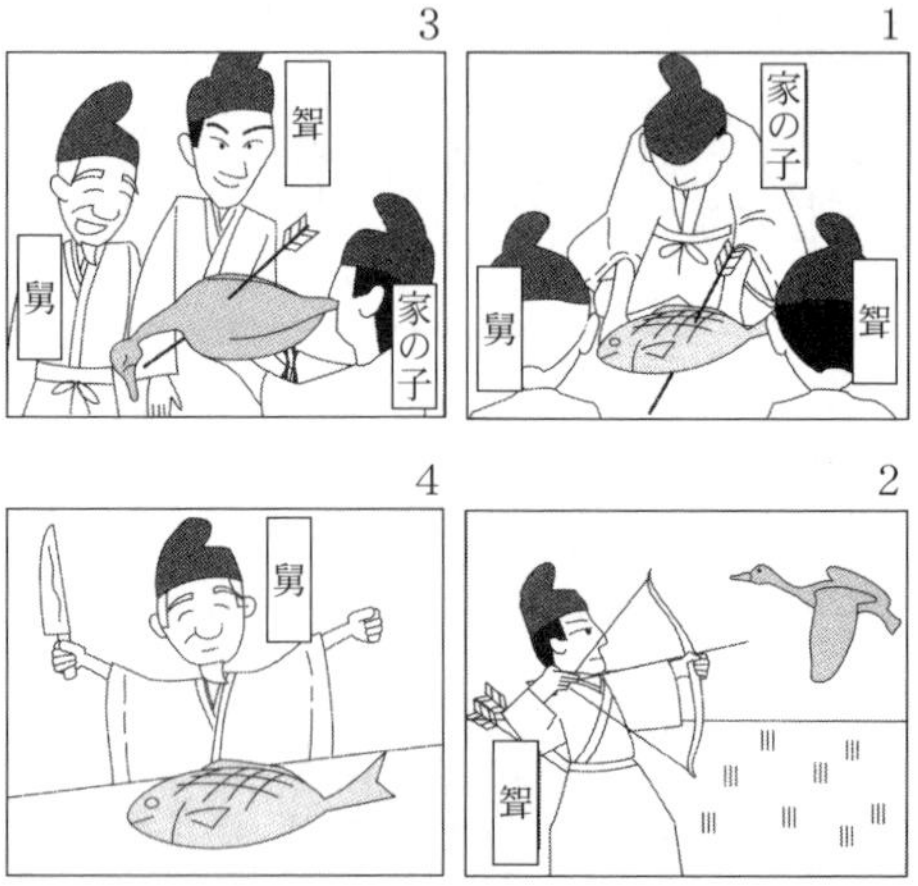

(二) 【Ⅲ】の大地さんの質問に対する答えとして、最も適切なものを、次の1～4の中から選んで、その番号を書きなさい。（4点）

1、店で買った鴈を運びやすくするため。
2、縁起の良い物だという印にするため。
3、借りていた矢を鴈と一緒に返すため。
4、鴈を仕とめたように見せかけるため。

(三) 【Ⅲ】の雪菜さんの感想にある、だまされているとも知らずに大喜びする舅の行動について、その行動を具体的に表している部分を、【Ⅰ】から十五字以上、二十字以内で抜き出して書きなさい。（句読点を含む。）（4点）

(四) 【Ⅲ】の月子さんの感想の□に入る内容として、最も適切なものを、次の1～4の中から選んで、その番号を書きなさい。（4点）

1、家の子がとった予想外の行動から、うそをついていた聟が慌てふためく表情の描写
2、結末で舅がどう反応《はんのう》したのかを描かないことで、後

の展開を読者に想像させる手法

3、聟を誇りに思っていた舅のだまされやすい性格が、感動的な結末を導く意外な展開

4、鴈を何としてでも手に入れようとする家の子の誠実さと、読者の予想を裏切る行動

三 (論説文を含むグラフの読み取り・話し合い)内容吟味・文脈把握・条件作文

(計36点)

佐藤さんは、国語の授業で、読書について書かれた文章や、図書委員会が行ったアンケートの結果をもとに、グループでの話し合いを行い、意見文を書くことになりました。次の文章と【Ⅰ】・【Ⅱ】について、後の㈠〜㈦の問いに答えなさい。

読書のよい点は、いざ読み始めて、それが面白いと思ったら、そこからさらに次々《つぎつぎ》と別の本を読んでゆくという視点の広がりと関心の深まりがもたらされることでしょう。多くの本はその一冊では自己完結せず、他の本の引用があったり、言及・紹介であったりというように、外への窓が開いています。その導きに従えば、芋づる式に自分が次に読むべき本、読みたい本が目の前に現れるでしょう。同じ分野の複数の本を読み込むことで自分の考えや関心をより深めることもできるし、あるいはジャンルを横断するように興味や知識を他の分野にまで広げてゆくこともできるわけです。その結果、自分が手にとった最初の一冊は物理の宇宙論であったのに、結局、本当に追求したいこととしてたどり着いたのは哲学の時間論であったということも起こりうるかも知れません。〈 1 〉

このように自分なりの興味を深く追求する読書は同時に自分の関心の思わぬ広がりをももたらすものですが、一つの分野に限定されない読書によって培《つちか》われる広大で深遠な関心領域こそは、あなたが大学で手にすることのできる大きな実りの一つです。〈 2 〉

異なる学問分野がいろいろなところでつながっている様は、実際に仕事をしてゆく過程で見えてくるでしょう。例えば、(先ほど例に挙げましたが)物理学における時間と空間の問題を考え詰めれば、哲学との接点が出てきます。あるいは法学にしても教育学にしても経済学にしても、人間の心理への視点・洞察※1が最終的には仕事の決め手になる。そしてまた工学の分野もしかり。例えば自動車の製造を考えてみてください。ハンドル、ブレーキ、ミラーなどの自動車のメカニズムは、結局、人間がそれをどう操作すれば、事故を起こさず安全に運転できるかという認知科学や脳科学さらには心理学の視点なしには成り立ちえません。また建築学でも、建物は人間が住むものですから、人間の志向や美的感覚など美学・芸術学の視点が必要になるのです。サービス業ももちろん経済学と並んで、人間の心理への洞察抜きでは成果も挙げられないでしょう。また医療においても、医療機器といった機械工学の分野や身体に関する知識と治療の技術・処方という医学・薬学の分野の知見に加え、患者のケアという面では心理学をはじめとする文系的視点も必要になってくるはずです。〈 3 〉

このように世の中にある仕事の多くは、分野ごとに截然《せつぜん》※2と切り分けられるわけではなく、多くの要素や視点が複雑に絡《から》まっているのです。その多くは人間個人や人間が集団として暮らす社会を対象とするものですから、人間の心や行動・生態への洞察と理解がなくてはなりませんが、それを考える道筋も実に多様です。例えば文学作品を読むこと、歴史を知ること。文化人類学、宗教学、民俗学などの諸分野も、すべて人間の(社会)行動を考察するものです。一方、生物学・動物行動学から人間を考えるアプローチもありうるでしょう。〈 4 〉

もちろん、こうした広大無辺の学問領域を一人の人間が渉猟《しょうりょう》※3・踏破《とうは》することは不可能です。重要なのは、個人はある特定の分野の専門知を極めようとしながら、それでも外に広がる様々《さまざま》な分野が、今自分が取り組んでいることとは無関係であるとして切り捨てるのではなく、どこかで結びついていることを視野の内におさめて、尊重すること。そのような認識の段階に至ったとき、初めて、(たとえ即効性や分かりやすい効用が今は見えなくても)この世の学びのうち、役に立たないことなどないということが実感できるわけです。ですから皆さんも、まずは自分が興味を感じることを追求しながら、徐々《じょじょ》にでも、そのようなつながりの糸を発見し、外に広がる総合的知の領域を感じ取ってゆければよいでしょう。読書はその認識に通じる唯一無二の道なのです。

(上田紀行編著「新・大学でなにを学ぶか」による。)

※1　洞察＝物事をよく観察して、その本質を見抜くこと。
※2　截然＝物事の区別がはっきりしているさま。
※3　渉猟・踏破＝あちこちを歩き回って、さがし求め、困難な道や長い行程を歩き通すこと。

㈠ 佐藤さんは、授業で、読書のよい点についてノートにまとめた。［ア］と［イ］に入る最も適切な語句を、本文中から［ア］は三字、［イ］は四字で抜き出して書きなさい。(各3点)

> 読書のよい点
> 　視点の広がりと関心の深まり
> 　　↑
> 異なる学問分野がいろいろなところでつながる
> 例・自動車の製造 ― 認知科学・脳科学・［ア］
> 　・医療 ― ［イ］・医学・薬学
> 　＊文系的視点も必要

㈡ よく出る 次の一文は、本文中の〈 1 〉〜〈 4 〉のどこに入るか。最も適切な箇所の番号を書きなさい。(4点)

> 要するに、すべての分野は広い視野で見れば、どこかでつながっているということです。

㈢ 本文の特徴として、最も適切なものを、次の1〜4の中から選んで、その番号を書きなさい。(4点)

1、漢語をあまり使わないことで、読者に対する語り口が優しい文章になっている。
2、筆者の主張が効果的に伝わるように、説明や具体例を加えた文章になっている。
3、論理の展開を工夫し、資料を適切に引用して、説得力のある文章になっている。
4、推測ではなく事実だけを述べることで、読者が理解しやすい文章になっている。

【Ⅰ】図書委員会が行ったA中学校の生徒対象のアンケートの結果

①どのくらい本を読むのか

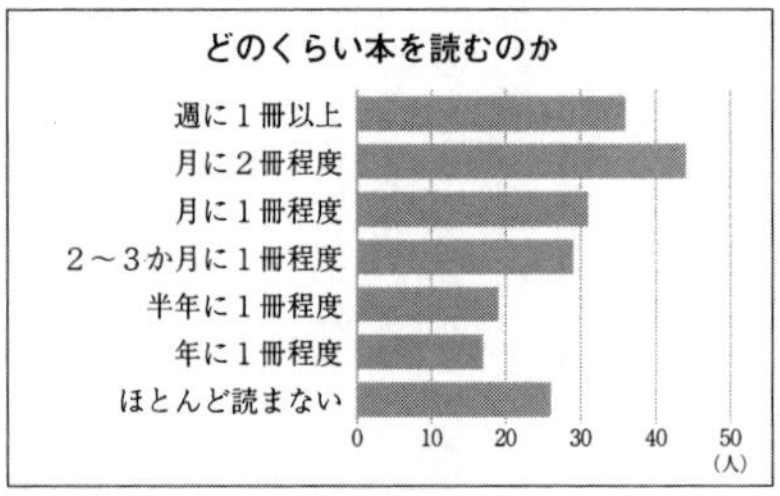

対象：佐藤さんの通うA中学校の生徒202人

②なぜ本を読むのか

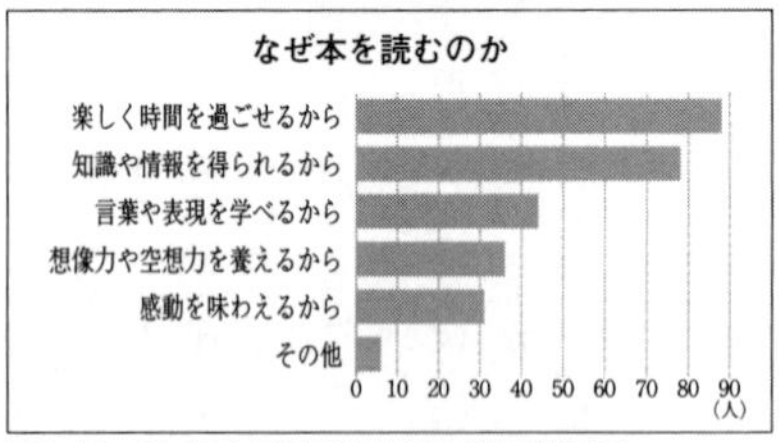

対象：「２～３か月に１冊程度」以上本を読む生徒（複数回答）

③なぜ本を読まないのか

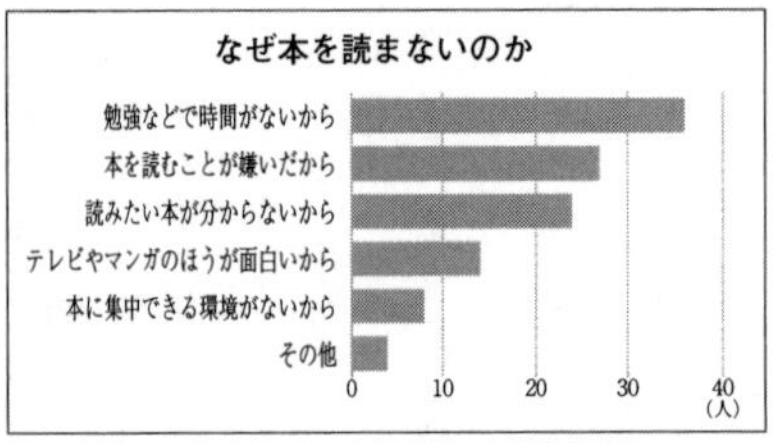

対象：「半年に１冊程度」以下しか本を読まない生徒（複数回答）

【Ⅱ】グループでの話し合いの一部

司会　それでは、読書についての話し合いをします。みなさんは、どのくらい本を読みますか。

佐藤　私は、週に一冊ぐらい読みます。

鈴木　私は、ほとんど読まないです。勉強や部活動が忙しくて読む時間がないんです。

司会　そうですか。では、図書館の貸し出し状況を図書委員の林さんから話してください。

林　【Ⅰ】①からも想像できると思いますが、本をよく借りに来る人とそうでない人がいます。本をよく借りに来る人の中には、ジャンルが決まっている人もいれば、いろいろな内容の本を借りていく人もいます。

佐藤　私は、いろいろな本を借りる方だと思います。私たちが読んだ文章には、読書は「自分の関心の思わぬ広がりをもたらす」と書いてありましたが、確かにそうだと感じます。

鈴木　なるほど。本の内容はそれだけで完結しているわけではないのですね。結局、私たちが勉強する多くのことで［A］なんて存在しないということですよね。

司会　そうですね。皆さん、納得したようですね。では、アンケートの結果で何か気になることはありますか。

林　図書委員の私からよろしいですか。【Ⅰ】③で、読みたい本が分からないから、という人が二十四人もいたのですが、なぜ読みたい本が分からないのでしょうか。

司会　林さんからの質問について皆さんはどう思いますか。

鈴木　自分が面白いと思える本がどのような本か分からないから、読む気になれないということではないでしょうか。図書館に行っても、本が書棚に並んでいるだけだと、手に取ろうという気持ちになりません。

佐藤　私は、本の帯や紹介文などを参考に本を選びますよ。

林　なるほど。まず、その本に興味をもってもらえるような活動を図書委員会で話し合ってみますね。

㈣　本文と【Ⅰ】から読み取れることとして、最も適切なものを、次の１～４の中から選んで、その番号を書きなさい。（４点）

１、本文では、読書を通して関心が広がると述べられているが、A中学校の生徒は、本を読むことが嫌いだから知識や情報が得られていない。

２、本文では、興味のない本こそたくさん読むべきだと述べられているが、A中学校の生徒は、学校の勉強などで時間がないから本を読まない。

３、本文では、読書が総合的知を感じる唯一無二の道だと述べられているが、A中学校の生徒は、楽しく時間を過ごすために読書する人が最も多い。

４、本文では、特定の専門知を極めることが重要だと述べられているが、A中学校の生徒は、テレビやマンガで想像力や空想力を養っている。

㈤　【Ⅱ】の［A］に入る最も適切な言葉を、本文中から十字以内で抜き出して書きなさい。（４点）

㈥　【Ⅱ】の　では、アンケートの結果で何か気になることはありますか　という司会の発言は、どのような役割を果たしているか。その説明として最も適切なものを、次の１～４の中から選んで、その番号を書きなさい。（４点）

１、これからの話し合いの視点を示し、ねらいに即した意見を引き出す役割。

２、これまでの話し合いから生じた疑問を投げかけ、確認する役割。

３、これからの話し合いの仕方で気をつけるべき点について考えさせる役割。

４、これまでの話し合いをまとめ、話し合う意義を再確認させる役割。

㈦　思考力　本文と【Ⅰ】・【Ⅱ】を参考にして、A中学校の生徒の読書生活を充実させるためのあなたの意見を書きなさい。ただし、以下の条件に従うこと。（10点）

１　百字以上、百五十字以内で書くこと。（句読点を含む。）

２　二段落構成とし、第一段落には、A中学校の読書の現状とその理由についてまとめ、第二段落には、読書生活を充実させるためにどのような取り組みができるかを具体的に書くこと。
3　正しい原稿用紙（20字詰×7行＋10字＝省略）の使い方をすること。ただし、題名と氏名は書かないこと。また、〜〜や――等の記号（符号）を用いた訂正もしないこと。
4　文体は、常体「だ・である」で書くこと。

四 漢字の読み書き・漢字知識・語句の意味

次の㈠～㈢の問いに答えなさい。（計21点）

㈠ よく出る 基本 次の(1)～(6)の――線部について、片仮名の部分を漢字で、漢字の部分の読みを平仮名で書きなさい。（(1)～(3)各3点、(4)～(6)各2点）

(1)公園をサンサクする。　(2)田畑をタガヤす。
(3)月は地球のエイセイだ。　(4)新しい事業を企てる。
(5)頻繁に訪問する。　(6)難関に挑む。

㈡ よく出る 基本 次の行書で書かれた漢字を楷書で書くときの総画数と同じ総画数である漢字を、1～4の中から選んで、その番号を書きなさい。（3点）

橋

1、額　2、幕　3、選　4、鋼

㈢ よく出る 基本 次の【会話】の□に入る言葉として、最も適切なものを、1～4の中から選んで、その番号を書きなさい。（3点）

【会話】
山田　昨日のテレビドラマの最終回、すごくおもしろかったね。
大野　そうだね。最後のシーンがなければ、もっと想像が膨らんでよかったと思うな。
山田　たしかに、あのシーンは□だったね。

1、圧巻　2、余地　3、蛇足　4、推敲《すいこう》

栃木県

時間 50分　満点 100点　解答 P10　3月8日実施

出題傾向と対策

●例年どおり、国語知識、古文、論説文、小説文、作文の大問五題構成。国語知識は、漢字の読み書きと俳句の知識問題が頻出である。設問は基本的な選択問題と三十～五十字の記述問題が中心で、自分の言葉でまとめる記述も出題される。作文は、例年、図や文章などの資料があったが、今年は課題のみの提示だった。
●漢字の読み書き、俳句を中心とした国語知識の習得、そして作文の練習は必須。論説文と小説文の問題演習を繰り返し、自分の言葉でまとめられるようにしておく。

注意　答えの字数が指示されている問いについては、句読点や「 」などの符号も字数に数えるものとします。

一 漢字の読み書き・韻文知識・敬語・活用・古典知識

次の1から4までの問いに答えなさい。（計30点）

1、よく出る 基本 次の――線の部分の読みをひらがなで書きなさい。（各2点）

(1)専属契約を結ぶ。
(2)爽快な気分になる。
(3)のどを潤す。
(4)弟を慰める。
(5)わらで作った草履。

2、よく出る 基本 次の――線の部分を漢字で書きなさい。（各2点）

(1)船がギョコウに着く。
(2)チームをヒキいる。
(3)友人を家にショウタイする。
(4)ゴムがチヂむ。
(5)ジュクレンした技能。

3、よく出る 基本 次は、生徒たちが俳句について話している場面である。これについて、(1)から(4)までの問いに答えなさい。

大寺を包みてわめく木《こ》の芽かな　高浜虚子《たかはまきょし》

Aさん「この句の季語は『①木の芽』だよね。」
Bさん「そうだね。この句は、『わめく』という表現が印象的だけれど、どういう情景を詠《よ》んだものなのかな。」
Aさん「先生から②教えてもらったのだけれど、『わめく』というのは、寺の周囲の木々が一斉に芽を（③）た情景だそうだよ。」
Bさん「なるほど。木々の芽が一斉に（④）た様子を『わめく』という言葉で表しているんだね。おもしろいね。」
Aさん「表現を工夫して、俳句は作られているんだね。私たちも俳句作りに挑戦してみようよ。」

(1)この句に用いられている表現技法はどれか。（2点）
ア、対句　イ、直喩
ウ、体言止め　エ、擬人法

(2)（編集部注：傍線部①の問題は著作権上の都合により省略）（2点）

(3)②教えてもらった　を正しい敬語表現に改めたものはどれか。（2点）
ア、お教えした
イ、教えていただいた
ウ、お教えになった
エ、教えてくださった

(4)（③）、（④）には、「出《で》る」と「出《だ》す」のいずれかを活用させた語が入る。その組み合わせとして正しいものはどれか。（2点）
ア、③出し　④出
イ、③出し　④出し
ウ、③出　④出し

エ、③出　④出

4、**基本** 次の漢文の書き下し文として正しいものはどれか。（2点）

過《あやまチテハ》則《すなはチ》勿《なカレ》レ憚《はばかルコト》レ改《あらたムルニ》。（「論語」）

ア、過ちては則ち勿かれ憚ること改むるに。
イ、過ちては則ち憚ること勿かれ改むるに。
ウ、過ちては則ち改むるに憚ること勿かれ。
エ、過ちては則ち憚ること改むるに勿かれ。

二（古文）仮名遣い・動作主・内容吟味

次の文章は、駿河国《するが》（現在の静岡県）に住んでいた三保《みほ》と磯田《いそだ》という二人の長者についての話である。これを読んで1から5までの問いに答えなさい。（計10点）

時に十月の初めのころ、例のごとく、碁《ご》（注1）打ちてありけるに、三保の長者が妻にはかに虫の気《け》付きて（注2）、なやみければ、家の内さわぎ、とよみけるうち（注3）、やすやすと、男子をぞ産みける。磯田も、このさわぎに、碁を打ちさして、やがて家に帰りけるが、これもその日、夜に入りて、妻なるもの、同じく男子を産みぬ。両家とも、さばかりの豪富なりければ、産養《うぶやしな》ひの祝《いは》ひごととて、出《いで》入る人、ひきもきらず。賑《にぎ》はしきこと、言へばさらなり（注4）。

さて一二日《いちにち》を過ぐして、長者両人出会ひて、互ひに出産の喜び、言ひ交《か》はして、磯田言ひけるは、「御身と我と、常に碁を打ち遊びて、睦《むつ》ましく語らふ中に、一日《いちにち》の中《うち》に、相共《あひ》に、妻の出産せる事、(1)不思議と言ふべし。いかに、この子ども、今より兄弟のむすびして、生涯親しみを失はざらんやうこそ、願はしけれ。」と①言へば、三保も喜びて「さては子どもの代に至りても、ますます厚く交はるべし。」とて、盃《さかづき》取り交はして、もろともに誓ひをぞなしける。磯田、「名をば、いかに呼ぶべき。」と言へば、三保の長者しばし打ち案じて、「時は十月なり。十月は良月なり。御身の子は夜生まれ、我が子は、昼生まれぬれば、我が子は、白良と呼び、(2)御身の子は、黒良と呼ばんは、いかに。」と②言へば、磯田打ち笑みて、「黒白を以《もつ》て、昼夜になぞらへし事おもしろし。白良は、さきに生まれ出たれば、兄と定むべし。」と言ひて、これより、いよいよ睦ましくぞ、交はりける。

（「天羽衣《あまのはごろも》」から）

（注1）碁＝黒と白の石を交互に置き、石で囲んだ地を競う遊び。
（注2）虫の気付きて＝出産の気配があって。
（注3）とよみけるうち＝大騒ぎしたところ。
（注4）言へばさらなり＝いまさら言うまでもない。

1、**よく出る** **基本** 祝《いは》ひごと は現代ではどう読むか。現代かなづかいを用いて、すべてひらがなで書きなさい。（2点）

2、①言へ　②言へ　について、それぞれの主語にあたる人物の組み合わせとして適当なものはどれか。（2点）

ア、①三保　②三保　イ、①三保　②磯田
ウ、①磯田　②磯田　エ、①磯田　②三保

3、(1)不思議と言ふべし　とあるが、「不思議」の内容として最も適当なものはどれか。（2点）

ア、三保が碁の途中で妻の出産を予感し、帰宅してしまったこと。
イ、三保と磯田とが飽きることなく、毎日碁に夢中になれたこと。
ウ、碁打ち仲間である三保と磯田に、同じ日に子が生まれたこと。
エ、三保と磯田が碁を打つ最中、二人の妻がともに出産したこと。

4、**思考力** (2)御身の子は、黒良と呼ばん　とあるが、「黒良」という名にしたのはなぜか。三十字以内の現代語で答えなさい。（2点）

5、本文の内容と合うものはどれか。（2点）

ア、磯田は二人の子どもの名付け親になれることを心から喜んだ。
イ、磯田と三保は子の代になっても仲良く付き合うことを願った。
ウ、三保の子は家の者がみんなで心配するくらいの難産であった。
エ、三保は磯田から今後は兄として慕いたいと言われて感動した。

三（論説文）文脈把握・内容吟味

次の文章を読んで、1から6までの問いに答えなさい。（計20点）

読者が自由に読めるということは、理論的に小説には「完成した形」とか「完全な形」がないという結論を導く。小説はいつも「未完成品」なのだ。文学理論では、読書行為について考える理論を「受容理論」と呼ぶ。英語で書かれた文学理論書を多く翻訳している大橋洋一（注）は、受容理論の観点からこの点について次のように述べている。

受容理論の観点からみると（中略）、読者とは、限られた情報から全体像《ゲシュタルト》をつくりあげること。これを読者と作者との関係からいうと、読者は作者からヒントをもらって、自分なりに全体像をつくりあげるといっていいかもしれません。（『新文学入門』岩波書店、一九九五・八）

ここで言う「全体像」は、音楽の音階を考えるとわかりやすい。「ドレミファソラシド」の音階はピアノの右側の高い音で弾いても、左側の低い音で弾いても同じように聞こえる。あるいは、ギターで弾いても同じ「ドレミファソラシド」に聞こえる。絶対音や音の種類が違うのに不思議な現象だ。(1)こういう現象について、人間には「ドレミファソラシド」という音階を「全体像」として認識する能力があるので、たとえどの音階でもどんな種類の音でも、一つ「ミ」という音を聴いただけでそれが「ドレミファソラシド」のどの位置にある音かがわかると考えるのが「全体像心理学」である。

大橋洋一の説明に戻れば、受容理論とは「文学作品というものを、完成したものではなく、どこまでいっても未完成なものである」と考えることになる。それは、あたかも「塗り絵理論」のようなものだと言うのである。「塗り絵理論」とは、読書行為はたとえば線で書かれただけの「未完成」な人形の絵を、クレヨンで色を付けて「完成」させるようなものだとする考え方である。

　ここで注意すべきなのは、読者は「全体像」を名指しすることが出来るという事実である。たとえば、上のような「図」(?)を見てほしい。これは何だろうか。多くの人は(2)「立方体」と答えるだろう。だが、なぜ「九本の直線」と答えてはいけないのだろうか。もちろんそう答えてもいいはずなのだ。いや、その方が「正しい」はずである。にもかかわらずこの「図」を「立方体」と答えてしまうためには、二つの前提が想定できる。

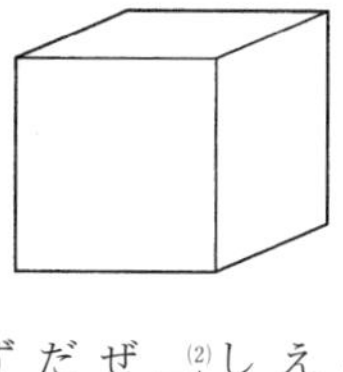

　一つは、私たちの想像力がこの「図」の向こう側に回って、「九本の直線」に奥行きを与えているということだ。二つは、そのような想像力の働かせ方をするのは、私たちがあらかじめ「立方体」という「名」を、つまり「全体像」を知っているということだ。先の例でも、「ドレミファソラシド」の音階を知らない人に「ミ」だけ聴かせても、「ドレミファソラシド」という「全体像」が浮かび上がってくるはずはない。

　目の前にあるテクストが「未完成」であるとか「一部分」であるとか感じるためには、読者に「全体像」がなければならないのである。つまり、読者は「全体像」を知っているという一つ目の前提が、読者は「全体像」を志向するという二つ目の前提である想像力の働き方を規定していると言える。ここでこの原理を受容理論に応用すると、「作品」とは読者が自分自身に出会う場所」であって、「読書行為」とは、読者が自分自身をたえず読んでゆくプロセス」(大橋洋一)だということになるのである。なぜなら、(3)読者が持っているすべての情報が読者ごとの「全体像」を構成するからである。

　そう言えば、私たちはこれまで多くの小説を、「成長の物語」とか「喪失の物語」とか「和解の物語」といった類の、私たちがすでに知っている「物語」として読んでいたのではなかっただろうか。つまり、実は小説にとって「全体像」とは既知の「物語」なのである。だからこそ、私たち(4)読者は安心して小説が読めたのだ。

　こう考えれば、私たちは小説を読みはじめたときから「この物語の結末はもう知っている」と思うだろう。読みはじめたばかりの小説なのに、もう全部知っているのだ。まだ知らない世界をもう知っているという□がそこにはある。読者は知らない道を歩いて、知っているゴールにたどり着く。適度なスリルと、適度な安心感があるのだ。私たちが小説に癒やされるのは、そういうときだろう。

（石原千秋「読者はどこにいるのか」から）

（注）大橋洋一＝日本の英文学者。

1、□に入る語として最も適当なものはどれか。（2点）

ア、伏線　イ、課題　ウ、逆説　エ、対比

2、(1)こういう現象　とあるが、どのような現象か。文末が「という不思議な現象。」となるように四十字以内で書きなさい。ただし文末の言葉は字数に含めない。（4点）

3、(2)「立方体」と答えるだろう　とあるが、その理由として最も適当なものはどれか。（3点）

ア、「立方体」を知らないことによって、かえって想像力が広がり「九本の直線」に奥行きを感じるから。

イ、「立方体」を知らないので想像はできないが、目の錯覚により「九本の直線」に奥行きが生じるから。

ウ、「立方体」を知っていることにより想像力が働き、「九本の直線」に奥行きを与えて見てしまうから。

エ、「立方体」を知っていることが想像力を妨げ、「九本の直線」に奥行きを与えることができないから。

4、(3)読者が持っているすべての情報が読者ごとの「全体像」を構成する　とあるが、筆者がこのように言うのはなぜか。（3点）

ア、読者の経験によって、作品理解における想像力の働かせ方が規定されるから。

イ、読者が作品に込められた意図を想像することで、作品理解に深みが出るから。

ウ、読者の想像力が豊かになることで、作品理解において多様性が生まれるから。

エ、読者が作者の情報を得ることで、作品理解において自由な想像ができるから。

5、**難** **思考力** (4)読者は安心して小説が読めた　とあるが、筆者がこのように言うのはなぜか。五十字以内で書きなさい。（4点）

6、本文の特徴を説明したものとして最も適当なものはどれか。（4点）

ア、「図」を本文中に用いて、具体例を視覚的に示し筆者の主張と対立させている。

イ、かぎ（「　」）を多く用いて、筆者の考えに普遍性があることを強調している。

ウ、漢語表現を多く用いて、欧米の文学理論と自身の理論との違いを明示している。

エ、他者の見解を引用して、それを補足する具体例を挙げながら論を展開している。

四 （小説文）文脈把握・内容吟味

次の文章を読んで、1から6までの問いに答えなさい。（計20点）

（高校一年生の清澄《きよすみ》は祖母（本文中では「わたし」）に手伝ってもらいながら、得意な裁縫を生かして姉の水青《みお》のためにウェディングドレスを作っている。ある日、清澄は友達とともに、姉が働く学習塾を訪ねた。）

　夕方になって、ようやく清澄が帰ってきた。心なしか、表情が冴《さ》えない。具合でも悪いのだろうか。

「ちょっと、部屋に入るで。」

　裁縫箱を片手に、わたしの部屋に入っていく。(注1)鴨居《かもい》にかけた、仮縫いの水青のウェディングドレス。腕組みして睨《にら》んでいると思ったら、いきなりハンガーから外して、裏返しはじめた。

「どうしたん、キヨ。」［ア］

　清澄は(注2)リッパーを手にしている。ふーっと長い息を吐いてから、縫い目に挿しいれた。

「えっ。」

　驚くわたしをよそに、清澄はどんどんドレスの縫い目をほどいていく。

「水青になんか言われたの？」

「なんも言われてない。」

［　　］ドレスを解体していく手つきと裏腹に、清澄の表情は歪《ゆが》んでいた。声もわずかに震えている。

「でも、姉ちゃんがこのドレスは『なんか違う』って言った気持ちが、なんとなくわかったような気がする。」

学習塾に行った時、水青はしばらく清澄たちに気づかずに、仕事をしていたという。「パソコンを操作したり、講師の人となんか喋《しゃべ》ったりする顔が。」と言いかけてしばらく黙る。［イ］

「なんて言うたらええかな。知らない人みたい、ともちょっと違うし……うん。でもとにかく、(1)見たことない顔やった。」

清澄はリッパーをあつかう手をとめて、空中を睨んでいた。そこに、次に言うべき言葉が漂っているみたいに、真剣な顔で。

「たぶん僕、姉ちゃんのことあんまりわかってなかった。」

生活していくために働いている。やりたいことか夢とか、そんなのはいっさいない。いつもそう言っている水青の仕事はきっとつまらないものなのだと決めつけていたのだそうだ。

「でも仕事してる姉ちゃん、すごい真剣っぽかった。」

「はあ。」

「生活のために割りきってる、ってことと、真剣やないってこととは違うんやと思った。」

でもそれが、なぜドレスをほどく理由になるのか、わたしには今いちわからない。

「姉ちゃんはな、ただわかってないだけやと思っとってん。ドレスのこととか、ぜんぶ。僕とおばあちゃんに任せたらちゃんと姉ちゃんがいちばんきれいに見えるドレスをつくってあげられるのにって。どっかでちょっと、姉ちゃんのこと軽く見てたと思う。わかってない人って決めつけてた。せやから、これはあかんねん。わかってない僕がつくったこのドレスは、たぶん姉ちゃんには似合わへん。」

水青のことを尊重していなかった。清澄が言いたいのは、要するにそういうことなのだろうか。そういうことなん？

と訊《たず》ねるのはでも、やめておく。たとえ拙い言葉でも自分の言葉で語ろうとしている。大切なことを見つけようとしている。邪魔をしてはいけない。

「わかった。そういうことなら、手伝うわ。」

自分の裁縫箱から、リッパーを取り出す。向かい合って畳に座った。指先にやわらかい絹が触れた瞬間、涙がこぼれそうになる。真剣な顔でひと針ひと針これを縫っていた清澄の横顔を思い出してしまった。［ウ］

「一からって、デザイン決めからやりなおすの？」

「(2)そうなるね。」

「手伝う時間が減るかもしれんわ、おばあちゃん。……プールに通うことにしたから。」

「プール。」

復唱する清澄には、さしたる表情の変化はなかった。どんな反応が返ってきたとしても、もう気持ちは固まっていたけど。

「そう。プール。泳ぐの、五十年ぶりぐらいやけどな。」

「そうか。……がんばってな。」

清澄はふたたび手元に視線を落とす。ぷつぷつとかすかな音を立てて、糸が布から離れていく。うつむき加減の額にかかる前髪も、皮膚も、まだ新品と言っていい。［エ］

この子にはまだ何十年もの時間がある。男だから、とか、何歳だから、あるいは日本人だから、とか、そういうことをなぎ倒して、きっと生きていける。

「七十四歳になって、新しいことはじめるのは勇気がいるけどね。」

清澄がまっすぐに、わたしを見る。わたしも、清澄を見る。

でも、というかたちに、清澄の唇が動いた。

「でも、今からはじめたら、八十歳の時には水泳歴六年になるやん。なにもせんかったら、ゼロ年のままやけど。」

やわらかな絹に触れる指が小刻みに震えてしまう。(3)そうね、という声までも震えてしまいそうになって、お腹《なか》にぐっと力をこめた。

寺地はるな『水を縫う』集英社刊

（注1）鴨居＝ふすまや障子《しょうじ》の上部にある横木のこと。
（注2）リッパー＝縫い目などを切るための小型の裁縫道具。

1、［　　］に入る語句として最も適当なものはどれか。（2点）
ア、ためらいなく　イ、楽しげに
ウ、たどたどしく　エ、控えめに

2、(1)見たことない顔　とあるが、ここでは姉のどのような顔のことか。（3点）
ア、夢を見つけてひたむきに頑張っている顔。
イ、仕事に対してまじめに取り組んでいる顔。
ウ、家族の生活のために働いて疲れている顔。
エ、職場の誰にでも明るくほほえんでいる顔。

3、本文中の［ア］～［エ］のいずれかに、次の一文が入る。最も適当な位置はどれか。（3点）
［自分で決めたこととはいえ、さぞかしくやしかろう。］

4、(2)そうなるね　とあるが、清澄はどのように考えて、一からドレスを作り直そうとしているのか。文末が「と考えたから。」となるように三十字以内で書きなさい。ただし文末の言葉は字数に含めない。（4点）

5、**難** **思考力** (3)そうね、という声までも震えてしまいそうになって、お腹にぐっと力をこめた　とあるが、「わたし」が「お腹にぐっと力をこめた」のはなぜか。四十五字以内で書きなさい。（4点）

6、「わたし」は清澄に対してどのような思いをもっているか。その説明として最も適当なものはどれか。（4点）
ア、清澄ならば自分の生き方へのこだわりを捨て、他者と協調しながら生きていけるだろう。
イ、清澄ならば既存の価値観を打ち破り、自分の信じる生き方に従って生きていけるだろう。
ウ、清澄ならば実社会に出て多くの経験を積み、自分の弱さを克服して生きていけるだろう。
エ、清澄ならば言葉の感覚を磨き、他者との意思疎通を大切にしながら生きていけるだろう。

五 課題作文 〈思考力〉

「世の中が便利になること」について、あなたの考えを二百四十字以上三百字以内で書きなさい。（20点）
なお、次の《条件》に従って書くこと。

《条件》
（Ⅰ）二段落構成とすること。
（Ⅱ）各段落は次の内容について書くこと。

第一段落
・あなたが世の中にあって便利だと思っているものについて、具体的な例を挙げて説明しなさい。例は、あなたが直接体験したことでも見たり聞いたりしたことでもよい。

第二段落
・第一段落に書いたことを踏まえて、「世の中が便利になること」について、あなたの考えを書きなさい。

群馬県

時間	満点	解答	
45〜60分（各校が定める）	100点	P11	3月9日実施

出題傾向と対策

●論説文、小説文、古文、漢文の書き下し文、漢字の読み書き、資料を読みとる作文問題の大問六題構成。一つ一つの本文は長くなく、大問一つあたりの設問数も少なめだが、時間内に正確に読み解き、ミスなく解答することが求められる。

●問題演習を通じて、時間内により正確に解く練習をしたい。幅広く出題されているので、漢字の読み書き、漢文の返り点など基礎・基本を徹底し、着実に知識を身につけること。身近な題材での作文も出題されており、常日頃からさまざまな問題に関心を持つ姿勢が求められる。

一 （論説文）文脈把握・内容吟味・表現技法

次の文章を読んで、後の㈠〜㈤の問いに答えなさい。（計19点）

たとえば、「窓」という語の意味を僕らはどうやって理解したのでしょうか。

言語について徹底的に考え抜いた、二十世紀を代表する哲学者のルートヴィヒ・ウィトゲンシュタインは次のように言います。

　言語を教えるということは、それを説明することではなくて、訓練するということなのである。

（『哲学探究』）

最初に思い浮かぶ「訓練」は、大人が窓を指差しながら「ま・ど」と発話して教え込むようなものだと思います。これを直示的定義といいます。実物を見せて、語と実物を結びつけてもらおうとするわけです。

たしかに、日本語を理解していない外国人に「窓」の意味を伝えるなら、それでもいいかもしれません。ですが、言葉をまだほとんど習得していない子供には[A]これが不可能なのです。

なぜなら、指を差して言葉の意味を定義する（直示的定義）のでは、[B]「何を指差しているのか」の解釈が無数に開けているからです。

窓を指差したとき、冷静に指を差しているものを見てください。それは（僕らの言葉で言えば）「外」という意味として把握される可能性もあるし、「透明」という意味、「四角いもの」「枠のあるもの」「空」「雨」「南向き」「明るさ」などとして逸脱して解釈される可能性もあります。

そんなことはあり得ないと思われるかもしれません。が、それは僕らがすでに多くの言葉を習得しているからです。

言語を習得しようとしている幼児は、「透明」「四角いもの」など今挙げたような「窓」以外の言葉もまだ知りません。だから、この言語習得の場面は、僕ら大人が外国語を学ぶプロセスとはまったく異なっています。他のあらゆる概念が準備されていない状況で、「窓」の意味を教えなければなりません。それはちょうど、野球をまったく知らない人に、ある場面だけを見せて「これがファールだよ。」と教えるようなものです。彼はきっと困ってこう尋ねるはずです――「え、〝これ〟ってどれのこと？」。

彼は、その選手が「ファール」という名前なのかと思うかもしれません。

□、母語をまだ獲得していない子供に直示的定義は成功しません。窓を指差したところで、そこで指されている先の一体何が「窓」なのかが分からないからです。

直示的定義を通して言語を習得したわけでもなく、言葉を使って説明されたわけでもない。

では、どのようにしてかというと、それは親や周囲の大人から「寒くなってきたから窓を閉めようね。」「ほら、窓見てごらん、お月さま出てるね。」といった（窓を閉める、外を見るといった）活動と言語的コミュニケーションが合わさったやり取りを通して、徐々に学習してきたのです。

つまり、「窓」という語がどのような生活上の活動や行為と結びついて使われているかという点に、「窓」の意味があるということになります。

記号の生命であるものを名指せと言われれば、それは記号の使用（use）であると言うべきであろう。

（『青色本』）

野球を知らない子供が、野球のルールブックをつぶさに熟読して、徹底的に理解してからプレーを始める、ということはあり得ません。どうやるかというと、すでに野球を知っている友人、すなわち野球というゲームを十全にプレーできる誰かと一緒に、とりあえずやってみる、というところからスタートします。その中で「ストライク」「アウト」「ファール」「インフィールドフライ」「エンタイトルツーベース」といった概念を理解していきます。

というよりも、とにかく実践を通してやってみなければ「ファール」の意味は分かりません。つまり、C言葉の意味は、それ単独では確定しないのです。

（近内悠太『世界は贈与でできている――資本主義の「すきま」を埋める倫理学』による。一部表記を改めた箇所がある。）

（注）『哲学探究』、『青色本』……ともに、ウィトゲンシュタインの著作。

㈠ **よく出る** **基本** 文中□に当てはまる語句として、次のア～エから最も適切なものを選びなさい。

ア、一方　　イ、加えて

ウ、同様に　　エ、またもや

㈡ 文中A――「これ」の指し示す内容を、次のように説明するとき、□に当てはまる表現を、本文から二十一字で抜き出して書きなさい。（句読点等も一字として数えること。）

□とする方法。

㈢ 文中B――「何を指差しているのか」の解釈が無数に開けている」とありますが、ここではどのようなことを意味していますか、次のア～エから最も適切なものを選びなさい。

ア、実際に何を指し示しているのかが相手に伝わりにくいということ。

イ、本当は複数の事柄を指し示しているのに伝えきれないということ。

ウ、言葉を用いるだけでは幼い子供には伝わるはずもないということ。

エ、伝える気持ちの強さによって伝わり方が変わってしまうということ。

㈣ **難** **思考力** 文中C――「言葉の意味は、それ単独では確定しないのです」とありますが、筆者は、言葉の意味が確定されるためには、どのような過程を経ることが必要であると述べていますか、書きなさい。

㈤ 本文全体の表現に関する特徴についての説明として、次のア～オから適切なものを二つ選びなさい。

ア、「　」を多く用いることで、抽象的な意味の語句を強調している。

イ、身近な例を取り上げながら、読者の理解を促すよう工夫している。

ウ、一文ごとに改行することで、文章の構成を分かりやすくしている。

エ、他の書物を効果的に引用し、そこから筆者の意見を展開させている。

オ、文末を「です」で統一し、専門的で硬い文章という印象を与えている。

二 （小説文）文脈把握・内容吟味

次の文章を読んで、後の㈠～㈣の問いに答えなさい。（計18点）

「図案のことで、まだ悩んでるんです。」

とにかく「□」を重んじる姉を尊重して、裾のあたりにだけごく控えめに野の花を刺《し》しゅうしようと思っていた。白い糸で、近くで見るとそれとわかる程度にさりげなく。でもなにかが違うような気がして、まだひと針もすすめられずにいる。だって僕がしたい刺しゅうは、そして姉にふさわしいのは「□」なんかじゃないはずだから。

「でも、式はもう一週間後やで。」

「そうなんですけど……。」

ドレスはこのままでじゅうぶんすばらしいできばえだ。僕の刺しゅうで台無しにするようなことがあってはならないと思うと、なおさら手が動かなくなってしまう。

もう時間がない。刺しゅうを入れるにせよ、入れないにせよ、はやく決めなければならないのに。

口ごもってしまった僕をちらりと見て、紺野さんが咳《せき》払いをひとつした。

「質問してもいい？」

「どうぞ。」

「そもそも、どういうきっかけで刺しゅうはじめたん？　いや、前から男子の趣味としてはめずらしいんちゃうかなと思って。」

あ、おかしいとか言うてるわけではないねんで、とぐいぐい身を乗り出してくる紺野さんを「わかってます、わかってます。」と押し戻した。刺しゅうをはじめたきっかけは、祖母がやっていたから。でももちろんそれだけではない。

「刺しゅうは世界中にあって、それぞれ違う特徴があるんです。」

紺野さんが「へえ、そうなん。」とふたたび身を乗り出す。

「たとえば日本にはこぎん刺しっていうのがあるんですけど、これってもともと布を丈夫にして暖かくするために糸を重ねたのがはじまりらしくて。」

「ほう。」

「あとね『背守り』って知ってます？　赤ちゃんの産着《うぶぎ》の背中に刺しゅうする習慣があったんですって。いわゆる魔除《よ》けです。鶴とか亀とかね、そういう図案を。」

「ほう、ほう。」

紺野さんが大きく頷《うなず》く。A姉はきっとこの人のこういうところを好きになったんだろう。自分がものすごくおもしろい話をしているみたいで、悪い気はしない。

日本だけじゃない。ルーマニアのある地方では、娘が生まれるとすぐにその子の嫁入り道具のシーツや枕カバーに刺しゅうをはじめる。インドには「ミラーワーク」と呼ばれる鏡を縫いこんだ刺しゅうの技法がある。鏡が悪いものを反射して身を守ってくれる、と考えられているのだ。

「刺しゅうはずっと昔から世界中にあって、手法はいろいろ違うのに、そこにこめられた願いはみんな似てるんです。」

それってなんか、おもしろいでしょ。」

世界中で、誰かが誰かのために祈っている。すこやかであれ、幸せであれ、と。

高校生になってからいろいろな刺しゅうに関する本を読んだりしているうちに、もっとくわしく刺しゅうの歴史を知りたいと思うようになった。そこにこめられた人々の思いを、暮らしを、もっと知りたいと。

人に話すのはこれがはじめてだった。目標というほどたしかなものではなかった欲求が、言葉にした瞬間に輪郭を得た。Bそうか僕はそんなふうに考えていたのかと、目をみはる。輪郭をよりくっきりとしたものにしたくて、もう一度口に出した。

「知りたいんです、もっと。」

「すごいなあ。壮大やなあ。」

「いや、壮大って、そんな。」

「壮大な弟ができてうれしいわ。」

そこまで屈託なく喜ばれるとこっちが恥ずかしい。C身体の向きを変えて、じわじわ熱くなる頬を見られないようにした。

寺地はるな『水を縫う』集英社刊

（注）紺野さん……「姉」の婚約者。結婚式を間近に控えている。

（一）**よく出る** **基本** 文中□に共通して当てはまる語として、次のア～エから最も適切なものを選びなさい。

ア、華美　イ、現実　ウ、自由　エ、無難

（二）**よく出る** 文中A――「姉はきっとこの人のこういうところを好きになったんだろう」とありますが、「紺野さん」の「こういうところ」とはどのようなところですか、次のア～エから最も適切なものを選びなさい。

ア、相手の話に興味を示し、きちんと耳を傾けてくれるところ。
イ、悩みを丁寧に聞き、改善点を率直に指摘してくれるところ。
ウ、その場のなりゆきで、必要以上に大げさな反応をするところ。
エ、趣味の幅が広く、世界の刺しゅうに関心を持っているところ。

（三）**思考力** 文中B――「そうか僕はそんなふうに考えていたのかと、目をみはる」とありますが、この時「僕」が気づいたのは、どのようなことですか、書きなさい。

（四）文中C――「身体の向きを変えて、じわじわ熱くなる頬を見られないようにした」とありますが、この時「僕」はどのような心情を抱いていたと考えられますか、次のア～エから最も適切なものを選びなさい。

ア、家族以外の人にかなりの知識を披露できた満足感と照れくささ。
イ、他人に褒められようと大げさに伝えてしまった後悔と情けなさ。
ウ、初めて言葉にした思いを認めてもらえたうれしさと気恥ずかしさ。
エ、自分の趣味と祖母の思い出を誰かと共有できた喜びとなつかしさ。

三 （古文）仮名遣い・動作主・内容吟味　（計11点）

次の文章を読んで、後の（一）～（三）の問いに答えなさい。

近ごろ、最勝光院に梅盛りなる春、ゆゑづきたる女房《にようばう》（上品な雰囲気がある女性）一人、釣殿《つりどの》の辺にたたずみて、花を見るほどに、男法師などうちむれて入り来ければ、こちなしとや思ひけむ（無作法である）、帰り出《い》でけるを、着たる薄衣《うすぎぬ》の、ことのほかに黄ばみ、すすけたるを笑ひて、

花を見捨てて帰る猿丸《さるまろ》

と連歌《れんが》をしかけたりければ、とりあへず（すぐさま）、

星まぼる（見つめる）犬の吠《ほ》えるに驚きて

と付けたりけり。人々恥ぢて、逃げにけり。

この女房は俊成卿《しゆんぜいきやう》の女《むすめ》とて、いみじき（すばらしい）歌よみなりけるが、深く姿をやつしたりけるとぞ。（目立たないようにみすぼらしい格好をしていた）

（『十訓抄』による。）

（注）最勝光院……かつて京都にあった寺。
釣殿……寝殿造の南端にある建物。
連歌……上の句（五・七・五）と下の句（七・七）を別の人がよむ形式の詩歌。
俊成卿……歌人である藤原俊成のこと。

（一）文中＝＝「とりあへず」を現代仮名遣いで書きなさい。

（二）文中――「帰り出でける」の主語に当たる人物として、次のア～エから最も適切なものを選びなさい。

ア、作者　イ、女房　ウ、俊成卿　エ、男法師など

（三）**新傾向** 次の会話文は、春輝さんたちが、本文について話し合ったときの会話の一部です。これを読んで、後の①、②の問いに答えなさい。

春輝さん　この話には、他人をあなどってはいけないという教えが込められているみたいだよ。よまれた連歌をよく見てみると、より理解が深まるかも知れないね。

夏斗さん　「連歌」は、複数の人で「五・七・五」と「七・七」を交互によむ詩歌の一種でしょ。ずっと続けるものもあれば、上の句と下の句の一回ずつで終わるものもあるみたい。どちらにしても難しそうだね。

秋世さん　連歌の中に出てくる「猿丸」とか「星まぼる犬」とかが、他人をあなどる言葉に当たるのかな。

冬香さん　「星まぼる犬」は、当時のことわざみたいなもので、「身分不相応の高望みをする」という意味を持つんだって。「猿丸」は「お猿さん」という意味みたいよ。

夏斗さん　ここに出てくる「女房」は、実は「俊成卿の女」で、すばらしい歌人だったんだよね。

春輝さん　そうか。身なりのことだけで「猿丸」などと呼ばれた「女房」が、「星まぼる犬」と

いう言葉で返したということだね。「女房」は、［Ⅰ］を「星」に、［Ⅱ］を「犬」にたとえたというわけだ。

秋世さん　「男法師など」が「女房」を軽く見て、からかうつもりで連歌をしかけたのに対して、「女房」がすぐに［Ⅲ］ことが、この話のおもしろさなんだと思うな。

① 難 会話文中［Ⅰ］、［Ⅱ］に当てはまる語句の組み合わせとして、次のア～エから最も適切なものを選びなさい。

ア、Ⅰ　花　　　　Ⅱ　俊成卿
イ、Ⅰ　自分　　　Ⅱ　男法師など
ウ、Ⅰ　俊成卿　　Ⅱ　自分
エ、Ⅰ　男法師など　Ⅱ　薄衣

② 会話文中［Ⅲ］に当てはまる内容として、次のア～エから最も適切なものを選びなさい。

ア、風流な内容で相手を感動させる句をよんだ
イ、身分を明かして相手を反省させる句をよんだ
ウ、機転をきかせて相手をやり込める句をよんだ
エ、激しい言葉で相手を威圧するような句をよんだ

四 （古文）古典知識・内容吟味

次の文章は、漢文を書き下し文に書き改めたものです。これを読んで、後の㈠～㈢の問いに答えなさい。（計8点）

桓車騎《くわんしやき》、新衣を箸《き》るを好まず。浴後、婦、故《ことさら》（わざと）に^A新衣を送りて与ふ。車騎、大いに怒り、催《うなが》して持ち去らしむ。（急いで持ち去らせた）婦、^B更に持ち還《かへ》らしめ、伝語して云《い》ふ、「衣、新を経ざれば、何に由《よ》りてか故《こ》ならん。」（どうして古くなるでしょう）と。桓公、^C大いに笑ひて之《これ》を箸る。

（『世説新語』による。）

（注）桓車騎……中国の人。「桓公」も同一人物。
箸る……「着る」に同じ。
婦……妻。
云ふ……「言ふ」に同じ。

㈠ よく出る 基本 文中A――「新衣を送りて与ふ」は、「送新衣与」を書き下し文に書き改めたものです。「新衣を送りて与ふ」という読み方になるように返り点を付けたものとして、次のア～エから最も適切なものを選びなさい。

ア、送㆓新衣㆒与　　イ、送㆑新㆑衣与
ウ、送㆓新衣与㆒　　エ、送㆑新衣㆑与

㈡ 文中B――「更に持ち還らしめ」とありますが、「婦」が「桓車騎」のところに、もう一度持って行かせたものは何ですか、本文から抜き出して書きなさい。

㈢ 文中C――「大いに笑ひて之を箸る」とありますが、「桓車騎」がこのような行動をとったのはどうしてだと考えられますか、次のア～エから最も適切なものを選びなさい。

ア、新しい着物を自分に着てもらおうと様々な工夫をする妻の行動が、ほほえましかったから。
イ、古い着物の良さに気づき新しい着物を処分してくれた妻の気配りが、とてもありがたかったから。
ウ、新しい着物を着たくない理由が理解できないと繰り返し訴える妻に、とうとう根負けしてしまったから。
エ、どのような着物でも最初から古いことはあり得ないという妻の理屈が、もっともだと思ったから。

五 漢字の読み書き

次の㈠、㈡の問いに答えなさい。（計16点）

㈠ 基本 次の①～④の――の平仮名の部分を漢字で、または漢字に送り仮名を付けて書きなさい。

①朝早くおきる。
②誘いをことわる。
③楽器をえんそうする。
④雨で試合がじゅんえんになった。

㈡ 次の①～④の――の漢字の読みを平仮名で書きなさい。

①憧れを抱く。　②決意が揺らぐ。
③資料を閲覧する。　④海外の舞踊を習う。

六 （会話文）語句の意味・聞く話す・内容吟味・条件作文

次の会話文は、国語の授業中に、Aさんたちが、紙の本と電子書籍のそれぞれの良さについて意見交換をしたときの会話の一部です。これを読んで、後の㈠～㈤の問いに答えなさい。（計28点）

Aさん　私は電子書籍を読んだことがないけれど、どちらかというと紙の本に魅力を感じるな。ページを一枚一枚めくっていく感覚が好きなんだよね。

Bさん　この前、兄が電子書籍を読んでいたけれど、電子書籍でも、まるでページをめくっているような感じが味わえるみたいだよ。電子書籍でも本らしさを感じることはできると思うな。

Aさん　なるほど。確かに実際の本に近づけるような工夫があるのかもしれないね。でも、紙のページを自分の手で直接めくることで生まれるドキドキ感や、読んだページの厚みを感じることができるのは、やはり紙の本だけだと思うな。

Cさん　それは少し分かる気がするよ。でも、厚みがあるということは、逆に重さを感じるということじゃないかな。一冊ならまだしも、複数持ち歩こうと思うと大変だよね。その点、電子書籍ならパソコンやタブレットなどを一つ持っていれば、何冊分でも持ち歩けるよ。

Dさん　携帯するという点では電子書籍に［　　］よね。でも、本には、実際に読むだけでなく、並べて置いておくという側面もあると思うな。部屋の本棚に、好きな作家の本をきれいに並べておくことで、大切にしたい思いが増すという良さもあるはずだよ。

Cさん　確かにそういう感覚も分かるけれど、私はできるだけ部屋に物を置きたくないから、電子書籍のほうがありがたいなあ。それに電子書籍の場合は、小さい文字を画面上で拡大して読むこともできるから、便利だと思うよ。

Bさん　そういえば、兄も文字や図表などを拡大して読んでいたよ。僕は、わざわざ書店に足を運ばなくても、インターネット上で購入できて、読みたいときにすぐ読むことができる点も、電子書籍の魅力だと思うな。

Eさん　それは確かに便利な点だよね。ただ、電子書籍の歴史はまだ浅くて、過去に出版された本の全てが電子化されているわけでもないのが現実でしょう。その点、紙の本の場合は歴史が古いから、ずっと昔の本だって手に入れて読むことができるよ。私は、図書館などで古い本に出会うことも、紙の本ならではの楽しみの一つだと思うな。

Bさん　なるほど。そういったことも分かる気がするな。みんなと意見交換をすることで、もう少し調べてみたくなってきたよ。

(一) 会話文中［　　］に当てはまる言葉として、次のア～エから最も適切なものを選びなさい。

ア、肩を並べる　　イ、軍配が上がる

ウ、花を持たせる　　エ、一日の長がある

(二) Aさんたちの意見交換の特徴として、次のア～エから最も適切なものを選びなさい。

ア、優劣をはっきりさせるために、最後まで議論し尽くしている。

イ、相手の意見を尊重し、それを踏まえて自分の意見を述べている。

ウ、多くの人に賛同してもらえるよう、訴えかけるように話している。

エ、自分の考えを曲げず、相手の意見に対して徹底的に批判している。

(三) 会話文の中で、紙の本の良さを述べている人物は誰ですか、A～Eの中から全て選びなさい。

(四) Aさんたちは、意見交換で出された、紙の本と電子書籍の良さについて、次の表のようにまとめました。表の［Ⅰ］、［Ⅱ］に当てはまる文として、後のア～オから最も適切なものをそれぞれ選びなさい。

紙の本	電子書籍
・実際の厚みやページをめくる感覚を味わうことができる。 ・電子書籍より歴史が古く、紙の本でしか読めないものがある。 ・［Ⅰ］	・何冊分も持ち歩けて、収納する場所を気にしなくてよい。 ・インターネット上ですぐに手に入れて読むことができる。 ・［Ⅱ］

ア、文字などを手軽に拡大して読み進めることができる。

イ、他人と貸し借りがしやすく、紛失することも少ない。

ウ、安い値段でどこでも簡単に手に入れることができる。

エ、実際に並べておくことで、大切にしたい思いが増す。

オ、内容が頭に入ってきやすく、読書感想文を書きやすい。

(五) 思考力　Bさんは、意見交換をした後に、次のグラフを見つけました。このグラフから読み取れることに触れ、あなたが紙の本と電子書籍について考えたことを、百四十字以上、百八十字以内で書きなさい。

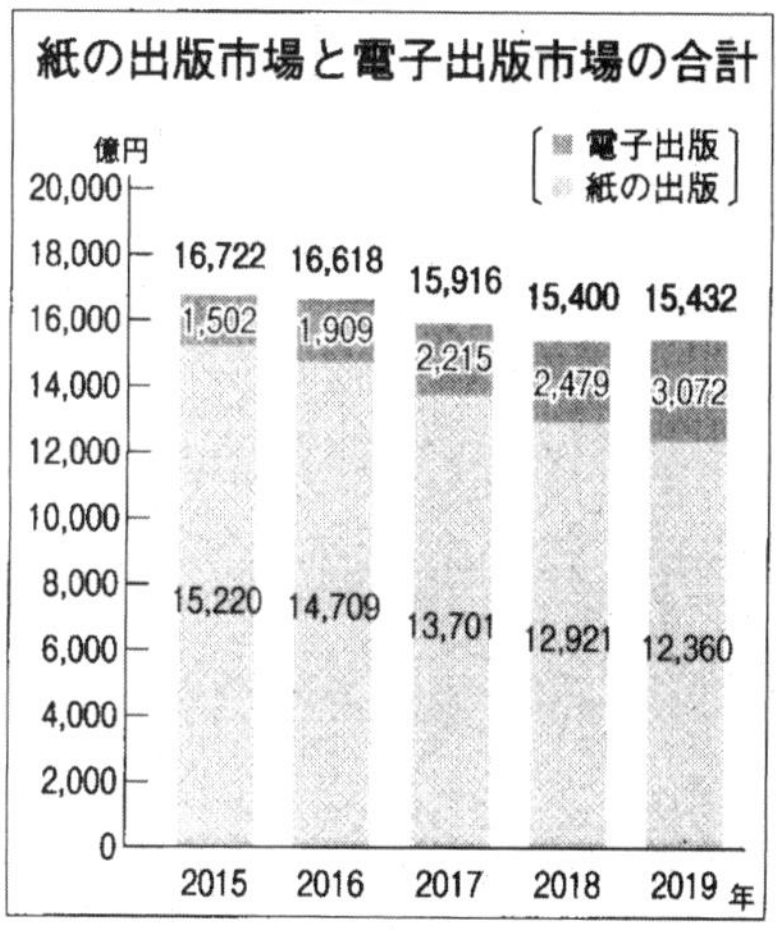

（公益社団法人全国出版協会出版科学研究所『出版指標 年報 2020年版』により作成）

埼玉県

時間 50分　満点 100点　解答 P12

2月26日実施

出題傾向と対策

●小説文、国語知識、論説文、古文、条件作文の大問五題構成は昨年同様。国語知識は例年どおり多岐にわたり、漢字の読み書き・文法問題に加え、グループ発表に関する問題が出された。小説文・論説文に四十～五十字程度の記述を含む点や資料を読み取る条件作文の形も同じ。

●国語知識について広範囲の準備をしておく必要がある。記述問題は本文の表現を用いて解答を作ることができるのでそうした練習が有効。古文は基礎的な問題だが読解力も求められるので内容理解に対する準備を怠らない。

一 （小説文）内容吟味・文脈把握

次の文章を読んで、あとの問いに答えなさい。（計26点）

東京の美術大学に通う離島出身の望音《もね》は、森本《もりもと》研究室（森本ゼミ）に所属し、卒業制作に取り組んでいる。夏休み明けに、同じゼミの太郎《たろう》が、大学を辞《や》めるつもりだとゼミの仲間に打ち明けたところ、望音は、「十分頑張った、とか言うな！」と言って部屋を出て行った。

望音は食堂の前のベンチに一人で座っていた。太郎は黙って近づき、自販機《じはんき》で買った紙パックのジュースを差し出す。

「……すみません、偉そうなこと言って。」と望音は小さく頭を下げた。

「いいよ。」

「ほんとに、辞めるんですか。」

「うん。」

望音は遠慮がちに、作業着を握りしめながら言う。

「うちはもっと太郎さんと一緒に頑張りたかった。同じア※

トリエで、最後まで絵を描いてたかった。卒業制作も、太郎さんにいろいろ見てほしかった。なのに……ほんまに諦《あきら》めてしもうて、後悔せんの？」

テラス席に座っている学生のグループが、ちらちらと見てくる。

「俺さ、この一ヶ月ずっと自分を見つめ直してたんだ。それで気づいたんだけど、あの壁に※グラフィティをかいたとき、久しぶりに内面から湧いてくる感動みたいなものを体験できたんだよ。ああ、俺って、みんなでここで青春を過ごしたんだなって。たぶん俺には、周囲と競争して一握りのプロの席を奪い合うよりも、俺らしく、誰かと協力して好きなことをする方が大事なんだ。でもそれって残念ながら、森本先生が目指している答えとは違うし、いわゆる『アーティスト』として食べていく才能もないんだと思う。けじめをつけるためにも退学しようって、自分で決めたんだ。」

しばらく黙って話を聞いていた望音は、「これからどうするんじゃ。」と訊《たず》ねた。

「まだ決まっていないけど、昔の仲間が訪ねて来てくれてさ。知らなかったんだけど、そいつは別の美大に入って、アートの文脈でグラフィティを実践《じっせん》しようとしているみたいで、もしよかったらまた一緒にやらないかって誘われた。またやるかは分からないけど、今までやってきたことは無駄《むだ》じゃない気がしてる。」

「……そっか、うまくいくとええなぁ。」

①望音はやっと太郎を見て、ほほ笑んだ。

「ありがとう。でもさ、望音も俺と同じで、他人の評価には縛られたくないタイプだと思ってたんだけど、どうしてそんなに頑張れるの？　卒業したあと、大学院で森本研究室に残るわけじゃないんだろ。」

つぎにいつ望音と話せるか分からないので、太郎は聞いておきたかった。

望音は迷うように、手に持っていた紙パックのジュースに視線を落とした。

「じつはうち、ロイヤル・アカデミーの先生から、大学院に誘われとるんじゃ。」

「ロイヤル・アカデミーって、イギリスの？」

前期がはじまった頃、アトリエにロイアカの大学院生が見学に来ていたという話を太郎は思い出す。

望音は肯《うなず》く。

「でも正直、まだ迷ってる。家族にもまだ言ってなくて――。」

三月上旬、※ＹＰＰの審査《しんさ》員をつとめたロイヤル・アカデミーの教授から、望音は一通のメールを受け取った。望音は誘われるままに、春休みとＹＰＰの賞金を利用して、ロンドンを訪れた。

王立芸術院、英名でロイヤル・アカデミー・オブ・アーツは古めかしくて歴史を感じさせる外観でありながら、開放的で明るい雰囲気だった。美術館には豊富なコレクションの一部が無料で公開され、毎年名だたる現代アーティストも参加する「夏季展覧会」は、ロンドンの夏の風物詩として有名らしい。

さらに美術館の奥には、個性的な服装の若者たちが制作している建物があった。

印象に残ったのは、付属の小さなスペースで展示されていた学生たちの作品である。どれも素晴らしい絵ばかりで、望音は圧倒された。絵だけではなく立体や※インスタレーションなど、ジャンルに囚《とら》われずに自由な発想で展開されていた。

教授から大学院生を紹介され、アカデミー内を案内してもらいながら、彼らがしっかりと自作を説明し、確固たるビジョンを持って制作をしていることに驚かされた。

――で、あなたはここで、どんな絵を描きたいの？

そう訊ねられ、②望音はろくに答えられなかった。

その理由は、英語だったからだけではない。

望音はロンドンの喧騒《けんそう》を行き先も決めずに彷徨《さまよ》った。明るい未来がこの街に広がっているはずなのに、頭のなかを不安が塗《ぬ》りつぶす。離島出身で美術のことも日本のこともなにも知らなくて、東京でだって精一杯なのに、さまざまな人種や言語の行き交う、当たり前に自己主張を求められる大都会で、本当に自分はやっていけるのか。

とりあえず語学が留学の必要条件だったので、帰国後は参考書やオンライン英会話で勉強したけれど、根本的な迷いは消えなかった。覚悟がいまだに決まらないまま、また誰にも打ち明けられないまま、ここまで来てしまっていた。

最初に描いた島の絵が却下されたのも、今ふり返れば、その誘いによる迷いや焦《あせ》りが邪魔をしたからだ。

「この美大に来たのも、本当はうちの意志じゃなかったんよ。うちはただ、絵が描ければそれでいいっていう気持ちがあって。それは島にいても、東京にいても、どこにいても同じじゃ。だったら、わざわざ海外に行く必要なんてない気もして――。」

「なに言ってんの？」

いきなり太郎に一喝されて、望音は顔を上げた。

「ロイアカだよ？　マジですごいじゃん！　俺、望音が海外に行って勉強したあと、どんな絵を描くのか、めちゃくちゃ見てみたいよ。」

「見てみたい？」

③望音は目をぱちぱちさせながら太郎を見る。

「そう、たぶん俺だけじゃないよ。ゼミのみんなだって、荒川《あらかわ》さんとか他科のみんなも、今の話を聞いたら、望音の絵がどんな風になるか知りたいって答えると思うよ。望音だって見てみたいと思わないの？　海外に身を置くことで『自分の絵』がどんな風に変わっていくのか。」

そう言われて、はじめて望音は思い出す。

絵は自分にとって「見たい世界」を描くものだった。

でもいつのまにか、熟知した世界ばかり描くようになっていた。描くことは冒険であり旅のはずなのに、安心するために、自分を守るために、自分の殻《から》に籠城《ろうじょう》してただただ描きやすいものばかり選んでいた。

この美大に来てから、とくに森本ゼミに入ってから、少しずつ島にいた頃の自分には描けなかったものも描けるようになったのに、あの卒業制作のプランは、それ以前の自分の自己模倣《もほう》でしかなかった。

もう島から出て行かなくちゃ。

もっと広くて未知の世界に足を踏み入れなくちゃ。

望音さ、と太郎は天を仰いだ。

「へこんでる場合じゃないよ。目の前に広がってる可能性に比べたら、どれもちっぽけなことじゃん。望音が本当にいいと思う絵を描いていれば、望音が望音じゃなくなるわけないよ。だって望音には、才能があるもん。」

　太郎は自分の言葉に納得したようにつづける。

「うん、才能だよ。運や努力も関係するんだろうけど、生まれつき途方もない才能があるやつって、世の中にはごく稀《まれ》にいると思うんだ。そういうやつは放っておいても、回り道しても、いつか絶対に花ひらく。まわりには想像もつかなかったような、大輪の花を咲かせるんだよ。」

　才能という、実体のない言葉が望音にはずっと苦手だった。

　母をはじめ周囲の口から出るたび、ぴんと来なくて信じられなかった。

　自分に才能があるのかどうかは分からない。でもこうして誰かに才能があると信じてもらうことが、こんなにも勇気になるのだと望音ははじめて知った。太郎の言葉が、強力なおまじないのように望音に勇気を与える。その勇気が指先に伝わり、絵を描きたいという気持ちが広がっていく。

「俺さ、望音が咲かせるその花を、いつか見られるのを今から楽しみにしてるんだ。だってその花は本人への贈《おく》り物なだけじゃなくて、結果的にはまわりへの贈り物でもあって、他の大勢の人の心に必ず残るものだから。」

　太郎は絵画棟《とう》を見上げながら言った。

「④太郎さん、ありがと。」

　太郎と別れたあとアトリエに戻りながら、望音は不思議と痛みと耳鳴りが消えたような気がした。

（一色《いっしき》さゆり著『ピカソになれない私たち』による。一部省略がある。）

（注）※アトリエ……画家・彫刻家などの仕事部屋。工房《こうぼう》。
※グラフィティ……落書きアート。いたずら書きに似たペイントアートのこと。
※YPP……ここでは若手の画家を対象とした賞「ヤング・ペインター・プライズ」の略。
※インスタレーション……さまざまな物体を配置し、その空間全体を作品とする手法。

問1、①望音はやっと太郎を見て、ほほ笑んだ。とありますが、このときの望音《もね》の心情を説明した文として最も適切なものを、次のア～エの中から一つ選び、その記号を書きなさい。（4点）

ア、一緒に卒業しようと約束したはずの太郎《たろう》が退学することが、急な話で受け入れられないばかりか、かける言葉も思い浮かばないので苦笑いをしている。

イ、卒業制作を太郎と一緒に頑張ることはできないが、同じ芸術を志す仲間として、太郎が自分なりにやりたいことを探していることを聞いて少し安心している。

ウ、太郎が昔の仲間と意気投合して、自分だけの表現を追い求めて他の美大に行くことが決まっていることに尊敬の念とうらやましさを感じている。

エ、太郎とは卒業制作を続けられないものの、自分のことを気にかけてくれていてアーティストへの道を譲《ゆず》ってくれたやさしさをありがたく感じている。

問2、②望音はろくに答えられなかった。とありますが、望音が答えられなかった理由を説明した文として最も適切なものを、次のア～エの中から一つ選び、その記号を書きなさい。（4点）

ア、英語がうまくできないというだけでなく、ロンドンの学生たちの個性的で自由な発想の作品に圧倒され、誰と創作していくか決めかねていたから。

イ、急に苦手な英語で問われたことで答えにつまり、絵画のことよりもロンドンの生活様式に馴染《なじ》むことができるか、少しだけ迷いを感じたから。

ウ、英語でのやりとりということもあるが、自己主張を求められるロンドンのような大都会で本当に自分はやっていけるのかと、覚悟が決まらなかったから。

エ、英語での会話の内容はともかく、自分は言葉によらず作品だけで勝負しており、良い作品を作るのに場所は関係ないと感じているから。

問3、③望音は目をぱちぱちさせながら太郎を見る。とありますが、このときの望音の様子を説明した次の文の、空欄《くうらん》［Ⅰ］にあてはまる言葉を五字で、空欄［Ⅱ］にあてはまる言葉を九字で、本文中からそれぞれ書き抜きなさい。（6点）

> わざわざ［Ⅰ］必要がない、絵が描ければそれでいいという気持ちがあると太郎に告げたが、ロイアカで勉強したあとの自分が［Ⅱ］を見てみたいという、思いもよらない言葉を太郎にかけられて驚いている。

問4、④太郎さん、ありがと。とありますが、このとき望音が太郎に感謝をしている理由を、次のようにまとめました。空欄にあてはまる内容を、卒業制作、未知の二つの言葉を使って、四十字以上、五十字以内で書きなさい。ただし、二つの言葉を使う順序は問いません。（7点）

> 太郎が、自分の才能を信じてくれて勇気が出たということだけでなく、［　　］と思わせてくれたから。

問5、本文の表現について述べた文として適切でないものを、次のア～オの中から二つ選び、その記号を書きなさい。（5点）

ア、「諦《あきら》めてしもうて」「これからどうするんじゃ。」のように、太郎の言葉には方言独特の言い回しが含まれており、離島出身の太郎の人物像を印象づけている。

イ、「つぎにいつ望音と話せるか分からないので、太郎は聞いておきたかった。」のように、登場人物の心の中が会話文以外においても表現されている。

ウ、望音と太郎の会話の途中に、望音が過去の出来事を回想する場面を入れることで、望音の心情をよりくわしく読者に伝えている。

エ、「描くことは冒険であり旅」「想像もつかなかったような、大輪の花を咲かせるんだよ。」のように、擬人《ぎじん》法を用いることで、望音の様子を読者に印象づけている。

オ、「望音は遠慮がちに、作業着を握りしめながら言う。」「望音は肯《うなず》く。」のように、会話文と会話文の間に文を入れることで、会話中の登場人物の様子を伝えている。

二 漢字の読み書き・品詞識別・聞く話す

次の各問いに答えなさい。（計24点）

問1、次の――部の漢字には読みがなをつけ、かたかなは漢字に改めなさい。（各2点）

(1) 農家の庭先で脱穀をしている。
(2) 迅速な行動をこころがける。
(3) 美術館で展覧会を催す。
(4) 市内をジュウダンする地下鉄。
(5) 彼にとって、その問題を解決することはヤサしい。

問2、次の═部の動詞と活用の種類が同じものを、あとのア～エの文の――部から一つ選び、その記号を書きなさい。（3点）

方位磁針が北の方角を指している。

ア、詳細は一つ一つ確認をしてから記入する。
イ、好きな小説の文体をまねて文章を書いた。
ウ、思いのほか大きな声で笑ってしまった。
エ、普段からの努力を信じて本番に臨む。

問3、次の═部「だ」と同じ意味（用法）であるものを、ア～エの中から一つ選び、その記号を書きなさい。（3点）

彼女の趣味《しゅみ》は読書だ。ある日、休み時間に話しかけると、彼女は頭を上げ、本にそっとしおりを挟《はさ》んだ[ア]。和紙で作られた少し大きめのしおりだ[イ]。教室に人は少なく、いつもより静かだ[ウ]。私が、好きな本について話そうと言うと、彼女の表情は少しやわらいだ[エ]。

問4、次は、中学生のAさんたちが、グループで調べた内容を発表する学習で用いた【発表メモ】と【フリップ】、その発表の準備のための 話し合いの様子 です。これらを読んで、あとの問いに答えなさい。

【発表メモ】

ア	はじめ（1分） 調べ始めたきっかけ ・プラスチックごみについての新聞記事 ・私たちの身の回りにあるプラスチック
イ	なか①（1分） 調べてわかったこと ・プラスチックごみの種類と量 ・多くをしめる「プラスチック製容器包装」 ・ポイ捨てされたプラスチックごみのゆくえ
ウ	なか②（1分） 地域の清掃活動に参加して ・実際に河川にあったプラスチックごみの種類 ・市役所の方にうかがった話
エ	おわり（2分） これから私たちにできること ・「プラスチック製容器包装」などのごみを正しく捨てる ・ポスターなどによる地域への呼びかけ

【フリップ】

話し合いの様子

Aさん「【発表メモ】と【フリップ】を見てください。発表の中で【フリップ】を提示するのは、どの場面がよいと思いますか。」

Bさん「私は、【発表メモ】でいうと『はじめ』の場面がよいと思います。発表を聞く人たちがプラスチックごみについて具体的にイメージをしやすいと思うからです。」

Cさん「私は、発表の中の言葉に注目しました。『プラスチック製容器包装』という言葉が、【発表メモ】の『おわり』のところにあるので、まとめとしてそこで提示するのがよいと思います。」

Bさん「なるほど。【フリップ】に示した言葉が、発表の中で使われたときに提示するのは効果的ですね。それならば、【発表メモ】の『なか①』で『プラスチック製容器包装』という言葉が初めて出てくるので、そこで【フリップ】を提示しながら説明をしてはどうでしょうか。」

Cさん「それはいい考えですね。伝えたい内容をわかりやすく提示することができるので賛成です。」

Aさん「それでは、【フリップ】を提示するタイミングは、そのようにしましょう。」

～話し合いが続く～

(1) Aさんたちのグループは、【フリップ】を発表のどの場面で提示することにしましたか。 話し合いの様子 をふまえて、【発表メモ】のア～エの中から一つ選び、その記号を書きなさい。（3点）

(2) 伝えたい内容をわかりやすく提示する とありますが、スピーチやプレゼンテーションなどにおいて、フリップを作成して用いるときに気をつけることとして適切でないものを、次のア～エの中から一つ選び、その記号を書きなさい。（3点）

ア、写真やデータを引用する場合には、それらの出典をフリップに記して明示する。
イ、フリップの一部を付箋《ふせん》で隠してあとから見せるなど、相手の興味を引く工夫をする。
ウ、会場の広さなどに応じて、フリップの文字や図表を適切な大きさに調整する。
エ、発表の台本に記した言葉は、すべてフリップにも記して相手に見えるようにする。

(3) Aさんは次のような文を書き、それを推敲《すいこう》しました。推敲後の文中の═══部と───部の関係が適切になるように、空欄《くうらん》にあてはまる言葉を、ひらがな四字で書きなさい。（2点）

（はじめの文）
私が目標とするのは、聞く人に正しく伝わるように発表したいです。
（推敲後の文）
私が目標とするのは、聞く人に正しく伝わるように発表□□□□です。

三（論説文）内容吟味

次の文章を読んで、あとの問いに答えなさい。（計26点）

乗り物のうちで、歩くことにもっとも近いのは、著者の経験ではカナディアン・カヌーに思われる。もちろん、※ホワイトウォーターに挑むスポーツとしてのカヤッキングではない。河と湖をカナディアン・カヌーで進み、森のなかではそれを担《かつ》いで踏破する移動だ。①カヌーは深い思索に誘われる。哲学《てつがく》するためにこの乗り物を作ったのではないかと思えるほどだ。しかしそれは歩いているときや※トレッキングしているときとは、思考の働き方がかなり異なる。カヌーを漕《こ》いでいるときの方が、より深く、より多角的に、その場所に包まれる。自分は環境の一部分となり、その一部分全体が移動する。自分は水となり、その水が海に向かう。歩いているときには、自分の身体は環境に包まれつつも、それから身を引き剥《は》がし、足を宙に浮かしている。カヌーでの思考は、歩行のときよりも※形而上《けいじじょう》学的になる。

ヨットと乗馬は、圧倒的に素晴らしい経験であるが、歩くこととは似ていない。乗馬には、馬という相棒がいる。相棒と自然について対話しながら進んでいく。だが、この相棒と私とは志向性がかなり異なり、ときに初心者には難解な言葉を容赦《ようしゃ》なく浴びせてくる。馬の歩行のリズムは、人間の歩行のリズムと異なるが、非常に快適であり、快楽をもたらす。※ケンタウロスは、ひとつの人間の身体的理想なのかもしれない。

ヨットは、散歩よりもはるかに危険な行為《こうい》であり、個体の生命をつねに自覚させられる。※セイリングでは、カヌーと同じく、自然に完全に包まれ、風と波、海の一部と化す。しかしカヌーが身体との一体感が強いのに比較《ひかく》すると、ボートは依然として乗り物であり、クルーもいる。風と波に従いながら、それらを最善に利用するには、知恵とチームワークが必要である。セイリングでは、多忙な労働と瞑想《めいそう》が交互にやってくる。それは風と波のリズムの反映である。

こうして、カヌーやヨット、乗馬では、②自然のもつ意味が、それぞれに散歩やトレッキングとは大きく異なっている。

歩くことは独特の経験である。しかし足もある意味で乗り物である。乗り物はさまざまな用途に使える。ここで私が論じているのは、散歩としての、トレッキングとしての歩きである。それは歩くこと自体に注意を向け、歩くことで展開する風景に侵入《しんにゅう》される経験である。リズミカルに、しかし道の細かい変化を足の裏で拾い上げながら、ほんの少しスピードを変えて、周りの空気を静かに吸って吐き、自分が押しのける風のなかで自分の体を感じるのである。歩くことそのものが、生きることであったのではないか。

しかし、③散歩やトレッキングは、ただ足を前後することではない。自宅の小さな庭をぐるぐる回るのでは楽しめない。外に出て、いつもの道と寄り道を取り混ぜながら、あるいは旅行先の見知らぬ場所を歩くことは、大げさに言えば、自分を異なった存在にすることである。散歩もトレッキングも、自分の歩みと連動する風景、息と大気の循環《じゅんかん》、束縛がなく自由に動かせる空間と身体、あらゆるものをしっかり観察できるゆったりしたスピード、少しずつであるが蓄積《ちくせき》される疲労と休憩《きゅうけい》の場所、こうした身体と環境との即応を感じ取るものである。もっとも重要なことは何か特定の目的がないことである。しかし、私たちは歩くことで何かとの出会いを求めている。しかしそれが何かは分かっていない。いつ出会えるかも分からない。そのような特別のものに出会える場所を見つけようとしているのだ。いや、見つけるというのは適切な言葉ではない。そうした人間の能動的な選択によって現れるのではなく、その何かが、その場所で待っていてくれるという表現を使ったほうがいい。

哲学と散歩の結びつきはかなり本質的である。多くの哲学者たちが散歩を好み、散歩しながら思索し、友人と議論をした。アリストテレスは歩きながら議論し、その弟子たちは※逍遥《しょうよう》学派と呼ばれたことは知られている。東洋思想でも、散歩と思索はひとつのものであった。近代になっても、散歩者を数えればキリがない。

なぜ、哲学と散歩はここまで強い結び付きがあるのだろうか。人類学的な説明をすれば、二足歩行により、手が自由になり、口に鋭い歯と重い顎《あご》が必要なくなった。話して考える準備は、足がもたらしてくれたのだ。しかしより本質的に言えば、歩くことと考えることが同じ行為だからではないだろうか。

散歩は目的地をもっているわけではない。かりに目的地がある散歩であっても、そこに到達する過程の方に意味がある。散歩は、何であるか分からないものとの出会いを求めて歩く。自分が求めているものが何かわからず、何に出会うかも分からないが、出会ったときにはそれを必然と感じるような何かを探して歩いている。そのさがしものは、記号化され、誰からも分かるような道端に置かれているのではない。微《かす》かな徴《しるし》だけを頼りに、草深い※トレイルを歩いて見出《みいだ》すのだ。さがしものを手に入れることに目的があるのではない。④さがしものが自分を変化させることが大切である。それは自分にしか見つけられない場所を訪れることである。

散歩において見つけた、しばし留《とど》まるべき場所、これまでの自分とは異なった視野を与えてくれる丘の頂上、緑の生き物の内臓のような森、不健康なほどコバルト色の空が宇宙に届いている高原、風の足跡を残してうねる砂丘、永遠にクロールしたくなるようなサンゴ礁《しょう》の海辺。これらの場所に到達して私は変身する。そこに永らく座っていたくなるだろう。しかし自分が散歩の途中であったことを思い出し、私たちは再び歩き出す。どこでもない目的地を探して。

⑤こうした散歩の歩き方は、考えることに非常に似ていることにお気づきだろう。思考には、問題解決のためのありとあらゆる行動が含まれている。それは、問いに始まり、どこにたどり着くかおぼつかない旅である。知的な探求は、踏みならされた道路を進むことではありえない。

歩くこと、話すこと、考えることには、共通の構造がある。それは、※ドロワによれば、「崩壊しはじめ」、「持ち直し」、「また始める」という構造である。たしかに、ある方向に移動するという推進と、それを実現するための足と地面との調整の連続で歩行はできている。細かな失敗と修正を繰り返して、私たちは歩むのだし、考えることも話すことも同じような過程で進んでいく。この点にはまったく同意できる。ドロワは、さまざまな哲学者の歩行＝思考の仕方を分析し、それぞれの哲学者の思想の違いは、その歩き方の違いに対応しているという興味深い説を展開している。

（河野《こうの》哲也《てつや》著『人は語り続けるとき、考えていない　対話と思考の哲学《てつがく》』による。一部省略がある。）

（注）※ホワイトウォーター……川の激流。
※トレッキング……山歩き。
※形而上《けいじじょう》学……物事の根本原理を研究する学問。
※ケンタウロス……ギリシャ神話で上半身は人体、下半身は馬の形の怪物。
※セイリング……水上を帆走《はんそう》すること。
※逍遥《しょうよう》……あちこちをぶらぶら歩くこと。
※トレイル……踏み分けた跡。
※ドロワ……ロジェ＝ポル・ドロワ。フランスの哲学者《てつがく》。（一九四九～）

問1、①カヌーは深い思索に誘われる。とありますが、カヌーでの思考の働き方について説明した文として最も適切なものを、次のア～エの中から一つ選び、その記号を書きなさい。（4点）

ア、カヌーでは、歩くことよりも、より深く、より多角的に、環境の一部分となって移動しているように感じられる。
イ、カヌーでは、自分の足で歩くときと同じくらい深く、多角的に、その場所に包まれているように感じられる。
ウ、カヌーでは、水から身を引き剥《は》がし、足を宙に浮かせることで、その場所に包まれているように感じられる。
エ、カヌーでは、その姿勢や足の運びが歩くことと似ており、環境の一部分となって移動しているように感じられる。

問2、②自然のもつ意味が、それぞれに散歩やトレッキングとは大きく異なっている。とありますが、筆者の考える乗馬やセイリングにおける自然との関わりについて説明した文として適切なものを、次のア～オの中から二つ選び、その記号を書きなさい。（4点）

ア、乗馬では、馬を相棒にして自然との対話を楽しむが、初心者は、ときに難解な言葉を容赦《ようしゃ》なく馬に浴びせてしまうことがある。
イ、乗馬では、相棒となる馬と自然について対話をしながら進むが、その馬の歩行のリズムは、非常に快適であり、快楽をもたらすものである。
ウ、乗馬は、相棒である馬と自然について対話をしながら進めるが、誰にでも快適さをもたらすものであり、素晴らしい経験を得ることができる。
エ、セイリングは、個体の生命を自覚させられる危険な行為である反面、自然に完全に包まれるために、多忙な労働を絶え間なく続ける必要がある。
オ、セイリングでは、自然に包みこまれ、風と波、海の一部と化すことができるが、風と波のリズムを反映し、多忙な労働と瞑想《めいそう》が交互にやってくる。

問3、③散歩やトレッキングは、ただ足を前後することではない。とありますが、筆者の述べる散歩やトレッキングとは、何を感じ取り、どのようにすることですか。次の空欄にあてはまる内容を、二十字以上、三十字以内で書きなさい。（6点）

特定の目的をもたずに、何かとの出会いを求めて歩きながら、［　　　］こと。

問4、④さがしものが自分を変化させる　とありますが、筆者の考えるさがしものと同じ内容を表している部分を、本文中の同じ段落（形式段落）から二十二字で探し、最初の五字を書き抜きなさい。（5点）

問5、⑤こうした散歩の歩き方は、考えることに非常に似ている　とありますが、筆者の述べる散歩の歩き方は、どのような点で考えることに似ているのですか。次の空欄にあてはまる内容を、道路、失敗の二つの言葉を使って、四十字以上、五十字以内で書きなさい。ただし、二つの言葉を使う順序は問いません。（7点）

散歩の歩き方は、どこにたどり着くかおぼつかないが、［　　　］という点で、考えることに似ている。

四（古文）仮名遣い・内容吟味・動作主

次の文章を読んで、あとの問いに答えなさい。（……の左側は口語訳です。）（計12点）

※鎌倉中書王《かまくらのちゅうしょわう》にて、御鞠《おんまり》ありけるに、雨降りて後、いまだ庭の乾かざりければ、いかがせんと沙汰《さた》ありける（どうしたらよかろうかと相談があった）に、佐々木隠岐入道《ささきのおきのにふだう》、鋸《のこぎり》の屑《くづ》（おがくず）を車に積みて、多く奉りたりけれ（たくさん差し上げた）ば、一庭《ひとには》に敷かれて、泥土《でいど》の①わづらひなかりけり。「とりためけん（集めた）用意ありがたし。」と、②人感じあへりけり。

この事をある者の語り出《い》でたりしに、吉田中納言《よしだのちゅうなごん》の、「乾き砂子《すなご》（乾いた砂）の用意やはなかりける（なかったのだろうか）。」と③のたまひ（おっしゃった）たりしかば、はづかしかりき。いみじ（すばらしい）とおもひける鋸の屑、賤《いや》しく（下品で）、異様《ことやう》の事なり。庭の儀を奉行《ぶぎやう》する（庭の整備を取り仕切る）人、乾き砂子を設《まう》くる（準備する）は、故実《こしつ》（昔からのならわし）なりとぞ。

（『徒然草《つれづれぐさ》』による。）

（注）※鎌倉中書王《かまくらのちゅうしょわう》にて……宗尊親王《むねたかしんのう》のお住まいで。

※鞠《まり》……蹴鞠《けまり》。革製の鞠を蹴る貴族の遊戯。

問1、よく出る ①わづらひなかりけり とありますが、この部分を「現代仮名遣《づか》い」に直し、ひらがなで書きなさい。（3点）

問2、②人感じあへりけり。は「人々は感心しあった」という意味ですが、人々は佐々木隠岐入道《ささきのおきのにゅうどう》のどのような行動に感心したのですか。次の空欄《くうらん》にあてはまる内容を、十字以内で書きなさい。（3点）

［　　　　　　］をしたこと。

問3、③のたまひたり の主語を、次のア～エの中から一つ選び、その記号を書きなさい。（3点）

ア、佐々木隠岐入道　イ、ある者
ウ、吉田中納言《よしだのちゅうなごん》　エ、庭の儀を奉行《ぶぎょう》する人

問4、本文の内容について述べた文として最も適切なものを、次のア～エの中から一つ選び、その記号を書きなさい。（3点）

ア、雨が降る前から庭に砂を敷いておいて、ぬかるみを防ぐ必要があるということ。
イ、庭を整備する者たちが車で道具を運ぶことは、下品な行いに見えるということ。
ウ、砂を庭にまいてぬかるみを乾かすためには、砂が大量に必要であるということ。
エ、庭のぬかるみに対して乾いた砂を敷くやり方が、元々の慣習であるということ。

五　条件作文　思考力

次の資料は、日本の満13歳から満29歳を対象にしたある調査で「ボランティア活動に興味がある」と答えた人による回答をまとめたものです。

国語の授業で、この資料から読み取ったことをもとに「ボランティア活動に期待すること」について、一人一人が自分の考えを文章にまとめることにしました。あとの（注意）に従って、あなたの考えを書きなさい。（12点）

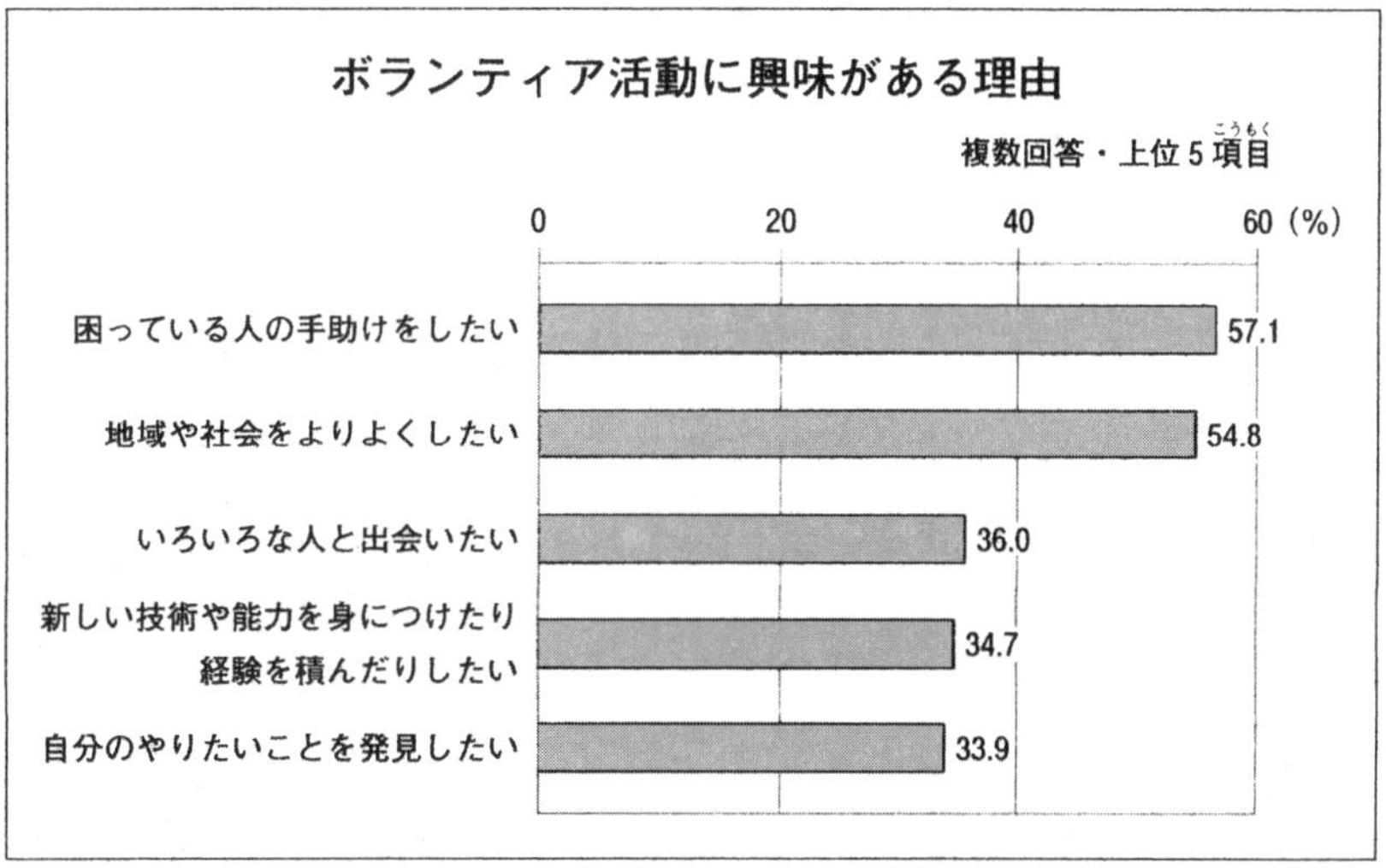

内閣府『我が国と諸外国の若者の意識に関する調査(平成30年度)』より作成

（注意）
(1)二段落構成とし、第一段落では、あなたが資料から読み取った内容を、第二段落では、第一段落の内容に関連させて、自分の体験（見たこと聞いたことなども含む）をふまえてあなたの考えを書くこと。
(2)文章は、十一行以上、十三行以内で書くこと。
(3)原稿用紙（15字詰×13行＝省略）の正しい使い方に従って、文字、仮名遣《づか》いも正確に書くこと。
(4)題名・氏名は書かないで、一行目から本文を書くこと。

千葉県

時間 50分　満点 100点　解答 P13　2月24日実施

出題傾向と対策

●聞き取り検査（省略）、漢字の読み書き二題、論説文、小説文、古文および漢文、条件作文の大問七題。昨年まで出題された国語知識問題は今年はなくなった。現代文も古典も基本的な知識に加え、記述を含めた応用力が問われる。条件作文ではグラフに示された複数の項目から一つを選び、自分の考えをまとめる設問が出される。

●現代文の漢字、古文の係り結びや主語、漢文の返り点など、基本知識を着実に学習する。論説文と説明、小説文と話し合いなど、複数の文章を関連づけ読む習慣を身につける。

解答上の注意　解答する際に字数制限がある場合には、句読点や「」などの符号も字数に数えること。

一　（省略）放送による聞き取り検査　（計8点）

二　漢字の読み書き　よく出る　基本

次の(1)～(4)の――の漢字の読みを、ひらがなで書きなさい。（各2点、計8点）

(1)弁当を携えて牧場へ出かける。
(2)美しい旋律が聞こえる。
(3)直ちに事態を掌握する。
(4)心の琴線に触れる話。

三　漢字の読み書き　よく出る　基本

次の(1)～(5)の――のカタカナの部分を漢字に直して、楷書で書きなさい。（各2点、計10点）

(1) 草原にムれをなす馬。
(2) 大胆な作戦が功をソウする。
(3) 重要なニンムを受け持つ。
(4) 売上高が右肩上がりにスイイする。
(5) ハクラン強記の人物に教えてもらう。

四 (論説文)品詞識別・文脈把握・内容吟味

次の文章【1】、【2】を読み、あとの(1)～(6)の問いに答えなさい。（計23点）

【1】

わたしたち人間が生きるということは、この地球上に命を与えられ、その命を維持していくということを意味している。生まれるということは、命を与えられるということである。与えられるということは [a] である。わたしたちは自らの誕生を選択することはでき①ないからである。

他方、わたしたちは命をつなぐために、たくさんのことを選択する。「選択する」ということは、「選択肢をもつ」ということ、さらに、「選択することができる」ということも意味している。複数の選択肢のなかから選択することができるということは、選択の自由をもつということである。選択の自由があればこそ、わたしたちは、複数の選択肢から [b] でどれか一つを選ぶことができる。選択の存在こそ人間が自由であることの根幹に位置しているのである。

ただ、選択が望みの結果をもたらすかどうかは、選択の時点で分かっているわけではない。わたしたちは選択を誤ることもある。この場合の「A誤る」は、数学の解答を誤るという意味ではない。正しい答えを出せなかったということではない。わたしたちは「B正しい選択」というが、これは、数学の答えのような「正しさ」ではない。選択には、「よりよい選択」と「より悪い選択」、「どちらともつかない選択」がある。よりよい選択とは、わたしたちの願望の実現をもたらす選択、いわば幸福な状況をもたらす選択であり、そうで②ない選択が誤った選択、不幸をもたらす選択が悪い選択である。

さらに、よい選択をしたと思っても、選択の状況が変化するなかで不運が生じることもある。

【2】

「飾りとしての教養」に対して、わたしは、現代の若者が身につけるべき教養は、枝葉や花としての教養ではないと思っている。それは、C「人間の根」としての教養である。これは「命綱」に通じる思想である。

人間を一本の木にたとえるならば、その根っこにあたるのが教養である。一本の木が生長(注1)してゆくとき、その生長を支えるのが太い根である。根が丈夫でしっかりしていれば、木は大きく育つことができる。幹を太くし、枝を広げ、葉を茂らせ、花を咲かせ、実をつける。地上に伸びた木を地中で支えるのが根である。

木が生長しようとすると、ときには風が吹く。強風で枝が折れることもある。雷が落ちれば、幹までが割れてしまうかもしれ③ない。D日照りが続くときには、地中に深く伸びた根でなければ、水を吸い上げることはできない。

木が倒れてしまわ④ないのは、根を大地に深く、また広く伸ばしているからである。根がしっかり大地を踏みしめているからこそ、木は大きくなることができるし、嵐にも旱魃《かんばつ》(注2)にも耐えることができる。

「教養は人間の根である」というのは、順風(注3)のなかにあるとき、その教養は、その人の幹と枝を育て、花を咲かせ、また、実をつけさせる。その人を美しく飾る。他方、人がさまざまな困難に遭遇するとき、その困難に打ち克《か》つ力となって、その人を守る。

教養ある人は、よりよい選択をすることによって身を守ることができ、よりよい人生を実現することができる。よい選択をするためには、わたしたちは、まず目の前に現れてくる選択肢を選択肢として認識できなければならない。これができなければ、わたしたちは大切な選択肢を見逃してしまう。選択肢を選択肢として認識できる能力、複数の選択肢のなかから、よりよい選択肢、さらには最善の選択肢を選択するための能力、言い換えれば、最善の選択を支えるのが教養である。

（【1】、【2】とも、桑子敏雄《くわことしお》『何のための「教養」か』による。）

（注1）生長＝草木が生い育つこと。
（注2）旱魃＝「干ばつ」に同じ。
（注3）順風のなかにある＝物事が予定どおりに進むことのたとえ。

(1) **よく出る** **基本** 【1】、【2】の文章中の……①～④の四つの語のうち、品詞が異なるものを一つ選び、その符号を書きなさい。（2点）

(2) 【1】の文章中の [a] 、 [b] に入る言葉の組み合わせとして最も適当なものを、次のア～エのうちから一つ選び、その符号を書きなさい。（2点）

ア、[a]──受け身　[b]──自らの権力
イ、[a]──運命的　[b]──自らの技術
ウ、[a]──受け身　[b]──自らの意思
エ、[a]──運命的　[b]──自らの知性

(3) 【1】の文章では、「選択」におけるA誤る、B正しいについて、「数学」における「正しい」「誤る」とは異なるものとして述べている。「選択」における「正しい」「誤る」の説明として適当なものを、次のア～オのうちから二つ選び、その符号を書きなさい。（各3点）

ア、「選択」における「正しい」と「誤る」は、人類の共通の真理である。
イ、「選択」における「正しい」と「誤る」の間には、境界線を明確に引けない。
ウ、「選択」における「正しい」は、人間の自由な精神のあらわれである。
エ、「選択」における「正しい」は、固定されたものではなく、流動的なものである。
オ、「選択」における「誤る」は、選択者の努力が足りないために生じる。

(4) 【2】の文章中にC「人間の根」としての教養とあるが、この文章では「教養」のどのような面に注目しているか。その説明として最も適当なものを、次のア～エのうちから一つ選び、その符号を書きなさい。（3点）

ア、教養が、様々な体験を通して、年月をかけて養われていくこと。

イ、教養が、多様な分野を結びつけて、豊かな知識をもたらすこと。

ウ、教養が、平常は目立たないが、いざという時に頼りになること。

エ、教養が、心が傷つき、生きる希望を失った時に必要となること。

(5) 思考力 【2】の文章中にD日照りが続くときには、地中に深く伸びた根でなければ、水を吸い上げることはできないとあるが、このたとえが表す内容を、具体的に書きなさい。ただし、「人間は」に続けて、二十五字以上、四十字以内の一文で書くこと。（4点）

(6) 思考力 【1】と【2】の文章から読み取れる、「選択」と「教養」の関係をまとめた次の説明文を完成させなさい。ただし、［Ⅰ］は文章中から五字で抜き出して書き、［Ⅱ］はあとのア～エのうちから最も適当なものを一つ選び、その符号を書くこと。（各3点）

> 【1】において、「選択」とは、人間が［Ⅰ］うえで必要な営みであると位置づけられている。ゆえに【1】にあるような「選択」が「最善」のものであるためには、【2】にあるような、［Ⅱ］が必要になる。これこそが「教養」である。

ア、他の道を取り得ることも考慮しながら、状況にふさわしい対応を、時と場合に応じて柔軟に選び取る力

イ、多くのことを学び知るほど幸福感が増し、よりよい人生を実現できる可能性が高まることを自覚する力

ウ、自分の願望を実現するために、目の前に現れてくる機会を見逃さず、効率のよい方法で実行していく力

エ、自分の身を危険にさらさないために、多くの情報を的確にさばき、正しい選択肢を確実に見つけ出す力

五 （小説文）内容吟味・文脈把握

次の文章を読み、あとの(1)～(5)の問いに答えなさい。（計21点）

> モンゴメリの名作『赤毛のアン』に登場する主人公アンの親友と同じ名を持つダイアナ。書店員である彼女は、敬愛する作家であり、父でもある「はっとりけいいち」のサイン会を手掛けた。父との再会の機会を作ってくれたのは、小学生の頃に本が大好きという共通点で意気投合した親友でありながら、中学進学を前に仲違《たが》いし、音信の途絶えていた彩子《あやこ》であった。彩子に促され、ダイアナはサイン会を終えて帰る父を駅まで見送った。

店に戻ると、彩子も神崎《かんざき》(注1)さんの姿もすでになかった。やっぱり――。もう今の私達《たち》には、あれ以上話すことなんてないのだ。哀《かな》しみと失望が押し寄せてくる。けれど、サイン会の片付けに、レジ締め(注2)、明日の納品確認とやることは山積みだった。ダイアナは気を取り直すと、マフラー(注3)を外し、なくさない場所に置いておこうと休憩室へと向かう。

その時だった。ビジネス本コーナーで、さっき見たばかりのリクルートスーツ(注4)を発見したのは。

何か、言わなければ、と思った。こちらが戻ってくるまで待っていてくれたことがしがみつきたいくらい、嬉《うれ》しかった。ダイアナの視線を感じたのか、スーツ姿の女の子はゆっくりとこちらに振り返った。

「夕方の書店って、小学校の図書館と同じ匂いがするのね」

今まさに自分も感じていたことを、彩子がはにかみながら言う。

「あのね、ダイアナ……。本を探してもらえないかな？卒業まであと二ヵ月なんだけど、やっぱり……、出版社を受けたいと思って今になって本気出してるんだ。ええと、何か、息抜きっていうか、気分が前向きになるような本、探してもらえないかな」

まかせて、とつぶやき、ダイアナは児童書のコーナーに彩子を誘う。迷うことなく『アンの愛情』(注5)を見つけ出し、差し出した。彩子は怪訝《けげん》そうに首をひねる。

「『赤毛のアン』が面白いのは『アンの青春』(注6)までなんじゃなかったっけ。Aダイアナ、あの頃そう言ってたよね。恋愛や結婚がメインになって面白くないって」

B本の話をするたけで、十年のブランクが埋まっていくのが、なんだか魔法みたいだった。ダイアナはわざと仕事用の口調を選んだ。

「本当にいい少女小説は何度でも読み返せるんですよ、お客様。小さい頃でも大人になっても。何度だって違う楽しみ方ができるんですから」

優れた少女小説は大人になって読み返しても、やっぱり面白いのだ。はっとり先生が言ったことは正しい。あの頃は共感できなかった心情が手にとるようにわかったり、気にも留めなかった脇役が俄然《がぜん》魅力を持って輝き出すこともある。新しい発見を得ることができるのと同時に、自らの成長に気づかされるのだ。幼い頃はぐくまれた友情もまた、栞《しおり》を挟んだところを開けば本を閉じた時の記憶と空気が蘇《よみがえ》るように、いくつになっても取り戻せるのではないだろうか。何度でも読み返せる。何度でもやり直せる。何度でも出会える。再会と出発に世界中で一番ふさわしい場所だから、ダイアナは本屋さんが大好きなのだ。いつか必ず、たくさんの祝福と希望をお客さんに与えられるようなお店を作りたい。

『アンの愛情』に夢中になっている様子の彩子は、こちらを見ずに、しかし、しなやかな意志を感じさせる声でこう言った。

「ねえ、ダイアナ。あのさ、今日、仕事何時に終わるの？」

Cお互いの心臓の高鳴りが聞こえる気がした。彩子の桜色に染まった指の中で、D真新しい白い紙がぱらぱらとめくれ、辺り一面に彩子とダイアナの愛してやまなかった匂いを花びらのようにまき散らしていた。

（柚木麻子《ゆずきあさこ》『本屋さんのダイアナ』による。）

（注1）神崎さん＝ダイアナの父である「はっとりけいいち」の本を手掛けた編集者。
（注2）レジ締め＝店員が、店を閉める時に、一日の売り上げなどを確認する作業。
（注3）マフラー＝はっとり氏が帰りぎわ、寒さを心配してダイアナの首にかけてくれたもの。
（注4）リクルートスーツ＝大学生などが、会社の面接や入社式の際に着るスーツ。
（注5、6）『アンの愛情』『アンの青春』＝いずれもカナダの

小説家モンゴメリの作品で、主人公の少女時代を描いた『赤毛のアン』の続編。十代後半から二十代前半の頃のアンを描く。

(1) 文章中にAダイアナ、あの頃そう言ってたよね とあるが、この時の彩子の気持ちとして最も適当なものを、次のア～エのうちから一つ選び、その符号を書きなさい。（2点）

ア、ダイアナ自身がつまらないと評価した本を差し出す真意がつかめず、納得できないでいる。
イ、大人である自分に子ども向けの本を提案したので、ダイアナに対する不快感を覚えている。
ウ、出版社を受ける自分の目的には適していない本が選ばれたので、ダイアナに失望している。
エ、自分の気持ちを前向きにする本であるとは思えず、ダイアナを問いただそうと思っている。

(2) 思考力 次は、この文章を読んだあとに、松田さん、竹村さん、梅野さんが、B本の話をするたけで、十年のブランクが埋まっていくのが、なんだか魔法みたいだった。ダイアナはわざと仕事用の口調を選んだ について話し合った内容の一部である。これを読み、あとの(a)～(c)の問いに答えなさい。

> 松田さん　二人は長年疎遠だったのに、本の話題によって十年の空白が埋まっていくなんてことがあるのですね。
> 竹村さん　この後にもその様子をみごとに直喩で表した箇所がありますね。「Ⅰ」という一文に含まれています。
> 梅野さん　私は「魔法みたい」という表現にも注目しています。私なら「嬉《うれ》しい」という心情を抱きます。ここは、どうして「魔法みたい」という表現になっているのでしょう。
> 松田さん　ダイアナの心の動きを追うと、「魔法みたい」と表現することでⅡ様子が伝わってくると思います。
> 竹村さん　では、「魔法みたい」と感じるダイアナが「仕事用の口調」で話し出すことは、どのように考えればよいのでしょう。
> 梅野さん　面白い視点ですね。「仕事」は現実的で、「魔法」と対極にある表現のような気がします。
> 竹村さん　ただし、彩子は出版社への就職を志しています。だから、ダイアナは同じ本の世界で働く者として、本を通してⅢを贈る立場になります。
> 松田さん　なるほど。「魔法」と「仕事」は矛盾していないのですね。

(a) Ⅰに入る言葉を、文章中から一文を抜き出して、はじめの三字を書きなさい。（2点）

(b) Ⅱに入る最も適当なものを、次のア～エのうちから一つ選び、その符号を書きなさい。（2点）

ア、彩子が過去の自分の発言を忘れずに覚えていてくれたことに感激し、本がもたらす影響力の強大さを感じている
イ、諦めていた彩子との関係が、本の話題を通じて、またたく間に修復されていくことを実感し、驚きを感じている
ウ、仲直りがしたいと思い続けてきた彩子から話しかけられている事実に有頂天になり、夢ではないかと感じている
エ、彩子との関係を修復する努力を怠ってきた自分に気が付いて、素直に過去と向き合っていく重要性を感じている

(c) Ⅲに入る言葉を、文章中から十字で抜き出して書きなさい。（3点）

(3) 文章中にCお互いの心臓の高鳴り とあるが、この時の二人の様子を説明したものとして最も適当なものを、次のア～エのうちから一つ選び、その符号を書きなさい。（3点）

ア、無愛想な言い方は羞恥心の裏返しだと互いに察知しながらも、再び関係がこじれることに対する不安を感じている。
イ、断絶の期間があまりに長かったために、互いの発言の意図をくみ取ることができない会話に緊張を強いられている。
ウ、互いの言葉に小学生の頃と変わらない優しさを感じ、友情が失われてはいなかったことに対する歓喜に浸っている。
エ、相手の反応を探りつつ、互いに歩み寄り始めたことを意識し、親密な関係に戻ることに対する期待が芽生えている。

(4) 文章中のD真新しい白い紙がぱらぱらとめくれ、辺り一面に彩子とダイアナの愛してやまなかった匂いを花びらのようにまき散らしていた という表現についての説明として最も適当なものを、次のア～エのうちから一つ選び、その符号を書きなさい。（3点）

ア、読書の喜びを忘れていたが、かつての友人と本について語り合ううちに、本への純粋な愛情がよみがえったさまを象徴している。
イ、大人になって気が付いた相手の長所を新鮮な気持ちで受け止めることで、心に秘めていた友情があふれ出すさまを象徴している。
ウ、かつて本を仲立ちにして育んだ友情が、今また互いの心を満たし、友人としての日々を新たに歩み始めていくさまを象徴している。
エ、二人の間に存在したわだかまりが消えうせて、本を愛する者同士として、相手を尊重する気持ちが生まれるさまを象徴している。

(5) 思考力 この文章についてまとめた次の文章を完成させなさい。ただし、Ⅰに入る言葉は、自分の言葉で、「……にともなって……」という形を使って、二十字以上、二十五字以内で書くこと。また、Ⅱに入る言葉は、文章中から漢字二字で抜き出して書くこと。（Ⅰ4点・Ⅱ2点）

> 同じ本を読んでも以前と違った楽しみ方ができるのは、読み手のⅠことにより、新たな発見ができるようになるからだ。この点に着目すると、この文章において、読書の喜びとⅡは、一度限りではな

く何度でも呼び起こされるものとして、重ね合わせて描かれているといえる。

六 (古文)内容吟味・古典知識・動作主

次の文章を読み、あとの(1)～(5)の問いに答えなさい。（計18点）

（平清盛《たいらのきよもり》らの勢力に敗れた源　義朝《みなもとのよしとも》には妻子がいたが、妻の常葉《ときわ》は、清盛が義朝の子どもらを捕らえようとしていると知った。次は、常葉が三人の息子を連れて、風雪の中を追手《おって》から逃れている場面である。）

ある小屋に立ち寄りて、「宿申さん」（宿をお借りしたい。）といへば、主《あるじ》の男出《い》でて見て、「ただ今夜ふけて、（今時、夜がふけてから）幼い人々引き具《ぐ》して迷はせたまふは、(注1)謀叛《むほん》の人の妻子にてぞましますらん。叶《かな》ふまじ」とて、A男内へ入《い》りにけり。落《お》つる涙も降る雪も、左右《さう》の(注2)たもとに所せく、（左右のそでをぐっしょりぬらし）(注3)柴《しば》の編戸《あみど》に顔をあて、Bしぼりかねてぞ立ちたりける。C主の女出でて見ていひけるは、「我《われ》等《ら》かひがひしき身ならねば、（頼りになるような）謀叛の人に同意したりとて、（味方したからといって、）とがめなどはよもあらじ。（責められることはまさかないだろう。）D高きもいやしきも女はひとつ身なり。（同じ女どうしです。）入らせたまへ」（お入りください。）とて、常葉を内へ入れて、さまざまにもてなしければ、人心地《ひとごこち》にぞなりにける。

（『平治物語《へいじものがたり》』による。）

（注1）謀叛＝国家や君主に背いて臣下が兵を挙げること。
（注2）たもと＝和服の袖の下の、袋状になった部分。
（注3）柴の編戸＝雑木の小枝を編んで作った戸。

(1) 文章中にA男内へ入《い》りにけり とあるが、男の行動を説明したものとして最も適当なものを、次のア～エのうちから一つ選び、その符号を書きなさい。（2点）

ア、道に迷い宿を見つけられずに頼ってきた母子を哀れに思い、内に招き入れた。
イ、妻子といえども、逃亡は謀叛と同じく罪深いことだと教え諭して追い返した。
ウ、夜中に親子連れで訪ねてくるとはただ者でないと察し、かくまうことにした。
エ、深夜に幼い子を連れてさまよう女の身の上を怪しんで、泊めることを断った。

(2) 文章中にBしぼりかねてぞ立ちたりける とあるが、これについて次の(a)、(b)の問いに答えなさい。

(a) この表現の特徴として最も適当なものを、次のア～エのうちから一つ選び、その符号を書きなさい。（2点）

ア、対句によって文にリズムが生まれている。
イ、係りの助詞がその前の語を強調している。
ウ、文末を体言にして文に余韻を与えている。
エ、倒置法のために文の語順が変化している。

(b) 「かねる」は、「見るに見かねて手伝う。」「その意見には賛成しかねる。」のように動詞の連用形に付いて意味を加える語である。ここでの「しぼりかねる」という表現は、誰の、どのような心情を表しているか。

(i) 誰の心情であるかを、次のア～エのうちから一つ選び、その符号を書きなさい。（2点）

ア、常葉　イ、主の女
ウ、謀叛の人　エ、主の男

(ii) 思考力 どのような心情を表しているかを、「雪と涙にぬれた袖を」に続けて、「……くらいの……」という形を使って、十字以上、二十字以内で書きなさい。（4点）

(3) 文章中のC主の女 は夫とは異なる対応をするが、その理由として最も適当なものを、次のア～エのうちから一つ選び、その符号を書きなさい。（3点）

ア、戦に巻き込まれたくないので、罰せられない保証があれば助けてもよいと判断したから。
イ、謀叛人の妻と子が現れたことに驚き、素直に届け出ることで罪をまぬかれたかったから。
ウ、頼る者のない常葉の心細さを思い、自分にできるせめてもの世話をしようと思ったから。
エ、常葉らの運命に同情はしたものの、支援を申し出れば世間から非難されると考えたから。

(4) 文章中のD高きもいやしきも が指し示すものとして最も適当なものを、次のア～エのうちから一つ選び、その符号を書きなさい。（3点）

ア、評判　イ、身分　ウ、行為　エ、品性

(5) よく出る 基本 追い詰められて逃げ場を失った者をたとえて「窮鳥」と言うが、関連する言い回しの一つに、「窮鳥懐《ふところ》に入《い》る時は、猟師も之《これ》を捕らず。」がある。こう読めるように、次の「窮鳥入ル懐ニ時ハ、猟師モ不捕ラ之ヲ。」に返り点をつけなさい。（2点）

窮鳥入ル懐ニ時ハ、猟師モ不捕ラ之ヲ。

七 条件作文 思考力

あとの【資料】は、日本の高校生に「自己評価」について質問した結果をグラフに表したものです。この【資料】について、次の〈条件〉にしたがい、〈注意事項〉を守って、あなたの考えを書きなさい。（12点）

〈条件〉
①二段落構成とし、十行以内で書くこと。
②前段では、A～Cの項目のうちからいずれか一つを選び、グラフが示す結果に対するあなたの考えを、そのように考える理由とともに書くこと。
③後段では、前段で選んだ項目（A～C）について、「自己評価」を高めるために、あなたが取り組みたいこと（または、現在取り組んでいること）を具体的にあげながら、なぜその取り組みが「自己評価」を高めることになると考えるのか、その理由もあわせて書くこと。

〈注意事項〉
①氏名や題名は書かないこと。
②原稿用紙（20字詰×10行＝省略）の適切な使い方にしたがって書くこと。
ただし、――や＝＝などの記号を用いた訂正はしないこと。

③【資料】に記された項目を示すとき、A〜Cのアルファベットを用いてもよい。

【資料】　日本の高校生の「自己評価」（平成二十九年度実施）
「自分自身についての評価項目とその回答」

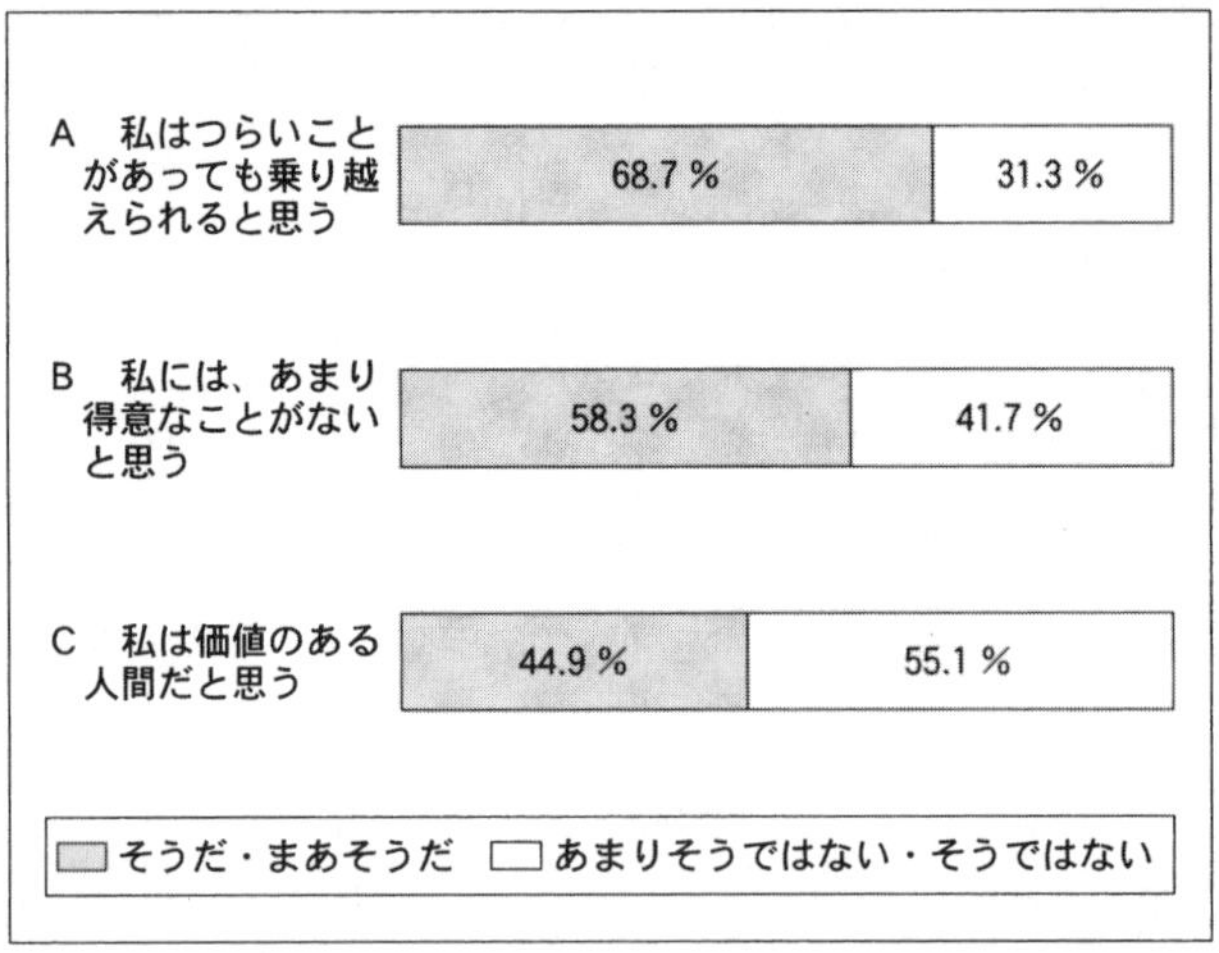

（国立青少年教育振興機構「高校生の心と体の健康に関する意識調査報告書―日本・米国・中国・韓国の比較―(平成30年3月)」より作成）

東京都

時間 50分　満点 100点　解答 P14　2月21日実施

出題傾向と対策

●漢字の読み書き二題、小説文、論説文、古文を含む対談文という五題構成は例年どおり。読解問題は、論説文に課題作文が一問含まれる以外は全て選択問題。問題は、語句の係り受けの問題以外は全て内容読解に関するものだが、解答の手がかりになることがらが傍線部の近くに書かれているものが多く、比較的平易である。

●傍線部の前後の内容を精確に読み取って、選択肢のポイントとなる言葉や内容と照合する練習と、漢字の読み書きの配点比重が高いので、漢字力の養成を心がけること。

一　漢字の読み書き　よく出る　基本

次の各文の――を付けた漢字の読みがなを書け。（各2点、計10点）

(1) 寒い冬の夜空に星が輝く。
(2) 共通の友人を介して知り合う。
(3) 傾斜が急な山道をゆっくり上る。
(4) 紅葉で赤く染まる山並を写真に撮る。
(5) 真夏の乾いたアスファルトが急な雨でぬれる。

二　漢字の読み書き　よく出る　基本

次の各文の――を付けたかたかなの部分に当たる漢字を楷書《かいしょ》で書け。（各2点、計10点）

(1) 私の住む町は起伏にトんだ道が多い。
(2) 山頂のさわやかな空気を胸いっぱいにスう。
(3) コンサート会場でピアノのドクソウを聴《き》く。
(4) バスのシャソウから見える景色が流れていく。
(5) 毎日欠かさず掃除《そうじ》をし、部屋をセイケツに保つ。

三　（小説文）内容吟味

次の文章を読んで、あとの各問に答えよ。（＊印の付いている言葉には、本文のあとに〔注〕がある。）（計25点）

（高校生の美緒《みお》は、母親との言い争いをきっかけに、父方の祖父が営む岩手の染織《せんしょく》工房《こうぼう》で生活し始め織物制作《おりものせいさく》を学んでいる。八月上旬《じょうじゅん》、父親の広志《ひろし》から電話があり、母親と共に岩手に行くのでひとまず一緒に東京に帰らないかと言われた。同じ頃《ころ》、ショール作りの練習として作り始めたカーテンの色を決めかねていた美緒は、祖父から「コレクションルーム」で気に入った色を探すように言われた。）

「おどる12人のおひめさま」と書かれた背表紙を見つけ、美緒は本を手に取る。

「これ、この絵本。これはまったく同じのを持ってた。」

ページをめくると、森の風景が目の前に広がった。

十二人の姫君が楽しそうに銀の森、金の森、ダイヤモンドの森を進んでいく。

「でも、あれ？　なんか印象が違う……。すごくきれい。昔、読んだときは絵が怖くて、全然好きじゃなかったんだけど。」

祖父が隣の本棚《ほんだな》の前に歩いていった。

「エロール・ル・カインが絵をつけたその話はグリム童話。ドイツ人の編纂《へんさん》だ。この話と似た伝承をイギリス人が編纂したものがある。そちらはカイ・ニールセンという画家が挿絵《さしえ》を描いているんだが。」

祖父が本を手に取り、戻ってきた。こちらのタイトルは漢字で「十二人の踊る姫君」とある。

あっ、と再び声が出た。

「それも持ってたよ。お誕生日のプレゼントにもらったの。」

ほお、と祖父が感心したような声を上げた。

「これはなかなか手に入りづらい本だ。ずいぶん探したんだろうな。」

それを聞いて、うしろめたくなった。

この本は四つの話を集めた童話集だ。長い間本棚に置いていたが、中学生になるとき、中学入試の問題集と一緒に処分しようとしたところを祖母＊が見つけ、横浜《よこはま》の家に持ち帰っていった。

　この本にもやはり森を抜けていく十二人の姫君の絵があった。繊細な線で描かれた絵がとても神秘的だ。

「こんなきれいな本だったっけ、これも。」

「日本の絵本もいいぞ。実はこれはホームスパン＊ではないかと、私がひそかに思っている話がある。」

　祖父がもう一冊、絵本を差し出した。

　宮沢賢治《みやざわけんじ》・作、黒井健《くろいけん》・絵「水仙月《すいせんづき》の四日《よっか》」とある。

　本の扉《とびら》を開けると、雪をかぶった山の風景に目を奪われた。この数ヶ月ですっかり見覚えた山の形だ。

「これ、もしかして、岩手山？」

「宮沢賢治は花巻《はなまき》と盛岡《もりおか》で生きたお人だからな。」

　さらにページをめくると、赤い毛布を頭からかぶった子どもが一人、雪原を行く姿が描かれていた。

「この子がかぶっているの、私のショール＊みたい。」

　そうだろう？　と答え、祖父は慈《いつく》しむように文章を指でなぞった。

「ここに『赤い毛布《けっと》』と書かれているが、私はこの子は赤いホームスパンをかぶっていたのだと思う。＊雪童子《ゆきわらす》の心をとらえ、子どもの命を守り抜いた赤い布は、田舎者の代名詞の赤毛布《あかけっと》より、この子の母親が家で紡《つむ》いで作った毛織物だと思ったほうがロマンがあるじゃないか。話のついでだ。私の自慢《じまん》もしていいだろうか。」

「うん、聞かせて！」

　祖父の手がのび、軽く頭に触れた。すぐに手は離れ、祖父はさらに奥の本棚へと歩いていった。一瞬だが、頭をなでられたことに気付き、きまりが悪いような、嬉《うれ》しいような思いで、祖父の背中を追う。
(1)「ねえ、おじいちゃん。あの棚の本、あとで私の部屋に持っていっていい？」
「一声かけてくれれば、なんでも持っていっていいぞ。」

　一番奥の棚の前で祖父が足を止めた。そこには分厚く横にふくらんだノートが詰《つ》まっている。

　祖父が一冊を手に取った。左のページには折り畳まれた絵が一枚貼ってある。さきほど見た絵本「水仙月の四日」の一ページだ。

　右のページにはその絵に使われている色と、まったく同じ色に染められた糸の見本が貼ってあった。次のページには、たくさんの化学記号と数値が書き込まれている。

「これって、絵に使われた色を全部、糸に染めてあるの？」

「そうだよ。カイ・ニールセンやル・カインの絵本の糸もある。」

　祖父が別のノートを広げると、さきほど見た「十二人の踊る姫君」の絵が左ページに貼られていた。「ダイヤモンドの森」の場面だ。

　このノートも、「水仙月の四日」と同じく、絵に使われている色と同色の糸が右に貼られている。

「この糸で布を織ったら、絵が再現できるね。」

「織りで絵を表現するのは難しいが、刺繍《ししゅう》という手もあるな。」

「この糸で何つくったの？　見せて！」

「何もつくっていない。狙《ねら》った色がきちんと染められるかデータを取っていたんだ。ここにあるノートは私の父の代からの染めの記録だ。数値通りにすれば、完璧《かんぺき》に染められるというわけでもないが、道しるべみたいなものだな。」

　下の棚にある古びたノートを取り出すと、紙は淡い茶色に変わっていた。鉛筆でびっしりと書かれている角張った文字は、祖父とは違う筆跡だ。

「もしかして、これが、ひいおじいちゃんの字？」

　祖父がうなずき、中段の棚から一冊を出した。

「このあたりの番号のノートから私も染めに参加している。この時期は父の助手だったが。」
(2)ノートをのぞくと角張った字と、流れるような書体の祖父の筆跡が混じっていた。
　曾祖父《そうそふ》の存在を強く感じ、美緒はノートの字に触れてみる。

　顔も姿も想像できないが、何十年も前に、このノートに曾祖父が文字を書いたのだ。

「お父さんがこの前言ってた……。ひいおじいちゃんの口《くち》癖《ぐせ》は『丁寧《ていねい》な仕事』と『暮らしに役立つモノづくり』だって。」

「古い話を広志もよく覚えていたな。」

　祖父が微笑《ほほえ》み、羽箒《はねぼうき》で棚のほこりをはらった。

「おじいちゃんは、お父さんが仕事を継がなくてがっかりした？」

「がっかりはしなかった。」
(3)即答したが、そのあとの言葉に祖父は詰まった。
　しばらく黙《だま》ったのち、小さな声がした。

「ただ……寂《さび》しくはあったな。それでも、娘に美緒と名付けたと聞いたとき、広志が家業のことを深く思っていたのがわかった。だから、それでいいと思ったよ。」

「えっ？　そんな話は聞いたことない。私の名前に何か意味があるの？」

　祖父が、曾祖父がつけていたノートに目を落とした。

「美という漢字は、羊と大きいという字を合わせて作られた文字だ。緒とは糸、そして命という意味がある。美緒とはすなわち美しい糸、美しい命という意味だ。」

　美しい糸、と祖父がつぶやいた。

「美緒という名前のなかには、大きな羊と糸。私たちの仕事が入っている。家業は続かなくとも、美しい命の糸は続いていくんだ。」
(4)目の前にある大量のノートを美緒は見つめる。
　曾祖父と祖父が集めてきたデータの蓄積《ちくせき》。このノートを使いこなせれば、自分が思った色に羊毛や糸を染めることができる。

　その技《わざ》を持っているのは、さっき頭に触れた祖父の手だけだ。

「おじいちゃん……私、染めも自分でやってみたい。」

　祖父がノートを棚に戻した。

「染めは大人の仕事だ。熱いし、危ない。力仕事だから腰も痛める。染めの工程はこの間のコチニール＊染めでわかっただろう？　それで十分だ。」

「熱いの大丈夫だよ。危ないことも気を付ける。」

「気を付けているときには事故はおきない。それがふっと途切れたときに間違いがおきるんだ。そのとき即座に対応できる決断力がほしい。私は年寄りだから、その力が鈍っているよ。美緒も決して得意なほうではないだろう。」

「でも……。」

「ショールの色は決まったか？　自分の好きな色、これからを託《たく》す色は見つけられたか？」

「まだ、です。探してるけど。」

ショールの色だけではなく、部屋のカーテンの色もまだ決められない。

口調は穏《おだ》やかだが、決断力に欠けていることを指摘《してき》され、顔が下を向いた。

＊せがなくていい、と祖父がポケットから小さな紙を出した。

「色はゆっくり考えればいい。だが、そろそろ買い物に行ってくれるか。来週なんてすぐだぞ。お父さんたちをもてなす準備を始めようじゃないか。」

(5)はい、と小声で答え、美緒はメモを受け取る。

ショールの色だけではない。東京へひとまず帰るか、この夏ずっと祖父の家で過ごすか。

それを父に言う決断もつけられずにいる。

祖父のコレクションルームから気になる画集や絵本を部屋に運んだあと、いつもはスープを入れているステンレスボトルに水を入れ、盛岡の町に出かけた。

（伊吹有喜「雲を紡ぐ」による）

〔注〕　祖母――美緒の母方の祖母。横浜に住んでいる。

ホームスパン――手紡ぎの毛糸で手織りした毛織物。

私のショール――美緒が生後間もない頃に父方の祖父母から贈《おく》られた、とても大切にしている赤い手織のショール。

雪童子《ゆきわらす》――子供の姿をしている雪の精。

コチニール染め――コチニールカイガラムシから採れる赤色の天然色素を用いた染色作業。

せがなくていい――急がなくてよい。

〔問1〕(1)「ねえ、おじいちゃん。あの棚の本、あとで私の部屋に持っていっていい？」とあるが、このときの美緒の気持ちに最も近いのは、次のうちではどれか。（5点）

ア、幼い頃に感じられなかった、絵本の美しさや楽しさに気付かせてくれた祖父に親しみを抱き、祖父の本をもっと読みたいと思う気持ち。

イ、祖父が絵本に登場する服の色に着目していることに興味をもち、自分の本と棚の本を研究して、祖父に認めてもらいたいと思う気持ち。

ウ、祖父が親愛の情を示してくれたことを嬉しく感じ、自分が棚の本に興味を示すことによって、祖父をもっと喜ばせたいと思う気持ち。

エ、会話を通じて祖父の人柄《ひとがら》や考え方にひかれ、祖父が集めてきた棚の本を読むことで、本の好みや選び方を知りたいと思う気持ち。

〔問2〕(2)ノートをのぞくと角張った字と、流れるような書体の祖父の筆跡が混じっていた。とあるが、この表現について述べたものとして最も適切なのは、次のうちではどれか。（5点）

ア、祖父が曾祖父の厳格さに反発する気持ちをもっていたことを、二人の対照的な書体を対比させて描くことで、象徴的に表現している。

イ、祖父が曾祖父と共に芸術的表現を追求していたことを、二人の筆跡をたとえを用いて技巧《ぎこう》的に描くことで、情緒的に表現している。

ウ、祖父が曾祖父と共に染めに携《たずさ》わりつつ記録を引き継いできたことを、二人の異なる筆跡を視覚的に描くことで、印象的に表現している。

エ、祖父が曾祖父と共に色鮮やかで美しい糸を紡ぐ仕事を続けてきたことを、二人の字形や色彩《しきさい》を絵画的に描くことで、写実的に表現している。

〔問3〕(3)即答したが、そのあとの言葉に祖父は詰まった。とあるが、「祖父」が「そのあとの言葉」に「詰まった」わけとして最も適切なのは、次のうちではどれか。（5点）

ア、一度は否定したものの、当時を振り返って本当はがっかりしていたのだと思い直し、そのときの気持ちを美緒に伝えたいと思っていたから。

イ、息子が自立したときに抱いた切なさと、家業に対する息子の思いを推し量っていたことを振り返りつつ、美緒に伝える言葉を探していたから。

ウ、息子の進んだ道に理解を示しつつも、心の底に抱いてきた寂しさや疑問が不意に膨れ上がり、気持ちを懸命に抑えようとしていたから。

エ、気落ちしなかったと答えたのは、祖父としてただ威厳を示そうとしたためだったと気付き、美緒にどう説明すべきか迷っていたから。

〔問4〕(4)目の前にある大量のノートを美緒は見つめる。とあるが、この表現から読み取れる「美緒」の様子として最も適切なのは、次のうちではどれか。（5点）

ア、脈々と続いている生命と家業の技術を尊く感じつつ、父が自分の名前に込めた家業の継承への期待を知って徐々に意欲を高めている様子。

イ、目の前にある大量のノートに記されたこれから関わろうとしている仕事の量と質の高さに戸惑い、自分の拙《つたな》さを強く感じている様子。

ウ、曾祖父と祖父の染色への思いや労力に敬服するとともに、父が大切に思っていた家業を継がなかった真意を測りかねている様子。

エ、曾祖父と祖父の研究の重みや自分の名前に込められた父の思いを想起しつつ、ノートに従って糸を染めてみたいと考えている様子。

〔問5〕(5)はい、と小声で答え、美緒はメモを受け取る。とあるが、このときの「美緒」の気持ちに最も近いのは、次のうちではどれか。（5点）

ア、染めに取り組むことが認められなかったことはもっともだと納得し、ショールの色を決められない自分の優柔不断さを嫌悪《けんお》するが、父親たちにはまだ自分の能力の限界だとは思われたくないと願う気持ち。

イ、染めの希望がかなわず残念に思うものの、決断力の弱さを指摘されてもなお染めに対する意欲を失わず、父親たちとの再会に思いを巡《めぐ》らす中で自分のこれからのことをどのように伝えるべきか迷う気持ち。

ウ、染めに取り組みたいという願いがかなわなかったことに悲しみが込み上げ、急がなくてよいという祖父の慰《なぐさ》めの言葉と、父が祖父を説得すれば染めに取り組めるかもしれないという期待にすがりたい気持ち。

エ、染めの仕事を認めようとしない祖父の態度に困惑しながら、決断力の弱さを自覚して落胆《らくたん》するとともに、父親たちとの再会を控《ひか》えて染めとの向き合い方を模索《もさく》してこなかったことを後悔する気持ち。

四 （論説文）内容吟味・段落吟味・課題作文

次の文章を読んで、あとの各問に答えよ。（計30点）

以前、興味深い話を聞きました。鉄筋コンクリート造《づくり》の団地で生まれ育った小学生がはじめて田舎にある旧来の日本家屋に行ったときの話です。瓦屋根《かわらやね》の下、縁側に寝そべり、庭や遠くの山並《やまな》みを見ながら彼はこう言ったそうです。〝懐《なつ》かしいね〟と。彼にとってみれば未知の新しい場所なのですが、すでに体験したことのある場所のように感じているかのようです。それはＤＮＡに刷りこまれた風景なのか、あるいは幼少期に見聞きした日本昔話の絵本の画がずっと頭にあったからなのかわかりませんが、いずれにせよ琴線《きんせん》に触れる、情感溢《あふ》れた実体的な場所に出会うことで記憶《きおく》の回路がつながったのではないでしょうか。（第一段）

ポルトガルに旅行したことがあります。はじめて行く国、はじめて行く場所だったのですが、そこで見た風景や人の営為《えいい》はとても〝懐かしい〟と感じたのです。これも自分の中に潜在的にあった記憶の断片のようなものがつながったからでしょう。かつて自分の身の周りにあったけれどもいまは失われてしまった風景や人の営為がポルトガルにはまだある、という切ない喪失感もともなっていたように思いますが、しかしそれ以上にこの場所に出会えてよかったと思う喜びの感情がはるかに大きかったように記憶しています。そんな懐かしさの感情を抱くことができれば、その新しい場所は慣れ親しんだ馴染《なじ》みのある場所になります。するとそこに安心感と寛容《かんよう》さを感じることができます。（第二段）

(1)そんな団地の小学生の話やポルトガルでの体験は、複合的で抽象的《ちゅうしょうてき》な懐かしさということで共通しています。場所や空間における〝新しさ〟と〝懐かしさ〟は隣り合わせであるということや、人の記憶の回路をつなぎ合わせることができる伝統、慣習が根付いた実体的な空間、場所の尊さと力強さを感じさせます。そしてまだ自分が訪れたことのない世界にも懐かしい場所は存在していて、それを発見できるということの喜びと可能性も感じさせてくれます。（第三段）

一方、何十年かぶりに故郷に帰って食べる料理や、顔を合わせる家族、親戚《しんせき》や友人、そしてあらためて眺める風景に、直接的で具体的な懐かしさを感じる場合も多いでしょう。しかし久しぶりに出会う懐かしいものは以前出会ったものとは、正確にいえば異なっています。物理的な経年変化があるからではありません。それは自分自身が時間や経験を積み重ね、大きく変化したということなのです。例えば、当時は母の味や郷土料理、故郷の風景が好きではなかったのに、その後の時間の中で経験してきたことを客観的に相対的に重ね合わせてゆくと、実はこんなにも美しく、美味《おい》しく、尊いものだったのだということに気づいた経験は誰にもあるのではないでしょうか。それは自分の感情や視点がいまと昔では大きく変化したことで、久しぶりに出会うものや人の〝質〟や〝価値〟さえも自身が変えたということなのだと思います。〝平凡《へいぼん》〟を〝非凡〟に変えたといってもいいでしょう。そしてその進化した感情、視点によって、伝統や慣習の中にある、人、営為、原風景を〝誇り〟に思うことができるようになっているのです。(2)懐かしいという感情によって人生の中で新たな価値を見出したのです。それは懐かしさという感情の素晴らしい働きです。さらにこの〝誇り〟という感情はとても重要です。なぜなら人は、誇りに感じるものは自然と大切にしようとするからです。（第四段）

人は記憶を頼りに生きてゆく動物と言われています。言い方を換えれば、懐かしさのような記憶に関わる情緒抜きでは人は生きてゆけないということです。懐かしさは、視覚だけでなく触覚、聴覚《ちょうかく》、嗅覚《きゅうかく》、味覚といった五感をともなった記憶が呼び起こされ、それと向き合うことでいまの自分の肉体、存在、歴史、居場所を肯定《こうてい》することができ、気持ちが未来にひらかれてゆく前向きで大切な感情と言われています。それが証拠に、人は負の感情を抱くものに出会ったときには決して懐かしいとは感じません。懐かしいものや人に出会ったときに、人は自然と笑《え》みを浮かべていることが多いでしょう。懐かしさとは人の〝正〟の、そして〝生〟の感情なのです。（第五段）

しかし、どうも私たちは懐かしさに対して認識《にんしき》を誤ってしまうことが多いように思います。〝懐かしの昭和〟〝郷愁誘《さそ》う町〟〝懐かしのおばあちゃんの味〟。それらの言葉からは〝昔はよかった〟という懐古的《かいこてき》な眼差《まなざ》ししか感じられず、前向きな姿勢や未来への可能性のようなものはあまり伝わってきません。過去は過去のものとして缶詰《かんづめ》に閉じ込めたような、博物館のケースの中に入れた展示品のような扱いにされてしまっています。また町づくりや建築においても懐かしさや郷愁のイメージをわざと誘うようなものも見受けられます。それら固定的な〝懐古の商品化〟や〝郷愁のパッケージ化〟は、かえって人のイマジネーションを閉ざしてしまう危険をはらんでいます。（第六段）

さて私たちは戦後、〝変わること〟が豊かさと明るい未来を手に入れることだと信じてきました。もちろん変わらなければならないことも多々あったと思いますが、〝変えるべきこと〟と〝変えなくてもいいこと〟を整理せずに急進的に走り続けてきたように思います。急速な変化は自然風土やかけがえのない人の営為を壊し、人の記憶にとって大切な〝原風景〟を奪ってゆきました。懐かしいという前向きな感情を抱く間も許されていなかったかのようです。またいま、人が毎日ほとんどの時間見つめているものはスマホやコンピュータのモニターの奥に広がる膨大なデータの世界です。それらは人の情報処理能力をはるかに超えるスピードで膨張し、そして更新《こうしん》されてゆきます。(3)そんな中、私は世の中が更新し続けるもので埋め尽くされてゆけばゆくほど建築こそは動かずにじっとしていて、慣れ親しんだ変わらない価値を示すものでなければならないという思いを強くしてきたのです。言い換えれば、建築さえも急進的に更新し続けるだけの存在になってしまったら、人は何を記憶の拠《よ》り所《どころ》にしてゆけばいいのかわからなくなってしまうのではないでしょうか。（第七段）

（堀部安嗣「住まいの基本を考える」による）

〔問1〕(1)そんな団地の小学生の話やポルトガルでの体験は、複合的で抽象的《ちゅうしょうてき》な懐かしさということで共通しています。とあるが、「複合的で抽象的な懐かしさ」とはどういうことか。次のうちから最も適切なものを選べ。（5点）

ア、未知の事象がもつ情感と潜在的な記憶がもつ情感が重なり合うことで思い出される、幼少期の記憶から生じる懐かしさのこと。

イ、未知の場所との出会いから生じる喜びと情感溢れる場所の記憶から生じる郷愁との比較《ひかく》を通して、心に浮かぶ懐かしさのこと。

ウ、未知の風景を前にして感じる、かつて住んでいた町の失われた景色に対して抱いた喪失感から生じる懐かしさのこと。

エ、未知のものと出会うことによって、潜在的に存在する様々な記憶の断片がつなぎ合わされて湧《わ》き上《あ》がる懐かしさのこと。

〔問2〕(2)懐かしいという感情によって人生の中で新たな価値を見出したのです。とあるが、「人生の中で新たな価値を見出した」とはどういうことか。次のうちから最も適切なものを選べ。（5点）

ア、経験を積み以前とは異なる視点をもつことで、久しぶりに出会ったものにこれまで気付かなかった魅力《みりょく》を感じるようになったということ。

イ、自分の経験から得たものの見方で目の前の事象を見直すことによって、伝統や慣習にとらわれない新たな価値を見付けたということ。

ウ、前向きで大切な感情を伴う過去の記憶に導かれるように、周囲にあるものにかつて抱いていた誇りがよみがえってきたということ。

エ、久しく出会うことができなかったものに対して、時間が経過してもそこに見出していた魅力を改めて感じることができたということ。

〔問3〕この文章の構成における第六段の役割を説明したものとして最も適切なのは、次のうちではどれか。（5点）

ア、それまでに述べてきた懐かしさに関する説明について、筆者の認識の根拠となる事例を挙げることで、自説の妥当性《だとうせい》を強調している。

イ、それまでに述べてきた懐かしさに関する説明に基づいて、筆者が述べた内容を要約し論点を整理することで、論の展開を図っている。

ウ、それまでに述べてきた懐かしさに関する説明を受けて、筆者の認識とは異なる具体例を示すことで、文章全体の結論につないでいる。

エ、それまでに述べてきた懐かしさに関する説明に対して、筆者の主張と対照的な事例を列挙することで、一つ一つ詳しく分析《ぶんせき》している。

〔問4〕(3)そんな中、私は世の中が更新し続けるもので埋め尽くされてゆけばゆくほど建築こそは動かずにじっとしていて、慣れ親しんだ変わらない価値を示すものでなければならないという思いを強くしてきたのです。と筆者が述べたのはなぜか。次のうちから最も適切なものを選べ。（5点）

ア、未来への前向きな意志をもつことが難しい世の中ではあるが、建築だけは、懐かしさや郷愁を印象付けることが必要であると考えるから。

イ、急速に物事が更新され続ける現在において、変わらずそこにあり続ける建築は、人の記憶の原風景となり得る存在であると考えるから。

ウ、建築においても、〝変えるべきこと〟と〝変えなくてもいいこと〟を整理し、新たな建造物には懐古的な工夫が必要であると考えるから。

エ、明るい未来を築くためには変化を止めることが重要であり、不変の象徴として建築を位置付け、人々の意識を向けさせたいと考えるから。

〔問5〕難 思考力 国語の授業でこの文章を読んだ後、「自分の『記憶の拠《よ》り所《どころ》』となるもの」というテーマで自分の意見を発表することになった。このときにあなたが話す言葉を、具体的な体験や見聞も含《ふく》めて二百字以内で書け。なお、書き出しや改行の際の空欄《くうらん》、や。や「なども それぞれ字数に数えよ。（10点）

五 （古文を含む対談文）段落吟味・内容吟味・文

次のAは、鴨長明《かものちょうめい》が書いた「方丈記*」に関する対談の一部であり、Bは、対談中にでてくる「無名抄*《むみょうしょう》」の俊恵《しゅんえ》から長明へのアドバイスに当たる原文の一部である。また、あとの［　］内の文章はBの現代語訳である。これらの文章を読んで、あとの各問に答えよ。（＊印の付いている言葉には、本文のあとに〔注〕がある。）（25点）

A

駒井《こまい》　素朴《そぼく》な疑問ですが、今の出版の世界だと、編集者がいて「これを書いてくれませんか」という話になりますよね。『方丈記』を書いているときの長明には、誰かに読ませるとか、後世に残すとか、そういう思いはあったのでしょうか。

蜂飼《はちかい》　どうなんでしょう、わかりませんね。誰かに読んでもらう、あるいは読まれてしまう可能性は考えたのかなと思いますが、結局は、ゆかりのあるお寺の僧侶《そうりょ》たちに渡ったんじゃないかと思うんですよね。でも、現代的な意味で言う読者ってものを考えたかというと……。当時は手書きで、最初は一冊しかない。それを読んでもらいたいとか、読まれてもいいと考えたのか、その辺りは研究などを見ても、推測の域を出るものがありません。

　これがたとえば『源氏物語』だったら、みんなで読んで聞いて楽しむという、そういう舞台を想像できるじゃないですか。それに対して『方丈記』のような作品は、どういう享受のされ方をイメージしたか、想像するのが意外と難しい。

駒井　(1)宮廷文化《きゅうていぶんか》の中で筆写されたりして読まれるものであれば別ですが、この作品は、方丈の中で書かれたものが残って、こうやって生きている。古典の中でも、一味違う力を強く感じます。

蜂飼　後の『平家物語』にも影響があるわけですしね。そうなると、やはり、伝わる力を当時から持っている作品だったんだと思います。

　ただ、受け取った人が、どういう部分に対してどういう感じ方をしたかということは、現代人には想像が難しいかもしれません。『方丈記』の最後の部分に、自分は修行《しゆぎよう》で山の中に籠《こも》っているのに、こんなことを書き連ねていてはいけないと自戒する箇所があります。だから、そういうことを含《ふく》め、修行に入った人の手記みたいなものとして当時の受け手は受け取ったんだろうなとは思うんです。

それに対して、現代に読むときに、読者がどのような要素を通して『方丈記』を受け取るかと考えると、自分自身では運がないと思っている人の個人的な来歴や気持ち、それに自然描写の美しさ、そして災害の記述が持つある種の臨場感、そういった要素で受け取るわけですよね。(2)ですから、まあ、さまざまな受け取り方に対して開かれている作品と言っていいのかなと思いますよね。たった二十数枚の短めの作品であるにもかかわらず、いろんな近づき方ができると。

駒井　彼の生涯《しようがい》を遡《さかのぼ》ると、方丈に住む前は、*禰宜《ねぎ》の地位に就《つ》きたいとか、ひょっとしたら歌のお師匠《ししよう》にだとか、ずいぶん俗《ぞく》っぽい夢を持っていたようですね。最初から人生を捨てて*解脱《げだつ》していたとか、そういう人ではなかったということですよね。

蜂飼　そうですよね。とくに、自分の亡《な》くなった父親に関わる*下鴨《しもがも》の禰宜の職には、相当こだわったようです。それが実現できないということは、大きかったのかなと思います。

駒井　ある種の挫折感のようなものがあったのでしょうか。

蜂飼　ええ。挫折ですけど、自分では、運がないという言い方をしています。原文の言葉だと「*おのづから短き運を悟りぬ」。ただ、この人は自分自身で運が悪いと言っていますが、外面的に考えれば、人間関係ではわりといい人たちに恵まれた部分があったと思う。

駒井　恵まれていますよね。

蜂飼　たとえば、長明の歌の先生は俊恵という歌人です。(3)俊恵から与えられたアドバイスについては、長明が書いた歌論書の『無名抄』にいろいろ出てきますが、俊恵のもとにいたときの思い出話なども記されていて面白《おもしろ》いですし、長明自身に魅力《みりよく》があったからこそ身のまわりにそういう関係ができたんじゃないかと思います。

彼は、琵琶《びわ》が上手な音楽家でもありました。琵琶の先生は*中原有安《なかはらのありやす》という人ですけど、この人も長明に目をかけている。そんなところに注目すると、本人は不遇《ふぐう》だったと言うけれども、ただそればかりではなかっただろうと思うのです。

駒井　本人がそう思っても、歌の先生が優《すぐ》れた人だったり、琵琶の師匠がよくしてくれたり、客観的に見ると結構、恵まれた人間関係の中を生きた人じゃないですか。

蜂飼　そうです。あと、後鳥羽院《ごとばいん》。後鳥羽院も長明にはかなり目をかけていた。彼が『新古今和歌集《しんこきんわかしゆう》』を企画《きかく》して、そのために設置した和歌所という機関があります。そこで働くメンバーの一人に選ばれているんです。他のメンバーはみんな貴族で、長明は地下《じげ》の人（昇殿《しようでん》を許されていない官人や身分の人）なんですけども、大抜擢《だいばつてき》されてそこに入って仕事をしている。

そうなると、歌に命を懸けている人ですから、一生懸命仕事をしたらしい。私たち現代人は、長明をまず『方丈記』の作者だと思いますけど、彼はまず歌人なんですよ。それで、和歌所の事務方の長にあたる仕事をしていた源家長《みなもとのいえなが》という人が書いた『家長日記』の中に、長明の精勤ぶりは素晴らしいとある。(4)そういうところに、長明の物事にかける情熱というか、人間臭《にんげんくさ》さが表れているなあと思うんです。

蜂飼耳、駒井稔「鴨長明『方丈記』」
（光文社新書『文学こそ最高の教養である』所収）

B

歌は極《きは》めたる故実の侍《はべ》るなり。われをまことに師と頼まれば、このこと違《たが》へらるな。そこはかならず末の世の歌仙《かせん》にていますかるべき上に、かやうに契りをなさるれば申し侍るなり。あなかしこあなかしこ、われ人に許さるるほどになりたりとも、証得して、われは気色《きそく》したる歌詠《よ》み給《たま》ふな。ゆめゆめあるまじきことなり。後徳大寺《ごとくだいじ》の大臣《おとど》は左右なき手だりにていませしかど、その故実なくて、今は詠みくち後手《のちて》になり給へり。そのかみ前《さき》の大納言《だいなごん》など聞こえし時、道を執《しつ》し、人を恥ぢて、磨き立てたりし時のままならば、今は肩並ぶ人少なからまし。われ至りにたりとて、この頃《ころ》詠まるる歌は、少しも思ひ入れず、やや心づきなき言葉うち混ぜたれば、何によりてかは秀歌も出《い》で来む。秀逸《しゆういつ》なければまた人用ゐず。歌は当座にこそ、人がらによりて良くも悪《あ》しくも聞こゆれど、後朝に今一度静かに見たるたびは、さはいへども、風情《ふぜい》もこもり、姿もすなほなる歌こそ見とほしは侍れ。

歌にはこの上ない昔からの心得があるのです。私を本当に師と信頼なさるのならば、このことを守っていただきたい。あなたは(5)かならずやこの先の世の中で歌の名人でいらっしゃるに違いない上に、このように師弟《してい》の約束をされたので申すのです。決して決して、自分が他人に認められるようになったとしても、得意になって、われこそはという様子をした歌をお詠みなさいますな。決して決してしてはならないことである。*後徳大寺左大臣藤原実定公《ごとくだいじさだいじんふじわらのさねさだ》は並ぶもののない名手でいらっしゃったが、その心得がなくて、今では詠みぶりが劣ってこられた。以前、前大納言などと申し上げた時、歌の道に執着《しゆうちやく》し、他人の目を気にし、切磋琢《せつさたく》磨《ま》された時のままであったならば、今では肩を並べる人も少ないであろう。自分は名人の境地に到達したのだと思って、近頃お詠みになる歌は、少しも深く心を込めず、ややもすれば感心しない言葉を混ぜているから、どうして秀歌も出来ることがあろうか。秀作がなければ二度と他人は相手にしない。歌は詠んだその場でこそ、読み手の人となりによって良くも悪くも聞こえるが、翌朝にもう一度静かに見た場合には、そうは言っても、情趣《じようしゆ》も内にこめられ、歌の姿もすなおな歌こそいつまでも見ていられるものです。

（久保田淳「無名抄」による）

〔注〕方丈記——鎌倉《かまくら》時代に鴨長明が書いた随筆。京都郊外《こうがい》にある方丈（畳四畳半ほどの広さ）の部屋に住みながら書いたことから名付けられた。
無名抄《むみょうしょう》——鎌倉時代に鴨長明が書いた歌論書。
禰宜《ねぎ》——神社における職名の一つ。
解脱《げだつ》——悩《なや》みや迷いから抜け出て、自由の境地に達すること。
下鴨《しもがも》——京都にある下鴨神社のこと。
おのづから短き運を悟りぬ——自分には運がないということを自然に知った。
中原有安《なかはらのありやす》——平安時代末期の歌人、音楽家。
後徳大寺左大臣藤原実定《ごとくだいじさだいじんふじわらのさねさだ》——平安時代末期から鎌倉時代初期にかけての歌人。

〔問1〕(1)駒井さんの発言のこの対談における役割を説明したものとして最も適切なのは、次のうちではどれか。（5点）

ア、直前の蜂飼さんの発言に賛同しつつ、「方丈記」の魅力を語ることで、話題を「源氏物語」から「方丈記」に戻そうとしている。

イ、「源氏物語」と「方丈記」に関する蜂飼さんの発言を受け、二つの作品の共通点を述べて、「平家物語」の話題へと広げている。

ウ、自らの疑問に対する蜂飼さんの見解を受け、作品の受け入れられ方に関する「方丈記」の評価を述べて、次の発言を促《うなが》している。

エ、二つの作品を対比する蜂飼さんの発言を受け、「方丈記」に絞《しぼ》って感想を述べることで、話題を焦点化《しょうてんか》するきっかけとしている。

〔問2〕(2)ですから、まあ、さまざまな受け取り方に対して開かれている作品と言っていいのかなと思いますよね。とあるが、「さまざまな受け取り方に対して開かれている作品」について説明したものとして、最も適切なのは、次のうちではどれか。（5点）

ア、書かれている話題が多様なことから、何を主要な要素と受け取るかは、現代における読者に広く委ねられている作品。

イ、過去の読者よりも、現代の読者の心を揺《ゆ》さぶるような内容が複数書かれていて、現代の読者でも理解しやすい作品。

ウ、古典の中でも短いとされてはいるものの、書かれた当時の読者が読めば、多様な受け取り方ができたと思われる作品。

エ、修行中に、他のことに没頭する自分を戒めようとして書かれているため、現代人が修行する際にも大いに参考になる作品。

〔問3〕(3)俊恵から与えられたアドバイスについては、長明が書いた歌論書の『無名抄』にいろいろ出てきますが、とあるが、Bの原文において、「俊恵」が良いと思う歌はどのようなものだと書かれているか。次のうちから最も適切なものを選べ。（5点）

ア、証得して、われは気色したる歌詠み給ふな

イ、われ至りにたりとて、この頃詠まる歌

ウ、何によりてかは秀歌も出で来む

エ、風情もこもり、姿もすなほなる歌

〔問4〕(4)そういうところに、長明の物事にかける情熱というか、人間臭《にんげんくさ》さが表れているなあと思うんです。とあるが、「そういうところに、長明の物事にかける情熱というか、人間臭さが表れている」について説明したものとして、最も適切なのは、次のうちではどれか。（5点）

ア、歌の才能を認められていたにもかかわらず、「方丈記」の価値が認められなかったところに、不運な長明らしさが出ているということ。

イ、歌に精進《しょうじん》していたのに、歌人ではなく「方丈記」の作者だと世間で思われていたところに、宿命的な長明の人生が表れているということ。

ウ、不運だと言いながら、恵まれた人間関係の中で歌や音楽の才能が認められ意欲的に取り組む姿に、長明の魅力がにじみ出ているということ。

エ、望む職業に就けず、自分の才能が開花しないのは運がないだけだと思う姿勢に、長明の前向きで動じない人柄《ひとがら》が示されているということ。

〔問5〕**基本** (5)かならずやとあるが、この言葉が直接かかるのは、次のうちのどれか。（5点）

ア、名人で

イ、いらっしゃるに

ウ、違いない

エ、申すのです

（編集部注：〔問5〕は出題に不備があったため、受験者全員を正解としています）

東京都立 日比谷高等学校

時間 50分　満点 100点　解答 P15　2月21日実施

出題傾向と対策

●一・二漢字の読み書き、三小説文、四論説文、五和歌を含む論説文（省略）の五題構成は例年どおり。七十字と五十字の読解記述、論説文のテーマに関して具体的な例を挙げて自分の考えを述べる二百五十字以内の課題作文、書き抜き問題一問以外は全て選択問題。選択肢は紛らわしく難解なものが多い。記述問題も難問。

●過去問を利用して難易度の高い長文に慣れ、選択肢を文章の内容に即し吟味・分析する力を養うとともに、読み取ったことや自分の考えを記述する文章力を身につける。

注意　答えに字数制限がある場合には、、や。や「などもそれぞれ一字と数えなさい。

一 漢字の読み書き

次の各文の――を付けた漢字の読みがなを書け。（各2点、計10点）

(1) 定石通りに攻《せ》める。
(2) 多大な恩恵を被った結果だ。
(3) 彼に賛仰のまなざしを送っていた。
(4) 居丈高なふるまいをする。
(5) 手練手管を尽くして説得する。

二 漢字の読み書き

次の各文の――を付けたかたかなの部分に当たる漢字を楷書で書け。（各2点、計10点）

(1) 君の意見にイゾンはない。
(2) みんなで様々な対策をコウじる。
(3) ナマハンカな心構えでは決してうまくいかない。
(4) 自己中心的な人が増えていることはカンシンにたえない。
(5) ウゾウムゾウの連中の言うことは全く気にしなくていい。

三（小説文）内容吟味・主題

次の文章を読んで、あとの各問に答えよ。（＊印の付いている言葉には、本文のあとに〔注〕がある。）（計28点）

練習試合が終わり、関谷《せきや》第一の選手たちが引き上げた後、沙耶《さや》は磯村監督《いそむらかんとく》に呼ばれた。

「結城《ゆうき》。」

「はい。」

「今日の結果に驚いとるか。」

「はい。」

正直に答える。

ものすごく驚いていた。

「まさか400点台を出せるなんて、考えてもいませんでした。」

「じゃ、何を考えとった。」

「え？」

質問の意味が解《げ》せない。沙耶は、(1)唇《くちびる》を結び顎《あご》を引いた。

「あの試合中、＊ライフルを構えて何を考えとったんだ。」

磯村監督はやや口調を緩《ゆる》め、問い直してきた。

それでも、すぐには答えられなかった。

「何を……。」

考えていただろうか。

「標的のこと、でしょうか。」

「うん？」

「標的です。練習のときとは違って……、どう違うか上手《うま》く説明できないんですが、違ってて、(2)それで……怖かったです。」

「怖い、か。」

磯村監督の目が細められた。無意識なのだろう、唇を軽く舐《な》める。その仕草が小学生の弟、直哉《なおや》を思い起こさせる。似ているわけがないし似てもいないのだが、どことなく繋《つな》がってしまう。

「うん？　結城、何がおかしい。」

「あ、いえ。何も……。」

「そうか。笑ったみたいじゃったがな。で、標的が怖いってのは、どういうことだ。もう少し、きちんと説明できるか。」

「できません。」

「即答か。結城、もう少し言語力を磨け。自分の思うたこと、考えたことを言葉にして他人に伝える。いわゆるコミュニケーション能力は、これからますます必要になるんじゃぞ。」

「……はい。」

「端《はな》からできないなんて一言で片づけるなや。できる限り、言葉にしてみぃ。その努力はこれから先、必ずおまえのためになる。」

磯村監督は完全に教師の物言いになっていた。まるで口頭試問を受けているようだ。でも、わかる。

監督は本気であたしの答えを聞きたがっている。(3)わかる。

沙耶もそっと下唇を舐めてみた。

「あの……練習のときは、ちゃんと撃つ、正しく撃つみたいなことをずっと考えてました。あたし、入部するまでライフルに触ったこともなかったので、余計にちゃんと正しく覚えなきゃって考えてました。周りより遅れている分、がんばらなくちゃって……。」

真面目だなと評されるかもと思ったが、磯村監督は何も言わなかった。促《うなが》すような首肯《しゅこう》を一度したきりだった。

ほっとする。

(4)真面目なんかじゃない。真剣《しんけん》に射撃と取り組む覚悟ができたわけでもない。まだまだ中途半端《ちゅうとはんぱ》だと、自分自身が一番、わかっている。

あたしは中途半端だ。

でも逃げたくない。

今度逃げたら、心底から自分を許せなくなる。

ハードルに背を向けた沙耶を、＊花奈《はな》は射撃という未知の世界に導いてくれた。足を踏み入れた世界をどう進むかは、沙耶しだいだ。

花奈に報いなくっちゃ。

そんな力みがあった。真面目ではなく力みだ。それが……。

「試合になったら、いつの間にか消えてたか。」

にやっ。磯村監督が笑う。

「はい、消えてました。」

誰かのため。自分のため。何かのため。そんな“ため”は知らぬ間に消えていた。

ただ、標的だけがある。

少し怖かった。

未知の世界が怖い。そして、昂《たか》ぶる。

知らない世界がここにある。

息を整え、標的に向かい合う。

重くて暑くて、身に着けたとたん自由が奪われるように感じたジャケット*が、かちりと身体を支えてくれる。手のひらに伝わるライフルの重量も安定のための重石《おもし》になってくれるようだ。ただ、構えが乱れれば、支えは脆《もろ》く崩《くず》れてしまう。

そんな諸々《もろもろ》が理論ではなく実感として、沙耶に迫ってきた。

沙耶は受け止める。

試合時間、三十分。その間、この安定を維持《いじ》する。乱れず、崩れず、標的に挑み続ける。

ものすごく久しぶりだな。

最初の一射の後、沙耶は小さく息を吐き出した。

この感覚、久しぶりだ。

試合前の緊張《きんちょう》感と昂ぶり、集中と弛緩《しかん》のバランス、そして、恐れと興奮。

本当に久しぶりだ。久しく忘れていた。

一瞬、ほんの刹那《せつな》、ハードルの並んだトラックが見えた。

風が舞って、光が差す。競技場の風景は瞬《またた》き一つの間に霧《む》散《さん》していった。

息を整える。

ライフルを構える。

二射、三射……。標的を見据《みす》え、トリガー*を引く。

やはり消えていく。

緊張も昂ぶりも久々だと震える心も、撃つたびに、トリガーに指をかけるたびに薄れて、消えていく。

沙耶とライフルと標的だけが残った。

「……陸上と射撃って、まるで違うのにとてもよく似ている。そんな風に感じて……。でも、陸上ではできなかったんです。」

「できなかった？」

「はい。あたし……中学のときに陸上部でハードルやってました。走るのも跳《と》ぶのも好きでした。でも、試合のとき、ハードルだけを見ることができたかって言われると、ちょっと、よくわかりません。記録を伸ばさなきゃとか考えてたり、他の選手の調子が気になったり……、でも、今日はそんな風じゃなかったんです。まだ、ビーム*ライフルの試合がよくわかってないってのもあるとは思うんですけど……、思うんですけど、でも、あの……できたんです。他のこと考えないで、撃つことだけ考えられた気がして……。」

磯村監督はほとんど言葉を挟《はさ》まず、時折、軽く頷《うなず》きながら聞いていた。いつの間にか、心にあったこと、漠然《ばくぜん》と感じたこと、沙耶なりに考えたことをあらかた、(5)ぼそぼそとしゃべっていた。

「結城。」

しゃべり終えて口中の唾《つば》を呑《の》み込んだとき、磯村監督に改めて呼ばれた。

「はい。」

「おまえは伸びるぞ。」

「え？」

「これから、どんどん強うなれる。オリンピック出場も夢じゃない。」

「はぁ？」
(6)我知らず顎を引いていた。
オリンピック？　どうして、そこまで話が飛んじゃうの？　冗談《じょうだん》？

だとしたら、あまり上等じゃないと思う。もうちょっと現実味のあるジョークでないと笑えない。


（あさのあつこ「アスリーツ」による）

〔注〕ライフル――射撃競技用のライフル銃《じゅう》のこと。
花奈《はな》――沙耶の中学時代からの同級生。二人でこの高校の射撃部に入るために猛勉強《もうべんきょう》して一緒に入学し、入部した。
ジャケット――射撃競技用のジャケットで、硬くて、装着すると姿勢が定まりやすくなる。
トリガー――銃の引き金。
ビームライフル――射撃競技用のライフル銃で、可視光線を発する光線銃。

〔問1〕(1)唇《くちびる》を結び顎《あご》を引いた。(6)我知らず顎を引いていた。とあるが、この沙耶のしぐさを通して、作者が表現しようとしたことの説明として最も適切なのは、次のうちではどれか。（4点）
ア、予想もしていなかったような質問や言葉に対し、すぐに答えられずためらって、答える気力をなくしている様子。
イ、思いもよらなかった質問や言葉を自分だけに投げかけられ、緊張しながらも、何とか落ち着こうとしている様子。
ウ、どう捉《とら》えていいのか分からない質問や言葉、状況に直面し、戸惑いながらも自分なりに受け止めようとする様子。
エ、どう答えていいのか分からない質問や言葉を言われたとき、閉口して、言葉選びに慎重《しんちょう》になり身構えている様子。

〔問2〕思考力 (2)それで……怖かったです。とあるが、そのように感じた沙耶の心情の説明として最も適切なのは、次のうちではどれか。（4点）
ア、これまで経験したことのない世界に対する怖さを感じるとともに、久しぶりに試合前の感覚がよみがえったことで中学時代を思い出し、不安を感じている。
イ、これまで経験したことのない世界に対する怖さを感じながらも、あらゆる雑念がなくなって自分と標的だけしかないという、集中力の高まりを感じている。

ウ、これまで経験したことのない世界に対する怖さを感じるとともに、正しい姿勢を維持して結果を残さなければという雑念が払《はら》えず、焦燥感《しょうそうかん》に駆《か》られている。

エ、これまで経験したことのない世界に対する怖さを感じながらも、目の前の標的が大きく迫ってくるように見え、自分の力で立ち向かえるのだと感じている。

〔問3〕難 (3)わかる。とあるが、この時の沙耶の思いを表現したものとして最も適切なのは、次のうちではどれか。（4点）

ア、監督が言うように、考えたことを自分の言葉にしていけば最終的には自分にもわかるということ。

イ、監督は既に推測している沙耶の答えを、沙耶自身に確認《かくにん》したがっていることがわかるということ。

ウ、監督の物の言い方から、監督が沙耶自身に成長を気付かせようとしているのがわかるということ。

エ、監督の質問に対して自分の答えが説明不足であるということは、沙耶自身にもわかるということ。

〔問4〕難 思考力 (4)真面目なんかじゃない。とあるが、そのように考えるときの沙耶の思いとはどのようなものか。七十字以内で説明せよ。（8点）

〔問5〕(5)ぼそぼそとしゃべっていた。とあるが、この時の沙耶の心情を説明したものとして最も適切なのは、次のうちではどれか。（4点）

ア、監督の質問を受けるうちに、自分の考えをしっかりと持っていたことに気付き、話したいという衝動に駆られて次々と本音が口から出てしまっていたという思い。

イ、自分の考えはまとまっていなかったはずなのに、監督の質問に答えていくうちに、自分の心の動きや今の思いをほとんどそのまま話してしまっていたという思い。

ウ、自分から話したいわけではなかったのに、監督の質問につられてしまって、語るつもりではなかった自分の中学時代のことまでも話してしまっていたという思い。

エ、監督にコミュニケーション能力の必要性を説かれ、自分の思っていたことや考えたことをまとめていくうちに、自然と話すことができてしまっていたという思い。

〔問6〕難 本文の表現や内容を説明したものとして最も適切なのは、次のうちではどれか。（4点）

ア、言葉の数が少ない監督に対し、主人公には発話と心の内で語らせており、対照的に描くことにより二人の性格の違いを明確にしている。

イ、未知の世界である射撃の試合に立ち向かう主人公の姿を淡々と描くことで、試合中の緊迫した臨場感を読者に味わわせようとしている。

ウ、主人公の言葉に「……」が多いのは、主人公と監督の話がかみ合っていないからで、世代を越えて話をすることの難しさを伝えている。

エ、自身の心の中を整理させるかたちを通して、主人公にこれまでの思いや状況を語らせ、今の思いをより鮮明に読者に感じ取らせている。

四 (論説文)内容吟味・課題作文

次の文章を読んで、あとの各問に答えよ。（*印の付いている言葉には、本文のあとに〔注〕がある。）（計32点）

私たちの祖先は海にすんでいた。何億年も前の私たちの祖先は、魚だったのだ。その魚の一部が陸上に進出して、私たちに進化した。もちろん陸上に進出するためには、体のいろいろな部分を変化させなくてはならなかった。

【図】の系統樹Aは、脊椎動物《せきついどうぶつ》から六種（魚類のコイ、両生類のカエル、爬《は》虫類《ちゅうるい》のトカゲ、鳥類のニワトリ、哺《ほ》乳類《にゅうるい》のイヌとヒト）を選んで、それらの進化の道すじを示した系統樹である。陸上生活に適応する進化的変化はたくさん起きたが、その中の三つを黒い四角で示してある。

脊椎動物の体はたくさんのタンパク質でできている。そして古くなったタンパク質は分解されて体の外に捨てられる。タンパク質が分解されると、どうしてもできてしまうのがアンモニアである。

アンモニアは有害な物質なので、体の外に捨てなければならない。でも、昔はとくに困らなかった。私たちの祖先は魚類であり、海や川にすんでいたからだ。体の周りに大量の水があるので、アンモニアを捨てるために水がいくらでも使えたからである。

しかし、陸に上がった両生類には、そういうことができない。陸上には水が少ないので、なかなかアンモニアを捨てられない。でも、アンモニアは有毒なので、あまり体の中に溜《た》めておけない。そこで、とりあえずアンモニアを尿素《にょうそ》に作り変えるように進化した。これが系統樹の中の一番下の黒い四角である。尿素も無毒ではないが、アンモニアよりは毒性が低いので、ある程度なら体の中に溜めておくことができるのだ。

それでも両生類は、水辺からあまり離れて生活することができない。その理由の一つは、卵が柔らかくて、すぐに乾燥《かんそう》してしまうからだ。だから、ほとんどのカエルは卵を水中に産む。水辺を離れて生活するためには、つまり、さらに陸上生活に適応するためには、卵が乾燥しない工夫をしなければならない。

その工夫を進化させた卵が羊膜卵《ようまくらん》である（真ん中の黒い四角）。羊膜卵とは、簡単にいうと、羊膜で作った袋の中

【図】

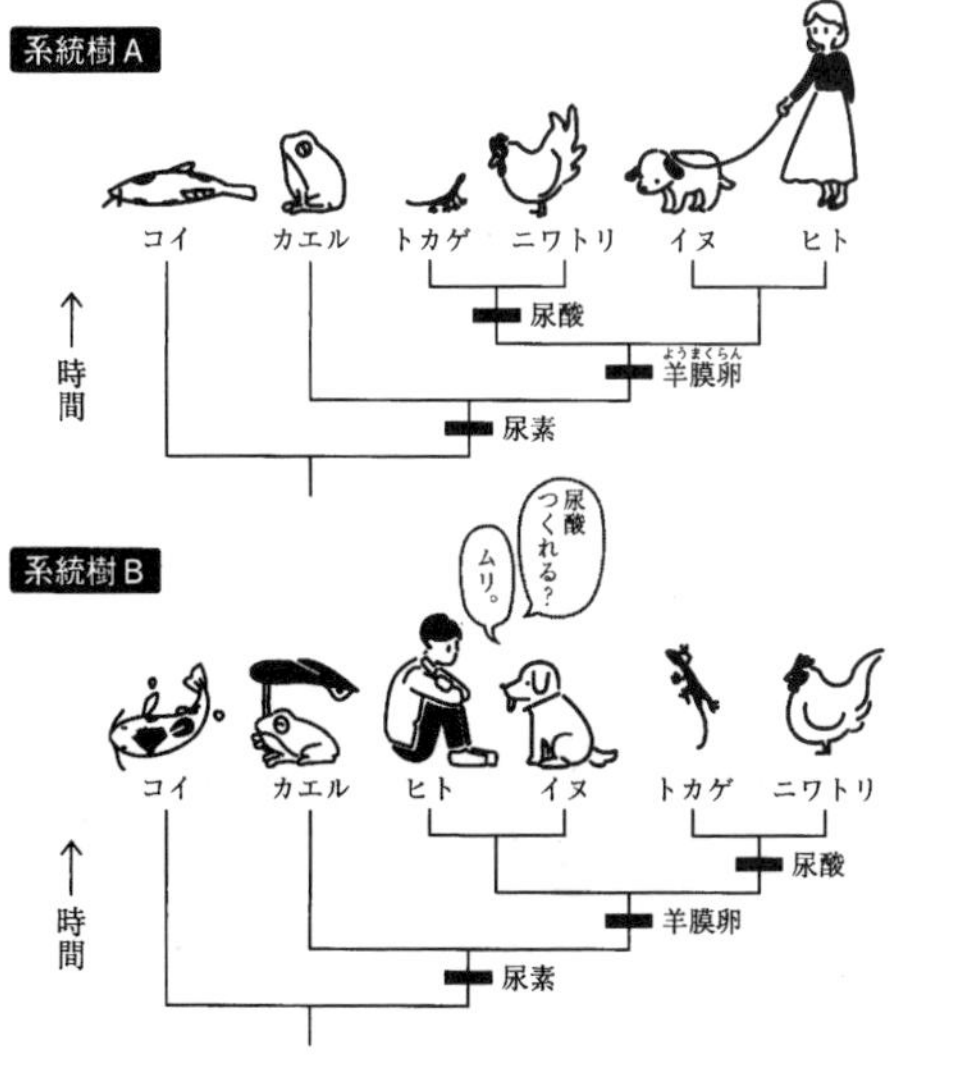

に水を入れ、その中に胚《はい》（発生初期の子ども）を入れた卵である。袋の中の水に、子どもをボチャンと入れておけば、乾燥しないからだ。さらに卵の外側に殻《から》を作って、乾燥しにくくしている。この羊膜卵を進化させた動物は羊膜類と呼ばれ、水辺から離れて生活することができるようになった。この初期の羊膜類から、爬虫類や哺乳類が進化した（間違えやすいが、爬虫類から哺乳類が進化したわけではない）。そしてさらに、爬虫類の一部から鳥類が進化したのである。

爬虫類や鳥類にいたる系統では、さらに陸上生活に適した特徴が進化した。尿素を、尿酸に作り変えるような進化が起きたのである（一番上の黒い四角）。

尿酸も尿素のように毒性が低い。でも尿酸には、その他にもいいことがある。尿酸は水に溶けにくいので、捨てるときにほとんど水を使わなくていいのだ。

陸上にすんでいる動物にとって、水を手に入れるのは大変なことである。だから、水はなるべく捨てたくない。それなのに、私たちは結構たくさんの尿を出して、水をたくさん捨てている。もったいない話である。一方、ニワトリやトカゲは、尿をあまり出さない。ニワトリやトカゲが、イヌみたいに大量の尿を出している姿を見た人はいないはずだ。それは、尿素を尿酸に変える能力を進化させたからである。

つまり、哺乳類は両生類より陸上生活に適応しているが、爬虫類と鳥類は哺乳類よりもさらに陸上生活に適応しているのである。

ところで(1)【図】の系統樹Aと系統樹Bは、同じ系統関係を表している。しかし、見た目の印象はだいぶ違う。よく目にするのはAのような系統樹だ。これだと、ヒトは進化の最後に現れた種で、一番優《すぐ》れた生物であるかのような印象を受ける。

しかし陸上生活への適応という意味では、Bのような系統樹の方がわかりやすい。トカゲやニワトリの方がヒトより陸上生活に適応しているからだ。系統樹Bを見ると、ニワトリが進化の最後に現れた種で、一番優れた生物であるかのような印象を受ける。

もちろん、進化の最後に現れた種は、ヒトでもニワトリでもない。というか、コイもカエルもヒトもイヌもトカゲもニワトリも、すべて今生きている種だ。だから、みんな進化の最後に現れた種ともいえる。コイもカエルもヒトもイヌもトカゲもニワトリも、生命が誕生してからおよそ四十億年という同じ長さの時間を進化してきた生物なのだ。そして、陸上生活という点から見れば、この系統樹の中で一番優れた種はトカゲとニワトリなのである。

もしも「走るのが速い」ことを「優れた」というのなら、一番優れた生物はイヌだろう。「泳ぐのが速い」のはコイだろうし、「計算が速い」のはヒトだろう。何を「優れた」と考えるかによって、つまり何を「進歩」と考えるかによって、生物の順番は入れ替わるのだ。

さっきは「陸上生活に適した」ことを「優れた」と考えたが、「水中生活に適した」ことを「優れた」と考えれば、話は逆になる。トカゲは、陸上生活に適した特徴が発達したが、それは水中生活に適した特徴が退化したことを意味する（ちなみに「退化」の反対は、「進化」ではなく「発達」である。生物の持つ構造が小さくなったり単純になったりするのが退化で、大きくなったり複雑になったりするのが発達だ。「退化」も「発達」も進化の一種である）。「水中生活に適した」ことを「優れた」と考えれば、もちろん一番優れた生物はコイになる。

いろいろと考えてみると、客観的に優れた生物というものは、いないことがわかる。陸上生活に優れた生物は、水中生活に劣った生物だ。走るのに優れた生物は、力に劣った生物だ。チーターのように速く走るためには、ライオンのような力強さは諦《あきら》めなくてはならないのだ。

そして、(2)計算が得意な生物は、空腹に弱い生物だ。脳は大量のエネルギーを使う器官である。私たちヒトの脳は体重の二パーセントしかないにもかかわらず、体全体で消費するエネルギーの二〇〜二五パーセントも使ってしまう。大きな脳は、どんどんエネルギーを使うので、その分たくさん食べなくてはいけない。もしも飢饉《ききん》が起きて農作物が取れなくなり、食べ物がなくなれば、脳が大きい人から死んでいくだろう。だから食糧《しょくりょう》事情《じじょう》が悪い場合は、脳が小さい方が「優れた」状態なのだ。

実際、人類の進化を見ると、脳は一直線に大きくなってきたわけではない。ネアンデルタール人は私たちヒトより脳が大きかったけれど、ネアンデルタール人は絶滅し、私たちヒトは生き残った。その私たちヒトも、最近一万年ぐらいは脳が小さくなるように進化している。これらの事実が意味することは、脳は大きければ良いわけではないということだ。

「ある条件で優れている」ということは「別の条件では劣っている」ということだ。したがって、あらゆる条件で優れた生物というものは、理論的にありえない。そして、あらゆる条件で優れた生物がいない以上、進化は進歩とはいえない。生物は、そのときどきの環境に適応するように進化するだけなのだ。

生物が進化すると考えた人はダーウィン*以前にもたくさんいた。でも、チェンバース*もスペンサー*も、みんな進化は進歩だと思っていた。進化が進歩ではないことを、きちんと示したのは、ダーウィンが初めてなのだ。それではダーウィンは、なぜ進化は進歩でないと気づいたのだろう。

(3)進化が進歩ではないとダーウィンが気づいた理由は、生物が自然選択によって進化することを発見したからだ。ここで間違えやすいことは、自然選択を発見したのはダーウィンではないということだ。ダーウィンが発見したのは「自然選択」ではなくて「自然選択によって生物が進化すること」だ。

『種の起源』*が出版される前から、生物に自然選択が働いていることは常識だった。当時、進化に興味がある人なら、誰だって知っていた。それなのに、どうしてダーウィンが自然選択を発見したように誤解されているのだろうか。

実は、自然選択はおもに二種類に分けられる。安定化選択と方向性選択だ。

安定化選択とは、平均的な変異を持つ個体が、子どもを一番多く残す場合だ。たとえば、背が高過ぎたり、反対に背が低過ぎたりすると、病気になりやすく子どもを多く残せない場合などだ。この場合は、中ぐらいの背の個体が、子どもを一番多く残すことになる。つまり安定化選択は、生物を変化させないように働くのである。

一方、方向性選択は、極端な変異を持つ個体が、子どもを多く残す場合だ。たとえば、背が高い個体は、ライオンを早く見つけられるので逃げのびる確率が高く、子どもを多く残せる場合などだ。この場合は、背の高い個体が増えていくことになる。このように方向性選択は、生物を変化させるように働くのである。

ダーウィンが『種の起源』を出版する前から、安定化選択が存在することは広く知られていた。つまり当時は、自然選択は生物を進化させない力だと考えられていたのである。ところが、ダーウィンはそれに加えて、自然選択には生物を進化させる力もあると考えた。ダーウィンは、方向性選択を発見したのである。

方向性選択が働けば、生物は自動的に、ただ環境に適応するように進化する。たとえば気候が暑くなったり寒くなったりを繰り返すとしよう。その場合、生物は、暑さへの適応と寒さへの適応を、何度でも繰り返すことだろう。生物の進化に目的地はない。目の前の環境に、自動的に適応するだけなのだ。こういう進化なら明らかに進歩とは無関係なので、進化は進歩でないとダーウィンは気づいたのだろう。

地球には素晴《すば》らしい生物があふれている。小さな細菌《さいきん》から高さ一〇〇メートルを超す巨木、豊かな生態系をはぐくむ土壌《どじょう》を作る微生物、大海原《おおうなばら》を泳ぐクジラ、空を飛ぶ鳥、そして素晴らしい知能を持つ私たち。こんな多様な生物を方向性選択は作り上げることができるのだ。もしも進化が進歩だったり、世界が「存在の偉大な連鎖《れんさ》」*だったりしたら、つまり一直線の流れしかなかったら、これほどみごとな生物多様性は実現していなかっただろう。私たちが目にしている(4)地球上の生物多様性は、「存在の偉大な連鎖」を超えたものなのだ。

（更科功「若い読者に贈る美しい生物学講義」による）

〔注〕ダーウィン――十九世紀の自然科学者。
チェンバース――十九世紀の進化論の考察者。
スペンサー――十九世紀のジャーナリスト。
『種の起源』――ダーウィンによる進化論についての著作。
「存在の偉大な連鎖《れんさ》」――中世から近代初期にかけてキリスト教を基礎にしたスコラ哲学《てつがく》の学者が、石ころから神まで、世界に存在するすべてのものを階級制度に組み込んだ考え方で、人間が生物のなかでは最上位にいる。

〔問1〕(1)【図】の系統樹Aと系統樹Bは、同じ系統関係を表している。とあるが、二つの系統樹の違いは何か。これを説明したものとして最も適切なものは、次のうちではどれか。（4点）

ア、系統樹Aは、陸上生活にどの程度熟達しているかを基準にして作られたものであり、系統樹Bは、水中生活から段階を追って進化してきた流れが分かりやすいようアレンジして図式化したものである。

イ、系統樹Aは、脳の進化を中心にしてそれと関係する要素を示して作られたものであり、系統樹Bは、「どこが分岐点《ぶんきてん》か」という観点から進化の過程を時系列で理解できるように図式化したものである。

ウ、系統樹Aは、ダーウィン以前の進化論に基づいた自然選択の考え方で作られたものであり、系統樹Bは、ダーウィン以降の方向性選択の考え方を踏まえて捉《とら》え直された進化論を図式化したものである。

エ、系統樹Aは、人間が最も進化した生物であるというイメージを前提にして進化の流れを示したものであり、系統樹Bは、「陸上生活に適する」形での進化の流れが見えるように図式化したものである。

〔問2〕(2)計算が得意な生物は、空腹に弱い生物だ。とあるが、この例は、どのようなことを伝えようとして持ち出された具体例か。これを説明したものとして適切でないものは、次のうちではどれか。（4点）

ア、知性的な要素で優れる者は、本能的な要素では劣っていることが一般的であるということ。

イ、脳の発達がそのまま進化ではない、つまり人間が最も進化しているのではないということ。

ウ、進化は様々な要素で見られ、その要素ごとに適応した種は異なっているものだということ。

エ、人間が種として優れているというのは、一部の機能を基準にしただけのものだということ。

〔問3〕難 思考力 (3)進化が進歩ではない とあるが、どのように違うというのか、五十字以内で説明せよ。（8点）

〔問4〕(4)地球上の生物多様性は、「存在の偉大な連鎖」を超えたものなのだ。とあるが、どういうことか。これを説明したものとして最も適切なものは、次のうちではどれか。（4点）

ア、「存在の偉大な連鎖」を裏付けているのは近代の西洋的世界観だから、様々な思想の入り乱れている現代の社会を論ずるには不十分なものになっているということ。

イ、「存在の偉大な連鎖」は、中世までの様々な事物を説明することは可能でも、多様に進化した現在の地球上の生物のありようを捉えているものではないということ。

ウ、現在の安定した生態系を保っている生物の多様性は、進化を一直線の上にあると考える「存在の偉大な連鎖」の発想からは、決して説明し得ないものだということ。

エ、現在の地球上の生態系は様々な分野で起きた「存在の偉大な連鎖」の結果の集合体であるので、単一の進化論で説明できるものではなくなってきているということ。

〔問5〕難 思考力 本文では生物の多様性を評価しているが、生物に限らず、自分の身の回りで「多様性」が必要であると感じることがあるか。本文の全体の内容とあなた自身が経験したことなどを踏まえて、このことについてのあなたの考えを二百五十字以内で書け。なお、、や。や「などのほか、書き出しや改行の際の空欄《くうらん》もそれぞれ字数に数えること。（12点）

五　**（省略）篠田治美「和歌と日本語」より**　（計20点）

東京都立 青山高等学校

時間	満点	解答	
50分	100点	P16	2月21日実施

出題傾向と対策

●漢字の読み書き二題、小説文（省略）、論説文（課題作文含む）、論説文（古典文を含む）の五題構成。設問は選択式が中心で、記述は漢字の読み書き、抜き出し、内容説明、課題作文となっている。文章・設問レベルは高めで、いずれも課題文と選択肢の丁寧な確認が重要。

●課題文の分量が相当多いので「早く正確な読解の訓練」が非常に重要。学校などでの課題に加え、ある程度の読書習慣を持つことが望ましい。また課題作文対策として「論理的に考え、書く」訓練を日頃から積んでおきたい。

注意　答えに字数制限がある場合には、、や。や「なども それぞれ一字と数えなさい。

一　漢字の読み書き

次の各文の――を付けた漢字の読みがなを書け。

（各2点、計10点）

(1) 人工知能の普及は仕事の効率化に拍車を掛ける。
(2) 喉元過ぎれば熱さを忘れる。
(3) 無理な計画は砂上の楼閣に等しい。
(4) 次の大会で勝利するのは必定だ。
(5) まるで幻灯を見ているかのような風景だ。

二　漢字の読み書き

次の各文の――を付けたかたかなの部分に当たる漢字を楷書《かいしょ》で書け。

（各2点、計10点）

(1) 候補者がヒョウデンとなる地域で演説する。
(2) 年の初めに家内安全とガンをかける。
(3) キャプテンの一言がチームをササえた。
(4) 役員に事後処理をイニンする。
(5) 文集の原稿を印刷所でセイハンする。

三　(省略) 竹西寛子「木になった魚」より

（計24点）

四　(論説文) 内容吟味・文脈把握・課題作文

次の文章を読んで、あとの各問に答えよ。（＊印の付いている言葉には、本文のあとに〔注〕がある。）

（計35点）

言葉は、聴覚《ちょうかく》的、視覚的、そして点字のように触覚的に表現されます。私たちは、言葉を使うことによって、例えば自分の意思を相手に伝えることができます。私がりんごの皮をむいているときに電話が鳴り「誰か取って」と言い、あなたが電話に出てくれると、私は「ありがとう、助かった」と言うでしょう。このとき、言葉「誰か取って」を使うことによって、意思「電話に出てほしい」はあなたへ伝わったと言えます。

ところで、実体のない「意思」はどのような仕組みで相手へ伝わるのでしょうか？ そして、言葉はなぜ意思を伝えることができるのでしょうか？ 言葉とは何かを考えるとき、どこから（文法から？ 単語の成り立ちから？）、どのように（言語学的に？ 人類学的に？）アプローチすべきかを考えだすと、思考は逡巡《しゅんじゅん》＊し、一向に前へ進めなくなります。

であるならば、興味を持った部分を出発点として、まずは考えを進めるのが得策でしょう。私は、「言葉はなぜ意思を伝えることができるのか」という問いを出発点とし、言葉とは何かを考えていくことにします。なぜ言葉とは何かについて考えるのか。それは、私たちは、言葉によって、世界、すなわちモノゴトを表現し、そして、言葉によって、ヒトと相互作用し、そして理解を図るからです。

さて、前述の例において、(1)意思「電話に出てほしい」が伝わる過程は、物理現象である音や光が伝わる過程とは異なるでしょう。例えば、私の口から出る言葉「誰か取って」は、音という物理現象であり、これが伝わる過程とは、発信元である私の口で生じた振動が空気という媒質《ばいしつ》＊を振動させ、その媒質の振動が受信元であるあなたの鼓膜《こまく》を振動させるまでの出来事です。

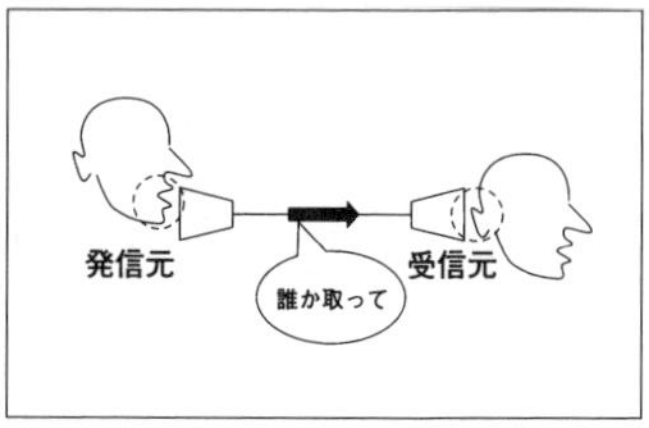

【図1】

このように、音に代表される物理現象の伝達系は、発信元と受信元が媒質を介して繋《つな》がる「糸電話」です（【図1】）。そして、伝達とは、発信元で生じた物理現象が、媒質を介して受信元へ達する過程です。

一方、意思の伝達系は、糸電話ではありません。意思の伝達過程は、意思の発信者の脳（発信元）が生成した意思に関する活動が、発信元と受信元（受信者の脳）を直接繋ぐ糸のような媒質を介し、受信元へ達する出来事ではないのです。一体、意思はどのように伝達されるのでしょうか。そして、意思の伝達系に含《ふく》まれる言葉の伝達系は、意思の伝達にどのように関わるのでしょうか。

意思の発信者が発する言葉は、その脳内で生じる意思によって生成されるはずです。例えば、意思「電話に出て欲しい」が、言葉「誰か取って」を生成します。そして、その意思の受信元の脳は、「糸電話式」に受け取った言葉「誰か取って」から、意思「電話に出よう」を生成します。

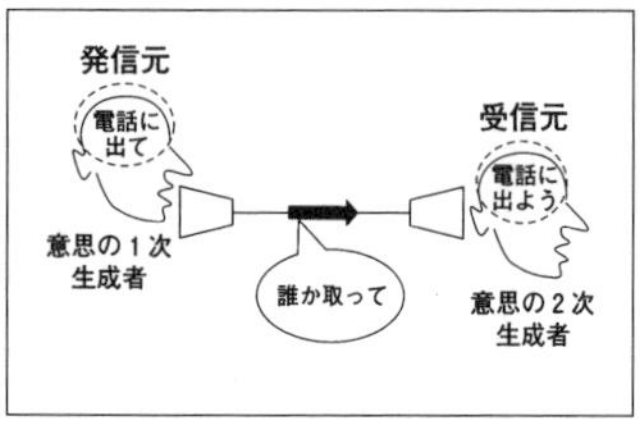

【図2】

このように、意思の伝達過程において、発信元は「（自発的に生じた）意思が言葉を生成する脳内活動」、受信元は「（受け取った）言葉から（新たな自発的）意思を生成する脳内活動」です（【図2】）。

ところで、(2)この両者において、一つ気がかりな点があります。それは、「受信元において生成される意思」です。受信元において、意思は発信元から受け取った言葉から「自発的に」生成されます。ある言葉から生成される意思が決まっているならば、それは意思ではなく、機械的な「反応」でしょう。この、受信元における意思の自発性は、「発信者の発した言葉に込められた意思とは無関係に」、少なくとも、それを確認《かくにん》することなどなしに、生成されることを意味します。

したがって、意思の伝達過程におけるその発信元と受信元は、改めて、糸電話のような物理現象としての伝達過程の発信元と受信元のような発信・受信の関係にはないのです。意思の発信者は「意思から言葉」を、受信者は「言葉から意思を」生成する者であり、時間的先後関係を考慮《こうりょ》すると、前者は「意思の一次生成者」、後者は「意思の二次生成者」と言えます【図2】。

以上の考察をまとめると、意思の伝達系では、意思の一次生成者、二次生成者は、それぞれ言葉の発信者、受信者としては、（空気のような）媒質を介して繋がっていますが、それらの脳内過程は独立です。そして、一次生成者が意思を基に生成した言葉に対し、二次生成者がどのような意思を生成するかはわからない、ということが、言葉を介する意思の伝達系の基本的な特徴です。

意思の伝達系において、二次生成者は、一次生成者から受け取った言葉を基に勝手に意思を作り出します。したがって、一次生成者において生じた意思を反映する意思が、二次生成者において作られた場合、それは「偶然《ぐうぜん》」なのです。私の発する「誰か取って」という言葉によって、あなたが「電話を取る」という意思を作るのは、意外に当たり前ではないのです。

また、一次生成者は、二次生成者がどのような意思を生み出したのかを尋《たず》ねはしません。私（一次生成者）の発言「誰か取って」を受け、あなた（二次生成者）が電話を取ってくれた際、私は「よかった、『電話に出て欲しい』という私の意思が伝わったのですね」などとあなたに確認しないでしょう。したがって、あなたが「私の意思を反映した意思」を生み出したのかどうかなど、わからないのです。にもかかわらず、(3)「言葉によって意思が伝達される」という言説が広く受け入れられるのはなぜでしょうか？

この疑問に対し、読者のみなさんはこう答えるかもしれません。「私たちは、意思の伝達系で現実に起こっていることなど知らないままに言葉をやり取りする。だから、そのような疑問などそもそも持たない。現実の言葉のやり取りでは、私が、あなたに意思が伝わったと感じさえすれば、意思が伝わったことになる。だから、『言葉によって意思が伝達された』と素朴《そぼく》に思えるのだ」と。

私は、この回答に半ば賛成ですが、半ば再考を加えたいと思います。賛成の部分は、「私が、あなたに意思が伝わったと感じさえすれば、意思が伝わったことになる」の部分です。私は、あなたが「私の意思を反映した意思」を生み出したのかどうかなどわからないままに「ありがとう」と言うのです。この「ありがとう」は、意思が伝わったと「感じた」から発せられる言葉でしょう。

一方、再考したい部分は「私たちは、意思の伝達系で現実に起こっていることなど知らないままに言葉をやり取りする」の部分です。私たちは、意思の伝達系で現実に起こっていることを知っているのではないでしょうか。より正確には、それを「感じつつ」言葉をやり取りしているのではないでしょうか。すなわち、私たちは、前述のような「ありがとう」を、「相手に意思が伝わったかどうかわからない不安」を感じながらも、発するのです。

この不安を解消する手立てなどありません。だからこそ、この不安は、意思が伝わったという無根拠な感覚、「意思の伝達感」へと＊昇華《しょうか》させられるのではないでしょうか。「ありがとう」という言葉は、感謝の気持ちからだけでなく、この「後付けの意思の伝達感」も加わって発せられる言葉だと思うのです。

言葉による意思の伝達とは、「言葉の受信者がその発信者から発せられた言葉に対し勝手に意思を生み出し、言葉の発信者が勝手に意思の伝達感を作り出す過程」でした。この過程を考察することによって、私たちは、物理的接点を持たない発・受信元の間の伝達機構を知ることができました。

発・受信元が、空気や水といった媒質によって繋がっている音や光といった物理現象の伝達と異なり、言葉による意思の伝達では、発信者の脳（発信元）は意思から言葉を、受信者の脳（受信元）は受け取った言葉から意思をそれぞれ「創発」し、最後に発信者の脳が「意思の伝達感」をでっちあげるのです。

読者のみなさんは、言葉による意思の伝達は、言葉のやり取りの典型例、すなわち「言葉によるコミュニケーション一般のモデル」であることに気づいているでしょう。言葉によるコミュニケーションでは、その発・受信者間で「意思」が伝達されますが、より広くは「意味」が伝達されるといえます。私は、「発信者が意味から言葉を、受信者が受け取った言葉から意味をそれぞれ創発し、最後に発信者が意味の伝達感をでっちあげる過程」が言葉によるコミュニケーションであると考えます。このような考えに基づくコミュニケーションを「創発型コミュニケーション」と呼ぶことにします【図3】。

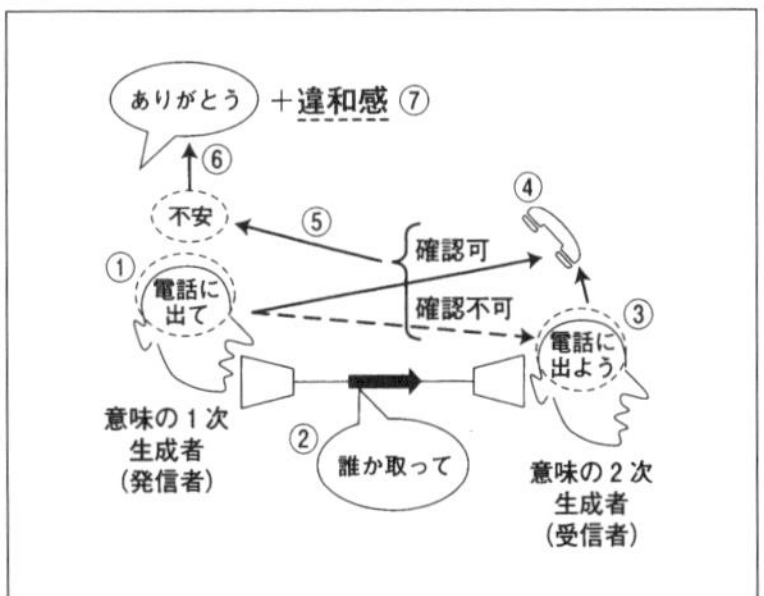

【図3】

一方、それぞれの言葉には（その言葉が）使用される「状況」に応じた幾つかの意味がそもそも備わっているという考えもあるでしょう。例えば、言葉「誰か取って」の意味は、誰かが樹木の枝を指差す状況では「引っ掛かったボールを取る」、台所からシューという音が聞こえる状況では「やかんのフタを取る」です。この考えの下では、コミュニケーションとは「発信者が状況に即して意味から言葉を『選択』し、受信者が状況に即して受け取った言葉から意味を『選択』する過程」となります。

前述の例は、「りんごをむいている時に電話が鳴るという状況」に即して「電話に出てほしい」という意味を持つ言葉「誰か取って」を私が選び、その言葉を受け取ったあなたは、同じ状況に即し、意味「電話に出よう」を選択する過程です。このような、状況に即した意味の存在を前提

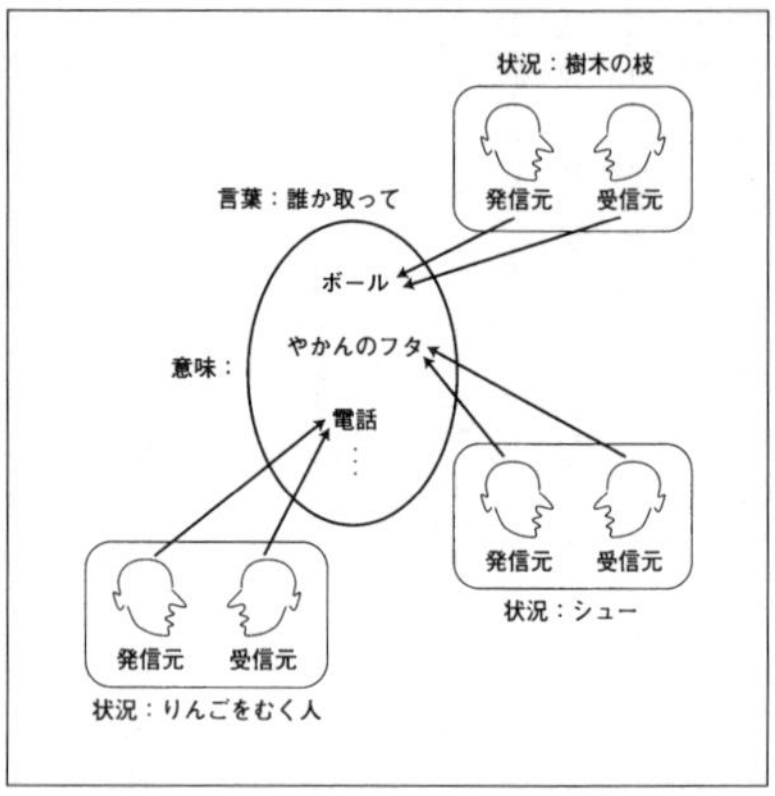

【図4】

とするコミュニケーションを「状況依存型《じょうきょういそん》コミュニケーション」と呼ぶことにします（【図4】）。

状況依存型コミュニケーションと異なり、(4)創発型コミュニケーションでは、言葉に意味がそもそも備わっているとは見なされません。その過程は、意思の伝達過程と同様です。

まず言葉の発信者において「意味」が自発的に生じ、続いて言葉が創発されます。次に言葉を受け取った受信者において新たな「意味」が創発され、これを契機《けいき》に（言葉の生成も含めた）行動が生成され、その行動に対し発信者が勝手に「意味の伝達感」を感じるのです。

（森山徹「モノに心はあるのか」による）

〔注〕逡巡《しゅんじゅん》――ためらうこと。
媒質《ばいしつ》――力や波動などを他に伝える媒介物。
昇華《しょうか》――物事がさらに高次の状態へ一段と高められること。

〔問1〕思考力 (1)意思「電話に出てほしい」が伝わる過程は、物理現象である音や光が伝わる過程とは異なるでしょう。とあるが、両者の過程はどのような点で異なるのか。その説明として最も適切なものを次のうちより選べ。（4点）

ア、音に代表される物理現象が伝わるのは、振動する空気という媒質が糸電話の糸のように発信元と受信元を直接つなぐからだが、意思の伝達では、発信元と受信元との間を直接媒質がつないでいないという点。

イ、音に代表される物理現象の伝達では、発信元と受信元の間を直接振動する物質によってつながるが、意思の伝達では、振動する物質の代わりに言葉が発信元と受信元をつなぐ媒質の役割を果たしているという点。

ウ、音に代表される物理現象は、発信元で生じた振動が一方的に受信元に届けられるのに対し、意思の伝達については、発信元と受信元のヒトが言葉による相互作用をすることによって理解につながるという点。

エ、音に代表される物理現象の伝達過程は、発信元が空気を振動させて受信元の器官を振動させるまでの出来事だが、意思の伝達は、発信元の言葉が受信元の脳内における理解の活動まで手助けをするという点。

〔問2〕(2)この両者において、一つ気がかりな点があります。とあるが、筆者が「気がかり」だとするのはどのようなことか。その説明として最も適切なものを次のうちより選べ。（4点）

ア、発信者は意思の一次生成者であるため、受信者の側がどのような意思を生成するかにかかわらず、勝手に意思を作り出すという自発性があるということ。

イ、発信者は言葉に意思を込めるが、受信者はその言葉から勝手に意思を生成するので、発信者と受信者のそれぞれの意思が同じになることはないということ。

ウ、発信者が意思を元に発した言葉が受信者に伝わったとき、受信者の脳内では必ずしも発信者の意思を反映した意思が生成されるわけではないということ。

エ、発信者が発した言葉が受信者に伝わったとき、受信者が発信者の意思の通りに言葉の意味を理解しているのは機械的な「反応」にすぎないということ。

〔問3〕(3)「言葉によって意思が伝達される」という言説が広く受け入れられる　ということについて筆者はどのように考えているか。その説明として最も適切なものを次のうちより選べ。（4点）

ア、私たちは、現実には意思の伝達がどのように起きているか分からないので、疑問など感じることはなく、相手に伝わったと感じれば意思の伝達ができていると考えるのは当然のことである。

イ、私たちは、相手に自分の意思が伝わったのかが分からない不安を感じながら言葉のやりとりをしていて、その中で意思が伝わったと自分が感じれば意思の伝達がなされたことにするのである。

ウ、私たちは、実は意思の伝達の過程でどのようなことが起きているかを知っているので、相手の行いに対し「ありがとう」と言うのは、本当に意思が伝わったと感じたから発しているのである。

エ、私たちは、相手が発信者の意思を反映した意思を生み出しているのかは分からないが、そのようなことは気にせず、実際に言葉がやりとりされている以上は意思が伝わったと考えるのである。

〔問4〕【図3】は筆者の言う「創発型コミュニケーション」が成り立つ様子を示したものである。この図中で点線を付けた「違和感」とは、どのようなものか。これについて説明している箇所を本文中から十六字で抜き出せ。（5点）

〔問5〕思考力 (4)創発型コミュニケーションでは、言葉に意味がそもそも備わっているとは見なされません。とあるが、このことについて説明した次の文の□に入る適切な語句を三十字以内で書け。なお、解答には「発信者」「受信者」という言葉をふくめること。（6点）

状況依存型コミュニケーションでは、状況に即して発信者と受信者は、それぞれ意味から言葉、言葉から意味を選択するので、言葉と意味はいくつかのパターンで結びついていると考えられる。創発型コミュニケーションは、□ので、言葉にはもともと意味が備わっているとは考えられない。

〔問6〕難 思考力 本文を読んだ生徒たちが次のように、意思を伝えることについて話をしている。本文の内容や生徒A～Dの発言をふまえて、相手に自分の意思が伝わるにはどのようなことが大切だと考えるか。あなたが考えることを二百字以内で書け。なお、書き出しや改行の際の空らん、、や。や「なども それぞれ字数に数えよ。（12点）

生徒A　言葉でちゃんと意思は伝わると思うよ。だって、僕が言っていること、みんな理解できているでしょ。

生徒B　それは、今はね。でも、この間お母さんが「お茶飲みたい。」って言っていたからペットボトルを持って行ったら、温かいお茶を入れてほしかったんだって。
生徒C　それに、直接言いにくいことを遠回しに言って、相手に分かってもらいたいってこともあるね。分かってもらえるときもあるけど伝わらないこともある。
生徒D　でも、一方で「以心伝心」とか、「目と目で通じる」とか言うこともあるよ。どうやって意思が通じているんだろう。

五（論説文）内容吟味・文脈把握

次の文章を読んで、あとの各問に答えよ。□内は現代語訳である。（＊印の付いている言葉には、本文のあとに〔注〕がある。）　（計21点）

今日のわれわれは、「花鳥風月」という言葉に「華《はな》やかさ」や「遊興《ゆうきょう》」のイメージを感じる。しかしこの言葉の由来と考えられている世阿弥《ぜあみ》（一三六三頃《ころ》―一四四三年）の『風姿花伝』を読んでいくと、世阿弥に始まり、そこから具象化していく「花鳥風月」は、ワビ、サビ的な暗く静かなものだった。

さらにその具体化としての茶道《さどう》は、世阿弥も、そこから足利《あしかが》、千家《せんけ》へとつづく教えの中に、華やかでないものに「遊び」の心を観《み》たのだ。(1)その意味での「花鳥風月」が「華やかに」なるには、江戸《えど》時代の元禄期《げんろくき》（一六八八―一七〇四年）や文化文政期（一八〇四―一八三〇年）での変質を通過するか、もともと「ワビ、サビ」も、いま思われているように古びて枯《か》れたようなものではなかったと考えるほかない。

いずれにせよ「花鳥風月」は、日本人のとらえる「景観」のイメージであり、そこから「鳥」だけをとり出して美を感じるということは、平安時代以降、少なくとも江戸時代中期までなかった。もしそこに美を感じるとしても、「花」と「月」を中心に「鳥」に対してであっただろう。

また「月」は、今日の太陽暦《たいようれき》のもとでは副次的なものに見なされがちだ。しかし、明治に入って新暦に改暦されるまでは、人々が季節を知るもっとも大きな天文のサインだった。日本の神話でも、天照大神《あまてらすおおみかみ》の次に月読《つくよ》命《み》がおかれている。日本だけでなく世界の暦《こよみ》の基本は月齢《げつれい》から計算されており、それが＊潮汐《ちょうせき》を決めるため、漁業や航海にとって非常に重要な指摘《してき》だった。いいかえれば、月とその周期の関係を知っていることが、季節を知るということだったのだ。

そして、(2)これを「遊興」に転換したのが「風」だろう。「風雅」「風俗《ふうぞく》（優雅と世俗の双方）」や「風狂《ふうきょう》」というときの「風」だ。「風」を治めようとするのも日本の文化の特徴で、風神、雷神のもたらす大風や＊野分《のわき》を治めることは、世の平和や秋の収穫《しゅうかく》にとって大事なことであった。

さらに、日本人は自分の周囲の木や虫を、自分と同じ「生き物」として心が通じ合うように感じていたという＊折口信《おりくちしの》夫《ぶ》以来の言説は、現代の私たちにまで通じるものがある。古くからのこうした日本人の＊アニミズムでは、その具体例として「草木虫魚」がしばしばとりあげられ、ここでいう「草木」とは「花鳥」でもあったと言えよう。

もともと「花鳥風月」のイメージは、中国に由来している。たとえば唐代《とうだい》の詩人、杜甫《とほ》（七一二―七七〇年）の有名な「春望」という漢詩では、次のように歌われている。

国破山河在
城春草木深
感時花濺涙
恨別鳥驚心
烽火連三月
家書抵万金
白頭掻更短
渾欲不勝簪

国破《くにやぶ》れて山河《さんが》在《あ》り
城春《しろはる》にして草木《そうもく》深《ふか》し
時《とき》に感《かん》じては花《はな》にも涙《なみだ》を濺《そそ》ぎ
(3)別《わか》れを恨《うら》んでは鳥《とり》にも心《こころ》を驚《おどろ》かす
烽火《ほうか》三月《さんげつ》に連《つら》なり
家書《かしょ》万金《ばんきん》に抵《あ》たる
白頭《はくとう》掻《か》けば更《さら》に短《みじか》く
渾《す》べて簪《しん》に勝《た》えざらんと欲《ほっ》す

国都長安の町は、賊軍のためにすっかり破壊され、あとには山と川が昔のままにある。荒れ果てた町にも春がやってきて、草や木が深々と生《お》い茂《しげ》った。この戦乱のなげかわしい時節を思うと、花を見ても涙が落ち、家族との別れを悲しんでは、鳥の声にも心が痛む思いがする。戦いののろしは三ヶ月もの長い間続いており、家族からの手紙はなかなか来ないので、万金にも値《あたい》するほど貴重だ。たび重なる心痛のため、白髪《はくはつ》をかけばかくほど短くなり、全く冠《かんむり》をとめるピンもさせなくなりそうである。

（『漢詩鑑賞辞典』による）

ここでの「鳥」は、聖なる予告をする存在、神の言葉を伝達する使者である。また、「花鳥の使い」とは、異性への恋情《れんじょう》を媒介《ばいかい》する意味ももつ。

こうした中国の鳥についての表象は、日本には奈良《なら》時代に異国趣味《しゅみ》として入ってきた。それを最もよくあらわしているのは、正倉院の工芸意匠《いしょう》にさまざまな鳥の文様が見られることである。そこには、表面を埋め尽くすかのように、多数の鳥の文様が繰り返し描かれているものもあり、それによって悪霊《あくりょう》の侵入《しんにゅう》を阻止《そし》する意味を表現している。

地球規模でみると、古代において最も鳥の表象の多いのは古代エジプトであるが、同じ文様は、紀元前三世紀くらいのペルシャや西アジアなどの文物にも見られる。それらは、そこからシルクロードを通り、中国を経て日本にも伝わったと考えられている。

日本では、当初はそれをそのまま受け入れるが、やがて「日本化」が生じる。その典型が平安時代だった。たとえば、西アジアでは鳥を神の使者としてオアシス的な理想郷が描かれているが、中国ではそこに自然の要素がとりいれられ、美しい鳥や花が描かれるようになった。さらに日本には四季があるため、平安時代には四季の移ろいを背景にした「日本化」が生じた。

具体的には、清少納言《せいしょうなごん》の『枕草子』の第四八段「鳥は」のように、鳥は季節に応じてあらわれたり消えたりする、季節の移ろいの象徴としてとりあげられている。すなわち「咲《さ》き散る花、来たり去る鳥」という表現のように、ある鳥が来ると新しい季節を感じ、その鳥が去ると季節が終わる寂《さび》しさを感じているのである。ここには、(4)移ろうがゆえに美しいという心情がみえ、同時に、季節は循環《じゅんかん》することによって人間を超えた永遠の象徴でもあるという美学が含《ふく》まれている。

さらに『徒然草《つれづれぐさ》』にも次のような文章がある。

「花は盛《さか》りに、月は隈《くま》なきをのみ、見るものかは。雨に対《むか》ひて月を恋《こ》ひ、垂れこめて春の行衛《ゆくへ》知らぬも、なほ、あはれに情深《なさけふか》し。咲きぬべきほどの梢《こずゑ》、散り萎《しを》れたる庭などこそ、見所多けれ。」

（兼好法師『徒然草』第百三十七段）

花は、盛りに咲いているのだけを、月は一点のくもりもないのだけを見るものであろうか。雨に向かって月を恋い慕《した》い、簾《すだれ》を垂れた部屋に引きこもって、春がどこまで暮れていったのかを知らないのも、やはり、しみじみとした感じがし、情趣《じょうしゅ》の深いものだ。今にも咲いてしまいそうな頃あいの桜の梢《こずえ》、花の散りしおれている庭などこそ、見どころの多いものである。

（「新編古典文学全集」による）

　このように季節を待つ、惜《お》しむという日本文化の特色が、「花鳥風月」という言葉にあらわれていた。つまり、日本の「風と月」、すなわち四季折々の風景を外在化し、「鳥や虫、草花」の全体を「花鳥風月」と見なしたのである。

　それは今日でも京菓子《きょうがし》、京料理、茶席などでよく使われる季節の「見立て」（季節をかたどった菓子、料理の盛り付けに、次の季節が訪れる少し前に春先なら桜葉《おうよう》、秋先には紅葉をあしらうなど）に近い発想であった。

　日本ではこのように「花鳥」とされるものが、インドやタイなどの東南アジアでは、「花獣」が描かれる。この違いはなぜなのか。

　日本の暦は、もともと稲作《いなさく》を気候の変化に応じて行うために用いられてきたが、近世以降、上方や江戸で都市生活が始まってからも、稲作の季節感は洗練された形で残り、それは生き物、とくに「花鳥」と深く関わっている。

　たとえば「鳥暦」というように、都市の人々もウグイスが鳴くと「春」を感じ、ツバメが軒先《のきさき》に巣をつくると「初夏」を感じる。さらに、シギやチドリがシベリアあたりから干潟《ひがた》に飛来すると「秋」の訪れを感じる。やがてガンの群れが空を飛び、ツルが北から帰ってくると「冬」の到来を感じることになる。

　このように、昔の人々は「月」「花」とともに、「鳥」を見て「暦」にしたのである。

　鳥類は生理学的には、「気温」ではなく「日長」を、生物としての暦（年周期）、つまり体内時計にしている。気温は年によって、日によって変化するので不確実で、生物の生存にとっては命とりになりかねない、ある日が暖かいからといって、翌日には急に温度が下がることもあるからである。だが「日長」、つまり太陽が地上に出ている時間の長さは地球の公転に基づいているため、毎年一定だ。

　鳥たちはもっとも餌《えさ》の豊富な時期にヒナを育てる。このために毎年、その時期に合わせて鳥の体内で性腺《せいせん》が大きくなる必要があるし、繁殖《はんしょく》が終わると、その後の渡りの前に「換羽《かんう》」、つまり全身の羽毛が生え変わらなければならない。

　鳥の体内でこの生理機能をコントロールしているのは、各種のホルモンである。その中枢《ちゅうすう》になっている脳下垂体の指示に従って、各ホルモンの量の分泌《ぶんぴつ》が調整されている。そのバランスによって、鳥の生理上の変化、形態や行動の変化が起こる。

　この時、その指標にしているのが太陽が地上に出ている時間の長さ、すなわち「日長」であり、それが視床下部を通じて鳥の脳下垂体に伝達される。神経伝導は電気的な信号によるので瞬時に伝達され、即時に反応が現れるが、ホルモンは液体なので時間経過が必要で、その分泌量や蓄積《ちくせき》によって「時計」とすることができる。

　人間の暦は天体の運行を計算して作られてきた。が、先に述べたように、人々の日常的な感覚には、日の長さより夜間に見る月の満ち欠けと位置の方が明確で、しかもそれが潮の満ち引きとも一致《いっち》していることが当時の生活から容易にわかったので、多くの国の暦法ではもともと月齢を元にしていた。

　日本でも近世には月の満ち欠けをもとに計算し、それと太陽の一年間の動きとのズレを「うるう月」で調整する太陰太陽暦を使ってきた。この暦によって示された啓蟄《けいちつ》、穀《こく》雨《う》、芒種《ぼうしゅ》などの二十四節気は、季節ごとの生き物や農作物の成長と密接な関連があり、日本人はその季節ごとの「花」「鳥」を愛《め》で、「風」すなわち風雅を感じてきた。「花鳥風月」はこのようにして、(5)季節と生き物の周期性から導かれる美意識として培《つちか》われたと言えるだろう。

（奥野卓司「鳥と人間の文化誌」による）

〔注〕 潮汐《ちょうせき》——月および太陽の引力によって起こる海面の周期的昇降。
野分《のわき》——台風。また、広く秋から初冬にかけて吹く強い風。
折口信夫《おりくちしのぶ》——日本の民俗《みんぞく》学者、国文学者、国語学者、歌人。
アニミズム——呪術《じゅじゅつ》・宗教の原初的形態の一つ。

〔問1〕 (1)その意味での「花鳥風月」とあるが、どのようなことか。最も適切なものを次のうちより選べ。（4点）
ア、茶道の具体的な理念としての「花鳥風月」。
イ、ワビ、サビ的なものとしての「花鳥風月」。
ウ、「遊興」のイメージが表れた「花鳥風月」。
エ、江戸時代に変質をとげた「花鳥風月」。

〔問2〕 (2)これを「遊興」に転換したのが「風」だろう。とあるが、この意味の「風」が用いられている言葉として、最も適切なものを次のうちより選べ。（4点）
ア、風刺　イ、風雲　ウ、風化　エ、風格

〔問3〕 (3)別《わか》れを恨《うら》んでは鳥《とり》にも心《こころ》を驚《おどろ》かす とあるが、筆者の考えをふまえるとこの部分からはどのような気持ちが読み取れるか。最も適切なものを次のうちより選べ。（4点）
ア、尊い知らせであっても、とても聞く気分にはならない。
イ、悲しくしていても、やはり美しいものには心が晴れる。
ウ、離れているので、恋《こい》する人の便りを心待ちにしている。
エ、とてもつらい経験をしたので、神の導きに頼りたい。

〔問4〕 思考力 (4)移ろうがゆえに美しいという心情 とあるが、こうした思いでとらえたものを、本文の『徒然草』の引用部分から二十字以内で抜き出せ。（5点）

〔問5〕 思考力 (5)季節と生き物の周期性から導かれる美意識 とあるが、どういうことか。その説明として最も適切なものを次のうちより選べ。（4点）
ア、四季折々の風物が移り変わっていくと、日本人は特定の景観に美を感じるということ。
イ、花や鳥を愛するという日本人だけが持つ行為を通じて、美を感じるということ。
ウ、太陽や月の動きに応じた季節や生き物の変化から、日本人は美を感じるということ。
エ、日本人は太陽が地上に出ている時間の長さや、月の満ち欠けに対して美を感じるということ。

東京都立 西高等学校

時間 50分　満点 100点　解答 P16　2月21日実施

出題傾向と対策

●漢字の読み書き二題、小説文、論説文、古文を含む論説文の五題構成は昨年と同じ。解答形式は選択問題が中心だが、記述、書き抜き、論説文の内容を踏まえた課題作文も出題された。どの問題も長文で、設問も思考力を要する難問が多く、速読・速解力が求められる。

●過去問を利用し、難度の高い長文に慣れておくとともに、選択肢の正否を問題文の内容と照合しながら判断できる読解力と、読み取った内容やそれに対する自分の考えをまとめられる記述力・作文力の養成に努めること。

注意　答えに字数制限がある場合には、、や。や「などもそれぞれ一字と数えなさい。

一 漢字の読み書き

次の各文の――を付けた漢字の読みがなを書け。（各2点、計8点）

(1) 岩石が川の底に堆積する。

(2) 人心の掌握に努める。

(3) もっと自重した行動をとるべきだ。

(4) 経世済民の志を抱く。

二 漢字の読み書き

次の各文の――を付けたかたかなの部分に当たる漢字を楷書《かいしょ》で書け。（各2点、計8点）

(1) 北アルプスの山をジュウソウする。

(2) 国家のチュウセキと言える人物だ。

(3) 絶滅回避《かいひ》のため生物のイキナイ保全を図る。

(4) 松尾芭蕉《まつおばしょう》はフエキリュウコウを提唱した。

三 (小説文)内容吟味

次の文章を読んで、あとの各問に答えよ。（＊印の付いている言葉には、本文のあとに〔注〕がある。）（計26点）

明治三十年代、東京音楽学校（現東京藝術大学《とうきょうげいじゅつだいがく》）でピアノを専攻《せんこう》する瀧廉太郎《たきれんたろう》は、バイオリニスト幸田延《こうだのぶ》・幸《こう》姉妹と知り合う。延は廉太郎の師であり、幸は彼の一学年上であった。廉太郎と幸は共に東京音楽学校留学生の候補に挙がっていたが、日本でまだ学ぶことがあると考える廉太郎は、ひそかに辞退していた。

一月ほどのち、延以来中断されていた音楽学校留学生派《は》遣《けん》が正式に発表された。

選ばれたのは、幸田幸だった。＊小山作之助《こやまさくのすけ》の辞退は報じられたものの、廉太郎の話は表沙汰《おもてざた》にならなかった。

廉太郎は祝いの言葉を述べるために、日曜日、南千住《みなみせんじゅ》の延の家へと自転車を走らせた。

延の借家は驚くほどに静かだった。廉太郎が自転車を引いて小さな木の門をくぐると、演奏室の＊掃《は》き出しの近くに立っていた延が廉太郎に気づき、玄関へと回ってきた。

「瀧君か。よく来たな。」

「幸さんにお祝いの言葉をと思いまして。」

「ああ、わざわざすまない。上がってゆくといい。」

廉太郎は演奏室に通され、部屋の真ん中に置かれたティーテーブルに座らされた。紅茶を用意してから、延は家の奥へと向かっていった。

一人、しばらく待っていると、延に連れられて幸がやってきた。

だが、常ならぬ様子に廉太郎は驚いた。

なりはいつもと変わらない。だが、何かがあまりに違う。違和感を見極《みきわ》めようと首をひねるうち、ようやく正体に行き当《あた》った。

目だ。いつも、真夏の太陽を思わせるその目から輝きが失われている。目の下には隈《くま》ができてしまっているのも、暗く沈んだ目をなおのこと際立《きわだ》てている。

幸は、まるでうわ言のように口を開いた。

「何か用。」

これ、と延にたしなめられるものの、幸は意にも介さない。

廉太郎は息を呑《の》みながらも言葉を発した。

「お祝いに来たんです。海外留学の。」

幸は声を荒《あら》らげた。(1)紙が裂《さ》けるような声が部屋に満ちる。

「あなたも笑いに来たんでしょう。」

「そんなわけないじゃないですか。」

「本心を言えばいいじゃない。散々新聞で叩《たた》かれているわたしを笑いに来たって。」

ここまで荒れているとは、思いも寄らなかった。

過熱していた留学生候補報道は、正式発表で最高潮に達した。かねてより幸を推していた新聞は手を替え品を替えて幸のこれまでの実績の数々を筆で修飾《しゅうしょく》し、前途を寿《ことほ》いだ。一方、他の候補者を推していた新聞は音楽学校の決定に疑惑ありと書き立てた。曰《いわ》く、幸が選ばれたのは、音楽学校教授である延の横車が働いた結果であると。またある新聞は女性留学無用論を展開した。

横車などありえない。東京音楽学校は演奏という実力主義によって貫《つらぬ》かれている公平な場だ。いくら延が妹を無理矢理海外に送ろうと考えても、他の教授陣をうんと言わせることはできない。女性留学無用論も当たらない。性別など関係なしに、幸は最も優《すぐ》れた演奏者だ。幸とてそれは分かっているだろうが、新聞記事の内容は、あれほど揺《ゆ》らぐことのなかった幸の眼《め》の光をかき消してしまうほどにひどかった。

廉太郎は立ち上がった。

(2)「幸さん、僕と重奏をしてくれませんか。」

虚を衝《つ》かれたように幸は目を丸くした。

「僕らは音楽家です。百万語を費《つい》やすより、音で語ったほうが手っ取り早いと思いませんか。」

ややあって頷《うなず》いた幸は、いったん奥に戻った。その間に、廉太郎は部屋の隅《すみ》に置かれている＊アップライトピアノに向かい、鍵盤《けんばん》の表面を手ぬぐいで払《はら》った。

二人きりの時に、延に声を掛けられた。

「すまんな。」

「何がですか。」

「いや、幸のことだ。あまりに君に頼りすぎている。」

「たぶん、そういう星の巡《めぐ》りだったんでしょう。」

「君には勝てないな。」

延がそう呆《あき》れ半分に口にした時、幸はバイオリンケースを抱えて戻ってきた。手早くバイオリンをケースから取り上げた幸は、光の戻らない目でピアノの前に座る廉太郎に一瞥《いちべつ》をくれる。

「何をやるの。」

「*モーツァルト『ピアノとバイオリンのためのソナタKV380』。」

廉太郎が口にしたその時、幸の顔が凍った。因縁《いんねん》の曲だ。*ケーベルに弾いてみるようにと言われ、二人で思い切り斬《き》り合った。あの時は幸に勝ちを譲《ゆず》る形になってしまったが、ケーベルの評はむしろ幸に対して辛《から》かった。

「いいの？」怯《おび》えたような声で幸が言う。「アップライトピアノは連打に向かないんでしょう？　あの曲は連打が多いんじゃ。」

「大丈夫です。戦うのではなく、語らうだけならば。」

廉太郎は息をつき、幸と息を合わせることなく、第一音を奏《かな》で始めた。持ち主の性格を反映してか四角四面で硬質な音質を持つこの家のピアノだが、音がわずかに柔らかく、固い打鍵感も和《やわ》らいでいる。まるで、持ち主の心配を汲《く》んで、この日ばかりはと手を緩《ゆる》めているかのようだった。

慌《あわ》てて幸が続く形で曲が始まった。

幸のバイオリンは精彩《せいさい》を欠いていた。いつもの思い切りがなく、萎《しお》れてしまっている。

廉太郎はピアノで幸を先導する。グランドピアノよりもわずかに遅い鍵盤の戻りがもどかしい。だが、納得できるだけの演奏にはなっている。もっとも、右手の旋律《せんりつ》は未《いま》だにわずかに弱い。

心中でため息をつきながらも廉太郎が曲全体を引っ張ってゆくと、次第《しだい》に幸の演奏にも変化が訪れ始めた。ふいごで空気を送ってやったかのように熱が上がった。周囲のものをちりちりと焼くほどの熱気に思わず振り返ると、幸の目は依然《いぜん》として輝かないものの、完成した立ち姿、まるで精巧《せいこう》なからくり人形のように体に染《し》みついた動作を繰り返している。それはあたかも、廉太郎の放つ音に無意識に反応しているようだった。

廉太郎は舌を巻く。こちらはアップライトピアノとはいえ、心の入らない演奏で廉太郎を凌《しの》ぐ腕を見せている。

天才、の二文字が頭を掠《かす》める。これまでおいそれと使ってこなかった言葉だが、幸になら使ってもいいか、という気にもなる。

X ずるい。思わず口をついて出た。

幸に対する妬《ねた》みが、指先に宿って激流となる。

廉太郎のピアノが音色を変えた。今の今までよりも音の一つ一つがよりシャープに、そして清涼《せいりょう》なものへと変わった。その変化に誰よりも戸惑っていたのは廉太郎だった。ピアノは均質な音を発するための楽器だ。音色まで変化することはありえない。

戸惑っているうちに、曲の底流に揺蕩《たゆた》っていた幸の演奏にも力が戻ってきた。思わず振り返ると、(3)幸の目に、先ほどまでは曇っていて窺《うかが》うことのできなかったはずの光が戻ってきた。顔はわずかに上気している。

先ほどまでとは比べ物にならぬほどに研《と》ぎ澄まされたバイオリンの音色が曲を底上げする。これこそが本来の幸田幸だ。共に曲を形作る仲間すらも追い立て、焼き尽くす。

廉太郎は高鳴る心音と共に鍵盤を必死で叩いた。もはや何かを考えている暇《ひま》はなかった。あらん限りの技術を用いて曲を追いかけ、次々にやってくる幸のバイオリンの暴風に耐《た》えた。

長いようで短い旅の末、最後の一音に至った時には、廉太郎は疲労困憊《こんぱい》の中にあった。二の腕が痛みを発し、指も攣《つ》りかけている。

振り返ると、ぎらぎらと目を輝かせた幸がそこに立っていた。

バイオリンを肩から降ろした幸が廉太郎に話しかけてきた。

「あなた、この演奏の途中で腕を上げたんじゃない？」

「かも、しれません。」

「嫌味な人だわ。自分の伸びしろを見せつけるなんて。」

「いや、そんなつもりは。」

慌てて言葉を否《いな》んだものの、どこかほっとしている廉太郎もいた。口ぶりが、いつもの幸に戻っていることに気づいた。
(4)そんな幸は、ばつ悪げに自分の視線を足元に落とした。
「わたしの留学を祝いに来たっていうのは本当みたいね。あなたのお祝い、確かに受け取った。あなたを見てると、深く考えるのが馬鹿馬鹿《ばかばか》しくなるわ。あなたは自分が伸び続けるんだって頭から信じているんだもの。口ではいろいろ言ってても。」

そうだろうか。今も壁《かべ》にぶつかって悩《なや》んでいる。実際、先の演奏だって音色が変化しただけで、右手が弱いという問題はまるで解決していない。

「あなたって屈託《くったく》がないのよね。だから近くにいると腹立たしくもなるけど、今日だけはありがたかったわ。世間がどんなに汚くったって、音の鳴り響く場だけはこんなにも純粋《じゅんすい》なんだって信じられる。」

そこまで一息に言い切ると、幸は手早くバイオリンをしまい、部屋から出ていってしまった。入ってきた時よりも足取りははるかに軽かった。その後ろ姿を見送っている延は呆れているようだったが、その顔に、穏《おだ》やかな笑《え》みが混じっているのを廉太郎は見逃さなかった。

「どうやら、妹は一つ皮が剥《む》けたらしい。礼を言う。」

「いえ、僕こそです。僕がここまでやってこられたのは、幸さんのおかげですから。」

*予科の時、もし幸の演奏を耳にしていなければ、もしかしたら今頃《いまごろ》官吏の道に進んでいたかもしれない。入学してからも、ことあるごとに幸が廉太郎の前に立ちはだかる壁であり続けてくれた。そのおかげで成長できたという思いがある。

「そうか。ありがたいことだ。」

Y「だから、僕も頑張《がんば》らなくちゃなりません。」

廉太郎はアップライトピアノの蓋《ふた》をゆっくりと閉じ、立ち上がった。ことり、という蓋の奏でる密《ひそ》やかな音が、部屋の中に満ちた。

（谷津矢車「廉太郎ノオト」による）

〔注〕小山作之助《こやまさくのすけ》——東京音楽学校教授。
掃《は》き出し——室内の塵《ちり》を掃き出すための小窓。
アップライトピアノ——弦を垂直に張った家庭用・教育用の縦型ピアノ。
モーツァルト『ピアノとバイオリンのためのソナタＫＶ３８０』——ウィーン古典派の作曲家、モーツァルトの曲名。
ケーベル——ラファエル・フォン・ケーベル。廉太郎の師。
予科——戦前の旧制学校における、大学へ進む前の教育課程。

〔問1〕(1)紙が裂《さ》けるような声が部屋に満ちる。とあるが、この表現から読み取れる様子はどのようなものか。その説明として最も適切なものを、次のうちから選べ。（4点）

ア、新聞の根も葉もない報道に憤慨《ふんがい》した幸の、他者に自分の怒りを共有してもらおうとして故意に発した大声が部屋中に響く様子。
イ、新聞の心ない報道に傷つきいらだった幸の、他者に留学について触れられることを鋭く拒絶する声が部屋中に響きわたる様子。
ウ、新聞の悪意ある記事に意気消沈している幸の、他者と関わりたくないという思いが不意に声となって部屋中に響きわたる様子。
エ、新聞の批判的な記事に自信を失いつつある幸の、他者の留学についての意見を一切受け付けまいとする声が部屋中に響く様子。

〔問2〕(2)「幸さん、僕と重奏をしてくれませんか。」とあるが、なぜこのように言ったのか。その説明として最も適切なものを、次のうちから選べ。（4点）

ア、幸の悲しみを癒《い》やして心の重荷を軽くするには、志を共にする自分が渾身《こんしん》の演奏をするしかないと決意を固めたから。
イ、幸の瞳《ひとみ》から消えてしまった輝きを取り戻すには、美しい音楽によって心を慰《なぐさ》め励ますことが最善であると思ったから。
ウ、幸の音楽を諦《あきら》めようとしている思いを翻《ひるがえ》すには、バイオリンの演奏により自信を取り戻させるのがよいと考えたから。
エ、幸の音楽に対する純粋な情熱を呼び覚ますには、言葉で説得するよりも音楽の力を借りたほうがよいと判断したから。

〔問3〕難 (3)幸の目に、先ほどまでは曇っていて窺《うかが》うことのできなかったはずの光が戻ってきた。とあるが、なぜこのように変わったのか。その説明として最も適切なものを、次のうちから選べ。（4点）

ア、幸は、彼女の演奏に衝撃を受けた廉太郎のピアノが明瞭《めいりょう》でさわやかな音色になったことに気付き、その変化に応じようとする意欲を抱き始めたから。
イ、幸は、ケーベルの指示で重奏した時よりも廉太郎がピアノの腕を上げていることに気付き、自分も負けてはいられないという思いを抱き始めたから。
ウ、幸は、廉太郎が彼女の演奏とは関わりなくのびのびと演奏していることに気付き、自分も別に悩み苦しまなくてもよいという思いを抱き始めたから。
エ、幸は、彼女の演奏に合わせて廉太郎がピアノの音色を変化させてきたことに気付き、嫌な出来事を忘れ音楽を楽しもうという思いを抱き始めたから。

〔問4〕(4)そんな幸は、ばつ悪げに自分の視線を足元に落とした。とあるが、このときの心情はどのようなものか。その説明として最も適切なものを、次のうちから選べ。（4点）

ア、重奏中に、廉太郎のピアノの腕が上達したことを感じ取り、先入観にとらわれて慢心《まんしん》し練習をおろそかにしていた自分の演奏の拙《つたな》さを情けなく思う心情。
イ、重奏中に、今まで問題にもしていなかった廉太郎に音楽の才能があることを感じ取り、自分の失礼な言動が恥ずかしくなって心から謝《あやま》りたいと思う心情。
ウ、重奏中に、候補者の中で留学生に選ばれなかったにも関わらず祝辞を述べに来た廉太郎の度量の大きさを感じ取り、自分の狭量《きょうりょう》さを申し訳なく思う心情。
エ、重奏中に、祝辞を述べに来た廉太郎の誠意にうそがないと感じ取り、純粋な音楽の世界とは関わりの無い世評にとらわれていた自分を恥ずかしく思う心情。

〔問5〕難 思考力 点線部Ｘずるい。思わず口をついて出た。と、Ｙ「だから、僕も頑張《がんば》らなくちゃなりません。」では、廉太郎の心情はどのように変化したか。六十字以内で説明せよ。（6点）

〔問6〕難 本文の表現や内容について述べたものとして最も適切なものはどれか。次のうちから選べ。（4点）

ア、「瀧君か。よく来たな。」「すまんな。」など、延の言葉をあえて男女の区別がつかないように表現し、様々な分野で女性が活躍し始めた明治という時代の風潮を感じ取れるようにしている。
イ、「手を緩《ゆる》めているかのようだった。」「追い立て、焼き尽くす。」など、ピアノやバイオリンの音色を擬人《ぎじん》化《か》して表現し、演奏することの戦いのような厳しさを感じ取れるようにしている。
ウ、「バイオリンの暴風」「蓋の奏でる密《ひそ》やかな音」など、見えない「音」を文学的に表現し、音楽に込められた激しい熱情や、一つの場面が終わるときの静かな調和を感じ取れるようにしている。
エ、「嫌味な人だわ。」「近くにいると腹立たしくもなる」など、幸が廉太郎を評する言葉を批判的に表現し、彼女が廉太郎を敵視しつつも高く評価していることを感じ取れるようにしている。

四 （論説文）内容吟味・要旨・課題作文

次の文章を読んで、あとの各問に答えよ。（＊印の付いている言葉には、本文のあとに〔注〕がある。）（計38点）

「情報社会（information society）」という概念は、日本から欧米《おうべい》に広まっていった概念であると言われています。その主役は増田米二《ますだよねじ》で、彼は「情報社会」という名称《めいしょう》を造語しただけでなく、海外での講演で彼が考える情報社会の未来像や政策的提案を持ち歩き、自らの命名を世界に広めたとされます。一九七〇年代半ば以降、欧米でも「情報社会」や「情報化」の概念が、新しい通信システムやコンピュータの発達を背景に広がります。そもそも「情報社会」についての想像力は、日本がアメリカに先行していたらしいのです。

とはいえ当時の情報社会論は、今日のネット社会の到来を正確に予言していたのでは必ずしもありません。まず、そこでは情報が、その(1)質的な構造次元を*捨象して、すべてを量的な変化で一元的に把握《はあく》されていました。情報社会論は、社会的に流通する情報の総量や経済活動の中の情報産業の割合《わりあい》などの量的変化が社会の構造的な変容をもたらすと考えました。

また、一九六〇年代の日本の情報社会論は、情報技術の革新が社会を根底から変えるという技術決定論を前提にしていました。その場合、彼らが社会革新の原動力として考えていたコンピュータは、今日のようなPCやモバイルを端末とするネットワークではなく、まだなお大型電子計算機でした。増田の議論では、工業社会から情報社会への移行によって、蒸気機関はコンピュータに、近代工場は情報ネットワークに、物的生産力は知的生産力に、市場経済は共働経済に、労働運動は市民運動に取って代わられていくことになっていました。すでに当時から、専門的技術サービス職による知的労働の拡大は予見されていましたが、産業の変化を超えて、(2)人々の日常のコミュニケーションが情報社会においてどのように根底から変容してしまうかを見通せていたわけではありません。

しかし、一九九〇年代以降、この一九六〇年代の情報社会論のビジョンは、そこで想像されていた射程を超えて実現していきます。この変化は、一九九五年にインターネットが爆発的《ばくはつてき》に社会に普及していくなかで決定的なものとなりました。そこでの変化のポイントは二つあって、一つは普通の人々にとっての情報や知識への*アクセシビリティが爆発的に拡大したことです。新しい検索《けんさく》システムが次々に登場し、ネット上の情報が豊かになっていくことによって、いつでも、どこでも、その時に必要だと思った情報に即時に容易にアクセスできる状況が実現していったのです。もう一つは、インターネットを通じ、誰もが情報発信者になっていったことです。それまでは、知識人やジャーナリストがメディアを介して情報を発信し、一般人はその受け手という構図が支配的でした。ネット普及を機に誰もが情報発信者となり、この構図が決定的に崩《くず》れていったのです。

検索によるネット上の莫大《ばくだい》な情報へのアクセシビリティの拡大と、それらの情報の編集可能性の拡大は、私たちの知的生産のスタイルを大きく変えました。この変化の中で、今日、ネット情報をコピーしてレポートを作成する学生や、報道機関の記者が十分な取材をしないままネット情報を利用して記事を書いてしまい、後でその情報が間違っていたことがわかって問題となるケースなどが生じています。

こうした状況を受け、レポートや記事を書く際、ネット情報の利用はあくまで補助的で、図書館に行って直接文献《ぶんけん》を調べ、現場へ足を運んで取材をすべきだと主張する人もいます。他方、そんなことをしていては変化に追いつけないので、ネット検索で得た情報をもとに書くことも認めるべき、さらに踏み込んで、書物や事典を参照して書くことと、ネット検索で得た情報をもとに書くことの間に本質的な差はないと主張する人もいます。(3)ネット情報と図書館に収蔵されている本の間には、そもそもどんな違いがあるのでしょう。私の考えでは、両者には作者性と構造性という二つの面で質的な違いがあります。まず本の場合、誰が書いたのか作者がはっきりしていることが基本です。著作権の概念そのものが、ある著作物には特定の作者がいることを前提に発展してきたわけです。つまり、本というのは、基本的にはその分野で定評のある書き手、あるいは定評を得ようとする書き手が、社会的評価をかけて出版するものです。ですから、書かれた内容に誤りがあったり、誰か他人の著作の*剽窃《ひょうせつ》があったりした場合、責任の所在は明確です。その本の作者が責任を負うのです。

これに対してネット上のコンテンツでは、特定の個人だけが書くというよりも、みんなで集合的に作り上げるという発想が強まる傾向にあります。作者性が匿名化《とくめいか》され、誰にでも開かれていることが、ネットのコンテンツの強みでもあります。そこでは複数の人がチェックしているから相対的に正しいという前提があって、この仮説は実際、相当程度正しいのです。つまり、本の場合は、その内容について著者が責任を取るのに対し、ネットの場合は、みんなが共有して責任を取る点に違いがあるわけです。

二つ目の、構造性における違いですが、これを説明するためには、「情報」と「知識」の決定的な違いを確認《かくにん》しておく必要があります。一言でいうならば、「情報」とは要素であり、「知識」とはそれらの要素が集まって形作られる体系です。たとえば、私たちが何か知らない出来事についてのニュースを得たとき、それは少なくとも情報ですが、知識と言えるかどうかはまだわかりません。その情報が、既存の情報や知識と結びついてある状況を解釈《かいしゃく》するための体系的な仕組みとなったとき、そのニュースは初めて知識の一部となるのです。

知識というのはバラバラな情報やデータの集まりではなく、様々な概念や事象の記述が相互に結びつき、全体として体系をなす状態を指します。いくら葉や実や枝を大量に集めても、それらは情報の山にすぎず、知識ではありません。情報だけでは、そこから新しい樹木が育ってくることはできないのです。そしてインターネットの検索システムの、さらにはAIの最大のリスクは、この(4)情報と知識の質的な違いを曖昧《あいまい》にしてしまうことにあると私は考えています。

というのもインターネット検索の場合、社会的に蓄積《ちくせき》されてきた知識の構造やその中での個々の要素の位置関係など知らなくても、つまり樹木の幹と枝の関係など何もわからなくても、知りたい情報を瞬時に得ることができるわけです。つまり、ネットのユーザーは、その森のどのあたりがリンゴの樹《き》の群生地で、その中のどんな樹においしいリンゴの実がなっていることが多いかを知らなくても、瞬時にちょうどいい具合のリンゴの実が手に入る魔法を手に入れているようなものです。それで、その魔法の使用に慣れてしまうと、いつもリンゴの実ばかりを集めていて、そのリンゴが実っている樹の幹を見定めたり、そこから出ているいくつもの枝の関係を見極《みきわ》めたりすることができなくなってしまうのです。

さらにAIに至っては、ユーザーは自分がリンゴを探しているのか、オレンジを探しているのかがわからなくても、目的を達成するにはリンゴが適切であることをAIが教えてくれて、しかもまだ検索もしていない間に、適当なリンゴをいくつも探し出してきてくれるかもしれません。結局、私たちは検索システムやAIが発達すればするほど、自力で自分がどんな森を歩いているのかを知る能力を失っていく可能性があります。

(5)本を読んだり書いたりすることが可能にするのは、これらとは対照的な経験です。文学については言明を差し控《ひか》えますが、少なくとも哲学《てつがく》や社会学、人類学、政治学、歴史学などの本に関する限り、それらの読書で最も重要なのは、そこに書かれている情報を手に入れることではありません。その本の中には様々な事実についての記述が含《ふく》まれていると思いますが、重要なのはそれらの記述自体ではなく、著者がそれらの記述をどのように結びつけ、いかなる論理に基づいて全体の論述に展開しているのかを読みながら見つけ出していくことなのです。この要素を体系化していく方法に、それぞれの著者の理論的な個性が現れます。

古典とされるあらゆる本は、そうした論理の創造的展開を含んでおり、よい読書と悪い読書の差は、その論理的展開を読み込んでいけるか、それとも表面上の記述に囚《とら》われて、そのレベルで自分の議論の権威づけに引用したり、自分との意見の違いを強調したりしてしまうかにあります。最近では、おそらくはインターネットの影響で、出版された本の表面だけをつまみ食いし、それらの部分部分を自分勝手な論理でつないで読んだ気分になって書かれるコメントが蔓延《まんえん》しています。著者が本の中でしている論理の展開を読み取れなければ、いくら表面の情報を拾い集めてみても本を読んだことにはなりません。

今のところ、必要な情報を即座に得るためならば、ネット検索よりも優《すぐ》れた仕組みはありません。この点で紙の本の読書は、ネットに敵《かな》わない。わざわざ図書館まで行って、関係のありそうな本を何冊も借りて一生懸命読んでみても、知りたかった情報に行き当《あた》らないというのはよくある経験です。見当違いの本を選んでしまったのかもしれません。借りてきた本を隅《すみ》から隅まで読んでも、肝心なことは書かれていなかったということも起こり得ます。しかしネット検索ならば、はるかに短時間で、関係のありそうな本を読むよりもかなり高い確率で求めていた情報には行き当ります。したがって、ある単一の情報を得るには、ネット検索のほうが読書よりも優れているとも言えるのです。

同じ理由で、論文の剽窃チェックなども、コンピュータの検索システムのほうが熟達した研究者よりも高い確率で問題点を抽出《ちゅうしゅつ》します。人間は、論文で展開されている論理を読み解こうとしますから、表面的な記述の異同は気づきにくくなります。その論文が、誰の先行する理論に影響を受けているのか、論理展開の背景にどんなこだわりがあるのかは読み取るのですが、個々の表現の表面的な変化や異同は、なかなか細かくは見きれません。そこのところは、人間よりもコンピュータのほうがよほど精密にチェックできるのです。

それでも、本の読者は一般的な検索システムよりもはるかに深くそこにある(6)知識の構造を読み取ることができます。これが、ポイントです。調べものをしていて、なかなか最初に求めていた情報に行きつかなくても、自分が考えを進めるにはもっと興味深い事例があるのを読書を通じて発見するかもしれません。それに図書館まで行って本を探していたならば、その目当ての本の近くには、関連するいろいろな本が並んでいて、そのなかの一冊に手を伸ばすことから研究を大発展させるきっかけが見つかるかもしれません。このように様々な要素が構造的に結びつき、さらに外に対して体系が開かれているのが知識の特徴です。ネット検索では、このような知識の構造には至らない。なぜなら検索システムは、そもそも知識を断片化《だんぺんか》し、情報として扱うことによって大量の迅速《じんそく》処理を可能にしているからです。

（吉見俊哉「知的創造の条件」による）

〔注〕捨象――ある要素や性質を考察するとき、他の要素や性質を考察の対象から切り捨てること。
アクセシビリティ――入手しやすさ。
剽窃《ひょうせつ》――他人の文章などを盗用し、自分のものとして発表すること。

〔問1〕難 (1)質的な構造次元を捨象*して、すべてを量的な変化で一元的に把握《はあく》されていました。とは、どういうことか。その説明として最も適切なものを、次のうちから選べ。（4点）

ア、情報ネットワークの発展を予測することができず、誰もが情報を気軽に手に入れて発信するようなことは、大型電子計算機の発展に比べれば取るに足らない社会変化だと考えていたということ。

イ、インターネットの爆発的な普及やSNSの大流行といった現象も、情報の量的な増加という次元でとらえ、情報技術の革新こそが社会構造を進化させるという側面を重要視していたということ。

ウ、社会に流通する情報量や情報産業の割合の劇的な増加が、社会構造を変容させると専《もっぱ》ら考え、インターネットの開発やモバイル端末の普及といった質的な変化を考慮《こうりょ》していなかったということ。

エ、情報へのアクセスが容易になり、誰もが発信できる社会の到来を予測していたが、モバイル端末を代表とするネットワーク中心の未来ではなく大型電子計算機の活躍を予測していたということ。

〔問2〕(2)人々の日常のコミュニケーションが情報社会においてどのように根底から変容してしまうか　とあるが、どのように変容したのか。その説明として最も適切なものを、次のうちから選べ。（4点）

ア、大型コンピュータの開発によって人々の生活形態が変わり、物の生産を中心とした社会から、知的サービスの提供を中心とする情報生産を主眼とする社会へと変わっていった。

イ、情報を検索できるツールの開発によって、誰でも気軽に情報にアクセスできるようになっただけでなく、一部のメディアが占有《せんゆう》していた情報発信を誰もが行えるようになった。

ウ、これまで対面中心だったコミュニケーションがインターネットやモバイル端末の開発によって、いつでもどこでも利用可能になり、遠隔地《えんかくち》でも対話できるようになっていった。

エ、誰もが情報発信者となるシステムが構築され、意見や感想を気軽に発信できるようになったため、マスコミや知識人やジャーナリストの地位が相対的に低下することになった。

〔問3〕(3)ネット情報と図書館に収蔵されている本の間には、そもそもどんな違いがあるのでしょう。とあるが、どのような違いがあるというのか。その説明として最も適切なものを、次のうちから選べ。　（4点）

ア、著作物は特定の著者が社会的評価を手に入れるために書かれるので責任が集中し、ネット情報は集合的に作られ責任が分散されるという違いがあるということ。

イ、特定の著者が存在するかどうかという作者性の違いと、単なるデータの集積ではなく、情報が体系化されているかどうかという構造性の違いがあるということ。

ウ、著作物は単なる情報の集合体ではなく、既存の概念や記述が相互に結びついて、状況を解釈できる体系的な意味を有するという構造的な違いがあるということ。

エ、単独の著者よりも複数がチェックする情報の方が相対的に正しいという違いと、情報が複雑に組み合わさった体系が成立しているという違いがあるということ。

〔問4〕難 思考力 (4)情報と知識の質的な違いを曖昧《あいまい》にしてしまうのは、なぜか。その説明として最も適切なものを、次のうちから選べ。　（4点）

ア、検索システムでは知識を断片化して情報として処理速度を高めるために、体系的な知識の構造を犠牲《ぎせい》にしているにもかかわらず、目的に即した結果が得られ、同等に感じられるから。

イ、樹木と幹や枝の関係を知らなくても、おいしいリンゴが手に入るために、リンゴが実っている幹を見定めることができなくなるように、いつの間にか情報収集能力が衰えていくから。

ウ、いくら情報を大量に集めても知識にはなり得ないにもかかわらず、ＡＩによる補助があると、もっともらしい回答が得られるために、検索システムの方がより優秀に感じられるから。

エ、インターネットによる検索結果は早い上に正確であり、その結果と体系的な知識を持った人が出した答えに違いがなければ、両者に質的な違いはないために、評価が曖昧になるから。

〔問5〕(5)本を読んだり書いたりすることが可能にするのは、これらとは対照的な経験です。とあるが、どのような経験か。その説明として最も適切なものを、次のうちから選べ。　（4点）

ア、最初に求めていた情報を得られなくとも、読書を通して自己の議論や考察が深められ、有益な事例と出会うことになるという経験。

イ、著者の論理の創造的展開をとらえ、自分の議論の有益な情報として引用しつつ、自分の意見との違いを詳しく検証するという経験。

ウ、検索システムとは異なり、情報を有機的に結びつけて体系化していく方法や、論述における論理の展開を発見していくという経験。

エ、表面上の記述に囚われたり、自分勝手な論理に陥《おちい》ることなく、著者が著《あらわ》した情報を模倣《もほう》して自己の論理を補強していくという経験。

〔問6〕難 この文章の論理展開を説明したものとして、最も適切なものを次のうちから選べ。　（4点）

ア、はじめにインターネットの発展を歴史的に紹介し、次に現代における検索システム利用の問題点を比喩を用いて述べ、最後に読書体験の重要性と検索システムの優秀性を平行して論じている。

イ、はじめに情報社会が日本発の概念であることを紹介し、次にインターネットの発展による生産の変化を書《しょ》籍《せき》との相違に基づいて説明し、最後にＡＩと比較《ひかく》した知識の優位について論じている。

ウ、はじめに情報社会の発展の歴史を述べ、次に今後ＡＩの更《さら》なる活躍によって情報と知識の質的な相違が曖昧になることを予測し、最後に読書体験と検索システムの違いを比較して論じている。

エ、はじめに情報社会の到来を歴史的に紹介し、次に情報と知識における作者性と構造性の違いを解説しながら検索システムの問題点を指摘《してき》し、最後に検索システムの優位点と限界を論じている。

〔問7〕難 思考力 (6)知識の構造とは何か。あなたの考えを、二百字以内にまとめて書け。さらに、あなたの書いた文章にふさわしい題名を書け。なお、、や。や「などのほか、書き出しや改行の際の空欄も一字と数えよ。　（14点）

五 (古文を含む論説文)内容吟味・文脈把握・語句の意味・要旨

次の文章を読んで、あとの各問に答えよ。（〔　〕内は現代語訳を補ったものである。＊印の付いている言葉には、本文のあとに〔注〕がある。）　（計20点）

＊瑞祥《ずいしょう》の出現によって、年号を改めることがあった。奈《な》良《ら》時代には、不思議な亀《かめ》の出現によって、年号を改めた例がある。「霊亀《れいき》」「神亀」がそれである。そうした亀の出現が「新代《あらたよ》」の始まりとして意識されている。それでは、「新代」とは何か。その「代」を、ここで問題としたい。

その「代」＝ヨだが、同音の文字を見ていくと、「世、齢、寿、節」などがある。この中で、(1)ヨの意義をもっともよく示すのが「節《よ》」である。竹の節《ふし》がわかりやすいが、節と節の間の空洞もヨと呼んだ。『竹取物語』で、かぐや姫を発見したあと、竹取翁《たけとりのおきな》は「よごとに黄金《こがね》ある竹」を見つけたとある。その「よ」がこの「節《よ》」になる。この竹の「節《よ》」から、ヨが前後に明確なしきりをもつ空間であることが確かめられる。

「代、世、齢、寿」も、これと同じである。これらは、今日では時間と考えられがちだが、「節《よ》」がそうであるように、空間性をもあわせもつ。つまり時空である。

さらに大事なのは、このヨには、ヨを生成・維持《いじ》させる力があると信じられていたことである。ヨの時空を支える根源的な力といってもよい。その力は、ヨの推移とともに、次第《しだい》に衰えてくる。「齢、寿」は、年齢《ねんれい》＝寿命《じゅみょう》を意味するが、そこからも右のことは明らかであろう。生まれてから死ぬまでが寿命だが、その一生を支える生命力は次第に衰えてくる。次の歌は、そのことをよく示す。

おのが齢《よ》の衰へぬれば*白栲《しろたへ》の袖《そで》の馴《な》れにし君をしぞ思ふ

〔わが齢《よわい》のほどが衰えてしまったので、白栲《しろたえ》の袖が*萎《な》れるように、馴れ親しんだあなたのことばかりを思うことだ。〕

「代、世」についても、同じことがいえる。「代、世」も、前後にしきりをもつ時空だが、それを支える根源的な力は徐々に減衰していく。それを立て直すのが、「世直し」である。改元は、まさにその世直しのために行われた。「新代」の誕生によって、「代、世」の時空は、生き生きとした生命力をもって生まれ変わる。まさにリセットである。改元の意義は、そこにある。改元に際して、「新しい時代になった」という感想が見られたのは、この「新代」の意識による。ならば、元号を成り立たせている時空意識が、西暦《せいれき》のような直線的な時間意識とは、決定的に異なっているのは明らかであろう。

まずは、一日のありかたを考えてみたい。(2)一日は、大きく分けると昼と夜から構成されるが、その昼と夜も時間ではなく、もともとは空間性をあわせもつ時空として意識されていた。夜が神の世界としてあり、昼が人の活動の許される世界としてあったことが、その基本になる。そのことは、*『日本書紀《にほんしょき》』「*崇神紀《すじんき》」の箸墓《はしはか》伝説の記事を見ることによっても、確かめられる。

故《かれ》、時人《ときのひと》、その墓を号《なづ》けて箸墓と謂《い》ふ。是《こ》の墓は、日《ひる》は人作り、夜は神作る。　（「崇神紀」十年九月条）

〔ときの人はその墓を名づけて箸墓という。その墓は昼は人が造り、夜は神が造った。〕

箸墓は、近年、卑弥呼《ひみこ》の墓ではないかとする説も示されているが、ここではその箸墓を、昼は人が作り、夜は神が作ったとある。夜、人は活動できないので、そこで神が作ったというのである。

夜が神の世界という時、その神には魔物や妖怪《ようかい》の類、悪《あっ》鬼《き》、悪霊《あくりょう》なども含《ふく》まれる。夜とは、そうした恐ろしいモノたちの*跳梁《ちょうりょう》・跋扈《ばっこ》する世界としてあった。そこで人は、夜の明けるまで、じっと家の中に隠《こも》ることを余儀《よぎ》なくされた。

その夜と昼の境界が、アシタ（朝）とユフヘ（夕）になる。この境界の時間帯は、どちらも夜と昼との接点でもあるから、人は恐ろしいモノたちと遭遇《そうぐう》することもあった。アシタ、ユフヘは、カハタレ時、タソカレ時とも呼ばれた。それは、明け方や夕暮れに、偶然《ぐうぜん》出遭《であ》った怪《あや》しい人影に向かって、「彼《か》は誰《たれ》（あれは誰か）」「誰《た》そ彼《かれ》（誰だあれは）」と*誰何《すいか》して、その正体を問いただす必要があったからである。

夜と昼の切り替わりを一瞬のものとして感じ取る場合もあるが、たとえば朝の場合には、どこか遠くの世界から、少しずつ朝の気配がこの世界に侵入《しんにゅう》し、気づいて見ると、いつの間にか朝になっていたというのが、実際であっただろう。ひそかに忍び寄る朝の気配は、人にはなかなか察知できない。それを真っ先に*受感するのは鳥たち、とりわけ「庭つ鳥」と呼ばれる鶏《にわとり》である。鶏の鳴く音《ね》によって、人は朝が近づいたことを知った。

季節の推移についても同様なことがいえる。季節は、現在では、春夏秋冬の四季に分かれ、それぞれが同じ長さをもつ時間として理解されているが、古代では、四季は対等には存在していなかった。その基本は、春と秋とにあった。夏と冬は、もともとは、それに付随する、あるいはそれを準備するための時期とされていた。

そこで、その春と秋だが、古代の人びとは、これを時間としてではなく、空間性をあわせもつ時空として捉《とら》えていた。『万葉集』では、春や秋が歌われる場合、多くその到来が意識されている。春の場合、とくにその傾向が顕著《けんちょ》にうかがえる。季節もまた、この世界にいつのまにかやってくる不思議な力の現れとして意識されていた。

現在でも桜前線という言葉があるが、桜の開花によって、古代の人びとは春の訪れを感じ取った。鶏の鳴く音によって、朝の訪れを知るのと同じである。いつのまにかこの世に忍び寄った春の霊威が、自然の何かに依《よ》り憑《つ》き、その萌《きざ》しをそこに現す。――古代の人びとは、そのように理解した。樹木などであれば、枝先の芽がふくらみ、それが花開くところに、春の気配の訪れを感じ取ったことになる。

このように、春はまずはその訪れが意識された。それは、春が甦《よみがえ》りの季節であることにもかかわっている。一方、秋はむしろその深まりが意識された。その秋の深まりは、木の葉の色づきによって捉えられた。なお、付言すれば、『万葉集』では、木の葉の色づきは通常「黄葉」と表記され、「紅葉」「赤葉」の例はほとんど見られない。訓《よ》みもモミヂでなく清音のモミチになる。

その「黄葉」だが、それを促《うなが》す秋の霊威は、山から野を通じて人里に及んで来るものとされた。実際にも、「黄葉」は、寒暖の差の大きな山のあたりから山裾《やますそ》に向かって少しずつ深まっていくから、秋の霊威が人里に下りてくる様子は、視覚的にも捉えられていたことになる。そして、気がついてみると、いつの間にか人里は秋の気配にすっかり覆《おお》われていた。それが、当時の人びとの実感だっただろう。秋の霊威が、少しずつこの世界のさまざまなものに依り憑き、それがこの世界に充《み》ちてくると、世界全体が秋のまっただ中になる。(3)このような意味で、季節はやはり時間ではなく、空間性をもつものだったことがわかる。

「新代」に(4)筆を起こして、日本の古代の時間意識が空間性をもあわせもつ時空意識ともいうべきものであったことを述べてきた。ここで重要なのは、ヨ（代、世、齢、寿、節）にせよ、一日にせよ、季節にせよ、そこにはこの世界の外側から訪れる何らかの力が意識されていたことである。言い換えるなら、古代の日本人は、この世界を取り巻く外界を絶対的なものとして捉え、そこからやってくる霊威を受けとめるような感性、つまり受動的な感性をもっていたということになる。古代の人びとは、外界に対して、つねに受け身で接していたことになる。それはまた、古代の人びとは、この世界を人間中心のものとして見てはいなかったことを意味する。外界を自然と置き換えることもできるが、ならば、古代の人びとは、そのような外界＝自然に対してつねに謙虚な姿勢をもって臨《のぞ》んでいたことになる。現代人は、人間中心の文化を作り、自然に対して野放図に振る舞うあまり、時に手痛いしっぺ返しを受けたりもする。その意味で、(5)古代の人びとの世界像のありようを知ることは、けっして無駄《むだ》ではないと信じている。

（多田一臣『万葉集』の言葉の世界」による）

〔注〕瑞祥《ずいしょう》――めでたい事のきざしとなるしるし。吉兆。
白栲《しろたへ》――カジノキやコウゾの皮の繊維で織った白い布。
褻《な》れる――着慣れる。
日本書紀《にほんしょき》――奈良時代に完成した歴史書。
崇神紀《すじんき》――第十代天皇である崇神天皇に関して書かれた記録。
跳梁《ちょうりょう》・跋扈《ばっこ》――悪者などが勢力をふるい、好き勝手にふるまうこと。
誰何《すいか》――声をかけて、だれかと名を問いただすこと。
受感――刺激に気づき、受け入れること。

〔問1〕(1)ヨの意義　とあるが、どのようなものか。その説明として最も適切なものを、次のうちから選べ。（4点）

ア、時間的な流れを完全に区切るとともに、前後にある空白の期間を身体的な感覚を通して認識《にんしき》させる効果も持っているというもの。

イ、ものごとの流れを前後で仕切るだけでなく、仕切りに空間的な間隔《かんかく》を伴っていることを実感させる効果も持っているというもの。

ウ、前後の空間を物理的に仕切るだけでなく、その空間を刷新して支えるための力の存在を信じさせる効果も持っているというもの。

エ、流れゆく時空を区切る役割とともに、区切られた時空どうしが継続性を保っていることを明示する効果も持っているというもの。

〔問2〕難 思考力 (2)一日は、大きく分けると昼と夜から構成されるが、その昼と夜も時間ではなく、もともとは空間性をあわせもつ時空として意識されていた。とあるが、夜と昼の移り変わりをどのようなものとして意識していたのか。該当《がいとう》する箇所を本文中から二十一字以上二十五字以内で探し、書き抜け。（4点）

〔問3〕難 (3)このような意味　とあるが、どのような意味か。その説明として最も適切なものを、次のうちから選べ。（4点）

ア、人間が季節の移ろいを感じる際には、実際に流れている時間に伴って桜の開花や紅葉が風景を支配していくという視覚的変化が重要であり、時間と場所の相互作用が必要となるという意味。

イ、人間が季節の訪れを知覚するには、四季の中心である春と秋をそれぞれ隔《へだ》てている夏の緑や冬の雪が重要であり、それによって春や秋の空間が刷新される過程を必要としているという意味。

ウ、人間が季節の変化を体感するにあたって、春や秋の気配が風景を変える様子を明確に把握《はあく》し認識することが必要であり、人間が世界を空間的にとらえることが前提とされているという意味。

エ、人間が季節の到来を実感する際に、春や秋を代表する自然現象が次第に目の前の風景に現れ、やがて周囲の世界を全て埋め尽くしていくという空間的な変化の過程が伴っているという意味。

〔問4〕基本 (4)筆を起こして、とあるが、これと同じ意味・用法で「起こす」が用いられている短文を、次のうちから選べ。（4点）

ア、新たな健康増進キャンペーンを起こした。

イ、取材で録音した音声のデータを起こした。

ウ、彼のヒット作は社会的ブームを起こした。

エ、新年度の目標に向けてやる気を起こした。

〔問5〕(5)古代の人びとの世界像のありよう　とあるが、どのように世界を捉えているのか。その説明として最も適切なものを、次のうちから選べ。（4点）

ア、周囲の自然と対立するのを避《さ》けるために、外界との間に空間的境界を設定し距離《きょり》を保つ一方で、その境界を越えて浸透してくる自然の力により日々の生活が成立すると考えている。

イ、人間を中心とした空間と外部の自然が混ざり合う領域を重視し、相互に影響しあって生じる環境の変化や得られる自然の恩恵に対し、畏敬《いけい》の念を抱くのは当然であると考えている。

ウ、外界を変化させていく神秘の力に逆らうことをせず、常に人間は自然に対し服従する関係にあると認識し、環境の変化に対する人間の介入を極力避けることが必要だと考えている。

エ、周囲に存在する自然の存在を絶対視するとともに、自然がもつ神秘的な力が人間の空間に浸透することで、自らの生活を取り巻く様々な現象や変化をもたらしていると考えている。

東京都立 立川高等学校

時間 50分　満点 100点　解答 P18　2月21日実施

出題傾向と対策

●一漢字の読み、二漢字の書き取り、三小説文、四論説文、五漢詩に関する論説文の五題構成。五に含まれる和歌が漢詩に変わった以外は、問題数、解答形式ともほぼ昨年と同じ。昨年同様、百字程度の記述問題が二問出題され、どちらも難問である。他は選択肢問題だが、紛らわしいものもあり、問題文の丁寧な読みが必要。

●過去問を利用し、難度の高い長文に慣れ、問題文と選択肢を丁寧に対照して読み進める読解力と、読み取った内容をまとめる記述・作文力の養成を心がける。

注意　答えに字数制限がある場合には、、や。や「などもそれぞれ一字と数えなさい。

一 漢字の読み書き　よく出る　基本

次の各文の――を付けた漢字の読みがなを書け。
（各2点、計10点）

(1) 彼は幼年より秀才の誉れが高い。

(2) 入念に準備をしてきたので、発表会の成功は必定だ。

(3) 自分が住んでいる町の沿革について調べる。

(4) 彼女は得心がいった様子でうなずいた。

(5) 二人は家賃を折半して暮らしている。

二 漢字の読み書き　よく出る　基本

次の各文の――を付けたかたかなの部分に当たる漢字を楷書《かいしょ》で書け。
（各2点、計10点）

(1) どんなに頑張っても一日に三冊の本を読むのがセキの山だ。

(2) 孫に会ってソウゴウを崩《くず》す。

(3) 毎日続く夏の暑さにヘイコウする。

(4) 新しい美術館のラクセイ式に参加する。

(5) メイキョウシスイの心持ちで試合に挑む。

三 （小説文）内容吟味

次の文章を読んで、あとの各問に答えよ。（＊印の付いている言葉には、本文のあとに〔注〕がある。）（計24点）

紙を専門に取り扱う会社を退職した神井航樹《かみいこうき》は、出版社に再就職し、営業部に配属された。本を書店に置いてもらうため、主要な書店をまわって営業をするもののうまくいかない。注文が取れないまま会社に戻ることをためらっていたとき、航樹は訪問書店のリストに載っていない小さな本屋の存在に気が付いた。いったん通り過ぎたが、思い直して店の前まで戻った。

開け放たれた狭い出入口《でいりぐち》からなかをのぞくと、店内はしんとして、客はだれもいない。広さはせいぜい二十坪《つぼ》くらい。奥のレジに年配の男がちんまりと座って、むずかしそうな顔をして売上《うりあげ》スリップをいじっている。

売上スリップとは、店売りの本のページのあいだに挟《はさ》み込まれている二つ折りのカードで、表面が補充《ほじゅう》注文伝票、裏面が売上カードになっている。本が売れた際にレジで店員が抜き取り、追加注文の際に使ったり、まとめて出版社に送ったりする。送付した売上カードの枚数によって報《ほう》奨金《しょうきん》を出す出版社もあるからだ。

「あのー。」

航樹はおそるおそる声をかけ、出版社名を名乗り、名刺を差し出し挨拶をした。

「うちの店に版元の営業が来るなんて、明日は雪になるんじゃねえか。」

A メガネを鼻梁《びりょう》の先にずらした店主らしき男が、上目遣《うわめづか》いで航樹をじろりと見た。

冗談《じょうだん》のつもりかもしれないが、航樹は笑う気になれず、「失礼ですが、店長さんですか？」と尋《たず》ねた。

「店長さんもなにも、こんな小さな店、おれひとりでじゅうぶんだろ。」

「はあ。」

訪れたことを早くも後悔しはじめた航樹は、さっさと営業をすませようとカバンから新刊注文書を取り出した。

すると机に置いた航樹の名刺をにらんでいた五十代半ばくらいの店主が、「冬風社《とうふうしゃ》って、潰れたんじゃなかったっけ？」と嫌なことを言い出す。

「いえ、一時危なかった時期もありましたが、また新たにスタートを切りました。」

「へえー、それで『新社』＊ってわけだな。」

店主はようやく売上スリップから手を離した。「昔はおたくにもスリップ送ったもんだけどな。」

「ということは、売ってもらってたってことですね。」

初めて聞く種類の反応に、航樹は頬《ほお》をゆるめかけた。

「なにも返ってこなかったけどな。」

「すいません。うちは報奨金制度はやってないもので。」

航樹は耳の上を掻《か》いた。

「で、今はどんな本出してるの？」

「来月の新刊は、理工書になります。新しいジャンルにもチャレンジしていく方針でして。」

「へっ、理工書？　冬風社が？」

(1) 店主の声が明らかにトーンダウンした。

航樹はかまわず新刊の説明をはじめたが、「棚《たな》を見りゃあわかるだろうけど、うちは専門的な理工書は扱ってないんでね。それに返品できなくなると困るから。」と素っ気ない。

「返品は随時受けつけます。その心配はありません。」

「縁起でもないけど、おたくが倒産《とうさん》したらどうなるよ。」

「――それは。」

言葉に詰《つ》まると、「あんた、新入社員かい？」と言われた。

「いえ、この七月から中途採用で入りました。」

「へー、今月からかい。そりゃあ、てえへんだ。この蒸し暑いのにきっちりスーツなんか着込んでるから、てっきり新卒かと思っちまった。」

「まあ、似たようなもんです。」

航樹は自嘲《じちょう》気味に返した。

「あんたら出版社の営業は、本は委託《いたく》だから心配いりませんっていつも言うらしいけど、こっちはこの狭い店で食っていかなきゃならない。一冊とは言え、*面出しならそれなりのスペースを占《し》めるんだ。この限られたスペースで、年間いくら売らなきゃ食っていけないか、あんたにわかるかい？」

「いえ、わかりません。」

航樹は素直に首を横に振った。

たしかにそうだ。自分のなかには、委託なのに、返品できるのに、なぜ置いてくれないのだ、と思う安易な気持ちがどこかにあった。Bかるく見ていたのだ。

「うちみたいな店は、入ってくるかもわからない話題の新刊に期待するより、実際に売れた本を大事に売り続けるのさ。だからこの売上スリップは大切なんだ。この一枚の紙が、この店の売上を支えてくれてる。」

「紙が、ですか？」

「そうさ。このスリップが、紙がなくちゃならねえのよ。食ってくためには。」

店主は口元をわずかにゆるめた。「おれは本が好きで、勤め人をやめてこの商売をはじめた。好きとはいえ、やってみれば、なかなかむずかしい商売だ。ほんとは、売れる本か、気に入った本しか店には置きたかない。おたくらが毎日営業してるようなでかい書店には、でかい書店の役割ってもんがある。けどな、うちにはうちの役割があると思ってやってるのさ。つまりは、この一枚の紙みたいにな。」

(2)この日初めて会った、小さな本屋の店主の言葉は、思いがけず航樹の胸に畳みかけるように問いかけてきた。会社をやめた自分は、果たして自分の役割をしっかり意識しているのか。自分はなんのために、出版社に転職したのか。それは、もっと自分らしくありたかったからじゃないのか。好きでこの道を選んだのだ。営業であれ、もっと自分らしいやり方で、好きなようにやるべきじゃないのか。

航樹はカバンから、今度は既刊の一覧注文書を取り出した。

「失礼ですが、このなかにこの店で売っていただいた本はありますか？」

「ん？」

C店主は注文書を受け取り、目を細めた。「ああ、まだ絶版じゃないんだな、こいつらは。」

「店のなかを、拝見させてください。」

「好きにしな。」

店主が背中を向けたとき、かなり年配の女性客が濡《ぬ》れた傘《かさ》を引きずるようにして店に入ってきた。

「届いとるかなあ？」

女性はいきなり店主に声をかけた。

「はいはい、松田《まつだ》様。届いてますよ。」

店主は急に十歳くらい若返ったような明るい声を出し、レジ横の棚から婦人雑誌を抜き取った。「いつもありがとうございます。」

航樹はレジの前を離れ、文芸書の棚の前に立った。棚には、今ベストセラーになっている話題の単行本の類いは見あたらない。*取次《とりつぎ》からの配本がないのか、すでに売れてしまったのか。しかし何冊か、航樹が過去に読んだ、思い出深い本が棚に差してある。こぢんまりとしているが、いい棚だな、と思えた。

(3)航樹は肩の力を抜いた。マニュアルばかりを頼りにするのも、書店を坪数で選ぶのも、考えものだ。自分の目でたしかめなければわからない、経験しなければわからないことがあるはずだ。

客が去ったあと、「はいよ。」と店主の声がした。

レジの前にもどると、D店主が一覧注文書の右上に、この店に割り振られたコード印である番線印を、今まさに押すところだった。

「まあ、せっかく来てくれたんだ、おたくの本、またうちに置いてみっから。」

受け取った注文書の書名の欄《らん》に、「1」の文字を見つけた。

「ほんとうですか。」

航樹は思わず声をうわずらせ、頭を下げた。「ありがとうございます。」

「少なくてわるいけどな。」

「とんでもないです。」

「あんたら出版社の人間は、新刊シンカンって出るときだけ騒《さわ》ぐけど、お客さんにとっちゃ、その日初めて手に取った本、その本こそが新刊なんだよ。」

静かな店内に、店主の声は心地よく響いた。

なるほど、そのとおりかもしれない。

「まあ、せっかく来たんだ。雨宿りでもしていきな。」

気がつけば、午後六時をまわっていた。これまで営業したなかで一番店に長居し、会話が続いた。店主は静かにスリップを数えながら、ときおり航樹が投げかける問いかけに答えてくれた。

「それじゃあ、またお伺《うかが》いします。」

航樹は帰りしなに声をかけた。

(4)店主は「へっ。」と笑い、「無理することはねえよ。」と言いながら、そこで初めて名刺を渡してくれた。

表に出ると、思いがけず雨は上がっていた。

歩きながら、受け取った名刺をよく見ると、使われている紙は、自分が仕入れていた紙、スターエイジにちがいなかった。

懐《なつ》かしい手触りを味わいながら、見つめる名刺。その名刺に印字された書店名の上には、こう記されている。

「人生を変える本との出合いのお手伝い」

人生を変える本との出合い。まさに自分が何度か経験したことでもある。

そんな本と読者との出合いを手伝うことが、今の自分の仕事でもあるのだ。

航樹はそのことがうれしく、そして誇らしかった。

「よしっ。」

(5)航樹はわざと気持ちを声に出した。

そして、まだ西の空が明るい、夏の夕暮れの道を駅へと急いだ。

もう一軒《いっけん》、いや二軒、これから書店をまわることに決めて——。

（はらだみずき「銀座の紙ひこうき」による）

[注]　新社——経営状況が悪化した冬風社は、「冬風新社《とうふうしんしゃ》」という名で再起をかけて立て直しを図っている。
面出し——本の表紙を見せて並べること。
取次《とりつぎ》——ここでは、出版社と書店をつなぐ取次会社のこと。

〔問1〕(1)店主の声が明らかにトーンダウンした。とあるが、それはなぜか。その説明として最も適切なものは、次のうちではどれか。（4点）

ア、冬風社が一度倒産しそうになったことを思い出して、売れ残った本を返品できなくなると感じ、不安に思ったから。

イ、以前取引《とりひき》があった冬風社には親しみを覚えたが、一方的に話し続ける航樹の態度を見て、不快感を隠せなかったから。

ウ、冬風社の本にいったん関心を示したものの、店に置いても売れない分野の本であるとわかり、興味をそがれたから。

エ、新しい分野に事業を広げようとする冬風社は、従来の伝統を軽視する会社になってしまったと思い、落胆《らくたん》したから。

〔問2〕(2)この日初めて会った、小さな本屋の店主の言葉は、思いがけず航樹の胸に畳みかけるように問いかけてきた。とあるが、この表現から読み取れる航樹の様子として最も適切なものは、次のうちではどれか。（4点）

ア、初対面の店主が語った内容と現在の自分の状況が予期せず重ね合わせられ、自分に対する疑問が次々とわき上がり、仕事への思いを見つめ直している様子。

イ、たまたま出会った店主の言葉が胸に響き、これまでの自分に対する反省の念が次々に生じ、自分が思っていた以上に営業は難しい仕事だと痛感している様子。

ウ、初対面の店主の話の意図が分からず、店主と自分の状況とを繰り返し重ね合わせることで、想像以上に苦労してきた店主を理解しようとしている様子。

エ、たまたま出会った店主の話を聞いて自分の生き方が何度も問い直され、店主と自分との役割を比べることで、店主の生き方を理想的に思い始めている様子。

〔問3〕(3)航樹は肩の力を抜いた。とあるが、この表現から読み取れる航樹の様子として最も適切なものは、次のうちではどれか。（4点）

ア、話題の単行本がない本棚を見て、新刊の本は欲しいと思う人が現れて自然と売れるのだと気が付き、自分が躍起になって頑張らなくてもよいのだと安心する様子。

イ、本棚を見て、その書店に合った本があるのだと思い至り、マニュアルや書店の大きさばかりを気にして営業の成果を上げようと力んでいた気持ちをゆるめる様子。

ウ、かつて読んだ本が並ぶ棚を見て、思い出に浸って感傷的な気分になり、これまでの自分の営業の方法では結果が出ないのも当たり前だと実感して反省する様子。

エ、実際の本棚を見て、マニュアルや書店の大きさなどの情報から形式や数字以上の意味を分析《ぶんせき》できていなかったと冷静に振り返り、緊張《きんちょう》をほぐそうとしている様子。

〔問4〕(4)店主は「へっ。」と笑い、「無理することはねえよ。」と言いながら、そこで初めて名刺を渡してくれた。とあるが、この表現から読み取れる店主の様子として最も適切なものは、次のうちではどれか。（4点）

ア、航樹の別れ際《ぎわ》の挨拶に対して、このような小さい店にわざわざ営業に来る必要はないとしながらも、航樹に好感を抱き、再会を期待する気持ちを表している様子。

イ、航樹の言葉を次の取引への意思とみなし、このような小さい店にわざわざ営業に来る必要はないと返しつつ、渡し忘れた名刺を出して、次の注文を約束する様子。

ウ、航樹の言葉を社交辞令と感じ、このような小さな店にはわざわざ営業に来る必要はないとして、わずかな注文しかできない罪悪感から話を切り上げようとする様子。

エ、航樹の新入社員のような元気な挨拶に対して、このような小さい店にまでわざわざ営業に来る必要はないとし、若い社員の苦労をねぎらおうと気をつかっている様子。

〔問5〕(5)航樹はわざと気持ちを声に出した。とあるが、この表現から読み取れる航樹の気持ちとして最も適切なものは、次のうちではどれか。（4点）

ア、航樹は本と読者の出合いを大切にする店主と巡《めぐ》り会った。本をいつくしむ気持ちを持ち続けていれば、今後も自分の人生に影響を与えるような本を見つけられるはずだと確信している。

イ、航樹はうまくいかない自分の仕事に対して不満を募《つの》らせている。しかし、困難を乗り越えてこそ一人前の社会人になれるのだと考えを改め、自分に気合いを入れることで覚悟し直している。

ウ、店主と会話が続いて営業がうまくいったことで、航樹は自信を取り戻した。本の注文を取れた喜びから仕事の意義を見出すことができ、早く次の本屋に向かおうと意欲に満ちあふれている。

エ、本は読者の人生を変える可能性をもつことを、かつて航樹は経験した。本と読者の出合いを支える自分の仕事に喜びと誇りを感じ、前向きに仕事に励もうと自分を奮い立たせようとしている。

〔問6〕 難 思考力 ……部A～Dについて、その表現や内容を説明したものとして最も適切なものは、次のうちではどれか。（4点）

ア、Aメガネを鼻梁《びりょう》の先にずらした店主らしき男が、上《うわ》目遣《めづか》いで航樹をじろりと見た。には、店主を恐れて引け目を感じている航樹の気の弱い性格が表されている。

イ、Bかるく見ていたのだ。には、大きい本屋では難しい返品も小さい本屋なら気軽にできるはずだと考える航樹の心境が表されている。

ウ、C店主は注文書を受け取り、目を細めた。には、懐かしい本を見付けたことでうれしさを感じている店主の様子が表されている。

エ、D店主が一覧注文書の右上に、この店に割り振られたコード印である番線印を、今まさに押すところだった。には、番線印を押す瞬間を航樹に見せようとする店主の思いやりが表されている。

四 （論説文）内容吟味・要旨

次の文章を読んで、あとの各問に答えよ。（＊印の付い

ている言葉には、本文のあとに〔注〕がある。）（計36点）

哲学《てつがく》は、科学とは異なる知のあり方をしている。古代のアテネでソクラテスがソフィストの知識の妥当性《だとうせい》を問い質《ただ》したように、哲学は既存の知識の再検討を主な任務としている。それは、社会に存在している常識や知識や技術を、人間の根本的な価値に照らし合わせてあらためて検討することである。哲学は社会に既に存在している知識に対して、距離《きょり》をとって判断する「メタ」の立場をとる。その意味で、哲学はもっとも素朴《そぼく》であると同時に、もっとも高次の視点から世界を捉《とら》える学問である。その際に哲学がとるべき視点は、いかなる専門家からでもない、いかなる職業や役割からでもない、ひとりの人間ないし市民からの視点である。哲学という学問がもっとも一般的であり、特定の分野に拘束《こうそく》されないという特徴はここから来ている。

しかしながら、一九世紀になって哲学が大学の一専門分野として講壇化《こうだんか》されてからは、哲学は他の科学と同じく一種の専門科学であろうとしてきた。西洋という文脈で言えば、講壇化は、哲学の専門家を生み出し、彼らが哲学を市民に教育するというスタンスを生み出した。専門家であり教える側であるという大学人としての立場は、哲学者のアイデンティティにすらなっていった。

(1)一八世紀の啓蒙《けいもう》主義の時代の哲学と、一九世紀以降の現在までの講壇化した哲学の大きな違いは二つあるように思われる。ひとつは、後者が、専門用語を駆使《くし》するようになり、難解になり、それ以前の理論についての知識なくしては理解できなくなったことである。古代ギリシャの哲学でも、あるいは、啓蒙時代の哲学、たとえば、ルソーやロック、アダム・スミスでもいいが、平易な日常の言葉で書かれ、ある程度の教養のある人間ならばその内容を理解するのに前もっての知識はいらない。どの哲学者でもその根本的思想をきちんと把握《はあく》するのは容易ではないとしても、一八世紀の啓蒙主義の哲学者の著作を読むのに事前の知識はいらない。これに対して、一九世紀以降の哲学は、専門化し、それを理解するのには長い専門知識の集積を要求するようになった。二〇世紀の二つの現代哲学の潮流、分析《ぶんせき》哲学と現象学も同じである。それぞれの潮流の専門用語は特殊《とくしゅ》な意味を帯び、哲学者の間でもそれを共有できなくなっている。互いに互いの理論的前提が受け入れられずに、学派によって没交渉《ぼっこうしょう》となる時代が続いた。(2)これは学問としては＊精緻化《せいちか》を意味するが、哲学という学問の役割を考えたときには、入ってはならない＊隘路《あいろ》に踏み込んでしまったのではないだろうか。

もうひとつの違いは対話的な側面の消失である。古代哲学の対話篇《たいわへん》についてはいうまでもないだろう。一八世紀までの近代哲学は、対話を内容としている著作がじつに多い。著名な哲学者の著作集の多くに、「対話」あるいは往復の「書簡」と題された作品が含《ふく》まれている。ルソー、ダランベール、ディドロ、ヴォルテール、ロック、バークリー、ヒューム、ゲーテ、ライプニッツなどをあげれば十分であろう。その書簡の多くは、教養のある一般人との対話である。デカルトのエリザベト王女との書簡集は読み応えのある哲学的な対話である。しかし、一九世紀、とくに二〇世紀以降は、対話や書簡は、完成された哲学論文と比較《ひかく》して二次的で資料的な意味しか持たないと考えられるようになり、まして一般人との対話など大学の講義で行えばよい程度の扱いになってしまった。

これは、大学を中心とした近代的な知の編成に、哲学も飲み込まれたことを意味している。しかしこれにより、私たちは重大な、失うべきではない知的な営みを蔑《ないがし》ろにしてきたのではないだろうか。自然科学の実証主義的な研究手続きが定着するにつれて、真理は専門家だけによって見出され、一般の人にはただ教育されるだけのものになってしまった。理論を検証し反証するという科学的な過程のなかには非専門家が入り込む余地はなく、専門家同士の対話でさえ、せいぜい追試過程の一部となるだけである。知の専門化は、対話を無用のものとした。そうした専門知をバックにした政府や行政の振る舞いは、一般人に耳を貸さない問答無用のものとなっていくのは当然であろう。

復権させたいのは対話とそれによる思考である。(3)対話は全体性を復元する協同作業である。ここでいう全体性とは、各分野に分断される前の知の全体性であり、ただ専門性によってではなく、人間が人間としてつながる全体性である。社会の全体性ということで誤解をしてほしくないのは、それが画一性や均一性を意味しないことである。対話的な全体性とはむしろ個人の差異化を意味する。対話は、独立の存在の間でしか成り立たず、異なった考えの間でしか成り立たない。しかしそれらの独立の存在は、対話というひとつの事業に関与している。これが対話による人間の結びつきの特徴である。対話は、振る舞いを管理し、画一化することなく、人々を共通のテーマによって架橋し共同させる。

現代の岐路《きろ》において、良い方向に私たちの人生と社会を向かわせるには、専門化による分断を、対話によって縫《ぬ》い合わせる必要がある。あらゆる現代の知の中に対話を組み込み、社会の分断と人間と自然の分断を克服《こくふく》しなければならない。こうした根本に交流を有した知こそが、真の意味での教養と呼ばれることになるだろう。

しかし一般の人々はすでに対話の重要性について気がつき始めている。

A哲学カフェは、一九九〇年代初頭のフランスで生まれた。カフェに市民があつまり、哲学的なテーマについて自由に論じ合う集会である。

重要な決定には、権威に一方的に依存《いそん》するのではなく、一般市民が関与しなければならない。政治的自律性を求める気運の中で、哲学的な対話が希求された。哲学カフェは政治的な意思決定のためだけに行われるのではない。それ以前に、自分たちが直面している問題を根本まで掘《ほ》り下げ、自分たちがどのような価値観からこの問題に相対しているのかをまず理解するための活動である。哲学カフェはまたたくまに全国に広がり、現在では数え切れないほどのカフェが自主的に運営されている。

時期を同じくして、学校や課外活動で、子ども同士が哲学的なテーマについて話し合う「子どもの哲学」と呼ばれる新しい教育が、日本のさまざまな場所で行われるようになった。とりわけ、小さな子どもを持つ親たちは、あいも変わらぬ記憶《きおく》中心の学校教育に失望し、考え、議論する力を自分の子どもには持ってほしいと考えている。対話することが思考を刺激することを、子どもの親たちは直観的に知っている。哲学など抽象的《ちゅうしょうてき》なことには関心を示さないと言われていた小学校の低学年の子どもでも、「生きるとは何か」「賢いとは何か」「心はどこにあるのか」「普通とは何か」「時間に終わりはあるのか」などといったまさしく哲学的なテーマについて関心を持ち、大人とそれほど変わらない次元の議論を展開する。

B子どもの哲学とは、子どもに哲学の知識を教えることではまったくない。子ども同士で哲学的なテーマについて対話しあい、教員や親といった大人も子どもと一緒に真理を探求するのである。

子どもの哲学の歴史は、哲学カフェよりも長い。子どもを対象とした対話型の教育が試みられたのは、一九二〇年代におけるヘルマン・ノールやレオナルト・ネルゾンといった哲学者の活動に遡《さかのぼ》ることができ、アメリカの哲学者であるマシュー・リップマンは、七〇年代初頭に「探求の共同体」という対話的な共同学習の方法を作り出し、子どもの教育に着手した。*爾来《じらい》、いくつもの国際学会が組織され、世界各地で実践《じっせん》がなされている。

哲学カフェやサイエンス・カフェ、子どもの哲学、地域の問題を根本的に論じる対話、企業《きぎょう》での哲学的な対話、対話による人生相談（哲学コンサルティング）、これらの活動をまとめて「哲学プラクティス」と呼ぶことがある。哲学的なテーマについて自由に論じる活動は、「哲学対話」と呼ばれるようになった。

C哲学プラクティスとは、「おもに対話という方法をもちいながら、哲学的なテーマについて共同で探求する実践的な活動」として定義されるが、国際的にはすでに数十年の活動の実績がある。日本国内でも、数年前に、全国規模の実践者の連絡会《れんらくかい》が組織され、哲学プラクティスに関連する事項《じこう》を研究する学会も設立された。マスコミでもしばしば取り上げられるようになり、教育用のテレビ番組もシリーズ化された。中等教育でも関心を持つ学校が増え、探求型の授業に取り入れられている。

哲学対話に関心を持つ人は、さまざまな世代に渡っているが、とりわけ、若い世代や、子育てをしている世代に多い。かれらは、自分たちと自分たちの子どもの世代が直面している分断の問題には、これまでとは大きく異なった構想で取り組まねばならないこと、そしてそのために市民的な連帯を深めなければならないことに気がついている。若い親世代は、自分たちが受けたものとは異なった、思考やコミュニケーション、探求活動に重きをおいた教育が必要であることをよく理解している。哲学対話が求めているのは、他者とともに真理を追求し、他者とともに人間の世界を組み直していくことである。科学は、世界の事実については知識を提供してくれても、価値や意味に関しては沈黙《ちんもく》する。そうではなく、哲学対話では、他者とともに共同の世界を作り出していく知が求められている。

対話による共同的な真理探求は、アカデミズムを超えて、市民が自主的に発展させている知的な活動である。

哲学と対話とは切っても切り離せない関係にあるにもかかわらず、対話をテーマとした哲学書は多くはない。実は心理学や認知《にんち》科学においても、臨床的な分野以外では、対話を扱う研究は多くはない。また思考についても、哲学においては推論や論理、認識をテーマにした研究はあっても、思考という人間の活動そのものをテーマとした哲学書は、意外にもあまり見当たらない。それは思考という活動が、単純に個人の中の推論的な能力だけで成り立っているのではなく、他者との対話や共同作業を通じて発揮される本来、複合的な能力だからである。

（河野哲也「人は語り続けるとき、考えていない」による）

〔注〕精緻化《せいちか》――細かく緻密になっていくこと。
　　　隘路《あいろ》――狭くて通りにくい道。物事を進める上でさまたげとなるもの。
　　　爾来《じらい》――それ以来。

〔問1〕難 思考力 (1)一八世紀の啓蒙《けいもう》主義の時代の哲学と、一九世紀以降の現在までの講壇化した哲学の大きな違いは二つあるように思われる。とあるが、一八世紀までの哲学と一九世紀以降の哲学の違いについて、八〇字以上、一〇〇字以内で説明せよ。（8点）

〔問2〕難 思考力 (2)これは学問としては*精緻化《せいちか》を意味するが、哲学という学問の役割を考えたときには、入ってはならない*隘路《あいろ》に踏み込んでしまったのではないだろうか。とあるが、「哲学という学問の役割を考えたときには、入ってはならない隘路に踏み込んでしまったのではないだろうか」と筆者が述べたのはなぜか。八〇字以上、一〇〇字以内で説明せよ。（8点）

〔問3〕(3)対話は全体性を復元する協同作業である。とあるが、それはなぜか。その理由として最も適切なものを、次のうちから選べ。（5点）

ア、対話は独立した一人一人の人間の差異を均質的なものに統合し、共通の価値観を生み出す働きをするから。

イ、同じテーマについて論じ合う対話という営みによって、異なる立場の人々が結びつけられることになるから。

ウ、異なる考えを持った者同士が対話することによって、規範《きはん》と秩序《ちつじょ》が生まれ、社会に対する人々の信頼が高まるから。

エ、専門家と一般人とが課題を共有して対話することで、専門家による啓蒙が進み、社会全体の知性が向上するから。

〔問4〕……部A哲学カフェ、B子どもの哲学、C哲学プラクティスの話題は、本文の展開においてどのような役割をしているか。最も適切なものを、次のうちから選べ。（5点）

ア、哲学カフェから探求型の共同学習の方法が生まれたように、新たな教育のあり方が他にも存在することを示す根拠となっている。

イ、できるだけ若いうちに哲学対話を経験することが人生において重要であるという一般論を挿入《そうにゅう》し、問題提起につなげている。

ウ、哲学対話が重要視されている今日の状況を、科学の価値という観点から比較して分析し、論述方針の転換を図っている。

エ、哲学対話の重要性に対する理解が、日本でも一般の人々の間に浸透してきているということの具体例となっている。

〔問5〕難 ══部哲学的なテーマ　とあるが、次に挙げる①～⑧のうち、「哲学的なテーマ」について考える事例の組み合わせとして最も適切なものはどれか。本文の論旨《ろんし》をふまえて、次のア～カから選べ。（5点）

①夏休みの自由研究で「ダムはどのような構造か」ということについて調べ、学年集会で発表していくつかの質問に答えた。

②地域の住民同士で「街の暮らしやすさとは何か」ということについて論じ合った。

③学校で「学ぶことにどのような価値があるのか」という話し合いをしたら様々な意見が出て盛り上がった。

④先生に「個性を大切にしなさい。」と言われて、「私らしいとはどういうことだろう。」と、友達と話し合いながら帰った。

⑤会社の上司と一緒に、その月の売り上げ額から翌月の利益を予測した。

⑥創立一二〇周年を機会に、学校に制服は必要かということを、生徒会役員で議論した。

⑦友人と一緒に数学の問題に取り組んだら、難しい問題を解くことができた。

⑧高校卒業後の進路を決定するにあたって、「自分にとってよりよい人生とはどのようなものなのか」ということを家族と話し合った。

ア、①　②　④　⑥　　イ、①　②　⑤　⑧
ウ、②　③　⑤　⑦　　エ、①　③　④　⑥　⑦
オ、②　③　④　⑥　⑧　　カ、③　④　⑥　⑦　⑧

〔問6〕 難 本文の内容について述べたものとして最も適切なものを、次のうちから選べ。（5点）

ア、自然科学の研究方法が普及したことで、大学の授業で哲学を専門的に学ぶことができるようになった。

イ、小学校低学年の子どもは抽象的なことには関心を示さないものの、哲学的なテーマについては高度な次元で議論する能力を持っている。

ウ、社会をよくするには、他者とともに真理を追求し、共同の世界を作り出していく知が求められている。

エ、対話という活動は、個人の推論や論理、認識からなる複合的能力であるため、哲学研究の中心テーマであり続けた。

五 （論説文）内容吟味・文脈把握

次の文章A・Bは、平安時代の貴族菅原道真《すがわらのみちざね》が、四十二歳で地方官として讃岐《さぬき》（今の香川《かがわ》県に当たる地域の国名）に赴任《ふにん》したことについて書かれたものである。これらの文章を読んで、あとの各問に答えよ。（*印の付いている言葉には、本文のあとに〔注〕がある。）（計20点）

A

赴任初年度、三〇日ほど雨が降らなかったが、金光明《こんこうみょう》寺《じ》で行われた任王百講会《にんのうひゃっこうえ》（百の高座を設けて僧《そう》百人に『仁王経《にんのうぎょう》』を講じさせる法会《ほうえ》）のおかげか雨が降った。道真はそれを祝して詩を詠《よ》んでいる。

秋に入り、道真は二毛《にもう》（白髪《はくはつ》）を発見した。*晋《しん》の潘岳《はんがく》は三二歳で二毛を見たというが（潘岳「秋興賦《しゅうきょうのふ》」）、自分は潘岳より一〇年老いて見た。なぜ初めて見る羽目になったかといえば、「海壖《かいせん》」（海の畔《ほとり》）に臥《ふ》すためだという。「海壖」とは讃岐を指し、讃岐での愁《うれ》いが二毛を生じさせたと考えているのである。

九月九日、宮中では*重陽宴《ちょうようのえん》が行われる日である。この日、道真は国府で小さな酒宴を開いた。そのときに詠んだ詩が残る。秋になっても旅先にあるかのような思い（「客思《かくし》」）が入り乱れ、重陽になると一層その思いは募《つの》る、という心情の表現から始まるが、詩の後半は以下の通りである。

停盃且論輸租法　　盃《さかずき》を停《と》めて且《しばら》く論ずるのだ 輸租《ゆそ》の法を。
走筆唯書弁訴文　　筆を走らせて唯《ただ》書くのだ 弁訴《べんそ》の文を。
十八登科初侍宴　　十八で〔*文章生試《もんじょうしょうし》に〕登科《とうか》〔合格〕して初めて宴に侍《はべ》った。
(1)今年独対海辺雲　　しかし今年は独り海辺の雲に対《むか》うだけだ。

「輸租」とは、徴税のこと。「弁訴」とは、訴訟《そしょう》を処理すること。

重陽宴では*菊酒《きくざけ》を飲み詩を詠むのだが、讃岐では国司としての業務を議論し書類を執筆《しっぴつ》する。讃岐守《さぬきのかみ》として業務に邁進《まいしん》するかのような姿だが、この詩の冒頭《ぼうとう》は、地方に来て「客思」入り乱れる心情を描いており、本来なら宮廷《きゅうてい》詩宴で菊酒を飲み漢詩を詠むはずが、それができない。重陽の日であるだけに、都での詩宴が想起され、守《かみ》という立場への愁いが表出する。

翌年正月二〇日にも漢詩を詠んでいるが、題辞に「*禁中内宴の日である」と自注を付しているのも、先の作同様、宮廷詩宴を想起してである。

このように讃岐で宮廷詩宴や宮中行事を想起する作は、讃岐赴任後半にも見える。「九日*偶吟《ぐうぎん》」では、以下のように詠む。

客中三見菊花開　　客《たび》の中《なか》三《み》たび菊花《きっか》が開くのを見るが、
只有重陽毎度来　　只《ただ》重陽の日が度毎《そのつど》来ることが有る。
今日低頭思昔日　　今日頭《こうべ》を低《た》れて昔日《せきじつ》を思う。
紫宸殿下賜恩盃　　*紫宸殿《ししんでん》下で恩盃《おんぱい》を賜《たまわ》ったことを。

讃岐に赴任して三年が経《た》ち三度目の重陽の日を迎えた、それでも昔日、重陽宴に参加したこと、重陽宴が開かれる紫宸殿で天皇から盃を賜ったことを思い出すのである。

さらに「正月十六日宮妓《きゅうぎ》の踏歌《とうか》を憶《おも》う」は、宮中での「踏歌」（足を踏みならして歌う舞踏）を思う詩だが、その末尾に「佳辰《よきとき》公宴の日に属《あた》る毎《ごと》に、空《む》空《な》しく客衣《たびびとのころも》の襟《えり》を〔涙《なみだ》で〕湿《うるお》して損《そこな》うのだ」と、都の天皇主催の宴を思い出すたびに涙を落とすのである。(2)讃岐守としての自分を「（　）」と、あくまで旅先にいると表現しているのも、道真の心情を表していよう。道真は讃岐守在任中、都を、そこでの行事、特に宮廷詩宴を思い出す旅人として自分を描いていた。

B

讃岐赴任に不満を持っていた道真だが、この年冬に詠んだ「寒早十首《かんそうじっしゅ》」の連作は、国守の立場から讃岐の*州民を描いている。

本作は、法制史学者の瀧川政次郎《たきかわまさじろう》が、「寒気の来るのをいち早く感ずる」「貧窮《ひんきゅう》人の患苦《かんく》が綿々と述べられ」「人民が*課役《かえき》の重圧にあえいでいる」ことを詠んでいる「文学史上の重要史料であるのみならず、また法制史上の重要史料でもある」と評した作品でもある。

すべての詩の韻字《いんじ》に「人・身・貧・頻」の四字を用いている。四字は「人の身は貧しきこと頻《しきり》である」の意で、これを韻字とした五言律詩の一〇首連作である。

取り上げられるのは「走還人《そうかん》」（租税の負担から逃れるため戸籍《こせき》の地から離れたけれども悔いて帰ってきた人）「浪来人《ろうらい》」（税から逃れるために浮浪逃散《ちょうさん》した人）「薬圃人《やくほ》」（薬園で諸々《もろもろ》の薬を学ぶ人）「駅亭人《えきてい》」（駅伝輸送の労働に従事する人）「賃船人」（船に雇《やと》われて働く人）「釣魚人《ちょうぎょ》」「売塩人」「採樵《さいしょう》人」（きこり）と、まさしく「課役にあえぐ「人民」を詠んでいる。

「寒早」とは、寒気が早く来ること。詩の第一句目はすべて「何人《だれ》に寒気が早いのだ」という問いで、それに「寒《さむさ》は早い〇〇人に」と答えて始まる。(3)「釣魚人」を詠んだ作を見てみよう。

何人寒気早　何人《だれ》に寒気が早いのだ。
寒早釣魚人　寒《さむさ》は早い 魚を釣《つ》る人に。
陸地無生産　陸地に生産《なりわい》はなく、
孤舟独老身　孤舟《こしゅう》に独り身を老いていく。
裊糸常恐絶　糸《つりいと》を裊《たわ》めて〔糸が〕絶えるのではと常に恐れ、
投餌不支貧　餌《えさ》を投げて〔魚を釣っても〕貧を支えられない。
売欲充租税　〔魚を〕売って租税に充《あ》てようとして、
風天用意頻　風はどうだ天《そら》はどうだと用意〔気にかけること〕頻《しきり》である。

讃岐の釣人を詠《えい》じた作である。道真は都時代にも釣人を漢詩に詠《よ》み込んだことはあった。ただし、それまでの作は、*屈原《くつげん》「漁父《ぎょほ》」以来長く詠み続けられた、俗世間《ぞくせけん》から離れて俗事にまどわされない釣人像を踏まえた、いわば観念化された存在であった。その点、寒早十首の釣魚人は、讃岐で実際に見、そのうえで表現されていると考えられる。

これまでの道真には、宮廷詩宴での献詩《けんし》、友人との贈答《ぞうとう》詩《し》、景物に寄せた風物詩などはあっても、このような階層の人々に焦点《しょうてん》を当てた作品は見えない。これは、道真に限らず他の漢詩人でも同様である。

寒早十首は、このように在地の人々の苦しみを描いた作として注目される。(4)その表現に律令《りつりょう》語（法律用語）を用いていることも特徴である。最初の「走還人」の「走還」などがそうで、都時代の作品にもいくつか見えるものの、寒早十首を含《ふく》め讃岐時代に格段に増える。

道真は讃岐赴任を愁えながら、このように讃岐の人民を詠み、国司の職を詠む。このような作は讃岐から都へ戻ると激減する。というよりも、在地の人民の苦しみを詠む作品は見当たらなくなる。

これはどのように考えるべきか。国守としての立場ではなく、問民苦使《もみくし》（地方行政を監察《かんさつ》する官）の立場で詠んだという見解もあるが、詩人無用論に関わると考えられる。*儒家《じゅか》から発せられたそれは、漢詩や漢詩人など政治に無用だという批判であった。(5)道真はそれに対して、宮廷詩宴で献詩を行う詩臣を標榜《ひょうぼう》していた。

讃岐で人民の苦しみや国司の職務を詠むのは、地方政治の問題・課題を漢詩を用いて表明し、告発することになろう。まさしく政治に有用な詩作を試みたのである。詩人無用論への*反駁《はんばく》だと考えられる。

こうして讃岐一年目は暮れていく。大晦日《おおみそか》に詠んだ「旅《りょ》亭《てい》の除夜」では、「苦《はなは》だ思う　洛下《みやこ》の新年の事を。再び家《か》門《もん》に到《いた》るのだ　一夢の中で」と、都の新年を思い、夢の中で都の自邸《じてい》に帰っている。讃岐守として、讃岐の人々を思いつつも、やはり都の、我が家を思うのである。

（滝川幸司「菅原道真」による）

〔注〕晋《しん》の潘岳《はんがく》――中国の王朝である西晋の文人の名。「秋《しゅう》興賦《きょうのふ》」は潘岳の詩の名称《めいしょう》。
重陽宴《ちょうようのえん》――陰暦《いんれき》九月九日（重陽の日）の節句に皇居で行われた観菊《かんぎく》の宴。
文章生試《もんじょうしょうし》――平安時代の役人の養成機関の試験。
菊酒《きくざけ》――重陽の節句に飲む、菊の花を浸した、または浮かべた酒。
禁中――皇居の中。
偶吟《ぐうぎん》――ふと心に浮かんだことを詩歌に詠むこと。
紫宸殿《ししんでん》――平安京の皇居の建物の一つ。
讃岐の州民――道真が国守として治めていた讃岐の地の人々のこと。
課役《かえき》――人民に課せられた税や労役《ろうえき》のこと。
屈原《くつげん》「漁父《ぎょほ》」――古代中国の詩人屈原の作として伝わる文章。
儒家《じゅか》――孔子《こうし》に始まる中国古来の政治・道徳の学である儒学を修めた者。
反駁《はんばく》――他人の意見や批判に反対して論じ返すこと。

〔問1〕(1)今年独対海辺雲　の句に込められた道真の心情を、筆者はどのように考えているか。その説明として最も適切なものは、次のうちではどれか。（4点）

ア、大切な家族を都に残して、たった一人で異郷に赴《おもむ》き、慣れない仕事をしなければならないことに嫌気がさしている。

イ、新たな土地での業務に追われてしまい、酒宴さえも開くことのできない境遇《きょうぐう》におかれた身の上にやりきれなさを感じている。

ウ、都から遠く離れたさびしい土地で、誰にも理解されないまま たった一人で年老いていく我が身をうらめしく思っている。

エ、国司としての仕事に力を尽くしながらも、折に触れて宮中での詩宴を思い出し、都を遠く離れた任地にいることを嘆《なげ》いている。

〔問2〕**基本** (2)讃岐守としての自分を「（　　）」と、あくまで旅先にいると表現しているとあるが、（　　）に当てはまる最も適切な漢字一字を、本文中からそのまま抜き出して書け。（4点）

〔問3〕(3)「釣魚人」を詠んだ作　とあるが、その説明として適当でないものを次のうちから一つ選べ。（4点）

ア、苦しむ人民の様子を描いた作品として、史料的な価値が評価されている。

イ、漢詩の伝統を受け継いで、俗事にまどわされない人物として釣人を描いている。

ウ、道真が赴任後に讃岐の地で実際に見た釣人の様子を、詩の中に表現している。

エ、十首連作のうちの一首で、四字の韻字と第一句目が他の詩と共通している。

〔問4〕(4)その表現に律令語《りつりょう》（法律用語）を用いていることも特徴である。とあるが、「寒早十首」の詩にそのような特徴が生じた理由について、筆者はどのように述べているか。その説明として最も適切なものは、次のうちではどれか。（4点）

ア、道真は、地方官として赴任したことを不満に思いつつも、国守としての立場で漢詩を詠んでいるから。

イ、道真は、国司の仕事を具体的に表現することで、観念的な漢詩の詠み方を否定しようとしているから。

ウ、道真は、都に戻ることを早く許されたいと願うゆえに、職務に忠実に励む姿勢を詩で示しているから。

エ、道真は、宮中の行事を思うことが習慣化していて、都に生まれた貴族としての立場を重視しているから。

〔問5〕難　(5)道真はそれに対して、宮廷詩宴で献詩を行う詩臣を標榜《ひょうぼう》していた。とあるが、「詩臣」という語は、ここではどのような立場を表す語として用いられているか。その説明として最も適切なものは、次のうちではどれか。（4点）

ア、詩作によって積極的に情報を発信することで、都で漢詩人が広く重用されるべきだと訴《うった》える立場。

イ、政治的な問題を詩によって表現することで、漢詩の専門家としての存在意義を示そうとする立場。

ウ、地方の人民の苦しみを詩に詠むことで、自分が信望の厚い国守であることを都に誇示しようとする立場。

エ、道徳的な政治のあり方を詩で提唱することで、儒家への対抗勢力として政治的な問題解決を目指す立場。

東京都立　国立高等学校

時間　50分　満点　100点　解答　P19　2月21日実施

出題傾向と対策

●漢字の読み書き、小説文、論説文、古文を題材にした論説文の大問五題構成。選択形式が多いが、書き抜き問題が複数あり、論説文にはテーマに関して自分の考えを述べる二百字の作文がある。問題文のレベルは高く、紛らわしい選択肢も多い。

●過去問を利用して内容の読解と選択肢の判断を短時間で行う力を養う。難易度の高い問題演習を積み、高い読解力を身につけておくことが肝心。二百字の作文に関しても短時間で書く練習をしておく。

注意　答えに字数制限がある場合には、、や。や「なども それぞれ一字と数えなさい。

一　漢字の読み書き　よく出る　基本

次の各文の――を付けた漢字の読みがなを書け。（各2点、計10点）

(1) 堆積した残土。

(2) 版図を広げる。

(3) 自己を卑下する。

(4) コマ回しに興じる少年。

(5) 一念発起して留学する。

二　漢字の読み書き　よく出る　基本

次の各文の――を付けたかたかなの部分に当たる漢字を楷書《かいしょ》で書け。（各2点、計10点）

(1) 円高によるサエキ。

(2) ドウに入った演技。

(3) 思いあたるフシがある。

(4) 彼にイチジツの長を認める。

(5) キソウテンガイな方法。

三　（小説文）内容吟味・文脈把握

次の文章を読んで、あとの各問に答えよ。（計24点）

（中学二年生の園田春菜《そのだはるな》は吹奏楽部でトランペットを吹いている。一年上の吉川恒太《よしかわこうた》は、家が近く保育園も同じで、幼時には一緒にいるのが当然の存在だった。勇祐《ゆうすけ》は恒太の一つ上の兄で野球の強豪校《きょうごうこう》に進学している。）

春菜が吹奏楽部に入学したのは、子どものころの憧《あこが》れが大きなきっかけになっていた。

とは言え、それは本当に昔のことだ。当時はまだ吹奏楽という部活があることも知らなかったのではないだろうか。春菜の通っていた小学校には吹奏楽クラブがなかった。中学では吹奏楽部に入ろうとなんとなく思い、そのまま入部してしまった。

それでも、自分たちが県大会に出場できたときは本当に嬉《うれ》しかったのだ。

春菜自身、いつの間にか子どものころの憧れよりも、目の前の目標の方が大事になっている。県大会出場、そして突破。目指すは全国大会。それが今、自分がここにいる理由なのだ。

窓の外へ目を向ける。グラウンドに点々と散らばる生徒の姿が見える。陸上部、サッカー部。そして、グラウンドの隅《すみ》の野球部に目が留まる。

人数が少ないためか、三階から見下ろすように眺めるとどうしても練習場がスカスカに見えた。

「おーい、みんな一度手を止めて集まってくれ。」

石川の声が音楽室に響く。音がやみ、楽器をその場に置いて全員が中央へ集まる。練習用に机を動かしているためにできた教室の真ん中のスペースにみんなが座り、石川を見た。

そんな部員をぐるりと見渡してから、石川が口を開く。

「みんなは秋のコンクールに向けて頑張ってると思うが、

夏から秋にかけてはいろんなイベントがあるな。文化部にとってはいろんなコンクールがある。それと同じように夏の運動部と言えば夏の大会だ。」

そう言った石川をつまらなそうに見つめ返す部員たちの中から、声が上がる。

「壮行会《そうこうかい》ってことですか？」

言ったのは三年生の先輩だ。あまり嬉しそうな顔ではない。春菜には、その理由もなんとなくわかるような気がした。

「流石《さすが》に三年は察しがいいなぁ。まぁ毎年恒例《こうれい》のことではあるんだが、今年も吹奏楽部が入退場と、各部に送る激励の演奏をすることになってる。」

石川の言葉を聞いて、二年生、三年生はあからさまに嫌そうな顔をする。

「そんなのに時間潰してる暇《ひま》ないですよ。」

誰かが言った。

「まぁ、そう言うなよ。他の部だって頑張ってるわけだし、一種の演奏の場だと思えばいいだろう？」

「そこでの演奏のために、全国大会の演奏の場を逃したら意味ないじゃないですか。」

すぐに切り返されて石川は困ったように首のうしろをかく。

(1)演奏の場。

確かにそう考えればやってみるのも意外と楽しいかもしれない。演奏をしている時、周囲の反応を見るのは嫌いではない。時々クラスメイトから「吹奏楽部が練習してるあの曲って何？」と聞かれると、不思議と嬉しかったりする。

「だいたい、他の部のために私たちだけが時間を潰されるなんて納得いきません。」

そう言ったのは部長だ。彼女の言葉に賛同するように全員がうなずく。

石川が小さく息をつく。それは、どこか苛《いら》ついているように見えて、意外だなと春菜は思った。

石川は温厚《おんこう》で、よほどのことがない限り厳しく叱りつけるような怒り方は決してしない教師だ。もちろん苛立ちを生徒に見せることもない。

「いいか。確かにコンクールは大事だが君たちは中学生だ。部活自体が学校教育の一環として存在していることを忘れてないか。もちろん全部を新しい曲にする必要はないし、一年生の歓迎会や文化祭なんかで何度もやってるノリのいい曲を入れてもいい。俺《おれ》もできるだけ負担にならない構成を考えるから。」

石川の言葉に、部員たちはまだ納得いかない様子だ。春菜は、そんな空気にどこかで気持ちが落ちて行く感覚を覚えた。

そのまま、なんとなく気分が沈んだまま部活を終えて、春菜は帰り道の土手をゆっくり歩いていた。

ぼんやりと空を仰ぎ見る。夕方の六時を過ぎているのに、まだわずかに橙色《だいだいいろ》を残していた。気候はだいぶ暖かくなってきたけれど、やはり夕暮れ近くになるとほんの少し肌寒い。ゆっくり流れていく大きな風の塊《かたまり》を含《ふく》んで、スカートが膨らんだ。

春菜はそれを押さえてふと、視界の隅に人影をとらえる。少し広い河川敷《かせんしき》がある。だいぶ日が傾いているため、光の当たらない河川敷はほとんど黒い影にしか見えない。それでも、そのシルエットが誰であるのか春菜にはわかる。幼いころから見てきた影だ。

やがて人影がゆっくり土手の坂を上がって来る。上がり切る数メートル手前で、(2)影が気がついたように春菜を見た。

「恒ちゃん。」

「なんだ、春菜か。」

表情はよく見えないけれど、そういって笑ったのがわかる。

恒太が土手を上り切るのを待って、二人で歩き出す。帰りが一緒になるのは珍《めずら》しい。子どものころほど一緒に過ごすことは多くない。けれど、こうしてたまに顔を合わせれば普通に会話ができる距離《きょり》は変わらない。それになんとなくほっとする。

「もうすぐ夏だなぁ。」

「そうだね。恒ちゃんまた黒くなっちゃうね。」

「言うなよ。多少は気にしてるんだから。」

おかしくて笑ってしまう春菜を、恒太はじとりと睨《にら》みつけてから同じように笑う。

恒太の肌は決して元から色素が濃《こ》い方ではない。子どものころの写真に写る恒太は春菜よりも色白だ。恒太の肌の色は、長年続けてきた練習での日焼けによるところが大きい。

春菜は、恒太を真面目だと思う。決して勇祐のように特別な才能に恵まれたわけではないが、同じように幼いころから野球が好きで、いつもひとりで自主トレをしていた。よく兄のあとをついていた恒太も、そのときだけは河川敷の橋の下や家から少し離れた空き地など、あまり人に見られないところを選んで、ひとりで練習をするのだ。努力を惜《お》しまないところも、そこを人に見せようとしないところも昔から変わらない。

春菜は、恒太のそんな頑張り屋な部分がすごいと思うし、羨《うらや》ましくもある。

「ちょっと夏っぽくなって来たな。」

五月に入り日もだいぶ延びていた。空気は緑の香《かお》りを含み夏が近いと教えている。

「ちょっと気が早いけど。甲子園、楽しみだな。」

恒太が独り言のように呟《つぶや》く。ふっと一瞬、幼いころに見た情景が浮かぶ。

照りつける陽射《ひざ》しと、白い光と大きな声援《せいえん》。

今でもはっきりと覚えている。(3)それを消すように、数度瞬《まばた》きを繰り返した。

いつの間にか一歩分前に出ていた恒太が春菜を振り返る。

「なぁ、春菜も楽しみだろ、甲子園。」

問われてドキリとする。鼓動《こどう》がほんの少し早くなる。首筋を、足の隙間《すきま》を流れていく風が冷たい。

春菜は、「うん、そうだね。」と答えて微笑《ほほえ》んでみせる。その口もとを上げてみせるが、上手《うま》く笑えていないような気がしてすぐに笑顔《えがお》を引っ込めた。

「春菜の夢だもんな。甲子園でブラスバンドの演奏。」

恒太はやはり真面目だ。真面目で、ロマンチスト。きれいな目で見つめられるとドキリとする。それは色っぽいものではなくて、自分の中に隠している何かを見据《みす》えられているような、そんな感覚だ。

　春菜は妙な居心地の悪さを感じて口を開く。

「恒ちゃんだって、本当に野球好きだよね。」

　言いながら、歩く速度が早くなる。恒太より少し前に出る。なんとなく、顔を見られたくないと思ってしまった。

「さっきだって自主練してたんでしょ？　子どものころからずっと同じことを続けるってすごいことだよ。私にはきっと無理だもん。」

　言ってから、自分の言葉に頷《うなず》く。自分には無理。現に今だって、吹奏楽部にはいるけれど、野球の応援なんかよりコンクールの方がずっと大切だ。自分は、何一つとして曲げずに持っているものはないのかもしれない。

　そう思った時、うしろで恒太が立ち止まる気配を感じて、春菜も足を止める。振り返ると、恒太が春菜を見つめていた。

　その表情は、悲しみとともに、どこか怒りを含んでいるようにも見える。

「俺は、別に自分がすごいなんて思わない。」

　抑揚《よくよう》のない恒太の声は、心無しか普段よりも低い。それが、春菜を不安にさせる。

「俺は、ただ好きだから自分のために続けてるだけだ。努力なんて自分で使う言葉じゃないけどさ、春菜は努力ってなんだと思ってる？」

　恒太の言葉の意味をどうとればいいのかわからなかった。わからず、答えられない。

「春菜さ、〝努力〟って〝才能〟かなんかだと思ってない？」

　風が吹く。鳥肌が立つ。肌寒い。恒太の目が、冷たい。返す言葉が見つからず、恒太を見つめていた。やがて、恒太はゆっくりと歩き出し、春菜の横を通り過ぎて行く。それを見ることも呼び止めることも、追いかけることもできず、春菜はただ、立ちすくんでいた。

　どのくらいそうしていただろう。

　もう、恒太は見えないところまで行ってしまっただろうか？

　振り返りたい気持ちを抑えて考える。確認《かくにん》したいけれど、怖くてできなかった。

　怖い？　何が怖いの？

　自分に問う。

　――〝努力〟って〝才能〟かなんかだと思ってない？

　恒太の言葉が、頭の中で反復される。

　その声に含まれた温度まで、リアルに再現してしまう。

　胸の奥が、ズクズクと鈍く痛んだ。

　心地悪い。コレは何の痛みだろう？

　そう考えて、違うと感じた。

　心地悪いのではない。(4)多分コレは、〝後ろめたい〟のだ。

　いつからか話題に出さないようにしていたそれを、突然掘《ほ》り返されてごまかし切れなかった。今はコンクールが一番。その一言を、どうしても恒太には伝えることができないでいる。


（和泉実希「空までとどけ」による）

〔問1〕(1)演奏の場。とあるが、この言葉についての説明として最も適切なのは、次のうちではどれか。（4点）

ア、先生と先輩のやり取りから、何のために演奏するのかと、音楽の本質的なあり方について目を向け始めたことを暗示する言葉。
イ、先生と先輩が交《か》わした会話を思い出すことで、険悪な雰囲気《ふんいき》から無意識に離れたいと、自分の世界にひたる転換点となる言葉。
ウ、先生の言葉によって、全国大会と壮行会のどちらの場の重要性も無視できないと、決めかねて迷っていることを象徴する言葉。
エ、先生の発言を受けて、コンクールだけでなく聴衆《ちょうしゅう》に聞いてもらう演奏にも意味があると、改めて認識《にんしき》するきっかけとなる言葉。

〔問2〕**思考力** (2)影が気がついたように春菜を見た。とあるが、この表現の意味の説明として最も適切なのは、次のうちではどれか。（4点）

ア、春菜は学校で少し心が重くなる出来事があったけれど、親しい知り合いに会ってほっとしているということが、比喩を用いて強調されている。
イ、春菜は影が誰なのかすぐに認識できたけれど、相手もすでに春菜だと認識しているということが、擬人法《ぎじんほう》を用いて生き生きと表現されている。
ウ、春菜は見慣れて自然に認識できるけれど、影は暗くて本来誰だか特定できない程度のものだということが、擬人法で効果的に表現されている。
エ、春菜は相手が誰なのかはっきりわかっているけれど、これからの展開の予測はできないということが、比喩によって間接的に表現されている。

〔問3〕(3)それを消すように、数度瞬《まばた》きを繰り返した。とあるが、その理由の説明として最も適切なのは、次のうちではどれか。（4点）

ア、恒太の言葉でかつて憧れた高校野球の光景がありありと目に浮かんだが、今の自分には過去の思いだと、現実に戻って打ち消そうとしたから。
イ、夏の強い陽射しと大きな歓声に対するかつての思いが鮮明に浮かんだが、今から考えると稚拙《ちせつ》な憧れだったと、慌《あわ》てて振り払《はら》おうとしたから。
ウ、忘れていた幼い頃《ころ》の思い出が現前するような確かな感覚にとらわれたが、すぐに色あせてしまうときめきなのだと、理性的に思い直したから。
エ、恒太の呟《つぶや》きから高校野球への思いを共有していると疑っていない響きを感じたが、自分の心は変わったのだと、まだ知られたくなかったから。

〔問4〕(4)多分コレは、〝後ろめたい〟のだ。とあるが、「後ろめたい」気持ちは本文のどんなところに表れているか。これを次の［　　］のように説明するとき、［1］と［2］に当てはまる表現を、それぞれ本文中から抜き出して書け。（各2点）
［1］は十七字、［2］は十一字で、それぞ

［1］したり、［2］たりするところ。

〔問5〕本文の「風」の描写の説明として最も適切なのは、次のうちではどれか。（4点）

ア、外の開放的な雰囲気を表しながら、人物の心情の比喩としても機能する、二重の表現意図が読み取れる。
イ、季節の変わり目の微妙な変化を表すとともに、人物の心の動きと連動する、象徴的な意味が読み取れる。

ウ、若者たちの物語にふさわしい、初夏の若々しくさわやかな雰囲気を、自然に醸《かも》し出す効果が読み取れる。
エ、表面的主題と別に、はかない人間の思惑と悠久の自然を対比する、もう一つの隠れた主題が読み取れる。

〔問6〕本文における「春菜」の思いの推移を順に表すものとして最も適切なのは、次のうちではどれか。（4点）
ア、不安感→安堵《あんど》感→一時逃れ→罪悪感→憂《ゆう》鬱《うつ》
イ、憂鬱→不安感→安堵感→罪悪感→一時逃れ
ウ、不安感→憂鬱→安堵感→一時逃れ→罪悪感
エ、憂鬱→安堵感→一時逃れ→不安感→罪悪感

四 （論説文）内容吟味・文脈把握・課題作文

次の文章を読んで、あとの各問に答えよ。（*印の付いている言葉には、本文のあとに〔注〕がある。）（計36点）

「書く」こと、「発信する」ことはもはや僕たちの日常生活の一部だ。この四半世紀で、「読む」ことと「書く」ことのパワーバランスは大きく変化した。前世紀まで「読む」ことと「書く」ことでは前者が基礎で後者が応用だった。「読む」ことが当たり前の日常の行為《こうい》で「書く」というのは非日常の特別な行為だった。しかし現代では多くの人にとっては既にインターネットに文章を「書く」ことのほうが当たり前の日常になっている。そして（本などのまとまった文章を）「読む」ことのほうが特別な非日常になっている。これまで僕たちは「読む」ことの延長線上に「書く」ことを身につけてきた。しかし、これから社会に出る若い人々の多くはそうはならない。彼ら／彼女らの多くはおそらく「書く」ことに「読む」ことより慣れている。現代の情報環境下に生きる人々は、読むことから書くことを覚えるのではなく、書くことから読むことを覚えるほうが自然なのだ。これは現代の人類が十分に「読む」訓練をしないままに、「書く」環境を手に入れてしまっていることを意味する。だが、かつてのように読むこと「から」書くというルートをたどることは、もはや難しい。それは僕たちの生きている(1)この世界の「流れ」に逆らうことなのだ。

ではどうするのか。現代において多くの人は日常的に、脊髄《せきずい》反射的に、たいした思慮《しりょ》も検証もなく「書いて」しまう。ならば「読む」ことと同時に「書く」ことを始めるしかない。いや、より正確には訓練の起点は「書く」ことになるはずだ。まずは*プラットフォームの促《うなが》す脊髄反射的な発信ではない良質な発信を動機づけ、その過程で「書く」ためには「読む」ことが必要であることを認識《にんしき》させる。そして「読む」訓練を経た上でもう一度「書く」ことへの挑戦を求める。「読む」ことではなく「書く」ことを起点にした(2)往復運動を設計する必要があるのだ。

ではこの時代に求められているあたらしい「書く」「読む」力とは何か。たとえば能力は高くないけれど、なにか社会に物を申したいという気持ちだけは強い人がいまインターネットで発言しようとするとき、彼／彼女はその問題そのものではなく*タイムラインの潮目のほうを読んでしまう。そしてYESかNOか、どちらに加担すべきかだけを判断してしまう。

タイムラインの潮目を読むのは簡単だ。その問題そのもの、対象そのものに触れることもなく、多角的な検証も背景の調査も必要なくYESかNOかだけを判断すればよいのだから。しかし、具体的にその対象そのものを論じようとすると話はまったく変わってくる。そこには対象を解体し分析《ぶんせき》し、他の何かと関連付けて化学反応を起こす能力が必要となる。

そして価値のある情報発信とは、YESかNOかを述べるのではなく、こうしてその対象を「読む」ことで得られたものから、自分で問題を設定することだ。単にこれを叩《たた》く／褒《ほ》めるのが評価経済的に自分に有利か、不利かを考えるのではなく、その対象の投げかけに答えることで、新しく問題を設定することだ。ある記事に出会ったときにその賛否どちらに、どれくらいの距離《きょり》で加担するかを判断するのではなく、その記事から着想して自分の手であたらしく問いを設定し、世界に存在する視点を増やすことだ。既に存在している問題の、それも既に示されている選択肢（大《たい》抵《てい》の場合それは二者択一である）に答えを出すのではなく、あらたな問いを生むことこそが、世界を豊かにする発信だ。(3)「書く」ことと「読む」ことを往復することの意味はここにある。単に「書く」ことだけを覚えてしまった人は、与えられた問いに答えることしかできない。しかし対象をある態度で「読み」、そこから得られたものを「書く」ことで人間はあたらしく問いを設定することができる。そうすることで、世界の見え方を変えることができる。

あらたな問いを生む発信は、既に存在する価値への「共感」の外側にある。人々はインターネットである情報を与えられ、それに「共感」すると「いいね」する。このとき、その人の内面に変化は起きない。それがよいと予《あらかじ》め思っていたからこそ「いいね」する。しかし問いを立てる発信は違う。国会を取り巻くデモ隊と、それを取り締まる機動隊のどちらに「共感」するかという回答を行う発信は世界を少しも変えはしない。しかしそこに人出を見込んでアンパン屋を出す人々の視点を導入することで、あらたな問いが生まれる。世界の見え方が変わるのだ。

こうした価値の転倒《てんとう》は、(4)「共感」の「いいね」の外側にある。人間は「共感」したときではなくむしろ想像を超えたものに触れたときに価値転倒を起こす。そして世界の見え方が変わるのだ。

そして価値転倒をもたらすのは「報道」の役目ではない。*僕がスロージャーナリズムのように「報道」に主眼をおかない理由がここにある。事実を報じることは前提として必要だ。しかしそれだけでは足りない。僕たちはその事実に対してどのように接するのか。その距離感と侵入角度《しんにゅうかくど》を変えるための言葉が必要なのだ。そして様々な距離と角度から対象を眺め、接することではじめて人間はその事物に対しあたらしい問いを設定することができるのだ。そう、その行為に僕はいま改めて「批評」という言葉を充《あ》てたい。「報道」が伝えることができるのは、ある事実の一側面だ。そして「批評」はその事実の一側面と、自己との関係性を考える行為だ。距離感と進入角度を試行錯誤《しこうさくご》し続ける行為だ。「報道」は世界のどこかで生まれた「他人の物語」を伝える。報道を受信した人々はそれを解釈《かいしゃく》して「自分の物語」として再発信する。このとき与えられた問いにYESかNOか、0か1かを表明することだけでは世界は貧しくなる。このときあたらしく問いを立て直し「共感する／

しない」という二者択一の外側に世界を広げるためには「批評」の言葉が必要なのだ。

「批評」とは自分以外の何かについての思考だ。それは小説や映画についてでも構わない。料理や家具についてでも構わない。それは、対象と自分との関係性を記述する行為だ。そこから生まれた思考で、世界の見え方を変える行為だ。最初から想定している結論を確認《かくにん》して、考えることを放棄《ほうき》して安心する行為ではなく、考えることそのものを楽しむ行為だ。ニュースサイトのコメント欄《らん》やソーシャルブックマーク*への投稿で大喜利*のように閉じた村の中でポイントを稼《かせ》ぐことで満たされるのではなく、よく読み、よく考えること、ときに迷い袋小路《ふくろこうじ》に佇《たたず》むことそのものを楽しむ行為だ。

誰かが批評を書くとき、書かなくとも批評に触れて世界への接し方が変わるとき、それは紛《まぎ》れもなく自分が発信する自分の物語の発露《はつろ》になる。しかしそれはあくまで自分についての言葉ではない。自分の物語でありながら自己幻想*には直接結びつくことはない。何かについて書くこと（批評）は、自己幻想と自己の外側にある何か（世界）の関係性について言葉にすることだ。それは不可避《ふかひ》に自己幻想の肥大するこの時代に、より必要とされる言葉なのだ。

（宇野常寛「遅いインターネット」による）

〔注〕プラットフォーム――個人が情報発信などを行う際に用いるSNSなどのこと。
タイムライン――インターネット上の投稿サイトなどにおいて、投稿者の発言が時系列に並んでいるもの。
僕がスロージャーナリズムのように「報道」に主眼をおかない――情報の価値を十分に吟味《ぎんみ》し、掘《ほ》り下げてから発信するスロージャーナリズムと同様に、筆者も単に事実を発信するだけの報道では足りないと考えているということ。
ソーシャルブックマーク――インターネット上でお気に入りのウェブサイトが登録、公開されている場所。
大喜利――お題に従って参加者がひねりや洒落《しゃれ》をきかせた回答を行いあうこと。
自己幻想――自分について自分が抱いている思い込み。

〔問1〕(1)この世界の「流れ」に逆らうことなのだ。とあるが、なぜか。次のうちから最も適切なものを選べ。（4点）

ア、インターネットの普及により、現代では読む訓練をするための情報環境が失われてしまったから。
イ、現代の情報環境下では、読むことと書くこととを区別せずに同時に学んでいくことが理想的だから。
ウ、書く環境が充実した結果、現代では書くことの延長線上に読むことを身につける道筋が一般的だから。
エ、読むことと書くことのパワーバランスの変化により、読むことが特殊《とくしゅ》な価値をもつ行為になったから。

〔問2〕難 (2)往復運動 とあるが、どういうことか。次のうちから最も適切なものを選べ。（4点）

ア、脊髄反射的に書く習慣の上に、多量の文章を読むことを加えて、しだいに良く書くことができるように訓練すること。
イ、思ったままをすぐ書くのではなく、良質な発信を目指した読む経験を踏まえて、改めて書くように訓練すること。
ウ、読むことではなく、書くことを訓練の起点としていくことで、素早く情報発信ができるように習慣づけること。
エ、読むことと書くことを並行して訓練することで、両者を自由に行き来しながら、良質な発信が行えるよう習慣づけること。

〔問3〕(3)「書く」ことと「読む」こと とあるが、これについて次の[　　]のように説明するとき、[1]と[2]に当てはまる最も適切な表現を、本文中から[1]は二十九字、[2]は三十字で探し、そのまま抜き出して書け。（各2点）

> 現代に求められる新しい「読む」力とは、[1]力であり、また現代に求められる新しい「書く」力とは、[2]発信を可能にする力のことである。

〔問4〕(4)「共感」の「いいね」の外側にある。とあるが、どういうことか。次のうちから最も適切なものを選べ。（4点）

ア、以前からあった価値観の表明にすぎない、ある情報に対する賛同の意思表示とは、異なるということ。
イ、他人の意見に対して、自分の価値観に基づいた論評をするような発信とは、異なるということ。
ウ、他者の発信に対して、賛同の意思表示をするだけではなく、時には否定的な意見の発信をしていくこと。
エ、他者の意見に迎合するだけではなく、他者の意見をもとに、自分の利益となる発信をしていくこと。

〔問5〕難 本文で対比されている「他人の物語」と「自分の物語」の違いについて、次の[　　]のように説明するとき、[　　]に当てはまる表現を、必ず本文中の語句を用いて、二十字以上二十五字以内で書け。（4点）

> 自己以外の何かについて、[　　]がなされているかどうかという違い。

〔問6〕思考力 この文章の構成、内容の説明として適切なものはどれとどれか。正しい組み合わせを、後のア～オの選択肢の中から一つ選べ。（4点）

a　新しい情報発信のあり方という主要な論点について、言葉を変えながら繰り返し論じている。
b　発信が日常となった現代の情報環境を中心にしつつ、時代を超えた普遍的《ふへんてき》主張に論が進んでいる。
c　現代のSNSの状況を分析し、その問題点を指摘《してき》したうえで、若い人々に警鐘を鳴らしている。
d　報道と批評を比較《ひかく》することで、対象との距離感を設定しにくいという批評の問題点を指摘している。
e　論の序盤《じょばん》では、問いを投げかけることを重ねて論点を深めながら、段階的に論を進めている。
f　異なる立場の主張にも触れながら、特定の立場に偏《かたよ》ることなく対比的に論を展開している。

ア、aとb　イ、bとf　ウ、cとd
エ、aとe　オ、bとe

〔問7〕思考力 現代の情報環境下に生きる私たちは、どのようなことに留意するべきだと考えるか。本文を踏まえ、あなたの考えを二〇〇字以内にまとめて書け。なお、

書き出しや改行の際の空欄《くうらん》や、、や。や「などもそれぞれ字数に数えよ。（12点）

五（論説文）内容吟味

次の文章を読んで、あとの各問に答えよ。なお、本文の前では、松尾芭蕉《まつおばしょう》が西行を慕《した》い、その影響を受けていることが述べられている。[　　] 内は、本文に引用されている古文の現代語訳を補ったものである。（*印の付いている言葉には、本文のあとに〔注〕がある。）（計20点）

芭蕉がはじめから西行を究極的な場所に位置づけていたとはいえない。比較《ひかく》的早い時期では、貞享《じょうきょう》元年（一六八四）から翌年にかけて東海、*伊勢《いせ》、*吉野、奈良《なら》、京都をめぐる『*野ざらし紀行』の旅がなされているが、その中に次のように「西行」があらわれる。

*外宮《げくう》参拝のところで芭蕉が思い出している歌「また上もなき峯《みね》の松風」は、西行の『*千載集《せんざいしゅう》』に入った一首

「深く入りて神路《かみじ》の奥をたづぬればまた上もなき峯の松風」

[深く入って*神路山の奥を尋《たず》ねてみると、*釈迦《しゃか》が教えを説いたこの上ない峰《みね》、霊鷲山《りょうじゅせん》の松のこずえを吹く風がここにも吹いているよ。]

で、和歌の引用は西行への敬意である。神宮に近い西行谷で芋《いも》を洗う女たちの情景でも、吉野*西行庵《さいぎょうあん》近くの湧水《ゆうすい》「とくとくの清水」でも、西行*景慕《けいぼ》の念は明らかである。しかしこれらはまだ西行を景物の中でとらえているとしか言えない。

貞享四年（一六八七）からの旅を記した紀行『笈《おい》の小《こ》文《ぶみ》』にいたって、芭蕉にとっての西行は景物から切り離され、象徴的存在となる。実はそこでの西行は理念化されすぎていたかもしれないのだが、『笈の小文』の冒頭《ぼうとう》、芭蕉はおのれを風に破れやすいうすもの「風羅坊《ふうらぼう》」と自己規定してから、次のように記した。

西行の和歌における、*宗祇《そうぎ》の連歌における、*雪舟《せっしゅう》の絵における、*利休《りきゅう》が茶における、其貫道《そのかんどう》する物は一《いつ》なり。しかも風雅におけるもの、(1)造化《ぞうか》にしたがひて四時《しいじ》を友とす。見る処《ところ》花にあらずといふ事なし。おもふ所月にあらずといふ事なし。像《かたち》花にあらざる時は夷狄《いてき》にひとし。心花にあらざる時は鳥獣に類《るい》す。夷《い》狄を出で、鳥獣を離れて、造化にしたがひ、造化にかへれとなり。

[和歌の道で西行のしたこと、連歌の道で宗祇のしたこと、絵画の道で雪舟のしたこと、茶の道で利休のしたこと、それぞれの携《たずさ》わった道は別々だが、その人々の芸道の根底を貫《つらぬ》いているものは同一である。その上、風雅というものは、天地自然に則《のっと》って、四季の移り変わりを友とするものである。見るものすべてが花であり、思うことすべてが月でないものはない。人は見るものが花のような優雅さを持たないならば、野蛮《やばん》な人々と同様であり、心に思うところが花のような優雅さでないならば、鳥獣の類《たぐい》である。だから、野蛮な人々や、鳥獣のような境《きょう》涯《がい》から抜け出て、天地自然に則り、天地自然に帰一《きいつ》せよというのである。]

「風雅」とは、芭蕉によれば造化（「自然」）に随順することにはじまり、四時、すなわち春夏秋冬という「自然」の折々のあらわれを自分の「友」とすることによって醸《かも》し出されてゆくものである。しかし自然は即物的にものとして、外在としてそこにただ在るのではない。「風雅」の眼《め》と心をもって見、また思うのでなければならない。「見る処花にあらずといふ事なし。おもふ所月にあらずといふ事なし」なのだ。それが「造化にしたがひ、造化にかへ」ることにほかならない。人間は自然に随順し、最後は自然に帰着してゆくのである。

(2)重要なのは、そこに逆説が介在していることである。人間はおのれを無たらしめて、自然の一部に化してゆくのだが、そのことを反面からみれば、人間はおのれの眼と心のすべてをあげて自然を見出《みいだ》し、自然に帰する道をさぐり当てなければならない。おのれを自然の中で無化することによって、風雅の最高最純の輝き、煌《きら》めきの一瞬を*把捉《はそく》するのでなければならない。おのれを「無」に帰することと「風雅」を実現すること――この二つのものの間に横たわる逆説に堪《た》えられなければ「風雅」は成立しようがない。

この文学観――自己と「風雅」の対応でもあれば反・対応でもあるようなもの――を、芭蕉が直接に西行から得たというふうには言えないだろう。具体的な証拠などはなく、実証はできないからである。また、西行の和歌のどれがそういう文学観の具現となっていたのかということも、そう簡単には言えないようなところがある。そうであっただけ、『笈の小文』の西行言及は、理念的になりすぎていた観もなくはない。しかし芭蕉が「風雅」という詩の成立を、閃《ひら》めきの一瞬をとらえることによってのみ可能であると考えていたのは明らかで、それは弟子*服部土芳《はっとりとほう》の『三冊子《さんぞうし》』の一節からもはっきり読み取れるものだが、こういう(3)瞬間的な機縁を重んずる思想の先人のひとりに、和歌と「*法《のり》」の一致《いっち》を求め、「*随縁随興《ずいえんずいきょう》」を説いた西行がいたことは否定しようがなかった。

芭蕉はここで「静」と「動」という観念を導入して語っている。宇宙の諸現象の変幻は動で、この動が「風雅」のたねとすれば、それを「見とめ聞きとめ」て「定着」の形で静止させなければならないのだ。この静止は動かない自然のようなものとは異《こと》なるが、それだけではなく、「静」の成就《じょうじゅ》のためには一瞬の決定的な時というものがある。

「物の見えたるひかり、いまだ心に消えざる中に言ひとむべし」

[対象の本質が光のように心にきらめいたら、その印象のまだ消えないうちに句作すべきだ。『三冊子』]

――光を見たその一瞬に事が成らないなら、それは駄目《だめ》なのであり、消え失《う》せるしかないのである。

芭蕉のこの教えの中に、*明恵《みょうえ》に語った西行の言葉が遠く交響しているように聞こえる。西行はものの「詩人」ではなく「心」の「詩人」だったといえるが、それだけにものと「心」の関係に思いをひそめた。即物的にものが在るのではない、*真言が成ってはじめてものはものである――「華《はな》を読めども、実《げ》に華と思ふ事なく、月を詠《えい》ずれど

も、実に月と思はず、只此《ただかく》の如《ごと》くして縁に随《したが》ひ興に随ひ読み置く処なり」

> 歌は、現実の花や月をきっかけにして詠《よ》むのではあるが、歌の言葉はあくまでも概念であって、実体としての花や月のことではない。言語世界は実物世界から独立しているのだから、このことを心得て、心を自由にして詠むのがよいのだ。
> 『明恵《みょうえ》上人伝記《しょうにんでんき》』

――縁と興にしたがって詠めば、花ならぬ花も花となり、月ならぬ月も月となるという(4)補助線を引いてみることがここで許されるだろう。こう考えると虚実の反転という逆説性を媒介《ばいかい》にした西行の歌論は、『笈の小文』や『三冊子』からうかがい知りうる芭蕉の*俳諧論《はいかい》――静と動の融合一致《ゆうごういっち》、瞬間の重視、光への志向――に呼びかけている。

（高橋英夫「西行」による）

〔注〕伊勢《いせ》――旧国名。現在の三重県の大半に相当する。
吉野――奈良県南部の地名。
『野ざらし紀行』――芭蕉の書いた作品。『笈《おい》の小文《こぶみ》』も同じ。
外宮《げくう》――伊勢神宮を構成する社の一つ。
『千載集《せんざいしゅう》』――平安時代末期の『千載和歌集』のこと。
神路山――三重県伊勢市にある伊勢神宮南方の山。
釈迦《しゃか》――仏教の開祖。
西行庵《さいぎょうあん》――西行の仮住まい。
景慕《けいぼ》――仰ぎ慕《した》うこと。
宗祇《そうぎ》・雪舟《せっしゅう》・利休《りきゅう》――芭蕉以前の著名な風雅人。連歌の宗祇、墨絵《すみえ》の雪舟、茶の湯の利休。
把捉《はそく》する――しっかりとつかまえること。
服部土芳《はっとりとほう》――江戸《えど》時代の俳人。芭蕉の弟子。『三冊子《さんぞうし》』は服部土芳の俳諧論書。
法《のり》――仏教の教え。
随縁随興《ずいえんずいきょう》――出会いと興趣に従って歌を詠むこと。
明恵《みようえ》――鎌倉《かまくら》時代の僧《そう》。『明恵《みょうえ》上人伝記《しょうにんでんき》』は明恵の言行をつづった本。
真言が成ってはじめてものはものである――言葉で本質をとらえることによって、ものは意味をもつということ。
俳諧《はいかい》――芭蕉がつくる俳句などのこと。

〔問1〕(1)造化《ぞうか》にしたがひて四時《しいじ》を友とす。とあるが、筆者はどのように解釈《かいしゃく》しているか。次のうちから最も適切なものを選べ。（4点）
ア、芭蕉のいう風雅とは、自然に従い、四季を友として生み出されるものだということ。
イ、芭蕉のいう風雅とは、四季の流れに随順し、季節にあう句を詠むものだということ。
ウ、芭蕉のいう風雅とは、自然の真髄《しんずい》を自身で見定めることで、生まれるものだということ。
エ、芭蕉のいう風雅とは、自然の風物そのものに即して、素直な句を詠むものだということ。

〔問2〕**思考力** (2)重要なのは、そこに逆説が介在していることである。とあるが、どういうことか。次のうちから最も適切なものを選べ。（4点）
ア、おのれの眼《め》と心のすべてをあげて自然を見出《みいだ》すことが大切であるのに、同時に見たままの写実的な表現をしなければならないということ。
イ、自分の感覚と感性にもとづいて自然の美を見出しながらも、自分自身を無にすることで、作品として定着させなければならないということ。
ウ、自分が感じたままの素直な気持ちを言語化しながらも、同時に人々を感動させるような至高の言葉を選んで使わねばならないということ。
エ、実際には美しい風景などそれほど多くは実在していないのに、自然の美という理念の確立のために、多くの詩を詠まねばならないということ。

〔問3〕(3)瞬間的な機縁を重んずる思想とあるが、どういうことか。次のうちから最も適切なものを選べ。（4点）
ア、美しい言葉で読者を感動させた一瞬にしか詩は成立しない、と芭蕉は考えていたということ。
イ、変動する諸現象を統一した一瞬でなければ詩は成立しない、と芭蕉は考えていたということ。
ウ、句と信仰が一致した一瞬でなければ詩は成立しない、と芭蕉は考えていたということ。
エ、決定的な一瞬を捉《とら》えることでしか詩は成立しない、と芭蕉は考えていたということ。

〔問4〕(4)補助線を引いてみるとあるが、どういうことか。次のうちから最も適切なものを選べ。（4点）
ア、明恵上人の考えを理解する上で、自然との出会いによる感動を即興で句にし、記憶《きおく》に留めることが大切だという、土芳に語った芭蕉の言葉が参考にできるということ。
イ、芭蕉の考えを理解する上で、縁と興に即して概念化すれば、どんなものでも趣のあるものとなりえるという、明恵に語った西行の言葉が参考にできるということ。
ウ、芭蕉の考えを理解する上で、信仰心に基づく人や自然との出会いによって、良い句は生まれてくるという、土芳に語った芭蕉の言葉が参考にできるということ。
エ、明恵上人の考えを理解する上で、風雅に必要なものは、詩歌の中に伝統を詠み込むことであるという、明恵に語った西行の言葉が参考にできるということ。

〔問5〕**難** **思考力** 本文の内容に合致《がっち》するものとして、次のうちから最も適切なものを選べ。（4点）
ア、『笈の小文』に見られる芭蕉の文学観は、直接西行から得たとは言い切れないものの、先行者として西行の影響を受けている。
イ、『野ざらし紀行』に見られる芭蕉の理念は、芸道の根底を貫くものを追求した、西行への敬愛の念によって生み出されている。
ウ、『三冊子』に見られる土芳の文学観は、「静」と「動」という観念によって、宇宙の諸現象を静止・定着させるということである。
エ、『明恵上人伝記』に見られる西行の理念は、芸術的真理を追求しつつ、人を思いやる心を持って和歌を完成するということである。

東京都立　新宿高等学校

時間	満点	解答	
50分	100点	P20	2月21日実施

出題傾向と対策

●漢字、小説文、論説文、古文を含む論説文の大問四題構成。論説文では二百字以内の課題作文も出題されている。小説文は読みやすいが、二つの論説文は長く、用語も比較的難解なため読解に時間を要する。文法問題は基本的学力を問うレベルだが、漢字および作文の難度は高い。

●選択問題のなかにはかなり紛らわしいものもあり、注意深く選択肢を読み比べる練習をする必要がある。漢字は難問ぞろいなので継続的に学習を進めること。作文は記述し、添削してもらうことを繰り返して力をつける。

注意　答えに字数制限がある場合には、、や。や「などもそれぞれ一字と数えなさい。

一　漢字の読み書き　よく出る

次の各文の――を付けた漢字の読みがなを書き、かたかなの部分に当たる漢字を楷書《かいしょ》で書け。（各2点、計16点）

(1) 蛍窓の故事にならって努力する。
(2) 病気が治ってようやく床をあげることができた。
(3) 形勢が不利になって山賊が潰走した。
(4) 民主主義の恩恵を享受する。
(5) 新年に親戚《しんせき》を訪ねてガシを述べる。
(6) 国産のシリョウで育てた鶏《にわとり》が人気だ。
(7) 孫のかわいい仕草にソウゴウを崩《くず》す。
(8) メンジュウフクハイせずに言いたいことを言うべきだ。

二　（小説文）内容吟味・鑑賞

次の文章を読んで、あとの各問に答えよ。（＊印の付いている言葉には、本文のあとに〔注〕がある。）（計28点）

（高校生の三雲梢《みくもこずえ》は、夏休みに古書店で短期のアルバイトを行った。梢は、アルバイト先の店長である森瀬桂《もりせけい》と市民劇団の劇を見に来ている。）

演目が終わり、カーテンコールになっても、＊美砂緒《みさお》は舞台に姿を現さなかった。はじめて見る生の舞台に魂《たましい》を奪われていた梢は、鳴り響く拍手でようやく我に返る。斜め前の席に＊亜麻音《あまね》が座っていることに気づき、そっと肩を叩《たた》いた。

「萩原《はぎわら》さんは？」

「〝私は裏方だから〟って、カーテンコールには出ないんだよ、いつも。」

亜麻音は上半身を引いて梢と森瀬を見比べ、つづけた。

「美砂緒さんと喋《しゃべ》りたいなら、二階のラウンジに行ってみたら？　一番目立たない端っこに立ってるはずだよ。」

(1)「端っこに？」

森瀬がほとんど口を動かさずに、亜麻音の言葉を繰り返すのを、梢は聞き逃さなかった。

終演となり観客達《かんきゃくたち》が席を立つと、森瀬が当たり前のように帰ろうとするので、梢は懸命に立ちふさがる。

「店長、ラウンジに行きましょう。萩原さんに挨拶していきましょう。」

「俺《おれ》はいいよ。行くなら、三雲さん一人でどうぞ。」

梢の細い体は、出口に向かおうとする森瀬にたやすく押しのけられそうになったが、足裏に力をこめて踏ん張った。

「萩原さんはラウンジの〝一番目立たない端っこ〟にいるんですよ。」

だから何？　という顔を露骨《ろこつ》にした森瀬から目を離さず、梢はつづける。

「意外だな、って思ったんじゃないですか？　『瀬《せ》をはやみ』の波月《はづき》は、知らず知らずのうちにいつも場の中心にいるタイプですもん。」

「――実際そうだったからな。」

「でも今の彼女は、劇団の裏方です。土台となって市民劇団を支えています。」

森瀬は眠そうな目の奥にわずかな光を宿して、黙《だま》って見下ろしてくる。梢は身をすくめながら、それでも一歩もひかずに言った。

「店長、ラウンジに行きましょう。」

森瀬は鼻から大きく息を吐くと、かすかにうなずいた。

美砂緒は本当にラウンジの薄暗い片隅《かたすみ》にいた。出番を終えて着替えた演者が観客と語らうのを邪魔《じゃま》しないよう存在感を消して、ひっそり立っていた。

大学の友達なのかファンなのか、大勢の若い女性達に囲まれて身動きが取れずにいる＊木崎《きざき》に、森瀬は軽く手をあげて挨拶してから、美砂緒のもとに向かう。

美砂緒は近づいてくる森瀬の顔を見つけても、特に驚いた様子を見せなかった。

「森瀬くんに観《み》てもらえたなんて、嬉《うれ》しいな。」

「おもしろかったよ、本当に。遠い世界の話なのに、今ここで起こっている自分の話みたいだった。」

「うん。それが狙《ねら》い。」

美砂緒は小鼻を膨《ふく》らませて勢いよくうなずくと、てらいのない笑顔《えがお》になった。

「森瀬くんにちゃんと狙いが伝わって、よかった。公演成功だな。」

「大げさな。」

「大げさじゃないよ。尊敬する小説家に褒《ほ》められて、嬉しくないわけないじゃん。」

(2)笑顔のまま告げられた美砂緒の言葉に、森瀬の背中が強《こわ》ばる。

「俺、今の仕事は中古本販売《はんばい》だって言ったよな。」

「仕事は何であれ、小説家は小説家だよ。演劇人が演劇人であるのといっしょ。」

「は？　わけわからん。」

梢ははらはらして、美砂緒を見つめる。美砂緒は笑顔を崩《くず》さない。

「森瀬くんが小説家だってこと、私は高校のときから知ってる。」

「高校？　その頃《ころ》は俺、小説なんて書いてない。書こうとも書けるとも思ってなかった。」

　森瀬の眠そうな目がいっそう細くなり、美砂緒を突き刺すように見た。

「だいたい、萩原さんと俺はクラスが同じってだけで、友達でも何でもなかったよな？」
　(3)梢にはその言葉がブーメランのように舞い戻り、森瀬自身を斬《き》りつけるのが見える。美砂緒の顔にも、感情の揺《ゆ》らぎが陰となって浮かんだ。
「ああ、えっと、そう、そうだよね。たしかに、森瀬くんとは喋ったりメールしたりする仲ではなかった。でも、だからこそ余計に印象深いんだ、クラス日誌が。」

「日誌？」

　森瀬はぽかんと口をあける。その顔を見て、美砂緒にふたたび微笑《ほほえ》みが戻ってきた。

「日直が一日の授業内容なんかを記録して、担任に提出するノートをそう呼んでたんだけど、忘れちゃった？」

「忘れたくても忘れられない、日直の面倒臭《めんどうくさ》い義務ですよ。」

　梢が現役生《げんえきせい》の立場から説明を加えると、美砂緒は顔をほころばせ、森瀬を指さした。

「普通はそうでも、森瀬くんが書く日誌は全然違った。空《くう》欄《らん》のままでいい備考欄にわざわざ、その日教室であった出来事を書いてた。記録じゃなくて描写ね。何てことない実際の日常なんだけど、森瀬くんが書くと現実よりずっと明るくて、すがすがしくて、読んでて気持ちよかったんだよね。だから私、彼の目には日常がこんなふうに映ってるのか、あるいは、映っていないことをこんなふうに書けるのか、って――。」

　美砂緒は目の前にクラス日誌があるように視線を落とした。

「たぶんこういう人が小説家なんだろうって、そのとき思ったんだ。たとえ今、実際に小説を書いてなかったとしても、小説家なんだろうって。」

　あ、と梢は思わず声を漏《も》らす。今、美砂緒が紡《つむ》いだ言葉こそ、亜麻音に森瀬を「元小説家」と評されたときに、返したかった言葉だと気づいたからだ。

「あの、今言ったみたいな感想を、当時の萩原さんは店長に伝えたんでしょうか？」

「さあ、どうだったかな。“日誌おもしろいね”くらい、言ったっけ？」

　美砂緒から屈託《くったく》なく尋《たず》ねられ、森瀬はクセ毛を引っ張りながら「もう忘れたな。」と首を振った。それで梢は、美砂緒が森瀬には何も伝えずに卒業したのだと知る。もし美砂緒から何か言葉をもらっていれば、森瀬が覚えていないわけがない。たとえ美砂緒が言ったかどうかすら忘れ去っても、森瀬はきっと死ぬまで覚えているはずだ。その意識の差を、二人の青春の形の違いを、梢はせつなく思った。

　美砂緒は笑顔で話しつづける。

「だから二十歳のとき、森瀬くんが『瀬をはやみ』って小説で賞を獲《と》ったと知っても、私は驚かなかったよ。その小説がおもしろいってことも、読まなくたってわかった。あ、もちろん読んだけど。」

「どうだった？　実際に読んでみて。」

「おもしろかったよ。」
　(4)そのシンプルな感想に、森瀬はがくりと頭を垂れる。
「そんなはずないだろ。嫌だったんじゃないか？　だって主人公は――。」

「ヒロインの波月ちゃん？　全然嫌じゃない。むしろ、憧《あこが》れた。自分もこんなに素直で明るい人になれたらなあって。」

　美砂緒は朗《ほが》らかに言った。その口ぶりも顔つきも、嘘《うそ》をついたり皮肉を言ったり不満をのみこんだりしている様子はない。美砂緒は、自分が波月のモデルであることにまったく気づいていなかった。森瀬の口があんぐりひらく。梢も混乱した。そんな二人を置き去りにして、美砂緒は熱心に語りだす。

「波月ちゃんが最後、大事な人と別れて、苔《こけ》の研究に没頭するでしょ。あそこは特にぐっときたし、励まされた。ちょうどその頃、私も大学の再受験をするかどうかで悩《なや》んでいた時期だったから。」

「再受験？」と森瀬の目が大きくなった。

「うん。現役合格が難しそうだからって一度は諦《あきら》めた大学に、やっぱり行きたくなって。」

「――萩原さんにも諦めるなんてことがあるんだ。」

「当たり前でしょう。私、けっこうメンタル弱くて、挫折《ざせつ》しがちよ。」

　そう言って肩をすくめた美砂緒を、梢は今までよりずっと身近に感じた。

「だから、森瀬くんの小説をあの時期に読めたこと、私は勝手に運命だと思ってる。『瀬をはやみ』に背中を押されて、えいやって人生の方向転換ができたんだもん。」

「それは――よかった。おめでとう。」
　(5)森瀬の間の抜けた祝福に、美砂緒は「ありがとう。」と律儀《りちぎ》に頭を下げた。
　ずっと女性達に囲まれていた木崎が、ようやく一人になって美砂緒を呼びに来る。市民劇団を支援《しえん》してくれているスポンサー達への挨拶があるらしい。

　美砂緒は「すぐ追いかけるから。」と木崎を先に行かせてから、森瀬と梢に向き直り、早口になった。

「今日は観にきてくれて、本当にありがとう。」

　美砂緒はワイドパンツのポケットから無造作に名刺を取り出し、森瀬と梢に一枚ずつ渡してくれた。大学の教員ではなく演劇人としての名刺で、自宅の住所と電話番号とメールアドレスが明記されている。森瀬もあわててポケットを探《さぐ》り、うなだれた。

「悪い。俺、今、名刺持ってないわ。」

「じゃ、今度会うときは、森瀬くんから連絡《れんらく》ちょうだいね。」

　美砂緒は森瀬の返事を待たず、華《はな》やかな残像を置いてひらりと去っていった。

　梢が森瀬と共に外に出ると、太陽は大きく西に傾き、日差しもゆるやかになっていた。

「七里《しちり》ヶ浜《がはま》駅まで歩くか。」

　森瀬がぽつりとつぶやく。

「三十分はかかりますよ。」

「もうそこまで暑くないし、下り坂だし、三雲さんの家もそっち方面だろ。」

どうやら送ってくれようとしているらしい。梢はおとなしく従うことにした。

歩きだしてしばらくしてから、「そういえば。」と森瀬は梢を見る。

「今さらだけど、何で浴衣姿《ゆかたすがた》なの？」

「木崎さんに頼まれたんですよ。これを帯に挟《はさ》んで、劇団の宣伝をしてほしいって。」

梢は「これ」のところで劇団のうちわを見せた。森瀬が笑うので、頭に血がのぼる。

「似合ってないのは、百も承知です。」

「誰がそんなこと言った？」

「店長、今、笑ったじゃないですか。」

「俺が笑ったのは――木崎君も案外不器用だなと思ったからだ。十分似合ってるよ。」

「取って付けなくても結構です。ていうか木崎さんが不器用って、どういうことですか？」

森瀬は梢の視線を逃れ、「そのうちわかるよ。」とはぐらかした。梢はそれ以上追及せずに、話題を変える。

「萩原さん、波月のモデルにされたことに気づいてなかったですね。」

森瀬はふたたび梢に向き直り、憂鬱《ゆううつ》そうに息を吐く。

「向こうが気づいていようがいまいが、モデルにしたのは事実だからな。物語だって、たまたま向こうの人生のタイミングで好意的に解釈《かいしゃく》してもらっただけだし――。」

(6)「店長、いい加減にしてください。」

梢は遮《さえぎ》って、うちわでばたばたと森瀬をあおいだ。

「私も萩原さんも木崎さんも、『瀬をはやみ』の読者はみんな、主人公の波月のまっすぐな強さに憧れるんです。店長がどんな気持ちで波月を描いたのか知りませんが、波月は素敵な女の子です。『瀬をはやみ』は素敵な小説です。だから店長、認めましょうよ。」

「何を？」

「店長が書いた小説は、個人の思惑なんてとうに超えて、普遍的《ふへんてき》な作品になってる。つまり、森瀬桂は昔も今も変わらず小説家なんです。」

森瀬が無言で長い顔を撫《な》でさする。その目の奥に徐々に光が射《さ》してくるのを、梢は嬉しい気持ちで見守った。

（名取佐和子「七里ヶ浜の姉妹」による）

〔注〕美砂緒《みさお》――萩原《はぎわら》美砂緒。市民劇団を主宰《しゅさい》している。
亜麻音《あまね》――梢の同級生。
木崎《きざき》――梢のアルバイト先の先輩店員。市民劇団の役者でもある。

〔問1〕(1)「端っこに？」とあるが、この表現から読み取れる森瀬の様子として最も適切なのは、次のうちではどれか。（4点）

ア、劇団の下支えとして台本を書いた美砂緒が、演劇人の責任として観客にすべき挨拶をしないでいることをけげんに思っている。

イ、学生時代には明るく元気だった美砂緒が、今では人前に出るのを避けるようになってしまっていることをもどかしく思っている。

ウ、観客を魅了《みりょう》する劇を作り上げた美砂緒が、裏方は表に顔を出すべきではないという信念にとらわれていることを気がかりに思っている。

エ、かつてなら舞台に出て注目を集めるような人間だったはずの美砂緒が、今は前面に出るのを控《ひか》えていることをいぶかしく思っている。

〔問2〕(2)笑顔のまま告げられた美砂緒の言葉に、森瀬の背中が強《こわ》ばるとあるが、この表現から読み取れる森瀬の様子として最も適切なのは、次のうちではどれか。（4点）

ア、劇の感想を美砂緒に軽く受け流され、小説を書くのを断念したことに話題をすりかえられそうなので、身構えている。

イ、もう小説を書いていないにもかかわらず、美砂緒に小説家として評価されたので、その発言に戸惑いを抱いている。

ウ、小説のことを何も分かっていない美砂緒に、小説家と演劇人を同じこととして語られたので、気色ばんでいる。

エ、小説家であることに挫折したのに、才能を美砂緒に信じてもらえたので、小説家としての再起を決意している。

〔問3〕(3)梢にはその言葉がブーメランのように舞い戻り、森瀬自身を斬《き》りつけるのが見える。とあるが、「その言葉がブーメランのように舞い戻り、森瀬自身を斬りつける」とはどういうことか。その説明として最も適切なのは、次のうちではどれか。（4点）

ア、美砂緒の発言の真意を問いただすための言葉が、美砂緒との関わりが薄かった当時の状況を浮き彫りにしてしまうということ。

イ、美砂緒の発言の真意を問いただすための言葉が、美砂緒に無神経な発言をされたことをあぶり出してしまうということ。

ウ、高校時代の事実を確認《かくにん》するための言葉が、美砂緒と久しぶりに顔を合わせての所在なさをあからさまにしてしまうということ。

エ、高校時代の事実を確認するための言葉が、美砂緒にすげなくされていた過去のことを思い起こさせてしまうということ。

〔問4〕(4)そのシンプルな感想に、森瀬はがくりと頭を垂れる。とあるが、この表現から読み取れる森瀬の様子として最も適切なのは、次のうちではどれか。（4点）

ア、美砂緒を主人公のモデルにしたことに負い目を感じていたのに、気づいていないことが分かったので、気を楽にしている。

イ、美砂緒を主人公のモデルにしたことへの反応を期待していたが、何とも思っていない様子なので、拍子抜けしている。

ウ、美砂緒を主人公のモデルにした意図を理解してほしかったのに、伝わっていないことが感じられたので、いら立っている。

エ、美砂緒を主人公のモデルにした理由に触れてほしくなかったが、気づかないふりをしてくれているので、感謝している。

〔問5〕(5)森瀬の間の抜けた祝福に、美砂緒は「ありがとう。」と律儀《りちぎ》に頭を下げた。とあるが、森瀬の言葉が「間の抜けた」ものになったわけとして最も適切なのは、次のう

ちではどれか。（4点）

ア、自分の小説が美砂緒の人生に大きな影響を与えていたことを知らされて驚き、ありきたりな言葉しか出てこなかったから。

イ、美砂緒がそれまでとは違う人生を選んだことが本当に良かったことなのか確信がもてず、心から喜ぶことができなかったから。

ウ、自分の小説に美砂緒の人生を変えるほどの影響力があるのかどうか自信がもてず、小説を書いていく決心がつかなかったから。

エ、常に前向きだと思っていた美砂緒にも挫折した経験があったということに同情し、ふさわしい言葉が出てこなかったから。

〔問6〕(6)「店長、いい加減にしてください。」とあるが、このときの梢の気持ちに最も近いのは、次のうちではどれか。（4点）

ア、森瀬の小説がいつの時代でも読み継がれていくべき名作だと信じる思いがなかなか伝わらず、じれったい気持ち。

イ、自分の小説が読者に影響を与えていることを認めずに否定的なことばかり言う森瀬にあきれ、うんざりする気持ち。

ウ、美砂緒をモデルにした後ろめたさのせいで森瀬が作品に自信をもてないでいることを残念に思い、励まそうとする気持ち。

エ、作者の考えを離れて作品が読者に受け入れられているということを伝え、小説家としての森瀬を力づけようとする気持ち。

〔問7〕本文について説明したものとして最も適切なのは、次のうちではどれか。（4点）

ア、大筋では現在起こっている出来事の流れに沿って語られていくが、森瀬や美砂緒にとって印象的な出来事については過去の場面として差し挟まれている。

イ、会話文の中に「――」を用いることで、自らの思いをうまく表現できずに言葉を探したり言い換えたりする森瀬のぎこちない間合いを効果的に表現している。

ウ、基本的には梢の視点に寄り添った語り手が、森瀬と美砂緒の会話を通して明らかになっていく勘違《かんちが》いやすれ違いの様子を梢の心情とともに語っている。

エ、「目の奥にわずかな光を宿して」や「目の奥に徐々に光が射《さ》してくる」といった表現を用いることで、前向きに変わっていく森瀬の様子を対比的に表している。

三 （論説文）段落吟味・文脈把握・内容吟味・鑑賞・条件作文

次の文章を読んで、あとの各問に答えよ。（1〜26は段落番号である。＊印の付いている言葉には、本文のあとに〔注〕がある。）（計30点）

1 生物はお互いに関係し合って生きている。それは、初期の人類と肉食獣のような、食べる・食べられるの関係だけではない。資源を奪い合って競争したり、花とハチのようにお互いに助け合ったり、さまざまなタイプの関係がある。

2 さらにいえば、生物に影響を与えるのは、他の生物だけではない。光や水などの生物以外の環境も、大きな影響を与えている。このような生物とその周りの環境を、すべて含《ふく》めて生態系という。

3 どんな生物でも、一人で生きていくことはできない。生物は必ず生態系の中で生きている。だから生物にとっては、生態系が崩壊《ほうかい》せずに安定して存在し続けることが大切だ。そのためには、いろいろな種類の生物がいた方がよい。

4 たとえば、ある年に干ばつが起きたとしよう。そのとき、乾燥《かんそう》に弱い植物しかいなければ、その多くは枯《か》れてしまう。そのため、光合成による有機物の生産は激減する。すると、光合成で作られる有機物に頼っていた動物なども激減し、中には絶滅するものもいるだろう。そうして、生態系は大きなダメージを受ける。

5 一方、乾燥に弱い植物だけでなく、乾燥に強い植物もいたとしよう。その場合は干ばつが起きても、光合成による有機物の生産はそれほど減らない。そのため、動物などが絶滅することもない。生態系は大きなダメージを受けることなく、干ばつがすぎれば、再び以前のような生態系が回復するだろう。さらに、乾燥に強い植物も一種でなく何種もいた方が、生態系が安定する。

6 このように、種は異なるが、役割は同じ生物が複数いることを「冗長性《じょうちょうせい》」という。このような冗長性も含めて、いろいろな種類の生物がいることを「生物多様性」という。

7 ちなみに、一九九二年にブラジルのリオ・デ・ジャネイロで開かれた国連環境開発会議（地球サミット）で採択された生物多様性条約では、生物学的多様性という言葉が使われていた。その後、生物学的多様性という考えを広く社会に普及させるために、愛称《あいしょう》として生物多様性という言葉が作られた。一部では、生物学的多様性と生物多様性を違う意味の言葉として使い分ける流儀《りゅうぎ》もあるようだが、ここでは大勢にしたがって、同じ意味として使うことにする。

8 生物多様性条約では生物多様性を、「種内の多様性」「種の多様性」「生態系の多様性」を含むものとして定義されている。

9 種内の多様性は、同じ種に属する個体同士の違いのことで、個性と呼ぶこともある。たとえば、私たちヒトは、一人一人顔立ちも体格も性格も体質も異なる。こういう個性の違いを、種内の多様性というのである。

10 種の多様性は、異なる種がどれくらいいるか、ということだ。たとえば、人類の種の多様性とは、人類に属する種がどれくらいいるか、ということだ。約七百万年前に人類が誕生してから、いろいろな人類の種が現れた。そして地球上には、たいてい何種もの人類が同時に生きていた。しかし、約四万年前にネアンデルタール人が絶滅すると、とうとう私たちヒトは一人ぼっちになってしまった。今の地球上には、人類はヒト一種しかいない。現在の人類の種の多様性は、非常に低い状態なのである。

11 生態系の多様性は、異なる種類の生態系がどれくらいあるか、ということだ。生態系にはさまざまなものがある。広大な森林や小さな池も、それぞれ一つの生態系を作っている。地球全体を一つの生態系とみなすこともできる。また、私たちの腸の中も、莫大《ばくだい》な腸内細菌《ちょうないさいきん》が一つの生態系を作っている。

12　ところで、生物多様性が高いというのは、たんに種数が多いという意味ではない。もちろん種数が多い方が生物多様性は高いのだが、それだけではないのだ。

13　たとえば、A島にもB島にも、ヒトと木という二種の生物が、合わせて一〇〇個体いたとしよう。A島にはヒトが五〇人いて、木は五〇本生えていた。一方B島では、ヒトが九九人いて、木は一本しか生えていなかった。この場合はB島よりもA島の方が、生物多様性が高いと考える。B島の生態系よりA島の生態系の方が、［Ⅰ］性が高いのは明らかだろう。なにしろB島では、木が一本枯れただけで、種が一つ消えてしまうのだから。このように生物多様性においては、種類の多さだけでなく、「［Ⅱ］度」も重要である。

14　さてB島では、［Ⅱ］度が低いために、生物多様性が低かった。この［Ⅱ］度が低いというのは「木が一本しかないから」ともいえるけれど、逆に「ヒトが九九人もいるから」ともいえる。つまり、一種が爆発的《ばくはつてき》に増加するのも、やはり生物多様性を低くするのだ。(1)現在の地球でもっとも深刻な問題は、ヒトが爆発的に増加していることなのである。このため地球という生態系は、著《いちじる》しく不安定になっている。

15　ヒトは、生物多様性の高い森林を、生物多様性の低い農地などに変えてきた。また、生物が何十億年もかけて化石燃料の形に変化させた二酸化炭素を、再び大気中へと解放してきた。このように、ヒトは環境を操作する能力が非常に高い。そのうえ人口が爆発的に増えているので、地球の多くの場所が、ヒトにとって都合がよいように変化させられてきた。

16　そのため、さまざまな生物が次々に絶滅しているのが現状である。生物多様性はどんどん減少しているのだ。たとえば、リョコウバトは、かつては北アメリカでもっとも個体数が多い鳥だった。五〇億羽ぐらい生息していた、という推定もある。ところがヨーロッパからの移民による開拓《かいたく》のために、リョコウバトのすみかである森林が減少した。そのうえ肉を食べるために乱獲《らんかく》された。その結果、十九世紀の百年間を通じてリョコウバトは激減し、ついに一九一四年に絶滅してしまった。

17　もっとも、このような生物多様性を減少させる活動は、最近に限ったことではない。たとえば、現在のギリシャには「＊白亜《はくあ》の崖《がけ》、そして青い空と海」といった美しいイメージがある。しかし、古代文明が栄える前のギリシャは、森林の多い＊肥沃《ひよく》な土地だった。古代ギリシャ人はこの豊かな土地で、まれに見る大規模な自然破壊を行い、森林を消滅させて山をハゲ山にしてしまった。そして、ギリシャを緑のイメージから白のイメージに変えてしまったのである。生物多様性がいかに激減したかは想像に難《かた》くない。

18　それでは、なぜ生物多様性を守らなくてはならないのだろうか。この問いに答えることは、実はそう簡単ではない。

19　まず、最初に思いつく答えは、ヒトにとって役に立つから、というものだろう。ヒトが生態系から受ける利益を「生態系サービス」というが、その生態系サービスの源泉は生物多様性である。つまり私たちは、生物多様性のおかげで、生態系サービスを受けることができるのだ。

20　生態系サービスにはいろいろなものがある。生態系は、食べるための魚や家を建てるための木材を、私たちに与えてくれる。これは直接的な生態系サービスの例である。また、きれいな水や空気も、私たちが生きていくために必要なものなので、生態系サービスである。さらに、芸術家がきれいな景色を見て絵を描いたり、子どもが自然と触れ合うことによって健《すこ》やかに成長したりするのも生態系サービスに含まれる。

21　一方、ヒトの役に立たなくても、生物多様性は守らなくてはならないという考えもある。時代によって、ヒトが受ける生態系サービスは変化する。だから、これから先、どんな生態系サービスが重要になるかわからない。そのため、現在生態系サービスを生み出している生物多様性だけでなく、今は何の役にも立っていない生物多様性も守らなければならないという考えである。もっとも、これも究極的には、ヒトにとって役に立つから、という考えだけれど。

22　さらにはヒトとは無関係に、地球の生物システムそのものが貴重だから、という考えもある。これは立派な考えで、まったくその通りだといいたくなる。いいたくなるけれど、やはり地球の生物すべてを対等に扱うことは難しい。私たちが病気になったときに、病原体である細菌の命の尊さを考えたら、病院になんて行けない。もしも＊抗生物質を薬としてもらったら、そしてそれを飲んだら、細菌が死んでしまう。そんなかわいそうなことはできない。でも、なかなか、そういうわけにもいかないし。

23　それは極端にしても、たとえば、オオカミを日本に導入するという計画はどうだろうか。

24　もともと日本にはオオカミがいた。北海道にはエゾオオカミが、本州と四国と九州にはニホンオオカミが生息していた。ともに明治時代には絶滅したが、その後シカやイノシシが増えて、農作物などの被害が問題になっている。そこで、日本の生態系を昔のように回復させるために、海外からオオカミを連れてきて日本に放すことが、一部で計画されている。しかし、野生のオオカミがいたら、ヒトが襲われる危険性は非常に高い。それでもオオカミを日本に復活させるべきだろうか。

25　これらの問題には、唯一《ゆいいつ》の正解はないのかもしれない。もしもヒトのことだけを考えて、自然をどんどん破壊していったら、そのうちヒトは地球上で生きていけなくなるだろう。しかし、自然のことだけを考えて、ヒトのことをまったく考えなかったら、病院にも行けないし、オオカミにも食べられてしまうし、それはそれで生きていけないかもしれない。それらの両極端のあいだで、ヒトはいろいろな意見を持つのだろう。

26　こういうふうに、いろいろな意見を持つこと自体も、生物多様性だ。(2)すべてのヒトが同じ意見を持つのは危険なことなのだ。それはヒトを含む生態系を危《あや》うくさせるから。

（更科功「若い読者に贈る美しい生物学講義」による）

〔注〕　白亜《はくあ》――石灰質《せっかいしつ》の岩石。
肥沃《ひよく》――土地が肥えて作物が育つのに適しているさま。
抗生物質――微生物の発育・繁殖《はんしょく》を妨《さまた》げる物質。

〔問1〕　本文中の4・5段落において、具体例を挙げたのは何のためか。次のうちから最も適切なものを選べ。（4点）

ア、環境の変化が起きた時に、様々な性質の生物が助け合うことによって、どのような変化にも適応することができ、結果として地球環境も安定することから、種の多様性が大切であることを示すため。
イ、環境の変化が起きた時に、一つの生物が絶滅すると他の生物にも影響が出て、生態系が崩《くず》れていき、結果として地球環境を変えてしまうことから、生物と環境とが影響し合っていることを示すため。
ウ、環境の変化が起きた時に、様々な性質をもつ生物がいれば、変化に適応できる種がいる確率が高く、結果として生態系も守られることから、様々な種類の生物が存在することが必要であることを示すため。
エ、環境の変化が起きた時に、種は違っても環境に対して果たす役割が同じ生物がいれば、生物多様性が高まり、結果として生態系のあり方が維持《いじ》されることから、冗長性が重要であることを示すため。

〔問2〕［Ⅰ］および［Ⅱ］（三箇所）に当てはまる語の組み合わせはどれか。次のうちから最も適切なものを選べ。（4点）

ア、［Ⅰ］＝冗長　［Ⅱ］＝平均
イ、［Ⅰ］＝安定　［Ⅱ］＝均等
ウ、［Ⅰ］＝不変　［Ⅱ］＝等質
エ、［Ⅰ］＝恒常《こうじょう》　［Ⅱ］＝均質

〔問3〕思考力 (1)現在の地球でもっとも深刻な問題は、ヒトが爆発的に増加していることなのである。とあるが、この理由を次の［　］のように説明するものとする。［A］については本文中から十五字で抜き出し、［B］については本文中の言葉を用いて四十字以上四十五字以内でまとめて書け。（A2点・B6点）

> 地球上の生物の中で［A］ヒトが爆発的に増加すると、［B］から。

〔問4〕難 本文についての説明として最も適切なものを次のうちから選べ。（4点）

ア、前半で生態系や生物多様性について具体例や学術的な定義を挙げて説明した上で、後半では生物多様性を守ることについての多様な見解のあり方を認めている。
イ、生物多様性の保全と種としてのヒトの生存というテーマを挙げて両者を同時に守る重要性を示した上で、そのためにヒトが自然環境にどう関われるかを示している。
ウ、条約の文言をもとに生態系や生物多様性の意味を明らかにした上で、ヒトと他の生物とがせめぎ合いながら生態系を構成してきた歴史について説明している。
エ、序論で生物多様性が損《そこ》なわれることの問題点を挙げた上で、本論ではその問題点について具体例をもとに考察して生物多様性を守るべきとの結論を述べている。

〔問5〕難 思考力 (2)すべてのヒトが同じ意見を持つのは危険なことなのだ。それはヒトを含む生態系を危《あや》うくさせるから。とあるが、このことについてあなたはどのように考えるか。本文の内容を踏まえ、あなた自身の経験や見聞を含めて二百字以内で書け。なお、書き出しや改行の際の空欄《くうらん》、や。や「などもそれぞれ一字と数えよ。（10点）

四（古文を含む論説文）熟語・意味用法の識別・内容吟味・仮名遣い・文脈把握

次の文章を読んで、あとの各問に答えよ。なお、本文中に引用された古文の後の＜　＞内の文章は、現代語訳である。（＊印の付いている言葉には、本文のあとに〔注〕がある。）（計26点）

春の霊威《れいい》は、いつのまにかこの世に忍び寄ってくる。その不思議な力は、さまざまなものに作用を及ぼす。鳥を啼《な》かせ、霞《かすみ》を立たせ、花を咲《さ》かせる。その作用の発現するところには、生命力が漲《みなぎ》っていると信じられた。桜の名が咲くことの象徴化だとすれば、そこには春の呪力《じゆりよく》が充《み》ちあふれていたことになる。生命の甦《よみがえ》りを感じさせる花が桜だった。

うちなびく春来《きた》るらし山の際《ま》の遠き木末《こぬれ》の咲き行く見れば

＜（うちなびく）春が来たらしい　山あいの　遠い梢《こずえ》が　だんだん咲いてゆくのを見ると＞

見渡せば春日《かすが》の野辺に霞立ち咲きにほへるは桜花かも

＜見渡すと　春日の野辺に　霞が立ち　咲き輝いているのは　桜花であろうか＞

いずれも『万葉集』の例。桜の花に春の(i)到来を実感している。その感覚は、現在の「桜前線」という言葉にも残る。その桜を瓶に挿《さ》したり、＊カザシやカヅラにしたのは、そこに宿る生命力をわが身に感染《かんせん》させるためだった。(1)桜が異界の霊威を宿す植物であることは、次の伝承によく示されている。

天皇、両枝船《ふたまたぶね》を磐余市磯池《いはれのいちしのいけ》に泛《うか》べ、皇妃《みめ》と各《おのもおのも》分《わかれ》乗《の》りて遊宴《あそ》びたまふ。膳臣余磯《かしはでのおみあれし》、酒を献《たてまつ》る。時に桜の花、御盞《おほみさかづき》に落つ。天皇、異《あや》しびたまひて、則《すなは》ち物部長真《もののべのながま》胆連《いのむらじ》を召《め》して、詔《みことのり》して曰《のたま》はく「是《こ》の花や、非時《ときじく》にして来《きた》る。其《そ》れ何処《いづく》の花ぞ。汝《いまし》、自ら求《と》むべし」とのたまふ。是《ここ》に長真胆連、独り花を尋《と》めて、掖上《わきがみ》の室山《むろやま》に獲《え》て献る。天皇、其の希有《めづら》しきことを歓《よろこ》びたまひ、即《すなは》ち宮の名としたまふ。故《かれ》、磐余稚桜宮《いはれのわかさくらのみや》と謂《まを》すは、其れ此《こ》の縁《ことのもと》なり。

（「履中紀」三年十一月六日条）

＜天皇は、両枝船を磐余市磯池に浮かべ、皇妃《こうひ》とそれぞれ分乗して遊宴された。膳臣余磯が酒を献上《けんじょう》した。その時、桜の花が散って杯《さかずき》に落ちた。天皇は不思議に思われ、そこで物部長真胆連をお呼びになって、命令して、「この花はア季節はずれに咲いて散っている。いったいどこの花か。お前が自分で行って捜《さが》してこい」とおっしゃった。そこで長真胆連はひとりで花を捜し求めて、掖上の室山で見つけ献上した。天皇はその珍《めずら》しさを喜ばれて、すぐに宮の名となさった。それで、磐余稚桜宮と申しあげるのは、これがそのイ由縁である。＞

「両枝船」とは、先が二股《ふたまた》に分かれている木を、そのまま刳《く》り抜《ぬ》いて造った船という。その船上での宴で、天皇の杯に桜の花びらが浮かんだとある。＊仲冬《ちゅうとう》の時期だから、異例である。臣下に命じて尋《たず》ねさせたところ、掖上の室山でその木を見つけた。そこで、宮の名を磐余稚桜宮と号《なづ》けたという。天皇の言葉に、「是の花や、非時にして来る」とある。この世の秩序《ちつじょ》が「時」だから、「非時」とは秩序外の属性を意味する。*常世国《とこよのくに》から橘《たちばな》の実を持ち帰ったことを伝える*タヂマモリの伝承が、これを「非時《ときじく》の*香果《かくのみ》」と呼んでいることも思いあわせるべきだろう。ここで桜が「非時」の花とされるのは、狂《くる》い咲《ざ》きの異常さを表現するためでもあるが、その根底では異界の霊威を背負うこの植物のつよい祝福性が感じ取られている。そこで、その名は宮号に用いられる。

こうした桜の祝福性は、「つつじ花　香少女《にほえをとめ》　桜花　栄《さかえ》少女《をとめ》」〈つつじ花のように　美しいおとめ　桜花のように照り輝くおとめ〉と讃美《さんび》される恋人の姿にも顕著《けんちょ》に現れている。

（中　略）

桜の祝福性について触れたが、その花は一方で死の影を宿していた(ii)らしい。

……しかして、大山津見《おほやまつみ》の神、(2)石長比売《いはながひめ》を返したまひしによりて、いたく恥ぢ、白《まを》し送りて言ひしく、「わが女《むすめ》を二人並べて立《た》て奉《まつ》りしゆゑは、石長比売を使はさば、天《あま》つ神《かみ》の御子《みこ》の命は、雪零《ふ》り風吹くとも、恒《つね》に石《いは》のごとく常《ときは》に堅《かちは》に動かず坐《ま》さむ。また、木花之佐久夜毘売《このはなのさくやびめ》を使はさば、木の花の栄え坐さむと、うけひて貢進《たてまつ》りき。かく石長比売を返さしめて、独り木花之佐久夜毘売のみを留《とど》めたまひつれば、天つ神の御子の御寿《みいのち》は、木の花のあまひのみ坐さむ」。かれ、ここをもちて、今に至るまでに、天皇命等《すめらみことたち》の御命《みいのち》長くあらざるぞ。

（「神代記」）

〈……そして、大山津見の神は、石長比売を返していらっしゃったために大いに恥ずかしく思い、申し送って、「わが娘を二人一緒に差し上げたわけは、石長比売を召し使いなされば、地上に降臨した神である邇邇芸《ににぎ》の命《みこと》の命《いのち》は、雪が降り風が吹いても、つねに岩のようにいつまでも堅く動かずにいらっしゃるだろう。また、木花之佐久夜毘売を召し使いなされば、木の花の咲くようにお栄えになるだろうと、神に祈って差し上げたのです。このように、石長比売を帰らせて、ひとり木花之佐久夜毘売だけをお留めになったために、地上に降臨した神である邇邇芸《ににぎ》の命《みこと》の御寿命《ごじゅみょう》は、桜の花のように短くあられるでしょう」と言った。それで、このために、今に至るまで、天皇たちの御寿命は長くないのである。〉

地上に降臨した邇邇芸《ににぎ》の命《みこと》が、大山津見の神の姉娘石長比売を送り返し、美しい妹娘の木花之佐久夜毘売を選んで妻としたために、*天孫の寿命は盤石《ばんじゃく》のように［Ⅰ］ではなく、木の花のように［Ⅱ］なったという話。木花之佐久夜毘売の名には、桜が象徴化されている。「木の花のあまひ」の「あまひ」は、語義未詳の言葉だが、いずれにしても桜の散りやすさを意味する。ここには「木花之佐久夜毘売を使はさば、木の花の栄え坐さむと、うけひて貢進りき」ともあるから、繁栄《はんえい》を祝福する意味もある。桜はここでも生命の甦りを感じさせる花だった。桜は散りやすいがゆえに美しいという逆説がここにある。大山津見の神には木花知流比売《このはなちるひめ》という名の娘もいる。木花之佐久夜毘売が、桜の咲くことを象徴化させた名だとすれば、木花知流比売は散ることを象徴化している。桜が、咲くこと、散ることによって印象づけられる花であることが知られる。桜がもともと穀霊《こくれい》（稲霊《いなだま》）の宿る、秋の実りの豊凶《ほうきょう》を占《うらな》う花であったこととも関係する。『万葉集』にも、桜の散りをうたった歌は多い。

あしひきの山の間照らす桜花この春雨《はるさめ》に散りゆかむかも

〈（あしひきの）山あいを照らす　桜花は　この春雨に　散りゆくことだろうか〉

春雉《きぎし》鳴く高円《たかまと》の辺《へ》に桜花散りて流らふ見む人もがも

〈雉《きじ》が鳴く　高円のあたりに　桜花が　散って漂《ただよ》っている　一緒に見る人がほしい〉

阿《あ》保山《ほやま》の桜の花は今日もかも散り乱るらむ見る人無しに

〈阿保山の　桜の花は　今日あたり　散り乱れているだろう　見る人もなくて〉

春雨はいたくな降りそ桜花いまだ見なくに散らまく惜《を》しも

〈春雨よ　ひどくは降るな　桜花が　まだ見ないうちに　散るのは惜しい〉

桜はたしかに散りやすいが、生命を全《まっと》うして散る花は、かえって秋の実りの豊かさをウ保証した。雨風のために散り急ぐ桜が不吉なものとして意識されたのである。そこに呪農の花としての意味があった。右に示した歌は、もっぱら桜を美的観賞の対象として描いており、そうした印象は薄れている。が、そこには散ることへの畏《おそ》れの感覚がまだ残されている。

桜の咲く時期は、気候の変わり目で寒暖の差が著《いちじる》しい。その時期行われるのが鎮花祭《ちんかさい》である。*大神《おおみわ》、狭井《さい》神社のものが本来で、春の花が散るころ、疫病《えきびょう》が流行《はや》るので、疫神の活動をとどめるため、まず花の散るのを鎮《しず》めるための祭りという。しかし、疫神の退散をはかる目的は副次的であり、時ならず散る花に凶兆を見たので、もともとはそれを防ぐ意味があった。大神、狭井神社では、白ユリとスイカズラを用いるが、それがエ古式かどうかはわからない。桜を用いるのは、京都今宮《いまみや》神社の境内疫神社《けいだいえきじんじゃ》の鎮花祭である。「ヤスラエ花ヤ」と唱えるので、ヤスライ祭りの名がある。古語のヤスラフは、ぐずぐずとためらう意。花の散りを遅らせる呪語だろう。これも疫病退散の性格が前面に出ている。

先の木花之佐久夜毘売の話がそうであるように、桜の散るところにはたしかに死の不吉さが感じ取られていた。たとえば、次の一首。

あしひきの山さへ光り咲く花の散りぬるごときわご王《おほきみ》かも

〈（あしひきの）山まで光って　咲く花が　にわかに散ってしまったような　我らの皇子よ〉

*大伴家持《おおとものやかもち》の安積皇子《あさかのみこ》*挽歌《ばんか》の反歌*。安積皇子は聖武《しょうむ》天

皇の息子。皇位継承争いの渦中《かちゅう》で、不審《ふしん》な死を遂《と》げた。この反歌は、春の繁栄の最中の突然の死を描いて、あざやかな対照を示す。「咲く花の散りぬるごとき」とある「花」は桜だろう。爛漫《らんまん》と咲き誇るその落花の一瞬を描いて、つよい印象を残す。

桜の花が死と結びつくのは、散りやすさのためだけではないだろう。

（中　略）

(3)桜には真先に春の霊威が宿り、その花には充実《じゅうじつ》した生命力が充ちあふれている。それゆえに、穀霊（稲霊）の＊依《よ》り代《しろ》とされ、花の早く咲き散ることが不作や疫病蔓延《まんえん》の予兆として忌《い》まれることにもなっていく。しかし、異界の霊威が宿ることは、一方で異常な状態が生ずることでもある。満開の桜それ自体にすでに日常の秩序を超える妖《あや》しさが宿っていた。春の霊威の依《よ》り憑《つ》く桜は繁栄の象徴ではあるが、同時にその裏側で死と隣り合わせの狂気《きょうき》が意識されていた。＊満朶《まんだ》と咲き誇る桜の下に立つ時、誰しも異世界に連れ去られるかのような戦慄《せんりつ》を覚えるが、それこそが人を死へと誘《さそ》う桜の狂気性をよく示している。(4)梶井基次郎《かじいもとじろう》『桜の樹《き》の下には』、坂口安吾《さかぐちあんご》『桜の森の満開の下』など、現代に至るまでその狂気性を主題とする作品が絶えないのも、桜のそうしたありかたゆえである。華麗《かれい》でありつつも、死への妖しい誘いを隠しもつ狂気性が、たしかに桜の花にはある。

（多田一臣「神話の桜・万葉の桜」による）

〔注〕カザシやカヅラ――どちらも蔓草《つるくさ》や花などを頭髪《とうはつ》の飾《かざ》りとしたもの。
仲冬《ちゅうとう》――十一月の異称《いしょう》。
常世国《とこよのくに》――遙《はる》かかなたにあると信じられた不老不死の国。
タヂマモリ――古代の伝説上の人物。
香果《かくのみ》――香りのよい木の実。
天孫――地上に降臨した神の子孫。
大神《おおみわ》、狭井《さい》神社――奈良《なら》県にある神社。
大伴家持《おおとものやかもち》――奈良時代の歌人。
挽歌《ばんか》――死を悲しみ悼《いた》む歌。
反歌――長歌の後に添える短歌。
依《よ》り代《しろ》――神霊が招き寄せられて乗り移るもの。
満朶《まんだ》――満開の花の枝。

〔問1〕 よく出る 基本 (i)到来、(ii)らしいについて次の①、②に答えよ。（各2点）

① (i)到来とあるが、この熟語と同じ構成のものを、本文中の点線部アからエのうちから選べ。

ア、季節　イ、由縁　ウ、保証　エ、古式

② (ii)らしいとあるが、これと同じ意味・用法のものを、次の各文の――を付けた「らしい」のうちから選べ。

ア、今年の春は暖かくなるらしい。
イ、彼の言うお世辞はしらじらしい。
ウ、かわいらしい小犬が走っている。
エ、社会人らしい服装を心がける。

〔問2〕 (1)桜が異界の霊威を宿す植物であることは、次の伝承によく示されている。とあるが、筆者が「桜が異界の霊威を宿す植物である」と述べたのはなぜか。次のうちから最も適切なものを選べ。（4点）

ア、橘の実にまつわるタヂマモリの伝承からすれば、桜も神秘的な別世界から到来したからこそ「非時」に咲くのだと信じられていたはずだと考えているから。
イ、天皇が冬に早く咲いた桜の珍しさを喜ぶ伝承からすれば、桜は春の訪れとともに発露《はつろ》する生命力の象徴であると感じられていたはずだと考えているから。
ウ、「非時」に咲いている桜の花を見た天皇がその時にいた離宮の名前にしたという伝承から、「非時」に咲く桜は貴重なものだったはずだと考えているから。
エ、冬に咲く桜を喜ぶ伝承や恋人の形容として桜を用いる表現から、桜には別世界で付与される神秘的な力に根ざす祝福性があったはずだと考えているから。

〔問3〕 よく出る 基本 (2)石長比売《いはながひめ》を返したまひしによりてを全て現代仮名づかいのひらがなに直して書け。（4点）

〔問4〕 基本 [I]および[II]に当てはまる語の組み合わせはどれか。次のうちから最も適切なものを選べ。（4点）

ア、[I]＝堅固　[II]＝うるわしく
イ、[I]＝永遠　[II]＝はかなく
ウ、[I]＝強大　[II]＝頼りなく
エ、[I]＝恒久《こうきゅう》　[II]＝せわしく

〔問5〕 (3)桜には真先に春の霊威が宿り、その花には充実《じゅうじつ》した生命力が充ちあふれている。とあるが、そうだからこそ散り方が人々の関心の対象となった。このことを次の[　]のように説明するものとする。[A]、[B]に入る適切な言葉を、本文のこの傍線部《ぼうせんぶ》より前から抜き出して書け。なお、[A]には九字の言葉が、[B]には六字の言葉が入るものとする。（各3点）

> 桜が、[A]のではなく、[B]ことは、不作や疫病蔓延の予兆として忌まれた。

〔問6〕 (4)梶井基次郎《かじいもとじろう》『桜の樹《き》の下には』、坂口安吾《さかぐちあんご》『桜の森の満開の下』など、現在に至るまでその狂気性を主題とする作品が絶えないのも、桜のそうしたありかたゆえである。とあるが、「桜のそうしたありかた」とはどういうことか。次のうちから最も適切なものを選べ。（4点）

ア、桜が散ることは、花が身代わりになるものとして、人間の恐れる病や災《わざわ》いを浄化《じょうか》する神聖さをもっているということ。
イ、桜が散ることは、繁栄の中にきざす滅びの象徴として、実りの豊凶などの未来を占う力をもっているということ。
ウ、桜が咲くことは、この世の道理を外れた力によるものとして、死をはらんだ不気味さをもっているということ。
エ、桜が咲くことは、子孫の繁栄や国の栄華《えいが》の象徴として、永遠に富み栄えるための呪力をもっているということ。

神奈川県

時間 50分　満点 100点　解答 P21　2月15日実施

出題傾向と対策

●知識問題、古文、小説文、論説文、表やグラフを読み解く問題の大問五題構成。古文の問題文はやや長め、現代文は難易度も高くなく、分量も標準的。設問は選択式が多く、記述問題は四十字以内のグラフに関する問題のみ。

●全体の分量が多いので、時間を測って過去問を解き、ペース配分を掴みたい。読解中心ではあるが、漢字の読み書き、文法もでているので基礎基本を大切にしたい。古文は、文法は出題されていないが、読解の要であるので、疎かにせずに知識を定着させたい。

注意事項　解答用紙（省略）にマス目がある場合は、句読点などもそれぞれ一字と数え、必ず一マスに一字ずつ書きなさい。なお、行の最後のマス目には、文字と句読点などを一緒に置かず、句読点などは次の行の最初のマス目に書き入れなさい。

一　漢字の読み書き・意味用法の識別・鑑賞　よく出る　基本

問一、次の問いに答えなさい。（計20点）

(ア)次の1～4の各文中の――線をつけた漢字の読み方を、ひらがなを使って現代仮名遣《げんだいかなづか》いで書きなさい。（各2点）

1、元気よく挨拶する。　2、政権を掌握する。

3、惜別の念を抱く。　4、無事に目的を遂げる。

(イ)次のa～dの各文中の――線をつけたカタカナを漢字に表したとき、その漢字と同じ漢字を含《ふく》むものを、あとの1～4の中から一つずつ選び、その番号を答えなさい。（各2点）

a　エンチュウの体積を求める。

1、ピアノをエンソウする。

2、会議をエンカツに進める。

3、友人とソエンになる。

4、ガンエンを料理に使う。

b　会員としてトウロクする。

1、富士山のトウチョウに成功する。

2、伝家のホウトウを抜く。

3、熊《くま》がトウミンする。

4、国会でトウシュが討論を行う。

c　公民館のキソクを守って楽しむ。

1、太陽の動きをカンソクする。

2、ヤクソクを果たす。

3、管理に関するサイソクを定める。

4、キュウソクをとる。

d　税金をオサめる。

1、関係をシュウフクする。

2、ストーブにキュウユする。

3、運動会をケッセキする。

4、毎日ナットウを食べる。

(ウ)次の例文中の――線をつけた「に」と同じ意味で用いられている「に」を含む文を、あとの1～4の中から一つ選び、その番号を答えなさい。（2点）

> 例文　すでに支度を済ませた。

1、今朝は特に冷え込んだ。

2、彼女は穏《おだ》やかに話す。

3、景色に目を奪われた。

4、寒いのに薄着で過ごす。

(エ)次の俳句を説明したものとして最も適するものを、あとの1～4の中から一つ選び、その番号を答えなさい。（2点）

> 鵙《もず》の空書斎《しょさい》はひくゝ《(く)》ありと思《も》ふ《(う)》　山口《やまぐち》　青邨《せいそん》

1、書斎で悲しげに鳴く鵙の声を聞き、狭い室内ではなく広い空こそが鵙にとっての居場所だと感じ、放つことを決意したさまを、「鵙」という語を句の頭に置くことで印象深く描いている。

2、しきりに鳴く鵙に誘《さそ》われ、閉じこもっていた書斎から出て実感した秋空の雄大《ゆうだい》さと、季節の移ろいに気付かせてくれた鵙に対する深い思いを、「鵙の空」という語句で象徴的に描いている。

3、行《ゆ》き詰まっている自身の現状を、「書斎はひくゝあり」という語句で明確に示すと同時に、広い空を飛んでいる鵙を見て抱いた自由への憧《あこが》れを、明るい将来への希望を交えて描いている。

4、書斎に聞こえてくる鵙の声に、開放的な秋空の明るさや高さが想起されるとともに、書斎やそこにいる自身が対照的に意識された感慨《かんがい》を、直接的に「思ふ」という語を用いて描いている。

二　（古文）内容吟味

次の文章を読んで、あとの問いに答えなさい。（計16点）

> 「尼《あま》」は、自身で仏像を描き写した絵（絵仏）を寺へ安置して熱心に拝んでいたが、しばらく寺を離れている間に、その絵仏は盗まれてしまった。

尼悲しび嘆《なげ》きて、堪ふるに《(力の及ぶ限り)》随《したが》ひて東西を求むといへども、たづね得ることなし。しかるにこのことを嘆き悲しみて、(注)放生を行ぜむと思ひて、(注)摂津《せっつ》の国の難波《なには》のあたりに行きぬ。河のあたりに徘徊《はいくわい》する間、市より帰る人多かり。見れば荷《にな》へる箱を樹《き》の上に置けり。主《あるじ》は見えず。尼聞けば、この箱の中に種々《くさぐさ》の生類の音《(声)》あり。これ(注)畜生《ちくしゃう》の類を入れたるなりけりと思ひて、1必ずこれを買ひて放たむと思ひて、しばらく留《とど》まりて箱の主の来るを待つ。

やや久しくありて箱の主来れり。尼これに会ひて曰《い》はく、「この箱の中に種々の生類の音あり。われ放生のために来れり。これを買はむと思ふ故になんぢ《(あなた)》を待つなり。」と。

箱の主答へて曰はく、「これさらに生類を入れたるにあらず。」と。尼なほ固くこれを乞《こ》ふに、箱の主、「生類にあらず。」と争ふ。その時に市人等《いちびとら》来り集まりて、このことを聞きて曰はく、「[2]すみやかにその箱を開けてその虚実を見るべし。」と。しかるに箱の主あからさまに（ほんの少しの間）立ち去るやうにて、箱を捨てて失《う》せぬ。たづぬといへども行き方を知らず。早く逃げぬるなりけりと知りて、そののち、箱を開けて見れば、中に盗まれにし絵仏の像おはします（いらっしゃる）。尼これを見て、涙《なみだ》を流して喜び悲しびて、市人等に向かひて曰はく、「われ、前《さき》にこの仏の像を失ひて、日夜に求め恋《こ》ひたてまつりつるに、今思はざるに会ひたてまつれり。うれしきかな。」と。市人等これを聞きて、[3]尼を讃《ほ》め尊び、箱の主の逃げぬることをことわりなりと思ひて、憎《にく》みそしりけり。尼これを喜びて、いよいよ放生を行ひて帰りぬ。仏をば元の寺にゐてたてまつりて（お連れ申し上げて）、安置したてまつりけり。

これを思ふに、仏の、箱の中にして音を出《い》だして尼に聞かしめたまひけるが、あはれにかなしく尊きなり。

（「今昔物語集《こんじやくものがたりしゆう》」から。）

（注）放生＝徳を積むために、捕らえた生き物を放す行いのこと。
摂津の国の難波のあたり＝現在の大阪市周辺。
畜生＝鳥や獣、虫などの総称《そうしょう》。

(ア) ――線1「必ずこれを買ひて放たむ」とあるが、「尼」がそのように思った理由を説明したものとして最も適するものを次の中から一つ選び、その番号を答えなさい。（4点）

1、絵仏を探す道中で、生き物の声がする箱を見つけ、放生を行って絵仏を盗まれた悲しみを癒《いや》すことを思いついたから。
2、盗まれた絵仏を見つけ出すことができず、放生を行おうと考えて訪れた場所で、生き物の声がする箱を見つけたから。
3、盗まれた絵仏の情報を得ようと訪れた市場で、生き物の入った箱が売られているのを見て、放生に最適だと気付いたから。
4、絵仏を盗まれた罪悪感を消すため、放生を行いながら歩いていたところ、樹の上に置かれた箱から生き物の声がしたから。

(イ) ――線2「すみやかにその箱を開けてその虚実を見るべし。」とあるが、「市人等」がそのように言った理由を説明したものとして最も適するものを次の中から一つ選び、その番号を答えなさい。（4点）

1、放生のために箱を求める「尼」と、生き物は入れていないと主張する「箱の主」が争っていたから。
2、生き物の入った箱を譲《ゆず》ってほしい「尼」と、生き物を手放したくない「箱の主」が争っていたから。
3、自分が放生を行うべきだと訴《うった》える「尼」と、自らの手で放生を行いたい「箱の主」が争っていたから。
4、生き物の声がしたと指摘《してき》する「尼」と、何も入っていないとうそをつく「箱の主」が争っていたから。

(ウ) ――線3「尼を讃め尊び、箱の主の逃げぬることをことわりなりと思ひて、憎みそしりけり。」とあるが、それを説明したものとして最も適するものを次の中から一つ選び、その番号を答えなさい。（4点）

1、「市人等」は「尼」の話を聞き、絵仏の入った箱を取り戻した「尼」を祝福するとともに、「尼」の箱を盗んだ「箱の主」が放生に参加せず去ったのは当然だと非難した。
2、「市人等」は「尼」の話を聞き、盗まれた絵仏を見つけた「尼」をたたえるとともに、悪事を働いたことを悔やんだ「箱の主」が人知れず姿を消したのは当然だと非難した。
3、「市人等」は「尼」の話を聞き、絵仏を強く求め続けた「尼」を賞賛するとともに、「尼」の絵仏を盗んだ「箱の主」が逃げ出したのはもっともなことだと非難した。
4、「市人等」は「尼」の話を聞き、生き物の命を救った「尼」をほめるとともに、必要以上に生き物を捕らえていた「箱の主」が逃げたのはもっともなことだと非難した。

(エ) **よく出る** 本文の内容と一致《いっち》するものを次の中から一つ選び、その番号を答えなさい。（4点）

1、「仏」が応えてくれると信じて放生を行った「尼」は、絵仏を無事に取り返すことができたため、今後も熱心に絵仏を拝もうと心に決めた。
2、探していた絵仏を見つけることができた「尼」は、「箱の主」や「市人等」に放生を行うことの大切さを説いたのち、絵仏を寺へ持ち帰った。
3、「尼」は絵仏を盗んだ「箱の主」を許しただけではなく、ともに放生を行うことによって罪を悔い改めさせたため、「市人等」から尊敬された。
4、「仏」が箱の中から存在を知らせたおかげで、盗まれた絵仏を無事に取り戻すことができた「尼」は放生を行い、絵仏を元の寺に安置した。

三 （小説文）内容吟味・聞く話す

次の文章を読んで、あとの問いに答えなさい。（計24点）

> 花火屋「鍵屋《かぎや》」の主人である六代目「弥兵衛《やへえ》」は、飢饉《ききん》の影響を受けている江戸《えど》の町や人々を活気づけるため、数か月後に開催される水神祭《すいじんさい》で花火を打ち上げようと計画し、ともに働く「京次《きょうじ》（京《きょう》さん）」「元太《げんた》」「喜助《きすけ》」「新蔵《しんぞう》」も賛同した。「弥兵衛」たちは資金の援助《えんじょ》を頼もうと、手分けして茶屋や屋台、船宿などに出向いたものの、良い返事は得られずにいた。

江戸っ子の心意気ってのを、忘れちまったのかねえ。何をするにも気持ちが第一じゃねえか。皆で元気を出そうってのに、何で分からんかねえ――不平不満が撒《ま》き散《ち》らされてゆく。弥兵衛も始めは同じ気持ちだったが、聞いているうちに少し違う思いが生まれてきた。

1「……どうして。」悪口雑言《あっこうぞうごん》の飛び交う中、小声で自問した。

どうしてなのだろう。鍵屋の皆は、こう言ってくれるのに。分かってくれるのに。なぜ、茶屋や屋台には通じないのだろう。(注)西詰《にしづめ》の店も同じだ。

今のご時世が悪いからには違いあるまい。が、そのせいだとばかり思うのは、いささか手前勝手に過ぎる気もする。

自分は、何か見落としていないか。

「茶屋も屋台も、しみったれたこと言いやがって。旦那《だんな》はよう、世の中のためにやろうとしてんじゃねえか。」

「ねえ旦那さん。もう、やめちまいましょうよ。何が正しいか分からねえ奴《やつ》らなんて、勝手に野垂れ死にすりゃいいんだ。」

京次と元太が怒りのやり場を探している。弥兵衛は二人の言葉をゆっくり嚙《か》み砕《くだ》いた。

世の中のために。京次の言うとおり、自分はそのつもりである。

何が正しいか分からない奴らなど。元太の言うとおり、放って置いても良いはずだ。

だが。

正しいとは何だろう。

世のためとは、いったい何なのだろう。

分からなくなってきた。

作事場の面々はまだ言い足りないらしく、あれこれの文句を繰り返している。

うんざりしたように、(注)市兵衛《いちべえ》が「うるせえなあ。」とぼやいた。

「おい元太。口動かしてる暇があったら、手ぇ動かせ。」

「そうは言うけどねえ、父《と》っつぁんよう。旦那さんは世のため人のため、正しいこと、しようとしてんですぜ。なのに誰も分からねえなんて、情けねえたあ思いやせんか。」

「正しいとか何とかほざくならよ、おめえが何者か考えな。花火屋だろ。だったら夕飯の賄《まかな》いまで、手ぇ動かして火薬作んのが正しいんじゃねえのかい。」

2言われた元太はむっつりとした顔になり、そっぽを向いて「はいよ。」と応じた。

「父っつぁんの仰《おっしゃ》るとおりでごぜえます。手ぇ動かすのが正しい。ええ、正しいですとも。」

いつものやり取りである。だが、そんな珍しくもない言葉が、弥兵衛の胸に深く刺さった。

「正しい……か。ねえ喜助さん。元太さんも。あたしは、本当に正しいんですかね。」

俯《うつむ》いたまま問うた。元太は「え。」と言ったきり何も返せずにいる。

弥兵衛は「おや。」と何かを感じた。誰かの——左側にいる市兵衛の気配が変わっている。ここしばらく癇《かん》に障《さわ》る物腰が続いていたのだが、どうしたのだろう。

そういう戸惑いを余所《よそ》に、正面で背を丸める新蔵が、なよなよした声を寄越した。

「本当に正しいのかって、そんな。こないだの(注)銀六《ぎんろく》さんと仙吉《せんきち》さんでしたっけ。あの二人と旦那様の話……あっし、目頭が熱くなって仕方なかったんですから。今さら、あれが間違いだったって言われたら、どうすりゃいいんです。同じ気持ちで茶屋の人たちも誘《さそ》ってんでしょう？　だったら正しいに決まってますよ。」

弥兵衛は俯いた顔を上げ、小さく笑みを浮かべて頷《うなず》く。

聞きたいのは、そういうことではなかった。

果たして自分は、本当に正しかったのか。

水茶屋も屋台の衆も、商いの何たるかを忘れている。人々の心が暗闇《くらやみ》に押し込まれ、半年以上も上手《うま》く行かずにきたからだろう。鍵屋も他と同じ、去年の夏はろくに稼《かせ》げず蓄《たくわ》えを吐き出し、切《き》り詰《つ》めて切り詰めて、どうにかなっている格好だ。

それでも、自分は踏ん張ろうとしている。こんなご時世だからこそ、何を糞《くそ》と歯を食い縛らねばならないのだ。父にそう育てられたし、努めてそう生きようと自らを戒めてきた。

だから、それで当然だと思っていた。しかし——。

「河原の蒲公英《たんぽぽ》。」

ぽつりと漏《も》れた。船宿を回った後の(注)大川端《おおかわばた》が、頭に蘇《よみがえ》る。

あの日、思ったではないか。お天道様《てんとさま》の機嫌が直れば、野の草はまた花を咲《さ》かせる。だが、人はそう簡単ではないのだと。

「……そうだね。」

誰もが気を塞《ふさ》いだままでは、世の中は良くならない。これは確かな話だ。ひとりひとりが「やってやる。」の意気を持って、初めて全てが良い方に転がる。

しかし、だから自分と同じ心を持てと言って回るのは、違うのかも知れない。周りにいる皆、分かってくれる人ばかりを見て、そこを勘違《かんちが》いしていたのではあるまいか。

「正しい、か。そいつは……腹が立つだろうねえ。」

「へえ？」

市兵衛が口を開いた。

横目に見れば、七十も近い頰《ほお》が少しばかり緩《ゆる》んだかに見えた。

それによって、胸を包んだ霧《きり》が晴れたような気がする。

参った。これぞ年の功だ。

3市兵衛はこちらの苦笑をちらりと一瞥《いちべつ》し、それと分からぬくらいに頷くと、もそりと立ち上がって行灯《あんどん》に歩を進めた。

そうだ。自分は勘違いしていた。

このところ市兵衛の物言いに嫌気が差していた。しかし、ずっとそうだった訳ではない。水神祭で花火を上げよう、世の中を明るくしようと話した時には、他の面々と同じに奮い立っていたのだ。変わったのは、幕府から金が出ないと決まり、その分を皆から集めようと考えてからである。

両国橋西詰《りょうごくばしにしづめ》の店に金を出してくれと頼んだ。屋台を呼び、掘《ほ》っ立《た》て小屋を作って出店を募《つの》ろうとした。どちらも断られはしたが、間違いなく良案である。そして自分は正しかった。

しかし。花火屋なら手を動かすのが「正しい。」と言われた時の元太を見て、やっと分かった。自分はいい気になっていた。良案を捻《ひね》り出《だ》して、浮かれていたのだ。

何が正しいかは、きっと誰にも分かっているのだろう。とは言いつつ、踏ん切りを付けられるかどうかは人それぞれだ。同じでなど、あろうはずがない。自分が正しいからと言って、他人にも同じであれと押し付ける。それは、驕《おご》りだ。

「[4]あたしは正しかった。でも、間違ってたんだ。」

誰も口を開かない。弥兵衛はぐっと奥歯を噛んだ。日が傾き、作業場は暗さを増している。左手の奥では、市兵衛がいつもどおりの顔で行灯に火を入れていた。

「あの、旦那様。あっし……どうしたらいいんです？」

新蔵が頼りなげに問う。不思議とおかしさが湧《わ》いてきた。

「はは……。ははは、はは！　あっはははははっ。」

静かに漏れた笑いは、すぐに天を仰いでの大笑いに変わった。市兵衛を除いて皆が身を強張《こわば》らせ、新蔵に至っては「うひぃ。」と腰を抜かしている。

弥兵衛は笑いながら「すみませんね。」と詫《わ》び、涙目《なみだめ》の新蔵に向いて力強く言った。

「どうしたらも何もありません。やると決めたら、やるんです。明日も屋台回りですからね。それから小屋の方、材木の仕入れなんかも遅れないでくださいよ。こき使って申し訳ないけどさ。」

そして、ひとりずつ顔を見た。

「あたしと喜助さんは茶屋回りだ。元太さんに京さん、火薬は山ほど要りますから、まだまだ作り増してもらいますよ。市兵衛さんも、たっぷり星(注)を固めといてください。」

市兵衛が、にやりと笑みを見せる。元太と京次は、狐《きつね》に摘《つま》まれたように「へえ。」と返した。

喜助から、戸惑いがちな問いが向けられた。

「やる、ってのは構わねえんですがね。後払《あとばら》いだの手間賃だのは、どうすんです。」

「聞いてやんなさい。当たり前でしょう。」

世に明るさを取り戻したい。そのために動こうと言うなら、高みに立っていてはならないのだ。尻込《しりご》みする者があれば、そこまで下りて行き、まず光明を見せねばならない。全ての人が自分と同じではないのだから。

「[5]うちが全部被る羽目になるかも、ですぜ。」

市兵衛が釘《くぎ》を刺した。ただし、この上なく穏《おだ》やかな声である。弥兵衛は「ええ。」と眼差《まなざ》しに力を込めた。

「しくじれば鍵屋は傾くでしょうけどね。それでも、やるんです。言いだしっぺは、あたしなんだ。出店を頼む相手だけじゃない、うちも懸命でなけりゃ……でしょう？」

「まあ、そうでさあね。」

市兵衛の物腰に、もう嫌なものは見えない。安堵《あんど》したような眼差しだけがある。弥兵衛は自らを恥じる笑みで応じた。

（吉川《よしかわ》永青《ながはる》「憂《う》き夜《よ》に花を」から。一部表記を改めたところがある。）

（注）西詰＝橋の西側の端を指す。ここでは、現在の東京都にある両国橋の西端のこと。
市兵衛＝先代の頃《ころ》から「鍵屋」を支えてきた職人。
銀六さんと仙吉さん＝「弥兵衛」が「鍵屋」へ呼び、夕飯をふるまったことのある町人。
大川端＝現在の東京都を流れる隅田川《すみだがわ》（当時は大川《おおかわ》）下流の右岸一帯。
星＝花火が開いた時に花弁の部分を形作る、火薬を練り固めたもの。

(ア)――線1「悪口雑言の飛び交う中、小声で自問した。」とあるが、そのときの「弥兵衛」を説明したものとして最も適するものを次の中から一つ選び、その番号を答えなさい。（4点）

1、江戸っ子の心意気を茶屋や屋台の人々が失っていることに腹を立てていたが、自分たち以外の人を巻き込もうとすること自体が身勝手なのではないかと悩《なや》み始《はじ》めている。

2、自分たちの考えを理解してくれない茶屋や屋台の人々に対して不満を抱いていたが、世の中の情勢以外にも協力を得られないわけがあるのではないかと思い始めている。

3、世の中のために団結することを渋《しぶ》る茶屋や屋台の人々に対していらだっていたが、怒りに任せて口汚く罵《ののし》ってしまった自分たちは卑劣なのではないかと後悔し始めている。

4、飢饉に対する不満を漏らす皆に同調して世の中を憂《うれ》いていたが、茶屋や屋台の人々が協力的でない原因を時世に求めることが間違っているのではないかと感じ始めている。

(イ)――線2「言われた元太はむっつりとした顔になり、そっぽを向いて『はいよ。』と応じた。」とあるが、そのときの「元太」を説明したものとして最も適するものを次の中から一つ選び、その番号を答えなさい。（4点）

1、人のために奔走《ほんそう》する「弥兵衛」とは違い、「鍵屋」の利益にしか興味がない「市兵衛」の視野の狭さは改めてほしいが、未熟な自分は意見できる立場ではないと諦《あきら》め、投げやりになっている。

2、目の前の作業に専念するべきだという「市兵衛」の言葉を聞いて、感動を覚えるとともに、「弥兵衛」や自分たちの考え方が間違っていることが分かったものの、素直に認められずにいる。

3、「鍵屋」の一員である「市兵衛」ならば、自分のやり場のない思いを理解してくれるだろうと思っていたが、共感を得られなかったばかりか取り合ってもらえず、いらだちを覚えている。

4、「弥兵衛」の素晴らしさを「市兵衛」に訴《うった》えたところ厳しく批判され、ともに働いていくことに嫌気が差したものの、今まで「市兵衛」には世話になってきたため、思いを口に出せずにいる。

(ウ)――線3「市兵衛はこちらの苦笑をちらりと一瞥し、それと分からぬくらいに頷くと、もそりと立ち上がって行灯に歩を進めた。」とあるが、そのときの「市兵衛」を説明したものとして最も適するものを次の中から一つ選び、その番号を答えなさい。（4点）

1、人に頼ることなく行いを振り返っている「弥兵衛」の姿を目にして大きな成長を認めつつ、見守ることしかできない寂《さび》しさを覚えてその場を離れようとしている。

2、皆の言葉から悩みを解決する手がかりを「弥兵衛」が見つけ出したと分かり、自分の考えは古びていて「弥兵衛」たちには受け入れがたいのだと痛感している。

3、自分の言動を「弥兵衛」が苦々しく感じていると気付いたが、何をするべきか見失っている「弥兵衛」を導くのは自身の役目だと信じて行動しようとしている。

4、振る舞い方を見つめ直してほしいという自分の思いに気付いた様子の「弥兵衛」を見て、口出しせずとも自ら答えを導き出すことができるだろうと感じている。

(エ)――線4「あたしは正しかった。でも、間違ってたんだ。」とあるが、そのときの「弥兵衛」を説明したものとして最も適するものを次の中から一つ選び、その番号を答えなさい。(4点)

1、皆で協力すれば世の中は変えられるという考えは正論だったが、世の中のために尽くすよう人々に求めても具体策が浮かばなければ受け入れられなくて当然だと、自身の言動を後悔している。

2、苦しんでいる人々のために力を尽くすという信条は正しかったが、自らの考えを言葉にして伝えようとしなければ人々に理解してもらえないのは当たり前だと、自身の言動を反省している。

3、強い気持ちを持って苦しい状況を乗り越えるべきだという考え方は間違っていなかったが、自分の信念を押し付けるだけでは人々の賛同を得られなくて当然だと、自身の言動を省みている。

4、資金を援助してもらうとともに出店を募って現状を打破するという発想は良案だったが、人々をまとめる力がなければ手を貸してくれないのも無理はないと、自身の言動を振り返っている。

(オ) **新傾向** ――線5「うちが全部被る羽目になるかも、ですぜ。」とあるが、ここでの「市兵衛」の気持ちをふまえて、この部分を朗読するとき、どのように読むのがよいか。最も適するものを次の中から一つ選び、その番号を答えなさい。(4点)

1、大きな損害を受ける可能性があると分かった上で、それでも人々に寄り添って後押しすることを決断した「弥兵衛」の思いを理解し、覚悟の強さを試すように読む。

2、皆で逆境に立ち向かうという「弥兵衛」の信念を尊重しつつ、事態を軽視して人々の要求を安易に受け入れる姿に心配を募らせ、考えの甘さをたしなめるように読む。

3、皆と協同するだけではなく、ひとりでもできることを模索《もさく》していく姿勢が必要だという「弥兵衛」の考えに共感を示すとともに、待ち受ける困難を気遣《きづか》うように読む。

4、懸命に花火を作る姿を示すことこそが、人々に対する励ましになると気付いた「弥兵衛」を誇らしく思いながらも、受ける被害が大きいことを理解させるように読む。

(カ)この文章について述べたものとして最も適するものを次の中から一つ選び、その番号を答えなさい。(4点)

1、自身の正しさを考える中で、「市兵衛」を初めとした多くの人に支えられていることへの感謝の念を抱くとともに、世の中を立て直す覚悟を決めた「弥兵衛」のさまを、多彩《たさい》な比喩を用いて描いている。

2、「鍵屋」の皆とのやり取りの中で、人の事情や気持ちに思いを至らせる大切さに気付いた「弥兵衛」が、世の中を明るくしようという決意を新たにするさまを、江戸っ子の言葉遣いを交えて描いている。

3、皆に自身の気持ちが伝わらないことに苦悩《くのう》していた「弥兵衛」が、自らのあやまちに気付くことにより、上に立つ者としての自覚を持ち大きく成長していくさまを、「鍵屋」の皆の視点から描いている。

4、正しさに対する捉《とら》え方《かた》の相違から、衝突を繰り返していた「弥兵衛」と「市兵衛」が、お互いの本音を打ち明けて話し合うことを通して和解を迎えたさまを、回想を挟《はさ》みこむことによって描いている。

四 (論説文)文脈把握・内容吟味

次の文章を読んで、あとの問いに答えなさい。(計30点)

ネット上の莫大《ばくだい》な情報への(注)アクセシビリティの拡大と、それらの情報の編集可能性の拡大は、私たちの知的生産のスタイルを大きく変えました。この変化の中で、今日、ネット情報をコピーしてレポートを作成する学生や、報道機関の記者が十分な取材をしないままネット情報を利用して記事を書いてしまい、後でその情報が間違っていたことがわかって問題となるケースなどが生じています。

こうした状況を受け、[1]レポートや記事を書く際、ネット情報の利用はあくまで補助的で、図書館に行って直接文《ぶん》献《けん》を調べ、現場へ足を運んで取材をすべきだと主張する人もいます。他方、そんなことをしていては変化に追いつけないので、ネット検索《けんさく》で得た情報をもとに書くことも認めるべき、さらに踏み込んで、書物や事典を参照して書くことと、ネット検索で得た情報をもとに書くことの間に本質的な差はないと主張する人もいます。ネット情報と図書館に収蔵されている本の間には、そもそもどんな違いがあるのでしょう。私の考えでは、両者には作者性と構造性という二つの面で質的な違いがあります。まず本の場合、誰が書いたのか作者がはっきりしていることが基本です。本というのは、基本的にはその分野で定評のある書き手、あるいは定評を得ようとする書き手が、社会的評価をかけて出版するものです。ですから、書かれた内容に誤りがあったり、誰か他人の著作の(注)剽窃《ひょうせつ》があったりした場合、責任の所在は明確です。その本の作者が責任を負うのです。

これに対してネット上の(注)コンテンツでは、特定の個人だけが書くというよりも、みんなで集合的に作り上げるという発想が強まる傾向にあります。作者性が匿名化《とくめいか》され、誰にでも開かれていることが、ネットのコンテンツの強みでもあります。そこでは複数の人がチェックしているから[2]相対的に正しいという前提があって、この仮説は実際相当程度正しいのです。つまり、本の場合は、その内容について著者が責任を取るのに対し、ネットの場合は、みんなが共有して責任を取る点に違いがあるわけです。

二つ目の、構造性における違いですが、これを説明するためには、「情報」と「知識」の決定的な違いを確認しておく必要があります。一言でいうならば、「情報」とは要素であり、「知識」とはそれらの要素が集まって形作られる体系です。たとえば、[3]私たちが何か知らない出来事についてのニュースを得たとき、それは少なくとも情報ですが、知識と言えるかどうかはまだわかりません。その情報が、既存の情報や知識と結びついてある状況を解釈《かいしゃく》するための体系的な仕組みとなったとき、そのニュースは初めて知識の一部となるのです。

　知識というのはバラバラな情報やデータの集まりではなく、様々な概念や事象の記述が相互に結びつき、全体として体系をなす状態を指します。いくら葉や実や枝を大量に集めても、それらは情報の山にすぎず、知識ではありません。情報だけでは、そこから新しい樹木が育ってくることはできないのです。そしてインターネットの検索システムの、さらにはAIの最大のリスクは、この情報と知識の質的な違いを曖昧にしてしまうことにあると私は考えています。
▼というのもインターネット検索の場合、社会的に蓄積《ちくせき》されてきた知識の構造やその中での個々の要素の位置関係など知らなくても、つまり樹木の幹と枝の関係など何もわからなくても、知りたい情報を瞬時に得ることができるわけです。つまり、ネットのユーザーは、その森のどのあたりがリンゴの樹《き》の群生地で、その中のどんな樹においしいリンゴの実がなっていることが多いかを知らなくても、瞬時にちょうどいい具合のリンゴの実が手に入る魔法を手に入れているようなものです。それで、その魔法の使用に慣れてしまうと、いつもリンゴの実ばかりを集めていて、その4リンゴが実っている樹の幹を見定めたり、そこから出ているいくつもの枝の関係を見極めたりすることができなくなってしまうのです。
　A　AIに至っては、ユーザーは自分がリンゴを探しているのか、オレンジを探しているのかがわからなくても、目的を達成するにはリンゴが適切であることをAIが教えてくれて、しかもまだ検索もしていない間に、適当なリンゴをいくつも探し出してきてくれるかもしれません。結局、私たちは検索システムやAIが発達すればするほど、自力で自分がどんな森を歩いているのかを知る能力を失っていく可能性があります。▲
　本を読んだり書いたりすることが可能にするのは、これらとは対照的な経験です。少なくとも哲学《てつがく》や社会学、人類学、政治学、歴史学などの本に関する限り、5それらの読書で最も重要なのは、そこに書かれている情報を手に入れることではありません。その本の中には様々な事実についての記述が含《ふく》まれていると思いますが、重要なのはそれらの記述自体ではなく、著者がそれらの記述をどのように結びつけ、いかなる論理に基づいて全体の論述に展開しているのかを読みながら見つけ出していくことなのです。この要素を体系化していく方法に、それぞれの著者の理論的な個性が現れます。

　古典とされるあらゆる本は、そうした論理の創造的展開を含んでおり、よい読書と悪い読書の差は、その論理的展開を読み込んでいけるか、それとも表面上の記述に囚《とら》われて、そのレベルで自分の議論の権威づけに引用したり、自分との意見の違いを強調したりしてしまうかにあります。最近では、おそらくはインターネットの影響で、出版された本の表面だけをつまみ食いし、それらの部分部分を自分勝手な論理でつないで読んだ気分になって書かれるコメントが蔓延《まんえん》しています。著者が本の中でしている論理の展開を読み取れなければ、いくら表面の情報を拾い集めてみても本を読んだことにはなりません。

　今のところ、必要な情報を即座に得るためならば、ネット検索よりも優れた仕組みはありません。この点で紙の本の読書は、ネットに敵《かな》わない。わざわざ図書館まで行って、関係のありそうな本を何冊も借りて一生懸命読んでみても、知りたかった情報に行《ゆ》き当《あた》らないというのはよくある経験です。見当違いの本を選んでしまったのかもしれません。借りてきた本を隅《すみ》から隅まで読んでも、肝心なことは書かれていなかったということも起こり得ます。しかしネット検索ならば、はるかに短時間で、関係のありそうな本を読むよりもかなり高い確率で求めていた情報には行き当ります。　B　、ある単一の情報を得るには、ネット検索のほうが読書よりも優れているとも言えるのです。

　それでも、6本の読書は一般的な検索システムよりもはるかに深くそこにある知識の構造を読み取ることができます。これが、ポイントです。調べものをしていて、なかなか最初に求めていた情報に行きつかなくても、自分が考えを進めるにはもっと興味深い事例があるのを読書を通じて発見するかもしれません。それに図書館まで行って本を探していたならば、その目当ての本の近くには、関連するいろいろな本が並んでいて、そのなかの一冊に手を伸ばすことから研究を大発展させるきっかけが見つかるかもしれません。このように様々な要素が構造的に結びつき、さらに外に対して体系が開かれているのが知識の特徴です。ネット検索では、このような知識の構造には至らない。なぜなら検索システムは、そもそも知識を断片化し、情報として扱うことによって大量の迅速《じんそく》処理を可能にしているからです。


（吉見《よしみ》俊哉《しゅんや》「知的創造の条件」から。一部表記を改めたところがある。）

（注）アクセシビリティ＝情報の利用しやすさのこと。
剽窃＝他人の文章などを自分のものとして発表すること。

コンテンツ＝中身や内容物のこと。

(ア) よく出る 基本 本文中の　A　・　B　に入れる語の組み合わせとして最も適するものを次の中から一つ選び、その番号を答えなさい。（2点）
1、A　ただし　B　また
2、A　もし　B　なぜなら
3、A　さらに　B　したがって
4、A　たとえば　B　しかも

(イ) ――線1「レポートや記事を書く際」とあるが、その際の考え方について筆者が紹介した内容を説明したものとして最も適するものを次の中から一つ選び、その番号を答えなさい。（4点）
1、本や取材内容に基づく必要性に言及する意見がある一方で、変化に対応するためネットの活用も認めるべきという考えもあるうえ、参照物があるという点では何を参考にしても同じという意見もある。
2、ネットの普及で情報が容易に入手可能となり、情報をコピーして使うことへの抵抗《ていこう》は少なくなったが、ネットと本では情報の量や質が大きく異なることに留意しなければならないという意見がある。
3、本に載っている情報は使い古されている可能性が高いので、最新情報をネットで入手することを推奨《すいしょう》する意見もあれば、情報源が何であっても情報自体の価値に大きな差は生じないという意見もある。

4、補助的な資料にとどめさえすればネットの活用は認められるべきだが、完成度を高めるためには、本を調べたり現地を訪れたりすることによって集めた情報を再検証することが必要だという意見がある。

(ウ)――線2「相対的に正しい」とあるが、それを説明したものとして最も適するものを次の中から一つ選び、その番号を答えなさい。（4点）

1、ネットの情報は、多数の利用者がともに作成し、確認できる性質を持っているため、ある程度の正しさが保持されているということ。

2、ネットの情報は、誰もが編集可能であり、訂正が迅速に行われる性質を持つため、本の情報と比べて正しさの度合いが高いということ。

3、ネットの情報は、誰でも閲覧《えつらん》でき、専門家の知恵が集結しやすい性質を持っているため、普遍的《ふへんてき》な正しさが保証されているということ。

4、ネットの情報は、複数の人で点検を行い、随時共有できる性質を持つため、本とは異なり誰にでも正しさの判断が可能だということ。

(エ)――線3「私たちが何か知らない出来事についてのニュースを得たとき、それは少なくとも情報ですが、知識と言えるかどうかはまだわかりません。」とあるが、その理由として最も適するものを次の中から一つ選び、その番号を答えなさい。（4点）

1、多くの情報の中から課題解決に役立つものを見つけたとき、初めて知識として皆と共有されるから。

2、新しく情報を得ても、活用して新しい何かを生み出さない限り知識としての価値を持たないから。

3、様々な情報が結びつき体系をなしたとしても、多くの人に知識として認識されるとは限らないから。

4、新たな情報は既知の事柄《ことがら》と統合され、系統立った状態となることで知識と呼べるようになるから。

(オ)――線4「リンゴが実っている樹の幹を見定めたり、そこから出ているいくつもの枝の関係を見極めたりすることができなくなってしまう」とあるが、このリンゴのたとえが示す内容を説明した次の文中の[Ⅰ]・[Ⅱ]に入れる語句として最も適するものを、本文中の▼から▲までの中から、[Ⅰ]については六字で、[Ⅱ]については十字でそれぞれ抜き出し、そのまま書きなさい。（完答で4点）

> インターネット検索によって、[Ⅰ]だけを得る習慣がついてしまうと、知識の体系的な仕組みや、その中にある[Ⅱ]を捉《とら》えることができなくなってしまうということ。

(カ)――線5「それらの読書で最も重要なのは、そこに書かれている情報を手に入れることではありません。」とあるが、その理由として最も適するものを次の中から一つ選び、その番号を答えなさい。（4点）

1、読書においては、情報を読み取ることに意味があるのではなく、著者の意見を踏まえた上で書かれている記述を結びつけ独創的な結論を導き出すことにこそ意味があるから。

2、読書においては、入手した情報そのものが重要なのではなく、書かれている事柄のつなげ方や論述の仕方などといった著者独自の論理展開を読み解くことこそが大切だから。

3、読書においては、収集した情報を吟味《ぎんみ》することが大切なのではなく、自分なりに著者の論述を読み込んだ上で自らの考えと結びつけて展開していくことにこそ価値があるから。

4、読書においては、読み取った情報自体に価値があるのではなく、情報同士の関連性や引用事例を分析《ぶんせき》することでわかる著者の個性豊かな表現技法を知ることこそが重要だから。

(キ)――線6「本の読者は一般的な検索システムよりもはるかに深くそこにある知識の構造を読み取ることができます。」とあるが、それを説明したものとして最も適するものを次の中から一つ選び、その番号を答えなさい。（4点）

1、読者は、本を読んだときに見当外れな情報しか発見できない場合も多くあるため、集めた事柄の関係性を推察して知識として蓄積する力が養われる可能性があるということ。

2、読者は、興味のある事例を調査する過程で正確かつ専門性の高い情報を得る機会に恵まれているため、難解な知識を習得して思考を深化させられる可能性があるということ。

3、読者は、無関係な複数の事例を収集した上で新たな関連性を見つけることを目的として本を読むため、多種多様な知識に対する理解度を高められる可能性があるということ。

4、読者は、本を読むことによって想定外の価値ある事柄や関連する他の事象に出会えることもあるため、単なる情報にとどまらない知識を得られる可能性があるということ。

(ク) **よく出る** 本文について説明したものとして最も適するものを次の中から一つ選び、その番号を答えなさい。（4点）

1、本の情報が軽視されている現状を作者性という視点から指摘《してき》した上で、ネットに依存する危険性についても検索システムの特徴を説明する中で触れ、知識の構造を正確に捉える難しさを論じている。

2、本とは異なるネット情報の性質を説明するとともに、AIの発達に伴って失われていく能力にも触れた上で、検索システムを用いずに得られる知識の有用性について具体例を交えつつ論じている。

3、ネットと本の情報についてそれぞれ誰が責任を負うのか述べるとともに、情報と知識の違いを説明した上で、読書による知識の構造化を検索システムを用いた情報処理と比較《ひかく》しながら論じている。

4、誰にでも開かれているために要素のつながりが捉えやすいというネット情報の特徴を述べた上で、検索システムが情報を断片化して扱うことの弊害《へいがい》に触れながら、読書がもたらす効能を論じている。

五　（対話文）図の読み取り

中学生のAさん、Bさん、Cさん、Dさんの四人のグループは、国語の授業で行われるモーダルシフトをテーマにしたディベートに向け、日本の貨物輸送の現状について調べ、話し合いをしている。次の表、グラフ1、グラフ2と文章は、そのときのものである。これらについてあとの問いに答えなさい。（計10点）

表

輸送方式ごとの国内貨物輸送量　（万トン）

調査年度＼輸送方式	自動車	船舶《せんぱく》	鉄道	航空	総輸送量
平成５年度	582,154	52,884	7,926	86	643,050
平成10年度	581,988	51,665	6,037	102	639,791
平成15年度	523,408	44,554	5,360	103	573,426
平成20年度	471,832	37,871	4,623	108	514,432
平成25年度	434,575	37,833	4,410	103	476,922
平成30年度	432,978	35,445	4,232	92	472,747

国土交通省「国土交通白書」より作成。

Aさん　今回のディベートのテーマであるモーダルシフトとは、様々な問題を解決するために、ある輸送方式を他の輸送方式に転換することです。日本の貨物輸送の課題に対する取り組みの一つとして、国が推進しているものです。

Bさん　私たちは今回のディベートでは、モーダルシフトを進めることに賛成という立場で意見を述べることになっています。まず、モーダルシフトの利点をまとめるために、日本の貨物輸送の現状を確認しておきましょう。

グラフ１

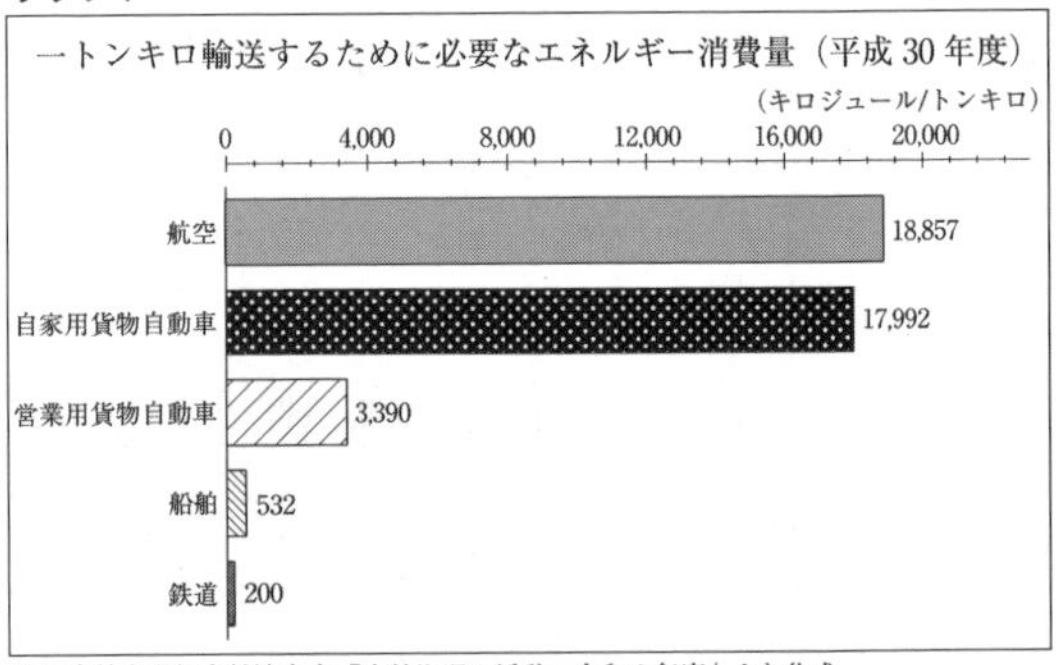

日本内航海運組合総連合会「内航海運の活動・令和２年度」より作成。

グラフ２

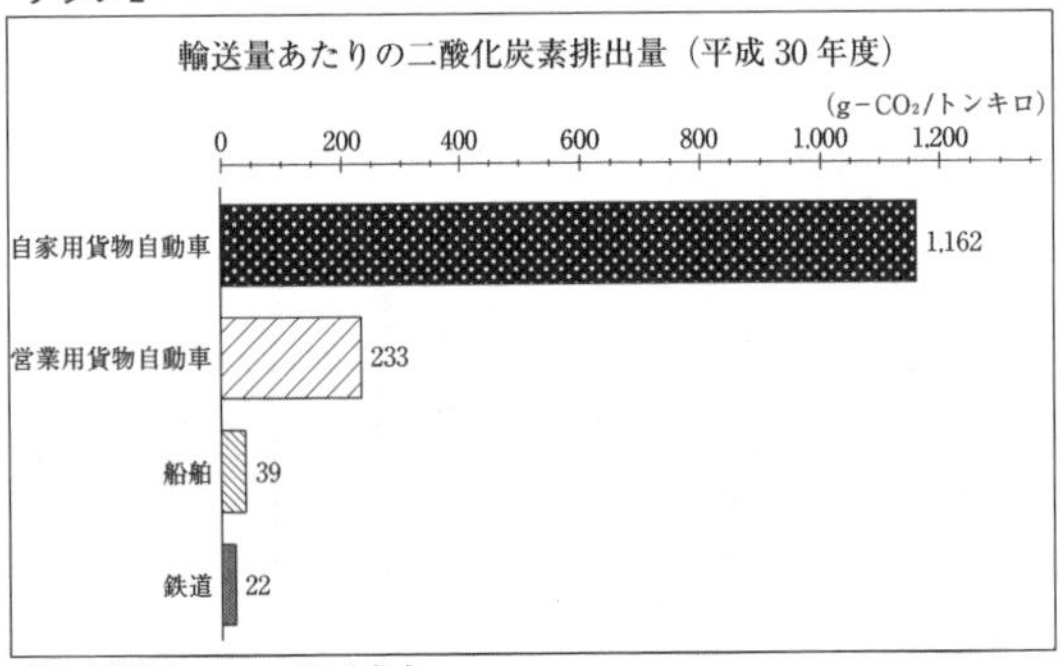

国土交通省ホームページより作成。

Cさん　では、表を見てください。国内貨物の輸送量を輸送方式ごとにまとめたものです。これを見ると、□ことがわかります。

Dさん　また、日本の貨物輸送に関して、地球温暖化や大気汚染といった環境問題や、労働者不足などの問題が生じていることもわかっています。

Aさん　このような問題を解決に導くためにモーダルシフトを進めることは有効であるという方向で、ディベートの準備を進めましょう。

Bさん　ここでグラフ１を見てください。一トンの貨物を一キロ運ぶために必要なエネルギー消費量を、輸送方式ごとにまとめたものです。これを見ると、航空や自家用貨物自動車のエネルギー消費量は、他の輸送方式と比べて非常に多いことがわかります。

Cさん　つまり、船舶《せんぱく》や鉄道には、それらと比べてエネルギー消費量を抑えられるという利点があるのですね。貨物自動車よりも船舶の方が大きいのでエネルギー消費量も多いと思っていましたが、そうではないとわかりました。

Aさん　そうですね。では、モーダルシフトを進めていくと、他にはどのような効果が期待できるでしょうか。

Dさん　グラフ２を見てください。輸送量あたりの二酸化炭素排出量を輸送方式ごとにまとめたものです。自家用貨物自動車の二酸化炭素排出量は、他の輸送方式と比べて非常に多くなっています。

Cさん　営業用貨物自動車の二酸化炭素排出量は、自家用貨物自動車と比べると少ないものの、船舶や鉄道と比べると多いことがわかります。

Bさん　二酸化炭素は、地球温暖化や、それに伴う異常気象の発生といった問題の要因と言われています。二酸化炭素排出量が少ない船舶や鉄道に輸送方式を転換することは、このような問題を解決する手立ての一つとなりそうですね。

Dさん　これまでの話をまとめましょう。グラフ１とグラフ２から読み取った内容から、モーダルシフトを進めていくと、□という効果があると考えられます。

Bさん　しかし、モーダルシフトは思ったほど進んでいないようです。国がモーダルシフトの推進を表明しているにもかかわらず、期待どおりには進展していない理由として、貨物自動車は他の輸送方式と比べて小回りがきき、便利であることがあげられます。

Cさん　ディベートでは、その点が反論として出てきそうですね。しかし、ただ利便性を追求するのではなく、生じている問題を認識し、何ができるかを考えて行動することが大切だと思います。

Dさん　そのためにも、それぞれの輸送方式の特徴を理解した上で、適している輸送方式を考えて転換していくことが求められそうですね。

Aさん　ここまでは、モーダルシフトを進めることの意義について、環境問題の解決という切り口で話し合ってきました。他の問題における効果についても検討するとともに、反論を退ける際に必要となる資料を集めながら、引き続き準備を進めていきましょう。

(ア)本文中の□に入れるものとして最も適するものを次の中から一つ選び、その番号を答えなさい。（4点）

1、平成30年度は平成5年度と比べて、国内貨物の「総輸送量」が三分の二以下になっている

2、平成30年度の国内貨物の「総輸送量」に占《し》める「自動車」の割合は、九割以上である

3、平成30年度の「鉄道」の貨物輸送量は、「船舶」の貨物輸送量の十分の一以下である

4、平成30年度は平成5年度と比べて、「航空」の貨物輸送量が一割以上減少している

(イ) **思考力** 本文中の□に適する「Dさん」のことばを、次の①～④の条件を満たして書きなさい。（6点）

①書き出しの［モーダルシフトを進めていくと、］という語句に続けて書き、文末の［という効果があると考えられます。］という語句につながる一文となるように書くこと。

②書き出しと文末の語句の間の文字数が三十字以上四十字以内となるように書くこと。

③グラフ1とグラフ2からそれぞれ読み取った内容に触れていること。

④「環境問題」という語句を、そのまま用いること。

新潟県

3月4日実施

時間	満点	解答
50分	100点	P23

出題傾向と対策

●漢字の読み書き、文法、古文、論説文の大問四題構成。大問二は例年あった現代文の読解問題がなくなり、文法の知識について幅広い分野からバランスよく問われた。また、古文での五十字記述は他県と比較しても珍しい。

●基礎基本を大切に、幅広い知識を着実に身につけること。また、過去問題や予想問題などを利用し、問題の形式に慣れるとともに、時間を測って解くなどし、解答のページ配分を考えたい。記述問題については、必ず自分で答えを書いてみること。

一 漢字の読み書き　よく出る　基本

次の(一)、(二)の問いに答えなさい。（計20点）

(一)次の1～5について、――線をつけた漢字の部分の読みがなを書きなさい。（各2点）

1、春が近づくと寒さが緩む。

2、観客の応援が熱気を帯びる。

3、収入と支出の均衡を保つ。

4、新作の映画を披露する。

5、名案が脳裏にひらめく。

(二)次の1～5について、――線をつけたカタカナの部分に当てはまる漢字を書きなさい。（各2点）

1、木のミキから枝が伸びる。

2、文房具店をイトナむ。

3、重要なヤクワリを果たす。

4、漁獲量のトウケイをとる。

5、作業のコウリツを高める。

二 文・品詞識別・敬語・活用・意味用法の識別 よく出る 基本

次の(一)～(五)の問いに答えなさい。（計15点）

(一) 次の文中の――線部分と═線部分の関係として最も適当なものを、あとのア～エから一つ選び、その符号を書きなさい。（3点）

川沿いをゆっくり歩く。

ア、主・述の関係　イ、修飾・被修飾の関係
ウ、並立の関係　エ、補助の関係

(二) 次の文中の「細かく」と同じ品詞であるものを、あとのア～エの――線部分から一つ選び、その符号を書きなさい。（3点）

野菜を細かく刻む。

ア、流れる音楽にじっと耳を傾ける。
イ、静かな場所で集中して学習する。
ウ、しばらく休んでから出発する。
エ、楽しい時間はあっという間に過ぎる。

(三) ――線部分の敬語の使い方として最も適当なものを、次のア～エから一つ選び、その符号を書きなさい。（3点）

ア、姉が描いた絵を拝見してください。
イ、あなたが私に申したことが重要です。
ウ、私が資料を受け取りにまいります。
エ、兄は先に料理を召し上がりました。

(四) 次の文中の「起きる」と活用の種類が同じ動詞を、あとのア～エの――線部分から一つ選び、その符号を書きなさい。（3点）

朝起きると、すぐに散歩に出かけた。

ア、目を閉じると、次第に気持ちが穏やかになった。
イ、家に帰ると、妹と弟が部屋の掃除をしていた。
ウ、山を眺めると、頂上に白い雲がかかっていた。
エ、姉が来ると、家がいつもよりにぎやかになった。

(五) 次の文中の「から」と同じ意味で使われている「から」がある文を、あとのア～エから一つ選び、その符号を書きなさい。（3点）

できることから始めてみる。

ア、新年度からバスで学校に行く。
イ、豆腐は主に大豆から作られる。
ウ、過去の経験から状況を判断する。
エ、練習が終わった人から帰宅する。

三 (古文)古典知識・口語訳・内容吟味

次の文章は、兼好法師の「徒然草《つれづれぐさ》」の一部である。この文章を読んで、(一)～(六)の問いに答えなさい。（計30点）

能をつかんとする人《芸能ヲ身ニツケヨウトスル人ハ》、「よくせざらんほどは《ヨクデキナイヨウナ時期ニハ》、なまじひに《ナマジッカ》人に知られじ《人ニ知ラレマイ》。うちうちよく習ひ得《え》てさし出でたらんこ《人前ニ出テ行クヨウナコト》そ《コソ》、いと(1)心にくからめ」と常に言ふめれど《イツモ言ウヨウデアルガ》、かく《コノヨウニ》言ふ人、(2)一芸も習ひ得《う》ることなし。いまだ堅固《けんご》かたほなるより《マダマッタクノ未熟ナウチカラ》、上手《じやうず》の中にまじりて、毀《そし》り笑はるるにも《ケナサレテモ笑ワレテモ》恥ぢず、つれなく《平然ト》過ぎて嗜《たしな》む人《押シ通シテ稽古ニ励ム人ハ》、天性《てんせい》その骨《こつ》なけれども、道になづまず《稽古ノ道ニ停滞セズ》、みだりにせずして《勝手気ママニシナイデ》年を送れば、堪能《かんのう》の嗜《たしな》まざるよりは《芸ガ達者デアッテモ稽古ニ励マナイ人ヨリハ》、終《つひ》に上手の位にいたり、徳たけ《人望モ十分ニソナワリ》、人に許されて《人ニ認メラレテ》、双《ならび》なき名を得《う》る事なり。

天下のものの上手といへども、始めは不堪《ふかん》の聞《きこ》えもあり、無下《むげ》の瑕瑾《かきん》もありき。されども、(3)その人、道の掟正《おきてただ》しく《芸道ノ規律ヲ正シク守リ》、これを重くして放埒《ほうらつ》せざれば、世の博士《はかせ》にて《模範トナリ》、万人《ばんにん》の師となる事、(4)諸道かはるべからず。

(注) 上手＝名人。
天性＝生まれつき。
骨＝器量。天分。
不堪の聞え＝下手だという評判。
無下の瑕瑾＝ひどい欠点。
放埒＝勝手気ままなこと。

(一) よく出る 基本 ……線部分の「いへども」を現代かなづかいに直し、すべてひらがなで書きなさい。（2点）

(二) ――線部分(1)の「心にくからめ」の意味として最も適当なものを、次のア～エから一つ選び、その符号を書きなさい。（4点）

ア、奥ゆかしいだろう　イ、憎らしいだろう
ウ、待ち遠しいだろう　エ、見苦しいだろう

(三) ――線部分(2)の「一芸も習ひ得ることなし」の意味として最も適当なものを、次のア～エから一つ選び、その符号を書きなさい。（4点）

ア、一つの芸能しか身につけることがない。
イ、一度も芸能を習おうと思ったことはない。
ウ、一つの芸能さえ習い覚えることはない。
エ、一度も芸能を習う機会を得たことがない。

(四) ――線部分(3)の「その人」が指す部分を、文章中から十字以内で抜き出して、書きなさい。（5点）

(五) ――線部分(4)の「諸道かはるべからず」とはどういうことか。最も適当なものを、次のア～エから一つ選び、その符号を書きなさい。（5点）

ア、作者が述べる芸能を身につける上での心得は、長い年月を経ても決して変わらないものであるということ。
イ、作者が述べる芸能を身につける上での心得は、芸能のあらゆる分野で共通するものであるということ。
ウ、作者が述べる芸能を身につける上での心得は、どのような分野でも通用すると思ってはならないということ。
エ、作者が述べる芸能を身につける上での心得は、世間ではまだ誰も知っている者がいないということ。

(六) 難 思考力 作者は、芸能を身につける上で、どのようなことが大切だと述べているか。文章全体を踏まえ、五十字以内で書きなさい。（10点）

四 （論説文）文脈把握・内容吟味

次のⅠ、Ⅱの文章を読んで、(一)～(六)の問いに答えなさい。
（計35点）

Ⅰ　ぼくたちは、どうやって社会を構築しているのか？　いったいどうしたら、その社会を構築しなおせるのか？

(1)「社会」というと、自分たちには手の届かない大きな存在に思えるかもしれない。でも、それはたぶん違う。

誰もが、さまざまな人やモノとともに「社会」をつくる作業にたずさわっている。そこでの自分や他人のあり方は、最初から「かたち」や「意味」が決まっているわけではない。他人の内面にあるように思える「こころ」も、自分のなかにわきあがるようにみえる「感情」も、ぼくらがモノや言葉、行為のやりとりを積み重ねるなかで、ひとつの現実としてつくりだしている。この、人や言葉やモノが行き来する場、それが「社会」なのだ。

人との言葉やモノのやりとりを変えれば、感情の感じ方も、人との関係も変わる。商品交換は、感情に乏しい関係をつくりだし、贈与は、感情にあふれた、でもときに面倒な親密さを生み出す。「経済」―「感情」―「関係」は、こうして人にモノをどう与え、受けとり、いかに交換／返礼するかという行為の連鎖からできている。

愛情も、怒りも、悲しみも、自分だけのもののように思える「こころ」も、他者との有形・無形のやりとりのなかで生み出される。そして、(2)そのやりとりの方法が、社会を心地よい場所にするかどうかを決めている。

だから、ひとつめの問いへの答えはこうだ。

ぼくらは、人にいろんなモノを与え、与えられながら、ある関係の「かたち」をつくりだす。そして同時に、その関係／つながりをとおして、ある精神や感情をもった存在になることができる。［A］関係の束としての「社会」は、モノや行為を介した人と人との関わり合いのなかで構築される。そこで取り結ばれた関係の輪が、今度は「人」をつくりだす。

(3)ぼくらが何者であるかは他者との関係のなかで決まる。身近な他者が何者なのかも、あなたがなにをどのように相手に投げかけるかによって変わる。あなたの行為によって相手は何者かになり、相手からの呼びかけや眼差《まなざ》しによって、あなたは何者かであることを強いられたり、何者かになれたりする。

ぼくらは、強固なかたちで最初から「何者か」であるわけではない。ぼくらが他の人にいかに与え、受けとるのか。それによって生じる関係のなかから「わたし」や「わたしたち」が生まれ、「かれ」や「かれら」が生まれている。

だから、ふたつめの問いへの答えはこうなる。

社会の現実は、ぼくらが日々、いろんな人と関わり合うなかでつくりだしている。あなたが、いまどのように目の前の人と向き合い、なにを投げかけ、受けとめるのか。そこに「わたし」をつくりだし、「あなた」という存在をつくりだす社会という「運動」の鍵がある。

相手に投げかけられる言葉、与えられるモノ、投げ返される行為。そこで見えてくる「わたし―あなた」という関係、「わたしたち／かれら」という存在のかたち。そのどれをとっても、一時も動きを止めているものはない。

ぼくらが動かし、動かされ、そのつどある「かたち」を浮かび上がらせている「関係としての社会」。とどまることなく、否応《いやおう》なしに、誰もがこの運動の連鎖のただなかにいるからこそ、ぼくらは、その社会を同じように動かし、ずらし、変えていく［a］に開かれている。

与える。受けとめる。いま「わたし」と「あなた」をつなぎ、つくりだしている動きを見定める。もしそれを変えたいのであれば、それまでとは違うやり方で与え、受けとり、その関係の磁場を揺さぶり、ずらし続ければいい。

（松村　圭一郎「うしろめたさの人類学」による）

(注)　磁場＝磁石や電流のまわりに生じる磁気力の作用する場所。ここでは、比喩的に、あるものごとの影響力などが強く及ぶ場をいう。

(一)　文章中の［A］に最もよく当てはまる言葉を、次のア～エから一つ選び、その符号を書きなさい。（3点）

ア、しかし　イ、つまり
ウ、むしろ　エ、ところで

(二)　――線部分(1)について、「社会」とは何か。具体的に説明している部分を、Ⅰの文章中から十五字以内で抜き出して、書きなさい。（4点）

(三)　――線部分(2)とはどういうことか。その説明として最も適当なものを、次のア～エから一つ選び、その符号を書きなさい。（4点）

ア、わたしたちの心や人との関係は、他者との言葉やモノ、行為のやりとりから独立して存在しているということ。
イ、わたしたちの心や人との関係によって、他者との言葉やモノ、行為のやりとりの方法が選択されるということ。
ウ、わたしたちの心や人との関係は、他者との言葉やモノ、行為のやりとりの方法によって変わるということ。
エ、わたしたちの心や人との関係によって、他者との言葉やモノ、行為によるやりとりが制限されるということ。

(四)　思考力　――線部分(3)とはどういうことか。六十字以内で書きなさい。（8点）

(五)　文章中の［a］に最もよく当てはまる言葉を、次のア～エから一つ選び、その符号を書きなさい。（4点）

ア、可能性　イ、安全性
ウ、独自性　エ、客観性

(六)　難　思考力　次のⅡの文章は、Ⅰの文章と同じ著書の一部である。筆者は、わたしたちが生きている社会をどのようにとらえ、その社会を構築しなおすためにはどのようなことが必要だと述べているか。ⅠとⅡの文章を踏まえ、百二十字以内で書きなさい。（12点）

Ⅱ

ぼくらはひとりでは生きていけない。だから、いろんな他者と関わりながら「社会」をつくりあげている。親しくなりたいと感じる人もいれば、できれば避けたいと思う人もいる。その「思い」はかならずしも互いに一致しない。すれ違うことも多い。

　いろんな「思い」が交差するなかで、ときに共感／感情を増大させたり、せっせと抑圧したりして、さまざまな他者と関係の網の目がつくりあげられる。それが、いまぼくらの生きている社会の姿だ。

　みんなでたくさんのモノや言葉、行為をやりとりしながら、共感／感情のスイッチをONにしたり、OFFにしたりして、人との「関係」がつくられていく。「経済」も「感情」も、このスイッチの動きと密接に関わっている。その動きを理解すれば、この社会の複雑に絡み合った糸をほどいて、見晴らしをよくすることができる。

富山県

時間 50分　満点 40点　解答 P23　3月9日実施

出題傾向と対策

●漢字の読み書き、論説文、小説文、古文、条件作文の大問五題構成。例年同様、問題文の難易度は標準的。文法、接続語、慣用表現、仮名遣いなどの知識問題や、字数を制限しない記述問題が含まれるのも変わっていない。条件作文は、調査結果を参考にする形式に戻った。
●小設問が多岐にわたるので、相応の準備が必要になるが、基本的な学力の習得で、対応可能な問題が多い。記述問題も本文の表現を引用して、解答をまとめればよい。条件作文は、自分の意見を書く練習を積んでおく。

一 漢字の読み書き 基本

――線部ア～ウの漢字の読みをひらがなで書き、――線部エ～カのカタカナを漢字で書きなさい。


ア優雅な音楽を聴く。

心がイ弾む。

自由をウ満喫する。

エカイセイの空を見上げる。

新しい文化をオキズく。

友だちとカダンショウする。

二 (論説文) 意味用法の識別・文脈把握・内容吟味・熟語

次の文章を読んで、あとの問いに答えなさい。(一部表記を改めたところ、一部省略したところがある。)


　現代は、「〇〇賞」を取ったとか、映画化されて話題というような作品①ばかりが注目を浴びてよく読まれ、古典文学からは人が遠ざかりがちなのが現実です。人類の宝のような作品も、誰の目にも触れなくなってしまえば、いつか忘れ去られて消えてしまうかもしれません。そんなことになっては②もったいない限りです。

　私は文学に携わる者としてそれを何とかしたいと思っていますが、かといって、人から読むようにといわれて読む本ほどおもしろくないものはないことも知っています。「読みたい気持ち」を生み出すしくみを考えていかなければならないのです。

　とっつきにくい印象のある古典作品に対して、「読みたい」というモチベーションをつくることは［Ⅰ］ではありません。だからこそ文学研究者が、その作品の価値を明らかにし、もっと深く味わうための読み方を示していく必要があると思っています。

　文学は、いわゆる③実学とは違います。何か生活で役に立ち、直接利益をえることに結びつく学問ではありません。現代社会では理系の学問を重んじる傾向があり、文学は「なくてもいいもの」ととらえられがちです。

　成果が伝わりづらいため、やむをえない部分もあるとは思いますが、ここまで読んでくださったあなたならきっと感じておられる通り、文学には他の学問にはない「文学でしか示すことのできない人間の真実」を発見させる力があるのです。

　極端な例をあげると、戦争が始まるとかア災害に襲われるといったような、人が極限状況に追いつめられたとき、そこで問われる人間の精神力、人としての土台となる人間的な生きる力は文学作品の中でこそ培《つちか》われていく、と私は思うのです。

　イ安易にお金やウ技術で解決できない、のっぴきならない問題にぶつかったときこそ、文学は私たちの拠《よ》り所になります。文学作品を読むことで、そこから生きる力をくみあげることができるからです。

　例えば、一人称の語り手を分析していると、語り手自身の認知の歪《ゆが》みや価値観の偏りに気づくことがあります。語り手が「事実」として語るできごとは、あくまで語り手に見えている、世界のエ一面にすぎないわけです。ある人物が、自分にとってはいやな人だけど、別の誰かにとってはいい人なんていうことは、現実世界にもざらにありますよね。

そう考えてみると、現実の私たち自身は、「一人称」でしか世界を見ることができない存在なのです。④自分の人生の中だけで知れることは、とても限られています。

物語を読むことで語り手の視点を共有して、その経験を追体験することは、別の誰かの目で世界を見ることができるということです。

それは本を読むことでしかえられない、とても貴重な体験だと私は思います。

［Ⅱ］、文学には、正しいことや美しいことばかりではなく、心の秘密や悪事も赤裸々《せきらら》注1に描かれているからです。注2『フランケンシュタイン』の例でいうならば、ウォルトンの弱さや、フランケンシュタインの憎悪《ぞうお》、そして怪物の孤独。そこにはたんなる恐怖小説として片づけられないもの——人間の弱さや本質が描かれています。

現実世界では誰にもいえず、ひとりで耐えるしかないような苦しみや悲しみも、物語の中で共有し、その存在を認め、ともに悩み、救いをえることもできるのです。

美しい部分も醜い部分も丸ごと含めて、人間を深く、そして具体的に描くこと。それこそが文学の、文学にしかできない仕事だと私は思うのです。

文学は実用的知識を身につけたり、技を磨いたり、世間的成功を達成するために読むものではありません。⑤人間に対する関心を深め、想像力を広げるものなのです。

自分以外の誰かの視点を通して示される物語を読むことによって他の誰かの身になって考える力が培われ、そこに描かれる人間たちの姿から勇気や救い、生きる力を受け取り、自分自身の生き方を考える力に変えていく。文学は、⑥人間が人間として生きるための力を養う宝庫なのです。

だからこそ「文学でしか示すことのできない人間の真実」を、より多くの人に届けたい。それを自分の文章によって伝えることが、私の願いです。

【廣野由美子《ひろのゆみこ》『物語に描かれている「人間」とは?』より】

注1　赤裸々…包み隠しのない様子。
注2　『フランケンシュタイン』…十九世紀初めのイギリス小説。ウォルトンは登場人物の一人。

1、**よく出る** ①ばかり と同じ意味で使われているものを、次のア〜エから一つ選び、記号で答えなさい。
ア、走りださんばかりに喜ぶ。
イ、あれから三年ばかりたつ。
ウ、見えるのは波ばかりだ。
エ、さっき着いたばかりだ。

2、②もったいない とありますが、何が消えてしまうことがもったいないのですか。比喩を用いた表現を本文中から抜き出しなさい。

3、**基本** ［Ⅰ］に入る言葉として最も適切なものを、次のア〜エから選び、記号で答えなさい。
ア、容易　イ、有効　ウ、困難　エ、重要

4、③実学 とはどのようなものですか。それを説明した部分を本文中から抜き出し、初めと終わりの三字を答えなさい。

5、**基本** ……線部ア〜エの中で、熟語の構成が他と異なるものを一つ選び、記号で答えなさい。

6、④自分の人生の中だけで知れることは、とても限られています とありますが、なぜですか。理由を説明した次の文の（ A ）・（ B ）に入る言葉を本文中から、Aは七字、Bは二十二字で抜き出しなさい。

> 文学作品の（ A ）と同様に、現実の私たちは（ B ）だから。

7、**基本** ［Ⅱ］に入る言葉として最も適切なものを、次のア〜エから選び、記号で答えなさい。
ア、あるいは　イ、なぜなら　ウ、そこで　エ、ところが

8、**思考力** ⑤人間に対する関心を深め、想像力を広げるものなのです とありますが、それは、筆者が文学をどのようなものであると考えているからですか。「視点」という語を用いて、「文学は、」という書き出しに続けて、「…ものである。」に続くように三十字以内で答えなさい。

9、⑥人間が人間として生きるための力 とはどのような力ですか。本文中の言葉を使って簡潔に答えなさい。

三（小説文）慣用句・内容吟味・文脈把握

次の文章を読んで、あとの問いに答えなさい。（一部表記を改めたところがある。）

> 夏実《なつみ》の家はトマト農家で、夏実も苗木の世話や除草を手伝っている。隣の家の隼人《はやと》ともビニールハウスの中でよく話をした。

隼人の父親は工場の生産工程を管理する技師で、全国の製造拠点を転々としているという。金沢よりもっと小さな町で暮らしていたこともあると聞いて、夏実は少し意外だった。隼人の標準語が［　］のは、都会で育ったためではなく、東京出身の両親の影響らしい。

はるか遠くの①見知らぬ土地の話を隼人から聞くのが、夏実は好きだった。勤勉なマルハナバチの羽音がかすかに響く、閉ざされ守られたハウスの中で、未知の風景に想《おも》いをはせた。夏実自身は生まれてこのかた、金沢市内から出たことすらなかった。

「いいね、いろんなところに行けて」

一度、なにげなく言ってみたことがある。

「ひとつの場所に長いこと住むほうがいいよ」

いつになく強い口調で、隼人は否定した。

「僕のおじいちゃんとおばあちゃんもそうなんだ。もう何十年も、同じ家に住んでる」

「ふうん。どこなん?」

「東京の恵比寿《えびす》」

変な名前だな、と夏実は思った。外国の地名みたいだ。

「洋食屋さんなんだ。常連のお客さんもいっぱいいる。そのひとたちも、何十年も通ってくれてるんだよ」

日頃はひかえめな隼人らしくもない、②得意そうな口ぶりだった。表情をひきしめ、夏実の目をのぞきこむ。

「僕も将来はコックになりたいんだ」

重大な秘密を告げるかのような、厳かな声音だった。

「いいと思う」

③夏実もつられて神妙に応えた。隼人は手先が器用だから、料理も上手そうだ。

「夏実ちゃんは? 将来、なにになりたい?」

すぐには答えられなかった。幼稚園の頃はお姫様になりたかったし、オリンピックのテレビ中継を観《み》て女子サッカー選手にあこがれたこともある。でも、隼人が求めているのはそんな返事ではないだろう。

真剣なまなざしから逃れるように、④夏実は視線をすべらせた。隼人の肩越しに、整然と並ぶトマトの苗木が目に入った。重なりあった葉の間から、大小の赤や緑の実がのぞいている。

「わたしは、ここでトマト作っとるかなあ」

「ほんと？」

隼人が目を輝かせた。

「じゃあ、いつか僕がレストランを開いたら、夏実ちゃんのトマトを使わせてくれる？」

夏休みに収穫を手伝い、真っ赤に完熟したもぎたての実を味わって以来、隼人は大のトマト好きになっていた。こんなにおいしいトマトは人生ではじめて食べた、と七歳児らしからぬ大仰な物言いで絶賛し、祖母たちを喜ばせた。

トマトは栽培する人間の個性が出やすい作物だといわれる。同じ品種でも、よその農家のものはどこか違う。人柄を映すんやよ、と祖母はもっともらしく教えてくれた。⑤子どもが親を映すのとおんなじ。愛情と手間をたっぷりかけてやれば、それに応えて立派に育つぞいね。（育つんだよ）

「いいよ」

夏実は答えた。⑥大きく見開かれていた隼人の目が、ふっと細まった。

「やった。約束な」

コック志望というだけあって、隼人はなかなか研究熱心だった。一時期は、トマトにかけるドレッシングの試作に凝っていた。塩、こしょう、酢、しょうゆ、マヨネーズやサラダオイルも材料になった。庭の片隅に生えているパセリやバジルも刻んで加えると、ぐっとそれらしくなった。母親から教わったと言って、トマトステーキを作ってくれたこともある。実を厚めの輪切りにして、フライパンで焼くのだ。夏実の家では、トマトは生か、そうでなければつぶして煮こんだソースとして食べていたから、斬新だった。

収穫の季節が終わった後、隼人はしきりにさびしがっていた。

「あのトマトはもう食べられないんだね」

「また来年があるよ」

夏実は慰めた。まさか⑦来年がないなんて、想像してもみなかったから。

春先に、隼人の父親の転勤が急に決まった。収穫はおろか、新年度の定植も待たずに、桜田《さくらだ》家は引っ越していった。別れ際《ぎわ》、隼人ははじめて会った日と同じように、ひとことも喋《しゃべ》らずに下を向いていた。⑧夏実も涙が出そうだったけれど、かろうじてこらえた。隼人をよけいに悲しませてしまう。

隼人たちを乗せた車が走り去った後、夏実はがらんどうのビニールハウスに駆けこんで、ひとしきり泣いた。

【瀧羽麻子《たきわあさこ》『トマトの約束』より】

1、**よく出る** ［　］に入る「いかにもぴったりと合う」という意味の語句を、次のア～エから一つ選び、記号で答えなさい。

ア、地についている　イ、目についている

ウ、板についている　エ、耳についている

2、①見知らぬ土地の話を隼人から聞くのが、夏実は好きだった とありますが、なぜですか。その理由を本文中の言葉を使って、「…ができるから。」に続くように十字以上十五字以内で答えなさい。

3、**基本** ②得意そうな口ぶりだった とありますが、隼人のどのような気持ちを表していますか。これについて説明した次の文の（　A　）・（　B　）に入る言葉を書きなさい。ただし、Aは本文中から六字で抜き出し、Bは自分の言葉で書くこと。

> 祖父母が、何十年も東京で（　A　）に住んで洋食屋を営み、長年通ってくれる常連の客がいることを（　B　）気持ち。

4、③夏実もつられて神妙に応えた とありますが、隼人の何につられたのですか。本文中から五字で抜き出しなさい。

5、④夏実は視線をすべらせた とありますが、なぜですか。理由として最も適切なものを、次のア～エから選び、記号で答えなさい。

ア、隼人の真剣な気持ちを聞いて自分の夢を思い出したから。

イ、隼人が真剣に将来を考えているので面倒だと感じたから。

ウ、隼人が真剣に質問するので話題を変えたいと思ったから。

エ、隼人の真剣な質問にふさわしい答えを考えたかったから。

6、⑤子どもが親を映すのとおんなじ とありますが、祖母はどのようなことを伝えたいのですか。「子ども」と「親」が例えているものをそれぞれ分かるようにして答えなさい。

7、**よく出る** ⑥大きく見開かれていた隼人の目が、ふっと細まった とありますが、ここでの隼人の気持ちの変化として最も適切なものを、次のア～エから選び、記号で答えなさい。

ア、驚き→感謝　イ、期待→安心

ウ、緊張→納得　エ、不安→歓喜

8、⑦来年がない とありますが、どういうことですか。それを説明した次の文の（　）に入る言葉を書きなさい。

> 隼人が引っ越したので、（　）ということ。

9、⑧夏実も涙が出そうだったけれど、かろうじてこらえた とありますが、夏実が涙をこらえたのはなぜですか。隼人の様子からわかる心情に触れて答えなさい。

四 (古文)内容吟味・仮名遣い・動作主・口語訳

次の古文を読んで、あとの問いに答えなさい。（一部表記を改めたところがある。本文の左には部分的に意味を記してある。）

> 二品《にほん》（源時賢《みなもとのときかた》）の庭にある三本の柳の一本に烏《からす》の巣があった。

（鳥は）いかが思ひけむ（どう思ったのだろうか、）、その鳥その巣をはこびて、むかひの桃の木に作りてけり。人々①あやしみあへりける（不思議がっていたところ、）ほどに、一両日をへて（二日ほどたって、）、関白殿より柳をめされたりけり（献上するように命じられた。）。二品、その時他所に②ゐられたりける（別の場所に出かけておられた頃）ほどなりければ（だったので）、御《おん》使向《つかひむか》ひて（使者が）御教書《みけうしよ》を付けたりければ、すみやかにむかひて、（命令書を（二品に）届けたところ、すぐに（屋敷に））いづれにても（どれでも）はからひて（取りはからって）掘りて参るべきよし（ことを）③いひければ、御使かの亭（屋敷）に向ひて、その□のうち二本を掘りて参るうち、鳥の巣くひたりし木をむねと（主として）掘りてけり。鳥はこの事を④かねてさとりけるにこそ。

【新潮日本古典集成〈新装版〉『古今著聞集《ここんちよもんじゆう》』より】

1、**基本** ①あやしみあへりける　とありますが、なぜですか。（　A　）・（　B　）に入る言葉を本文中からそれぞれ一字で抜き出しなさい。

> 鳥が（　A　）の木に（　B　）をうつしたから。

2、**基本** ②ゐられたり　を現代の仮名遣いに改めて、ひらがなで答えなさい。

3、**よく出る** ③いひければ　の主語に当たるものとして適切なものを、次のア～エから一つ選び、記号で答えなさい。

ア、人々　イ、関白　ウ、二品　エ、御使

4、□に入る言葉として適切なものを、本文中から一字で抜き出しなさい。

5、④かねてさとりける　とありますが、鳥はどのようなことを悟っていたのですか。その内容として最も適切なものを、次のア～エから選び、記号で答えなさい。

ア、庭の木がすべて切り倒されてしまうこと。
イ、桃の木の方が巣作りに適していること。
ウ、関白の使者に捕らえられてしまうこと。
エ、巣を作っていた木が掘り起こされること。

五　条件作文　思考力

国語の授業で、「親しさの表し方」について、あとのような形で意見文を書くことになりました。次の調査結果を参考に、下の【条件】に従って書きなさい。

<ふだんの生活では決まったあいさつの言葉だけで十分か>

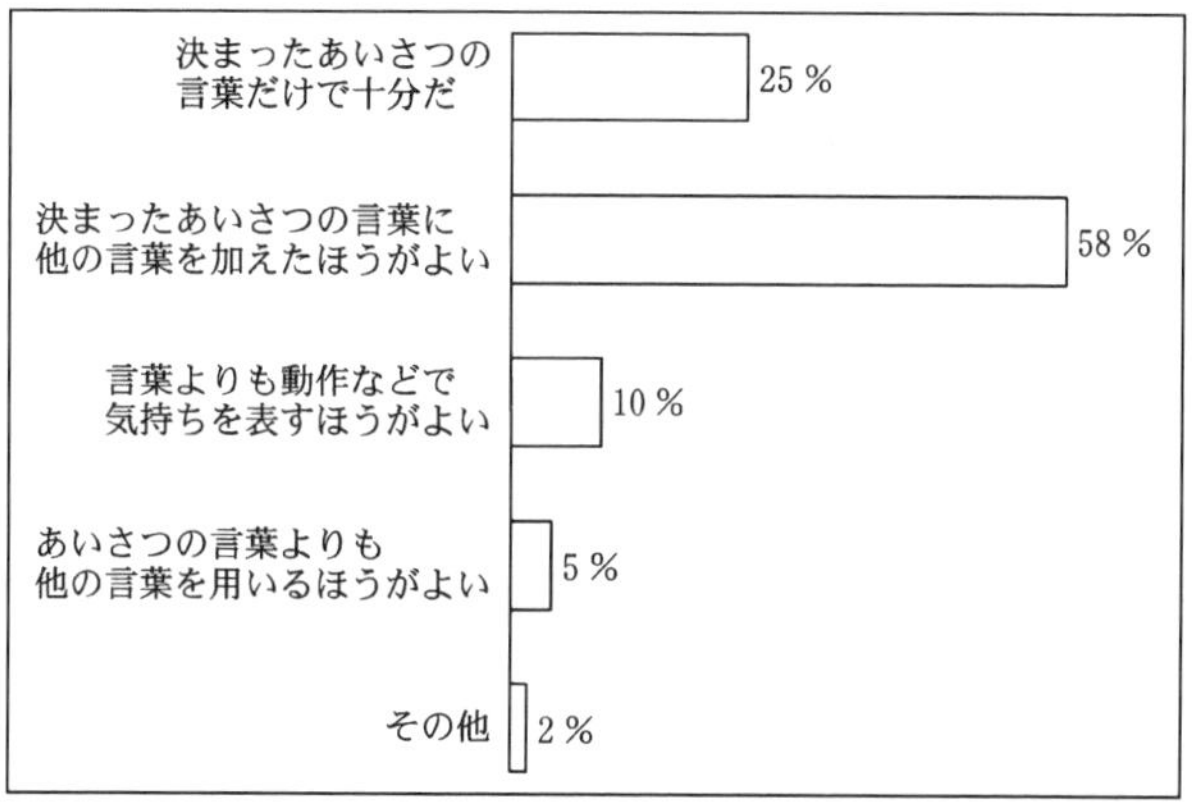

（文化庁平成28年度「国語に関する世論調査」より作成）

> 友人や先輩に会ったとき、どんな言葉をかけるだろうか。「おはよう」「こんにちは」とあいさつをする人が多いだろう。私もこのような決まったあいさつの言葉をふだんから使っている。
>
> A
>
> B

【条件】

1、続きをA、Bの二段落構成とし、各段落の内容は次の2、3のとおりとする。
2、第一段落（A）は、調査結果から気付いたことを書く。ただし、二つ以上の項目を関連付けること。
3、第二段落（B）は、第一段落を踏まえて、親しさの表し方について、あなたの意見を書く。
4、原稿用紙（20字詰×11行＝省略）の使い方に従い、百八十字以上、二百二十字以内で書く。
5、グラフの数値を書く場合は例のように書く。

例　50%

石川県

時間 50分　満点 100点　解答 P24　3月9日実施

出題傾向と対策

●漢字の読み書き、小説文、論説文、古文、条件作文の大問五題構成。文章レベルは標準だが、文章量・設問数・記述量全てが多く、解答時間内でこなすためには訓練が必要。設問内容も思考力・要約力が必要で、知識やテクニックにとどまらない深い国語力が求められている。

●読解力・思考力・および自分の言葉でまとめ直す力（要約力）の向上を意識した、日頃からの予習・復習が何より重要である。記述・条件作文もある程度数をこなしながら、解答までの道筋を身につける訓練を重ねること。

一 漢字の読み書き　よく出る　基本

次の各問に答えなさい。（計16点）

問1、次の(1)～(4)について、――線部の漢字の読みがなを書きなさい。（各2点）

(1)趣味は編み物だ。

(2)制服を作るために採寸する。

(3)木々が鮮やかに色づく。

(4)美しい渓谷を散策する。

問2、次の(1)～(4)について、――線部の片仮名を漢字で書きなさい。（各2点）

(1)過ごしやすいキセツになった。

(2)銀行に金をアズける。

(3)友人を家にマネく。

(4)航空機をソウジュウする。

二 (小説文)慣用句・文脈把握・内容吟味・語句の意味

次の文章を読んで、あとの各問に答えなさい。（計29点）

> 食品商社「コメヘン」で米田社長の秘書をしている樋口《ひぐち》まりあは、取引先の「恵比須《えびす》や」の岡本が会社を訪れた際、岡本に手作りの簡単な昼食を振る舞う。その後、まりあは、岡本が持参した、味を改良中の羽二重餅《はぶたえもち》を試食するよう勧められた。

恵比須やは、老舗の和菓子屋で修業した岡本が独立して四十年前に開店した店だ。

――四十年前、大手商社を退社してコメヘンを立ち上げた米田は苦境にあった。これまで取引をしていた仕入れ先を切ってまで、わざわざ縁も、実績もないコメヘンに鞍替《くらが》えしようという商売人はいなかったのだ。

一日、□を棒にしてまわっても、ひとつの契約も取れない日々が続いた。けれど、米田は暗く落ち込むこともなかった。人の笑顔を見て生きる。それが米田が己に課した人生の鉄則だったから。①そのためにはまず、自らが笑って生きる必要があると米田は信じた。

ある日、新しく店舗らしきものが建ちつつあるところに遭遇した。

そこには先客がいて、自分と同じように建物を見つめていた。小柄なその男がよもやその店の主《あるじ》だとは思いもしないで、米田はこう尋ねた。

「なんの店ができるんでしょうね」

それが米田と岡本との出会いだった。以来四十年、ふたりは互いを励ましあい、高めあいながら仕事を続けてきた。

まりあは羽二重餅をひと口、口にいれた。

「おいしい」

岡本がまりあを嬉《うれ》しそうに見る。

「口のなかでとけていきました。いくらでも食べられちゃいます……すみません、ちゃんとした感想をお伝えできなくて」

「なに、おいしいっていうのがいちばんだ。でも、お嬢さん、せっかく褒めてもらったけど、その羽二重餅は今日きり食べられないよ」

「どうしてですか？　こんなにおいしいのに」

「それはね、味噌汁《みそしる》だよ。あなたが作ってくれた小松菜の味噌汁を飲んでね。ああ、やっぱり今までどおりでいこうって決めたんだ」

②岡本の言葉にまりあは首を傾《かし》げた。

「かみさん、一昨年《おととし》、俺より先に逝《い》っちまったんだが、そのかみさんがよく小松菜の味噌汁を作ったんだ。具は菜っ葉だけ。菜っ葉だけの味噌汁なんて、物足りないよ。俺はさ、油揚げのはいった味噌汁が好きなんだ」

お気に召さなかったのかしらという③杞憂《きゆう》と、羽二重餅と小松菜の味噌汁とがどうつながっていくのかわからないまま、まりあはうなずいた。

「油揚げをいれろよって、言ったわけさ。若いころだ。それからは大根の味噌汁にもワカメの味噌汁にも、あいつは油揚げをいれるようになった。ところが、小松菜の味噌汁を作るときにかぎっては、小松菜だけなんだ」

「どうしてでしょう？　そのほうがおいしいんでしょうか？」

「どうしてかねえ。でも、うまくないってことはたしかだったな」

「すみません」

まりあは思わず詫《わ》びた。

「いや、樋口さんのは、きちんと出汁《だし》が取れてうまかった。かみさんはあんなに丁寧に出汁なんて取らない。インスタントのやつをパッパッてね」

岡本はそう言うと笑った。

「二年ぶりに菜っ葉だけの味噌汁を飲んだよ。懐《なつ》かしかった。それを飲みながら、気づいたんだ。うまいもんを作るだけじゃだめなんだって」

「たしかにそうだな」

と、米田も言った。

まりあにはまだ話が見えてこない。

「職人っていうのは、もっといいものを、今よりいいものをって、いっつも追いかけてしまう生き物なんだ。だけど、こういう言葉があるね。変わらない味。これ、誉《ほ》め言葉かい？　それとも貶《けな》し言葉？」

「誉め言葉です」

「そうだね。何百年経《た》っても、同じ味。上にも下にもいかないってことも、上を目指すのと同じように、いや、それ以上に難しいことなんだね。それを食べれば、記憶のなかの味が甦《よみがえ》る。甦るのは味だけじゃない」

「記憶そのものが甦るんですね」

「その通りなんだよ。だから変えちゃいけない。うちの羽二重餅を食べて、これを食べたときはあんなことがあったなあ、そう思ってくれるひともいるかもしれないんだ。そんなありがたいお客さんの思い出を奪っちゃいけない。そのことをあなたの味噌汁が教えてくれたんだ。ありがとう」

岡本の話をうなずきながら聞いていたまりあは、④最後のひと言に首を横に振った。

「じゃあ、岡本さん、米はこれまでと同じで、だね」

「そういうことだ。それにしても、菜っ葉がくたくたのところまで、かみさんの味噌汁と一緒だったよ」

「気をつけていたんです。でもつい、煮過ぎてしまって」

「いや、くたくたでよかったんだ。いつかまた頼むよ」

「はい。いつでもお作りします。今度からはインスタントのダシで」
⑤豪快な笑い声が響いた。

（石井睦美「ひぐまのキッチン」より。一部省略等がある）

（注）かみさん…ここでは、岡本の妻のこと。

問1、本文中の□に入る語を、漢字一字で書きなさい。（2点）

問2、①そのため とありますが、何のためか、「〜ため」につながるように、本文中から十字で抜き出して書きなさい。（3点）

問3、思考力 ②岡本の言葉にまりあは首を傾げた とありますが、その理由を五十字以内で書きなさい。（6点）

問4、③杞憂 の意味として、次のア〜エから適切なものを一つ選び、その符号を書きなさい。（3点）
ア、丁寧な観察　イ、単純な誤解
ウ、明確な理解　エ、無用な心配

問5、④最後の……横に振った とありますが、このときの、まりあの心情として、次のア〜エから最も適切なものを一つ選び、その符号を書きなさい。（4点）
ア、感動　イ、混乱　ウ、謙遜　エ、失望

問6、⑤豪快な笑い声が響いた とありますが、ここで岡本が笑ったのはなぜか、次のア〜エから最も適切なものを一つ選び、その符号を書きなさい。（4点）
ア、まりあが、岡本の苦言を受け入れた返答をしたから。
イ、まりあが、即座にひねりのきいた返答をしたから。
ウ、まりあが、これまでの話と無関係な返答をしたから。
エ、まりあが、取引相手に対し失礼な返答をしたから。

問7、思考力 岡本が羽二重餅の味の改良をやめたのは、和菓子職人としてどういうことが大事だと気づいたからか、六十字以内で書きなさい。（7点）

三 （論説文）熟語・文脈把握・内容吟味

次の文章を読んで、あとの各問に答えなさい。（計30点）

x情報はノイズから生まれます。

ノイズとは何か？　ノイズとは疑問、ひっかかり……のことです。

自分があたりまえだと思って何の疑問も抱かない環境では、ノイズは発生しません。反対に、自分から距離が遠すぎて受信の網にひっかからない場合も、ノイズは発生しません。

ノイズは自明性と疎遠な①外部とのあいだ、自分の経験の周辺部分のグレーゾーンで発生します。情報の生産性を高めるには、ノイズの発生装置をまずつくらなければなりません。

ノイズの発生装置を活性化するのはかんたんです。

第一は自明性の領域を縮小すること。第二は疎遠な領域を[A]すること、それを通じて情報の発生する境界領域、グレーゾーンを[B]することです。どちらも自分にとってあたりまえのことがあたりまえにならないような環境に身を置くことによって得られます。異文化に身を置くことや、生い立ちの違う人と接すればいいのです。

情報を生産するには問いを立てることが、いちばん肝心です。

問いを立てる際、条件がふたつあります。第一に、答えの出る問いを立てること。第二に②手に負える問いを立てることです。社会科学は現象を扱う経験科学ですから、「神は存在するか」といった、証明も反証もできない問いは立てません。[C]上記の問いを、「神は存在すると考える人々はいかなる人々か」と文脈化すれば、答えることができます。人間には時間も資源も限られていますから、問いのスケール感をまちがえず、限られた時間のなかで答えが出る問いを立てることで、問いから答えまでのプロセスを経験して、「問を解く」とはどういうことかを体感する必要があります。いったん経験すれば、あとは問いのスケールを拡大したり、問いの対象を変えたりしても、応用が可能になります。

情報には一次情報と二次情報があります。一次情報は経験的現実から自分の目と手で得た情報、二次情報はsecond handと呼ぶように、いったん他人の手を通って加工ずみの情報です。セコンドハンドを略して「セコハン」というように、他人の手でいったん加工された新聞や雑誌、ブログなどのメディアから得られた情報は、すべて③セコハン情報です。

セコハン情報の収蔵場所が、図書館というところです。図書館の外には、膨大な経験という領域が広がっています。その経験の現場から、自分の手で得てきた情報を一次情報と言います。

情報を消費したり収集したりすることを、インプット（入力）といいます。インプットした情報を加工して生産物にする過程を情報処理と言います。情報処理の「プロセス」は、「加工」でもあり、「過程」でもあります。情報生産の最終ゴールは情報生産物をアウトプット（出力）することです。どれだけ情報をインプットしていても、あるいはそれから多くの情報処理を経ていても、アウトプットしない限り、研究にはなりません。

情報生産者になるには、アウトプットが相手に伝わってなんぼ。なぜなら情報生産とはコミュニケーション行為だからです。情報が相手に伝わらない責任は、もっぱら情報生産者にあります。その点で研究という情報生産の特徴は、詩や文学のような多義性を許さない、という点にあります。

誤解の余地のない表現で、ゆるぎのない論理構成のもとで、根拠を示して自分の主張で相手を説得する技術……これが論文というアウトプットには求められます。

　D、一次情報はどうしたら手に入れることができるでしょうか。情報には言語情報と非言語情報とがありますが、研究とは言語的生産物です。一次情報は観察、経験、インタビュー、アンケート等から得ることができますが、最終的に言語的生産物としてアウトプットするためには、すべての情報を言語情報に変換しなければなりません。

　研究とは④基本、言語情報をインプットし、言語情報を生産物としてアウトプットする情報処理の過程です。学問の世界には、身体よりは精神、感情よりは知性のような言語情報を優位に置く序列があります。しかし非言語情報をインプットして、そのまま非言語情報としてアウトプットするやりかただってあってよいかもしれません。たとえば映像から映像によるアウトプットだって、考えられないわけではありません。わたしはいつも自分のインプットとアウトプットが言語に偏重していることを感じてきました。世界にはもっと豊かで多様な非言語的な情報処理のインプットとアウトプットのノウハウを知って、それを伝達できる人々がいるに違いありません。それが学問と呼ばれていないだけで。言語を媒体に情報処理をする人々は、自分たちが言語しか扱えないという限界を、わきまえているほうがよいと思います。

　わたしは学問を、伝達可能な知の共有財、と定義しています。伝達可能ですから、学習することも可能です。そしてその成果物である情報財は、私有財ではなくY公共財になることが目的です。

（上野千鶴子「情報生産者になる」より。一部省略等がある）

（注）スケール…規模。
ノウハウ…知識や方法。

問1、基本 ①外部と熟語の構成が同じものを、次のア～エから一つ選び、その符号を書きなさい。（2点）
ア、道路　イ、善悪　ウ、着席　エ、青空

問2、思考力 本文中のA・Bに入る語の組み合わせとして、次のア～エから適切なものを一つ選び、その符号を書きなさい。（3点）
ア、〔A 縮小　B 縮小〕
イ、〔A 縮小　B 拡大〕
ウ、〔A 拡大　B 縮小〕
エ、〔A 拡大　B 拡大〕

問3、②手に負える問いとありますが、これとほぼ同じ内容を表している部分を、本文中から二十字以内で抜き出して書きなさい。（3点）

問4、本文中のC・Dに入る語の組み合わせとして、次のア～エから適切なものを一つ選び、その符号を書きなさい。（3点）
ア、〔C ところで　D なお〕
イ、〔C もし　D または〕
ウ、〔C たとえば　D さて〕
エ、〔C つまり　D しかし〕

問5、③セコハン情報とありますが、それはどのような特徴をもった情報のことか、一次情報との違いを明確にして書きなさい。（4点）

問6、思考力 ④基本とありますが、筆者がここであえて「基本」という語を用いた理由を説明した、次の文のI・IIに入る適切な言葉を書きなさい。ただし、Iは本文中から六字で抜き出し、IIは本文中の言葉を用いて六十字以内で書くこと。（I2点、II6点）

研究とはIであることが前提だが、IIから。

問7、難 思考力 X情報は……生まれますとありますが、ノイズから生まれた情報が、Y公共財になるために、研究者がすべきことは何だと筆者は述べているか、八十字以内で書きなさい。（7点）

四 （古文）仮名遣い・動作主・口語訳・内容吟味

次の文章を読んで、あとの各問に答えなさい。（……線部の左側は、現代語訳です。）（計15点）

一休《いっきゅう》は、幼《いと》けなき時（幼い時）より、発明なりけるとかや（賢い人であったとか）。こびた（教養ある）る旦那《だんな》ありて、常に来りて、和尚《おしょう》に参学などしては、一休の発明なるを心地よく①思ひて、折々たはぶれ（冗談）を②いひて、問答などしけり。

　ある時かの旦那、皮ばかまを着て来りけるを、一休門外にてちらと見、内へはしり入りて、へぎに書き付け立てられけるは、この寺の内へ皮の類《たぐい》、かたく禁制なり（禁止する）。もし皮の物入る時は、必ずばちあたるべしと書きて置かれける。

　かの旦那これを見て、「皮の類にばちあたるならば、このお寺の太鼓は何としたまふぞ（どういたしましょうか）」と申しける。一休聞きたまひ、「③されば、夜昼三度（毎日）づつばちあたる間、その方（あなた）へも太鼓のばちをあて申さん（当てましょう）、皮のはかま着られけるほどに（着ていらっしゃるから）」とおどけられけり。

（「一休ばなし」より。一部省略等がある）

（注）旦那…寺を経済的に支援する人。
参学…仏教を学ぶこと。
皮ばかま…皮でできたはかま。
へぎ…薄い板。

問1、よく出る 基本 ①思ひてを現代仮名遣いに直し、すべてひらがなで書きなさい。（2点）

問2、よく出る ②いひての主語として、次のア～エから適切なものを一つ選び、その符号を書きなさい。（2点）
ア、一休　イ、旦那　ウ、和尚　エ、筆者

問3、基本 ③されば の意味として、次のア～エから適切なものを一つ選び、その符号を書きなさい。（2点）
ア、だから　イ、しかし　ウ、そして　エ、ただし

問4、思考力 次の会話は、本文を読んだあとに、佐藤さんがグループで話し合った内容の一部です。ただし、A～Cに入る適切な言葉を書きなさい。ただし、A・

［B］は現代語で書き、［C］は本文中から抜き出して書くこと。（A3点、B4点、C2点）

佐藤　――線部の「このお寺の太鼓は何としたまふぞ」と、旦那が一休に質問したのはなぜだろう。
鈴木　へぎに［A］と書かれていることと、［B］ことが矛盾しているので、一休がどう答えるか試したんだよ。
高橋　でも、一休の方が上手だったんだよ。旦那が天罰という意味で解釈した語に、実は、一休は［C］という意味も掛けて使っているんだよね。
佐藤　一休って、本当に賢い人だったんだね。

五　条件作文　思考力

次の文章は、ある新聞に掲載された石川さんの【投書】です。これを読んで、あとの問に答えなさい。（10点）

【投書】

新しいことにチャレンジしたい　中学生　石川花子（石川県　15）

私は「飽きっぽい性格だ」と、よく家族や友達から言われる。

先日も、「ピアノを辞めて、水泳を習いたい」と母に言ったら、「ピアノを始めてから、まだ半年も経《た》っていないじゃないの。あなたは本当に飽きっぽいから、何をやっても長続きしないわね」とあきれられた。でも、私としては、今取り組んでいることに飽きたというよりも、新しく興味をもてることが見つかったから、チャレンジしたいと思っただけなのだ。

世の中では、興味が次々と変わることは、飽きっぽいから良くないことのように言われることが多い。しかし、それは好奇心が旺盛な証拠であり、素晴らしいことだと私は思うのである。

〈問〉　この【投書】に書かれている「興味が次々と変わること」に関する石川さんの意見について、あなたはどのように考えますか。あなたの意見を、次の条件1～条件3にしたがって書きなさい。

条件1　次の【候補】の中から、ことわざを一つ選び、それを適切に用いて書くこと。

【候補】
・石の上にも三年
・時は金なり
・好きこそ物の上手なれ

条件2　自分の体験や見聞などの具体例を含めて書くこと。

条件3　「～だ。～である。」調で、二百字程度で書くこと。

福井県

時間　60分　満点　100点　解答　P25　3月4日実施

出題傾向と対策

●論説文、漢字の読み書き・漢字知識、小説文、古文、条件作文の大問五題の構成。本文全体の構成や表現の特徴をつかむ選択問題は昨年どおりだったが、八十字程度の記述問題はなくなり、四十～五十字のものが四題に増えた。難題は見られないものの、時間配分には注意。

●漢字や文法など基本を押さえておくこと。古文は動作主や会話の範囲を問う出題に備える。選択問題は標準的であり、記述問題で差がつきやすい。作文対策も含めて、筋道を立てて考えを書く練習を重ねておく必要がある。

注意　字数が指示されているものについては、句読点や符号も字数に含めて答えなさい。

一　（論説文）慣用句・内容吟味・鑑賞

次の文章を読んで、あとの問いに答えよ。（計28点）

最初に関係人口という言葉を使ったのは、東北食べる通信《雑誌名》編集長の高橋博之《たかはしひろゆき》さんだとみられます。著書『都市と地方をかきまぜる』では、関係人口について次のように述べています。

地方自治体は、いずこも人口減少に¹（　　）止めをかけるのにやっきだ《熱心に取り組んでいる》が、相変わらず観光か定住促進しか言わない。観光は一過性で地域の底力にはつながらないし、定住はハードルが高い。私はその間を狙えと常々言っている。観光でも定住でもなく、「²逆参勤交代」で、地方を定期的に訪ねるというニーズ《必要性》は、広がる一方だと思う。交流人口と定住人口の間に眠る「関係人口」を掘り起こすのだ。日本人自体がどんどん減っていくのだから、定住人口を劇的に増やすのは至難の技だ。しかし関係人口なら増やすことができる。私の周辺の都市住民たちには、移住は無理だけれど、こういうライフスタイルならできるという人間がとても多い。[3]現実的な選択肢だ。関係性が生み出す力をいかに地域に引き込むか、である。

ポイントとして、関係人口とはやはり交流人口と定住人口の間であり、それを狙え、と強調しています。その具体的な関わり方として挙げているのが「逆参勤交代」。都市住民が地方を定期的に訪ねる、ということです。

交流の時間軸を伸ばし、定期的に通うことで、都市住民もつながりができたり、手応えを感じることができたりするし、地方も助かるということでしょう。

次に、逆参勤交代にとどまらない多様な関わり方を提示したのが、ソトコト《雑誌名》編集長、指出一正《さしでかずまさ》さんです。著書『ぼくらは地方で幸せを見つける―ソトコト流ローカル《地方》再生論』の中で、関係人口を「未来を拓《ひら》くキーワード」として紹介しています。

指出さんは、これまでは地方を元気にする方法として、移住者が増えて人口の増加を目指すことか、観光客がたくさん訪れることによって経済効果を上げることか、が主流であり、戦略としては、住んでいる人を増やす「定住人口」の増加と、地域外から旅行や短期滞在で訪れる人を増やす「交流人口」の増加、どちらに政策の重きを置くかが行政の視点だったとしています。

こうした中で、最近生まれたのが、定住人口と交流人口のどちらにも当てはまらない「地域に関わってくれる人口」である「関係人口」であり、この関係人口が地方の未来を開くキーワードであると述べています。

関係人口が、定住人口と交流人口の間にある、ということは、高橋さんと共通しています。その上で、関係人口が交流人口と違う点は、積極的に地域の人たちと関わり、その社会的な足跡や効果を「見える化」している点だとしています。

具体的な例として挙げられているのが、次の四つです。

① 地域のシェアハウス《一つの住居を複数人で共有して暮らす賃貸物件》に住んで、行政と協働でまちづくりのイベントを企画・運営するディレクター《演出家》タイプ

② 東京でその地域のPR《宣伝広告活動》をするときに活躍してくれる、都市と地方を結ぶハブ《中継装置》的存在

③ 都会暮らしをしながら、地方にも拠点を持つ「ダブルローカル」を実践する

④「圧倒的にその地域が好き」というシンプルな関わり方

多様な関わり方のタイプが見えてきて、イメージが膨らんできますよね。地域との関わり方は人によって濃淡があり、グラデーション《段階的変化》である、と言い換えても良いのではないかと思います。

そして、大きなポイントの一つとして、関係する地域というのは複数持つことができる、ということも提案しています。

そうなのです、都市の人から見れば、関係する地域は、一つではなくてもいいし、複数持つことができる。また、地方の側から見ても、定住人口のように奪い合わなくてもいい。どの自治体だって、関係人口を増やすことができます。

人口減少時代の不毛《成果が得られない》な奪い合いを解決し、そして都市の人も地方も救うことにつながるはずです。

さらに、二〇一七年三月に発刊した私の著書『よそ者と創る新しい農山村』でも、関係人口という考え方を紹介しました。特に解題《著作の内容についての解説》では明治大学の小田切徳美《おだぎりとくみ》教授が、関係人口を「農村に対して多様な関心を持ち、多様に関わる人々の総称」と定義付け、初めて関係人口を図という形にまとめて提示しました。小田切さんは、さらにそれを進化させて、「農村関係人口の可能性」というタイトルで日本農業新聞に寄稿していますので、最新版のそちらを紹介したいと思います。

この中で小田切さんは、移住ばかりが注目されている中で、実態を見れば、人々の農村への関わりは段階的であるとして、例えば、①地域の特産品購入→②地域への寄付→③頻繁な訪問（リピーター）→④地域でのボランティア活動→⑤準定住（年間のうち一定期間住む、二地域居住）→⑥移住・定住　という、いわば「関わりの階段」があり、関係は「無関心―移住」という両極端ばかりではなく、濃淡があると指摘しています。

やはりグラデーションですよね。購入、寄付、頻繁な訪問、ボランティア活動、準定住という五つの関わり方が出てきました。

その上で、より多様な階段が想定できることや、移住の促進のためには、関係人口の裾野を広げることが重要とする一方で、[4]関係人口論は「関わりの階段」を登ることに必ずしもこだわっていないことであり、階段の同じ位置にとどまる人も含めて関係人口であり、それを尊重する議論であるとまとめています。

関わりの階段を登ることにこだわらない、ということは、関わりの度合いを深めること、つまり一直線上のゴールに移住・定住を置いてそこを目指さなくてもいい、ということです。

関係人口のあり方として、とても重要な視点だと感じます。前にも紹介したように、移住・定住にこだわりすぎる地域の姿勢こそが、移住・定住のハードルを上げ、移住者を遠ざけている理由になっていると感じてきたからです。

逆説的《真理に反するようだが、ある面では真理を表している説》ですが、移住・定住を目指さなくてもいいということで、ハードルを下げ、人との関わりの回路が広がる。そうやって関わるうちに、中には結果的に、移住して定住するという人が出てくる可能性もあるでしょう。

さらに、小田切さんが座長を務める総務省の委員会が四月にまとめた中間報告は、政府関係では初めて、関係人口をきちんと位置づける文書となりました。

その中では、人の役に立ちたいという、ソーシャル《社会的》な価値を重視するトレンド《動向・流行》が生まれているとした上で、長期的

な定住人口でも短期的な交流人口でもない、地域や地域の人々と多様に関わる者である関係人口に着目することが、必要であると強調しています。

ここでは、キーワードの一つに、ふるさと（生まれ故郷のように親しみを感じる場所）が挙げられています。ふるさとに想《おも》いを寄せる地域外の人材と、継続的かつ複層的（異なる性質の層が重なっているさま）なネットワーク形成が関係人口につながること、こうした地域外の人材がもたらす資金や知恵、労力の提供が地域の内発的エネルギーと結びつきやすく、地域再生の糸口になることにも触れています。

その上で「必ずしも移住という形でなくとも、特定の地域に対して想いを寄せ、継続的に関わりを持つことを通じて、貢献しようとする人々の動きを国や地方公共団体は積極的に受け止めることができる新たな仕組みを検討することが望ましい」と、政策化まで提言しました。潮流（時勢の動き）を受け止める仕組みを求めた、と言い換えることができます。

（田中輝美《たなかてるみ》『関係人口をつくる　定住でも交流でもないローカルイノベーション（革新）』の文章による）

問㈠ 基本 傍線の部分1は「ものごとが進行しないように食い止める」という意味の慣用句である。空欄に入る言葉を漢字一字で書け。（2点）

問㈡ 傍線の部分2はどのようなことか。「〜こと。」に続くように、文章の中から十五字で抜き出して書け。（3点）

問㈢ 傍線の部分3は、主部が省略された文である。主部を明らかにした文を完成させるために、「〜ことは、現実的な選択肢だ。」に続くように、適当な言葉を十字以内で書け。ただし、「ことは、現実的な選択肢だ。」は字数に含めない。（3点）

問㈣ 傍線の部分4について、この考え方に立つことにより、どのような可能性が期待できるか。「〜可能性が期待できる。」に続くように、五十字以内で書け。ただし、「可能性が期待できる。」は字数に含めない。（8点）

問㈤ 次のア〜エは本文を学習した生徒たちの発言である。本文を踏まえた発言として最も適当なものを一つ選んで、記号で書け。（3点）

ア、本文に取り上げられたどの人も、人口減少に対する現状の対策として、観光等で訪れる交流人口と、その地に住む定住人口を増やすよう考えているね。

イ、高橋さんと指出さんは、関係人口に注目している点で意見が一致しているね。関わり方として高橋さんは一つ、指出さんは六つの例を挙げているよ。

ウ、筆者は、指出さんがいう関係人口の多様性と、小田切さんがいう「関わりの階段」について、両方とも「グラデーション」という言葉で表現しているね。

エ、筆者は、人口減少に関する多くの意見を紹介することによって、関係人口の中心として、多くの若者世代が地方へ移住することを期待しているよ。

問㈥ 思考力 小田切さんが座長を務める総務省の委員会が四月にまとめた中間報告は、誰に、どのようなことを求めているか。そのことについて説明した次の文の空欄に入る適当な言葉を四十字以内で書け。（6点）

> 小田切さんが座長を務める総務省の委員会は、（　　　　）を求めている。

問㈦ よく出る この文章全体の構成・展開を説明した文として最も適当なものを、次のア〜エから一つ選んで、記号で書け。（3点）

ア、文章の最初と最後の部分で結論を提示して、主張の一貫性が保たれるようにしている。

イ、これまでに複数の人が論じてきた意見を整理して、読者に新しい考え方を紹介している。

ウ、想定される反論を踏まえながら意見を述べることで、自分の主張に説得力を持たせている。

エ、他者と自分の考えを比べて違いを明確にすることで、自分の意見の正しさを印象づけている。

二　漢字の読み書き・漢字知識

次の問いに答えよ。（計18点）

問㈠ よく出る 次の①〜⑧の傍線の部分について、漢字は読みをひらがなで書き、カタカナは漢字で書け。（各2点）

①家族の平穏無事を願う。
②屋根にペンキを塗る。
③自然の力を畏れる。
④友人と愉快なときを過ごす。
⑤将棋の駒をナラべる。
⑥仕事をマカせる。
⑦ウチュウから帰還する。
⑧機がジュクすのを待つ。

問㈡ 次は、生徒会が校内に掲示するために行書で書いた【標語】である。標語に書かれた文字の特徴を説明したものとして最も適当なものを、あとのア〜エから一つ選んで、記号で書け。（2点）

【標語】

> 時間をかけて　手を洗おう

ア、「時」の字は、次の文字に続く筆脈が実線になって表れているね。

イ、「間」の字は、すべての点画でしっかりと筆をとめて書いているね。

ウ、「手」の字に、次の画につながるように書いた点画の省略があるね。

エ、「洗」の字には、速く書く時などに生じる点画の連続が見られるね。

三　（小説文）品詞識別・内容吟味・鑑賞

高校一年生の松岡清澄《まつおかきよすみ》の趣味は、刺繡《ししゅう》である。ある日、級友の宮多《みやた》たちと弁当を食べていた清澄は、ゲームの話で盛り上がる級友たちの会話に入れずにいた。一方で、幼なじみの高杉《たかすぎ》くるみは、一人で弁当を食べていた。清澄はくるみの姿を見て自分の席に戻り、本を見ながら刺繡の手の動きを確認し始めた。ある男子生徒がその動作をからかったことに清澄が腹を立て、険悪な雰囲気になった。以下は、その日の放課後、清澄がくるみと一緒に下校している場面である。この文章を読んで、あとの問いに答えよ。（計22点）

「あんまり気にせん（しない）ほうがええよ（いいよ）。山田くん（昼休みに清澄をからかった級友の一人）たちのことは。」

「山田って誰？」

僕の手つきを真似《まね》て笑っていたのが山田某《なにがし》《名前をはっきりさせない時の表現》らしい。

「私らと同じ中学やったで《だったよ》。」

「覚えてない。」

個性は大事、というようなことを人はよく言うが、学校以上に「個性を尊重すること、伸ばすこと」に向いていない場所は、たぶんない。柴《しば》犬の群れに交じったナポリタン・マスティフ《犬種名》。あるいはポメラニアン《犬種名》。集団の中でもてはやされる個性なんて、せいぜいその程度のものだ。犬の集団にアヒルが入ってきたら、あつかいに困る。

アヒルはアヒルの群れに交じれば見分けがつかなくなる。その程度のめずらしさであっても、学校ではもてあまされる。浮く。くすくす笑いながら仕草を真似される。

「だいじょうぶ。慣れてるし。」

けど、お気遣いありがとう。そう言って隣を見たら、くるみはいなかった。数メートル後方でしゃがんでいる。灰色の石をつまみあげて、しげしげと観察しはじめた。

「なにしてんの《しているの》？」

「うん、石。」

うん、石。ぜんぜん答えになってない。入学式の日に「石が好き」だと言っていたことは[1]もちろんちゃんと覚えていたが、まさか道端の石を拾っているとは思わなかった。

「いつも石拾ってんの《拾っているの》？　帰る時に。」

「いつもではないよ。だいたい土日にさがしにいく。河原とか、山に。」

「土日に？　わざわざ？」

「やすりで磨くの。つるつるのぴかぴかになるまで。」

放課後の時間はすべて石の研磨にあてているという。ほんまに《ほんとうに》きれいになんねんで《なるんだよ》、と言う頰がかすかに[2]上気している。

ポケットから取り出して見せられた石は三角のおにぎりのような形状だった。たしかによく磨かれている。触ってもええよ、と言われて、手を伸ばした。指先で、しばらくすべすべとした感触を楽しむ。

「さっき拾った石も磨くの？」

くるみはすこし考えて、これはたぶん磨かへん《磨かない》、と答えた。

「磨かれたくない石もあるから。つるつるのぴかぴかになりたくないってこの石が言うてる《言っている》。」

石には石の意思がある。駄洒落《だじゃれ》のようなことを真顔で言うが、意味がわからない。

「石の意思、わかんの《わかるの》？」

「わかりたい、といつも思ってる。それに、ぴかぴかしてないときれいやない《きれいではない》ってわけでもないやんか《ないよね》。ごつごつのざらざらの石のきれいさってあるから。そこは尊重してやらんとな《あげないとね》。」

じゃあね。その挨拶があまりに唐突《突然》でそっけなかったので、怒ったのかと一瞬焦《あせ》った。

「キヨくん、まっすぐやろ。私、こっちやから《こっちだから》。」

川沿いの道を一歩踏み出してから振り返った。ずんずんと前進していくくるみの後ろ姿は、巨大なリュックが移動しているように見えた。

石を磨くのが楽しいという話も、石の意思という話も、よくわからなかった。わからなくて、おもしろい。わからないことに触れるということ。似たもの同士で「わかるわかる」と言い合うより、そのほうが楽しい。

ポケットの中でスマートフォンが鳴って、宮多からのメッセージが表示された。

「昼、なんか怒ってた？　もしや俺あかんこと言うた《言ってはいけないことを言った》？」

違う。声に出して言いそうになる。宮多はなにも悪いことをしていない。ただ僕があの時、気づいてしまっただけだ。自分が楽しいふりをしていることに。

いつも、ひとりだった。

教科書を忘れた時に気軽に借りる相手がいないのは、わびしい。ひとりでぽつんと弁当を食べるのは、心もとない《頼りなくて不安だ》。でもさびしさをごまかすために、自分の好きなことを好きではないふりをするのは、もっともっとさびしい。好きなものを追い求めることは、楽しいと同時にとても苦しい。その苦しさに耐える覚悟が、僕にはあるのか。

[3]文字を入力する指がひどく震える。

「ちゃうねん《ちがうんだ》。ほんまに本読みたかっただけ。刺繡の本。」

ポケットからハンカチを取り出した。祖母に褒《ほ》められた猫の刺繡を撮影して送った。すぐに既読《送信した内容を相手が読んだという知らせ》の通知がつく。

「こうやって刺繡するのが趣味で、ゲームとかほんまはぜんぜん興味なくて、自分の席に戻りたかった。ごめん。」

※

ポケットにスマートフォンをつっこんだ。数歩歩いたところで、またスマートフォンが鳴った。

「え、めっちゃうまいやん《とてもうまいね》。松岡くんすごいな。」

そのメッセージを、何度も繰り返し読んだ。わかってもらえるわけがない。どうして勝手にそう思いこんでいたのだろう。

今まで出会ってきた人間が、みんなそうだったから。だとしても、宮多は彼らではないのに。

いつのまにか、また靴紐《ひも》がほどけていた。しゃがんだ瞬間、川で魚がぱしゃんと跳ねた。波紋が幾重《いくえ》にも広がる。太陽の光を受けた川の水面《みなも》が風で波打つ。まぶしさに目の奥が痛くなって、じんわりと涙が滲《にじ》む。

きらめくもの。揺らめくもの。目に見えていても、かたちのないものには触れられない。すくいとって保管することはできない。太陽が翳《かげ》ればたちまち消え失《う》せる。だからこそ美しいのだとわかっていても、願う。布の上で、あれを再現できたらいい。そうすれば指で触れてたしかめられる。身にまとうことだって。そういうドレスをつくりたい。着てほしい。すべてのものを「無理」と遠ざける姉にこそ。きらめくもの。揺らめくもの。どうせ触れられないのだから、なんてあきらめる必要などない。無理なんかじゃないから、ぜったい。どんな布を、どんなかたちに裁断して、どんな装飾をほどこせばいいのか。それを考えはじめたら、いてもたってもいられなくなる。
　それから、明日。明日、学校に行ったら、宮多に例のにゃんこなんとかというゲームのことを、教えてもらおう。好きじゃないものを好きなふりをする必要はない。でも僕はまだ宮多たちのことをよく知らない。知ろうともしていなかった。
　靴紐をきつく締め直して、歩く速度をはやめる。

（寺地はるな『水を縫う』集英社刊）

問㈠ **よく出る** 傍線の部分1と同じ品詞の言葉を含む文を、次のア～エから一つ選んで、記号で書け。（2点）
ア、ゆっくり走った。
イ、いかなる時もあわてない。
ウ、かわいい子犬を飼う。
エ、きれいな花が咲く。

問㈡ 傍線の部分2のここでの意味として最も適当なものを、次のア～エから一つ選んで、記号で書け。（2点）
ア、うれしくて緩んでいる。
イ、興奮して赤らんでいる。
ウ、怒りにふくらんでいる。
エ、恥ずかしさで固まっている。

問㈢ くるみはどのような人物として描かれているか。最も適当なものを次のア～エから一つ選んで、記号で書け。（3点）
ア、石に執着するあまり他人との関わりを拒絶する、自分の殻に閉じこもっている人物。
イ、困っている友人からの相談に対して親身になって答える、友情に厚い人物。
ウ、駄洒落を連発することでその場の空気を和《なご》ませる、ユーモアあふれる人物。
エ、道端の石や週末の石拾いで拾った石の研磨に没頭する、自分の世界を持った人物。

問㈣ **思考力** 傍線の部分3について、このときの清澄の気持ちを五十字以内で書け。（7点）

問㈤ 次は、「※」よりあとの文章における清澄の心情の変化について説明した文章である。空欄a・bに入る適当な言葉を書け。ただし、aは文章の中から十三字で抜き出すこと。（a2点・b3点）

> 宮多からの、刺繍作品を素直に褒めるメッセージを見たことをきっかけとして、「自分の個性は他者から（　a　）。」と一方的に決めつけていた自分を反省し、「勝手に思い込むことをやめよう。自分の好きなものを隠さないで追い求めていこう。自分も（　b　）。」と思いを新たにしている。

問㈥ この文章の表現の特徴について説明した文として最も適当なものを、次のア～エから一つ選んで、記号で書け。（3点）
ア、一人称の視点から物語が語られることによって、主人公の内面をより理解しやすくなっている。
イ、二人の主人公にまつわる出来事が交互に描かれることによって、物語に立体感を与えている。
ウ、擬態語や擬音語が数多く用いられることによって、情景や人物の様子が客観的に描かれている。
エ、情景描写が効果的に挿入されることによって、主人公の深まる苦悩が象徴的に表現されている。

四 （古文）仮名遣い・内容吟味・口語訳・動作主

次の文章を読んで、あとの問いに答えよ。（計17点）

　上野国《かうづけのくに》（現在の群馬県）の士人《しじん》（さむらい）の家に秘蔵の皿二十枚有りし（あった）。もし是《これ》を破《わ》る者あらば（いたならば）一命を取るべし（奪おう）と、世々いひ伝ふ。然《しか》るに一婢《いちひ》（使用人の女）あやまちて一枚を破りしかば（割ったので）、合家《がうけ》（家中）みなおどろき[1]悲しむを、裏に米を舂《うすづ》く男（棒で米をついて殻を取る使用人の男）これを聞きつけて、「わが家に秘薬ありて、破れたる陶器《すゑもの》を継ぐに（くっつけると）跡も見えず、先《まづ》その皿を見せ給へ。」といふに、皆[2]色を直してその男を呼んで見せしに、二十枚をかさねてつくづく見るふりして、持ちたる杵《きね》（米をつくための木製の棒）にて微塵《みぢん》に砕きたり。人々これは如何《いか》に（どうしたことかと驚いたところ）とあきれたれば、笑ひて[3]いふ、一枚破りたるも二十枚破りたるも、同じく一命をめさるるなれば、皆わが破りたると主人に仰《おほ》せられよ（おっしゃられよ）。この皿陶器なれば一々《いちいち》破るる期《ご》有るべし（時があるに違いない）、然らば二十人の命にかかるを、我一人の命をもてつくのふべし（つぐないましょう）、と一寸《ちよつと》もたじろがず主人の帰りを待ちたるに、主人帰りて[4]いひしは偽《いつはり》にて、かくせんがためなり（このようにするためである）と、[5]その子細《しさい》（事情）を聞きてその義勇（正義の心から発する勇気）を甚だ感じ、城主へ申して（推薦して）士《さむらひ》に取りたてられたりしが（取り立てなさったのだが）、はたして廉吏《れんり》（心の清らかな役人だったということだ）なりしとかや。

（伴蒿蹊《ばんこうけい》『閑田耕筆《かんでんこうひつ》』の文章による）

問㈠ **基本** 二重線の部分を現代仮名遣いに直して書け。ただし、漢字はそのまま使用すること。（2点）

問㈡ 傍線の部分1はなぜか。書け。（3点）

問㈢ 傍線の部分2の意味として最も適当なものを、次のア～エから一つ選んで、記号で書け。（2点）
ア、落ち着きを取り戻して　イ、緊張した表情で
ウ、嘆き悲しんで　エ、慌てふためいて

問㈣ **よく出る** 傍線の部分3が指す会話の部分の終わりとして最も適当なものを、次のア～エから一つ選んで、記号で書け。（2点）
ア、わが破りたる　イ、仰せられよ
ウ、つくのふべし　エ、かくせんがためなり

問㈤ 傍線の部分4は誰の動作か。最も適当なものを次のア～エから一つ選んで、記号で書け。（2点）
ア、一婢　イ、裏に米を舂く男
ウ、主人　エ、城主

問㈥ **思考力** 傍線の部分5について、主人が感心したのはなぜか。四十字以内で書け。（6点）

五 条件作文 〈思考力〉

次の資料A・Bを読んで、あなたの考えをあとの注意に従って書け。（15点）

【資料A】

グリーンコンシューマーの買い物　10の原則

1　必要なものを必要なだけ買う。
2　使い捨て商品ではなく、長く使えるものを選ぶ。
3　容器や包装はないものを優先し、次に最小限のもの、容器は再使用できるものを選ぶ。
4　作るとき、買うとき、捨てるときに、資源とエネルギー消費の少ないものを選ぶ。
5　化学物質による環境汚染と健康への影響の少ないものを選ぶ。
6　自然と生物多様性をそこなわないものを選ぶ。
7　近くで生産・製造されたものを選ぶ。
8　作る人に公正な分配が保証されるものを選ぶ。
9　リサイクルされたもの、リサイクルシステムのあるものを選ぶ。
10　環境問題に熱心に取り組み、環境情報を公開しているメーカーや店を選ぶ。

※グリーンコンシューマー…環境に配慮して、商品を選択、購入する消費者。

出典：グリーンコンシューマー全国ネットワーク作成
環境市民ウェブサイトより引用

【資料B】

買い物は社会への投票

私たち消費者一人ひとりの力は弱くても、合わせれば大きなものになります。

市長や議員の選挙は数年に一度しかできませんが、「買い物」を通じて、良い商品、がんばっている店を支持することは毎日でもできます。ですから、「買い物は社会への投票」ともいわれています。

また、マーケティングの専門家によると、7％の人が購入を変えれば店の仕入れは変わるといわれています。「買い物」の影響は私たちが想像するよりも大きいのです。

※マーケティング…商品を大量かつ効率的に売るために行う市場調査、広告宣伝などの企業の諸活動。

環境市民ウェブサイトより作成

注意
1、本文は二段落構成にし、二百字以上、二百四十字以内で書くこと。
2、第一段落には、【資料A】から原則を一つ選び、その原則に関して、あなたが消費者としてこれまでに直接体験したり、見聞きしたりした行動を具体的に書くこと。（どの原則を選んだかによって、得点に差をつけることはない。）
3、第二段落には、【資料B】を読んで、今後どのような消費者でありたいか、第一段落で書いたことと関連させてあなたの考えを書くこと。
4、題名や氏名は書かないで、直接本文から書き始めること。
5、原稿用紙（20字詰×12行＝省略）の正しい使い方に従い、漢字を適切に使用しながら文字や仮名遣いなどを正しく書くこと。また資料の中の項目や数値を引用する場合は、次の例にならって書くこと。
七%

山梨県

時間 55分
満点 100点
解答 P26
3月3日実施

出題傾向と対策

●漢字の読み書きと敬語、スピーチに関する問題、小説文（省略）、古文、論説文という構成。大問五題構成は変わらず、論説文は資料とあわせての出題であることも同じ。課題作文は論説文に課された。古文には漢文の訓読も含まれている。記述はすべて字数制限があるという形も昨年と変わらない。全体として読解重視の設問である。
●記述は本文の表現に基づいて答えるものが多いので、そうした視点から解答を作る練習が必要。課題作文は自分の経験に基づいて書く訓練をしておくとよい。

一 漢字の読み書き・敬語

次の一から三までの問いに答えなさい。（計22点）

一、次のアからオまでの――線の漢字の読みがなをひらがなで書きなさい。（現代かなづかいで書くこと。）（各2点）
ア、好奇心が旺盛だ。
イ、悠久の歴史を感じる。
ウ、冬の海水浴場は閑散としている。
エ、宵のうちまで雨が降る。
オ、言葉を慎む。

二、次のアからオまでの――線のひらがなを漢字で書きなさい。（丁寧に漢字だけを書くこと。）（各2点）
ア、じゅんじょよく並べる。
イ、入選のろうほうが届く。
ウ、人口のすいいをグラフにまとめる。
エ、スポットライトで舞台をてらす。
オ、たわらに米を入れる。

三、次の□は、中学生が書いた手紙の下書きの一部である。書いて　の部分を敬意のある表現に書き直しなさい。

（2点）

さて、本日は、先生にお願いがあり、お手紙を差し上げました。今、私たちは、授業で町の「歴史観光マップ」を作成しています。そこで、先生が以前、古い建造物について学級通信に書いていたことを思い出し、助言をいただきたいと考えました。

二 内容吟味・聞く話す

Aさんたちのクラスでは、国語の授業で、「人とのつながり」というテーマでスピーチを行った。次の【Aさんのスピーチ】と【Bさんのスピーチ】を読んで、後の一から三までの問いに答えなさい。（計9点）

【Aさんのスピーチ】

みなさんは、今、どのようなことに力を入れていますか。勉強や部活動と答える人が多いと思います。私もみなさんと同じように考え、学校生活を送ってきましたが、先日参加したボランティア活動で、新たな目標が生まれました。

私は弟と一緒に、地域の河川清掃に初めて参加しました。周りは大人ばかりだったので緊張したのですが、グループにいた高校生が、私や弟に積極的に話しかけてくれ、私たちはとても楽しく清掃活動をすることができました。その高校生は毎回参加していて、地域の大人に交じって活動の運営にも携わっていることを知りました。

その姿を見て、友達や同年代の人だけでなく、地域に住む多くの人とつながりをもつことが大切だと考えました。このようなつながりがあれば、たとえば自然災害が起きたときに助け合うことができるのではないでしょうか。

これからも、地域の活動に進んで参加し、地域の人とのつながりを深めていきたいと思います。

【Bさんのスピーチ】

私は、海外の方との交流の大切さについて話します。

少し前のことですが、県内で行われたイベントに、フランスの方が大勢参加しているニュースを見ました。そこで、山梨とフランスにどのような交流があるのか詳しく知りたいと思い、県のホームページを開いたり、図書館にある資料を読んだりしました。その中から、二つのことを紹介します。

まず、ワインを通じた交流についてです。そのはじまりは、フランスのワイン醸造を学ぶために、山梨から二人の青年が派遣されたことによるそうです。そのことが山梨のワイン産業の発展につながったと言われています。それ以来、お互いにワインの生産地や研究所を訪れて、視察や研修などを行い、醸造の技術を向上させています。近年ではスポーツです。国際大会に向けて、フランスのチームが県内で合宿を行うことが多くなりました。学校を訪れて交流活動をすることもあり、お互いの文化を知るよい機会となっています。

このように、海外の方との交流を通してさまざまなことを学ぶことができるので、今後も続けるべきだと考えました。

一、Aさん、Bさんは、それぞれのスピーチで、自分の考えを伝えるためにどのような材料を用いているか。次のアからオまでの中から最も適当なものをそれぞれ一つ選び、その記号を記入しなさい。（完答で2点）

ア、興味をもったことについて調べたこと。
イ、家族や友達へのインタビューで知ったこと。
ウ、テーマについてグループで話し合ったこと。
エ、地域の方へのアンケートでわかったこと。
オ、身近な生活の中で実際に体験したこと。

二、Aさん、Bさんのスピーチにおける話し方の特徴を説明したものとして、最も適当なものはどれか。次のアからエまでの中から一つ選び、その記号を記入しなさい。（3点）

ア、聞き手が関心をもつように、Aさんは聞き手への問いかけや呼びかけを用いて話し、Bさんは社会の問題点を挙げながら話している。
イ、話に共感してもらうために、Aさんは印象に残った言葉を引用して話し、Bさんは自分の伝えたい言葉を繰り返して話している。
ウ、聞き手が理解しやすいように、Aさんは自分の考えについて具体例を用いて話し、Bさんは最初に話題を示した上で話している。
エ、話に説得力をもたせるために、Aさんは反論に対する意見を取り入れて話し、Bさんは考えの根拠となる数値を示して話している。

三、思考力 近年ではスポーツです。の部分について、【Bさんのスピーチ】を聞いた生徒から、「話の展開がわかりにくかった」という感想があった。話の展開をわかりやすくするには、この部分をどのように話すとよいか。スピーチで話すように、二十五字以上、三十字以内で書きなさい。（4点）

三 （省略）梨木香歩「やがて満ちてくる光の」より（計21点）

四 （古文）仮名遣い・動作主・内容吟味・古典知識（計12点）

次の文章を読んで、後の一から四までの問いに答えなさい。（＊は注を、点線部は現代語訳を表す。）（計12点）

今は昔、＊震旦《しんだん》に＊荘子《さうじ》といふ人ありけり。心賢くして悟り広し《知識が広がった》。この人、道を行く間、沢の中に一の《一羽の》鷺《さぎ》ありて、者を伺ひて立てり《何者かをねらって立っている》。荘子、これを見てひそかに鷺を打たむ《打とう》と思ひて、杖《つえ》を取りて近く寄るに、鷺逃げず。荘子、これを怪しむで《不思議に思って》、いよいよ《いっそう》近く寄りて見れば、鷺、一の蝦《えび》を[1]食らはむとして立てるなりけり《立っているのだった》。然《しか》れば《それで》、人の打たむとするを[a]知らざるなり《知らないのだ》と[b]知りぬ《知った》。また、その鷺の食らはむとする蝦を見れば、逃げずしてあり。これまた、一の小さき虫を食らはむとして、鷺の伺ふを[c]知らず。その時に、荘子、[2]杖を棄《す》てて逃れて、心の内に思はく《思うに》、「鷺・蝦、皆、我を害せむとする事を知らずして、各《おのおの》他を害せむ事をのみ思ふ。我また、鷺を打たむとするに、我に増さる者ありて、我を害せむとするを知らじ《知らないのだろう》。然《しか》れば不加《しか》じ、我逃げなむ《逃げるのにこしたことはないだろう》」と思ひて、走り去りぬ《走り去った》。これ、賢き事なり。人かくの《このように》ごとく思ふべし《考えるべきだ》。

（「今昔物語集」『新　日本古典文学大系』による。表記は問題用に改めた。）

（注）＊震旦……中国の古い呼び名。
＊荘子……中国の戦国時代の思想家。

一、**よく出る** [1]食らはむ を、音読するとおりにすべてひらがなで書きなさい。（現代かなづかいで書くこと。）（2点）

二、[a]知らざるなり、[b]知りぬ、[c]知らず とあるが、それぞれの主語の組み合わせとして最も適当なものはどれか。次のアからエまでの中から一つ選び、その記号を記入しなさい。（3点）

ア、a―荘子　b―鷺　c―蝦
イ、a―鷺　b―荘子　c―蝦
ウ、a―荘子　b―鷺　c―虫
エ、a―鷺　b―荘子　c―虫

三、[2]杖を棄てて逃れて とあるが、次の□は、荘子のこのような行動の理由を述べたものである。［A］にはどのような言葉が入るか。二十五字以上、三十字以内で書きなさい。（4点）

> 自分が鷺をねらっている間に［　A　］と考えたから。

四、この文章には漢文の表題があり、次の□は、その訓読文である。これを書き下し文に直して書きなさい。（3点）

> 荘子、見テ二畜類ノ所行ヲ一走リ逃ゲタル語。

五（論説文）文脈把握・内容吟味・課題作文

次の文章を読んで、後の一から六までの問いに答えなさい。（＊は注を示す。）（計36点）

時間どろぼうの正体

一日が瞬《またた》く間に終わる。あるいは一年があっという間に過ぎる。子供の頃はもっともっと一年が長く、充実したものだったのに――。

なぜ大人になると時間が早く過ぎるようになるのか。誰もが感じるこの疑問は、ずっと古くからあるはずなのに、なかなか納得できる説明が見当たらない。この難問について生物学的に考察してみよう。

三歳の子供にとって、一年はこれまで生きてきた全人生の三分の一であるのに対し、三〇歳の大人にとっては三〇分の一だから――。

こんな言い方がある。よく聞く説明だが、はっきり言って、これは答えになっていない。確かに自分の年齢を分母にして一年を考えると、歳《とし》をとるにつれて一年の重みは相対的に小さくなる。しかし、だからと言って一年という時間が短く感じられる理由にはならない。

ここで重要なポイントは、私たちが時間の経過を「感じる」、そのメカニズムである。物理的な時間としての一年は、三歳のときも三〇歳のときも同じ長さである。にもかかわらず、私たちは三〇歳のときの一年のほうをずっと短いと感じる。

［A］私たちは時間の経過をどのように把握するのだろうか。自分がこれまで生きてきた時間をモノサシにして（あるいは分母にして）時間を計っているのだろうか。もしそうなら先の説明も一理あることになる。

でも、これは違う。私たちは自分の生きてきた時間、つまり年齢を、実感として把握してはいない。大多数の人は自分が「まだまだ若い」と思っているはずだし、一〇年前の出来事と二〇年前の出来事の「古さ」を区別することもできない。

もし記憶を喪失して、ある朝、目覚めたとしよう。あなたは自分の年齢を「実感」できるだろうか。自分が何歳なのかは、年号とか日付とか手帳といった外部の記憶をもとに初めて認識できることであって、[1]時間に対する内発的な感覚は極めてあやふやなものでしかない。したがって、これが分母となって時間感覚が発生しているとは考え難《がた》い。

一年があっという間に過ぎる。時間経過の謎は、実は私たちの内部にある、この時間感覚のあいまいさと関連している、というのが私の仮説である。それはこういうことである。

「体内時計」の仕組み

今、私が完全に外界から隔離された部屋で生活するとしよう。この部屋には窓がなく、日の出日の入り、昼夜の区別がつかず、また時計もない。

この中で、どのようにして私は時間の感覚を得ることができるだろうか。それはひとえに自分の「体内時計」に頼るしかない。だいたいこれくらいで一日二四時間。七回眠ったからおおよそ一週間が経《た》っただろう。もうそろそろ一ヵ月が経過した頃かな。そして……とうとう一年。

もちろん、このような生活が、たとえ衣食が足りたとしても、まともに続けられるとは思えないが、[2]これはあくまで思考実験である。

私が三歳のとき、この実験を行って自分の「時間感覚」で「一年」が経過したとしよう。そして私が三〇歳のとき、もう一度この実験を行って「一年」を過ごしたとする。いずれも自分の体内時計が一年を感じた時点が「一年」ということである。それぞれの実験では、実際の物理的な経過時間を外界で計測しておくとする。

さて、ここが大事なポイントである。三歳のときに行った実験の「一年」と三〇歳のときに行った実験の「一年」では、どちらが実際の時間としては長いものになっただろうか。

意外に思われるかもしれないが、ほぼ間違いなく、三〇歳のときに感じる「一年」のほうが長いはずなのだ。なぜか。

それは私たちの「体内時計」の仕組みに起因する。生物の体内時計の正確な分子メカニズムは未《いま》だ完全には解明されていない。しかし、細胞分裂のタイミングや分化*プログラムなどの時間経過は、すべてタンパク質の分解と合成のサイクルによってコントロールされていることがわかっている。つまりタンパク質の新陳代謝速度が、体内時計の秒針なのである。

そしてもう一つの厳然たる事実は、私たちの新陳代謝速度が加齢とともに確実に遅くなるということである。つまり体内時計は徐々にゆっくりと回ることになる。

しかし、私たちはずっと同じように生き続けている。そして私たちの内発的な感覚は極めて主観的なものであるために、自己の体内時計の運針が徐々に遅くなっていることに気がつかない。

だから、完全に外界から遮断されて自己の体内時計だけに頼って「一年」を計ったとすれば、三歳の時計よりも、三〇歳の時計のほうがゆっくりとしか回らず、その結果「もうそろそろ一年が経ったなあ」と思えるに足りるほど時計が回転するのには、より長い物理的時間がかかることになる。つまり[3]三〇歳の体内時計がカウントする一年のほうが長いことになる。

さて、ここから先がさらに重要なポイントである。タンパク質の代謝回転が遅くなり、その結果、一年の感じ方は徐々に長くなっていく。にもかかわらず、実際の物理的な時間はいつでも同じスピードで過ぎていく。

だから？　だからこそ、自分ではまだ一年なんて経っているとは全然思えない、自分としては半年くらいが経過したかなーと思った、そのときには、すでにもう実際の一年が過ぎ去ってしまっているのだ。そして私たちは愕然《がくぜん》とすることになる。

つまり、歳をとると一年が早く過ぎるのは「分母が大きくなるから」ではない。実際の時間の経過に、[4]自分の生命の回転速度がついていけていない。そういうことなのである。

（福岡伸一《ふくおかしんいち》『新版　動的平衡』による。一部省略がある。）

（注）＊分化……細胞や組織が特定の役割をもつように変化すること。

一、A に入る言葉は何か。次のアからエまでの中から最も適当なものを一つ選び、その記号を記入しなさい。（3点）

ア、しかし　　イ、また

ウ、したがって　　エ、そもそも

二、[1]時間に対する内発的な感覚は極めてあやふやなものとあるが、これを言い換えた言葉は何か。十字で本文中からさがし、抜き出して書きなさい。（3点）

三、[2]これはあくまで思考実験である　とあるが、本文中の「思考実験」について述べたものとして最も適当なものはどれか。次のアからエまでの中から一つ選び、その記号を記入しなさい。（3点）

ア、頭の中で想像するだけの実験を考え、どのような結果になるかを自分の仮説をもとに説明している。

イ、現実に行うことが難しい実験を考え、どのような結果になるかを予測して自分の仮説を修正している。

ウ、実際の実験とは別の状況を考え、どのような結果になれば自分の仮説を証明できるか検討している。

エ、条件をさまざまに変更して実験を考え、どのような結果になるかを観察して自分の仮説を証明している。

四、**思考力** [3]三〇歳の体内時計がカウントする一年のほうが長いことになる　とあるが、次の［　］はその理由を述べたものである。B にはどのような言葉が入るか。本文中の言葉を使って、二十五字以上、三十字以内で書きなさい。（4点）

［ B にもかかわらず、それに気づかないから。］

五、下の【図】と【資料】は、本文と同じ話題を扱ったものである。これらを読んで、後の（1）、（2）の問いに答えなさい。

【図】

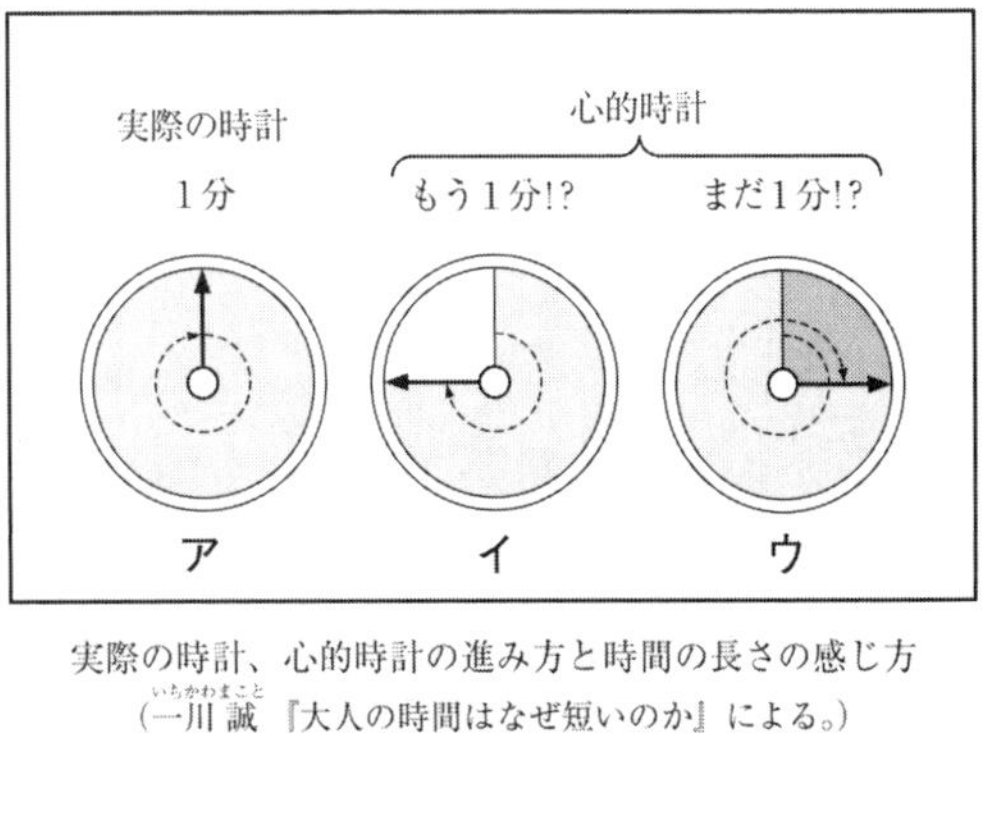

実際の時計、心的時計の進み方と時間の長さの感じ方

（一川誠《いちかわまこと》『大人の時間はなぜ短いのか』による。）

【資料】

誰しも、幼少年期の時間の流れを思い出すと、ずいぶんとゆっくり流れていたように感じるでしょう。「10歳の少年の1年は、心理的には50歳の1年よりも5倍長く感じられる」と言う人もいます。これは、成人した後で、自分の子ども時代を振り返ったときの感じ方です。したがって、この感じ方は、大人としての現在の時間の流れの感じ方を基準にして、幼少年期の時間の流れをその当時の記憶をたどって振り返った場合の結果ということになります。空間の感じ方でも、同様のことがあります。成人してから、小学校時代に学んだ教室に入ってみると、当時は大きく感じた黒板や机や椅子などが、こんなに小さかったのかと驚いてしまいます。これは、当時の身体のサイズを基準にして、机や椅子などの大きさを記憶しており、この記憶と現在のサイズを基準にして感じた机や椅子などの大きさとの間に大きな違いがあるためと考えられます。時間と空間は基本的に類似した心理学的性質をもっているのです。

（松田文子《まつだふみこ》編『時間を作る、時間を生きる』による。一部省略がある。）

（1）本文中に、4自分の生命の回転速度がついていけていないとあるが、そのような状態は【図】の中のアからウまでのどの図に当てはまるか。最も適当なものを一つ選び、その記号を記入しなさい。（2点）

（2）思考力 次の□は、本文と比較して【資料】の内容をまとめたものである。C、Dにはどのような言葉が入るか。Cは【資料】の中から二字でさがし、抜き出して書きなさい。Dは【資料】の中の言葉を使って、三十五字以上、四十字以内で書きなさい。（C2点、D4点）

> 子供と大人の時間の感じ方の違いについて、本文では生物学的に体の変化に着目して考察している。これに対して、【資料】では心理学的に子どもの頃のCに着目して考察し、Dときに違いを感じる心理は、時間と空間の感じ方において類似していると述べている。

六、思考力 本文には、時間の感じ方について考えが述べられている。あなたは、これから時間をどのように使っていきたいと考えるか。次の1、2の条件に従って書きなさい。（15点）

> 条件　1　学校や家庭などでの具体的な経験を入れて書くこと。
> 　　　2　二百四十字以内で書くこと。

注意　原稿用紙（20字詰×12行＝省略）の正しい使い方に従って書くこと。

長野県

時間 50分　満点 100点　解答 P27　3月9日実施

出題傾向と対策

●論説文、複数の資料を読み解く問題、誤字訂正の問題、古文・漢文の書き下し文の複合問題、小説文の大問五題構成。論説文・古文・小説文は本文の分量も設問数も多い。また、五十～九十字の記述問題が合わせて四題出されており、テンポよく解く力が求められる。

●記述の練習を早くからしておくこと。完成しなくても必ず自分で解答を作ってみて、模範解答と比較する習慣をつけること。また、漢字、文法、話す際の表現など、基礎基本を大切に着実に力をつけていきたい。

注意　句読点、カギ括弧《かっこ》（「や『）なども、それぞれ一字と数えて書きなさい。

一 （論説文）漢字の読み書き・品詞識別・内容吟味・文脈把握・条件作文

次の文章を読んで、各問いに答えなさい。（計34点）

文章を書くということは文を書くことです。文章を書く人は誰でも、一度に文章全体を書くことはできず、地道に一文一文書きつづけることしかできません。段落を作ることにしても、文を書いている合間に、改行一字下げの記号をときどき入れるにすぎません。私たちが文章を書くときには、文しか書いてい①ないのです。一冊の本を書き上げる場合でも、何百、何千という文をひたすら書きつづける以外ありません。執筆過程のなかで、その都度その場の文脈を考えながら一文一文生みだし、それを次から次へと継ぎ足しながら文章という一本の線を紡《つむ》いでいくこと。これが文章を書くことです。このように、その場の文脈に合わせて即興的に考えながら文を継ぎ足していくボトムアップ式の活動を「流れ」と呼ぶことにしましょう。

一方、文章を書く人なら誰でも、アウトラインという名の文章構成の設計図を持っています。用意周到な書き手であれば、かなりしっかりしたアウトラインを作り、それにしたがって文章を書いていこうとするでしょう。そうしたトップダウン式の活動を「構え」と呼ぶことにしましょう。「流れ」と「構え」とは、文章論の大家である林四郎《はやししろう》氏の独創的な考え方を参考にしたものです（林一九七三／二〇一三）。林氏は次のように語ります（林一九七三、一五～一六頁）。

文章が、次々と関係を作って伸びていく、この姿を、わたくしたちの言語的思考の投影だと見て、この思考活動を推し進めていく力に、わたしは、基本的に二種類の相反する力を見出す。それは、つながろうとする力と、離れようとする力である。わたくしたちの思考場面に、一つの情報が送りこまれると、それ以後は、その情報が呼び起こす近接情報へ移ろうとする力が主に働いて、あることばから次のことばが選ばれるが、わたくしたちがものを考えるということは、多くの場合、何か外からの刺激を受けて、余儀なく次へ移っていくのであって、ただ無抵抗に意識表面をすべっていくのとはちがう。そこで、なるべく近接した情報へ安易に移行しようとする力を制して、随時、必要がもたらす新情報が飛びこんで来る。近接情報へ移行しようとする力は、つながろうとする力であり、新情報を迎えようとする力は、離れようとする力である。〔中略〕一応離れるが、やがてつながるべく意図されて離れるのが、言語表現における離れ方の特徴である。近接情報への無抵抗な移行を「流れ」と称したのに対して、このように意図的に離れることは「構え」と呼びたい。むやみに離れるのでなく、構えて離れるからである。

つまり、先行文脈から自然にAとする力を「流れ」、Bの導入によってCにDとする力を「構え」と呼びます。林氏の議論では、文の組み立てに関わる比較的小さい要素が中心ですが、本書では、段落のなかの文という大きい単位を、「流れ」と「構え」という観点から議論したいと思います。

「流れ」と「構え」はつねに拮抗《きっこう》する存在です。「流れ」が無目的に走りだそうとすると、「構え」がそれにストップをかけます。そのまま書きつづけてしまうと、あらぬ方向に文章が展開していってしまうからです。一方、「構え」が「流れ」を無理に押さえつけようとすると、「流れ」がそれに反発します。予定していた「構え」のとおりに書けないのは、設計図としての「構え」にそもそも無理があるためであり、「構え」を「流れ」に合わせて修正していくことで、自然な流れの文章ができあがっていくからです。

このように、文章とは、②「構え」と「流れ」の絶え間ない戦いの過程であり、両者の調整の歴史です。書き手によるそうした調整の歴史が文字として残り、それを読み手が文章として読んで理解していくのです。そう考えると、段落は「流れ」と「構え」が出会い、調整をする場だということになるでしょう。ボトムアップ式の活動とトップダウン式の作業がクロスする交差点なのです。

「魚《さかな》の目」と「鳥の目」という比喩があります。「魚の目」というのは、海のなかを泳ぐ魚から見える水中の世界。潮の動きや外敵の存在など、周囲の状況を感じとりながら泳ぎます。「鳥の目」というのは、海のはるか上空から見える空中の世界。魚がどの方向に進んでいるのかを上空からモニターします。海のなかを泳ぐ魚が目的にむかって適切に進むには、「魚の目」と「鳥の目」を組み合わせて考えることが大事です。「魚の目」は「流れ」、「鳥の目」は「構え」です。私たちが文章を書いたり読んだりするとき、「魚の目」と「鳥の目」を行ったり来たりします。そうすることで、私たちの言語活動はより質の高いものになるのです。

文章を書くことを車の運転になぞらえてみましょう。私たちが車を運転するとき、カーナビゲーション・システム、いわゆるカーナビを参考にします。カーナビのディスプレイは、空から見る「鳥の目」で私たちの行くべき道を教えてくれます。しかし、ハンドルを握る私たちは、カーナビの言うことに従うとは限りません。道路の渋滞状況や工事状況、スクールゾーンなどの時間帯、道幅の広さや見通しのよさ、さらには信号の変わるタイミングなど、「魚の目」で周囲の状況を見ながら、まさに「流れ」に合わせて進む道を柔軟に変えていきます。ときには「鳥の目」であるカーナビの選択を尊重し、ときには「魚の目」である自分の状況判断を優先し、調整しながら運転していくわけです。このように「鳥の目」と「魚の目」、二つの目を調整しながら自らの判断で運転していくさまは、設計図を参考にしながらも、現場の判断で選択を決めていくという文章を書く営みと共通するものです。段落というものを、あらかじめ立てていた計画と、執筆過程で次々に思いつく即興との融合と見ることで、文章執筆の考え方は豊かになるでしょう。

（石黒圭《いしぐろけい》「段落論　日本語の「わかりやすさ」の決め手」）

(1) よく出る 基本 文章中の……線部のよみがなを、ひらがなで書きなさい。（各1点）

①推　②余儀　③安易
④随時　⑤柔軟　⑥営

(2) よく出る 基本 ――線部①「ない」と同じ品詞を含むものを、次のア～エから一つ選び、記号を書きなさい。（2点）

ア、かぎりない　イ、欲しくない
ウ、知らない　エ、ペンがない

(3) この文章は、「流れ」と「構え」について論じられている。「流れ」と「構え」について、筆者はどう説明しているか。次のようにまとめるとき、[a]、[b]に当てはまる最も適切な言葉を、本文中からそれぞれ指定された字数で抜き出して書きなさい。（各2点）

> 文脈を意識して[a（三字）]に考えながら文を追加していくボトムアップ式の活動を「流れ」とし、文章全体の[b（三字）]に沿って書いていくトップダウン式の活動を「構え」とする。

(4) [A]～[D]に当てはまる言葉の組み合わせとして最も適切なものを、次のア～エから一つ選び、記号を書きなさい。（3点）

ア、[A] つながろう　[B] 近接情報　[C] 意図的　[D] 迎えよう
イ、[A] 移行しよう　[B] 新情報　[C] 無目的　[D] 離れよう
ウ、[A] 移行しよう　[B] 近接情報　[C] 意図的　[D] 離れよう
エ、[A] つながろう　[B] 新情報　[C] 意図的　[D] 離れよう

(5) 思考力 ――線部②とあるが、どのようなことか。七十字以上八十字以内で書きなさい。（4点）

(6) 筆者の論じ方の工夫を、次のノートのようにまとめた。あとのⅰ、ⅱに答えなさい。

ノート

> ○林氏の言葉を引用することで、[c]している。
> ○「流れ」と「構え」について、「魚の目」と「鳥の目」の比喩を用いて説明している。
> ○車の運転に[d（四字）]ることで、「流れ」と「構え」を調整しながら自らの判断で[e（八字）]という文章を書く行為を説明している。
> ○全体を通して、二つの事柄を対比しながら論じている。

ⅰ　ノートの[c]に当てはまる最も適切な言葉を、次のア～エから一つ選び、記号を書きなさい。（3点）

ア、読者に問題提起　イ、筆者の考えを補強
ウ、話題を転換　エ、対照的な考えを提示

ⅱ　ノートの[d]、[e]に当てはまる最も適切な言葉を、本文中からそれぞれ指定された字数で抜き出して書きなさい。（各2点）

(7) 難 思考力 筆者の論じ方の工夫の一つである対比を用いて、「相手に思いを伝えるときに、次のAまたはBの手段のどちらを使うか」について、自分の考えを書くことになった。あなたの考えを、あとの〈条件1〉～〈条件3〉と《注意》に従って書きなさい。（8点）

A　直接会って口頭で伝える
B　手紙やメールなどの文章で伝える

〈条件1〉AとBそれぞれの長所または短所を明らかにして、対比させながら書くこと。

〈条件2〉〈条件1〉に基づいてAまたはBのどちらを使うか場面を示して書くこと。
〈条件3〉七十字以上九十字以内で書くこと。
《注意》「直接会って口頭で伝える」をA、「手紙やメールなどの文章で伝える」をBとして、AとBの記号を使って書くこと。

二 聞く話す・内容吟味・条件作文

国語の学習で、体験や調査から考えたことについて、スピーチをすることになった。青木さんは、山川さんにスピーチの練習を聞いてもらい、アドバイスをもらうことにした。次は、Ⅰ青木さんの構想メモ、Ⅱ提示資料、Ⅲ青木さんのスピーチ内容、Ⅳ山川さんの聞き取りメモ、Ⅴ追加資料である。これらを読んで、各問いに答えなさい。（計16点）

Ⅰ 青木さんの構想メモ

【考えたこと】
*食品ロスを生まない工夫が必要

順序	時間（秒）	内容	工夫したいこと
1	15	・話題提示	
2	60	・きっかけ ・調べたこと（食品ロスやたい肥作り）	・身近なことから。 ・資料を提示する。
3	80	・体験の様子 ・わかったこと ・考えたこと	・混ぜているときの写真を見せる。 ・たい肥の写真を見せる。 ・感じたことが伝わるように間を取る。 ・要点的に話す。
4	15	・あいさつ	

＊（注）食品ロス＝本来食べられるのに捨てられる食品

Ⅱ 提示資料

日本の食品ロスの状況

日本の食品ロス量　年間612万トン（平成29年度推計）

事業系（外食産業など）328万トン　｜　家庭系 284万トン

国民1人当たりで考えると
↓
国民1人当たり食品ロス量　年間48キログラム

消費者庁「食品ロス削減関係参考資料」（令和2年）等より作成

Ⅲ 青木さんのスピーチ内容

私は、生ごみでたい肥作りにチャレンジしました。その体験から考えたことを話します。

きっかけは、近くのスーパーです。近くのスーパーでは、夕方にお惣菜の割引きを行います。聞いてみると、少しでも「食品ロス」を出さないための工夫だと店員さんがおっしゃっていました。

食品ロスとは何か、調べてみると、本来食べられるのに捨てられる食品のことでした。こちらの資料を見てください。（Ⅱを見せる）日本では、六百十二万トンの食品ロスが発生しているとわかりました。それ以来、私の家でも食品ロスを出さないために「計画的に買う」「食べる分だけ作る」などの工夫をするようになりました。しかし、まとめ買いをした結果、使いきれなかったり、その日の体調で食べきれなかったりすることなどがあり、どうしても残ってしまうことがありました。そこで、残ったものをなんとかできないか考え、インターネットで調べて見つけた、たい肥作りをしてみようと思いました。

実際に段ボール箱を容器として使いました。段ボール箱の中に土や米ぬかと一緒に生ごみを入れ、空気に触れるようかき混ぜます。（写真を見せる）毎日かき混ぜたり虫が来ないように防いだりと、思ったよりも手間がかかりました。作ったたい肥は、プランターや庭の畑にまきました。

たい肥作りでは、少しずつ生ごみの様子が変わることがおもしろかったです。（写真を見せる）できたたい肥を見たとき、私は、食べ物はこうやって土になり、そこでまた野菜ができ、私たちの暮らしの中で循環していくのだなということを実感しました。つまり、私がわかったことは、残った食品は、ごみではなく大切な資源です。ごみとしてただ捨てるのではなく、たい肥として生かすことは、我が家の食品ロスの課題解決につながる方法だと思いました。

食品ロスは、解決したい社会問題の一つです。食品ロスをゼロにすることは、無理だという人もいるかもしれません。しかし、自分たちにできることで、少しでも解決することができたらと思います。買うとき、調理するとき、食べるとき、残したときなど、その時々で食品ロスを生まない工夫はあると思います。私はこれからも自分にできることを考えていきたいと思いました。

これで、私の発表を終わります。ありがとうございました。

Ⅳ 山川さんの聞き取りメモ

主な内容	意見や根拠の適切さ 発表の工夫 〇…よい点 △…気になる点
・たい肥作り	
・近くのスーパー ・食品ロスとは ・食品ロスを出さない	〇取り組みのきっかけがわかりやすい。 △612万トンという量の多さがもっと伝わるようにしたい。
・たい肥作り ・毎日かき混ぜる ・食品は資源	〇写真があり、わかりやすい。 〇実体験で説得力がある。 △気になる言葉の使い方があった。
・少しでも減らしたい	

Ⅴ 追加資料

世界の食料支援の状況

国連の支援食料　年間380万トン
世界83カ国へ（2017年）

国連WFP（世界食糧計画）「数字で見る国連WFP 2019年」（2020年）より作成

(1) よく出る 基本 Ⅰの構想メモの特徴として適切なものを、次のア～エから二つ選び、記号を書きなさい。(3点)
ア、時間配分、内容、相手を意識した話し方をしようとしている。
イ、説明する上で効果的な写真と資料をそれぞれ一つずつ使い、提示しようとしている。
ウ、アンケート結果を使って、話題提示をしようとしている。
エ、調べたことと考えたことを区別して、順序や構成を工夫している。

(2) 青木さんは、自分と異なる考えをもつ聞き手からの反論を想定している。それがわかる言葉はどこか。Ⅲから一文でさがし、最初の七字を書きなさい。(2点)

(3) Ⅳの内容から、山川さんがどのようなことに気をつけて聞いていると言えるか。最も適切なものを、次のア～エから一つ選び、記号を書きなさい。(2点)
ア、青木さんの発表を自分の考えと比較し、共通点をさがしながら聞いている。
イ、青木さんの発表を、表現の仕方や効果に注目し、評価しながら聞いている。
ウ、青木さんがどのような気持ちで発表をしようとしているか、想像しながら聞いている。
エ、青木さんの発表を聞き終わった後で、発表の仕方でよい点だけを伝えようとして聞いている。

(4) 青木さんは、山川さんから、Ⅳの……線部のような指摘を受けた。そこで、スピーチの録画を見返し、Ⅲの……線部を直す必要があると気づいた。「資源です」の部分を、実際に話すように書き直しなさい。(3点)

(5) 難 思考力 青木さんは、山川さんから、Ⅳの――線部のような指摘を受けた。そこで、Ⅱに加えてⅤの資料を用いて、Ⅲの――線部を、日本の食品ロス量がいかに多いかが伝わるように言い換えることにした。あなたならどのように話すか。次の〈条件1〉～〈条件3〉と《注意》に従って書きなさい。(6点)
〈条件1〉「日本では、」に続けて書くこと。
〈条件2〉Ⅱ及びⅤそれぞれにある数値を用いて書くこと。
〈条件3〉六十字以上八十字以内で、実際に話すように書くこと。
《注意》数字の書き方は、「二十五」または「二五」のどちらでもよい。

三 漢字の読み書き 基本

次の①～③から、誤って使われている漢字一字をそれぞれ抜き出して書き、同じ読みの正しい漢字を楷書でそれぞれ書きなさい。(各2点、計6点)
①生徒総会で、目標の承認、予算の決議、生徒会基約の改正などを行う。
②この法律が主に保護の対象としているものは自然の風景地だが、生物多様性の保善にも役に立っている。
③彼は、地域経済の活性化が重要であることを提言した書物を現した。

四 (古文)仮名遣い・内容吟味・古典知識

次に示すのは、文章Ⅰが『徒然草』の一節、文章Ⅱが『孔子家語』の一節を書き下し文に改めたものである。これらを読んで、各問いに答えなさい。(計16点)

文章Ⅰ
一道《いちだう》(一つの専門の道)に携《たづさ》はる人、あらぬ道の筵《むしろ》に臨みて(専門外の場に出席して)、「あはれ、わが道ならましかば(自分の専門の道であったら)、かくよそに見侍《はべ》らじものを(こんなに傍観しますまいのに)」と言ひ、心にも思へる事、常のことなれど、①よにわろく覚ゆるなり(まことによくないことと思われる)。知らぬ道のうらやましく覚えば、「あな(ああ)うらやまし。などか習はざりけん(なぜ習わなかったのだろうか)」と言ひてありなん。

我が智《ち》(賢いこと)をとり出でて人に争ふは、角《つの》あるものの角を傾《かたぶ》け、牙あるものの牙を咬《か》み出だす類《たぐひ》なり。

人としては善(善行を)にほこらず、物(人)と争はざるを徳(美点)とす。他《た》に勝《まさ》ることのあるは、大きなる失(短所)なり。品《しな》(家柄や身分)の高さにても、才芸のすぐれたるにても、先祖の誉《ほまれ》(名誉)にても、人に勝れりと思へる人は、たとひ言葉に出でてこそ言はねども、内心にそこばく(多く)の咎《とが》(欠点)あり。慎《つつし》みてこれを忘るべし。痴《をこ》(ばかげたこと)にも見え、人にも言ひ消《け》たれ(非難され)、禍《わざはひ》をも招くは、ただ、この②慢心なり。

③一道にも誠《まこと》に長じぬる(本当にすぐれた)人は、自ら明らかにその非(自分の欠点)を知る故に、志《こころざし》(向上心)常に満たずして、終《つひ》に物(人)に伐《ほこ》る(自慢する)事なし。

(本文は「新編日本古典文学全集」による　問題作成上一部省略した箇所がある)

文章Ⅱ
*子路《しろ》進みて曰《いは》く、敢《あへ》て問ふ、満《まん》を持するに道有りや(満ちた状態を保つ方法はありましょうか)、と。
*子《し》曰く、聡明叡智《そうめいえいち》なれば(賢く知恵がすぐれていると)、之《これ》を守るに愚《ぐ》を以《もつ》てし(愚かな振りをし)、④功《こう》(功績が)天下を被《おほ》はば(天下を覆い尽くすほどならば)、之を守るに譲《じやう》を以てし(謙譲を行い)、⑤勇力《ゆうりよく》世に振《ふる》はば(強い力が世の中を揺り動かすほどならば)、之を守るに怯《けふ》を以てし(臆病な振りをし)、富《とみ》四海《しかい》を有《たも》たば(豊かな財産が天下を保持するほどならば)、之を守るに謙《けん》(謙虚を心がける)を以てす。此《こ》れ所謂《いはゆる》之を損《そん》して又《また》之を損するの道なり(満ちた状態を保つにはそれを抑えて、更に抑えるという方法)、と。

(本文は「新釈漢文大系」による　問題作成上一部省略した箇所がある)

*(注) 子路＝孔子の弟子
子＝孔子

(1) よく出る 基本 文章Ⅰの……線部の言葉を現代仮名遣いに直して、すべてひらがなで書きなさい。(各1点)
①いちだう　②わざはひ

(2) ――線部①「よにわろく覚ゆるなり」と筆者が述べている行いについて、次の□のようにまとめた。□に当てはまる最も適切なものを、あとのア～エから一つ選び、記号を書きなさい。(2点)

> 自分の専門外の場に出席したときに、□ような行い。

ア、自分の専門分野の力が誇れず悔しがる
イ、自分の専門分野の知識を誇って満足する
ウ、自分の専門分野の経験が少なく不満に思う
エ、自分の専門分野の技術を自慢して得意になる

(3) ――線部②「慢心」の具体的な内容を、「思っている心」につながるように、文章Ⅰの本文中から六字で抜き出して書きなさい。(2点)

(4) ――線部③と筆者が述べているのは、人のどのような姿勢が理想的であると考えているからか。その考えを含む一文を文章Ⅰの本文中から十五字以上二十五字以内でさがし、最初の五字を書きなさい。(2点)

(5) ――線部④は、「功被天下、守之以譲」を書き下し文に改めたものである。返り点を付けなさい。(3点)

(6) ――線部⑤に用いられている表現方法として最も適切なものを、次のア～エから一つ選び、記号を書きなさい。(2点)

ア、反復　イ、体言止め
ウ、係り結び　エ、対句

(7) 文章Ⅰと文章Ⅱに表されている考え方に関連のある最も適切な言葉を、次のア～オから一つ選び、記号を書きなさい。(3点)

ア、親しき仲にも礼儀あり
イ、針の穴から天をのぞく
ウ、虎の威を借る狐《きつね》
エ、木に縁《よ》りて魚《うお》を求む
オ、能ある鷹《たか》は爪《つめ》を隠す

五 (小説文) 漢字の読み書き・内容吟味

次の文章を読んで、各問いに答えなさい。(計28点)

「俺」は、かつて高校野球全国大会にピッチャーとして出場し、優勝したことがあった。その時、右肘を故障したことによってプロ野球選手になることができなかった。現在は甲子園《こうしえん》球場のグラウンドキーパーとして働いている。高校の時のチームメートだった才藤《さいとう》に、野球人生に一区切りついていないんだと指摘されたことで、甲子園に何かを置き忘れたまま、ここまで来てしまっているのかもしれないという思いが、日に日に強くなっていった。夏の甲子園が開幕し、グラウンド整備をしているとき、どんなに劣勢におちいっても、ひたむきな姿勢でいる、一回戦で敗退した横川《よこかわ》という投手が気になった。

日本一になった投手が、一回戦負けのピッチャーをうらやむというのも、なんとも皮肉な話だった。しかし、こうしてグラウンドキーパーとして整備をしている今も、俺の魂だけはあのマウンドから降りられずにいるのだ。だから、心と体が一致しない違和感がぬぐいきれない。まるで地縛《じばく》霊《れい》みたいやなと思うと、ちょっと笑えた。

体を機械的に動かして、トンボ*を押し、スパイクで荒れた箇所を均《なら》していく。なんとか気持ちを落ちつけようとしたのだが、①千々に乱れる俺の心をそのまま映すかのように、もうもうと土煙が舞い上がった。

早く水をまいてほしい。グラウンドにも、俺の心にも。セツジツにそう願った。

横川がダウン*のキャッチボールを終え、一人おくれて甲子園の土を拾いはじめた。まだ、泣いていた。ぐずぐずと鼻をならしながら、両手で土をかき集めている。

そういえば、俺は一度も甲子園の土を持ち帰ったことはなかったと思い至る。

一年生のときは、控えピッチャーだった。大阪府予選で敗れた。

二年生でエースナンバーを背負ったが、甲子園の準々決勝で敗退した。来年またこの場所へ帰ってくると誓った。

そして、三年生。野球人生がこのまま終わってしまうかもしれないという不安を押し隠し、逃げるように甲子園を立ち去った。

でも、才藤の言うとおり、実は終わってなどいなかったのだ。

俺は一塁付近の土を均していた。トンボの先には、黒い土が小さく山になっていた。

そのひとかたまりを押し、運んでいく。負けた球児たちが多くの土を持っていったため、ベンチ前の凹《へこ》んでいる場所に継ぎ足す必要があった。

泣いている横川が、いまだにしゃがみこんでいた。その姿を、大人たちが狙う。報道陣のビブスをつけたカメラマンがムラがり、グラウンドに這《は》いつくばってまで、うつむき、泣きつづける横川の表情を撮りつづける。

もう、ええやろ。じゅうぶん撮ったやろ。いい加減、終わらせてやれや。

トンボの柄《え》を報道陣のあいだにねじこむようにして、整備の時間であることをアピールした。

「ありがとうございます！」横川が顔をあげた。涙に濡《ぬ》れた頬が、②少し痛々しくもあり、しかしまぶしく輝いて見えた。

とっさに帽子を下げた。軽くうなずいて、立ち去った。

自分が負かした相手校の選手にも抱いたことのなかった感情がわいてきた。うらやましい、という気持ちが消え、ねぎらいの言葉が次々と心に浮かんできたのだ。

ご苦労様、よう戦ったな。残念やったけど、お前には次があるで。次は、何がなんでも自分自身のために投げるんやぞ。

マネージャーだろうか、学校の制服姿の男子が横川を立たせ、撤収をうながした。その記録員も目を真っ赤にして泣いていた。

突然、後ろから肩をたたかれた。島《しま》さんだった。てっきり勝手なことをして叱られると思ったのだが、額に汗を浮かべた島さんは、白い歯を見せて笑った。

「ようやく周りが見えてくるようになったんちゃう？」

「えっ……？」

「ａお前は、うつむきすぎやで。顔を上げてみぃ」

そう言って、島さんが周囲を見渡すそぶりを見せた。

「今、この場に、四万人以上おる。でも、だーれもお前のことなんて見てへんやろ。いっそのこと清々《すがすが》しくなるくらいにな」

俺もおそるおそる顔を上げた。

ちょうど、負けた東《ひがし》東京代表のメンバーがベンチを去るところだった。一人一人、帽子を取りながらグラウンドに向けて礼をし、裏手に引きあげていく。観客たちの視線

は、そちらに集中していた。口々にねぎらいの言葉を叫び、拍手で敗戦校を送り出す。

たしかに、こちらに注意を払っている人は見受けられなかった。

「いつか、ここにいる全員、自分のほうに振り向かせたる——そう決意するんやったら、俺は応援する。もちろん、このあったかい拍手が生まれる現場を裏から支えたいんやったら、びしばし鍛えてやる」

去っていく横川の背番号1を見送った。③甲子園球場のざわめきが、一気によみがえった。相変わらず、真夏の太陽は、容赦なく降りそそぐ。何もさえぎるもののない空を見上げた。

あきれるほど、晴れ渡っていた。俺は、まだ何にでもなれるんやということに、ようやく気がついた。

俺は、まだ、泣かない。泣けない。

戦いが終わっていないから、泣けないのだ。

「ありがとうございます」島さんに頭を下げた。

b視界が少し晴れた気がした。自分ならピッチャーのよろこびも、悲しみもよく見える。そして、ピッチャーを支える野手やマネージャーの努力もはっきり見渡せる位置にいる。

片方のチームが笑い、片方が泣く——その残酷ともとれる舞台を整える。プロ選手や高校球児たちを、足元から支えていく。

「さぁ、仕事やで」

島さんの言葉にうなずいた。一滴も水分の残されていない俺の心の上に、いつか恵みの雨は降ってくるのだろうか？④抜けるように青い空へ問いかけながら、めいっぱい目深《まぶか》にかぶっていた帽子のつばを、人差し指の先でそっと押し上げた。

（朝倉宏景《あさくらひろかげ》「雨を待つ」）

＊（注）トンボ＝土をならすための道具

ダウン＝体の疲労を回復させることを目的として行われる運動

(1) よく出る 基本 文章中の——線部を漢字に直して、楷書で書きなさい。（各2点）

①セツジツ　②ムラ

(2) よく出る ——線部①の「千々に乱れる俺の心」を投影して表現しているものは何か。十字以上十五字以内で書きなさい。（3点）

(3) ——線部②の理由として最も適切なものを、次のア～エから一つ選び、記号を書きなさい。（3点）

ア、試合に負け、泣いて涙で濡れた横川の顔に、真夏の太陽の光が当たって反射して見えたから。

イ、試合に負けた悲しさを表に出さずに感謝の言葉を口にする横川の態度が印象的だったから。

ウ、試合に負けた悔しさに共感しながらも、自分とは違う横川の姿を美しいと感じたから。

エ、悔しい気持ちがあるはずなのに、他人に気を遣う横川の姿にいらだちを感じたから。

(4) ——線部③「甲子園球場のざわめきが、一気によみがえった」ことから、「俺」が何に気づいたことがわかるか。それがわかる一文を本文中からさがし、最初の七字を書きなさい。（3点）

(5) 次の［　］は、中村さんと石井さんが、この文章の表現の特徴について話し合っている様子である。

中村　＝＝線部の心の内の言葉は、水を求めていることから、「俺」の心が［A］様子であることがわかるね。

石井　さらに、倒置法で表現されていることで、求めていることが、より強調されているね。

中村　その後、見上げた空の情景描写にも、「俺」の心情が暗に示されていそうだよ。

石井　例えば、本文中にある「［B（十二字）］」は、「俺」の今後の可能性を表していそうな空の描写だね。

中村　「あきれるほど、晴れ渡っていた」という描写にも表現されていると思うな。

石井　＝＝線部の表現から問いかけの表現に変わった「［C］」の一文には、「俺」の心情の変化が表れていそうだね。

中村　題名の「雨を待つ」につながる描写だね。

i　［A］に当てはまる適切な言葉を書きなさい。（3点）

ii　［B］に当てはまる最も適切な言葉を、本文中から指定された字数で抜き出して書きなさい。（3点）

iii　［C］に当てはまる一文を本文中からさがし、最初の五字を書きなさい。（3点）

(6) 思考力 中村さんは、——線部④に表れている「俺」の気持ちを考えるために、関係すると思われる文から読み取ったことを付せんに書いた。付せんを踏まえて、——線部④に表れている「俺」の気持ちを五十字以上七十字以内で書きなさい。（6点）

付せん

……線部aの「うつむきすぎ」という言葉から、「俺」がいつも下を向いている様子がわかる。

……線部bの「視界が少し晴れた」というところから、「俺」の見渡せる範囲が広がり、将来への見通しをもち始めた様子がわかる。

岐阜県

時間 50分　満点 100点　解答 P29　3月3日実施

出題傾向と対策

●漢字の読み書き、小説文、論説文、古文、グラフの読み取りと課題作文という五題構成は昨年と同じ。小説文、論説文とも読解記述が各一問出題されているが、文中語句を使ってまとめればよく、さほど難しくはない。また、空欄補充問題や文法問題も例年どおり出題されている。

●漢字の読み書きは二十点と配点比率が高く、また、国語の知識問題や文法問題もよく出されるので、それらに対する準備をしっかり行う。作文は資料を読み取り、それについて考える思考力を要するので対策が必須。

注意　字数を指示した解答については、句読点、かぎ（「」）なども一字に数えなさい。

一 漢字の読み書き　よく出る　基本

次の①～⑩の傍線部について、漢字は平仮名に、片仮名は漢字に改めなさい。（各2点、計20点）

①はがきに宛先を書く。
②名画を見て衝撃を受ける。
③他人に無理を強いる。
④鮮やかな色の花が咲く。
⑤チームの士気を鼓舞する。
⑥毛糸で手袋をアむ。
⑦朝からコナユキが降る。
⑧庭に桜をショクジュする。
⑨事態のスイイを見守る。
⑩公園のごみをヒロう。

二 （小説文）文・内容吟味・品詞識別・主題

次の文章は、昭和四十年代に、ある地区で電気が初めて通じたことを祝う式典の場面を描いたものである。式典の中で、父親の安雄は、小学生の娘の朝美が児童代表として作文を朗読しているのを聞いている。安雄は式典が終わり次第、飼っていた牛の「桃子」を売却し、その代金で電気洗濯機を買うつもりでいる。これを読んで、後の問いに答えなさい。（計27点）

参列者に深々と一礼した娘が原稿用紙を広げ、作文を読み始める。

「私の家は、全部で六人家族です。」

最初にそう聞こえた瞬間、うわっ、いきなりなんて間違いを！　と頭を抱えた。どの家が何人家族で誰がどうでと、住民どうしがすべて知っている狭い地区のことである。ん？　という顔をした者だけならまだしも、失笑の声が聞こえたり、参列者のあいだをさざ波のようにざわめきが動いたりと、穴があったら潜ってしまいたい気分になる。

だが、当の朝美は、いたって堂々と、[1]まったく臆する様子も見せずに朗読を続ける。

「六人家族というのは、父と母、兄と弟に私、そして牛の桃子のことです。」

それを耳にした大人たちが、なるほど、と得心（注）してうなずきを交し合い、安雄も、ああそうか、と胸を撫《な》で下ろした。

やっぱり、[2]さすが自慢の娘である。最初にこんなふうに大人の意表をつくなんて、心憎いばかりの作文だと、寸前の恥ずかしさが瞬時に誇らしさに取って替わり、安雄は椅子の上で、私があの娘の父親です、とばかりに胸をそらした。

やがて、大人たちの堅苦しい祝辞や挨拶のときにはなかった、鼻を啜《すす》る音が、会場のあちこちからあがり始めた。

「――ランプのときには見えなかった両親の顔のシワが、明るい電気がついて初めて見えました。母の髪に白髪が混じっているのも見えました。いつも元気一杯の父や母が、急に年寄りになったように見えて、ショックでした。でも私は、電気がないときには気づかなかった父と母のシワや白髪を見ながら、私達きょうだいを一生懸命育ててくれている両親に感謝する気持ちで、胸が一杯になりました――。」

作文のそのくだりで、胸が一杯になったのは、聞いている大人たちのほうであった。

かくいう安雄の顔も、途中から涙でくしゃくしゃである。

その朝美の作文の朗読も、原稿用紙の三枚目まで進み、締めくくりとなった。

「――家のなかは電気で明るくなりましたが、一ヵ所だけ、暗いままのところがあります。それは桃子の牛舎です。私が桃子だったら、お家のなかは明るくていいなあと、とても寂しくなると思います。これから、長くて厳しい冬がやってきます。[3]桃子だけに寂しい思いをさせるのは可哀《かわい》相《そう》でなりません。牛舎にも電気があれば、桃子も寂しくなくなり、これからやってくる冬を安心して乗り越えられると思います。だから私は、今日、家に帰ったら、桃子の牛舎にも電気をつけてくれるように、父にお願いするつもりです。」

式典が無事に終了したあと、背広姿の安雄は、桃子の鼻輪に通したロープを曳《ひ》いて、静子（注）と肩を並べて歩いていた。

向かっているのは、自宅である。

結局、桃子は組合のトラックには乗せなかった。あんな作文を娘に読まれたあとでは、桃子を売り飛ばすことなど無理である。

「朝美、わざとあんな作文を書いたんだっちゃね《(だよね)》え。」

女房が隣で苦笑する。

「わざとって、どういうこった？」

安雄が尋ねると、

「だってえ。あれだけ大勢の前で、あいな《(あんな)》作文を読まれだったら《(たら)》、みんなの手前、売りたくても売れなくなるすぺ《(なるでしょう)》。朝美はね、それが分がってで《(分かってて)》、わざとあんな作文を書いたの。そうやって、あんだ《(あなた)》のことを上手に操ったのっしゃ《(ですよ)》。」

「んだべがな《そうかなあ》……。」

「んだに決まってっぺ《そうに決まってるでしょ》。」

「うーむ……。」

　男親である安雄は、娘の作文にただただ感動し、娘にとっての大事な家族を手放すことなどできやしないと、そう単純に思っただけなのであるが、4女親の静子のほうは、少々見方が違うようだ。

　まあしかし、それはどちらでもいいことだ、と安雄は思う。俺にしたって、本当は桃子を手放したくなかったのだ。桃子と別れたくはなかったのだ。桃子の売却を思い留まらせるために、朝美があの作文を書いたのだとしたら、それはそれで5感謝すべきことである。

（中略）

「なあ、静子。」

「なにっしゃ《なんですか》。」

「これで、しばらくは洗濯機、買えねぐ《なく》なってしまったすな《な》。勘弁してけろ《くれ》。」

　安雄が言うと、

「なに語ってんのっしゃあ《言ってるんですか》。機械よりも家族のほうがずっと大事だっちゃ《でしょ》。」

　そう答えた静子が、桃子のほうを振り返り、「んだっちゃね?《そうだよね》」と、6我が子に向けるような笑顔で声をかける。

　モウ〜、と桃子が、まるで人間の言葉がわかっているように、嬉《うれ》しそうな声を出した。


「桃子」（熊谷達也）による。

（注）得心＝納得すること。
　　静子＝安雄の妻。朝美の母親。

問一、よく出る 基本 1まったく は、どの言葉を修飾しているか。最も適切なものを、ア〜エから選び、符号で書きなさい。（3点）
ア、臆する　イ、見せずに
ウ、朗読を　エ、続ける

問二、2さすが自慢の娘である とあるが、次の［　］内の文は、このときの安雄の気持ちについて、本文を踏まえてまとめた一例である。［A］、［B］に入る最も適切な言葉を、それぞれ本文中から抜き出して書きなさい。ただし、字数は［A］、［B］にそれぞれ示した字数とする。（各3点）

「六人家族です」という言葉から、最初は娘が家族の人数を間違えたと思い、［A（五字）］を感じたが、その後の内容から大人の意表をつく見事な表現だと気づき、朝美が自分の娘であることに［B（四字）］を感じている。

問三、よく出る 基本 3桃子だけに寂しい思いをさせるのは可哀相でなりません の中から、形容詞をそのまま抜き出して書きなさい。また、この場合の活用形を書きなさい。（3点）

問四、4女親の静子のほうは、少々見方が違うようだ とあるが、朝美の作文に対する静子の見方として最も適切なものを、ア〜エから選び、符号で書きなさい。（3点）
ア、作文で朝美がうそをついてしまったことで、家族に対する地域の人々からの信頼がなくなったという見方。
イ、作文で朝美が桃子を家族の人数に含めることで、地域の人々に作文の出来をほめられたかったという見方。
ウ、作文で朝美がわざと家族は六人だと言い切ることで、母親である自分に不満を伝えたかったという見方。
エ、作文で朝美が桃子のことを取り上げることで、父親の考えを変えようとしたという見方。

問五、5感謝すべきことである とあるが、安雄はなぜ感謝すべきと考えたのか。「…ことになったから。」に続くように、三十五字以上四十字以内でまとめて書きなさい。ただし、「本当は」、「作文」という二つの言葉を使うこと。（8点）

問六、6我が子に向けるような笑顔で声をかける とあるが、このときの静子の気持ちとして最も適切なものを、ア〜エから選び、符号で書きなさい。（4点）
ア、安雄が洗濯機を買わなかったことを残念に思うよりも、桃子と別れずにすむことがうれしくて笑っている。
イ、安雄が自分のために洗濯機をあきらめていないことを知り、うれしくて笑っている。
ウ、安雄が桃子を売却せず、洗濯機を買ってもらえなくなってしまった失望を笑ってごまかそうとしている。
エ、安雄が地域の人々の考えに影響されて、すぐに意見を変えることにあきれて笑っている。

三 （論説文）文脈把握・活用・内容吟味・要旨

次の文章を読んで、後の問いに答えなさい。（計24点）

　多数の人が、集団を作って助け合って1生きている場合、いつの間にか、長い時間の中で、こうしたお互いを理解し合い行動を予測することのできる、大きなルールのかたまりのようなものができあがります。それは、たとえば日本語を作ったのは誰であり、いつ頃でき上がったのか決してわからないのと同じように、いつの間にか、次第にまとまりをもったものとして集団のメンバーによって受け入れられ維持され、さらに若い世代に伝達されるのですが、決して、いつ、誰が作ったのかわかりません。このルールのかたまりのようなものを、文化人類学という学問では「文化」と呼んでいます。
　私たちの生活は、実にさまざまなルールからできあがっています。（中略）
　食べることひとつを取ってみても、なにを、どのように料理し、どのように器に盛りつけ、どんなふうにお箸《はし》を使って食べるのか、また、一回にどのくらいの分量を食べるのが普通なのか、やはり一定のルールがあります。向こうから知っている人がやって来るのが見えた時、どの距離で、どんな挨拶をすればいいのか、微笑《ほほえ》むのか、手を振るのか、頭を下げるのか、あまり考えることもしないで双方が同じ行動をとります。
　こうしたことを取り上げると無数にあります。そして、それらのことはほとんど意識されない当たり前のことなのです。でも、私たちの生活が、たくさんのそうした生活上の細々《こまごま》したルールから成り立っているということについて、ほんの一時期でも自宅へ外国からのお客さんを迎えて滞在してもらうとすぐに気づきます。外国人のお客さんは、一つひとつについて、どうすればよいのか、どういう意味か、日本語でなんというのか聞きます。聞かれてみて初めて、自分たちにとって当たり前のことが、日本に住んでいない人には決して当たり前でないことに気づきます。

□、「文化」は、その文化を学びとった人以外の人びとにとっては少しも当たり前ではないのです。

ところが、そのルールに従って生きている人にとっては[2]「文化」はいちいち意識されないことがとても重要です。ルールの一つひとつの意味が検討され、議論の対象にされ、多数決で決めなければならないとしたら、とってもたくさんの時間と労力が必要となり、生活をスムースに送ることなどできなくなります。

一方、「文化」の、当たり前すぎて一つひとつ検討したり疑問に思ったりする必要などなく、私たちの生活を成り立たしめているルールとして働いているということが、[3]困った問題を起こすことがあります。それは文化を異にする人びとが、日本の文化のある部分にどうしても納得できなくて説明を求めてきた時、あるいは、その人たちの文化の中のある部分と、日本人の文化のある部分とが激しく対立した時、相手を説得したり、納得させるだけの説明ができないということです。当たり前であることに対して、私たちはそれが存在する理由など考えません。理論的に筋道だって、相手に説明する習慣もありません。もっと悪いことは、私たちにとって当たり前であり、それが一番良いことだと考えていることがらを、別の文化の人びとが批判することに対して、腹を立ててしまうことです。そして、相手が批判する依《よ》りどころとしている相手の文化を、逆に批判してしまうことです。そうなると、反感は増幅されて、憎しみまで生まれてしまいます。文化の一部を互いに批判し合っているうちに、その文化を担《にな》っている人間までも、批判し、否定し、憎んでしまうことになってしまいます。

そういう状態にならないためには、どうすればいいのでしょうか。文化はルールのかたまりのようなものですが、それは少しずつ変化しています。また、多くの人が一つのルールを「良いもの」として支持していても、必ずそれを否定し別のことを提唱している人びとが同じ日本の中にもいます。そのような変化や多様性に、注意と関心と、さらには尊敬を払うことが必要です。自分の立場と、他の立場にいる人びととの主張とを常に見比べることによって、やがて自分がなぜこちらのルールが良いと考えているのか、なぜ選択しているのかが見えてくるし、わかってきます。

そうなれば、互いに対立した時でも、なぜ対立しているのかを理解できるし、たとえ同調も同感もできなくても、[4]相手を頭から否定したり憎んだりしないでしょう。

（「生きる力をさがす旅　子ども世界の文化人類学」（波平恵美子）による。）

問一、□に入る最も適切な言葉を、ア～エから選び、符号で書きなさい。（3点）

ア、では　イ、しかも　ウ、つまり　エ、しかし

問二、**よく出る** **基本** [1]生き と同じ活用の種類の動詞を含むものを、ア～エから選び、符号で書きなさい。（3点）

ア、弟はいつも家で学校のことを楽しそうに話す。
イ、白い鳥が春の温かい日光を浴びる。
ウ、友人から急に相談を受ける。
エ、妹は自分の部屋で毎日読書をする。

問三、[2]「文化」はいちいち意識されないことがとても重要です とあるが、次の□内の文は、「文化」がいちいち意識されないことが重要である理由について、本文を踏まえてまとめた一例である。[A]、[B]に入る最も適切な言葉を、それぞれ本文中から抜き出して書きなさい。ただし、字数は[A]、[B]にそれぞれ示した字数とする。（各3点）

> 「文化」のルールに従って生きている人にとっては、[A（四字）]のこととして受け入れているルールの意味を一つひとつ議論していたら、とても[B（十字）]が必要となり、円滑に生活を送ることができなくなるから。

問四、[3]困った問題を起こすことがあります とあるが、どのような点が「困った問題」であると筆者は述べているか。最も適切なものを、ア～エから選び、符号で書きなさい。（4点）

ア、文化を異にする人々が、互いに相手を説得しようとしても、相手を納得させるだけの文化の説明ができず、相手の文化の一部を批判し合う状態になってしまう点。
イ、文化を異にする人々が、互いに対立を避けるために、共通したルールを作ろうとする結果、自分たちの文化を否定してしまう点。
ウ、文化を異にする人々が、互いに論理的に筋道立った説明をすることをあきらめ、互いの文化の違いに疑問を抱かなくなってしまう点。
エ、文化を異にする人々が、互いの文化を理解するために時間をかけて話し合った結果、生活が成り立たないようなルールができてしまう点。

問五、[4]相手を頭から否定したり憎んだりしないでしょう とあるが、相手を頭から否定したり憎んだりしないためには、どのようにすることが必要だと筆者は考えているか。五十字以上五十五字以内でまとめて書きなさい。ただし、「文化の」という書き出しで、「…ことが必要だと考えている。」に続くように書くこと。（8点）

四 （古文）仮名遣い・内容吟味

次の文章を読んで、後の問いに答えなさい。（計14点）

太田左衛門大夫持資《だいふもちすけ》は上杉宣政《のりまさ》の長臣なり（身分の高い家来である）。鷹狩《たかがり》に出て雨に逢《あ》ひ、ある小屋に入りて蓑《みの》を借らんといふに、若き女（若い女が）の何とも物をば言はずして（何も物を言わないで）、[1]山吹の花一枝折りて出しければ、「花を求むるにあらず（花がほしいのではない）」とて怒りて帰りしに、これを聞きし人（聞いた人が）の、「それは、

七重八重花は咲けども山吹の
（七重にも八重にも花は美しく咲くけれども山吹の）
みの一つだになきぞ悲しき
（実の一つさえないのが悲しいように、貸す蓑が一つもないことが悲しい）

といふ古歌のこころなるべし」(古い和歌に託して答えた心情でしょう)といふ。持資驚きて(和歌の奥深さにはっと気づいて)、²それより歌に志を寄せけり(歌道に心をひかれるようになった)。

「常山《じやうざん》紀《き》談《だん》」による。

（注）　蓑＝雨具。
　　みの＝ここでは山吹の実と蓑の意味を掛けている。

問一、**よく出る** **基本** いふ　を現代仮名遣いに改め、全て平仮名で書きなさい。（2点）

問二、¹山吹の花一枝折りて出しければ　とあるが、山吹の花一枝を差し出したときの若い女の心情として、最も適切なものを、ア～エから選び、符号で書きなさい。（4点）

ア、雨の中で咲く山吹のけなげな美しさをあなたに知ってほしい。
イ、蓑を貸してあげたいが、貸す蓑が一つもないことが悲しい。
ウ、見ず知らずの私から蓑を借りることは失礼だと気づいてほしい。
エ、貸す蓑はないが、雨のおかげであなたに出会えたことがうれしい。

問三、²それより歌に志を寄せけり　とあるが、次の□内の文は、持資が歌道に心をひかれるようになった理由をまとめた一例である。［A］、［B］に入る最も適切な言葉を、それぞれ現代語で書きなさい。ただし、字数は［A］、［B］にそれぞれ示した字数とする。（各4点）

> 持資は、若い女が自分の心情を［A（八字）］、何も言わずに山吹の花を差し出した意味が理解できず、怒って帰ってしまったが、ある人に若い女の真意を教えられたことをきっかけに、［B（六字）］にはっと気づいたから。

五　グラフの読み取り・課題作文　思考力

次のグラフはある中学校の三年生を対象に行った「友達との話し合い」についての調査の結果の一部をまとめたものである。このグラフを見て、後の問いに答えなさい。（計15点）

「友達との話し合い」

【質問】　次のことは、あなたに当てはまりますか。

A　友達と話し合うとき、友達の話や意見を最後まで聞くことができる。
B　友達と話し合うとき、友達の考えを受け止めて、自分の考えをもつことができる。
C　友達の前で自分の考えや意見をうまく発表することができる。

【グラフ】

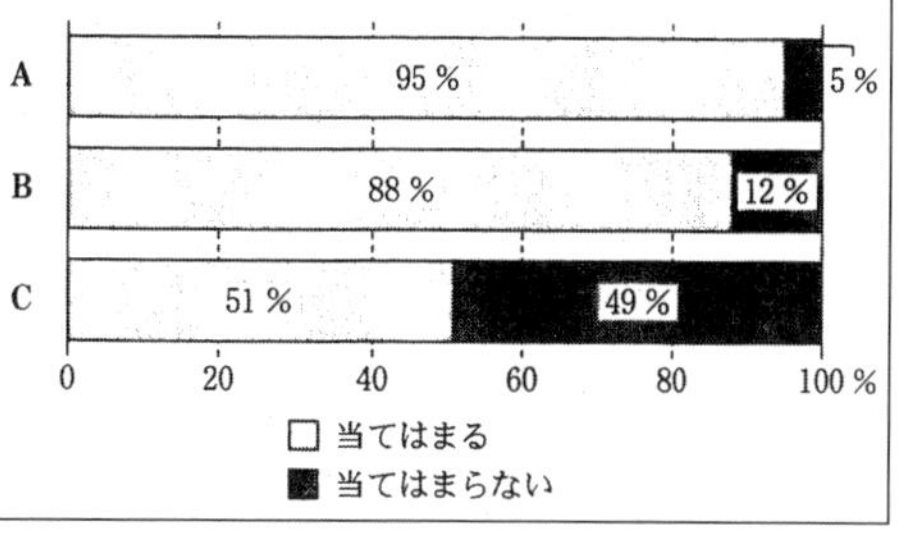

問一、次の□内の文章は、「友達と話し合いをすること」について、グラフから分かることをまとめた一例である。［　］に入る適切な言葉を、十字以上十五字以内で書きなさい。（5点）

> 友達との話し合いの場面では、ほとんどの生徒が友達の意見を最後まで聞いたり、友達の考えを受け止めて、自分の考えをもったりすることができると回答していることが分かる。これに対して、友達の前で自分の考えや意見をうまく発表することについては、［　］と回答していることが分かる。

問二、友達と話し合うときに、一番大切だと思うのはどのようなことか。あなたの考えを書きなさい。段落構成は二段落構成とし、第一段落ではあなたが一番大切だと思うことを、第二段落ではそのように考えた理由を、具体的な例、あるいはあなたの体験を交えて書きなさい。ただし、次の《注意》に従うこと。（10点）

《注意》
㈠題名や氏名は書かないこと。
㈡書き出しや段落の初めは一字下げること。
㈢六行以上九行以内（20字詰×9行、原稿用紙＝省略）で書くこと。

静岡県

時間 50分
満点 50点
解答 P29
3月3日実施

出題傾向と対策

●小説文、論説文、文章表現に関する問題、古文、条件作文の大問五題構成。小説文・論説文は分量も多くはなく、平易で読みやすい文章だが、五十字～六十字程度の記述が二問あり、文意を正確に読み取る必要がある。百八十字以内の条件作文も毎年出題される。

●字数の長短を問わず、記述式問題が多いので、条件に従って的確に本文をまとめる問題に慣れておきたい。特に条件作文は比較的字数が少なく、自分の意見を簡潔に説明する訓練が必要不可欠である。

一　(小説文)漢字の読み書き・熟語・文脈把握・表現技法・内容吟味

次の文章には、中学二年生で野球部員の佐藤が、十一か月を過ごした町から引っ越すことになり、友人たちに見送られた後のことが書かれている。この文章を読んで、あとの問いに答えなさい。　(計13点)

列車が速度を増し、みんなの顔がすごい早さで流れていった。吉田《よしだ》、杉本、森田、中野美香《みか》、小森瑞穂《みずほ》、辻内早苗《つじうちさなえ》……。

胸の中がぽっかりとあ空洞になったようで、それでいてぐっとひきつっているような感覚を覚えた。ぼくは大きなため息をついてから、再び車窓に目を向けた。

何も考えることができなかった。ただみんなの顔が浮かんでは消えていった。注①岩崎の顔が浮かんだ時、彼はとうとう今日、ホームに姿を見せなかったと思った。それがとう今日、1唯一の心残りだった。五分ほどで次の駅に着いた。人影のないその駅から、一人だけ乗客があった。その乗客はゆっくりとぼくのそばに近づいてきた。

岩崎だった。あっけにとられて見つめているぼくを尻目に、岩崎はそのまま何食わぬ顔で、ぼくの前の座席に腰を下ろした。「勘違いすんなよ。」岩崎がいつものようにぶっきらぼうな調子で言った。「ちょうど用事があって、たまたま同じ列車に乗っただけだからな。」「でもうれしいよ、もう会えないのかなって思っていたとこだったから。」ぼくは岩崎に言った。岩崎はしばらくの間、

ⓐぶすっとした顔で車窓から外の景色を眺めていたけれど、突然、「何でだよ。」とぼくを見ずに、つぶやくように言った。「なんでこんなに早く行っちゃうんだよ。」「父さんが転勤だから仕方がないんだ。」ぼくがそう言うと、岩崎はちぇっと小さく舌打ちをした。「そんなことは、知ってるよ。」

ぼくは岩崎が何を言うつもりなのかわからなかった。「正直に言うと、俺、佐藤のことが気になりながらもちょっと憎らしかった。」「……。」「俺がいくらくってかかっても、2いつも悠然としてるってところがだよ。」

ぼくが、悠然としてるなんてことは全然ない。ぼくはぼくなりにいつも傷ついたり、イライラしたりしているのだ。でも、もしぼくのことがそんな風に見えるなら、ぼくは転校を繰り返すうちに、自分の感情を表に出すことがへたくそになっていたのだと思う。本当だよ、岩崎、ぼくは本当はそんなんじゃないんだ。ぼくは心の中でそう繰り返した。「でも佐藤、なんでそんなに無理してるんだよ。」突然の岩崎の言葉だった。ぼくは思わず岩崎を見た。「なんでもっと怒らないんだよ。なんでもっと感情をむき出しにしないんだよ。」ぼくは、少しの間何も言えずに岩崎の顔を見続けていた。ぼくが自分の感情を押し殺しながら生きてきたことは確かだ。それが転校生として生きていく最善の方法のように思っていたからかもしれない。

「じゃあ、聞くけど、岩崎もけっこう無理してるだろ。」ぼくがそう言うと岩崎はえっという表情でぼくを見た。「いつも、自分を過剰にカバーして。」岩崎はしばらく黙っていたけれどすぐににやっと笑ってぼくを見た。そのうちそれがこらえきれないというような笑いに変わっていった。「何がおかしいのさ。」ぼくは少し怒ったような口調で言った。「なんか似てるかもな、俺たち。」岩崎は笑いをかみ殺すようにしながら言った。「俺も佐藤と同じで、確かにかなり無理してるなあって、そう思ったら何だかおかしくなってきてさ。」

ぼくは、すっきりとうれしい気持ちになっていた。岩崎と最後に二人きりでこんな風に話ができるなんて、思ってもいなかったからだ。「あんなに反発していなかったらもっと親しくなれたのにって思うと、自分がちょっと嫌になるよ。正直に言うと少し後悔してる。」岩崎は

ⓑ今までになく素直な口調で言った。いいよ岩崎、時間なんてまだぼくらの前には無限に思えるほどあるんだから。もう少しぼくらが自由に動けるようになったら、きっとまた会うことができる……いや、ぼくは絶対にまたここに戻ってくるつもりだから。早い話、来年の三月にはあの注②廃屋でまた再会するのだから。

「吉田もな、時々羨ましいんだよ。」岩崎が言った。「俺と違ってストレートな奴《やつ》だから。」吉田のストレートに岩崎のくせ球。でもバッターを打ち取ろうと思ったらその両方をうまくいおり交ぜることが必要なんだ、きっと。

そのとき、車内放送がまもなく次の駅に到着することを告げた。岩崎はゆっくりと立ち上がった。「次で降りるよ。」それから岩崎は少し間を置いてから、「絶対にまた戻ってこいよ。」と言った。

3うれしかった。おそらく岩崎はこのことをぼくに伝えるためだけに、みんなと離れて、一人だけで、ぼくのいる列車に乗り込んできたのだろう。

ぼくも立ち上がり、「本当にありがとう。」と言いながら右手を岩崎の前に差し出した。岩崎はちょっと照れたような表情でぼくの顔と手を交互に見ていたけれど、やがておずおずとぼくの右手をとった。ぼくらは力強く握手をした。

(阪口正博《さかぐちまさひろ》『カントリー・ロード』による。)

(注) ①野球部の部員。佐藤が入部したことで、ピッチャーになれなかった。
②ここでは、友人たちとの再会を約束した場所のこと。

問一、基本 二重傍線(‖)部あの漢字に読みがなをつけ、いのひらがなを漢字に直しなさい。　(各1点)

問二、よく出る 基本 次のア〜エの中から、太線（──）部と同じ構成の熟語を一つ選び、記号で答えなさい。（2点）

ア、創造　イ、越境　ウ、速報　エ、禍福

問三、佐藤が傍線部1のような気持ちになったのは、どのようなことに対してか。その内容を、簡単に書きなさい。（2点）

問四、よく出る 次のア〜エの中から、本文中の⓪で示した部分の表現の特徴として、最も適切なものを一つ選び、記号で答えなさい。（2点）

ア、擬音語や擬態語を用いて、登場人物の心情や様子が表現されている。

イ、対句や倒置法などの技巧的な言い方が使われ、登場人物の感動が強調されている。

ウ、比喩表現を多用して、車窓からの眺めと登場人物の心情が印象深く表現されている。

エ、登場人物の心の中での語りかけが描写され、心情が分かりやすく表されている。

問五、佐藤は、岩崎に傍線部2のように感じさせてきたのは、自分のどのようなことが原因であると考えているか。次のア〜エの中から、その原因であると佐藤が考えていることとして、最も適切なものを一つ選び、記号で答えなさい。（2点）

ア、みんなと離れても必ず再会できると信じてきたこと。

イ、いつも傷ついたりイライラしながら生活してきたこと。

ウ、転校を繰り返す中で仲間をどの場所でも作ってきたこと。

エ、自分の感情を抑えて外に表さないように過ごしてきたこと。

問六、思考力 佐藤は、岩崎の言葉を聞いて、傍線部3のような気持ちになった。佐藤が、傍線部3のような気持ちになったのは、岩崎の言葉をきっかけとして、どのようなことを推測したからか。佐藤が推測したことを、本文中のⓑで示した部分から分かる、佐藤に対する岩崎のこれまでの態度を含めて、五十字程度で書きなさい。（3点）

三 （論説文）漢字の読み書き・活用・文脈把握・熟語・内容吟味

次の文章を読んで、あとの問いに答えなさい。なお、文章中の1〜14は、段落を示す番号である。（計15点）

1 恐怖は、身の危険を回避するための基本的な情動の一つであり、多くの動物に共通して備わっている。危険なものを察知すると、瞬時に身がすくんだり、飛びのいたりする。[注①]大脳辺縁系や、[注②]自律神経系を中心とした原始的なシステムだ。

2 危険に対する選択肢は二つ。逃げるか、[ア]戦うか。[注③]交感神経系を優位にして、心拍や血圧を上げ、筋肉や脳に優先して血液を送る。だからふだんは出せないような大きな力が発揮できることもある。[1]「窮鼠《きゅうそ》猫を嚙《か》む」や「火事場の馬鹿力」の科学的な根拠だ。

3 人間の場合、原始的な恐怖発生システムが作動してから、[注④]大脳新皮質の理性によるシステムで、危険の正体をつきとめる。さまざまな知識や経験を参照して、だいじょうぶ、これは危険ではない、あるいは危険は去ったと判断すると、[注⑤]副交感神経系が優位になり、恐怖の臨戦[2]たいせいが解かれる。そのほっとするスイッチが、脳の報酬系だ。脳内麻薬物質ともいわれるエンドルフィンなどの神経伝達物質が放出され、快を感じる。ジェットコースターなど、安全が保証された範囲での恐怖が癖になるのはそのせいだとされる。

4 「美しい」が「怖い」と親和的な要因も、一つはこの報酬系にありそうだ。神経美学の川畑秀明《ひであき》さんらの研究によると、絵を見て美しいと感じるときにも、やはり報酬系が関わっているという。

5 自分が恐怖を感じた体験をあらためて思い返してみると、「美しい」につうじる部分はほかにもありそうだ。

6 たとえば、恐怖は頭よりも先にからだで感じるということ。原始的なシステムの方が、危険を察知してからの反応時間が短いからだ。見た物が「なにか」を認識するより先に、身がすくんで、冷や汗をかき、心臓がどきどきする。ふだん自分の心臓の動きを自覚することはあまりないけれど、このときばかりは心臓がその存在を主張する。自分のからだに、自分の意思や意識を[イ]超えた「自然」を感じるときでもある。

7 また、恐怖の反応として、[ウ]置かれた状況を正しく把握するために、感覚や知覚が鋭敏になるということもある。神経伝達物質のノルアドレナリンが作用して、[注⑥]瞳孔も開かれ、世界がいつもより色鮮やかに感じられる。

8 そして、恐怖を感じた出来事は記憶にも鮮明に[エ]残る。今後似たような危険に遭遇したときに、もっとすばやく対応できるよう、神経細胞をつなぐ[注⑦]シナプスの結びつきを強めるからだ。たしかに、こころをざわざわさせた芸術作品も、記憶に残りやすい。

9 あらためて考えてみると、それは「生きている」ことを実感させるような部分なのかもしれない。恐怖が、危険や死に直面したときのしくみであるからこそ感じる「生きている」という感覚だ。

10 はじめて[注⑧]ボルネオの熱帯雨林を[あ]おとずれたとき、驚いたのは、森がたくさんの音にあふれていることだった。圧倒的な種類の鳥や昆虫、ヤモリにカエルに、テナガザル。たくさんの生き物が発する声や音、なかにはいままで聞いたことのないような[い]奇妙な物音までが、折り重なるように聞こえてくる。音だけではない。土のなかから樹高三〇メートルの木々の上まで、大小さまざまな無数の生き物の気配に満ちあふれていた。

11 目を[オ]こらすと、生き物同士が関わりあい、いまそこで命のやりとりが淡々とおこなわれている。そのなかに身を置くのは、ざわざわするような、ひりひりするような格別の感覚だった。

12 そんな[う]ふくざつな生態系のなかでは、すぐ先の未来も予測がつかない。次の瞬間に、おいしい餌にありつけるかもしれないけれど、次の瞬間には捕食者に[え]襲われて命を落とすかもしれない。うっかり大きな生き物に踏みつぶされたり、[注⑨]スコールで吹き飛ばされたりすることだってある。だからこそ、恐怖は多くの動物にとって、生死に直結するだいじな情動として進化してきた。

13 人間の場合はさらに、想像力を手に入れたことで、未来におこりうるよくない出来事を予想し、さきまわりの恐怖を感じるようになった。「不安」だ。だからこそ、危険を遠ざけるために、知恵をしぼって身のまわりの環境をつくりかえてきた。

14 でも「美しい」ものにぞくぞくする感覚は、頭で考えるもやもやした不安ではない。それは、予測のつかない自然のなかに身を置くときの、ざわざわひりひりするような感覚と似ている。

（齋藤《さいとう》亜矢『ルビンのツボ』による。）

（注）①・④それぞれ、脳の一部の名称。
②・③・⑤それぞれ、神経の系統の名称。
⑥眼球の中央部にある黒い部分。
⑦神経細胞の間の接合部。
⑧東南アジアにある島。
⑨熱帯地方特有の激しいにわか雨。強風や雷を伴うこともある。

問一、**基本** 二重傍線（＝＝）部あ、うのひらがなを漢字に直し、い、えの漢字に読みがなをつけなさい。（各1点）

問二、**よく出る** **基本** 太線（――）部ア～オの動詞の中には、活用の種類が一つだけ他と異なるものがある。それはどれか。記号で答えなさい。（2点）

問三、本文には、傍線部1について述べた一文がある。その一文の、最初の五字を抜き出しなさい。（2点）

問四、**基本** 次のア～エの傍線部の中から、傍線部2を漢字に直した熟語と同じものを一つ選び、記号で答えなさい。（2点）

ア、産業革命が進み、資本主義体制が確立する。
イ、長年の努力が実り、作曲家として大成する。
ウ、不測の事態に備えて、万全の態勢をとる。
エ、雪解けのぬかるみに足を取られて、体勢が崩れる。

問五、**思考力** 筆者は、本文の10～13の段落で、人間が「不安」を感じるようになった理由を述べている。その理由を、多くの動物にとって恐怖がどのようなものとして進化してきたかを含めて、六十字程度で書きなさい。（3点）

問六、次のア～エの中から、本文で述べている内容として適切でないものを一つ選び、記号で答えなさい。（2点）

ア、ジェットコースターなど、安全が保証された範囲での恐怖が癖になるのは脳の報酬系が原因だとされる。
イ、恐怖を感じた出来事は記憶に鮮明に残るように、こころをざわざわさせた芸術作品も記憶に残りやすい。
ウ、生き物同士の命のやりとりが淡々とおこなわれる熱帯雨林のような場所にだけ、本当の美は存在する。
エ、美しいものにぞくぞくする感覚は、予測のつかない自然のなかでのざわざわひりひりするような感覚と似ている。

三 文・文脈把握・慣用句・敬語・短文作成

次の文章は、給食委員会の委員長が、委員会活動で調べて分かったことを、全校集会で発表するためにまとめている原稿である。あなたは、給食委員会の委員長から原稿についての助言を頼まれた。この文章を読んで、あとの問いに答えなさい。（計9点）

先日、学校の近くにあるコンビニエンスストアの前を歩いていたときのことです。店頭には、「食品ロスの削減を推進しています」という表示を掲げていました。現在、食品ロスの削減に向けて、企業や商店などの事業所では、様々な取り組みが始まっているようです。

食品ロスという言葉は、どのような意味で使われているのでしょうか。

ア その食品ロスの現状を理解するために、日本の食品ロス量と国連の食料援助量を調べて、比較してみました。
イ それは「本来食べることができるのに捨てられる食品」という意味で使われています。
ウ 次に、国連の食料援助量は、年間約三九〇万トンだと分かりました。
エ まず、日本の食品ロス量は、年間約六一二万トンでした。

日本の食品ロス量は、国連の食料援助量の約一・六倍に相当します。日本では、毎日、国民一人当たり茶わん一杯分の食品を捨てていることになるそうです。食料不足で苦しむ国の人々に対して、恥ずかしくてひけめを感じました。日本の食品ロス量の内訳を示した、この図を見てください。（※）

「そのために、私たち中学生ができる具体的な方法を、学校の栄養士の方から三つ聞いたので、伝えます。ⓐ買い物の際には、冷蔵庫の在庫を確認して食品を買いすぎないこと。調理の際には、作りすぎないこと。また、野菜や果物の皮を厚くむきすぎないことです。

以上で発表を終わります。ありがとうございました。

問一、**基本** 傍線部1は、受け身の表現にした方が適切であると考えた。傍線部1を、受け身の表現に直しなさい。（2点）

問二、本文中の[　]の中にあるア～エの文を、適切な順序に並べ替えたい。ア～エの文を文脈が通るように並べ替え、記号で答えなさい。（1点）

問三、**基本** 傍線部2を印象的に表すために、慣用句を使った表現にしたい。傍線部2とほぼ同じ意味になる慣用句を使った表現として、最も適切なものを、次のア～エの中から一つ選び、記号で答えなさい。（2点）

ア、歯が立ちませんでした
イ、頭をかかえました
ウ、耳に逆らいました
エ、肩身が狭くなりました

問四、傍線部3を、「栄養士」に対する敬意を表す表現にしたい。傍線部3を、敬意を表す表現に改めなさい。（2点）

問五、あなたは、給食委員会の委員長から、本文中の（※）の部分で、下の図を聞き手に示し、本文中のⓐで示した内容につながる一文を入れたいと相談を受けた。（※）の部分に付け加えるのに適切な一文を、図から分かることを含

図

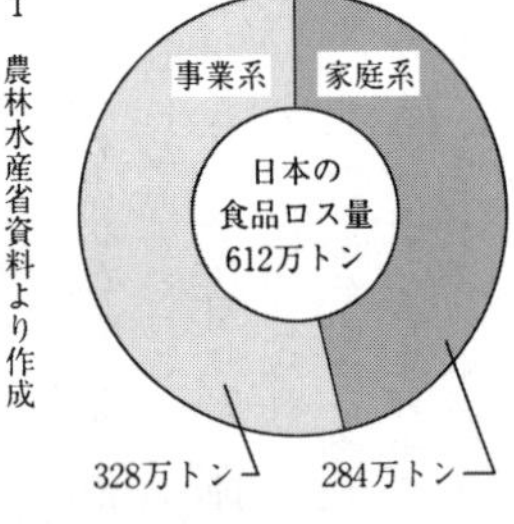

注1　農林水産省資料より作成
注2　数値は平成二十九年度の推計値

めて、書きなさい。（2点）

四 （古文）仮名遣い・動作主・内容吟味

次の文章には、江戸時代の大名、板倉重宗《いたくらしげむね》が、京都の警備や訴訟の処理などを行う京都所司代《きようとしよしだい》を務めたときのことが書かれている。この文章を読んで、あとの問いに答えなさい。（計7点）

周防守《すはうのかみ》は、父伊賀守《いがのかみ》（注①）の役儀を受け継いで、二代の誉《ほまれ》を得たり。ある時、茶屋長古と言ふ者ア伺候《しこう》しけるに、「我《われ》等《ら》の事、悪《あ》し様《ざま》に批判を聞きたらば、言ひ聞かせよ。心得《こころえ》に成るぞ。」と申されしに、長古言はく、公事《くじ》御判断の節《せつ》、非分《ひぶん》に聞こゆる方を、お叱りに成らるるゆゑ、イうろたへ候《さふら》ひて、口上《こうじやう》前後いたし、いよいよ非公事に成り候ふと取りざた仕《つかま》るよしウ言ひければ、周防守、手を打ちて、「よくこそ申したれ。なるほど役所へ出てエ決断するに、非公事と見えたる者の面体《めんてい》を見れば、先《ま》づ悪《あ》しく成りて、自《おの》づから怒りを発するゆゑに、それに恐れて不弁の者は理を言ひ解く事、能《あた》はざるべし。向後《きやうこう》は心得たり。」とて、それより茶うす（注②）をもうけて、これを挽《ひ》きながら訴人《そにん》の面《つら》を見ずに公事を聴かれける。

（神沢杜口《かんざわとこう》『翁草』による。）

（注）①板倉勝重《かつしげ》。江戸時代初期の人。京都所司代を務めた。
②茶葉を挽いて粉末状にする道具。下の図参照。

問一、**基本** 二重傍線（＝）部を、現代かなづかいで書きなさい。（1点）

問二、**よく出る** 傍線（―）部ア～エの中から、その主語に当たるものが同じであるものを二つ選び、記号で答えなさい。（2点）

問三、太線（━）部について、周防守は、自身の発言の中でその理由を推測して述べている。周防守が述べている、太線（━）部のようになる理由を、周防守の気質を含めて、簡単に書きなさい。（2点）

問四、次のア～エの中から、本文から読み取れる、周防守の人物像について述べた文として、最も適切なものを一つ選び、記号で答えなさい。（2点）

ア、周囲からの評判に耳を傾け、父親から伝えられた教訓を固く守り通す人。
イ、周囲からの評判に耳を傾け、現状を改善するための手段を取ることができる人。
ウ、周囲からの評判に耳を傾けるが、任務よりも自分の趣味を優先する人。
エ、周囲からの評判に耳を傾けるが、自分に都合が悪い話は聞き入れない人。

五 条件作文 思考力

あなたのクラスでは、国語の授業で、次の［　］の中の文章が紹介された。

> 読書や一人旅には、一人で過ごす時間の中で、自分なりの楽しさを見つけることができるという魅力があります。そのような、自分が見つけた楽しさを、周囲の人に伝える人もいますが、自分の中だけで楽しむ人もいます。あなたなら、自分が見つけた楽しさを、周囲の人に伝えますか。

この文章について感想を述べ合ったところ、「自分が見つけた楽しさは、自分の中だけで楽しめばよい。」という発言をした人がいた。そこで、この発言について、それぞれが賛成、反対の立場に立って意見を述べることになった。あなたならどちらの立場で、どのような意見を述べるか。そう考える理由を含めて、あなたの意見を書きなさい。ただし、次の条件1、2にしたがうこと。（6点）

条件1　一マス目から書き始め、段落は設けないこと。
条件2　字数は、百五十字以上、百八十字以内とすること。（27字詰×6行＋18字、原稿用紙＝省略）

愛知県

	時間	満点	解答	
Aグループ	45分	22点	P30	3月5日実施
Bグループ	45分	22点	P31	3月10日実施

《Aグループ》

出題傾向と対策

●論説文二題、漢字の読み書き、古文読解の四題構成。文章や設問は標準レベル。読解を踏まえた選択問題が大半だが、要約させる記述問題も出題される。選択肢のなかに紛らわしいものがあるので注意が必要。

●標準的な問題がほとんどなので、授業などで基礎的な学習を重視する。漢字や四字熟語、慣用句などの基礎的事項も押さえておく。論説文からの出題が多いので、問題演習を積んでおく必要がある。古典も標準的だが、古文と漢文のどちらにも対応できるようにしておくこと。

一 (論説文)内容吟味・文脈把握

次の文章を読んで、あとの㈠から㈥までの問いに答えなさい。 (計8点)

1 富士山にはこれまで三度ばかり登頂した。一度目は大学時代に、私が所属していたクラブの先輩が雪山訓練を行うというので、それに参加したときのことだ。その日は五月の天気のいい日で、途中でテントで一泊し、滑落したときにピッケルを使って停止するための訓練やアイゼンの歩行訓練などを学んで、ひざしで溶けてクサったザラメ雪の斜面をグザグザと音を立てながら下山した。広大な斜面を颯爽《さっそう》と滑り降りるスキーヤーの姿が①まぶしかったことを覚えている。二度目は登山というよりも、半分取材だった。数年前から富士登山者が急増しているという話を頻繁に耳にするようになり、どんな状況になっているのか確かめてやろうと思ったのだ。(中略)

2 三度目は二〇一三年の冬のことだ。十一月に突然、熱病のように雪山に行きたくてたまらなくなり、友人を誘って日帰りで登ってきた。冬の富士山は初めてだったが、風が強くて気温が低いので、それだけで体力が奪われた。このときは時間切れで登頂を断念した登山者も何人かいたようで、夏とはちがって非常に登り応えのある、いい山だったという印象が残っている。登山として心に残っているのは〔 A 〕三度目の冬富士で、日帰りであれだけどっしりとした手応えを感じられる山はなかなかないので、時間が許せば今季も初冬の時期に登りに行きたいと思っている。だが、対象に関する興味という点では夏の混雑した富士山にはかなわない。このときに私が登頂したのは、バスの時間の関係で、最も混雑する日の出の時間ではなく午後の早い時間帯だったが、それでも頂上付近では三十分ほどのプチ渋滞が発生していたし、頂上に出ると数えきれないほどの群集が手を振ってははしゃいだり、大声で盛り上がったりしていて、そこにはどこか秋の日の運動会か、休日の郊外のショッピングモールのような、のんびりとした平和な雰囲気が感じられた。(中略)

3 要するに、現在の富士山には世間があるのである。これまで私は山というのは特殊な世界だと思っていた。山と世間はいろいろな意味で対極的な関係にある。昔の登山者のなかには山の下の人間社会のことを「下界」と呼ぶ人が多く、その下界という言い方が、私にはなんだか山を特別視するようなニュアンスが感じられて嫌いだったのだが、しかし、今考えると山と世間を分けて捉える彼らの見方には、たしかに一理あったのかもしれない。本来の登山には、世間や日常から非日常に足を踏み入れるという、単なるスポーツの範疇《はんちゅう》をこえた意味がある。山に登ることは、日常から一時的に離脱することだ。昔の登山者が反社会や無頼を気取ったような雰囲気を身にまとっていたのは、そのためである。ところが夏の富士山にはそうした日常からの離脱といった空気は一切流れていない。むしろ、そこにあるのは日常の延長そのものである。いったいこれは何を意味しているのだろう。

4 富士山が世界文化遺産に登録されたことに伴って、二〇一四年六月、弾丸登山を自粛する呼びかけや入山料の本格的な徴収が始まったとのニュースを新聞で読んだが、こうした一連の努力は、そのよしあしはともかく、登山の本来の姿からはかけ離れた、きわめて②「非登山的」な試みであるという点で興味深かった。もともと山とは、人間にとっては荒々しい自然の象徴である。自然とは人間が生活する社会や文明の外側にのびる広大な領域のことであり、そこには人間の制御やコントロールがきかない恐ろしい世界がひろがっている。文明社会とは人間が決めた規則や人間自身に管理された内側の世界のことをさすので、文明にとどまりさえすれば人間は人間自身で主導権を握って暮らすことができるのだが、しかしひとたび文明社会から離れて自然のなかに足を踏み入れると、そこでは人間は生きる主導権を完全に自然に握られるので、いつなんどき死が訪れるかわからない不安定な状況下で生きのびなければならない。山というのはそうした自然の混沌《こんとん》を最も劇的に体験できる現場であり、その山に登る登山という行為は、人間が主導権を握って生きることのできる枠組み(=人間界)の外側に飛びだして、未知の世界を経験するためにあえて実践される特殊な作法のことだと理解してよい。(中略)

5 また、山は人間界の外の、社会の管理の及ばない場所にあるのだから、そこを目指す登山もまた、社会の束縛の及ばない自由な行為であるはずだ。もちろん社会の管理から自主的に離脱する以上、登山者は原則的に他人の力は一切あてにできず、必ず自分の力で登って戻ってこなければならない。山に登る以上は完全に自分の責任のもとに判断を下し、その判断にもとづいて行動を組み立て、結果的にその判断が誤りだったときはダイレクトに自分の命に跳ね返ってくる。つまり、他者と切り離されているので束縛はないのだが、その分、自分の裁量で命を管理しなければならないのが、登山における自由なのだ。登山の自由とは、ふだんわれわれが自由と聞いてイメージするような「好き勝手ができて居心地がいい状態」とは正反対の位置にある、きわめて苦しくてシビアなものなのである。しかし、それがどれだけ苦しくても、自由と自力は登山を語るうえで欠かせないキーワードである。自由をまったく感じることのできない登山は、たとえ山に登っていても登山とは呼べない。私はさきほど山というのは世間と対極的な関係にあると書いたが、それは登山が社会の枠組みの外側で、自らの責任において展開される自由な行為であるという意味である。登山とは厳密にいうと「自由＝自力＝自己責任」の原則が適用されている行為のことであり、単に歩いて山頂に立てばいいというものではない。

[6] ところが、弾丸登山の自粛呼びかけや入山料の徴収が本格的に行われている現在の富士山では、こうした自由や自力、自己責任といった登山の原則からは大きくかけ離れた状況が現出している。弾丸登山というのは夜を徹して富士山に登ることのようであるが、それがたとえどのような登り方であれ、人によって体力がある人もいればない人もいるのだから登る速度や登り方が変わるのは当たり前だし、それ以前にどのような登り方をしようとそれは当人の自由なわけで、そんなことを他人からとやかく言われる筋合いは本来はないはずだ。だが、現実として今の富士山はこうした不自由な規則を運用しなければならない状況になっている。それは富士山という山が［　B　］人間界の外側の荒々しい自然に屹立《きつりつ》する未知なる存在ではなく、人間社会の枠組みの内側にある単なる地形上のでっぱりに変質してしまったからである。だから夏の富士山に登っても、それは厳密な意味での登山ではなく、管理された世界の内側で行われる、山を舞台にした単なる運動行為にすぎないということになる。

（角幡唯介《かくはたゆうすけ》『旅人の表現術』による）

（注）○ [1]～[6]は段落符号である。
○ ピッケル＝つえの先に金具がついた、氷雪の上に足場を作るときや体を支えるときに用いる登山用具。
○ アイゼン＝登山靴の底に取り付ける滑り止めの金具。
○ クサったザラメ雪＝ここでは、日中に溶けた雪が日没後に再び凍結し、それが繰り返されてできる積雪のこと。
○ 颯爽《さっそう》と＝見た目にさわやかで勇ましいさま。
○ ショッピングモール＝多くの小売店が集まった大規模な複合商業施設。
○ ニュアンス＝微妙な意味合い。
○ 範疇《はんちゅう》＝同じ種類のものが全て含まれる領域。
○ 無頼＝無法な行いをすること。
○ 混沌《こんとん》＝区別がつかず、入り混じっている状態。
○ ダイレクトに＝直接であるさま。
○ シビアな＝厳しいさま。
○ 屹立《きつりつ》＝高くそびえ立つこと。

(一) ①まぶしかった　とあるが、そこには「私」のどのような気持ちが表れているか。その説明として最も適当なものを、次のアからエまでの中から選んで、そのかな符号を書きなさい。（1点）

ア、突然斜面に現れたスキーヤーに驚くとともに、訓練中の自分よりずっと洗練された滑りを見て、ねたましく思う気持ち
イ、訓練中の自分と比べると、目の前のスキーヤーはあまりに技術のレベルが高く、簡単には追いつけないと落胆する気持ち
ウ、訓練中の自分とは対照的に、斜面を見事に滑走していくスキーヤーの姿に心を引かれ、とても美しいと感じる気持ち
エ、広大な斜面を難なく滑り降りるスキーヤーを見て、訓練中の自分の未熟さに気づき、早く上達したいと強く望む気持ち

(二) よく出る　基本　［　A　］、［　B　］にあてはまる最も適当なことばを、次のアからカまでの中からそれぞれ選んで、そのかな符号を書きなさい。（完答で1点）

ア、もちろん　イ、しばらく　ウ、いっぽう
エ、たとえ　オ、もはや　カ、せめて

(三) ②「非登山的」な試みである　とあるが、筆者がこのように考える理由として最も適当なものを、次のアからエまでの中から選んで、そのかな符号を書きなさい。（1点）

ア、弾丸登山の自粛呼びかけや入山料の徴収は、日常生活とは対極にある登山をスポーツとして世の中に示すための行為であるから。
イ、弾丸登山の自粛呼びかけや入山料の徴収は、命の危険を顧みようとしない登山者に強く警告を与えることになるから。
ウ、弾丸登山の自粛呼びかけや入山料の徴収は、人間の制御がきかない自然に対して主導権を握ろうとする危険な行為であるから。
エ、弾丸登山の自粛呼びかけや入山料の徴収は、文明社会の外に出る登山という行為を人間が決めた規則で管理することになるから。

(四) 思考力　筆者は第五段落で、登山の自由について述べている。それを要約して、六十字以上七十字以下で書きなさい。ただし、「離脱」、「責任」、「裁量」という三つのことばを全て使って、「登山の自由とは、……」という書き出しで書き、「……ものである。」で結ぶこと。三つのことばはどのような順序で使ってもよろしい。（2点）

（注意）・句読点も一字に数えて、一字分のマスを使うこと。
・文は、一文でも、二文以上でもよい。

(五) この文章中の点線部の説明として最も適当なものを、次のアからエまでの中から選んで、そのかな符号を書きなさい。（1点）

ア、第三段落の「たしかに一理あったのかもしれない」は、昔の登山者が人間社会のことを「下界」と呼んだからといって、彼らを反社会的存在とみなすのは誤りであったことを言い表している。
イ、第四段落の「特殊な作法」は、何が起こるかわからない不安定な状況の中にあえて身を置き、未知の世界を経験することが登山という行為であることを言い表している。
ウ、第五段落の「ダイレクト」「イメージ」「シビア」「キーワード」は、外来語を多用することで、現在の富士登山の問題が世界的な広がりをもっていることを言い表している。
エ、第六段落の「単なる地形上のでっぱり」は、日本最高峰の富士山をありふれたもののように表現すること

で、富士山に対する社会の関心が失われていることを言い表している。

(六) この文章中の段落の関係を説明したものとして最も適当なものを、次のアからオまでの中から選んで、そのかな符号を書きなさい。 (2点)

ア、第二段落では、第一段落に続いて雪山での体験を示したのち、冬の登山で登山者が留意すべきことについて説明している。
イ、第三段落では、第二段落までの富士登山の体験を踏まえて、日常と非日常という視点から山に登ることの意味を述べている。
ウ、第四段落では、第三段落とは異なる視点から現在の富士登山の問題を述べ、登山による自然破壊から富士山を守るよう主張している。
エ、第五段落では、第四段落の内容とは異なる登山の厳しさについて説明し、文明の力を過信した登山者に注意を促している。
オ、第六段落では、第五段落で示した登山の自由を守るために、登山者にとって不自由な規則をいかに運用するかを説いている。

二 漢字の読み書き・慣用句

次の(一)、(二)の問いに答えなさい。 (計3点)

(一) **よく出る** **基本** 次の①、②の文中の傍線部について、漢字はその読みをひらがなで書き、カタカナは漢字で書きなさい。 (各1点)

①後半が始まった直後に得点が入り、試合の均衡が破られた。

②彼は自らつくった劇団をヒキいて公演を行った。

(二) **よく出る** 次の文中の〔 ③ 〕にあてはまる最も適当なことばを、あとのアからエまでの中から選んで、そのかな符号を書きなさい。 (1点)

叔父は温厚〔 ③ 〕な人柄で、誰からも慕われている。

ア、折衷　イ、倹約　ウ、一遇　エ、篤実

三 (論説文)内容吟味・文脈把握

次の文章を読んで、あとの(一)から(五)までの問いに答えなさい。 (計7点)

[1] 私がなりわいとしている文化人類学は、フィールドと呼ばれる調査地に出かけてゆき、そこに長期間住み込んで、人びとの暮らしについて調査をするという学問だ。人びとの暮らしや考えていることを理解するためには、その土地の言葉ができなくてはならない。少なからぬ人類学者は、日本であらかじめ調査地の言語を勉強してから調査に出かけるのではなく、とりあえずフィールドに入り、そこで暮らしながら少しずつ言葉を学んでいく。私自身もそんなふうにして、これまでタンザニアやガーナ、南インドで調査を行ってきた。

[2] 大学院に在籍していた頃、同じく人類学者の卵としてモンゴル研究をしていた友人と、「①日本で思わず現地語が出てきちゃうケース」について語りあったことがあった。モンゴル語では、「ハッ」と息を吸い込むあいづちがあるらしく、彼女は日本語で会話をしている最中にも、思わず「ハッ」ってやっちゃうことがあるという。私も同じく、舌で口蓋を「タッ」と軽く打つあいづちがひょっこり出てしまうことがあった。驚いたときの「エイ!」といった間投詞も、現地語が思わず出ちゃうケースに含まれる。日本語で話しているにもかかわらず、なぜそんな表現が飛び出してしまうのか。それは、それらが言語というよりも声、もっといえば身ぶりに近い表現であって、だからこそフィールドに滞在しているうちに、人類学者の身体に深く染《し》み込んで離れないものになるからではないだろうか。ある土地に暮らしながら言葉を学んでいくとき、言葉は常に声であり、身ぶりであり、やりとりの中にある。それをまるごと学んでいくことは、人びととの声音や身ぶり、やりとりの作法を学ぶことだ。そのとき、「学ぶ」ことはまさに「まねる」ことであり、身体的な行為にほかならない。だから長期の調査から戻って間もなく、頭では日本にいるとわかっていても、身体はまだフィールドの感覚のままであるとき、とっさに出てくる間投詞が現地語になってしまうのだろう。

(中略)

[3] ガーナの村に住んでいた頃、よく耳にするにもかかわらず、意味のわからない単語があった。ある日、近所の子どもと一緒に幹線道路の端を歩いていたら、ミニバスが私たちの横すれすれを猛スピードで追い抜かしていき、[②]ことがあった。そのとき、その子がすかさずバスに向かって拳を振り上げ「クワッシア!」と叫んだのを見て、私は悟った。クワッシア＝バカだったのか。そんなふうに、ある状況の中で発せられる言葉を、声音や身ぶりや表情と一緒に全身でまねて／学んでいるうちに、だんだんと自分の思考や独り言や夢の一部が現地語のそれになってくる。それは、単に語彙が増えた、文法がわかってきた、という以上に、自分の身体感覚、ひいては身のまわりの世界や他者との関わり方が少しずつ変化していることを感じる段階だ。ある言語が「自分のものになっていく」という感覚をもつとき、同時に私はその言語の語彙や、リズムや、やりとりが生み出しつづける独特な世界の網の目の中に少しずつ取り込まれている。

[4] 雪の多い土地で、雪を表現する語彙が豊富だというのは有名な話だけれど、私はガーナで暮らすうちに、さまざまな儀礼や霊的存在に関する語彙の豊かさを知ることになった。私自身の研究テーマがそうした土着の宗教実践だということにもよるが、英語や日本語には簡単に翻訳できない、豊かで多義的な語彙を学び、同時に儀礼や呪術の実践にふれるうちに、私はいつのまにか呪術師や精霊たちの住む世界を、現実そのものとして受けとめている自分に気づいた。ガーナの村で、「オボソン」と呼ばれる精霊について語りあうことは、外側からそうした「お話」の世界を観察することではなくて、精霊や呪術師が躍動している現実世界に全身で参入し、その世界を生きることでもある。それは、英文和訳のように、異文化の言葉や概念が自文化の言葉や概念にスムーズに置き換えられることを前提とした言語の学習とは異なり、③自分の身体感覚や世界認識そのものが揺らぎ、不安定化していくような経験だ。だから、人類学のフィールド

ワークは楽しくもあり、ときに非常に疲れる体験でもある。

5 人類学者のタラル・アサドは、「文化の翻訳」をテーマとした論文の中で次のように書いている。人類学者が調査地の言語を母国語に翻訳しようとするとき、彼／彼女は一組の文と文を対応させるような機械的な翻訳を行うのではない。あるいはまた、現地の人たちの語りが常に論理的にみえるように、都合のよい解釈を施しているのでもない。むしろそれは、フィールドでの生活を通して異なる言語や思考のあり方を学び、それを自国の人びとに伝えようと試みる中で、人類学者自身の言語の新たな可能性が立ち現れてくるような翻訳なのである、と。

6 言葉は何よりもまず声であり、リズムであり、やりとりであるのだから、それを学ぶには全身で他者や世界と関わり、とっくみあわなくてはならない。その過程で、私は言語を自分のものにしていくと同時に、その語彙や身ぶり、リズムが織りなす世界に取り込まれていく。私の身体はそのとき、母国語と現地語を媒介するものになる。現地語の世界に没入し、そこに生きる「私」に変身しながら、母国語でフィールドノートをつけるとき、そこには常に「没入（変身すること）」と「再帰（我に帰ること）」の往復運動がある。そんなふうに没入と再帰をくりかえしていくうちに、自分自身がしだいに根底から変容してゆき、ついにはどちらが「我」で、どちらが「変身」なのかもわからなくなってくる。日本に戻って、日本人の学生としてふるまっているつもりでも、思わず口から飛び出す「ハッ」というあいづちとともに、長く暮らしたフィールドでの「私」がふいによみがえってくることがあるのだ。からだ全体を使って、身ぶりやリズム、やりとりとしての言葉を身につけることは、常に変わらないこの私が異文化の言語を知り、理解し、習得する、といった一方的なプロセスではない。そうではなくて、それは変身の経験、別な世界に生きる「私」の生成であると同時に、その世界によって私が少しずつ知られ、のっとられていくような経験でもあるのだろう。

（『わたしの外国語漂流記　未知なる言葉と格闘した25人の物語』所収　石井《いしい》美保《みほ》「あいづちと変身」による）

（注）
○ 1～6は段落符号である。
○ なりわい＝生活をしていくための仕事。
○ 人類学者＝文化人類学を研究している人。
○ タンザニア、ガーナ＝ともにアフリカ大陸にある国。
○ 口蓋＝口の中の上側の部分。
○ 間投詞＝ことばの間や切れ目に入れて用いられることば。
○ ／＝ここでは、「又は」の意味で用いられている記号。
○ 呪術＝超自然的、神秘的なものの力を借りて、望む事柄を起こさせる行為。
○ フィールドワーク＝野外などの現場や現地で行う調査・研究。
○ タラル・アサド＝サウジアラビア出身の人類学者。
○ フィールドノート＝フィールドワークの記録。
○ プロセス＝過程。

(一) ①日本で思わず現地語が出てきちゃうケース　とあるが、このようなことが起こる理由として最も適当なものを、次のアからエまでの中から選んで、そのかな符号を書きなさい。（1点）

ア、人類学者は調査地で、長期間住み込んで調査を行うため、日本に戻ってもしばらくは頭が現地語から日本語に切り替わらないから。

イ、人類学者は調査地で、現地の人びととの声音や身ぶりをまねることで言葉を学んでいくため、現地語が身体に深く染み込んでいるから。

ウ、人類学者は調査地で、現地語と日本語の両方を使うため、日本語の語彙に現地語が自然に取り込まれて違和感を感じなくなるから。

エ、人類学者は調査地で、身ぶりに近い間投詞からまず覚えるため、日本に戻ったあとも感情を表現するときは現地語が便利であるから。

(二) 基本 ② にあてはまる最も適当なことばを、次のアからエまでの中から選んで、そのかな符号を書きなさい。（1点）

ア、肝を冷やした　イ、頭を抱えた　ウ、肩をすぼめた　エ、目を細めた

(三) 難 ③自分の身体感覚や世界認識そのものが揺らぎ、不安定化していくような経験　とあるが、その説明として最も適当なものを、次のアからエまでの中から選んで、そのかな符号を書きなさい。（2点）

ア、自文化では現実とは考えられていない超自然的な世界について現地の人たちと語りあううち、いつのまにか自文化の理解が誤ったものであると感じられる経験

イ、異文化の言葉や概念の中で長く暮らすうちに異文化の世界を外側から観察する視点が失われていき、しだいに精霊たちの住む神秘的な世界に取り込まれてしまう経験

ウ、異文化の豊かで多義的な言葉を学びながら呪術師や精霊の住む世界にふれるうちに、いつのまにか母国語を通して身につけた他者や世界との関わり方が変化していく経験

エ、調査地の言葉や概念を母国語に翻訳して自国の人びとに伝えようと試みる中で、自文化の独特な世界観を超えた新たな文化のにない手となる可能性が感じられる経験

(四) 第六段落の内容を説明した次の文の□にあてはまる最も適当なことばを、第六段落の文章中からそのまま抜き出して、四字で書きなさい。（1点）

> 異文化の言語を自分のものにしていく際には、異文化に生きる「私」と自文化に生きる私との間の□がくりかえされ、しだいに新しい自分が生み出される。

(五) 思考力 この文章の内容がどのように展開しているかを説明したものとして最も適当なものを、次のアからオまでの中から選んで、そのかな符号を書きなさい。（2点）

ア、異文化の言語が身についていく過程を自らの体験を通して示し、言語学習によって文化への認識が変わることを論証した上で、その認識の変化が人間を成長させると主張している。

イ、異文化や他者に対する認識を変えることの意義を述べ、別の学者の考えを紹介した上で、機械的な翻訳を

行うことが異文化を理解する際の基本となることを主張している。
ウ、言語と身体の関係にふれ、言語学習によって生じる身体感覚の変化を説明した上で、異文化の言語を身につけるためには全身で他者や世界と関わる必要があると述べている。
エ、ある土地で暮らしながら異文化を学んだ経験を紹介し、言葉や概念を学ぶことの難しさを指摘したあとで、異文化の言葉を自国の人びとに伝えられる喜びについて述べている。
オ、調査地での不思議な体験を紹介し、自分がその文化に取り込まれた過程を説明したあとで、全身で格闘することでしか自国の文化を本当に理解することはできないと述べている。

四 （古文）内容吟味

次の古文を読んで、あとの(一)から(四)までの問いに答えなさい。（本文の……の左側は現代語訳です。）（計4点）

もろこし（中国）に道林禅師《だうりんぜんじ》といへる人は、この世のあまりには かなきことに堪へわびて（耐えられなくなって）、木の末にのみ住み侍《はべ》りしを、白《はく》楽天《らくてん》見侍りて、①鳥の巣の禅師などと名付けて、「和尚《くわしやう》の栖《すみか》（住んでいる所）あまりに危ふく見えて侍る物かな」と云《い》へば、和尚答ふ、「汝《なむぢ》（お前）がこの世を忘れて交はり暮らすこそ②猶《なほ》危ふけれ（もっと）」と云へり。また、楽天問ふ、「いかなるかこれ仏法」と。和尚答ふ、「諸悪莫作諸善奉行《しよあくまくさしよぜんぶぎやう》（もろもろの悪を行うな　もろもろの善を行え）」。楽天云ふ、「このことわり（道理）は、三歳の嬰児《えいじ》（幼い子）も知れり」。和尚云はく、「知れることは、三歳の嬰児も知れり。行ずることは、八旬（八十歳）の老翁もまどへり」と云へれば、③白楽天三礼して去れり。

（『ひとりごと』による）

（注）○　道林禅師《だうりんぜんじ》＝唐代の僧。
○　白楽天《はくらくてん》＝唐代の詩人・官吏。
○　和尚《くわしやう》＝修行を積んだ僧。

(一) **基本** 白楽天が①鳥の巣の禅師と名付けた理由として最も適当なものを、次のアからエまでの中から選んで、そのかな符号を書きなさい。（1点）
ア、山寺にこもっていたから。
イ、樹上を居場所にしていたから。
ウ、世間を見下していたから。
エ、森の中で修行をしていたから。

(二) ②猶《なほ》危ふけれ とあるが、和尚はどのようなことに対して危ういと言っているのか。その説明として最も適当なものを、次のアからエまでの中から選んで、そのかな符号を書きなさい。（1点）
ア、時間を忘れてひたすら友人と一緒に詩を作ってばかりいること
イ、人を思いやるというこの世で最も大切なことを忘れていること
ウ、この世のはかなさを意識することなく人々と交遊していること
エ、限りある命であることを知らずに何となく修行をしていること

(三) ③白楽天三礼して去れり とあるが、その理由として最も適当なものを、次のアからエまでの中から選んで、そのかな符号を書きなさい。（1点）
ア、奇抜な行動をする道林禅師が、実は優れた見識をもっていることがわかったから。
イ、優れた詩人でもある道林禅師が、それとなく詩作の極意を伝授してくれたことに気づいたから。
ウ、道林禅師が自分と同じ考えをもっていることを知り、仲間意識が芽生えたから。
エ、道林禅師の発言は仏教を軽んじているが、その裏に自分自身への厳しさが感じられたから。

(四) 次のアからエまでの中から、その内容がこの文章に書かれていることと一致するものを一つ選んで、そのかな符号を書きなさい。（1点）
ア、悔いのない人生を送るためには、善行を積み重ねる必要がある。
イ、危険を冒して修行を積めば、他者を救う力を身につけられる。
ウ、徳を積んだ僧に対しては、どんなときも敬意を忘れてはならない。
エ、仏の教えは誰でも知っているが、簡単に実行できるものではない。

《Bグループ》

出題傾向と対策

●論説文、小説文、漢字の読み書きと国語知識、漢文の書き下し文の大問四題構成。どの問題文も難度は標準的で、設問も基本を押さえておけば解ける問題が多い。ほとんどが選択形式の設問だが、要約を求める記述も出題される。

●難問はなく、標準的な設問がほとんどだが、多様なパターンで問われるので、日々の授業を大切にする。問題演習を積み、ミスをせず、確実に得点できるようにしておく。漢字や基本的な国語知識を確認したうえで、記述問題の練習も忘れずに。

一（論説文）内容吟味・文脈把握・要旨・段落吟味

次の文章を読んで、あとの㈠から㈥までの問いに答えなさい。（計８点）

[1] ①空間の捉え方では、東洋画および日本画と、ヨーロッパの絵画とでは際立った違いがある。ヨーロッパの絵画は、人物や静物の背景に、そこが壁であれば壁を、棚があれば棚を、窓があれば窓を、窓が開いていて風景が見えればそのとおりに描く。要するに、背景には目に見える何かがあるはずであって、それを描くのが当たり前という考え方である。見上げた位置から描いているのか、やや見下ろしているのか、描く人間の視点、角度というものをしっかりと定め、森や川、点景の人物など、どんなに遠くのものでも、遠近法によってきちんと処理していくのだ。ルネッサンスあたりの絵画でも、そういう点は実に正確である。

[2] 〔　A　〕、中国や日本の山水画などでは、何も描かれていない部分がいくらでもある。ときによると、花の咲く木を一本だけ、鳥を二、三羽だけ描き、バックに何も描いていないようなものでも、立派に背景のある絵として成立している。こういう絵は、合理主義的な、物理的な空気空間の意識をもつヨーロッパの美意識からすると、このうしろは何ですか、壁ですか、空ですか、と尋ねたくなるだろう。東洋人にとって、何も描かれていない背景は、空やかすんだ風景などのいずれでもあり、いずれでもないものである。そこに描かれているのが一本の小枝、一つの花、小鳥であっても、描こうとしているのは宇宙のひろがりであり、生命の美しさであるからだ。自然の中の細かい一部分を画題にはしていても、それを象徴的に描こうとしている。そこに何かある以上は描かなければならない、空間を埋め尽くさなければならないという発想を、もともともっていない。東洋画では、空間を可視的なものによって想像する必要がないのである。

[3] そういう東洋画、とりわけ日本の絵には、写実という観念が希薄だった。むしろ自然を描くに当たっても、その心を表す写意が尊ばれた。日本の絵は、大和絵にしても、琳《りん》派にしても浮世絵にしても、それぞれにかなり様式化されているように見える。しかし、どう様式化されても、描こうとしているのは自然のもっている生命であって、それを捉えていない絵はつまらないものになる。様式そのものをなぞっても、本当の絵にはならない。日本の絵がさまざまに様式化されていく傾向は、装飾化とも言い換えることができるだろう。私はこれは、日本の伝統的な絵画が用いてきた絵の具やその他の材料と、深く関わっていると考えている。紙や絹に顔料や岩絵の具で描く日本の絵は、油絵のように、ものを立体的に見せるために、影をつけたりすることには向かない。平面的な絵だから、どうしても平面での変化を求めることになった。平面での変化とは、線と面でいかに独自の特色を出していくかということである。そこに、互いに共通した点はもちながらも、多様な絵の流れが、日本には生まれた。南画と狩野《かのう》派、琳派と浮世絵というふうに比べてみると、かなり違う。ただ、いずれにも共通しているのは、いわば二次元の世界での工夫である。

[4] これに対して油絵の材料は、限りなく三次元への追求を誘発するものであった。奥行き、立体感、遠近法と、すべては平面という二次元の中で、いかに三次元の世界を実現するかということへ向けての努力である。いろいろな例外はあっても、こうした三次元への志向が本流であったヨーロッパの絵画が、日本美術の影響などもあって変化してくるのは、印象派以降であることは、私たちもよく知るところだ。しかし、変化はしても、ヨーロッパ絵画の本質は、キュービスムなどを見てもわかるように、三次元的な実在感の希求である。これは文化観、価値観の根底に関わる問題なのだろう。日本がそうしたヨーロッパの写実というものを意識し始めたのは、十六世紀に、ポルトガル人が種子島《たねがしま》に来島したときからである。日本人は、ポルトガル人が伝えた鉄砲をさっそく戦に用いたが、同時に、ヨーロッパの宣教師たちの手によって持ち込まれたキリスト教美術にも、目をみはったことだろう。油絵で描かれたキリスト像や、聖母像などを初めて目にした人々は、絵の中から人間が飛び出してくるような気がしたに違いない。

[5] もし、絵画というものが、材料と技術が先にあるものならば、この安土桃山時代に、日本の絵画はすっかり変わってしまっていただろう。日本の絵画が顔料や紙という、材料の制約だけで成り立っていたものなら、少なくとも油絵が十六世紀以降、もっと急速に普及したはずである。それが②そうはならなかった。だから、先ほど私は、日本の絵の性格が材料と深い関わりがあると言ったのは、必ずしも材料がそれしかなかったからやむを得ず、という意味ではない。ヨーロッパ人が、おのずから油絵の具にキャンバスという材料をつくり出したように、日本人も自分たちの絵画に合う材料を自然に選んだのである。あくまで材料が先にあるのではなく、民族性や宗教や精神や生活といったものがあって、そうした心の面と不即不離の関係で絵画の材料があり、絵の特性が表れているのだ。

[6] こういう見方をすると、明治以降、なぜこれだけ油絵が普及してきたかということも、よく理解できる。明治の日本人は、安土桃山時代の日本人と違って、ヨーロッパの思想、精神というものまで積極的に導入しようとした。技術だけを利用しようとしたのではないのである。その意味では、飛鳥《あすか》時代の仏教の導入と似ている。

ヨーロッパのものの考え方、生活といったものまで輸入しなければ、油絵も普及しなかった。洋服を着、ヨーロッパ風の建物を建てて、その空間に親しむことによって、ようやく油絵に情熱を傾ける人々も現れたのである。〔　B　〕、飛鳥時代の人々が仏教文化を全面的に導入しながら、一方で神社を破壊するようなことはしなかったように、近代の日本人も、油絵が普及しても日本古来の絵画を忘れなかった。そこに日本人の本質があると思うのである。

（平山郁夫《ひらやまいくお》『絵と心』による）

（注）○ 1～6は段落符号である。
○ 点景＝風景画などで、趣を出すために風景の中に取り入れられた人物や動物など。
○ 顔料＝水に溶けない性質の絵の具。土や貝殻を粉砕したものなどがある。
○ 琳《りん》派＝江戸時代の絵画の一流派。
○ 岩絵の具＝顔料の一つ。鉱物から作る絵の具。
○ 南画＝中国山水画の一つで、日本では江戸時代中期頃からその影響を受けて描かれるようになったもの。
○ 印象派＝十九世紀後半にフランスで起こった芸術の流派。
○ キュービスム＝二十世紀初めにフランスで起こった芸術運動。
○ 希求＝願い求めること。
○ 不即不離＝二つのものが、つきもせず離れもしない関係を保つこと。

(一) ①空間の捉え方 について、ヨーロッパの絵画と東洋画および日本画の違いを説明したものとして最も適当なものを、次のアからエまでの中から選んで、そのかな符号を書きなさい。（1点）
ア、ヨーロッパの絵画がそこにあるものを見えるとおりに描くのに対し、東洋画や日本画には空間を埋め尽くすという考え方がない。
イ、ヨーロッパの絵画が風景を象徴的に描くのに対し、東洋画や日本画には空間を可視的なものによって処理するという発想がない。
ウ、ヨーロッパの絵画が目に見えるもの全てを描くのに対し、東洋画や日本画には背景は空白のままがよいという美意識がある。
エ、ヨーロッパの絵画が遠くのものも細部まで描くのに対し、東洋画や日本画には必要のないものは描かないという合理的な面がある。

(二) **よく出る** 〔　A　〕、〔　B　〕にあてはまることばの組み合わせとして最も適当なものを、次のアからエまでの中から選んで、そのかな符号を書きなさい。（1点）
ア、〔　A　〕つまり　〔　B　〕しかも
イ、〔　A　〕つまり　〔　B　〕だから
ウ、〔　A　〕ところが　〔　B　〕しかも
エ、〔　A　〕ところが　〔　B　〕だから

(三) **思考力** 筆者は第三段落で、日本の絵の特徴について述べている。それを要約して、六十字以上七十字以下で書きなさい。ただし、「顔料」、「特色」、「二次元の世界」という三つのことばを全て使って、「日本の絵は、……」という書き出しで書き、「……特徴がある。」で結ぶこと。三つのことばはどのような順序で使ってもよろしい。（2点）
（注意）・句読点も一字に数えて、一字分のマスを使うこと。
・文は、一文でも、二文以上でもよい。

(四) ②そうはならなかった とあるが、その理由として最も適当なものを、次のアからエまでの中から選んで、そのかな符号を書きなさい。（1点）
ア、絵画の材料は絵を描く技術と密接なつながりがあり、日本人は自分たちの技術に合わない材料を受け入れられなかったから。
イ、絵画の材料は民族性や宗教、生活などと深い関わりがあり、日本人は自分たちの心になじむ材料を自然に選んでいたから。
ウ、油絵の具やキャンバスはヨーロッパの絵画に適したものであり、日本の絵の性格に合う材料となるには時間が必要であったから。
エ、油絵の具やキャンバスはヨーロッパの精神と関係の深いものであり、当時の日本人は魅了されつつも使いこなせなかったから。

(五) 次のアからオまでの中から、その内容がこの文章に書かれていることと一致するものを一つ選んで、そのかな符号を書きなさい。（1点）
ア、ヨーロッパの絵画における三次元への志向が根本から変化したのは、日本の様式化された絵の影響を受けたためである。
イ、日本の伝統的な絵画が自然を象徴的に描くようになったのは、自然の三次元的な実在感を描こうとしたためである。
ウ、日本人が自国の文化とヨーロッパの文化を融合させることができたのは、日本古来の文化を破壊しなかったためである。
エ、明治以降に油絵が普及したのは、明治の日本人が技術だけでなく思想や文化までヨーロッパから導入したためである。
オ、中国や日本の山水画が宇宙のひろがりや生命の美しさを写実的に描いたのは、東洋に共通する美意識があったためである。

(六) **思考力** 次の文章は、ある生徒が本文の内容に触発され、自分で調べたことをまとめたものであるが、文の順序が入れ替えてある。筋道が通る文章とするためにアからオまでを並べ替えるとき、二番目と四番目にくるものをそれぞれ選び、そのかな符号を書きなさい。（完答で2点）

ア、具体的には、米をすりつぶして水を混ぜただけの真っ白な絵の具と竹を削ったペンを用いて、赤土を塗った壁に描きます。素朴でのびのびとした画風が特徴だと言われています。
イ、一九七〇年代から、ワルリー画は、インド政府の勧めによって紙にも描かれるようになりました。それによって持ち運びができるようになり、美術館での展示が可能になりました。
ウ、ワルリー画は、もともとはインドの先住民族のワルリー族によって描かれた壁画です。神話や物語な

どを題材に、線描や三角形、円などの単純な形を組み合わせて描くのですが、用いる材料は、彼らの身近にあるものばかりです。

エ、ワルリー画の魅力を世界の人々が身近に感じられるのはよいことだと思いますが、材料が壁から紙に変わることによって、ワルリー族の人々の文化観や価値観に何か影響があったのではないかと想像します。この点については、もう少し調べてみたいと思います。

オ、この文章を読んで、私は絵と材料の関係に興味をもちました。世界にはほかにどのような例があるか調べてみたところ、ワルリー画という絵があることを知りました。

二　漢字の読み書き・慣用句

次の㈠、㈡の問いに答えなさい。　　（計3点）

㈠ よく出る 基本 次の①、②の文中の傍線部について、漢字はその読みをひらがなで書き、カタカナは漢字で書きなさい。　　（各1点）

①僕たちは、最後の大会で悲願の優勝を遂げた。

②春の陽気に包まれながら、野山をサンサクする。

㈡次の文中の〔 ③ 〕にあてはまる最も適当なことばを、あとのアからエまでの中から選んで、そのかな符号を書きなさい。　　（1点）

すばらしい演奏を聴き、感動の余韻に〔 ③ 〕。

ア、沈む　　イ、浸る　　ウ、注ぐ　　エ、浮かぶ

三　（説明文）内容吟味・文脈把握

次の文章を読んで、あとの㈠から㈤までの問いに答えなさい。　　（計7点）

〔本文にいたるまでのあらすじ〕

東京の中学校を卒業した川嶋有人《かわしまゆうと》は、訳あって親元を離れ、叔父が医師として赴任している北海道の離島にある照羽尻《てうじり》高校に進学した。六月、水産実習の授業の一環で、島の名産のウニを物産展に出品することになり、斎藤誠《さいとうまこと》、東村桃花《ひがしむらももか》、八木陽《やぎはる》樹《き》（ハル先輩）、野呂涼《のろりょう》（涼先輩）とともにディスカッションを行ったが、有人は思うようにアイデアを出すことができなかった。二度目のディスカッションが行われた日の放課後、有人はウニを分けてくれるという誠の家を初めて訪れた。

〔本文〕

1　小声で「お邪魔します」と言いながら、誠について中へ入ると、沓脱《くつぬぎ》からすぐの茶の間はドアが開け放たれており、中が丸見えだった。日焼けをした中年男性の顔がこちらを向いた。せいかんな顔つきは誠にそっくりだ。「有人。これが俺の親父《おやじ》。この島一の漁師で、照羽尻高校の先輩」「またおまえは、この島一とか適当なこと言いやがって。他の漁師に失礼だべ」誠の父はシャツにステテコというラフすぎるスタイルで、座布団《ざぶとん》の上で片膝を立て、鮭《さけ》とばをかじっていた。体格は誠より一回り小柄だが、全身にがっちりと筋肉がついている。「あんたが川嶋先生んとこの有人か。先生には世話になってる。よろしく言っといてくれや」島内で叔父リスペクトは挨拶言葉みたいなものなのだ。それだけ慕われている叔父を誇らしく思うのと並行して、有人は「その叔父のおい」である自分自身への評価が気になってくる。東京にいたころの比較対象は兄だったが、島ではまさか、叔父に比べてあのおいは、となっているのか。しかし、誠の父は①思いがけなくも破顔したのだった。「有人。ありがとうな。おまえが来たって誠がえらい喜んでるんだわ」「親父、余計なこと言うな」「なんも余計なことでねえべ。おまえ毎日言ってるべ。やっと同じクラスに男友達ができたーって。ええ？」

2　突っ立ってないで座れ座れと座布団を渡され、有人はちんまりと正座する。木製の丸い座卓を中央に配した茶の間はいささか狭く、テレビやサイドボードなどの一般的な家具家電のほか、ラジオ、ファックス付き電話機、新聞紙、書類といったものが床の上に転がっている。雑然としていて、お世辞にも片づけられているとは言えない。しかし、港に向いた窓からは、先刻教えられた誠の父の船がよく見えた。それがこの漁師の心意気を物語っているように感じられた。隣の台所から、鼻歌が聞こえた。聞いたことがあるようなないような歌だ。夜明けの来ない夜はないとかなんとか繰り返すのを、誠の父はふんと笑った。壁には額に入った表彰状が幾つもあった。人命救助の表彰だ。「海難事故があったら、船持ってる人間が助けるのは当たり前だべ。他の漁師の家にだっていくらもある。俺らは救命講習も受けてんだ」表彰状を見つめる有人に②誠の父がこともなげに言い、台所に声をかけた。「母ちゃん。下手な歌、歌ってねえで、有人になんか出してやれや」「今持って行く」明るい声が返ってきたのとほぼ同時に、オペラ歌手を思わせる、恰幅《かっぷく》の良い女性が現れた。漁師の夫よりも大きい。誠の体格は、どうやら母親似のようだ。「有人くん、よく来てくれたわね。おばちゃん、うれしい」誠の母は、コップに入った炭酸飲料と菓子を盛った器、それから洗って水を切ったサクランボをザルごと座卓に置き、それぞれにおしぼりもくれた。「すっげ！　サクランボなんていつぶりだよ」「そりゃあ、有人くんが来るんだもん。買っとくわよ。さあ、食べて食べて。有人くん細っこいからいっぱい食べて」「親父、有人にやるウニは？」「ちゃんととってあるよ。さっき母ちゃんがさばいたばっかりだ」あれも食え、これも食べろ。有人は今まで友人の家に行ってこれほどの歓待を受けたことがなかった。そもそも東京では、友人の家に遊びに行くこと自体、ほとんどなかった。小学校低学年のころにあったかもしれないが、それきりだった。この島は一つの家族みたいなものだと叔父が言っていたのを、思い出した。有人は勧められるがまま炭酸飲料を飲み、菓子を食べ、合間にサクランボを口にした。自分しかいない部屋と、風の音と海鳥の鳴き声しかしない断崖絶壁の光景を、救いを求めるように思い起こしながらも、斎藤家に歓迎されている事実は消したくなかった。おせっかいで距離が近すぎて面倒くさい。一人になったらどっと疲れるだろう。でも、自分が受け入れら

れていることはうれしかった。（中略）

[3] 次に行われた水産実習のディスカッションで、有人は思い切って口を開いた。〈1〉「誠んちからもらったウニ食べて思ったんだけど……」生ウニの味には絶対勝てない。〈2〉「獲れたて生ウニの味は絶対無理だ。でも生ウニの形状に近いものを出したら、逆に期待させてしまう可能性がある。だとしたら、いっそうんと加工して、最初からペーストにするとかだと、形は無くなってもいいから、ミョウバンは使わずにいけるかもしれない。使うとしても、最低限で済むかなって……」有人は東京で食べたウニのクリームパスタの話をした。〈3〉手汗がにじむ。「これは、パスタにあえるウニクリームソースだって、もう用途をこっちで決めてしまえば……そうしたら、口にする人は生ウニの味を絶対期待しないし、こういう調理に使うってわかってたら、買う人も買いやすいし、調理のときに好みで味付けするだろうし、もちろんこっちでも買った人がアレンジできる程度でベースの味を付けると、アルコールとかの味も紛れるし……とにかく添加物を極力少なくできる」どういうふうに話すか、前夜から頭の中でシミュレーションしたはずなのに、全然うまくいかなかった。〈4〉有人は何度もつっかえ、声を上ずらせ、言葉を途切れさせた。「ベースの味は……こないだ涼先輩のお母さんからもらったタコの煮つけが、なんかヒントになるかなって……普通に東京で食べてたのと違う味がして。深みがあったというか。魚《ぎょ》醤《しょう》っていうのを使っているんじゃないかって、叔父に聞いた。その……タラを使った魚醤を隠し味にしているんだろうって。漁協で作ってるんだよね、タラ魚醤。それ、こっちの味付けに使えないかな」途切れ途切れの言葉なのに、他の四人は茶々の一つも入れず、ずっと真剣に有人の話をうなずきながら聞いた。「だから……ウニのクリームパスタソースって限定するのはどうかなって」

[4] 少しの沈黙ののち、誠が言った。「ウニのクリームパスタ？　なんだそれ。うまいのか？」「おいしいよ」桃花だった。「私も札幌《さっぽろ》で食べたことある。好き」「マジ？　桃花が言うならいいんじゃね？」「僕は食べたことないけど、ペーストにするのはいいと思う」ハル先輩が淡々とメリットを指摘した。「ミョウバンの点はもちろん、最初から崩れていてもいいなら原価を安く抑えられる」「え、有人くんの意見、普通に良くない？」涼先輩も賛同してくれた。「ウニのクリームパスタとか、めっちゃおしゃれじゃない？　これでいこう？　めっちゃいけそう！」誠、ハル先輩、桃花はためらわずうなずいた。「良かった、やっと方針が決まったね。有人くん、すごい」涼先輩が胸の前でかわいらしく拍手する。誠も「やるじゃんか」と親指をぐっと立てる。「パッケージのデザインはどうするの？」ハル先輩が一歩立ち止まれば、涼先輩が桃花の手を取り「私たち二人がめっちゃかわいいの考える！　男子はキャッチコピーみたいなの考えて」と、三歩先に進む。注がれている視線に気づいて、有人はそちらに顔を向けた。教室にいた校長と森《もり》先生が、そろって恵比須《えびす》のような笑顔で有人らを見守っていた。「有人、すげーなおまえ」隣の誠が肩をたたいた。「おまえじゃなきゃ出ない意見だぜ。俺もそれ食ってみてー」

[5] おまえじゃなきゃ。誠の言葉は小さな火花を有人に飛ばした。飛んできたそれは有人の心に届いて、ささやかではあるが、確かな熱を与えた。熱。熱があれば、なにかが芽を吹く。もう寒々しいだけじゃない。今までとは違う。変わるかもしれない。そんな予感に、有人の胸は高鳴った。

（乾《いぬい》ルカ『明日の僕に風が吹く』による）

（注）○ [1]～[5]は段落符号である。
○ 沓脱《くつぬぎ》＝玄関や縁側などの上がり口にある、はきものを脱ぐところ。
○ ステテコ＝膝の下まであるゆったりとした男性用の下着。
○ ラフ＝くだけたさま。
○ 鮭《さけ》とば＝棒状に切った鮭の身を塩水につけ、乾燥させた食品。
○ リスペクト＝尊敬する気持ち。
○ 恰幅《かっぷく》＝体つき。
○ ペースト＝食材をすりつぶし、柔らかく滑らかにした状態のもの。
○ ミョウバン＝食品添加物。食品の形状保持などに使用される。
○ シミュレーション＝ここでは、実際の場面を想像して練習すること。
○ 魚醤《ぎょしょう》＝魚介類を塩漬けにして発酵・熟成させて出てくる汁をこして作った調味料。
○ 茶々＝人の話の途中で割り込んで言う冗談。
○ 恵比須《えびす》＝七福神の一つ。にこにこした顔つきのことをえびす顔という。

(一) ①思いがけなくも破顔した　とあるが、その説明として最も適当なものを、次のアからエまでの中から選んで、そのかな符号を書きなさい。（1点）

ア、叔父の評価が高いことがわかってうれしく思った有人だったが、予想外に誠の父は複雑な表情をしたということ
イ、叔父のおかげで自分が受け入れられたことに胸をなで下ろした有人だったが、思いのほか誠の父が厳しい表情をしたということ
ウ、この島では叔父と比較されているのかと不安を感じた有人だったが、意外にも誠の父はにこやかに笑ったということ
エ、島での叔父に対する評価が気になっていた有人だったが、予想に反して誠の父がおだやかに笑ったということ

(二) ②誠の父　の人物像の説明として最も適当なものを、次のアからエまでの中から選んで、そのかな符号を書きなさい。（1点）

ア、漁師という仕事に携わっているという誇りから、他人にも妥協を許さない人物
イ、漁師という仕事を継いだことに宿命を感じており、いちずな性格で納得するまでやり抜こうとする人物
ウ、漁師という仕事に自信をもちながら、危険と隣り合わせの恐怖を隠そうと強がっている人物
エ、漁師という仕事に自負心をもっており、飾らない人

柄で他人への思いやりがある人物

(三) 第二段落における有人の心情を説明したものとして適当なものを、次のアからオまでの中から二つ選んで、そのかな符号を書きなさい。(2点)

ア、誠の両親があれこれと世話を焼いてくれ、自然とそのペースに巻き込まれていることに戸惑いを覚えている。

イ、誠の両親がさりげなく気を遣ってくれるおかげで、人と接することが苦手だったのにうちとけてくつろいでいる。

ウ、誠の両親がどんどんごちそうを出してくれるが、うまく感謝の気持ちが伝えられないことをもどかしく思っている。

エ、誠の両親とのやりとりを通じて家族との生活を思い出し、東京で過ごした頃をなつかしむ気持ちになっている。

オ、誠の両親の歓迎にわずらわしさを感じながらも、家族の一員のように接してくれることを素直に喜んでいる。

(四) 次の一文が本文から抜いてある。この一文が入る最も適当な箇所を、あとのアからエまでの中から選んで、そのかな符号を書きなさい。(1点)

だったら、加工を逆手に取るのはどうかと提案したのだった。

ア、本文中の〈1〉　イ、本文中の〈2〉

ウ、本文中の〈3〉　エ、本文中の〈4〉

(五) **新傾向** 次のアからカは、この文章を読んだ生徒六人が、意見を述べ合ったものである。その内容が本文に書かれていることに近いものを二つ選んで、そのかな符号を書きなさい。(2点)

ア、(Aさん) 第一段落から第二段落にかけて、誠の家の茶の間の様子が描写されています。片づけられていない雑然とした部屋の様子からは、有人の訪問が本当は歓迎されていないことがわかります。

イ、(Bさん) 第三段落では、有人が自分の意見を発表しています。会話文の中で多く使われている「……」からは、有人が慎重にことばを選びながらも、自信をもって発言している様子がわかります。

ウ、(Cさん) 第四段落には、さまざまな個性をもつ生徒が出てきます。誠は、ディスカッションの流れを常に意識していて、話の方向を修正して適切な話題を提供できる、とても機転のきく人だと思います。

エ、(Dさん) 私は、涼先輩に着目しました。前向きな発言で周囲の雰囲気を明るくする快活な人だと思います。また、自分の考えを伝えつつ、周囲にも積極的に働きかけることのできる人だと思います。

オ、(Eさん) 私は、ハル先輩が気になります。自分の経験にこだわって周囲を納得させようとするところはあるけれど、話題がそれていかないように順序立てて整理できる冷静な人だと思います。

カ、(Fさん) 第五段落では、「おまえじゃなきゃ」という誠のことばを聞いて胸を高ぶらせる有人の内面が、比喩を用いて効果的に表現されています。誠のこの一言が、有人に自信を与えるきっかけになりそうです。

四　(古文)内容吟味

次の漢文(書き下し文)を読んで、あとの(一)から(四)までの問いに答えなさい。(本文の……の左側は現代語訳です。)(計4点)

冬、晋《しん》荐《しき》りに饑《う》う(昨年に続き不作であった)。翟《てき》を秦《しん》に乞はしむ(秦に(使いを送り)米を送るよう願い求めさせた)。秦伯《しんぱく》、子桑《しさう》に謂《い》ふ(言った)、「諸《これ》を与へんか。」と。対《こた》へて曰《い》はく(お答えして言うことには)、「重く施して(おおいに恩恵を施して)報いば(晋がその恩に報いたら)、君、将《は》た何をか求めん(何も求めることはないでしょう)。重く施して報いずんば、其《そ》の民必ず攜《はな》れん(離れるでしょう)。攜れて討たば、①衆無くして必ず敗れん。」と。百里《ひやくり》に謂ふ、「諸を与へんか。」と。②対へて曰はく、「天災の流行するは、国家代はるがはる有り。災を救ひ隣を恤《あはれ》むは、道なり(人の行うべき道である)。道を行へば、福有り。」と。丕鄭《ひてい》の子、豹《へう》、秦に在り。晋を伐《う》たんことを請《こ》ふ(願い出た)。秦伯曰はく、「③其の君是《こ》れ悪《あ》しきも、其の民何の罪かある。」と。秦是《ここ》に於《お》いて、粟《ぞく》を晋に輸《いた》す。

(『春秋左氏伝《しゅんじゅうさしでん》』による)

(注)
○ 晋《しん》、秦《しん》＝ともに、春秋時代の国名。
○ 秦伯《しんぱく》＝秦の君主。
○ 子桑《しさう》、百里《ひやくり》＝秦の家臣。
○ 丕鄭《ひてい》＝晋の家臣。晋にむほんを起こして殺された。
○ 豹《へう》＝父の丕鄭が殺された後、秦に亡命した。
○ 粟《ぞく》＝穀物。

(一) ①衆無くして必ず敗れん　とあるが、子桑がこのように述べた理由として最も適当なものを、次のアからエまでの中から選んで、そのかな符号を書きなさい。(1点)

ア、晋の民の多くが飢え、命を落としてしまうと考えたから。

イ、晋の民が秦の侵攻を恐れ、逃亡するに違いないと考えたから。

ウ、晋の君主が民の信頼を失い、味方がいなくなると考えたから。

エ、晋の君主が民に重税を課し、国内で不満が高まると考えたから。

(二) ②対へて曰はく　とあるが、百里は誰に対してどのようなことを言っているか。その説明として最も適当なものを、次のアからエまでの中から選んで、そのかな符号を書きなさい。(1点)

ア、子桑に対して、秦の民にこそ米を与えるべきだと言っている。

イ、子桑に対して、秦は晋に恩返しをするべきだと言っている。

ウ、秦伯に対して、秦も災害に備えるべきだと言っている。

エ、秦伯に対して、秦のために晋を援助するべきだと言っている。

(三) ③其の君是《こ》れ悪《あ》しきも、其の民何の罪かある　の現代語訳として最も適当なものを、次のアからエまでの中から選んで、そのかな符号を書きなさい。（1点）

ア、晋の君主が悪人でも、民には少しの罪もない

イ、晋の君主が悪人なら、民もまた同罪である

ウ、秦の君主が悪人でも、民に罪を着せることはしない

エ、秦の君主が悪人なら、民にも多少の罪はある

(四) 次のアからエまでの中から、その内容がこの文章に書かれていることと一致するものを一つ選んで、そのかな符号を書きなさい。（1点）

ア、豹は、父の恨みを晴らすため、不作で苦しんでいる晋に攻め入った。

イ、百里は、災害時でも、国益を優先することが人の道だと言った。

ウ、子桑は、晋が必ず恩を返すので、米を送るべきだと助言した。

エ、秦伯は、豹の願いを退け、人の道を重んじる家臣の意見に従った。

三重県

時間 45分　満点 50点　解答 P32　3月10日実施

出題傾向と対策

●漢字の読み書き、小説文、論説文、古典（漢詩・和歌を含む古文）、資料問題（条件作文）の大問五題構成。小説文、論説文の難易度は標準的だが、他の設問の量と実施時間を考えると文章量は多いと言える。設問の範囲も文法、書写など多岐にわたっている。資料を読む問題と条件作文の融合は昨年同様。

●長めの設問文なので、問いを先に見てから関係の深い部分を丁寧に読解する練習が有効。作文作成の時間も考えて、時間配分を考えた過去問演習などをしておく。

一 漢字の読み書き　よく出る　基本

次の①〜⑧の文の傍線部分について、漢字は読みをひらがなで書き、ひらがなは漢字に直しなさい。（各1点、計8点）

①約束の期日が迫る。

②高い理想を掲げる。

③皆《みな》の前で宣誓する。

④腕前《うでまえ》を披露する。

⑤説明を図解でおぎなう。

⑥よい習慣をやしなう。

⑦たんじゅんな作業をくり返す。

⑧ひょうじゅんの記録を上まわる。

二 （小説文）文節・漢字知識・品詞識別・文脈把握・内容吟味

次の文章を読んで、あとの各問いに答えなさい。（計12点）

（手芸が好きな高校生のキヨ（僕《ぼく》・松岡《まつおか》）は、結婚《けっこん》する姉のためにドレスを製作している。友達《ともだち》の宮多《みやた》との会話に上手《うま》く入れなかったキヨは、帰り道、同じクラスのくるみから「気にすることはない」と声をかけられた。お礼を言おうと横を向くと、くるみは後ろでしゃがみこんでいた。）

「なにしてんの？」

「うん、石」

うん、石。ぜんぜん答えになってない。入学式の日に「石が好き」だと言っていたことはもちろんちゃんと覚えていたが、(1)まさか道端《みちばた》の石を拾っているとは思わなかった。

「いつも石拾ってんの？　帰る時に」

「いつもではないよ。だいたい土日にさがしにいく。河原とか、山に」

「土日に？　わざわざ？」

「やすりで磨《みが》くの。つるつるのぴかぴかになるまで」

放(2)課後の時間はすべて石の研磨《けんま》にあてているという。ほんまにきれいになんねんで、と言う頬《ほお》が(3)かすかに上気している。

ポケットから取り出して見せられた石は三角のおにぎりのような形状だった。たしかによく磨かれている。触《さわ》ってもええよ、と言われて、手を伸《の》ばした。指先で、しばらくすべすべとした感触《かんしょく》を楽しむ。

「さっき拾った石も磨くの？」

くるみはすこし考えて、これはたぶん磨かへん、と答えた。

「磨かれたくない石もあるから。つるつるのぴかぴかになりたくないってこの石が言うてる」

石には石の意思がある。駄洒落《だじゃれ》のようなことを真顔で言うが、意味がわからない。

「石の意思、わかんの？」

「わかりたい、といつも思ってる。それに、ぴかぴかしてないときれいやないってわけでもないやんか。ごつごつのざらざらの石のきれいさってあるから。そこは尊重してやらんとな」

じゃあね。その挨拶《あいさつ》があまりに唐突《とうとつ》でそっけなかったので、怒《おこ》ったのかと一瞬《いっしゅん》焦《あせ》った。

「キヨくん、まっすぐやろ。私、こっちやから」

川沿いの道を一歩踏《ふ》み出《だ》してから振《ふ》り返《かえ》った。ずんずんと前進していくくるみの後ろ姿は、巨大《きょだい》なリュックが移動しているように見えた。

石を磨くのが楽しいという話も、石の意思という話も、よくわからなかった。わからなくて、おもしろい。わからないことに触《ふ》れるということ。似たもの同士で「わかるわかる」と言い合うより、そのほうが楽しい。

ポケットの中でスマートフォンが鳴って、宮多《みやた》からのメッセージが表示された。

「昼、なんか怒ってた？　もしや俺《おれ》あかんこと言うた？」

違《ちが》う。声に出して言いそうになる。宮多はなにも悪いことをしていない。ただ僕があの時、気づいてしまっただけだ。自分が楽しいふりをしていることに。

いつも、ひとりだった。

教科書を忘れた時に気軽に借りる相手がいないのは、心もとない。ひとりでぽつんと弁当を食べるのは、わびしい。でもさびしさをごまかすために、自分の好きなことを好きではないふりをするのは、好きではないことを好きなふりをするのは、もっともっとさびしい。

好きなものを追い求めることは、楽しいと同時にとても苦しい。その苦しさに耐《た》える覚悟《かくご》が、僕にはあるのか。

文字を入力する指がひどく震《ふる》える。

「ちゃうねん。ほんまに本読みたかっただけ。刺繍《ししゅう》の本」

ポケットからハンカチを取り出した。祖母に褒《ほ》められた猫《ねこ》の刺繍を撮影《さつえい》して送った。すぐに既読《(注1)きどく》の通知がつく。

「こうやって刺繍するのが趣味《しゅみ》で、ゲームとかほんまはぜんぜん興味なくて、自分の席に戻《もど》りたかった。ごめん」

ポケットにスマートフォンをつっこんだ。数歩歩いたところで、またスマートフォンが鳴った。

「え、めっちゃうまいやん。松岡《まつおか》くんすごいな」

そのメッセージを、何度も繰《く》り返《かえ》し読んだ。

わかってもらえるわけがない。どうして勝手にそう思いこんでいたのだろう。

今まで出会ってきた人間が、みんなそうだったから。だとしても、宮多は彼《かれ》らではないのに。

いつのまにか、また靴紐《くつひも》がほどけていた。しゃがんだ瞬間《しゅんかん》、川で魚がぱしゃんと跳《は》ねた。波紋《はもん》が幾重《いくえ》にも広がる。太陽の光を受けた川の水面《みなも》が風で波打つ。まぶしさに目の奥《おく》が痛くなって、じんわりと涙が滲《にじ》む。

きらめくもの。揺《ゆ》らめくもの。目に見えていても、かたちのないものには触れられない。すくいとって保管することはできない。太陽が翳《かげ》ればたちまち消え失《う》せる。だからこそ美しいのだとわかっていても、願う。布の上で、あれを再現できたらいい。そうすれば指で触れてたしかめられる。身にまとうことだって。そういうドレスをつくりたい。着てほしい。すべてのものを「無理」と遠ざける姉にこそ。きらめくもの。揺らめくもの。どうせ触れられないのだから、なんてあきらめる必要などない。無理なんかじゃないから、ぜったい。

どんな布を、どんなかたちに裁断して、どんな装飾《そうしょく》をほどこせばいいのか。それを考えはじめたら、いてもたってもいられなくなる。

それから、明日。⑷明日、学校に行ったら、宮多に例のにゃんこなんとかというゲームのことを、教えてもらおう。好きじゃないものを好きなふりをする必要はない。でも僕はまだ宮多たちのことをよく知らない。知ろうともしていなかった。

靴紐をきつく締《し》め直して、歩く速度をはやめる。

寺地はるな『水を縫う』集英社刊

（注1）既読――すでに読み終えていること。

㈠傍線部分⑴「まさか道端《みちばた》の石を拾っているとは思わなかった」とあるが、この部分は、いくつの文節に分けられるか。次のア〜エから最も適当なものを一つ選び、その記号を書きなさい。（2点）

ア、四　　イ、五　　ウ、六　　エ、七

㈡傍線部分⑵「課」の偏《へん》を行書で書いたものはどれか。次のア〜エから最も適当なものを一つ選び、その記号を書きなさい。（2点）

ア、　　イ、　　ウ、　　エ、

㈢傍線部分⑶「かすかに」の品詞として、次のア〜エから最も適当なものを一つ選び、その記号を書きなさい。（2点）

ア、形容詞　　イ、形容動詞
ウ、連体詞　　エ、副詞

㈣次の［　　］の中は、僕《ぼく》がくるみとの会話から気づいたことをまとめたものである。［　　］に入る言葉を、本文中から十六字で抜《ぬ》き出《だ》して書きなさい。（句読点も一字に数える。）（3点）

［くるみとの会話から、［　　］は楽しいと気づいた。］

㈤【思考力】傍線部分⑷「明日、学校に行ったら、宮多《みやた》に例のにゃんこなんとかというゲームのことを、教えてもらおう」とあるが、僕がこのように考えるようになったのはなぜか。宮多からのメッセージを読んで僕が気づいたことにふれて、本文中の言葉を使って、五十五字以上六十五字以内で書きなさい。（句読点も一字に数える。）（3点）

三（論説文）活用・慣用句・内容吟味

次の文章を読んで、あとの各問いに答えなさい。（計12点）

旭山《あさひやま》動物園では、チンパンジーが何もすることがなく極《きわ》めて退屈《たいくつ》な時間を少なくするために、放飼《ほうし》場に①いるあいだに、さまざまな給餌《きゅうじ》器を用意してチンパンジーの活動時間を長くすることを考え試行してきました。実はこれが行動展示の始まりだったわけです。

野生のチンパンジーは、蟻塚《(注1)ありづか》に枝を差《さ》し込《こ》み、②付いてきたシロアリを食べる「アリ釣《つ》り」という特技《とくぎ》を③持っています。この能力を発揮させようと、チンパンジーには手の届かない所へ蜂蜜《はちみつ》を入れたコップを④置き、放飼場の中には木の枝を数本入れておきました。

最初はコップを見て大騒《おおさわ》ぎをしていたチンパンジーたちですが、すぐにミコというメスが木の枝を持ち出してきて、檻《おり》の隙間《すきま》から差し込んで先をうまくコップの中に入れて蜂蜜をからめて、そっと引《ひ》き抜《ぬ》いて先に付いた蜂蜜をなめ始めました。ミコがそうやって蜜をなめているのを見つけた子どもが近くにやってきて、その様子をただただ見つめています。やはりミコは我《わ》が子であっても、決して枝を渡《わた》してやってみなさい」と教えることはありません。どんなに美《お》味《い》しい蜜であっても、食べさせてやることはしないのです。

でも、じきにミコの子どもがまねをして蜂蜜をなめ始めると、それが子どもたちを中心にあっという間に広まっていきました。広まる順番は母親から子どもへ、その子どもから同じくらいの年頃《としごろ》の子どもたち、それから一部のおとなのメスへと広がり、(注2)αオスのキーボは横目で見ているだけでした。

甘《あま》い蜂蜜をたくさん与《あた》えるのは良くないと考えた飼育係は、蜂蜜からオレンジジュースに中身を変えました。すると子どもの枝先はぬれる程度でほとんどジュースが付いてきませんが、ミコの使う枝先にはジュースがたれるほどに付いてきて、ミコはそれをチューチューと音をたてて吸っているのです。どうして自分の枝先には何も付いてこないのか、不思議で仕方がなくても、ミコは決して枝を貸してくれませんし教えてもくれません。

あるとき、ミコの置き忘れた枝を見つけて、子どもがそれを使ってやってみると、枝先がぼそぼそになっていて、そこにジュースが染《し》み込んでいて、たくさんのジュースを飲めることが分かりました。子どもにマイスティックを取られたミコは、改めて枝の先を奥歯《おくば》で噛《か》んでぼそぼそにしてジュースを飲み始めましたが、そのときにでも「こうやって作るんだよ」とは教えませんでした。

しばらくして、チンパンジー舎へ行ってみると、子どもが自分で枝先をガシガシと噛んでから、ジュースを飲んでいました。とうとう自分で考えて、効率よくジュースを飲める枝作りに成功したのです。

チンパンジーの世界では、あらゆる技術がこのような形で伝承されていきます。手取り足取りの教育はせず、子は親のやることをただ見ているだけです。ただ、親子では技術の伝承は割と早く行われるのですが、おとな同士では、なかなか伝わらないようです。枝先をぼそぼそにすることは、すぐに伝わりそうなものですが、ほかのおとなたちは、うらやましそうに見ているだけでした。そして子ども同士は、おとなとは違《ちが》ってそれほど時間がかからずに技術の伝承が行われていくようです。

では、どうしてミコはすぐに枝先を噛んでぼそぼそにする方法を知っていたのでしょう。ミコはアフリカのシエラレオネ出身で、六歳《さい》のときに日本の施設《しせつ》へやってきて、二十一歳になって旭山動物園へ入園しました。ミコは旭山へ移籍《いせき》する前の十五年間はアリ釣りをやっていません。ということは、アフリカで暮らしていた六歳までのあいだに、アリ釣りを経験し特技を身に付けていたと考えられます。ミコにとってアリ釣りは(1)「昔取った杵柄《きねづか》」だったのです。

このような経験をいくつか重ねていくと、チンパンジーたちはどのような局面でも工夫《くふう》して問題を解決するようになります。あるとき、飼育係が直径五十センチメートルほどの丸太を垂直に立てて固定し、丸太の真ん中に直径二センチメートルほどの穴を水平にあけ、その中央にピーナッツをいくつか入れておきました。それに気付いた若オスがなんとか取ろうとするのですが指では届きませんので、細い枝を差し込んでピーナッツを丸太の向こう側に落として食べることを思いつきました。

数日後、その様子を見ていたおとなメスの一頭が、彼《かれ》が枝を持って丸太に近づくとすぐに反対側に座《すわ》り込んで、穴からピーナッツが落ちてくるのを待つようになったのです。彼は、いくら落としても彼女《かのじょ》に食べられてしまい、大騒ぎをして追《お》い払《はら》おうとするのですが、彼女は知らん顔で、彼が枝を持って丸太に近づくときを待っていました。若オスは彼女に見つからないようにピーナッツ取りをしたいのですが、穴に枝を差し込むとすぐにやってきて反対側に座り込むのです。力ずくで追い払おうとしても、彼女は相手が若オスなので、喧嘩《けんか》になっても負ける心配はなく、執拗《しつよう》にその場所をキープして、目的を達成していました。

彼もいろいろと対策を練っていました。枝を差し込みながら、反対側の穴に手を当ててピーナッツを受け取ろうと試みたのですが、彼女に邪魔《じゃま》されて上手《うま》く取れないのです。その後何日かしてチンパンジー舎に様子を見に行くと、ついに彼は(2)この問題を解決していました。彼は、穴に口をつけて一気にピーナッツを吸い込む方法を編み出したのです。これで確実に食べられるようになり、それは彼の得意《とくい》技《わざ》となりました。おとなメスは、もうピーナッツが落ちてこないことを知ると、丸太の近くで待つことをやめてしまいましたが、自分から丸太の中のピーナッツを取ろうとはしませんでした。努力をせずに甘い汁《しる》を吸おうというおとなのいやらしさをチンパンジーも持っていることがよく分かりました。

やはり、子どもの方が好奇心《こうきしん》が強く、何事にもチャレンジする意欲を持っているのだと思います。お尻《しり》の白い毛がなくなってからは、群れの中でさまざまな工夫をしながら、ひとりでより多くの食べ物を獲得《かくとく》していかなくてはなりません。それも若いころのことで、年齢《ねんれい》を重ねていくうちに食べ物を取る順位も高くなり、それほど工夫をしなくても、これまでの知識と経験があれば優位に食べ物を手に入れることができるからでしょう。

若いうちに何かを渇望《かつぼう》することがあり、それを成し遂《と》げるために考え、努力することの重要性はチンパンジーでも人間でも変わりはないと思います。

（小菅《こすげ》　正夫《まさお》『動物が教えてくれた人生で大切なこと。』による。）

＊一部表記を改めたところがある。

（注1）蟻塚《ありづか》――土や、枯《か》れ葉《は》を積み上げて作ったアリの巣。

（注2）αオス――群れの中で序列が一番上のオス。

(一) 二重傍線部分①～④の中には、動詞の活用の種類が他と異なるものが一つある。その番号を書きなさい。（2点）

(二) 傍線部分(1)「昔取った杵柄《きねづか》」とあるが、「昔取った杵柄」は、本文中ではどのような意味を表しているか。次のア～エから最も適当なものを一つ選び、その記号を書きなさい。（2点）

ア、他人の物を利用して自分に役立てること。

イ、若いころに世間にもまれて辛《つら》い経験を積むこと。

ウ、かつて習得した技《わざ》はのちまで使えること。

エ、終わってしまうとその困難を忘れること。

(三) 傍線部分(2)「この問題」とあるが、筆者の述べる「この問題」とは具体的にはどのような問題か。次のア～エから最も適当なものを一つ選び、その記号を書きなさい。（2点）

ア、若オスが工夫《くふう》をしてピーナッツ取りに成功すると、すぐにおとなメスに見つかって大騒《おおさわ》ぎをされてしまうこと。
イ、おとなメスが執拗《しつよう》に丸太の反対側に座《すわ》り込《こ》んでピーナッツが落ちてくるのを待っているために、若オスはピーナッツを食べられないこと。
ウ、おとなメスが穴に口をつけてピーナッツを吸い込む方法を編み出したために、若オスは穴からピーナッツを取ることができないこと。
エ、若オスに追《お》い払《はら》われたおとなメスは、穴に細い枝を差《さ》し込んでピーナッツを取る経験を重ねることができないこと。

(四) 点線部分「子ども同士は、おとなとは違《ちが》ってそれほど時間がかからずに技術の伝承が行われていくようです」とあるが、子どもが技術の伝承に時間がかからないのは、おとなと比べて子どもはどのような性質を持っていると筆者は考えているからか。次の□の中の文の□に入る言葉を、本文中から二十字以上三十字以内で抜き出して書きなさい。（句読点も一字に数える。）　（3点）

おとなと比べて子どもは、□と考えているから。

(五) この文章の内容に合うものとして、次のア～エから最も適当なものを一つ選び、その記号を書きなさい。（3点）
ア、チンパンジーの子どもは、群れの中で、親の様子を見てまねをしたり自分で考えたりして、食べ物を取ることができるようになる。
イ、チンパンジーの世界では、親は自分が工夫して取った食べ物を、我《わ》が子《こ》や我が子と同じくらいの年頃《としごろ》の子どもに食べさせてやる。
ウ、チンパンジーの食べ物を取る方法は、子どもから一部のおとなのオスへと広がり、その後、ほかのおとなたちに広がる。
エ、チンパンジーの食べ物を取る能力は、親から子どもへの手取り足取りの教育で知識と技術を身に付けたときに、確実に発揮される。

四 （古文）仮名遣い・動作主・古典知識・内容吟味

次の文章を読んで、あとの各問いに答えなさい。（計8点）

後三条院《ごさんでうゐん》（後三条院が）、東宮《とうぐう》（注1）にて①おはしましける時、学士実政朝臣《さねまさのあそん》（藤原実政朝臣が）、任国に赴《おもむ》きけるに、餞別《せんべつ》（注2）の名残《なごり》、②惜しませ給《たま》ひて、

州《しう》民《みん》（国の民が）縦《たとヒ》③作《なス》ストモ二甘《かん》棠《たうノ》詠《ヲ》一

莫《なかレ》レ忘《ルルコト》多年風《ふ》月《げつノ》遊《あそび》（宮中で開かれた楽しかった詩歌の会のことを）

この意《こころ》は、毛詩《まうし》（注3）にいはく、

孔《こう》子《し》曰《いはク》、甘棠莫《なかレ》レ伐《きルコト》、召《せう》（注4）伯《はく》之

所《ところ》レ宿《リシ》也《なり》

といへることなり。

また御歌、

忘れずは同じ空とも月を見よ（忘れなかったならば、同じ空の下にいると思って、月を見てくれ。）
ほどは雲居《くもゐ》にめぐりあふまで（遠く離れていて雲居の空まで隔っていても再び雲居の宮中でめぐり会う時まで。）

君なれども、臣なれども、たがひに志の深く、隔つる思ひのなきは、朋友《ほういう》（注5）にひとしといへり。

（『新編　日本古典文学全集　十訓抄《じっきんしょう》』による。）
＊一部表記を改めたところがある。

（注1）東宮――皇太子。
（注2）餞別――送別。
（注3）毛詩――中国最古の詩集である『詩経《しきょう》』のこと。
（注4）召伯――善政を行い慕《した》われた周の時代の人。召伯の善政を慕い、そのゆかりの甘棠（やまなし）の木を人民が歌に作ったという逸話《いつわ》がある。
（注5）朋友――友人。

(一) よく出る 傍線部分①「おはしましける」を現代仮名遣《かなづか》いに改め、すべてひらがなで書きなさい。（2点）

(二) 傍線部分②「惜しませ給ひて」の主語はどれか。次のア～エから一つ選び、その記号を書きなさい。（2点）
ア、後三条院　イ、実政朝臣
ウ、州民　エ、孔子

(三) 傍線部分③「作ニ甘棠詠一」を書き下し文にするとどのようになるか。次のア～エから最も適当なものを一つ選び、その記号を書きなさい。（2点）
ア、詠を甘棠の作すとも　イ、詠を作すとも甘棠の
ウ、甘棠の詠を作すとも　エ、甘棠の作すとも詠を

(四) 次の□の中は、後三条院と実政朝臣の関係に対する筆者の感想である。□に入る言葉を、五字以上十字以内の現代語で書きなさい。（2点）

主君と臣下の関係にあっても、お互いに思い合う心は深く、心の隔たりがないのは、□といえる。

五 内容吟味・条件作文

あとの【資料1】、【資料2】、【資料3】は、内閣府が実《じつ》施《し》した「ユニバーサルデザインに関する意識調査」についての結果をまとめたものである。これらを見て、次の各問いに答えなさい。（計10点）

(一) 【資料1】から読み取れることを、次の□の中の文にまとめた。①～③に入る言葉の組み合わせとして最も適当なものを、あとのア～エから一つ選び、その記号を書きなさい。（2点）

「バリアフリーという言葉とその意味を知っているか」についての回答は、「知っている／どちらかといえば知っている」と答えた人の割合が、調査したどの年も九割を超《こ》えており、多くの人に認知《にんち》されていることが分かる。
一方で、「ユニバーサルデザインという言葉とその意味を知っているか」の回答においては「知っている／どちらかといえば知っている」と答えた人の割合は、二〇二〇年が最も大きくなっているものの、バリアフ

リーという言葉と意味を知っていると答えた人の割合と比較《ひかく》すると、その割合は大きくはない。

また、①に見ると、②よりも③の方が、ユニバーサルデザインという言葉とその意味を知っている人の割合が大きい傾向《けいこう》にある。

ア、①年別　②二十代以下　③三十代以上
イ、①年別　②三十代以上　③二十代以下
ウ、①年代別　②二十代以下　③三十代以上
エ、①年代別　②三十代以上　③二十代以下

(二) 思考力 【資料２】から読み取れることについて、最も適当なものを次のア～エから一つ選び、その記号を書きなさい。(２点)

ア、「公衆トイレ」のユニバーサルデザインが最も進んだと考えられており、各年代ごとにみても、今後、ユニバーサルデザインの必要性が高いと考える公共空間として、「公衆トイレ」を挙げる人の割合が最も大きい。
イ、今後、「水辺・海辺の空間」のユニバーサルデザインの必要性が高いと考える人の割合は、全体では一桁《けた》台であるが、各年代ごとに比較してみると、二十歳《さい》未満では、「水辺・海辺の空間」のユニバーサルデザインの必要性が高いと考える人の割合は二桁《けた》台となっている。
ウ、今後、「商店街」をユニバーサルデザインとしていく必要性が高いと考える人の割合は三番目に大きく、また、「商店街」のユニバーサルデザインが進んだと考える人の割合も三番目に大きくなっている。
エ、今後、「公共の駐車場《ちゅうしゃじょう》」のユニバーサルデザインの必要性が高いと考える人の割合は、年齢《ねんれい》が上がるにつれ大きくなっており、同じように、ユニバーサルデザインの必要性が高いと考える人の割合が、年齢が上がるほど大きくなる傾向は、「歩行空間」にも当てはまる。

(三) 思考力 中学生のひかりさんは、【資料３】を見て、困っている人に対して手助けをする人の割合を増やすためにどのようにしたらよいかを考えた。「困っている人に対して、積極的に手助けをする人を増やすための方法」について、あなたの考えを、あとの〔作文の注意〕にしたがって書きなさい。(６点)

〔作文の注意〕
① 題名は書かずに本文から書き出しなさい。
② 【資料３】の「手助けをしないのはなぜか」のグラフも参考にして、あなたが考える理由を明らかにし、具体的に書きなさい。
③ 原稿《げんこう》用紙（20字詰×10行＝省略）の使い方にしたがい、全体を百六十字以上二百字以内にまとめなさい。

【資料１】 ユニバーサルデザインの認知度《にんちど》

バリアフリーという言葉とその意味を知っているか

		知っている／どちらかといえば知っている	あまり知らない／知らない	どちらともいえない
年別	2018年	95.7％	3.0％	1.3％
	2019年	95.8％	3.2％	1.0％
	2020年	94.9％	3.7％	1.4％

ユニバーサルデザインという言葉とその意味を知っているか

		知っている／どちらかといえば知っている	あまり知らない／知らない	どちらともいえない
年別	2018年	58.9％	39.3％	1.8％
	2019年	58.4％	39.7％	1.9％
	2020年	60.1％	37.8％	2.1％
年代別	15～19歳	87.4％	10.0％	2.6％
	20代	77.9％	19.6％	2.5％
	30代	57.5％	39.3％	3.2％
	40代	55.8％	41.2％	3.0％
	50代	54.8％	43.4％	1.8％
	60代	56.2％	42.8％	1.0％
	70代	52.0％	46.9％	1.1％

※　「年代別」のデータは2020年のもの

【資料２】 公共空間におけるユニバーサルデザインの普及度《ふきゅうど》と必要性（2020年）

公共空間を利用する際に、どの程度ユニバーサルデザインが進んだと思うか

	十分進んだ／まあまあ進んだ	あまり進んでいない／ほとんど進んでいない	どちらともいえない
歩行空間	21.9％	65.1％	13.0％
公衆トイレ	33.6％	54.2％	12.2％
商店街	9.1％	77.8％	13.1％
都市公園	24.5％	60.7％	14.8％
水辺・海辺の空間	11.8％	72.1％	16.1％
公共の駐車場	19.3％	65.4％	15.3％

今後、特にどの公共空間を重点的にユニバーサルデザインとしていくことが必要だと思うか

		歩行空間	公衆トイレ	商店街	都市公園	水辺・海辺の空間	公共の駐車場
2020年		65.8％	63.3％	26.2％	13.2％	8.8％	22.8％
年代別	15～19歳	54.7％	56.7％	26.0％	20.0％	20.0％	22.7％
	20代	58.7％	60.3％	28.5％	16.7％	9.6％	26.3％
	30代	63.1％	63.4％	26.5％	14.7％	8.6％	23.8％
	40代	65.2％	65.8％	23.4％	11.5％	9.6％	24.6％
	50代	67.1％	63.0％	26.5％	12.0％	6.4％	25.0％
	60代	67.1％	63.7％	27.2％	12.2％	7.9％	21.8％
	70代	76.9％	65.3％	26.1％	10.6％	6.1％	15.0％

【資料3】　困っている人に対する手助けについて（2020年）

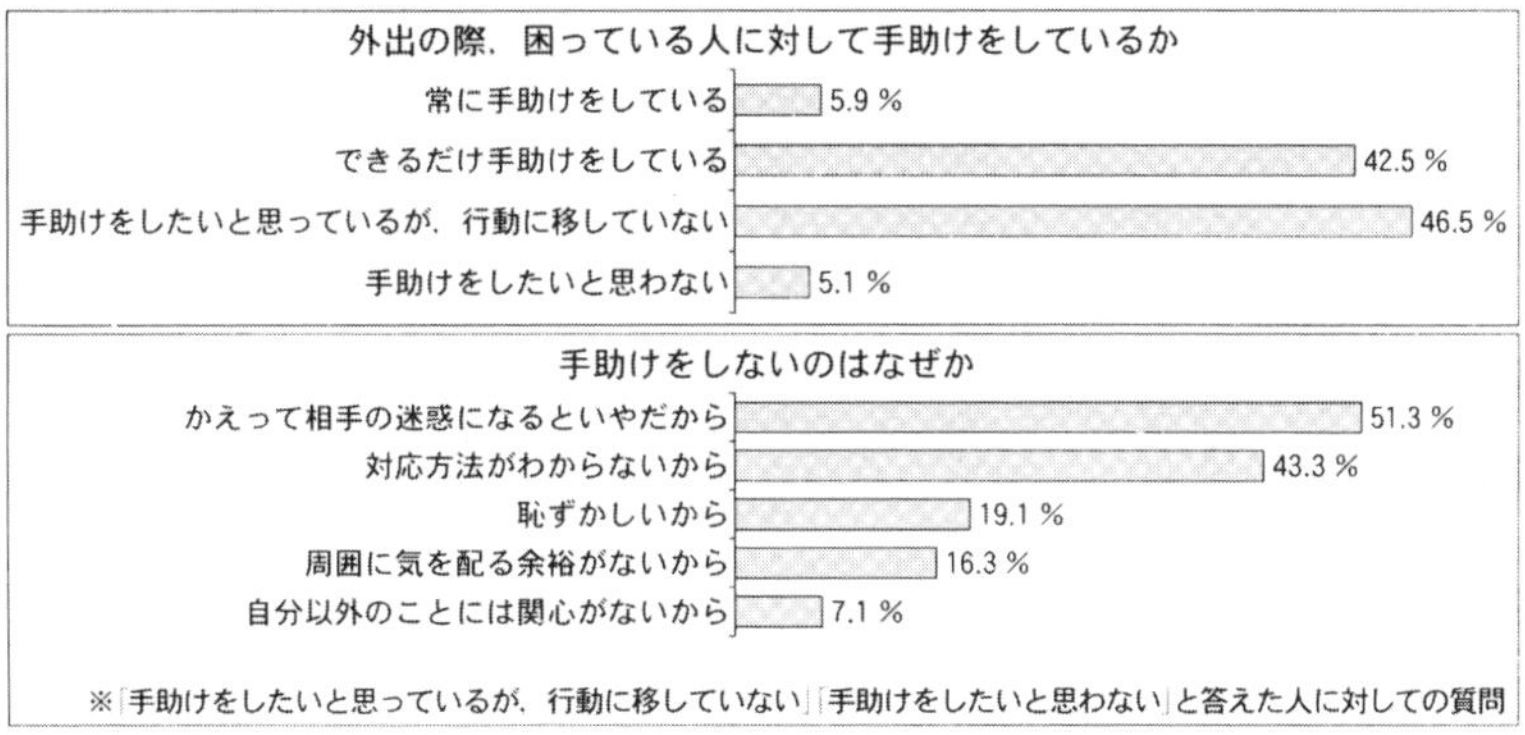

〔内閣府「ユニバーサルデザインに関する意識調査」から作成〕

滋賀県

時間 50分　満点 100点　解答 P33　3月9日実施

出題傾向と対策

●論説文二つを組み合わせた問題（省略）、論説文と資料と生徒の会話を組み合わせた問題、漢字の書き取り・文法・俳句の知識や鑑賞に関する問題の大問三題構成は変わらない。字数制限のない記述問題や、課題作文を含む点などにも変更はない。

●比較する文章や資料の数が多いので、読み取る速度が必要になると考えられる。また、記述問題は単なる本文の抜き出しでは解答が作れないので、本文に基づいて自分の言葉でまとめる練習が必要。

注意　漢字は楷書、仮名遣いは現代仮名遣いで書きなさい。

一 （省略）若松英輔「読むと書く　見えない『おもい』をめぐって」／萩原昌好「日本語を味わう名詩入門16　茨木のり子」より　（計36点）

二 （論説文）文脈把握・内容吟味・課題作文

まさみさんたちは、次の【本の一部】を読んで、表現の特徴について【ホワイトボード】にまとめ、話し合っています。【本の一部】、【ホワイトボード】、【話し合いの様子】を読んで、後の1から4までの各問いに答えなさい。　（計37点）

【本の一部】

　絵本の基本的な定義は〈静止ヴィジュアルと言葉が協働する画面が、連続していて、読者がそれをめくっていく表現〉となるでしょうか。つまり、

①静止ヴィジュアルのみ（絵・写真・オブジェ……）ではなく、言葉のみ（小説・詩歌・エッセイ……）でもなく、その双方が対等に支え合ってなされる表現である。

②それが十数画面（通常二四ページか三二ページ）連続することによって成り立つものである。

③読者＝うけ手みずからがそのページを順々にめくることで享受される作品世界である。

ということです。②③の連続＋めくりは、つまり本の特徴ですね。

　①は、映画やアニメーションのような動画ではない、ということです。②は、画集・写真集・図鑑のように画面が非連続なものではない、ということ。そして③については、マンガとの比較でより詳しくふれたいと思います。

　というのも、絵本の基本的な定義はマンガにもすべてあてはまるからです。そのうえで絵本とマンガの明らかな違いといえば、コマ割りという手法でしょう。『ゆきだるま』（レイモンド・ブリッグス＝作）のようなコマ割りの絵本もありますが、それはごくまれな例なので、コマ割りはマンガ特有の表現といっていいと思います。で、このマンガのコマ割りという手法のあり方が、絵本の大きな特徴をあぶり出す手がかりになるのです。つまり、〈めくることによる画面のつながりのあり方〉に絵本とマンガでは大きな差がある。どういうことかというと、絵本の場合、ある画面をめくってあらわれる次の画面が、前画面との連続動作であることが少なく、画面と画面の〈間《あいだ》〉に時間や場所の推移があるのがあたりまえ、ということです。めくると、次の画面が十分後だったり、街から森へ移っていたりする。画面と画面の〈間《あいだ》〉にできごとの推移がたたみ込まれているのです。かなりのできごとが省略されている。もちろんそれは、その作品に不必要なできごとと判断されたからですが、マンガでは少ないやり方だと思います。マンガは、あるページの最終コマとめくった次のページの最初のコマの〈間《あいだ》〉に、それなりの時間経過や場所の移動があることは少ないのではないでしょうか。

　このように、絵本はめくることによって時間や場所が変化することがきわめて多い表現である、というのが私の考える絵本とマンガの大きな違いです。絵本では〈めくる〉

ことによる前画面と次画面の推移のコントロールが、決定的な要素なのです。ですからすぐれた絵本作家は、この〈めくり／間《あいだ》〉にどのようなできごとをたたみ込むべきかを熟知しています。というわけで冒頭の定義を補足して言い換えると、

〈①静止ヴィジュアルと言葉が協働する画面が、②連続していて、③ページとページのめくりの間にできごとの省略が多い表現〉

となります。

（中略）

絵本は画面の連続で成り立っています。そのことについて実例をあげてみましょう。左のABCを見てください。これらがそれぞれ単独で示される時（A／B／C）は、ある情景が描かれた〈絵〉です。ところがこれをある順番でならべてみると、俄然《がぜん》、ストーリーを感じるようになる。つまり、〈絵本の絵〉になる。それぞれの絵が物語を帯びはじめる。

そしてそこにさらに言葉が加わると、ついに〈絵本の画面〉になる。単独の〈絵〉が、連続して〈絵本の絵〉になり、言葉が明確なストーリーをもたらして〈絵本の画面〉となるわけです。

たとえばA→B→C。

A〈あかねちゃんはポンちゃんを残して、ひとりで出かけてしまいました。〉→B〈さみしくなったポンちゃんは、あかねちゃんを探しに行きました。〉→C〈あ！　見つけた！　うれしくて手をつないで帰りました。〉

A

B

C

イラスト・掛川晶子

C→B→Aなら、

C〈あかねちゃんとぬいぐるみのポンちゃんは、とてもなかよし。いつも一緒にお出かけします。〉→B〈あらあら、いつのまにかあかねちゃんがいません！〉→A〈家にもどってみましたが、やっぱりあかねちゃんはいません。どうしよう。〉

B→C→Aの場合は、

B〈くまのぬいぐるみが、池のそばに捨てられていました。〉→C〈あかねちゃんという女の子が見つけてくれて、ともだちになりました。〉→A〈これからはあかねちゃんの家でくらします。ポンという名前もつけてくれました。うれしいな！〉

これらは私のつくったサンプルにすぎませんが、同じ絵を使っても、連続の順序によって内容が変わり得る、ということがわかってもらえたらうれしいです。しかしもちろん、絵本作家はこのようにいくつかのサンプルをつくってその中からセレクトしているわけではありません。読者に伝えたい物語やテーマや絵があって、それを連続した〈絵本の画面〉に落とし込んでいくのです。ですから作家がもし、B→C→Aの例のような内容の物語をつくろうとした時に、このB／C／Aのような場面の絵を考えたとしても、当然、練りに練った最終形は、細部にわたってその物語のためだけに描かれた、一画面も入れ換え不可能な画面の連続になっています。

私はこのようなゆるぎのない画面の連続のことを、〈絵本の展開〉と呼んでいます。

（小野《おの》明《あきら》『絵本の冒険「絵」と「ことば」で楽しむ』による。）

（注）ヴィジュアル＝ビジュアルに同じ。視覚に訴えるもの。
協働＝協力して働くこと。
オブジェ＝象徴的な効果を出すために、彫刻などに用いる種種の物体。
享受＝受けおさめて自分のものにすること。
セレクト＝よりわけること。

【ホワイトボード】

絵本とマンガの表現の特徴

■共通点　ページをめくること・絵と言葉

■違い　画面のつながりのあり方

○マンガ・コマ割り

○絵本　・前画面との連続動作が少ない

・（　Ⅰ　）＝できごとが省略されている

単独の〈絵〉 ← 絵本の絵 ← 絵本の画面

一画面も入れ換え不可能

⇩

展開が重要

【話し合いの様子】

かずきさん：絵本もマンガもページをめくることと絵と言葉で表現されていることが共通しているね。

まさみさん：確かに。マンガは、コマ割りという手法で表現されていて、コマとコマがつながっています。だからこそ、めくるときにその場にいるような感じが伝わってくるのだと思います。そこがマンガの魅力になっているのだと思います。

かずきさん：絵本の場合は少し違うね。【本の一部】には、「単独の〈絵〉」が「〈絵本の画面〉」になると書いてあります。

じゅんさん：他にも、【本の一部】には、「〈めくり／間〉にどのようなできごとをたたみ込むべきかを熟知しています」と書いてあるから、このあたりも絵本の魅力と関係するのか

もしれないね。

まさみさん：私は、かずきさんやじゅんさんが言ったことは、「〈絵本の展開〉」につながる部分だと思います。どのようなことかというと、

Ⅱ

かずきさん：なるほど。だから展開が重要で、そこが絵本の表現の特徴であり、魅力なのですね。

1、【ホワイトボード】の（ Ⅰ ）にあてはまる言葉を、【本の一部】の文章中から十一字で抜き出して書きなさい。（7点）

2、難 【話し合いの様子】の……線部について、「単独の〈絵〉」と「〈絵本の画面〉」はどのように違うのか、自分の言葉で説明しなさい。（8点）

3、【話し合いの様子】の空欄 Ⅱ にあてはまる言葉を、次のアからエまでの中から一つ選び、記号で答えなさい。（6点）

ア、絵本は、作家が絵と言葉を思いつきで並べて作っていて、めくったときに読み手にストーリーの創造性を与えられるように工夫しているのだと思います。

イ、絵本は、作家が絵と言葉をよく考えて作り、めくっていくことで読み手にテーマが伝わるよう絵と絵のつながりに必然性をもたせているのだと思います。

ウ、絵本は、作家が絵と言葉を連続するように作っていて、めくりの間に読み手自身がストーリーの方向性を決定できるように仕組んでいるのだと思います。

エ、絵本は、作家が絵と言葉を複数の案の中から選んで作り、めくりながら読み手がつながりのあるストーリーを作る発展性をもたせているのだと思います。

4、あなたが中学校生活を絵か言葉で伝えるとしたら、絵と言葉のどちらを選びますか。どちらかを選び、次の条件1と条件2にしたがって書きなさい。（16点）

条件1　選んだ理由について、そのよさにふれながら書くこと。

条件2　原稿用紙（20字詰×7行＝省略）の正しい使い方にしたがい、百字以上、百四十字以内で書くこと。

三　漢字の読み書き・品詞識別・韻文知識

次の1から4までの各問いに答えなさい。（計27点）

1、次の①から⑤までの文中の――線部のカタカナを漢字に直して書きなさい。（各2点）

①ベンロン大会で優勝する。
②一定の温度をタモつ。
③タグいまれな才能の持ち主だ。
④毛糸で手袋をアむ。
⑤飛行機のモケイを作る。

2、次の①から⑤までの文中の――線部の漢字の正しい読みをひらがなで書きなさい。（各2点）

①光沢のある素材を選ぶ。
②教室の床を拭く。
③ボールが弾む。
④お客様のご意見を承る。
⑤応援歌で選手を鼓舞する。

3、次の文中の――線部の「ない」と同じ用法のものを、後のアからエまでの中から一つ選び、記号で答えなさい。（2点）

遠すぎて見えない。

ア、映画の終わり方が切ない。
イ、今日は、あまり寒くない。
ウ、どんなことがあっても笑わない。
エ、高い建物がない。

4、次の俳句について、後の①から③までの各問いに答えなさい。

万緑の中や吾子《あこ》の歯生え初《そ》むる　中村草田男《なかむらくさたお》

①切れ字を書きなさい。（1点）
②この俳句の季語を抜き出し、季節を書きなさい。（各1点）
③この俳句に込められた心情として適切なものを、次のアからカまでの中から二つ選び、記号で答えなさい。（各1点）

ア、生まれ育った故郷への思い
イ、我が子の成長を喜ぶ親心
ウ、青春時代への懐《なつ》かしさ
エ、困難を乗り越えていく勇気
オ、移ろいゆく季節への哀愁
カ、自然の生命力への感動

京都府

時間 40分　満点 40点　解答 P33　3月8日実施

出題傾向と対策

●古文、論説文の大問二題構成は例年どおり。論説文のなかでの漢字の読み書き、口語文法、話し合いや意見文に関する問題など、多岐にわたって出題されている。設問はほぼ記号式で、論述問題はない。本文は平易で読みやすく、設問数も少なめなので、高得点が求められる。
●漢字の読み書き、慣用句、文法問題、歴史的仮名遣いなどの基礎知識を、確実に習得しておきたい。また、短い時間で正確に論旨を読み取る力を身につけ、それぞれの選択肢を的確に吟味できるようにしておきたい。

解答上の注意　字数制限がある場合は、句読点や符号なども一字に数えなさい。

一 (古文)口語訳・動作主・仮名遣い・内容吟味

次の文章は、「古今著聞集」の一節である。注を参考にしてこれを読み、問い(1)～(5)に答えよ。（計12点）

*延喜《えんぎ》の聖主、*醍醐《だいご》寺を御建立《こんりふ》の時、*道風朝臣《たうふうあそん》に額書き*進《まゐ》らすべき*よし仰《おほ》せられて、額二枚をたまはせけり。一枚は南大門、一枚は西門の*料なり。*真草 a両様に書きて奉《たてまつ》るべきよし、勅定ありければ、仰せにしたがひて両様に書きて*進らせたりけるを、真に書きたるは南大門の料なるべきを、草の字の額を、晴れの門にうたれたりけり。道風これを見て、あはれ賢王やとぞ申しける。bそのゆゑは、草の額*ことに*書きすましておぼえけるが、*叡慮《えいりよ》に叶《かな》ひて、*かく日比《ひごろ》の*儀あらたまりてうたれける、誠にかしこき c御はからひなるべし。それをほめ申すなるべし。

（「新潮日本古典集成」による）

注
*延喜の聖主…醍醐天皇。
*醍醐寺…京都市伏見《ふしみ》区にある寺。
*道風朝臣…小野道風《おののとうふう》。平安中期の書家。
*書き進らす…書いてさしあげる。
*よし…というようなこと。
*料…掲げるための物品。
*真草…真は楷書、草は草書を意味し、それぞれの書体を示す。
*進らせたりける…献上した。
*ことに…特に。
*書きすましておぼえける…立派に書けたと思っていた。
*叡…天皇の行動や考えに敬意を表す語。
*かく…このように。
*儀…作法。

(1) 本文中の a両様に書きて奉るべき の解釈として最も適当なものを、次の(ア)～(エ)から一つ選べ。（2点）
(ア) それぞれの書体で二枚ずつ書いたものを、差し出すように
(イ) それぞれの書体で一枚ずつ書いたものを、差し出すように
(ウ) どちらかの書体で書いた二枚を、差し出すように
(エ) どちらかの書体で書いた二枚のうち、良い方を差し出すように

(2) よく出る 本文中の二重傍線部（‖）で示されたもののうち、主語が一つだけ他と異なるものがある。その異なるものを、次の(ア)～(エ)から選べ。（2点）
(ア) したがひて　(イ) 書きたる　(ウ) うたれける　(エ) ほめ申す

(3) 基本 本文中の bそのゆゑは・c御はからひ は歴史的仮名遣いで書かれている。これらの平仮名の部分をすべて現代仮名遣いに直して、それぞれ平仮名で書け。（各1点）

(4) よく出る 基本 本文中には、道風の発言が一箇所あり、それを示すかぎ括弧（「　」）が抜けている。その発言の部分の、初めと終わりの二字をそれぞれ抜き出して書け。（2点）

(5) 次の会話文は、実月さんと大貴さんが本文を学習した後、本文について話し合ったものの一部である。これを読み、後の問い㈠・㈡に答えよ。

実月　醍醐天皇によって醍醐寺が建てられた頃、道風は優れた書家として有名だったんだよ。
大貴　そうだったね。その道風は、醍醐天皇のどのような行為を評価したんだったかな。
実月　道風は、［A］に、［B］を掲げた行為を評価したことが本文からわかるね。
大貴　そうだね。醍醐天皇の行為は［C］であったと道風は考えていたんだね。

㈠ 会話文中の［A］・［B］に入る最も適当な表現を、本文中からそれぞれ［A］は三字で、［B］は五字で抜き出して書け。（完答で2点）
㈡ 会話文中の［C］に入る最も適当な表現を、次の(ア)～(エ)から一つ選べ。（2点）
(ア) 書の専門家の判断を優先したものであり、醍醐天皇自身の思いとは異なっていたが、慣例を一新させたもの
(イ) 古くからの通例を変えたものであり、その判断は醍醐天皇自身の考えとは違っていたが、多くの者の賛同を得られるもの
(ウ) 道風の意見と同じであっただけでなく、長く続いてきた風習にも醍醐天皇自身の感覚にも従ったもの
(エ) 慣習にこだわらず醍醐天皇自身の感性にそったものであっただけでなく、その感性は書き手と同じもの

二 (論説文)文脈把握・品詞識別・語句の意味・慣用句・内容吟味・漢字の読み書き・段落吟味

次の文章を読み、問い(1)～(11)に答えよ。（計28点）
（[1]～[12]は、各段落の番号を示したものである。）

[1] 対話とは、何かの問いに答えようとして、あるいは、自分の考えが正しいのかどうかを知ろうとして、誰かと話し合い、真理を探求する会話のことである。ただ情報

を検索すれば得られる単純な事実ではなく、きちんと検討しなければ得られない真理を得たいときに、人は対話をする。それは、自分を変えようとしている人が取り組むコミュニケーションである。

[2] ショッピングや仕事でのやり取りは、自分の要望と相手の要望をすり合わせようとする交渉である。友人や恋人との会話は、よい関係を保ち、相手を理解し、互いに話を楽しもうとする交流である。これらの会話は有意義かもしれないが、真理の追求を目的としてはいない。対話は、何かの真理を得ようとして互いに意見や思考を検討し合うことである。

[3] 私たちは日常生活の中で、ほとんど対話する機会がないのではないだろうか。それは、真理の追求が日常生活で行われなくなっているからである。［　］実は、対話をしなければならない場面は、日常生活の中にも、思ったよりもたくさんあるのだ。

[4] 仕事場でも、ただ当面の与えられた業務をこなすだけではなく、仕事全体の方向性や意味が問われる場合、たとえば、「良い製品とは何か」「今はどういう時代で、どのような価値を消費者は求めているのか」「環境問題に対して、我が社は頬かむり*をしていていいのか」など真剣に論じるべきテーマは少なくないだろう。家庭でも、子どもの教育をめぐって、そもそも子どもにとっての良い人生とはなにか、そのために何を学んでほしいのか、親と子どもとはどういう関係なのか、子離れするとはどういうことか、これらのことについて家族で話し合う必要は[a]ないだろうか。地域でも、どのような地域を目指せばいいのか、住人はどのような価値を重んじているのか、以前からの住人と新しく来た人たちはどう交流すればよいか。本当はこうしたことについて[b]膝を突き合わせて対話する必要があるのではないだろうか。

[5] 人生に関すること、家族と社会に関すること、政治に関すること、地域での生活のこと、私たちはこれらのことをほとんど対話することなく、日々を過ごしてしまっている。そうした難しい議論は頭のいい人たちに任せて、自分たちはせっせと働き、自分個人の生活だけを楽しめばいいのだ。かつてはこう考える人たちもいた。しかし、[c]そうした態度はすでに限界を迎えている。私たちは、公共の問題にもう無関心でいられないし、自分個人のあり方についても、いろいろな人から意見を聞いて考え直してみたいと思っているのである。

[6] 対話は面倒なことなのかもしれない。人の考えはそれぞれが異なっており、とりわけ、話が通じないと感じている相手と話し合うことは、ひどくストレスフル*である。

[7] そこで、筆者が思い出すのは、[d]もう三〇年近く前、ベルギーに留学したときの経験である。ルーヴァン大学のある教授による比較哲学のセミナー*は、毎週のようにヨーロッパ各地からゲストスピーカー*を招いて、[e]コウ演をしてもらい、そのあとに十分なディスカッション*の時間を取るというスタイルのものだった。

[8] ある週は、たしか、スペインの若手研究者によってアリストテレス*についての発表があり、その後に質疑応答となった。[f]筆者が驚いたのは、その質疑応答である。古代ギリシャの古典研究の発表であるのに、ある質問者は現代哲学のジャック・デリダの主張を持ち出し、「これに対してアリストテレスならどう答えるのか」と質問した。ある南米からの留学生は、「アリストテレスの哲学は、南米の先住民の国々を侵略したときの擁護論として用いられたが、あなたはこれについてどう弁護するのか」と質問した。ナイジェリアからの留学生は、「アリストテレスの存在論*は自分たちの民族で信じられている神の存在論と[g]著しく異なるが、どちらが正しいと思うか」と問うた。日本では考えられない質問たちである。こうした質疑が毎回のように続いた。

[9] 発表者たちは、日本ならば苦笑してやり過ごしそうな質問に対しても[h]真摯に答えようとしていた。この質疑応答に見られるのは、同じ土俵に上げることが不可能に思えるような、まったく文脈の違う、まったく枠組みの違う考えであっても、あえて対峙《たいじ》*させようとする姿勢である。哲学のテーマは人類に共通するテーマであり、そこに参加する者は、あらゆる違いを携えて（乗り越えてではない）、対話すべきだという態度である。それは、どのような参加者も迎え入れようとする、誰に対しても応答しようとする態度である。

[10] とはいえ、やはり発表者たちはそれほどうまく返答できなかったように記憶している。しかし彼らの発表は、それまでは想像できないほど、空間的にも時間的にも広大な枠組みに投じられ、きわめて異質な意見に出会い、生産的な揺さぶりをかけられたのである。

[11] うかつ*にも当然視された文脈や慣習から見ればまるで異質であり、一見すると無関係とも言えるような、非常に異なった考え方の人たちが、まったく予想もつかない角度と発想から、突然に議論に参加してくる。その議論は、足元を掬《すく》う*やっかいな質問に満ちており、唐突な意見が混乱に拍車をかけ、ひとつの問題をまとめ終わらないうちに、さらにお門違い*と言いたくなるような主張がなされ、それまでの話の流れが揺り動かされる。まったくの混沌《こんとん》*である。しかしこの混沌のなかでこそ、それでも皆で真理を追求しようとする態度のなかでこそ、素晴らしい創造性が生まれるのである。おそらくベルギーという多言語の国家では、こうした議論の重要性がよく理解されている。

[12] 現代社会は、すべての人がそれぞれに真剣に取り組まなければならない共通の課題に直面している。そこで私たちが最初にしなければならないのは、こうした対話である。混沌たる状態のなかでも、皆で問題を共有して真理を追求する対話である。真理に直面しようとしない人々、現実を見つめない人々は、かならず衰退していく。かりに議論の場で共通の結論を得られなくても、互いが思考を深めて、自分なりの意見を持ち帰って、それまでの自分のあり方を変えることができる。今の時代に求められているのは、粘り強い思考を伴った、異質な人々同士の対話ではないだろうか。

（河野哲也《こうのてつや》「人は語り続けるとき、考えていない」による
……一部省略がある）

注
＊頬かむり…知っていながら知らないふりをすること。

*ストレスフル…ストレスを強く感じるさま。
*セミナー…研究集会。
*ゲストスピーカー…招待されて話をする人。
*スタイル…形式。
*アリストテレス…古代ギリシャの哲学者。
*存在論…存在することの意味や根拠を探究する学問。
*対峙…向き合うこと。
*うかつ…事情にうとく不注意なさま。
*足元を掬う…相手を失敗させること。
*お門違い…見当違い。
*混沌…物事の区別がはっきりしないこと。

(1) 次の文は、本文中の1・2段落の内容をまとめたものである。X・Yに入る表現の組み合わせとして最も適当なものを、後の（ア）～（エ）から一つ選べ。（2点）

> 会話の中には、互いの希望をまとめたり、相互に理解しようとしたりするXと、物事の真実について、互いに深く吟味するYがある。

（ア）X　交渉・交流　Y　対話
（イ）X　検索・検討　Y　対話
（ウ）X　交渉・対話　Y　追求
（エ）X　対話・交流　Y　交渉

(2) 基本　本文中の□には、□の前に述べられていることと、後に述べられていることとの間で、どのような働きをする語が入るか。最も適当なものを、Ⅰ群（ア）～（エ）から一つ選べ。また、本文中の□に入る語として最も適当なものを、Ⅱ群（カ）～（ケ）から一つ選べ。（完答で2点）

Ⅰ群
（ア）後に述べられていることが、前に述べられていることの具体例であることを表す働き。
（イ）後に述べられていることが、前に述べられていることとは別の話題であることを表す働き。
（ウ）後に述べられていることが、前に述べられていることとは逆の内容であることを表す働き。
（エ）後に述べられていることが、前に述べられていることの言い換えやまとめであることを表す働き。

Ⅱ群
（カ）だが　（キ）つまり
（ク）では　（ケ）たとえば

(3) よく出る　本文中のaないと同じ品詞のないが用いられているものを、次の（ア）～（エ）から一つ選べ。（2点）
（ア）不確かな憶測にすぎない。
（イ）明日の天気がわからない。
（ウ）予想もしない結果になった。
（エ）忘れ物は何もないはずだ。

(4) 基本　本文中のb膝を突き合わせての意味として最も適当なものを、次のⅠ群（ア）～（エ）から一つ選べ。また、本文中のh真摯にの意味として最も適当なものを、後のⅡ群（カ）～（ケ）から一つ選べ。（各1点）

Ⅰ群
（ア）急いでその場に近づき
（イ）時間をかけて丁寧に
（ウ）同じ方向を向いて座り
（エ）近くで向き合ってじっくりと

Ⅱ群
（カ）攻撃的に　（キ）まじめに
（ク）自己中心的に　（ケ）つぶさに

(5) 本文中のcそうした態度について説明しているものとして最も適当なものを、次の（ア）～（エ）から一つ選べ。（2点）
（ア）公共の問題に関心を持ち、自分個人のあり方を見つめ直そうとする態度。
（イ）社会が抱える困難なことや個人の生活を楽しむことに向き合わない態度。
（ウ）難しい課題は人に任せ、自分は生活に必要なことしか取り組まない態度。
（エ）自分のことより身のまわりにある社会的な問題を解決しようとする態度。

(6) よく出る　本文中のdもう三〇年近く前は、どのような品詞の語で組み立てられているか、用いられている単語の品詞を、次の（ア）～（オ）からすべて選べ。（完答で2点）
（ア）動詞　（イ）形容詞　（ウ）連体詞
（エ）副詞　（オ）名詞

(7) 基本　本文中のeコウ演の片仮名の部分を漢字に直し、楷書で書け。（2点）

(8) 本文中のf筆者が驚いたについて、筆者が驚いたこととして最も適当なものを、次の（ア）～（エ）から一つ選べ。（2点）
（ア）質問者が自らの考えを踏まえて質問する場面が設定されており、同じ話題とは思えないような質問が発表者に投げかけられたこと。
（イ）質問者は、それぞれ時代や国、民族などといった独自の視点で質問をし、発表者はどんな視点の質問であっても対応しようとしたこと。
（ウ）日本では、質問する時間はあまり設けられていないが、ベルギーでは十分な質疑応答の時間が設けられていたこと。
（エ）発表者が想定外の質問もすべて受け入れ、即座に発表内容と照合して応答したことで円滑に議論が発展したこと。

(9) 基本　本文中のg著しくの漢字の部分の読みを平仮名で書け。（2点）

(10) 思考力　一郎さんと京子さんのクラスでは、本文を学習した後、本文の内容について意見文を書くことになった。次の会話文は、一郎さんと京子さんが話し合ったものの一部である。これを読み、後の問い㈠～㈣に答えよ。

> 一郎　一つの話題に対してそれぞれが考えを持っているから、学校で話し合いをする場面において

京子　も、容易に相手との意思の疎通が図れないことがあるよね。だから、本文には[A]と感じているとあったよ。

京子　うん。でも、このような日常生活における意思の疎通の難しさといった課題に限らず、現代社会で抱えている課題に対して必要なのは、[B]だと本文から読み取れるよ。

一郎　そうだね。なぜその[B]をする必要があるのかというと、[C]ことができるようになるからだと、本文を読むとわかるね。

京子　なるほど。じゃあ本文の内容について、意見文を書いてみよう。

(一)会話文中の[A]に入る最も適当な表現を、本文中から八字で抜き出して書け。(2点)

(二)会話文中の[B]に入る最も適当な表現を、本文中から二十一字で抜き出し、初めと終わりの三字を書け。(2点)

(三)会話文中の[C]に入る最も適当な表現を、次の(ア)～(エ)から一つ選べ。(2点)

(ア)これまで確立してきたものに動揺を与えることになるため、別の問題点が見つかり、新たな議論を広げる
(イ)課題をその場にいる人と共有することになるため、時間をかけて議論を繰り返し、結論を導き出す
(ウ)今まで自分になかった発想や考えを知り、自らの思考を検討することになるため、自己を新たなものにする
(エ)互いに自らの経験や考えを伝え合うことになるため、多くの人に自分自身のことを理解してもらう

(四)意見文　について説明した次の文章中の[X]・[Y]に入る最も適当な表現を、[X]は後のI群(ア)～(エ)から、[Y]はII群(カ)～(ケ)から、それぞれ一つずつ選べ。(完答で2点)

意見文は、まず自分の意見や主張を明確にし、文章中に[X]を書くことで説得力のある文章となる。さらに、[Y]を書くことで自分の意見や主張が深まり、明確なものとなって、説得力が増すことになる。

I群
(ア)その意見を支える根拠
(イ)その意見に対する他者の感想
(ウ)意見が推移した過程
(エ)客観的な視点を省いた推論

II群
(カ)主観的な反論
(キ)繰り返し同じ根拠
(ク)反論を想定した考え
(ケ)構成を意識した長い文章

(11) よく出る　本文の段落構成を説明した文として最も適当なものを、次の(ア)～(エ)から一つ選べ。(2点)

(ア)[3]段落では、[1]・[2]段落の話題の提示を受けて、筆者の主張を再度問題提起している。
(イ)[5]段落では、[4]段落で述べた具体例を踏まえて、[3]段落で述べた内容とは反対の内容を示している。
(ウ)[7]～[11]段落では、[6]段落で述べた話題に対する反論を、筆者自身の経験を踏まえて述べている。
(エ)[12]段落では、[11]段落までに述べた筆者の主張を踏まえ、本文全体をまとめている。

大阪府

時間 50分　満点 90点　解答 P34　3月10日実施

出題傾向と対策

●例年同様に、A問題(基礎)、B問題(標準)、C問題(発展)の三種類の試験から各校が選択して出題する形式である。国語知識、現代文二題、古文、条件作文の大問五題構成はそれぞれの問題に共通している。

●自分の志望校がどの問題を採用しているのかを確認しておくこと。そのうえで、求められている国語力のレベルを把握し、繰り返し問題を解きながら学力を身につけたい。条件作文は、自分の体験や意見を具体的に書く力を身につけておくことが大切である。

注意　答えの字数が指定されている問題は、句読点や「　」などの符号も一字に数えなさい。

A問題

一 漢字の読み書き・古典知識　よく出る　基本

次の問いに答えなさい。(計20点)

1、次の(1)～(4)の文中の傍線を付けた漢字の読み方を書きなさい。また、(5)～(8)の文中の傍線を付けたカタカナを漢字になおし、書きなさい。ただし、漢字は楷書《かいしょ》で、大きくていねいに書くこと。(各2点)

(1)友人を自宅に招く。
(2)チームを優勝へと導く。
(3)太古の人々の暮らし。
(4)清涼な山の空気。
(5)シタしい友人と話す。
(6)熱心にハタラく。
(7)明日のソウチョウに出発する。
(8)笑顔でセッキャクする。

2、次のうち、返り点にしたがって読むと「言は行を顧み、行は言を顧みる。」の読み方になる漢文はどれか。一つ選びなさい。（4点）

ア、言ハ顧レミ行ヲ、行ハ顧レミル言ヲ。

イ、言ハ顧二ミ行一ヲ、行ハ顧二ミル言一ヲ。

ウ、言ハ顧レミ行ヲ、行ハ顧レミル言ヲ。

二（説明文）文脈把握・内容吟味

次の文章を読んで、あとの問いに答えなさい。（計22点）

笠《かさ》の材料は稲わらやイグサ、竹などさまざまだが、菅笠《すげがさ》を編むのに使われたのがカサスゲという植物である。スゲで作った笠だから菅笠なのである。そして、笠を編むのに使うスゲだから、植物名はカサスゲと名づけられた。カサスゲは畦道《あぜみち》や、湿った場所に生える野草である。しかし、かつては笠を作るために、カサスゲは田んぼでも栽培されていた。

カサスゲは夏に収穫するが、夏の間は農作業が忙しくて笠を編んでいる暇はない。［①］、カサスゲは乾燥させておいて冬仕事で笠を編んだ。そういえば、『笠地蔵』のおじいさんも、正月の餅を買うために笠を作って売りに行った。

②カサスゲが笠の材料として適しているのには理由がある。カサスゲはカヤツリグサ科の植物である。カヤツリグサ科の植物の多くは茎の断面が三角形をしている。ふつうの植物は茎の断面が丸いので、どの方向にも曲がることができる。丸い茎をしならせることによって外部からの力に耐えるのである。ところが、断面が三角形の茎はしなりにくいが、そのかわり頑丈である。三角形は、もっとも少ない数の辺で作られているので、同じ断面積であれば、外からの力に対してもっとも頑丈な構造になっている。鉄橋や鉄塔が三角形を基本とした構造をしているのもそのためである。そのうえ、カヤツリグサは三角形の茎の外側を強靭《きょうじん》な繊維でしっかりと覆って、頑丈さを補っている。カサスゲのこの丈夫な繊維が、笠を編む材料として非常に適している。紙の原料植物として「ペーパー」（Paper）の語源にもなったパピルス（Papyrus）も、カヤツリグサ科の植物である。パピルスも茎を補強する豊富な繊維が紙の原料として優れていた。

このようにカヤツリグサ科の植物は三角形の頑丈な茎で成功を収めている。では、カヤツリグサ科以外の植物が、なぜこの三角形の構造を採用していないのであろうか。

Ⅰ 丸い茎は中心からの距離がどの方向にも等しいので、一定の圧力で隅々の細胞まで水を行き渡らせることができる。ところが、三角形の茎では中心からの距離がまちまちになってしまうために、隅の細胞までは水が届きにくい。そのため、カヤツリグサ科の植物の多くは、水が潤沢な湿った場所を好んで生えている。もちろん、カサスゲも例外ではない。

それにしてもプラスチックや化学繊維がなかった時代とはいえ、植物の茎で雨具を作るというのは、何とも粗末な感じがするが、そもそも植物の茎で作った笠で、本当に雨を避けることができるのだろうか。

雨が降るとカサスゲの茎はぬれてしまう。しかし、ぬれるのは笠の外側だけである。一度ぬれてしまえば、雨のしずくは、ぬれた茎を伝って笠の外へ流れ落ちる。そのため、雨水が中までしみ込むことは少ないのである。これは茅葺《かやぶ》き屋根やわらで作った蓑《みの》なども同じしくみである。水をはじくプラスチックのほうが、一見すると雨にぬれないような気がする。しかし、もしプラスチックを材料とした梱包《こんぽう》紐《ひも》で笠を編んだら、どうなるだろうか。プラスチックにはじかれて行き場のない水滴は、すきまを伝いながら奥へ奥へとしみ込んでしまうであろう。

さらに、茎を編んだ菅笠には隙間があいているので、雨を避けるだけでなく、通気性もいいのが特徴である。そのため、ビニールの雨合羽《あまがっぱ》のように内側がむれることは少ないのだ。粗末に見える菅笠であるが、じつは現代の科学技術も及ばない優れた機能を持っているのである。

（稲垣栄洋『残しておきたいふるさとの野草』による）

1、よく出る 基本 次のうち、本文中の［①］に入れるのに最も適していることばはどれか。一つ選びなさい。（4点）

ア、そのうえ　イ、そのため　ウ、それとも

2、②カサスゲが笠の材料として適しているのには理由があるとあるが、次のうち、カサスゲが笠の材料に適している理由として、本文中で述べられていることがらと内容の合うものはどれか。最も適しているものを一つ選びなさい。（4点）

ア、カサスゲはどの方向にも曲がり、よくしなるから。

イ、カサスゲの茎は頑丈であり、繊維が丈夫であるから。

ウ、カサスゲは繊維が豊富であり、紙の原料にもなるから。

3、思考力 次のうち、本文中のⅠで示した箇所で述べられている、多くのカヤツリグサ科の植物の茎の特徴を表した図として最も適しているものはどれか。一つ選びなさい。なお、図中の矢印は水が移動する様子を表している。（4点）

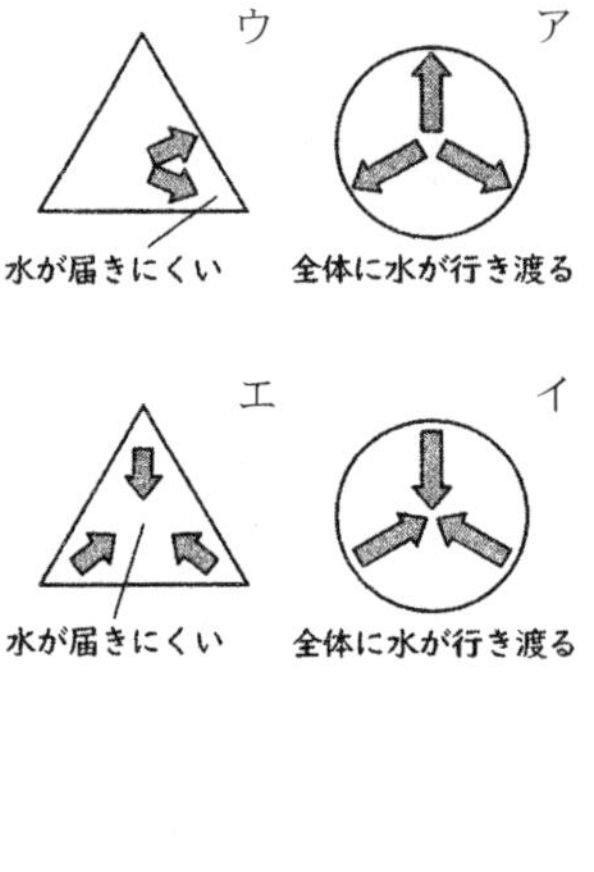

4、本文中で筆者は、カサスゲの茎で作った笠のどのような点が優れていると述べているか。その内容についてまとめた次の文の［a］に入る内容を、本文中のことばを使って十字以上、十五字以内で書きなさい。また、［b］に入れるのに最も適しているひとつづきのことばを、本文中から六字で抜き出しなさい。（a6点、b4点）

カサスゲの茎で作った笠は、笠の内側まで［a］うえに、隙間があいているので［b］という点。

三 (古文)仮名遣い・動作主・内容吟味

次の文章を読んで、あとの問いに答えなさい。（計12点）

連阿《れんあ》といふ人有り。月みんとて友どちつれて、そこはかとなく①さすらひけるが、物おひて来る翁《おきな》に逢《あ》ひて、道の程など問ひければ、②そこ達《たち》は夜をかけて何用の有りてとふ。武蔵《むさし》のの月みんとて江戸よりまかりつと答へければ、翁手をうちて、此《こ》の年迄《まで》知らざりけり、江戸には月なきなめり、と云《い》ひけり。

（注）武蔵の＝武蔵野《むさしの》。現在の関東平野西部にある地域。

1、よく出る 基本 ①さすらひける を現代かなづかいになおして、すべてひらがなで書きなさい。（4点）

2、よく出る 基本 ②そこ達は夜をかけて何用の有りて とあるが、次のうち、このことばを言った人物として最も適しているものはどれか。一つ選びなさい。（4点）

ア、連阿　イ、友どち　ウ、翁

3、次のうち、本文中で述べられていることがらと内容の合うものはどれか。一つ選びなさい。（4点）

ア、たくさんの荷物を持って武蔵野に来た連阿に対して、翁は「今年は武蔵野で月を見ることができないようだ」と言った。

イ、武蔵野の月を見ようと思って江戸から来た連阿に対して、翁は「江戸に月がないことを今まで知らなかった」と言った。

ウ、道に迷いつつもわざわざ江戸に来た連阿に対して、翁は「武蔵野の月も江戸の月も同じ月だと知らなかったのか」と言った。

四 (省略)小日向京「考える鉛筆」より（計24点）

五 条件作文 思考力

次のA～Cのうち、コミュニケーションにおいてあなたが最も大切にしたいと思うことはどれですか。あとの条件1～3にしたがって、あなたの考えを原稿用紙（20字詰×9行＝省略）に書きなさい。（12点）

A　人と会ったり別れたりする時にあいさつをすること

B　人の話を聞く時に相づちを打ったりうなずいたりすること

C　人と話す時に相手や場面に合わせた言葉づかいをすること

条件1　A～Cのいずれか一つを選ぶこと。

条件2　条件1で選んだものについて、最も大切にしたいと思う理由を書くこと。

条件3　百八十字以内で書くこと。

※　三つの内容をそれぞれA、B、Cと表してもよい。

B問題

一 (省略)小日向京「考える鉛筆」より（計20点）

二 (古文)仮名遣い・内容吟味

次の文章を読んで、あとの問いに答えなさい。（計14点）

貝原益軒翁《かひばらえきけんをう》、牡丹《ぼたん》を好みてあまた植ゑられける中、ことに心を尽くされける花有り。ややけしきばめる頃、翁《おきな》宿におはさぬ程、やつこ戯《たはぶ》れして彼《か》の花をふみ折りけり。こはと驚けど①せんすべなし。とかくする程翁帰り、やがて園中に至り、奴《やつこ》はしとどに《ひどく汗をかいて》成りて生くる心地なし。翁いとさりげなく、二日三日ふれど何の気色もなし。②人々猶《なほ》あやしむ。ある人此《こ》の事を聞きて翁に③むかひ、しかじかの事有りと聞く。さこそにくしと思《おぼ》すらめと云《い》ひければ、翁打ちゑみて、をのれは楽しびに花を植ゑ侍《はべ》り。さてそれがためにいかるべきかは、といへりけりとぞ。

（注）貝原益軒＝江戸前期の儒学者。
　　　やつこ＝家業や家事に従事する奉公人。

1、よく出る 基本 ①せんすべなし とあるが、次のうち、このことばの本文中での意味として最も適しているものはどれか。一つ選びなさい。（4点）

ア、とんでもない　イ、考えるまでもない
ウ、あとかたもない　エ、どうしようもない

2、②人々猶あやしむ とあるが、次のうち、人々が不思議に思ったことの内容として本文中で述べられているものはどれか。最も適しているものを一つ選びなさい。（4点）

ア、二、三日たっても翁の様子がいつもと変わらなかったこと。

イ、翁が真心をこめて育ててきた牡丹の花がなくなっていたこと。

ウ、きれいに咲きそろっていた牡丹の花を翁が捨ててしまったこと。

エ、翁の好きな牡丹の花が知らない間にたくさん植えられていたこと。

3、よく出る 基本 ③むかひ を現代かなづかいになおして、すべてひらがなで書きなさい。（2点）

4、次のうち、本文中で述べられていることがらと内容の合うものはどれか。一つ選びなさい。（4点）

ア、ある人が言ったことに対して翁は、「楽をすることはいくらでもできるが、それは結果的に自分のためにならない」と言った。

イ、牡丹の花が枯れていたことについて翁は、「新たに花を植えることはたやすいことだが、元通りになるわけではない」と言った。

ウ、牡丹の花が折られていたことに対して翁は、「楽しむために花を植えるのだから、それのために腹を立てることはない」と言った。

エ、不注意で牡丹の花を折ってしまった翁は、「花が育

つのをいつも楽しみにしていたが、こうなるぐらいなら「もう育てない」と言った。

三 漢字の読み書き・熟語 よく出る 基本

次の問いに答えなさい。（計14点）

1、次の(1)～(4)の文中の傍線を付けた漢字の読み方を書きなさい。また、(5)～(8)の文中の傍線を付けたカタカナを漢字になおし、書きなさい。ただし、漢字は楷書《かいしょ》で、大きくていねいに書くこと。（(1)～(4)各1点、(5)～(8)各2点）

(1)傾斜のゆるやかな坂。
(2)一点差で惜敗した。
(3)世界記録に挑む。
(4)腰を据えて物事に取り組む。
(5)毎日力かさず散歩する。
(6)成功を信じてウタガわない。
(7)笑顔でセッキャクする。
(8)ピアノをエンソウする。

2、次のうち、「装飾」と熟語の構成が同じものはどれか。一つ選びなさい。（2点）

ア、疾走　イ、到着　ウ、撮影　エ、抑揚

四 （省略）西垣通・河島茂生「AI倫理」より（計24点）

五 条件作文 思考力

ある中学校の生徒会では、「一人一人が積極的にあいさつをして気持ちよく学校生活を送る」という【目標】を実現するために、次のA、Bの二つの【標語】が提案されました。あなたは、AとBのどちらの標語が目標を実現するのに効果的な標語だと考えますか。あなたの考えを原稿用紙（20字詰×13行＝省略）に二百六十字以内で書きなさい。ただし、あとの条件1・2にしたがって書くこと。（18点）

【目標】
一人一人が積極的にあいさつをして気持ちよく学校生活を送る

【標語】
A　届けよう 元気なあいさつ 始めよう すてきな一日
B　おはようの そのひとことで 笑顔あふれる

条件1　A、Bのどちらか一つを選ぶこと。
条件2　条件1で選んだ標語が、目標を実現するのに効果的な標語だと考える理由を書くこと。
※　二つの標語をそれぞれA、Bと表してもよい。

C問題

一 漢字の読み書き・古典知識 よく出る 基本

次の問いに答えなさい。（計11点）

1、次の(1)～(3)の文中の傍線を付けた漢字の読み方を書きなさい。また、(4)～(6)の文中の傍線を付けたカタカナを漢字になおし、書きなさい。ただし、漢字は楷書《かいしょ》で、大きくていねいに書くこと。（(1)～(3)各1点、(4)～(6)各2点）

(1)花の芳香が部屋に漂う。
(2)腰を据えて物事に取り組む。
(3)鳥が羽を繕う。
(4)計画をタダちに実行する。
(5)ピアノをエンソウする。
(6)恩師へのシャジを述べる。

2、「人の短を道《い》ふこと無かれ、己の長を説くこと無かれ。」の読み方になるように、次の文に返り点を付けなさい。（2点）

無《カレ》道《フコト》人《ノ》短《ヲ》、無《カレ》説《クコト》己之《の》長《ヲ》。

二 （論説文）文脈把握・語句の意味

次の文章を読んで、あとの問いに答えなさい。（計22点）

短歌というものは、五七五七七の三十一音からなる器である。それ以上でもそれ以下でもない。したがって、短歌で自分の感情を表現するとき、その器に盛り込むことのできる感情の量はほぼ定量である。感情の量が大きすぎると、歌いたいことは短歌の器からはみ出てしまう。また逆に、感情の量があまりに少ないと、短歌の器は満たされることなくスカスカになってしまう。

歌作りに慣れるということは、とりもなおさず［　①　］ということなのだろう。器に盛り込むことのできない大量の感情は、最初から短歌にはしない。反対に、あまりに少量の感情しかない場合、それを歌にしつらえない。成熟した歌人は、そのようにして歌の器にふさわしい感情の量を見極めてゆく。その器に、ぴったりと合う感動を与えてくれる題材だけを歌の材料としてゆくのである。

が、斎藤茂吉《さいとうもきち》という人は面白い人で、成熟した歌人なら初めから歌に盛り込もうとはしない大量の感情を歌に盛り込もうとする。ただ、その場合、彼は普通の歌人と違って、三十一音という器に感情をぎゅうぎゅうづめにしようとはしない。自分の感情が入らないと悟ったら、さっさと五句三十一音という器を捨てて、新しい大きな器を自分で作ってしまうのである。

釣橋のまへの立札人ならば五人づつ馬ならば一頭づつといましめてあり　――Ⓐ

『たかはら』（昭5）

昭和五年夏、四十八歳の茂吉は、十五歳になった長男茂《しげ》太《た》をともなって出羽三山《でわさんざん》に登った。月山《がっさん》と湯殿山《ゆどのさん》に登った二人は、七月二十三日出羽山に登るべく赤川《あかがわ》の支流の梵字《ぼんじ》川《がわ》を渡る。その川の川下にはささやかな吊《つ》り橋がかかっていた。橋のたもとに「人ならば五人づつ、馬ならば一頭づつ」という注意書きの書かれた立札が立っている。重量三百キロを越えるようなものは渡れない危うい小橋なのだろう。

茂吉は、その野趣あふれる文字に感動する。その溢《あふ》れる感情を短歌の器に盛り込もうとする。が、その感情の量に比して歌の器は小さい。普通の歌人なら、この立て札の文句を泣く泣く短くして三十一音に入れ込むことを考えるだろう。たとえば「人ならば五人づつ」を切って、「釣橋のまへの立札馬ならば一頭づつといましめてあり」というように。が、茂吉はそうはしない。断固しない。自分の感情が、器に入らないと感じるやいなや、瞬間的により大きな新しい器を作り、それと取り替えてしまう。②そうやって作られたのがこの歌である。

この歌は、普通の短歌定型の第二句と第三句の間に、新たに「人ならば・五人づつ」（五・五）という五音二句が強引に差し込まれている。「釣橋の・まへの立札・人ならば・五人づつ・馬ならば・一頭づつと・いましめてあり」。茂吉は、即座に五七五五五七七という七句四十一音の新しい定型を作りだしてしまったのだ。そこに茂吉らしい③融通無碍《むげ》な姿勢がある。

が、不思議なのは、そうやってとっさに作られた新しい器が、きちんと短歌として認定するに足る韻律や調べを保っている、ということだ。この歌の場合は、五七五という初句から第三句までの定型律と第五句から第七句までの五七七というリズムが、色濃く短歌の定型の韻律を保持している。破調の歌であるにもかかわらず、私たちがこの歌に強烈な短歌らしさを感じてしまう秘密はそこにある。

（大辻隆弘『アララギの脊梁』による）

（注）　出羽三山＝現在の山形県にある月山・湯殿山・羽黒山《はぐろさん》の総称。

1、次のうち、本文中の［①］に入れるのに最も適していることばはどれか。一つ選びなさい。（4点）

ア、短歌という器の大きさを知る
イ、端的に自分の感情を表現する
ウ、感情の量を調整して盛り込む
エ、感情を歌の器に盛り込まない

2、②そうやって作られたのがこの歌である　とあるが、本文中のⒶで示した歌がどのようにして作られたかについて、本文中で筆者が述べている内容を次のようにまとめた。［a］、［b］に入れるのに最も適しているひとつづきのことばを、それぞれ本文中から抜き出しなさい。ただし、［a］は八字、［b］は十七字で抜き出し、それぞれ初めの五字を書きなさい。（各4点）

橋のたもとに立てられた立札の［a］に心を打たれた茂吉は、そのことばを［b］ことはせず、七句四十一音の新たな定型を作りだした。

3、基本　③融通無碍　とあるが、次のうち、このことばの本文中での意味として最も適しているものはどれか。一つ選びなさい。（4点）

ア、後先を考えないで猛然と突き進むこと。
イ、思考や行動が何にもとらわれず自由なこと。
ウ、他に心を動かされず一つのことに集中すること。
エ、長年受け継がれてきた伝統やしきたりを守ること。

4、難　本文中のⒶで示した歌について、筆者が述べている内容を次のようにまとめた。［　］に入る内容を、本文中のことばを使って三十五字以上、四十五字以内で書きなさい。（6点）

「人ならば五人づつ」という五音二句が［　］ところに、私たちがこの歌に強烈な短歌らしさを感じてしまう秘密がある。

三　(古文)口語訳・内容吟味

次の文章を読んで、あとの問いに答えなさい。（計16点）

同じ人の説《ときごと》の、ここかしことゆきちがひて、ひとしからざるは、①いづれによるべきぞとまどはしくて、大かた其《そ》の人の説、すべて浮きたるここちのせらるる、そは一わたりはさることなれども、②猶《なほ》さしもあらず。③始めより終わりまで説のかはれることなきは、中々《かえって》にをかしからぬかたもあるぞかし。はじめに定めおきつる事の、ほどへて後に又異なるよき考への出《い》でくるは、常にある事なれば、始めとかはれることあるこそよけれ。年をへて学問すすみゆけば、説は必ずかはらでかなはず。

1、①いづれによるべきぞ　とあるが、次のうち、このことばの本文中での意味として最も適しているものはどれか。一つ選びなさい。（4点）

ア、どこに集まるのがよいか
イ、誰のせいでこうなったのか
ウ、どちらに基づくのがよいか
エ、いつ決められたものなのか

2、②猶さしもあらず　とは、「やはりそうでもない」という意味である。これは本文中ではどのようなことを表しているか。次のうち、最も適しているものを一つ選びなさい。（4点）

ア、自分の説とは異なっている説を批判して、それを根拠のない説だと人に感じさせるのは、あってはならない行為だということ。
イ、考えが食い違っていて一貫していない説に対して、全体的に根拠がない説だと考えるのは一概に妥当であるとは言えないということ。
ウ、人の説を理解するときに、おおよそのことを理解したからといって、すべてをわかった気になるのはたいてい思い違いだということ。
エ、自分の説が他の人の説と同じだからといって、自分の説のほとんどを変えようとするのは、賢明な選択であるとは言えないということ。

3、思考力　③始めより終わりまで説のかはれることなきは、中々にをかしからぬかたもあるぞかし　とあるが、本文中で筆者がこのように述べる理由を次のようにまとめた。［a］、［b］に入る内容を本文中から読み取って、現代のことばで書きなさい。ただし、［a］は十五字以上、二十五字以内、［b］は十字以内で書きなさい。（各4点）

後になって［a］ことは、よくあることであり、また年月がたてば［b］ので、人の説は絶対に変わるものであるから。

四　(論説文)品詞識別・文脈把握・内容吟味

次の文章を読んで、あとの問いに答えなさい。（計21点）

建築創造というものは、僕ら建築家にとっては、建築を設計し建設することだが、しかし、住む人間にとっては出来上がった建築物を使うということも、創造的なものだ。

例えば新居に引っ越して、カーテン一枚窓に[A]かけるだけで、その人らしさ、その人のスタイルが出てしまうし、自分の家具や洋服を部屋に並べるだけで、その人らしい空間がつくられる。「使う」ということ、「住む」ということは、創造的なことなのだ。

例えば、[B]ある魅力的な空間を人が見て、それを使ってみたい、住んでみたい、と思うことがある。そのような、人間に使ってみたいと思わせるような、そういう空間の豊かさみたいなものをつくれないだろうか。人間が使いたくなるような建築、どう使おうか想像力をかき立てられるような建築をつくれないだろうか、と、僕らは次第に考えるようになった。①このような考え方（つまり使う人間に、新しい使い方を想像させる建築を目指すという考え方）に則《のっと》っていえば、僕らの[C]つくる建築は原則として、特定の機能というものはない、ということも[D]できる。もちろん、美術館だとか住宅だとか、特定の機能に合うように設計はするが、しかし美術館だとか住宅だとかいう呼び方は、今現在の建築の使い方であって、未来までも含めた使うことの潜在的可能性という意味では、たとえそれが美術館として現在使われているとしても、その建物がまったく別の使い方を人に想像させ、それが現実化する、ということは十分にありうる。人によっては、僕らの美術館や、そこで活動する人々を見て、これは学校にも使えるかもしれないとか、託児所にいいじゃないかとか、違うことを思うかもしれないし、実際そうなることもあるかもしれない。時代が変われば、僕らとは違う想像力をもった次の時代の人間が、歴史的建造物の魅力に触発されて、当時にはありえなかったような現代的な使い方を、始めるかもしれない。むしろ僕らは、そういった人間の想像力の広がりが起きることを望んでおり、そのようなことを引き起こす魅力を建築が持つことを望んでいる。そのようなかたちで、使うことの創造性を呼ぶような、開かれた建築のあり方を、僕らは目指している。

夏目漱石《なつめそうせき》が「草枕《くさまくら》」の中で、汽車について、人間の尊厳を度外視した乗り物であると批判したことがある。夏目漱石がどのような気持ちであったのか、今となっては想像するしかないが、ジャガイモと同列に扱われたような複雑な気持ちになったということもあったかもしれない。もちろん、100年前の時代の人間の尊厳というものを、今の時代の僕らが感覚的に理解することは難しい。今僕らは逆に、電車というものを必要としており、電車もそんなに悪いものでもないと思っている。むしろ電車の旅というものに、漱石が感じなかったタイプの快適性や居心地の良さなどを感じており、人によっては、電車に郷愁すら感じていたりする。そのように、人間の感受性や快適性、快楽というものは、時代によって変わっていくものだ。電車以外にも、携帯電話、コンピュータ、ジェット機、人工衛星、様々なものが我々の周りにあり、そのほとんどは、漱石の時代にはなかったもので、その多くは、たぶん漱石には否定されそうなガラクタばかりである。携帯電話やコンピュータやファックスなどの諸機械にがんじがらめの僕らの生活も、相当に不自由極まりない生活に見える恐れもある。しかし同時に、そういった我々の、身の回りに機械が溢《あふ》れる不自由な生活にも、ある種の快適さや自由さ、快楽みたいなものがある、ということも事実である。またそういう諸物が、僕らの快楽、価値観を変形させるような影響を僕らに与えているということもありうる。自分達《たち》の身の回りのもの、日用品などは、僕らの生活がそれを望んだ結果つくられたのか、もしくは逆に新しい日用品が登場したから、ぼくらの生活や価値観が変わっていったのか、順序はわからない。少なくともいえることは、それらは僕らの時代、僕らの身体性みたいなものとつながったモノたちであり、そういった僕らの時代の日用品、生活備品というものは、僕らの時代の価値観を鮮やかに表すものでもある、ということだ。

そういう身の回りのモノの中でも最大サイズのものとして、建築があるともいえる。各時代の人間は、各々《おのおの》の生き方、価値観のもと、異なる建築をつくり出してきた。どの時代の建築も、人間はこのように生きるのが豊かなのだという、その時代の人間の生き方みたいなものを、空間的に表現してきた。そういう意味では、今の時代の僕らにとっての機能性、快適性、もしくは空間経験ということを、つきつめて考えてゆくと、それはいずれ、今の時代の価値観という問題になってゆくであろうと思われる。さらに、これからの時代の建築を目指すことは、結果的に僕らの時代の価値観みたいなものをつくるきっかけになってゆくのではないか。

（西沢立衛『続・建築について話してみよう』による）

1、**よく出る** **基本** 本文中のA～Dの――を付けた語のうち、一つだけ他と品詞の異なるものがある。その記号を選びなさい。（3点）

2、**難** **思考力** ①このような考え方 とあるが、本文中で筆者が、「このような考え方」に則ったとき、建築家のつくる建築に特定の機能というものはないと述べるのはなぜか。その内容についてまとめた次の文の□に入る内容を、本文中のことばを使って五十字以上、六十字以内で書きなさい。（6点）

建築家のつくる建築は、人や時代の変化も含めた□ことが大いにありうるから。

3、次のうち、本文中で述べられていることがらと内容の合うものはどれか。一つ選びなさい。（4点）

ア、今、我々の身の回りにある日用品や生活備品というものは、漱石の時代にはなかったものばかりであるが、それらは漱石の時代やその時代の人間の身体性とつながりをもつものである。

イ、電車というものを必要とし、電車の旅というものに快適性や居心地の良さを感じるような今の時代の人間にとって、漱石の時代の人間の尊厳というものは感覚的にしか理解することができない。

ウ、今の時代の自分達の身の回りにある様々なものは、人間の感受性や快適性、快楽というものが時を経て変化し、自分達の生活がそれらを求めるようになったことによってつくり出されたものである。

エ、携帯電話などの我々の周りにある諸機械の多くは、漱石には否定されそうなものばかりであるが、それらで溢れている今の時代の我々の生活にはある種の快適さや自由さや快楽のようなものがある。

4、「建築創造」について、本文中で述べられている筆者の考えを次のようにまとめた。a、bに入れるのに最も適しているひとつづきのことばを、それぞれ本文中から抜き出しなさい。ただし、aは十字、

［b］は十四字で抜き出し、それぞれ初めの五字を書きなさい。（各４点）

筆者は、人間の想像力をかき立てるような魅力を持った［a］を理想としており、［b］ことは、自分達の時代の価値観をつくる契機となってゆくであろうと考えている。

五　条件作文　思考力

近年、外国との間の人・物・情報の交流の増大や、諸分野における国際化の進展に伴い、日本語の中での「カタカナ語」の使用が増大しています。カタカナ語の使用が増えていくことについてのあなたの考えを、原稿用紙（20字詰×15行＝省略）に三百字以内で書きなさい。ただし、あとの条件にしたがって書くこと。（20点）

（注）カタカナ語＝主に欧米から入ってきた外来語や日本で外来語を模してつくられた語で、カタカナで表記される語のこと。

【資料】

カタカナ語の例

カタカナ語	原語（もとになった外国語）の主な意味
コミュニケーション	伝達・意思疎通・通信手段
ポイント	論点・要点・目的・特徴・段階・地点・点数・先端
ニーズ	必要性・必要なもの
テンション	緊張・緊迫状態
リスペクト	尊敬・敬意
コンセンサス	意見の一致・合意

カタカナ語やカタカナ語の使用に関するさまざまな意見

- 表現のかたさが和らぐ。
- 人によって理解度が異なる。
- カタカナ語を使用しない方がわかりやすい。
- 格好よくて現代風である。
- これまでにない物事や、和語や漢語では表しにくい微妙な意味合いを表している。
- 多義性があり誤解や意味のずれを生むこともある。
- 原語の意味とカタカナ語の意味とが異なる。

条件　前の【資料】からわかることをふまえて、カタカナ語の使用が増えていくことについてのあなたの考えを書くこと。

兵庫県

時間 50分　満点 100点　解答 P36　3月12日実施

出題傾向と対策

●ちらしの作成案と話し合いを題材にした問題、漢文、古文、小説文、論説文の大問五題構成であった。基礎知識と読解力を問う問題が幅広く出題されている。記述問題は少なく、選択問題中心であるが、出題される文章は長めで問題数も多いのが特徴である。

●文法や語句の意味など幅広い知識が出題されるので、基礎をしっかり身につけておく。小説文、論説文は文章が長く、紛らわしい選択肢があるので速く正確に読み取る練習を。古文・漢文は基本的な古語を復習すること。

一　（話し合い）内容吟味・文脈把握

〇〇中学校文化委員会では、芸術鑑賞会のちらしを作成することになった。あとの【ちらし案】は芸術鑑賞会のちらし案、左の【話し合い】はちらし案について文化委員が話し合いをしている場面である。【ちらし案】と【話し合い】を読んで、あとの問いに答えなさい。（計15点）

【話し合い】

Aさん　演目「日和違い」の内容紹介文をちらし案の〔内容〕欄に書きました。このままでも良いのですが、落語会が楽しみになる文章にしたいと思います。

Bさん　まず、この話の面白さを伝えなければいけませんね。最初の場面の面白いところは、占い師が「今日は降る日和じゃない。」というせりふについて、［a］を変えることで自分に都合良く意味を変えているところですよね。

Cさん　その通りです。だから、「今日は降る日和じゃない。」というせりふはそのままにしましょう。ただ、ちらしで全てを説明する必要はありませんね。

Bさん　そうですね。ちらしを見た人が、話の続きを聞きたくなるような文章にしたいので、この場面の種明かしになる部分は書かない方が良いと思います。

Aさん　では、そうしましょう。数日後の場面はどうですか。色々な人が登場して、男が魚屋に天気を尋ねることで、話におちがつく展開です。

Cさん　ここは、登場人物も多く、特に演者の話芸を楽しむ場面だと思います。

Aさん　なるほど、文章では面白さを伝えにくいということですね。では、その場面は書かないことにしましょう。他に意見はありますか。

Dさん　私は、ちらし案右下の「兵五師匠は」で始まる説明的な文が、ちらしにはふさわしくないと思います。敬語を使わず、〈［b］「日和違い」!!〉と体言止めにして、印象に残りやすくするというのはどうでしょうか。

Aさん　文の意味も変わらないし、落語会に関心を持ってもらえる文になると思います。そうしましょう。

問一　【ちらし案】の傍線部①・②の「日和」と同じ意味のことばとして適切なものを、次のア〜カからそれぞれ一つ選んで、その符号を書きなさい。（各２点）

ア、晴天　イ、日柄　ウ、予定
エ、時期　オ、風向き　カ、空模様

問二　【話し合い】の空欄aに入ることばとして適切なものを、次のア〜エから一つ選んで、その符号を書きなさい。（３点）

ア、発音の強弱　イ、文の区切り
ウ、漢字の読み　エ、助詞の使い方

問三　内容紹介文を【話し合い】の全体を受けて書き改めた。書き改めた文章として適切なものを、次のア〜エから一つ選んで、その符号を書きなさい。（４点）

ア、「今日は降る日和じゃない。」と言う占い師の口車に

【ちらし案】

○○中学校芸術鑑賞会

落語会

開催日時　令和３年11月○日
　　　　　５・６校時
会　　場　○○中学校体育館
出 演 者　野路菊亭兵五《のじぎくていひょうご》
演　　目　「日和違い」

兵五師匠は本校生のために「日和違い」を
わかりやすくアレンジしてくださいました!!

〔内容〕
　ある男が遠出をするのに、長屋に住んでいる占い師に天気を尋ねた。「今日は降る①日和じゃない。」と言われ、安心して出かけたが、大雨に降られてしまう。男は、仕方なく米屋で米俵をもらい、それをかぶって帰ってきた。怒った男が占い師のところへ抗議をしに行くと、「今日は降る。②日和じゃない。」と言い返された。何日かしてまた出かけるときに、今度は色々な人に天気を尋ねることにした。そして魚屋に「大降りはあるかね。」と男が尋ねると、魚屋は「ブリはないけどサワラならあるから、サワラ切るか。」と答える。男は言った。「いや、俵を着るのはこりごりだ。」

落語ミニ知識
「落語」は日本の伝統芸能の一つ。
　一人の演者が複数の人物を演じ分け、登場人物の会話のやりとりを中心に、話を進めます。
　滑稽な話が多く、最後におちがつくのが特徴。演者の技巧と聞き手の想像力で話の世界が広がっていく、親しみやすい芸能です。

乗せられて遠出をした男。米屋に着いたところで大雨が降り出し、米俵をかぶって帰ることになった。ひどい目にあった男は、占い師に仕返しを考える。その仕返しとは!?

イ、遠出をする男に天気を尋ねられた占い師は「今日は降る日和じゃない。」と答えたが、大雨が降り出して男の怒りを買うことになる。抗議をする男に占い師は「今日は降る。日和じゃない。」と平然と答えた。男の次なる行動は!?

ウ、遠出の前に、占い師に天気を尋ねた男。占い師の「今日は降る日和じゃない。」という言葉を信じて出かけたが、大雨に降られ米俵をかぶって帰る羽目になった。頭にきた男は占い師に文句を言う。その時の占い師の返答とは!?

エ、男が天気を尋ねたところ、占い師が「今日は降る日和じゃない。」と言うので、男は安心して遠出をしたが大雨になった。次は用心して、あちこちで天気を尋ねて歩く。最後にたどりついた魚屋の返答に男は困惑。魚屋の返答とは!?

問四、思考力　【話し合い】の空欄bに入る適切なことばを、【ちらし案】の二重傍線部のことばを使って「…「日和違い」!!」に続くように、二十五字以内で書きなさい。ただし、必要に応じて助詞を変えてもよい。（４点）

二　(漢文)熟語・古典知識・内容吟味

　次の文章は、古代中国の魯《ろ》の国の君主が、粗末な身なりで耕作していた曽子《そうし》を見かねて、領地を与えようと使者を遣わしたときの話である。次の書き下し文と漢文を読んで、あとの問いに答えなさい。（計15点）

〔書き下し文〕
曰《い》はく(使者が言うには)、「請ふ此《こ》れ(領地からの収入で)を以《もつ》て衣を修めよ。」と。曽子受けず。反《かへ》りて復《ま》た往《ゆ》く。又受けず。使者曰はく、「先生人に求むるに非《あら》ず。人則《すなは》ち之《これ》を献ず。奚為《なんす》れぞ(どうして)受けざる。」と。曽子曰はく、「臣之を聞く。人に受くる者は人を畏れ、人に予《あた》ふる者は人に驕《おご》ると。縦《たと》ひ子賜《たま》ひて我に驕らざること有るとも、我能《よ》く畏るること勿《な》からんや。」と。終《つひ》に受けず。

〔漢文〕
曰ハク、「請フ以テレ此ヲ①修メヨレ衣ヲ。」曽子不レ受ケ。反リテ復タ往ク。又不レ受ケ。使者曰ハク、「先生非ズレ求ムル二於人ニ一。人則チ献ズレ之ヲ。奚為レゾ不ルトレ受ケ。」曽子曰ハク、「a臣聞クレ之ヲ。受クル二人ニ一者ハ畏ルレ人ヲ、②予フル二人ニ一者ハ驕ル二人ニ一。縦ヒb子有ルトモ三賜ヒテ不ルコト二我ニ驕ラ一也、我能ク勿カランレ畏ルルコト乎ト。」終ニ不レ受ケ。

（劉向《りゅうきょう》『説苑《ぜいえん》』）

問一、よく出る　基本　傍線部①が表す意味と同じ意味の「修」を含む熟語として適切なものを、次のア～エから一つ選んで、その符号を書きなさい。（３点）
ア、修行　イ、修得　ウ、監修　エ、改修

問二、よく出る　基本　書き下し文の読み方になるように、傍線部②に返り点をつけなさい。（完答で３点）

問三、二重傍線部ａ・ｂが指す人物として適切なものを、次のア～エからそれぞれ一つ選んで、その符号を書きなさい。（各３点）
ア、魯の君主　イ、曽子　ウ、使者　エ、筆者

問四、本文の内容として最も適切なものを、次のア～エから一つ選んで、その符号を書きなさい。（３点）
ア、領地を受け取ってしまえば、魯の君主に対して卑屈にならずにはいられないと思ったので、曽子は受け取らなかった。
イ、求めてもいない領地を与えようとする魯の君主の行為には、何かしら裏があると感じたので、曽子は受け取らなかった。
ウ、自分のような者が魯の君主から領地を受け取るのは、あまりにおそれ多いと思ったので、曽子は受け取らな

かった。

エ、安易に領地を与えようとする振る舞いにおごりの色が見え、魯の君主に不信感を抱いたので、曽子は受け取らなかった。

三 (古文)仮名遣い・内容吟味

次の文章を読んで、あとの問いに答えなさい。(計15点)

ある人、咸陽宮《かんやうきゆう》の釘《くぎ》かくしなりとて、短剣の鍔《つば》に物数《ものず》奇《き》(風流につくり直して)て、腰も放たずめで興じける。いかにも金銀銅鉄をもて花鳥をちりばめたる古物にて、千歳のいにしへもゆかしきものなりけらし。されど何を証として咸宮の釘かくしと言へるにや、①荒唐のさたなり。なかなか(かえって)に「咸陽宮の釘かくし」と言はずは②めでたきものなるを、無念の事におぼゆ。常盤潭北《ときはたんぼく》が所持したる③高麗《かうらい》の茶碗《ちやわん》は、義士大高源吾《おほたかげんご》が秘蔵したるものにて、すなはち源吾よりつたへて、また余(私)にゆづりたり。まことに伝来いちじるき(明白な)ものにて侍《はべ》れど、何を証となすべき。のちのちはかの咸陽の釘かくしの類《たぐ》ひなれば、④やがて人にうちくれたり。

(与謝蕪村《よさぶそん》『新花摘《しんはなつみ》』)

(注) 咸陽宮——秦《しん》の始皇帝が秦の都である咸陽に造営した宮殿。「咸宮」も同じ。
釘かくし——木造建築で、打ち込んだ釘の頭を隠すためにかぶせる飾り。
常盤潭北——江戸時代の俳人。
高麗の茶碗——茶人の間で愛好された高麗焼の茶碗。
大高源吾——江戸時代の俳人で赤穂《あこう》義士の一人。

問一、よく出る 基本 二重傍線部を現代仮名遣いに改めて、全て平仮名で書きなさい。(3点)

問二、よく出る 傍線部①の意味として適切なものを、次のア～エから一つ選んで、その符号を書きなさい。(3点)
ア、でたらめな　イ、したたかな
ウ、おおざっぱな　エ、ぜいたくな

問三、よく出る 傍線部②の本文中の意味として最も適切なものを、次のア～エから一つ選んで、その符号を書きなさい。(3点)
ア、はなやかな　イ、縁起がよい
ウ、すばらしい　エ、珍しい

問四、傍線部③について、所持した順番として適切なものを、次のア～エから一つ選んで、その符号を書きなさい。(3点)
ア、潭北→源吾→筆者　イ、筆者→源吾→潭北
ウ、源吾→潭北→筆者　エ、源吾→筆者→潭北

問五、傍線部④の理由として最も適切なものを、次のア～エから一つ選んで、その符号を書きなさい。(3点)
ア、品質を裏付ける証拠もないのに後生大事に茶碗を持っているのは恥ずかしいことだから。
イ、高価な茶碗だからといって所持することにこだわるのは風流の道に反することだから。
ウ、人からもらった茶碗をいつまでも自分の手元にとどめておくのは欲深いことだから。
エ、いずれ不確かになるような来歴をありがたがって茶碗を所有するのはむなしいことだから。

四 (小説文)漢字の読み書き・文脈把握・表現技法・内容吟味

次の文章を読んで、あとの問いに答えなさい。(計25点)

高校一年生の松岡清澄《まつおかきよすみ》は、結婚を控えた姉のためにウェディングドレスをつくろうとしている。ある日の昼休み、クラスメイトの宮多《みやた》たちとの会話中、見たい本があると言って自席に戻った。その日の放課後、小学校からの同級生である高杉《たかすぎ》くるみに声をかけられ、一緒に下校することになる。ふと気づくと、くるみは石を拾い上げ、その石を眺めていた。

「なにしてんの？」

「うん、石」

うん、石。ぜんぜん答えになってない。入学式の日に「石が好き」だと言っていたことはもちろんちゃんと覚えていたが、まさか①道端の石を拾っているとは思わなかった。

「いつも石拾ってんの？　帰る時に」

「いつもではないよ。だいたい土日にさがしにいく。河原とか、山に」

「土日に？　わざわざ？」

「やすりで磨くの。つるつるのぴかぴかになるまで」

放課後の時間はすべて石の研磨にあてているという。ほんまにきれいになんねんで、と言う頰がかすかに②上気している。

ポケットから取り出して見せられた石は三角のおにぎりのような形状だった。たしかによく磨かれている。触ってもええよ、と言われて、手を伸ばした。指先で、しばらくすべすべとした感触を楽しむ。

「さっき拾った石も磨くの？」

くるみはすこし考えて、これはたぶん磨かへん、と答えた。

「磨かれたくない石もあるから。つるつるのぴかぴかになりたくないってこの石が言うてる」

石には石の意思がある。駄洒落《だじゃれ》のようなことを真顔で言うが、意味がわからない。

「石の意思、わかんの？」

「わかりたい、といつも思ってる。それに、ぴかぴかしてないときれいやないってわけでもないやんか。ごつごつのざらざらの石のきれいさってあるから。そこは③尊重してやらんとな」

じゃあね。その挨拶があまりに唐突でそっけなかったので、怒ったのかと一瞬焦《あせ》った。

「キヨくん、まっすぐやろ。私、こっちやから」

川沿いの道を一歩踏み出してから振り返った。④ずんずんと前進していくくるみの後ろ姿は、巨大なリュックが移動しているように見えた。

石を磨くのが楽しいという話も、石の意思という話も、よくわからなかった。わからなくて、おもしろい。わから

ないことに触れるということ。似たもの同士で「わかるわかる」と言い合うより、そのほうが楽しい。

ポケットの中でスマートフォンが鳴って、宮多からのメッセージが表示された。

「昼、なんか怒ってた？　もしや俺あかんこと言うた？」

違う。声に出して言いそうになる。宮多はなにも悪いことをしていない。ただ僕があの時、気づいてしまっただけだ。自分が楽しいふりをしていることに。

いつも、ひとりだった。

教科書を忘れた時に気軽に借りる相手がいないのは、心もとない。ひとりでぽつんと弁当を食べるのは、わびしい。でもさびしさをごまかすために、自分の好きなことを好きではないふりをするのは、好きではないことを好きなふりをするのは、もっともっとさびしい。

好きなものを追い求めることは、楽しいと同時にとても苦しい。その苦しさに耐える覚悟が、僕にはあるのか。

文字を入力する指がひどく震える。

「ちゃうねん。ほんまに本読みたかっただけ。刺繍《ししゅう》の本」

ポケットからハンカチを取り出した。祖母に⑤褒められた猫の刺繍を撮影して送った。すぐに既読の通知がつく。

「こうやって刺繍するのが趣味で、ゲームとかほんまはぜんぜん興味なくて、自分の席に戻りたかった。ごめん」

ポケットにスマートフォンをつっこんだ。数歩歩いたところで、またスマートフォンが鳴った。

「え、めっちゃうまいやん。松岡くんすごいな」

⑥そのメッセージを、何度も繰り返し読んだ。

わかってもらえるわけがない。どうして勝手にそう思いこんでいたのだろう。

今まで出会ってきた人間が、みんなそうだったから。だとしても、宮多は彼らではないのに。

いつのまにか、また靴紐《くつひも》がほどけていた。しゃがんだ瞬間、川で魚がぱしゃんと跳ねた。波紋が幾重にも広がる。太陽の光を受けた川の水面《みなも》が風で波打つ。まぶしさに目の奥が痛くなって、じんわりと涙が滲《にじ》む。

きらめくもの。揺らめくもの。目に見えていても、かたちのないものには触れられない。すくいとって保管することはできない。太陽が翳《かげ》ればたちまち消え失《う》せる。だからこそ美しいのだとわかっていても、願う。⑦布の上で、あれを再現できたらいい。そうすれば指で触れてたしかめられる。身にまとうことだって。そういうドレスをつくりたい。着てほしい。すべてのものを「無理」と遠ざける姉にこそ。きらめくもの。揺らめくもの。どうせ触れられないのだから、なんてあきらめる必要などない。無理なんかじゃないから、ぜったい。

どんな布を、どんなかたちに裁断して、どんな装飾をほどこせばいいのか。それを考えはじめたら、⑧いてもたってもいられなくなる。

それから、明日。明日、学校に行ったら、宮多に例のにゃんこなんとかというゲームのことを、教えてもらおう。好きじゃないものを好きなふりをする必要はない。でも僕はまだ宮多たちのことをよく知らない。知ろうともしていなかった。

⑨靴紐をきつく締め直して、歩く速度をはやめる。

寺地はるな『水を縫う』集英社刊

問一、**よく出る** **基本** 傍線部①・③・⑤の漢字の読み方を平仮名で書きなさい。（各2点）

問二、**よく出る** **基本** 傍線部②・⑧の本文中の意味として適切なものを、次の各群のア〜エからそれぞれ一つ選んで、その符号を書きなさい。（各2点）

②　ア、ふるえて　イ、あからんで　ウ、ひきつって　エ、ゆるんで

⑧　ア、身動きがとれなく
イ、考えをまとめられなく
ウ、不安に耐えられなく
エ、落ち着いていられなく

問三、**よく出る** **基本** 点線部で使われている表現技法として適切なものを、次のア〜エから一つ選んで、その符号を書きなさい。（3点）

ア、対句　イ、擬人法　ウ、省略　エ、倒置

問四、傍線部④の表現の説明として最も適切なものを、次のア〜エから一つ選んで、その符号を書きなさい。（3点）

ア、無機物である石の気持ちさえ理解することができるくるみの感受性の豊かさを表している。
イ、他人の言うことに耳を貸さず趣味について語り続けたくるみのひたむきさを表している。
ウ、相手に左右されることなく自分の判断で行動するくるみの内に秘めた強さを表している。
エ、かみ合わない会話で気まずくなった雰囲気を意に介さないくるみの大らかさを表している。

問五、傍線部⑥の清澄の様子の説明として最も適切なものを、次のア〜エから一つ選んで、その符号を書きなさい。（3点）

ア、誤解を招いてしまったことに戸惑い、何とか取り繕おうとした清澄に宮多の素朴な返信が届いた。清澄は読めば読むほどきまりの悪さを感じるとともに、誠実でなかった自分の態度を後悔している。
イ、勇気を出して本心を伝え得たことに満足していた清澄のもとに届いた宮多の返信は、賞賛の言葉に満ちていた。その言葉を読むごとに、清澄は自分の決断は正しかったとの思いを強くしている。
ウ、孤立さえ受け入れようと考えていた清澄に届いた宮多の返信は、意外なものだった。その飾らない言葉を読むにつけ、清澄は思い込みにこり固まっていた自分の心がほぐれていくのを感じている。
エ、謝罪が受け入れられるかどうか不安に包まれていたが、宮多からの返信は清澄への思いやりにあふれていた。清澄は、読むほどに人の優しさが身にしみ、人との接し方を見直そうとしている。

問六、傍線部⑦からうかがえる清澄の刺繍に対する考え方の説明として最も適切なものを、次のア〜エから一つ選んで、その符号を書きなさい。（3点）

ア、時とともに移ろい形をとどめるはずのない美しさを、布の上で表現することこそが、理想の刺繍である。
イ、布の上に美しく再現された生命の躍動によって、見る人に生きる希望を与えるものこそが、目指す刺繍である。
ウ、揺らめく水面の最も美しい瞬間を切り取って、形あ

るものとして固定することこそが、求める刺繍である。

エ、ただ美しいだけでなく、身につける人に不可能に挑む勇気を与えるものこそが、価値のある刺繍である。

問七、傍線部⑨の清澄の様子の説明として最も適切なものを、次のア〜エから一つ選んで、その符号を書きなさい。（3点）

ア、周りの人たちに理解してもらえず、焦って空回りしていた自分を冷静に振り返ることができた今、周囲の目を気にせず、純粋にドレスづくりに打ち込むべきだと自分を奮い立たせている。

イ、率直に周囲の人たちと向き合えば、互いの価値観を認め合う関係を築くことができると気づいた今、自分を偽ることなく新たな気持ちでドレスづくりに取り組んでいこうと決意を固めている。

ウ、わからないものから目を背けてきた自分の行いを反省し、未知のものを知ろうとすることによって新しい着想が得られた今、次こそは姉を喜ばせることができるという期待に胸を躍らせている。

エ、友人に心を開き、受け入れられた経験を通して、刺繍という趣味への自信を取り戻した今、クラスメイトと積極的に交流し、楽しみを共有できる関係を築くことから始めようと決心している。

五 （論説文）漢字の読み書き・文・内容吟味

次の文章を読んで、あとの問いに答えなさい。（計30点）

ネット情報と図書館に収蔵されている本の間には、そもそもどんな違いがあるのでしょう。私の考えでは、両者には①作者性と構造性という二つの面で質的な違いがあります。まず本の場合、誰が書いたのか作者がはっきりしていることが基本です。著作権の概念そのものが、ある著作物には特定の作者がいることを前提に発展してきたわけで、だからこそオーファン（注）著作物の処理が問題になるわけです。つまり、本というのは、基本的にはその分野で定評のある書き手、あるいは定評を得ようとする書き手が、社会的評価をかけて出版するものです。ですから、書かれた内容に誤りがあったり、誰か他人の著作の（注）剽窃《ひょうせつ》があったりした場合、責任の所在は明確です。その本の作者が責任を負うのです。

これに対してネット上のコンテンツでは、特定の個人だけが書くというよりも、みんなで集合的に作り上げるという発想が強まるＡケイ向にあります。作者性が匿名化され、誰にでも開かれていることが、ネットのコンテンツの強みでもあります。そこでは複数の人がチェックしているから②相対的に正しいという前提があって、この仮説は実際、相当程度正しいのです。つまり、本の場合は、その内容について著者が責任を取るのに対し、ネットの場合は、みんなが共有して責任を取る点に違いがあるわけです。

二つ目の、構造性における違いですが、これを説明するためには、③「情報」と「知識」の決定的な違いを確認しておく必要があります。一言でいうならば、「情報」とは要素であり、「知識」とはそれらの要素が集まって形作られる体系です。たとえば、私たちが何か知らない出来事についてのニュースを得たとき、それは少なくとも情報ですが、知識と言えるかどうかはまだわかりません。その情報が、既存の情報や知識と結びついてある状況を解釈するための体系的な仕組みとなったとき、そのニュースは初めて知識の一部となるのです。

よく知られた古典的な例として、コペルニクスの地動説（注）があります。十五世紀半ば以降の印刷革命によって、コペルニクスは身の回りに多数の印刷された天文学上のデータを集めておくことができるようになっていました。つまり、彼は活版印刷以前の時代とは比べものにならないほどの情報にアクセスできたのです。しかしそのこと自体は、まだ知識ではありません。コペルニクス自身が彼のいくつかの仮説に基づいてこれらの情報を選別し、比較し、数式と結びつけて仮説を検証していくことで、やがて地動説に至る考えにまとめ上げていったとき、単なる要素としての情報は体系としての知識にＢテン化したのです。

このように、知識というのはバラバラな情報やデータの集まりではなく、中世からの「知恵の樹《き》」（注）のメタファーが示すように、様々な概念や事象の記述が相互に結びつき、全体として体系をなす状態を指します。いくら葉や実や枝を大量に集めても、それらは情報の山にすぎず、知識ではありません。情報だけでは、そこから新しい樹木が育ってくることはできないのです。

そして④インターネットの検索システムの、さらにはＡＩの最大のリスクは、この情報と知識の質的な違いを曖昧にしてしまうことにあると私は考えています。というのもインターネット検索の場合、社会的に蓄積されてきた知識の構造やその中での個々の要素の位置関係など知らなくても、つまり樹木の幹と枝の関係など何もわからなくても、知りたい情報を瞬時に得ることができるわけです。つまり、ネットのユーザーは、その森のどのあたりがリンゴの樹の群生地で、その中のどんな樹においしいリンゴの実がなっていることが多いかを知らなくても、瞬時にちょうどいい具合のリンゴの実が手に入る魔法を手に入れているようなものです。それで、その魔法の使用に慣れてしまうと、いつもリンゴの実ばかりを集めていて、そのリンゴが実っている樹の幹を見定めたり、そこから出ているいくつもの枝の関係を見極めたりすることができなくなってしまうのです。

さらにＡＩに至っては、ユーザーは自分がリンゴを探しているのか、オレンジを探しているのかがわからなくても、目的を達成するにはリンゴが適切であることをＡＩが教えてくれて、しかもまだ検索もしていない間に、適当なリンゴをいくつも探し出してきてくれるかもしれません。結局、私たちは検索システムやＡＩが発達すればするほど、自力で自分がどんな森を歩いているのかを知る能力を失っていく可能性があります。

本を読んだり書いたりすることが可能にするのは、これらとは対照的な経験です。読書で最も重要なのは、そこに書かれている情報を手に入れることではありません。その本の中には様々な事実についての記述が含まれていると思いますが、重要なのはそれらの記述自体ではなく、著者がそれらの記述をどのように結びつけ、いかなる論理に基づいて全体の論述に展開しているのかを読みながら見つけ出していくことなのです。この要素を体系化していく方法に、それぞれの著者の理論的な個性が現れます。

古典とされるあらゆる本は、そうした論理の創造的展開を含んでおり、⑤よい読書と悪い読書の差は、その論理的展開を読み込んでいけるか、それとも表面上の記述に囚《とら》われて、そのレベルで自分の議論の権Cイづけに引用したり、自分との意見の違いを強調したりしてしまうかにあります。最近では、おそらくはインターネットの影響で、出版された本の表面だけをつまみ食いし、それらの部分部分を自分勝手な論理でつないで読んだ気分になって書かれるコメントが蔓延《まんえん》しています。著者が本の中でしている論理の展開を読み取れなければ、いくら表面の情報を拾い集めてみても本を読んだことにはなりません。

今のところ、必要な情報を即座に得るためならば、ネット検索よりも優れた仕組みはありません。ある単一の情報を得るには、ネット検索のほうが読書よりも優れているとも言えるのです。

それでも、本の読者は一般的な検索システムよりもはるかに深くそこにある知識の構造を読み取ることができます。これが、ポイントです。調べものをしていて、なかなか最初に求めていた情報に行きつかなくても、自分が考えを進めるにはもっと興味深い事例があるのを読書を通じて発見するかもしれません。それに図書館まで行って本を探していたならば、その目当ての本の近くには、関連するいろいろな本が並んでいて、そのなかの一冊に手を伸ばすことから研究を大発展させるきっかけが見つかるかもしれません。このように様々な要素が構造的に結びつき、さらに外に対して体系が開かれているのが知識の特徴です。ネット検索では、このような知識の構造には至らない。なぜなら検索システムは、そもそも知識を断片化し、情報として扱うことによって大量の迅速処理を可能にしているからです。

（吉見俊哉《よしみしゅんや》『知的創造の条件』一部省略がある）

（注）オーファン著作物――著作権者不明の著作物。
剽窃――他人の文章・作品・学説などをぬすみ取ること。
地動説――地球が自転しながら太陽の周りを回っているとする説。
メタファー――隠喩（暗喩）。

問一、よく出る 二重傍線部A～Cの漢字と同じ漢字を含むものを、次の各群のア～エからそれぞれ一つ選んで、その符号を書きなさい。（各2点）

A　ア、失敗をケイ機に改善する。
　イ、ケイ勢が悪化する。
　ウ、小説にケイ倒する。
　エ、審議をケイ続する。

B　ア、破テン荒の大事業。
　イ、針路を西へテン回する。
　ウ、和様建築のテン型。
　エ、領収書をテン付する。

C　ア、装飾にイ匠を凝らす。
　イ、イ大な芸術家。
　ウ、どの意見も大同小イだ。
　エ、イ厳に満ちた声。

問二、よく出る 基本 文中の点線部について、文脈を踏まえると「自力で」という文節はどの文節に係るか。一文節で抜き出して書きなさい。（3点）

問三、傍線部①の本文中の意味として最も適切なものを、次のア～エから一つ選んで、その符号を書きなさい。（3点）

ア、作者への評価が正当かどうか。
イ、作者を特定しやすいかどうか。
ウ、作者の責任が重いかどうか。
エ、作者が実在するかどうか。

問四、傍線部②の説明として最も適切なものを、次のア～エから一つ選んで、その符号を書きなさい。（3点）

ア、チェックする人数にかかわらず、内容への信頼は保たれる。
イ、チェックする人の能力に関係なく、内容への信頼は保たれる。
ウ、チェックする人の能力が高いほど、内容への信頼が高まる。
エ、チェックする人数が多いほど、内容への信頼が高まる。

問五、傍線部③について、筆者が考える「情報」と「知識」の関係を説明した次の文の空欄a・bに入る適切なことばを、aはあとのア～エから一つ選んで、その符号を書き、bは本文中から十字で抜き出して書きなさい。（各3点）

［a］ことによって、手に入れた情報と既存の知識や情報とが［b］ように結びついたとき、情報は知識の一部となる。

ア、複数の情報を一つのまとまりとして理解しようとする
イ、情報技術を駆使して多くの情報を集めようとする
ウ、集めた情報について一つ一つの構造を読み解こうとする
エ、多くの情報から有益な情報だけを取得しようとする

問六、傍線部④とはどういうことか。その説明として最も適切なものを、次のア～エから一つ選んで、その符号を書きなさい。（3点）

ア、コンピュータが大量の情報を体系的に整理してしまうため、自分の力で情報を集めて整理する方法が習得できなくなること。
イ、知識に基づく探索なしに目的の情報が得られるため、探索の過程で認識するはずの他の情報との関係に気づかなくなること。
ウ、容易に情報が入手できる環境に過度に慣らされることによって、ネット検索やAIを用いた情報の探索さえしなくなること。
エ、目的の情報を探し当てようとする意識がなくても目的が達成されることで、知識を身につける意義が感じられなくなること。

問七、傍線部⑤の説明として最も適切なものを、次のア～エから一つ選んで、その符号を書きなさい。（3点）

ア、本に書かれた著者の意見をうのみにするのではなく、本の中の情報をもとにして自分なりの考えを形成しながら読み進めること。
イ、本の著者が取り上げた情報と取り上げなかった情報とを比較することにより、情報の選び方に現れた著者の個性を感じ取ること。

ウ、本から得た情報を自己流でつなぎ合わせようとするのではなく、本の記述に基づいて、まず著者の思考の過程を追体験すること。
エ、本の記述について、隠れた意味を読み取ろうとするのではなく、著者が作り上げた個性的な論理的展開に従って素直に読むこと。

問八、**よく出る** 本文に述べられている内容の説明として適切なものを、次のア～エから一つ選んで、その符号を書きなさい。（3点）
ア、知識は、幹に相当する情報と、枝や葉に相当する情報が組み合わさった構造から樹木にたとえることができ、新しい理論のような価値のある情報は、その有効性から実にたとえることができる。
イ、本を読めば、私たちは豊富な知識を得ることができるが、獲得した知識を発展させていく場合には、本に書いてある情報を自分で考えた論理でつなぎ合わせてしまわないよう注意が必要である。
ウ、単に知識を得るだけなら、本を読むよりもネット検索のほうが便利なので、大量のデータを取り扱う分野においては、ネット検索を活用することによって効率的に研究を進めることができる。
エ、理論面での整合性が保たれる限り、情報と情報との結びつけ方に制約はないので、私たちは身につけた知識を別の情報や知識と結びつけていくことによって、知識をさらに広げることができる。

奈良県

時間 50分　満点 50点　解答 P37　3月11日実施

出題傾向と対策

●小説文、論説文、書写、古文、条件作文と文の推敲（省略）の大問五題構成。書写（筆順）が独立しているので実質四題という点は昨年同様で、記述問題の数、字数もほとんど変わらず、条件作文の字数も同じ。設問文の長さと難易度は標準的。
●慣用的な言い方の意味、文法なども出題されているので幅広い学習が必要。記述問題は本文中の語句からキーワードになるものを用いて、指定された字数でまとめる練習をしておくのがよい。

一 （小説文）漢字の読み書き・慣用句・内容吟味

次の文章を読み、各問いに答えよ。（計18点）

私が魚に少々身がまえてしまうのには、子どものころの釣りが影響しているだろう。まだ小学校にも上がらないころ、家から歩いて一分の川に父と妹と行った。故郷の村は山がちで、遊び場といえば田んぼのあぜ道か清流だったが、就学まえの子どものみで川遊びをするのは禁じられていたため、その日は妹も私もおおはしゃぎだった。父は村の郵便局に勤めていて、休日はごろごろと昼寝したり寄り合いに出たりで、川につれていってくれるのはめずらしかった。

川に入るには水温が低い、たしか五月ぐらいのことだった。父は幼い子どもを飽きさせぬよう、①ぬかりなく釣《つ》り竿《ざお》を持参しており、釣り竿といってもそれは細い竹に糸をくくりつけただけのお手製だった。妹と私、それぞれの背丈に合わせた釣り竿を手渡した父は、空き缶を橋のたもとの地面に置いた。なかには、庭をA［掘り］返してつかまえたミミズがうねうね入っていた。

父はミミズをひきちぎり、自分の釣り鉤《ばり》に刺した。それでもまだ動くミミズの体に私はひるんだが、妹はむんずと缶のなかのミミズをつかみ、父を真似《まね》ようとする。けれど、子どもの力ではミミズをうまくひきちぎれない。結局、父が妹と私の釣り鉤にミミズをつけた。妹は不満そうだったが、私は心底からホッとした。

私たち三人は並んで橋に立ち、川面《かわも》に糸をB［垂らした］。糸を引っぱられたら竿《さお》を上げろ、と父は言ったが、水の流れはときに魚に擬態して、くいくいと糸を引っぱる。てっきり食いついたとばかり思って私は竿を上げるのだが、鉤《はり》についたミミズに変化はない。歌子はせっかちだなと笑う父の隣で、妹は眼光鋭く川面をにらんでいた。

妹は短い釣り竿を自在に操り、三十分ほどで五匹も魚を釣りあげた。父は三匹、私は一匹で、いずれも大人の中指ほどの細長い魚だ。なんという名の魚だったのか、たいがいの村のひとは、川に棲《す》むフナ、鮎《あゆ》、メダカ、ウナギ以外は、すべておおざっぱに「魚」としか呼ばなかった。父もご多分に漏れず、ようけ魚が釣れたのう、と言った。特に舞子は漁師になれるで、と褒められて妹はうれしそうだった。

その経験があって、海沿いのO市に住む男性との結婚を決めたのかもしれない、などとばかなことを考えつつ、卓《ちゃ》袱台《ぶだい》に向かって緑茶を飲む。炊飯器が不穏に振動しはじめた。そろそろ買い替えどきだろうか。けれど炊飯器よりさきに私の寿命が来るかもしれず、こうしてなにかしようかと思うつど、どちらが長生きするかを考慮しなければいけないのがC［厄介］だ。

九匹の小魚が入ったバケツは父がぶらさげ、妹と私はそのあとについて、家に戻った。母と祖父母が釣果《ちょうか》を喜び、夕飯のおかずにするため、母と祖母はさっそく台所に立って、小魚に天ぷらの衣をつけた。

私は衝撃を受けた。釣った魚を食べるとは思っていなかったのだ。包丁の腹で頭を叩《たた》かれ、気絶だか絶命だかした魚は、おとなしく衣をまぶされ、D［ネッした］油に投じられてあっというまに天ぷらになった。祖父母と父に二尾ずつ、母と妹と私が一尾ずつ。小皿に載って座卓へと登場した魚をまえに、食べたくないと私はべそをかいた。

「ふだんも魚の天ぷらを食べとるやろ。あれと同じや。」

「おいしいよって食べなさい。はよせんと冷めるで。」

両親が口々に言い、

「あれあれ、歌ちゃんは魚を飼うつもりやったんかな。かわいそうなことしたな。」

と、私をかわいがっていた祖母が慰めてくれた。②そのあいだに妹は天ぷらを頭からばりばりたいらげており、私はいっそう悲しくなった。最終的には祖父の、

「釣った魚を、食いもせんでほかしたらバチが当たる。かわいそうでもありがたく食うのが、せめてもの供養《くよう》ちゅうもんや。」

という一言で、私は目をつぶって天ぷらを食べた。清流で育った小さな魚は、驚くほどおいしかった。細長いのに身はふくふくとして、ほんのりと甘かった。おじいちゃんたちはもう一匹食べられていいなと、あのとき私はたしかに思い、そんなふうに思う自分がうしろめたく、なんだかおかしくもあった。

いまなら、③「現金な」という形容がふさわしいとわかる。泣き笑いして食べた小魚ほどおいしい天ぷらには、その後もついぞ出会わず、私はなんとなく魚をまえにすると④腰が引けるというか身が引き締まる気持ちになる。見開いたまんまるな目が、「かわいそう。」と思ったくせにおいしく食べた私を見透かしている気がするからかもしれない。おまえも俺も、ほかのすべての生き物も、食ったり食われたりして生きて死ぬ。それだけのことだ、と言われている気もして、「なるほどたしかに。」などと一人うなずくうちに、だいたいいつも切り身を焼きすぎる。いや、理由の大半は私の料理の腕前にあるが、豚肉や牛肉が相手だとまだまだ想像が至らぬためか加減よく焼けるのもたしかで、魚と問答をはじめてしまうのがいけないと半ば本気で思ってもいる。

炊飯器が振動をやめ、かわりに猛然と蒸気を噴きあげはじめた。


(三浦しをん『魚の記憶』による)

(注) ようけ＝たくさん
卓袱台＝四脚の低い食卓
はよせんと＝早くしないと
ほかしたら＝捨てたら

㈠ □A、Cの漢字の読みを平仮名で書き、□B、Dの片仮名を漢字で書け。（各1点）

㈡ ──線①の意味として最も適切なものを、次のア～エから一つ選び、その記号を書け。（2点）
ア、上手に　イ、用意周到に
ウ、冷静に　エ、臨機応変に

㈢ ──線②とあるが、「私」をいっそう悲しくさせたのはどのようなことか。最も適切なものを、次のア～エから一つ選び、その記号を書け。（2点）
ア、魚の天ぷらを食べずに捨てるとバチが当たってしまうということ。
イ、食べようと思っていた魚の天ぷらを妹に食べられてしまったこと。
ウ、妹よりも食べ物の好き嫌いが激しい自分の幼さに気づいたこと。
エ、魚に対して自分が抱いたような思いが妹にはないと感じたこと。

㈣ 思考力 ──線③は、具体的にどのようなことを指すか。文章中の言葉を用いて書け。（3点）

㈤ ──線④は、魚をまえにしたときの「私」の心情を表現したものである。この表現とほぼ同じ内容を表している言葉を、文章中から十字で抜き出して書け。（3点）

㈥ この文章からうかがえる妹の性格として最も適切なものを、次のア～エから一つ選び、その記号を書け。（2点）
ア、勝ち気で物おじしない性格
イ、穏やかで落ち着いた性格
ウ、感受性が豊かで繊細な性格
エ、思いやり深く優しい性格

㈦ この文章の表現上の特徴について述べたものとして適切なものを、次のア～オからすべて選び、その記号を書け。（2点）
ア、改まった言葉遣いで交わされる会話を描き、魚を食べることに対する、家族と「私」の認識の違いが生み出す緊迫感を伝えている。
イ、「私」がおそるおそる料理をしている様子を擬態語を用いて描写し、生き物の命を奪うことに「私」が恐怖を感じていることを表している。
ウ、過去の回想と現在の「私」の様子や気持ちを交互に語ることで、魚に対する「私」の思いを説き明かしている。
エ、魚との問答の中で「私」が何度も同じ言葉を繰り返して述べることで、魚に自分の思いを強く訴えていることを表している。
オ、終始「私」の視点から語ることで、読み手を「私」と同化させ、魚にまつわる「私」の思いについて共感しやすくしている。

二（論説文）語句の意味・品詞識別・内容吟味

次の文章を読み、各問いに答えよ。（計14点）

近代科学としての地理学と歴史学の分類は、カントが、「地理学は相互に隣接している事象の記述であり、空間と関連する。」、また「歴史学は相互に継起する事象の記述であり、時間と関連がある。」としたことに①由来する。簡略に表現すれば、地理学を「空間的並存」の状況を記述する学問、歴史学を「時間的継起」の様相を記述する学問、と定義したのである。

確かに、空間の概念と時間の概念は別のものであり、空間と時間を理論的に区別することはできる。近代以後の、地理学と歴史学の研究対象の違い、あるいは地理の学校教科書と歴史の学校教科書にみられる違いは、カントによるこの分類に端を発すると言ってもよいであろうし、現在もその基本は変わっていない。

しかし、現実の空間の様相と時間の経過はどうであろうかと考えるとすれば、私には別の感覚が頭をもたげて②くる。

唐突に個人的経験を語ることになるが、私は空間の違いと時間の経過を、一つの事例から同時に実感したことがある。それは、言葉をめぐる印象的な体験であった。

もとより人間社会にとって言葉は、意思を疎通し、情報を伝達したり、それを蓄積したりするために不可欠である。言葉が人間の文化の基礎をなすことは改めて言うまでもない。その言葉が、例えば日本とフランスでは異なっていて、言葉を含むそれぞれの文化が、異なった空間において並存している状況は、確かに地理学にとっても重要課題となりうる。

私が体験した一つの事例とは、用務のためにかつてパリを訪れた際のことであった。その折、③パリ在住の日本人に通訳をしていただいた。フランス語ができないから通訳の世話になったのであり、通訳のフランス語について評価することはできない。しかし、おそらくは立派なフランス語であったと思われ、用務はきわめてスムーズに進行した。

違和感があったのはむしろ、通訳の日本人が話す日本語のほうであった。その折に年配の通訳が話した、非常に丁重な日本語は、現在からすれば随分古めかしい日本語だったのである。

その日本語はおそらく、通訳が若い時に日本で修得したものと思われる表現であった。私自身もおぼろげに、若い時に聞いたことがあったような気がするものの、現在の日常からは遠くなってしまった言葉遣いだったのである。その古めかしい日本語は、現在の日本において、ほとんど使われなくなった。ところがパリ在住の日本人通訳はおそらく、変化する日本語を更新する機会もないままに、旧態を維持したものであろう。

このように、異なった空間に並存しながらも、時間の経過によって、相互に異なった状況を呈する日本語の存在、といった現象を説明することができるのは、おそらく空間の側面からだけでも、時間の側面からだけでもないと思われるのである。

パリにおいて耳にした日本語について、私が感じた印象は次のように言い換えることができそうである。つまり、いろいろな空間に存在するさまざまな事象（例えば日本語）は、すべてが時間的（歴史的）な存在（変化する。あるいは更新するか、しないか）であることの一証である、と。

このことは逆に見れば、すべての歴史的事象は、それぞれが空間的に展開するという意味において、空間的存在であるとも言えよう。

先の言葉の例に戻れば、この四十、五十年間における日本語の変化は、決して小さくない。戦後間もないころの人々が話した言葉は、すでに口語で記されたり、録音されたりした記録があるので、容易に確認できるであろうが、それと現代のわれわれが耳にする日本語はかなり異なっている。

ところが『源氏物語』や『平家物語』などの古典の日本語と、現代の日本語との違いはさらに大きい。④言語が人間社会の文化の基礎であることは繰り返すまでもないが、その変化には人間社会の存在、人々の社会集団が必用である。一人だけの言葉の違いでは、それが別の人に通じたとしても、その一人の個性でしかないであろう。そもそもそれでは、情報の伝達や蓄積を目的とした言語の役割を、完全には果たさない。言語の変化には、時間の経過に加えて、一定量の人間社会からなる空間が不可欠なのであろう。

改めて言い換えると、すべての空間的事象は時間的（歴史的）存在であり、すべての歴史的事象は空間的存在であることになろう。空間を考えるために歴史過程への視角を保ち、また歴史過程を考えるために空間への視角を保つことなくしては、さまざまな事象の実態へは十分に接近し難《がた》いことになる。前者が地理学の側からの歴史地理学の視角であり、後者における歴史学の側からの視角もまた、同様に歴史地理学と呼ばれる。

つまり、歴史地理学は「空間と時間の学問」と言うべきであり、⑤歴史地理学は、カント以来の歴史学と地理学における空間と時間のギャップへの、架け橋の役割をも果たすことになろう。

（金田章裕『地形と日本人』による）

（注）カント＝ドイツの哲学者
　　必用＝必要
　　視角＝視点

㈠――線①とほぼ同じ意味で用いられている言葉を、文章中から五字で抜き出して書け。（2点）

㈡――線②と同じ働きをしている「くる」を、次のア～エから一つ選び、その記号を書け。（2点）
ア、喜びの便りがくるのを待つ。
イ、もうすぐ一雨くるようだ。
ウ、留学生が私のクラスにくる。
エ、よい考えが浮かんでくる。

㈢――線③とあるが、この通訳が話したフランス語と日本語の説明として最も適切なものを、次のア～エから一つ選び、その記号を書け。（2点）
ア、フランス語はフランス人にとって違和感のない言葉遣いのようだが、日本語は発音が不明瞭で伝わりにくいものであった。
イ、フランス語はとても流ちょうな話しぶりだったが、日本語は言葉遣いに誤りがあり、どこかたどたどしさを感じさせるものであった。
ウ、フランス語は用務に役立つものであり、日本語はたいそう丁寧で時代がかった、現在の言葉遣いとは合わないものであった。
エ、フランス語も日本語も、若々しさは感じられないものの、とても美しい言葉遣いであり、上品な人柄が伝わってくるものであった。

㈣――線④とあるが、筆者が言語や言葉を人間社会の文化の基礎だと考える理由に当たる一文を、文章中から抜き出し、その初めの五字を書け。（3点）

㈤ 思考力 ――線⑤とあるが、このように筆者が述べるのはなぜか。その理由を、文章中の言葉を用いて四十字以内で書け。（3点）

㈥この文章の論理の展開の仕方について述べたものとして最も適切なものを、次のア～エから一つ選び、その記号を書け。（2点）
ア、筆者の体験に基づいて仮説を立て、その妥当性を複数の視点から検証し、新たな定義として整理している。
イ、一般的な考えを説明した上で、筆者の実体験を根拠として自らの見解を解説し、結論づけている。
ウ、はじめに複数の事例を挙げ、そこから共通して読み取れることを筆者の主張として示し、論をまとめている。

エ、身近な課題から書き始め、その背景の分析と検討を重ねた上で、筆者の考える解決策を示している。

三 漢字知識

次の□内の文は行書で書かれている。楷書で書くときと筆順が異なる漢字はどれか。当てはまるものを、後のア～オからすべて選び、その記号を書け。（2点）

山の緑に花の色が映える。

ア、山　イ、緑　ウ、花　エ、色　オ、映

四 （古文）仮名遣い・内容吟味

次の文章は、役者の考えを記録した江戸時代の書物『耳《に》塵集《じんしゅう》』の一部である。これを読み、各問いに答えよ。（計6点）

我も初日は同じく、うろたゆるなり。しかれども、よそめにしなれたる狂言をする①やうに見ゆるは、けいこの時、せりふをよく覚え、初日には、②ねから忘れて、舞台にて相手のせりふを聞き、その時おもひ出してせりふをいふなり。その故は、常々人と寄り合ひ、あるいは喧嘩《けんくわ》口論するに、かねてせりふにたくみなし。相手のいふ詞《ことば》を聞き、こちら初めて返答心にうかむ。狂言は常を手本とおもふ故、③けいこにはよく覚え、初日には忘れて出るとなり。

（注）初日＝舞台の最初の日
うろたゆる＝うろたえる
よそめにしなれたる＝他の人から見てやり慣れた
たくみなし＝用意しておくということはない
うかむ＝浮かぶ

(一) よく出る ――線①を現代仮名遣いに直して書け。（2点）

(二) ――線②とあるが、「ねから忘れる」とはどういうことか。最も適切なものを、次のア～エから一つ選び、その記号を書け。（2点）

ア、すっかり忘れるということ
イ、うっかり忘れるということ
ウ、緊張して忘れるということ
エ、知らぬ間に忘れるということ

(三) ――線③と「我」が述べるのはなぜか。その理由として最も適切なものを、次のア～エから一つ選び、その記号を書け。（2点）

ア、互いに相手の言葉をよく聞いてその場に合うせりふを即興で話すことが、稽古以上に優れた狂言をするためには必要だから。
イ、本番の舞台で息の合った狂言ができるように、すべてのせりふを十分に理解して話すことを日々の稽古で徹底しているから。
ウ、狂言においては、本番の舞台でせりふを間違えないことよりも、表情やしぐさと合わせて自然に話すことの方が大切だから。
エ、相手への言葉は、事前に準備するものではなく、相手の言葉を受けて出てくるという日常を手本として狂言をしているから。

五 （省略）品詞識別・表現力・条件作文 （計10点）

和歌山県

時間 50分　満点 100点　解答 P38　3月11日実施

出題傾向と対策

●漢字の読み書きと国語知識問題および古文、論説文、随筆文（省略）、条件作文の大問四題構成。毎年出題傾向が変わる。今年は小説文に代わり随筆文が出題され、条件作文は、小説文から登場人物の気持ちを読み取ったうえで自分の考えを述べるものであった。作文を含む全体の記述量は、昨年までとほぼ同じである。

●漢字などの基礎知識の習得を確実に。記述対策は丁寧に文脈を追いながら、解答の根拠となる部分を的確に押さえ、まとめる練習が不可欠である。

一 漢字の読み書き・文・敬語・漢字知識・内容吟味・口語訳・仮名遣い

次の〔問1〕～〔問4〕に答えなさい。（計28点）

〔問1〕基本 次の①～⑧の文の――を付した、カタカナは漢字に直して書き、漢字は読みがなをひらがなで書きなさい。（各2点）

①記録をヤブる。
②顔が二ている。
③外国とのボウエキが盛んだ。
④セキニンのある仕事。
⑤腕前を競う。
⑥潤いのある生活。
⑦犠牲者を追悼する。
⑧柔和な人柄。

〔問2〕よく出る 基本 次の文章を読んで、あとの(1)、(2)に答えなさい。

当時、私たちの学級では、勝手な行動で人に迷惑をかけたり、軽率な発言で相手をA傷つけることがよくありました。そんな時いつも、先生は「人の痛みをわかる人になりなさい」と[B]言いました。きっと、思いやりのある優しい子でいてほしいと考えてくださっていたからでしょう。

　私は、大人になった今も、先生のこの言葉を大切にしています。

(1) 文章中の最初の一文が、文法上、適切な表現となるように、[A]傷つけること を書き直しなさい。（2点）

(2) 文章中の[B]言いました を、適切な敬語表現に書き直しなさい。（2点）

〔問3〕 **基本** 書写の授業では、楷書と行書の特徴を理解し、場面に応じて使い分けて書くことを学習します。次のア～エの場面のうち、行書で書くのが適しているものを一つ選び、その記号を書きなさい。（2点）

ア、図書委員会からの連絡事項をクラスの仲間に伝えるため、教室の黒板に書く。

イ、校区に住む来年度入学予定の小学六年生に向けて、学校体験の案内状を書く。

ウ、進学を希望している高等学校の入学願書を、万年筆を使って直筆で記入する。

エ、壁新聞に載せる記事の取材で、地域の商店主にインタビューしてメモを取る。

〔問4〕 **基本** 次の古文を読んで、あとの(1)～(3)に答えなさい。

　やまとうたは（和歌は、）、人の心を種として、万《よろづ》の言の葉とぞなれりける（言葉となったものだ。）。[A]世の中にある人、ことわざ繁《しげ》きものなれば（関わる事柄やするべきことが多いので、）、心に思ふことを、見るもの聞くものにつけて（託して）、[B]言ひ出《い》だせるなり。花に鳴く鶯《うぐひす》、水に住む蛙《かはづ》の声を聞けば（聞くと、）、[C]生きとし生けるもの、いづれか歌を詠《よ》まざりける。

（『古今和歌集』から）

(1) 文中の[A]世の中にある人 を現代語訳するとき、「人」のあとにどんな助詞を補えばよいですか。次のア～エの中から一つ選び、その記号を書きなさい。（2点）

ア、に　イ、を　ウ、は　エ、で

(2) 文中の[B]言ひ出だせるなり を現代仮名遣いに改め、すべてひらがなで書きなさい。（2点）

(3) 文中、[C]生きとし生けるもの、いづれか歌を詠まざりける とありますが、ここで言おうとしていることはどのようなことですか。その内容として最も適切なものを、次のア～エの中から選び、その記号を書きなさい。（2点）

ア、生きているものはすべて歌を詠むということ。

イ、生きているものはすべて歌を詠まないということ。

ウ、生きているものには歌を詠むものもいるということ。

エ、生きているものには歌を詠まないものもいるということ。

二 （論説文）内容吟味・段落吟味・文脈把握

　次の【Ⅰ】、【Ⅱ】の文章は、人間社会のあり方について述べられた著書の中から二か所を取り出して示したものです。また、【Ⅲ】の文章は、ある生徒が、ボランティアについて書かれた新聞記事を読んで、自分を考えをまとめたものです。これらを読んで、〔問1〕～〔問7〕に答えなさい。（計31点）

※印には（注）がある。

【Ⅰ】

　家族は「子どものためなら」「親のためなら」と多くのことを犠牲にし、見返りも期待せずに奉仕します。血のつながりがあるからとか、自分がおなかを痛めて産んだ子だから、といった理由でえこひいきをするのを喜びとするのです。

　一方、コミュニティ※では、何かをしてあげれば相手からもしてもらえます。何かをしてもらったら、お返しをしなくてはなりません。それは互酬的な関係で、えこひいきはありません。

　人間以外の動物は家族と共同体を両立できませんが、私たち人類は、この二つの集団を上手に使いながら進化してきました。

　人類は共同の子育ての必要性と、食をともにすることによって生まれた分かち合いの精神によって、家族と共同体という二つの集団の両立を成功させました。

　人間には、ほかの霊長類※とは違って[A]長い子ども期があります。子ども期は二歳ごろから六歳ごろまでの四～五年間を指します。

　オランウータンにもゴリラにもチンパンジーにも、子ども期はありません。人間以外の類人猿※の赤ちゃんは、母乳を与えられる時期が長く、ゴリラでは三歳ごろまで、チンパンジーは五歳ごろまで、そしてオランウータンはなんと七歳ごろまで母乳で育ちます。そして乳離れをした後はすぐに大人と同じものを食べて生活します。

〈あ〉

　一方、人間の子どもは、乳離れをした後には「離乳食※」が必要な時期がありますね。これは、人間の子どもは六歳にならないと永久歯が生えてこないからです。大人と同じ食生活ができない子ども期には、食の自立ができませんから、上の世代の助けがどうしても必要になる。人間の子育てには、手間も人手もいるんですね。

　ですから人類の祖先は、子どもを育てるとき、家族の中に限定しなかったはずです。また、分かち合う食を通じて家族同士のつながりを作ってもいたでしょう。人類は進化の過程の中で家族を生み、共同体を生み出したのです。

〈い〉

　しかしながら、現在、家族の崩壊ということがよく言われます。家族という形態が、ひょっとすると現代の社会に合致しなくなってきているのではないか。そんなふうにも思えます。家族は、人間性の要とも言える部分。また、人間社会の根幹をなす集団の単位です。そこに変化が起き始めていることについて、私たちはどう考えればいいのでしょうか。

　改めて家族というものを定義してみると、それは「食事をともにするものたち」と言うことができます。どんな動物にとっても、食べることは最重要課題です。いつどこで何を誰とどのように食べるか、ということは非常に重要な問題です。

う＞人類の場合は、食を分け合う相手は基本的には家族です。何百万年もの間、人類は家族と食をともにしてきました。家族だから食を分かち合うし、分かち合うから家族なのです。しかし、その習慣は今や崩れかけていると言えます。

ファストフード店やコンビニエンスストアに行けば、いつでも個人で食事がとれてしまいます。家族で食べ物を分かち合わなくても、個人の欲望を満たす手段はいくらでもあります。家族でともに食卓を囲む必要性は薄れ、個人個人がそれぞれ好きなものを好きなときに食べればいい時代になっています。この状態は、人類がこれほどまで進化したことの[B]負の側面とも言えるでしょう。

え＞コミュニケーションとしてあったはずの「共食」の習慣は消え、「個食」にとって代わられつつある。食卓が消えれば、家族は崩壊します。人間性を形づくってきたものは家族なのですから、家族の崩壊は、人間性の喪失だと私は思います。そして、家族が崩壊すれば、家族同士が協力し合う共同体も消滅していかざるを得ません。

もちろん、家族やコミュニティという形態そのものが今すぐに消えてなくなるわけではありません。政治的な単位、あるいは経済的な単位としては、今後も長く残り続けると予想できるからです。

では、家族が崩壊してしまったら、人間はどう変化していくのでしょうか。

そうなれば、人間社会はサル社会にそっくりなかたちに変わっていくでしょう。そして[C]その変化は、もうすでに始まっていると私は感じています。

【Ⅱ】

人間の持っている[D]普遍的な社会性というのは、次の三つだと私は考えています。

ひとつは、見返りのない奉仕をすること。これは家族内では当たり前のことですが、そこに留《とど》まらないで、見ず知らずの相手や自分とはゆかりのない地域のためにボランティア活動などを行えるのが人間です。

人間は、共感能力を成長期に身につけます。自分を最優先して愛してくれる家族に守られながら「奉仕」の精神を学んでいきます。そんな環境の中で、「誰かに何かをしてあげたい」という気持ちが育っていく。そしてその思いは家族の枠を超えて、共同体に対しても、もっと広い社会に対しても広がっていきます。

二つめは互酬性です。何かを誰かにしてもらったら、必ずお返しする。こちらがしてあげたときには、お返しが来る。これは共同体の維持のためのルールですね。会社などの組織も基本的にはこのルールのもとに成り立っています。また、お金を払ってモノやサービスなどの価値を得るという経済活動が、まさしく人間の互酬性を表しています。

三つめは帰属意識です。自分がどこに所属しているか、という意識を人間は一生、持ち続けます。たとえば私の場合は、山極《やまぎわ》家の寿一《じゅいち》という男で、京都大学で※教鞭《きょうべん》をとっている。私の帰属意識は山極という家と、京都大学という職場にあります。それがアイデンティティのひとつになる。

□的ですが、人間は帰属意識を持っているからこそ、いろんな集団を渡り歩くことができます。集団を行き来する際、常に人間は自分の所属を確認し、それを証明しなくてはいけませんが、それはほかの動物にはできないことです。人間は、帰属意識を持っているからこそ世界中を歩き回ることもできるし、自分自身の行動範囲や考え方を広げていけるのです。人間は相手との差異を認め尊重し合いつつ、きちんと付き合える能力を持っていますが、その基本に帰属意識があると思います。

家族も共同体もなくしてしまったら、人間は帰属意識も失います。人間は、互いに協力する必要性も、共感する必要性すらも見出せなくなっていくでしょう。

個人の利益さえ獲得すればいいなら、何かを誰かと分かち合う必要もありません。他人を思いやる必要もありません。遠くで誰かが苦しんでいる事実よりも、手近な享楽を選ぶでしょう。どこかの国の紛争なんて、他人事。自分に関係ないから共感なんてする必要もない。これはまさにサルの社会にほかなりません。

サルの社会に近づくということは、人間が自分の利益のために集団を作るということです。そうなれば、個人の生活は今よりも効率的で自由になります。しかし、他人と気持ちを通じ合わせることはできなくなってしまいます。

もしも本当に人間社会がサル社会のようになってしまったら、どうなるのでしょうか。サル社会は序列で成り立つピラミッド型の社会です。人を負かし自分は勝とうとする社会、とも言い換えられます。[E]そんな社会では、人間の平等意識は崩壊するでしょう。

今、日本ではあえて家族を作らず個人の生活を送る人も増えてきました。家族の束縛から離れて、自由で気ままに暮らそうというわけです。しかしここには見落とされているひとつの危険な事実があります。

それは「人間がひとりで生きることは、平等に生きることには結びつかない」という事実です。家族を失い、個人になってしまったとたん、人間は上下関係をルールとする社会システムの中に組み込まれやすくなってしまうのです。

（山極《やまぎわ》　寿一《じゅいち》　著『「サル化」する人間社会』から……一部省略等がある。）

（注）
・コミュニティ＝地域社会。
・霊長類＝ヒトを含むサル類。
・類人猿＝ゴリラ・チンパンジー・オランウータンなど、霊長類の中で最もヒトに近いもの。
・離乳食＝乳離れの時期に乳児に与える食べ物。
・教鞭をとって＝教職に就いて。

【Ⅲ】

二〇二〇年夏の熊本豪雨には、阪神淡路大震災（一九九五年）を経験した神戸市の職員の皆さんも、ボランティアとして駆けつけました。指揮役を務めたTさんは震災当時中学生、自宅は損壊。全国の支援を受けた記憶が今もはっきり残っているそうです。

「あのときの恩返しがしたい。」……ⓐ
「日本のどこかが大変な時には、神戸市の職員としていつでも駆けつける。」……ⓑ
「自分が力になりたい。」……ⓒ

こんな思いで、活動が続けられていました。

また、今年は、「コロナ禍で駆けつけられないけれど、せめて物資だけでも送りたい。」という申し出もたくさんあったようです。

このことを新聞で読んだとき、私は、心が温かくなりました。そして、私も、社会の中で生きていく一人の人間として、たとえコロナ禍の世の中であっても、互いの気持ちを通じ合わせることの大切さをいつも忘れずに生活していきたいと思いました。

〔問1〕よく出る 基本 【Ⅰ】の本文中、A長い子ども期とありますが、次の文章は、筆者が考える人間の子ども期について説明したものです。[①]〜[③]にあてはまる言葉を、【Ⅰ】の文中から①は三字、②、③はそれぞれ四字で、そのまま抜き出して書きなさい。（完答で4点）

乳離れのあとの、[①]が生えるまでの長い期間を指す。その間、子どもは[②]ができず、[③]の手を必要とする。

〔問2〕基本 【Ⅰ】の本文中には、次の[　]の段落が抜けています。これは、文脈上、どこに入るのが適切ですか。【Ⅰ】の文中の[あ]〜[え]の中から一つ選び、その記号を書きなさい。（4点）

> そして霊長類の場合、なかでも「誰と食べるか」が大事なのです。ともに食べるものをどう選ぶか、その選び方で社会が作られていくからです。

〔問3〕基本 【Ⅰ】の本文中、B負の側面 とありますが、筆者は、人類のどのような状態を「負の側面」と述べていますか。その内容として最も適切なものを、次のア〜エの中から選び、その記号を書きなさい。（3点）

ア、母乳を飲まなくなっても、すぐには大人と同じものが食べられないので、母親の用意した「離乳食」を食べる。
イ、ファストフード店やコンビニエンスストアで、それぞれ自分の好きなものを買い、好きなときに一人で食べる。
ウ、常に家族が全員そろって一緒に食卓を囲み、テーブルにあるものを、みんなでにぎやかに分かち合って食べる。
エ、食卓に並んだ食べ物を家族で分かち合おうとせず、好きなものを独り占めして、自分だけでゆっくりと食べる。

〔問4〕【Ⅰ】の本文中、Cその変化は、もうすでに始まっている とありますが、【Ⅱ】の本文中には、その変化の中で人間社会が見失うものが具体的に挙げられています。それにあたるものとして適切なものを、次のア〜カの中からすべて選び、その記号を書きなさい。（完答で5点）

ア、共感　イ、享楽　ウ、協力
エ、自由　オ、序列　カ、利益

〔問5〕基本 【Ⅱ】の本文中、D普遍的な社会性というのは、次の三つだ とありますが、この三つの社会性と、【Ⅲ】の文章中のⓐ〜ⓒの組み合わせとして最も適切なものを、次のア〜エの中から選び、その記号を書きなさい。（4点）

ア、見返りのない奉仕…ⓐ　互酬性…ⓑ　帰属意識…ⓒ
イ、見返りのない奉仕…ⓐ　互酬性…ⓒ　帰属意識…ⓑ
ウ、見返りのない奉仕…ⓒ　互酬性…ⓐ　帰属意識…ⓑ
エ、見返りのない奉仕…ⓑ　互酬性…ⓐ　帰属意識…ⓒ

〔問6〕基本 【Ⅱ】の本文中の[　]にあてはまる最も適切な語を、次のア〜エの中から選び、その記号を書きなさい。（3点）

ア、本質　イ、流動　ウ、一般　エ、逆説

〔問7〕思考力 【Ⅱ】の本文中、Eそんな社会では、人間の平等意識は崩壊するでしょう とありますが、筆者がこのように考えるのはなぜですか。「そんな社会」が指す内容を示した上で、八十字以内で書きなさい。（句読点やその他の符号も一字に数える。）（8点）

三 (省略)梨木香歩「やがて満ちてくる光の」より　（計26点）

四 (小説文)内容吟味・課題作文 思考力

次の文章を読み、この場面におけるカズオの気持ちについて説明した上で、あなたの考えを書きなさい。ただし、あとの条件(1)、(2)にしたがうこと。（15点）

カズオは電車の中にいる。ロングシートの席に座って、さっきから胸をドキドキさせて。

目の前に、二人のおばあさんが立っている。

席をゆずらなくちゃ——。でも、カズオが立ち上がっても、シートには一人分のスペースしか空かない。おばあさん二人のうち、座れるのは一人だけだ。

歳《とし》をとっているほうのおばあさんに声をかけようか。だけど、若く見えるおばあさんは大きな荷物を持っている。遠くの駅まで乗るほうに座ってもらおうと思っても、行き先なんてわからない。二人で話し合って決めればいい？そんなの、どうやってお願いすればいいんだろう……。

おばあさんたちは、怒っているかもしれない。それとも悲しんでいるのだろうか。カズオは二人と目が合うのが怖くて、うつむいてしまう。それだけでは足りずに、目もつぶった。座れるおばあさんと座れないおばあさんを分けてしまうのはよくないんだ、と自分に言い聞かせた。そんなの不公平だもの。座れないおばあさんがかわいそうだもの。だったら二人とも座れないほうがすっきりする……はずだ。

電車は走る。ガタゴトと揺れながら、走る。まわりのひとは、カズオのことを「やさしくない子ども」だと思っているかもしれない。ほんとうは違うのに。おばあさんが一人だけなら、すぐに席をゆずってあげたいのに。カズオは胸をドキドキさせたまま、ただじっと目をつぶって、眠ったふりをする。

（重松《しげまつ》　清《きよし》　著『きみの町で』から）

〔条件〕
(1) 原稿用紙（20字詰×10行＝省略）の正しい使い方にしたがって書くこと。ただし、題名や自分の氏名は書かないこと。
(2) 二段落構成とし、八行以上、十行以内であること。

鳥取県

時間 50分　満点 50点　解答 P38　3月9日実施

出題傾向と対策

●国語知識、小説文、論説文、古文、資料を読み解く問題の大問五題構成。国語知識には漢文の問題も含まれており、幅広く出題されている。小説文・評論文の分量は標準的で、難易度もさほど高くはない。

●基本・基礎を大切に、幅広く着実に知識を身につけておくこと。また、問題演習を通じて解答を作り上げる力を伸ばしていきたい。自分で解答作成し、模範解答とどこが違うのか見比べることで、記述の力は伸びていく。作文問題にはさまざまな経験や知識を文章化する力を養っておく。

解答上の注意　答えに字数制限がある場合には、句読点やその他の符号も字数に数えることとします。

一　漢字の読み書き・漢字知識・熟語・品詞識別・古典知識・慣用句

次の各問いに答えなさい。（計10点）

問一、よく出る 基本　次の（1）～（4）の傍線部について、漢字は読み方をひらがなで、カタカナは漢字に直して、それぞれ楷書で丁寧に書きなさい。必要があれば、送り仮名もつけて答えなさい。（各1点）

（1）国民の期待を担う。
（2）重要な職務を遂行する。
（3）人形を器用にアヤツル。
（4）彼はオンコウな人柄だ。

問二、よく出る 基本　「落葉」という熟語を、次のように行書で書きました。①、②の部分において、楷書で書いたときと比べて、どのような特徴が現れていますか。その組み合わせとして、最も適切なものを、あとのア～エから一つ選び、記号で答えなさい。（1点）

ア、①点画の連続　②筆順の変化
イ、①点画の省略　②筆順の変化
ウ、①点画の連続　②点画の省略
エ、①筆順の変化　②点画の省略

問三、基本　次のア～オの四字熟語のうち、「悪戦苦闘」のように、意味の似た二字熟語を重ねたものをすべて選び、記号で答えなさい。（1点）

ア、公明正大
イ、自画自賛
ウ、起承転結
エ、意気消沈
オ、唯一無二

問四、よく出る 基本　次の文について、あとの問いに答えなさい。

> [1]ある人が発した言葉が、今でも忘れられ[2]ない。

（1）次のア～エの傍線部のうち、「[1]ある」と同じ品詞の言葉を一つ選び、記号で答えなさい。（1点）

ア、かなり遠くの街まで行く。
イ、大きな絵を壁に掛ける。
ウ、新しい本が出版される。
エ、きれいな星空を眺める。

（2）「[2]ない」の品詞を、次のア～エから一つ選び、記号で答えなさい。（1点）

ア、動詞　イ、形容詞　ウ、助詞　エ、助動詞

問五、基本　「不入虎穴不得虎子」という漢文の一節について、次の問いに答えなさい。

（1）この一節の書き下し文「虎穴《こけつ》に入《い》らずんば、虎子《こじ》を得ず。」に従って、返り点を正しくつけたものを、次のア～エから一つ選び、記号で答えなさい。（1点）

ア、不レ入二虎穴一、不レ得二虎子一。
イ、不レ入レ虎穴、不レ得二虎子一。
ウ、不レ入二虎穴一、不レ得レ虎子。
エ、不レ入レ虎穴、不レ得レ虎子。

（2）「不入虎穴不得虎子」（「虎穴に入らずんば、虎子を得ず。」）の意味として最も適切なものを、次のア～エから一つ選び、記号で答えなさい。（1点）

ア、細心の注意を払わなければ、失敗は避けられない。
イ、他人への思いやりがなければ、信頼は得られない。
ウ、危険を冒さなければ、大きな成功は収められない。
エ、長い時間をかけなければ、何事も成し遂げられない。

二　（小説文）内容吟味・文脈把握・表現技法

次の文章を読んで、あとの問いに答えなさい。（出題の都合上、本文を一部改めた箇所がある）（計12点）

三学期の創作画の授業の時だった。

ぼくはクロの絵を描いていた。名前はクロだけれど、クロは黒犬じゃないから、いろんな色を塗ってみた。茶色や白、太陽の光を浴びた時の黄色。泥んこになった時の土色。背景は真っ赤な夕日だ。手前は川で、これは銀色。夏の日差しの強い日には、こんな色に見える。

いつのまにか小池が後ろに立っていて、ぼくにこう言ったのだ。

「[1]強いな、お前の絵は」

「は？」最初は褒められていることに気づかなかった。絵に強いとか弱いとかがあるなんて、その時まで聞いたことがなかったから。筆圧が強すぎるって注意されたのかと思った。

「それ、美術展に出してみないか」

小池の顔はふつうにしていても笑っているように見えるから、この言葉も初めは冗談だと思った。

「これを？」

いましがた両隣のクラスメートから笑われたばかりだ。小池だってそれを聞いていたはずなのに。

「冗談でしょ？」

「いいや、本気。俺、授業中と職員室じゃ冗談を言わない

ことにしてるんだ」

「だけど、自分で言うのもなんだけど、変な絵です」

小池は笑って言った。

「だいじょうぶ、俺にはいい絵なんだから。正直に言って、入選は難しいだろうけど、誰かに見せてやりたくなる絵なんだよ」

授業で描き終えられなかった場合は宿題になる。どんな教科であれ宿題が嫌いなぼくは、いつもならさっさと授業中に描いてしまうのだけれど、[2]その日は、半分しか完成しなかった。小池に褒められてから、急に使う色やかたちを迷いはじめたせいだと思う。

夕日は本当に赤いんだろうか。

赤は本当に赤なんだろうか。

四角は確かに四角なのか。

丸はやっぱり丸なのか。

その日、ぼくは家に帰ってからも、ずっと絵に色を塗っていた。赤の上に黒を塗り、黄色を重ね、また赤に戻す。そんなことの繰り返し。

次の授業の時、小池は完成したぼくの絵を見て、ひとことだけ言った。

「芸術だ」

県の学生美術展の発表があった翌日、ぼくは美術室に足を向けた。授業がない時、小池はいつもそこにいるのだ。ノックをして部屋へ入ると、思ったとおり*トルソーに顎《あご》を載せて煙草《たばこ》を吸っていた。

「お、結果が気になってきたのか？」

「いえ別に……通りかかっただけです」

「一年の教室は隣の校舎だろう。すごい通りかかり方だな」

ぼくの［A］をひとりで面白がってから、小池はいつも笑っているような顔を、ほんの少しだけ引きしめて言った。

「だめだった。俺も残念だよ。ま、選考委員は田舎画家ばっかりだから、しかたない。その気にさせてしまって悪いが、あきらめてくれ」

「はぁ」別に構わない。期待はしていなかったし。というのは嘘《うそ》。美術室のドアを開ける時までぼくは、「金賞だったよ」という言葉を心のどこかで期待していたのだ。

「でもな、[3]ダメだったからってダメだなんて考えなくていいぞ」

黙ってうなずくことしかできなかった。意味がよくわからなかったからだ。

「俺はお前の絵が好きだ。なぜなら、俺には描けないから」

小池は眼鏡の中の小さな目を、くるくる動かして言った。

「ま、誰のどんな絵でも、俺には描けないんだけどね。絵はその人それぞれのものだから。ただし、小手先がうまいだけなら、ほとんど同じものを、もっとうまく描ける。でも、お前みたいな色使いや筆運びは真似《まね》できない。いい絵だよ、これは。ふつうの人間にはできないな」

小池の言葉には嘘がない気がした。「いい絵だよ、これは」と言いながら、髭《ひげ》の伸びた顎で、美術室の隅を指した。そこにはこの学校の出品作品が山積みになっていて、ぼくの絵だけが立てかけてあった。

[4]小池の言葉は嬉《うれ》しかった。でも、同時に不安になった。

「ねえ、先生、ぼくはふつうじゃないんでしょうか？」

なぜそんなことを聞いたのか、自分でもわからない。トルソーの上に載っかった小池の首が、ギリシア神話に出てくる小太りの神様みたいだったからだろうか。

小池がトルソーの上で首をかしげた。ぼくの言葉の意味を考えているようだった。首をもとに戻してから、ぼくの薄茶色の目を覗《のぞ》きこんできた。

「いいか南山、ふつうの人間なんて、どこにもいないんだよ。みんな少しずつ違う。確かに地球の上から見下ろせば、お前の存在は何十億分の一でしかない。俺もそう。ちっぽけなもんだ。世間で言う『地球より重い』なんてたいそうなものじゃない。だけど、考えてみろよ。何十億分の一にしろ、お前はこの世にお前しかいないんだぜ」

その答えをぼくはとても気に入った。いつまでも胸の中にしまってあって、ときどき取りだして、[5]トロフィーみたいに眺めている。

もっと言えば、こうだ。

人類の歴史から考えると、ぼくの存在は何十億どころか、何百億分の一だろうけれど、この地球の歴史においても、ぼくという人間は、ぼくしかいないのだ。

*県大会で四位どまりでも、美術展で落選しても、そう考えると、なんだか誇らしい気分だった。

（荻原浩『四度目の氷河期』による）

（*注）トルソー…頭や手足のない胴体だけの彫像。
県大会で四位どまり…以前「ぼく」が優勝を目指して臨んだ陸上の県大会で四位に終わったことを指す。

問一、「[1]強いな、お前の絵は」とありますが、「小池」は「ぼく」の絵のどういう点を評価していますか。最も適切なものを、次のア～エから一つ選び、記号で答えなさい。（2点）

ア、現実とかけ離れた空想の世界の楽しさにあふれている点。
イ、観察眼と写実性にもとづき物事の様子を巧みに再現している点。
ウ、対象を感じたままに表現することで独自性が生じている点。
エ、洗練された色使いと繊細な筆運びが見事に調和している点。

問二、よく出る　「[2]その日は、半分しか完成しなかった」とありますが、その理由を説明したものとして、最も適切なものを、次のア～エから一つ選び、記号で答えなさい。（2点）

ア、おざなりに描いていた絵を美術展に出すことになったので、今までの絵に対する心構えを改め、丁寧に仕上げようと思ったから。
イ、迷いなく描きたいように描いていた絵を、思いがけなく小池に褒められ、納得のいく絵に仕上げたいという思いが生まれたから。
ウ、美術展で自分の絵が認められると小池の評価も上がるので、選考委員が好みそうな色使いや筆運びになるよう工夫し始めたから。
エ、小池に褒められたことで、自分の隠れた絵の才能がようやく認められると気負い、入賞できそうな絵に仕上げたいと思ったから。

問三、[A]にあてはまる最も適切な言葉を、次のア〜エから一つ選び、記号で答えなさい。（1点）

ア、嫌味
イ、告白
ウ、ひとりごと
エ、言いわけ

問四、思考力「[3]ダメだったからってダメだなんて考えなくていいぞ」とありますが、「小池」はどういうことを伝えたかったと考えられますか。二つの「ダメ」の違いがわかるように、四十字以内で説明しなさい。（2点）

問五、「[4]小池の言葉は嬉しかった。でも、同時に不安になった」とありますが、「ぼく」はどのようなことを嬉しく思い、どのようなことを不安に思ったのですか。六十字以内でわかりやすく説明しなさい。（3点）

問六、「[5]トロフィーみたいに眺めている」とありますが、ここでの「トロフィー」とは、どのようなものをたとえていると考えられますか。最も適切なものを、次のア〜エから一つ選び、記号で答えなさい。（2点）

ア、傷ついた心を癒やし、不安を取り除いてくれた恩人の柔和な笑顔を懐かしく思い出させてくれるもの。
イ、何かを極めようと懸命に取り組んだ者に、その努力に裏付けられた自信と誇りをもたらしてくれるもの。
ウ、長い目で見れば、孤独や不安、競争に敗れたくやしさなどは小さなものだという真実を教えてくれるもの。
エ、他者との競争や世間の価値基準に左右されない、ありのままの自分の存在価値をたたえてくれるもの。

三 （論説文）内容吟味・文脈把握

次の文章を読んで、あとの問いに答えなさい。（出題の都合上、本文を一部改めた箇所がある）（計12点）

当たり前のことであるが、現在の科学が世界のすべてを把握している訳ではない。顕微鏡が考案されれば、今まで見えなかったものが見えてくる。*シークエンサーが発明されれば、顕微鏡では見えない遺伝子に刻まれた生物進化の痕跡が見えてくる。そういった認識できる情報が増えれば増えるだけ、それに基づいた科学の常識、それが支配できる領域も変わっていく。

しかし、[1]現状の科学で認識できないことが、必ずしもこの世に存在しないことを意味しないのなら、では一体、何が〝科学的〟で、何が〝非科学的〟なものなのだろう？　UFOや超能力や地底人だって、将来的に科学になる可能性はないのだろうか？　*レーウェンフックも、かつて「魔法使い」と言われていたそうではないか？

実は、そうなのだ。これは非常に厄介な問題であり、ある意味、本質的な問いなのかも知れない。現在、科学の支配が及んでいない未知な領域にも、間違いなく〝この世の真実〟は存在している。実際、科学の最先端で試されている仮説の数々も、そういった未知領域に存在しているとも言えるし、長い歴史は持つものの、西洋科学の体系には必ずしも収まっていない東洋医学なんかも、少なくとも部分的にはそうだろう。また、「*似非《えせ》科学」と非難めいた名称で呼ばれている分野も、その一部は[2]この領域の住人と言って良い。

そういった「科学」とも「非科学」ともつかない〝未知領域〟は、この世にかなり広大に広がっているし、そこには*有象無象《うぞうむぞう》の海の物とも山の物ともつかないようなものたちが蠢《うごめ》いている。それらのうちのいくつかは将来、科学の一部となっていくこともあるだろうが、だからと言って、味噌《みそ》も糞《くそ》も一緒で、本当に何でもありで良いのか、これもまた疑問である。

この難問に対して、とても科学的な人たちは「科学的に実証されたものだけを信用すべき」という考え方をとり、それが科学者としてとるべき態度のように評されることも多い。私自身はそういった[3]石鹸《せっけん》の香り漂うような、清涼感溢《あふ》れる考え方に、どこか違和感を持ってしまう方ではあるが、「似非科学」と呼ばれるような*胡散《うさん》の香り漂うものに傾倒する危険性も軽視できないことは理解している。

その最大の問題点は、実証されたものに比べて、実証されていない領域ははるかに大きく、一旦、[4]根拠のはっきりしないものを受け入れる精神構造ができてしまうと、どこまでもその対象が広がり、根拠なき後退と言うか、根拠なき前進と呼ぶべきか、そのような「果てしなく飛躍する論理」とでも形容されるべきものに飲み込まれてしまいかねないことである。根拠が薄弱なものに対して、信じる／信じない、の二者択一や、「そうであったらいいな」的な、安易な希望的観測を持って傾倒していくことはやはり危険なことである。特に根拠を問うことが許されないような「神秘性」を強調するものには警戒が必要であろう。

しかし一方、現在の科学の体系の中にあるものだけに自分の興味を限定してしまうことも、真の意味で科学的な態度ではないはずである。科学の根本は、もっと単純に自分の中にある「なぜ？」という疑問に自らの頭と情熱で挑むものではなかったろうか。その興味の対象が、現在「科学的」と呼ばれているかどうかなど、実に些細《ささい》な問題である。

科学の歴史はこれまで述べてきたように、未知領域の中から新たな科学的真実が次々と付け加えられてきた歴史でもあり、それは挑戦と不確かな仮説に満ちたものだった。何を興味の対象としているかによって、科学と似非科学との間に境界線が引ける訳ではないのだ。

もし、科学と似非科学の間に境界線が引けるとするなら、それは何を対象としているかではなく、実はそれに関わる人間の姿勢によるのみなのではないかと私は思う。「非科学的な研究分野」というものが存在するのかどうかは私には分からないが、「非科学的な態度」というのは明白に存在している。科学的な姿勢とは、根拠となる事象の情報がオープンにされており、誰もが再現性に関する検証ができること、また、自由に批判・反論が可能であるといった特徴を持っている。

一方、根拠となる現象が神秘性をまとって*秘匿されていたり、一部の人間しか確認できないなど、再現性の検証ができない、客観性ではなく「生命は深遠で美しい」のような誰も反論できないことで感情に訴える、批判に対して答えないあるいは批判自体を許さない――そういった特徴を持つものも、現代社会には分野を問わず（政治家等も含めて）、あまた存在している。

この[5]二つの態度の本質的な違いは、物事が発展・展開するために必要な資質を備えているかということである。科学的と呼ばれようが、非科学的と呼ばれていようが、この世で言われていることの多くは不完全なものである。だから、間違っていること、それ自体は大した問題ではない。間違いが分かれば修正すれば良い。ただ、それだけのことだ。

しかし、そういった修正による発展のためには情報をオープンにし、他人からの批判、つまり*淘汰《とうた》圧のようなものに晒《さら》されなければならない。最初はとんでもない主張であっても、真摯《しんし》に批判を受ける姿勢があれば、修正できるものは修正されていくだろうし、取り下げるしかないものは、取り下げられることになるだろう。この修正による発展を繰り返すことが科学の最大の特徴であり、そのプロセスの中にあるかどうかが、科学と似非科学の最も単純な見分け方ではないかと、私は思っている。

（中屋敷均『科学と非科学　その正体を探る』による）

（＊注）シークエンサー…ＤＮＡの塩基配列等を自動的に決定する装置。
レーウェンフック…オランダの博物学者。歴史上はじめて顕微鏡を使って微生物を観察し、「微生物学の父」とも称せられる。
似非…似てはいるが、本物とは違っていること。
有象無象…世にたくさんある、くだらないもの。
胡散…疑わしいこと。あやしいこと。
秘匿…こっそりと隠すこと。
淘汰…悪いものを除き良いものを選び残すこと。

問一、「[1]現状の科学で認識できないことが、必ずしもこの世に存在しないことを意味しない」とはどのようなことですか。最も適切なものを、次のア～エから一つ選び、記号で答えなさい。（2点）

ア、この世に存在していないのであれば、現状の科学で認識できるはずがないということ。
イ、この世に存在していないものでさえ、現状の科学によって認識できるということ。
ウ、この世に存在していることならば、現状の科学はすべて認識できているということ。
エ、この世に存在はしているが、現状の科学で認識できていないこともあるということ。

問二、「[2]この領域」に含まれる内容としてあてはまらないものを、次のア～エから一つ選び、記号で答えなさい。（1点）

ア、認識できる情報の増加により、科学の支配が及んでいる領域
イ、科学的なのか非科学的なのか、判断を下せない未知の領域
ウ、西洋科学の体系には収まらず、科学と見なされていない領域
エ、将来、科学的真実になるものが存在している未知の領域

問三、「[3]石鹸の香り漂うような、清涼感溢れる考え方」という表現から、筆者のどのような思いがうかがえますか。最も適切なものを、次のア～エから一つ選び、記号で答えなさい。（1点）

ア、探究的な考え方に対する称賛
イ、情緒的な考え方に対する疑問
ウ、合理的な考え方に対する皮肉
エ、倫理的な考え方に対する敬意

問四、「[4]根拠のはっきりしないものを受け入れる」とありますが、これと相反する内容を表す部分を、傍線部4より後の部分から三十一字で抜き出し、はじめと終わりの三字を答えなさい。（2点）

問五、**新傾向**「[5]二つの態度の本質的な違いは、物事が発展・展開するために必要な資質を備えているかということ」について、次の問いに答えなさい。

（1）次の表は文中で述べられている「二つの態度」の特徴について、ある生徒がノートにまとめたものの一部です。表の中の A ・ B にあてはまる内容を書きなさい。なお、 A については本文中から十字以内で抜き出し、 B については本文中の言葉を用いて、二十字以上二十五字以内で書きなさい。（A1点、B2点）

表

科学的な態度	非科学的な態度
根拠となる事象の情報がオープンにされている	根拠となる事象が神秘性をまとって秘匿されている
↓	↓
A ができる	⇔ A ができない
⇕	⇕
B	⇔ 客観性ではなく誰も反論できないことで感情に訴え、批判に対しては答えないあるいは批判自体を許さない。

（2）「物事が発展・展開するために必要な資質」を備えた人間の態度とはどのような態度ですか。四十字以内で書きなさい。（3点）

四 （古文）仮名遣い・内容吟味

次の文章を読んで、あとの問いに答えなさい。（出題の都合上、本文を一部改めた箇所がある）（計6点）

ある者、座敷《ざしき》をたてて絵を描かする（座敷を作ってふすまに絵を描かせた）。白鷺《しらさぎ》の*一色《いつしき》を望む（注文した）。絵描き、「心得たり」と*焼筆《やきふで》をあつる（焼き筆で下絵を描いた）。亭主のいはく、「いづれも[1]良ささうなれども、此《この》白鷺の飛びあがりたる、[2]羽づかひがかやうでは、飛ばれまい」といふ。絵描きのいはく、「いやいや此飛びやうが第*一の出来物ぢや」といふうちに、本《ほん》の白鷺が四五羽うちつれて飛ぶ。亭主これを見て、「あれ見給へ。あのやうに描きたいものぢや」といへば、[3]絵描きこれを見て、「いやいやあの羽づかひではあつてこそ、それがしが描いたやうには、得《え》飛ぶまい」といふた。

（『浮世物語』による）

（＊注）一色…他のものを交えないこと。ここは白鷺だけを描いた絵、の意。

焼筆…柳などの細長い木の端を焼きこがして作った筆。絵師が下絵を描くのに用いる。
第一の出来物…もっとも優れたところ。

問一、**よく出る** **基本** 「[1]良さう」を現代仮名遣いに直し、すべてひらがなで書きなさい。（1点）

問二、**よく出る** 「[2]羽づかひがかやうでは、飛ばれまい」とは、どういうことを表していますか。最も適切なものを、次のア〜エから一つ選び、記号で答えなさい。（2点）
ア、本物の白鷺は、羽にけがをしているので、絵のように大空に飛び立つことはできないだろうということ。
イ、本物の白鷺の数はとても少ないので、絵のように多くの白鷺が飛び交うことはできないだろうということ。
ウ、絵に描かれている白鷺のような不自然な羽の使い方では、飛ぶことはできないだろうということ。
エ、絵に描かれているように白鷺が密集していては、羽がつかえて飛ぶのに支障がありそうだということ。

問三、「[3]絵描きこれを見て」の「これ」を説明したものとして、最も適切なものを、次のア〜エから一つ選び、記号で答えなさい。（1点）
ア、亭主が話している様子。
イ、本物の白鷺が飛ぶ様子。
ウ、亭主が描いた白鷺の絵。
エ、他の絵師が描いた白鷺の絵。

問四、**よく出る** この話で筆者が批判しているのはどのようなことですか。最も適切なものを、次のア〜エから一つ選び、記号で答えなさい。（2点）
ア、絵描きが、亭主の意見を聞き入れず、へ理屈をこねて絵の欠点を認めないこと。
イ、絵描きが、自分より上手に白鷺を描いた亭主の絵のうまさを素直に認めないこと。
ウ、亭主が、絵について注文をつけすぎて、絵描きの持つ力を発揮させてやれていないこと。
エ、亭主が、自分自身は何もしないのにもかかわらず、絵描きの批判ばかりしていること。

五 (ディスカッション)敬語・文脈把握・聞く話す・内容吟味・条件作文

鳥取県の中学校のある学級で、「地域を活性化させるために私たちにできること」について、パネルディスカッ*ションを行いました。その様子を表した次の場面Ⅰ〜場面Ⅲを読んで、あとの問いに答えなさい。（計10点）

（＊注）パネルディスカッション…あるテーマ（論題）について、異なる意見をもつパネリスト（発表者）が、フロア（聴衆）の前で討論した後、フロアも討論に加わって全体で議論を深める話し合い。

場面Ⅰ　パネリストの意見発表

司会　これから、パネルディスカッションを始めます。テーマは、「地域を活性化させるために私たちにできること」です。三人のパネリストに、それぞれの意見を発表してもらいます。それでは、お願いします。

Aさん　私は、地域の自然と食を同時に楽しめるようなイベントを企画するのがよいと思います。そうすれば、地域外からも多くの人が集まり、収益も出ると思います。

Bさん　私は、地域の歴史や文化、町の様子について調べて、パンフレットを作るのがよいと思います。パンフレットは地域の方々に配布したり、施設やお店に置いてもらったりして、たくさんの方に見ていただけるようにするとよいと思います。

Cさん　私は、町の産業や住環境について、私たちの目線で動画を作成して市のホームページに掲載してもらうのがよいと思います。そうすれば、県外から鳥取県への移住を考える人が増えると思います。

場面Ⅱ　パネリストによる討論

司会　ありがとうございます。三人の方から、それぞれの立場で意見発表がありました。それでは、質問や意見を出してください。

Cさん　Aさんに質問です。自然と食を同時に楽しめるイベントとは、具体的にどのようなものですか。

Aさん　例えば、一日カフェはどうでしょうか。お客様が、豊かな自然の中で、特産物を[1]召し上がることで、自然と食を満喫することができます。［a］、そのようなイベントを開催すると、たくさんのお客さんが来ると思います。

Cさん　［b］、一日限りのイベントでは、地域の活性化にはつながらないのではないでしょうか。私は、鳥取県の住みやすさや魅力ある産業をホームページで紹介して、県外からの移住を呼びかける方がよいと思います。［c］、移住者が増えると、税収や消費などが増え、長期的な経済効果が期待できるからです。

Aさん　Bさんに質問です。なぜ、パンフレットを作るのがよいと思ったのですか。

Bさん　理由は二つあります。第一に、住んでいる私たち自身が地域について調べて知ることが、地域活性化の第一歩だと思ったからです。第二に、地域の方々がパンフレットを見ることで、地域の魅力を再認識することにつながると考えたからです。

Aさん　地域の魅力を再認識することが、地域の活性化につながるのでしょうか。

司会　それについて、何か意見がありますか。

Cさん　[2]そうですね。まず自分たちが地域の魅力を知り、地域に愛着と誇りを持つことは地域活性化の原動力になると思います。さらにそれをホームページに掲載して、県外の人にも広く知ってもらうと、観光客や移住者が増え、地域の活性化につながると思います。

場面Ⅲ　フロアも参加して全体討論

司会　それでは、ここからはフロアの皆さんにも参加していただき、議論を深めていきたいと思います。
（後略）

問一、「召し上がる」と同じ種類の敬語を含む文を、次のア〜エから一つ選び、記号で答えなさい。（1点）
ア、新年のあいさつを申し上げる。
イ、来週、図書館に本を返します。
ウ、資料をゆっくりとご覧になる。
エ、教授の家に、友人とうかがう。

問二、[a]〜[c]にあてはまる言葉の組み合わせとして、最も適切なものを、次のア〜エから一つ選び、記号で答えなさい。（1点）
ア、a それでは　b たとえば　c したがって
イ、a 確かに　b しかし　c なぜなら
ウ、a もちろん　b だから　c つまり
エ、a ところで　b けれども　c しかも

問三、傍線部2のCさんの発言にはどのようなよいところがありますか。最も適切なものを、次のア〜エから一つ選び、記号で答えなさい。（1点）
ア、複数の意見の共通点と相違点を整理し、新たな意見を提案しているところ。
イ、聞く人が具体的にイメージできるように、自分の体験を補足しているところ。
ウ、他者の意見の問題点を指摘し、具体的な根拠を示して反論しているところ。
エ、他者の意見を肯定しつつ、自分の考えに結び付けてまとめ直しているところ。

問四、パネルディスカッションをよりよいものにするために気をつけることとして、あてはまらないものを、次のア〜エから一つ選び、記号で答えなさい。（1点）
ア、司会者は、パネリストの意見を公平に聞き取りつつ、少数意見も尊重すること。
イ、司会者は、論点を整理しながら進行し、課題解決に向けての話し合いを促すこと。
ウ、パネリストは、事前に用意した台本のせりふだけを述べ、自分の主張を貫くこと。
エ、パネリストは、説得するための資料を十分に集め、方法を工夫して主張すること。

問五、〈思考力〉このパネルディスカッションのあと、次の資料（県外居住者を対象にして行った鳥取県に関するイメージ調査）をもとに「鳥取県の魅力」について考え、その課題と解決策を文章にまとめることにしました。あとの【条件】に従って、あなたの考えを書きなさい。（6点）

資料

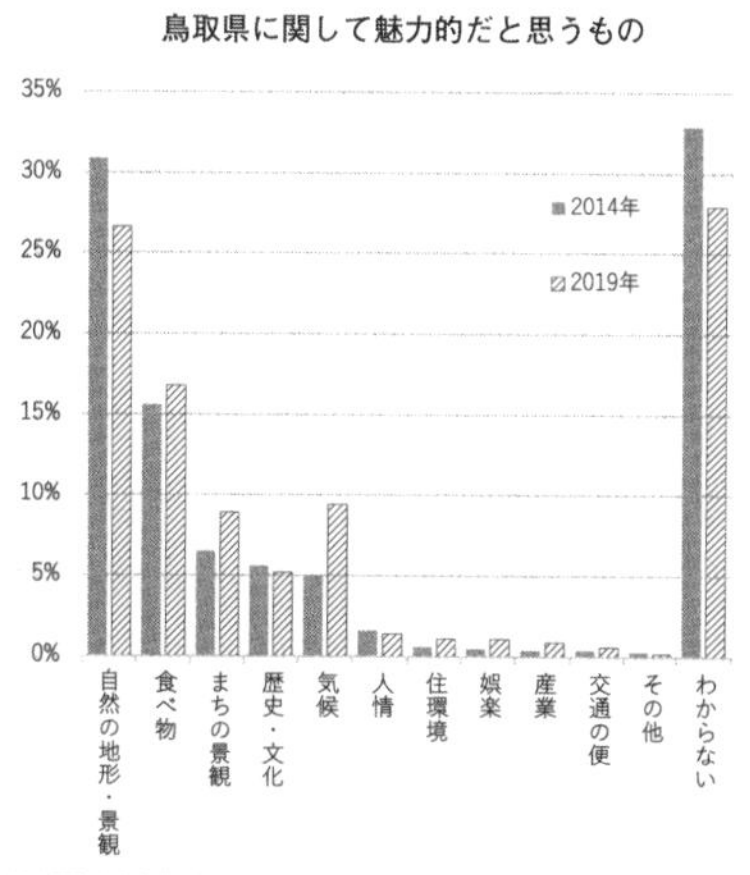

※鳥取県以外の14都府県に居住する人を対象にして行ったもの
※鳥取県について魅力的だと思うものを1つだけ回答
（「令和元年度鳥取県に関するイメージ調査」をもとに作成）

【条件】
①二段落構成とし、内容は次のとおりとする。
・第一段落には、資料から課題を読み取って書くこと。
・第二段落には、第一段落で挙げた課題についての解決策を考えて書くこと。
②自分の体験（見たこと聞いたことなども含む）を踏まえて書くこと。
③八行以上、十行以内でまとめること。
④原稿用紙（20字詰×10行＝省略）の正しい使い方に従うこと。
⑤数値を使う場合は、次の例に示した書き方で書くこと。
例　二十五％　または　二五％
　　二〇一四年

島根県

時間 50分　満点 50点　解答 P40　3月4日実施

出題傾向と対策

●国語知識、論説文、小説文、古文、話し合いに関する問題と条件作文の大問五題構成は例年どおり。論説文は昨年から複数テキストで、古典は漢文の年もある。五はここ数年インタビューに関する問題だった。本文は比較的読みやすく基本的な問題も多い。指定字数のある記述が複数出題され、条件作文もあるので、時間に注意が必要。

●まずは、古典知識も含めた基本的な知識をきっちりと習得する。指定字数のある記述と条件作文には慣れが必要なので、時間内に書き上げる練習を繰り返し行っておく。

注意　解答に句読点、記号が必要な場合は、それも一字として数えなさい。

一 漢字の読み書き・文節・漢字知識・仮名遣い　基本

次の問一〜問五に答えなさい。（計11点）

問一、次の1〜4の傍線部の読みを、それぞれひらがなで書きなさい。（各1点）
1、夜空に月が輝く。
2、人口が大都市に偏る。
3、工具を使って岩石を粉砕する。
4、校庭を疾走する。

問二、次の1〜4の傍線部のカタカナの部分を、それぞれ漢字で書きなさい。ただし、楷書で丁寧に書くこと。（各1点）
1、着物のオビを巻く。
2、雨がハゲしく降る。
3、ホウフな資源を活用する。
4、飛行機のモケイを組み立てる。

問三、次の文を単語で区切った場合、正しく区切ってあるものはどれか。後のア～エから一つ選び、記号で答えなさい。（1点）

私は泣きながら本を読んだ。

ア、私は／泣きながら／本を／読んだ。
イ、私は／泣き／ながら／本／を／読んだ。
ウ、私／は／泣きながら／本を／読ん／だ。
エ、私／は／泣き／ながら／本／を／読ん／だ。

問四、次の行書で書いた漢字を楷書にしたものはどれか。後のア～エから一つ選び、記号で答えなさい。（1点）

ア、決　イ、快　ウ、沢　エ、訳

問五、次の文の傍線部の「ひとへに」を現代仮名遣いに改めなさい。（1点）

たけき者もつひには滅びぬ、ひとへに風の前の塵《ちり》に同じ。

二（論説文）内容吟味・文脈把握

次のⅠ、Ⅱの文章を読んで、問一～問四に答えなさい。（計12点）

Ⅰ

もしも将来、この世界から書物がなくなってしまったら……。

もしも将来、書物が刊行されなくなったならば――すなわち、例えばインターネット上のコンテンツ(注)に居場所を奪われ、書物が商品として、あるいは非売品としても流通することがなくなったならば、そしてその挙句《あげく》に、いつか書物というものが家の中でも、街角でも、学校の中でも目にすることがなくなってしまったならば、ある時次のような会話がなされるようなことはないだろうか？

「おい、本っていうもの、知ってるか？　これは便利なものだぜ。文字情報を必要なものだけ拾い上げて、プリントアウトした上に、きちんと綴《と》じてあるんだ」
「じゃ、どこにでも持ち運びができるわけだ」
「もちろん。おまけに、読むのに、端末も、ソフトも、電源もいらないんだ」
「へえ。そんな便利なもの、誰が発明したんだろう!?」
「いやいや、昔は世界中に溢《あふ》れていたらしい」
「昔は、便利だったんだね！」

第29回日本ＳＦ大賞（２００８年）を受賞した貴志祐介《きしゆうすけ》の『新世界より』を読みながら、ふと頭に浮かんだシーンである。『新世界より』では、物語の後半、すでに廃墟《はいきょ》と化している図書館の中で、主人公たちは「ニセミノシロモドキ」と呼ばれる過去の（すなわち現在の）電子端末の記録を読みとろうとして、それを再起動させるための電源を得るのに、四苦八苦する。最後には太陽電池の充電によって再起動に成功するのだが、その箇所を読みながらぼくは、①本ならばこんな苦労をしなくてすむよな、と思ったのだ。そもそも書物がないこと（過去の記録がそこに住む人々に共有されていないこと）、それはその貴志の描く未来世界の秘密と密接な関係がある……。

今、多くの人がさまざまなドキュメント(注)を電子媒体に残してるが、時が経《た》ち、ハードそのものがまったく変わってしまったりしたら、まったく読むことができなくなるかもしれない。一方、紙も石も竹も、もちろん腐敗はしていくが、ある日突然まったく読めなくなることはあまりない。

【中　略】

われわれは、「紙の本」のメディアとしての安定性、信頼性、そしてその勁《つよ》(注)さをも、再認識し、もっともっとアピールすべきなのである。

「紙の本」の優位性は、そうしたメディアとしての堅牢性《けんろう》(注)だけではない。

ぼくたちは、電子媒体のコンテンツに接する時、それが少し長いものになれば、大抵プリントアウトして、ホッチキスか何かで綴じる。読んでいくのに、その方が便利だからだ。一方「紙の本」は、初めからそこまでしてくれているメディアとも言える。

確かにそれは、単に習慣の問題、現在ある年齢以上の世代が、コンテンツに触れる時にまず最初に、そして日常的に「書物」という媒体《メディア》を通してきた結果に過ぎないのかもしれない。「デジタルネイティヴ」(注)の人口比が大きくなるにつれて媒体《メディア》はどんどん多様化していくかもしれない。これから世代が下っていくに従って、冊子体が「本」の形態を独占する状況は去り、まだ見ぬものも含めてさまざまな電子端末でコンテンツに接する割合が増えていくであろう。

しかし②そうした予測を以《もっ》て性急に「書物」の終焉《しゅうえん》(注)を説くことは、「書物」の持つもっと大事な特長を看過することであり、ひょっとすると冊子体（「書物」）の優位性も見逃してしまうことになるかもしれないのである。それは、先の仮想会話の中で「文字情報を必要なものだけ拾い上げて」といわれている優位性である。「文字情報を必要なものだけ拾い上げ」ることによる優位性は、決して小さくならないどころか、情報が氾濫《はんらん》すればするほど大きくなっていくように思うのである。

③インターネットは本当に便利である。プライベートでも、書物を売る現場＝書店店頭においても、商品そのものや人物、事柄などの検索に、すばらしい力を発揮してくれる。しかし、使えば使うほど、④この場合は書物の方が便利だな、と思うことも多くなってくる。書き込みができる、一覧性があるなど素材や形態にかかわることもそうであるが、何よりも情報がある目的に合わせて収集、整理されていることの恩恵を、強く感じるのだ。すなわち、「編集」の力である。

テクスト(注)という言葉は、もともと「布地」を意味する。多くの言説《げんせつ》(注)を縦糸と横糸に編み込んで「布地《テクスト》」を生み出すのが、「編集」という作業である。

一方、インターネット空間は、言わば膨大な量の糸がバラバラのまま集まった状態である。確かにそこは、ユーザーが自由に選び取り、それぞれの必要と趣味に応じて時には自由に編み直すことができる原材料の宝庫といえる。だが、選んだ原材料がよいものである、あるいは編み直し方が正しいものである保証は、無い。言い換えれば、⑤出来上がった布地《テクスト》に責任を負う者が、誰もいない。

（福嶋聡『紙の本は、滅びない』による）

(注) コンテンツ…情報の内容や中身。
ドキュメント…文書ファイル。
勁さ…しっかりと力がみなぎるさま。
堅牢性…頑丈でしっかりとした性質。
デジタルネイティヴ…生まれた時からインターネットなどが普及した環境で育った世代。
終焉…物事の終わり。
看過…見過ごすこと。
テクスト…本文。テキストともいう。
言説…言葉で説明された考えや意見。

Ⅱ

図書館にあるのは、書籍になった情報です。書籍というものは、著者がいて、編集者がいて、内容の間違いなどがないかをチェックする専門家「校閲者《こうえつ》」などの協力のもとに完成します。正しい内容なのかどうか、編集者や校閲者のチェックを経て世の中に送り出されますから、その場の思いつきだけでいい加減なことを言ったり、書いたりできてしまうインターネットなどとは、情報の精度がまったく違うのです。

(宮嶋茂樹『不肖・宮嶋　メディアのウソ、教えたる！』による)

問一、傍線部①「本ならばこんな苦労をしなくてすむよな、と思ったのだ。」とあるが、筆者がそのように思った理由の説明として最も適当なものを、次のア～エから一つ選び、記号で答えなさい。(2点)
ア、保存のための費用がかからず、経済的な負担が少ないから。
イ、収納場所さえあれば、何冊でも保存することができるから。
ウ、電気がなくても、本そのものがあれば読むことができるから。
エ、本に記録された内容は、必ず時代を超えて残っていくから。

問二、傍線部②「そうした予測」とあるが、それはどのような予測か。最も適当なものを、次のア～エから一つ選び、記号で答えなさい。(2点)
ア、今後はデジタルネイティヴが社会の中心になり、紙の本にこだわらず、多様な電子端末を用いて情報を得ていくようになるだろうという予測。
イ、今後はデジタルネイティヴの人口が増え、古くてなじみのない紙の本は、かえって目新しいものとして受け入れられていくだろうという予測。
ウ、紙の本に慣れ親しんできたある年齢以上の世代でも、いずれは電子端末の便利さを理解し、紙の本以上に利用する機会が増えていくだろうという予測。
エ、紙の本に慣れ親しんできたある年齢以上の世代は電子端末への抵抗感が強く、積極的に電子端末を用いようとはしないだろうという予測。

問三、傍線部③「インターネットは本当に便利である。」、傍線部④「この場合は書物の方が便利だな、と思うことも多くなってくる。」について、次の1、2に答えなさい。
1、インターネットについて、筆者は何をするときに便利だと考えているか。傍線部③以降のⅠの文章中から漢字二字で抜き出して答えなさい。(1点)
2、書物について、筆者が最も便利だと考えているのはどのようなことか。傍線部④以降のⅠの文章中から二十字以上、二十五字以内で抜き出して答えなさい。(2点)

問四、思考力　傍線部⑤「出来上がった布地《テクスト》に責任を負う者が、誰もいない。」について、三人の生徒が話し合っています。後の1、2に答えなさい。

レン　「布地《テクスト》」って何のことかな。
セナ　Ⅰの文章では、「布地《テクスト》」は、「多くの言説」を「編み込んで」生み出されたものだと書いてあるよ。そのことを筆者は「（　A　）」と呼んでいるね。
マオ　じゃあ、Ⅱの文章を見てみようか。Ⅱの文章では、最後に「情報の精度がまったく違う」と書いてあるね。
レン　「情報の精度がまったく違う」ってどういうことだろう。
セナ　（　B　）の方が、より情報が正確だってことじゃないかな。そう考えると、「出来上がった布地《テクスト》に責任を負う者が、誰もいない。」が指摘している課題がわかった気がするよ。

1、（A）、（B）に入る言葉の組み合わせとして最も適当なものを、次のア～エから一つ選び、記号で答えなさい。(2点)
ア、A…記録　B…書籍
イ、A…記録　B…インターネット
ウ、A…編集　B…書籍
エ、A…編集　B…インターネット
2、傍線部⑤「出来上がった布地《テクスト》に責任を負う者が、誰もいない。」は、どのような課題を指摘していると考えられるか。Ⅱの文章中の言葉を用いて、次の形式に合うように、四十字以上、五十字以内で答えなさい。(3点)

（　四十字以上、五十字以内　）という課題。

三 (小説文)内容吟味

次の文章を読んで、問一～問六に答えなさい。(計12点)

市の観光事業課職員だった嶋由香《しまゆか》は、市立水族館アクアパークで働くよう命じられ、チーフトレーナーや先輩トレーナーの梶良平《かじりょうへい》から指導を受けることになった。この日も由香は、チーフトレーナーや梶、アクアパークの獣医師である「先生」とともに、イルカの世話をしていた。

由香は窓際を離れ、控室の古いソファに身を投げ出した。破れかけの背もたれから、バネが軋《きし》む音が聞こえてくる。X ため息をついて、自分の手を見つめた。

「こんなことって、ある？」

自分の手から餌《えさ》を食べてもらう――それが信頼関係の第一歩と聞いたことがある。しかし、(注)C1《シーワン》は魚を投げ返した。摂餌《せつじ》拒否。自分は第一歩すら踏み出せなかった。ライブでは、トレーナーが付き添うとはいえ、お客さんが魚を与えることだってあるのに。

飼育する側なのに、飼育される側から拒否された。

先輩にいくら酷《ひど》く言われても、我慢できる。相手は人間だ。それを耐えるのも仕事のうちと割り切ればいい。だけど相手がイルカでは、どうしようもない。

へこむ。

チーフ（注）は「プールには戻って来んでいい」と言った。餌を与えるという基本的な仕事を免除される水族館員がいるだろうか。いるわけがない。ここに来て二週間ちょっと、もう見切られてしまったということだ。

先程、先輩がロッカーにある着替えを取りに、控室に来た。けれど、①怒ることも笑うこともなく、ただ黙って着替えを持って出て行った。それも、視線が合わないように顔をそらしたままで。これは、怒鳴られたり馬鹿にされるよりも、きつい。もう相手にする価値すら無いと見られたのだ。

思えば、知識も経験も無い自分がやっていけるなんて考える方が間違っていた。無知識の新人を採用して、一から仕込む役所や会社のやり方とは、根本的に違うのだ。先輩が怒るのも当たり前で、②自分がここにいること自体、間違っているのだ。

控室のドアが開いた。

上半身ずぶ濡《ぬ》れの先生が入ってきた。

「僕も水しぶきで、やられたよ。C1に影響されたのか、他の三頭まで興奮してね、やたらとジャンプして水を飛ばすんだ。まいったよ」

先生は着替えを取りに、ロッカーの列の中に入っていく。

「今さっき、梶がここに来ただろう」

「はい」

「何か言ってたかい」

「いえ。口もきいてもらえませんでした」

ロッカーの列の向こうから「そうか」とだけ返ってきた。

沈黙が流れる。

由香はロッカーの向こう側に問いかけた。

「先生、どうすればいいんでしょうか。私、観光事業課にいたと言っても、デスクワーク中心で、結局、何も……ここに来たこと自体、間違ってるんです。役所の人事って、いつもそうなんです」

Y情けない。涙声になっている。

役所にいた時は、他部局の人に何を言われても、何ともなかった。たいていは半日もすれば忘れたし、その場で言い返せる時は倍くらい言い返して、すっきりしてから場を離れた。職場でこんな状態になったことなんて、今までに無かったのだ。

「かなり、まいってるみたいだな」

先生が着替えを持って、ロッカーの列から出てきた。

「でも、珍しいことじゃない。動物にもある。環境が変わると、慣れるまで元気が無くなるんだ。場合によっては、ストレスで病気になる動物だっている。僕は獣医で人間は診察できないけど、人間だって同じことさ。でも、まあ、君は心配ないだろ」

先生は肩をすくめた。

「勘違いしてないかい。僕が梶の様子を尋ねたのは、梶のことが気になったからだよ。君のおかげで、梶のやつ、相当落ち込んでる。口をきかないのは、そのせいさ」

「先輩が、どうしてですか。餌の拒否みたいな情けない光景を見て、嫌気が差したんですか」

「拒否じゃない。以前、イルカの性格を説明しただろう。何て言えばいいのかな、まあ、あれは③キャッチボールみたいなもんだ」

「キャッチボール？」

「この二週間程、君はプールから少し離れた所で、うろうろしていた。C1も気になっていたんだろう。で、今日ようやく間近に君を見た。そんな君にC1は『ほれ』とボールを投げてきたんだ。イルカが魚を遊び道具にすることは、珍しいことではないからね」

「でも、腕を噛《か》みつかれました」

「イルカの口には九十本くらい尖《とが》った歯が並んでる。まともに噛めば、無事ではすまない。だから最初、僕はそれが怖くて、とめようとした。でも、結局、腕はどうだった。かすり傷一つ無いだろう」

Z黙って、うなずいた。そう言えば、恐さばかり感じていたけれど、くすぐったいくらいで、痛みは少しも無かった。

「C1は好奇心旺盛《おうせい》な個体だけど、同時に警戒心も強くて、人見知りも強い。初見《しょけん》のトレーナーに慣れるのは、いつも最後なんだよ。トレーニングは子イルカの頃から始めることが多いんだけど、C1は事情があって成体になってからのトレーニングなんだ。そんなことも影響してるのかもしれない」

C1の姿が浮かんだ。あいつ、私に向かって挑発するかのように鳴いていた。

「今日やった胃液採取だって、僕や親父《おやじ》さんには、やらせてくれるんだけど、梶にはなかなか気を許さなくて、やらせてくれなかった。梶ができるようになったのは、最近なんだよ。彼は何度もC1で痛い目にあってる」

先生は「イルカの立場で考えてごらん」と言った。

「好きな遊びだとはいえ、初めての人間が口の中に手を入れてくるんだ。警戒して当然だろう。だけど、C1のやつ、怪我《けが》もさせず身動きもさせずの微妙な力加減で、君の腕をくわえていた。君はC1を観察するどころではなかったと思うけど、C1は、明らかに君の様子を見て楽しんでた。C1は初対面の君を遊び相手として選んだんだ」

「遊び相手、ですか」

「トレーナーの仕事は、うまくイルカに遊んでもらうこと。そう言ったのを覚えてるかい。さっき、C1のやつ、回転しながら高いジャンプをしただろう。ハイスピン・ジャンプと呼んでるんだけど、C1は演技ではやっても、自分からやることは、めったにないんだ。魚のキャッチボールも、水しぶきをトレーナーにわざとかけることも、このところは、ほとんどやらなかった。だから僕も梶も油断してて、水しぶきをかぶっちゃった。もうC1のやつ、遊び気分全開になってる。分かるかい。④へこむのは、君ではなくて、梶なんだよ」

先生は楽しげに身を揺する。

木宮条太郎『水族館ガール』実業之日本社刊

（注）C1…由香が担当するイルカ。アクアパークでは、飼育する動物をペット扱いしないため、愛称をつけずアルファベットと数字の組み合わせによる記号で呼んでいた。

チーフ…チーフトレーナーのこと。先生からは、「親父さん」と呼ばれている。

問一、傍線部①「怒ることも……そらしたままで。」とあるが、この理由について、由香はどのように考えているか。次の形式に合うように、二十五字以上、三十五字以内で答えなさい。（2点）

先輩の梶に、（二十五字以上、三十五字以内）と思われたからだ、と由香は考えている。

問二、傍線部②「自分がここにいること自体、間違っているのだ。」とあるが、由香がこのように思う理由を、次の形式に合うように、文章中から八字で抜き出して答えなさい。（1点）

自分にはイルカのトレーニングに関する（　八字　）から。

問三、傍線部③「キャッチボールみたいなもんだ」とあるが、これはどのような様子をたとえたものか。その説明として最も適当なものを、次のア～エから一つ選び、記号で答えなさい。（2点）

ア、由香が近づいてこないのを不満に思ったC1が、由香の投げた餌の魚を乱暴なしぐさで投げ返してきた様子。

イ、由香が自分のことを恐れていると感じたC1が、由香の与えた餌の魚を不審に思って投げ返してきた様子。

ウ、由香にひそかに好意を抱いていたC1が、由香にこっそり分け与えようとして餌の魚を投げ返してきた様子。

エ、由香の存在に興味を持っていたC1が、由香とコミュニケーションをとるために餌の魚を投げ返してきた様子。

問四、点線部X「ため息をついて、自分の手を見つめた。」、点線部Y「情けない。涙声になっている。」、点線部Z「黙って、うなずいた。」のときの由香の心情を説明したものとして最も適当なものを、次のア～エから一つ選び、記号で答えなさい。（2点）

ア、Xでは自分の力不足を思い知り、Yではさらにその思いがつのっているが、Zでは自分が勘違いをしていたのではないかと感じ始めている。

イ、Xではひどく落ち込んでいるが、Yでは少し救われた思いになり、Zでは自分に思いもよらない才能があることを静かに受け止めている。

ウ、Xでは怒りを抑えきれず、Yではショックのあまり投げやりになっているが、Zでは周囲の優しさに触れて落ち着きを取り戻している。

エ、Xでは仕事に行き詰まりを覚え、Yではさらに落ち込んで自分を責めているが、Zでは一転して舞い上がる気持ちを抑えようとしている。

問五、傍線部④「へこむのは、君ではなくて、梶なんだよ」とあるが、先生がこのように言う理由を、梶と由香を比較する形で、三十五字以上、四十五字以内で答えなさい。（3点）

問六、文章中の先生についての説明として最も適当なものを、次のア～エから一つ選び、記号で答えなさい。（2点）

ア、C1の状態や梶の心情を的確にとらえ、今後の対応策を由香に教えつつ、よけいな口出しはせずに冷静に由香を観察している。

イ、C1の状態や梶の心情を的確にとらえ、よき理解者として由香を励ましつつ、由香や梶が悩んでいる姿をほほえましく見ている。

ウ、由香の成長を信じ、とても厳しく由香を指導する一方で、C1や梶を怒らせた由香の失敗を笑い飛ばす豪快さがある。

エ、由香の成長を信じ、C1や梶と仲よくさせようとする一方で、口うるさいために由香や梶から迷惑がられている。

四 （古文）内容吟味

次の文章を読んで、問一～問三に答えなさい。（計5点）

ある時、僧の弟子どもにいはく、「①世間の人は愚《おろ》かにて思ひもよらぬ事を、思ひはからひたり（(私は)思いついた。）。杵《きね》一つにて、うすニつをつく様あるべし（方法があるぞ。）。一つのうすをば常のごとく置き（うすをいつものように）、一つのうすをば下へ向けて吊《つ》るすべし（吊るすのがよい。）。さて（そうして）杵を上げ下ろさむに（上げたり下ろしたりしたら、）、二つのうすをつくべし（つくことができる）」といふ。弟子のいはく、「上のうすに物がたまり候《さうら》ふべくはこそ、つき候はめ（もし、つく物をためることができるのでしたら、(私が)つきましょう）」といへば、②「この難こそありけれ（「その欠点があったな」と言って、）」とて、詰まりけり（(言葉に)詰まってしまった。）。

（『沙石集』による）

問一、傍線部①「世間の人は……思ひはからひたり。」とあるが、ここで思いついた内容を簡単に図示したものとして最も適当なものを、次のア～エから一つ選び、記号で答えなさい。（1点）

ア、
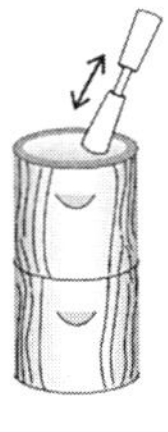

イ、
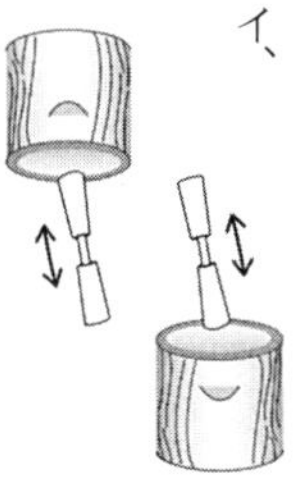

ウ、
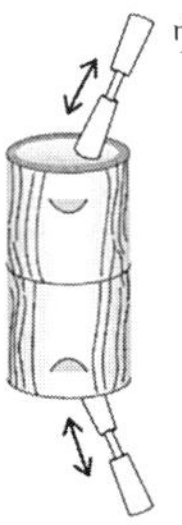

エ、
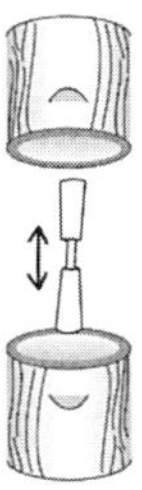

問二、傍線部②『この難こそありけれ』とて、詰まりけり。」について、次の1、2に答えなさい。

1、「詰まりけり」について、言葉に詰まってしまったのは誰か。文章中の言葉で答えなさい。（1点）

2、「この難」とは、どのような欠点か。次の形式に合うように、十字以上、二十字以内で答えなさい。（2点）

（　十字以上、二十字以内　）という欠点。

問三、この文章の内容に合うことわざとして最も適当なものを、次のア～エから一つ選び、記号で答えなさい。（1点）

ア、釈迦《しゃか》に説法《せっぽう》
（意味　知り尽くしている人に対して、そのことを教えたりさとしたりする愚かさのたとえ）
イ、机上《きじょう》の空論
（意味　頭の中で考えただけの、実際には役に立たない案や意見）
ウ、捕らぬ狸《たぬき》の皮算用
（意味　手に入るかどうかわからないものをあてにして、あれこれ計画を立てること）
エ、餅《もち》は餅屋
（意味　物事には専門家がいて、専門でない人は専門家には及ばないということ）

五　文脈把握・聞く話す・条件作文

令和中学校の保健委員会では、「校内の掃除」について全校生徒にアンケートを取りました。次は、その結果について各クラスの保健委員が話し合いをしている様子と、話し合いの後に作成した標語案です。後の問一～問三に答えなさい。（計10点）

【話し合いの様子】

アヤカ　今日は私が司会をします。よろしくお願いします。この時間は、アンケートで出た意見について話し合い、校内の掃除について全校生徒に呼びかける標語を考えます。アンケートでは、主に次の六つの意見（下図）が出ました。

ハルト　私は、全校生徒の掃除に対する意識が変わるような呼びかけがよいと思います。

ソウマ　私もそう思います。アンケートで出た［Ⅰ］という二つの意見から、掃除に対して意識の低い人がいるのが気になりました。だから、全校のみんなが十五分間の掃除にしっかり取り組むような呼びかけにしてはどうですか。

アヤカ　確かに、そうですね。他の意見はありますか。

メイ　はい。「掃除時間に音楽をかけてほしい」という意見があるので、音楽をかけませんか。

ハルト　それなら校歌がよいと思います。

ソウマ　校歌より、みんなが好きな音楽をかけた方がやる気が出ると思います。

メイ　だったら、かけてほしい音楽のアンケートを取りましょうよ。

アヤカ　［Ⅱ］

ソウマ　そうでしたね。話を戻しましょう。

（話し合いは続く……）

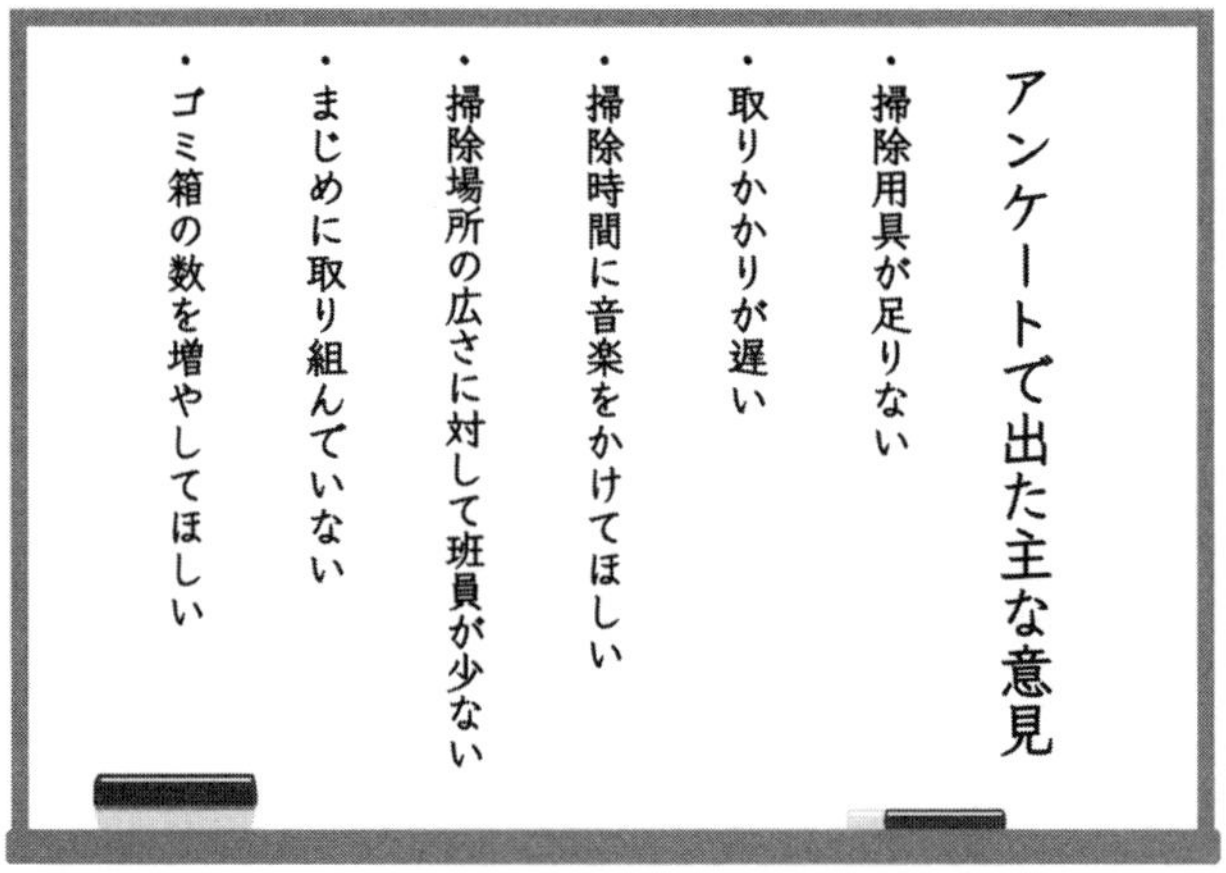
アンケートで出た主な意見
・掃除用具が足りない
・取りかかりが遅い
・掃除時間に音楽をかけてほしい
・掃除場所の広さに対して班員が少ない
・まじめに取り組んでいない
・ゴミ箱の数を増やしてほしい

【標語案】

A
あと３分!!
時間いっぱいで
もっときれいに！

B
一人でやらなくて
いいんだよ、
私もやるから

C
きれいだね
気持ちいいな
君のおかげ

問一、【話し合いの様子】のソウマさんの発言の［Ⅰ］に入れるのに適当なものを、次のア～カから二つ選び、記号で答えなさい。（各1点）
ア、掃除用具が足りない
イ、取りかかりが遅い
ウ、掃除時間に音楽をかけてほしい
エ、掃除場所の広さに対して班員が少ない
オ、まじめに取り組んでいない
カ、ゴミ箱の数を増やしてほしい

問二、司会であるアヤカさんの発言として【話し合いの様子】の［Ⅱ］に入れるのに最も適当なものを、次のア～エから一つ選び、記号で答えなさい。（２点）
ア、それよりも、掃除用具を新しくしてもらえるように、先生にお願いした方がよいと思います。
イ、他に、かけてほしい音楽について、何か具体的な意見のある人はいませんか。
ウ、音楽をかけることに話が進んでいますが、標語を考えるための意見を出しましょう。
エ、そうですね、みんなのやる気が出るような音楽をかけることに、私も賛成です。

問三、思考力　あなたなら【標語案】A～Cの中で、どれがよいと思いますか。次の①～④の条件に従って作文しなさい。（６点）
①【標語案】A～Cの中からどれか一つを選び、あなたがどれを選んだかが分かるように、文章中に記号を書くこと。
②他の二つの【標語案】と比べて書くのではなく、あな

③あなた自身の体験を根拠として【標語案】のよさを書くこと。

④百五十字以上、百八十字以内でまとめること。句読点や記号も一字として数える。ただし、一マス目から書き始め、段落は設けない。

※あなたの学校のこととして書いてもよいし、令和中学校のこととして書いてもよい。

※読み返して文章の一部を直したいときは、二本線で消したり、余白に書き加えたりしてもよい。

岡山県

時間 45分　満点 70点　解答 P41　3月9日実施

出題傾向と対策

●小説文、説明文、論説文、文字資料に関する会話文と条件作文を含む大問四題構成は昨年と同様。俳句や古文の比重はかなり低かった。基礎知識から読解力を問う問題まで設問は難解ではない。記述の文字数は短めだが、本文の言葉を抜き出して書くだけでは対応できない。

●基礎的な国語知識は授業等でもらさず押さえておくこと。記述と条件作文に向けた読解力、表現力を養いたい。文脈のなかから解答を導く部分を的確に捉えたら、筋道を立てて構成し直し、自分の言葉で表現する練習を積む。

注意　字数が指定されている設問では、「、」や「。」も一ます使いなさい。

一（小説文）漢字の読み書き・内容吟味・語句の意味

次の文章は、「望月恵介《もちづきけいすけ》」が、苺《いちご》のビニールハウスを見学に来た園児たちを迎える場面です。「恵介」はグラフィックデザイナーですが、父親が体調を崩したため、三か月前から妻と五歳の息子「銀河《ぎんが》」を東京に残して実家に戻り、父に代わって苺の栽培をしています。これを読んで、①～⑦に答えなさい。

ハウスの前に並んだ園児は、三歳児から五歳児まで全部で四十三人。先生の一人がぱちんと手を叩《たた》いて、子どもたちの注意を集める。

「みんな～、今日お世話になる農家の望月さんでーす」

そう言って、恵介を片手でさし示した。

いや、俺は、農家の望月さんじゃなくて、これは親の手伝いで、本業は――ⓐそんな言葉が体から出たがって喉の奥がむずむずした。子どもの頃から、農業はかっこ悪い、そう考えてきたからだ。

「はい、ご挨拶～」

「おおせおせわにになりまおせわますすす」

練習してきたのだろうが、声も頭を下げるタイミングもバラバラ。列から脱走して走りまわっている子もちらほら。

先生たちは慣れたもので、牧羊犬のようにすみやかに園児たちをハウスの中へ追いこんでいく。いちおう見学なのだから、全員が中に入ったところで恵介は説明を開始した。何日も前から考え、こっそりリハーサルもしたせりふだ。

「ここはハウスと言います。苺のおうちですね。ここで苺たちはまず花を咲かせます。白い小さな花です。その花をよく見ると――」

誰も聞いちゃいなかった。苺農家の「見学」に慣れているらしい五歳児が苺に群がると、年下の子どもたちも次々とそれにならう。ウミネコの群れに小魚を放り投げたような騒ぎになった。

通路に垂れたランナーが踏みにじられ、花がむしられ、白い実までつまみとられ――恵介はあわてて声を張りあげた。

「白いのはまだ食べられないよー。赤い実だけ食べてね～」

まだ白い実をむしりとっている銀河と同じ年頃の子どもに、恵介は熟した赤い実を渡してやる。銀河と、少し前の銀河が四十三人集まっていると思えば、怒ったりはできなかった。

この年になって恵介はようやく気づいた。親父《おやじ》の農業の方向ⓑ転換や事業拡大は、ただの気まぐれに見えて、ⓒいつも理由があったことに。

米農家をやめてトマトを始めたのは恵介が高校二年の時。進路に悩んでいた頃だ。恵介は、美大にするか普通の大学にするかで悩んでいただけなのだが、子どもと会話のない親父は、進学か農業を継ぐかで迷っているのだと勝手に信じこんだのだと思う。きっと、恵介に、トマト農家なら「かっこよくて儲《もう》かる」と思わせたかったのだ。

恵介が小学生の頃、養豚にも手を広げて、姉たちから「臭い」と嫌がられても何年も続けたのは、ちょうど三姉の高校進学や大学受験や専門学校への入学が毎年のように続いていた時期だ。

古民家みたいだった納屋《なや》を建て替えたのは、剛子《たかこ》ネエが成人式を迎えた年。あれは晴れ着姿の剛子ネエが家の前での記念撮影を拒否したせいかもしれない。

親父のことを恵介はずっと、子どもや家庭は母親にまかせきりで、自分と仕事の都合しか考えていない人だと思っていた。旅行に行こう、ときょうだいの誰かが言っても、「仕事があるから都合が悪い」仕事がなくても「仕事で疲れてるから都合が悪い」。

仕事。仕事。都合。都合。だが、親父の仕事の「都合」は、じつは俺たちきょうだいの「都合」だった。無口な親父の無言のメッセージだったのだ。面倒くさいメッセージではあるが。

ふと恵介は思った。そういえば、銀河にはまだ一度も、俺の採りたて苺を食べさせてないな、と。

俺の？

つぃん。

誰かに尻を突《つ》つかれた。

振り返ると真下に、三歳児だろう、ひときわ幼い女の子がいた。空になった容器を両手でかかえあげて恵介に見せてくる。目が合うと、口をくし切りのかたちにして、にんまぁと笑った。練乳がなくなったから欲しい、ということのようだ。

「ああ、ちょっと待ってね」

歩きかけてから、子どもの前にしゃがみこむ。

「そうだ。ミルクなしで食べてごらん。ほんとうはそのほうがおいしいんだよ」

女の子はぷるぷると首を横に振る。両手の容器もぷるぷる。

少し前なら、どう食べようが人の好き好きだ、と気にも留めなかっただろうが、ⓓいまの恵介には、何種類もの具材を何時間も煮込んだスープに、どばどばとケチャップを注いでトマト味にしてしまうぐらいもったいないことに思えた。

「ほら、これを食べてごらん」

葉陰に隠れていた大粒をもいで差し出す。

ひと口まんじゅうみたいなちいさくてまるっこい手がⓔおずおずと苺をつまみ取ったが、口には入れず、空っぽの容器と見比べて眉と眉をくっつけた。泣かせちまったかと思ったら、ぱかんと口を開けた。銀河と同じだ。何かを口に入れる時にはまず、口を食べ物と同じ大きさに開く。

大きく口を開いたわりには、ほんの少しを小さく齧《かじ》り取る。ほっぺたをもくもくふくらませたとたん、女の子の目が糸になった。

「ほっほう」

紙をまるめたみたいに顔をくしゃくしゃにした。

な。うまいだろ。

近くにいた園児たちが恵介に群がってきた。

「オレにも選んで、おいしいの」

「桃花にももかにも」

「よーし、待ってな」

小さいほうがおいしそうに見えるのか、数多く食べられるからか、みんな小粒の苺ばかりⓕ狙う。ちっちっちっ。違うんだな。苺は大粒のほうがうまいのだ。おじさんのところでは、大玉をつくるために、ひと房ごとの実の数をわざわざ減らしているのだよ。

「まず先っぽを齧ってごらん。そこがいちばん甘いんだ」

「うっほー、うまうま」

「あま〜い」

子どもたちみんなの顔がまるめた紙になった。

ふっふっふ。どうだ、まいったか。これがプロの味だ。

毎日の地味で過酷で誰も誉《ほ》めてくれない作業が報われた気がした。この子たちのくしゃくしゃの顔をⓖ親父にも見せてやりたい。

（出典　荻原浩《おぎわらひろし》「ストロベリーライフ」）

(注)グラフィックデザイナー——商業用の目的で作られた、宣伝資料・包装などのデザインをする職業。
ウミネコ——カモメに似た海鳥。
ランナー——親株から長く伸びる茎。土に根づくと新しい株になる。
美大——美術大学の略称。
三姉——三人の姉。恵介には「剛子」「進子《しんこ》」「誠子《せいこ》」という名前の三人の姉がいる。

① よく出る 基本 ——の部分ⓑ、ⓕの漢字の読みを書きなさい。

② 「ⓐそんな言葉が……むずむずした」とありますが、ここからわかる「恵介」の心情を説明したものとして最も適当なのは、ア～エのうちではどれですか。一つ答えなさい。

ア、慣れている農業に比べると、子どもの世話をするのは得意ではないことを弁解したいという心情。

イ、農業についてはまだ素人《しろうと》なので、自信をもって語ることができないことを補足したいという心情。

ウ、奥深い農業の魅力を理解するためには、実際に体験したほうが早いことを説明したいという心情。

エ、農業は手伝いとして行っているだけであり、仕方なしにやっていることを主張したいという心情。

③ 「ⓒいつも理由があった」とありますが、「恵介」が考える「理由」を説明したものとして最も適当なのは、ア～エのうちではどれですか。一つ答えなさい。

ア、子どもが気に入るように配慮したり、進学に必要な資金を稼いだりするため。

イ、子どもに偉大な父親の姿を見せたり、仕事を継ぎたいと思わせたりするため。

ウ、農業の発展に様々な形で貢献したり、興味のあることを研究したりするため。

エ、子どもに嫌われないようにしたり、仕事に打ち込む姿勢を見せたりするため。

④ 「ⓓいまの恵介には……思えた」とありますが、このときの「恵介」の心情について説明した次の文の□に入れるのに適当なことばを、三十字以内で書きなさい。

苺を練乳につけて食べたがる女の子に対して、□。

⑤ 「ⓔおずおずと」のここでの意味として最も適当なのは、ア～エのうちではどれですか。一つ答えなさい。

ア、恥じらいながら　イ、喜びながら
ウ、ためらいながら　エ、怒りながら

⑥ 「ⓖ親父にも見せてやりたい」とありますが、このとき

の「恵介」の心情を説明した次の文の□に入れるのに適当なことばを、十五字以内で書きなさい。

　毎日の地味で過酷で誰もほめてくれない作業が□によって報われた喜びを、農業に人生を捧《ささ》げてきた父親と共有したいという心情。

⑦この文章の表現の特徴について説明したものとして最も適当なのは、ア～エのうちではどれですか。一つ答えなさい。

ア、恵介と園児たちの短い会話を連続させることによって、園児たちに恐る恐る声をかける恵介のぎこちない態度を表現している。
イ、園児たちを銀河と重ね合わせて描写することによって、園児たちを息子同様に温かく見守っている恵介の様子を表現している。
ウ、比喩表現を使わないで具体的に説明することによって、園児たちのかわいらしい表情やしぐさをより生き生きと表現している。
エ、物語中の出来事を常に恵介の視点で語ることによって、園児たちに対する恵介の行動や気持ちの変化を客観的に表現している。

二　(俳句を含む説明文)仮名遣い・古典知識・内容吟味

次の文章は、松尾芭蕉《まつおばしょう》の俳句とその解説文です。これを読んで、①～③に答えなさい。

　古池や ⓐ蛙《かはづ》飛び込む水の音

　ただの古い池ではありません。「古」は「故」に通じ、かつては人が住んでいたが、今は誰も住んでいない家の池のことです。そんな場所で、蛙が飛び込んだ音に耳を傾けている人物は、相当閑《ひま》な人ですね。

　単にすることがないというのではありません。心に悩み事や迷う事もない、落ち着いた心でないと、こんな状況は迎えられません。その心の静けさの中に聞こえてきたのが、蛙の水に飛び込む音だったのです。その音は、作者の雑念のない心によってすくい取られた音だったわけです。また、「古池」は一種の「死」の世界でもあるわけですが、そんなところにも生き物の命の躍動を聞き取ったとも言えるでしょう。

　和歌、連歌《れんが》では蛙は鳴き声を鑑賞するものでした。しかし、芭蕉の心は、この「蛙」にⓑ新しい連想を見出《いだ》したという意味でも、実は画期的であったわけです。

　俳句を詠《よ》むようになると、時間の流れが違って感じられます。何分刻みの時間に追われる世界とは別のものです。

　今日のように、電車や自動車や飛行機を使って、正確に人・モノを移動させる時代、学校や職場での時間は、数字に刻まれたそれです。しかし、休憩時間や日曜日、それに夏休みには、時計を忘れた「時間」が流れます。ⓒ俳句の「時間」とは、まさにそういうものです。

（出典　井上泰至《いのうえやすし》「俳句のルール」）

①**基本**　「ⓐ蛙」について、次の(1)、(2)に答えなさい。

(1)「かはづ」の読みを、現代かなづかいを用いてひらがなで書きなさい。

(2)「蛙」のように、俳句で季節を表すために用いられることばを何と言いますか。漢字二字で書きなさい。

②「ⓑ新しい連想を見出した」とありますが、「新しい連想」の説明として最も適当なのは、ア～エのうちではどれですか。一つ答えなさい。

ア、古池のそばで蛙の鳴く声を手がかりにして、蛙が跳ねる気配を察したこと。
イ、古池のそばで蛙の鳴く声を手がかりにして、人生のはかなさを悟ったこと。
ウ、蛙が古池に飛び込む音を手がかりにして、その命の躍動を感じ取ったこと。
エ、蛙が古池に飛び込む音を手がかりにして、寂れた池の存在に気付いたこと。

③「ⓒ俳句の『時間』」とありますが、これがどういうものかを説明した次の文の X 、 Y に入れるのに適当なことばを、 X は七字、 Y は五字で、それぞれ解説文から抜き出して書きなさい。

　正確さが求められる、学校や職場で流れるような X 時間とは違い、芭蕉が Y を保っていたような、思いのままに過ごす時間。

三　(論説文)漢字の読み書き・文脈把握・内容吟味・熟語

次の文章を読んで、①～⑥に答えなさい。

　哲学対話で私たちは自ら問い、考え、語り、他の人がそれを受け止め、応答する。そして問いかけられ、さらに思考が促される。こうして私たちはお互いを鏡にして、そこから翻《ひるがえ》って自らを振り返る。

　それは抽象的な言葉で言えば、「相対化」とか「対象化」ということだろう。自分自身から、そして自分の置かれた状況、自分のもっている知識やものの見方から距離をとる。その時私たちは、それまでの自分自身から解き放たれる。

　自分とは違う考え方、ものの見方を他の人から聞いた時、新たな視界が開けるのは、文字通り目の前の空間が広がって明るくなる開放感として表れる。今まで分かっていたことが分からなくなると、モヤモヤした感じがする。

　そうしたもろもろの感覚は、どこか似たところがある。何かから切り離された感じ。自分をつないでいたもの、自分が立っていた地盤から離れる。それは一方では、自分を A ていたものからの解放感であり、他方で、自分を B ていたものを失う不安定感である。

　解放感と不安定感――この両義的感覚は、まさしく自由の感覚であろう。

　これはさしあたり私の個人的な感覚にすぎないかもしれない。しかし私自身は、哲学対話のさいにこのような自由の感覚を経験し、考えることで自由になれたのだという実感がある。

　そして他の人の表情を見ていても、きっと同じような経験をしているのだという感触をもっている。参加者が眉間にしわを寄せて一見苦しげに見えながら、深いところで満ち足りていて、楽しんでいるように見える。この両義的な表情から、他の人たちも同じように自由を感じているように私には思えるのだ。

　自由には重要な点がある。それは個人と自由との関係である。私たちは、自由であることと、一人であることをしばしばⓐムスびつける。ⓑ一人のほうが気ままで自由だと考えることが多い。哲学でも「他者危害の原則」、すなわち「他人にとって害にならないかぎり、自由を認めるべきだ」という考え方がある。

日常生活の中でも、「誰にも迷惑かけてないでしょ」と言って、自分の行動の自由を正当化する人がいる。「あんたに関係ないでしょ」というのも、口出しするな、私の勝手にさせてくれという、自分の自由を主張するためによく使われるセリフだ。

このような表現からも分かるように、個人の自由にとって他者は〝障害〟とされることが多い。実際、個人どうしのⓒ利害や価値観、意向は一致しないのが普通であろう。ある人の自由は他の人の自由と衝突する。そこで他者との間で折り合いをつける必要が出てくる。他の人と関わることは、自由をⓓセイゲンする要因となる。

だがⓔ本当にそうなのだろうか。本当にそれだけなのだろうか。

実際、他の人といることで譲歩したり、我慢したりしないといけないことはある。けれども他者と共にいても、あるいは共にいるからこそ、自由だと感じることもあるのではないか。それに私たちは、どこかでまず自由の〝味〟を覚えた後に、それが抑えられたり妨げられたりする状態として不自由さを感じるのではないか。

私たちは生まれてから（あるいは生まれる以前から）、他の人との間で、他の人といっしょに生きている。最初の自由の感覚は、そこで身につけたはずだ。その時他者は、自由の障害ではなく、むしろ前提だったにちがいない。他者との関わりがあるからこそ、個人の自由が可能になり、そのうえで他者が時に障壁になるのではないか。

だとすれば、この自由の感覚は、成長するにつれて、薄まることはあっても、けっして失われることはないだろう。私たちの自由を妨げるのが他者なら、私たちを自由にしてくれるのも他者だということは、実は大人になっても変わらないはずだ。

これはたんなる理屈ではない。対話において哲学的瞬間に感じる自由は、感覚じたいが個人的であり、主観的であるとしても、だからといって、他者と共有できないわけではない。そこで自分が感じる自由は、まさにその場で他の人と共に問い、考え、語り、聞くことではじめて得られるものである。だからそれは、他者と共に感じる自由なのだ。

こうして私たちは考えることで自由になり、また他の人といっしょに考えることで、お互いが自由になる――ⓕ哲学対話は、このような固有の、そしておそらくは、より深いところにある自由を実感し理解する格好の機会なのである。

（出典　梶谷真司《かじたにしんじ》「考えるとはどういうことか」）

(注)哲学対話――複数人で輪をつくり、正解のない身近な問いについて一緒に考え対話することで、お互いの思考を引き出す活動。

① よく出る　基本　――の部分ⓐ、ⓓを漢字に直して楷書で書きなさい。

② A 、 B にそれぞれ入れることばの組み合わせとして最も適当なのは、ア～エのうちではどれですか。一つ答えなさい。

ア、A　縛りつけ　B　支え
イ、A　拘束し　B　放置し
ウ、A　閉じ込め　B　避け
エ、A　支配し　B　信頼し

③「ⓑ一人のほうが……考えることが多い」とありますが、このとき他者はどのような存在としてみなされるかを説明した次の文の □ に入れるのに適当なことばを、文章中から五字で抜き出して書きなさい。

自分にとって他者は □ となる存在である。

④「ⓒ利害」と熟語の構成（組み立て）が同じものは、ア～オのうちではどれですか。当てはまるものをすべて答えなさい。

ア、懸命　イ、加減　ウ、記録
エ、動揺　オ、進退

⑤「ⓔ本当にそうなのだろうか」とありますが、筆者がこのように述べる理由を説明したものとして最も適当なのは、ア～エのうちではどれですか。一つ答えなさい。

ア、自分と同じように他者も自由であることを求めるので、自らの自由を強く主張すべきだと考えているから。
イ、自由になる方法は幼いころに他者から学んでいるので、相手に敬意を払うことが大切だと考えているから。
ウ、他者は自分が自由であるための前提となるものであり、成長した後もそれは同じことだと考えているから。
エ、他者がいなければ自由になることじたい不可能であり、自分を犠牲にすることは当然だと考えているから。

⑥「ⓕ哲学対話」について、先生と二人の生徒が話しています。 X 、 Y に入れるのに適当なことばを、 X は十字以内、 Y は三十字以内でそれぞれ書きなさい。また、 Z に入れる具体例として最も適当なのは、ア～エのうちではどれですか。一つ答えなさい。

先生　哲学対話をすることで感じられる自由について、筆者はどのように述べていますか。
香穂　自由という感覚じたいは X ですが、他者と共に感じるものだと筆者は言っています。でも、どうして哲学対話によって自由になれるのですか。
健太　それについては冒頭に書いてありました。自ら問い、考え、語ったことについて、他者とやりとりして互いの思考を深めるのが哲学対話でした。そして、哲学対話を通して Y 時に抱く解放感と不安定感を、筆者は自由の感覚と呼んでいました。だから、哲学対話をすることで自由になれると言えるのでしょう。
先生　そうですね。補足すると、筆者はその解放感と不安定感とをまとめて、両義的感覚と呼んでいました。たとえば「 Z 」というのは、両義的感覚を経験している点で筆者の考える自由の感覚の例に当てはまります。二人とも深く考えられていますね。

ア、プロのサッカー選手が実際にやっているトレーニングについて取り上げられた雑誌を読んで、将来はプロになるという夢をもっている自分も同じトレーニングをして、技術を磨くことにした。
イ、欲しいゲームソフトを買うのにお金が足りなかったため祖父に相談したところ、お小遣いをたくさんもらったので、ゲームソフトを買った残りのお金で何を買おうかしばらく悩んでしまった。
ウ、学級委員として積極的にクラスの仲間とコミュニケーションをとることで、文化祭の劇を成功させることができて肩の荷が下りたが、一方で胸にぽっかりと穴があいたような寂しさも感じた。
エ、試合は勝たなければ意味がないと思っていた私は、負けた試合からも得られるものがあるという話を監督から聞いて戸惑ったが、今後はどんな試合からでも学ぶ姿勢を大切にしたいと思った。

四 内容吟味・聞く話す・条件作文

生徒会役員の洋平さんと光一さんは、授業で【資料Ⅰ】について学習し、その内容を生徒会新聞に取り上げることにしました。二人は【資料Ⅱ】、【資料Ⅲ】を見ながら話し合いをしています。次の【二人の会話】を読んで、①～③に答えなさい。

【資料Ⅰ】

言語表現は誤解を招きやすい仕組みになっている。伝える側はある情報をことばに託す。受けとる側は逆にことばから情報を探る。この構造がくせものなのだ。表現が正しくても、それが多義的なら、情報が思いどおりに伝達できるという保証はないからだ。他人は自分ではない。背景も知識も経験も違う。その表現で他人に正しく伝わるか、一度は他人の目になって点検したい。そんなちょっとした配慮が誤解を未然に防ぐ。

（出典　中村明《なかむらあきら》「日本語の美――書くヒント――」）

【二人の会話】

洋平　【資料Ⅰ】を読んでいたら、これまで自分が正確に情報を伝えられていたか、不安になってきたよ。
光一　文字だけでやりとりするのって難しいよね。「明日家に遊びに行くよ」っていうメールに「何で来るの？」って返事をして、誤解されたことがあるよ。
洋平　それはⓐ文字だけだと勘違いしそうな返事だね。
光一　そうなんだよ。会って話をしている時と同じ感覚で返事をしたのがよくなかったね。反省したよ。
洋平　確かに、対面で話をするときには、誤解を生まないために工夫していることがあるね。
光一　ⓑ【資料Ⅱ】からもそれがわかるね。考えてみると、文字で情報を伝えるときも対面で話すときも、気を付けるべきことはたくさんありそうだね。
洋平　その二つは分けて考えたほうがよさそうだね。まずは「ⓒ文字で情報を伝えるときに気を付けること」についての記事を書こうか。【資料Ⅲ】を参考にできそうだね。

【資料Ⅱ】洋平さんたちの行った取材のメモの一部

［質問］対面で話をするときに、効果的だと思うことは何ですか？
［回答］
・理解しているか確認するために相手の反応を見る
・実物の写真や資料を見せながら説明する
・話の内容に関係なく常に笑顔を保つ
・相手が聞きもらさないように大事なことは繰り返す
・漢語を多用して話の内容を短くまとめて話す

【資料Ⅲ】

ことばの誤解が起こる原因
○文の組み立てや文法に関わる場合
文の組み立てや文法的な問題により、意味が一つに決められないことがある。
○ことばを使う文脈や状況に関わる場合
ことばの意味が、状況によって曖昧になったり異なったりすることがある。
○送り手と受け手の主観や価値観の違いに関わる場合
意味が曖昧で、使う人の主観や価値観によって解釈が変わることばがある。
○地域のことばに関わる場合
地域のことばの意味がわからないことがある。

（文化庁　平成29年度「分かり合うための言語コミュニケーション（報告）」から作成）

① 「ⓐ文字だけだと……返事だね」とありますが、ここでの勘違いの内容を説明したものとして最も適当なのは、ア～エのうちではどれですか。一つ答えなさい。
ア、光一は来る時間を聞きたかったのに、相手は光一に怒られたと勘違いをした。
イ、光一は来る人数を聞きたかったのに、相手は光一に断られたと勘違いをした。
ウ、光一は来る手段を聞きたかったのに、相手は光一に嫌がられたと勘違いをした。
エ、光一は来る目的を聞きたかったのに、相手は光一に無視されたと勘違いをした。

② 「ⓑ【資料Ⅱ】からもそれがわかるね」とありますが、対面で話をするとき、誤解を生まないようにするための工夫として適当なのは、ア～オのうちではどれですか。当てはまるものをすべて答えなさい。
ア、理解しているか確認するために相手の反応を見る。
イ、実物の写真や資料を見せながら説明する。
ウ、話の内容に関係なく常に笑顔を保つ。
エ、相手が聞きもらさないように大事なことは繰り返す。
オ、漢語を多用して話の内容を短くまとめて話す。

③ 【思考力】「ⓒ文字で……気を付けること」とありますが、具体的にはどのようなことに気を付ける必要がありますか。あなたの考えを条件に従って八十字以上百字以内で書きなさい。

条件
1、一文目に、【資料Ⅲ】にある「ことばの誤解が起こる原因」のうちどれか一つを取り上げ、「文字で情報を伝えるときには、」の書き出しに続けて書くこと。
2、二文目以降に、取り上げた原因について、誤解を生まないようにするためにはどうすればよいかを具体的に書くこと。

広島県

時間	50分
満点	50点
解答	P42
3月8日実施	

出題傾向と対策

●昨年同様、小説文、論説文、古文、条件作文の大問四題構成。鑑賞文の空欄補充や複数の資料を踏まえての記述問題は例年どおり。今年は小説をもとにした漫画のせりふに込められた心情を問う問題も見られた。基礎知識から、記述問題や条件作文まで出題内容は幅広い。

●出題形式に戸惑わないよう、過去問で慣れておくこと。記述は本文や資料から要点を取り出すだけでは対処できない。必要な部分を組み立て直し、自分の言葉で表現する力を養っておきたい。条件作文への対策も早めに。

一 (小説文)漢字の読み書き・文脈把握・内容吟味・慣用句

次の文章を読んで、あとの問いに答えなさい。(計15点)

注1鷹匠《たかじょう》である老人は、優れた若鷹を手に入れ、「吹雪」と名付けて育て上げた。ある日、安楽城村《あらきむら》(現在の山形県真室川町)の村長に赤ぎつねの退治を依頼され、退治に向かった。赤ぎつねとの戦いは壮絶で、激しい攻防の中、鷹匠は吹雪を見失い、吹雪の行方は分からなくなってしまった。吹雪がその後どうなったのか、手掛かりのないまま四日目が過ぎようとしていたその日の夜、吹雪は鷹匠の家にもどってきた。

吹雪は弱りきっていた。左の翼はだらりと下がり、羽は折れ、爪ははれ上がって止まり木に止まることすらできなかった。ただその刺すようなまなざしが、「失敗はしたが、負けたのではない。」とうったえていた。

鷹匠は椀《わん》に水をくみ、傷ついた親友に与えた。吹雪は少しだけ飲んだ。折れた羽を切り、肉と皮の間に出来た気泡をしぼって空気を押し出し、青木の葉をすって酢にとかした汁を傷口に付けた。鷹匠は眠らずにみとった。この傷で、野生にももどらず、自分のふところにもどってきた吹雪がいとしくてならなかった。手当ては順調に進み、吹雪の傷はぐんぐんとよくなった。春、注2ねぐら入りの季節が来るころには、いちばん重かった足指のはれもほとんど引いていた。吹雪は戸外の鷹小屋に移され、また太った。

しかし、鷹匠にはおそれが残った。吹雪の闘魂が、負傷と同時に傷つけられてしまったのではなかろうかという心配だった。[　　]の傷は治しえても、気性の傷は治すことが困難である。おびえのきた鷹は救いがたい。

鷹匠は、吹雪がきつねをおそれることをおそれた。一匹のきつねをとる、とらないは、収穫の上ではたいした問題ではなかった。しかし、鷹匠としての、また優れた鷹としての誇りからいえば大問題だった。獲物をおそれる鷹は、名鷹《めいよう》とはいえない。同時に、そんな鷹を作り上げた鷹匠も、名匠とはいえないのだ。鷹匠が六十余年の生活の最後を飾るものとして探し出した吹雪、そして、長くない全生命をかけているこの吹雪が、あの赤ぎつねをおそれるとしたら、すべての希望は足下からくずれ去るのだ。鷹匠は苦悩と注3苦悶《くもん》の日を重ねた。そして得た結論は、死か名誉かであった。すべてを得るか、すべてを失うか、誇りを守るかであった。すべてを愛するものを失うか、すべてを無にするかであった。鷹匠は、もう一度吹雪をあの猪ノ鼻岳《いのはなだけ》の赤ぎつねと戦わせようと決心した。今度こそあの赤ぎつねを倒すか、吹雪を失うかなのだ。

鷹匠は準備に取りかかった。再び、「注4詰め」の季節が来た。吹雪は注5精悍《せいかん》にやせた。狩りの冬、鷹匠は、もううさぎや山鳥を追わせなかった。野犬にかからせ、ねこを襲わせた。飼いぎつねを求めて、それをもねらわせた。ふくろうやお鷹も訓練の犠牲に供した。爪ときばをもって㋐抵抗する生き物は、次々と吹雪の前にほうり出され、吹雪の爪とくちばしとを鋭く㋑研いだ。これが、その後三年間の鷹匠と吹雪の生活だった。

いよいよ戦いの時が来た。鷹匠は慎重に詰めた。例年ならば野生にもどるのをおそれて体力を落とすのだったが、鷹匠は吹雪に勝敗のみをかけた。十分に戦えるためには、やはり強い体力を与えねばならない。「詰め」は早めに切り上げられた。吹雪は七歳。羽毛は黒褐色となり、闘志と充実した体力とがみなぎった。鷹匠は、おいっこを安楽城村の村長のもとにやり、猪ノ鼻岳の赤ぎつねの消息を尋ねた。心の中では、①どうか元気でいてくれるようにといのりながら……。

おいっこは間もなくもどってきて、赤ぎつねはますます[注6]老獪《ろうかい》になり、このごろでは昼間もおおっぴらに現れるようになって、村でも②手を焼いていることを話し、「[注7]だども、『鷹ではもうだめだべ。』と、村長は言うけ。」と報告した。老人はだまって鷹部屋に行くと、吹雪をこぶしにすえ、「いいか、吹雪。今度こそだじぇ。」と、吹雪の胸骨をなでた。

鷹匠は、間もなく、吹雪と安楽城村に行った。家人の心配も、村人の軽蔑も、問題ではなかった。鷹匠は、赤ぎつねの足どりやヤり口を調べ、翌朝早く、吹雪をこぶしにすえて弁慶山に急いだ。弁慶山は、峰続きの猪ノ鼻岳より百二十メートルほど高い。上から下を襲うという鷹族の習性に従って、鷹匠は弁慶山の頂にたたずんで待った。めずらしく風はなく、死のような静寂が峰を包んでいた。峰の上には、星がこおっていた。そのために、寒さがいっそう厳しく感じられた。

鷹匠は、吹雪を温めるようにだいて、じっと待ち続けた。やがて東の空に、青白い朝の気配が動き始めた。鷹匠と鷹は更に待った。時がたった。日はまだ出ないが、周囲は白く明るくなった。雪の㋒反射が視界を広げた。と、魚止森と猪ノ鼻岳の間の相沢川を渡って、ちらっと動く黒点が見られた。吹雪のひとみが鋭く光った。鷹匠は双眼鏡を取り出し、目に当てた。黒点は、まぎれもないあの赤ぎつねだった。が、赤ぎつねも、この三年間に見違えるほどたけだけしくなっていた。彼は、今朝も口に獲物をくわえていた。赤ぎつねは、一度川べりの林の中に姿を消したが、しばらくするとまた出てきた。そして、今度は尾根に登り始めた。

鷹匠は、まだ吹雪を放さなかった。彼はふり返って、吹雪の様子を見た。もし吹雪が羽毛をふくらませているのであったら、この鷹はおそれを感じている。だが、吹雪は、静かに時の来るのを待っている。この前のような興奮した荒々しさは見られなかった。

うん、これなら大丈夫だ——と、鷹匠は自信を持った。赤ぎつねは、猪ノ鼻岳の山頂に近いこんもりと茂った森に入ろうと急いだ。そこに彼の家があるらしかった。鷹匠は、吹雪の脚に付けてあった[注8]足革を解き放した。そのことは吹雪に全くの自由を、野生さえも許したことだった。吹雪が野生にもどろうと思えば、そのまま野生に帰り得るのだ。だが、鷹匠は、吹雪がこれから行う死を賭《と》した決闘に、少しでもさまたげになるものは除かねばならぬと思った。赤ぎつねのにくにくしげな姿が、レンズいっぱいに広がった。赤ぎつねの顔には、この前の戦いで吹雪が付けた爪痕が、まだ黒く残っていた。鷹匠は、こぶしを静かに引いた。吹雪は、冠羽を逆立て、身をしずめた。「それっ！」鷹匠のこぶしが気合いをこめて前方に突き出されると、吹雪の体は軽々と飛んだ。

（戸川幸夫「爪王」による。）

（注1）鷹匠＝鷹を飼育、訓練して、狩りをする人。
（注2）ねぐら入り＝鳥が巣ごもりする四、五月の繁殖期。
（注3）苦悶＝苦しみもだえること。
（注4）「詰め」＝絶食させること。
（注5）精悍＝動作や顔つきが鋭く、力強いこと。
（注6）老獪＝経験を積んでいて、悪賢いこと。
（注7）だども＝けれども。
（注8）足革＝狩りのときに鷹の脚に付ける革ひも。

1、**よく出る** ㋐〜㋒の漢字の読みを書きなさい。（各1点）

2、□に当てはまる適切な語を書きなさい。（2点）

3、①どうか元気でいてくれるようにといのりながら……とあるが、鷹匠が、このようにいのっているのはなぜですか。四十字以内で書きなさい。（3点）

4、**基本** ②手を焼いている とあるが、この表現は、どのような様子を表現したものですか。次のア〜エの中から最も適切なものを選び、その記号を書きなさい。（2点）

ア、いい加減な気持ちで対処している様子。
イ、対処や処理に苦労している様子。
ウ、密《ひそ》かに人を使って調べたり、働きかけたりしている様子。
エ、将来を予測して対策が立てられている様子。

5、この作品（戸川幸夫「爪王」）は漫画化されており、次の【資料】は、この文章の続きの場面を描いている漫画の一コマです。この文章の続きの場面を漫画で読んだ生徒と小説で読んだ生徒が、【資料】に書かれている鷹匠のせりふについて会話をしています。あとの【生徒の会話】はそのときのものです。これらを読んで、空欄Ⅰ・Ⅱに当てはまる適切な表現を、それぞれ書きなさい。（Ⅰ3点、Ⅱ2点）

【資料】

© 矢口プロ

（矢口高雄「野性伝説 爪王」による。）

【生徒の会話】

西川：僕はこの文章の続きを漫画で読んだよ。吹雪と赤ぎつねの決闘後の一コマがこれだよ。
鈴木：あれ？　僕はこの文章の続きを小説で読んだんだけど、【資料】のせりふは書かれてなかったよ。この一コマは、小説では「吹雪は、激しい息遣いをしながら、赤ぎつねをしっかと押さえ付けて、誇らしげに待っていた。」という描写のみで鷹匠の言葉は書かれていないんだよ。どのようにして、このせりふは生み出されたのかなあ……。僕は、鷹匠が吹雪の足革を解き放して戦いに行かせたときの、鷹匠の決意が関係していると思うなあ。
西川：確かにそうだね。そのことに加えて、これまでの吹雪との関係から生まれた鷹匠の気持ちが、このせりふに表現されているんじゃないかな。僕は、吹雪が（　Ⅰ　）にも関わらず、赤ぎつねを倒して、鷹匠を誇らしげに待っていたところから、鷹匠の吹雪に対する称賛と、（　Ⅱ　）気持ちから生み出されたせりふだと考えたよ。
鈴木：そうだね、僕もそう思うよ。その鷹匠の気持ちが漫画では「おめえってヤツは　おめえってヤツは…」という言葉で表現されたんだね。

二 （論説文）漢字の読み書き・文脈把握・内容吟味

次の文章を読んで、あとの問いに答えなさい。（計15点）

クラシック音楽にあまり興味のない方とお話していると、「クラシック音楽は誤解されているなぁ」と思うことがしばしばあります。

「オーケストラのコンサートって、スター指揮者が大げさに指揮棒を振って、オーケストラは一糸乱れぬようにそれに従って、ひたすら美しい音楽を奏《かな》でることを目指しているんでしょ？」と考えられているようなのです。音楽家やクラシック音楽愛好家にとっては、クラシックがこのように受け止められているとは思いもよらないことでしょう。□、美しいアンサンブル[注1]はクラシック音楽のもつ大切な要素の一つではありますし、正確で的確な音を演奏するために日々精進し、演奏技術を磨くことは、演奏家にとって非常に重要なことです。そして実際に、この数十年という時間で考えれば、演奏技術は目覚ましく進歩しています。これにより、より正確で美しいサウンドをもつ演奏が実現できるようになりました。オーケストラという、八十人以上もの音楽家が同時に演奏する場において、正確で的確なアンサンブルを奏でることの重要性は、今後も増しこそすれ、減ることはないでしょう。

しかしながら、本来オーケストラコンサートの目指すところを簡単に言えば、作曲家のビジョン[注2]・想念・感情などを、指揮者・オーケストラを介して聴衆に深く味わってもらうことなのです。「正確で的確なアンサンブル」は、そのような演奏に必要な要素と言えるかもしれませんが、それ自体がクラシック音楽の本質なのではありません。そして、自ら楽器をもたない（音を奏でることのできない）指揮者という名の「音楽家」が、いかにして自分の音楽をオーケストラに、味わい深い音楽を奏でさせるのか——その実現と、そこに至るまでの過程こそがオーケストラの醍醐味[注3]《だいごみ》であると、私は考えます。

①クラシック音楽は、決して耳に心地よいだけの音楽ではありません。調和や栄光、自然の美しさを表した曲も数多くありますが、心の葛藤や後悔、別れや悲しみ、そしてあきらめという人間の負の感情に触れるものも少なくありません。耳に優しい和音、いわゆる調和した響きというものは確かに美しく、それだけでも人に生きてきた意味を感じさせることもあります。しかし、音と音が調和せずにぶつかり、強い緊張感とどこへ向かうかわからない違和感を与える和音も、同様に人々の人生を音楽で表現するには重要な要素なのです。

作曲をするとき、優れた作曲家は往々にしてそうした緊張感を伴う和声（和音の流れ）の後、シンプルで美しい和声へと、劇的にその音楽を昇華させるものです。不安を㋐ノり越えた先の満足、ルードヴィヒ・ファン・ベートーヴェンの『交響曲第九番』ではありませんが、苦悩の後の歓喜、そのストーリー自体がカタルシス[注4]を感じさせると言えるでしょう。人は音楽に広い意味での「物語」を感じ、自らの人生を無意識に重ね合わせ、感動するのです。

もちろん、オーケストラの面白さというのは、人によって、また、時によって様々です。そこに込められた意図はわからなくても、ただただ「美しい」と感じさせる演奏もあります。それだけで「これは価値がある演奏だ」と思って興奮するのもよいでしょうし、時として、何かの原因でばらばらになりかけたオーケストラのアンサンブルが、それでもぎりぎりのところで美しさを目指してまとまろうとする姿に興奮するのも、どちらもあなたの人生にとって意味のある楽しみ方なのです。

しかし、一つだけ確かなのは、ステージの上で意味のあることが何も起きていないオーケストラのコンサートは面白味に欠けるものである、ということです。私は、たとえ正しい音符に正しいリズム、美しい音があったとしても、そこに興奮や喜びを感じさせる「何か」がなければ、それは②価値ある演奏とは言えないと考えます。

日本でもよく知られているヘルベルト・フォン・カラヤンという指揮者はピョートル・チャイコフスキーの『交響曲第六番　悲愴《ひそう》』だけで六回の録音を残しました。これは、曲の解釈が時代や指揮者自身の成長・変化によって㋑コトなることや、オーケストラが違えば同じ曲でも演奏するたびに違う表情をもつということが前提となっています。指揮者が圧倒的な創造意欲というものをもっていれば、同じ演奏が繰り返されることはまずありえないことなのです。

つまり、オーケストラの演奏はルーティン[注5]化したお決まり[注6]の演奏（音楽）を味わうためのものではなく、もっとスリリングな楽しさをもっているということです。指揮者が楽譜から曲のビジョンをどう読み取ったのか、そしてどう曲を解釈したか、さらにそれがどのようにオーケストラに伝わり、その情熱が音としてどう現れたかという、その演奏の一回性[注7]にこそ、真の楽しみがあるのです。

（藤野栄介「指揮者の知恵」による。）

(注1) アンサンブル＝演奏の統一性やバランスのこと。
(注2) ビジョン＝構想。
(注3) 醍醐味＝物事の本当の面白さ。
(注4) カタルシス＝心の中に解消されないで残っていたある気持ちが、何かをきっかけにして一気に取り除かれること。
(注5) ルーティン＝いつも行う手順。
(注6) スリリング＝はらはら、どきどきさせるさま。
(注7) 一回性＝一回起こったきりで、繰り返すことがない性質。

1、**よく出る** ㋐・㋑のカタカナに当たる漢字を書きなさい。(各1点)

2、**よく出る** □に当てはまる最も適切な語を、次のア～エの中から選び、その記号を書きなさい。(2点)
ア、確かに　イ、むしろ
ウ、けれども　エ、なぜなら

3、①クラシック音楽は、決して耳に心地よいだけの音楽ではありません とあるが、次の文は、このことについて筆者が述べていることをまとめたものです。空欄Ⅰに当てはまる最も適切な表現を、文章中から十字以内で抜き出して書きなさい。(3点)

> クラシック音楽では、美しい調和した和音の響きで栄光や自然の美しさを表現するだけではなく、調和せずにぶつかり、強い緊張感と違和感を与える和音によって（　Ⅰ　）を表現することも、人々の人生を音楽で表現する上で重要である。

4、**難** ②価値ある演奏 とあるが、次の【図】は、国語の時間にある生徒が、この文章における筆者の主張を踏まえ、オーケストラの演奏が価値ある演奏に至るまでの流れをまとめたものです。これを読んで、あとの(1)・(2)に答えなさい。

【図】

〈1　作曲家の役割〉
ビジョン・想念・感情などを楽譜に表現する。

→

〈2　指揮者の役割〉
（　Ⅱ　）

→

〈3　オーケストラの役割〉
（　Ⅲ　）

→

〈4　聴衆〉
作曲家のビジョン・想念・感情などを、指揮者・オーケストラを介して深く味わい、自らの人生を無意識に重ね合わせて感動する。

(1) **思考力** 空欄Ⅱ・Ⅲに当てはまる適切な表現を、それぞれ二十五字以内で書きなさい。(各2点)

(2) **思考力** さらに、この生徒は【図】中の傍線部分について、ベートーヴェンの『交響曲第九番』の演奏を聴いた聴衆が、ベートーヴェンのどのようなビジョン・想念・感情などを味わって感動に至るのかということに興味をもち、次の【ノート】にまとめました。あとの【資料】は【ノート】にまとめるために準備したものです。この【ノート】の空欄Ⅳに当てはまる適切な表現を、本文の内容と【資料】の内容を踏まえて七十五字以内で書きなさい。(4点)

【ノート】

> ベートーヴェンの（　Ⅳ　）を、指揮者・オーケストラを介して深く味わい、自らの人生を無意識に重ね合わせて感動する。

【資料】

> ベートーヴェンの生涯最後の交響曲として、また、合唱が導入されている点においても有名な交響曲第九番。最も知られている第四楽章はドイツの詩人シラー作『歓喜に寄す』に曲をつけたもので、この詩は人類愛を歌い上げており、十代のベートーヴェンはその詩の内容に強く共感し、ずっとその感動を心の中に大切にしまっていた。
>
> その後のベートーヴェンは、作曲家として成功する一方、家族とのもめ事や友人との別離を繰り返し、耳の具合も悪化の一途をたどっていた。不器用ながらも人間関係を大切にしていたベートーヴェンにとっては非常につらい日々だったが、この時期は、作曲の試行錯誤を重ねることができた期間ともなった。そして、ついに五十代で、長年抱いてきた、シラーの詩に対する感動を表現するべく、一心不乱に作曲に打ち込んだ。シラーの詩に出会ってから、三十二年を経て完成した労作である。交響曲第九番こそまさに、ベートーヴェンの哲学そのものである。

三 (古文) 仮名遣い・内容吟味

次の文章を読んで、あとの問いに答えなさい。(計10点)

柳は、花《桜の花》よりもなほ風情《ふぜい》に花あり《趣があって美しい》。水にひかれ風にしたがひて《水面に垂れて水の流れにまかせ風に吹かれ》、しかも音なく、夏は笠《かさ》[注1]なうして《なくて》休らふ人を①覆ひ、秋は一葉の水にうかみて《浮かんで》風にあゆみ《風の吹くままに漂い》、冬はしぐれ[注2]におもしろく《趣があり》、雪にながめ深し《雪の積もった眺めも趣がある》。

桜は、初花[注3]より人の心もうきうきしく、きのふ暮れけふ暮れ、ここかしこ咲きも残らぬ折節は《花が満開のころには》、花もたぬ木の梢々《こずゑこずゑ》もうるはしく《美しく見せ》、暮るればまた、あすも来んと《来ようと》契《ちぎ》り置きしに《決めていたところが》、雨降るもうたてし《残念なことだ》。とかくして《このようにして》春も末になりゆけば、散りつくす世の有様を見つれど、②また来る春をたの《期待して》むもはかなし《しまうけれどそれもむなしい》。あるは遠山ざくら《遠い山に咲く桜》、青葉がくれの遅ざくら《青葉に隠れるように咲いている遅咲きの桜》、若葉の花、風情おのおの一様ならず《若葉の季節の桜の花の趣はそれぞれ同じではない》。桜は百華に秀《ひい》でて《多くの花にまさり》、古今もろ人の風雅の中立《なかだち》とす《昔も今も多くの人が趣を感じるきっかけとなっている》。

（「独《ひと》ごと」による。）

（注1）笠＝雨や雪、日光を防ぐために頭に直接かぶるもの。
（注2）しぐれ＝晩秋から初冬にかけて断続的に降る小雨。
（注3）初花＝その年のその木に初めて咲く花。

1、よく出る 基本 ①覆ひ の平仮名の部分を、現代仮名遣いで書きなさい。（1点）

2、次のア～エの中で、本文の内容に合っているものはどれですか。最も適切なものを選び、その記号を書きなさい。（2点）
ア、笠をもっていない旅人が、笠の代わりに柳の枝を手に持って歩く姿は趣があって美しい。
イ、柳は、冬の小雨の中や、雪の積もった風景の中にあっても趣があって美しい。
ウ、花が散った後の桜の青葉が、枝で風になびいている様子も趣があって美しい。
エ、桜は満開の時が美しいが、雨が降る中で花びらが散っている様子も一段と美しい。

3、②また来る春をたのむもはかなし とあるが、何をむなしいといっているのですか。「……のに、……しまうこと。」という形式によって、現代の言葉を用いて書きなさい。（3点）

4、思考力 島内さんの班では、国語の時間に読んだこの文章の内容を踏まえて、卒業記念樹として植えるのは、柳と桜のどちらの木がよいかを提案するための話し合いを行いました。次の【生徒の会話】はそのときのもので、【ノート】は、島内さんが調べた内容を書いたものです。また、【下書き】は、島内さんが班で話し合った結果を提案するために下書きしたものです。あなたなら、どのように提案しますか。空欄Ⅰに柳か桜のどちらか一つの木の名前を書き、空欄Ⅱ・Ⅲに当てはまる適切な表現を、【ノート】と本文の内容を踏まえて現代の言葉を用いて書きなさい。（各2点）

【生徒の会話】

島内：この文章を読むと、柳と桜に対する見方の違いが分かるね。卒業記念樹は、僕たち卒業生から在校生へのメッセージを込めて決めたいよね。決めるための参考になると思って、柳と桜が詠《よ》まれている和歌と、「市の木」として柳や桜を採用している市のウェブページで、「市の木」に採用した理由も調べてみたよ。

坂倉：ありがとう。文章の内容と【ノート】とを参考にしながら一緒に考えよう。今年の卒業記念樹は中庭に植えるんだよね。中庭には花壇とベンチがあるね。木の種類だけでなく、在校生が見る景色も考えながら決めたいね。

中田：私もそう思うわ。教室からも中庭が見えるね。後輩たちが中庭を見て、どんな気持ちになる場所だったらよいかを考えながら選ぼうよ。

島内：文章の内容と僕のノートを見ながら、柳と桜のどちらを植えたらよいかを一緒に考えてみよう。

【ノート】

新古今和歌集より

うちなびき春は来にけり青柳《あをやぎ》の陰ふむ道に人のやすらふ　藤原高遠

〈現代語訳〉
春は来たのだなあ。青柳が茂って木陰を作っている道に、人が立ち止まって休んでいることよ。

桜咲く遠山鳥のしだり尾のながながし日もあかぬ色かな　後鳥羽《ごとば》上皇

〈現代語訳〉
桜の咲いている遠山の眺めは、長い長い春の日にも、見飽きない美しさであることよ。

柳や桜を「市の木」に選んだ理由

豊岡《とよおか》市（兵庫県）…しなやかで耐久力のある柳は、倒れても埋もれても再び芽を出すたくましい生命力を持ちます。雪の多い豊岡で、低湿地にもしっかりと根を張る柳は、豊岡市にとって最もふさわしい木と言えます。

小城《おぎ》市（佐賀県）…市内に日本さくら名所百選に選定された「小城公園」があり、県内有数の桜の名所として多くの観光客で賑《にぎ》わう。「力強さや生命力」、「優しさや美しさ」を感じる木として市民にも広く親しまれ、また、全国にシンボルとしてアピールできる木である。

【下書き】

選んだ木の名前…（　Ⅰ　）
選んだ理由…（　Ⅰ　）の木を選んだ理由は、後輩たちに（　Ⅱ　）というメッセージを伝え、中庭が（　Ⅲ　）場所であってほしいからです。

四 条件作文 思考力

青空中学校の生徒会では、地域で行われる避難訓練に向けて、「生徒会だより」を作成することにしました。次の【生徒の会話】は生徒会役員の森下さんと松山さんが行ったもので、【資料1】・【資料2】は森下さんが「生徒会だより」を書くために調べて準備したものです。これらを読んで、あとの〔問い〕に答えなさい。（計10点）

【生徒の会話】

森下：これから書く「生徒会だより」にはどんなことを書いたらいいかなあ。今度の地域の避難訓練で、僕たちは避難所での受付・誘導係を体験するんだね。避難所の受付・誘導係をするには、どんなことに気を付けるといいのかな。受付・誘導係の役割についてはメモをとって来たのだけど…。これがそのメモだよ。

【メモ】

受付・誘導係の役割

・避難してきた人に氏名の記入を依頼。
・避難所全体の地図の提示、及び体育館、教室への誘導。
・トイレと更衣室の場所を確認。
・廊下や階段の右側通行を徹底。
・立ち入り禁止エリアへの立ち入りは厳禁、喫煙は喫煙所のみ可能であることを確認。
・手洗い、うがいの励行、マスク着用の注意喚起。

松山：地域の避難訓練には、子供からお年寄りまで様々な年代の人が参加するよね。このメモの言葉をそのまま伝えると難しいんじゃないかな。だから、必要な情報を分かりやすく伝えるために、留学生との交流会で使った「やさしい日本語」を使ったらいいんじゃないかと思うんだけど、どうかな。

森下：いい考えだね。でも、その交流会に参加していなかった人達は、「やさしい日本語」について知らないかもしれないね。地域の避難訓練の受付・誘導係をするときに、「やさしい日本語」を使ってもらうために、「生徒会だより」に文章を書いて、載せようよ。

【資料1】

「やさしい日本語」とは

一九九五年一月の阪神淡路大震災では、日本人だけでなく日本にいた多くの外国人も被害を受けました。そこで、外国人が災害発生時に適切な行動をとれるよう、災害情報を「迅速に」「正確に」「簡潔に」伝えるために考え出されたのが「やさしい日本語」の由来です。「やさしい日本語」は、外国人だけではなく、日本人にも分かりやすい日本語です。災害時はもちろん、普段のコミュニケーションにおいても有効です。絵や地図を示したり、筆談や身振りを合わせたりして「やさしい日本語」を使うと、より効果的です。

【資料2】

「やさしい日本語」の作り方

・難しい言葉を避け、簡単な語彙を使う。
(例) 河川の増水。→川の水が増える。
こちらにおかけください。→ここに座ってください。
・一つの文を短くし、文の構造を簡単にする。
(例) 下記のハガキ用紙にご記入の上、切り取って投《とう》函《かん》してください。→下のハガキに書いてください。そして、切り取って郵便ポストに入れてください。
・あいまいな表現は避ける。
(例) 午前八時過ぎに来てください。→午前八時十分に来てください。
・カタカナ語、外来語はなるべく使わない。
(例) ライフライン。→生活に必要な電気、ガス、水道など。

（資料1・2は「福岡市ウェブページ」などにより作成。）

〔問い〕 森下さんは、「生徒会だより」に、「やさしい日本語」を紹介し、地域の避難訓練での受付・誘導係をする際に使用することを呼びかける文章を書くことにしました。あなたならどのように書きますか。次の条件1～3に従って書きなさい。

条件1 【生徒の会話】・【資料1】のそれぞれの内容を踏まえて書くこと。

条件2 受付・誘導係として使用する「やさしい日本語」については具体的な例を挙げて書くこと。その際には、【メモ】の中の役割について書かれた記述を取り上げ、【資料2】を参考にして「やさしい日本語」に作り替えて書くこと。

条件3 次の書き出しに続くように書き、内容に応じて段落を変え、二百五十字以内で書くこと。ただし、書き出しの部分は字数に含まないものとする。

私たち青空中学校の生徒は、今年度、地域で行われる避難訓練で受付・誘導係を体験することになりました。受付・誘導係を体験する際には、「やさしい日本語」を使って情報を伝えましょう。

山口県

時間	満点	解答	
50分	50点	P43	3月9日実施

出題傾向と対策

●今年度は小説文・論説文・資料を読み取り作文を書く問題の三題と、古文・古文・漢文の書き下し文・知識問題の四題の中から三題を選択する大問六題構成。大問ごとの設問数は少なく、選択問題に極端な難易度の差はない。

●漢字、国語知識、読解、古文、漢文と設問は多岐にわたっている。奇問難問はないので、基礎基本を大切に、着実に幅広く学力を伸ばしていくこと。また、記述式の問題は必ず自分で解答を作り、模範解答と比較して何が足りないのかを考えることが、力を伸ばす近道である。

一 (小説文)漢字知識・漢字の読み書き・活用・内容吟味・表現技法

主人公の「越《えつ》」は、両親と妹（「つぐみ」）の四人で、「つぐみ」の療養のために東京から山梨の山里へ移住した。一家は最初、その地になじめず、中学生の「越」も東京の高校に進学しようかと悩んでいた。しかし、次第に人々との交流が始まり、「つぐみ」の健康も回復に向かっていた。次の文章は、夏の夜明け前、「越」が「つぐみ」に話しかける場面である。よく読んで、あとの㈠～㈦に答えなさい。　(計13点)

「何やってんだ？」

つぶやいて、ガラス越しによく見ると、つぐみの前にアサガオの鉢がある。ぼくはガラス戸を静かに引いて、外に出た。つぐみは濡《ぬ》れ縁《えん》にじっと座ったまま動かなかった。※ピコが少しシッポをふったけど、つぐみを気づかうように、すぐに伏せをした。

「おい。何してんだ」

ぼくが、小声でつぐみの耳元にささやきかけると、つぐみはぼくのほうをむかず、アサガオのつぼみをただじっと見つめている。

「アサガオが、咲くの。どんなふうに咲くのか、見てるんだよ」

ぼくは黙りこんだ。つぐみは、息もころしているみたいに、微動だにせず、アサガオのつぼみを見つめている。

ぼくはそのつぐみの横顔を、じっと見つめた。それは、ぼくにとっては長い長い時間だったけど、本当の時間にすれば、たったの三十秒ぐらいかもしれなかった。

そしてそれからもじっと動かずに、つぐみはひたすらアサガオのつぼみを見つめつづけた。

ぼくは、そっと、つぐみの横に座りなおした。

盆地のむこう側に[1]鎮座する大きな黒い富士山の頂の左側が、きらりと光り、その光がゆっくりと時間をかけて少しずつふくらんだ。

やがて、光はいくつもの[2]スジに分かれ、山肌を這《は》いながら人間たちの住む町へと下りていった。空は朱色と紫色のグラデーションに染まり、その色はしだいにあざやかに光をふくんでかがやきだす。

「寒くない？」と聞いた。

つぐみは、かすかに首を横にふった。目は何分も、きっと何十分も、アサガオのつぼみにむけられたまま。

飽きないのかな。ぼくは考えた。こんなに長いこと、小さなひとつの花のつぼみを見つめつづけるなんて、ぼくにはきっとできない。

そのとき、気づいたんだ。

つぐみの中で、時間はこんなふうに流れていたんだ、って。

ぼくの、弱くて小さかった妹は、しっかりと自分の時間の流れを持って生きてきたのか。

アサガオは咲いた。一時間以上かけて、人間の目ではとうていわからない速度で、ゆっくりと、そしてしっかりと咲いた。

朝焼け色の花だった。

「今日も暑くなりそうだな」

とうさんが、フキと油揚げのみそ汁をすすりながら、つぶやいた。

朝の食卓は、いつもと変わらない。

カッコウの声が聞こえる。

引っ越してから、朝、テレビを見なくなった。

山から届く音を聞きながら食べる朝ごはん。

つぐみも、早起きしていつもよりおなかがすいたのか、箸の動きが忙しい。

「あのさ、やっぱり、山梨の高校に行くことにした」

ぼくはとうさんとかあさんにむかっていった。

この青い空の下で、家族と生きていく。

開け放した扉のむこうで、アサガオの花が小さくゆれた。

（森島《もりしま》いずみ「ずっと見つめていた」から）

（注）※ピコ＝犬の名前。

(一) よく出る 基本 次は、「放」という漢字を楷書《かいしょ》体で書いたものである。黒ぬりのところは何画めになるか。数字で答えなさい。（1点）

(二) よく出る 基本 文章中の……部1、2について、漢字は読み仮名を書き、片仮名は漢字に改めなさい。（各1点）

1、鎮座　2、スジ

(三) よく出る 基本 「動か」と同じ活用形であるものを、次の1～4から一つ選び、記号で答えなさい。（1点）

1、参考として君の意見を聞きたい。
2、明日はサッカーの練習に行こう。
3、博物館には二十分間歩けば着く。
4、これから彼は友人に会うらしい。

(四) 「ぼくは、そっと、つぐみの横に座りなおした」とあるが、それはなぜか。文章の内容に即して説明しなさい。（2点）

(五) 「空は朱色と紫色のグラデーションに染まり、その色はしだいにあざやかに光をふくんでかがやきだす」とあるが、ここで表現されている色彩は、空以外のものを描いている部分でも表現を変えて用いられている。その空以外のものが描かれている部分を、文章中から六字で書き抜きなさい。（2点）

(六) 難 「そのとき、気づいたんだ」とあるが、「ぼく」はどのようなことに気づいたのか。次の文がそれを説明したものとなるよう、［　］に入る適切な内容を、四十字以内で答えなさい。（3点）

アサガオと同じように、［　］ということ。

(七) 「今日も暑くなりそうだな」以降の文章における表現の特徴について説明したものとして最も適切なものを、次の1～4から選び、記号で答えなさい。（2点）

1、動植物が擬音語や擬態語を用いて生き生きと表現され、それによって山里の自然の豊かさが強調されている。
2、対句表現や反復法が用いられることで文章にリズム感が生まれ、朝の活気ある忙しい様子が伝わってくる。
3、体言止めや簡潔な表現を用いて日常が描かれ、その中でふいに語られる主人公の決意が印象づけられている。
4、それまでの主人公の視点の語りから客観的な語りに変わることで、朝食の場面への転換が表現されている。

二 （論説文）漢字の読み書き・文脈把握・内容吟味・段落吟味

次の文章を読んで、あとの(一)～(六)に答えなさい。（計14点）

文字の起源は絵画であると一般に信じられている。そしてその理解はおおむね正しい。山があれば、それを表す文字として人々は山の絵を描き、水が流れるさまを描いたものを、川を表す文字とした。

文字の萌芽《ほうが》期の段階では、世界の文字は非常によく似た形のものだった。しかし絵画はそのままでは文字になりえない。絵画として描かれる事物は、原則的に世界中でただそれ一つしか存在しない。だからこそ肖像画というジャンルが成立するのであり、ごく普通の絵画でも、たとえば渓流を泳ぐ魚の絵は、水槽に1カわれている金魚や、マーケットに売られている鯛《たい》を描いたものではないし、カゴに盛られたリンゴは画家の目の前（あるいは2ノウリ）にあるリンゴであって、果物屋の店頭に3ナラんでいるそれではない。

それに対して文字では、指し示す実体に対する普遍性が要求される。「魚」という漢字は、正月の膳を飾った鯛というような特定の魚ではなく、世界中のあらゆる魚類を指し示すことができなければならない。□文字とは絵画として描かれる※フォルムに普遍性をあたえたものと定義できるだろう。

実際の例をあげる。ある人がこれから山登りに出かけるとする。その人が登ろうとする山は、富士山のように左右均等になだらかに広がった山かもしれないし、※槍ヶ岳《やりがたけ》のように頂上が鋭く尖《とが》っている山かもしれない。標高三千メートルを超える高い山かもしれないし、たかだか五百メートルくらいの、山よりむしろ丘と呼ぶべきものかもしれない。だからその人が登ろうとする山を絵に描くなら、富士山と槍ヶ岳とでは、あるいは高山と丘程度の低い山とでは描き方がちがって当然である。

しかしそれが山である限りは、地表から4隆起した土塊であることは確実で、そのことは山をかたどったフォルムで表現することができる。だから「山」というフォルムを見れば、だれでも山という事物を思い浮かべることが可能となる。そしてこの場合、「山」が示しているのは富士山などの特定の山ではなく、どの山でもかまわない。ここに文字が成立する場がある。

[X] 目に見える実体のある事物を表す文字を作ろうとして、事物のもっとも端的な特徴を抽出し、具体的かつ「絵画的」に描いたものを象形文字という。ただしこれはあくまで「絵画的」に描いたものであって、絵画そのものではない。なぜならばそこに呈示されるフォルムは、指し示す実体に対しての普遍性をもつものでなければならないからである。そしてに普遍性をあたえられるがゆえに、その描写は必ずしも写実的である必要はない。「山」という漢字で表される山の峰が、必ずしも三つあるとは限らない。

このように具体的な事物の特徴をうまくつかんだ文字を特に多く含んでいるのが、漢字である。

（阿辻哲次《あつじてつじ》「日本人のための漢字入門」から。一部省略がある）

（注）※フォルム＝形。形状。
　※槍ヶ岳＝長野県と岐阜県の境界にある山。

(一) **よく出る** **基本** 文章中の……部1～4について、片仮名は漢字に改め、漢字は読み仮名を書きなさい。（各1点）

1、カわれ　2、ノウリ　3、ナランで　4、隆起

(二) **よく出る** **基本** 次の1～4から選び、記号で答えなさい。□に入る語として最も適切なものを、（1点）

1、なぜなら　2、しかし　3、まして　4、つまり

(三) 「絵画はそのままでは文字になりえない」とあるが、それは「絵画」がどのようなものであるからだと、筆者は述べているか。次の文がそれを説明したものとなるよう、□に入る適切な内容を、二十五字以内で答えなさい。（2点）

絵画は□ものであるから。

(四) **難** **思考力** 「文字が成立する場」とあるが、それはどのような場合か。五十字以内で説明しなさい。（3点）

(五) [X]段落が文章中で果たしている役割の説明として最も適切なものを、次の1～4から選び、記号で答えなさい。（2点）

1、これまで述べてきた「文字」について内容を整理する事柄を示し、「絵画」との差異を改めて明確にしている。
2、これまで述べてきた「文字」について異なる視点からの説明を補足し、「絵画」との共通点を強調している。
3、これまで述べてきた「文字」と「絵画」の両方の性質をあわせもつ記号を示し、これまでの論を否定している。
4、これまで述べてきた「文字」と「絵画」について新たな具体例を挙げて対比し、問題提起を繰り返している。

(六) 「具体的な事物の特徴をうまくつかんだ文字」について、文章の内容を踏まえた「象形文字」の例として正しいものを、次の1～4から一つ選び、記号で答えなさい。（2点）

1、「中」という字は、あるものを一線で貫く様子を記号化して示すことで抽象的な「なか」という意味を表す。
2、「湖」という字は、「水」を表す「氵」と「コ」という音を表す「胡」から成り「みずうみ」という意味を表す。
3、「雨」という字は、雲から水滴が降ってきている様子を模式的に描いて示すことで「あめ」という意味を表す。
4、「計」という字は、「いう」を表す「言」と数の「十」を組み合わせることで「かぞえる」という意味を表す。

三 （古文）仮名遣い・内容吟味 《選択問題》

次の古文は、日本の伝統芸能である「狂言」を学ぶときの心構えを説いたものである。よく読んで、あとの(一)～(三)に答えなさい。（計5点）

昔人いふ。器用なる者は頼みて必ず油断あり。不器用なる者は我身をかへりみ《気にかけ（自分の器用さを）あてにして》、遅れじと嗜《たしな》む《遅れまいと励むので》ゆへ追ひ越す。※学文もかくの如《ごと》く《このようである》と言へり。器用なる者は早合点《はやがてん》して《覚えたつもりになり》根を深く問はず、なほざりなり《いい加減である》。覚えねば問はぬに同じ。心に入《いり》よく覚えたる事も忘るるは常の習ひ、いかに賢く器用なりと《どれほど賢く器用だとしても》覚えぬことはなるまじ《覚えていないことはうまくいくはずがない》。不器用なる者の、退屈なく精を出《いだ》したるは※藝《げい》になづまず《行きなやまず》、後によくなると言へり《少しずつ上達する》。

（「わらんべ草《くさ》」から）

（注）※学文＝学問。

※藝＝修練によって身についた技能。「芸」と同じ。

(一) よく出る 基本 「かへりみ」を現代仮名遣いで書き直しなさい。（1点）

(二) 「覚えねば問はぬに同じ」の解釈として最も適切なものを、次の1～4から選び、記号で答えなさい。（2点）

1、物事を中途半端に覚えていると、信頼を失って質問をしてくる者がいなくなる。
2、物事をしっかりと覚えていないと、学んだことを深く追究することができない。
3、覚えたことはよく忘れてしまうので、たびたび疑問が生じることは仕方がない。
4、覚えた内容が不十分なままだと、それを他人に教えることはできるはずがない。

(三) 古文の中で芸の上達のために大切なことは何であると筆者は述べているか。「継続」という言葉を用いて、十五字以内の現代語で説明しなさい。（2点）

四 (古文)古典知識・内容吟味 《選択問題》

次の古文は、故郷である都を離れ、二か月余り鎌倉に滞在している筆者が、渡り鳥を眺めて和歌を詠《よ》んだ場面である。よく読んで、あとの(一)～(三)に答えなさい。（計5点）

聞《きき》なれし虫の音《ね》も漸《やうやう》《次第に消え果てていき》よはり果て、松吹《ふく》峰の嵐《松を吹き下ろす山頂からの強い風だけがますますはげしくなっていく》のみぞいとどはげしくなりまされる。懐土の心《故郷を恋しく思う心》に催されて、つくづくと都の方をながめやる折《そのとき》しも、一行《ひとつら》《一列に連なる》の雁《※かり》がね雲にきえ行《ゆく》も哀《あはれ》なり。

帰るべき春をたのむの雁がねも啼《※なき》てや旅の空に出《い》でにし《春には再び故郷に帰ることを頼みにして田の面の雁がねも出たのであろうか》

（「東関紀行《とうかんきこう》」から）

（注）※雁がね＝雁。渡り鳥の一種。
※啼＝「鳴」と同じ。

(一) よく出る 基本 「たのむ」には、「頼む」と、「田の面《も》」のなまった「たのむ」の両方の意味が含まれている。このような和歌の修辞法（表現技法）を何というか。次の1～4から一つ選び、記号で答えなさい。（1点）

1、序詞　2、枕詞　3、掛詞　4、係り結び

(二) 「聞なれし虫の音も漸よはり果て、松吹峰の嵐のみぞいとどはげしくなりまされる」とあるが、この部分で表現されていることとして最も適切なものを、次の1～4から選び、記号で答えなさい。（2点）

1、風が強まる春の始まり
2、草木が生い茂る初夏
3、虫の音が響く秋の盛り
4、寒くて厳しい冬の到来

(三) 「雁がね」に、筆者は自分のどのような心情を重ねているか。次の文がそれを説明したものとなるよう、[　　]に入る適切な内容を、十五字以内の現代語で答えなさい。（2点）

雁がねと同じように自分も故郷から遠い地にいるため、[　　]としみじみ感じている。

五 (古文)古典知識・内容吟味 《選択問題》

次の漢文の書き下し文は、周の国の「西伯《せいはく》」と呼ばれていた人物が、虞《ぐ》や芮《ぜい》など、まわりの国々をまとめていたときの話である。「西伯」は人望があり、公平な判断ができる人物と言われていた。よく読んで、あとの(一)～(三)に答えなさい。（計5点）

西伯徳を修め《いつくしみ深い政治を行い》、諸侯《※》之《これ》に帰《き》す《西伯に従っていた》。虞・芮田を争ひ《田を取り合って解決すること》決すること能《あた》はず《ができなかった》。乃《すなは》ち《そこで》周に如《ゆ》く《周の国に入って》。界に入りて耕す者を見るに、皆畔《あぜ》を遜《ゆづ》り《あぜ道を譲り》、民の俗皆長に譲る《人々はみな年長者を敬っていた》。二人慙《※は》ぢ、相《互いに》謂《い》ひて曰く、「吾が争ふ所は、周人《周の人》の恥づる所なり」と。乃ち西伯を見ずして還《かへ》り、倶《とも》に其《そ》の田を譲りて《譲り合って》取らず。

（「十八史略《じゅうはっしりゃく》」から）

（注）※諸侯＝各国の領主。
※慙＝「恥」と同じ。

(一) 「決すること能はず」は「不能決」を書き下し文に改めたものである。書き下し文を参考にして「不《ず》能 決《ハ》《スルコト》」に返り点を補うとき、正しいものを次の1～4から一つ選び、記号で答えなさい。（1点）

1、不《ず》レ能《ハ》ニ決《スルコト》一　2、不《ず》三能《ハ》ニ決《スルコト》一
3、不《ず》レ能《ハ》レ決《スルコト》　4、不《ず》能《ハ》レ決《スルコト》

(二) 「乃ち周に如く」とあるが、田を取り合っていた虞と芮の国の領主が周の国を訪れた理由として最も適切なものを、次の1～4から選び、記号で答えなさい。（2点）

1、田の所有について西伯の考えを聞くため。
2、田を西伯に差し出したいと申し出るため。
3、田の問題の解決に困る西伯を助けるため。
4、田を周のものとした西伯に反論するため。

(三) 基本 「倶に其の田を譲りて取らず」とあるが、虞と芮の領主がそのようにしたのはなぜか。次の文がそれを説明したものとなるよう、[　　]に入る適切な内容を、十五字以内の現代語で答えなさい。（2点）

周の人々が[　　]姿を見て、国の領主である自分たちの行動を反省したから。

六 (手紙文)熟語・語句の意味・敬語 《選択問題》

次の文章は、ある中学校の生徒が公民館の職員に宛《あ》てて書いた、お礼状の下書きの一部である。よく読んで、あとの(一)～(三)に答えなさい。（計5点）

拝啓　日差しもすっかり和らぎ[1]野原の草花にも秋を感じる[2]季節となりましたが、いかがお過ごしでしょうか。
さて、[3]先日はお忙しいところ私たちのインタビューを受けていただき、ありがとうございました。[4]資料を用いて地域の歴史を分かりやすく教えてくださり、たいへん勉強になりました。
その中で特に心に残ったのが、特産品についての説明です。特産品には、地域の風土に合わせた、先人の知恵と技が生かされていることが分かり、感動しました。昔

のことを見つめ直すことで、今まで知らなかった考え方や知識を得ることができました。[　　　]
　よろしければ、今度、私たちがまとめたレポートを持って公民館に行きますので見てください。どうぞよろしくお願いします。

(一) 文章中の……部1～4のうち、和語に該当するものを一つ選び、記号で答えなさい。（1点）

(二) [　　　]に、直前の一文の内容を含む四字熟語を用いて表現するとき、最も適切なものを、次の1～4から選び、記号で答えなさい。（2点）
1、いつも未来をしっかり見つめ、自分の目標に向かって「日進月歩」の精神で成長していきたいと思います。
2、「一喜一憂」せずに取り組んだ先人のように、何事にも平常心を保って取り組んでいきたいと思います。
3、状況に応じて適切な行動をとることができるように、「臨機応変」な対応を心がけていきたいと思います。
4、「温故知新」という言葉があるように、これからも歴史から学ぶ姿勢を大切にしていきたいと思います。

(三) 「行きますので見て」について、ここで用いられているすべての動詞を、それぞれ適切な尊敬語または謙譲語に改めて、次の文の[　　　]に入るよう、五字以上十五字以内で答えなさい。（2点）
　よろしければ、今度、私たちがまとめたレポートを持って公民館に[　　　]ください。

七 (話し合い)文脈把握・課題作文

ある中学校の図書委員会では、読書活動の活性化のために「図書だより」で特集を組むこととした。次の会話は、その内容について話し合いを行ったときのものである。よく読んで、あとの(一)、(二)に答えなさい。（計8点）

司会者　「図書だより」の特集の内容について考えるために、インターネットで参考になるものを調べていると、この【資料】を見つけました。これは、中学生にとって何が本を読むきっかけになっているかを調べたものです。
Aさん　普段本を読まない人には、読書のきっかけが必要ですから、この【資料】は役に立ちそうです。
Bさん　私もそう思います。これを見ると、きっかけとして一番高い割合になっている項目は、テレビなどのメディア上や本屋での宣伝や広告ですね。
Cさん　そうですね。また、上から二番目、三番目、四番目の項目を見てみると、共通しているのは[　　　]であるといえますね。このことを踏まえて、読書のきっかけになるような特集を考えてみませんか。
Aさん　それなら、「私のおすすめ」という特集を組んで、本を読むことが好きな生徒が、お気に入りの本を紹介するのはどうでしょう。【資料】からも、友達からの本の紹介が、きっかけとして効果的であることが分かります。
司会者　なるほど。では、次の特集テーマは「私のおすすめ」として、生徒による本の紹介文を掲載しましょう。この特集をきっかけに、読書活動を活性化させたいですね。
Bさん　そうですね。より多くの人に読書の楽しさを感じてもらえるといいですね。

【資料】

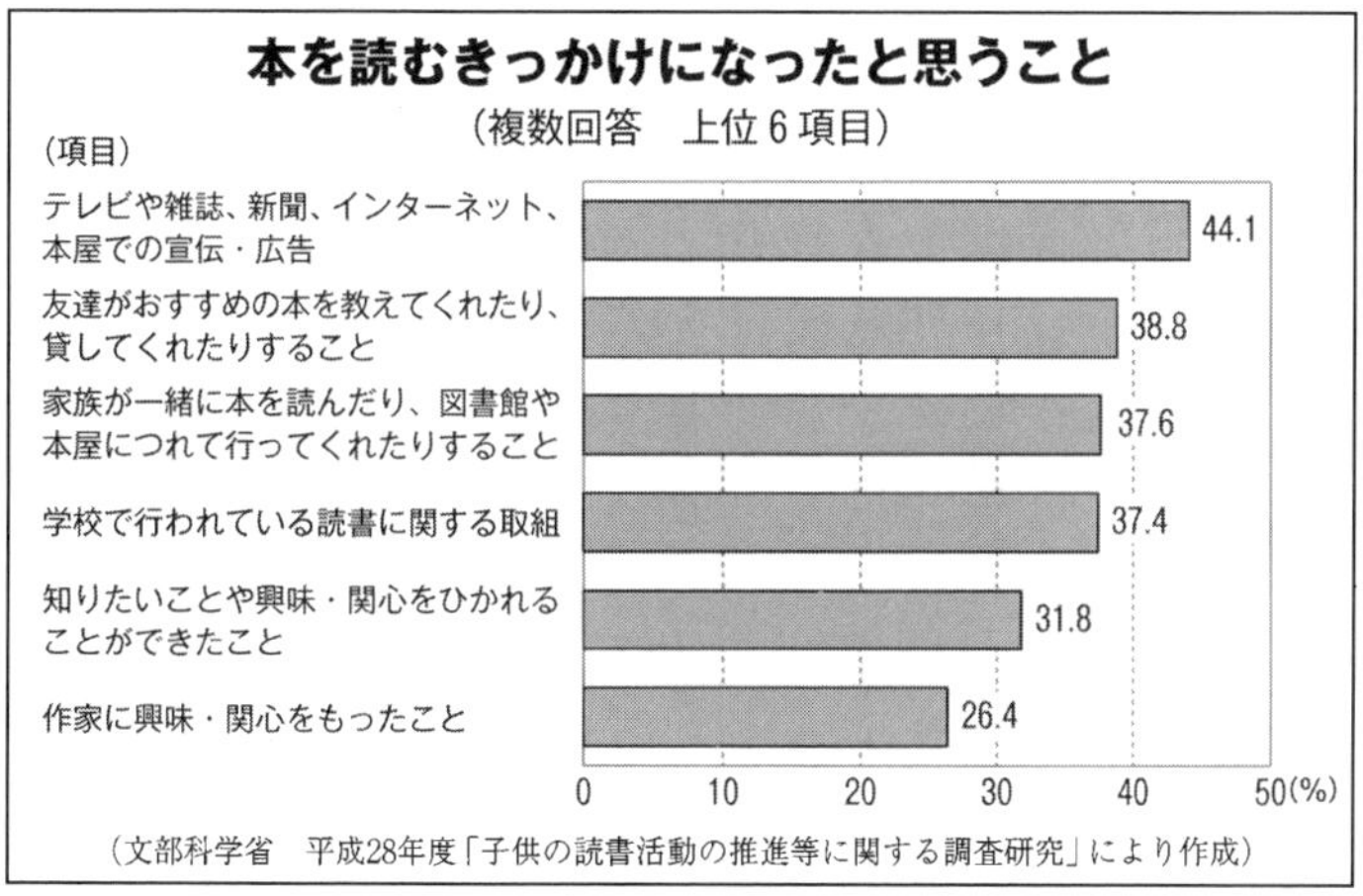

（文部科学省　平成28年度「子供の読書活動の推進等に関する調査研究」により作成）

(一) [　　　]に入る内容として最も適切なものを、次の1～4から選び、記号で答えなさい。（1点）
1、好きな作家がいること
2、周囲からの働きかけ
3、読者の自発的な行動
4、時間が十分にあること

(二) 思考力 Bさんの最後の発言を踏まえて、「読書の楽しさ」について、自身の経験を踏まえながら、次の注意に従って文章を書きなさい。（7点）

注意
○ 氏名は書かずに、1行目から本文を書くこと。
○ 原稿用紙（20字詰×12行＝省略）の使い方に従って、8行以上12行以内で書くこと。
○ 段落は、内容にふさわしく適切に設けること。
○ 読み返して、いくらか付け加えたり削ったりしてもよい。

徳島県

時間 55分　満点 100点　解答 P44　3月9日実施

出題傾向と対策

●漢字の読み書きと文法、小説文、論説文、古文、条件作文の大問五題構成。行書体で書かれた漢字の部首や動詞の活用形などの基本的な国語知識、文章の内容をまとめた短文にあてはまる言葉の書き抜き、「和語」についての意見をまとめる条件作文など、幅広く出題される。

●漢字は、普段からさまざまな文章を読み、丁寧に書く練習をする。小説文、論説文ともに本文内容をまとめる力を養う。古文は基礎知識から本文内容を問う設問まで出題されるので、現代語訳を参考に答えるようにしたい。

一 漢字の読み書き・漢字知識・活用　よく出る　基本

次の(1)～(4)に答えなさい。　(計22点)

(1) 次の(a)～(d)の各文の――線部の読み方を、ひらがなで書きなさい。　(各2点)

(a) 西の空に宵の明星が輝く。
(b) 水面で勢いよく小魚が跳ねる。
(c) 雑誌に写真が掲載される。
(d) 相手の要望に柔軟に応じる。

(2) 次の(a)～(d)の各文の――線部のカタカナを漢字になおし、楷書《かいしょ》で書きなさい。　(各2点)

(a) 木のミキにセミがとまる。
(b) 稲《いね》が実って穂をタれる。
(c) ガイロジュが色鮮やかに紅葉する。
(d) 紅茶にサトウを入れて飲む。

(3) 「祝」の部首と同じ部首をもつ漢字を行書で書いたものを、ア～エから一つ選びなさい。　(3点)

ア、粗　イ、租　ウ、析　エ、祈

(4) 次の文の――線部と動詞の活用形が同じものを、ア～エから一つ選びなさい。　(3点)

毎朝、新聞を読みます。

ア、本屋に行くときに友達に会った。
イ、冬の夜空には多くの星が見える。
ウ、市役所を経由してバスが来た。
エ、雨がやめば外は明るくなるだろう。

二 (小説文) 内容吟味・文脈把握・鑑賞

次の文章を読んで、(1)～(3)に答えなさい。　(計20点)

裁縫が好きな高校一年生の松岡清澄《まつおかきよすみ》(キヨ)は、まもなく結婚する姉のために、ウェディングドレスに刺繍《ししゅう》を入れている。次は、小・中学校の同級生で、石の収集と研磨を好む高杉《たかすぎ》くるみが、清澄の家まで訪ねてきた場面である。

ふいに首に強い刺激を感じた。いつのまにか背後にまわりこんでいたくるみが親指で僕の襟足のあたりをぎゅうぎゅう押しているのだ。

「え、え、なに?」

「ここな、目の疲れに効くツボやねんて。」

「あ……そうなんや、ありがとう。」

「後でまた目が疲れてきたら押したげる。今からまた刺繍するんやろ?」

後で、ということはまだしばらくここにいるつもりなのだろうか。もう帰ってくれと言うわけにもいかず、さっきまで枕にしていた座布団《ざぶとん》を押しやった。困ったな、とは思ったけれども、部屋の中にくるみがいることに、じきに慣れた。というより針を持ったら忘れてしまっていた、のほうが正解だろうか。数時間眠ったのがよかったのか、身体が軽い。

西側の窓から見える空はマーマレードの色に変わっていた。畳やドレスの布地や僕の手をやわらかく染める。針をすすめるごとに心はふつふつと熱くなっていくのに、頭は冬の朝に深呼吸をした時みたいに、すっきり、きっぱり冴《さ》えていく。休まずに針を動かし続けた。

A

「キヨくんは将来、洋服をあつかう人になるんかな。」

くるみの声は、ひどく遠くから聞こえてきた。同じ部屋にいるのに、とても遠い。遠いけれども、でも、ちゃんと聞こえる。しばらく考えて「わからん」と答えた。

くるみのひんやりとつめたい指がそっと僕の首筋に触れた。目を閉じると、指は僕の目と目のあいだに移動してきた。続いて、こめかみをぎゅうぎゅうと押される。かなり痛いのだが、これは効いているということなのだろうか?

「でもずっと続けられたらええな、と思ってる。やっぱ、刺繍好きやから。」

ずっと刺繍だけをしていられるような、それで食べていけるような仕事が存在するのかどうか、それは今の僕にはわからない。でも仕事じゃなくてもずっと続けたい。そう言ってからようやく目を開けて、くるみを振り返った。

くるみが大きく頷《うなず》く。マーマレードの色をまとった、きれいな顔で。

「私もそう。」

だって好きって大切やんな、と続けて、照れたように肩をすくめる。

「大切なことやから、自分の好きになるものをはやってるとかいないとか、お金になるかならないかみたいなことで選びたくないなと、ずっと思ってきた。」

石ころなんか磨いてなにが楽しいの? それってなんかの役に立つの? もしかしたらくるみは今までに何度もそんな言葉をぶつけられてきたのかもしれない。いやきっとそうだ。だって、僕がそうだったから。

「あのさ、好きなことを仕事にするとかって言うやん。でも『好きなこと』がお金に結びつかへん場合もあるやろ。私みたいにさ。でも好きは好きで、仕事に関係なく持っときたいなと思うねん、これからも。好きなことと仕事が結びついてないことは人生の失敗でもなんでもないよな、きっとな。」

な、と力強く言ったが、同意を求めているわけでもなさそうだった。言葉にすることで心が決まることはあるから、くるみは僕に話すことでなにか自分を納得させたかったのかもしれない。

ふう、と満足げに息を吐いたくるみは、ポケットをごそごそとさぐりはじめる。

「これ、キヨくんにあげる。」

平たくて楕円形《だえんけい》の石が、目の前に差し出された。すべすべとつめたくて、手のひらのくぼみにぴったりおさまる。真ん中に走っている細く白い筋を、そうっと指先でなぞった。

「ここまですべすべにするのに、どれぐらい研磨すんの。」

「あー、それ私が研磨したんちゃうで。」

「え、そうなん？」

「拾った時のまんま。」

想像もできないほどの長い時間をかけて、流れる水によってかたちを変えた石だという。

「すごいやろ、水の力って。」

じゃあ、そろそろ帰るね。くるみがいきなり立ち上がった。すたすたと玄関まで歩いていく背中をあわてて追う。

「送っていくよ。」

「いい。ひとりで来たし、ひとりで帰る。」

ほんとうは刺繍が完成するところを見たかったけどな、となぜか僕の額のあたりを意味ありげに一瞥《いちべつ》してから、くるみは出ていった。

「あれ、帰ったん？　あの子。夕飯食べていってもらおうと思ったのに。」

台所から出てきた姉が残念そうに鼻を鳴らす。

宝石でもなんでもないただの石なのだろうけど、ものすごいものをもらってしまった気がする。大切にポケットにしまって、布地ごしにそっと押さえた。

「キヨあんた、おでこに糸くずついてる。」

指摘されてようやく、さっきのくるみの視線の意味を知った。

寺地はるな『水を縫う』集英社刊（一部省略等がある。）

（注）襟足＝襟くびの髪のはえぎわ。
一瞥＝ちらりと見ること。

(1) ――線部「針をすすめるごとに心はふつふつと熱くなっていくのに、頭は冬の朝に深呼吸をした時みたいに、すっきり、きっぱり冴えていく」とあるが、清澄のどのような様子を表しているのか、最も適切なものをア～エから選びなさい。（3点）

ア、くるみの言動に戸惑っている様子。
イ、眠気が覚めはじめている様子。
ウ、刺繍に集中していく様子。
エ、心が沈んでいく様子。

(2) 難 思考力 Aの部分のくるみと清澄の対話について、次の文は、ある生徒が、二人の気持ちの変化を踏まえて考えたことをまとめたものである。(a)・(b)に答えなさい。

> 将来についてくるみが清澄に問いかけたとき、「仕事でなくても好きなことをずっと続けたい」という清澄の返答を聞き、くるみは彼の考えに同意した。その後、語り始めたくるみを見て清澄は、自分との対話というよりも、くるみの、（ⓐ）という思いを感じている。つまり、ここでの対話には、くるみが、（ⓑ）ことは悪いことではないと自分で不安を拭いさったこと、そして、「僕がそうだったから」と本文にあるように、清澄が、くるみの様子に（ⓒ）ことで自らを客観的に把握することができたこと、以上のような二人の気持ちの変化が描かれているといえる。また、この対話で、二人が将来に対する互いの考えに気づいたことも含まれている。

(a) （ⓐ）・（ⓑ）にあてはまる適切な言葉を、それぞれ本文中の言葉を用いて十五字以上二十字以内で書きなさい。（ⓐ5点、ⓑ4点）

(b) （ⓒ）にあてはまる最も適切なものをア～エから選びなさい。（4点）

ア、自分を鼓舞する
イ、自分を肯定する
ウ、自分を恥ずかしく思う
エ、自分を重ね合わせる

(3) 本文について述べたものとして、最も適切なものをア～エから選びなさい。（4点）

ア、くるみが清澄の「ツボ」を押す場面を描き、清澄の消極的な性格を暗示している。
イ、「マーマレードの色」の光で照らすことで、情景や人物の心情を印象づけている。
ウ、水によって磨かれた「石」を宝石にたとえ、水がもつ浄化の力を象徴している。
エ、「糸くず」について描くことで、もの寂しい場面を明るい雰囲気にしている。

三 (論説文)文脈把握・内容吟味

はるのさんは、国語の時間に「創造的発想」について発表することになった。次は、はるのさんが参考にした文章と、はるのさんが発表するために作ったパネル、補足資料である。(1)～(4)に答えなさい。（計27点）

「創造的発想はどこからやってくるのか」という問いは、長い歴史を通して人類の最大の問題といえるかもしれません。現在我々が生きている社会や科学の進歩も、様々な創造的発明や発見が根底にあります。

創造的発想が生まれる過程に関する研究は長きにわたって行われており、その研究は心理学や脳科学だけにとどまらず、経済学や教育学など様々な視点から仮説が唱えられています。ノースカロライナ大学のキース・サウヤー教授は、このような五十年以上にもわたる創造性に関する研究をまとめた著書の中で、創造的な発想を生み出すためには、ある共通的なプロセスが必要であると報告しています。このプロセスをよく表しているモデルとして、社会心理学者グラハム・ワラスによる「創造性が生まれる4段階」が特に用いられています。

グラハム・ワラスによる、創造性が生まれる4段階

①　準備期　②　あたため期
③　ひらめき期　④　検証期

まず、第一段階の「準備期」では創造性を生み出すための下準備をします。最終的に何を解決したいか、先にあるゴールや意欲がなく何も思考せずにただぼやっとしているだけでは創造的な解決法も生まれません。つまり最初に、達成するべき目標や解決すべき問題を設定する必要があります。

また、ここでは必要な情報や知識を集め、論理的思考に基づいて問題解決に熱中する期間も含まれます。この第一段階で主役を担《にな》っているのは「論理的思考」であり、様々な知識を駆使して、論理的に解決しようと努力をします。

第一段階では満足のいく解決策が見つからないことが多く、時には半分諦めかけたような状態で問題から意識的に離れます。この期間を第二段階の「あたため期」と呼びます。「煮詰まったから一旦リフレッシュしよう」というような感覚です。つまり、ここでは一度問題から離れて休息したり無関係なことをしたりしています。

しかしこの期間では、ただ単に「もう無理だからやめた！」といって別のことをするわけではありません。本人は、意識的に問題から離れているので問題に対して何も思考をしていないつもりでも、脳内では潜在的に思考が熟しつつあり、何らかの解決策が自然に出てくるのを無意識的に待っている期間になります。それゆえこの期間は「孵化《ふか》期」とも呼ばれています。

第三段階の「ひらめき期」にて、いよいよ創造的発想が生まれます。ここでは、前段階の「あたため期」で問題から離れ、意識上では解決に向けて何も取り組んでいなかったので、突然、創造的な解決策が降ってきたような感覚に陥ります。また、どのように解決策が導かれたのか本人にもわからないので「天の啓示」などと呼ばれることもあります。

このような例は過去に大発見をした研究者の話でもよく耳にします。例えば、ポアンカレ予想で有名な数学者アンリ・ポアンカレは、ブックス関数発見の経緯について、一度煮詰まった問題から離れて散歩に出かけるため、乗合馬車の踏板に足をかけた瞬間に天の啓示がひらめき問題が解けたといいます。ここでは、探し求めて見つからなかった解決策が突然意識に上がってくるため強い喜びと確信を伴い、「アハ体験」ともいわれています。

最後の第四段階である「検証期」では、ひらめいた解決策が実際に正しいかどうかを確認する作業が行われます。これにより、「ひらめき期」では曖昧だった案がより明確になり、直感が確信に変わるのです。「検証期」で行う作業の多くは論理的思考に基づきます。

ここで、より正確な検証を行うためには、第一段階の「準備期」で問題解決に向けて様々な思考を巡らせていた方が良いと思われます。つまり、「準備期」では満足のいく解決策が見つからなくて諦めかけ、時間の無駄だったと思われていた作業が「検証期」を通して一つにつながるのです。よく「無駄なことなんてない」なんていいますが、これはまさにこのことを指しているでしょう。一生懸命取り組んだけどダメだった時、それを単なる時間の無駄にするかどうかは、いかに「準備期」で無駄と思える努力をするか、そしていかに「ひらめき期」で突然降ってくる解決案に注意を払い自ら気づくか、そして「検証期」にて注意深く検証をすることができるかだと思います。

（大黒《だいこく》 達也《たつや》「芸術的創造は脳のどこから産まれるか？」より。一部省略等がある。）

（注）ブックス関数＝関数の一種。

はるのさんのパネル

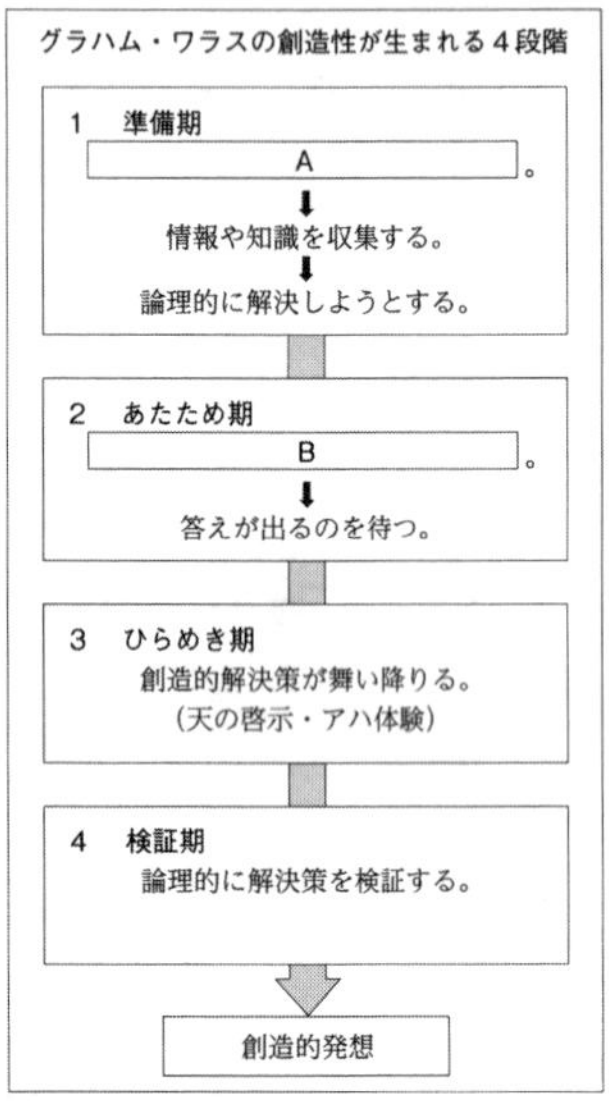
グラハム・ワラスの創造性が生まれる４段階
1　準備期
A
情報や知識を収集する。
論理的に解決しようとする。
2　あたため期
B
答えが出るのを待つ。
3　ひらめき期
創造的解決策が舞い降りる。
（天の啓示・アハ体験）
4　検証期
論理的に解決策を検証する。
創造的発想

補足資料

偶然の出会いというと、原理的に制御不可能なもののように思われる。しかし、その偶然を必然に化する錬金術に長《た》けた人たちがいる。十九世紀のフランスの数学者、ポアンカレの「偶然はそれを受け入れる準備ができた精神のみに訪れる」という言葉は有名である。いつ、どのような偶然が起きるかということ自体はコントロールできなくても、偶然の幸運を生かす能力は、自分の心掛け次第で鍛えることができる。この能力は、脳の偶有性の知覚と関連している。それまでの流れを変えてしまうような偶然の機会は、多くの場合、一生に一度しか起こらない。この一回性の機会を生かすためには、世界に対して開かれた、しなやかな精神が必要である。

（茂木《もぎ》 健一郎《けんいちろう》「脳と創造性『この私』というクオリアへ」より。一部省略等がある。）

（注）偶有性＝不確実な部分が世の中には存在し、確実なものと混在していること。

(1) はるのさんのパネルの［A］・［B］にあてはまる適切な言葉を書きなさい。ただし、［A］は五字以上十字以内、［B］は十一字でそれぞれ本文中の言葉を用いて書くこと。（各３点）

(2) 本文において、創造的発想が生まれようとしているとき、人間の思考はどのような状態だと述べられているか、本文中の言葉を用いて答えの末尾が「状態」に続く形になるように二十五字以上三十字以内で書きなさい。（５点）

(3) 思考力 はるのさんは、パネルの「3　ひらめき期」に関する補足資料を準備している。はるのさんが、補足資料を準備した意図は何か、最も適切なものをア～エから選びなさい。（４点）

ア、創造的発想の生まれる瞬間について具体的な異論を示すことで、聞き手に質問させようとした。

イ、創造的発想の生まれる瞬間について新たな説明を加えることで、聞き手に納得させようとした。

ウ、創造的発想の生まれる瞬間について客観的な検証を示すことで、聞き手に賛同させようとした。

エ、創造的発想の生まれる瞬間について異なる見解を加えることで、聞き手に反論させようとした。

(4) 難 思考力 次の文は、はるのさんが、本文の――線部「時間の無駄だったと思われていた作業が『検証期』を通して一つにつながる」について、発表のためにまとめたものである。（ⓐ）～（ⓒ）にあてはまる適切な言葉を書きなさい。ただし、（ⓐ）は五字以上十字以内、（ⓒ）は十五字以上二十字以内で本文中の言葉を用いてそれぞれ書き、（ⓑ）は補足資料から五字以上十字以内で抜き出して書くこと。　（ⓐ4点、ⓑ3点、ⓒ5点）

> 自分のもっていた課題が「検証期」に解決されるためには、「準備期」において無駄と思える努力をしておくことである。つまり、あらゆることに（ⓐ）ことが大切だということである。また、ひらめいた直感に気づくためには、（ⓑ）が必要である。そして、その気づきを確信に変えるためには、（ⓒ）ことが重要である。

四 (古文)仮名遣い・国語知識・内容吟味

次の文章は「無名草子《むみょうぞうし》」の一部である。（1～5は内容のまとまりを示す。）(1)～(3)に答えなさい。　（計16点）

1 この世に、いかでかかることありけむと《どうしてこんなことがあったのだろう》、めでたくおぼゆることは《すばらしく思われる》、文《ふみ》こそはべれな《手紙ですよ》。2 遥《はる》かなる世界にかき離れて、幾年《いくとせ》あひ見ぬ人なれど、文といふものだに《さえ》見つれば、ただ今さし向かひたる心地して《今、直接向かい合っている気持ち》、3 なかなか《かえって》、うち《直接》向かひては思ふほども続けやらぬ心の色《向かい合っては思っているほども言い続けられない心のうち》もあらはし、言はまほしきこと《言いたいこと》をもこまごまと書き尽くしたるを見る心地は、めづらしく、うれしく、あひ向かひたるに劣りてやはある《面と向かっているのに比べて決して劣ってはいない》。4 つれづれなる折、昔の人の文見出《い》でたるは、ただその折の心地して、いみじく《ひどく》うれしくこそおぼゆれ。5 何事も、ただ向かひたるほどの情《なさけ》ばかりにてこそはべるに《ただ向かい合っている間の感情だけですが》、これは、ただ昔ながら《全く昔のまま》、つゆ《少しも》変はることなきも、いとめでたきことなり。

(1) よく出る 基本 ＝線部「あらはし」を、現代仮名遣いに改めて、全てひらがなで書きなさい。　（3点）

(2) 次は、わたるさんとさやかさんが、本文を読んで対話をした内容の一部である。(a)～(c)に答えなさい。　（各3点）

> わたるさん　この文章は手紙について書かれたものです。手紙については、拝啓を頭語とする場合、（ あ ）を結語とするといった形式とともに、心を込めて書くことの大切さを授業で学びましたね。
>
> さやかさん　ええ。本文では、遠く離れて長い間会っていない相手でも、その人の手紙を見ると、（ い ）ときの気持ちに決して劣らないとあります。この文章から、心を込めて書いた手紙のすばらしさを感じますね。
>
> わたるさん　そうですね。現代に生きる私たちも参考にできそうですね。

(a)（ あ ）にあてはまる言葉を、ア～エから一つ選びなさい。

ア、敬具　イ、以上　ウ、草々　エ、謹白

(b)（ い ）にあてはまる適切な言葉を五字以上十字以内の現代語で書きなさい。

(c) さやかさんの言う「心を込めて書いた手紙」とはどのようなものか、その内容が書かれているまとまりを、本文中の1～5から一つ選びなさい。

(3) 次は「枕草子」の内容の一部であるが、「無名草子」の文章からこの内容に相当する部分を一文で抜き出し、最初の五字を書きなさい。　（4点）

> しみじみと心にしみた手紙を、雨などが降り一人やるせない日に探し出したものというのは、過ぎ去った昔が恋しいと思うものである。

五 条件作文 思考力

次の資料にある言葉は、日本の和語（大和《やまと》言葉）である。これらの中から、日常生活で使ってみたい言葉を一つ選び、文例を用いて和語（大和言葉）についてのあなたの考えを〈条件〉(A)～(D)に従って書きなさい。　（15点）

資料

あけぼの 意味　夜がほのぼのと明けはじめる頃。
五月雨《さみだれ》 意味　旧暦五月頃に降る長雨。梅雨。
花ぐもり 意味　桜が咲く頃の曇り空。

〈条件〉

(A) 題名などは書かないで、本文を一行目から書き始めること。

(B) 二段落構成とし、前の段落では、その言葉を選んだ理由とその言葉をどのように日常生活で使うか、その場の状況が想像できるような文例を書き、後の段落では、前の段落の文例を踏まえて、和語（大和言葉）に対するあなたの考えを書くこと。なお、文例は一文でなくてもよい。また、和語（大和言葉）は、和語あるいは大和言葉と表してもよい。

(C) 全体が筋の通った文章になるようにすること。

(D) 漢字を適切に使い、原稿用紙（20字詰×13行＝省略）の正しい使い方に従って、十～十三行の範囲におさめること。

香川県

時間	満点	解答	
50分	50点	P45	3月9日実施

出題傾向と対策

●小説文、古文、論説文、条件作文の大問四題構成と設問傾向は昨年と同じ。問題は標準レベルだが、文章量、設問数ともに多い。六十～七十字程度という複数の記述問題は昨年より若干指定字数が増えた。二百五十字程度の条件作文も出題されるので時間配分には注意が必要。

●漢字、文法、仮名遣いなどの基本は確実に身につけておく。多い文章量のなかから必要な言葉を探し出し、指定字数内でまとめる練習は不可欠。条件に沿って自分の意見を筋道立てて書く練習を積んでおきたい。

一 (小説文)漢字の読み書き・内容吟味・品詞識別

次の文章は、幼い頃から習っているピアノを続けるかどうかで悩んでいる小学六年生のオレ（沢くん）と担任の久《く》保《ぼ》先生やクラスメートの菅山《すがやま》くん、山川さんたちが、学級委員の鶴田さんの司会のもとで、合唱コンクールのクラスのピアノ伴奏者を決めようとしているものの、なかなか決まらない場面に続くものである。これを読んで、あとの㈠～㈧の問いに答えなさい。(計15点)

「六年最後の行事だぞ。だれか、ピアノで盛りあげてくれよ」

久保先生が、明るく見まわしたが、教室は、静かなままだ。

オレは、自分の席からこっそり首を回して、何人かをちらちら見た。

どの子も、下やそっぽを向いて、自分から手をあげる感じじゃなさそうだ。

ピアノ伴奏は、責任があるし、失敗したら、みんなになにを言われるかわからない。それに、ひとりだけ目立つのもいやだ、ってこともある。かといって、だれかをa推薦して、あとでうらまれるのもごめんだ。それもわかる。けれど、クラスにただようどんよりとした空気を吸ったり吐いたりしているうちに、なんだか無性にイライラしてきた。机がカタカタ音をたてるので、①下を見て、えっ？ってなった。無意識にオレ、貧乏ゆすりをしていた。おまけにひざの上で、両手の指をツンツンとはじいている。いつのまにか、ひどくおちつかなくなっていたんだ。

『今日の議題　ピアノ伴奏者決め』

鶴田さんが書いた白い文字が、正面の黒板に宙ぶらりんで浮かんでいる。

それをながめながら、オレは考えた。イライラするのは、本当に、このじとっとした雰囲気のせいなんだろうか。

ますます強くなる貧乏ゆすりのひざの上で、ツンツンする指も止まらない。オレは、はっとした。この動きは、ピアノを弾いている指と同じじゃないか。

だれかが言いだせばいいことなのに。さっきからそう思っていた。そのだれかって、もしかして……。じつは、このオレだ。オレがピアノを弾きたいって思っているんだ。

オレは、おなかにぐっと力を入れた。

「やってもいいよっ」

みんなの視線がいっせいに集まった。

②とたん、オレは急に不安におそわれた。ひとりで空まわりしてるやつだ、って思われたらどうしよう。

でも、鶴田さんは、ほっとしたようだ。

「わあ、よかった。沢くん、ピアノ習ってるものね。ありがとう！」

「上手《うま》くできるかわかんないけど。オレ、歌うと音程はずしそうなんで」

てれくさくなったので、冗談を言ったら本気にされた。なんかいい感じに教室の空気がほぐれて、『帰りの会』は終わった。

そのあとオレは、伴奏用のb楽譜をもらいに、職員室へ行った。

「沢、引き受けてくれてありがとな。あとは任せた！」

肩をバシッとたたかれた。

「任せた」なんて言われると責任重大だけど、初めて、自分で決めた目標だ。この伴奏を納得がいくように弾く。

「わかりました。任せて下さい！」

大口をたたいてしまった。そのままの勢いで、さっそく感じをつかんでみようと思い、音楽室に行った。

それから二週間。六年生の各クラスが、放課後順番に音楽室に集まって、歌の練習をした。塾やおけいこがある子は、家で歌うのが宿題になった。練習に出ても、ふざけてばかりでまともに歌おうとしないやつもいた。

二回目の練習の時も、学級委員の鶴田さんが、必死にまとめようとしていた。

「みんなで金賞目指そうよ」

ところが、ひとりが、鶴田さんにいじわるな質問をした。いつもテストで、鶴田さんと一、二番を競っている菅山くんだ。

「金賞とって、どうなるんだよ。賞状をもらうだけじゃん。あほらし」

「みんなで歌って金賞とれれば、うれしいでしょ」

鶴田さんは真面目に答えたのに、ふふんと鼻で笑われた。

「鶴田は一番が好きなんだよな。つきあってられ③ないよ。勝手にやれば」

「そんなこと言わないで。歌おうよ。ね。六年最後の行事なんだし。お願いっ」

「お願いってなに？　鶴田のために歌え、ってこと？」

わざとやりこめているようだ。

「そんなこと言ってない。あたしはみんなで歌おうと思っただけで……」

「だから、歌いたくないって言ってるだろ。ひとりで仕切るなよっ」

菅山くんは、一度言いだしたら引っこまずに、言い負かしてくるタイプだ。それがわかっているので、だれも取りなそうとはしない。そっぽを向いたきりだ。

④鶴田さんは、しくしくと泣きだした。横で友だちの山川さんが、こっそり「だいじょうぶ？」と顔をのぞきこんだ

まま、いっしょにうつむいてしまった。

　菅山くんは、しらっと言った。

「みんな帰ろうよ。ぼく、塾の宿題があるんだ。練習は、はい、おしまい」

　みんなが、ざわめきだした。あちこちで顔を見合わせている。

　オレも、ピアノのイスにすわったまま、どうしようかとおろおろした。

　鶴田さんはみんなで歌いたい。菅山くんは、歌いたくない。でも、これはきっと、ふたりだけの問題じゃない。音楽室の中で、クラスのひとりずつのちがった気持ちが、ごちゃ混ぜになっている。

　だったら、同じ歌を歌えばいいじゃないか。オレは思った。歌いたくても歌いたくなくても、今ここで同じ音を聞いたらどうだろう。だったら、弾いてみよう。

　オレは、ぐっと勇気を出した。⑤口が言う代わりに、両手を動かして弾きはじめた。

　初めの二十秒間は、前奏だ。それに続いて、歌がはじまる。

　だけど、突然、c響きはじめたピアノといっしょに歌いだす子はいなかった。みんな、ぎょっとして、身を固くしているようだ。それでも、オレは、弾くのを止めなかった。オレは、ピアノを弾くって決めたんだ。それには、みんなに歌ってもらわなくちゃ、なんにも始まらない。そのために、家で毎日、たくさん練習をしているんだ。

　三十秒、四十秒……。オレの指から、ピアノのカラオケが流れていく。

　オレと同じく、勇気を出してだれかが歌いだしてくれれば……。期待しながら弾いたのに、楽譜の最後まで来てしまった。だったらもう一度。こんなにいい曲なんだ。声が聞こえるまで、弾けばいい。オレは、夢中でくり返した。

　曲の真ん中あたりまできた時、山川さんが、鶴田さんの手を引っぱって、ピアノの横まで来て、歌いだした。

　山川さんの声が、ピアノに乗ったと思ったら、つぎにひとり、男子の声が重なってきた。それから、だんだんと声は増えて、ちらっと見ると、鶴田さんも歌っていたので、ほっとしながら、一番を弾きおえた時。

　ガラッと音楽室のドアがあいて、久保先生が顔を出した。

「お、いい調子。みんながんばってるな」

　ちょうどすぐ近くにいた菅山くんを、ニコニコしながらd激励した。

「期待してるからな。金賞はどうでも、歌は楽しめ」

　まさか。先生は、今の様子を見ていた？

　オレたちが、おたがいに、まごつきながらもぞもぞする中で、

「あ、ああ、はい」

　菅山くんは、答えにつまっていた。

　オレは、菅山くんが帰らなくてよかったと思った。こうして、みんなで歌いはじめられたんだ。これなら、だいじょうぶかもしれない。

　それからの練習で、だんだん声もそろってきた。人の声は、いつも同じじゃない。「生もの」だ。弾きながら聞いているうちにわかってきた。だから、その時の歌の調子に合わせて、オレは、ピアノのテンポや強さを加減できるように努力した。

　家での練習も、ラストスパートだ。


（横田明子の文章による。一部省略等がある。）

㈠ **よく出る** a～dの――のついている漢字のよみがなを書け。（各1点）

㈡ ①に下を見て、えっ？ってなった　とあるが、このときのオレの気持ちはどのようなものだと考えられるか。次の1～4から最も適当なものを一つ選んで、その番号を書け。（1点）
1、クラス内の重苦しい雰囲気にある程度理解を示しつつもなぜかいら立ちを覚え、知らず知らずのうちにとっていた自分の行動に驚き戸惑う気持ち
2、クラス内が一つにならない状況を理解しているものの、クラスの重い空気にそぐわない音をたてて貧乏ゆすりをしている自分を面白く思う気持ち
3、クラス内のしらけた空気に不満を持ちつつも仕方のないことだと納得していたつもりだったのに、思いのほかいら立っている自分にあせる気持ち
4、クラス内で遠慮しあう状況に納得ができずいら立つだけでなく、何もできないままにただ貧乏ゆすりを繰り返す自分をも腹立たしいと思う気持ち

㈢ ②にとたん、オレは急に不安におそわれた　とあるが、なぜオレはこのような気持ちになったのか。それを説明しようとした次の文のア、イの□内にあてはまる最も適当な言葉を、本文中からそのまま抜き出して、アは十五字以内、イは十字以内でそれぞれ書け。（2点）
　無意識の指の動きが、［ア］だと気づき、自分のピアノへの思いが自覚されて伴奏者に立候補したが、［イ］しているように見られるのではないかと心配になったから

㈣ ③のない　は、次の1～4のうちの、どの　ない　と同じ使われ方をしているか。同じ使われ方をしているものを一つ選んで、その番号を書け。（1点）
1、二人がしていることに違いはない
2、この重い荷物は簡単には運べない
3、散らかっている部屋は美しくない
4、今あきらめるなんてもったいない

㈤ ④に鶴田さんは、しくしくと泣きだした　とあるが、なぜ鶴田さんは泣きだしたと考えられるか。次の1～4から最も適当なものを一つ選んで、その番号を書け。（2点）
1、クラス全体がやっとまとまってきた中で、より団結力を強めていけるよう頑張っていたのに、それを批判された上に誰も助けてくれなかったから
2、クラス全体が歌の練習に無気力な中で、行事を成功させようとひとりで奮闘していたのに、反発されやりこめられてしまったのが悔しかったから
3、クラス全体が思うようにまとまらない中で、金賞をとることに価値を見いだして何とか頑張ってきたのに、その努力さえも冷たく否定されたから
4、クラス全体が練習に熱心とはいえない中で、みんなで歌いたいという思いから一生懸命に声をかけていたのに、心ない言葉を言われ傷ついたから

㈥ ⑤に口が言う代わりに、両手を動かして弾きはじめた

とあるが、このときのオレはどのような思いでピアノを弾きはじめたと考えられるか。その思いを　クラス　という語を用いて、「…思い」に続くように六十字以内で書け。（2点）

(七)本文中には、音楽室の中に、オレの弾くピアノ伴奏の音だけが鳴り続けている様子が表されている一文がある。その一文として最も適当なものを見つけて、初めの五字を抜き出して書け。（1点）

(八)本文中のオレの気持ちを述べたものとして最も適当なものはどれか。本文全体の内容をふまえて、次の1～4から一つ選んで、その番号を書け。（2点）

1、伴奏者への立候補を通して気持ちを明確に伝えることの大切さが認識され、困ったときでも必ず助けてくれる友人のありがたさを実感している
2、伴奏者になり意気込む中でクラスの思いを一つにする困難さを実感したが、状況に合わせて演奏するやりがいを感じ意欲がさらに高まっている
3、教室の重い空気を変えることができた自分に自信が生まれ、クラスが思うようにまとまらなくても最後には必ず成功するだろうと確信している
4、先生やクラスメートに応援されていることが誇らしく、伴奏者の立場から合唱を成功させるための方法を何とか見つけようと必死になっている

二 (古文)仮名遣い・内容吟味

次の文章を読んで、あとの(一)～(五)の問いに答えなさい。（計8点）

(注1)小松内府《こまつのないふ》、(注2)賀茂祭《かもまつり》見むとて、(注3)車四五両ばかりにて、一条大路に出《い》で給《たま》へり。物見車はみな立てならべて、すきまもなし。「いかなる車か、のけられむずらむ」と、①人々目をすましたるに、ある(注4)便宜《びんぎ》の所なる車どもを、引き出しけるを見れば、みな、人も乗らぬ車なりけり。かねて見所を取りて、人をわづらはさじのために、②空車《むなぐるま》を五両立て置かれたりけるなり。そのころの内府の(注5)綺羅《きら》にては、③いかなる車なりとも、あらそひがたくこそありけめども、④六条の御息所《みやすどころ》のふるき例も(注6)よしなくやおぼえ給ひけむ。さやうの(注7)心ばせ、情《なさけ》深し。

（注1）小松内府＝平清盛の子、平重盛《しげもり》。内府とは内大臣のこと。
（注2）賀茂祭＝京都の賀茂神社の祭り。
（注3）車四五両ばかりにて＝牛車四、五両ほどで。
（注4）便宜の所なる＝都合のよさそうな所にある。
（注5）綺羅＝栄華。
（注6）よしなく＝好ましくないと。
（注7）心ばせ＝心配り。

(一) 基本　本文中の　さやう　は、現代かなづかいでは、どう書くか。ひらがなを用いて書きなおせ。（1点）

(二) よく出る　①に　人々目をすましたるに　とあるが、人々がこのようにしたのはなぜか。次の1～4から最も適当なものを一つ選んで、その番号を書け。（1点）

1、小松内府が、どこに車で移動しようとしているのか知りたかったから
2、小松内府が、誰の乗った車を探そうとしているのか知りたかったから
3、小松内府が、どの車を立ちのかせようとしているのか気になったから
4、小松内府が、どうして停車を禁じようとしているのか気になったから

(三)②に　空車　とあるが、これはどのようなもののことをいっているのか。本文中からそのまま抜き出して、五字程度で書け。（2点）

(四)③に　いかなる車なりとも、あらそひがたくこそありけめ　とあるが、筆者はどのような思いからこのようにいったと考えられるか。次の1～4から最も適当なものを一つ選んで、その番号を書け。（2点）

1、小松内府なら、どこでも好きな場所で見物できただろうという思い
2、小松内府なら、気づかれずに見物するのは難しいだろうという思い
3、小松内府なら、どのような人にも配慮を忘れないだろうという思い
4、小松内府なら、最も早く見物場所へ到着していただろうという思い

(五)次の会話文は、④の　六条の御息所のふるき例　についての、先生と太郎さんの会話の一部である。会話文中の［　　］内にあてはまる最も適当な言葉を、あとの1～4から一つ選んで、その番号を書け。（2点）

先生――この六条の御息所のふるき例とは、「源氏物語」の「車争い」と呼ばれるできごとを指しています。

太郎――「源氏物語」というと、平安時代の物語ですね。車争いは聞いたことはあるけれど、詳しくは知りません。どんなお話ですか。

先生――「六条の御息所」と「葵《あおい》の上」という、二人の女性が関係するお話です。賀茂祭を訪れた六条の御息所の一行と葵の上の一行は、車の場所をめぐって激しく争うことになり、最後には六条の御息所が、葵の上の従者たちにひどく恥をかかされます。この事件でプライドを傷つけられた六条の御息所は、生霊《いきりょう》となり葵の上を呪い殺してしまうのです。

太郎――そういうお話だったのですね。六条の御息所のふるき例に触れ、「源氏物語」の車争いのできごとを読者に思い起こさせることで、［　　］がより際立《きわだ》つように感じます。

先生――その通りです。この言葉があることで、作品の内容がより深まりをみせています。

1、恥をかかされ人々に笑われないよう、人目につく場所からすぐに退散した小松内府の用心深さ
2、騒動を起こさないためにあらかじめ準備をし、人々が困らないようにした小松内府の思いやり
3、人々に迷惑をかけ恨みをかわないよう、自分の従者たちを厳しくいましめた小松内府の統率力
4、事の成り行きを正確に予想し、誰と争っても負けることのないよう準備した小松内府の競争心

三 (論説文)漢字の読み書き・内容吟味・活用・文脈把握・語句の意味・段落吟味・主題

次の文章を読んで、あとの(一)～(十)の問いに答えなさい。なお、1～8は段落につけた番号です。　(計19点)

1　現代の日本社会では、人々を結びつけているのは、「普通」と呼ばれる基準である。「普通」とされている基準に合わせることで、自分が多くの人と一緒であることを確認する。しかしその「普通」とは明確には何のことかがよくわからず、自分で選んだり決めたりしたものでもない。私たちは「普通」と呼ばれる他律的な基準を、暗黙のうちに強制されている。①「普通」の代わりに「空気」という言葉を使ってもよいかもしれない。ここで、「普通」とされていることとは、「平均的」とか「通常の」を意味するのではない。「普通」とは、どこからともなく世間が求めてくる、個人が到達すべき水準のことを意味している。つまり、会社の暗黙の慣習に合わせるのが「普通」であり、学校では協調行動ができるのが「普通」である。ここでの「普通」とは能力ばかりを指しているのではない。暗黙の規律やローカルな慣習、多くの人が同調している流行に従うのが「普通」である。「普通」とは、「それに合わせよ」という、どこから発せられているのかわからない命令である。公私を厳密に切り分け、公の場では私事を慎み、公の流れを妨げてはならない。その公の流れこそが、「普通」であり、「空気」である。そして、実際には、「普通」を命じているのは特定の権威や権力である。その権威と権力の流れにaサカらうのは「普通」ではない。したがって、「普通」という言葉には、権威や権力への恭順と、それに従う人々への同調という二つの圧力が働いている。

2　多くの人々は、②この押し付けられた他律的な規律を内面化し、それに合わせようと固執しつつも、そうなりきれないでいる。そして、そこから生じた自己否定的な感情を他者へと投げつけ、「普通ではない」他者を排除しようとする。本人は「普通」に③なろうと頑張っているのに、「普通」ではないくせに「ノウノウと生きている」人々がbユルせなくなる。日本の社会は、この「普通」、すなわち、権威や権力への恭順によって個人が結びついている□な構造をしている。

3　「普通」によって成り立っている社会には対話はない。対話をするならば、何が尊ぶべき規範であるかを議論できるだろう。それはこれまでの「普通」とは異なる規範かもしれない。だから、権威と権力に執着する者は対話を恐れる。

4　④哲学対話の問いは、私たちの世界の分類法を「～とは何か」という問いによって問いただす。それは、現在の私たちの社会における物事の区別の仕方と、それに伴う物事の扱い方を再検討しようとする。「礼儀とは何か」と問うときに私たちは、何が礼儀であり、どのような行動をとれば人に礼を尽くしたといえるのかをcアラタめて議論する。それは、現在の社会における社会的な関係を考え直すことである。「仕事は何のためにあるのか」と問うことは、労働が人間にとってどのような意義を持つのか、生活と仕事のバランスや仕事の社会的な意味を問い直すことである。それは、社会の労働のあり方を変更する可能性を探ることである。「なぜ」という問いで、私たちはさまざまな事象と行為の究極の目的を探る。「なぜ勉強するのか」という問いは、現在の勉強が自分の将来の人生のあり方と目的にどのようにつながっているのかを問い直している。哲学対話が、子どもに考えさせ、子どもに対話させるのは、他者とともに人間の世界を組み直していくためである。対話は、「普通」を求める□な社会では決して得られない人間的な絆《きずな》によって社会を連帯させるのである。

5　最終的に私が主張したいことは、哲学対話を教育する目的は平和の構築の仕方を学ぶことにあることである。

6　事実として、民主主義国家内では市民戦争が起きることはほとんどなく、また民主主義国家間でも戦争がきわめて生じにくい。これは、民主主義がすべての人間が参加できる開かれた対話を基礎にした社会であることから来ている。哲学対話が民主的な社会の構築に資する(役立つ)とすれば、それは平和の構築にも資するはずである。

7　しかし⑤対話と平和の関係は、さらに緊密である。子どもの哲学の第一の意義は、真理を探求する共同体に誰をも導き入れ、互いが互いの声を傾聴し、自分を変える準備をしながら対話を行うことにある。これは戦争を止める最後の平和的手段なのだ。対話は、平和を作り出し、それを維持する条件だからである。対話とは、国際社会に見られるように、戦争を回避するための手段である。また、平和は対話を行うための条件である。平和とは対話できる状態のことであり、対話することが平和を保証する。対話において、人は互いの差異によって同じ問いに結びつく。話し合えない人として特定の「非合理な」他者を対話の相手から外していくことは、もはや互いに互いを変化させる⑥契機を失うことである。自らを変化させることのない人々の間には、妥協以外には、争いの可能性しか残されていない。平和とは、人々が対話できる状態だと定義できるだろう。

8　したがって、対話の文化を構築することは平和構築に他ならない。対話は、戦争を、互いに結びついた差異へと変換する。対話すること、しかも誰もが参加できるもっとも広いテーマによって哲学的な対話をすることは、子どもの教育にとって、もっともdユウセンすべき必須の活動である。

(河野哲也の文章による。一部省略等がある。)

(一) **よく出る** a～dの═══のついているかたかなの部分にあたる漢字を楷書で書け。　(各1点)

(二) ①に「普通」の代わりに「空気」という言葉を使ってもよいかもしれない　とあるが、筆者はなぜこのようにいうのか。それを説明しようとした次の文の□内にあてはまる最も適当な言葉を、本文中からそのまま抜き出して、十五字程度で書け。　(1点)

人々は「普通」と呼ばれる基準によって結びついてはいるが、「普通」とは不確かで、□ではないために、われわれはその存在を意識することもなく、知らず知らずのうちに受け入れているから

(三) ②に　この押し付けられた他律的な規律を内面化し、それに合わせようと固執し　とあるが、これは、具体的に

はどうすることであると筆者はいっているか。それを説明しようとした次の文のア、イの□内にあてはまる最も適当な言葉を、本文中からそのまま抜き出して、アは十字以内、イは二十五字程度でそれぞれ書け。（2点）

人々は、一見、どこから発せられるかわからないようで、実際には［ア］から発せられる、［イ］といったものに従えという命令を自らのものとして取り入れ、その基準に自分自身をかたくなに合わせようとすること

(四) よく出る ③の なろ の活用形を、次の1～4から一つ選んで、その番号を書け。（1点）

1、未然形　2、連用形
3、仮定系　4、命令形

(五)本文中の□内に共通してあてはまる言葉は何か。次の1～4から最も適当なものを一つ選んで、その番号を書け。（1点）

1、内面的　2、階層的
3、合理的　4、民主的

(六) 難 思考力 ④に 哲学対話の問い とあるが、哲学対話の問いはどのようなものであり、どうすることで社会を結びつけていくと筆者はいっているか。「哲学対話の問いは」という書き出しに続けて、「…ことで社会を結びつけていく」に続くように、本文中の言葉を用いて七十字程度で書け。（3点）

(七)⑤に 対話と平和の関係は、さらに緊密である とあるが、対話と平和の関係はどのようなものであると筆者はいっているか。次の1～4から最も適当なものを一つ選んで、その番号を書け。（2点）

1、対話が戦争を避けるための平和的手段となり得る上に、平和への思いが他者との対話を哲学的なものに変えていくという互いに強く結びついた関係
2、哲学的な対話をしていくことは民主的な社会の構築につながる以前に、平和的な社会の構築にも欠かすことのできない条件になってくるという関係
3、開かれた対話をしていくことは戦争を回避し平和を生み出す源になるだけでなく、その平和をより堅固に構築し直していくことにもなるという関係
4、対話をすることが平和を作り出し保持していくための条件であると同時に、平和な社会でなければ対話は成り立たないという相互に必要とする関係

(八)⑥の 契機 の意味として最も適当なものを、次の1～4から一つ選んで、その番号を書け。（1点）

1、一つの物事を成り立たせる約束
2、未来を見とおす重要な手掛かり
3、ある事象を生じさせるきっかけ
4、自分たちにとっての大きな利益

(九)この文章の［1］～［8］の八つの段落を、三つのまとまりに分けるとどうなるか。次の1～4から最も適当なものを一つ選んで、その番号を書け。（2点）

1、（［1］［2］［3］）—（［4］）—（［5］［6］［7］［8］）
2、（［1］［2］［3］）—（［4］［5］［6］）—（［7］［8］）
3、（［1］［2］）—（［3］［4］［5］［6］）—（［7］［8］）
4、（［1］）—（［2］［3］［4］）—（［5］［6］［7］［8］）

(十)本文を通して筆者が特に述べようとしていることは何か。次の1～4から最も適当なものを一つ選んで、その番号を書け。（2点）

1、平和構築を目的とし、様々な人々と対話していくことで自分と他者との差異を認識し、互いに妥協し合う合理的な文化を生み出していくべきである
2、平和をめざし、相互に連帯していく中で、互いの差異により生まれる考えの違いを限りなく少なくするための対話文化を追求することが重要である
3、平和構築を目的とし、従来の関係を互いに保ちつつ、対話により生じた相互の小さな差異を認め合うような開かれた文化を創造していくべきである
4、平和の構築をめざして、他者との差異を認めつつ、互いに互いを変容させながら相互に結びつくことを目的とした対話文化を築くことが大切である

四 条件作文 思考力

あなたは国語の授業の中で、若者たちが中心となって生み出し、使っている、いわゆる「若者言葉」について議論しています。最初にクラスメートの花子さんが、次のような意見を発表しました。あなたなら、花子さんの発言に続いてどのような意見を発表しますか。あなたの意見を、あとの条件1～条件3と〔注意〕に従って、書きなさい。（8点）

花子——私は、若者言葉には優れた特徴があると思います。若者言葉を使って友人と会話すると、仲間意識や一体感が生まれ、楽しい気分になり、会話も弾みます。若者言葉は、私たちのコミュニケーションを豊かにする可能性を持っていると思います。

条件1　花子さんの意見をふまえて、「若者言葉」に対するあなたの意見を書くこと。
条件2　身近な生活における体験や具体例を示しながら書くこと。
条件3　原稿用紙（25字詰×11行＝省略）の正しい使い方に従って、二百五十字程度で書くこと。ただし、百五十字（六行）以上書くこと。

〔注意〕
一、部分的な書き直しや書き加えなどをするときは、必ずしも「ますめ」にとらわれなくてよい。
二、題名や氏名は書かないで、本文から書き始めること。また、本文の中にも氏名や在学（出身）校名は書かないこと。

愛媛県

時間 45分　満点 50点　解答 P46　3月11日実施

出題傾向と対策

●論説文、漢字の読み書き二題、小説文、古文、条件作文の六題構成。設問は読解と知識をバランスよく確認するような構成である。読解問題では設問の要求やキーワードの把握が重視されている。条件作文は資料の示す事柄と自分の意見との結びつきや一貫性が重視されている。

●問題レベルは標準的だが解答時間がやや短めなので、過去問の演習をする際には時間内に終わらせることを意識する。読解や記述を正確かつ短い時間で終わらせる訓練は必須。また知識・文法の習得も確実に行うこと。

一 (論説文)品詞識別・文節・文脈把握・内容吟味

次の文章を読んで、1～8の問いに答えなさい。(1～8は、それぞれ段落を示す番号である。)

1 グーグル検索(注1)等によるネット上の莫大《ばくだい》な情報へのアクセシビリティ(注2)の拡大と、それらの情報の編集可能性の拡大は、私たちの知的生産のスタイルを大きく変えました。この変化の中で、今日、ネット情報をコピーしてレポートを作成する学生や、報道機関の記者が十分な取材をし①ないままネット情報を利用して記事を書いてしまい、後でその情報が間違っていたことがわかって問題となるケースなどが生じています。

2 こうした状況を受け、レポートや記事を書く際、ネット情報の利用はあくまで補助的で、図書館に行って直接文献を調べ、現場へ足を運んで取材をすべきだと主張する人もいます。他方、そんなことをしていては変化に追いつけないので、ネット検索で得た情報を基に書くことも認めるべき、さらに踏み込んで、書物や事典を参照して書くことと、ネット検索で得た情報を基に書くことの間に本質的な差はないと主張する人もいます。ネット情報と図書館に収蔵されている本の間には、そもそもどんな違いがあるのでしょう。

3 私の考えでは、両者には作者性と構造性という②二つの面で質的な違いがあります。まず本の場合、誰が書いたのか作者がはっきりしていることが基本です。本というのは、基本的にはその分野で定評のある書き手、[A]定評を得ようとする書き手が、社会的評価をかけて出版するものです。ですから、書かれた内容に誤りがあったり、誰か他人の著作の剽窃《ひょうせつ》(注3)があったりした場合、責任の所在は明確です。その本の作者が責任を負うのです。

4 これに対してネット上のコンテンツ(注4)では、ウィキペディア(注5)に象徴されるように、特定の個人だけが書くというよりも、みんなで集合的に作り上げるという発想が強まる傾向にあります。作者性が匿名化され、誰にでも開かれていることが、ネット上のコンテンツの強みでもあります。そこでは複数の人がチェックしているから相対的に正しいという前提があって、この仮説は実際、相当程度正しいのです。つまり、本の場合は、その内容について著者が責任を取るのに対し、ネットの場合は、みんなが共有して責任を取る点に違いがあるわけです。

5 二つ目の、構造性における違いですが、これを説明するためには、③情報と知識の決定的な違いを確認しておく必要があります。一言で言うならば、情報とは要素であり、知識とはそれらの要素が集まって形作られる体系です。たとえば、私たちが何か知らない出来事についてのニュースを得たとき、それは少なくとも情報ですが、知識と言えるかどうかはまだわかりません。その情報が、既存の情報や知識と結びついて、ある状況を解釈するための体系的な仕組みとなったとき、そのニュースは初めて知識の一部となるのです。知識というのはバラバラな情報やデータの集まりではなく、様々な概念や事象の記述が相互に結びつき、全体として体系をなす状態を指します。ネットの検索システムの最大のリスクは、この情報と知識の質的な違いを曖昧にしてしまうことにあると私は考えています。というのもネット検索の場合、社会的に蓄積されてきた知識の構造やその中での個々の要素の位置関係など知らなくても、知りたい情報を瞬時に得ることができるわけです。

6 本を読んだり書いたりすることが可能にするのは、これとは対照的な経験です。少なくとも哲学や社会学、政治学、歴史学などの本に関する限り、それらの読書で最も重要なのは、そこに書かれている情報を手に入れることではありません。その本の中には様々な事実についての記述が含まれていると思いますが、重要なのはそれらの記述自体ではなく、著者がそれらの記述をどのように結びつけ、いかなる論理に基づいて全体の論述に展開しているのかを読みながら見つけ出していくことなのです。

7 ④今のところ、必要な情報を即座に得るためならば、ネット検索よりも優れた仕組みはありません。ネット検索ならば、はるかに短時間で、関係のありそうな本を読むよりもかなり高い確率で求めていた情報には行き当たります。[B]、ある単一の情報を得るには、ネット検索のほうが読書よりも優れているとも言えるのです。

8 それでも、⑤本の読者は、一般的な検索システムよりもはるかに深く、そこにある知識の構造を読み取ることができます。調べものをしていて、なかなか最初に求めていた情報に行き着かなくても、自分が考えを進めるにはもっと興味深い事例があるのを読書を通じて発見するかもしれません。それに図書館まで行って本を探していたならば、その目当ての本の近くには、関連するいろいろな本が並んでいて、その中の一冊に手を伸ばすことから研究を大発展させるきっかけが見つかるかもしれません。このように様々な要素が構造的に結びつき、さらに外に対して体系が開かれているのが知識の特徴です。ネット検索では、このような知識の構造には至らない。なぜなら検索システムは、そもそも知識を断片化し、情報として扱うことによって大量の迅速処理を可能にしているからです。

(吉見俊哉『知的創造の条件』による。)

(注1) グーグル検索＝グーグル社が提供する、ネット上の検

索システムを使って検索すること。

(注2) アクセシビリティ＝近づきやすさ。
(注3) 剽窃＝他人の文章・言葉を盗んで使うこと。
(注4) コンテンツ＝情報の内容。
(注5) ウィキペディア＝ネット上の百科事典。

1、**よく出る** 1段落の――線①「ない」の品詞名を漢字で書け。

2、**よく出る** 3段落の――線②「二つの面で質的な違いがあります」を文節に区切ったものとして最も適当なものを、次のア～エの中から一つ選び、その記号を書け。

ア、二つの面で／質的な違いが／あります
イ、二つの／面で／質的な違いが／あり／ます
ウ、二つの／面で／質的な／違いが／あります
エ、二つ／の／面／で／質的な／違い／が／あり／ます

3、3段落の［A］、7段落の［B］にそれぞれ当てはまる言葉の組み合わせとして最も適当なものを、次のア～エの中から一つ選び、その記号を書け。

ア、（A　すなわち　B　しかし　）
イ、（A　けれども　B　それゆえに）
ウ、（A　それとも　B　ただし　）
エ、（A　あるいは　B　したがって）

4、3・4段落には、本とネット情報の、作者性における違いが述べられているが、それぞれの作者性と内容の正しさについて、本文の趣旨に添って説明した次の文章の［a］、［b］に当てはまる最も適当な言葉を、3・4段落の文中から、［a］は三字で、［b］は二十二字で、それぞれそのまま抜き出して書け。

> 本は、誰が書いたのかがはっきりしており、作者が社会的評価をかけて、内容の誤りや剽窃に注意して書いている。一方、誰が書いたのかが［a］された上で、公開されているネット情報は、［b］と考えられていて、みんなで集合的に作り上げることによって正しさが相当程度保証されている。

5、5段落の――線③「情報と知識の決定的な違い」について、本文の趣旨に添って説明した次の文の［　］に当てはまる最も適当な言葉を、5段落の文中から十五字以上二十字以内でそのまま抜き出して書け。

> 情報とは要素であり、知識とは、それらの要素が［　］ものである。

6、7段落の――線④「今のところ、必要な情報を即座に得るためならば、ネット検索よりも優れた仕組みはありません。」とあるが、必要な情報を即座に得るのにネット検索が優れているのは、ネット検索によって、どのようなことが可能となるからか。次の文の［　］に当てはまる最も適当な言葉を、5～7段落の文中から五十字以上五十五字以内でそのまま抜き出し、その最初と最後のそれぞれ五字を書け。

> ネット検索によって、［　］が可能となるから。

7、**思考力** 8段落の――線⑤「本の読者は、一般的な検索システムよりもはるかに深く、そこにある知識の構造を読み取ることができます。」とあるが、本の中にある知識の構造を読み取るとは、どうすることを言うのか。――線⑤より前の文中の言葉を使って、「…こと。」に続くように五十五字以上六十五字以内で書け。

8、本文に述べられていることと最もよく合っているものを、次のア～エの中から一つ選び、その記号を書け。

ア、ネット検索は、読書と比較して情報収集の即時性は高いが、知識が断片化されて扱われるという問題がある。
イ、レポートや記事を書くときは、ネット検索を利用することで、迅速な情報収集とより深い考察が可能となる。
ウ、ネット検索の利用を控えることにより、図書館の本の中から必要な情報を抜き出すことができるようになる。
エ、ネット検索と読書それぞれの長所をうまく生かした、新しい知的生産のスタイルを構築していくべきである。

二　漢字の読み書き　よく出る

次の1～4の各文の――線の部分の読み方を平仮名で書きなさい。

1、士気を鼓舞する。　2、ヨーロッパへ渡航する。
3、相手に論争を挑む。　4、寄付で経費を賄う。

三　漢字の読み書き　よく出る

次の1～4の各文の――線の部分を漢字で書きなさい。ただし、必要なものには送り仮名を付けること。

1、富士山にとうちょうする。
2、大臣をごえいする。
3、水槽でメダカをかう。
4、火花がちる。

四　(小説文) 語句の意味・文脈把握・内容吟味・ことわざ

東京で外食チェーンを経営する「梅森《うめもり》」は、所有する空きビルを利用して、地方の名店に期間限定で店舗を貸し出して定期的に入れ替えを行う新事業を計画している。一方、梅森の計画を知らない北陸金沢の有名懐石料理店「万石《まんごく》」の娘「亜佑子《あゆこ》」とその夫「重則《しげのり》」は、東京への出店を計画しており、梅森の空きビルを出店地の候補にしていた。次の文章は、万石の板前である「順平《じゅんぺい》」からそのことを聞いた梅森が、亜佑子と重則を東京に招待してビルを案内した後、本格的な出店ではなく、まずは自分の事業に参加するよう、彼女を説得している場面である。これを読んで、1～5の問いに答えなさい。

「じゃあ、お訊《き》きしますが亜佑子さん、あなた、あの通りが飲食業界では、魔(注1)の通りと言われているのをご存じでしたか。」

梅森は、皆まで聞かずに問いかけた。

「魔の通り？」

亜佑子は顔を上げ、驚いたように言う。

「そんなことも知らなかったんですか。」

梅森が①大仰に驚いてみせると、亜佑子は、「順平さん。あなた、それ知ってたの？」

お嬢様気質をむき出しにして、順平を非難するような口ぶりで言った。

「もちろん知ってましたよ。」

順平は平然と頷《うなず》く。「最寄《もよ》り駅は六本木《ろっぽんぎ》と広尾《ひろお》だけど、徒歩十分かかるって言ったじゃないですか。」

「魔の通りなんて言わなかったじゃない。」

「SNS(注2)を使えば、不便な場所でも客は呼べるって、お嬢さん、言ったじゃないですか。」

「そ……それは……。」

反撃を予想していなかったらしく、口籠もった亜佑子に、

「夢は誰にでもあります。」

梅森は言った。「でもね、亜佑子さん。夢は叶《かな》えなければ意味がない。あなたは、東京進出が失敗しても万石の屋台骨は揺らぐことはない。駄目なら駄目で、やり直せばいい。そう考えているのかもしれませんが、もしそうならば大間違いですよ。」

どうやら、図星であったらしく、②亜佑子はきまり悪そうな顔をして口をつぐむ。

梅森は続けた。「周りの人が無謀だと止める事業を強行した挙げ句、失敗に終わろうものなら、あなたは経営者の資質を疑われることになります。それは、信頼を失うということでもあるんです。口に出す、出さないにかかわらずね。そして、一旦失った信頼を取り戻すのは極めて困難。人心が離れれば、組織はもちません。万石で育った職人さん、従業員の皆さんが、いなくなってしまったら、店がなくなるその時まで、面従腹背(注3)なんてことになったら、どうなさるんです？　それとも、ご主人と二人で、イタリアンと懐石(注4)のフュージョン(注5)料理の店をやっていけるなら万石はどうなってもいいとでもお考えなんですか？　それが、あなたの夢なんですか。」

亜佑子は、身じろぎひとつせず、考えているようだった。

「そうじゃないでしょう。」

梅森は言った。「あなたの夢は、そんなものじゃないはずです。万石をこれまで以上に繁盛《はんじょう》させる一方で、イタリアンと懐石のフュージョン料理の店を成功させ、事業を拡大していく。そこで、万石に興味を持ってくださったお客さんが、金沢を訪れたら万石へ。そうした流れを作るのが、あなたの夢なんじゃないんですか。」

「そのとおりです。」

③重則が初めて口を開いた。その目に浮かぶのは、婿のそれではない。亜佑子の伴侶(注6)として、いや、いずれ万石の経営を担《にな》うことになる一人としての決意だ。

「私が新しい店でやろうとしているのは、単にイタリアンと懐石のフュージョンというだけではありません。金沢、ひいては北陸近辺の食材を使うことで、地場産業の活性化につなげたい。こうした動きが広がっていけば、その願いが叶う日が必ずやって来る。それが私の夢だからです。」

「私が今回やろうとしている事業は、まさにそこに発想の原点があるんですよ。」

梅森は、それからなぜこの事業を思いついたのかを話して聞かせると、

「衰退する一方の地方の現状を、何とかしたい。多くの人が打開策を見出《みいだ》そうと、必死に知恵を絞っています。当たり前ですよね。人口の減少は、市場の縮小を意味するんですから、このままではあらゆる産業が成り立たなくなってしまいますからね。そして、地方を活性化させるためには、まず仕事をつくること。確たる生活基盤なくして、人口は絶対に増えることはあり得ないからです。」

「そのとおりなんです。」

重則は梅森の言葉に相槌《あいづち》を打つと、熱の籠もった声で続けた。「北陸の食材に興味を持ち、実際にその土地を訪れなければ食べられない食材や料理がある。食を目当てに観光客が訪れ、使ってくれる店が、全国に広がれば、農作物、水産物の市場拡大につながる。安定需要が生まれれば、従事者の需要が拡大する。安定収入が得られる仕事になれば、安心して家庭を持てるし、子供も持てるようになると思うんです。」

「だからこそ、この事業には夢があるし、絶対に失敗できないんです。」

そこで、梅森は亜佑子に視線を転ずると、「失敗できないのは、亜佑子さんだけじゃないんですよ。私だって、同じなんですよ。」と諭すように言った。

「社長……私……。」

顔を上げた亜佑子が何かを言いかけたが、続かない。

「何も、東京に店を出すのをやめろと言っているのではありません。やるなら、一度あのビルでテストしてみませんかと言っているだけなんです。実際にやってみれば、お客様の反応を直《じか》に見ることができますし、改善点だって見つかるでしょう。そうした点を潰していけば、お二人が始められる事業が成功する確率は、格段に高くなる。要は、［A］と言っているだけなんです。」

梅森が、目元を緩ませながら、そう諭すと、

「［A］か……。そのとおりですよね……。一度テストしてみるべきですよね。夢の店を出すのは、それからでも遅くはありませんものね……。」

自らに言い聞かせるようにつぶやいた。

「だから亜佑子さん、あなたとご主人がおやりになろうとしているお店を、是非、あのビルに出店していただきたいんです。新事業のスタートアップ(注7)のラインナップ(注8)に加わっていただきたいんです。」

梅森は声に力を込めて、決断を迫った。

（楡　周平『食王』による。）

（注1）魔の通り＝ビルがある通りは人通りが少なく、商売をするには不向きと言われていた。
（注2）SNS＝インターネット上での交流サイト。
（注3）面従腹背＝表面では服従するように見せかけて、内心では背くこと。
（注4）懐石＝高級な日本料理。
（注5）フュージョン＝融合。
（注6）伴侶＝配偶者。ここでは夫のこと。
（注7）スタートアップ＝始めること。立ち上げること。
（注8）ラインナップ＝顔ぶれ。

1、**よく出る**　——線①「大仰に」の意味として最も適当なものを、次のア～エの中から一つ選び、その記号を書け。

ア、えらそうに　　イ、控えめに
ウ、不満そうに　　エ、おおげさに

2、――線②「亜佑子はきまり悪そうな顔をして口をつぐむ。」とあるが、亜佑子がそうしたのは、自分自身の考えを梅森に見抜かれ、指摘されたことを恥ずかしく思ったからである。梅森に見抜かれた亜佑子の考えを含んだ連続する二文を、――線②より前の文中から抜き出し、その最初の四字を書け。

3、**思考力** ――線③「重則が初めて口を開いた。」とあるが、重則は、いずれ万石の経営を担うことになる一人として、梅森が亜佑子に対して言ったことを自分のこととして捉え、自分の夢について述べている。その重則の夢についてまとめた次の表の[a]、[b]、[c]に当てはまる適当な言葉を書け。ただし、[a]は「客」という言葉を使って、二十五字以上三十五字以内で書くこと。また、[b]は八字で、[c]は九字で、最も適当な言葉をそれぞれ文中からそのまま抜き出して書くこと。

東京への出店を通じてやろうとしていること	イタリアンと懐石のフュージョン料理の店を成功させて事業を拡大し、[a]ことで、万石をこれまで以上に繁盛させる。 北陸の食材や料理の魅力を伝え、それらを目当てにする客や、扱う店を増やすことによって、北陸の農産物、水産物の市場拡大、ひいては[b]につなげる。このことは、[c]ことを目指して、新事業を行おうとする梅森の考えと重なる。

4、**よく出る** 本文中の[A]には、東京への出店に関して、梅森が亜佑子に伝えようとしていることが簡潔に示されたあることわざが当てはまる。そのことわざとして最も適当なものを、次のア～エの中から一つ選び、その記号を書け。

ア、鉄は熱いうちに打て　　イ、果報は寝て待て
ウ、急がば回れ　　エ、石の上にも三年

5、本文についての説明として最も適当なものを、次のア～エの中から一つ選び、その記号を書け。

ア、順平は、東京への出店に自信満々の亜佑子に対し、梅森の説得に便乗しながらその軽率さをたしなめ、出店を思いとどまらせようとしている。
イ、梅森は、新事業の成功に相当な決意を抱いており、東京への出店を目指す重則や亜佑子の夢を叶えつつ自分の事業につながる提案をしている。
ウ、亜佑子は、周囲からの助言を聞き入れず、自分の無謀な計画を押し通そうとして、無礼な態度をとり続けたことを梅森にわびようとしている。
エ、重則は、亜佑子を説得するための方便に、梅森が調子を合わせてくれたことで勢いづき、梅森の言葉を巧みに利用して熱い思いを語っている。

五 (古文)仮名遣い・動作主・内容吟味

次の文章を読んで、1～4の問いに答えなさい。

昔、(注1)芭蕉《ばせう》の弟子宝井其角《たからいきかく》、ある(注2)諸侯《しよこう》の御前に召されて俳諧しける時、候これ見よとて一(注3)画幅を出して、①其角に見せたまひけるを、さらさらと開きて見るに、何某《なにがし》の画工の、萩《はぎ》に月を最もをかしげにゑがきたるに、芭蕉の(注4)讃《さん》あり、

しら露《つゆ》をこぼさぬ萩のうねり哉《かな》

と読み下して、其角ことさらに感じ入りたる体《てい》にて、小首かたぶけてしばし沈吟しけるが、何思ひけむ、側《そば》の硯《すずり》なる筆押し取り、しら露をの(注5)五《いつ》文字を(注6)抹却して、月影をと書き改めけり。候殊の外に御(注7)不興に見えさせたまへば、(注8)近習《きんじゆ》の人々もその失礼を怒れども、其角自若として、少しも屈する色なかりしかば、今は(注9)せんすべなくて、②彼は性質ものぐるほしければなどと③言《い》ひこしらへる者の有りて、御前を(注10)まかでぬ。さて、後に芭蕉を召されて、右の話を語らせたまへば、芭蕉常よりも心よげに、画幅を開きうちほほゑみながら、筆をそめて月影をといへる傍《そば》に、この五文字其角が妙案と書きそへてければ、候も御気色《けしき》なほらせたまひしとぞ。この一幅、今に芭蕉其角の(注11)反古《ほご》の画幅とて、かの御家の重宝の一つなりとかや。

(『燕居雑話《えんきよざつわ》』による。)

(注1) 芭蕉＝松尾芭蕉。
(注2) 諸侯＝大名。「候」も同じ。
(注3) 画幅＝掛け軸にしてある絵。
(注4) 讃＝絵に添え書きする言葉。
(注5) 五文字＝和歌や俳句の最初の五音。初句。
(注6) 抹却＝消すこと。
(注7) 不興＝機嫌を損ねること。
(注8) 近習＝主君の近くに仕える者。
(注9) せんすべなくて＝どうしようもなくて。
(注10) まかでぬ＝退出した。
(注11) 反古＝書き損じ。

1、**基本** ――線③「言ひこしらへる」を現代仮名遣いに直し、全て平仮名で書け。

2、――線②「彼」とあるが、ここでは誰のことか。最も適当なものを、次のア～エの中から一つ選び、その記号を書け。

ア、芭蕉　イ、其角　ウ、諸侯　エ、近習の人々

3、――線①「其角に見せたまひけるを、」とあるが、諸侯が見せた画幅の中の芭蕉の俳句について、深く考え込んでいる其角の様子が具体的な動作とともに記された部分を、文中から十五字でそのまま抜き出して書け。

4、**思考力** 次の会話は、この文章を読んだ哲也《てつや》さんと明《あき》子《こ》さんが、先生と一緒に、其角と芭蕉の行動について話し合った内容の一部である。会話の中の[a]、[b]、[c]に当てはまる適当な言葉を書け。ただし、[a]は、「初句」という言葉を使って、十五字以上二十五字以内の現代語で書くこと。また、[b]、[c]は二字で、最も適当な言葉をそれぞれ文中からそのまま抜き出して書くこと。

哲也さん　「其角の行動が、諸侯や周りの人々を怒らせていましたが、芭蕉のおかげで無事に解決しましたね。」
明子さん　「そうですね。其角が、画幅に書かれた芭

蕉の俳句に対し、[a]という行為をして、諸侯や周りの人々を怒らせているのに、本人は全く動じていない様子がおもしろかったです。」

先生　「師である芭蕉は、其角を責めたりせず、その話をうれしそうに聞いた上で、其角が示した考えを[b]と評価して、褒めていましたね。」

哲也さん　「そうしたことで、諸侯は、機嫌を直したのでしょうね。」

明子さん　「本来なら、書き損じで不用となるはずの画幅が、芭蕉と其角のやりとりを記したものになって、諸侯が満足していることは、その画幅を[c]として大切にしていることからも、十分にわかりますね。」

作文 条件作文 思考力

次の資料を見て、普段の食生活で大切にしたいことについてのあなたの考えを、なぜそう考えるかという理由を含めて、後の注意に従って述べなさい。

〈注意〉
1、資料を見て気づいたことを交えて書くこと。
2、あなたが体験したことや見聞したことを交えて書いてもよい。
3、段落は、内容に応じて設けること。
4、文章の長さは、三百字以上、四百字以内（原稿用紙20字詰×20行＝省略）とする。
5、資料の中の数値を使う場合は、次の例に示したどちらの書き方でもよいこととする。
　例　四四・七％または四十四・七％
　　　五〇・一％または五十・一％
　なお、「％」は、「パーセント」と書いてもよい。
6、文題は書かないこと。

資料

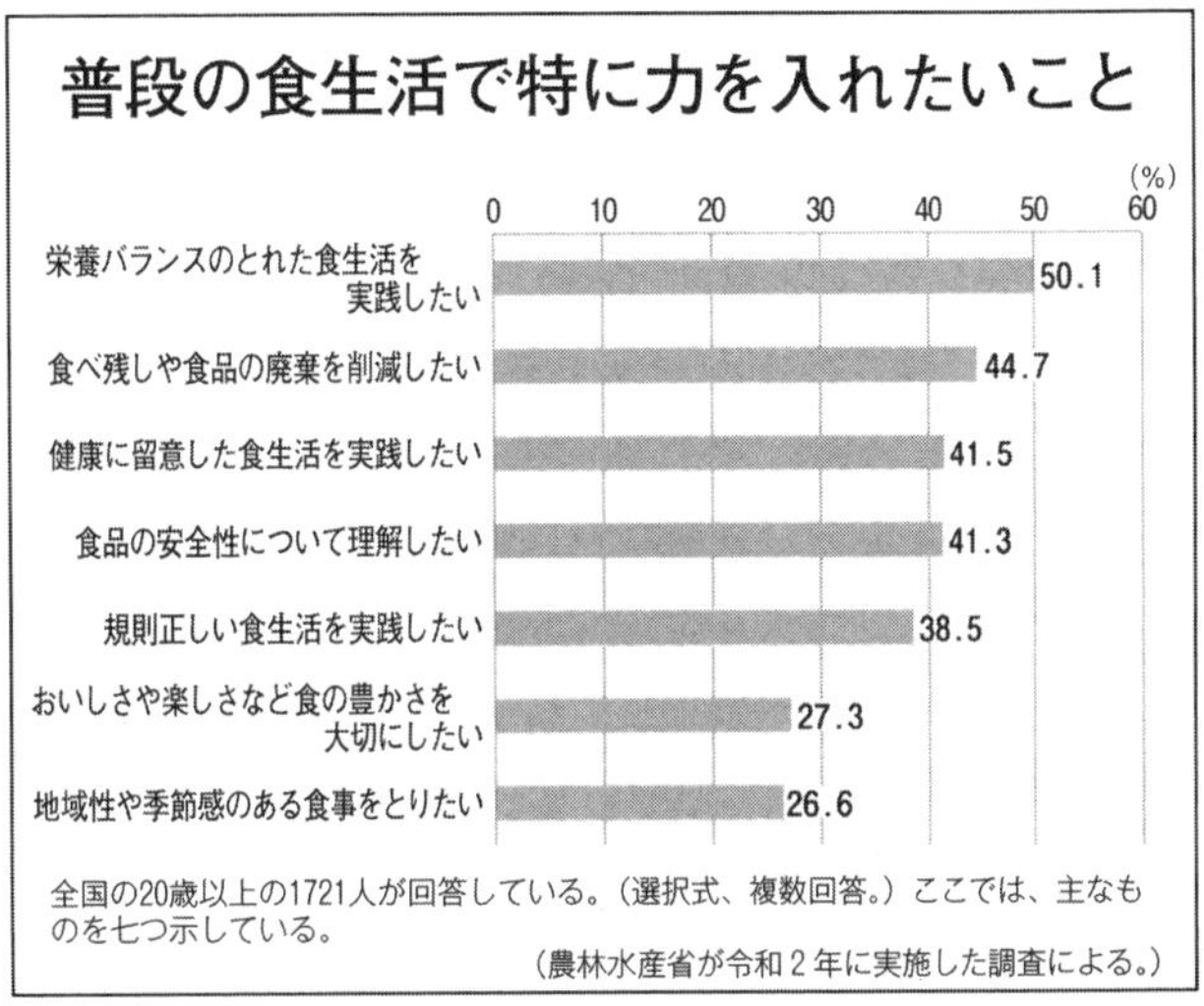

全国の20歳以上の1721人が回答している。（選択式、複数回答。）ここでは、主なものを七つ示している。
（農林水産省が令和２年に実施した調査による。）

高知県

3月4日実施

時間 50分　満点 50点　解答 P47

出題傾向と対策

●総合問題（漢字の読み書き・漢字知識・熟語・文法・詩の鑑賞・新聞原稿の吟味）、論説文二題、古文の大問四題構成。論説文では六十字～八十字の記述が二問と、八十字～百字の条件作文が出題された。熟語、韻文、仮名遣いなどの国語知識は頻出である。

●総合問題は出題範囲が広いので、それぞれの準備が必要である。また、本文の表現を用いて、指定字数内で記述する問題や条件作文は、段落ごとの要旨・主題をまとめる訓練が必要不可欠である。

一 漢字の読み書き・漢字知識・熟語・表現技法・品詞識別・活用・内容吟味・慣用句・敬語

次の(一)～(六)の問いに答えなさい。（計22点）

(一) よく出る 次の1・2の文の――線部の漢字の読みがなを、それぞれ書け。（各1点）
1、早起きを励行する。
2、歓迎会を催す。

(二) 基本 次の1・2の文の――線部のカタカナを、それぞれ適切な漢字に直して書け。（各2点）
1、ツウカイな冒険小説を楽しむ。
2、荷物をアズける。

(三) 基本 次の行書で書かれた漢字を、楷書で書いたときの総画数を数字で書け。（2点）

(四) 基本 次のア～エそれぞれの熟語の組み合わせのうち、二つの熟語の関係が類義語となっているものを一つ選び、その記号を書け。（2点）

ア、親切 ― 厚意　イ、天然 ― 人工
ウ、難解 ― 平易　エ、保守 ― 革新

㈤次の詩を読み、後の1～3の問いに答えよ。（各2点）

樹木

嫩葉《わかば》は光《ひか》りともつれあい。
くすぐりあい。
1陽《ひ》がかげると不思議がってきき耳をたて。
そよ風がふけば。
枝々は我慢が利《き》かずざわめきたち。
毛根たちはポンプに 2なり。
駆け足であがり。
枝にわかれ。
葉っぱは恥も外聞もなく裸になり。
隈《くま》どりの顔で。
歓声をあげ。

（草野《くさの》心平《しんぺい》『草野心平詩集』による）

（注）隈どり…歌舞伎で、役柄の性格や表情を強調するためにする化粧。

1、詩の中の――線部1の「陽がかげると不思議がってきき耳をたて」を単語に区切ったとき、助詞はいくつあるか。数字で書け。

2、詩の中の――線部2の「なり」の活用形を、次のア～エから一つ選び、その記号を書け。
ア、未然形　イ、連用形
ウ、終止形　エ、命令形

3、詩の中で用いられている表現についての説明として最も適切なものを、次のア～エから一つ選び、その記号を書け。
ア、樹木の生命感あふれる様子を、擬人法を用いて表現している。
イ、嫩葉のみずみずしさを、擬態語を用いて効果的に描いている。
ウ、枝々が風に揺れる涼やかなさまを、反復を用いて印象づけている。
エ、葉っぱの成長の力強さを、五音と七音の言葉を重ねて強調している。

㈥のぞみさんが所属する新聞部では、体育祭の報告をする新聞を発行することになり、のぞみさんは「鳴子《なるこ》踊り」の記事を担当することになった。次は、その記事の【原稿】と、【原稿】についての【部員たちの発言】である。これらを読んで、後の1～3の問いに答えよ。（各2点）

【原稿】

心をひとつに　鳴子踊り

本校恒例の鳴子踊りが、今年も披露された。皆で練習を重ね、全力を出し切った踊りを、各組のリーダーが振り返ってくれた。

Ⅰ
午前の部の最後は、本校の伝統的な取り組みの一つ、鳴子踊りだった。三年生は、夏休みの間に振り付けを創作する。そして、二学期が始まると同時に下級生に教える。約二週間、皆で練習を重ねた。体育祭ではその成果を発揮しました。
保護者や地域の方々からは、「踊りがそろっていて美しかった」「どちらが優れているか決められないほど、どちらの組も上手だった」と好評で、「毎年、楽しみにしているので、ぜひ続けてほしい」といううれしい言葉もいただいた。
赤組と青組のリーダーが、鳴子踊りを振り返り、思いを文章にまとめてくれた。

Ⅱ
赤組リーダー　**小林さん**
私たち赤組のテーマは「炎」でした。赤といえば、燃えさかる炎。炎のもつ美しさと力強さを伝えられるよう、振り付けに工夫を凝らしました。曲の中ほどで、全員が中央に集まり、一瞬で全方向へ広がるところが、最大の見せ場であり、特に練習を重ねてきた部分でした。
皆が団結して、納得のいく踊りを披露できたことが、一番の思い出です。

Ⅲ
青組リーダー　**中山さん**
私たち青組は、なかなか意見がまとまらず、限られた練習期間の中で、踊りを完成できるのか、とても心配でした。だから、弱音を吐かずについてきてくれた下級生には、とても感謝しています。ありがとう。
青組のテーマであった「海」。さまざまな川が合流して、大きな海となるように、一人一人が力を合わせて、最高の踊りを見せることができました。

【部員たちの発言】

A　Ⅱの文章は、テーマのイメージを振り付けにどう生かしたかが書かれているので、振り付けの工夫がわかりやすいね。
B　Ⅲの文章は、練習での苦労を乗り越えて力を合わせることができた様子を、テーマのイメージと重ねて、よく書けているよ。
C　Ⅲの文章には練習での苦労が書かれているから、下級生の感謝の言葉が、より感動的に読み手に伝わるよ。
D　どちらの組も、本番では皆の踊りがひとつにまとまったことがⅡとⅢの文章からわかるね。それが見出しにも生かされているよ。

1、のぞみさんは、【原稿】中のⅠの――線部の「どちらが優れているか決められない」を、簡潔に慣用句で表すことにした。その慣用句として最も適切なものを、次のア～エから一つ選び、その記号を書け。
ア、右に出る者がない　イ、背に腹はかえられぬ
ウ、類は友を呼ぶ　エ、甲乙つけがたい

2、のぞみさんは、【原稿】中のⅠの部分では常体に敬体が交じっていると気づき、直すことにした。Ⅰの部分から、敬体で書かれた一文を探し、常体に直して一文全部を書け。

3、【部員たちの発言】中のA～Dから、【原稿】に基づいた発言となっていないものを一つ選び、その記号を書け。

二（論説文）文脈把握・内容吟味

次の文章を読み、後の㈠～㈣の問いに答えなさい。（計12点）

急速に進む多文化社会、そこで求められるのは、自律、そして自分の言動に責任を持つことなのですが、日本人にとっては、これはどういう意味をもつのでしょうか。均質な人間の集団では、頼り頼られるといった「べったりした

人間関係」が生じやすいのですが、多文化社会では自律と自己責任を基礎とした人間関係が大事です。均質な人間の集団では、相互依存がよりうまく機能しますが、行きすぎると、他人に甘えすぎたりするものです。甘えすぎが高じると、とかく［　　］の所在が不明になったり、息苦しいまでのもたれあいの人間関係が生まれてきます。日本の社会はどちらかと言えばこれに当たります。日本では、相互依存の関係が重視されるあまり、自律を大きな価値として位置づけてきませんでした。ですから多くの日本人にとって、自律すること、自分の言動に責任を持つことは、ひとつの大きな課題と言えるかもしれません。

一方、自律を重視する傾向が行きすぎると「相互依存は良くない」という考えを導きかねません。ともすると社会もギスギスした社会になりがちです。しかし、人間は一人で生きていくことができないので、集団を形成しその中で生きていく動物ですから、相互依存こそが人間社会の基盤なのです。したがって、むしろ、相互依存ができることは理想なのです。つまり、[1]自律と相互依存、どちらも不可欠な能力であって、そのバランスが鍵と言えるでしょう。

一見、「自律」と相反するように見える「相互依存」ですが、この相互依存は、どちらかと言えば日本人には慣れ親しんだ考え方、やり方です。「人」という漢字を小学校で学ぶときに、人とは支えあって生きていくものである、との説明と共に漢字を学んだ人も多いことでしょう。

私が以前、米国で同じ会社（日本企業と米国企業との合弁会社）で一緒に働いたアメリカ人女性が30年前を振り返り「相互依存」についてこうつぶやいていたのが印象的です。「あの会社の良かったことは、相互依存を許されていたことだ。」私にとって「相互依存」は当たり前の感覚でしたので、その良さに気づくこともなかったわけですが、アメリカの会社で働いてきた彼女には、日本的なこの合弁会社で「相互依存」が許される風土に出会い、新鮮に映ったようでした。[2]彼女の発言に、私は軽い感動を覚えたものです。そして、日本人であることを誇らしく感じました。

このように私たちは、私たちにとって当たり前のことは何の意味も価値もないように捉えているのですが、または意識さえないのが普通なのですが、異文化の人の目を通して初めてその意味や価値が見えることはよくあるものです。彼女の感想から気づいたのですが、日本人は「相互依存を許してやる能力」があると言っても言いすぎではないと思います。

一方で、日本人が「自律」の能力をより高めていく、養っていくことが今後の多文化社会で生きていくには大事なことです。「自律すること」を最高の価値観のひとつとして社会に位置づけている文化も少なくありません。個人主義の強い文化、例えばスイス系ドイツ人やアメリカ人などがそうです。将来は、このような価値観を持った人たちと隣人となったり、机を隣り合わせて仕事をすることになるかもしれません。インターネットでそういう人たちと交渉することになるかもしれません。そういう文化で育った帰国子女が同級生になるかもしれません。このような環境に生きている私たちとしては、相互依存の能力を維持しながら、かつ「自律していくこと」をもうひとつの大事な価値観として、これから心がけていく必要があるでしょう。

「相互依存」を一つの基軸とする日本の社会観では、人間関係を網にたとえたりします。自分という人間は、網の目のひとつであると。一見、自律とは関係のない感覚に思えますが、はたしてそうでしょうか。むしろ、こう考えられませんか。そのひとつの網目をしっかりと保つこと、まさにこれが「自律する」ということではないかと。自分という網の目が破ければ、隣の網目にも悪影響を及ぼすことは必至です。ひと目ひと目の網がしっかりと張っていればこそ、網が網として機能することになります。たったひとつの網の目では魚や鳥を捕まえることはできませんが、ひと目ひと目がしっかりと破けずにつながっている状態の網でならば、一匹どころか大漁も夢ではありません。このように、これからの世の中は各個人が自律してこそ、よりバランス良く健全に相互依存ができていくのだと思います。

（山本《やまもと》喜久江《きくえ》・八代《やしろ》京子《きょうこ》『多文化社会のコミュニケーション』による）

（注）合弁会社…外国資本と国内資本との共同出資で設立され、運営される会社。
基軸…物事の中心となるもの。
必至…必ずそうなること。

(一) **基本** 文章中の［　　］に当てはまる言葉として最も適切なものを、文章中から漢字二字でそのまま抜き出して書け。（2点）

(二) 文章中の――線部1に「自律と相互依存、どちらも不可欠な能力であって、そのバランスが鍵と言えるでしょう」とあるが、筆者はここでどういうことを述べようとしているか。その内容として最も適切なものを、次のア～エから一つ選び、その記号を書け。（3点）

ア、自律することが多文化社会では求められているが、自律ばかりが重視されては人間関係をうまく結べないので、当面は自律よりも相互依存を重視するべきだということ。

イ、自律と相互依存を両立させることがこれからの社会では大切だが、実際には自律がまったく顧みられていないので、相互依存を重視するのは慎んだほうがよいということ。

ウ、自律と相互依存は対立するもののように感じられるが、国際社会ではどちらも重視されているので、日本の社会でも均衡を保てるようになることが大切だということ。

エ、自律を重視しすぎると相互依存の否定につながるが、相互依存は人間社会を支える土台となるものなので、自律と相互依存のつり合いを取ることが重要であるということ。

(三) 文章中の――線部2に「彼女の発言に、私は軽い感動を覚えたものです」とあるが、その理由を筆者はどのように述べているか。その内容を、「彼女の発言によって」で書き始め、「能力」の言葉を必ず使って、六十字以上八十字以内で書け。ただし、句読点その他の符号も字数に数えるものとする。（4点）

(四) **よく出る** この文章の内容と構成を説明したものとして最も適切なものを、次のア～エから一つ選び、その記号を書け。（3点）

ア、初めに二つの社会の価値観を例にして多文化社会の問題点を指摘し、次に日本の社会の基盤となる考え方の意味をエピソードを交えながら説明し、最後に日本の社会が多文化社会の価値観の影響を受けることのないように具体的な方策を提案している。

イ、初めに二つの社会の価値観に触れて人間関係を構築することの難しさを述べ、次に多文化社会と日本の社会の考え方の良さについてそれぞれエピソードを交えて説明し、最後にこれからの国際社会での望ましい人間関係のあり方を提案している。

ウ、初めに二つの社会の価値観を対比して現代日本の課題を提示し、次に日本の社会の考え方がもつ良さについてエピソードを交えて語り、最後に比喩を用いながら二つの価値観の関係性を説明して多文化社会の中での日本人らしいあり方を提案している。

エ、初めに二つの社会の価値観を比較してこれからの国際社会のあるべき方向を示し、次に日本の社会に変化が必要な理由についてエピソードを交えながら語り、最後に日本人が多文化社会の中で生きていくために留意するべきことを提案している。

三 (論説文)内容吟味・条件作文

　次の文章は、哲学者の岡本裕一朗《おかもとゆういちろう》さんと広告業に携わる深谷信介《ふかやしんすけ》さんの二人による対談の一部である。この文章を読み、後の(一)・(二)の問いに答えなさい。　(計8点)

深谷　広告の仕事をしていると、「記憶」について考えることがしばしばあります。広告の第一歩が人々に記憶してもらうことだからです。人々の記憶になんらかのイメージを残す、さらには刻みこむことが広告の役目と考えれば、いまという時代は、人々の記憶がどんどん短命化している時代と言えると思います。

　いま、ぼくらは何かを記憶するというとき、その対象や意味内容をじかに覚えておくというより、外部化してそれが入っている引き出しを覚えておくという感じですよね。でも、その引き出しもそのうち数がたくさんになっていって、引き出しのあった場所を忘れてしまう。

　デジタルテクノロジーによって情報量は圧倒的に増えていくけれども、人間の情報処理能力はあるところで限界になるので、すべての情報を追うことはできません。しかし、情報のほうは新しい情報がどんどん追加されながら過去の情報もどんどん上書きされて、そのスピードもどんどん速くなっています。結果、人はどんどん情報を忘れていって、上書きされた最新の情報しか見えなくなっているのだと思います。

　でもこれは逆の見方をすれば、忘れるからこそ、新しい情報を受け取ることができるとも言えるのであって、忘れることの価値はすごく大きいと思うんです。ですから、デジタルテクノロジーによる1情報の上書きの高速化と、人間の記憶の短命化は、表裏の関係にあるんですね。

　たとえば企業不祥事を考えても、10年以上前であれば、不祥事を起こした会社に対してメディアバッシングは少なくとも3ヵ月は続いていたと思います。ところがいまは、企業不祥事がいわば常態化し、個々のニュースが繰り返し上書きされていくことで、メディアバッシングが続かなくなり、どんどん忘れられていきます。

岡本　記憶という概念も古代ギリシアからさまざまな議論を呼んできました。それは、記憶が重要な意味をそなえているからにほかなりません。まず記憶はわたしたちのアイデンティティを構成するものですね。記憶がなければ自分が自分であるということも確認できません。記憶があるから約束もできるし責任をとることもできる。いずれにしても人間であるためには記憶がどうしても必要なのです。

　プラトンもアリストテレスも記憶についていろいろ言っています。一つポイントなのは、プラトンもアリストテレスも「記憶」と「想起」を区別して考えていたことです。記憶は忘れられないで人間につきまとっているもので、人間は受動的にこの記憶から触発され情動を揺さぶられる。いっぽうの想起は、記憶のなかから重要なことをよみがえらせようという能動的な知性の働きとされていました。プラトンは『メノン』のなかで、「探求するとか学ぶとかいうことは、じつは全体として、想起することにほかならないからだ」と言っています。

　さてその記憶ですが、情報が爆発的に増えることで人間の知的活動がさまざまな影響を受けるなかで、当然記憶のあり方や記憶の仕方も変化している。広告にとって今後人々の記憶のあり方がどう変化していくかは、たしかに重大なテーマですね。

　わたしのまわりで起きていることで一つお話しすると、たとえば2一冊のテキストをどう読むかというとき、そのテキストがどのように解釈されているかというのでいろいろな解釈本を追いかける人と、テキストに没入してじっくり読む人と、二つのスタイルの人がいます。いまの時代の流行は、いうまでもなくたくさんの解釈本をサーベイするほうです。そうでないと基本的に評価されません。サーベイの結果、これが現在の研究の水準であると現状を押さえた上で、問題を新たにつくりなおして、議論をするというパターンです。これは、スタイルとしては非常に賢く見えるのですが、おもしろいかというとちっともおもしろくありません。

　では、昔ながらのテキストをじっくり読むというほうが、優れた成果につながっているかというと、それもそんなことは一切なくてですね、こちらはこちらで評価の壁に突き当たります。テキストをじっくり読むと細かな部分がわかったり、そのテキストの文脈的な意味を一生懸命考えたりするんですが、それを論文に書いても、「なんだ君一人が理解しただけじゃないか」と言われてしまい、それがいったいどれだけの価値があるかを明示するのは難しいわけです。

　しかし、視点をちょっと未来に向けてみると、正直な話、どっちのタイプが伸びるかというと、テキストをじっくり読む人のほうが伸びていく。このことの背後には、記憶と時間の関係、そして記憶と想起のメカニズムが潜んでいるように思うのです。

深谷　とても興味深いです。どういうことでしょうか。

岡本　まず昔の哲学者の本は、基本的にはそういうかたち、つまりじっくり根気強く読まれるようにできているということがあります。要するに中身が非常に深いので、何回読んでもそのたびに違った理解ができ、新たな発見があるということです。ですので記憶の質が高まり、何回も読むなかで記憶と想起が繰り返され、想起の確度が高まるようになるのではないでしょうか。そのためには時間も必要で、記憶は時間と切り離しては成り立たないものなのです。

（岡本裕一朗／深谷信介『ほんとうの「哲学」の話をしよう』による）

（注）アイデンティティ…自己が他と区別されて、ほかならぬ自分であると感じられるときの感覚や意識。
プラトン…古代ギリシアの哲学者。
アリストテレス…古代ギリシアの哲学者。
サーベイ…調査。

(一) **基本** 文章中の――線部1に「情報の上書きの高速化と、人間の記憶の短命化は、表裏の関係にあるんですね」とあるが、深谷さんは、人々の記憶が短命化していることについて、ここでどういうことを述べているか。その内容を、次の条件1・2にしたがって書け。ただし、句読点その他の符号も字数に数えるものとする。（4点）

条件1　全体を六十字以上八十字以内にまとめること。
条件2　解答は「今の社会は」で書き始めること。

(二) **思考力** 文章中の――線部2に「一冊のテキストをどう読むか」とあるが、岡本さんは、どういう読み方を肯定的に捉えているか。また、そのような岡本さんの考えについて、あなたはどのように考えるか。次の条件1～3にしたがって書け。ただし、句読点その他の符号も字数に数えるものとする。（4点）

条件1　全体を八十字以上百字以内にまとめること。
条件2　最初に、岡本さんの考えを説明し、次に、それに対する自分の考えを書くこと。
条件3　自分の考えについては、岡本さんが述べている内容に触れながら、自分がそう考える理由を明らかにして書くこと。

四 (古文)仮名遣い・動作主・内容吟味・口語訳

次の文章を読み、後の(一)～(四)の問いに答えなさい。（計8点）

ある修行者、行き暮れて、わづかなるあやしのしづの屋《や》に、一夜宿を借りける。主《あるじ》情《なさけ》深き者にて、「結縁《けちえん》に」とてア貸しける。ころは冬ざれの霜夜なれば、手足こごえてかがまりければ、わが息を吹きかけてあたためけり。ややあつて後、熱き飯をイ食ふとて、息をもつて吹きさましければ、主此由《このよし》をウ見て、「怪しき法師のしわざかな。つめたき物をば熱き息をいだしてあたため、熱き物はひややかなる息出《いだ》してさまし侍《はべ》るぞや。いかさまにもただ人のしわざとも見えず。天魔の現じきたれるや」とおろかにおそれて、暁がたにおよびてエ追ひ出しぬ。

そのごとく、至つて心つたなきものは、わが身に具足したることをだにもわきまへず、ややもすれば惑ひがちなり。これほどの事をだにわきまへぬやからは、能《よ》き事を見てはかへつて悪《あ》ししとや思ふべき。かねてこれを心得よ。これは、うち聞けば、おろかなるやうなれども、人の世にあつて、道に迷へる事、かの主が、人の息の熱きとぬるきと、わきまへかねたるにことならざるものなり。

（『伊曾保《いそほ》物語』による）

（注）わづかなるあやしのしづの屋に…小さな粗末なあばら屋に。
「結縁に」とて…「善行をして、成仏《じょうぶつ》の縁を結ぶために」と言って。
怪しき法師のしわざかな…奇妙な僧の行為であることよ。
いかさまにも…どうしても。
天魔…悪魔。
悪しし…悪い。
かねて…前もって。

(一) **基本** 文章中の……線部の「わきまへぬやからは」を現代仮名遣いに直して、……線部全部をひらがなで書け。（1点）

(二) **よく出る** 文章中の＝＝線部ア～エの言葉のうち、行為をする者が他の三つとは異なるものを一つ選び、その記号を書け。（2点）

(三) 文章中の――線部に「わが身に具足したること」とあるが、この文章の第一段落で述べられている話における「具足したること」とは何か。文章中から一字でそのまま抜き出して書け。（2点）

(四) この文章で述べられている内容の説明として最も適切なものを、次のア～エから一つ選び、その記号を書け。（3点）

ア、主が修行者の行為を見て悪魔だと見破ったのは、日頃から質素な生活をしていた誠実さのためであるが、人が世の中にあって道に迷うのも、この主の誠実さと本質は同じであると述べている。
イ、主が修行者の行為を見て悪魔だと決めつけたのは、善行をして自分だけが成仏の縁を結ぼうとした身勝手さによるが、人が世の中にあって道に迷うのも、この主の身勝手さと本質は同じであると述べている。
ウ、主が修行者の行為を見て悪魔だと恐れたのは、自分の体のことについてさえ理解していなかった愚かさのためであるが、人が世の中にあって道に迷うのも、この主の愚かさと本質は同じであると述べている。
エ、主が修行者の行為を見て悪魔だと間違えたのは、よいことを見ても悪く考えてしまうような臆病さによるが、人が世の中にあって道に迷うのも、この主の臆病さと本質は同じであると述べている。

福岡県

時間 50分
満点 60点
解答 P48
3月10日実施

出題傾向と対策

●論説文、小説文、古文、条件作文の大問四題構成。昨年あった説明文は論説文の一設問となった。設問は抜き出し問題と記述問題が中心。記述量は多め。漢字や熟語、文法等に関する基礎知識も重視される。条件作文は発想力や思考力を重視。指示も細かいので要注意。

●解答時間に比べて文章量、設問数、記述量ともに多めなので、早く正確な読解と、簡潔な記述の訓練は必須である。また条件作文の資料分析の仕方や記述の仕方についても過去問等で訓練を行い、慣れていた方が有利である。

一 （論説文）内容吟味・文脈把握・漢字の読み書き・漢字知識

次は、【文章】と、【文章】に基づく【ポップの下書き】、【ポップを作成するためのメモ】である。（計21点）

(1) 次の【文章】を読んで、後の各問に答えよ。句読点等は字数として数えること。

【文章】

何か迷いが生じたときや、方向性を見失ったときなどは、自分の心の声に耳を傾ける必要があり、そのためには一人になれる時空をもたなければならない。

日常生活を振り返ってみればわかるように、だれかと一緒のときは、目の前にいる相手のことが気になって、①自分の世界に沈潜することができない。つまり、思索《さく》にふけることができない。ＳＮＳでだれかとつながっているときも同様である。

常に人と群れていると、ものごとを自分の頭でじっくり考える習慣がなくなっていく。②絶えず目の前の刺激に反応するといった行動様式が常態化し、じっくり考えることができなくなる。

A

発想を練るのは一人の時間にかぎる。周囲と遮《しゃ》断された状況でないと、思考活動に没頭できない。一人になると、自然に自分と向き合い、さまざまな思いが湧《わ》いてくる。一人の時間だからこそ見えてくるものがある。

こうしてみると、ＳＮＳの発達のせいで、どうしてもつながり依《い》存に陥《おちい》りがちだが、何としても一人でいられる力をつける必要があることがわかるだろう。

自分と向き合う静寂《じゃく》な時間が気づきを与えてくれる。どこかで感じている焦《あせ》りの正体。毎日繰り返される日常への物足りなさ。どこか無理をしている自分。日頃《ごろ》見過ごしがちなこと。どこかに置き去りにしてきた大切なこと。そうしたことを教えてくれる心の声は、一人になって自分の中に沈潜しないと聞こえてこない。

B

今の時代、だれにも邪《じゃ》魔されない一人の時間をもつのは、非常に難しくなっている。電車に一人で乗っていても、家に一人でいても、ＳＮＳでメッセージが飛び込んでくる。そうすると気になり読まないわけにいかない。読めば反応せざるを得ない。そうすると、他の人がどんな反応をするかが気になる。自分の反応に対してどんな反応があるかが気になって落ちつかない。

スマートフォンで他の人たちの動向をチェックする合間に、手持ちぶさただからいろいろネット検索を楽しんだりして時間を潰す。そうしている間は、まったくの思考停止状態となり、自分の世界に没頭することなどできない。

人からのメッセージに反応する。飛び込んでくる情報に反応する。そのように外的刺激に反応するだけで時が過ぎていく。

そんな受身の過ごし方をしていたら、当然のことながら自分を見失ってしまう。そんな状態から脱するには、思い切って接続を極力切断する必要がある。

C

外的刺激に反応するだけでなく、自らあれこれ思いをめぐらしたり、考えを深めたりして、自分の中に沈潜する時をもつようにする。外的刺激に翻弄《ほんろう》されるのをやめて、自分の心の中に刺激を見つけるのである。

もちろん、そのために外的刺激を利用するのも有効だ。たとえば、読書の時間をもち、本に書かれた言葉や視点に刺激を受け、それによって心の中が活性化され、心の中をさまざまな言葉が飛び交う。そうした自らの内側から飛び出してきた言葉に刺激され、さらなる言葉が湧き出てくる。③私たちの思考は言葉によって担われているため、それは思考の活性化を意味する。

D

外的刺激に反応するスタイルに馴染《なじ》み過ぎてしまうと、スマートフォンやパソコンを媒《ばい》介とした接続を遮断されると、何もすることがなくなった感じになり、退屈でたまらなくなる。そこで、すぐにまたネットを介したつながりを求めてしまう。

だが、外的刺激に反応するだけの受け身の生活から脱して、自分の世界に沈潜するには、あえて退屈な時間をもつことも必要なのではないか。

近頃は退屈しないように、あらゆる刺激が充《じゅう》満する環境が与えられているが、あえて刺激を絶ち、退屈でしかたがないといった状況を自ら生み出すのもよいだろう。

そんな状況にどっぷり浸かることで、自分自身の内側から何かがこみ上げてくるようになる。心の声が聞こえてくるようになる。

それが、［ア］で［イ］な生活から、［ウ］で［エ］な生活へと転換するきっかけを与えてくれるはずだ。

E

そこで問題なのは、「一人はかっこ悪い」という感受性である。一人でいられないことの弊《へい》害を考えると、「ひとりはかっこ悪い」といった感受性を克《こく》服する必要がある。

かつてのように、若者たちが孤高を気取る雰《ふん》囲気を取り戻すのは難しいかもしれないが、学校などで群れる時間をもちながらも、一人の時間をもつようにしたい。

一人でいられないのは、自分に自信がないからだ。絶えず群れている人間は弱々しく見えるし、頼りなく見える。無駄《だ》に群れて時間を浪《ろう》費しているということは、本人自身、心のどこかで感じているのではないか。

一人で行動できるというのは、かっこ悪いのではなく、④むしろかっこいいことなのだ。一人で行動できる人は頼もしい。一人の時間をもつことで思考が深まり、人間に深みが出る。そこをしっかり踏まえて意識改革をはかることが必要だ。


（榎本《えのもと》博明『「さみしさ」の力　孤独と自立の心理学』による。一部改変）

問一、本文中に①自分の世界に沈潜する　とあるが、書き手は、そのためには何が必要だと考えているか。Aの部分から十二字でそのまま抜き出して書け。（2点）

問二、本文中に②絶えず目の前の刺激に反応するといった行動様式が常態化し、じっくり考えることができなくなる　とあるが、そのことについての具体的な内容を含む部分として最も適当なものを、A～Eから一つ選び、記号を書け。（2点）

問三、本文中の③私たちの思考は言葉によって担われているため、それは思考の活性化を意味する　の説明として最も適当なものを、次の1～4から一つ選び、番号を書け。（2点）

1、人間は思考することで身に付けた言葉を用いて生活しているため、読書を通じて出会った新たな言葉を使って思考を深めることで、他者に対して説得力のある意見を主張することが可能になるということ。

2、人間は思考の手段として主に言葉を用いることがあるため、本に書かれた内容や表現を通じて感銘《めい》を受ける言葉に多く触れ、それらの言葉の力により豊かな感情を身に付けることが可能になるということ。

3、人間は思考の手段として言葉を用いるため、読書により他の思考を知ることで多くの刺激を受け、それ以前とは異なる視点から物事をとらえるようになり、より深く考察することが可能になるということ。

4、人間は思考を通じて新たな言葉を習得するという性質をもつため、読書によって新しい言葉を身に付けることは、意思疎通の手段が増えることを意味し、良好な人間関係を保つことが可能になるということ。

問四、本文中の空欄［ア］～［エ］に入る語句の組み合わせとして最も適当なものを、次の1～4から一つ選び、番号を書け。（2点）

1、ア　受け身　イ　反射的　ウ　主体的　エ　創造的
2、ア　主体的　イ　創造的　ウ　受け身　エ　反射的
3、ア　反射的　イ　主体的　ウ　受け身　エ　創造的
4、ア　受け身　イ　創造的　ウ　主体的　エ　反射的

問五、**思考力**　本文中に④むしろかっこいいことなのだ　とあるが、書き手は、なぜそのように述べているのか。その理由を、「一人で行動できる人は、」に続けて、その文字数を含め、五十字以上、六十字以内でまとめて書け。ただし、自信、思考　という二つの語句を必ず使うこと。（4点）

(2) 北山さんの中学校の図書委員会では、読書週間の取り組みで、学校図書館の本を紹介するためのポップを作成している。次の【ポップの下書き】、【ポップを作成するためのメモ】を読んで、後の各問に答えよ。

【ポップの下書き】

私たちに必要な

一人の時間

「一人はかっこ悪い？」

この問いに、あなたはどう答えますか？

この本には、「一人はかっこ悪い」という感受性を克服して、意識改革をはかることの必要性が示されています。

「孤独」に対するイメージが変わります。

大切にしよう！　一人の時間を。

『「さみしさ」の力　孤独と自立の心理学』榎本博明

【ポップを作成するためのメモ】

《工夫したい点》
1　呼びかけるような表現を用いることで、読み手に直接問いかける。
2　比喩を用いることで、難しい言葉を、分かりやすく伝える。
3　語順を入れ替えることで、強調したり、調子を整えたりする。
4　書体や字の大きさを変えて書くことで、見出しを目立たせる。
5　対照的な内容の語句を同じ組み立てで並べることで、印象を強める。

問一、北山さんが作成している【ポップの下書き】は、(1)【文章】のA～Eのうち、どこを根拠としているか。最も適当な部分を一つ選び、記号を書け。（2点）

問二、**基本**　【ポップの下書き】の　孤独　の漢字の読みを、平仮名で書け。（1点）

問三、【ポップの下書き】の　はかる　の——線を施した部分と、次の1～4の——線を施した部分に適切な漢字をあてるとき、【ポップの下書き】の　はかる　と同じ漢字を用いるものを、1～4から一つ選び、番号を書け。（2点）

1、体重をはかる。
2、相手の気持ちをはかる。
3、問題の決着をはかる。
4、時間をはかる。

問四、**基本**　次の文字は【ポップの下書き】の一部である。この文字の部首に表れている行書の特徴として最も適当なものを、次の1～4から一つ選び、番号を書け。（2点）

1、点画の変化
2、筆順の変化
3、点画の省略
4、点画の連続

問五、〔思考力〕北山さんは【ポップを作成するためのメモ】を基に、【ポップの下書き】を見直した。《工夫したい点》で、取り入れていないことは何か。【ポップを作成するためのメモ】の1～5から全て選び、番号を書け。（完答で2点）

二（小説文）内容吟味・文節・文脈把握

次の文章を読んで、後の各問に答えよ。句読点等は字数として数えること。（計12点）

【ここまでのあらすじ】小学校五年生の少年は、入院した母のお見舞いにバスで行くようになった。初めて一人で乗ったバスで、整理券の出し方を運転手の河野《かわの》さんに叱《しか》られて以来、少年は河野さんのバスに乗るのが怖くなった。回数券を買い足す日、少年が乗ったバスの運転手は河野さんだった。少年は、嫌だ、運が悪いと思ったが、買い方を注意されながらも、どうにか回数券三冊を購《こう》入した。

買い足した回数券の三冊目が——もうすぐ終わる。最後から二枚目の回数券を——今日、使った。あとは①表紙を兼ねた十一枚目の券だけだ。

明日からお小遣《づか》いでバスに乗ることにした。毎月のお小遣いは千円だから、あとしばらくはだいじょうぶだろう。

ところが、迎えに来てくれるはずの父から、病院のナースステーションに電話が入った。

「今日はどうしても抜けられない仕事が入っちゃったから、一人でバスで帰って、って」

看護師さんから伝言を聞くと、泣きだしそうになってしまった。今日は財布を持って来ていない。回数券を使わなければ、家に帰れない。

母の前では涙《なみだ》をこらえた。病院前のバス停のベンチに座っているときも、②必死に唇《くちびる》を噛《か》んで我慢《まん》した。【A】でも、バスに乗り込み、最初は混み合っていた車内が少しずつ空《す》いてくると、急に悲しみが胸に込み上げてきた。シートに座る。【B】座ったままうずくまるような格好で泣いた。バスの重いエンジンの音に紛《まぎ》らせて、うめき声を漏《も》らしながら泣きじゃくった。【C】

『本町《もとまち》一丁目』が近づいてきた。【D】顔を上げると、他の客は誰もいなかった。降車ボタンを押して、手の甲で涙をぬぐいながら席を立ち、ポケットから回数券の最後の一枚を取り出した。【E】

バスが停まる。運賃箱の前まで来ると、運転手が河野さんだと気づいた。それでまた、悲しみがつのった。こんなひとに最後の回数券を渡したくない。

整理券を運賃箱に先に入れ、回数券をつづけて入れようとしたとき、とうとう泣き声が出てしまった。

「どうした？」と河野さんが訊《き》いた。「なんで泣いてるの？」——ぶっきらぼうではない言い方をされたのは初めてだったから、逆に涙が止まらなくなってしまった。

「財布、落としちゃったのか？」

泣きながらかぶりを振って、回数券を見せた。

じゃあ早く入れなさい——とは、言われなかった。

河野さんは「どうした？」ともう一度訊いた。

その声にすうっと手を引かれるように、少年は嗚咽《おえつ》交じりに、回数券を使いたくないんだと伝えた。母のこともしゃべった。新しい回数券を買うと、そのぶん、母の退院の日が遠ざかってしまう。ごめんなさい、ごめんなさい、と手の甲で目元を覆《おお》った。この回数券、ぼくにください、と言った。

河野さんはなにも言わなかった。かわりに、小銭が運賃箱に落ちる音が聞こえた。目元から手の甲をはずすと、整理券と一緒に百二十円、箱に入っていた。もう前に向き直っていた河野さんは、少年を振り向かずに、「早く降りて」と言った。「次のバス停でお客さんが待ってるんだから、早く」——声はまた、ぶっきらぼうになっていた。

次の日から、少年はお小遣いでバスに乗った。お金がなくなるか、「回数券まだあるのか？」と父に訊かれるまでは知らん顔しているつもりだったが、その心配は要《い》らなかった。

三日目に病室に入ると、母はベッドに起き上がって、父と笑いながらしゃべっていた。会社を抜けてきたという父は、少年を振り向いてうれしそうに言った。

「お母さん、あさって退院だぞ」

退院の日、母は看護師さんから花束をもらった。車で少年と一緒に迎えに来た父も、大きな花束をプレゼントした。

帰り道、「ぼく、バスで帰っていい？」と訊くと、両親はきょとんとした顔になったが、「病院からバスに乗るのもこれで最後だもんなあ」「よくがんばったよね、寂《さび》しかったでしょ？　ありがとう」と笑って許してくれた。

「帰り、ひょっとしたら、ちょっと遅くなるかもしれないけど、いい？　いいでしょ？　ね、いいでしょ？」

両手で拝んで頼むと、母は「晩ごはんまでには帰ってきなさいよ」とうなずき、父は「そうだぞ、今夜はお寿司《すし》とるからな、パーティーだぞ」と笑った。

バス停に立って、河野さんの運転するバスが来るのを待った。バスが停まると、降り口のドアに駆《か》け寄って、その場でジャンプしながら運転席の様子を確かめる。

何便もやり過ごして、陽《ひ》が暮れてきて、やっぱりだめかなあ、とあきらめかけた頃《ころ》——やっと河野さんのバスが来た。

車内は混み合っていたので、走っているときに河野さんに近づくことはできなかった。それでもいい。通路を歩くのはバスが停まってから。整理券は丸めてはいけない。

次は本町一丁目、本町一丁目……とアナウンスが聞こえると、降車ボタンを押した。ゆっくりと、人差し指をピンと伸ばして。

バスが停まる。通路を進む。河野さんはいつものように不機嫌な様子で運賃箱を横目で見ていた。

目は合わない。それがちょっと残念で、でも河野さんはいつもこうなんだもんな、と思い直して、整理券と回数券の最後の一枚を入れた。

降りるときには早くしなければいけない。順番を待っているひともいるし、次のバス停で待っているひともいる。だから、少年はなにも言わない。回数券に書いた「ありがとうございました」にあとで気づいてくれるかな、気づいてくれるといいな、と思いながら、ステップを下りた。

バスが走り去ったあと、空を見上げた。西のほうに陽が残っていた。どこかから聞こえる「ごはんできたよお」のお母さんの声に応《こた》えるように、少年は歩きだす。

何歩か進んで振り向くと、車内灯の明かりがついたバスが通りの先に小さく見えた。やがてバスは交差点をゆっくりと曲がって、消えた。

（重松清『バスに乗って』による。一部改変）

（注）回数券…乗車券の何回分かをとじ合わせたもの。ここでは、十回分の値段で乗車券の十一回分をとじ合わせた冊子。

かぶりを振って…否定の意を示して。

問一、**思考力** 本文中に①表紙を兼ねた十一枚目の券とあるが、これを言い換えた表現を本文中から九字でそのまま抜き出して書け。（1点）

問二、**難** 本文中の②必死に唇《くちびる》を嚙《か》んで我慢《まん》したを単語に区切り、切れる箇所に／の記号を書け。（2点）

問三、**思考力** 本文中の【A】～【E】のうち、次の一文が入る最も適当な箇所はどこか。A～Eから一つ選び、記号を書け。（2点）

窓から見えるきれいな真ん丸の月が、じわじわとにじみ、揺《ゆ》れはじめた。

問四、**難** **思考力** 次の□の中は、本文を読んだ池田さんと中川さんと先生が、少年の心情について会話をしている場面である。

池田さん　「帰り、ひょっとしたら、ちょっと遅くなるかもしれない」という会話や、「両手で拝んで頼む」という行動から、河野さんのバスに乗りたいという少年の思いが読み取れるよ。河野さんのバスに乗るのを嫌だと思っていたのにね。

中川さん　そうだね。［ア］かもしれないことに対する少年の不安や悲しみの思いを受け止め、回数券を使わなくていいようにしてくれた河野さんに、少年は［イ］の気持ちを伝えたかったんだろうな。

池田さん　そうだよね。少年は［イ］の気持ちを回数券に書いて伝えることも、河野さんから言われたことを守ってバスに乗ることもできて、「バスが走り去ったあと、空を見上げた」ときは、大きな達成感を味わっていたと思うな。

中川さん　そのほかにも、「何歩か進んで振り向くと、車内灯の明かりがついたバスが通りの先に小さく見えた。やがてバスは交差点をゆっくりと曲がって、消えた。」という二文に描き出されている、見えなくなるまでバスを見送る少年の姿から、［ウ］ことに一抹《まつ》の寂しさを感じていることも読み取れるよね。

先生　描写に着目して、少年の心情をしっかりととらえることができていますね。

(1) ［ア］に入る内容を、本文中から十五字でそのまま抜き出して書け。（2点）

(2) ［イ］に入る適当な語句を、漢字二字で考えて書け。（2点）

(3) ［ウ］に入る内容を、二十五字以上、三十五字以内で考えて書け。ただし、母、河野さん という二つの語句を必ず使うこと。（3点）

三 （古文）仮名遣い・内容吟味

次は、『浮世《うきよ》物語』という本にある話【A】と、その現代語訳【B】である。これらを読んで、後の各問に答えよ。句読点等は字数として数えること。（計12点）

【A】

自慢《まん》するは下手芸《へたげい》といふ事

今はむかし、物ごと自慢くさきは未練のゆへなり。物の上手の上からは、すこしも自慢はせぬ事なり。我より手上《てうへ》の者ども、広き天下にいかほどもあるなり。ある者、座敷をたてて絵を描かする。白《しら》さぎの一色を望む。絵描き、「心えたり」とて焼筆をあつる。亭《てい》主のいはく、「①いづれも良ささうなれども、この白さぎの飛びあがりたる、羽づかひがかやうでは、飛ばれまい」といふ。絵描きのいはく、「いやいやこの飛びやうが第一の出来物ぢや」といふうちに、本の白さぎが四五羽うちつれて飛ぶ。亭主これを見て、「あれ見給へ。②あのやうに描きたいものぢや」といへば、絵描きこれを見て、「いやいやあの羽づかひではあつてこそ、それがしが描いたやうには、え飛ぶまい」といふた。

（『新編日本古典文学全集64　仮名草子集』による。一部改変）

（注）焼筆…柳《やなぎ》などの細長い木の端を焼きこがして作った筆。絵師が下絵を描くのに用いる。

【B】

自慢をするのは芸が未熟だという事

今となれば昔のことだが、どんなことでもやたらに自慢したがるのは、未熟な者のすることだ。□は、何事においても少しも自慢したりしないものだ。それは、自分より技量のすぐれた者が、この広い天下にいくらでもいることを知っているからだ。

ある人が座敷を作って襖《ふすま》に絵を描かせた。白さぎだけを描いて仕上げるように注文した。絵かきは「承知しました」と言って、焼筆で下絵を描いた。それを見て主人が、「どれも一見よくできているようだが、この白さぎが飛び上がっている、こんな羽の使い方では飛ぶことはできないだろう」と言った。絵かきはもったいぶったようすで、「いやいや、この飛び方が、この絵のもっともすばらしいところなのだ」と言っている最中に、本当の白さぎが四、五羽、群がって飛んで行った。主人はこれを見て、「あれを見てください。あんなふうに描いてもらいたいものだ」と言うと、絵かきもこれを見て、「いやいや、あの羽の使い方では、私が描いたように飛ぶことはできないだろう」と言った。

問一、**よく出る** 【A】の①いづれも良ささう の読み方を、

全て現代仮名遣《づか》いに直し、平仮名で書け。（1点）

問二、【A】の物の上手 とは、どのような人物か。【B】の空欄□に入る語句を、漢字二字の現代語で考えて書け。（2点）

問三、【A】に ②あのやうに とあるが、何がどうする様子かを具体的に表す部分を、【A】からそのまま抜き出して書け。（3点）

問四、思考力 次の□の中は、【A】と【B】を読んだ青木さんと小島さんと先生が、会話をしている場面である。

> 先生　この話の主人公である絵かきのどんな点が「下手芸」なのか話し合ってみましょう。
>
> 青木さん　私は、絵についての主人の感想に対して、「この飛びやうが第一の出来物ぢや」と言って、[ア]点が「下手芸」であると思います。
>
> 小島さん　私は、実物を参考にせず「あの羽づかひではあつてこそ、それがしが描いたやうには、え飛ぶまい」と言い張って、[イ]点も「下手芸」であると思います。
>
> 青木さん　なるほど。どちらにしても絵かきの[ウ]心している点が、「下手芸」であるということができますね。
>
> 小島さん　そうか。だから、絵かきは、自分よりすぐれた人が世の中にはたくさんいることに気付くことができないのですね。
>
> 先生　二人とも、絵かきの「下手芸」な点についてよく考えることができましたね。

(1) [ア]、[イ]に入る内容を、十字以上、十五字以内の現代語でそれぞれ考えて書け。ただし、[ア]には他人、[イ]には自分 という語句を必ず使うこと。（各2点）

(2) [ウ]に入る最も適当な漢字一字を、【A】からそのまま抜き出して書け。（2点）

四 条件作文 思考力

林さんの学級では、食品ロスの問題について、【資料1】と【資料2】を基に学習している。【資料3】は、学習の際に出た友達の意見である。これらを読んで、後の問に答えよ。（15点）

【資料1】食品ロス削減についてのポスター

（福岡《おか》県啓発用ポスター　一部改変）

【資料2】学習で用いる資料の一部

> まだ食べられるのに捨てられてしまう食品のことを「食品ロス」といいます。日本では年間612万トンの食品ロスが発生しています。
>
> 年間一人当たりの食品ロス量は，48kg にもなります。これは，毎日，お茶碗《わん》約一杯《ぱい》分の食品を捨てていることと同じです。
>
> 《食品ロス削減のポイント》
>
> A　食品の期限表示を確認する
> 　※　消費期限：食べても安全な期限
> 　　　賞味期限：おいしく食べることができる期限
>
> B　買い物，料理，食事をするときの量を考える
>
> C　保存や調理の方法を工夫する

（消費者庁及び福岡県啓発用パンフレットを基に作成）

【資料3】「食品ロス削減のために自分にできること」についての意見

大木さん

食べる前に，全部食べることができる量なのかを考えて，料理を取り分けるようにしたいです。

平山さん

どのくらいの食べ物が必要か，いつ食べるのかなどを考えて，買うようにしたいです。

西田さん

調理の前に，食べる人の体調や人数を考えて，料理が余らないように，食材を準備したいです。

問、林さんは友達の意見を聞きながら、「食品ロス削減のために自分にできること」を考えている。あなたなら、どのように考えるか。次の条件1から条件4に従い、作文せよ。

条件1　文章は、二段落構成とすること。

条件2　第一段落には、【資料3】から共感できる人物（誰を選んでもかまわない。）を一人選び、その理由を【資料1】の◯の中にある三つの言葉のうち、一つを用いて書くこと。

条件3　第二段落には、第一段落を踏まえ、あなたが考える自分にできることを、【資料2】の《食品ロス削減のポイント》のA～Cのうち一つと関連付けて書くこと。なお、関連付けたポイントは、A～Cの記号で示すこと。

条件4　題名と氏名は書かず、原稿用紙（20字詰×12行＝省略）の正しい使い方に従い、十行以上、十二行以内で書くこと。

佐賀県

時間 50分　満点 50点　解答 P49　3月3日実施

出題傾向と対策

●資料問題、論説文、小説文、古典（漢文書き下し）の大問四題構成は昨年と同様。全体的な問題構成は選択問題が中心で、論説文・小説文中の四十～五十字以内の記述と、知識系の問題が若干加わる形式である。いずれも基礎的な読解力と思考力を問うものとなっている。

●漢字の読み書き、歴史的仮名遣い、漢文の書き下し文などの基礎知識を確実に身につけておきたい。また、資料や図表を正確に読み取り、類題や過去問で解答を記述する訓練をこなしておくことも必須。

一　内容吟味・条件作文

はがくれ中学校の生徒会は、地元の小学六年生に中学校の運動会に参加してほしいと考え、案内状を出すことにした。下の【資料Ⅰ】は案内状の下書きで、【資料Ⅱ】は【資料Ⅰ】を推敲《すいこう》して書き直したものである。【資料Ⅰ】と【資料Ⅱ】を読んで、次の問いに答えなさい。（計9点）

問1、【資料Ⅰ】を推敲して【資料Ⅱ】のように書き直しているが、書き直した部分とその理由の説明として適当なものを、次のア～カの中から二つ選び、記号を書きなさい。（各2点）

ア、中学校のPRをするために、右下に学校の名前と電話番号を記載している。
イ、誰に対する案内状なのかわかるように、左上にその対象を記載している。
ウ、運動会の開催がいつなのかわかるように、右上にその期日を記載している。
エ、期日などがわかりやすくなるように、文章ではなく箇条書きにしている。
オ、最初の見出しの部分に特徴がなかったため、関心をひく表現にしている。
カ、競技の内容を〈案内〉の文章で説明しているため、〈説明〉を省略している。

問2、思考力 【資料Ⅰ】と【資料Ⅱ】の［　］で囲まれた〈案内〉の部分を改めて読み比べたところ、生徒会の中でどちらがよいか評価が分かれた。あなたはどちらの〈案内〉がよいと考えられるか。あなたの考えとその理由を書きなさい。ただし、次の【条件】に従うこと。（5点）

【条件】
・百一字以上、百二十字以内で書くこと。
・【資料Ⅰ】と【資料Ⅱ】の〈案内〉を比較して書くこと。
・原稿用紙（15字詰×8行＝省略）の使い方に従って書くこと。

【資料Ⅰ】

はがくれ中学校運動会―給食室からの挑戦状《ちょうせんじょう》―

〈案内〉
　はがくれ中学校の生徒会からのお知らせです。はがくれ中学校の運動会で「給食室からの挑戦状」を行います。中学校に入学する前に、中学校の運動会に参加してみませんか。競技でがんばった人には賞品を用意しています。友達もさそって参加しましょう。

〈説明〉
　期日は10月10日（日曜日）で、集合時刻は午前10時30分、競技時間は午前10時45分から11時00分です。また、集合場所ははがくれ中学校グラウンド北側で、参加できる人は小学校6年生の児童です。
　競技の内容を説明します。スタートした後、お玉とピンポン球《だま》を置いている所がありますので、お玉にピンポン球を乗せて走っていきます。次に袋《ふくろ》に入ったパンをぶら下げていますので、手を使わずに口で取り、ピンポン球をお玉に乗せたまま、ゴールに向かって走っていきます。給食室が準備したとっておきのパンたちが、あなたの参加を待っています。お楽しみに！

【資料Ⅱ】

令和3年9月10日

小学校6年生の皆《みな》さんへ

はがくれ中学校生徒会

はがくれ中学校運動会について

〈案内〉
　はがくれ中学校生徒会では、小学6年生の皆さんが中学校に入学する前に、中学校について知り、スムーズに学校生活を始められるように、運動会のプログラムの中に交流イベントを企《き》画《かく》しました。中学校の優《やさ》しい先輩《せんぱい》と仲良くなれるチャンスです。
　なお、参加した人には学校案内パンフレットを配布する予定です。保護者説明会は11月6日（土曜日）の予定です。

〈説明〉

1	期日	10月10日（日曜日）	6	参加種目	給食室からの挑戦状《ちょうせんじょう》（当日説明）
2	集合時刻	午前10時30分	7	持参するもの	水筒《すいとう》、帽子《ぼうし》、食物アレルギー確認《かくにん》票
3	競技時間	午前10時45分～11時00分			
4	集合場所	はがくれ中学校グラウンド北側			
5	参加対象	小学校6年生の児童			

連絡先《れんらくさき》　はがくれ中学校
電　話　0952-○○-○○○○

二（論説文）漢字の読み書き・文脈把握・内容吟味・要旨

次の文章を読んで、あとの問いに答えなさい。（計16点）

しばしば、「自分の脳をもっと良くするにはどうすればよいですか？」という質問を受けることがあります。ですが私は、この考え方はいかがなものかといつも感じていました。

人間にとっては、一見すると「弱み」に見える資質が、※逆説的に生存戦略上はメリットとして機能してきたからです。

たとえば①「合理性を欠く」という性質。これは一般的には無批判に「劣った性質」であり、人間の脳の機能的な「弱み」であるとみなされています。

合理的に考え、論理的な思考を持つ者こそ、知能が高く、人間社会の※ヒエラルキーにおいて上位に立つべき者である、という考え方が現代社会においては［X］です。

しかし本来は、この「弱み」が現代まで引き続いている理由があるはずで、だからこそ人間はここまで生き延びてくることができた、と考えるのが自然ではないでしょうか。

実際、「合理性を欠く」という「弱み」から得ているメリットも、人間には多くあります。そもそも、人類の歴史が「弱み」を活《い》かしてきたa工夫の連続だとも言えるのではないでしょうか。

人類の起源はアフリカと考えられています。bユタかで気候の良い土地であり、生存にも生殖にも有利であったはず。条件の良い場所は個体数が増えればそれだけで競争が激化します。いつしかこの土地で生き延びること自体がレッドオーシャン（競争の激しい市場）化したのか、「負け組」たちはこの地を去りました。

他種の生物を殺してつくったcイフクをまとい、同種の人類のあいだでも資源を奪い合うようになりました。そうしなければ生きていけないような、寒冷で厳しい環境へ移動、拡散を続けていったのです。

②こんな選択をしたのは、なぜでしょうか？　もちろん競争に勝てないほど弱かったから、負け組だったから、というシンプルな理由づけもできるでしょう。しかしここで、人間が合理性に基づかない判断をしたからだ、と考えてみることもできます。

人間には、ほかの※霊長類たちと比べると、新しい環境のほうを選好する「新奇探索性」を強く持っている人たちがいます。このために、なまやさしい環境には満足できず、あえて厳しい環境へ、※ドーパミンの刺激を求めて飛び込んでいかずにはいられない、というのです。そういう意味では、人間というのはなんとも※業《ごう》の深い生物だとも言えます。

もしもこれが、現在の※ディープラーニングと※ビッグデータの集積のような〝ＡＩ〟でなく、理想的な※汎用人工知能のように合理的な判断だけを選好する存在だったとしたら、過去のデータの中でも特に確実なものをベースに、合理的に考えるのではないでしょうか。

生存の確度が低いので北に移動することはd避けるだとか、あるいは、現状よりは子孫を残すことに適さない環境であることが想定されるので移動は中止、などと判断するでしょう。

③この「新奇探索性」は、「合理性」とはしばしば衝突する人間の「弱み」のひとつです。「わかっちゃいるけどやめられない」という昔の流行語が、わかりやすいフレーズでしょうか。やめられない何らかの楽しみであることもあり、人が道ならぬ恋に走る※元凶でもあり、いわゆる「※背徳的」な行動を増長する仕組みです。これを人間が自力でコントロールするのはきわめて難しいことです。

仏教の言い回しを借りれば、コントロールしきろうとする行為は「灰身滅智《けしんめっち》」と言います。欲望の種を滅することは自らの身を灰にまで焼き滅するようなものだというのです。

東洋思想の見方の一面からは、これがまさに自殺行為と言ってもよいものととらえられているのは面白いことです（実際、生殖を止める行為でもあるから、生物種としてはゆるやかに滅亡の道をたどることになります）。

重要な機能でありながら※バグのようでもあるこの「弱み」を、外部から適度なゆるやかさでコントロールすべく当てたパッチ（プログラムを修正するデータ）が、社会道徳であったり、宗教的倫理観であったりします。そう考えると、人間をめぐるさまざまな現象のつじつまが合います。

（中野《なかの》　信子《のぶこ》『空気を読む脳』による）

（注）※逆説…真理と反対なことを言っているようだが、よく考えると一種の真理を言い表している説。
※ヒエラルキー…ピラミッド型の階層組織。
※霊長類…ヒトやサルなど、動物界で最も進化したといわれる動物の一群。
※ドーパミン…意欲や動機づけに関与する神経伝達物質。
※業の深い…人は生まれながらに担っている運命や制約などに強く縛られており、逃れられないということ。
※ディープラーニング…人間の脳を模倣して大量のデータを機械的に学習すること。
※ビッグデータ…一般的なデータ管理で扱うことが困難なほど巨大で複雑なデータ。
※汎用…一つのものを広くいろいろな方面に用いること。
※元凶…悪いことを引き起こした、一番大きな原因。
※背徳的…本来あるべき人の道から外れている、人の道に背いているようなさまのこと。
※バグ…コンピュータのプログラムにひそむ誤り。

問1、**基本** a工夫、bユタ、cイフク、d避 について、カタカナは漢字に直し、漢字は読みをひらがなで書きなさい。（各1点）

問2、**よく出る** ［X］に当てはまる言葉として最も適当なものを、次のア〜エの中から一つ選び、記号を書きなさい。（2点）

ア、支配的　イ、批判的
ウ、革新的　エ、道徳的

問3、①「合理性を欠く」という性質 とあるが、これはどういう性質か。その説明として最も適当なものを、次のア〜エの中から一つ選び、記号を書きなさい。（2点）

ア、直感的な判断に頼らずに、つじつまの合うような選択をしてしまう性質。

イ、共存するために、無用な争いを起こさずすみ分けようとしてしまう性質。
ウ、生き延びる道を模索しつつも、自身が破滅することを望んでしまう性質。
エ、自分が不利益を被るかもしれない、筋の通らない行動をしてしまう性質。

問4、【思考力】②こんな選択をしたのは、なぜでしょうか？　とあるが、人間がこのような選択をした理由について、筆者はどのように考えているか。次の解答の形式に従って、四十字以内で書きなさい。（3点）

人間の中に［　　　　］者がいたから。

問5、【よく出る】【基本】③この「新奇探索性」は、「合理性」とはしばしば衝突する人間の「弱み」のひとつです　とあるが、「合理性」と衝突している「新奇探索性」の例として最も適当なものを、次のア～エの中から一つ選び、記号を書きなさい。（2点）
ア、テスト勉強をしようと机についたのに、部屋が散らかっているのがだんだん気になってきて、気がつくと掃除をはじめてしまう。
イ、サッカーの試合の前日なので練習をした方がよいと十分わかっているはずなのに、対戦相手を過小評価して練習を怠ってしまう。
ウ、翌朝寝坊するかもしれないとわかっているのに、買ったばかりのゲームをクリアしたいと思って、夜遅くまでやり込んでしまう。
エ、親からプレゼントされた靴は安価なものだったのに、手に入れた喜びから特別な時にしか履かず、いつまでも大事にしてしまう。

問6、本文の内容として最も適当なものを、次のア～エの中から一つ選び、記号を書きなさい。（3点）
ア、人間の脳をよりよく働かせるためには、脳の機能的な「弱み」について正しく理解することが重要であるとともに、弱点を補うために、論理的な思考力を磨いていく必要がある。
イ、人間の脳の機能的な「弱み」とされる「新奇探索性」が、人類の生存戦略において有利に機能してきたのは、道徳や倫理観によって間接的にほどよく制御されてきたからである。
ウ、人間の脳の機能的な「弱み」がもたらす欲深さは人類の生存競争を激化させたが、その結果競争に敗れた「負け組」が欲望の追求をあきらめ、人類は滅亡を回避することになった。
エ、人間の脳に関するさまざまな研究によって、近年では脳の機能的な「弱み」が解明されており、今後はその成果を理想的な汎用人工知能の開発に役立てていくことが重要である。

三 （小説文）語句の意味・内容吟味

次の文章を読んで、あとの問いに答えなさい。（計13点）

幼い頃から祖母に手芸の楽しさを教えられて育った高校生の松岡清澄《まつおかきよすみ》（キヨくん）は、姉のために結婚式のドレスを作ろうと決意する。ある日の昼休み、清澄は級友の宮多《みやた》たちと食事をしている途中で、突然※刺繍《ししゅう》の本を熱心に読み出し、宮多たちを驚かせた。近くにいた別のグループの一人が、そのような清澄の行動を見てくすくす笑っていた。


校門を出たところでキヨくん、と呼ばれた。振り返ったその瞬間に、強い風が吹く。

キヨくん。小学校低学年の頃のままに、高杉くるみは僕の名を呼ぶ。当時は僕も彼女を「くるみちゃん」と親しげな感じで呼んでいたのだが、学年が上がるにつれて会話の機会が減り、今ではもうどう呼べばいいのかわからない。

「高杉さん。くるみさん。どっちで呼んだらええかな？」

「どっちでも」

名字が高杉というだけで塾の子らに「晋作《しんさく》」と呼ばれていた時期があって嫌だった、なので晋作でなければ、なんと呼ばれても構わないらしい。

「※高杉晋作、嫌いなん？」

「嫌いじゃないけど、もうちょい長生きしたいやん」

「なるほど。じゃあ……くるみさん、かな」

歩いていると、グラウンドの野球部やサッカー部の声がどんどん遠くなっていく。今日は世界がうっすらと黄色くて、遠くの山がぼやけて見えた。春はいつもそうだ。すべての輪郭があいまいになる。

「あんまり気にせんほうがええよ。山田《やまだ》くんたちのことは」

「山田って誰？」

僕の手つきを真似《まね》て笑っていたのが山田※某《なにがし》らしい。

「私らと同じ中学やったで」

「覚えてない」

個性は大事、というようなことを人はよく言うが、学校以上に「個性を尊重すること、伸ばすこと」に向いていない場所は、たぶんない。※柴犬《しばいぬ》の群れに交じった※ナポリタン・マスティフ。あるいは※ポメラニアン。集団の中でもてはやされる個性なんて、せいぜいその程度のものだ。犬の集団にアヒルが入ってきたら、あつかいに困る。

アヒルはアヒルの群れに交じれば見分けがつかなくなる。その程度のめずらしさであっても、学校ではもてあまされる。浮く。くすくす笑いながら仕草を真似される。
①「だいじょうぶ。慣れてるし」
けど、お気遣いありがとう。そう言って隣を見たら、くるみはいなかった。数メートル後方でしゃがんでいる。灰色の石をつまみあげて、しげしげと観察しはじめた。

「なにしてんの？」

「うん、石」

うん、石。ぜんぜん答えになってない。入学式の日に「石が好き」だと言っていたことはもちろんちゃんと覚えていたが、まさか道端の石を拾っているとは思わなかった。

「いつも石拾ってんの？　帰る時に」

「いつもではないよ。だいたい土日にさがしにいく。河原とか、山に」

「土日に？　わざわざ？」

「やすりで磨くの。つるつるのぴかぴかになるまで」

放課後の時間はすべて石の研磨にあてているという。
②ほんまにきれいになんねんで、と言う頬《ほお》がかすかに上気

している。

ポケットから取り出して見せられた石は三角のおにぎりのような形状だった。たしかによく磨かれている。触ってもええよ。と言われて、手を伸ばした。指先で、しばらくすべすべとした感触を楽しむ。

「さっき拾った石も磨くの？」

くるみはすこし考えて、これはたぶん磨かへん、と答えた。

「磨かれたくない石もあるから。つるつるのぴかぴかになりたくないってこの石が言うてる」

石には石の意思がある。駄洒落《だじゃれ》のようなことを真顔で言うが、意味がわからない。

「石の意思、わかんの？」

「わかりたい、といつも思ってる。それに、ぴかぴかしてないときれいやないってわけでもないやんか。ごつごつのざらざらの石のきれいさってあるから。そこは尊重してやらんとな」

じゃあね。その挨拶があまりに唐突でそっけなかったので、怒ったのかと一瞬焦った。

「キヨくん、まっすぐやろ。私、こっちやから」

川沿いの道を一歩踏み出してから振り返った。ずんずんと前進していくくるみの後ろ姿は、巨大なリュックが移動しているように見えた。

石を磨くのが楽しいという話も、石の意思という話も、よくわからなかった。わからなくて、おもしろい。わからないことに触れるということ。似たもの同士で「わかるわかる」と言い合うより、そのほうが楽しい。

ポケットの中でスマートフォンが鳴って、宮多からのメッセージが表示された。

「昼、なんか怒ってた？　もしや俺あかんこと言うた？」

違う。声に出して言いそうになる。宮多はなにも悪いことをしていない。ただ僕があの時、気づいてしまっただけだ。自分が楽しいふりをしていることに。

いつも、ひとりだった。

教科書を忘れた時に気軽に借りる相手がいないのは、心もとない。ひとりでぽつんと弁当を食べるのは、わびしい。でもさびしさをごまかすために、自分の好きなことを好きではないふりをするのは、好きではないことを好きなふりをするのは、もっともっとさびしい。

好きなものを追い求めることは、楽しいと同時にとても苦しい。その苦しさに耐える覚悟が、僕にはあるのか。

③文字を入力する指がひどく震える。

「ちゃうねん。ほんまに本読みたかっただけ。刺繍の本」

ポケットからハンカチを取り出した。祖母に褒められた猫の刺繍を撮影して送った。すぐに既読の通知がつく。

「こうやって刺繍するのが趣味で、ゲームとかほんまはぜんぜん興味なくて、自分の席に戻りたかった。ごめん」

ポケットにスマートフォンをつっこんだ。数歩歩いたところで、またスマートフォンが鳴った。

「え、めっちゃうまいやん。松岡くんすごいな」

④そのメッセージを、何度も繰り返し読んだ。

わかってもらえるわけがない。どうして勝手にそう思いこんでいたのだろう。

今まで出会ってきた人間が、みんなそうだったから。だとしても、宮多は彼らではないのに。

いつのまにか、また靴紐《くつひも》がほどけていた。しゃがんだ瞬間、川で魚がぱしゃんと跳ねた。波紋が幾重にも広がる。太陽の光を受けた川の水面《みなも》が風で波打つ。まぶしさに目の奥が痛くなって、じんわりと涙が滲《にじ》む。

きらめくもの。揺らめくもの。目に見えていても、かたちのないものには触れられない。すくいとって保管することはできない。太陽が翳《かげ》ればたちまち消え失《う》せる。だからこそ美しいのだとわかっていても、願う。布の上で、あれを再現できたらいい。そうすれば指で触れてたしかめられる。身にまとうことだって。そういうドレスをつくりたい。着てほしい。すべてのものを「無理」と遠ざける姉にこそ。きらめくもの。揺らめくもの。どうせ触れられないのだから、なんてあきらめる必要などない。無理なんかじゃないから、ぜったい。

どんな布を、どんなかたちに裁断して、どんな装飾をほどこせばいいのか。それを考えはじめたら、いてもたってもいられなくなる。

それから、明日。明日、学校に行ったら、宮多に例のにゃんこなんとかというゲームのことを、教えてもらおう。好きじゃないものを好きなふりをする必要はない。でも僕はまだ宮多たちのことをよく知らない。知ろうともしていなかった。

⑤靴紐をきつく締め直して、歩く速度をはやめる。

寺地はるな『水を縫う』集英社刊

(注) ※刺繍…針と糸で布に模様や絵を表すこと。
※高杉晋作…長州藩の志士。幕末に活躍したが、二十七歳の若さで病死した。
※某…名前を出さないで人を指す語。
※柴犬、ナポリタン・マスティフ、ポメラニアン…犬の種類。

問1、**基本** しげしげと観察しはじめた とあるが、「しげしげ」の意味として最も適当なものを、次のア～エの中から一つ選び、記号を書きなさい。（1点）

ア、何となく漠然と眺めるさま
イ、目をこらしてよく見るさま
ウ、いとおしい眼差《まなざ》しを送るさま
エ、客観的な視点で分析するさま

問2、①「だいじょうぶ。慣れてるし」とあるが、この時の「キヨくん」の説明として最も適当なものを、次のア～エの中から一つ選び、記号を書きなさい。（2点）

ア、際立った個性を異質なものとして侮《あなど》る集団に、刺繍を趣味にしていることを受け入れてもらえないのは仕方ないことだと考えている。
イ、自分以上につらい経験をしてきたにもかかわらず、自分のことを心配してくれる「くるみ」を悲しませないように平静を装っている。
ウ、自分に優しい言葉を掛けてくれた「くるみ」に対する感謝の気持ちを、うまく伝えることができないことにもどかしさを感じている。
エ、祖母に教えてもらった刺繍をばかにする級友たちを、犬や鳥といった動物にたとえることで、込み上げてくる怒りを抑え込んでいる。

問3、②ほんまにきれいになんねんで、と言う頬がかすか

に上気している　とあるが、ここでの「くるみ」の様子を説明したものとして最も適当なものを、次のア～エの中から一つ選び、記号を書きなさい。（2点）

ア、石を磨けばきれいになるということを疑う「キヨくん」に対して、それが真実であることを証明したいと意気込んでいる。

イ、「キヨくん」に自分の趣味を真っ向から否定されていると感じ、石拾いの面白さを必ず理解させようと強く決意している。

ウ、石を鑑賞するという自分の趣味を「キヨくん」にも持ってほしいと思い、どのようにして魅力を伝えるべきか悩んでいる。

エ、「キヨくん」から自分の趣味に関する質問を受け、好きな石の話をしていくうちにだんだんと気分が高揚しはじめている。

問4、**よく出る** ③文字を入力する指がひどく震える　とあるが、この時の「キヨくん」の心情として最も適当なものを、次のア～エの中から一つ選び、記号を書きなさい。（2点）

ア、自分を偽らずに刺繍が趣味であることを告げた結果として、孤独の苦しさを味わうことになるかもしれないという不安を感じている。

イ、級友に自分の趣味を理解してほしいと強く願う一方で、はたして自分の気持ちを文字だけで表現できるだろうかと心配になっている。

ウ、自分を心配してくれる級友の言葉から、刺繍という趣味を理解してもらえずに自分が苦しんでいると誤解されたと思い動揺している。

エ、刺繍が好きだという気持ちを貫くことよりも、孤独の苦しさから逃れようとしている自分の弱さを自覚して、嘆かわしく思っている。

問5、**思考力** ④そのメッセージを、何度も繰り返し読んだ　とあるが、それはなぜか。その理由を五十字以内で書きなさい。（3点）

問6、**よく出る** ⑤靴紐をきつく締め直して、歩く速度をはやめる　とあるが、これは「キヨくん」のどのような心情の変化を表しているか。その説明として最も適当なものを、次のア～エの中から一つ選び、記号を書きなさい。（3点）

ア、手芸には自信があり容易にドレスを縫えると軽く考えていたが、春の美しい情景を見て自分の甘さを思い知り、美しいドレスを作ろうとこれまで以上に気持ちを引き締めた。

イ、高校生になっても自分の趣味をばかにされるのかと周囲に不満を漏らしていたが、自分らしさを貫くためにも好きなことにだけじっくりと取り組もうと思うようになった。

ウ、ドレスの製作も友達づくりも無理だとあきらめずに挑戦することが大切であり、そのためには自分自身も変わっていかなければならないのだと前向きな気持ちになった。

エ、高校に入学しても決して目立たないように振る舞ってきたものの、友人に自分の趣味を評価してもらったことで自信を取り戻し、もてはやされたいと思うようになった。

四 （古文）仮名遣い・内容吟味・口語訳

次の文章を読んで、あとの問いに答えなさい。（計12点）

孔子《こうし》の弟子の子貢《しこう》はある時、瓶《かめ》を使って少しずつ井戸水をくみ出して畑に注いでいる老人を見て、あることを提案した。

圃《ほ》を為《つく》る者仰ぎて之《これ》を視《み》て（畑を作る老人が顔を上げて子貢を見て）曰《いは》く、「奈何《いかん》せん。（どうするのかね）」と。曰く、「木を穿《うが》ちて機と為《な》す。（木を細工して道具を作る。）後《うしろ》は重く前は軽し。水を取ること抽《ひ》くがごとく、（軽いものを引き出すように水をくめるし、）速やかなること泆湯《いつたう》のごとし。（水が勢いよくあふれ出るようである。）其《そ》の名を①槹《かう》と為す。」と。圃を為る者忿然《ふんぜん》として色を作《な》して（むっとして顔色を変えたが）笑ひて曰く、「②吾《われ》之を吾《わ》が師に聞けり。機械有る者は、（機械的な道具が）必ず機事有り。（道具による仕事が）機事有る者は、必ず機心有り。（道具に頼る心が）機心胸中に存せば、則《すなは》ち純白備はらず。（すみきった心の状態が）純白備はらずんば、（備わらなければ）即ち神生《しんせい》定まらず。（精神が安定しない。）神生定まらざる者は、道の載らざる所なり。（自然な生き方ができなくなる。）吾知らざるに非《あら》ず、（私はその道具のことを知っているが、）③恥ぢて為《な》さざるなり。」と。④子貢瞞然《まんぜん》として（顔を真っ赤にして）恥ぢ、俯《ふ》して（恥じ入り、うつむいて）対《こた》へず。

（『荘子《そうじ》』による）

問1、**基本** 笑ひて　をすべてひらがなの現代仮名遣いで書きなさい。（2点）

問2、**思考力** ①槹　について、この道具の図として最も適当なものを、次のア～エの中から一つ選び、記号を書きなさい。（2点）

ア
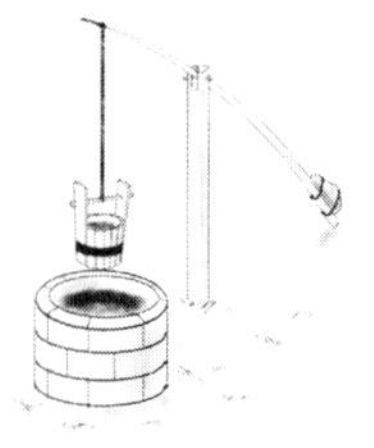

イ

ウ
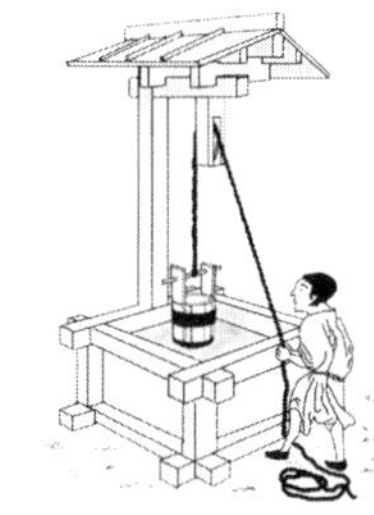

エ

問3、②吾之を吾が師に聞けり　とあるが、老人はどのようなことを聞いたのか。その説明として最も適当なものを、次のア～エの中から一つ選び、記号を書きなさい。（3点）

ア、他人の言うことをうのみにしていると、自分の考えが持てなくなり、主体的な生き方ができなくなるということ。

イ、機械的な道具に頼っていると、人をすぐに頼るようになり、楽をして生きたいという欲望が生まれるということ。

ウ、他人から提供された機械的な道具を使用し続けると、自分ひとりで生きていくための力が育まれないということ。

エ、機械的な道具を使うと、道具に心がとらわれてしまい、その結果、人間らしい生き方ができなくなるということ。

問4、③恥ぢて為さざるなり　とあるが、「恥ぢて為さざるなり」とはどういうことか。次の解答の形式に従って、十五字以内で書きなさい。（2点）

槹を使うことが［　　　］ということ。

問5、よく出る　④子貢瞞然として恥ぢ、俯して対へず　とあるが、それはなぜか。その理由として最も適当なものを、次のア〜エの中から一つ選び、記号を書きなさい。（3点）

ア、老人に自分が発明した道具のことを教えたものの、老人はそのことを他人から聞いており、すでに使っていたから。

イ、深い考えがあって道具を使わない老人に向かって、物知り顔で道具について説明した自分の浅はかさに気づいたから。

ウ、老人を助けたいと思って自分の知識を授けようとしたが、教え方が下手で老人に十分に理解してもらえなかったから。

エ、便利な道具を使っていた老人に、それ以上に役立つ道具を教えることができなかった自分の無知を思い知ったから。

長崎県

時間 50分　満点 100点　解答 P50　3月9日実施

出題傾向と対策

●小説文、古文、論説文、話し合いとスピーチ原稿の考察の大問四題構成。本文は比較的読みやすく、提示された文章の空所補充も例年どおりだが、四がスライドを用いた食品ロスのプレゼンテーションに変わり、資料を的確に読み取る情報処理能力が求められている。慣用句、歴史的仮名遣いなどの国語知識は、毎年必ず問われる。

●漢字の読み書き、文法問題、歴史的仮名遣いなどの基礎知識を確実に身につけておきたい。また、本文の表現を用いて、指定字数で記述する訓練も必要不可欠である。

一（小説文）漢字の読み書き・内容吟味・文脈把握・表現技法

次の文章を読んで、あとの問いに答えなさい。（計30点）

松岡清澄《まつおかきよすみ》は刺繡《ししゅう》が好きな高校一年生の男子である。友人を作るのが苦手だったが、人懐《ひとなつ》こい宮多《みやた》に声をかけられて彼らのグループに入る。クラスメイトのくるみは「石が好きだ」と公言したことで周囲から浮いている。ある日の昼休み、清澄は刺繡の本を読んでいたことを山田たちにからかわれる。その日の放課後、清澄はくるみと一緒に下校することになった。

「あんまり気にせんほうがええよ。山田くんたちのことは」

「山田って誰？」

僕の手つきを真似《まね》て笑っていたのが山田某《なにがし》らしい。

「私らと同じ中学やったで」

「覚えてない」

個性は大事、というようなことを人はよく言うが、学校以上に「個性を尊重すること、伸ばすこと」に向いていない場所は、たぶんない。柴犬《しばいぬ》の群れに交じったナポリタン・マスティフ[注(1)]。あるいはポメラニアン。集団の中でもてはやされる個性なんて、せいぜいその程度のものだ。犬の集団にアヒルが入ってきたら、あつかいに ａコマる。

アヒルはアヒルの群れに交じれば見分けがつかなくなる。その程度のめずらしさであっても、学校ではもてあまされる。浮く。くすくす笑いながら仕草を真似される。

「だいじょうぶ。慣れてるし」

けど、お気遣いありがとう。そう言って隣を見たら、くるみはいなかった。数メートル後方でしゃがんでいる。灰色の石をつまみあげて、しげしげと観察しはじめた。

「なにしてんの？」

「うん、石」

うん、石。ぜんぜん答えになってない。入学式の日に「石が好き」だと言っていたことはもちろんちゃんと覚えていたが、まさか道端の石を拾っているとは思わなかった。

「いつも石拾ってんの？　帰る時に」

「いつもではないよ。だいたい土日にさがしにいく。河原とか、山に」

「土日に？　わざわざ？」

「やすりで磨くの。つるつるのぴかぴかになるまで」

放課後の時間はすべて石の研磨にあてているという。ほんまにきれいになんねんで[注(2)]、と言う頰《ほお》がかすかに上気している。

ポケットから取り出して見せられた石は三角のおにぎりのような形状だった。たしかによく磨かれている。触ってもええよ、と言われて、手を伸ばした。指先で、しばらくすべすべとした感触を楽しむ。

「さっき拾った石も磨くの？」

くるみはすこし考えて、これはたぶん磨かへん[注(3)]、と答えた。

「磨かれたくない石もあるから。つるつるのぴかぴかになりたくないっていてこの石が言うてる[注(4)]」

石には石の意思がある。駄洒落《だじゃれ》のようなことを真顔で言うが、意味がわからない。

「石の意思、わかんの？」

「わかりたい、といつも思ってる。それに、ぴかぴかしてないときれいやないってわけでもないやんか。ごつごつのざらざらの石のきれいさってあるから。そこは尊重してやらんとな」

じゃあね。その挨拶《あいさつ》があまりに b 唐突でそっけなかったので、怒ったのかと一瞬焦《あせ》った。

「キヨくん、まっすぐやろ。私、こっちやから」

川沿いの道を一歩踏み出してから振り返った。ずんずんと前進していくくるみの後ろ姿は、巨大なリュックが移動しているように見えた。


石を磨くのが楽しいという話も、石の意思という話も、よくわからなかった。わからなくて、おもしろい。わからないことに触れるということ。似たもの同士で「わかるわかる」と言い合うより、①そのほうが楽しい。

ポケットの中でスマートフォンが鳴って、宮多からのメッセージが表示された。

「昼、なんか怒ってた？　もしや俺注(5)あかんこと言うた？」

違う。声に出して言いそうになる。宮多はなにも悪いことをしていない。ただ僕があの時、気づいてしまっただけだ。自分が楽しいふりをしていることに。

いつも、ひとりだった。

教科書を忘れた時に気軽に c カりる相手がいないのは、心もとない。ひとりでぽつんと弁当を食べるのは、わびしい。でもさびしさをごまかすために、自分の好きなことを好きではないふりをするのは、好きではないことを好きなふりをするのは、もっともっとさびしい。

好きなものを追い求めることは、楽しいと同時にとても苦しい。その苦しさに耐える覚悟が、僕にはあるのか。
②文字を入力する指がひどく震える。
「注(6)ちゃうねん。ほんまに本読みたかっただけ。刺繍の本」

ポケットからハンカチを取り出した。祖母に褒められた猫の刺繡を撮影して送った。すぐに注(7)既読の通知がつく。

「こうやって刺繡するのが趣味で、ゲームとかほんまはぜんぜん興味なくて、自分の席に戻りたかった。ごめん」

ポケットにスマートフォンをつっこんだ。数歩歩いたところで、またスマートフォンが鳴った。

「え、めっちゃうまいやん。松岡くんすごいな」

そのメッセージを、何度も繰り返し読んだ。

わかってもらえるわけがない。どうして勝手にそう思いこんでいたのだろう。

今まで出会ってきた人間が、みんなそうだったから。だとしても、宮多は彼らではないのに。


いつのまにか、Ⅰまた靴紐《くつひも》がほどけていた。しゃがんだ瞬間、川で魚がぱしゃんと跳《は》ねた。波紋が幾重《いくえ》にも広がる。太陽の光を受けた川の水面《みなも》が風で波打つ。まぶしさに目の奥が痛くなって、じんわりと涙が滲《にじ》む。

きらめくもの。揺《ゆ》らめくもの。目に見えていても、Ⅱかたちのないものには触れられない。すくいとって保管することはできない。太陽が翳《かげ》ればたちまち消え失《う》せる。だからこそ美しいのだとわかっていても、願う。布の上で、あれを再現できたらいい。そうすれば指で触れてたしかめられる。身にまとうことだって。そういうド注(8)レスをつくりたい。着てほしい。すべてのものを「無理」と遠ざける姉にこそ。きらめくもの。揺らめくもの。どうせ触れられないのだから、なんてあきらめる必要などない。無理なんかじゃないから、ぜったい。

どんな布を、どんなかたちに裁断して、どんな装飾をほどこせばいいのか。Ⅲそれを考えはじめたら、いてもたってもいられなくなる。

それから、明日。明日、学校に行ったら、宮多に例のにゃんこなんとかというゲームのことを、教えてもらおう。好きじゃないものを好きなふりをする必要はない。Ⅳでも僕はまだ宮多たちのことをよく知らない。知ろうともしていなかった。

Ⅴ靴紐をきつく締《し》め直して、歩く速度をはやめる。

寺地はるな『水を縫う』集英社刊

注(1)　ナポリタン・マスティフ。あるいはポメラニアン…どれも犬の種類。

注(2)　なんねんで…なるんだよ。

注(3)　磨かへん…磨かない。

注(4)　言うてる…言っている。

注(5)　あかんこと言うた？…いけないこと言った？

注(6)　ちゃうねん…違うんだ。

注(7)　既読の通知がつく…ここでは清澄のメッセージを宮多がすでに読んでいることを示す。

注(8)　ドレスをつくりたい…清澄の姉は秋に結婚を予定しているが、かわいいものは自分に似合わないと思い込み、ウエディングドレスを着ることを嫌がっている。


問一、**基本**　══線部a〜cについて、漢字は読みをひらがなで書き、カタカナは漢字に直せ。（各2点）

問二、**よく出る**　本文の［　　］で囲まれた部分の「くるみ」と「清澄」について説明したものとして、最も適当なものを次から一つ選び、その記号を書け。（3点）
ア、相手にどう思われるかを気にせず自分の感覚に従って行動するくるみに対して、清澄は関心を持ち始めている。
イ、山田たちにからかわれたことを優しく慰めるくるみに対して、清澄は恥ずかしさのため素直になれないでいる。
ウ、趣味の話に熱中するあまり会話がかみ合っていないくるみに対して、清澄はその様子を冷めた目で見ている。
エ、石に興味を持ってほしくて懸命に説明するくるみに対して、清澄はどう応じてよいかわからず戸惑っている。

問三、**基本**　――線部①とあるが、「そのほう」が指す内容を本文から十一字で抜き出し、次に合う形で書け。（3点）

［　　　　　］ことのほうが楽しい。

問四、――線部②とあるが、このときの「清澄」の心情を、次に合う形で、本文の語句を用いて［1］は二十字以内で、［2］は十字以内で書け。（1 5点、2 4点）

好きなものを追い求めることで、［ 1 ］という不安な気持ちを必死に抑えて、[2]と勇気を持って打ち明けようとしている。

問五、よく出る 本文の表現の特徴として最も適当なものを次から一つ選び、その記号を書け。（4点）

ア、くるみの会話では擬態語を多用することで、明るく朗らかで社交的なくるみの性格を生き生きと表現している。

イ、複数の登場人物の内面を描くことで、それぞれの考え方の違いとそれを乗り越えていく過程を表現している。

ウ、清澄の視点から描くことで、清澄の内面が友人たちとの関わりの中で変化していく様子を丁寧に表現している。

エ、登場人物の会話では方言を多用することで、お互いが遠慮のない親密な関係であることを詳細に表現している。

問六、よく出る 次のア～エは、本文の[　]で囲まれた部分を読んだ生徒の感想である。本文の内容と合わないものを一つ選び、その記号を書け。（5点）

ア、……線部Ⅰ「また靴紐がほどけていた」から始まり、……線部Ⅴ「靴紐をきつく締め直して、歩く速度をはやめる」で終わっているところからは、清澄の前向きな気持ちが読み取れるね。

イ、……線部Ⅱ「かたちのないものには触れられない」とあるから、清澄は、友だちとの人間関係など目に見えないものは修復することが難しいと実感しているんだね。

ウ、……線部Ⅲ「それを考えはじめたら、いてもたってもいられなくなる」からは、姉が気に入るようなドレスの作製に取りかかりたいという清澄のはやる気持ちが読み取れるね。

エ、……線部Ⅳ「でも僕はまだ宮多たちのことをよく知らない。知ろうともしていなかった」とあるから、清澄は、自分に興味がないこともまず受け入れてみようとしているね。

二（古文）仮名遣い・内容吟味・口語訳

次の文章を読んで、あとの問いに答えなさい。（計18点）

世人《せじん》《世間の人を見ると、》を見るに、注(1)果報《くわはう》もよく、家をも起《おこ》す《一族を繁栄させる》人は、皆《みな》、注(2)正直に、人《他人》のためにも善きなり。ゆゑに、家をも保ち《一族を維持し、》、子孫までも絶《た》えざるなり。心に曲節《きよくせつ》あり《心が素直でなく、》、人《他人》のために悪《あ》しき人は《悪いことをする人は、》、たとひ、一旦《いつたん》は、果報も[1]、家を保てる様《やう》なれども《ように見えるが、》、たとひ、また、①一期《いちご》は[3]て過《す》ぐせども、注(3)始終[2]なり。子孫未だ必ずしも吉ならざるなり。

また、人《他人》のために善き事をして、かの主《ぬし》《その相手に》に善しと思はれ、悦《よろこ》ばれん《喜ばれよう》と思うてするは、悪しきに比《ひ》すれば《比べると》優れたれども、なほ《やはり》、これは、自身を思うて、②人のために《その相手のために、》、実《まこと》に善きにあらざるなり。主《その相手には》には知られずとも、人のためにうしろやすく《その人のために心配なことがないようにやっておく、または、》、ないし、未来の事《未来のことにつき、特定の誰のためとも思わないが、》、誰《た》がためと思はざれども、人のために善からん料《れう》の事を作《な》し置きなんどするを《他人のためになるよいことをやっておくのを、》、③真《まこと》に、人のために善きとはいふなり。

（『正法眼蔵随聞記《しやうぼうげんぞうずいもんき》』）

注(1) 果報…前世での行いの結果として現世で受ける報い。
注(2) 正直…心が正しく、まっすぐ、偽りのないこと。
注(3) 始終…ついには。結局は。

問一、基本 ══線部を現代かなづかいに直して書け。（2点）

問二、よく出る [1]～[3]にあてはまる語の組み合わせとして最も適当なものを次のア～エから一つ選び、その記号を書け。（3点）

ア、1 善く ― 2 悪しき ― 3 善く
イ、1 悪しく ― 2 善き ― 3 善く
ウ、1 悪しく ― 2 善き ― 3 悪しく
エ、1 善く ― 2 悪しき ― 3 悪しく

問三、――線部①の意味として最も適当なものを次から一つ選び、その記号を書け。（3点）

ア、瞬間　イ、最初　ウ、数年　エ、生涯

問四、――線部②とあるが、それはなぜか。次に合う形で、[Ⅰ]は三十五字以内、[Ⅱ]は十字以内で書け。（Ⅰ4点、Ⅱ2点）

> [Ⅰ]行為は、本当は[Ⅱ]行為だから。

問五、よく出る 次のア～エは、――線部③について、本文の内容をもとに生徒が自分の考えを述べたものである。本文の内容と合わないものを一つ選び、その記号を書け。（4点）

ア、私は、これから長崎を訪れる外国人観光客が道に迷わないように、英語を交えた案内板を作成しようと思う。

イ、私は、歩行者のために、通行の妨げになっている歩道の放置自転車を、端に寄せておくようにしようと思う。

ウ、私は、これからも釣りを楽しみたいから、近所の川辺のごみを拾い集めて、河川をきれいにしようと思う。

エ、私は、トイレのスリッパを次の人のためにそろえることで、みんなが気持ちよく使えるようにしようと思う。

三（論説文）漢字の読み書き・内容吟味・文脈把握・品詞識別・慣用句・要旨

次の文章を読んで、あとの問いに答えなさい。（計34点）

私たち人間は、言語がたどってきた道のりや、その過程で生じたさまざまな変化をすべて背負った上で、日々ものを考えたり、感じたりしています。言語がなければ、自分の考えを他者に伝えたり、先人たちの教えを受け継ぐことも叶《かな》いません。

数百年前、数千年前の人が残した書物を読み解くには、当時の人々が用いていた文法や修辞表現を知り、現代の言

葉へと置き換えて理解する必要がありますし、異国の書物を読み解くには、その国の言語や文化を少なからず学ぶ必要があります。

人類はそのようにして、古今東西の知恵を引き継ぎ、文明として[a]ハッテンさせてきました。

言語は、それを用いる個人のアイデンティティ注(1)に大きな影響を及ぼします。たとえば、二〇一七年にノーベル文学賞を受賞した小説家、①カズオ・イシグロ注(2)（一九五四〜）は、ルーツを見れば、日本人の両親をもつ日系イギリス人です。イシグロは日本人ということになりますが、幼い頃からイギリスで育ち、彼のパーソナリティ注(3)の大部分は英語文化圏で形成されていきました。そして英語で思考するカズオ・イシグロは、一九八二年に自らの意志で自分が生まれた日本の国籍を手放し、イギリス国籍を選択しました。つまり、彼は生まれた国ではなく、育った国（第一言語を得た国）を自らの母国としたのです。

イシグロの場合、日本からイギリスへ移住したのが幼少期（五歳）と早い時期であったこともあり、イギリスの文化を自らのアイデンティティとして享受することも難しくなかったのかもしれません。

一方で、大人になってから違う言語圏へ移住した人であっても、その土地の言語や文化によって自らのアイデンティティを揺さぶられることは少なくないようです。

あるアメリカ人は、日本でしばらく生活し、日本語に慣れ親しんだ頃にアメリカへ帰国したところ、「あなたは、イエス、ノーがはっきり言えない人になってしまったね」と友人たちに言われたそうです。日本文化に身を置き、日本語に親しむうちに、振る舞い方や考え方まで日本人的になってしまったというのです。

もちろん個人差はあるものですが、言語の与える影響というものは深く、人のアイデンティティの根幹にまで及ぶものなのです。

日本語を幼い頃から体に染みこませて暮らしてきたということ。それは同時に、私たちが日本語の運命を過去から現在、そして未来へとつなぐ運び手の一部であることを意味します。

イギリスの進化生物学者であり動物行動学者でもある、クリントン・リチャード・ドーキンス（一九四一〜）は、一九七六年に著書『[b]利己的な遺伝子』の中で、「生物は遺伝子によって利用される〝乗り物〟に過ぎない」とする遺伝子中心視点を提唱し、世界に衝撃を与えました。この論考には私も驚きました。確かにそうかもしれない、自分の人生とは言っても、自分一人の運命を生きているのではないのかもしれない……と②目が開かれた思いがしたものです。

今になって、このドーキンスの論考を読み直してみると、これは長い歴史を経て受け継がれてきた③「言語」においても同じことが言えるのではないかと思えてきます。私たちは、自らの力で日本語を習得し、この言語を自在に[c]アヤツって生きているように思いこんでいますが、もしかすると「日本語を生かすため」にこの世に生きているだけなのかもしれません。この「人間＝言語の運び手論」に当てはめて考えると理解しやすいのが、アイヌ注(4)語です。

アイヌの言葉は、日本語とは異なる言語体系を有しており、語彙《い》も異なります。もちろん、日本語がアイヌ語に影響を及ぼした言葉もありますし、逆に稚内《わっかない》や登別《のぼりべつ》など、北海道の地名にはアイヌ語由来のものがたくさんあります。石狩川《いしかりがわ》という名称ひとつを取っても、「塞《ふさ》がる」という意味を表す「イシカリ」、「美しく・作る・川」を意味する「イシカラペツ」、「非常に曲がりくねった川」を指す「イシカラアペツ」など、その由来には諸説あるようです。

しかし、単語は別として、現代ではアイヌの言葉を母語とし、それに習熟している人は減少してしまいました。これは深刻な問題です。建物などの有形文化財であればしかるべき環境を整えれば保存できますが、言語の場合、それを使う人がいなくなれば、それがどのように話されていたかはわからなくなってしまいます。

別の言い方をすれば、「この土地で暮らしてきた人たちは、このような価値観や思想のもとに暮らしてきたのだ」ということも、言語からひもとけば知ることができます。現代では遺伝子情報から人物のルーツをある程度遡《さかのぼ》ることも可能となってきましたが、言語も親から子、子から孫へと脈々と受け継がれてきた④情報のバトンなのです。

言語を失えば、それを話す人々の生活や文化、そして伝統が消滅してしまうと言っても過言ではありません。その伝統を、この先も未来へと引き継いでいくことができるか。その運命は現代を生きる私たち日本人にかかっています。

（齋藤《さいとう》 孝《たかし》『日本語力で切り開く未来』）

注(1) アイデンティティ…自己同一性。自分は確かに自分であるとの確信を持つこと。
注(2) ルーツ…起源。祖先。ここでは出身地を指す。
注(3) パーソナリティ…その人に固有の性格。個性。
注(4) アイヌ…北海道とその周辺地域で生活を営んできた先住民族。

問一、**基本** ══線部a〜cについて、漢字は読みをひらがなで書き、カタカナは漢字に直せ。（各2点）

問二、──線部①はどのようなことを示すための具体例として挙げられているか。空欄にあてはまる内容を、[A]は本文から五字で抜き出し、[B]は最も適当なものをあとの選択肢から一つ選び、その記号を書け。（各3点）

> 個人のアイデンティティは、[A]よりも、[B]に影響を受けるということ。

選択肢
ア、幼いときに海外に移住するという体験
イ、自分自身のルーツに関わる人物の母語
ウ、パーソナリティの形成に関わった言語
エ、自分の意志で自由に国籍を選んだ経験

問三、**よく出る** ……線部の品詞名を次から一つ選び、その記号を書け。（3点）
ア、動詞　イ、名詞　ウ、副詞　エ、連体詞

問四、**基本** ──線部②について、「目が開かれる」と同様の意味を表す慣用的表現を次から一つ選び、その記号を書け。（3点）
ア、目から鱗《うろこ》が落ちる
イ、生き馬の目を抜く
ウ、目の色を変える
エ、目を皿にする

問五、次の文章は、――線部③について説明したものである。空欄にあてはまる内容を 1 は本文から三字で抜き出し、 2 は本文の語句を用いて二十五字以内で書け。（1　2点、2　5点）

> 生物は 1 によって利用される〝乗り物〟に過ぎないということと同様に、 2 ということ。

問六、――線部④とは、何の、どのような役割を述べたものか。本文の語句を用いて三十五字以内で書け。（6点）

問七、**よく出る** 本文の内容や表現について説明したものとして、最も適当なものを次から一つ選び、その記号を書け。（3点）

ア、先人の知恵を学ぶ上での言語の重要性を、擬人法を用いてわかりやすく説明して、本文の導入としている。

イ、具体的な言語の存続の危機を取り上げて、読者に日本語の担《にな》い手としての自覚を持つよう促している。

ウ、言語とは異なる分野の科学者が言語について述べた文章を引用することで、考えを深める手がかりにしている。

エ、日本人とアメリカ人とを比較することで、言語による考え方に違いはないということを説明している。

四　文脈把握・短文作成

S中学校生徒会執行部では、食べられるのに捨てられてしまう食品（食品ロス）の削減を目的とした「フードドライブ」に取り組むことにした。次の【話し合い】は、生徒のAさん、Bさん、Cさんがプレゼンテーションの準備を行っている場面である。この【話し合い】及び【完成したスピーチ原稿】【スライド】を踏まえて、あとの問いに答えなさい。（計18点）

【話し合い】

A　今度の全校集会で行うプレゼンテーションの準備はできたかな。

B　うん、私はスピーチを担当するから、原稿を考えてきたよ。

C　私はスライドを作ってきたよ。

A　じゃあ、原稿とスライドの確認をしておこうか。

C　スライドは、聞き手にとって重要な情報から並べたほうがいいと思うんだ。だから、最初に「フードドライブ」の説明を示して、次に受け取れない食品について示し、そしていつどこで集めるかが分かるように示して、最後に食品ロスの深刻さが分かるスライドを配置してみたよ。

B　私は、その深刻さをみんなに身近に感じてほしいな。だから、私たちが毎日の生活の中でどれくらいの食べ物を無駄にしているかをイメージできるように、プレゼンテーションの最初に質問を投げかけて、その答えをスライドで示そうと思うんだけど、スライドの順番を入れ替えてもいいかな。

C　もちろんだよ。では入れ替えておくよ。

A　ところで、受け取れない食品をみんなが持ってこないように、食品の具体例をスライドで示して、確認しておいたほうがいいんじゃないかな。

B　そうだね。クイズ形式でみんなに考えてもらうことにしよう。

C　じゃあ、食品の具体例のスライドを、受け取れない食品のスライドの前に、もう一枚追加しておくよ。

A　ありがとう。うまくいきそうだね。

【完成したスピーチ原稿】

○皆さん、 1 。

○スライドをご覧ください。 2 。

○このような状況をふまえて、私たちに何かできないかと考え、全校生徒で「フードドライブ」という活動を実施することにしました。

○「フードドライブ」とは、このスライドに示している活動のことです。

○ではここでクイズです。これら四つの食品の中で、持ってきてもらっても受け取れないものが一つあります。皆さんはわかりますか。

○答えは 3 です。実は「フードドライブ」では、ここにあげている四つの項目の、どれか一つでもあてはまるものは受け取れません。 3 は、 4 にあてはまってしまいます。

○皆さん、「フードドライブ」について理解できましたか。本校では、このような日時・場所で実施します。

○私たちは、この活動を通して、日々の食に対する考え方や生活様式を見直すことができると考えています。どうか皆さん、ご協力をお願いします。

【スライド】

ア

●フードドライブ実施の詳細
・開催日時
2021年３月７日（日）
11：00～13：00
・食品受付場所
S中学校生徒会室

イ

●受け取れない食品
a　常温保存ができないもの
b　既に開封されたもの
c　賞味期限まで１か月を切っているもの
d　生鮮食品
（鮮魚・生肉・生野菜など）

ウ

●フードドライブとは？
食べ物を必要としている人たちに届けるために、家庭などで余っている食品を集めて提供する活動。

エ

●日本の１年間の食品ロスの状況
年間総量612万トン
私たち一人ひとりが毎日茶わん一杯分のご飯を無駄にしているのと同じ

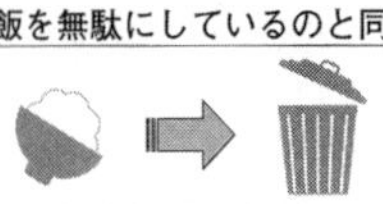

（農林水産省の資料をもとに作成）

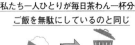

オ

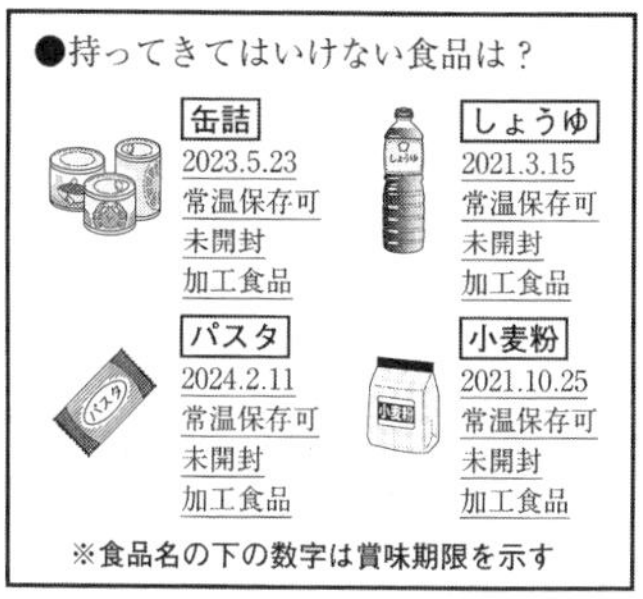

問一、**新傾向** 次は、プレゼンテーションで提示する、五つのスライドの順番を示したものである。この中で三番目にあてはまるものはどれか。【スライド】イ～オの中から一つ選び、その記号を書け。（4点）

一番目	二番目	三番目	四番目	五番目
（　　）	→（　　）	→［　　］	→（　　）	→（ア）

問二、**思考力**【完成したスピーチ原稿】について、空欄［1］・［2］にあてはまる内容を、それぞれ四十字以内で書け。（1 5点、2 4点）

問三、**基本**［3］・［4］【完成したスピーチ原稿】について、空欄［3］・［4］にあてはまる内容を書け。ただし、［4］には【スライド】イのa～dの中から、あてはまるものを一つ選び、その記号を書くこと。（5点）

熊本県

時間 50分　満点 50点　解答 P51　3月9日実施

出題傾向と対策

●漢字や国語知識、話し合い文、論説文、小説文、古文の大問五題構成。論説文に課題作文が組み込まれている。課題文はいずれも読みやすく、設問レベルも知識・空欄補充、選択問題を中心とした標準的な出題。作文は課題文のテーマに沿った自己の意見を表明するものであった。

●本文の内容を正確に把握することが正解に直結する設問が多い。そうした点を意識して過去問の演習をきちんとこなす。また知識問題の比重も比較的大きいので、漢字・画数・文法・ことわざなどの補充を怠らないこと。

一　漢字の読み書き・漢字知識・活用・品詞識別

次の文章を読んで、あとの問いに答えなさい。（計9点）

夜明け方、谷間をおおっていた霧は失《う》せ、強くなりはじめた陽差《ひざ》しに山の①尾根の境界があわく霞《かす》んでいた。つい半月前まで冬の冷気に②サムそうにA映っていた山肌が、芽吹き出した無数の木の芽でやわらかく感じられた。

一人の少年が本堂の濡《ぬ》れ縁（注）の角に雑巾を手に立って、その山③ナみを眺めていた。

――遅い山の春がやっとB来たんじゃ……。

少年の顔がCほころんだ。

少年のつぶらな瞳はじっと峰々を見つめていた。

あっ、と彼はちいさくつぶやいて連なる尾根の④チュウフクを見据えた。そこに一条の煙《けむ》りが立ち昇っているのがかすかに見えた。少年の居る場所から煙りまではずいぶんと距離があり、この山中では鷹《たか》か鳶《とび》の眼でしか見分けられないほどちいさな煙りであったが、その煙りの出処に父の恒助《つねすけ》が居るのを少年は知っていたから、探し当てることができた。（中略）

「ノブや、ほれっ、あの杉木立《だ》ちの下を見てみんさい。ウサギの耳がのぞいとるぞ」

D初めて父と山に入った時の楽しい時間が思い出された。

（伊集院静《いじゅういんしずか》著「少年譜　笛の音」による。一部省略がある。）

（注）濡れ縁＝雨戸の敷居の外側につけた縁側。

1、**よく出る** 傍線①～④の部分の、漢字にはよみがなをつけ、かたかなは漢字に改めなさい。（各1点）

2、**基本** 点線の部分「一条」の「一」の漢字を使った四字熟語に「一網打尽」がある。「一網打尽」の「一網」の部分の読みを書きなさい。（1点）

3、二重傍線Aの部分「映」を楷書で書いた場合の総画数と、次のア～オの漢字を楷書で書いた場合の総画数が同じものを一つ選び、記号で答えなさい。（1点）

ア、救　イ、隊　ウ、級　エ、径　オ、郷

4、**基本** 二重傍線Bの部分「来」は動詞である。活用の種類と活用形を書きなさい。（1点）

5、二重傍線Cの部分「ほころんだ」に含まれる動詞が、国語辞典に【辞典の使い方】として次のように例示されていた。［Ⅰ］の部分に入れるのに適当な見出し語をあとのア～エから一つ選び、記号で答えなさい。また、［Ⅱ］の部分に入れるのに適当な言葉をひらがな三字で書きなさい。ただし、三箇所ある［Ⅱ］には同じ言葉が入る。（1点）

【辞典の使い方】

見出し語〔活用する語は、語幹と活用語尾の間に「・」を付けた。〕

用例〔「―」は見出し語と同じ語が入る部分〕

［Ⅰ］（動上一）
①縫い糸が切れて合わせ目が［Ⅱ］。「袖口が―」
②花のつぼみが少し［Ⅱ］。「梅が―」
③かたかった表情が和らぐ。口を［Ⅱ］。笑顔になる。「顔が―」

品詞〔動詞には活用を示した。〕

語義〔意味が複数あるときは①②…と分けて示した。〕

ア、ほ・ころびる　イ、ほこ・ろびる
ウ、ほころ・びる　エ、ほころび・る

6、**基本** 二重傍線Dの部分「初めて父と山に入った時の楽しい時間が思い出された」には、体言がいくつあるか。数字で答えなさい。（1点）

二 （話し合い）文脈把握・内容吟味

肥後中学校の生活委員会では、年度末に、各学年の落とし物を集計し、校内放送で落とし物についての呼びかけを行っている。次は、その準備のための【話し合いの様子】と、落とし物の【集計結果】である。あとの問いに答えなさい。（計7点）

【話し合いの様子】

林田《はやしだ》　三月は、校内放送で落とし物について呼びかけることになっています。今日は、【集計結果】を参考に、呼びかけの内容を具体的に話し合いましょう。気づきや意見がある人はいませんか。

上川《かみかわ》　はい。一年生は、全体の合計は全学年で一番少ないのに、タオル類の落とし物がほかの学年より多いのが気になります。

高本《たかもと》　タオル類のほとんどは、体育大会の練習日に届けられました。一年生が多いのは、練習中の移動に不慣れだからかもしれません。返却したくても名前が薄くなっているものが多くて難しい状況です。

上川　では、「持ち物に書いた名前が薄くなったときは書き直そう」と呼びかけてはどうですか。

田中《たなか》　いいですね。私もタオルの名前を書き直していたので返ってきたことがあります。みんなも書き直せば、落とし物を返しやすくなりますね。

高本　私もそう思います。でも、体育大会は五月の行事だし、全学年のタオル類の合計は、落とし物全体の[①]。しかもその半数は一年生です。タオル類については、体育大会の練習が始まる時期に呼びかけたほうが効果的だと思います。

林田　では、高本さんは、名前の書き直しに反対なのですか。

高本　いいえ、私もその点には賛成です。ただ、毎年、まだ使えるはずの落とし物が年度末にたくさん処分されていると先生に聞いたので、三月は広く落とし物の削減を呼びかけたほうがいいと思ったんです。返却も大切ですが、今回は、生徒みんなが落とし物を自分のこととして考えるきっかけとなるように呼びかけてみませんか。

林田　今年も呼びかけの翌週には処分する予定でしたね。高本さんの、広く落とし物の削減を呼びかけたいという意見に対して、何かいい案はありませんか。

上川　はい。筆記具を中心に呼びかけるのはどうでしょうか。筆記具なら全学年とも多いし、年度の変わり目は身の回りのものを整理する人も多いので、いいタイミングだと思います。

田中　たしかにそうですね。それに、整理すると言えば、以前読んだ本に、かばんの中身を必要なものだけにして整理をしていけば、持ち物をなくしにくくなると書いてありました。

上川　なるほど……。そうだ。それを使ってはどうでしょう。「かばん」を「筆箱」に置き換えれば、呼びかけに応用できると思います。

林田　ほかに意見はありませんか……。なければ、ここまでに出た意見をまとめます。今回の呼びかけは、落とし物の削減の取り組みとして、[②]を提案します。薄くなった名前の書き直しについてもふれますが、タオル類については、来年度の体育大会の時期に改めて呼びかけます。これでいいですか。

高本・上川・田中　はい。

【集計結果】

今年度の落とし物の集計結果

（個）

	1年	2年	3年	合計
筆記具	38	90	84	212
タオル類	14	8	6	28
その他	19	15	16	50
合計	71	113	106	290

1、【話し合いの様子】の[①]の部分には、高本さんの主張を支える言葉が入る。[①]の部分に入れるのに最も適当な言葉を次のア～オから選び、記号で答えなさい。（1点）

ア、一割を下回っていません
イ、一割を超えています
ウ、一割に上《のぼ》ります
エ、一割にも達していません
オ、一割に迫る勢いです

2、【話し合いの様子】の[②]の部分に入れるのに適当な言葉を、話し合いの内容をふまえて、十字以内で書きなさい。（2点）

3、次のア～エは、【話し合いの様子】での林田さん、上川さん、高本さん、田中さんの様子をそれぞれ説明したものである。上川さんの様子として最も適当なものを次のア～エから選び、記号で答えなさい。（2点）

ア、話し合いで聞き取った内容を生かし建設的な提案をしている。
イ、話し合いが効果的に展開するよう進行の仕方を工夫している。
ウ、話題に沿って既知の情報とそれについての見解を示している。
エ、話題と自分自身の体験とを結びつけながら賛意を表している。

4、次は、田中さんが書いた【放送原稿】である。これを林田さんに見せたところ、「伝えるはずのことがもれているから付け加えたほうがいいよ」とアドバイスを受け、田中さんは、【放送原稿】の□の部分に付け加えることにした。□の部分に入れるのに適当な言葉を、「また、」につづけて書きなさい。（2点）

【放送原稿】

導入	展開	まとめ
こんにちは。生活委員会です。今日は、落とし物を減らすポイントについて、筆記具を中心にお伝えします。	皆さんの筆箱はめったに使わない色ペンなどで膨れてはいませんか。ためしに一度、中身を全部出して、本当に必要だと思うものだけを戻してみてください。こうすると整理整頓がしやすくなり、落とし物にもすぐに気づくことができます。この方法は、筆記具以外のものにも効果的です。もうすぐ春休みです。この機会に、自分の持ち物を整理してみませんか。 また、□。 この取り組みで、来年度は、落とし物をしない一年を目指しましょう。	最後にお知らせです。今年度の落とし物の総数は、約三百個でした。持ち主が見つからない落とし物は来週中に処分します。「もったいない」は、世界共通の合い言葉です。落とし物をした自覚がない人も、ぜひ、職員室前の落とし物入れを確認に来てください。

三（論説文）文脈把握・内容吟味・段落吟味・条件作文

次の文章を読んで、あとの問いに答えなさい。文章中の1〜15は、段落につけた番号である。（計16点）

1 混雑した町の交差点で交通整理の①警官がピリピリ……と笛を吹きながら、車や歩行者を手際よく捌《さば》いている姿をよく見かける。笛の吹き方の違いで、警官が車の流れを止めようとしているのか、それとも進めと指示しているのかが分《わか》る。

2 要するに警官は、ことばで「止《とま》れ」とか「行け」と言うかわりに、笛の音を使っているに過ぎず、この方が騒音のひどい町中では②伝達効率が高く、また警官の疲れも少ないからである。

3 このような笛の音は、ある具体的な内容を伝達しているという意味で、音が描写的に使われていると言えよう。

4 さて今度は同じ笛でも、③音楽家が例えばフルートで、ある曲を吹く場合を考えてみる。音楽家は彼の吹く笛の音で、何かを表現しようと努力しているには違いないが、聞く人が受けとるその内容は人により様々で、明確な具体性がないことの方が普通である。

5 しかし音楽家の笛の音が警官のそれと最も違う点は、笛から出る音は美しくかつ創造的でなければならないということである。美しく、しかも個性的な音色を出すことがフルートを吹く行為の究極の目的なのであって、笛の音に何か特定の意味を託し、それを伝えるために吹いているわけではない。

6 つまり音を出す行為の主眼は、その音をあらしめる(注)こと、しかも美しく、個性的にあらしめることに置かれている。このような場合の笛の音は、詩的機能を果《はた》していると言うのである。

7 これに対し警官の吹く笛の音は、美しくある必要がない。いやむしろあまり美しく創造的な音色でない方がよいとさえ言える。通行人が聞き惚《ほ》れるような音を出すことは、交通整理の目的には不向きだからである。むしろ警官の意図する指示が、簡潔にそして明確に伝わることの方が望ましい。

8 近代の音楽には標題音楽と称せられるジャンルがあって、何か具体的な内容を音で伝えようとしたり、特定の楽器に一定の役割を与えて、音により写実的な描写を行なう試みもある。しかし全般的に言うならば、演奏家は美しい、個性的で創造的な音（色）を出すために、必死に音の出し方を工夫しているのである。

9 音楽についてここに述べたことは、ほとんどそのまま言語活動にも当てはまる。いわゆる詩と称される言語芸術の分野においては、ことばは音楽の場合と同じく、具体的な内容を伝達することよりも、むしろ響きのよいことば、美しいことば、快適なリズムなどを駆使することで、音声による美の世界を創り出すことを主目的としている。

10 もちろん一口に詩といっても、細かく見れば描写に重点が置かれる叙事詩、情感の表出を主とする叙情詩の区別があり、また哲学的な内容をもつものもあれば、倫理道徳を説く詩もある。

11 しかしおしなべて(注)詩が他の形式の文学、さらには一般の散文(注)と異なるところは、リズム、韻律、反復繰り返しといった独特の手法で、ことばという音声素材のもつ美しさを、極限まで引き出す努力がなされる点にある。詩とは具体的な意味内容を宿命的にもつことばが、ほとんど純粋な自己実現のみを目指す音楽に、可能な限り近づこうともがく芸術の一形態と言える。

12 さて④ここに説明した言語の詩的機能は、詩的という形容から、いわゆる詩文だけに特有なことばの働きと受け止められるのは、むしろ当然であるが、実は程度の差こそあれ、私たちの⑤日常の言語生活にも広く見られるものなのである。

13 少しでもあらたまった調子で私たちが口をきくときは、ほとんど無意識に適切なことばを選ぶだけでなく、調子や語呂のよい言い方を心がけている。このことは、同じことを言うにも、なるべく耳ざわりのよい、綺麗《きれい》なことばを使う必要のある祝い事の場合などに特に強く現われてくる。

14 文章を書く際にも、書いたものを自分で読み上げてみて、ことばの順序を変えたり、座りのよい表現に入れ替えるなどしながら、全体の調子をまとめていく。これはまさにことばのもつ詩的創造的な働きが問題にされているからである。

15 また冗談やしゃれ、いろいろなことば遊びなどの中でも、結構ここでいうことばの詩的機能は発揮されている。言語活動の中心が「何を言うのか」、つまり描写であることは言うまでもないが、その同じ内容を「どのように言う」ことが効果的かを選択することが、詩的機能の役割と言えよう。

（鈴木孝夫《すずきたかお》著「教養としての言語学」による。）

（注）あらしめる＝存在させる。
おしなべて＝一様に同じ傾向が見られるさま。
散文＝小説や物語、随筆のように、リズムや韻にとらわれないでつづった文章。

1、傍線①の部分「警官」と傍線③の部分「音楽家」について、ある生徒が、それぞれが笛を吹く目的を次のようにまとめた。[I]と[II]の部分に入れるのに最も適当な語を、文章中からそれぞれ三字で抜き出しなさい。（1点）

> 〈笛を吹く目的〉
> ・警官……[I]のかわりに特定の意味を伝えること。
> ・音楽家…個性的で創造的な[II]音色を出すこと。

2、傍線②の部分に「伝達効率が高く」とあるが、伝達効率が高いとはどういうことかを表している部分を文章中から二十二字で抜き出し、最初の五字を答えなさい。（2点）

3、[10]段落～[11]段落は、先に述べた主張に当てはまらないものを紹介し、それが例外であると示すことで、主張の説得力を高める役割をもっている。[10]段落～[11]段落と同じ役割をもつ段落を文章中から一つ選び、数字で答えなさい。（2点）

4、**思考力** 傍線④の部分「ここに説明した言語の詩的機能」について、ある生徒が[11]段落までに述べられた内容を次のようにまとめた。[A]の部分には入れるのに最も適当な言葉を文章中から九字で抜き出し、[B]の部分には入れるのに適当な言葉を、三十字以上、四十字以内で書きなさい。（A2点、B3点）

> 筆者は、[A]するという言語の本来的な機能を引き合いに出しながら、[B]という言語の詩的機能について、詩を例に挙げて説明している。

5、**思考力** 傍線⑤の部分に「日常の言語生活にも広く見られる」とあるが、[13]段落～[15]段落に書かれている内容をふまえて、日常の言語生活における詩的機能についてのあなたの考えを、次の〈注意〉にしたがって書きなさい。（6点）

〈注意〉
1、あなたの日常の言語生活の中から、詩的機能が発揮されている例を一つ取り上げて書くこと。
2、原稿用紙（25字詰×7行＝省略）には「題名」や「氏名」は書かないで、本文だけを縦書きで書くこと。
3、書き出しは一マス空け、段落は変えないこと。
4、六行以上、七行以内にまとめて書くこと。

四 （小説文）語句の意味・内容吟味・文脈把握

次の文章を読んで、あとの問いに答えなさい。（計10点）

> 明治三十二年。(注)東京音楽学校研究科でピアノを専攻する瀧廉《たきれん》太郎《たろう》は、恩師に指摘された演奏時の右手のたどたどしさに悩んでいた。一方、バイオリンを専攻する幸田幸《こうだこう》は国費留学生に選ばれたものの、姉で東京音楽学校教授の延《のぶ》の存在が、妹である幸の選考に影響したのではないかと新聞に書き立てられて傷ついていた。留学を祝うために幸が住む延の家を訪ねた廉太郎は、自分を笑いに来たのかと突っかかる幸に合奏を申し出た。

廉太郎は息をつき、幸と息を合わせることなく、第一音を奏《かな》で始めた。持ち主の性格を反映してか四角四面で硬質な音質を持つ(注)この家のピアノだが、音がわずかに柔らかく、固い(注)打鍵感も和らいでいる。まるで、持ち主の心配を汲《く》んで、この日ばかりはと手を緩めているかのようだった。

慌てて幸が続く形で曲が始まった。

幸のバイオリンは精彩を欠いていた。いつもの思い切りがなく、萎《しお》れてしまっている。

廉太郎はピアノで幸を先導する。グランドピアノよりもわずかに遅い鍵盤の戻りがもどかしい。だが、納得できるだけの演奏にはなっている。もっとも、右手の旋律は未《いま》だにわずかに弱い。

心中でため息をつきながらも廉太郎が曲全体を引っ張ってゆくと、次第に幸の演奏にも変化が訪れ始めた。ふいご(注)で空気を送ってやったかのように熱が上がった。周囲のものをちりちりと焼くほどの熱気に思わず振り返ると、幸の目は依然として輝かないものの、完成した立ち姿、まるで精巧なからくり人形のように体に染みついた動作を繰り返している。それはあたかも、廉太郎の放つ音に無意識に反応しているようだった。

廉太郎は①舌を巻く。こちらはアップライトピアノとはいえ、心の入らない演奏で廉太郎を凌《しの》ぐ腕を見せている。

天才、の二文字が頭を掠《かす》める。これまでおいそれと使ってこなかった言葉だが、幸にならば使ってもいいか、という気にもなる。

ずるい。思わず口をついて出た。

幸に対する妬みが、指先に宿って激流となる。

廉太郎のピアノが音色を変えた。今の今までよりも音の一つ一つがよりシャープに、そして清涼なものへと変わった。その変化に誰よりも戸惑っていたのは廉太郎だった。ピアノは均質な音を発するための楽器だ。音色まで変化することはありえない。

戸惑っているうちに、曲の底流に(注)揺蕩《たゆた》っていた幸の演奏にも力が戻ってきた。思わず振り返ると、幸の目に、先ほどまでは曇っていて窺《うかが》うことのできなかったはずの光が戻ってきた。顔はわずかに上気している。

先ほどまでとは比べ物にならぬほどに研ぎ澄まされたバイオリンの音色が曲を底上げする。これこそが本来の幸田幸だ。共に曲を形作る仲間すらも追い立て、焼き尽くす。

廉太郎は高鳴る心音と共に鍵盤を必死で叩《たた》いた。もはや何かを考えている暇はなかった。あらん限りの技術を用いて曲を追いかけ、次々にやってくる幸のバイオリンの暴風に耐えた。

②長いようで短い旅の末、最後の一音に至った時には、廉太郎は疲労困憊《こんぱい》の中にあった。二の腕が痛みを発し、指も攣《つ》りかけている。

振り返ると、ぎらぎらと目を輝かせた幸がそこに立っていた。

　バイオリンを肩から降ろした幸が廉太郎に話しかけてきた。

「あなた、この演奏の途中で腕を上げたんじゃない？」

「かも、しれません」

「③嫌味な人だわ。自分の伸びしろを見せつけるなんて」

「いや、そんなつもりは」

　慌てて言葉を否《いな》んだものの、どこかほっとしている廉太郎もいた。口ぶりが、いつもの幸に戻っていることに気づいた。

　そんな幸は、ばつ悪げに自分の視線を足元に落とした。

「わたしの留学を祝いに来たっていうのは本当みたいね。あなたのお祝い、確かに受け取った。あなたを見てると、深く考えるのが馬鹿馬鹿しくなるわ。あなたは自分が伸び続けるんだって頭から信じているんだもの。口ではいろいろ言ってても」

　そうだろうか。今も壁にぶつかって悩んでいる。実際、先の演奏だって音色が変化しただけで、右手が弱いという問題はまるで解決していない。

「あなたって屈託がないのよね。だから近くにいると腹立たしくもなるけど、今日だけはありがたかったわ。世間がどんなに汚くったって、音の鳴り響く場だけはこんなにも純粋なんだって信じられる」

　そこまで一息に言い切ると、幸は手早くバイオリンをしまい、部屋から出ていってしまった。入ってきた時よりも足取りははるかに軽かった。その後ろ姿を見送っている延は呆《あき》れているようだったが、④その顔に、穏やかな笑みが混じっているのを廉太郎は見逃さなかった。

「どうやら、妹は一つ皮が剝《む》けたらしい。礼を言う」

「いえ、僕こそです。僕がここまでやってこられたのは、幸さんのおかげですから」

　予科の時、もし幸の演奏を耳にしていなければ、もしかしたら今頃官吏(注)の道に進んでいたかもしれない。入学してからも、ことあるごとに幸が廉太郎の前に立ちはだかる壁であり続けてくれた。そのおかげで成長できたという思いがある。

「そうか。ありがたいことだ」

「⑤だから、僕も頑張らなくちゃなりません」

　廉太郎はアップライトピアノの蓋をゆっくりと閉じ、立ち上がった。ことり、という蓋の奏でる密《ひそ》やかな音が、部屋の中に満ちた。


（谷津矢車《やつやぐるま》著「廉太郎ノオト」による。）

（注）東京音楽学校＝国立の音楽教育機関。本科と、その予備課程である予科とに分かれていた。廉太郎は、本科卒業後、さらに上位の研究科に進学した。
この家のピアノ＝延が所有するアップライトピアノのこと。アップライトピアノは、主に練習用・家庭用の箱形のピアノ。

打鍵感＝鍵盤を叩いた感じのこと。

ふいご＝鍛冶屋などで、火をおこしたり強くしたりするために使う送風機。

揺蕩っていた＝「ゆらゆらと揺れ動いていた」の意味。

官吏＝役人。

1、傍線①の部分「舌を巻く」の文章中での意味として最も適当なものを次のア～オから選び、記号で答えなさい。（1点）
ア、憤慨する　イ、驚嘆する　ウ、動揺する
エ、緊張する　オ、自嘲する

2、傍線②の部分「長いようで短い旅」は、何に対する廉太郎の印象を表した言葉か。五字以内で書きなさい。（2点）

3、思考力 傍線③の部分に「嫌味な人だわ。自分の伸びしろを見せつけるなんて」とあるが、幸がこう言ったのは、演奏の途中で、どんなことに気づき、どんなことを感じ取ったからか。「音色」という言葉を用いて、四十字以上、五十字以内で書きなさい。（2点）

4、思考力 ある生徒が、傍線④の部分「その顔に、穏やかな笑みが混じっているのを廉太郎は見逃さなかった」について、廉太郎の視点で次のようにまとめた。図中の A の部分に入れるのに最も適当な言葉をあとのア～オから選び、記号で答えなさい。また、 B の部分に入れるのに適当な言葉を、五字以上、十字以内で書きなさい。ただし、二箇所ある B には同じ言葉が入る。（A 1点、B 2点）

○「その顔に、穏やかな笑みが混じっているのを廉太郎は見逃さなかった」について

廉太郎は、日ごろ A を崩さない延の「穏やかな笑み」から、幸の現状を心配していた延が幸に B が戻った様子を見て安心したことに気がついた。

⇧

〈延のピアノの描写〉
・持ち主の性格を反映してか四角四面で硬質な音質を持つ　…延の人柄を象徴した表現
・持ち主の心配を汲んで、この日ばかりはと手を緩めている　…延が幸の現状を心配する様子
〈合奏を通しての幸の変化〉
・演奏に力が戻った
・ぎらぎらと目を輝かせた
・口ぶりがいつもの幸に戻った　…幸に B が戻った様子

ア、柔和な表情　イ、熱心な姿勢　ウ、質素な服装
エ、冷淡な口調　オ、厳格な態度

5、傍線⑤の部分に「だから、僕も頑張らなくちゃなりません」とあるが、この時の廉太郎の気持ちを説明したものとして、最も適当なものを次のア～オから選び、記号で答えなさい。（2点）
ア、憧れの存在だった幸の留学で目標を見失わないようにするために、今後はひとりで音楽と向き合うことを決意し、練習に取り組む意欲を高めている。
イ、自分とはかけはなれた才能を持ち、海外で学ぶ幸にはもう追いつけないことを悟り、これからは誰かの成長を支えるために音楽を学ぼうと心に決めている。
ウ、天才的な幸の才能を妬む気持ちによって自分が成長してきたことを再確認し、これからも幸に負けまいという気持ちで音楽に取り組む決心をしている。
エ、ここまで自分を成長させてくれた幸に再び刺激を受け、自分も今の悩みを乗り越える努力をすることを心に決め、音楽と向き合う覚悟を新たにしている。

オ、才能あふれる幸と互角に演奏することができ、これからも伸び続けるとほめられたことで、自信を取り戻し、自分の音楽の才能を誇らしく思っている。

五 (古文)内容吟味・口語訳・仮名遣い

次の【Ⅰ】は、江戸時代の武芸者、渋川時英《しぶかわときひで》の文章であり、【Ⅱ】は、ある生徒が【Ⅰ】を理解するために文章中の言葉について調べたことをまとめたものである。あとの問いに答えなさい。（計8点）

【Ⅰ】

(注)有徳廟《いうとくべう》の時、伊豆《いづ》の船児《ふなこ》某《なにがし》を召し、日和見《ひよりみ》としたまふ。三十年ほどの間に一日も見損《みそこなひ》なし。其《そ》の子、其の①父の業を継ぎて、今の日和見たり。しかるに度々見損あり。是《こ》の父は元来船児にて多年海上を往来し、命を懸けて日和を見習ひたる者ゆゑ自然とそこに②妙を得て上手なりしを、子は父の(注)譲を受けて衣食が豊かなれば、③おのづから修行がおろそかになりて、父の伝のみを受け見習ひ、自分に(注)困《たしな》みたることなければ、④くはしく心を用ゐて稽古せざるゆゑなるべし。武芸の家の者など、最も心得あるべきことなり。

（「薫風雑話《くんぷうざつわ》」による。一部省略等がある。）

(注) 有徳廟の時＝徳川吉宗が将軍として国を治めていた時代のこと。
譲を受けて＝「地位や財産を譲り受けて」の意味。
困みたること＝「苦労すること」の意味。

【Ⅱ】

船児某…　船頭の何とかという人。「船児」は、ここでは船長として海上で実務に就く船頭のことで、積み荷や乗組員の命を守る責務を負った。「某」は名前がわからない人を指す語。

日和見…　空の状況を観察して、天候を予測すること。また、その人。和船の航海は好天順風を第一条件とするため天候の予測は重要だったが、その技術は個人の経験に基づくもので、他者への伝授は至難のことであった。

1、傍線①の部分「父の業」を具体的に表した語を、【Ⅰ】から三字で抜き出しなさい。（1点）

2、傍線②の部分「妙を得て」の【Ⅰ】での意味として最も適当なものを次のア～オから選び、記号で答えなさい。（2点）
ア、非常に巧みになって
イ、周囲の信頼を集めて
ウ、神仏の力を身に受けて
エ、不思議な気持ちになって
オ、奇妙に感じることがあって

3、傍線③の部分に「おのづから修行がおろそかになりて」とあるが、その結果、子は、父とは異なり、□が何度もあった。□の部分に入れるのに適当な言葉を、具体的に書きなさい。（2点）

4、基本 傍線④の部分「くはしく」を現代かなづかいに直して、ひらがなで書きなさい。（1点）

5、思考力 武芸者である筆者が伊豆の父子の話を話題にした意図について、ある生徒が次のようにまとめた。□の部分に入れるのに適当な言葉を、【Ⅰ】と【Ⅱ】の内容をふまえて、十字以上、二十字以内で書きなさい。（2点）

> 武芸に携わる人たちに対し、武芸の家を継ぐには、家系や親の教えだけに頼るのではなく、□が大切だということを伝える意図。

大分県

時間 50分　満点 60点　解答 P53　3月9日実施

出題傾向と対策

●漢字の読み書き・話し合いによる複合問題、小説文、論説文、古文、条件作文を含む総合問題の大問五題構成。設問は選択式と記述式の混合であるが、本文は比較的読みやすく、いずれも基本を重視した作問で、丁寧な読解と、該当箇所を的確にまとめる力が要求される。

●漢字の読み書き、点画の連続や省略、歴史的仮名遣いなど、基本的な国語知識を確実に身につけておきたい。また、本文中の言葉を用いて、指定字数内で記述する問題や、条件作文対策も必要不可欠である。

一 漢字の読み書き・聞く話す・内容吟味・漢字知識

次の問一、問二に答えなさい。（計10点）

問一、よく出る 基本 次の(1)～(5)の――線について、カタカナの部分を漢字に書きなおし、漢字の部分の読みをひらがなで書きなさい。（各1点）

(1)今年の夏はムし暑い日が多かった。
(2)彼はA社とセンゾク契約しているスポーツ選手だ。
(3)昨年度の優勝校の主将が選手センセイをする。
(4)昔は活気があった町もすっかり廃れてしまった。
(5)隣町に住む祖母は、頻繁にわが家を訪れる。

問二、川原さんの学級では、国語の時間や日常生活で興味をもった言葉を調べた際に、それを「ことば手帳」にまとめる取り組みを行っている。次は、「ことば手帳」に関する話し合いの一部と各自の「ことば手帳」である。これを読んで、後の(1)～(3)に答えなさい。

川原さん―「ことば手帳」を作成するようになって、今まで間違った意味で使っていた言葉があることに気がつきました。

吉田さん―私は、川原さんの「ことば手帳」にある「失笑」は、「あきれる」という意味だと思っていたので驚きました。言葉を適切に使えるようになるためにも、間違いに気がついたときは「ことば手帳」に書き留めておくとよいですね。

山下さん―私は、「全然」という言葉を「ことば手帳」に書きました。「全然」という言葉は中学校一年生で学習しましたが、「全然おもしろい」など、本来と異なる使い方をしたことがありました。

吉田さん―私も、「全然」という言葉を少し前に調べたことがあります。国語辞典には、「全然おもしろい」という使い方も「新しい使われ方」として書いてありました。「言葉は時代とともに変化する」という話も聞いたことがあります。「全然おもしろい」という使い方もよいのではないですか。

山下さん―確かに、以前は間違った使い方とされた言葉の中にも、今では国語辞典に掲載されているものがあります。でも、せっかく「ことば手帳」を使って言葉を豊かにする機会ですから、本来の使い方ができるようになりたいと思います。

川原さん―私も、本来の使い方を理解して生活の中で使えるようになりたいと思います。そのために、「ことば手帳」には、山下さんがしているように、[　　]ことを取り入れてみようと思います。

川原さんの「ことば手帳」

●気が置けない〈慣用句〉
〔意味〕遠慮がいらない。
※「油断ならない」という意味で使用するのは間違い。
●失笑〈名詞〉
〔意味〕吹き出して笑うこと。
※「あきれる」や「ばかにする」ような笑い方をするときに使うのは、本来の使い方ではない。

山下さんの「ことば手帳」

●全然〈副詞〉
〔意味〕少しも（～ない）
※あとに否定や打ち消しの語を伴って使う。
※「全然おもしろい」のような使い方は新しい使われ方で、本来の使い方ではない。
〔例文〕
・かなり練習したが、全然勝てなかった。

(1) ――線を発言する際に、山下さんが留意したこととして最も適当なものを、次のア～エのうちから一つ選び、その記号を書きなさい。(2点)
ア、自分の考えを他者の考えと比較したうえで、まとめること。
イ、話し合いが効果的に進むよう、他者の発言を引き出すこと。
ウ、質問によって、自分と他者の考えの違いを明確にすること。
エ、自分の経験と重ねて説明することで分かりやすくすること。

(2) 川原さんは、山下さんの「ことば手帳」を見て、どのようなことを参考にしようと考えたか。[　　]に当てはまる言葉を、五字で書きなさい。(2点)

(3) **よく出る** 「ことば手帳」の表紙には、各自が好きな言葉を書くことになっている。吉田さんは次のように行書で書いた。同じ文字を楷書で書いた場合と比較すると、どのような特徴が見られるか。当てはまらないものを、後のア～エのうちから一つ選び、その記号を書きなさい。(1点)

温故知新

ア、「温」には点画の連続が見られる。
イ、「故」には点画の省略が見られる。
ウ、「知」には点画の連続が見られる。
エ、「新」には点画の省略が見られる。

二 (小説文)内容吟味・文脈把握・表現技法

高校一年生の「松岡清澄《まつおかきよすみ》（キヨ）」は刺しゅうが趣味であることを周りから理解されず、友達ができなかったが、高校で知り合った「宮多《みやた》」と仲良くなる。ある日、ひとりで刺しゅうの本を読んでいたところ、同じ中学校から進学した男子に冷やかされた。その日の帰り道、同級生の「くるみ」が声をかけてきた。これに続く次の文章を読んで、後の問一～問四に答えなさい。なお、答えに字数制限がある場合は、句読点や「」などの記号も一字と数えなさい。(計15点)

「あんまり気にせんほうがええよ。山田《やまだ》くんたちのことは。」

「山田って誰？」

僕の手つきを真似《まね》て笑っていたのが山田某《なにがし》らしい。

「私らと同じ中学やったで。」

「覚えてない。」

個性は大事、というようなことを人はよく言うが、学校以上に「個性を尊重すること、伸ばすこと」に向いていない場所は、たぶんない。*柴犬《しばいぬ》の群れに交じったナポリタン・マスティフ。あるいはポメラニアン。集団の中でもてはやされる個性なんて、せいぜいその程度のものだ。犬の集団にアヒルが入ってきたら、あつかいに困る。

アヒルはアヒルの群れに交じれば見分けがつかなくなる。その程度のめずらしさであっても、学校ではもてあまされる。浮く。くすくす笑いながら仕草を真似される。

「だいじょうぶ。慣れてるし。」

けど、お気遣いありがとう。そう言って隣を見たら、くるみはいなかった。数メートル後方でしゃがんでいる。灰色の石をつまみあげて、しげしげと観察しはじめた。

「なにしてんの？」

「うん、石。」

うん、石。ぜんぜん答えになってない。入学式の日に「石が好き」だと言っていたことはもちろんちゃんと覚えていたが、まさか道端の石を拾っているとは思わなかった。

「いつも石拾ってんの？　帰る時に。」

「いつもではないよ。だいたい土日にさがしにいく。河原とか、山に。」

「土日に？　わざわざ？」

「やすりで磨くの。つるつるのぴかぴかになるまで。」

放課後の時間はすべて石の研磨にあてているという。①ほんまにきれいになんねんで、と言う頬《ほお》がかすかに上気《じょうき》している。

ポケットから取り出して見せられた石は三角のおにぎりのような形状だった。たしかによく磨かれている。触ってもええよ、と言われて、手を伸ばした。指先で、しばらくすべすべとした感触を楽しむ。

「さっき拾った石も磨くの？」

くるみはすこし考えて、これはたぶん磨かへん、と答えた。

「磨かれたくない石もあるから。つるつるのぴかぴかになりたくないってこの石が言うてる。」

石には石の意思がある。駄洒落《だじゃれ》のようなことを真顔で言うが、意味がわからない。

「石の意思、わかんの？」

「わかりたい、といつも思ってる。それに、ぴかぴかしてないときれいやないってわけでもないやんか。Xごつごつのざらざらの石のきれいさってあるから。そこは尊重してやらんとな。」

じゃあね。その挨拶があまりに唐突でそっけなかったので、怒ったのかと一瞬焦《あせ》った。

「キヨくん、まっすぐやろ。私、こっちやから。」

川沿いの道を一歩踏み出してから振り返った。ずんずんと前進していくくるみの後ろ姿は、巨大なリュックが移動しているように見えた。

石を磨くのが楽しいという話も、石の意思という話も、よくわからなかった。わからなくて、おもしろい。わからないことに触れるということ。似たもの同士で「わかるわかる」と言い合うより、そのほうが楽しい。

ポケットの中でスマートフォンが鳴って、宮多からのメッセージが表示された。

「昼、なんか怒ってた？　もしや俺あかんこと言うた？」

違う。声に出して言いそうになる。宮多はなにも悪いことをしていない。
②ただ僕があの時、気づいてしまっただけだ。自分が楽しいふりをしていることに。
いつも、ひとりだった。

教科書を忘れた時に気軽に借りる相手がいないのは、心もとない。ひとりでぽつんと弁当を食べるのは、わびしい。でもさびしさをごまかすために、自分の好きなことを好きではないふりをするのは、好きではないことを好きなふりをするのは、もっともっとさびしい。

好きなものを追い求めることは、楽しいと同時にとても苦しい。その苦しさに耐える覚悟が、僕にはあるのか。

文字を入力する指がひどく震える。

「ちゃうねん。ほんまに本読みたかっただけ。刺しゅうの本。」

ポケットからハンカチを取り出した。祖母に褒められた猫の刺しゅうを撮影して送った。すぐに既読の通知がつく。

「こうやって刺しゅうするのが趣味で、ゲームとかほんまはぜんぜん興味なくて、自分の席に戻りたかった。ごめん。」

ポケットにスマートフォンをつっこんだ。数歩歩いたところで、またスマートフォンが鳴った。

「え、めっちゃうまいやん。松岡くんすごいな。」

そのメッセージを、何度も繰り返し読んだ。

わかってもらえるわけがない。どうして勝手にそう思いこんでいたのだろう。

今まで出会ってきた人間が、みんなそうだったから。Yだとしても、宮多は彼らではないのに。

いつのまにか、また靴紐《くつひも》がほどけていた。しゃがんだ瞬間、川で魚がぱしゃんと跳ねた。波紋が幾重《いくえ》にも広がる。太陽の光を受けた川の水面《みなも》が風で波打つ。まぶしさに目の奥が痛くなって、じんわりと涙が滲《にじ》む。

きらめくもの。揺らめくもの。目に見えていても、かたちのないものには触れられない。すくいとって保管することはできない。太陽が翳《かげ》ればたちまち消え失せる。だからこそ美しいのだとわかっていても、願う。布の上で、あれを再現できたらいい。そうすれば指で触れてたしかめられる。身にまとうことだって。そういうドレス*をつくりたい。着てほしい。すべてのものを「無理」と遠ざける姉にこそ。きらめくもの。揺らめくもの。どうせ触れられないのだから、なんてあきらめる必要などない。無理なんかじゃないから、ぜったい。

どんな布を、どんなかたちに裁断して、どんな装飾をほどこせばいいのか。それを考えはじめたら、いてもたってもいられなくなる。

それから、明日。明日、学校に行ったら、宮多に例のにゃんこなんとかというゲームのことを、教えてもらおう。好きじゃないものを好きなふりをする必要はない。でも僕はまだ宮多たちのことをよく知らない。知ろうともしていなかった。

Z靴紐をきつく締め直して、歩く速度をはやめる。


寺地はるな『水を縫う』集英社刊……一部表記を改めている。

(注) *柴犬——犬の種類の一つ。「ナポリタン・マスティフ」「ポメラニアン」も同様。
*ドレス——結婚を控えた姉のために、祖母と「キヨ」とで作るウエディングドレスのこと。

問一、**基本** ——線①について、このときの「くるみ」の気持ちとして最も適当なものを、次のア～エのうちから一つ選び、その記号を書きなさい。(2点)
ア、身近にある石のきれいさを理解できずに質問を繰り返す「キヨ」にわずらわしさを感じている。
イ、帰り道に見つけた灰色の石に心をうばわれ、早く帰ってこの石を磨きたいとうずうずしている。
ウ、これまでに自分がきれいに磨いた石の様子を思い起こし、わくわくした気持ちになっている。
エ、同級生たちにからかわれて落ちこんでいる「キヨ」をなんとか励ましたいと必死になっている。

問二、**基本** ――線②について、この思いを「宮多」に打ち明けようとする「キヨ」の緊張感が伝わる部分を、本文中から一文で抜き出し、初めの五字を書きなさい。（２点）

問三、**よく出る** Aさんの班では、「くるみ」や「宮多」との関わりから捉えた「キヨ」の心情の変化について、……線X～Zに着目して意見を交わした。次はその一部である。これを読んで、後の(1)～(3)に答えなさい。

Aさん―私は、「キヨ」の心情の変化には、「くるみ」の存在が関わっていると思います。「くるみ」は石を磨くに当たって、すべての石を同じように磨くのではなく、「石の意思」を分かろうとしたり、……線Xにあるように「ごつごつのざらざらの石のきれいさ」など、石のもつ［Ⅰ］を大切にしようとしたりする人物です。その「くるみ」と帰りに話をしたことによって、「キヨ」が自分の［Ⅰ］に目を向けることになり、「宮多」に刺しゅうの写真を送信する行為につながったのではないかと思います。

Bさん―確かに「くるみ」の存在は「キヨ」にとって大きいと思います。「くるみ」と同様に「キヨ」の心情の変化に影響を与えた人物として「宮多」も挙げられると思います。……線Yの「だとしても、宮多は彼らではないのに」には、「宮多」なら、［Ⅱ］という「キヨ」の期待がこめられているように感じます。

Cさん―「キヨ」がそのように期待したのは、スマートフォンでのやり取りで、「宮多」が「すごいな」と返信してくれたことがうれしかったからなのでしょうね。

Bさん―そうですね。「キヨ」が「宮多」とのやり取りでうれしさを感じていることは、「メッセージを、何度も繰り返し読んだ」という行動からも読み取ることができます。

Cさん―私は、文章の後半に出てくる「靴紐」の描写にも着目しました。「靴紐」は「キヨ」の心情を象徴しているように感じます。特に、最後の一文にある……線Zで「靴紐をきつく締め直し」たときの「キヨ」は、何かを決意したことがうかがえます。本文をもとに考えると、一つは「宮多たちのことをもっと知ること」で、もう一つは「［Ⅲ］」だと思うのですが、みなさんはどうですか。

(1) ［Ⅰ］に共通して当てはまる言葉として最も適当な一語を、本文中から抜き出して書きなさい。（２点）

(2) ［Ⅱ］に当てはまる言葉を、本文中の言葉を使って、二十五字以上三十五字以内で書きなさい。（３点）

(3) ［Ⅲ］に当てはまる言葉として最も適当なものを、本文中から十三字で抜き出して書きなさい。（３点）

問四、本文の表現の特徴を説明したものとして最も適当なものを、次のア～エのうちから一つ選び、その記号を書きなさい。（３点）

ア、「キヨ」に対し相反する反応を示す「くるみ」と「宮多」とのやり取りを交互に描くことで、「キヨ」の葛藤を強調している。

イ、「くるみ」や「キヨ」の心情を比喩を用いて表現することで、それぞれが抱える趣味に対する思いを想像しやすくしている。

ウ、「宮多」とのやり取りの後の情景描写に「キヨ」の心情が反映されており、今後の学校生活に対する不安を印象づけている。

エ、「キヨ」の過去の経験を回想として挿入しその後の行動描写につなげることで、「キヨ」の心情の変化を明確にしている。

三 （論説文）内容吟味・文脈把握

次の文章を読んで、後の問一～問五に答えなさい。なお、答えに字数制限がある場合は、句読点や「」などの記号も一字と数えなさい。（設問の都合上、小見出しごとに［1］、［2］と番号を付けている。）（計15点）

［1］「モノづくり」から「コトづくり」へ

二〇世紀の経済における一つの特徴は、規格化された画一的な商品を大量に生産・消費してきたことです。それにともなって、地域の固有性も失われていきました。地域それぞれに、歴史や風土に根ざした多様な暮らしがあったのですが、近代的な開発のもとでどんどん失われていったのです。

しかし現代では、そのような経済の仕組みは行き詰まり、これまで失われてきたものが見直されるようになっています。人びとはこれ以上「モノ」の量的な豊かさを求めるのではなく、それによって得られる「知識」や心温まる「感動」といった無形の要素を重視するようになりました。このようなニーズの変化は、①従来の経済活動や価値に対する考え方を大きく変えています。

たとえば「モノ」の機能は変らなくても、あるいは時間がたって劣化したとしても、そこに「意味」や「物語」（ストーリー）が加わることで価値が大きくなります。芸術作品がわかりやすい例ですが、時間がたつと「モノ」としては劣化しても、歴史的な評価に耐え、生き残ることでむしろその価値は高まります。これは、作品というモノそれ自体ではなく、そこに与えられた「意味」が価値の根拠になっているためです。モノの「意味」が深まって、見ている人の知識や情動が高まれば、それにしたがい価値も増加するのです。

従来の経済の常識では、労働を投下して、新しい財やサービスをつくりだすことによってのみ、経済的価値は生まれるとされていました。ところが、何ら新しいものを生産しなくても、すでにあるものに対して「意味」を与えることで価値が高まるのならば、経済活動の様相は一変します。そのため、現代では「モノづくり」だけでなく、「コトづくり」（ストーリーの生産）が重要になっているといわれます。

もちろん、見えるもの、ふれられるものがあってこそ五感は刺激されますから、「コトづくり」の時代に入っても「モノづくり」の重要性は失われません。大事な点は、そこに知識や情動、倫理や美しさといった無形の要素がどれだけあるかです。

「限界費用ゼロ社会」*という表現があるように、すでにあるモノをコピーしたり増やしたりする生産は、デジタル化などの技術によって、限りなく費用ゼロでできるようになりつつあります。農業にせよ工業にせよ、規格品をたくさん生産するだけでは、値段を安くしていく価格競争に追いこまれてしまいます。

しかしたとえば、技術や知識をもった職人が、厳選された材料から精巧で美しい製品を生み出したならば、その製品はモノそれ自体にとどまらず、他にはない真実のストーリー、固有性を備えるでしょう。そこでは「ストーリー」のほうが主であり、②「モノ」はその媒体になっています。「コトづくり」の重要性が説かれるのは、このようにモノにどんな「意味」を付け加えるかが大事だからなのです。

2 あるものを使う地域のリノベーション*

二〇世紀の常識では、地域の発展のためには産業が必要だと考えてきました。しかし、二一世紀の経済では、追加費用をかけて、いま以上にモノを増やしていくビジネスモデルは最小限になっていくでしょう。逆に、地域にあるものをそのまま使うことで、費用を節約することができます。大きな投資がなくても、地域の空間や暮らしそのものが、人びとに求められる「舞台」となるわけです。

知識や情動が消費されるいまの時代に、もっともふさわしくない開発方式は、「スクラップ・アンド・ビルド」です。地域空間において営々と積み上げられてきた暮らしの風景は、いちど壊されたらもとには戻りません。

スクラップ・アンド・ビルドは、工業化・近代化の時代には効率的な開発手法でした。かつては、地域の歴史やその場所のストーリーを「リセット」することこそが開発だ、と考えられていた時代がありました。しかし、建てなおされたその場所は新しくきれいかもしれませんが、他の場所にも次々と新しいものはできるので、その場所ならではの個性を保っていくのはなかなか大変です。

これに対して、③歴史のある自然や建物を、完全にスクラップせずに、むしろその雰囲気を守りつつ、時代にあった機能や意味を加えて再生する手法が「リノベーション」です。

(除本《よけもと》理史《まさふみ》・佐無田《さむた》光《ひかる》「きみのまちに未来はあるか？——『根っこ』から地域をつくる」から……一部省略等がある。)

(注) *限界費用ゼロ社会——アメリカの経済評論家ジェレミー・リフキンの著書に基づいた表現。「限界費用」とは、経済学の用語で、生産量を一単位増加させたときにかかる追加費用のこと。

*リノベーション——修理・修復すること。また、改善すること。

問一、**基本** ——線①について、この内容を本文中の別の表現を使って次のように言い換えた。□に当てはまる言葉として最も適当なものを、本文中から四十二字で抜き出し、初めと終わりの五字を書きなさい。(2点)

□という考え方。

問二、——線②について、「媒体」の意味を国語辞典で調べたうえで、時代とともに変化する「モノ」の役割について、次のように【ノート】に整理した。[A]に当てはまる言葉として最も適当なものを、本文中から二十一字で抜き出して書きなさい。(3点)

【ノート】

○月×日

◎時代とともに変化する「モノ」の役割

〔二〇世紀〕「モノづくり」の時代

モノ（モノそれ自体）→「モノ」は人びとの求める量的な豊かさを満たす役割を果たす。→ 人びと

変化

〔現代〕「コトづくり」の時代

モノ（「コト」が加わった状態）コト →「モノ」は人びとに[A]を伝える役割を果たす。→ 人びと

【語句】

媒体…情報を伝える手段。

問三、……線について、このことは何によって引き起こされるか。本文中に述べられていることとして最も適当なものを、次のア〜エのうちから一つ選び、その記号を書きなさい。(3点)

ア、近代的な開発により、地域から歴史や風土に根ざした暮らしなどの固有性が失われてしまうこと。

イ、「モノ」に「意味」が加わることで、人びとの量的な豊かさが満たされなくなってしまうこと。

ウ、画一的な商品を大量に生産することで、値段を安くする価格競争に追い込まれてしまうこと。

エ、科学技術の発展により、技術や知識を持つ職人の生み出した製品が価値を失ってしまうこと。

問四、**よく出る** ——線③について、筆者が「スクラップ・アンド・ビルド」に対して「リノベーション」を提示した理由を次のようにまとめた。□に当てはまる言葉を、2の本文中の言葉を使って、三十字以上四十字以内で書きなさい。(4点)

「リノベーション」は「スクラップ・アンド・ビルド」に比べ、□から。

問五、本文の展開について説明したものとして最も適当なものを、次のア〜エのうちから一つ選び、その記号を書きなさい。(3点)

ア、二〇世紀と現代の経済の仕組みを比較することで、いかに二〇世紀の経済が優れていたかを明らかにしている。そのうえで、地域の近代化を進めるための手法について提示している。

イ、二〇世紀と現代の経済活動の様相を比較することで、人びとのニーズが変化したことを明らかにしている。そのうえで、地域を開発するための時代にふさわしい手法を提示している。
ウ、二〇世紀と現代の「モノ」の価値を比較することで、現代における「モノ」の持つ意味を明らかにしている。そのうえで、今後の工業化に向けた効率的な開発手法を提示している。
エ、二〇世紀と現代の人びとのニーズを比較することで、デジタル化が進む社会の変化について明らかにしている。そのうえで、新たな観光資源を開発する手法について提示している。

四 (古文)仮名遣い・動作主・内容吟味・口語訳

次の文章は、一代で財産家となった藤屋市兵衛《ふじやいちべえ》の店に、餅屋が注文を受けた餅を届けに来た場面である。これを読んで、後の問一～問五に答えなさい。なお、答えに字数制限がある場合は、句読点や「」などの記号も一字と数えなさい。　(計10点)

十二月二十八日の曙《あけぼの》、いそぎて荷《にな》ひつれ(かつぎ込み)藤屋見世(藤屋の店)にならべ、「請《う》け取り給へ。」といふ。餅は搗《つ》き立ての好もしく、春めきて(正月らしく)見えける。＊旦那《だんな》は聞かぬ顔して(聞こえぬふり)十露盤《そろばん》置きしに、餅屋は時分柄《じぶんがら》(忙しい時で)にひまを惜しみ、幾度か断りて(催促するので)、才覚らしき(気配りができる)若い者、＊杜斤《ちぎ》の目りんと(きっちりと)請け取つてかへしぬ。一時《いっとき》(二時間)ばかり過ぎて、「今の餅請け取つたか。」と①いへば、「②はや渡して帰りぬ。」「③この家に奉公する程にもなき者ぞ、温もりのさめぬを請け取りし事よ。」と、又、目を懸けしに、思ひの外《ほか》に減《かん》(目減りする)のたつ事、＊手代《てだい》我を折つて(恐れ入って)、食ひもせぬ餅に④口をあきける。

（井原西鶴《いはらさいかく》「日本永代蔵《にほんえいたいぐら》」から……一部表記を改めている。）

(注) ＊旦那——主人。市兵衛のこと。
＊杜斤——物の重さを量る道具。当時、餅の売買は重さを量って行われた。
＊手代——商家に仕える使用人。本文中の「若い者」のこと。

問一、**基本** ……線を現代かなづかいになおし、ひらがなで書きなさい。　(1点)

問二、**よく出る** ——線①の主語として最も適当なものを、次のア～ウのうちから一つ選び、その記号を書きなさい。　(1点)
ア、市兵衛
イ、餅屋
ウ、手代

問三、——線②、④における手代の心情を表す語として最も適当なものを、次のア～オのうちからそれぞれ一つ選び、その記号を書きなさい。　(各1点)
ア、歓喜
イ、感謝
ウ、驚嘆
エ、謙虚
オ、得意

問四、——線③について、市兵衛が手代の行動を責めた理由として最も適当なものを、次のア～エのうちから一つ選び、その記号を書きなさい。　(2点)
ア、温もりのさめない餅は水分を多く含んで重いので、持ち運びが難しく、餅屋に迷惑をかけてしまったから。
イ、温もりのさめない餅は水分を多く含んで重いので、それを受け取ることで代金を多く払うことになったから。
ウ、温もりのさめない餅は水分を多く含んで柔らかいので、他の使用人に食べられてしまうかもしれないから。
エ、温もりのさめない餅は水分を多く含んで柔らかいので、正月らしい雰囲気を演出することが難しくなるから。

問五、本文で市兵衛はどのような人物として描かれているかについて、次のようにまとめた。[Ⅰ]に入る言葉として最も適当なものを、後のア～エのうちから一つ選び、その記号を書きなさい。また、[Ⅱ]に入る言葉を、六字以内で書きなさい。　(各2点)

[Ⅰ]ことで、少しでも[Ⅱ]する人物。

ア、他の店との友好関係を大切にする
イ、道具の使用法を若い人にも教える
ウ、季節の趣深さを商いに取り入れる
エ、ささいなことにも知恵を働かせる

五 内容吟味・段落吟味・条件作文

M中学校では、文化祭で、卒業生による記念講演会が行われた。島田さんの学級では、講演の感想やお礼の気持ちを、講師を務めた卒業生に伝える方法についての話し合いを行った。次は、島田さんの班が話し合った様子と、その時に使用した【新聞の投稿】と【資料】である。これらを読んで、後の問一～問三に答えなさい。なお、答えに字数制限がある場合は、句読点や「」などの記号も一字と数えなさい。　(計10点)

島田さん―講演をしてくださった卒業生に感想やお礼の気持ちを伝えるための方法について話し合います。みなさんはどう思いますか。
川本さん―私は、手紙で伝えるのがよいと思います。【新聞の投稿】を見てください。この投稿を読むと、タイトルにある「文字で伝える」場合には、手紙が効果的だと感じました。また、【資料】[A]を見ると、受け手の立場からも、印象に残りやすいのは「直接会う」に次いで「手紙」であることが分かります。
吉永さん―私は、メールがよいと思います。なぜなら、送り手の立場で考えたからです。【資料】[B]は、この学級でのアンケート結果です。これを見ると、他者とコミュニケーションを取る際に、多くの人が「手紙」より「メール」を利用することを選んでいます。

島田さん――受け手と送り手のどちらの立場に立って考えるかで違いがありそうですね。メールと手紙のどちらがよいか、もう少し考えてみましょう。

【新聞の投稿】

「文字で伝える」（大分県・中学校三年生）

先日、とてもうれしい出来事がありました。小学校のときに北海道に転校した友達から絵はがきが届いたのです。懐かしい文字からは友達の気持ちが伝わってきました。私もすぐに返事を書こうと机に向かいました。ところが、近頃、すっかり手紙を書くことがなくなった私は、予想以上に苦労してしまいました。

手紙を書かなくなったのは、メールやSNS＊などを利用するようになったことが理由です。年賀状を例に考えてみると、私は、数年前から、新年の挨拶を年賀はがきではなくメールやSNSで行うようになりました。遠くに住んでいる友達といつでもすぐに連絡を取れるなどの便利さを感じたことで、メールを利用する機会はますます増えたと思います。ですが、友達から手書きの絵はがきを受け取ったあとは、当たり前のように利用してきたメールのメッセージが、何となく味気なく感じられました。

情報化が進む社会で生きる私たちは、相手や内容によってメールや手紙を適切に使い分けることが求められているのかもしれません。

（注）＊SNS――ソーシャル・ネットワーキング・サービスの略。社会的なネットワークの構築を支援するインターネットを利用したサービスのこと。

【資料】A

〔気持ちや思いを伝えられた際に印象に残りやすいもの〕

直接会う	4.4点
手紙	3.4点
電話	3.3点
メール	2.6点
SNS	1.9点

※20～59才の男女800人を対象に調査。
※上に挙げた5つの方法について「印象に残りやすいと感じたもの」の順に回答。
※最も「印象に残りやすい」としたものを5点、以下、4点、3点、2点、1点として平均した点数。

（株式会社ネオマーケティング「手紙と対人コミュニケーション力に関する調査（2016）」を基に作成）

【資料】B

〔コミュニケーションに関する学級アンケート〕
（対象：3年2組　36人）

質問1. コミュニケーションを取る際にメールと手紙のどちらを利用したいか

質問2. 質問1で回答した方法を選択した理由

※複数回答可
※小数点以下四捨五入

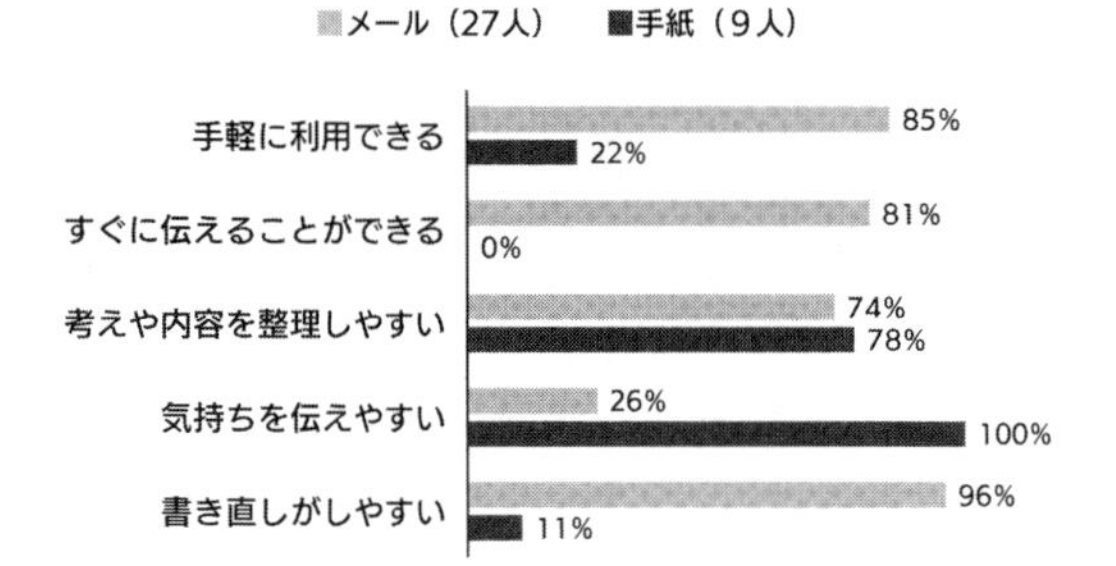

問一、【新聞の投稿】を書いた中学生は、どのようなことを意識してこの投稿を書いたことが分かるか。最も適当なものを、次のア～エのうちから一つ選び、その記号を書きなさい。（2点）

ア、読み手に自分の考えが明確に伝わるように、手紙のほうが効果的であるという自分の意見を初めに述べる頭括型で書いている。
イ、自分の経験から考えたことが読み手に分かりやすく伝わるように、具体例を挙げて説明したうえで自分の考えを書いている。
ウ、他者とコミュニケーションを取る方法について考えたことを、新聞やインターネットを使って調べた内容をもとに書いている。
エ、「手紙」と「メール」を使い分ける必然性が説得力をもって伝わるように、客観的な調査データの結果を引用して書いている。

問二、【資料】A、Bから読み取れることとして最も適当なものを、次のア～エのうちから一つ選び、その記号を書きなさい。（2点）

ア、Aから、他者とコミュニケーションを取る際には、印象に残りやすいように「直接会う」ことを心がけている人が最も多いことが分かる。
イ、Bから、それぞれの方法を選んだ理由として最も多いのは、「手紙」は気持ちの伝えやすさで、「メール」はすぐに伝えられることだと分かる。
ウ、Bから、コミュニケーションを取る方法として「メール」を選択した人の多くが、手軽さや書き直しのしやすさを理由に挙げていることが分かる。
エ、Aから、気持ちを伝えやすいのは「手紙」であるが、印象に残りやすいのは「直接会う」ことだと、送り手の多くが感じていることが分かる。

問三、思考力 話し合いを受けて、講演会の感想やお礼の気持ちを卒業生に伝えるために、学級全体でメールか手紙のいずれかの方法を選択する。あなたが島田さんの学級の生徒ならどちらの方法が適切だと考えるか。あなたの考えを次の条件に従って書きなさい。（6点）

条件
・初めに、あなたがどちらの方法が適切だと考えたかを明確にすること。次に、その方法を選択する際に根拠とした事実を挙げ、そのうえで、選択した方法が適切だと考えた理由を書くこと。
・考えの根拠となった事実は【資料】A、Bから挙げて書くこと。（【資料】A、Bはいずれか一方を使用していればよい。）
・常体（「だ・である」）で八十字以上百二十字以内で書くこと。
・本文を一行目の一マス目から書き始め、行は改めないこと。
・選択した【資料】を示す場合や【資料】中の数値を使用する場合は、次の（例）にならって書くこと。

（例）【資料】A→A
※【資料】や□は付けないで書く。
二・一点　六十五％

宮崎県

時間 50分　満点 100点　解答 P53　3月3日実施

出題傾向と対策

●小説文、論説文、古典を素材にした現代文の批評文（省略）、古文・漢文および漢文の解説文の大問四題構成。三はメモや批評文に基づいた対話の様子から、改善案と条件に従い、批評文を九十字以内で推敲する新傾向となった。問題数は標準的だが、記述問題がやや多めである。

●漢字の読み書き・画数、漢文の書き下し文、文章の読み取りなど幅広く出題されるので、基礎知識を確実に身につけておく。また、現代文、古典とも本文の正確な読解が前提になるため、問題演習を繰り返しておこう。

一 （小説文）漢字の読み書き・語句の意味・内容吟味・鑑賞・表現技法

次の文章を読んで、後の問いに答えなさい。

「わたし」は、高校一年生の清澄《きよすみ》と姉水青《みお》の祖母である。清澄は、結婚する姉のために、趣味の刺繍《ししゅう》や裁縫を生かし、「ウェディングドレスは僕が縫う」と言い出した。しかし、かわいらしさや華やかさを頑《かたく》なに拒否する姉とは意見が合わない。「わたし」は、清澄の作業を手伝う中で、やりたいことを抑えてきた自分の人生を振り返っていた。

わたしが夢想した「新しい時代」に、自分自身は含まれていなかった。含んではいけないと、なぜだかかたく思いこんでいた。

「ただいま」

夕方になって、ようやく清澄が帰ってきた。①心なしか、表情が冴《さ》えない。具合でも悪いのだろうか。

「ちょっと、部屋に入るで」

裁縫箱を片手に、わたしの部屋に入っていく。※鴨居《かもい》にかけた、※仮縫いの水青のウェディングドレス。腕組みして睨《にら》んでいると思ったら、いきなりハンガーから外して、裏返しはじめた。

「どうしたん、キヨ」

清澄は※リッパーを手にしている。②ふーっと長い息を吐いてから、縫い目にⓐ挿しいれた。

「えっ」

驚くわたしをよそに、清澄はどんどんドレスの縫い目をほどいていく。

「水青になんか言われたの？」

「なんも言われてない」

ためらいなくドレスを解体していく手つきと裏腹に、清澄の表情は歪《ゆが》んでいた。声もわずかに震えている。

「でも、姉ちゃんがこのドレスは『なんか違う』って言った気持ちが、なんとなくわかったような気がする」

学習塾に行った時、水青はしばらく清澄たちに気づかずに、仕事をしていたという。「パソコンを操作したり、講師の人となんか喋《しゃべ》ったりする顔が」と言いかけてしばらく黙る。

「なんて※言うたらええかな。知らない人みたい、ともちょっと違うし……うん。でもとにかく、見たことない顔やった」

③清澄はリッパーをあつかう手をとめて、空中を睨んでいた。そこに、次に言うべき言葉が漂っているみたいに、真剣な顔で。

「たぶん僕、姉ちゃんのことあんまりわかってなかった」

生活していくために働いている。やりたいことか夢とか、そんなのはいっさいない。いつもそう言っている水青の仕事はきっとつまらないものなのだと決めつけていたのだそうだ。

「でも仕事してる姉ちゃん、すごい真剣っぽかった」

「はあ」

「生活のために割りきってる、ってことと、真剣やないってこととは違うんやと思った」

でもそれが、なぜドレスをほどく理由になるのか、わたしには今いちわからない。

「姉ちゃんはな、ただわかってないだけやと※思っとってん。ドレスのこととか、ぜんぶ。僕とおばあちゃんに任せたらちゃんと姉ちゃんがいちばんきれいに見えるドレスをつくってあげられるのにって。どっかでちょっと、姉ちゃんのこと軽く見てたと思う。わかってない人って決めつけて。※せやから、これは※あかんねん。わかってない僕がつくったこのドレスは、たぶん姉ちゃんには似合わへん」

水青のことを尊重していなかった。清澄が言いたいのは、要するにそういうことなのだろうか。そういうことなん？と訊《たず》ねるのはでも、やめておく。たとえ拙い言葉でも自分の言葉で語ろうとしている。大切なことを見つけようとしている。邪魔をしてはいけない。

「わかった。そういうことなら、手伝うわ」

自分の裁縫箱から、リッパーを取り出す。向かい合ってⓑ畳に座った。指先にやわらかい絹が触れた瞬間、涙がこぼれそうになる。真剣な顔でひと針ひと針これを縫っていた清澄の横顔を思い出してしまった。自分で決めたこととはいえ、さぞかしくやしかろう。

「一からって、デザイン決めからやりなおすの？」

「そうなるね」

「手伝う時間が減るかもしれんわ、おばあちゃん。……プールに通うことにしたから」

「プール」

ⓒフクショウする清澄には、さしたる表情の変化はなかった。どんな反応が返ってきたとしても、もう気持ちは固まっていたけど。

「そう。プール。泳ぐの、五十年ぶりぐらいやけどな」

「そうか。……がんばってな」

清澄はふたたび手元に視線を落とす。ぷつぷつとかすかな音を立てて、糸が布から離れていく。うつむき加減の額にかかる前髪も、皮膚《ひふ》も、まだ新品と言っていい。

この子にはまだ何十年もの時間がある。男だから、とか、何歳だから、あるいは日本人だから、とか、そういうことをなぎ倒して、きっと生きていける。

「七十四歳になって、新しいことはじめるのは勇気がいるけどね」

清澄がまっすぐに、わたしを見る。わたしも、清澄を見る。

でも、というかたちに、清澄の唇が動いた。

「でも、今からはじめたら、八十歳の時には水泳歴六年になるやん。なにもせんかったら、ゼロ年のままやけど」

やわらかな絹に触れる指が小刻みに震えてしまう。④そうね、という声までも震えてしまいそうになって、お腹《なか》にぐっと力をこめた。

寺地はるな『水を縫う』集英社刊

※鴨居…和室でふすまや障子《しょうじ》をはめるために、上部に渡した横木。
※仮縫い…しつけ糸で粗く縫い合わせること。
※リッパー…はさみの代わりに縫い目や糸を切る道具。
※言うたらええかな…言ったらいいかな。
※思っとってん…思っていた。
※せやから…だから。
※あかんねん…だめなんだ。

問一、**基本** 文章中の══線ⓐ～ⓒについて、漢字の部分はその読みをひらがなで書き、カタカナの部分は漢字に直しなさい。

問二、**よく出る** 文章中に──線①「心なしか」とあるが、どのような意味で使われているか。最も適当なものを、次のア～エから一つ選び、記号で答えなさい。
ア、気のせいかもしれないが　イ、意外だが
ウ、思った通りではあるが　エ、不本意だが

問三、**よく出る** 文章中に──線②「ふーっと長い息を吐いて」とあるが、これは清澄のどのような様子を表現しているか。その説明として、最も適当なものを、次のア～エから一つ選び、記号で答えなさい。
ア、思いのつまったドレスの解体が不満で、いら立っている。
イ、思いのつまったドレスの解体は当然で、開き直っている。
ウ、思いのつまったドレスの解体に激怒し、我を忘れている。
エ、思いのつまったドレスの解体を覚悟し、意を決している。

問四、文章中の──線③「清澄はリッパーをあつかう手をとめて、空中を睨んでいた。」について、「わたし」は、このような様子から、清澄は何をしようとしていると考えたか。それが分かる連続する二文を、文章中から抜き出し、初めの五字を書きなさい。

問五、次の□の文は、文章中の──線④「そうね」と言ったときの「わたし」の思いを説明したものである。（　）に入る内容を、四十字以内で書きなさい。

清澄の言うように、（　　　　）

問六、**よく出る** 本文の表現について説明したものとして、最も適当なものを、次のア～エから一つ選び、記号で答えなさい。
ア、擬音語やカタカナの表現を織り交ぜることで、文章全体に軽《かろ》やかな感じを与えている。
イ、「……」と言葉を省略することで、言い尽くせないほどの感動を読み手にもたせている。
ウ、会話文に方言を用いることで、臨場感を高めながら登場人物の心情を読み手に伝えている。
エ、「わたし」の視点で淡々と情景や心情を描くことで、「わたし」の受け身な性格を暗示している。

二 (論説文) 漢字の読み書き・文脈把握・内容吟味・要旨

次のⅠ・Ⅱの文章を読んで、後の問いに答えなさい。

Ⅰ

生命というのは断絶するリズムである。しだいに高まっていくリズムだ。それは宇宙のリズムである。そういう考え方が、人間の身体ということから受けとめた日本人の宇宙的、時空的な、演劇や音楽の※「間《ま》」になっている。

西欧の音楽は、ひじょうに幾何学的に構築されて、人間の幾何学的精神の純粋な構築物だといわれている。この理性こそ神の賜物《たまもの》、幾何学的秩序として唯一神の証《あかし》であり、だから高貴なものだとされる。

ところが一九九二年に亡くなったアメリカの偉大な現代作曲家、ジョン・ケージは、『サイレンス（沈黙）』という本のなかで、音の鳴っていないところにこそ、じつは真の

宇宙の音楽が鳴りひびいているという、日本人にはわかりいいが、しかし西洋文明からすれば、①じつに革命的なことをいっている。こういうところまで、世界の新しいⓐゲイジュツは来ているのかなという気もする。

その間を抜く。間を外して、「せぬ暇《ひま》」を重視する。そうすると「無い」ものがいちばん充実してくる。たいへん※パラドクシカルというか、ⓑ矛盾した言い方だが、充実した無、音のない音楽、それがすっとわかるような気がするのが、私たち日本人なのである。

絵についても、同じことがいえる。西洋の絵というのは※タブロー、つまり四角の額ぶちに囲まれている。その額の中をことごとく油絵の具で塗りつぶしていく。そこに完結したリアリティがあると考えられていた。

［　　］、東洋や日本の絵画、とくに水墨画など、多くは、余白というものをきわめて大切にする。

余白というと聞こえはいいが、つまりは何も描いてないわけだ。西欧画なら未完成品である。さらに書道でも、やはり書かれざる空間、余白をひじょうに重視する。いったい「余白」や「余」とは何か。これもやはり、一つの「間」であろう。

一つの演奏、一つの動作の表現が終わった後で、名残《なご》りおしい情緒が、さらによりいっそう深まってくるということがある。そんなときに、「余」の字をあてて「余情」という。

何もない余白にこそ、書かれざる無限の想いをこめた画面がある。そのためには、生地、素材を大事にする。なぜならば、素材には、自然そのものが残されているからだ。つまり人間が加工するよりも、そのまま残しておくほうが、天然自然と相通じる無限の可能性を持っているわけである。

※キャンバスが白だと、どのようにでも想像力で可能性を膨らませることができる。一度人間が描くことによってそれを埋め尽くしたら、もうそれでおしまいだ。日本人の美意識は、絵や書の書かれていないところに残された、限りない可能性を予感する。

人間がやるべきことは、ほんのわずかなきっかけをつくって、それを暗示しさえすればいい。いや、人間にはそれしかできない。それが間の充実ということになるわけである。

このように、音楽においては時間的な「間」、絵画においては空間的な「間」というものを用いるのは、ひたすら人間の力を超えたものに到達したい、そこにこそ本当のもの、真実があるはずだという意識があるからだ。それが、日本の文化を貫いているのである。

（栗田《くりた》勇《いさむ》「日本文化のキーワード」による）

※幾何学的…法則や一定のパターンに従っている様子。
※パラドクシカル…一見真理ではないことを述べているようで、よく考えると真理を述べている説のようであること。
※タブロー…完全に仕上げられた絵画作品。
※キャンバス…油絵を描くための画布。

Ⅱ

※慈照寺《じしょうじ》は、枯淡の風情《ふぜい》に人気があり、常に多くの参拝者を引きつけてやまない。寺社の建築や作庭の妙、※書院の趣、※向月台や※銀沙灘《ぎんさだん》の造形など、この寺の魅力は枚挙にいとまがない。しかし、この寺が、人々の心に刻印するものは、時を超え、時代を超えて残ってきた日本の美の核心のようなものだ。清掃に清掃を重ねる一方で、自然はこの寺のきらびやかなものを一枚一枚はぎ取るように風化させてきた。結果として現れてきた②枯淡の風情を、人は慈《いつく》しみ、さらに清掃を重ねてその美を絶やさぬように維持してきた。

この寺の美しさは、月の美しさに似ている。月は日の光を受けてしんと澄んで世界を照らす。二階建ての銀閣はこの寺の中心的な建物だが、その下層を「心空殿」といい、二層を「潮音閣」という。潮音閣には観音《かんのん》像が祀《まつ》られている。この寺の清掃や手入れをⓒイトナむ職人は、定年を迎える日に一度だけ、潮音閣に登ることを許される。

潮音閣から庭を見おろす。長い年月をかけて清掃を重ね、自然を呼び込み、また自然の浸食から守ってきた庭である。銀沙灘と呼ばれる海のような白砂の広がりの上に、波のような文様が描かれている様子が月の光に照らされる。それは息をのむように白いという。

（原研哉《はらけんや》「白」による）

※慈照寺…京都府にある国宝の銀閣を有する寺。
※書院…読書や書き物をするための和風の部屋。
※向月台…山の形に盛られた白い砂の呼称。
※銀沙灘…白い砂を波状に整形して盛り上げた砂地の呼称。

問一、**基本** 文章中の══線ⓐ〜ⓒについて、カタカナの部分は漢字に直し、漢字の部分はその読みをひらがなで書きなさい。

問二、**基本** 文章中の［　　］に最もよく当てはまる言葉を、次のア〜エから一つ選び、記号で答えなさい。

ア、むしろ　イ、しかし
ウ、また　エ、すなわち

問三、文章中に――線①「じつに革命的なことをいっている。」とあるが、筆者がそのように考える理由として、最も適当なものを、次のア〜エから一つ選び、記号で答えなさい。

ア、西洋の音楽は理性で秩序に従って作られるのに、音楽を感覚的に作っているから。
イ、西洋の音楽は純粋な構築物だと言われているのに、音に形がないと認めているから。
ウ、西洋の音楽は神が作り出すものなのに、人間が音楽を作っていると考えているから。
エ、西洋の音楽は法則どおり音で構築されるのに、音のない部分で音楽を感じているから。

問四、**よく出る** Ⅰの文章構成の説明として、最も適当なものを、次のア〜エから一つ選び、記号で答えなさい。

ア、冒頭で日本人の「間」について具体例を取り上げた後、具体例に対する事実や筆者の体験を繰り返し説明し、終末で例示の正しさを検証して結論を述べている。
イ、冒頭で日本人の「間」について具体例を取り上げた後、その例を抽象化して筆者の考えと結びつけて紹介し、終末で新たな具体例を提示して話題を広げている。
ウ、冒頭で日本人の「間」について筆者の考えを述べた後、その根拠を日本と西洋を比較しながら複数の例を挙げて説明し、終末で改めて筆者の考えを述べている。
エ、冒頭で日本人の「間」について筆者の考えを述べた後、具体例を挙げて筆者と対立する考えを紹介し、終末で対立する二つの考えを統合した結論を述べている。

問五、文章中に――線②「枯淡の風情」とあるが、「枯淡の風情」が生まれる過程を説明した図として、最も適当なものを、次のア～エから一つ選び、記号で答えなさい。

ア

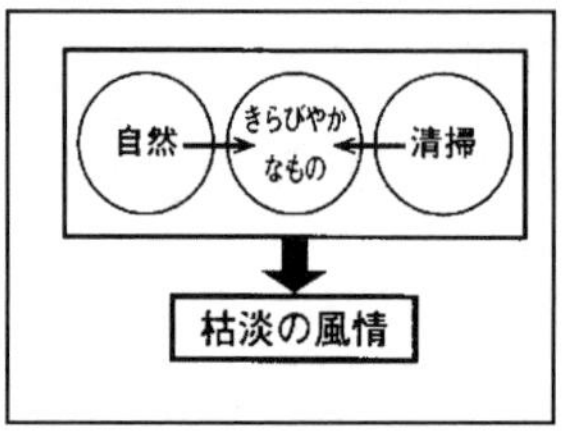

イ

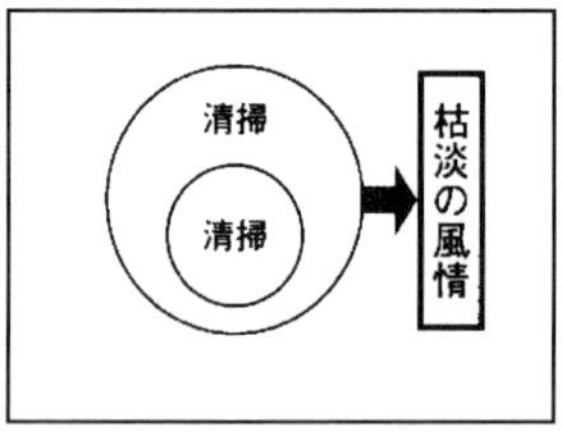

ウ

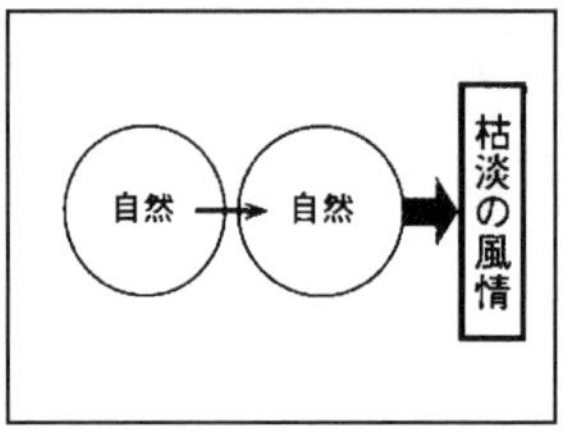

エ

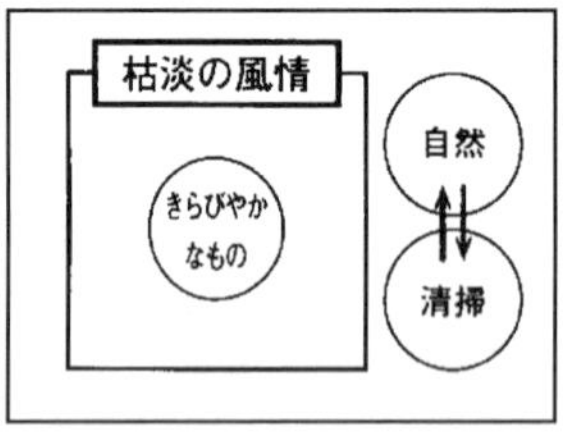

問六、**思考力** Ⅰ と Ⅱ の文章における、日本人の美意識について、日本人と自然との関わり方が分かるように、「Ⅰ は～、Ⅱ は～」という形式で、八十字以内で説明しなさい。

三 (省略)山口佳紀・神野志隆光「古事記」／なかがわりえこ「いなばの白うさぎ」より

四 (古文)内容吟味・漢字知識・口語訳・古典知識・国語知識

次の古文A、漢文B、漢文Bについて解説した文章Cを読んで、後の問いに答えなさい。

A

①古人《こじん》の云《い》はく、銅《あかがね》をもて鏡としては衣冠《いくわん》(衣服と冠)を正し、人をもて鏡としては得失を知り、②古《いにしへ》を以《も》て鏡としては興廃を知り、心を以て鏡としては万法《まんぼふ》(あらゆる存在の真理)を照《てら》すと云へり。

(「沙石集《しやせきしゆう》」による)

B

子曰ク、③見賢思齊焉、見テハ二不賢ヲ一而内ニ自ラ省ル也。

【書き下し文】

子曰く、賢(自分より知徳の優れた人)を見ては齊《ひとし》からんこと(同じになるようなこと)を思ひ、不賢を見ては内に自《みづか》ら省《かへりみ》るなり。

(「論語《ろんご》」による)

C

自分より優秀な人を見ると、ついその人を羨《うらや》んだり、妬《ねた》んだりしてしまいます。

でも、ライバルや自分より優秀な人が周りにいる事は、とても幸運な事ではないでしょうか。

本当に賢いのは優秀な人物やライバルたちに追いつき、追い抜くという気持ちを強く持つ事ができる人ではないでしょうか。周囲にいる人々は自分を成長させてくれる存在なのです。

孔子は自分の方が勝っていると思う人、そういった人からも学びなさいと言っています。人は、自分の間違いや劣った部分に目を向けないようにする傾向があります。そのような時、他人を見つめる事で、④自分に目を向ける事ができます。

(佐久協《さくやすし》「ためになる論語の世界」による)

問一、**基本** 古文Aについて、――線①「古人」の言った内容は「銅をもて」からどこまでか。終わりの五字を抜き出して書きなさい。

問二、古文Aの――線②「古を以て鏡としては興廃を知り」について、次の問いに答えなさい。

(一) 「鏡」の字を漢和辞典の部首索引、八画「金」で引く場合の画数を、漢数字で答えなさい。

(二) 次の【漢和辞典で調べた内容の一部】を含めて考えたとき、――線②を説明したものとして、最も適当なものを、後のア～エから一つ選び、記号で答えなさい。

【漢和辞典で調べた内容の一部】

> 【鏡】かがみ
> 1 顔や姿をうつして見る道具。青銅の鏡。
> 2 光を反射させるもの。
> 3 手本。模範。

ア、遠く過ぎ去った世と照合し、成功や発展の歴史を知ること。

イ、遠く過ぎ去った世を先例に、繁栄や衰退の歴史を知ること。

ウ、遠く過ぎ去った世を考慮し、損失や廃止の歴史を知ること。

エ、遠く過ぎ去った世と反対に、流行や滅亡の歴史を知ること。

問三、**基本** 漢文Bの――線③「見賢思齊」について、【書き下し文】の読み方になるように返り点をつけなさい。送り仮名はつけなくてよい。

問四、文章Cに――線④「自分に目を向ける」とあるが、古文A、漢文Bを踏まえると、「自分に目を向ける」とは具体的にどうすることか。二十字以内で説明しなさい。

問五、**よく出る** 次の a を b のように書き直したときの説明として、最も適当なものを、後のア～エから一つ選び、記号で答えなさい。

a

→ b

ア、仮名の中心を行の中心からずらし、漢字はやや大きめに書いた。

イ、仮名の中心を行の中心に合わせ、漢字は筆脈を意識せず書いた。

ウ、行書で書かれた漢字を楷書に直し、仮名は太く直線的に書いた。

エ、楷書で書かれた漢字を行書に直し、仮名はやや小さめに書いた。

鹿児島県

時間 50分　満点 90点　解答 P54　3月9日実施

出題傾向と対策

●漢字の読み書きと画数、論説文、古文、小説文、条件作文の大問五題構成。現代文・古文ともに本文は短めで読み易いが、論説文の六十五字と小説文の六十字の記述問題が難化した。また条件作文では、資料の読み取りは容易だが、要点を百六十字以内でまとめるのが難しい。

●古文は注釈や口語訳を頼りに大意をつかみ、要点を押さえる練習を積み重ねるとよい。長めの記述問題と条件作文は、極力先生の添削を受けながら、的確な言葉を選んで無駄のない文章を書く訓練が不可欠である。

一 漢字の読み書き・漢字知識

次の1・2の問いに答えなさい。（計14点）

1、基本 次の――線部のカタカナは漢字に直し、漢字は仮名に直して書け。（各2点）

(1)米をチョゾウする。　(2)畑をタガヤす。

(3)絵をガクに入れる。　(4)縁側で茶を飲む。

(5)オリンピックを招致する。　(6)包丁を研ぐ。

2、よく出る 次の行書で書かれた漢字を楷書で書いたときの総画数を答えよ。（2点）

二 (論説文)品詞識別・文脈把握・内容吟味・主題

次の文章を読んで、あとの1～5の問いに答えなさい。（計26点）

古代中国の思想家・孫子という人は「戦わずして勝つ」と言いました。孫子だけでなく、歴史上①の偉人たちは「できるだけ戦わない」という戦略にたどりついているのです。偉人たちは、どうやってこの境地にたどりついたのでしょうか。おそらく彼らはいっぱい戦ったのです。そして、いっぱい負けたのです。勝者と敗者がいたとき、敗者はつらい思いをします。どうして負けてしまったのだろうと考えます。どうやったら勝てるのだろうと考えます。彼らは傷つき、苦しんだのです。そして、ナンバー1になれるオンリー1のポジションを見つけたのです。そんなふうに「戦わない戦略」にたどりついたのです。

生物も、「戦わない戦略」を基本戦略としています。自然界では、激しい生存競争が繰り広げられます。生物の進化の中で、生物たちは戦い続けました。そして、各々《おのおの》の生物たちは、進化の歴史の中で②ナンバー1になれるオンリー1のポジションを見出《みいだ》しました。そして、「できるだけ戦わない」という境地と地位にたどりついたのです。

ナンバー1になれるオンリー1のポジションを見つけるためには、若い皆さんは戦ってもいいのです。そして、負けてもいいのです。たくさんのチャレンジをしていけば、たくさんの勝てない場所が見つかります。こうしてナンバー1になれない場所を見つけていくことが、最後にはナンバー1になれる場所を絞り込んでいくことになるのです。ナンバー1になれるオンリー1のポジションを見つけるために、負けるということです。

学校では、たくさんの科目を学びます。得意な科目も、苦手な科目もあることでしょう。得意な科目の中に苦手な単元があるかもしれませんし、苦手科目だからと言ってすべてが苦手なわけではなく、中には得意な単元が見つかるかもしれません。学校でさまざまなことを勉強するのは、多くのことにチャレンジするためでもあるのです。

苦手なところで勝負する必要はありません。嫌なら逃げてもいいのです。しかし、③無限の可能性のある若い皆さんは、簡単に苦手だと判断しないほうが良いかもしれません。

リスは、木をすばやく駆け上がります。しかし、リスの仲間のモモンガは、リスに比べると木登りが上手とは言えません。ゆっくりゆっくりと上がっていきます。しかし、モモンガは、木の上から見事に(注)滑空することができます。木に登ることをあきらめてしまっては、空を飛べることに気がつかなかったかもしれません。

　人間でも同じです。小学校では、算数は計算問題が主です。しかし、中学や高校で習う数学は、難しいパズルを解くような面白さもあります。大学に行って数学を勉強すると、抽象的だったり、この世に存在しえないような世界を、数字で表現し始めます。もはや哲学のようです。計算問題が面倒くさいというだけで、「苦手」と決めつけてしまうと、数学の本当の面白さに出会うことはないかもしれません。勉強は得意なことを探すことでもあります。苦手なことを無理してやる必要はありません。最後は、得意なところで勝負すればいいのです。しかし、得意なことを探すためには、すぐに苦手と決めて捨ててしまわないことが大切なのです。

　勝者は戦い方を変えません。その戦い方で勝ったのですから、戦い方を変えないほうが良いのです。負けたほうは、戦い方を考えます。そして、工夫に工夫を重ねます。負けることは、「考えること」です。そして、「変わること」につながるのです。負け続けるということは、変わり続けることでもあります。生物の進化を見ても、そうです。劇的な変化は、常に敗者によってもたらされてきました。

　古代の海では、魚類の間で激しい生存競争が繰り広げられたとき、戦いに敗れた敗者たちは、他の魚たちのいない川という環境に逃げ延びました。[a]、他の魚たちが川にいなかったのには理由があります。海水で進化をした魚たちにとって、塩分濃度の低い川は棲《す》めるような環境ではなかったのです。しかし、敗者たちはその逆境を乗り越えて、川に暮らす淡水魚へと進化をしました。

　しかし、川に暮らす魚が増えてくると、そこでも激しい生存競争が行われます。戦いに敗れた敗者たちは、水たまりのような浅瀬へと追いやられていきました。そして、敗者たちは進化をします。ついに陸上へと進出し、両生類へと進化をするのです。懸命に体重を支え、力強く手足を動かし陸地に上がっていく想像図は、未知の(注)フロンティアを目指す闘志にみなぎっています。しかし最初に上陸を果たした両生類は、[b]勇気あるヒーローではありません。追い立てられ、傷つき、負け続け、それでも「ナンバー1になれるオンリー1のポジション」を探した末にたどりついた場所なのです。

　やがて恐竜が繁栄する時代になったとき、小さく弱い生き物は、恐竜の目を逃れて、暗い夜を主な行動時間にしていました。と同時に、恐竜から逃れるために、聴覚や嗅覚などの感覚器官と、それを司《つかさど》る脳を発達させて、敏速な運動能力を手に入れました。そして、子孫を守るために卵ではなく赤ちゃんを産んで育児するようになりました。それが、現在、地球上に繁栄している哺乳類となるのです。

　人類の祖先は、森を追い出され草原に棲むことになったサルの仲間でした。恐ろしい肉食獣におびえながら、人類は二足歩行をするようになり、命を守るために知恵を発達させ、道具を作ったのです。

　生命の歴史を振り返ってみれば、進化を作りだしてきた者は、常に追いやられ、迫害された弱者であり、敗者でした。そして進化の頂点に立つと言われる私たち人類は、敗者の中の敗者として進化を遂げてきたのです。

（稲垣栄洋「はずれ者が進化をつくる　生き物をめぐる個性の秘密」による）

(注)　滑空＝発動機を使わず、風の力、高度差、上昇気流などによって空を飛ぶこと。
フロンティア＝開拓地。

1、**よく出る** ——線部①「の」と文法的に同じ用法のものを次の中から選び、記号で答えよ。（2点）
ア、私の書いた作文はこれだ。
イ、この絵は美しい。
ウ、あれは僕の制服だ。
エ、その鉛筆は妹のだ。

2、**よく出る** **基本** 本文中の[a]・[b]にあてはまる語の組み合わせとして、最も適当なものを次から選び、記号で答えよ。（3点）
ア、（a　やはり　b　あたかも）
イ、（a　もちろん　b　けっして）
ウ、（a　たとえば　b　ちょうど）
エ、（a　つまり　b　ほとんど）

3、次の文は、——線部②について説明したものである。[Ⅰ]には本文中から最も適当な六字の言葉を抜き出して書き、[Ⅱ]には二十字以内の言葉を考えて答えること。（Ⅰ4点、Ⅱ5点）

> 進化の歴史の中で、各々の生物たちが戦って、[Ⅰ]を見つけるたびに変わり続けた結果行き着いた、[Ⅱ]自分だけの場所。

4、**思考力** ——線部③とあるが、それはなぜか。六十五字以内で説明せよ。（7点）

5、次のア〜エは、生物の進化について四人の中学生が考えたものである。文章全体を通して述べられた筆者の考えに最も近いものを選び、記号で答えよ。（5点）
ア、昆虫Aは、黄色い花や白い花に集まりやすいという性質をもっていましたが、主に生息している場所の白い花が全て枯れてしまったため、黄色い花だけに集まるようになりました。
イ、魚Bは、生まれつき寒さに強いという性質を生かし、気候変動によって水温の低くなった川にすみ続けたところ、他の魚たちがいなくなって食物を独占できたので、巨大化しました。
ウ、鳥Cは、自分を襲う動物が存在しない島にすんでいたために飛んで逃げる必要がない上、海に潜る力をもっていたことで食物を地上でとらなくてよかったので、飛ばなくなりました。
エ、植物Dは、草丈が低いため、日光を遮る植物がいない場所で生きようとしたところ、そこは生物が多く行き交う場所だったので、踏まれても耐えられる葉や茎をもつようになりました。

三 （古文）仮名遣い・内容吟味・口語訳

次の文章を読んで、あとの1〜4の問いに答えなさい。（計18点）

唐《もろこし》の(注)育王山の僧二人、(注)布施《ふせ》を争ひてかまびすしかりければ（騒いでいたので）、アその寺の長老、(注)大覚連和尚《だいかくれんをしやう》、この僧を恥《はぢ》しめていはく（この僧二人を戒めて）、「イある俗、他人の銀《しろがね》を百両預かりて置きたりけるに、ウかの主死して後、エその子に是《これ》を与ふ。子、是を取らず。『親、既に与へずして、①そこに寄せたり。それの物なるべし』といふ。かの俗、『我はただ預かりたるばかりなり。譲り得たるにはあらず。親の物は子の物とこそなるべけれ（子の物になるべきだ）』とて、また返しつ。②互ひに争ひて取らず、果てには官の庁（公の役所）にて判断を③こふに、『共に賢人なり』と。『いふ所当たれり。すべからく寺に寄せて、亡者の(注)菩提《ぼだい》を助けよ』と判ず。この事、まのあたり見聞きし事なり（この話は、私が直接見聞きしたことである）。(注)世俗塵労《せぞくぢんらう》の俗士、なほ利養（利益）を貪《むさぼ》らず。(注)割愛《かつあい》出家の沙門《しやもん》の、世財を争はん」とて、法に任せて寺を追ひ出《いだ》してけり（寺の決まりに従って追放した）。

（「沙石集」による）

(注)　育王山＝中国浙江省《せっこうしょう》にある山。
布施＝仏や僧に施す金銭や品物。
大覚連和尚＝「大覚」は悟りを得た人の意。「連」は名前。
菩提＝死んだ後極楽浄土《ごくらくじょうど》（一切の苦悩がなく平和安楽な世界）に生まれかわること。
世俗塵労の俗士＝僧にならず、俗世間で生活する人。
割愛出家の沙門＝欲望や執着を断ち切って僧になり、仏道修行をする人。

1、**よく出る** **基本** ――線部③「こふ」を現代仮名遣いに直して書け。（2点）

2、**よく出る**――線部①「そこ」とは誰のことを表すか。==線部ア〜エの中から一つ選び、記号で答えよ。（3点）
ア、その寺の長老　イ、ある俗
ウ、かの主　エ、その子

3、――線部②「互ひに争ひて取らず」とあるが、その理由を説明したものとして、最も適当なものを次から選び、記号で答えよ。（3点）
ア、親の銀を少し譲ろうという子の親切を、銀を預かった者が拒否したため、子もすべての銀の所有権を放棄しようとしたから。
イ、子も銀を預かった者も、親の遺志が確認できないため、銀の所有権が自分にあると考え、裁判で決着をつけようとしたから。
ウ、親が預けたという行為の受け止め方が、子と銀を預かった者との間で異なるため、お互いに銀は相手のものだと考えたから。
エ、遺産を独占するのは人の道に外れる行為であるため、子も銀を預かった者も、親の銀を相手と平等に分け合いたかったから。

4、次は、本文をもとに話し合っている先生と生徒の会話である。Ⅰ～Ⅲに適当な言葉を補って会話を完成させよ。ただし、Ⅰには本文中から最も適当な二字の言葉を抜き出して書き、Ⅱ・Ⅲにはそれぞれ十字以内でふさわしい内容を考えて現代語で答えること。（Ⅰ3点、Ⅱ4点、Ⅲ3点）

先　生　「この話では、最終的に二人の僧が寺から追放されてしまいます。なぜ追放されたのか、考えてみましょう。」
生徒A　「大覚連和尚が二人を戒めたとあるから、何か良くない行いをしたということだよね。」
生徒B　「それに対して、和尚の話に出てくる『ある俗』と『子』は、『Ⅰ』と評価されているね。」
生徒C　「『僧二人』と『ある俗』たちが対比されていると考えることができそうだね。」
生徒A　「なるほど。そう考えると、冒頭の『僧二人、布施を争ひて』というのは、二人の僧が布施をⅡと思って争ったということか。」
生徒B　「でも、二人は『割愛出家の沙門』のはずだよね。」
生徒C　「そうだね。それを踏まえて考えると、僧たちがⅢ点を和尚は戒めたのだね。仏道修行をする人としてあるまじき態度だから、寺の決まりに従って追放されたのだろうね。」

四 (小説文)内容吟味・文脈把握

次の文章を読んで、あとの1～5の問いに答えなさい。（計23点）

中学二年生の私（杏《あん》）は、生徒会の加奈や成田くん、偲与華《しよか》たちと文化祭（ながね祭）の廃止の撤回を求めて、笹村《ささむら》先生と話すことになった。

「笹村先生に、そして先生がたに聞いてほしいお話があります」

加奈が背筋を伸ばして言った。「文化祭のことです。私たち、どうしても来年からの廃止に納得がいかないんです」

先生は冷ややかな視線を私たちに向けた。「ああ、またその話。最近聞かなくなったと思ったら」先生はちらっと成田くんを見る。彼は無表情だ。

「いいわ、続けて」

「はいっ」加奈がこぶしを握る。緊張しているみたいだ。

「ええと……文化祭は、ながね祭は……十一年前生徒が立ち上げたイベントです。わが校の伝統です。それなのに、先生がたに一方的に奪われるのは、おかしいと感じました」

先生はしばらく反応をしなかった。加奈がだまりこんだのを見て、首をかしげる。

「それだけ？」

「い、いいえ！」加奈は①食い下がる。そして視線で私たちに目配せをした。本題が来る。私はどきどきしながら加奈の言葉を待つ。

「でも、私たち考えたんです。どうして文化祭が廃止になったのか。どうして先生がたは何も相談してくれなかったのか。それは私たち生徒に原因があると思いました、笹村先生や小田原先生は『予算の問題』と言っていたけれど……やる気を出さないでだらだらと資料を作ったり、つまらないって言うのに改善案を出さなかったり……そういうところが先生がたを失望させたんだと感じました。すみませんでした」

そこでみんな、「すみませんでした」を繰り返し、頭を下げる。視界の隅で偲与華《しょか》が成田くんの頭を押さえつけているのが見えた。成田くんはされるがままだったが、ぼそっと「すみませんでした」と言った。

先生はいくぶんか驚いたようで、いったん口を開いたが、すぐに閉じて何か考えこんでいるみたいだった。やがて静かに答える。「そうね、大筋は確かにそうよ」

全員が顔を上げ、先生を見る。

「でも、勘違いしないでほしいから言うけれど、私や小田原先生の『予算』って言葉は優しさからの嘘《うそ》じゃないわ。文化祭をやるにはそれに見合う予算が必要なの。つまり、あなたたちの文化祭の価値はゼロ円。それだけ」

加奈が口を閉ざした。予想以上にきつい言葉にひるんでしまったのだろう。生徒会室を緊張感が支配する。

でも……なんだか、あのときと似ている。

(注)おじさんが成田くんの部屋に来たときと同じ雰囲気だ。あのときおじさんは私たちに厳しいことを言いながらもアドバイスをくれたし、応援してくれた。おじさんが厳しいことを言ったのは、私たちをいじめたいからじゃない。きっと私たちに現状を理解させ、その先をしっかり考えさせるためだったんだと思う。そして笹村先生は、以前成田くんの説得をちゃんと聞いてくれた人だ。

なら、これは、あのときと同じだ。

説得は加奈に任せるはずだったけれど……思わず言葉が口からついて出た。

「本当のことを言ってくれて、ありがとうございます」

ほかのメンバーがぎょっとした目で私を見たが、②私の気持ちは本当だった。笹村先生は、私たちが対等に話すとっかかりを用意してくれたんだ。先生は値踏みをするように私たちを見た。その目が、『ここでだまるくらいなら受けつけないけど、この先説得できるならしてみなさい』と、そう語っているように見えた。加奈も同じことを感じたんだろう。彼女ははっとしたように、先生を見上げた。

「ご指摘、本当にありがとうございます。生徒はやる気をなくしていたんだと思います。私自身、こんな文化祭あってもなくても同じだ、と思ったこともあります。こんなのなんでやらせるんだ、って。でも、そうじゃないんですよね。大事なのは私たちの向上心と、自主性」

加奈は息を吸った。声がいつもの調子に戻りつつある。

「笹村先生。私たち、もう一度チャンスが欲しいんです。意義のある文化祭を作り、また次の世代に繋《つな》げていきたいって思うんです」

「でも、そう思っているのは今ここにいるあなたたちだけでしょう？」

③加奈は、もう負けない。

「ほかの生徒たちの意思はまだ確認していません。まず先生がたの許可をいただいたうえで、全生徒に文化祭のことを考えてもらう機会を作りたいと思っています」

「今まで不まじめだった人が、急にやる気になるかしら？」

「分かりません。でも五月に文化祭廃止が発表されたとき、④みんな不満そうでした。『勉強しなくていい時間を奪うな』って怒ってる人もいたけれど、でも、根本は違うことへの怒りだったと思います。私は、そこに『自分たちの文化祭なのにどうして』って気持ちがあったんだと信じています」

文化祭廃止が知らされたとき、生徒たちは納得していない様子だった。けど、それはサボれなくなるからってだけじゃない、と思う。(注)国広くんや、やよいちゃんの言葉にもそれは表れている。

『やりたいかと言われるとビミョーなイベントだよな』

『私も、最初はしょうがないかぁって思ったんだけど。なんかもやもやするっていうか……ヘンじゃない？　って思って』

生徒たちは今までの文化祭を『やりたくない、めんどくさい』と思いつつ『取り上げられるのはヘンだ』と思っていた。けれどそれは『やりたくないのに、やりたい』ということになる。その『やりたい』の先を考える手伝いをしたい、と私たちは話し合った。加奈は続ける。

「だから過去の失敗も含めて、生徒全員に考えてもらいたいんです。今まで卒業していった、伝統を繋いでくれていた先輩たちのためにも」

それから、先生は長いことだまった。何を考えているのかは分からなかった。⑤とても長い時間だった。汗が背中を伝う。

先生は一人一人の顔を見たあと、ふう、と息を吐いた。そして、

「考えるだけ、考えてみましょう。近いうちにほかの先生がたとお話しします」と言った。

（望月雪絵「魔女と花火と100万円」による）

(注)　おじさん＝成田くんの父親。
　　国広くんや、やよいちゃん＝杏の同級生。

1、**よく出る** ——線部①における加奈の様子を説明したものとして、最も適当なものを次から選び、記号で答えよ。（3点）

ア、先生の言動に対して、慌てて言葉を取りつくろおうとする様子。
イ、先生の言動に対して、あせりつつ真意を質問しようとする様子。
ウ、先生の言動に対して、反抗してさらに文句を言おうとする様子。
エ、先生の言動に対して、あきらめずに交渉し続けようとする様子。

2、次の文は、——線部②における「私の気持ち」を説明したものである。［Ⅰ］には、本文中から最も適当な五字の言葉を抜き出して書き、［Ⅱ］には、十五字以内の言葉を考えて補い、文を完成させよ。（Ⅰ3点、Ⅱ4点）

笹村先生が［Ⅰ］を返したのは、自分たちに現状を理解させ、［Ⅱ］きっかけを与えるためだったのだということに気づき、感謝する気持ち。

3、——線部③について、加奈の様子を説明したものとして、最も適当なものを次から選び、記号で答えよ。（3点）

ア、杏の言葉に落ち着きを取り戻して何事にも動揺しない様子。
イ、杏に助けられたことが恥ずかしくて責任を感じている様子。
ウ、先生との話を先に進められたことに安心して得意げな様子。
エ、先生の言葉に不安を感じて周りが見えなくなっている様子。

4、――線部④について、加奈たちがそのように考える理由を説明したものとして、最も適当なものを次から選び、記号で答えよ。（3点）
ア、文化祭の廃止は賛成だが、生徒たちに相談せずに決定されたのはおかしいと感じているように見えたから。
イ、文化祭の廃止は納得できないが、勉強時間が今までより減るのはおかしいと感じているように見えたから。
ウ、文化祭の実施は面倒だが、文化祭を一方的に取り上げられるのはおかしいと感じているように見えたから。
エ、文化祭の実施は無意味であるが、予算がないから中止にするのはおかしいと感じているように見えたから。

5、難 思考力 ――線部⑤のときの杏の気持ちについて六十字以内で説明せよ。（7点）

五 条件作文 思考力

太郎さんは、国語の宿題で語句の意味調べをした。その際、太郎さんの辞書に書かれた語釈（語句の説明）に、特徴的なものがあることに気がついた。会話は、その時の太郎さんと、太郎さんの母親との会話である。これを読んで、太郎さんの辞書に書かれた語釈の特徴である……線部X・Yのどちらか一つを選択し、次の(1)～(5)の条件に従って、あなたの考えを書きなさい。（9点）

条件
(1) 二段落で構成すること。
(2) 第一段落には、選択した特徴の良いと思われる点を書くこと。
(3) 第二段落には、選択した特徴によって生じる問題点を書くこと。
(4) 六行以上八行以下で書くこと。
(5) 原稿用紙（20字詰×8行＝省略）の正しい使い方に従って、文字、仮名遣いも正確に書くこと。

太郎「辞書を使っていたら、おもしろいことに気づいたよ。」
母親「どんなことに気づいたの。」
太郎「ある食べ物についての説明の中に、『おいしい』って感想が書いてあったんだ。」
母親「へえ。辞書を作った人のX主観的な感想が書かれているのね。たしかにおもしろいわね。」
太郎「他にも、【草】の説明に『笑うこと・笑えること』という意味や、【盛る】の説明に『話を盛る』という用例が書いてあったよ。」
母親「その【盛る】は『おおげさにする』という意味で使われているのね。太郎の使っている辞書には、もともとの意味や用例だけでなく、Y現代的な意味や用例も書かれているということね。」

沖縄県

時間 50分　満点 60点　解答 P55　3月3日実施

出題傾向と対策

●小説文、論説文と資料を組み合わせた問題（省略）、古文、漢文の書き下し文、話し合いと資料を組み合わせた問題の大問五題構成。資料を読み取ったうえで自分の考えをまとめる問題は毎年出題されている。
●漢字、文法などの基礎知識の習得を確実に。基本的な問題から読解力を問う問題まで幅広い対策が必要。読解は、選択肢を丁寧に吟味し、文章の内容に合っているか判断する練習を。作文は、自分の意見を整理し論理的に述べられるよう練習を積んでおきたい。

一（小説文）内容吟味・主題

次の文章を読んで後の問いに答えなさい。（計15点）

圭太《けいた》は、「ママ」の強引な勧めで、「パパ」と二人きりで「父と息子のふれあいサマーキャンプ」に参加することになった。文章1はキャンプ初日の夜の場面で、文章2は、キャンプ二日目の場面である。

文章1 キャンプ初日。テントの組み立てや夕食の準備などもうまくいかず、売店で買った食パンを食べながら初めての二人きりの夜を迎える。

「圭太、ほんとに、キャンプ楽しいか？」

「うん……楽しいよ」

「じゃあ、もっと楽しそうな顔しろよ」

「笑ったじゃん」

「でもなあ、ちょっとおまえ、そういう笑い方やめたほうがいいぞ。なーんかパパ、バカにされたような気がしちゃうんだよ。友だちに言われたりしないか？　おまえに笑われたら傷つくって」

　ぼくは黙って首を横に振った。嘘じゃないけど、ちょっとだけ嘘かもしれない。友だちは「傷つく」とは言わないけど、ときどき「むかつく」と言う。

　でも、ぼくはパパをバカにして笑ったつもりはない。今日だって、いろんなことがあったけど、楽しかった。

　一学期の通知表のことを思いだした。生活の記録に〈もっとがんばりましょう〉が二つあった。〈クラスのみんなと協力しあう〉と、〈明るく元気に学校生活をすごす〉が、どっちもだめだった。

　個人面談につづいてショックを受けたママに、ぼくは「こんなの松原先生の主観なんだもん、関係ないよ」と、また先生の嫌いそうな言葉をつかって言った。「中学入試は内申点なんて関係ないんだし、世の中にはいろんなひとがいるんだもん、たまたま松原先生とは気が合わないだけだよ」とも言った。励ましてあげたつもりだったのに、ママはぽろぽろと涙を流してテーブルに突っ伏してしまった。パパはそのことを知らないはずだ。晩ごはんまでに立ち直ったママが「これ、まいっちゃった」と通知表を見せると、「圭太は誤解されやすいタイプなんだよなあ」と笑っていた。

　そうだよ——と思った。パパだって、いま、ぼくのことを誤解してるんだ。

「ねえ、パパ」

「うん？」

「ぼくってさあ、誤解されやすいタイプなんだよ、きっと」

　終業式の日にパパが言った言葉をそのまま返したのに、パパは困ったような顔で笑うだけで、①「そうだな」とは言ってくれなかった。

　急にa気詰まりになって、腕を虫に刺されたふりをして「スプレーしてくる」とテントに戻った。

　パパのリュックをかたちだけ探っていたら、マジックテープで留めた内ポケットの中に、書類が入っているのを見つけた。グラフや表のぎっしり並んだ、よくわからないけれど仕事の書類のようだ。

　こんなところで仕事なんかできるわけないのに。アウトドアをなめてるんだよなあ、パパって。

　笑った。でも、この笑い方がだめなのかな、と気づくと、②笑顔はあっというまにしぼんでしまった。

　テントから出ると、パパは夜空を見上げて「もう寝るか」と言った。あくびをする背中が、ちょっと寂しそうに見えた。

文章2　サマーキャンプのイベントの一つであるターザンごっこに参加した圭太は、ロープをつかんだ手を滑らせて腰を打ち、担架でログハウスの宿直室に運ばれた。その後圭太が休んでいる部屋の向こうで「パパ」と※「リッキーさん」が話している場面である。

「失礼ですが、圭太くん、東京でも友だちが少ないタイプじゃないんですか？　ちょっとね、学校でもあの調子でやってるんだとしたら、心配ですよねえ。お父さんも少し……」

　言葉の途中で、大きな物音が響いた。机かなにかを思いきり叩《たた》いた、そんな音だった。

　ぼくはドアをちょっとだけ開けた。正面はリッキーさんの背中、その脇《わき》から、机に両手をついて怖い顔をしたパパの姿が見えた。

　ケンカになるんだろうか、とドアノブに手をかけたまま身を縮めた。

　でも、パパは静かに言った。

「圭太は、いい子です」

「いや……あの、ぼくらもですね、べつに……」

　リッキーさんの言い訳をさえぎって、「誰になんと言われようと、あの子は、いい子です」と、今度はちょっと強い声で。

　照れくさかった。嬉《うれ》しかった。でも③なんとなくかなしい気分にもなった。「ありがとう」より「ごめんなさい」のほうをパパに言ってしまいそうな気がして、そんなのヘンだよと思って、「いい子」の意味がよくわからなくなって、困っていたら手に力が入ってドアノブが回ってしまった。

　ドアといっしょに前のめりになって出てきたぼくを見て、リッキーさんは、まるでゴキブリを見つけたときのパパみたいに「うわわっ」とあとずさり、そばにいた※ジョーさんやリンダさんも驚いた顔になった。

　パパだけ、最初からぼくがそこにいるのを知っていたみたいに、肩から力を抜いて笑った。

「圭太、歩けるか？」

「……うん」

「帰ろう」

「④うん！」

　リッキーさんは「ちょ、ちょっと待ってくださいよ、勝手な行動されると困るんですよ」と止めたけど、パパはその手を払いのけて、「レッドカード、出してください」と言った。


（重松清『サマーキャンプへようこそ』設問の都合上、一部改変してある。）

（注）※リッキーさん、ジョーさん、リンダさん…「父と息子のふれあいサマーキャンプ」が行われた「わんぱく共和国」のスタッフ。

問1、**基本** 二重傍線部a「気詰まりになって」の文中での意味として最も適当なものを、次のア～エのうちから一つ選び記号で答えなさい。（1点）
ア、驚き緊張《きんちょう》して　イ、追い詰められて
ウ、窮屈《きゅうくつ》に感じて　エ、憂鬱《ゆううつ》になって

問2、傍線部①『そうだな』とは言ってくれなかった」とあるが、「パパ」が「そうだな」とは言ってくれなかった理由として最も適当なものを、次のア～エのうちから一つ選び記号で答えなさい。（2点）
ア、「パパ」も圭太に対する周囲の見方が妥当なものであると感じ始めたため。
イ、「パパ」は圭太をたしなめたにもかかわらず、圭太が反省せず困ったため。
ウ、圭太が「世の中にはいろんなひとがいるんだもん」などと屁理屈《へりくつ》を言うため。
エ、「パパ」は圭太の真意を理解したが、笑い方に関しては直してほしいと考えたため。

問3、傍線部②「笑顔はあっというまにしぼんでしまった」

とあるが、その理由として最も適当なものを、次のア～エのうちから一つ選び記号で答えなさい。（2点）
ア、自然に笑ったが、この笑い方が自分の意に反し誤解を与えているのでは、とふと思ったため。
イ、キャンプにまで持って来た仕事の書類を見て、「パパ」に対して不愉快に感じたため。
ウ、逃げるように「パパ」の前から去り、誤解を解こうにも解けない自分に情けなさを感じたため。
エ、誤解されない笑い方をしようと笑ってみたがうまくできず、思い詰めてしまったため。

問4、傍線部③「なんとなくかなしい気分にもなった」とあるが、圭太がそのような気分になった理由として最も適当なものを、次のア～エのうちから一つ選び記号で答えなさい。（2点）
ア、「パパ」とのこれまでのすれ違いに対して謝りたいと思ったため。
イ、「パパ」が「いい子です」と言ってくれたことにみじめさを感じたため。
ウ、一般的な「いい子」らしさが自分にないことを「パパ」に対して申し訳なく感じたため。
エ、自分の気持ちを伝えきれなかったことを「パパ」に謝りたいと思ったため。

問5、傍線部④「うん！」とあるが、この表現からわかる圭太の心情として最も適当なものを、次のア～エのうちから一つ選び記号で答えなさい。（2点）
ア、「パパ」と二人で充実した生活を送ることができる期待。
イ、「パパ」が発した「いい子です」の意味が理解できたことへの安堵《あんど》。
ウ、「パパ」と二人になりたいという自分の意志が父に伝わったことへの感動。
エ、「パパ」があるがままの自分を認めてくれたと感じた喜び。

問6、**新傾向** 次の文章は、本文の主題をまとめたものである。空欄Ⅰに当てはまる表現を本文中より十五字で、空欄Ⅱに当てはまる表現を本文中より十字以上十五字以内で抜き出しなさい。また、空欄Ⅲ・Ⅳに入る登場人物名をそれぞれ本文中より抜き出しなさい。（Ⅰ・Ⅱ各2点、Ⅲ・Ⅳ各1点）

> [文章1]で「パパ」は、圭太のことを信頼しつつも、友だちとの関係について少し心配になっている。
> 一方圭太は、「[Ⅰ]」「ちょっと寂しそうに見えた」という表現から、何かを伝えようにも答えが見つからず、やむなくやりとりを諦《あきら》めた「パパ」の様子を圭太なりにとらえていることが分かる。
> [文章2]で「パパ」は、「リッキーさん」からの息子に対する批判的な評価に反論する中で、息子を世間的な見方に当てはめる必要はないと気づき、気が楽になる。その様子が「[Ⅱ]」という表現で示される。
> [文章1]と[文章2]は[Ⅲ]の視点で語られているため、[Ⅲ]の心情の変化を中心に物語が展開しているが、[文章1]・[文章2]を通して[Ⅳ]の大きな変容が描かれていることが読み取れる。

二 （省略）「令和元年度版科学技術白書」／丹羽宇一郎「人間の本性」より

（計15点）

三 （古文）仮名遣い・内容吟味

次の文章を読んで後の問いに答えなさい。（計7点）

> 兎《うさぎ》と猿《さる》と狐《きつね》の三匹が共に暮らしながら、良い行いを積もうと修行に励んでいた。これを見た帝釈天《たいしやくてん》という神は、三匹の本心を確かめようと老人に変身し彼らの前に現れた。老人が三匹に食事を求めると、猿と狐はすぐに食べ物を探してふるまい、老人を満足させたが、兎だけは食べ物を見つけられないうえ、人間や猛獣に狙われることを思うと野山を駆け回ることが怖くてたまらない。そこで兎は、どうせ殺されるなら老人に食われてしまおう、とひそかに決意し、猿と狐に焚き火の準備を頼んで、再び食べ物を探しに出かける。だが、戻ってきた兎はまたもや手ぶらだった。

そのときに、猿・狐、これを見て言はく《言うことには、》、「なんぢ何物《おまえは何を》をか持て来たるらむ《持ってきたのか。》。これ《これは、》、思ひつる《思ったとおりだ。》ことなり。虚言《そらごと》《嘘をついて》をもつて人を謀《たばか》りて、木を拾はせ火を焚《た》かせて《火を起こさせて、》、なんぢ火を温まむとて《そこで暖まろうとは、》、①あな憎《にく》」と言へば、兎、「我、食物《じきもつ》を求めて持て来たるに力なし《食べ物を探して持って来る能力がない。》。されば《だから、》、ただ我が身を焼きて食らひ給《たま》ふべし《お食べになってください》」と言ひて、火の中に躍《をど》り入りて《飛んで入って》焼け死にぬ。

そのときに、天帝釈《てんたいしやく》《帝釈天は、》、もとの形に復《ぶく》して《もとの（神の）姿に戻って、》、この兎の火に入りたる形を月の中に移して、あまねく一切《いつさい》の衆生《しゆじやう》に見しめむがために《命あるものすべてのものたちに見せる》、②月の中に籠《こ》め給ひつ《刻み込んだ。》。しかれば《だから、》、月の面《おもて》に雲のやうなる物の有るは《ものがあるのは、》、この兎の火に焼けたる煙なり。また、月の中に兎の有るといふは《兎がいるというのは、》、この兎の形なり。よろづの人、月を見むごとに《人間ならば誰しも、月を見るたびに》この兎のこと《この兎の行動を》を思ひ出づべし《思い起こすだろう。》。

（ビギナーズ・クラシックス　日本の古典『今昔物語集』巻第五第十三話より　設問の都合上、一部改変してある。）

問1、**よく出る** **基本** 二重傍線部「やうなる」を、現代仮名遣いに直し、すべてひらがなで書きなさい。（1点）

問2、傍線部①「あな憎」という猿と狐の気持ちは、兎に対するある思い込みから生じたものである。その説明として最も適当なものを、次のア～エのうちから一つ選び記号で答えなさい。（2点）
ア、兎が、見つけた食べ物を食べてしまったこと。
イ、兎が、自分の分だけ食べ物を探してきたこと。
ウ、兎が、怖がりなのを理由に何もしないこと。
エ、兎が、自分たちをだまして暖まろうとしたこと。

問3、傍線部②「月の中に籠め給ひつ」について、
（1）なぜそのようなことをしたのか。その理由として最も適当なものを、次のア～エのうちから一つ選び記

号で答えなさい。　（2点）

ア、仲間に対してうそをついた罰を与えるため。
イ、火の中に飛び込んでいった勇気を称《たた》えるため。
ウ、尊い行動をすべての生き物たちに見せるため。
エ、伝説を人間たちに語り継いでもらうため。

(2) 月に見えるものは何であると本文では言っているのか。説明した次の文章の空欄〔A〕には、本文中の漢字一字を補い、空欄〔B〕には、当てはまるものとして最も適当なものを、後のア～エのうちから一つ選び記号で答えなさい。　（各1点）

・月の表面の、雲に見えるものは〔　A　〕であり、月の中に見えるものは〔　B　〕である。

〔B〕の選択肢　ア、天帝釈の姿　イ、兎の姿
ウ、よろづの人の姿　エ、猿の姿

四 (古文)古典知識・内容吟味

次の文章を読んで後の問いに答えなさい。　（計6点）

(漢字の書き下し文)

宋人《そうひと》※1 ①有リ㆓耕ス㆑田ヲ者㆒。田中《でんちゅう》に株《かぶ》有り。兎《うさぎ》走りて株
（田の中に切り株があった。(ある時)兎が走ってきて）
に触れ、頸《くび》を折りて死す。②因《よ》りて其の耒※2《すき》を釈《す》てて株を守
（切り株にぶつかり、）（そこで(宋の国の人は、持っていた)耒を捨てて切り株を）
り、復《ま》た〔　A　〕を得んことを冀《こひねが》ふ。〔　A　〕復た
（見守り、再び）（手に入れることを待ち望んでいた。）（二度とは）
得《う》べからずして、身は宋国の笑ひと為《な》れり。
（手に入れることはできず、）（国中の笑い者となった。）
今　先王《せんのう》の政《まつりごと》を以《もつ》て、当世《たうせい》の民を治めんと欲するは、
（今、）（昔の王の政治のやり方で、）（今の時代の人民を治めようとするならば、）
③皆株を守るの類なり。
（切り株を見守るのと、まったく同じたぐいのことである。）

(『漢文名作選　1　思想』「韓非子」五蠹《ごと》より　設問の都合上、一部改変してある。)

※1　宋人《そうひと》…宋の国の人。
※2　耒《すき》…畑を耕す道具。

問1、よく出る 基本 傍線部①「有リ㆓耕ス㆑田ヲ者㆒。」を書き下し文に直しなさい。　（1点）

問2、基本 傍線部②「因りて其の耒を釈てて株を守り」の理由について、最も適当なものを、次のア～エのうちから一つ選び記号で答えなさい。　（2点）

ア、田を耕さなくても利益を手に入れられたから。
イ、田の切り株が自分の身を守ってくれたから。
ウ、田の切り株を他の人が狙っていたから。
エ、田を耕すのにこの切り株が邪魔《じゃま》だったから。

問3、空欄〔A〕にはどちらにも同じ語が入る。ここに入れる語として最も適当なものを、次のア～エのうちから一つ選び記号で答えなさい。　（1点）

ア、田　イ、株　ウ、兎　エ、民

問4、傍線部③「皆株を守るの類なり」には、作者のどういう主張が込められているか。最も適当なものを、次のア～エのうちから一つ選び記号で答えなさい。　（2点）

ア、古い習慣を変えないことは、現代に続く伝統を大切にすることと同じである。
イ、時代や社会の急な変化に応じようとすると、失ってしまうものも大きく残念である。
ウ、時代錯誤《さくご》に陥りがちな政治で、常に新しいことに挑戦し続けるのは難しいことだ。
エ、昔からのやり方にこだわって変化に富む今の世を治めようとするのは愚かなことだ。

五 聞く話す・条件作文

美穂さんたち五人の図書委員は、「新入生を迎える会」で、新入生に対して図書館利用についてアピールすることになり、プレゼンテーション案を持ち寄ることになりました。次の【話し合い】は、持ち寄った案をもとに図書委員会で話し合っている場面です。これを読んで後の問いに答えなさい。　（計17点）

【話し合い】

美穂「では、これから『新入生を迎える会』で図書館利用についてどうアピールするか話し合いたいと思います。まずは亜希さんの意見からどうぞ。」
亜希「『でいご中学校の図書館はとても涼しく静かで、読書や勉強に集中できる』という意見があったので、それを紹介するのはどうでしょうか。」
正広「賛成ですが、それ以上にでいご中学校ならではの面を紹介して、まずは図書館に来てもらう工夫をする必要があると思います。」
拓哉「いいですね。私は季節ごとの様々なイベントを紹介したいです。私の調べたところによると、春の『俳句鑑賞会』や、夏の『怪談話朗読会』、お正月の『百人一首かるた大会』の三つは、でいご中学校ならではのイベントだそうです。それらをお知らせするのはどうでしょうか。」
美穂「なるほど。では、他にありませんか。りんさんはいかがでしょうか。」
りん「はい。ドラマや映画の原作本なども充実しているので、それらを紹介するのはどうでしょうか。」
亜希「ドラマを見た人が来てくれそうですね。美穂さんの案も聞かせてください。」
美穂「そうですね、私の友達は図書館から部活動関係の雑誌や本をよく借りると言っていたので、部活動関係の本や雑誌の特設コーナーを設置して紹介するというのはどうでしょうか。」
拓哉「①なるほど。そうすれば、部活動に入った人も図書館に来てくれるようになりそうですね。」
美穂「ありがとうございます。②では、もし他に意見が無ければ、何を紹介するか整理していきましょう。」
全員「わかりました。」
美穂「何を紹介したほうがいいと思いますか。」
亜希「部活動生の利用を促すために、部活動関係の本や雑誌については紹介した方がよいと思います。」
正広「でいご中学校ならではのオリジナルイベントについては、ぜひとも紹介したいですね。」
拓哉「賛成です。オリジナルイベントは、部活動生だけでなく、新入生みんなに関わるものですからね。」
美穂「では、まずこの二つを紹介するということでよろしいでしょうか。」
りん「もし時間に余裕があれば、図書館の雰囲気も伝えて

おいた方がいいかと思います。」

美穂「そうですね。では、先生からもらった資料を参考にしつつ、発表の準備を進めていきましょう。」

全員「はい。」

問1、傍線部①「なるほど」という言葉の効果として最も適当なものを、次のア～エのうちから一つ選び記号で答えなさい。（2点）

ア、相手に自分の意見を押しつける効果。
イ、相手の意見に同意を示す効果。
ウ、それた話題を元に戻す効果。
エ、話題をより明確にする効果。

問2、傍線部②「では、もし他に意見が無ければ、何を紹介するか整理していきましょう」とあるが、この発言の働きとして最も適当なものを、次のア～エのうちから一つ選び記号で答えなさい。（2点）

ア、出された意見を受けて話を進行させる働き。
イ、それぞれの意見の矛盾点を指摘する働き。
ウ、目的に合ったさらなる意見を求める働き。
エ、視点の異なる新たな意見を生み出す働き。

問3、五人は、話し合った内容をもとに発表用スライドを作成しました。その際に、先生からもらった【資料A】を参考にしました。【資料B】はその発表用スライドです。

下のア～ウのスライドを【資料B】2～4に使うとき、どの順序で用いるのが適当であると考えられるか。最も適当な順に並び替えなさい。（2点）

【資料A】先生からもらった資料

Ⅰ　スライド作成のポイント
1．伝えたいことから並べる。
・独特で、他にはなく特別なこと。
・よりたくさんの人に関係すること。
2．1枚のスライドの情報量は少なくする。
・興味を引きつけるタイトル設定。
・文字量は少なめに。
・伝えるポイントは3つ程度。
・体言止めでシンプルに。
3．視覚的にもわかりやすいように工夫する。
・写真や絵による提示。
・グラフや表による提示。
・文字の大きさや色づかいの工夫。

Ⅱ　プレゼンテーションの際の留意点
1．発表原稿を棒読みしない。
2．スライドには書いていない補足情報も加えて、印象深く伝わるよう工夫する。
3．声の大きさや話す速さに注意する。
4．強調したいことの前にあえて一拍あける。
5．資料のどこに注目すればよいかを、指さしや言葉で伝える。

【資料B】発表用スライド

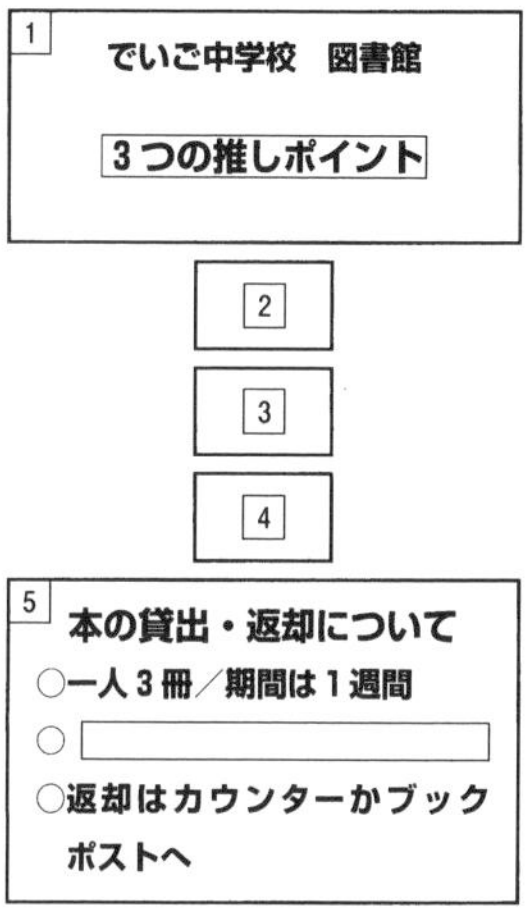

ア
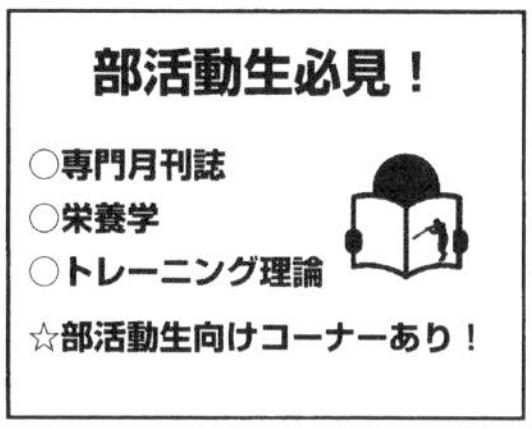

イ

ウ

問4、【資料B】5のスライドには、プレゼンテーションの締めくくりとして、本の貸出と返却についての基本情報を説明することにしました。5のスライドの空欄に当てはまるものとして最も適当なものを、次のア～エのうちから一つ選び記号で答えなさい。（1点）

ア、各クラス一人　図書委員の選出を
イ、貸し出し中の本は予約可能
ウ、生徒用パソコンではインターネットを利用できます
エ、図書館内は飲食禁止

問5、思考力 図書委員は「新入生を迎える会」の終了後に、「次年度の発表をより良くするために必要なこと」のレポートを書くことになりました。

【資料C】は、新入生アンケートの一部、【資料D】は、図書委員の事後アンケートの一部です。二つの資料を踏まえて、後の問いに答えなさい。

Ⅰ【資料C・D】二つの資料を関連させて指摘できることを、次の〈条件〉に従って書きなさい。

※左の注意点を参考にして答えること。（4点）

〈条件〉

（1）六〇字以上八〇字以内の文章にすること。

Ⅱ「次年度の発表をより良くするために必要なこと」について、次の〈条件〉に従って文章を書きなさい。

※左の注意点を参考にして答えること。（6点）

〈条件〉

（1）Ⅰで指摘したことを踏まえて書くこと。
（2）次年度の発表をより良くするために①必要だと思うこと、②理由、③具体的な方法の三点について書くこと。
（3）一四〇字以上一六〇字以内の文章にすること。

注意点　解答する際、次のことに注意すること。
・一マス目から書き始め、改行はせずに書くこと。
・漢字や仮名遣い、句読点や記号などは適切に用いること。
・数字や記号を使う場合は、次の（例）のように書いてもよい。

（例）令和3年度　9月　20パーセント　20%

【資料C】新入生アンケート（複数回答可）
「図書委員の発表の良かった点はどこですか？」（自由記述欄あり）

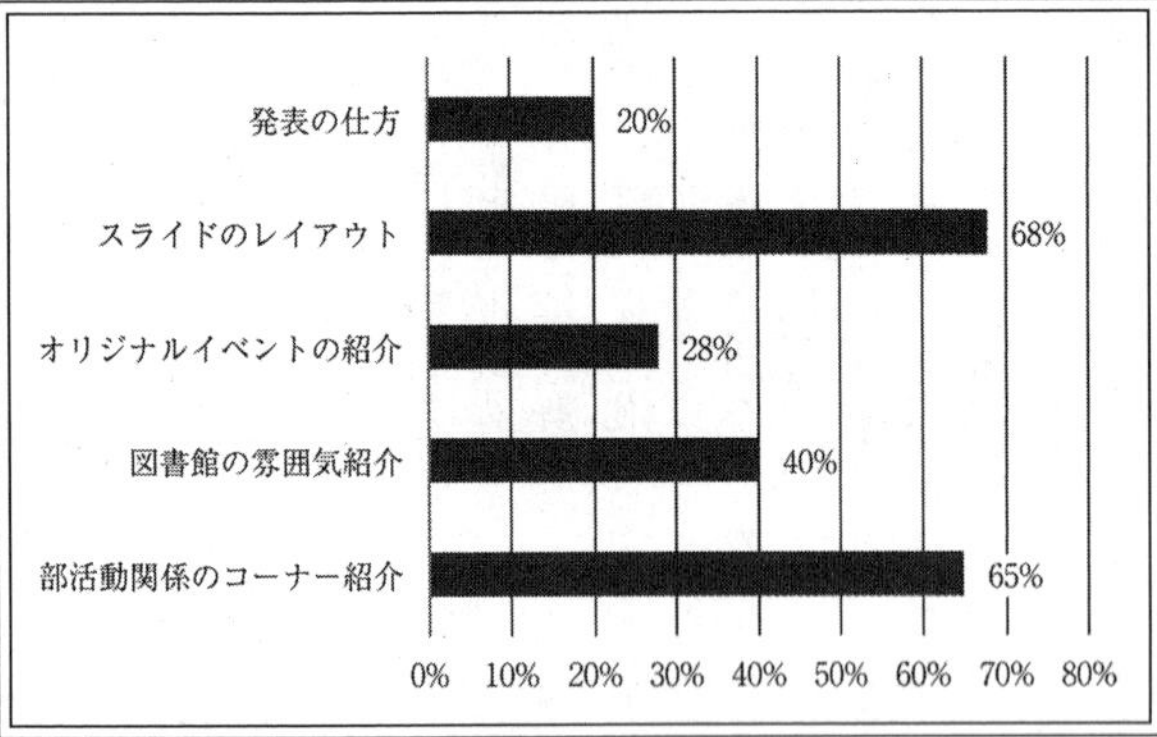

【自由記述欄】（特に多かった意見）
○スライドの色づかいが良かった。
○絵が大きくて図書館の雰囲気が伝わった。
○スポーツに関する専門的な本がいっぱいあるので行ってみたいと思った。
▲オリジナルイベントの様子がもっと知りたかった。
▲説明が速すぎて聞き逃してしまったところがあった。
▲スライドのどこに注目したらいいかわからないことがあった。
▲怪談話朗読会の説明が長くて、よくわからなかった。

【資料D】図書委員　事後アンケート（複数回答可）
「発表に向けて工夫した点はどこですか？」（自由記述欄あり）

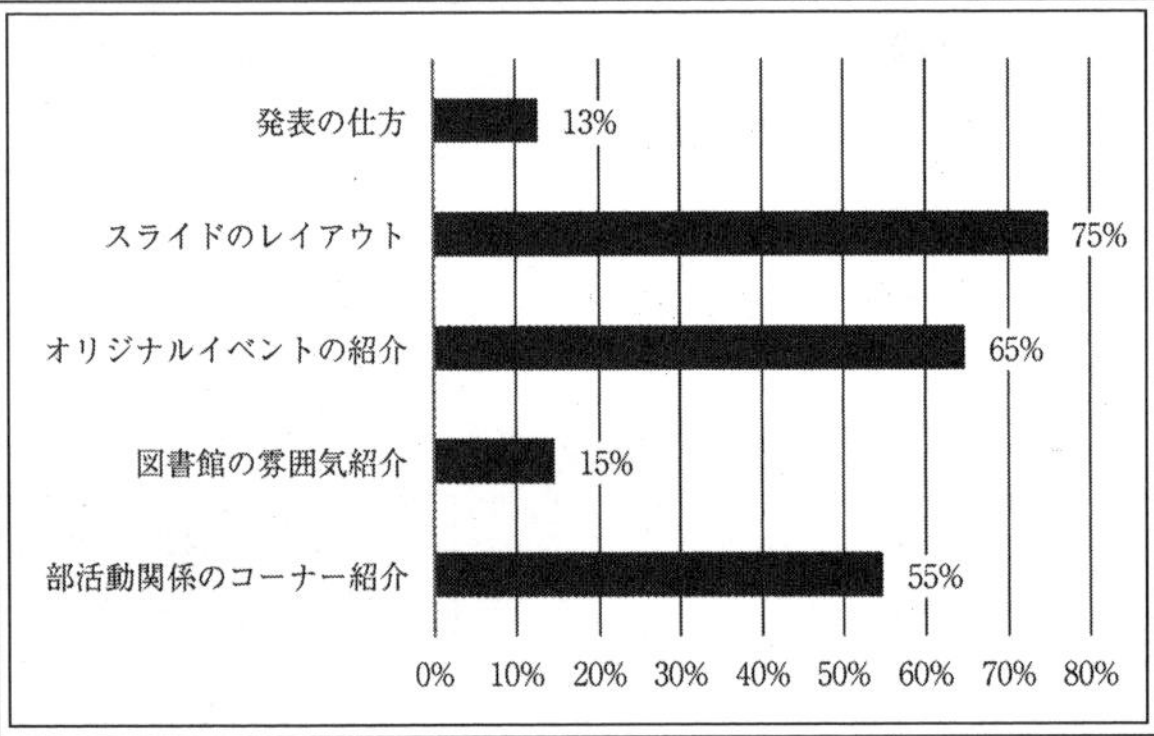

【自由記述欄】
○スライドのタイトル作成にこだわった。
○文字の大きさやイラストを工夫した。
○たくさんの部活動生に来てほしくて、特設コーナーについて説明した。
▲スライドの準備に時間がかかり、発表の予行演習ができなかった。
▲オリジナルイベントの紹介用原稿が長くなってしまった。
▲時間配分がうまくいかなかった。

国立大学附属高等学校・高等専門学校

東京学芸大学附属高等学校

時間 50分　満点 100点　解答 P57　2月13日実施

出題傾向と対策

●例年[一]論説文、[二]小説文、[三]古文の三題構成。今年は古文が漢文書き下し文に変わった以外は昨年と同じ。ただ、昨年の[一]・[二]はマークシートの選択問題中心だったが、今年は[一]で三十五字以内の長い抜き出し問題が二問出題された。選択肢は長く紛らわしいものが多いので、本文を丁寧に読んで比較検討する必要がある。

●現代文、古文（年によっては漢文の書き下し文）とも、高度な読解力を身につけておくこと。漢字の書き取り、文法、ことわざ、語句の意味などの基礎力の養成も必須。

[一]（論説文）漢字の読み書き・内容吟味・文脈把握・要旨

次の文章を読んで、後の問いに答えなさい。（計35点）

「リンゴ」という言葉なしでリンゴを思い浮かべることができるだろうか。おそらくは無理だろう。あの独特の芳香を放つ甘い果物は、言葉で限定されてはじめて、ミカンでもないカキでもない何かとして、われわれの心の中に存在する。ところが奇妙なことに、この言葉はわれわれの内に最初からあったのではなく、外から心に注入された*恣意的《しいてき》な記号である。リンゴという文字やそれを読み上げた音列と、リンゴの存在自体とを結びつけているのは、社会的な約束事のみである。

A それを実感するには飛行機で旅立つのがよい。異国の見知らぬ街に降り立って、店先でいくらリンゴと叫んでも、望みの果物は決して得られない。

言葉という社会的約束事を通さずには、事物の存在の認知すら覚束《おぼつか》なくなるのである。だとすれば異国語の話者には、世界がわれわれとは違って見えているのではないか。白色に相当する何十もの言葉をもつ*イヌイットたちには、単色の北極圏世界がずっと多彩に感じられるのだろうか。

誰しも一度は思いを馳《は》せただろう言葉と認知をめぐるこのような疑問に、最初の明確な科学的解答を与えたのが、シカゴ大学の言語心理学者のジョーン・ルーシー博士である。ルーシー博士の本来のⓐセンモンはマヤ語であった。*神聖文字に覆《おお》われた謎の古代都市を、メキシコの緑濃いジャングルに残した人々の言葉である。古代マヤ文明の流れを汲《く》む現代のマヤ人は、今もユカタン半島で700万人ほどがマヤ語を用いて生活している。

マヤ語には「助数詞」の概念があって、ものを数えるとき、ものの種《しゅ》に応じ変化する語句を数字の後に加える。日本語で言えば、動物一匹二匹、電話一台二台と言うときの「匹」や「台」が助数詞である。ところが英語には「助数詞」に相当するものが存在しない。「ろうそく」のマヤ語は「キブ」であるが、「ろうそく1本」は「ウン・チュト・キブ」となる。「ウン」が「1」、「チュト」が「本」である。

B 助数詞のおかげでマヤ語では、ものを指す名詞が「形」の拘束から解放される。固まって棒状でも溶けて板状でもろうそくは「キブ」であり、助数詞「チュト」を伴ってはじめて棒状とⓑメイジされるわけである。

対して助数詞を欠く英語では、多くの場合、ものを表す名詞自体が形の情報を含んでいる。ろうそく1本は「ア・キャンドル」であるが、「キャンドル」という名詞に棒状の形が含意されているのである。

西暦1992年、ルーシー博士は次のような実験を行《おこな》った。被験者はまず手に乗るほどの大きさの「厚紙の小箱」を見せられる。ついで同じくらいの大きさの「プラスティックの小箱」と、「平たい厚紙」を見せられて、最初のものと似たほうを選べと告げられる。アメリカ人の被験者はほぼ常にプラスティックの箱を選び、マヤ人はかなりの割合で平たい厚紙を選んだ。

これは最初に見たものを、英語話者は形で判断して「小箱」と認識し、マヤ語話者は素材で判断して「厚紙」と認識したからだ、と考えることができる。名詞が形の情報を含む英語、含まないマヤ語という言語の構造が、物体の認知に影響を及ぼしていることが、この実験ではじめて明確に証明された。

面白いことに、この実験を7歳以下の子供で行なうと、アメリカ人にもマヤ人にも差が出ない。どちらでも形を優先して「プラスティックの小箱」が選ばれたのだ。マヤ人の子供が7歳以下では[X]事実と、これはぴったり符合する。

言語の構造が人の認知に直接的影響をもつとの指摘は「*サピア＝ウォーフ仮説」として知られ、言語学界ではこれをめぐる長い論争の歴史があった。20世紀初頭の*全体主義の興隆とも絡んで論争は政治的な色彩を帯び、長らくこの問題は学派間の分断の一因となってきた。しかしその種の原理的論争は今では影を潜め、実証的研究に基づいた「言語学的相対論」、すなわち認知のⓒコンカン構造は生得的で共通だが、異言語による認知の差異はたしかに存在するとの説が、大方の言語学者の認めるところとなっている。脳科学や*ディープラーニングなど関連分野のⓓシンテンもあって、C言語と認知をめぐる研究は、今や「実用的」な段階に来ている。

世紀の替わり目の西暦２０００年、ヘルシンキにあるフィンランド職業健康研究所で、Dフィンランドにおける労災事故の、フィン語話者とスウェーデン語話者の比較が行なわれた。ハイテク世界企業のノキアから家族経営の林業水運業まで、総計５万件の労災データが用いられた。シモ・サルミネン博士とアンテロ・ヨハンソン博士が発見したのは、スウェーデン語話者の事故率が、フィン語話者に比べて４割ほど低いという事実である。この結果は企業の規模や業種にほとんど依《よ》らなかった。ちなみにフィンランドの労働環境は先進的で、フィン語話者の労災事故率自体、欧州平均に比べて低い。

フィンランド国民の６％弱を占める少数派のスウェーデン語話者は、６世紀以上前からの居住者である。彼らは文化的にも経済的にも、そして生活習慣の上でも、多数派フィン語話者と完全に統合されている。言葉を話さない局面で両者の区別を行なうのは、フィンランド人自身にとってもほぼ不可能だという。

他のあらゆる要因が考察の上排除され、サルミネン、ヨハンソン両博士がたどり着いたのは、事故率の違いは言語による認知の違いに帰す以外にない、という結論であった。

フィン語は他の欧州の言葉とは全く別ⓔケイトウで、事象の関係は名詞の格変化によって示される。たくさんの事象があるとき、それらの間の時間順序が曖昧になる傾向がある。対してインド・ヨーロッパ語族のスウェーデン語では、前置詞後置詞を駆使することで、日常会話でも事象の時間関係は常に明確である。危険を伴う複雑な作業を順次行なう場合、フィン語話者に比して、スウェーデン語話者のほうが、より時間順序の明確なメンタル・モデル*を構築できて、労働安全上優位性があると考えられるのである。

異なった言語を知ることは、異なった世界の見え方を会得することである。すべての日本語話者が、最も日本語から遠い言語の一つである英語を、義務教育で教わるのは決して悪いことではない。読者諸氏が学校や受験で英語学習に費やした労苦や悔しさ、そして涙は、たとえ英語の熟達した話者となれなかったとしても、決して無駄ではない。ちょうど異国の料理の導入で食文化が豊かになるように、E異国語の要素は一国の言語文化をより香り高い豊穣《ほうじょう》なものにするだろう。

言語習得による新たな認知能力の獲得は、別に外国語に限らない。同一言語であっても、初等教育で身につけるものと高等教育で接するものとは、別の言語体系といえるほど異なっている。高等教育のメリットの大部分は、おそらくはそこに由来しており、個々の学科での新知識の獲得ではないのだろう。言語心理学界の最近の研究の一つの焦点は、異なった社会階層における言語の違いと、認知機能の違いとの関係である。

言語と認知の関係の研究はいまだ発展途上にある。言語を含む人間活動の巨大電子データの蓄積とともに、それはより精密になっていくだろう。そして社会の安全性や利便性の向上に使われ、また知能犯罪や意識の操作に使われるだろう。オーウェルの「ニュースピーク*」風に自由の抑圧に用いられるかもしれない。

存在と意識を直接につなぐ社会的媒体である「言葉」に秘められた力は、いまだ汲み尽くされていない。

いずれにせよ今後、その力のさらなる開示を、われわれが目にするだろうことは間違いない。

（全卓樹《ぜんたくじゅ》『銀河の片隅で科学夜話』による）

（注）＊恣意的＝気ままで自分勝手なさま。
＊イヌイット＝カナダ北部などの氷雪地帯に住む民族。
＊神聖文字＝中米で栄えた古代マヤ文明において、古典マヤ語を表記するのに用いられていた文字。
＊「サピア＝ウォーフ仮説」＝サピア（１８８４―１９３９）とウォーフ（１８９７―１９４１）が提唱した「言語が人間の認識をかたちづくる」とする考え。
＊全体主義＝個人の権利や自由な活動を認めず国家全体の利益を優先すべきだとする思想、政治体制。
＊ディープラーニング＝機械学習において、コンピューターらによる正確で効率的な判断を実現する技術や手法。
＊メンタル・モデル＝個人が心の中に描き出した外界や自分の行動のイメージ。
＊「ニュースピーク」＝小説『一九八四年』に出てくる、全体主義国家が国民の思考を統制するために作った新言語。

〔問１〕 よく出る 基本 二重傍線部ⓐ～ⓔのカタカナを漢字に書き改めなさい。（一点一画を正確に書くこと。）（各１点）

〔問２〕 傍線部Ａ「それを実感するには飛行機で旅立つのがよい。」のはなぜか。その理由として最も適切なものを、次の①～⑤のうちから一つ選んで答えなさい。（４点）

①日本語が通用しない海外に行けば、日本語とは異なる言語体系でさまざまな事物を認識している人々には、自分とは違った世界が見えているのだということが分かるから。

②言語が異なる海外の街では、「リンゴ」という文字や音列は意味のない模様や音声に過ぎず、リンゴというイメージを喚起する力がある日本語のかけがえのなさが分かるから。

③言語が異なる場所へ行けば、言葉とそれが指し示す事物とは必然的なつながりがなく、リンゴは日本語の体系においてたまたま「リンゴ」と呼ばれているに過ぎないことが分かるから。

④言葉が通じない場所では、リンゴという果物のイメージを他者と共有することができず、「リンゴ」という言葉なしでリンゴのイメージを周りへ伝えるのは難しいことだと分かるから。

⑤知らない言語が話されている異国の街では、リンゴという果物を手に入れたくても「リンゴ」という言葉はまったく役に立たず、周りの人々と言葉が通じないことの不便さが分かるから。

〔問３〕 難 思考力 傍線部Ｂ「助数詞のおかげでマヤ語では、ものを指す名詞が『形』の拘束から解放される。」とはどういうことか。その説明として最も適切なものを、次の①～⑤のうちから一つ選んで答えなさい。（３点）

①マヤ語では、助数詞がものの種類を区別するため、名詞は一つひとつの形状ではなく素材ごとのカテゴリー

を表しているということ。

②マヤ語では、助数詞が形の情報を含んでいるため、名詞はものの形状よりも物質としてのもの自体を指し示す役割を担うということ。

③マヤ語では、助数詞が形を伝える働きをもっているため、名詞は助数詞を伴うことではじめてものの形状を示すことができるということ。

④マヤ語では、ものの種類に応じて助数詞が変化するため、名詞は種類ごとの形を示す必要はなく素材としてのあり方を表現するということ。

⑤マヤ語では、助数詞の概念があるために人々がものの形状へ意識を向ける必要がなく、世界をひとつながりのものとして認識しているということ。

〔問4〕 難 思考力 空欄 X を補う語句として最も適切なものを、次の①〜⑤のうちから一つ選んで答えなさい。（3点）

①まだ名詞を使いこなせない
②まだ助数詞を正しく使えない
③まだものを正確に数えられない
④まだ言語の構造を理解できない
⑤まだ名詞が形を含意することを認識できない

〔問5〕 難 傍線部C「言語と認知をめぐる研究は、今や『実用的』な段階に来ている。」とあるが、「言語と認知をめぐる研究」はどのような「実用的」可能性を持つと筆者は考えているか。「〜という可能性。」につながるように、傍線部Cより後の本文から三十五字の部分を書き抜いて答えなさい。（句読点や記号も字数に含む。）（5点）

〔問6〕 傍線部D「フィンランドにおける労災事故の、フィン語話者とスウェーデン語話者の比較が行なわれた。」とあるが、この研究が述べられる本文において、点線部「この結果は〜不可能だという。」の部分はどのような役割を果たしているか。その説明として適切なものを、次の①〜⑤のうちから二つ選んで答えなさい。（解答の順序は問わない。）（各3点）

①スウェーデン語話者とフィン語話者とでは社会的地位や勤務先にそもそも格差があり、それが事故率の違いにつながるのではないかという可能性を排除する役割。

②スウェーデン語話者がフィンランド国民の6%弱であるというデータを示すことで、「4割」という事故率の差が社会学的に見て意味を持つ差異であることを示す役割。

③スウェーデン国内の労働環境がフィンランド国内におけるそれよりも先進的であることが、事故率の低さをもたらしているのではないかという可能性を排除する役割。

④スウェーデン語話者が言葉を話さない局面では多数派のフィン語話者と区別がつかないことから、両者はそもそも民族的に共通性が高いということを示す役割。

⑤フィンランドに暮らすスウェーデン語話者は生活習慣を含め独自の文化を持っており、そのために事故率が低くなっているのではないかという可能性を排除する役割。

〔問7〕 難 新傾向 傍線部E「異国語の要素は一国の言語文化をより香り高い豊穣なものにするだろう。」と考えられるのはなぜか。その理由にあたる三十五字以内の一文を本文から書き抜いて答えなさい。（句読点や記号も字数に含む。）（4点）

〔問8〕 難 本文の内容と合致しているものを、次の①〜⑤のうちから一つ選んで答えなさい。（5点）

①ルーシー博士が行なったマヤ語話者と英語話者の比較実験によって、物体をどのように認知するかは民族によって大きく異なり、それが言語構造の違いを生み出すということが科学的に証明された。

②言語の構造が人間の認知に影響を及ぼすかどうかについて、言語学者の間で長く論争されてきたが、二十世紀初頭には政治の世界にまで波及して民族間の深刻な対立を引き起こした。

③西暦2000年にフィンランド職業健康研究所でフィンランドとスウェーデンにおける労災事故の比較研究が行なわれ、スウェーデンの方が4割ほど事故率が低いことが分かった。

④高等教育において初等教育で身につけるものとは別の言語体系と言えるほど異なる言語に接することで、新たな認知能力を獲得することができ、そこに高等教育の意義の大部分があると思われる。

⑤情報化社会において蓄積された巨大データは、社会の効率化をはかり人々の生活を向上させるために使われるべきであって、個人の自由な行動を規制するために用いられてはならない。

三 （小説文）語句の意味・内容吟味・文脈把握・主題・意味用法の識別

次の文章を読んで、後の問いに答えなさい。（計35点）

わしらは最近、Xごはんを食べるのに二時間もかかりよる。いれ歯のせいではない。食べることと生きることとの、区別がようつかんようになったのだ。

たとえばこうして婆《ばあ》さんが玉子焼きを作る。わしはそれを食べて、昔よく花見に行ったことを思いだす。そういえば今年はうちの桜がまだ咲いとらんな、と思いながら庭を見ると、婆さんはかすかに微笑《ほほえ》んで、あの木はとっくに切ったじゃないですか、と言う。二十年も前に、毛虫がついてア難儀して、お爺《じい》さん御自身でお切りになったじゃないですか。

「そうだったかな」

わしはぽっくりと黄色い玉子焼きをもう一つ口に入れ、そうだったかもしらん、と思う。そして、ふと箸を置いた瞬間に、その二十年間をもう一度生きてしまったりする。

婆さんは婆さんで、たとえば今も鯵《あじ》をつつきながら、辰《たつ》夫《お》は来年こそ無事大学に入れるといいですね、などと言う。

「ちがうよ。そりゃ辰夫じゃない」

鯵が好物の辰夫はわしらの息子で、この春試験に失敗したのはわしらの孫、辰夫の息子なのだった。説明すると、婆さんは少しも驚いた顔をせず、そうそう、そうでしたね、と言って微笑する。まるで、そんなのどちらでも同じことだというように。すると、白い御飯をゆっくりゆっくり嚙《か》んでいる婆さんの、A伏せたまつ毛を三十年も四十年もの時間が滑っていくのが見えるのだ。

「どうしたんです、ぼんやりして」

御飯から顔をあげて婆さんが言う。

「おつゆがさめますよ」

わしはうなずいてお椀《わん》を啜《すす》った。小さな＊手鞠麩《てまりぶ》が、唇にやわらかい。

昔、婆さんも、手鞠麩のようにやわらかい娘だった。手鞠麩のようにやわらかくて、玉子焼きのようにやさしい味がした。

うふふ、と恥ずかしそうに婆さんが笑うので、わしは心の中を見透かされたようでイきまりが悪くなる。

「なぜ笑う」

ぶっきらぼうに訊《き》くと、婆さんは首を少し傾けて、お爺さんだって昔こんな風でしたよ、と言いながら、箸で浅漬けのきゅうりをつまむ。婆さんはこの頃、わしが口にださんことまでみんな見抜きよる。

ⅰふいに、わしは妙なことに気がついた。婆さんが浴衣《ゆかた》を着ているのだ。白地に桔梗《ききょう》を染めぬいた、いかにも涼し気なやつだ。

「お前、いくら何でも浴衣は早くないか」

わしが言うと婆さんは穏やかに首をふり、目を細めて＊濡《ぬ》れ縁《えん》づたいに庭を見た。

「こんなにいいお天気ですから大丈夫ですよ」

たしかに、庭は［Ⅰ］とあたたかそうだった。

「飯がすんだら散歩にでもいくか。土手の桜がちょうど見頃じゃろう」

婆さんは、ころころと嬉《うれ》しそうに声をたてて笑う。

「きのうもおとついもそう仰有《おっしゃ》って、きのうもおとついもでかけましたよ」

ふむ。そう言われればそんな気もして、わしは黙った。そうか、きのうもおとといも散歩をしたか。婆さんは、まだ［Ⅱ］笑っている。

「いいじゃないか」

B少し乱暴にわしは言った。

「きのうもおとといも散歩をして、きょうもまた散歩をしてどこが悪い」

はいはい、と言いながら、ⅱ婆さんは笑顔のままでお茶をいれる。ほとほとと、快い音をたてて熱い緑茶が湯呑《ゆの》みにおちる。

「そんなに笑うと皺《しわ》がふえるぞ」

わしは言い、浅漬けのきゅうりをぱりぱりと食った。

土手は桜が満開で、散歩の人出も多く、ベンチはどれもふさがっていた。子供やら犬やらでにぎやかな道を、わしらはならんでゆっくり歩く。風がふくと、ⅲ花びらがたくさんこぼれおち、風景がこまかく白い模様になった。

「空気がいい匂いですねえ」

婆さんはうっとりと言う。

「ⅳいいですねえ、春は」

わしは無言で歩き続けた。昔から、感嘆の言葉は婆さんの方が得手なのだ。婆さんにまかせておけば、わしの気持ちまでちゃんと代弁してくれる。

足音がやんだので横を見ると、婆さんはしゃがみこんでぺんぺん草をつんでいた。

「行くぞ」

桜がこんなに咲いているのだから、雑草など放っておけばいいものを、と思ったが、ぺんぺん草の葉をむいて、嬉《うれ》しそうに揺らしながら歩いている婆さんを見たら、Cどうもそうは言えんかった。背中に、日ざしがあたたかい。

散歩から戻ると、妙子《たえこ》さんが＊卓袱台《ちゃぶだい》を拭いていた。

「お帰りなさい。いかがでした、お散歩は」

妙子さんは次男の嫁で、電車で二駅のところに住んでいる。

「いや、すまないね、すっかりかたづけさしちゃって。いいんだよ、今これがやるから」

ひょいと顎で婆さんを促そうとすると、そこには誰もいなかった。妙子さんはほんの束《つか》の間同情的な顔になり、それからことさらにあかるい声で、

「Dそれよりお味、薄すぎませんでした」

と訊く。

「ああ、あれは妙子さんが作ってくれたのか。わしはまたてっきり婆さんが作ったのかと思ったよ」

頭が少しぼんやりし、急に疲労を感じて濡れ縁に腰をおろした。

「婆さんはどこかな」

声にだして言いながら、わしはふいにくっきり思いだす。あれはもう死んだのだ。去年の夏、カゼをこじらせて死んだのだ。

「妙子さん」

わしは呼びかけ、その声の弱々しさに自分で驚いた。なんですか、と次男の嫁はやさしくこたえる。

「E夕飯にも、玉子焼きと手鞠麩のおつゆをつくってくれんかな」

いいですよ、と言って、次男の嫁はあかるく笑った。

ⅴわしは最近、ごはんを食べるのに二時間もかかりよる。入れ歯のせいではない。ⅵ食べることと生きることとの区別がようつかんようになったのだ。


（江國《えくに》香織《かおり》「晴れた空の下で」による）

（注）＊手鞠麩＝色のついた小さな麩で、吸い物などに用いられる。
＊濡れ縁＝雨戸の敷居《しきい》の外側に作り、雨に濡れるにまかせてある縁側。
＊卓袱台＝四本の短い足のついた食事用の台。

〔問1〕よく出る 基本 二重傍線部ア「難儀して」、イ「きまりが悪くなる」の本文中の意味として最も適切なものを、次の①～⑤のうちからそれぞれ一つずつ選んで答えなさい。（各2点）

ア、難儀して
①混乱して
②悲観して
③動揺して
④決意して
⑤苦労して

イ、きまりが悪くなる
①不愉快になる
②立場がなくなる
③素直でなくなる
④照れくさくなる
⑤我慢できなくなる

〔問2〕難 傍線部A「伏せたまつ毛を三十年も四十

年もの時間が滑っていくのが見えるのだ。」とあるが、ここで「わし」はどう感じているか。その説明として最も適切なものを、次の①〜⑤のうちから一つ選んで答えなさい。（4点）

①息子のことだけでなく孫の思い出も蘇《よみがえ》り、過ぎ去ってしまった様々な出来事を懐かしく感じている。
②記憶の間違いを正しても少しも気にしない婆さんに対し、自分の思いが伝わらないもどかしさを感じている。
③時の流れや人の変化に頓着することなく変わらずそこにいる婆さんを見て、その存在をありありと感じている。
④過去の思い出を全く気にしない婆さんを見て、遠くに行ってしまうのではないかとかすかに不安を感じている。
⑤昔のことを忘れてしまった婆さんを見ているうちに、自分も記憶の正しさに確証がもてなくなったと感じている。

〔問3〕**基本** 空欄 I ・ II に入る語句の組み合わせとして最も適切なものを、次の①〜⑤のうちから一つ選んで答えなさい。（2点）

①〔I　からから　II　けたけた〕
②〔I　ぽかぽか　II　わなわな〕
③〔I　ぬくぬく　II　こそこそ〕
④〔I　うらうら　II　くつくつ〕
⑤〔I　さんさん　II　にたにた〕

〔問4〕傍線部B「少し乱暴にわしは言った。」とあるが、なぜか。その理由として最も適切なものを、次の①〜⑤のうちから一つ選んで、答えなさい。（4点）

①婆さんが自分の記憶違いを愉快に感じていたため、わざとおどけてみせることで一層笑わせようとしたから。
②婆さんに記憶の曖昧さを指摘されて気恥ずかしくなるとともに、その恥ずかしさを何とか紛らせたかったから。
③記憶の間違いを指摘してくる婆さんを大きな声を出すことで威嚇《いかく》し、間違いをなかったことにしようとしたから。
④ちょっとした失敗をあからさまに笑う婆さんを見て腹立たしくなり、話を遮ることで困らせてみたくなったから。
⑤いつも食後に散歩することばかりを考えていると婆さんに指摘されて、思わず自分で自分が情けなくなったから。

〔問5〕**難** 傍線部C「どうもそうは言えんかった。」とあるが、なぜか。その理由として最も適切なものを、次の①〜⑤のうちから一つ選んで答えなさい。（4点）

①春の美しさを理解できない自分に代わって春の情景を愛《め》でる婆さんを見て、婆さんの心の美しさを羨ましく思うようになったから。
②桜を見るのを楽しみにしていたが、桜よりも足元の雑草に春の美しさを見出《みいだ》す婆さんを見て、その感性の豊かさに思わず感動したから。
③雑草に興味を持つ婆さんに苛立《いらだ》ちを感じていたが、暖かな日差しの中で桜を見ているうちに、そんな苛立ちが些細《ささい》なことに感じられたから。
④ぺんぺん草を愛おしそうに摘《つ》む婆さんを見て、婆さんは自分の気持ちをいつでも優しく受け止めてくれる存在なのだと改めて気づいたから。
⑤土手の桜を見るために散歩を始めたが、童心にかえったようにぺんぺん草を摘んで喜ぶ婆さんを見て、優しくあたたかな気持ちになったから。

〔問6〕傍線部D「それよりお味、薄すぎませんでした」とあるが、このように言ったのはなぜか。その理由として最も適切なものを、次の①〜⑤のうちから一つ選んで答えなさい。（4点）

①まだ「婆さん」は死んでいないと頑《かたく》なに信じようとする義父を残念に思うとともに、あえて話題を変えることで「婆さん」のことを忘れさせるため。
②「妙子さん」の手伝いを受け入れられず一人で家事をこなそうとする義父を可哀想《かわいそう》に思うとともに、食事に気を向かわせることで、義父を元気づけるため。
③記憶が混同している義父を心配に思うとともに、健康に気を遣う発言をすることで義父への思いやりを示し、辛い気持ちを乗り越えられるよう励ますため。
④「婆さん」がまだ生きていると思い込んでいる義父を気の毒に思うとともに、話題を変えることで義父を気遣い、自分の気持ちを悟られないようにするため。
⑤あくまで「婆さん」の生前と同じように振舞おうとしている義父を哀れに感じるとともに、食事の話題を振ることで、自分が「婆さん」の代わりとなるため。

〔問7〕傍線部E「夕飯にも、玉子焼きと手鞠麩のおつゆをつくってくれんかな」とあるが、このときの「わし」の心情として最も適切なものを、次の①〜⑤のうちから一つ選んで答えなさい。（5点）

①婆さんの不在を思い出したことで、自身の老いという現実に急激に引き戻され心細くなったため、婆さんの存在を感じることのできる料理を食べることで心の隙間を埋めようとしている。
②今まで婆さんの代わりに家事をこなす妙子さんの存在を無意識に拒否していたが、初めて婆さんの死に納得することができたため、これからは嫁に頼って生きていこうと思い始めている。
③一度は婆さんの不在を納得したものの、その事実を容易には受け止めることができなかったため、婆さんが生きていた頃と同じ食生活を送ることで再び記憶の混濁の中に身を沈めようとしている。
④婆さんの死因を思い出したことによって、自分も本当は病を抱えていたという事実に気づき、身体の不調を改めて実感するとともに、食事にすがることで健康だった頃の自分を取り戻そうとしている。
⑤婆さんが死ぬまでの過程をはっきり思い出し、一度に年をとってしまったように感じるとともに、死の存在をも身近に感じて言葉にできない不安を感じたため、妙子さんに助けを求めようとしている。

〔問8〕**難** この小説の表現上の工夫を説明したものとして適切なものを、次の①〜⑥のうちから二つ選んで答えなさい。（解答の順序は問わない。）（各3点）

①点線部iは、「わし」がふいに「婆さん」の着ている「浴衣」に気がつくという表現によって、「婆さん」の実

在そのものに違和感を投げかけている。
②点線部iiは、「笑顔のまま」であることを強調することにより、「婆さん」が本当は怒りや哀《かな》しみを心の奥に押し隠す人物であることを示唆《しさ》している。
③点線部iiiは、擬人法が用いられていることにより、桜が地面に舞い落ちるように、命もまたはかなく散ってしまうものであるという無常観を表している。
④点線部ivは、倒置法が用いられていることで、春という季節の特殊性を強調し、春だからこそ様々な出会いや別れがあるのだという真理を提示している。
⑤小説冒頭の「わしらは」が、点線部vでは「わしは」に変化していることで、「婆さん」の死を受け止められない「わし」の気持ちが表現されている。
⑥小説冒頭と点線部viではほぼ同じ文が反復されており、食事をきっかけに過去の時間が蘇り、その中をもう一度生き直す「わし」の姿を浮かび上がらせている。

〔問9〕**基本** 太線部X「ごはんを食べるのに」に含まれている「の」と同じ用法のものを、次の①～⑤のうちから一つ選んで答えなさい。（2点）
①サイズの大きいほうをください。
②仲が良すぎるというのも困ったものだ。
③彼はいつも姉に対し素直になれないのだ。
④花の都といえばパリが思い浮かぶだろう。
⑤ほんの少しだけ前に踏み出す勇気が必要だ。

三 （古文）古典知識・口語訳・内容吟味

次の文章を読んで、後の問いに答えなさい。（計30点）

*項県《こうけん》の民姚牛《えうぎう》、年《とし》十余歳にして、A父郷人《きやうじん》の殺す所と為《な》る。*牛常て衣物《いぶつ》を売りて*刀戟《たうげき》を市《か》ひ、図りて*報讐《ほうしう》せんと欲す。後に*県署の前に在りて相遇《あ》ひ、手づからⓐ之《これ》を衆中に刃《き》る。*吏《り》は捕へ得《う》るも、B*官長深く孝節なるを矜《あはれ》み、為《ため》に其《そ》の事を*推遷《すいせん》し、*赦《しや》に会ひて免《まぬか》るるを得《う》。又た*州郡の救ふことを*論ずる為に、C遂《つひ》に他《た》無きを得。

*令《れい》後に猟に出《い》づるに、鹿を逐《お》ひて草中に入《い》る。古き*深穽《しんせい》数処有り、馬将《まさ》にⓑ之に趣《おもむ》かんとす。忽《たちま》ちD*一公《いつこう》の杖《つゑ》を挙げ馬を撃つを見る。馬驚きて避け、鹿に及ぶを得ず。令怒り、弓を引きて将にⓒ之を射《い》んとす。公曰《い》はく、「此《こ》の中《うち》に穽有り。君の堕《お》つるを恐るるのみ。」と。令曰はく、「汝《なんぢ》何人《なんぴと》為《た》るか。」と。*翁《おきな》跪《ひざまづ》きて曰はく、「*民は姚牛の父なり。君の牛を活《い》かすに感じ、故《ゆゑ》に来《きた》りて［X］。」と。因《よ》りて滅して見えず。E令身《みづか》ら冥事《めいじ》に感じ、官に在ること数年、多く民に恵《けい》す。

（『幽明録《ゆうめいろく》』による）

（注）
*項県＝河南省の県の名。
*牛＝姚牛のこと。
*刀戟＝刀やほこなどの武器。
*報讐＝復讐すること。
*県署＝県の役所。
*吏＝役人。
*官長＝県の長官。
*推遷＝審理を延長すること。
*赦＝恩赦。天子の特別の情けによって罪を許すこと。
*州郡＝県を所管する上位の行政単位。
*論＝判決を下す。
*令＝「官長」と同一人物。
*深穽＝野獣を捕獲するために掘られた深い落とし穴。
*一公＝一人の老人。
*翁＝「一公」と同一人物
*民＝ここでは「翁」の自称。わたくし。

〔問1〕**基本** 点線部「鹿を逐ひて草中に入る。」とあるが、これは「逐鹿入草中。」を書き下し文にしたものである。本文の読み方に従って、返り点を記しなさい。

〔問2〕傍線部A「父郷人の殺す所と為る。」とは、どういうことか。最も適切なものを、次の①～⑤のうちから一つ選んで答えなさい。（4点）
①父が同郷の人を殺した。
②父の同郷の人が殺された。
③父が同郷の人に殺された。
④父が同郷の人に人殺しをさせた。
⑤父の同郷の人が姚牛を殺そうとした。

〔問3〕太線部ⓐ～ⓒの「之」は、それぞれ何を指すか。組み合わせとして正しいものを、次の①～⑤のうちから一つ選んで答えなさい。（4点）
①〔ⓐ父　ⓑ深い落とし穴　ⓒ鹿〕
②〔ⓐ父　ⓑ鹿がいる草むら　ⓒ老人〕
③〔ⓐ役人　ⓑ深い落とし穴　ⓒ馬〕
④〔ⓐ同郷の人　ⓑ鹿がいる草むら　ⓒ馬〕
⑤〔ⓐ同郷の人　ⓑ深い落とし穴　ⓒ老人〕

〔問4〕傍線部B「官長深く孝節なるを矜み」とあるが、官長は具体的にどのような行為を「孝節（親孝行）」だとしてあわれんだのか。最も適切なものを、次の①～⑤のうちから一つ選んで答えなさい。（3点）
①姚牛が無実の父親を助けるために、自ら真犯人を斬りつけ役人に捕らえられた行為。
②姚牛が父の公平な裁判をしてもらうために、不正をしている役人を斬りつけた行為。
③姚牛が同郷の人に申し訳なく思い、罪を犯した父親を正義のために殺そうとした行為。
④姚牛が十数歳にもかかわらず、衣服などを売ってまで親の敵討ちをしようとした行為。
⑤姚牛が罪を犯した父親をかばうために、父親の代わりに犯人として捕らえられた行為。

〔問5〕**難** 傍線部C「遂に他無きを得。」とは、どういうことか。最も適切なものを、次の①～⑤のうちから一つ選んで答えなさい。（4点）
①姚牛は何のおとがめも受けなかったということ。
②州や郡以外の役所の判決は受けなかったということ。
③姚牛は手痛い刑罰を受けたが、命だけは救われたということ。
④審理を延長し恩赦を受ける以外の方策はなかったということ。
⑤他の部署から姚牛の件に関する長官への指示はなかったということ。

〔問6〕**難** 傍線部D「一公の杖を挙げ馬を撃つを見る。」とあるが、老人が「杖を挙げ馬を撃」った意図と、これを見て長官がどのように感じているかについて、最

も適切なものを、次の①～⑤のうちから一つ選んで答えなさい。（3点）

①老人は馬を暴走させてその隙に鹿を助けようとしたが、長官は老人が猟の邪魔をしたことに腹立たしさを感じている。

②老人は長官が落とし穴に落ちるのを助けようとしたが、長官は追い詰めた鹿を捕り逃がしたことに怒りを感じている。

③老人は長官を落とし穴に落とそうとしたが、長官はそれに気づかずあくまでも鹿に逃げられたことを悔しく感じている。

④老人は長官の馬を杖でせかして鹿を捕まえやすくしようとしたが、長官は大切な馬を傷つけられたことに怒りを感じている。

⑤老人は馬が落とし穴に落ちるのを助けようとしたが、長官は大切な馬が落とし穴に落とされそうになったことに憤りを感じている。

〔問7〕空欄 X に入る最も適切なものを、次の①～⑤のうちから一つ選んで答えなさい。（4点）

①恩を謝す　②願いを述ぶ　③恨みを晴らす

④憎しみを捨つ　⑤喜びを分かつ

〔問8〕 難 傍線部E「令身ら冥事に感じ」とあるが、ここでの「冥事（あの世のこと）」とはどういうことか。最も適切なものを、次の①～⑤のうちから一つ選んで答えなさい。（4点）

①長官を危険にさらしたのは、処刑された郷里の人の怨《おん》霊《りょう》であったということ。

②落とし穴に長官を誘いこもうとしたのは、姚牛の父の怨霊であったということ。

③落とし穴が消えたのは、姚牛の父が身につけた不思議な霊力であったということ。

④長官を危ないところで救ってくれたのは、姚牛の亡くなった父であったということ。

⑤長官が生き返ることができたのは、命を助けた姚牛の父のおかげであったということ。

お茶の水女子大学附属高等学校

時間 50分　満点 100点　解答 P58　2月13日実施

出題傾向と対策

●論説文、小説文、古文各一題の三題構成。論説文、小説文の内容は標準レベルだが、設問は高い思考力を求めるものが多く、記述式の問題では本文の根拠から自分の言葉にまとめ直す高度な作業が求められる。古文は文法、語意、読解を幅広く問うもので、総合力が求められる。

●解答時間に比べて作業量が多いので選択問題・記述問題を問わず時間を意識した演習が必要。知識の補充は必須であるが、思考力を問う設問、記述の設問に対する事前の訓練を過去問などしっかり積んでおくことが重要。

注意　字数制限のある問いについては、特に指示がない限り、句読点・記号も一字として数えなさい。

一 （論説文）漢字の読み書き・語句の意味・文脈把握・内容吟味・課題作文・条件作文

次の文章を読んで、あとの問いに答えなさい。

コミュニケーション力という言葉を聞いて、どんなことを思い浮かべるだろう。私は、初めにこやかに談笑しながら意見交換をする人々の姿を思い浮かべた。そういうことができる人がコミュニケーション力が高いのではないかと。その後、この言葉が広く流布《るふ》するにいたり、また、企業が新人社員に求める能力のナンバーワンがこの能力だという情報に接するにつけ、談笑しながら意見交換をする力というだけでは足りないのではないかと思うようになった。多くの人々の前で分かりやすくプレゼンする力、会議で意見をたたかわせながら相手を説得していく力、多くの人とスムーズな人間関係を築くための会話をする力、場合によっては関係が壊れてしまった誰かとの関係をaシュウフクする力……、そういうものを含めてコミュニケーション力というのではないかと思うように変わっていった。一方で、寡黙であまりしゃべらないけれど、いつも確かな考えに基づいて行動し、皆の信頼を得ているような人のコミュニケーション力はどうなのだろう、「話す」「聞く」を中心とした目に見える言語活動から測ることができるものだけがコミュニケーション力なのだろうかと疑問に思うようにもなっていった。

このような疑問には理由がある。大学の講義でのことであったと思うが、「コミュニケーションにおいて、言語活動がb占める割合はどれほどのものか?」という質問があった。会話がコミュニケーションの中心で、他は添え物のようなものだと思っていた私は会話が七割くらいだろうと予想した。結果は、まるで逆だった。「 I 割が言語活動、他が II 割というのが一般的ですが、中には他が九割という研究結果もあります」と話があった。それを聞いていて思い出したことがある。これも大学で教授から聞いた。かなり以前のことになる。教授は、放送局のアナウンサーになるための試験を受けることになった。その面接で「『うれしい』を六通りに表現してください」という課題があった。飛び上がりたいほど「うれしい」から、本当はうれしくないけど相手に気を遣って口にする「うれしい」まで、いろいろな場面を想定して表現したという。文字に起こせば、たとえばメールで書けば、一様に「うれしい」となるだけのことである。確かに①コミュニケーションにはいろいろなものが絡《から》む。そういういろいろが欠落した言語活動は、コミュニケーションの名にc値しないかもしれない。その講義を聴き終わるまでに私が考えていたことは、そんなところである。

内《うち》田《だ》樹《たつる》〔注1〕氏による、その講演は「コミュニケーション力とは何か」を一つのテーマとしていた。氏は、こう切り出した。「コミュニケーション力とは、どこかに謳《うた》われているような『自分の意見をはっきりと言う力』などではない。今この瞬間に（相手への表現を）イノベーションする力を言う。そうでないと相手には届かない」。イノベーションの訳語として、まず浮かぶのは、「技術dカクシン」という語だが、よく調べてみるとイノベーションには、物事の「新結合」「新機軸」「新しい切り口」「新しい捉え方」「新しい活用法」（を創造する行為）等の意味がある。新しい切り口で言葉の新しい活用を創造していくことこそ、コミュニケーション力の本質である、氏はそう語っていた。

その後の説明である。「（コミュニケーション力とは）コミュニケーションが成立しなくなっている状況で、それでも意思疎通ができる力を言う。②プラットホームができていて、その上のコンテンツ[注2]をどうするかという問題ではない。プラットホームが壊れているときに、棒でも瓦礫《がれき》でも樋《とい》でもそこら辺にころがっているものを使って、何とかして架橋する。通じていないところを通じさせるようにする。それがコミュニケーション力、自分が使っているコードを破る力である」と話があった。

次に、コードを破ってコミュニケーションを図った優れた例が挙げられた。③勝海舟《かつかいしゅう》[注3]にまつわる有名な話で、司馬遼太郎《しばりょうたろう》[注4]氏が書いている。坂本龍馬《さかもとりょうま》[注5]が海舟を訪ねてくる。このときの龍馬は、A血気にはやった単純な青年に過ぎない。攘夷《じょうい》[注6]を単純に良いことだと信じていて、「勝を斬る」とはやっている。その龍馬に勝は言う、「おう、まず、あがんなよ。俺を斬りに来たんだろ」と。家に招き入れて、開国論を縷々《るる》述べる。話が終わったときには、龍馬は「勝先生、弟子にしてください」と言うようになっている。龍馬は「この人は本物だ」「この人の言っていることには迫力がある」と感じたのであろう。自分と全く意見の違う人間と出会って、生きるか死ぬかという状況に追い込まれて、どう生き延びるか、そこに働いた力こそコミュニケーション力と言える。なるほど、④私にはコミュニケーション力について勘違いしてきたところがある。

こんな想像をした。ドレスなど興味がなく、持っているお金で絵画を買おうと思って複合商業施設を訪れた客があったとして、その客を自分の店に案内し、ドレスを買ってもらったということがあったとすると、そのときのやりとりに働いていた力にはコミュニケーション力が関わっていると言ってもよいのではないか……。例がB卑近に過ぎた。業界ごとに、専門分野ごとにプラットホームが違ってしまって、業界、専門が違うと、コミュニケーションが成立しないという問題が生じているからである。それだけではない。ときに、この国では世代ごとにプラットホームが違ってしまったのではないかと思うことがある。スマホネイティブ[注7]とも言われる子どもたちとその祖父母の間には、ある種のコミュニケーションeフゼンが広がっている。

さて、⑤コミュニケーション力と読解力の関係である。仲間うちの話、あるいは会社での会議、同じ関心を持つ人へのプレゼンなどに対してさほどコミュニケーション力は必要なく、同時にさほど読解力も必要ではない。しかし、プラットホームが異なるところに何とか架橋しようという場合は、そうはいかない。相手のプラットホームがどうなっているか、自分のプラットホームとどう違うか、そこからスタートする。スタートに必須の力は読解力だと思う。そのうえで相手が渡りやすいような橋を架けていく。相手が読み取りやすいような橋として何を選んだらよいか、どんな言葉が必要か、自分のコードから出て考える。実はそこにも全体状況に対する読解力が働くのだと思う。

内田氏は、通じ合えない場面に出会い続けるのが人生だと話した。そのときは臨機応変に対処する。マニュアルなどない。そこで発揮される力がコミュニケーション力というわけだが、そのとき働く「コミュニケーション力」とは、「生きる力」にほかならない。

（村上慎一《むらかみしんいち》『読解力を身につける』による。本文を改めたところがある）

[注1] 内田樹…一九五〇〜。思想家、武道家、作家。神戸女学院大学名誉教授。専門はフランス現代思想。
[注2] コンテンツ…中身、内容。
[注3] 勝海舟…一八二三〜一八九九。江戸時代末期（幕末）から明治時代初期の武士（幕臣）、政治家。
[注4] 司馬遼太郎…一九二三〜一九九六。小説家、ノンフィクション作家、評論家。
[注5] 坂本龍馬…一八三五〜一八六七。江戸時代末期の志士、土佐藩郷士。
[注6] 攘夷…幕末期に広まった、外国との通商に反対し、外国を撃退して鎖国を続けようとする排外思想。
[注7] スマホネイティブ…スマートフォン（スマホ）が普及している環境で生まれ育った世代。

問一、二重傍線部a・b・c・d・eについて、漢字はその読み方をひらがなで記し、カタカナは漢字に改めなさい。

問二、点線部A「血気にはやった」・B「卑近に過ぎた」のここでの意味として最も適切なものを次の中から選び、それぞれ記号で答えなさい。

A「血気にはやった」
ア、明るく元気な
イ、おごりたかぶった
ウ、思いやりにあふれた
エ、決意をもって立ち上がった
オ、向こう見ずに意気込んだ

B「卑近に過ぎた」
ア、抽象にすぎた　イ、特殊すぎた
ウ、難解すぎた　エ、飛躍しすぎた
オ、身近すぎた

問三、□Ⅰ・Ⅱにあてはまる漢数字をそれぞれ答えなさい。

問四、思考力 傍線部①「コミュニケーションにはいろいろなものが絡む」とありますが、「いろいろなもの」としてどのようなものが考えられますか、自分で考えて三つ挙げなさい。

問五、難 傍線部②「プラットホーム」とありますが、この語は、本文全体を通してどのような意味で用いられていますか。二五字以内で説明しなさい。

問六、傍線部③「勝海舟にまつわる有名な話」とありますが、この例はある主張の裏付けとなっています。それはどのような主張ですか、説明しなさい。

問七、傍線部④「私にはコミュニケーション力について勘違いしてきたところがある」とありますが、作者のコミュニケーション力の理解について説明した次の文の空欄に当てはまる語を、それぞれ本文中から指定の字数で抜き出して答えなさい。

作者がはじめに考えていたコミュニケーション力とは（1　七字　）力のことである。しかし、内田氏による勝海舟の話から、（2　三字　）力だと考えるようになった。

問八、傍線部⑤「コミュニケーション力と読解力の関係」について、筆者はどのように考えていますか。説明として最も適切なものを次の中から選び、記号で答えなさい。

ア、生きるか死ぬかという状況に追い込まれたときに生き延びるためには、読解力は必要なく、コミュニケーション力もさほど必要ではない。

イ、多くの人々の前で全体状況に対する読解力を働かせ、意見をたたかわせながら相手を説得していく力がコミュニケーション力である。

ウ、自分とは異なる考えをもつ相手の言葉や状況を読み取る力が読解力であり、それをもとにして意思疎通をはかることがコミュニケーションである。

エ、専門や世代が異なる人とにこやかに談笑しながら意見交換する力がコミュニケーション力であり、それは読解力とは異なるものである。

オ、仲間うちや同じ関心をもつ人とのコミュニケーションにおいて、自分の言葉を相手にとどける新しい切り口を創造する力が読解力である。

問九、【思考力】【新傾向】あとの表は、文化庁が実施した「国語に関する世論調査」の結果を示したものです。この表について、次の1・2の各問いに答えなさい。

1、表から分かることを、次の語を用いて四〇字以内でまとめなさい。

【　誤解　・　コミュニケーション　】

2、この世論調査をもとに文化庁がまとめた報告には【問い】と回答の形式（Q&A）で、コミュニケーション上の注意点などについて解説が加えられています。次の【問い】に対する回答を、本文の内容を踏まえながら自分で考えて書きなさい。

【問い】　自分の言ったこと、書いたことが、思ったとおりに相手に伝わらないことや、相手の意図をうまく受け取れないことがあります。誤解は防げないものでしょうか。

平成24年度国語に関する世論調査

Q1,2 人の言いたいことが理解できなかった、自分の言いたいことが伝わらなかった、それぞれの経験

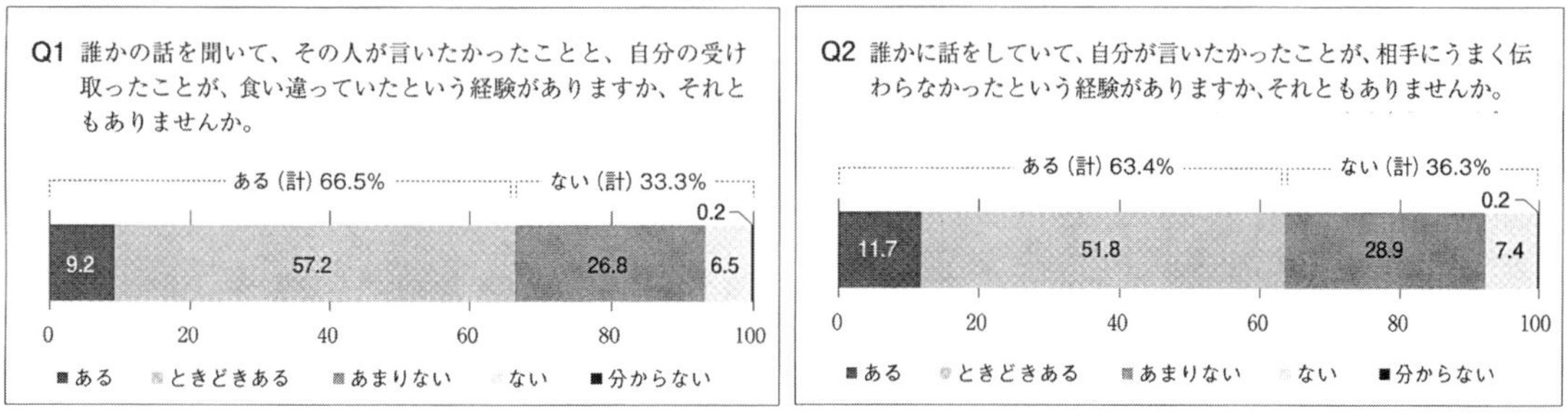

二（小説文）文脈把握・品詞識別・語句の意味・内容吟味

次の文章を読んで、あとの問いに答えなさい。

蓄音機の道具を散らかしたまま、彼は日の暮れまで［ I ］睡《ねむ》った。

「おい、章三郎、起きねえか、起きねえか。」

こう呼ばれたので眼を覚ますと、親父《おやじ》が[注1]険相《けんそう》な顔をして枕もとに立ちながら、足の先で彼の臀《しり》っぺたを揺す振って居る。

「いくら親父だって、自分の倅《せがれ》を起《おこ》すのに足蹴《あしげ》にしないでもよさそうなものだ。何と云《い》う無教育な人間なんだろう。」

章三郎は［ II ］したが、考えてみると父親をこれ程i荒っぽい、野蛮な人間にさせてしまったのは、①彼自身の罪であった。彼の父は決して昔からこんな乱暴な、子供に対して冷酷な人間ではなかったはずである。今でも妹のお富を初め、母親やその他の者に摑《つか》まると、むしろ軽蔑されるくらいの好人物に見えるのだが、ただ[注2]総領の章三郎に対してのみ、猛獣のように威張りたがった。

[注3]畢竟《ひっきょう》それは章三郎が、あまりに親の権力と云うものを無視して懸《かか》って、これまでに散々父の根性を[注4]僻《ひが》めてしまった結果なのである。せめて表面だけでも、父の顔が立つように仕向けてやればよかったものを、彼にはたったそれだけの我慢が出来ず、Aけんもほろろに取り扱うので、父親の方でも、「何糞《なにくそ》！」と云う了見になるのであった。

「父を無教育だと罵る前に、教育のある己《おの》れから、まず第一に態度を改めてかかるがよい。そうすれば父も段々素直になって、必ず感情が融和するに違いない。」——

彼にはこの理窟《りくつ》がよく分《わか》って居た。B虫を殺して、父親に優しくしてさえ居れば、自分の良心も少しは休まる暇があろうと、思わないではなかった。そう知りながら、一旦父親の顔を見ると、——もしくはひと言叱言《こごと》を云われると、不思議にもたちまち意地が突っ張って来て、到底大人しく服従する訳に行かなくなった。

父を軽蔑すると云っても、もちろん積極的に悪罵を浴びせたり、腕を捲《ま》くったりするのではない。それが出来るくらいなら、彼は恐らく父に対して、②これ程の不愉快を抱

かないでも済んだであろう。父を全然他人のように感じ、他人のように遇する事が出来たなら、彼はもう少し仕合わせになり得るはずであった。自分を罵る者が他人であったなら、彼は容赦なく罵り返してやるだろう。誤解する者が他人であったなら、彼はただちに弁解を試みるであろう。憐《あわ》れな者、卑しむべき者、貧しき者が他人であったなら、彼はその人を慰め、敬遠し、恵む事が出来たであろう。場合によってはその人と絶交する事も出来たであろう。ただただその人が彼の肉身の父であるために、ほとんどこれに施す可《べ》き術《すべ》がないのである。

章三郎が、父に対しての術を施し得ないのは、必ずしも彼に道徳があるからではない。道徳と云う一定の固まった言葉では、とても説明することの出来ない、或《あ》る不思議な、胸のつかえるような、頭を圧《お》さえつけられるような、暗い悲しい ii 腹立たしい感情が、常に父親と彼との間に介在して居て、彼はどうしても打ち解ける事が出来なかった。たまたま父の前へ出れば、無闇に反抗心が勃興して、不平や癇癪《かんしゃく》がムラムラと込み上げて来る。ところが父親の痩せ衰えた顔の中には、何となく陰鬱な、人に憐愍《れんびん》を起させるような傷々《いたいた》しい俤《おもかげ》があって、そのために章三郎は口を利《き》くことも、身動きをすることも出来なくなる。この老人の血液の中から、自分と云う者が生れたのかと考えると、何だか iii たまらない気持ちがして、体が一時に硬張《こわば》ってしまう。

「二十五六にもなって、毎日学校を怠けてばかり居やあがって、一体手前《てめえ》はどうする気なんだ。……どうする気なんだってばよ！」

折々彼は、否応《いやおう》なしに父親の傍《かたわら》へ呼び付けられて、［Ⅲ］詰問《きつもん》されて、意見を聴かされる時がある。そんな場合に章三郎は、面と向って据わったまま、いつまで立っても返辞《へんじ》をしなかった。

「手前だってまさか子供じゃあねえんだから、ちッたあ考《かんげ》えがあるんだろう。え、おい、全体どう云う了見で、毎日ぶらぶら遊んで居るんだ。考えがあるならそれを云ってみろ。」

こう云う調子で、親父は［Ⅳ］膝を詰め寄せるが、二時間でも三時間でも章三郎は黙って控えて居る。

「考えがある事はあるけれど、説明したって分りゃしませんよ。」

と彼は腹の中で呟《つぶや》くばかりで、③決して口へ出そうとしない。そうかと云って、一時の気休めに出鱈目《でたらめ》な文句を列《なら》べ、父親を安心させようと云う気も起らない。そんな気を起す余裕がない程、彼の心は惨憺《さんたん》たる感情に充《み》たされるのである。しまいに親父が焦立《いらだ》って来て、いよいよ乱暴な言葉を用いると、章三郎も胸中に漲《みなぎ》る反抗心を、出来るだけ明《めい》瞭《りょう》に表情と態度とによって誇示しようとする。例えば恐ろしい仏頂面《ぶっちょうづら》をして、眼を瞋《いか》らせるとか、相手が夢中で怒鳴って居る最中に殊更仰山《ことさらぎょうさん》なあくびをして見せるとかした。

「ちょッ」

と親父は舌打ちをして、

「まあ何て云う奴《やつ》だろう。親に意見をされながら、あくびをする奴があるか。第一手前のその面は何だ。何でそんなに膨れッ面をして居るんだ。」

こう云われると章三郎は始めていくらか胸が［Ⅴ］する。つまり自分の表情と態度の意味が、親父の神経にまで届いた事を発見して、やっと反抗の目的を達したように、C溜飲《りゅういん》を下げるのである。

「ほんとうに呆《あき》れ返《けえ》って話にもなりゃしねえ。先《さっき》から口を酸《す》っぱくして聞いてるのに、黙ってばかり居やあがって、剛情《ごうじょう》なのか馬鹿なのか訳が分らねえ。……これから何だぞ、うんと性根を入れ換えて、ちっとしっかりしなきゃあ駄目《だめ》だぞ。今までみたいに寝坊をしないで、朝は六時か七時に起きて、毎日必ず学校へ出掛けて行きねえ。それにもう、今までのように矢鱈《やたら》に余所《よそ》へ泊って来ちゃあならねえぞ。出て行ったっきり、三日も四日も何処《どこ》かへ泊って来るなんて法があるもんじゃねえ。これからきっと改めないと承知しねえから……」

結局親父は我を折って、多少哀願的な調子になって、捨て台辞《ぜりふ》を云った揚句《あげく》に章三郎を放免する。この時になると、さすがに父の眼底には、いつも涙が光って見えた。

「涙を浮《うか》べるくらいなら、なぜもう少し iv 温かい言葉をかけてくれなかったのだろう。そうして己《おれ》も、なぜもう少し、優しい態度になれなかったのだろう。」

そう思うと章三郎は、④別な悲しみがひしひしと胸に迫るのを覚えた。いっそ親父があくまで強硬な態度を通してくれた方が、かえって此方《こっち》も気が楽であった。

（谷崎潤一郎《たにざきじゅんいちろう》「異端者の悲しみ」による。本文を改めたところがある）

［注1］険相な…怒って顔つきが険しくなった様。
［注2］総領…一番上の子供。戦前は、一般的には後継ぎになるので、父親に次いで、家族の中で特別に優遇され、期待もされた。
［注3］畢竟…つまり、結局。
［注4］僻めて…ゆがめて。

問一、［　］Ⅰ・Ⅱ・Ⅲ・Ⅳ・Ⅴに入れるのに最も適切な語を次の中から選び、それぞれ記号で答えなさい。ただし、同じ記号を二度以上使ってはいけません。
ア、うとうとと　イ、じりじりと　ウ、せいせい
エ、ねちねちと　オ、むっと

問二、よく出る 二重傍線部i・ii・iii・ivの中で品詞の異なるものを一つ選び、記号で答えなさい。

問三、点線部A「けんもほろろに」・B「虫を殺して」・C「溜飲を下げる」のここでの意味として最も適切なものを次の中から選び、それぞれ記号で答えなさい。
A「けんもほろろに」
ア、あいまいに　イ、いい加減に
ウ、怒りをこめて　エ、親しみをこめて
オ、とりつくすべもなく
B「虫を殺して」
ア、怒りを抑えて我慢して
イ、気持ちを見せずに
ウ、苦々しい気持ちを抱いて
エ、まったく相手にしないで
オ、冷酷な気持ちになって
C「溜飲を下げる」
ア、気分が落ち込んで滅入《めい》る
イ、念願がかないうれしい

ウ、不満が解消して気分が落ち着く
エ、胸がすっきりして希望を持つ
オ、わだかまりがあり不安だ

問四、傍線部①「彼自身の罪」とありますが、どのようなことが、なぜ「罪」だというのですか。最も適切なものを次の中から選び、記号で答えなさい。
ア、章三郎がいつも寝ていることは、父が章三郎のことを大切に思ってくれないせいだから。
イ、章三郎が父を無視するのは、父が理屈を理解しない無教養な人間であるせいだから。
ウ、父が暴力を簡単に振るうようになったことは、章三郎が乱暴な行為を行ったせいだから。
エ、父が野蛮な人間になったことは、章三郎が父の顔を立てずに無視し続けたせいだから。
オ、父が乱暴で冷酷なことをするのは、章三郎が毎日一日中寝ているせいだから。

問五、**思考力** 傍線部②「これ程の不愉快を抱かないでも済んだであろう」とありますが、章三郎が「不愉快」に感じるのはなぜですか。三〇字以内で答えなさい。

問六、**思考力** 傍線部③「決して口へ出そうとしない」とありますが、なぜですか。六〇字以内で答えなさい。

問七、**難** 傍線部④「別な悲しみ」とありますが、次の1・2の各問いに答えなさい。
1、元々あったのはどのような悲しみですか。
2、「別な悲しみ」とはどのような悲しみですか。

問八、章三郎と父親の人物像として当てはまらないものを次の中から二つ選んで、記号で答えなさい。
ア、父親は好人物であるが、息子の反抗にあい、威圧的に振る舞うようになった。
イ、父親は何時間も息子を叱りつけ、息子が自分の意見に従うまで話を止めなかった。
ウ、父親は最終的には譲歩して、涙まで浮かべることがあった。
エ、父親は息子が早く学校を卒業して、自立してほしいと考えている。
オ、父親は方言丸出しなところが無教養で、誰の前でも機嫌悪くいらいらしている。
カ、章三郎は、血がつながっているだけに、強気にでる父親に反抗的に振る舞ってしまう。
キ、章三郎は、父親に優しくしなければとわかっているが、顔を見ると意地を張りたくなる。
ク、章三郎は、他人に対しては気遣いができるが、父親のことになると優しくできなくなる。
ケ、章三郎は、父親が乱暴な言葉で叱ると感情を表に出さないではいられなくなる。
コ、章三郎は、一言もしゃべらず、心の中だけで父親に言い返して反抗している。

三 (古文)口語訳・動作主・内容吟味

次の文章を読んで、あとの問いに答えなさい。

花の咲き散るをりごとに、乳母《めのと》なくなりしをりぞかし、とのみあはれなるに、同じをりなくなりたまひし[注1]侍従の大納言の御むすめの[注2] a手を見つつ、すずろに[注3]あはれなるに、五月ばかり、夜ふくるまで物語をよみて i起きゐたれば、来つらむ方も見えぬに、猫のいとなごう[注4]鳴いたるを、おどろきて見れば、いみじうをかしげなる猫あり。いづくより来つる猫ぞと見るに、姉なる人、「あなかま[注5]。人に聞かすな。いとをかしげなる猫なり。飼はむ」とあるに、いみじう人なれつつ、かたはらに ii うち臥《ふ》したり。①尋ぬる人やあると、これを隠して飼ふに、すべて下衆《げす》[注6]のあたりにもよらず、つと前にのみありて、ものもきたなげなるは、ほかざまに顔をむけて食はず。姉おとと[注7]の中につとまとはれて[注8]、をかしがり b らうたがるほどに、姉の ②なやむことあるに、ものさわがしくて[注9]、この猫を北面[注10]にのみあらせて呼ばねば、c かしがましく鳴きののしれども、③なほさるにてこそはと思ひてあるに、わづらふ姉おどろきて「いづら[注11]、猫は。こちゐて来」とあるを、「など[注12]」と問へば、「夢にこの猫のかたはらに来て、おのれは侍従の大納言殿の御むすめの、④かくなりたるなり。さるべき縁[注13]のいささかありて、この中の君[注14]のすずろにあはれと思ひ出でたまへば、ただしばしここにあるを、このごろ下衆の中にありて、いみじうわびしきことといひて、いみじう鳴くさまは、あてに[注15]をかしげなる人と見えて、iii うちおどろきたれば、この猫の声にてありつるが、いみじくあはれなるなり」と語りたまふを聞くに、いみじくあはれなり。

（『更級日記』による。本文を改めたところがある）

[注1] なくなりたまひし…お亡くなりになった。「たまひ」は尊敬の意味を添えている。
[注2] 侍従の大納言の御むすめ…侍従大納言藤原行成《ふじわらのゆきなり》（九七二～一〇二七）の娘。
[注3] すずろに…わけもなく、むやみに。
[注4] なごう…「和《なご》く」が音便化したもので、のどやかに、の意。
[注5] あなかま…しっ、静かに。
[注6] 下衆…使用人などの下賤な者。
[注7] おとと…「おとうと」の約。男女にかかわらず、年下のきょうだいに対して用いる。
[注8] つとまとはれて…さっとまとわりついて。
[注9] ものさわがしく…家の中がなんとなく騒がしく。
[注10] 北面…北側の部屋。家族、あるいは使用人が住むところであった。
[注11] いづら…どこですか。
[注12] など…どうして。
[注13] さるべき縁…こうなるはずの前世からの因縁。
[注14] 中の君…次女のこと。
[注15] あてに…身分が高く。

問一、**よく出る** 二重傍線部a「手」・b「らうたがる」・c「かしがましく」のここでの意味として最も適切なものを次の中から選び、それぞれ記号で答えなさい。
a「手」
ア、手形　イ、手の甲　ウ、筆跡
エ、やり方　オ、和歌
b「らうたがる」
ア、遊びたがる　イ、いやがる　ウ、うるさがる
エ、かわいがる　オ、群がる
c「かしがましく」
ア、うるさく　イ、かわるがわる

ウ、ここかしこに　　エ、これ見よがしに
オ、ひどく

問二、点線部ⅰ「起きゐたれば」・ⅱ「うち臥したり」・ⅲ「うちおどろきたれば」の主語を次の中から選び、それぞれ記号で答えなさい。
ア、乳母　　イ、姉なる人
ウ、侍従の大納言の御むすめ　　エ、猫
オ、作者

問三、傍線部①「尋ぬる人やある」と考えたのはなぜですか。最も適切なものを次の中から選び、記号で答えなさい。
ア、餌を食べなかったから
イ、かわいらしい猫だったから
ウ、のどかに鳴いているから
エ、人に慣れていたから
オ、夢に出てきたから

問四、**よく出る** 傍線部②「なやむ」と同じ意味で用いられている単語を本文中から抜き出して答えなさい。

問五、**難** 傍線部③「なほさるにてこそは」の解釈として最も適切なものを次の中から選び、記号で答えなさい。
ア、依然としておなかが空いて鳴くのだろう
イ、きっと人がいないから鳴くのだろう
ウ、なお具合が悪くて鳴くのだろう
エ、もっと遊んでほしくて鳴くのだろう
オ、やはり何かわけがあって鳴くのだろう

問六、**思考力** 傍線部④「かくなりたるなり」とはどのようなことですか、二〇字以内で答えなさい。

問七、**よく出る** 夢の中で猫が語った内容はどこからどこまでですか、最初と最後の三字ずつを本文中から抜き出して答えなさい。

問八、本文の内容として最も適切なものを次の中から選び、記号で答えなさい。
ア、侍従大納言は猫が好きで、生前大切にしていた。
イ、どこからともなくかわいらしい猫が姉妹の元にやって来た。
ウ、妹が猫を飼いたいと強く言ったので、姉も同意した。
エ、猫に飽きた姉妹は猫をしばらく北面に閉じ込めておいた。
オ、猫は突然、姉妹の前で自分のことについて語り始めた。

筑波大学附属高等学校

時間 50分　満点 60点　解答 P60　2月13日実施

出題傾向と対策

●現代文の大問二題構成は例年どおり。論説文と小説文が基本だが、随筆文が出題された年もある。記述問題と選択問題が中心で、今年は語句補充問題は出題されなかった。指定字数なしの記述も、例年複数出題されている。選択問題は紛らわしいものが多く、吟味も時間がかかる。漢字や語句の意味などの基本的知識も出題される。
●長めの選択肢吟味のトレーニングを繰り返し、早く正確な選択ができるようにする。記述は字数指定のあるものもないものもどちらでも対応できるようにしておく。

字数制限のある設問は、句読点やその他の記号も一字として数えます。

一 （論説文）内容吟味・語句の意味・漢字の読み書き

次の文章を読んで、後の問いに答えなさい。

私はアドバイザリーグループ*の調査を通じて、事故を起こした航空会社の多くの社員と接しましたが、社員の誰《だれ》もが非常に真面目に仕事に取り組んでいるということを感じました。

常識的に考えると、これは「たいへん良いこと」です。しかし、その一方で、危《あや》うさのようなものを感じました。じつは、①真面目に仕事に取り組むという「たいへん良いこと」であるはずの姿勢が、大きなトラブルの誘因《ゆういん》になることもあるからです。私が危うさを感じたのは、彼《かれ》らが「真面目だからこそ事故が起こる」という現実があることを理解していないように見えたからです。

私が多くの失敗、事故を見聞してわかったのは、人が注意しなければいけないことには階層性があるということで

す。階層の一番上にくるのは、何を置いても注意しなければいけない「絶対に必要なこと」です。そして次は、そこまで重要ではないものの、「普通《ふつう》に必要なこと」がきます。さらに一番下には、必要ではあるものの「できればあるほうがいい」という程度のことがきます。

　これを航空会社に当てはめて考えると、一番上にくるのはもちろん「安全性」でしょう。人命に関わる問題はすべての輸送機関に求められている、最も優先されるべきことです。次に大切なのは「定時性」です。スケジュールどおりに飛行機が飛ばないのは約束違反《いはん》で、とくに理由がないのに出発時間や目的地への到着《とうちゃく》時間が遅《おく》れると利用者からの信頼《しんらい》が失われます。そして、一番下には、「快適性」や「経済性」がきます。もちろん階層が下とはいっても、これらは会社のaギョウセキを左右するものなので、決して軽視してよい問題ではありません。あくまでも、「安全性や定時性に比べて重要度が低い」という程度に考えてください。

　何もない状態では、人間の意識は階層の中でも上位のものに向かっています。「絶対に必要なこと」「普通に必要なこと」に、ほどほどに注意を払《はら》っている状態です。ところが、何か小さなトラブルが起こると、とかく周囲の人間（ここで言う周囲の人間とは直属の上司だったり、乗客だったりします）はそのことについて「②ヤイノヤイノ」とうるさく言うようになります。この声に対して真面目な人ほど冷静でいられなくなり、③いい塩梅《あんばい》だった注意力のバランスが崩《くず》れることになるのです。

　もちろん、周りがうるさく言うことが、注意すべき階層の上位に位置するものに関することだったらそれほど問題がありません。しかし小さなトラブルというのは、えてして注意力の階層が下のものであることが多いのです。もともと階層の下位のほうにあるのは、同じことを繰り返し毎回、確実にやることが求められていることばかりです。ところが、人間は同じことを繰り返して行うとき、新しいことを行うときのようなフレッシュな気持ちをいつも持ちながら同じ注意力で行うことなどできないので、ときどきおろそかになってミスが起こるのです。

　そして、こういう些細《ささい》なミスを起こしたことに対して、周りは「おまえがたるんでいるからミスするんだ」「いい加減にやっているからだ」といった精神論による指摘《してき》を行いがちです。そうした細かい指摘をされ続けると当人は「ヤイノヤイノ」とうるさく言われるのがだんだん嫌《いや》になってきて、これを避《さ》けるために目先のことを考えて行動するようになります。その結果、一番大切な部分に注意がいかなくなり、結果として重大なトラブルを引き起こすことになります。

　こうしたことは、とくに大きなトラブルを経験していないか、経験していてもだいぶ昔のことですでに忘れ去られている会社でよく見られる傾向《けいこう》です。

　なぜこのようなことが起こるかというと、人間の注意力や集中力には限界があるからです。ですから一番大切なことから細かいところまですべてに同じような注意力と集中力を注ぐのは、現実にはほぼ不可能なことなのです。

　もちろん些細なミスを減らすために、最も大切なことが軽く扱《あつか》われるのはbホンマツ転倒《てんとう》だし、「細かいところを注意するからといって、大きなミスを起こすなんてケシカラン」というのは正論です。しかし、④それは正論ではあるけれど、私から見ると「正しいものの見方」ではありません。このようなミスは本来、「たるんでいる」「緊張感《きんちょうかん》がない」などといった精神論による指摘で解決できる問題ではないからです。この発想を変えないことには、より大きな問題を引き起こす原因になるだけです。

　ですから組織運営に際しては、まず⑤そうした人間の特性をcゼンテイに考えるべきなのです。そのうえで、人間の持っている「使命感」や「恐《おそ》れ」などの感情をうまく利用しなくてはいけません。「守らなかったら何が起こるか」「守らないことがどんなに恐ろしいことか」を当人に理解させることで、常に真剣《しんけん》さを持続させるのです。

　もちろんこうした「運営方法を変える」という対策は、dコゴトを実際に言われている立場にある人たちにはあまり役立ちません。そうした人たちにまず必要なのは、「いまどうするか」ということでしょう。

　ではそうした人にとっての現実的な解決策は何か。それは「⑥いい加減にやる」ということです。不真面目に思われるかもしれませんが、大きなトラブルを避けるには「いい加減にやる」のが一番なのです。もちろんこれは「不真面目にやれ」ということではありません。人間の注意力や集中力に限界があるならば、その中で本当に優先すべき事《こと》柄《がら》を取捨選択《せんたく》し、状況《じょうきょう》に応じて力の配分を変えていかないことにはうまくいきません。まず注意力や集中力には限界があることを自覚し、それを見越《みこ》して自分で対策を立てることなのです。周りから細かいことで「ヤイノヤイノ」と言われたら、まずは「わかりました」と返事だけはきちんとしながらも、注意されたことに全力で取り組まず、本当に大事なことをおろそかにしないように気をつけながら「要求されたことに適度に対応する」のが正しい対処の方法なのです。

（畑村洋太郎《はたむらようたろう》『失敗学実践《じっせん》講義』による。一部改）

［注］

＊アドバイザリーグループ……ここでは、事故を起こした航空会社の安全対策を指導・補助する専門家集団のこと。

問一、傍線部《ぼうせんぶ》①「真面目に仕事に取り組む」とあるが、具体的にはどのような姿勢のことか。それについて述べている部分を本文中から四〇字以内で抜《ぬ》き出し、はじめとおわりの五字を答えなさい。

問二、傍線部②「ヤイノヤイノ」とはどのような様子を表す語か。その説明として最も適切なものを次の中から一つ選び、記号で答えなさい。

ア、みんなに言いふらす様子
イ、しつこく要求する様子
ウ、集まって非難する様子
エ、大声で言い騒《さわ》ぐ様子

問三、**思考力** 傍線部③「いい塩梅だった注意力のバランスが崩れることになるのです」とあるが、具体的にはどのような状態になるのか。わかりやすく説明しなさい。

問四、傍線部④「それは正論ではあるけれど、私から見ると『正しいものの見方』ではありません」とはどういうことか。その説明として最も適切なものを次の中から一つ選び、記号で答えなさい。

ア、理論上は解決に向かうための核心《かくしん》を突《つ》いた考え方だが、具体性に欠けるために現実的でなく、机上《きじょう》の空論ともいえる考え方である。

イ、一見すると誰もが正しさに納得《なっとく》するであろう考え方だが、丁寧《ていねい》に言葉の意味を捉《とら》え直すと、実は論理的矛《む》盾《じゅん》をはらむ考え方である。

ウ、基本的にどのような場面にも当てはまる常識的な考え方だが、実際にはミスをした人を責め立てるのに使うべき考え方ではない。

エ、表面的には理屈《りくつ》の通った一般《いっぱん》に受け入れられやすい考え方だが、問題の本質を捉えておらず、適切な対応を導く考え方ではない。

問五、傍線部⑤「そうした人間の特性」とはどのような特性か。本文中の語句を用いて簡潔に答えなさい。

問六、**思考力** 傍線部⑥「いい加減にやる」とはどういうことか。四〇字以内で説明しなさい。

問七、本文の論じ方について述べた次の各文のうち、適切でないものを一つ選び、記号で答えなさい。

ア、現場に起こりがちな状況や、採用すべきではない方法を丁寧に説明していくことで、解決策に説得力を持たせている。

イ、組織の在り方と個人の在り方とを切り離《はな》して分析《ぶんせき》することで、それぞれ異なる発想に基《もと》づく対処方法を提案している。

ウ、事故回避《かいひ》のために払うべき注意の種類と人間の心理的特徴《とくちょう》との関係を、構造的に示しながら解決策を導き出している。

エ、重大なトラブルを防ぐ方法として一見非常識な考え方を提示した上で論を進めることで、読む者の注意を引いている。

問八、**基本** 二重傍線部a～dのカタカナを適切な漢字に改めなさい。

二（小説文）内容吟味・文脈把握・語句の意味

次の文章を読んで、後の問いに答えなさい。

結衣（鳥海結衣《とりうみゆい》）は、やや寂《さび》れた商店街で、二年前に亡《な》くなった祖父の喫茶店《きっさてん》を引き継《つ》いで営んでいる。一月ほど前、祖父の幼なじみの真崎《まざき》ひかりと知り合ってから、不思議と人とのつながりが広がり始めている。

コーヒーを淹れる作業中にその男性が小声で「あの、こちらでは似顔絵をお願いできると聞いたんですが」と尋《たず》ねてきた。店内にそういう表示はしていないので、人づてに聞きはしたが、本当かどうか確信が持てないようだった。

「ええ、できますよ。今は忙《いそが》しくないので大丈夫《だいじょうぶ》です。真崎ひかりさんのお知り合いですか？」

結衣も小声で返した。

「はい、真崎ひかりさんにはいろいろとお世話になっている者です」男性は、①ほっとした表情でうなずいた。「筆ペンを使われるとか」

「はい。でも、ご用意いただければ、水彩《すいさい》絵の具やペンでも構いませんよ」

「いえ、筆ペンでお願いします。ただ、ポストカードではなくて、これにお願いできるとありがたいのですが」

男性はブリーフケースの中から色紙を出した。ポストカードよりも時間がかかるが、ひかりさんの知り合いの頼《たの》みとあらば喜んでやらせてもらおう。

「はい、判《わか》りました」結衣は色紙を受け取った。「では、コーヒーをお出ししたら、さっそく描《か》かせていただきますね」

「②あ、いえ」男性はあわててブリーフケースからさらに写真を三枚出してカウンターに置いた。「厚かましいお願いで大変恐縮《きょうしゅく》なのですが、これを組み合わせて一枚の似顔絵を仕上げていただけないでしょうか」

一枚は、和食用の調理服を着た小柄《こがら》な年配男性の上半身が映っていた。厨房《ちゅうぼう》らしき場所で座《すわ》っているところらしい。目を細くして笑っている。

もう一枚は、同様の調理服を着た年配女性が笑いながら撮影者《さつえいしゃ》を叩《たた》くような仕草をしている姿が映っていた。急にカメラを向けられて、やめてよと言っている感じだった。

最後の一枚はこぢんまりした飲食店の外観だった。看板には〔さか寿司《ずし》〕とある。

「市内で両親が細々とやってる寿司屋なんですがね、二人とも高齢《こうれい》なもんで、いつまで続けられるかっていう状況《じょうきょう》なんですよ。特に母親の方は体調が悪くて」と男性は説明した。「それで先日、店の前で二人並んでる写真を撮《と》ろうって提案したんですけど、二人とも照れ屋なところがあって、そんなもん撮らなくていいって応じてくれないんです。父親なんか最後はしつこいぞって怒《おこ》り出す始末で」

「なるほど。それで代わりにお店をバックにしたご両親の似顔絵をと」

「そういうことです。もちろんお礼はさせていただきますので」

「いえ、絵でおカネはいただかないことにしてますので、お気になさらず」

「それはいけません」男性は少し険しい表情になった。「結構な手間のかかる頼み事をしておりますので。それに、特別な仕事ができるスキルをお持ちの方には、それにふさわしい対価が支払《しはら》われて当然だと思います」

「いいえ」結衣は笑って頭を横に振《ふ》った。「そういうお考えもごもっともだと思いますが、私はプロの絵描きになるほどの覚悟《かくご》はないんです。その代わり、お客さんに喜んでいただけるサービスとしてならいいかなという考えでやってます。お客さんにちょっとした手品を見せたり、占《うらな》いをしてあげたり、小噺《こばなし》を披露《ひろう》したりっていうお店、たまにあるじゃないですか。それと同じ類いの、③ただのお節介《せっかい》サービスですから」

「はあ……」

「それにさきほど、お客さんにはちょっといいお話を聞かせてもらえましたので」

「そうですか……じゃあ、申し訳ありませんがお願いします」

④男性は丁寧《ていねい》に頭を下げた。

「ご両親はバストアップでいいですか。全身を描くこともできますけど、そうなるとお顔が小さくなってしまいますし」

「ええ、バストアップでお願いします。店の入れ方なんかはお任せします」男性はそう言ってから「あー、よかった。金婚式《きんこんしき》なんかやらないって言ってるんですが、身内でパーティーみたいなことならってことになってるんですよ。頑《がん》固者《こもの》の父親も、孫たちが祝ってくれるのなら断らないんで」

「そのときにサプライズでお渡《わた》しするわけですか」

「ええ。温泉旅行券を贈《おく》ることにしてるんですけど、そのときに一緒《いっしょ》に。あ、もしかしてプレッシャーかけてしまってますか」

「そうですね、ちょっとだけ」結衣はくすっと笑った。

男性にコーヒーを出してから、カウンター裏の調理台の上に色紙を置いて描き始めた。

「あ、そうそう、申し遅《おく》れました。私、百貨店の三根屋《みねや》で地下売り場を担当しております、坂口《さかぐち》と申します」と彼《かれ》は自己紹介《しょうかい》した。

〈中　略〉

「ご両親のお店はどの辺にあるんですか」

「市立体育館や公民館、警察署なんかが集まってる辺りですが、店自体は裏通りにあるのでちょっと判りづらいかもしれません。以前は町工場や＊長屋《ながや》のような建物が多かった場所ですが、今ではa閑散《かんさん》とした通りになってしまって」

「ここの商店街と同じですね」

「いやいや、さか寿司の立地は、もっと寂《さび》しい通りですよ。あ、すみません。この言い方だと、ここの商店街も寂しい通りだって認めてる感じになっちゃいますね」

「気にしないでください。ここもがらんとしてることは確かですから」

「あ、それと気を遣《つか》ってさか寿司に食べに行こうなんて考える必要ありませんよ。もう何年も前から鮮魚《せんぎょ》を扱《あつか》わなくなってしまって、握《にぎ》りはシメサバ、穴子、湯通ししたタコや玉子ぐらいしかなくて、あとは稲荷《いなり》に巻き寿司ですから。常連客も高齢化しちゃって、最近は飲食代を払ってもらうよりも香典《こうでん》を包む方が増えたって父親が嘆《なげ》いてました」

「厳しい世界ですよね、お寿司屋さんも」

「ちゃんとした寿司屋ですら、回転寿司の進出によって次々と潰《つぶ》れてますからね。しかもその回転寿司店も、ライバル店との競争で次々と潰れてる。さか寿司はそういう⑤土俵にさえ上げてもらえないわけですが、ある意味、年金もらいながら売り上げなんか気にせずご近所さんたちと世間話をしながらのんびりやってるっていうのは、老後の過ごし方としては悪くないのかもしれません」坂口さんはそう言ってコーヒーを口に含《ふく》んでから「ま、身体《からだ》を壊《こわ》さないでいてくれたらの話ですね」とつけ加えた。

結衣は、自分には似顔絵という⑥自己表現方法があったのだとしみじみ思った。

マンガ家を目指したけれど、結局は挫折《ざせつ》した。マンガは絵が上手《うま》いだけでは駄目《だめ》で、ストーリーを作れないと成立しない。だからストーリー作りができなかった自分はマンガ家にはなれないと悟《さと》って随分《ずいぶん》落ち込《こ》んだ。

でも全否定することなんてなかったのだ。ストーリーが作れなくても、似顔絵なら描ける。描いて欲《ほ》しいという人たちがいて、仕上がりを見て喜んでくれるのなら、やる意味はある。

誰《だれ》かのお役に立てること以上に幸せを感じることなんてないもの。

ひかりさんからもらった言葉。確かにそうだ。似顔絵を描けるという、ちょっとした特技によって、誰かが喜んでくれる。自分がやってきたことは決して無駄《むだ》ではない。それどころか幸せを生み出すツールを持っているのだから、誇《ほこ》っていいのではないか。

似顔絵を描くときは、お客さんとの会話がよりいっそう弾《はず》む。描いてもらう側は自然と、自身の内面も見せようという気持ちになるからだろうか。その内面部分が、似顔絵のどこかに表れる。だから似顔絵は、さまざまな人生ドラマをb垣間見《かいまみ》る楽しみも与《あた》えてくれる。今回はさか寿司を営む老夫婦《ろうふうふ》の物語に触《ふ》れることができた。

一時はやめようと決めた絵を描くという作業は、こんなに素敵《すてき》なことだったのだ。

似顔絵も、きっかけはひかりさんだった。彼女《かのじょ》に頼まれて困惑《こんわく》しながら描いたら、おおげさに喜んでくれただけでなく、お弟子《でし》さんや知り合いに広めてくれて、喫茶店経営の仕事がより充実《じゅうじつ》したものになりつつある。お客さんたちと、親戚《しんせき》や友人のような関係が作れるようになってきた。

今は確信している。ひかりさんは本当は自分の似顔絵なんて欲しいと思ってなかったのだ。知り合いが孫に似顔絵を描いてもらって自慢《じまん》していたとかいう、あのエピソードはきっと作り話。陰気臭《いんきくさ》かった女性店主に、似顔絵というツールがあるじゃないのと気づかせるための、優《やさ》しいうそ。

そう、ひかりさんはうそを操《あやつ》る魔法使《まほうつか》いなのだ。

似顔絵が仕上がった。

「こんな感じですが」

結衣はそう言ってまず、色紙の裏面を向けて掲《かか》げた。くるりと回転させる。

それを見る人の表情が一瞬《いっしゅん》だけ止まる。目を見開いて、口が開く。

そして顔が緩《ゆる》み、目が細くなる。

結衣は、自分もちょっとだけ⑦魔法が使えるようになってきたかもと心の中で、うふふと笑った。


（山本甲士《やまもとこうし》『ひかりの魔女《まじょ》　にゅうめんの巻《まき》』による）

［注］
＊長屋……複数の住まいが壁を共有して横に連なっている形態の集合住宅。

問一、傍線部《ぼうせんぶ》①「ほっとした表情でうなずいた」とあるが、このときの男性の心情の説明として最も適切なものを次の中から一つ選び、記号で答えなさい。
ア、店主が似顔絵を描いてくれると聞いていたが、その話をいつ切り出せばよいか迷いつつ思い切って尋ねたら、すぐに引き受けてくれたのでうれしかった。
イ、初めて訪《おとず》れた喫茶店なので、似顔絵を描いてほしいと頼むのをためらったが、共通の知り合いが話題に出たことで親しみを感じ頼みやすくなった。
ウ、喫茶店で似顔絵を描いてもらうということは、無理を承知での依頼《いらい》だったが、意外にも簡単に承諾《しょうだく》してもらえたので、その幸運に感謝した。
エ、似顔絵を描いてもらえるという情報が本当かどうか不安だったが、快諾《かいだく》してもらえたので、念願のかなう見込《みこ》みが立って安心した。

問二、思考力 傍線部②「あ、いえ」とあるが、この後男性はどのようなことを言いたかったのか。その内容がわかるように、「あ、いえ」の後に続く三〇字以内の適切な言葉を自分で考えて答えなさい。

問三、傍線部③「ただのお節介サービス」とあるが、結衣はどのような意味で言っているか。その説明として最も適切なものを次の中から一つ選び、記号で答えなさい。
ア、自分の特技を生かせるよい機会であるということ。
イ、宣伝にもなって店の側にも利益があるということ。
ウ、自分がしてあげたくてしているものということ。
エ、大した労力も必要なく無料でよいということ。

問四、傍線部④「男性は丁寧に頭を下げた」とあるが、このときの「男性」の心情の説明として最も適切なものを次の中から一つ選び、記号で答えなさい。
ア、自分が打ち明けた内容を、結衣に「いいお話」とほめてもらったことで、照れ臭くなっている。
イ、結衣の説明に納得《なっとく》するとともに、無料で似顔絵を描かせる運びになったことに恐縮している。
ウ、似顔絵の料金について結衣に気を遣わせてしまったことに気づいて、申し訳なく思っている。
エ、無料で似顔絵を提供するという結衣の提案に反論してしまったことを後悔《こうかい》し、反省している。

問五、傍線部⑤「土俵にさえ上げてもらえない」とあるが、ここではどのような意味で使われているか。その説明として最も適切なものを次の中から一つ選び、記号で答えなさい。
ア、裏通りの判りづらい所に店を構えるさか寿司は、他の寿司店の影響《えいきょう》を受ける立地ではないということ。
イ、さか寿司には鮮魚もなくメニューも少ないので、寿司店のひとつとして認めてもらえないということ。
ウ、売り上げを気にせず商売をしているさか寿司は、他の寿司店から敬遠されているということ。
エ、さか寿司の経営は細々としているので、他の寿司店に相手にされることなどないということ。

問六、傍線部⑥「自己表現方法」とあるが、お客さんに似顔絵を描いてあげることが「自己表現方法」であるとはどういうことか。その説明として最も適切なものを次の中から一つ選び、記号で答えなさい。
ア、似顔絵を描くという自分の特技を生かすことが、他の人とコミュニケーションをとりながら良好な関係を築く手立てとなっているということ。
イ、似顔絵を描くという特技によって人の役に立てると、マンガ家になれなかった挫折感を封印《ふういん》して、自分に自信を持てるようになるということ。
ウ、似顔絵を描く作業をすることでその相手とじっくり話す機会が増え、他の人の人生や内面にも触れながら、よき相談相手になれるということ。
エ、似顔絵を描いてほしいという依頼を受けることで、自分を必要としてくれる人がいるのだと実感でき、いつも明るくふるまえるということ。

問七、**難** 傍線部⑦「魔法が使える」とはどういうことか。三〇字以内で説明しなさい。

問八、この小説の特徴《とくちょう》の説明として適切で**な**い**も**の**を**次の中から一つ選び、記号で答えなさい。
ア、改行を多く用いながら喫茶店での二人の行動や結衣の心情が細やかに描写《びょうしゃ》され、二人の様子をありありと感じ取れる。
イ、結衣が心の中で考えていることをそのまま文章化したような叙述《じょじゅつ》により、結衣の気持ちに寄りそって読み進められる。
ウ、喫茶店での二人の会話の様子が丁寧に描《えが》かれ、その会話文から坂口の置かれた状況を詳《くわ》しく読み取ることができる。
エ、結衣が過去の出来事を回想する場面が繰《く》り返され、結衣を取り巻く人間関係を段階的に捉《とら》えていくことができる。

問九、**基本** 点線部a「閑散とした」、b「垣間見る」の本文中の意味として最も適切なものを、それぞれ後の中から一つずつ選び、記号で答えなさい。
a「閑散とした」
ア、のどかで落ちついた
イ、人気《ひとけ》がなく静かな
ウ、人家《じんか》がまばらな
エ、古びて廃《すた》れた
b「垣間見る」
ア、少しだけ見る
イ、じっと見る
ウ、横目に見る
エ、時々見る

東京工業大学附属科学技術高等学校

時間	満点	解答	
50分	100点	P61	2月13日実施

出題傾向と対策

●現代文の大問二題構成は前年と変わらず、今年は論説文と小説文が出題された。百字の記述問題も例年同様。選択、記述、抜き出しなど、さまざまな形式で出題された。小説文は長く、難解なため、かなり読解に苦労する。
●記述は問い方も難しいので、出題意図を読み取って解答を作る練習をしておきたい。百字記述も過去問、類題で練習して慣れておくこと。また、抜き出しなども条件が指定されているので慎重に解くことが必要。その他の問題も設問の指示を見落とさない注意を。

一 (論説文)漢字の読み書き・語句の意味・内容吟味・文脈把握

次の文章を読んで、後の問いに答えなさい（設問等の都合により一部省略した箇所がある)。

哲学者であり心理学者でもあったウイリアム・ジェームズ[*1]は、一九世紀のおわりに歴史上有名な感情のモデル、ジェームズ=ランゲ説を発表した（同じ時期にランゲという研究者が同じような理論を発表したので両者の名まえでよばれている)。

この理論を一言で説明すると、「人はうれしいから笑うのではなく、笑うからうれしい」ということになる。つまり、笑いにともなって生じる身体的・内臓的活動が、その活動パターンに応じた感情経験をひきおこすという考え方である。もちろんうれしさだけではなく、それぞれの感情に特有の身体と内臓の活動パターンがあり、そのパターンに対応した感情を経験することになる。

ジェームズ=ランゲ説によると、感情を経験するプロセス[*2]は、まず、ⓐ刺激についての情報（宝くじが当たった！）が大脳皮質に達し（この段階では感情は生じない)、その結果、骨格筋[*3]と内臓の活動に変化が生じる（スキップしたり、口をあけて笑ったり、笑い声をだしたりする）。さらに、この変化についての情報が大脳皮質へとフィードバック[*4]され、はじめて感情的な経験が生じる（うれしいと感じる）というわけである。

一方、生理学者であるキャノンとバード[*5]はこの理論に異議をとなえた。二〇世紀のはじめに、キャノンらはジェームズ＝ランゲ説を実験的に検討するため、イヌやネコをもちいて研究をおこなった。その結果、手術によって内臓と脳との連絡を遮《しゃ》断しても、動物は毛を逆立てるなどの感情反応をしめすことがわかった。また、脳の特定の部位（視床下部[*6]）を取りのぞくと怒りなどの反応が消えることから、感情を経験するためには、内臓活動のフィードバックではなく、脳のなかのある部分の情報が必要だと考えたのである。

キャノンらの主張は実験的な裏づけもあり、感情の生理学的側面についての研究を活性化させるきっかけとなった。しかし、ジェームズ＝ランゲ説が完全に否定されるかどうかについては、①まだ検討の余地が残されていた。（中略）

アメリカの心理学者トムキンス[*7]は、大脳皮質下に生まれながらにそなわった感情のプログラムがあるという仮説を発表した。

刺激をうけると、このプログラムにしたがっておもに顔面の筋肉などの活動がひきおこされ、感情に対応した表情が表出される。つまり、喜びの感情プログラムが作動したなら、笑いなどの表情の動きが顔面にあらわれ、その筋の活動パターンが中枢《すう》[*8]にフィードバックされ、喜びという感情を経験するというのである。

この理論は②とくに表情筋の活動からのフィードバックを重視するため、顔面フィードバック仮説とよばれているが、筋肉からの情報によって感情経験が生じるという点で、ジェームズ＝ランゲ説の新しいバージョンと見ることができる。現在までの研究では、この説はそのまま受け入れがたいが、「表情筋が活動している場合、感情も経験している」という相関関係をしめす結果は多く得られている。

つまり、③「笑うからおかしい」または「おかしいと感じるには笑わなければならない」という因果関係があるかどうかはわからないが、「笑うとおかしく感じる」とはいえそうだ。気分がめいったときに、無理にでもほほえんでみることは、(i)まんざら意味のないことではない。

ミシガン大学のザイアンス[*9]は、表情そのものというより、表情筋の動きによって生じる脳内の血管系の温度変化が、特定の感情をひきおこすという説をとなえてきた。脳内の温度変化は神経伝達物質の分泌や合成に影響をおよぼし、快・不快といった感情に深くかかわっているのである。

それではなぜ、表情が変わると脳内の血液温度が変化するのだろう。

鼻の奥（視床下部の真上）にある海綿静脈洞《どう》[*10]は、脳にⓑ供給する血液の温度上昇をおさえる④ラジエータのはたらきをしている。ある表情筋が緊張すると、海綿静脈洞の血流が変化し、同時に鼻腔[*11]に取りこまれる空気の量も変化する。血流と空気量を変化させることによって、脳に送られる血液の温度を調整しているのである。つまり、表情として表にあらわれる表情筋の動きは、実は血液の流れや吸いこむ空気の量を調整するといった内的な活動を反映しているというわけだ。

カゼをひいて鼻がつまると、呼吸がしにくくなり苦痛である。しかし、単に呼吸が苦しくなるだけではなく、それにともなって脳に送られる血液を冷却できなくなることが不快感の一つの原因でもある。実際に、空気を鼻に送りこむ実験をしてみると、空気の温度が低いとⓒ快い感情をひきおこし、温度を上げると不快感を感じさせることがわかっている。

さらに、［　Ⅰ　］は、それにともなう表情筋のはたらきによって海綿静脈洞へ向かう静脈の血液の量を増やし鼻の奥へ取りこむ空気の量を多くすることにより、脳へ向かう血液を冷却するはたらきがある。一方、［　Ⅱ　］は、海綿静脈洞への血液の量を減らしたり取りこむ空気の量を少なくするので、脳へ向かう血液の温度を高めてしまうと考えられている。

このようにこの理論によると、ほほえんだり笑ったりといった表情は、それにともなう表情筋の動きによって脳に送られる血液温度をも変化させることができるのである。われわれはもっと有効に自分の表情を使ってみるべきであろう。

(ii)ちなみに、日本の各地には笑いにかかわるいろいろな伝統的な儀式が伝わっている。たとえば、山口県の防府《ほうふ》市では、毎年一二月のはじめに地区のⓓ戸主が集まって大笑いする。まずこの一年の豊作に感謝して笑い、来年の豊作をⓔ祈って笑い、最後にこの一年の苦労を忘れるために笑うという（中略）。

このような笑いは、おかしさや喜びといった感情にもとづく笑いではない。むしろ、笑うことによって喜びや幸福を得ようとする行為であり、その背景には、ここで紹介した顔の筋肉活動からのフィードバックや、血液温度の変化などが関係していると考えられる。⑤古人がこんな理論を知っていたかどうか確かめることはできないが、なんとも⑥理にかなった儀式である。

（志水彰・角辻豊・中村真『人はなぜ笑うのか
―笑いの精神生理学―』講談社　一九九四年）

【注】
＊1　ウイリアム・ジェームズ……(William James, 1842-1910) アメリカ合衆国の哲学者・心理学者。
＊2　大脳皮質……脳の表面に広がる薄い層で、知覚、思考、記憶などを司《つかさど》る部分の一つ。
＊3　骨格筋……骨格を動かす筋肉。
＊4　フィードバック……ここでは、行為などの結果を意味のある情報として、行為主体に伝え返すこと。
＊5　キャノンとバード……生理学者Walter Bradford Cannon (1871-1945) がジェームズ＝ランゲ説に対する批判として、情動に関して脳の機能を重視する説を提唱し、それをPhillip Bard (1898-1977) が動物実験によって検証した。
＊6　視床下部……脳の一部で、生命維持のための主要な統制機能を持つ。
＊7　トムキンス……Silvan Solomon Tomkins (1911-1991) ア

メリカ合衆国の心理学者。

＊8　中枢……ここでは神経を統合・支配する、脳などのことを指す。

＊9　ザイアンス……(Robert Boleslaw Zajonc, 1923-2008) アメリカ合衆国の社会心理学者。ポーランド出身。

＊10　海綿静脈洞……頭部にあり、脈や神経を通す。

＊11　鼻腔……(びこう/びくう) 鼻から鼻の奥までの空間。

問一、傍線部ⓐ～ⓔの漢字の読みをひらがなでそれぞれ答えなさい。

問二、**よく出る** 点線部（i）「まんざら」、（ii）「ちなみに」の語の言い換えとして本文に合うものをそれぞれの選択群から一つずつ選び、記号で答えなさい。

（i）「まんざら」
ア、それなりに　イ、かなりの
ウ、それ自体　エ、必ずしも

（ii）「ちなみに」
ア、話題を変えて　イ、補足すると
ウ、言い換えると　エ、細かいことだが

問三、**難** **思考力** 傍線部①「まだ検討の余地が残されていた。」とあるが、どのような検討の余地だと考えられるか。本文、特に「ジェームズ＝ランゲ説」を参考に、「キャノンらの検討」の不十分な点について考慮し、百字以内で説明しなさい（句読点、記号等も文字数に含めることとする）。

問四、**難** 傍線部②「とくに表情筋の活動からのフィードバックを重視する」とあるが、どういうものと比べて特に重視《し》する、ということか。最も適当なものを次の選択肢の中から一つ選び、記号で答えなさい。

ア、大脳皮質にそなわった、感情の働き。
イ、刺激によって引き起こされる、筋肉などの活動。
ウ、筋肉の活動の、中枢へのフィードバック。
エ、喜びなどの、感情の経験。

問五、傍線部③について、「『笑うからおかしい』または『おかしいと感じるには笑わなければならない』という因果関係があるかどうかはわからないが、『笑うとおかしく感じる』とはいえそうだ。」に最も近い判断内容の形を持つものを、次の選択肢の中から一つ選び、記号で答えなさい。

ア、怒りそのものに対して特別な感情を抱くことがないとしても、怒りに任せた思考や判断に伴う罪悪感などについては認めざるを得ない。
イ、笑うということが喜びの結果の典型であるとまでは言えなくとも、喜んでいる人がたいてい笑っているということは否定できない。
ウ、泣くということが悲しい気持ちの主たる原因であるとまで言えるかはともかく、泣くと悲しくなる、ということまでは認められるだろう。
エ、喜びと悲しみの間でどのくらいの感情の揺れがあるか測ることはできないが、笑うのと泣くのを比較すればその違いははっきりしてくる。

問六、**難** 傍線部④「ラジエータ」とはここではどのような仕組みや働きを持つものと考えられているか。その説明として本文の内容に最も合うものを次の選択肢の中から一つ選び、記号で答えなさい。

ア、液体に流れを作り、そこに何らかの形で空気を当てて、熱を冷ます。
イ、何らかの形で空気を圧縮・液化し、流れを作ることで温度を一定に保つ。
ウ、液体を気体化、または気体を液体化させる過程で内部の温度を調整する。
エ、作り出した冷気に当てることによって、周囲の気体を液体や固体に変化させる。

問七、空欄 Ⅰ 、 Ⅱ に当てはまる言葉としてふさわしいものを、次の選択肢の中からそれぞれ一つずつ選び、記号で答えなさい。

ア、怒ったり悲しんだりといった表情
イ、嬉《うれ》しい時や喜ぶ時に湧き上がってくる感情
ウ、ガッカリしたりしんみりしたりといった感情
エ、ニッコリほほえんだり笑ったりする表情

問八、**難** 傍線部⑤「古人」は、「こじん」「ふるびと」「いにしえびと」など複数の読みを持ち、それぞれの読みごとに意味やニュアンスの幅にも微妙な差がある語だが、本文中での指示内容については、（どの読みであったとしても）一定の解釈が可能である。そのように考えるとき、「古人」はここではどういう人を指しているか。本文の内容に最も合うものを次の選択肢の中から一つ選び、記号で答えなさい。

ア、防府市などで笑いの儀式が浸透するより以前から地域にいた人々。
イ、防府市などの笑いの儀式を伝統的にとり行ってきた地域の人々。
ウ、笑いにかかわる儀式などを考え出したり構築したりしてきた人々。
エ、笑いにかかわる伝統的儀式に備わる心理的効果を意識していた人々。

問九、傍線部⑥について、筆者はこうした「儀式」のどういうところを「理にかなった」と評しているか。本文の内容に最も合うものを次の選択肢の中から一つ選び、記号で答えなさい。

ア、笑いを、楽しい嬉しいなどの感情が引き起こす結果と取るより、それ自体を契機として心理的効果を得られるものと取る発想。
イ、笑いをはじめとするさまざまな感情表現を、儀式へと発展させることによって伝統を守っていこうとするような地域の連帯感。
ウ、笑いだけではなく、その感情を呼び起こすような楽しさや嬉しさまで利用することで伝統を守っていこうとする取り組み。
エ、笑いという感覚的なものでも、儀式化することによってそこに喜びなどの感情を付け加えることができるという創造性。

三 （小説文）漢字の読み書き・文脈把握・語句の意味・意味用法の識別・内容吟味

本文は、児童養護施設である「青葉おひさまの家」に暮らす小学校六年生の太輔《たいすけ》が、面会を申し込んできた伯母《おば》のところを訪れた場面である。次の文章を読んで、後の問いに答えなさい（設問等の都合により一部省略した箇所があ

る）。

（これまでのあらすじ）

太輔は小学三年生の夏に交通事故により突然両親を失い、子どものいない父の兄である伯父《おじ》夫婦の家に行くことになった。伯父さんたちは太輔に自分たちのことを「お父さん」、「お母さん」と呼ぶことを強要し、亡くなった両親のことなど最初からいなかったかのように扱った。実の両親を慕う太輔は伯父さんたちの要求を受け入れることができず、思い通りにならない彼に伯父さんは日常的に暴力を振るうようになった。太輔の様子がおかしいことに担任の教師が気づき、彼は児童養護施設「青葉おひさまの家」に保護された。養護施設で同じ班になった同い年の淳也《じゅんや》やその妹の麻利、小学二年生の美保子、姉代わりになってくれた中学生の佐緒里《さおり》、施設の職員であるみこちゃんたちと一緒に様々な経験をして過ごすうちに、太輔は彼らと疑似家族のような関係を築いてゆく。

太輔が小学六年生になったある日、彼を手放したはずの伯母さんが、彼を再び引き取りたいと急に手紙を送ってきた。彼女はそれだけでは飽き足らず、施設に面会を申し込んだり、小学校の運動会にお弁当を持って顔を出したりするようになった。秋を迎えた頃のある日曜日、太輔は伯母さんからの面会要請を受け、彼女の家に行くことにした。みこちゃんは心配するが、当日の朝、「帰ってきたら太輔くんがどう思ったか、これからどうしていきたいか、知らせてね」と太輔に話し、夜に雨が降りそうだから、と自分の傘《かさ》を持たせて温かく送り出した。

ドアが開く瞬間、あっ、と声をあげそうになるほど、自分の体が強張《こわば》ったのがわかった。

「懐《なつ》かしい？　よね、三年ぶりだもの」

うん、まあ、と、あいまいに頷《うなず》く。一瞬で全身をがんじがらめにした緊《きん》張感が、ゆるやかにほどけていく。

①三年間、忘れていた感覚だった。

玄関にはいつも、真ん中に伯父さんの靴《くつ》があった。どの季節でも履《は》いていた茶色い靴。ちょっと外に出るときに使っていたベージュの大きなサンダル。仕事に行くときに履いていた黒い革靴《かわぐつ》。その三足が、玄関の真ん中にいつも並んでいた。

この家に住んでいたころ、ドアを開ける直前、太輔は毎回祈っていた。②二足しかありませんように。二足しかありませんように。外出していますように。外出していますように。

「伯父さんは？」

三足揃《そろ》っていなくてよかった。［A］、一足も靴がないなんて、そんなこと一度だってなかった。

「大丈夫よ」

伯母さんは、太輔の靴の向きを揃《そろ》えてくれている。

「今日は帰ってこないから」

朝ご飯にしようか。伯母さんはそう言うと、台所で手を洗い始めた。

太輔は畳の上の座布団《ざぶとん》に腰を下ろし、丸テーブルに腕を置いた。緊張で固まっていた筋肉が弛緩《しかん》していくのがわかる。

蛇口《じゃぐち》がひねられて、水が落ちる音が止まった。

「伯母さん」

太輔は立ち上がる。

「おれ、朝ご飯いいや」

伯母さんがこちらに振り向く。

「早起きで眠いから、部屋で寝てもいい？」

あのころは、ここから見える伯母さんの背中が、こちらに振り返らなければいいと、いつも願っていた。

「あら、そう」

タオルで手を拭きながら、伯母さんは流しのほうに向き直った。太輔の部屋は、二階にある。

布団《ふとん》の下に、お母さんのキルトを敷いて寝たあの部屋。ある日学校から帰ったら、布団はたたまれていて、α下に敷いてあったキルトがすべて捨てられていたあの部屋。

「午後から、デパート行こうか」

ね、と、伯母さんはもう一度こちらを見た。

「こないだ誕生日だったもんね。欲しいもの、買ってあげる」

（ⅰ）あいまいな返事を転がして、太輔は埃《ほこり》っぽい階段を上る。太輔の部屋と物置、たった二部屋しかない二階は、何か月も人が踏み込んでいないようなにおいがした。

部屋のドアを開ける。ずっと動いていなかっただろう空気の中に、体をねじ込んでいく。

窓の外を見る。雲が重たそうだ。みこちゃんが言っていたように、本当に雨が降るのかもしれない。

押し入れから布団を引きずり出す。敷布団も、掛布団も、何もかもがずっしりと重い。ひとりではもう元《もと》の場所には戻せない。

冷たくて硬い枕《まくら》が、頭の熱で少しずつ溶けていく。抱え込むように足を曲げて、頭の上まで布団をかぶる。

太輔は目を閉じる。三足並んだ伯父さんの靴、台所の湿ったタオル。捨てられてしまったキルト、そのキルトを撮《と》ったカメラ、お昼ご飯のあとに行くデパート。小さなかまくらのようになった布団の中にいる太輔を、いろんなものが幾ⓐエにも覆《おお》っていく。

あれは、施設で過ごす初めての冬だった。

「オレンジのやつ。オレンジのやつがいいと思うの」

美保子はそう言いながら、みこちゃんと繋《つな》いだ手をふんふんと振り回していた。自分の買い物をすること、その買い物にみんながついてきていることが、気持ちよくて仕方がないらしい。

デパートは通路がとても広く、いろんなものが自分の目線よりも高いところに置いてあった。このとき、施設に入って五か月、太輔はまだ三年生だった。高校受験を控えた佐緒里も、気分転換に、とついてきていた。

「みんな、はぐれないようにしないとダメだよー」

迷子の放送とか絶対イヤだからねー、と言いながら、みこちゃんはぐいぐい進んでいく。その歩幅についていかないと、あっというまにこの広いぴかぴかな通路に取り残されてしまいそうだった。

（中略）

「みこちゃん、私、いまのうちに写真受け取ってくるね」

「あ、それ助かる」佐緒里のⓑテイ案にみこちゃんが両手を合わせる。

「太輔くんと淳也くんと、フードコートで待ってるから」

　フードコートは、エスカレーターを挟《はさ》んだ向こう側、今いる服売り場とは反対側のフロアにある。ⓒイ動する途中、佐緒里は白くて狭い店に入った。

「あの、受け取りをお願いしたいんですけど」

　お店の入り口には大きく、プリントショップ、と書かれていた。［B］佐緒里が受け取った写真は、かなりの厚さだった。

　フードコートに着くと、佐緒里はカップ入りのアイスを買ってくれた。カップはひとつ、フレーバーが二つ、スプーンは三つ。

「ありがとう」

　服選びから逃げられたこともあわせて、太輔は佐緒里に感謝した。あの調子だと、きっと美保子はいつまでも悩み続けるだろう。

「まあ、私がお腹《なか》空《す》いてただけなんだけどね」

　佐緒里は、太輔と淳也にひとつずつ、アイスのフレーバーを選ばせてくれた。太輔はレモンのシャーベット、淳也はクッキーアンドクリームを選んだ。

「みこちゃんってほんといっぱい写真撮るよね」

　アイスを食べながら、佐緒里はさっき受け取っていた写真をテーブルに並べた。

　運動会で転んだのか、淳也が泣いている。みこちゃんとえがっちが白いヒゲをつけているあれは、クリスマス会の写真だろう。知らない人が写っているのは、門出の式の写真かもしれない。フードコートのテーブルいっぱいに、長方形に切り取られたたくさんの世界が広がっている。

「Ⅰこれから、太輔くんの写真も増えるんだろうね」

　そんな佐緒里の声を聞きながら食べたレモン味のシャーベットは、酸《す》っぱいようで、いつまでも甘《あま》かった。

　一瞬、自分がどこにいるのかわからなくなる。目覚まし時計が鳴ったわけでもなく、誰かに起こされたわけでもなく、自然に目が覚めた。いつもと違う布団の感触、におい、温度。布団から顔を出してやっと、自分が伯母さんの家にいるのだと気が付く。

　自分の体にⓓソってできたどうくつから抜けて、階段を下りる。いま、何時なのかわからない。お腹の中がすっからかんだ。

「あ、起きた」

　居間のドアを開けると、伯母さんは慌《あわ》ててテーブルの上の何かを片付け始めた。

「よく眠れた？」

　もうお昼ご飯の時間だよ、と、伯母さんは台所に立つ。テレビがついている。日曜日の昼間にやっている番組は、太輔にとってはつまらない。

　台所のそばにあるテーブルに向かい合って座る。とてもお腹が空いていたので、はんぺんの入ったうどんがとてもおいしく感じられた。冷たいお茶が飲みたいと思ったけれど、太輔は熱いお茶を飲み続けた。

　伯母さんがテレビを消す。

　伯母さんの家には、音が無い。自分が生きている音しか聞こえない。

「欲しいもの決まった？」

　うどんを食べ終わると、伯母さんはもっともっと熱そうなお茶を飲んだ。

「ほら、誕生日プレゼント。ご飯食べ終わったらデパートに買いに行こうよ」

　白い湯のみの口から、湯気がゆらゆらと立ち上っている。デパート。あのころは、欲しいものは全部あの中にあった。

「……きょうはいいや」

　太輔はうどんのつゆを飲む。顔全体があたたかくなって、固まっていた鼻水が溶けはじめる。

「そう」

　どんぶりの向こう側から、伯母さんの声が聞こえてくる。

「それじゃあ、おやつは何が食べたい」

　伯母さんの声が少し高くなる。

「今日、七時までには戻らないといけないでしょう。夜ご飯、うちではゆっくり食べられないかなって」

　だからおやつくらいは太輔が食べたいものを作るよ。伯母さんはそう言うと、太輔の分の食器を自分のものと重ねて、台所へと運んだ。

　七夕やクリスマスに出る給食のカップデザート。三か月に一度だけの誕生日デザート。おやつの時間に食べたいものはたくさんある。③だけど、学校でもなく、みんなのいる食堂でもなく、この家で食べたいものが何なのか、太輔にはわからなかった。

「ホットケーキにしようか」

　食器を片付けると、伯母さんはそう言って太輔の頭を撫《な》でた。太輔はどんぶりの底の形のまま濡《ぬ》れているテーブルの一部分を見つめる。

「ありがとうございます」

　ございます、の五文字が部屋の中によく響いた。

「……私、ちょっとやることがあるから、おやつまでいい子にしてててね」

　伯母さんは太輔の頭から手を離すと、スリッパを脱いで居間へと消えた。伯母さんはいつも、分厚い靴下を穿《は》いている。

　しばらくして、太輔も居間に戻ったけれど、伯母さんはいなかった。テレビも消えたままだ。太輔は部屋に散らばっている週刊誌を集めて、その中にあるマンガだけを読んだ。ほとんどが半ページ、長くても見開き二ページで終わってしまうそのマンガは、絵がなんだか雑で、何が面白いのかよくわからなかった。

　みんなはいま、何をしているんだろうと思った。


（中略）


　自分がいなくなって、誰か、さみしいと思ってくれているだろうか。

　すべて集めると六冊あった週刊誌を、何度もぺらぺらめくった。テレビのチャンネルも何周もした。寝転んで足を上げたり、うつ伏せになって左右に揺れてみたり、いろんな体ⓔセイをしてみた。することがないなりに、時間は過ぎていく。太輔は、起き上がると、伯父さんと伯母さんの寝室へと向かった。

　伯母さんはきっとこの部屋にいる。

だけど、伯父さんは一体どこにいるのだろう。

「あっ」

何も言わずにドアを開けると、座椅子《ざいす》に座っていた伯母さんは、さっと何かを隠した。

「びっくりした、いきなり入ってくるんだから」

どうしたの、と、伯母さんは微笑《ほほえ》む。太輔は、部屋の中をじっくりと見渡した。

たたまれている布団が、ひとつしかない。

「伯父さんは？」

思ったことがそのまま口から出た。

「……仕事よ。今日は会議で朝が早かったから」

伯母さんは手元にあるものをさり気なく隠し続けている。

「靴がひとつもなかった。布団もない」

今度の日曜日、おじさんは家に帰ってこないから。だから安心して、家に帰ってきてください。

伯母さんの手紙には、きれいな字でそう書いてあった。

「ほんとは、伯父さん、もうずっといないんじゃないの？」

リコンとか、フリンとか、ドラマやマンガの中で聞いたことのある言葉が、頭の中を通り過ぎていく。だけど、どういうふうに使えばいい言葉なのかはわからないから、声にはならない。

「……太輔、実はね、誕生日プレゼント、手作りのものも用意してたの」

伯母さんは、隠すようにしていた何かを持ち上げる。布。

「キルト。太輔、好きだったでしょう」

その布には、まだ、針が刺さったままだった。

「βずっと同じ給食袋使ってたから、もうボロボロになっちゃってるんじゃないかと思って。今日までに間に合わせようと思ってたんだけど、キルトって案外難しいのね」

青と水色。

「伯母さん」
④太輔は足の指をぎゅっと丸める。
「伯母さんは、お母さんの［X］にはなれないよ」

キルトを掲げている伯母さんの腕が少し下がる。

「それとおんなじで、おれは、伯父さんの［X］にはなれない」

ずっと、不思議に思っていた。

伯母さんは突然、運動会に来た。別々に暮らし始めてもう三年も経《た》つのに、いきなり会いに来た。なぜいま会いに来たのか、なぜいま手紙をくれるようになったのか、太輔にはずっとわからなかった。

伯父さんがいなくなった。だから伯母さんはその代わりを探した。

「なに言っているの、太輔」

佐緒里がもうすぐいなくなってしまう。［C］太輔はその代わりを探した。

「ねえ、こっちを見て」

伯母さんも、おれとおんなじだった。「ずっと一緒にいてくれる」人の代わりを、探さなければいけなくなった。

「太輔？」

寝室の入り口のすぐそばに、背の低い箪笥《たんす》がある。その上に、カメラが置かれているのが見えた。

運動会の日、伯母さんは左手にお弁当箱を、右手にこのカメラを持っていた。

佐緒里と淳也とアイスを食べた、デパートのフードコート。テーブルいっぱいに並べられたみんなの写真。

太輔は箪笥の上のカメラを手に取る。ボタンを押す。

メモリには、一枚の写真もない。

「Ⅱ運動会で、おれのこと、全然撮ってくれてなかったんだね」

伯母さんが、ついに腕を下ろした。針が刺さったままのキルトが、畳の上に(ii)でろんと広がる。

「太輔」

伯母さんが立ち上がる前に、太輔はドアを閉めた。

玄関でスニーカーを履く。この場所から早く遠ざかりたいと、太輔はそう思った。

（朝井リョウ「暮秋」『世界地図の下書き』集英社文庫　二〇一六年）


問一、**よく出る** 傍線部ⓐ～ⓔについて、カタカナの部分と同じ漢字が使われているものを後の選択肢の中からそれぞれ一つずつ選び、記号で答えなさい。

ⓐ幾エ
ア、衛星　イ、光栄　ウ、改修
エ、慎重　オ、縦横
ⓑテイ案
ア、定石　イ、過程　ウ、調停
エ、低気圧　オ、前提
ⓒイ動
ア、異次元　イ、同位　ウ、推移
エ、衣服　オ、簡易
ⓓソって
ア、沿岸　イ、園芸　ウ、組織
エ、永遠　オ、素材
ⓔ体セイ
ア、制度　イ、清算　ウ、気勢
エ、製図　オ、政権
問二、空欄［A］～［C］に入れるのにふさわしい語を次の選択肢の中からそれぞれ一つずつ選び、記号で答えなさい（記号は一回のみ使用可）。
ア、もし　イ、やがて　ウ、けっして
エ、とても　オ、だから　カ、やはり
キ、だけど
問三、点線部（i）「あいまいな」の意味として最も適当なものを次の選択肢の中から一つ選び、記号で答えなさい。
ア、態度や物事がはっきりしないこと
イ、はっきりと見えないこと
ウ、怪しくて疑わしいこと
エ、複数の意味を持っていること
問四、点線部（ii）「でろんと」のような様子を表す言葉を何というか。最も適当なものを次の選択肢の中から一つ選び、記号で答えなさい。
ア、擬《ぎ》音語　イ、擬人語　ウ、擬声語
エ、擬態語　オ、擬物語
問五、傍線部①「三年間、忘れていた感覚だった。」とあるが、それはどのような感覚なのか。また、なぜその感覚を三年間忘れていたのか。その理由を説明したものとして最も適当なものを次の選択肢の中から一つ選び、記号で答えなさい。

ア、伯父さんたちの家にいたときは、自分が仕方なく引き取られた子であることがわかっているので疎《そ》外感しかなかったが、「青葉おひさまの家」では、周囲の温かな心遣いに慰められて、心の底から楽しいと思える生活を送れるようになったから。

イ、伯父さんたちの家にいたときは、いつ彼らの機嫌《げん》を損ねて暴力を振るわれるかと緊張感で押しつぶされそうになっていたが、「青葉おひさまの家」においては周囲と交流するうちに、少しずつ心を開きリラックスできるようになったから。

ウ、伯父さんたちの家にいたときは、彼らの期待に応えるためによい子を演じて疲労感ばかり覚えていたが、「青葉おひさまの家」では多少太輔が毒づいても周囲が優しく受け止めてくれるので、人の顔色をうかがう必要がなくなったから。

エ、伯父さんたちの家にいたときは、二人とも仕事が忙しくてかまってもらえず孤独感ばかりが強くなったが、「青葉おひさまの家」に来てからは周囲と協力して雑用をしなければならず、毎日が忙しくてあれこれ悩むひまがなくなったから。

問六、傍線部②「二足しかありませんように。二足しかありませんように。二足しかありませんように。外出していますように。外出していますように。外出していますように。」とあるが、この箇所において同じ表現がそれぞれ三回ずつ繰り返されているのはなぜか。その説明として最も適当なものを次の選択肢の中から一つ選び、記号で答えなさい。

ア、伯父さんはいつも自分に対して厳しい態度をとるので、彼とはどうしても顔を合わせたくないという太輔の強い気持ちが表れている。

イ、いつも不機嫌な伯父さんが伯母さんを怒鳴る声を聞くのがつらくて、どちらかは家にいないでほしいという太輔の強い気持ちが表れている。

ウ、伯父さんと自分はそりが合わないので、お互いのためにもこの家から一日も早く出て行きたいという太輔の強い気持ちが表れている。

エ、玄関に靴が三足以上たまっているといつも伯父さんに怒られるので、誰かが外出していてほしいという太輔の強い気持ちが表れている。

問七、傍線部③「だけど、学校でもなく、みんなのいる食堂でもなく、この家で食べたいものが何なのか、太輔にはわからなかった。」とあるが、それはどのようなことを意味しているのか。そのことについて説明した次の文の空欄に当てはまる箇所を、本文中から十五文字以内で探して抜き出しなさい（句読点、記号等も文字数に含めることとする）。

　自分を児童養護施設に入れたのに、今になって急に一緒に暮らしたいと言い出した伯母さんの真意について、［十五文字以内］ということを意味している。

問八、傍線部α「下に敷いてあったキルトがすべて捨てられていた」とあるように、伯父夫婦は太輔の母親が作ったキルトを捨ててしまった。しかし、傍線部β「ずっと同じ給食袋使ってたから、もうボロボロになっちゃってるんじゃないかと思って。今日までに間に合わせようと思ってたんだけど、キルトって案外難しいのね」とあるように、伯母さんは手作りのキルトを太輔の誕生日に贈ろうとしていた。彼女はなぜこのような行動をしたのだろうか。その理由の説明として最も適当なものを次の選択肢の中から一つ選び、記号で答えなさい。

ア、あの悲惨な事故の後、母のキルトを布団の下に隠して自分たちに心を開こうとしない太輔を立ち直らせるために、伯母さんたちはあえてそれを捨てた。しかし、母のキルトを恋しがる太輔を見て、彼を勇気づけるためには新しいキルトが必要だと考えたから。

イ、亡くなった母のキルトを大切にする太輔の姿は、伯母さんたちを親と認めるのを拒否しているように感じられ、不愉快に思えたので捨てた。そして、自分が作ったキルトを彼に渡すことで、本当の家族になろうという思いを伝えようと考えたから。

ウ、母の形見となったキルトは事故の影響で目も当てられない状態だったので、伯母さんたちはやむを得なくそれを捨てた。しかし、母を思い出させる唯《ゆい》一の物を失ってしまった太輔がかわいそうだったので、手作りのキルトで彼を慰めたいと考えたから。

エ、引っ越す際、今まで住んでいた家財道具を収納できないので、伯母さんたちは母の遺《のこ》したキルトも含めて全て処分した。そして、新しい生活に少しでも早くなじんでもらうために、新しいキルトを作ることが彼の両親への供《く》養になると考えたから。

問九、傍線部④「太輔は足の指をぎゅっと丸める。」とあるが、ここには太輔のどのような気持ちが表れていると考えられるか。その説明として最も適当なものを次の選択肢の中から一つ選び、記号で答えなさい。

ア、本当はこのようなことは言いたくないが、それが正しい行いなのだと自分自身を勇気づける気持ち。

イ、本当はこのようなことは言いたくないが、それも自分の役目なら仕方がないとあきらめる気持ち。

ウ、本当はこのようなことは言いたくないが、そう逃げてばかりもいられないと開き直る気持ち。

エ、本当はこのようなことは言いたくないが、それでも自分が言わなくてはならないと決心する気持ち。

問十、空欄［X］に入る語を本文中から五文字以内で探し、抜き出しなさい。

問十一、**難** **思考力** 傍線部Ⅰ「これから、太輔くんの写真も増えるんだろうね」、Ⅱ「運動会で、おれのこと、全然撮ってくれてなかったんだね」について、次の問(1)、(2)に答えなさい。

(1)佐緒里はなぜ傍線部Ⅰ「これから、太輔くんの写真も増えるんだろうね」と言ったのか。その理由を説明した文の中で、最も適当なものを次の選択肢の中から一つ選び、記号で答えなさい。

ア、写真を撮るという行為は、対象をきちんと記録に残すということである。児童養護施設という環境下において、みこちゃんはいつどんな問い合わせをうけても大丈夫なように写真を撮りためてきたので、新入りの太輔に対しても同様の対応をするだろうと考えたから。

イ、写真を撮るという行為は、家族になろうとする気持ちを表現することである。この施設の子どもたちがここを卒業してゆくとき、家族として過ごした日々の思い出を一緒に持っていってもらうために、みこちゃんが太輔の写真を撮りまくる様子が目に浮かんできたから。

ウ、写真を撮るという行為は、対象となる相手としっかり向き合おうとすることである。今までたくさんの子どもたちの写真を撮ってきたみこちゃんだからこそ、施設に新しく入ってきた太輔を理解しようとして彼の写真をたくさん撮るだろうことが容易に予測できたから。

エ、写真を撮るという行為は、対象の境遇を世間に知らしめるためのものである。みこちゃんが写真をたくさん撮るのもこの施設にいる子どもたちの環境を改善するためだが、写真を公開して支援を募るにあたり、はかない印象の太輔がまさにうってつけの被写体だと思ったから。

(2) なぜ伯母さんは太輔の写真を一枚も撮らなかったのか。この文章における「写真」の意味に留意し、その理由を説明しなさい。

大阪教育大学附属高等学校　池田校舎

時間 60分　満点 100点　解答 P62　2月10日実施

出題傾向と対策

●例年現代文二題構成だが、文中の古典に関わる部分から、古典知識の小問が出題されている。今年は二が資料としての複数テキストとなり、古文と漢文の知識が要求された。字数指定の記述問題が中心ではあるが、選択問題や、漢字や文法などの、基本的な知識の問題の数も少なくない。三〇〇字の課題作文も例年どおり出題された。

●本文中の語を使ってすばやく正確に記述していく練習を繰り返し、三十字～六十字くらいの文字数に慣れておきたい。基本事項と課題作文の準備も確実にしておこう。

(字数制限のある問いは、句読点や記号も字数に含めて答えなさい。)

一 (小説文)漢字の読み書き・文脈把握・品詞識別・内容吟味・熟語

次の文章をよく読んで、後の問いに答えなさい。

祖父の口もとに耳を近づけると、祖父は小さい声で、でもはっきりといった。

「……キト」

「え、ごめん、なんていったの」

「キ、ト」

よく聞き取れない。困って傍《かたわ》らの祖母に助けを求めようとしたその瞬間、あ、と思った。キト。［ i ］と記憶のファイルが開いた。むかし、祖父の口から何度も聞いたキト、街の名前だ。

「そうだ、じいちゃん、Ⓐよくキトのこと話してくれたよね」

古いファイルの中から、街の名前と、高い山と、抜けるような青空、甘い香りを放つ赤い花が飛び出してくる。

「キトで遊んだの、楽しかったね」

祖父は満足そうにうなずいた。

祖父母の家にⓐアズけられていた頃のことだ。祖父は夕餉《ゆうげ》の後、私を膝の上に抱えて、キトという街の話をしてくれた。

その街は古代から栄えた都市で、赤道直下にあるのに、標高が高いため暑くもなく寒くもない。一年中気温が安定していて、晴れた空には富士と見紛《みまが》う美しい山がそびえている。めずらしい鳥が飛びⓑカい、鮮やかな花が咲き乱れ、木々には赤い大きな実がなっている。①祖父はまるで見てきたかのように街の様子を話し、幼かった私は夢中で聞いた。その街の澄んだ空気を胸いっぱいに吸った気がする。

祖父母の家を離れてからも、キトは私をなぐさめてくれた。母の帰りの遅い晩、ひとりで蒲団《ふとん》に入って空想の街で遊んだ。その街にはちょうど私と同じ年頃のⒷきれいな女の子も住んでいて、すぐに仲よくなって走りまわった。さびしいときはいつでもキトへ飛べばよかった。

その、キトだ。いつから忘れていたんだろう。長い間、思い出すこともなかった。《中略》祖父は今、静かに眠っている間にキトで遊ぶことができているんだろうか。それは、いいことなのか、さびしいことなのか、私にはわからない。

今夜はそばについていたいという私の申し出は母に却下された。

「だいじょうぶ、すぐにどうこういうことはないって」

②私の背を押す母の目には光がない。

「それより、ばあちゃんをお願い、瑞穂《みずほ》がしっかりついていてあげて」

そのとき、祖父が何かをいった。

「なあに？　じいちゃん、どうしたの？」

「ベリカード」

祖父がかすれた声を出す。

「ばあちゃんに聞け。ぜんぶおまえにやる」

そういって祖父はまた目を閉じた。なんのことだかわからなかった。ばあちゃんに聞けといっていたけど、聞かれた祖母だって困るだろう。

ところが家に帰ると、祖母は思いがけずあの街の名前を口にした。

「キトやと、懐かしいのう」

「ばあちゃん、キト、覚えてるの？」

　祖母はⓒイガイなことをいった。

「覚えてるもなも、キトやろ、忘れたりせんわ」

「キトって、むかし、じいちゃんが話してくれたお話に出てくる街だよね？」

「ほや、きれいな街やったの。エクアドルの首都やとの」

「エクアドル？　って、ⓓナンベイの？」

「赤道直下ちゅうてたな。ほや、ベリカードやったの、えんと、銀の缶に入ってたはずやけど」

　祖母は黒光りする簞笥《たんす》の抽斗《ひきだし》を上から順に開けはじめた。私の中のキトが［ii］と傾《かし》ぐ。

「キトって、じいちゃんの頭の中の街じゃなかったの」

　自分の声が聞き取れない。③たしかに、キトはあった。祖父の頭の中だけでなく、私の頭や胸やきっと血液の中にもキトは入り込んでいただろう。祖母も、もしかしたら私たちふたりの会話を聞いていたかもしれない。だけどそんな話とは明らかに違う。キトはエクアドルの首都だと祖母はいったのだ。

「あったあった、これや」

　錆《さび》の浮いた銀の平べったい缶を大事そうに取り出し、祖母はそのまま私に手渡してくれた。

　固いⓔ蓋をこじ開けると、中に絵葉書大のカードが詰まっていた。端が薄茶色に染まっているものもあり、ひと目で古いものだと見て取れる。これがそのベリカードか。いちばん上の一枚を手に取り、裏を返した私はあっと声を上げそうになった。

　キト。キトだ。胸の中にあったあの街にそっくりの風景がそこに写っていた。富士に似た、でもさらに鋭角な尾根が、青々とした空を背景に凛《りん》とそびえ、手前には澄んだⒸ大きな湖がその姿を映している。

「④キトってほんとうにあったんだ」

　夢の中の出来事がほんとうだったと知らされたような、祖父とふたりだけでつくった架空の街がⓕハクジツの下に曝《さら》されるような、緊張と弛緩《しかん》がないまぜになってやってきた。

「ベリカードって、なに？」

　そう聞く声がからからに乾いている。思わずⓖ唾を飲み込んだ。

「ラジオ聴くやろ、ほの内容を書いてラジオ局に送るんや。ちゃんと聴いてたことがわかればラジオ局がベリカードを送ってくれる」

　受信の証明書のようなものと思えばいいだろうか。青い鳥の写真が印刷されたカード、見たこともⒹない果物の写ったカード、満面の笑みをたたえた少女のカード、そして、赤い花のカード。

　祖母が隣に腰を下ろす。

「懐かしい。これも、Ⓔああ、これもや、ぜんぶじいさんと集めた」

　アンデスの声、と日本語で記されている。キトのラジオ局の名前らしい。

「何の番組にⓗシュウハスウを合わせようとしてたんやったか、たまたま飛び込んできた声があっての」

　そういって祖母は目尻に皺《しわ》を寄せ、手元の赤い花のカードをじっとのぞき込む。

　遠く離れた日本の片田舎で、祖父のラジオがエクアドルからの電波を受信する。現地の日本人向けの放送を⑤偶然つかまえたのだろう。祖父と祖母はたぶん地図を開いてキトの場所を確かめた。そうして地球の反対側まで、拙《つたな》い受信報告書を送った。幾度も放送を聴き、幾度も報告書を書く。そうして一枚ずつベリカードが届けられる。ふたりは心を躍らせる。ふたりして目を輝かせてカードに見入ったことだろう。

　そのときの様子がありありと目に浮かぶ。私を膝に乗せて話してくれたのは、⑥たぶん祖母とふたりでじゅうぶんに楽しんだその後だったに違いない。どこにも出かけたことのなかった祖父母に豊かな旅の記憶があったことに私は驚き、やがて甘い花の香りで胸の中が満たされていくのを感じていた。

（宮下奈都《なつ》『アンデスの声』）

＊夕餉…夕飯。

問一、よく出る 基本 二重傍線ⓐ～ⓗのカタカナ部分を漢字に直し、漢字部分は読み方を書きなさい。楷書《かいしょ》ではっきりと大きく書くこと。

問二、空欄［i］・［ii］に入れるのに最も適切な語句を次から選んで、それぞれ記号で答えなさい。

ア、ばたんばたん　イ、ぐらり　ウ、ころりん
エ、がちっ　オ、するするっ　カ、どすん
キ、くらくら　ク、だらん

問三、基本 点線部Ⓐ～Ⓔの各語の品詞名を漢字で答えなさい。

問四、傍線①「祖父はまるで見てきたかのように街の様子を話し」とあるが、なぜそのように話せたと考えられるか。本文全体を踏まえ、六十字程度で説明しなさい。

問五、難 思考力 傍線②「私の背を押す母の目には光がない」とあるが、この時の「母」の心情を四十字以内で説明しなさい。

問六、思考力 傍線③・④における「キト」が「あった」とは、どういうことか。その違いが分かるように、それぞれ三十字以内で説明しなさい。

問七、基本 傍線⑤「偶然」の対義語を漢字二字で答えなさい。

問八、傍線⑥「たぶん祖母とふたりでじゅうぶんに楽しんだその後だったに違いない」とあるが、「キト」の思い出を大切にする「祖母」の心情が行動に表れている箇所を二つ探し、それを含む一文の最初の五字をそれぞれ答えなさい。

問九、「私」の心情の説明として、本文の内容と一致するものを、次から二つ選んで記号で答えなさい。

ア、まだ小さかった頃に「キト」で遊んだ思い出が脳裏に焼き付いており、それがずっと心の支えになってきた。

イ、幼少期の自分に夢と楽しみを与えてくれた「キト」を、ただひたすら甘美な思い出として懐かしんでいた。

ウ、よみがえった「キト」の記憶は、寂しさを一人でごまかすしかなかった子供時代の悲しみを象徴するものだった。

エ、「キト」にまつわる真相を知り、「キト」が祖父母の生活に潤いを与えていただろうと考え、心地よさを感じている。
オ、眠っている「祖父」を見て、「キト」の美しい思い出に浸っているのだと思い、それを良いことだと確信した。
カ、「祖父」にとって「キト」の思い出は、思いがけず孫の世話をするはめになり苦労した記憶でもあると推測している。
キ、「祖母」が「キト」について語る中で、「私」の「キト」の捉え方が変容し、一時的に相いれない感情がわいた。
ク、実は「祖母」も「キト」のことを知っていて、先に楽しんでいたのだと気づき、「私」は嫉妬のあまり混乱した。

二 文脈把握・内容吟味・古典知識・仮名遣い・課題作文

次の資料Iと資料IIをよく読んで、後の問いに答えなさい。ただし、資料II−2の冒頭部「このエピソード」とは、資料II−1の内容を指します。

I　車輪は、三十本の輻《や》が一つの①轂《こしき》に集まっているが、轂が無《うつろ》になっているからこそ、はじめて車輪として用をなすのである。粘土をこねて器にするが、器の中が無《うつろ》になっているからこそ、はじめて器として用をなすのである。戸や窓をもうけて家屋をつくるが、戸や窓や家屋の中が無《うつろ》になっているからこそ、はじめて家屋として用をなすのである。ゆえに、②有が利をもたらすのは、無が用をなすからである。

（『老子《ろうし》』第十一章）

＊＊＊

「無」は『老子』においてきわめて重要な概念であり、天地万物が「無」から生まれるという道家《どうか》の論理は、現代物理学の結論と一致している。　A　、ここの「無《うつろ》」は、真空状態の「無《む》」とは違い、有形の物体に対して無形の空間を指す。

車輪は轂がうつろになっていなければ、車軸が入らないため、車輪としては機能しない。器はその形や彩色がいかに美しくても、中がうつろになっていなければ、物を盛ることができない。家は広いにせよ狭いにせよ、床と天井との間がうつろになっていなければ住めない。物は形があるからこそ有用だと考えられがちだが、　B　形のない「無」が機能として用をなす場合が多い。

　C　、うつろがあるだけでは、車輪も器も家も成り立たない。ここで老子は、見落とされがちな「無の用」を気づかせようとしているが、「有の利」を否定しているのではなく、「利」と「用」は「有」と「無」の相関作用によって生まれるものであるということを提起している。

中国伝統の書や絵画によく見られる文字や絵の背景にある空白が「無の用」の一例だ。何も書かれていない、　D　「無」の部分だが、そこから文字や絵そのものでは表現しきれない趣が滲《にじ》み出ていたりする。　E　、唐の詩人白居易《はくきょい》が「琵琶行《びわこう》」で、優雅にして華麗な琵琶の音がはたとどだえた後のしばしの静寂について、「③此《こ》の時声無きは声有るに勝る」と感嘆したように、音楽において、休止は楽曲を構成する一部であり、時には音よりも強い表現力をもつ。

（叢小榕《そうしょうよう》『老荘思想の心理学』）

II−1　宗易《そうえき》《千利休》庭に朝がほの花みごとに咲きたるよし太閤《たいかふ》《豊臣秀吉》へまうしあぐる《申し上げる》人あり。さらば御覧ぜんとて朝の茶湯に渡御《とぎょ》《ご来訪》ありしに、朝がほ一枝もなし。もっとも《当然》無興《ぶきょう》におぼしめす。さて、小座敷《茶室》へ御入《おんいり》あれば、色あざやかなる一輪床《とこ》に活《い》けたり。太閤をはじめ、召し連れられし人々目さむる心地したまひ、④はなはだ御褒美《ごほうび》にあづかる。これを世に⑤利休が朝がほの茶湯とまうし伝ふ。

（『茶話指月集』）

II−2　⑥このエピソードに、⑦美に対する利休の考えがよく示されている。庭一面に咲いた朝顔の花も、むろんそれなりに魅力的な光景であろう。しかし利休は、その美しさを敢《あ》えて犠牲にして、床の間のただ一点にすべてを凝縮させた。一輪の花の美しさを際《きわ》立たせるためには、それ以外の花の存在は不要である。いやそれどころか邪魔になるとさえ言えるかもしれない。邪魔なもの、余計なものを切り捨てるところに利休の美は成立する。

だが庭の花を摘み取らせたことの意味は、余計なものの排除という点にだけ尽きるものではない。花のない庭というのは、それ自体美の世界を構成する重要な役割を持っている。期待に満ちてやって来た秀吉は、一輪の花もない庭を見て失望し、⑧不満を覚えたであろう。茶室に入ったときも、その不満は続いていたはずである。そのような状態で床の間の花と対面したとすれば、何もなしに直接花と向き合ったときと較《くら》べて、不満があった分だけ驚きは大きく、印象もそれだけ強烈なものとなったであろう。利休はそこまで計算していたのではなかったろうか。

つまり床の間の花は、庭の花の不在によっていっそう引き立てられる。このような美の世界を仮に一幅の絵画に仕立てるとすれば、画面の中央に花を置くだけでは不充分であり、一方に花が、そして他方に何もない空間が広がるという構図になるであろう。

（高階秀爾《たかしなしゅうじ》『日本人にとって美しさとは何か』）

＊道家…中国で生まれた思想の一つ。
＊「琵琶行」…白居易の詩。
＊琵琶…弦楽器の一つ。

問一、**よく出る** **基本** 空欄A〜Eに入れるのに最も適切な語句を次から選んで、それぞれ記号で答えなさい。ただし、同じ記号を二度用いてはいけません。

ア、また　イ、実は　ウ、だが
エ、いわば　オ、ただし

問二、下の車輪の図の中で、傍線①「轂」に該当するものを記号で答えなさい。

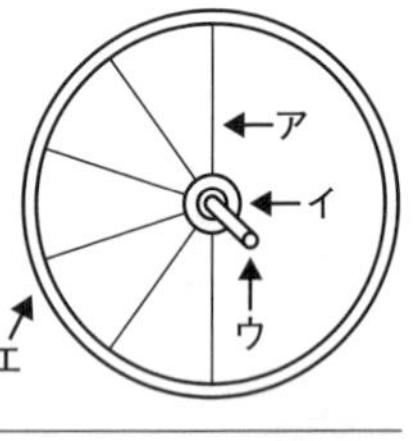

問三、傍線②「有が利をもたらすのは、無が用をなすからである」とはどういうことか。資料Ⅰの全体を踏まえて三十五字以内で説明しなさい。

問四、**基本** 傍線③「此の時声無きは声有るに勝る」の読み方になるように、「此ノ　時　無キハ　声　勝ル　有ルニ　声」に返り点を付けなさい。

問五、傍線④「はなはだ御褒美にあづか」ったのは誰か。次から最も適切なものを選んで、記号で答えなさい。

ア、宗易　　イ、太閤

ウ、太閤へまうしあぐる人

エ、召し連れられし人々

問六、**基本** 傍線⑤「利休が朝がほの茶湯とまうし伝ふ。」を次の文の空欄に合うように、現代仮名遣いに改めて書きなさい。

利休［　　］朝［　　］茶湯［　　］伝［　　］。

問七、傍線⑥「このエピソード」において、資料Ⅰでいう「用」をなす「無」と「利」をもたらす「有」に相当するものは何か。資料Ⅱ－2の語句を用いて、それぞれ十五字以内で答えなさい。

問八、傍線⑦「美に対する利休の考え」とあるが、「利休」は「美」についてどのように考えているか、「…と考えている。」に続くように四十字程度で説明しなさい。

問九、傍線⑧「不満を覚えた」とあるが、「秀吉」が「不満を覚えた」ことを示す語句を、資料Ⅱ－1の文中から三字以内で抜き出して答えなさい。

問十、**思考力** あなたの日常生活の中にある「無の用」の具体例を一つ挙げて、それがどのように「用をなす」のか、三百字以内で書きなさい。ただし、本文の例を用いてはいけません。

大阪教育大学附属高等学校　平野校舎

時間 60分　満点 100点　解答 P63　2月12日実施

出題傾向と対策

●論説文、小説文、古文の三題構成は昨年同様。論説文の課題作文は今年も出題された。論説文、小説文の内容は標準だが設問レベルは高く、知識力、思考力、記述力をバランスよく要求している。古文は内容・設問とも標準レベル。知識と読解力がバランスよく問われている。

●設問形式が一定しているので過去問の演習は大いに有効。また現代文、古文ともに単語知識や文法知識の補充は怠らない。課題作文は文字数が多いので、早くから「テーマ型演習」を行って慣れておくことが重要である。

一 (論説文)漢字の読み書き・文脈把握・内容吟味・品詞識別・課題作文

次の文章を読んで、後の問いに答えよ。

フィールドワークという言葉がある。社会学では現地調査、野外調査と言ったりするが、基本は、何かを調べたい人が調べたい場所に出かけ、調べたい現実に入りこんだり、現実を観察したり、調べたい人から詳しく話を聞き取ったりする営みのことだ。

私の大学院時代、指導をしてくれた先生は「社会学者は野良仕事をしなければならない」と口癖のように言っていた。先生自身は調査に動く研究者ではなく、どちらかといえば理論[a]シコウだったので、現場に出て調査することへのあこがれや思いこみから、フィールドワークを〝野良仕事〟と語っていたのだろう。

いずれにせよ、社会学は世の中をなんらかの方法で調べ、その結果をもとに研究する営みだと私は考えている。［　A　］、調べ方は多様で、その対象となる現実や問題に合わせなければならないし、これが一番という方法はない。

フィールドワークというと、人類学を連想する人も多いだろう。現に、人類学のテキストには、必ずフィールドワークという言葉が登場する。たとえばイギリスが世界中に植民地を増やし、帝国として繁栄していた時代、多くの異なる民族を統治支配するために、それぞれの土地で暮らす人びとの生活や文化を知る必要があった。結果的にはキリスト教や西欧文化が地元の宗教や文化を破壊していったが、その[b]カテイでさまざまな未開の地を調べる知的実践として、人類学がかたちを整えていったのだ。

研究者が、ある土地へ出かけ、土地の人と同じように暮らすために、土地の言語や習慣を学ぶ。土地の人からすれば、研究者はまったくのよそ者という立場から、自分たちと言語や文化を共有し、それらを脅かす危険性のない知り合いのよそ者へと変貌していくのだろう。

研究者は、異なる言語や文化をもつ人びとが生活する場所へ出かけ、まずそれを学び、そのうえで、彼らが生きている文化や生活の特徴や問題などを論じる。

そのとき、すでに人類学のなかで議論されてきているように、フィールドワーカー自身の位置や立場性が問題となる。［　B　］、フィールドワーカー自身がそれまでに生きてきた文化や生活をめぐる価値や規範などと、調べている対象が、相互にどのように関連しているのかということも大きな問題となる。

つまり、人類学にせよ社会学にせよ、他者が生きている現実を調べようとするとき、客観的な調査方法を守りさえすれば、[1]科学的な研究が可能だという信奉は、すでに明らかな幻想だということである。

調査研究する者が、自らが生活者として生きてきた歴史や、そこで使ってきた自明なるもの（常識的な知識や、さまざまな思いこみや決めつけをめぐる価値など）からまったく影響を受けないことはあり得ないし、自らの存在をあたかも透明人間のように消し去って、他者への影響が[c]イッサイないように、現実に入りこむことなどできはしない。

フィールドワークする者にとって、自らの存在を透明にできるような普遍的な方法などない。だから、自らの存在と調べようとする現実との関係性や相互の影響のありようを、研究の実践のなかで［X］に捉え返していく作業は、必須であり、基本なのである。

　こうした課題に関連し、フィールドワークにとって必須のdヨウケンがある。それは「つねに自分をできる限りオープンにしておくこと」だ。

　目の前に展開する出来事、あるいは人びととの語りで感じ取る新たな何かなど、未知なるものに対して、フィールドワークする私を、2つねに「あけておく」必要があるのだ。

　もちろん、これまで従って生きてきた規範や大切だと思う価値からすれば、簡単に理解したり、eショウニンしたりすることができないような出来事もあるだろう。普段であれば、それは、「理解する必要のないもの」として、その時点で関係を断ったり、距離をとったりできるはずだ。しかし、フィールドワークには、そうした〝［Y］対応〟はなじまないのである。

　［C］、ネットワーク組織論者である金子郁容《かねこいくよう》は、かつてボランティアとは何かを論じ、その本質を「つねに自分の窓をあけておくこと」だと述べている（金子郁容『ボランティア――もうひとつの情報社会』岩波新書、一九九二年）。ただ誰かのためになりたい、貢献したいというだけでは、ボランティアは続かない。ボランティアをすることで、私が新たに何を得ることができるのかが大事だというのだ。

　［D］、ボランティアは無償の貢献ではあるが、同時にそれを実践する私にとっても確実にプラスになり、よりよく生きていくうえでさまざまな寄与があるのだ。その意味で、ボランティアは他人《ひと》のためではなく、自分のために行うとも言いかえられる。

　私をつねに「あけておく」ことで、新たな、異なる空気が流れこんでくる。どんな空気かはわからない。新鮮で驚きに満ちたものかもしれないし、淀《よど》んで濁ったどうしようもない3ものかもしれない。しかしいずれにせよ、その空気を自分のなかにとりこみ、その意味を考えることを通して、私自身がさまざまなかたちに変容する可能性が広がっていくのである。

　私をつねに「あけておく」ことは、私にとって新鮮で驚きに満ちたことだろう。［E］それは同時に、つねに未知の出来事に遭遇し、どうすべきかを悩み考えるというリスクを引きうけることでもあるのだ。

　フィールドワークをすることは、ボランティアをすることではない。しかしフィールドワークは単に何かを調べることではなく、調べている私が、つねに変容し得る可能性をもつ営みなのである。

（好井裕明《よしいひろあき》『違和感から始まる社会学』による）

問1、よく出る 基本 二重傍線部a～eのカタカナをそれぞれ漢字に改めよ。

問2、この文章には、次の一文が抜けている。文章中に入れるとすれば、どこに入れるのが最も適当か。直後の五字を抜き出して答えよ。（句読点等も字数に含める。）

　人類学誕生の経緯を考えれば、それは当然と言えるかもしれない。

問3、難 空欄［A］～［E］に入れるべき語を、それぞれ次から選び記号で答えよ。ただし、同じ記号を二度以上答えてはならない。

ア、しかし　イ、だから　ウ、たとえば
エ、つまり　オ、また　カ、もちろん

問4、空欄［X］・［Y］に入れるべき適切な語を、それぞれ次から選び、記号で答えよ。

ア、歴史的　イ、常識的　ウ、懐疑的
エ、反省的　オ、現実的

問5、思考力 傍線部1「科学的な研究が可能だという信奉は、すでに明らかな幻想だ」とあるが、それはなぜか。「～から。」につながる形で、本文中から二十五字以内で抜き出して答えよ。

問6、難 思考力 傍線部2「つねに『あけておく』」とあるが、どういうことか。五十字以上、六十字以内で記せ。（句読点等も字数に含める。）

問7、難 傍線部3「ものかもしれない」を例にならって品詞に分け、その品詞名を答えよ。

【例】

名詞	助詞	動詞
家	に	いる

問8、思考力 「異なる言語や文化をもつ人々」とあるが、他の言語や文化を理解するときに必要なことについて、あなたの考えを、二百五十字以上、三百字以内で書け。（本文を参考にする必要はない。句読点等も字数に含め、原稿用紙の使い方に従って書くこと。なお、本文は一行目から書き始めるものとする。）

二（小説文）語句の意味・文脈把握・内容吟味

次の文章は、長野《ながの》まゆみの小説の一節で、中学二年生の「ぼく」は、始業前に転入生の「芝川七月《しばかわなつき》」と出会ったが、七月は無愛想にかまわれたくない素振りを見せた。これを読んで、後の問いに答えよ。

「転入生だよ。皆が揃《そろ》ったら、紹介する。」

ぼくは、船岡健《ふなおかたけし》が登校してくるのを待っていた。県議の孫で、政治的に動く癖を身につけた彼の動向が、このクラスの力学を左右する。彼の言動が今後の七月の進退を決めると言ってもいい。

　まもなく教室の前扉に姿を見せた健は、故意か偶然か、狙《ねら》いすましたように窓際の最後列へ視線をとどめた。とたんに、1ぼくが密かに危ぶんでいた表情を浮かべた。これで七月はかなり不利な状況に陥った。よほどの幸運がないかぎり、彼の学校生活は厳しいものになるだろう。

　転入生への好奇心がまだ鎮《しず》まらないうちに、一限目の数学の授業がはじまった。教師は定石どおり、七月の習熟度を量るために軽めの例題をあたえた。すんなり答が返り、頭のいい生徒であるのは確実になった。健は不愉快そうな顔で、近くにいる仲間に耳打ちした。まもなく何事かを書きつけた紙片が男子生徒の間をまわりはじめた。ぼくは手もとへ届いた文面を読んで、健の席をふりかえった。彼は例によって、標的を得てうれしくてたまらないという顔をしてみせた。同時に、ぼくの暗黙の了解も取りつけようとする。こちらが教室内のごたごたに興味がないのは重々承知の上だ。政治屋の血筋のなせるわざか、彼も表立っては動かない。それでいて、思いどおりの方向へクラスの総意を誘導するのは[a]お手のものだ。失敗するのは、ぼくが合意を覆すときくらいだろう。

　昼休み、ぼくは騒動が起こるはずの雨天体操場へは行かなかった。健にはそれで了解をあたえたことになる。この学校では、旧校舎の講堂だったところを、雨天体操場として使っている。使用時間に制限のある新しい体育館とくらべ、そちらは休み時間の利用が許された。たいていは、ルールを柔軟にした球技の真似《まね》ごとをする。任意のグループが、それぞれ勝手な遊びに興じ、生徒もボールも入り乱れる。そんな喧噪《けんそう》の最中《さなか》に、やや伝統的な悪ふざけも行われるのだ。

　昼食後、ぼくは資料調べに訪れた図書室で七月と遭遇した。彼は健たちの巧みな誘いを受けて雨天体操場へ行っているはずだった。それが、難をのがれて、こんなところにいる。書架の高い位置の本を取るための脚立《きゃたつ》によじのぼり、下にいるぼくを①睥睨《へいげい》した。

「なるほど優等生は、こうやって面倒を免れるわけか。知らなかったと言えば、それで済むもんな。」

　[b]険のある言いかたをする。朝の時点では七月と無難なつきあいをする余地を残していただけに、この態度にはムッとした。しかし、あくまでも学校生活は淡白な気持ちでやり過ごしたい。些細《ささい》なことに腹を立てて無駄なエネルギーを使いたくはなかった。

「どういう意味かな。」

「惚《とぼ》けるなよ。昼休みに雨天体操場で起こることを、きみだって承知してたんだろう。案外、きみがあの船岡ってヤツをそそのかしたのかもしれないよな。どう見ても、きみのほうが頭がキレそうだ。」

「過大評価だよ。」

「べつに評価してるわけじゃない。狡《ずる》いと言ってるのさ。」

　友好関係を結ぶ気は微塵《みじん》もないらしい。立ち去りかけた背後で、ふたたび声がした。

「うっかりぼくといるところを見つかるのは、不本意ってわけか。ことなかれ主義なんだ。」

　けさ知り合ったばかりの相手にここまで反感を持たれるのは、ぼくとしても心外だった。揉《も》めごとは厭《きら》いだが、あからさまな挑発を放っておく気もない。態度を明確にしなければ、相手も助長する。脚立を降りてきた七月は、立ちどまったぼくの進路をふさぎ、奥まった書庫と閲覧室との仕切りにある扉を閉じた。ぼくたちは、書庫へふたりきりになった。

「密談していると思われそうだな。」

　それを期待している口ぶりだ。確かにこの状況では、七月の側についたと判断されても仕方がない。クラスの連中がそう認識すれば、ぼくが不利になると七月は言いたいのだろう。だが、ぼくの綱渡りは、今さらはじまったわけではない。この程度の誤解をごまかせないほど、級友にたいして誠実なわけでもなかった。

　ただ、[2]七月がのぞむ役割を演じてもいいという気はしている。彼が無謀な独り相撲に挑もうとするなら、なおのこと。少なくとも、船岡健の配下に属する気はないらしい。そういう向こう見ずな人間に、ぼくは敬意をはらう。だが、気のはやりや心意気だけでは、どうにもならないこともある。七月の強気がいつまでもつか、ぼくは見届けたくなった。

「きみは、今頃ぼくがあの連中に狩られてると思ってたんだろう。生憎《あいにく》ぼくは、誘いを受けて、のこのこ顔を出すほど素直じゃないんだよ。」

「そのようだね。」

「ズボンを脱がされたくらいで、②狼狽《ろうばい》するってこともないけどね。」

　まさに、七月は状況をよく察していた。雨天体操場での健たちの悪ふざけは、さんざん追いかけて消耗させたあげく、力つきた標的のズボンを下ろして決着する。下着は脱がせない。そこまで悪質ではなく、あくまでも遊びの延長だ。クラスの男子生徒の三分の二は、一度ならず標的になっていた。これは船岡健のきわめて政治的な行動で、彼自身が故意に標的となることもあったし、ダメージを克服できない生徒は狙わない。巧みにその生徒の③可塑性《かそせい》と弾性をはかっている。要するに彼は、教室内の力関係を掌握してさえいれば安心する生徒だった。いちいちの感情を共有できるか否かが、問題なのだ。その点で、転入生を放っておけない。だが、七月は彼らの単純な仲間意識を拒絶した。

　この手の幼児性に我慢のならない生徒がいるのは、当然といえば当然だ。ぼくの場合、健の長所も短所も承知していればこそ許容できる。しかもこの幼稚さは、縁故地縁で成り立つ地域レベルの政治でも、堂々とまかり通るのだ。

　[3]健はそれすら承知の、利口な少年だった。

「きみを道連れにしたら、面白いだろうな。ふたりで協定を結んだように、ふるまってみせようか。……どうせ、標的にされたことも、皆の前で徹底的に恥をかいたこともないんだろう。そういうヤツって、いざ攻撃を受けると案外脆《もろ》いからさ。」

「ぼくが［　A　］を重んじているように見える。」

「見えるよ。優等生ってのは、たいていそうだろう。頭の悪いヤツが恥をかくのは当然だとも思ってる。」

「どうして、優等生だと決めつけるんだよ。きみはこの学校のことを、まだ何も知らないじゃないか。」

「成りでわかるよ。それにぼくの番号を指定したのも席を決めたのもきみだ。ずいぶん偉いよな。」

「出席番号は、転入生は末尾という規則だから我慢してもらうけど、席替えは可能だ。次の学級会で提案してもらっていい。ただ、月末の修学旅行は、もう部屋割りもバスの座席も決めて栞《しおり》の印刷もすんでいるから、ぼくの班に入ってもらうしかない。空きがあるのは、そこだけなんだ。」

「へえ、きみに面倒をみてもらえるんだ。」

「どうしても問題があれば、担任に相談してほしい。」

「べつに、［　B　］はないよ。あるとすればきみのほうだろう。ユウウツな学校生活ってものを体験する機会になるだろうから。」

　たぶん、ぼくは硬い表情を向けたにちがいない。七月はそれを確認して満足げなようすで扉を出て行った。

　昼休みが終わり、健を核にした一団は目的を達成できなかった不満を、午後の授業に身を入れないというかたちであらわした。だらだらと私語を交わしている。所詮、逸脱はその程度の他愛のない連中で、たいした脅威はない。七月の形勢がそれほど不利とも思えなかった。
（長野まゆみ『ぼくはこうして大人になる』による。）
問題作成の都合で省略した部分がある）

（注）① 睥睨―にらみつけること。
② 狼狽―あわてふためくこと。
③ 可塑性―粘土のように力を加えて自由に変形させることができる性質。ここでは、決定的に壊れないさま。

問1、よく出る 二重傍線部a「お手のもの」、b「険のある」のここでの意味として、最も適当なものをそれぞれ次から選び、記号で答えよ。

a「お手のもの」
ア、得意なこと　イ、お決まりのこと
ウ、大好きなこと　エ、避けられないこと
オ、必ずすること

b「険のある」
ア、偉そうな　イ、無愛想な
ウ、冷淡な　エ、よそよそしい
オ、とげとげしい

問2、空欄［　A　］［　B　］に入れるべき語を、それぞれ次から選び、記号で答えよ。
A　ア、競争心　イ、虚栄心　ウ、自負心
　エ、向上心　オ、好奇心
B　ア、興味　イ、異存　ウ、不安
　エ、意味　オ、希望

問3、傍線部1「ぼくが密かに危ぶんでいた表情」と同じ内容を表現している部分を、本文中から二十字以内で抜き出せ。（句読点等も字数に含める。）

問4、思考力 傍線部2「七月がのぞむ役割を演じてもいいという気はしている」について、
(1)「七月がのぞむ役割」とは、どのようなことか。簡潔に記せ。
(2)なぜそのような気がしているのか。五十字以上、六十字以内で記せ。（句読点等も字数に含める。）

問5、傍線部3「健はそれすら承知の、利口な少年だった」とあるが、それはどのようなところからうかがわれるか。その様子が具体的に描かれている部分を、本文中から四十字以内で探し、そのはじめと終わりの三字を抜き出せ。（句読点等を字数に含めない。）

三 （古文）口語訳・内容吟味

次の文章を読んで、後の問いに答えよ。

桜の花を塩にし、①壺《つぼ》に蓄《たく》はへ、封つけて置きけり。客人《まれびと》のおはするころなどと思ひ置きたり。夏のころ、客人おはしけれど、酒も②酌《く》み給《たま》はねば、かかる折出《い》ださんも、③玉の盃《さかづき》の何とかいはん心地すればとて、出ださず。また④こと君来給ひしには、酒好み給へど、みやび好み給はぬものに、1いかでとて封切らず。秋の末つかたになりにければ、このごろ返り咲きとて、ここかしこの枝に、はかなけれども、咲くこともあれば、これをもそれと思はんは、いと2うらみあればとて出ださず。師走《しはす》のころ、例の草木売るかたには、桜は a さらなり、藤《ふぢ》なども咲かせて⑤ひさぐといふを聞けば、⑥いかがはせむ、それとひとしからむもいと口惜《くちを》し、⑦さればとて、蓄はへ置きし花を、⑧むげになすべくもあらずと思へど、客人もおはせねば、b せんかたなく、ただ酒飲む人の来たりぬるとき、封切りて花を取り出だしたれば、客人うち見しばかりにて、やがて食ひさしながら、「これは塩気ある花なり。このごろさるかたにて酒飲みしとき、盆に植ゑたる桜を出だし給ひしかば、盃に受けて飲みぬ。花は塩気なきこそよかりけれ」と言ひしを聞きて、3涙落として悔いけるとかや。

（『花月草紙《くわげつさうし》』による）

（注）① 塩にし―（酒のつまみとして）塩漬けにし
② 酌み給はねば―お飲みにならないので
③ 玉の盃の何とかいはん心地すれば―宝石でできた盃のよさがわからないような気持ちがするからといって
④ こと君来給ひしには―他の客がお越しになった折には
⑤ ひさぐ―売る
⑥ いかがはせむ―どうしようか
⑦ さればとて―だからといって
⑧ むげになすべくもあらず―無駄にするのもよくない

問1、よく出る 二重傍線部a「さらなり」、b「せんかたなく」のここでの意味として、最も適当なものをそれぞれ次から選び、記号で答えよ。

a「さらなり」
ア、やたらと　イ、もちろん　ウ、例外で
エ、新しく　オ、特に

b「せんかたなく」
ア、喜んで　イ、むやみに　ウ、思慮なく
エ、しかたなく　オ、待ち遠しく

問2、思考力 傍線部1「いかで」の直後に補うべきことばを、六字以上、十五字以内の現代語で答えよ。（句読点等も字数に含める。）

問3、傍線部2「うらみあれば」とあるが、ここでの気持ちを表現したものとして、最も適当なものを次から選び、記号で答えよ。
ア、せっかくの桜の花を、秋に咲いた花だと思われたら心外だ。
イ、秋なのに春の桜を出して、無風流だと感じられたら悔しい。
ウ、桜の花ではないものを提供するのは、もてなしの心に反する。
エ、客人に、こちらの計画の裏を見て取られるのは不愉快だ。
オ、いいかげんなものを出して、客人にうらまれたら割が合わない。

問4、難 思考力 傍線部3「涙落として悔いける」とあるが、それはなぜか。その理由を、三十字以上、四十字以内で記せ。（句読点等も字数に含める。）

問5、次のうち、本文の内容として、正しくないものを一つ選び、記号で答えよ。
ア、この人は、酒を飲まない客人や風流心をもたない客人に、桜の塩漬けは振る舞うまいと決めていた。
イ、この人は、手作りの桜の塩漬けは、その価値が分か

る客人にこそ出したいと思い続けていた。

ウ、桜の花は、秋の末頃に返り咲きすることもあるし、花屋が無理に咲かせて売ることもあった。

エ、桜を漬け始めて一年経《た》つころに来た客人は、桜の花を食べきらないうちに、自分の好みを述べた。

オ、この人は、桜の塩漬けを独り占めしようと思ったが、ついに最後にやって来た客人に振る舞った。

広島大学附属高等学校

時間 50分　満点 100点　解答 P64　2月2日実施

出題傾向と対策

●論説文、小説文、和歌を含む解説文の大問三題構成。昨年まで出題されていた古文がなくなった。また、叙述に即して絵を描くという新傾向の問題が出題された。記述問題、選択問題、漢字の読み書き、慣用句、語句の意味、文法など出題が多岐にわたる点は例年どおりである。

●選択肢は紛らわしいものが多く、記述問題には、精緻に読解したうえで自ら考えを深めて記述するなど難度の高いものが見られる。文法などの知識問題は基本的なレベルなので、読解力と記述力を高める学習が必須。

注意　字数制限のある問題では、句読点や記号も一字として数えること。

一 (論説文)漢字の読み書き・意味用法の識別・内容吟味・段落吟味・要旨

次の文章を読んで、あとの問い(問1～問8)に答えよ。

ポケットモンスターに「ビクティニ」というキャラクターがいる。頭は大きなVの字に象《かたど》られており、ご丁寧に左手でピースサインをしている。モンスターはいずれも「タイプ」という属性をもっており、それに応じた技を覚えるが、ビクティニのタイプは「エスパー」と「ほのお」である。ゲーム内では「ビクティニが無限に生み出すエネルギーを分け与えてもらうと全員にパワーがあふれだす」と説明されている。

いうまでもなく、ビクティニは原子力の表象である。そこには原子力という科学技術に対する私たちの想像力の一端が、いくらか屈折した形で、表現されている。

「ポケットモンスター」におけるビクティニ

『ポケットモンスター』は世界的な人気を誇るゲームシリーズである。プレイヤーは「ポケモン」と呼ばれるモンスターを飼育し、戦わせることでゲームを進行する。なかには、簡単には捕獲できない「幻のポケモン」と呼ばれる特別な種類もいる。かくいうビクティニもまたそうした幻のポケモンの一匹だ。

ビクティニを捕獲するためには、ゲームの中の特別な場所に行かなければならない。それは「リバティガーデン島」と呼ばれる島の地下室である。ストーリー上では次のⅰように説明される。かつて、無限のエネルギーを人々に与えるビクティニは、それを悪用しようとする輩《やから》に付け狙《ねら》われていた。ビクティニがそうした悪党の手に渡れば大きな災厄が起きる。そうした事態を危惧したある大富豪は、二百年前に島の地下室にビクティニを幽閉した。時が経《た》ち、ビクティニの存在を知った悪の組織が再びビクティニを奪取しようと動き出す。これを阻止するために、プレイヤーはこの悪の組織と戦い、ビクティニを自分のポケモンとして捕獲し、地下室から解放する。

技も強烈だ。たとえばビクティニは「かえんだん」という強力な炎タイプの技を使う。これは、自分以外のモンスターを無差別に攻撃するという特徴をもっている。「いのちがけ」という技も特徴的だ。この技を使うと、ビクティニ自身が戦闘不能に陥り、それと引き換えに相手に大きなダメージを与えられる。

ビクティニが原子力の表象であることは明らかである。たとえばビクティニが覚える技は、いずれもあまりにも威力が巨大すぎて、自分の仲間や自分自身さえも破滅させかねないものであるが、それは、使用されれば必然的に核戦争を招き起こし、それによって人類全体を破滅させる、という核兵器の特性を連想させる。また、ビクティニが二百年にわたって幽閉されている、という事態は、放射性廃棄物の地層処分をaソウキさせもする。

ビクティニは核兵器であると同時に原子力発電所でもある。①そこには原子力という科学技術に対する私たちの解釈が示されている。

クリティカとトピカ

しかし、ポケモンがなんだというのだろうか。そんなことは原子力をめぐる現実の問題に何の関係もないのではないか。科学技術の問題は、あくまでも科学技術によって解決されるのであって、そこでは想像力の働きなど役に立たないのではないか。

三・一一以降、そうした[b]ゲンセツが日本社会を支配してきた[ii]ように思える。市民は原子力に対する漠然とした不安を語るが、それに対してある種の行政担当者やある種の専門家は、そうした不安をあたかも妄想であるかの[iii]ように一蹴し、合理的で科学的な知識を伝えることだけに囚《とら》われてきた。もちろんそうした知識は必要である。しかし、それだけで科学技術の問題を克服できると考えるなら、そうした考え方は少なくとも三世紀遅れている。

近代イタリアの哲学者ジャンバティスタ・ヴィーコ[※1]は、科学的な知性[※2]を「クリティカ」と呼び、それに対して常識に立脚する知性を「トピカ」と呼んだ。クリティカが計算に基づいて真実を導き出すとしたら、トピカはその答えを「真実らしく」表現する知性である。②計算に基づいて導き出された答えは、それがたとえ厳密で正確であったとしても、私たちにとって「真実らしく」思えるとは限らない。それに対してトピカは、人々が理解できるような言葉遣いに習熟し、一瞬で人々を[c]ナットクさせられる表現を駆使する能力である。ただしそうした表現は、決して合理性に基づいては導き出せない。

ヴィーコは、デカルト[※3]によってあらゆる学問のモデルがクリティカだけに求められ、トピカが軽視されていることを批判した。科学的な合理性だけが重視されるとき、それを語る人々から言語的なセンスは失われていき、およそ「真実らしい」とは思えない言葉が科学的な知識として流通する。しかし、結果的に、それは専門家に対する人々の不信感を加速させることになってしまう。むしろ、科学的な知識を重んじるためにこそ、それを表現するためのトピカが育まれなければならない。そして、ヴィーコに拠《よ》れば、トピカを育むために必要なのは豊かな想像力に他ならない。

クリティカに対するトピカの必要性は、言い換えるなら、科学技術に対する想像力の必要性でもある。そしてそれは現代社会において一層切迫した形で必要とされている。

今日の科学技術の影響力は加速的に巨大化している。ときとしてその巨大さは人間の想像力を凌《しの》いでしまう。たとえば放射性廃棄物は、それが自然界に受容可能になるまで、およそ十万年の期間がかかるといわれている。十万年である。私たちはこの「十万」という数字をクリティカに基づいて算出することができる。しかし、十万年後がどんな世界になっているか、私たちには想像することさえもできない。だからこそ、十万年間の保管期間が必要だといわれても、私たちにはそれをうまく飲み込むことができないのである。

二〇世紀の哲学者であるハンス・ヨナス[※4]は、科学技術文明において、現在の世代は未来の世代に対して責任を負わなければならない、と主張した。しかし、その未来はあまりにも遠くまで及ぶため、この責任はあまりにも茫漠《ぼうばく》としていて、摑《つか》みどころのないもののように思えてしまう。それに対してヨナスは「恐怖に基づく発見術」を提唱している。そこで彼は、恐怖すべき未来をありありと思い浮かべることで、その未来には至らないための方策を発見する、という思考法の必要性を訴えている。重要なのは、その発見は想像力によって担われなければならない、と語られていることだ。

ヨナスに拠れば、未来世代への責任を担うとき、私たちはこれから訪れる未来を想像する努力をしなければならない。数万年後にこの場所がどうなっているのか、そこではどんな匂いがして、どんな風が吹いて、どんな音が聴こえるのか。それを想像することから責任は始まるのである。

ヨナスはそうした「恐怖に基づく発見術」を実践する上で、サイエンス・フィクションの有用性を指摘している。そうした文学作品において発揮される作家の豊かな想像力は、ただの娯楽として消費されるだけではなく、テクノロジーが実装された社会がどのようなものになるのか、あるいは、その社会で生きる人々が何を思うのかを、より具体的にソウキさせることができる。それによって私たちが現在の科学技術をどのように扱わなければならないのか、どんな責任を負わなければならないのかをも、はっきりと感じさせるのだ。

ヨナスがその具体例として好んで取り上げるのは、オルダス[※5]・ハクスリーの『すばらしい新世界』である。その世界では、人間は官僚[d]キコウによる徹底した支配のもとに囚われており、その支配は高度な科学技術によって支えられている。人間は子どもを生むことができなくなり、子どもの出生は装置に代替され、そして生まれてきた子どもはすぐに選別され、社会的な格差を再生産する教育を受けさせられる。

もっとも、そうした技術の運用方法そのものは、あるいは小説を介さずとも予測できるかもしれない。しかしこの物語は、そうした社会で生きる人間にとって家族がどのようなものなのか、他者を愛するということが何を意味するのかを問い直しているのであり、そしてそれは科学技術の本質に属する問題なのだ。

人間の生のそうした具体的な相貌は、物語を介した想像力を喚起されることで、初めて予見できるようになる、とヨナスは考えていたのである。

ビクティニの問い

そういうわけだから、ビクティニだって決して馬鹿《ばか》にできない。それは私たちにとっての原子力のある側面を表象している。ビクティニのデザインを決定しているのはクリティカではなくトピカである。だからこそ、科学的な合理性に基づく限り決して表現されえない原子力の本質を、ビクティニは体現することができるのだ。

③幽閉されていたビクティニに見つめられたとき、あなたならどんな態度を取るだろうか、取るべきだろうか。私たちは原子力という科学技術からそう問いかけられているのかもしれない。

（戸谷《とや》洋志《ひろし》「科学技術と想像力―ビクティニとトピカ」『世界思想』47号による）

（注）

※1　ジャンバティスタ・ヴィーコ…イタリアの哲学者。（一

六六八～一七四四）

※2 立脚…立場を決めてそれをよりどころとすること。

※3 デカルト…ルネ・デカルト。フランスの哲学者・数学者。（一五九六～一六五〇）

※4 ハンス・ヨナス…ドイツの哲学者。（一九〇三～一九九三）

※5 オルダス・ハクスリー…イギリスの著述家。（一八九四～一九六三）

問1、よく出る 基本 ……部ａ～ｄのカタカナを漢字に改めよ。

問2、基本 ――部ⅰ～ⅲの「ように」と同じ用法のものを、次のア～エの「ような」「ようだ」からそれぞれ選び、記号で答えよ。同じ記号を繰り返し使ってもよい。

ア、彼女のような思いやりのある人になりたいものだ。
イ、あの二人は姉妹のような仲のよさだ。
ウ、この空だと、明日はいい天気になるようだ。
エ、以上のような次第です。

問3、――部①について、「原子力という科学技術に対する私たちの解釈」とはどのようなものか。本文に述べられていることを二つあげて、それぞれ二十五字以内で答えよ。

問4、――部②「計算に基づいて導き出された答えは、それがたとえ厳密で正確であったとしても、私たちにとって『真実らしく』思えるとは限らない。」のはなぜか。その理由の説明として最も適切なものを、次のア～エの中から選び、記号で答えよ。

ア、計算に基づいて導き出される際に、コンピュータを使った莫大《ばくだい》な量のデータを扱っているため、人間の脳では理解できないから。
イ、計算に基づいて導き出される値があまりに莫大すぎる場合には、その大きさが実感できないために本当だと信じられないから。
ウ、計算に基づいて導き出される値があまりに正確すぎる場合には、現実の状況との差が実感できないため真実だとは思われないから。
エ、計算に基づいて導き出される際に、厳密さ、正確さを重視するために時間がかかり、その数値も細かすぎて実感できないから。

問5、空欄［　　］には、小見出しが入る。その言葉として最も適切なものを、次のア～エの中から選び、記号で答えよ。

ア、サイエンス・フィクションの有用性
イ、科学技術文明の影
ウ、ヨナスの「恐怖に基づく発見術」
エ、想像力と責任

問6、難 ――部③とあるが、これは著者から読者へのメッセージであると考えられる。どんなメッセージか、次の空欄に合う形で八十字以内で答えよ。その際、「科学技術」「想像力」という言葉は必ず入れること。

（　　　　　　　　）というメッセージ

問7、――部について、どういう部分が屈折した形で表現されているのか。その説明として最も適切なものを次のア～エの中から選び、記号で答えよ。

ア、悪の組織から守る形でビクティニを捕獲するのに、実際は自分の最大の武器として使えるポケモンを手にする結果になること。
イ、ポケモンの役割は敵と戦い倒すことなのに、相手だけでなく自分の仲間や自分自身さえも破壊してしまう性質を持つこと。
ウ、無限のエネルギーを人々に与えるすばらしいポケモンなのに、大富豪が金の力にものを言わせて自分のものにしてしまったこと。
エ、相手に大きなダメージを与えられる強力な技を持つ幻のポケモンなのに、連続して技を使うことが出来ないという弱点を持つこと。

問8、この文章の説明として最も適切なものを、次のア～エの中から選び、記号で答えよ。

ア、ポケモンという身近で興味を引かれる題材を導入として、難しい話題をわかりやすく説明している。
イ、イタリアやドイツの哲学者の意見を取り入れることで、現代に通じる考え方の基礎を押さえている。
ウ、「クリティカ」「トピカ」という哲学用語を使って、科学技術に対する想像力の必要性を説いている。
エ、『すばらしい新世界』の内容を挙げて、未来に来るかもしれない世界の恐ろしさを感じさせている。

二 （小説文）語句の意味・漢字の読み書き・慣用句・内容吟味

次の文章を読んで、あとの問い（問1～問8）に答えよ。

> 天皇の娘を住持（住職）とするここ比丘尼御所《びくにごしょ》（尼寺）では、三月三日の節句の準備で大わらわである。現住持の元秀《げんしゅう》と先代住持普明院元瑶《ふみょういんげんよう》が持ってきた雛《ひな》を飾り、桃の花を活《い》ける。京の絵師狩野家《かのうけ》四代目は病気でなくなり、その子縫殿助《ぬいのすけ》は伯父《おじ》の松之丞《まつのじょう》や江戸の狩野宗家を頼り、妹の伊予《いよ》はこの比丘尼で円照という見習い尼となっている。縫殿助も絵師として修行を重ねたが、世に受け入れられぬことで筆を捨て、そんな甥《おい》にあきれた松之丞は、絵師として多くの仕事を受けるようになる。節句を明後日に控える今日も、松之丞が比丘尼に来ており、円照を迎えにきていた縫殿助と鉢合わせた。

「縫殿助……おぬし、縫殿助ではないか」

伯父上、と呟《つぶや》き、縫殿助が立ちすくむ。円照を振り返り、

「どういうことだ」と声を荒げた。

「お伊予、これはなんだ。こんな形で伯父上に引き合わせるとは、おぬしはわたしになにをさせようとしている」

「まあまあ、縫殿助とやら。円照におにつかる（怒りなさる）な。これなる松之丞と絵合《えあわせ》をさせるべく、そもじ※1を迎えにやらせたのはこなたや」

「絵合――絵合でございますと」

居並ぶ者たちのたたずまいから、この小柄な老婆が前住持の普明院だと察したのだろう。縫殿助は当惑した顔で、その場に膝《ひざ》をついた。

「そうや。そもじはこの京の絵師がこぞって慕う、狩野家の五代目当主。様々な仔細《しさい》から絵師として生きる道を諦《あきら》めたと聞くが、そないな男をA市井に埋もれさせるのはおさびさび（残念）や。そこで①こなたは今日、これなる狩野松之丞とおぬし、優れた絵を描いた方をこなたの絵の師匠にせんと思うて、絵合を申し付けたのや」

「なんと。普明院さまは先ほどは、当分、絵の師はａイらぬと仰せられたばかりではありませぬか」

そう叫ぶ松之丞を、元瑶は澄まし顔でｂ顧みた。

「年寄りは気まぐれなもの。わずかな間に考えが改まることは、珍しゅうあらしゃりませぬやろ」

貴人の気まぐれには慣れているのだろう。松之丞はなんとまあ、と溜息《ためいき》をつきつつも、（　Ⅰ　）をくくった顔になった。

「画題は明後日の上巳《じょうし》の節句にちなんで、雛ではどうや。ちょうど今、あれなる客殿には御前のお雛さんがお飾りしてあらしゃる。縫殿助もよかったら見てまいらしゃれ」

縫殿助が当惑顔で四囲を見廻《まわ》す。咄嗟に※2静馬《しずま》は立ち上がり、「どうぞ、こちらへ」と縫殿助の先に立って、池の飛び石を渡った。

意外にも、縫殿助はおとなしく後に付いてくる。もしかしたら形ばかりの絵を描いて、この場を乗り切ろうと決めたのかもしれなかった。

「ほお、さすがは二条家出入りの御絵師や。上手なものやなあ」

松之丞が早くも御広間で絵を描き始めたと見え、元瑶の感嘆の声が背中を叩《たた》く。その言葉に縫殿助がわずかに顔を強張《こわば》らせたのが、静馬の視界の端に引っ掛かった。

縫殿助からすれば、二条家御出入りの絵師の座は、本来、自分が受け継ぐはずだったもの。それだけに内心では松之丞に対する嫉妬《しっと》や、二条家から見限られた己に対する諦念が胸の中でないまぜになっているのだろう。堅く握られた拳が小さく震えていた。

「こちらでございます」

先ほど、※3浄訓《じょうくん》たちと隠れた植え込みの間を抜けた途端、縫殿助は小さく（　Ⅱ　）を飲んで棒立ちになった。

※4上臈《じょうろう》たちが持ち込んだのか、大きく開け放たれた襖《ふすま》の両側には桃の花が大壺《おおつぼ》に活けられ、一の間の中央に飾られた雛をあでやかに彩っている。茜《あかね》色を増し始めた西日が金屏風《きんびょうぶ》を輝かせ、ただでさえあでやかな雛たちの姿をきらびやかに照らしていた。

「よろしければ、広縁にお上がりください。縫殿助さまは元瑶さまのお客人。誰も文句は申しませぬ」

「いいえ。わたくしはこちらで結構です」

静馬がいくら勧めても、縫殿助は庭に立ちつくし、そこから一歩も動こうとしなかった。

薄雲が日を陰《かげ》らせる都度、金屏風は複雑に輝きを変じ、それが雛たちの表情に深い趣きを添えている。床一面に敷き詰められた※5緋毛氈《ひもうせん》と桃の花のせいで、あたかもそこに突如、黄金七宝で彩られた極楽浄土が現出したかの如《ごと》き眩《まばゆ》さであった。

「普明院さまはわたくしにこのような華やかなものを描けと、仰せになられるのですか――」

そう呻《うめ》くなり、縫殿助は突然、その場に膝をついた。両手に顔をうずめ、薄い肩をわななかせた。

「や、やはり、わたくしにはできませぬ。御供の衆もすでにご存じでございましょう。わたくしは狩野家当主でありながら、諸家からお出入りを差し止められた不調法者。かような男がこれほど豪奢《ごうしゃ》な雛なぞ、描けるわけがありますまい」

「さようなことはありますまい。ならばなぜ縫殿助さまは、ひそかに絵を描き続けておられるのです。その袴《はかま》に散った※6膠《にかわ》や顔料を拝見しますに、わたくしには到底、あなたさまが絵を諦められたようには見えませぬ」

②縫殿助は弾《はじ》かれたように顔を上げた。わななく手で袴の両端を掴《つか》み、円照とよく似た薄い唇をなにか言おうとするようにわずかに開いた。

「描いてごらんなされ。ここから逃げたとて、なにもよきことはありませぬぞ。普明院さまはその事実をそなたさまにお伝えになられるために、絵合をと仰せられたのです」

「逃げて……逃げて、それのどこが悪いのですか」

「③何と愚かな。この世には真に逃げおおせられるところなぞ、なかなかないと申しますのに」

縫殿助の目尻が、怒りと苦しみに朱に染まる。それにつられたように自分のｃクチョウが高ぶるのが、静馬にはわかった。

「縫殿助さま。私はかつて、とあるところから逃げ、それゆえに養父母と死に別れました。いまこうしてこの比丘尼御所におりながらも、己が逃げた罪に日々追われ続けております」

大きくいかっていた縫殿助の肩が、不意にすぼんだ。そうでございましたか、と呟きながら、縫殿助はまじまじと静馬を見つめた。

「それは……それはさぞ、苦しゅうございましょう」

「はい。だからこそ私は、もはや誰にも逃げてもらいたくないのです」

無論、自分の逃避と縫殿助の逃避は違う。さりながら今と同じ暮らしを続けたとき、彼がどれほどの苦しみに責め苛《さいな》まれるかはわかる。

縫殿助はしばらくの間、静馬の眼差《まなざ》しを避けるかのように、己の膝に眼を落としていた。だが不意に、「確かに仰せの通りやもしれませぬな」と呟き、目の前の広縁にすがって立ち上がった。

一の間では壮麗な殿舎の奥に鎮座した男雛《おびな》と女雛《めびな》が、涼しげな眼をまっすぐ正面に向けている。しかし縫殿助は精《せい》緻《ち》を尽くした一対の雛から眼を背け、御殿のそこここに配された人形たちに忙《せわ》しなく眼を這《は》わせた。

※7禿髪《かむろがみ》の這子《ほうこ》、子の成長を祈って作られる天児《あまがつ》……大小様々な人形や調度に隠れるように置かれているのは、あの貧弱な立ち雛だ。

縫殿助は埃《ほこり》一つなく拭き清められた広縁に手を付いた。天児と這子の背後に配された立ち雛を凝視したまま、懐から※8矢立《やたて》と懐紙を取り出した。

震える手で筆を握り、まず紙の中央に大きく両手を広げた男雛の輪郭を描く。更にその隣に胴にくるりと紙を巻いただけの女雛を配してから、それぞれの顔に目鼻を描き込んだ。

その筆使いは真摯《しんし》ではあるがぎこちなく、およそ京一の画家・狩野家の主《あるじ》とは思い難い。目の前の立ち雛を写したにしては、その顔立ちは貧弱であるし、※9肥痩《ひそう》の激しすぎる線には滑稽さすら含まれている。しかしだからこそ、薄汚れ、そこここが破れた古い立ち雛の哀れさが際立つかに思われ、静馬は身を乗り出した。

彩色の禿《は》げた男雛の※10烏帽子《えぼし》、破れた女雛の帯までを丁寧に描き込むと、縫殿助は最後に二体の雛の背後に、今が盛りと咲き誇る桃の枝を描き入れた。

B爛漫《らんまん》と咲く花が華やかであればあるほど、主題たる一対の雛のわびしさはいっそう際立つ。そのとき静馬は、花の下に寄り添い合う古びた立《たち》雛図が、縫殿助と円照兄妹《きょうだい》を描いているような気がした。

この華やかな一の間を目にしたとき、大半の者は人形司が精魂込めた大雛に惹《ひ》きつけられるだろう。だが縫殿助は華やかな春告《はるつげ》の雛には眼もくれず、いまだ寒い冬のただなかに立ちつくしているが如き立ち雛を描いた。

なるほど確かに、縫殿助の絵は熟練には程遠い。だが④早くに父を亡くし、狩野家の重任に苦しんできた縫殿助だからこそ見えるものが、この世の中にはある。そう思った。

「――できました」

（澤田瞳子《さわだとうこ》「春告げの筆」『駆け入りの寺』による）

（注）
※1　そもじを迎えにやらせたのはこなたや…おまえを迎えにやらせたのは私や。
※2　静馬…幼少期より比丘尼御所で育てられていたが、養父母に預けられた。比丘尼御所が恋しくて逃げ帰ったその日に、洪水のため養父母は亡くなる。それ以降、比丘尼御所で働いている。
※3　浄訓たち…円照と同じ比丘尼で修行する見習い尼たち。
※4　上臈たち…身分の高い貴族のこと。
※5　緋毛氈…雛人形を飾る際に下に敷く赤い布。
※6　膠…絵を描く時に絵の具と画面を接着するためのもの。
※7　禿髪の這子、天児…子供を災いから守るための人形で、這子は布で作られたものであるのに対し、天児は十字にした棒に布を巻き付けたもの。
※8　矢立…筆と墨壺の入った携帯用筆記用具。
※9　肥痩…太かったり、細かったりすること。
※10　烏帽子…元服した男性のかぶりもので、普段つけるもの。

問1、**基本** ……部A・Bの意味として最も適切なものを、次のア～エからそれぞれ選び、記号で答えよ。

A　市井
ア、ごみごみした街の中
イ、日が当たらない場所
ウ、庶民《しょみん》が集まる下町
エ、人家が集まっている所

B　爛漫と
ア、匂い華やかに　イ、輝き出るように
ウ、美しく豊かに　エ、飾らず自然のままで

問2、**よく出る** **基本** ＝＝部a～cのカタカナは漢字に改め、漢字は読み仮名を書け。

問3、**よく出る** **基本** （　Ⅰ　）・（　Ⅱ　）に入る言葉を漢字一字でそれぞれ答えよ。

問4、――部①のように、普明院が「申し付けた」意図は何か。四十五字以内で説明せよ。

問5、――部②とあるが、ここでの縫殿助の気持ちの説明として、最も適切なものを次のア～エの中から選び、記号で答えよ。
ア、自分が諦めきれずに密《ひそ》かに苦悩している状態を静馬に言い当てられ、驚くとともに素直に認められないと意地を張っている。
イ、袴を見ただけで自分がまだ絵を描いている事実を瞬時に言い当てられて、静馬の観察眼の鋭さに動揺を隠せないでいる。
ウ、袴に散っていた膠や顔料はずっと以前のものであるが、そこまで瞬時に見て判断した静馬に対して、恐ろしく感じている。
エ、自分が自覚していなかった、絵を諦めきれなかった思いを静馬に指摘されて、動揺を隠しきれず無理に平静を保とうとしている。

問6、――部③と言った静馬の思いの説明として、最も適切なものを次のア～エの中から選び、記号で答えよ。
ア、周りの人の思いをくみ取れず、自分の保身にばかり走ろうとする縫殿助に対して、あまりに大人げないとがっかりしている。
イ、妹の円照を心配させているのにもかかわらず、自分のふがいなさを棚に上げて開き直る縫殿助の態度にあきれ果てている。
ウ、逃げてはいけないと懸命に説明しているのに、素直に逃げてはいけないことを認めぬ縫殿助のかたくなさに怒りを感じている。
エ、せっかく普明院が絵合という場面を設定してくれたのに、逃げてばかりいて現実に立ち向かっていかない縫殿助に腹を立てている。

問7、**新傾向** 縫殿助が描いたと推測される絵の構図を、叙述に即して下図に描け。目鼻立ちや髪の毛は描き入れなくてよい。

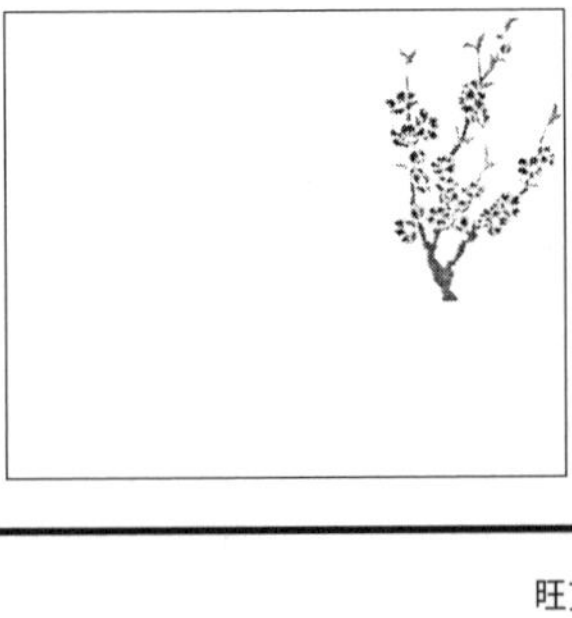

問8、**難** **思考力** ――部④とあるが、その「見えるもの」とは何か。四十字以内で説明せよ。

三 （和歌を含む説明文）口語訳・内容吟味

次に挙げるA・Bの二首は「万葉集」の和歌である。解説文（中西進《なかにしすすむ》『万葉集―愛の百首』による）も読んで、あとの問い（問1・問2）に答えよ。

A　わが背子《せこ》と二人見ませば幾許《いくばく》か
　この降る雪の嬉《うれ》しからまし
（光明皇后《こうみょうこうごう》／巻八・一六五八）

あの、静かで慈悲深く、しかし力強く夫の聖武天皇を支えた光明皇后の歌と伝える一首です。たしかに美しい物、りっぱな物を見る時に好ましい人といっしょに感動したいという気持《きもち》がおこりますね。人

間光明子も、その一人でしょう。

皇后をこんな一人の人間にしてしまうのも、純白な雪のせいでした。その心を示すのが、天皇をさして「わが背子」とよんでいることば遣いです。

まわりには侍女《じじょ》もたくさんいて、それぞれに「わが背子」をもつ女集団。この中にとけ込んでいる皇后の姿がしのばれます。

B　沫雪《あわゆき》は千重《ちへ》に降り敷《し》け恋《こひ》しくの
日《け》長きわれは見つつ偲《しの》はむ
（柿本人麻呂《かきのもとのひとまろ》歌集／巻一〇・二三三四）

沫雪は、淡雪とは別。水分を多く含んだ雪のことで、万葉には多く登場します。なかんずく、雪の乱舞が愛されました。

この歌は沫雪よ（　①　）といい、それを見ながらわが恋を偲ぼうというのですから、沫雪の乱れ飛ぶ姿がわが恋心に似ているのです。乱れ降る雪模様がわが恋心と重なるとは、降りまがう程に乱れてゆく心のプロセスと同じだということでしょう。そしてまた、無垢《むく》な純白さが、さながらわが清らかな慕情だと思うのでしょう。美しい歌です。

問1、基本　（　①　）には「千重に降り敷け」の現代語訳が入る。十字以内で答えよ。

問2、難　A・Bの和歌は両方とも雪が題材として詠まれている。雪に関する相違点と共通点をまとめて表にした。Ⅰ～Ⅲに入る言葉を十五字以内でそれぞれ答えよ。

	A	B
相違点	・雪（どんな雪かはわからない） ・作者は雪を見て（　Ⅰ　）考えている。	・沫雪（水分を多く含んだ雪） ・作者は雪を見て（　Ⅱ　）考えている。
共通点	今、目の前で雪が降っているが、（　Ⅲ　）	

国立工業高等専門学校
国立商船高等専門学校
国立高等専門学校

時間　50分
満点　100点
解答　P65
2月21日実施

出題傾向と対策

●漢字の読み書き、論説文二題、小説文一題の大問四題構成。すべてマーク式である。論説文・小説文ともにやや長めで内容は標準的。設問は大半が内容吟味に関するもので、一部国語知識に関するものがある。設問数が多いので、解答時間を意識した対策が必要である。

●過去問やマーク式中心の問題集をこなす。長めの文章を早く正確に読む訓練が最も重要。設問は特に内容吟味の問題のアプローチに慣れておく。漢字の読み書きやことわざ・慣用句、文学史などの対策も怠りなくやっておく。

一　漢字の読み書き　よく出る　基本

次の(1)から(6)までの傍線《ぼうせん》部の漢字表記として適当なものを、それぞれアからエまでの中から一つずつ選べ。
（各2点、計12点）

(1) 博物館でドウ像を鑑賞する。
ア、胴　イ、銅　ウ、同　エ、導

(2) 学問をオサめる。
ア、収　イ、納　ウ、治　エ、修

(3) 城の天守カクからのながめ。
ア、角　イ、閣　ウ、格　エ、革

(4) まるまるとコえた馬。
ア、肥　イ、請　ウ、太　エ、越

(5) 円滑に議事をススめる。
ア、促　イ、勧　ウ、薦　エ、進

(6) フルって応募《おうぼ》する。
ア、震　イ、振　ウ、奮　エ、降

二　（論説文）語句の意味・内容吟味・意味用法の識別

次の文章を読んで、後の問いに答えよ。（計31点）

行《ゆ》く春を近江《おうみ》の人と惜《お》しみけり　芭蕉《ばしょう》

先師曰《いわ》く、尚白《しょうはく》が難に、〈近江〉は〈丹波《たんば》〉にも、〈行く春〉は〈行く歳《とし》〉にもふるべし、と言へり。汝《なんじ》いかが聞きはべるや。去来《きょらい》曰く、尚白が難当たらず。湖水朦朧《もうろう》として、春を惜しむにたよりあるべし。殊《こと》に今日《こんにち》の上にはべる、と申す。先師曰く、しかり。古人もこの国に春を愛すること、をささ都に劣らざるものを。去来曰く、この一言《いちごん》、心に徹《てつ》す。行く歳、近江にゐたまはば、いかでかこの感ましまさん。行く春、丹波にいまさば、もとよりこの情浮かぶまじ。風光の人を感動せしむること、真《まこと》なるかな、と申す。先師曰く、汝は去来、ともに風雅を語るべきものなり、とことさらに悦《よろこ》びたまひけり。

（『去来抄《きょらいしょう》』）

尚白という人は、芭蕉の『野ざらし紀行』（注3）の旅の際に入門した人で、近江ではいちばん先輩格の門人であったのですが、『猿蓑《さるみの》』（注4）期になってきますと、芭蕉の新しい動きについて行けなくなってしまって、ちょっとしたそねみ、ひがみを抱いていたのでしょう。そこで(1)芭蕉の句を非難するといったようなことにもなったのだろうと思いますが、その尚白の非難というのは、「近江は丹波にも、行く春は行く歳にもふるべし」ということであった。つまりこの一句の中で、「行く春」「近江」とあるのを他のことばに置き換えて、たとえば、

行く歳を近江の人と惜しみける

としても、あるいは、

行く春を丹波の人と惜しみける

としたって、一句として成立するじゃないか、というのです。このように一句の中のことばがもうギリギリ、これ以上他には動かせないといった決定度に達してなくて、まだ他のことばに置き換えうるような場合、それを「ふる」、つまり振れる、動くというふうに言います。

芭蕉は去来に、そうした尚白の非難のあったことを伝え

て、「汝いかが聞きはべるや」（「聞く」というのは単に耳で聞くという意味ではなく理解し鑑賞するという意味）、おまえはどう受け取るかね、と質問をした。去来は答えて、(2)「尚白が難当たらず」、尚白の非難はマトはずれ、見当違いです。「湖水朦朧として、春を惜しむにたよりあるべし」、近江の国は琵琶湖《びわこ》の面《おもて》も朦朧とうち霞《かす》んで、いかにも惜《せき》春《しゅん》の情をB吐露《とろ》するのにふさわしいものがあるでしょうと、こう言っております。

「湖水朦朧として」というのは、何でもない文句のようでありますが、その背景に実は芭蕉たちの間の共通の詩情をささえるものとして、(注5)蘇東坡《そとうば》の「西湖《せいこ》」の詩のあったことをつけ加えておく必要があるでしょう。西湖の晴雨ともに美しい景色を(3)もし美人西施《せいし》のおもかげに比するならば、その厚化粧をした姿も美しければ、また薄化粧の姿も美しいがごとくであるとよんだものです。

芭蕉たちは湖の景色に接するとき、いつもこの詩を思い浮かべて西湖に思いを馳《は》せ、そこにあるいは中国の美人西施のおもかげを、もしくは、それを日本に移して美女小野《おの》小町《こまち》のおもかげを思い描いたりしたのでした。去来が「湖水朦朧として」と言ったのも、そうした湖に寄せる共通の詩情にもとづき、そこに、蘇東坡によって「山色朦朧」とよまれた西湖のおもかげを重ね合わせてのことにほかならなかったといっていいでしょう。

ところで去来はここでさらに、「(4)殊に今日の上にはべる」と、とくに「今日の上」に力点をおいて答えている。つまり、これは今日の芭蕉先生の現実の体験の上にもとづき、実際の景色に臨んでの作品ですから、もうふれるなどという非難の介入する余地はありません、というのですね。芭蕉はそれを承《う》けて「しかり」、おまえの言うとおりだと大きく肯定《こうてい》しながら、しかし、「(5)古人もこの国に春を愛すること、をさをさ都に劣らざるものを」と、ちょっと違うことをつけ加えています。

昔の歌人たちも、この近江の国の春光を愛惜《あいせき》したことは、彼らが都の春を愛惜したのにけっして劣らないくらい深かったことだ、というのですね。それは、たとえば『(注6)新古《しんこ》今集《きんしゅう》』に収める(注7)後京極良経《ごきょうごくよしつね》の「あすよりは志賀の花園まれにだにたれかは訪《と》はん春のふる里」とか、『(注6)続後拾遺《しょくごしゅうい》集《しゅう》』に収める(注7)藤原定家《ふじわらのさだいえ》の「さざ波や志賀の花園霞《かす》む日のあかぬ匂ひに浦風《うらかぜ》ぞ吹く」などの和歌を心に置いて、そう言ったものでしょう。去来はそれを聞いて、「この一言、心に徹す」、今の先生のおことばは深く心の中にしみ徹《とお》りました。もし先生が行く歳近江にいらっしゃったならば、どうして去り逝《ゆ》く年を惜しむというような詩情が生まれてきましょうか。また、行く春丹波にいらっしゃったならば、もとよりこうした惜春の詩情は浮かびますまい。「風光」（自然の景色）というものが人を感動せしむることには、昔の歌人を感動させ、今また芭蕉先生を感動させる、古今を一《いっ》貫《かん》して変わらない真実なるものがございますなあ、というふうに心からの共感を示したところ、芭蕉は「汝は去来、ともに風雅を語るべきものなり、とことさらに悦びたまひけり」、おまえこそはともに風雅を語るに値《あたい》する人間だと非常に(6)悦ばれたというのです。

（尾形仂《おがたつとむ》『芭蕉の世界』による）

（注1）近江＝今の滋賀《しが》県。
（注2）去来＝芭蕉の門人、向井《むかい》去来。『去来抄』はその著作。
（注3）『野ざらし紀行』＝一六八四年から翌年にかけての旅の紀行文。
（注4）『猿蓑』＝芭蕉円熟期の著作。
（注5）蘇東坡＝中国、宋《そう》時代の文学者・政治家。
（注6）『新古今集』・『続後拾遺集』＝鎌倉《かまくら》時代の和歌集。
（注7）後京極良経・藤原定家＝鎌倉時代の歌人。

問1、**よく出る** 本文中の、Aそねみ、B吐露する の意味として適当なものを、それぞれ次のアからエまでの中から一つ選べ。（各2点）

A　ア、あせる気持ち　イ、見下す気持ち
　ウ、嫉妬する気持ち　エ、後悔する気持ち

B　ア、心に思っていることを隠さず述べる
　イ、感動のあまり思わず声を出す
　ウ、隠しておきたいことをつい白状する
　エ、無意識に本心を語ってしまう

問2、本文中に、(1)芭蕉の句を非難する とあるが、尚白は芭蕉の句をどのように批判したのか。その説明として最も適当なものを、次のアからエまでの中から一つ選べ。（4点）

ア、「近江」「行く春」には共通の詩情をささえる伝統的要素がない。
イ、「近江」「行く春」は実体験に基づいて用いた表現とは言えない。
ウ、「近江」「行く春」にはその語を使わねばならない必然性がない。
エ、「近江」「行く春」は情景や状況を思い浮かばせる力が足りない。

問3、**思考力** 本文中に、(2)「尚白が難当たらず」、尚白の非難はマトはずれ、見当違いです。とあるが、去来が尚白を「見当違い」だとするのは、なぜか。その理由として最も適当なものを、次のアからエまでの中から一つ選べ。（4点）

ア、近江で作られた古歌の伝統を踏まえて惜春の情を詠《よ》んだ句であると尚白は知らないから。
イ、芭蕉に対する尚白のひがみによる感情的な非難で句そのものに対する批判ではないから。
ウ、湖面がおぼろに霞み渡っている光景を実際に見て詠んだ句だと尚白には分からないから。
エ、句には蘇東坡の詩のおもかげが重ね合わされていることを尚白は理解できていないから。

問4、本文中に、(3)もし美人西施のおもかげに比するならば、とあるが、どういう意味か。その説明として最も適当なものを、次のアからエまでの中から一つ選べ。（4点）

ア、もし美人の西施の姿を思い描くならば
イ、もし美人の西施の姿になぞらえるならば
ウ、もし美人の西施が目の前に現れるならば
エ、もし美人の西施が湖を背に立つならば

問5、本文中に、(4)殊に今日の上にはべる とあるが、どういう意味か。その説明として最も適当なものを、次のアからエまでの中から一つ選べ。（4点）

ア、とりわけ今日の出来ばえは格別でございます。
イ、特に実際にその場で作ったものでございます。

ウ、今から現実の景色を見て作るのでございます。
エ、案外今日の出来事が該当《がいとう》しそうでございます。

問6、思考力 本文中に、(5)古人もこの国に春を愛すること、をさをさ都に劣らざるものを とあるが、どういう意味か。その説明として最も適当なものを、次のアからエまでの中から一つ選べ。(4点)
ア、この地方で春を惜しんだ古人の思いは、都にいた時に比べて日に日に強くなっていたらしい。
イ、丹波の国で春を惜しんだ古人の思いが、都で春を惜しむ気持ちより勝っているとは言えない。
ウ、この日本の様々な地方で春を惜しんだ古人の思いは、都で春を惜しむのと大した違いはない。
エ、近江の国で春を惜しんだ古人の思いは、都で春を惜しんだ気持ちとほとんど同じくらい深い。

問7、よく出る 本文中に、(6)悦ばれた とあるが、この「れ」と同じ働きをするものはどれか。最も適当なものを、次のアからエまでの中から一つ選べ。(3点)
ア、先生から学生時代に苦労されたお話を聞いた。
イ、卒業写真を見たら先生のことが懐《なつ》かしく思い出された。
ウ、先生は登山中にハチに刺されて困ったそうだ。
エ、先生に指名されてクラスメイトの前で詩の朗読をした。

問8、思考力 本文の内容に合致《がっち》するものを、次のアからエまでの中から一つ選べ。(4点)
ア、近江という地名には、中国の西湖という地名と同様に深い歴史的な意味合いが込められているのである。
イ、古い時代の和歌をもとにしていれば、今いる地名を和歌に詠まれた地名に置き換えて句を創作してよい。
ウ、古代の貴族と同じ地で同じ感慨《かんがい》を抱いて句を詠むことによって、初めて人々を感動させる作品ができる。
エ、昔の人が詠んだ詩歌を踏まえつつ自分の体験を句に詠むことで、伝統的な詩情とつながることができる。

三 (論説文)文脈把握・内容吟味

次の文章を読んで、後の問いに答えよ。(計29点)

(1)地球上のあらゆる物質は動いており、時とともにその空間上の位置を変える。極めて瞬時には原子レベルで移動するものもあるだろう。しかし、われわれ人間が日常の感覚でとらえられるかぎりでのモノの移動は、分子レベル、あるいは化合物レベルもしくはそれ以上のレベルである。酸素はO_2という分子の形で移動する。活性(注1)である酸素は、他の元素と結びついた形でも動き回る。酸素分子が大気中から消え去らずに動き回るので、酸素を必要とする生物は存在できるのである。

酸素と水素が結びついてできた水(H_2O)は大気圏《けん》内を動き回る。地上あるいは河川・海洋から蒸発した水は、再び雨となって地上に戻る。地中に染《し》み込んだ水も湧水《ゆうすい》(注2)となり、あるいは河川に流れ込むことによっていずれは大気に移動し、再び雨となって地上に降り注ぐ。どのような経路をとって循環《じゅんかん》するかは、地理的条件・気象条件などさまざまな条件に依存《いぞん》する。海洋の水は、海洋内部においても移動する。海洋の大きな循環のスピードは極めて緩《ゆる》やかで、千年以上の単位で動くと考えられている。

さて、物質の動きおよびその相互作用を関連付けて捉《とら》えることは、全く無限定の状況では行い得ない。ある領域ないし範囲《はんい》を設定する必要がある。このように定められた領域ないし範囲のことを「系」と呼ぶことがある。系を設定するとき、物質の性質を基にして行う場合もあるし、地理的な条件を基にしてする場合もある。また、どのようにものをみるかということに依存して行う場合もある。

[a]、生物の生息という性質の視点から領域設定を行うと、「生態系」という系が設定できる。また、水の循環を見る場合、河川の流域という系に限って把握《はあく》することも可能である。さらに、経済的な関係に絞《しぼ》って物質の動きを見ることも可能であるが、その場合「経済系」という範囲でものをみることができる。

どのような系を例にとってもよいが、とにかく一つの系を取ったとき、その系には物質が流入する一方その系から物質が流出する。もちろん、短期的には一つの系への物質の流入・流出は一定ではないことがある。自然による揺《ゆ》らぎもあるだろうし、人為《じんい》的な揺らぎもある。[b]、どんな系をとってもその容量(これを環境容量と呼ぶことがある)は有限であるから、一方的に流入が続いたり、一方的に流出が続いたりすることはあり得ない。一つの系への物質の流入・流出が一定になり、系のなかの循環がバランスの取れた状態になったとき、その系は「定常状態」にあるという。

流入・流出の収支が均衡《きんこう》しないと系は乱され、それまであった定常状態は成立しなくなるけれど、系の攪乱《かくらん》(注3)の程度が小さい場合長期的には元の定常状態に復帰することが多い。そのような場合、当初あった定常状態は安定であるという。しかし攪乱の程度が著しく大きい場合、系はもはや元の定常状態を保つことができず、(2)全く異なった定常状態へと移行することもある。そして攪乱の行き着いた末の定常状態において種が絶滅してしまうということもあり得る。

環境問題で領域の範囲を定める場合、通常最も大きなものとしては地球を考えればよい。確かに隕石《いんせき》の衝突などによって、宇宙から物質が流入する場合もあるが、現実的にはその流入量は無視しうるので、ここでは地球を最も大きな物理的な領域として考える。

地球という系は、物質的な流入・流出という意味では閉じているが、エネルギーの流入・流出という意味では閉じていない。常に太陽からエネルギーを受け取っており、また熱を外に排出している。加えて、地球は自転することによって、常に物質の動きに変動の作用を与えている。こうして(3)物質循環という意味では地球という系は閉じているが、常に攪乱的作用を受けている。(A)

にもかかわらず、地球は常にある種の定常状態を取り戻そうとする重要な性質があると考えられている。この性質は、ホメオスタシスあるいは恒常《こうじょう》性(注4)と呼ばれている。地球という系では、生物と非生物《ひせいぶつ》が有機的に結びついた結果、外部からの攪乱作用があっても、以前と同じような性質を保とうとする力が働いている。[c]、地球という系は自己調整機能を持っていると考えられるのである。地球という系に自己調整機能が備わっているという仮説を「ガイア仮説」という。この仮説は、J・E・ラブロックという科学者によって唱えられた。（ B ）

　ラブロックによれば、生物が地球上に現れて以来、およそ四十億年近くたったが、その間に太陽からの発熱量は増加した。それにもかかわらず、生物にとって自然環境は激変することはなく、地球は生物にとって住みやすい場所であり続けた。この例からもわかるように、地球という系は、何らかの変動要因を与えられているにもかかわらず、恒常性を取り戻そうとしていると考えられるのである。本来化学反応しやすい酸素が、O_2という形で大気中のガスの二〇％を占めており、その濃度《のうど》は一定しているのも、地球という系で生物と無生物が安定的な相互関係を結んでいると考えられるからである。活性な酸素が安定的に地球上に存在することは、好気性（酸素に基づく代謝を行う性質）の生物にとってこれほどありがたいことはない。（ C ）

　しかしながら、(4)地球という系においてホメオスタシスないし恒常性という性質がこれまであったとしても、未来永劫《えいごう》であり続ける保証はない。また、仮に地球という系でホメオスタシスが保たれたとしても、地球上の限られたより小さな系においては定常状態が著しく乱され、物質循環の状態が激変するということは十分あり得る。（ D ）

　今から六五〇〇万年前の隕石の衝突によって地球の環境は激変した。(注5)核《かく》の冬のように、粉塵《ふんじん》が空を覆《おお》ったため日差しは地表に届きにくくなり、光合成は難しくなった。この結果植物量は減少し、これを食べていた草食恐竜《きょうりゅう》の数が急激に減った。さらに、これを捕食していた肉食恐竜も存在ができなくなった。こうして恐竜の時代が終焉《しゅうえん》したのである。そして、わずかな量の植物で生きていた小型哺《ほ》乳類《にゅうるい》が、大型爬虫類《はちゅうるい》の恐竜にとって代わるようになる。この小型哺乳類が人類の祖先というわけである。今、人類は隕石の衝突に匹敵するような環境の変化を地球にもたらしているのかもしれない。そうだとしたら、(5)ホメオスタシスという性質が常に保証されていると想定することはあまりにも楽観的に過ぎる。

（細田衛士《ほそだえいじ》『環境と経済の文明史』による）

（注1）活性＝物質が化学反応を起こしやすい性質をもっていること。
（注2）湧水＝地下からわき出る水。
（注3）攪乱＝かき乱すこと。
（注4）有機的＝多くの部分が結びつき、全体が互いに密接に関連し合っているさま。
（注5）核の冬＝核戦争によって大気中に巻き上げられた粉塵で太陽光線がさえぎられて起こると想定される寒冷化現象。

問1、空欄《くうらん》 a 、 b 、 c に入る語として適当なものを、それぞれ次のアからエまでの中から選べ。ただし、同じ語は二回入らない。（各2点）
ア、しかし　イ、もしくは
ウ、すなわち　エ、たとえば

問2、思考力 次の一文が入るのは、本文中の（ A ）から（ D ）のどこか。最も適当なものを一つ選べ。
その場合、生物種の中には絶滅するものも出てくるだろう。（3点）

問3、本文中に、(1)地球上のあらゆる物質は動いており、時とともにその空間上の位置を変える。とあるが、どういうことか。その説明として最も適当なものを、次のアからエまでの中から一つ選べ。（4点）
ア、地球上のすべての物質は、小さく分解された形になって、化学変化を繰り返しながら広範囲を移動し続けているということ。
イ、地球上のすべての物質は、人間の視覚でとらえられる範囲で、頻繁《ひんぱん》に出たり入ったりする運動を繰り返しているということ。
ウ、地球上のすべての物質は、その形を変えながらも、時間がたつにつれて地球という領域の範囲内を移動しているということ。
エ、地球上のすべての物質は、表面上は変化しないように見えても、その内部は分子レベルで常に入れ替わっているということ。

問4、本文中に、(2)全く異なった定常状態へと移行するとあるが、地球環境を例に取った場合は、これはどのような状態になることを意味するか。その説明として最も適当なものを、次のアからエまでの中から一つ選べ。（4点）
ア、地球全体として物質循環のバランスは取れているが、自然環境や生物の生息状況は大きく変化を遂《と》げた状態。
イ、太陽からのエネルギー流入の変化によって地球の平均気温が下がり、温暖化以前の自然環境が復元した状態。
ウ、物質循環のバランスが大きく崩《くず》れ、人間を含《ふく》めた生物種の全てが地球上では生存を続けられなくなった状態。
エ、人間の活動によって物質の流出量が増加し、地球全体で見た物質の流入・流出の収支が合わなくなった状態。

問5、本文中に、(3)物質循環という意味では地球という系は閉じているが、常に攪乱的作用を受けている。とあるが、どういうことか。その説明として最も適当なものを、次のアからエまでの中から一つ選べ。（4点）
ア、地球に流れ込んでくるのは、物理的実体を持たない熱エネルギーのみであるが、その熱が地球の物質循環に与える影響は、ますます拡大し続けているということ。
イ、地球全体で見れば、物質の動きはバランスが取れているが、地域的に細かく系を設定した場合は、物質循環の定常状態が著しく乱れている地域もあるということ。
ウ、地球に外部から物質が流れ込むことはほとんどないが、地球上の物質の動きは、太陽からのエネルギーや地球自体の動きに伴う影響を受け続けているということ。
エ、地球全体を視野に入れると、物質の動きについての定常状態は地球誕生時からほとんど変化していないが、変化を促《うなが》す要因は少しずつ蓄積《ちくせき》されているということ。

問6、本文中に、(4)地球という系においてホメオスタシスないし恒常性という性質がこれまであったとしても、未来永劫であり続ける保証はない。とあるが、どういうことか。その説明として最も適当なものを、次のアからエまでの中から一つ選べ。（4点）

ア、地球上の自然環境は、人間の働きかけに応じて人間が生きるために必要な物質を供給し続けてきたが、永遠に物質の供給が続いていくはずはないということ。

イ、これまで地球環境は生物と無生物が安定した関係を結び、生物が住むのに適した状態を保ってきたが、今後も永遠にその状態が続くとは限らないということ。

ウ、太陽のエネルギーのおかげで、地球の物質循環は動きを止めず、生物も生き続けてきたが、そのエネルギーが減少すれば生物は絶滅するしかないということ。

エ、どのような地球環境の変動も、今までのところ、長期的に見れば元の定常状態に戻ってきたと言えるが、これからも同じ状態が続くわけではないということ。

問7、〈思考力〉本文中に、(5)ホメオスタシスという性質が常に保証されていると想定することはあまりにも楽観的に過ぎる。とあるが、なぜそう言えるのか。その説明として最も適当なものを、次のアからエまでの中から一つ選べ。（4点）

ア、人類が地球環境に変化をもたらした結果、大気圏の状態に変化が生じ、太陽自体の発熱量も減少して寒冷化していくかもしれないから。

イ、人類が地球環境に変化をもたらした結果、新たな物質が生成されることにより、地球を循環する物質の量が増加するかもしれないから。

ウ、人類が地球環境に変化をもたらした結果、人類だけは生き残れるが、それ以外の生物は恐竜のように絶滅してしまうかもしれないから。

エ、人類が地球環境に変化をもたらした結果、地球上の物質循環に大きな変化が生じ、人類そのものの生存が困難になるかもしれないから。

四 （小説文）語句の意味・内容吟味

次の文章を読んで、後の問いに答えよ。（計28点）

> 高校二年生の美緒《みお》は、合唱部の友人にからかわれたことがきっかけで、学校に行けなくなった。母との行き違いから、美緒は衝動的に家を飛び出し、祖父の住む盛岡《もりおか》に行く。祖父は毛織物の工房《こうぼう》を営んでおり、美緒はしばらくの間、羊毛を紡《つむ》いで手織りの毛織物を仕立てる作業を学ぶことになった。

祖父が発送する荷物は大量のスプーンだった。長年、日本と世界のさまざまな土地に行くたびにこつこつ集めてきたもので、木材や金属などでつくられたものが一本ずつ仕切られたケースに整然と納まっていた。

「いつかこのコレクションを持って旅に出ようと思っていた。」

銀色のスプーンをクロス(注1)で磨きながら、祖父が笑った。

「路上に絨毯《じゅうたん》を敷いて、さじをずらりと並べて買ってもらおうかと。興味を持った人にはA来歴を披露《ひろう》する。どこの産か、どうやって手にいれたか、どこが魅力《みりょく》か。のんびり客と話をしながら、さじの行商をするんだ。」

「荷物運びとかいらない？　そしたら、私もすみっこにいる。」

「体力的にもう無理だな。一度ぐらいやってみてもよかった。」

祖父が今度は木製のスプーンを布で拭《ふ》いた。素朴《そぼく》な木目をいかしたスプーンで、コーンスープやシチューをすくって食べたらおいしそうだ。

「でも、良い落ち着き先が見つかったんだ。若い友人が料理屋を開くので、彼女に譲《ゆず》る。好きなさじを客が選んで食事をする仕組みにすると言っていた。」

鉱物に本、絨毯や織物。他にも祖父が集めているものはたくさんある。染め場の奥にはエアコンで常に温度と湿度の管理をしているコレクション用の部屋があるほどだ。

「どうしてスプーンを集めたの？」

「口当たりの良さを追求したかったのと、あとはバランスだな。良い職人が削ったさじは軽くて美しい。手に持ったときのバランスが気持ちいいんだ。そのさじで食事をすると軽やかでな。天上の食べものを口にしている気分になる。(1)同じことは私たちの仕事にも言える。」

「スプーンと布って、全然別物っぽく思えるけど……。」

祖父が手を止めると、奥の部屋に歩いていった。すぐに戻ってくると、手には紺《こん》色のジャケットを抱えていた。生地はホームスパン(注2)だ。

「おじいちゃんのジャケット？」

「そうだ。お祖母《ばあ》ちゃんが織ったものだ。持ってごらん。」

渡されたジャケットは、見た目よりうんと軽く感じた。

「あれ？　軽いね。」

「それでもダウンジャケットにくらべると若干《じゃっかん》重いがな。」

ジャケットを羽織ってみるようにと祖父がすすめた。

袖《そで》に腕を通したとたん、「あれ？」と再び声が出た。手で感じた重量が身体に伝わってこない。肩にも背中にも重みがかからず、着心地がたいそう軽やかだ。それなのに服に守られている安心感がある。

「手で持ったときより、うんと軽い。」

「手紡ぎ、手織りの糸は空気をたくさんはらむから軽くて温かい。身体に触れる布の感触が柔らかいから、着心地が軽快になる。さじにかぎらず、良い職人の仕事は調和と均《きん》衡《こう》が取れていて心地よいんだ。音楽で言えば」

「ハーモニー？　もしかして。」

「そうだ、よくわかったな。」

「私、中学からずっと合唱部に入ってたの。」

祖父にジャケットを返すと、慈《いつく》しむようにして大きな手が生地を撫《な》でた。

「美緒は音楽が好きなんだな。」

あらためて考えると、合唱はそれほど好きでもなかった。熱心に部に勧誘《かんゆう》されたことが嬉《うれ》しかった。合唱部はみんな仲が良さそうに見えたから、その輪に入っていると安心できただけだ。

「部活、そんなに好きじゃなかったかも。なんか……(2)私って本当に駄目《だめ》だな。」

ジャケットを傍《かたわ》らに置くと、祖父がスプーンの梱包《こんぽう》作業に戻った。

「この間、(注3)汚毛《おもう》を洗っただろう？　どうだった？　ずいぶんフンをいやがっていたが。」

「臭《くさ》いと思ったけど、洗い上がりを見たら気分が上がった。真っ白でフカフカしてて。いいかも、って思った。汚毛、好きかも。」

そうだろう、と祖父が面白そうに言った。

「美緒も似たようなものだ。自分の性分について考えるのは良いことだが、悪いところばかりを見るのは、汚毛のフンばかり見るのと同じことだ。」

祖父が何を言い出したのかわからず、美緒は作業の手を止める。赤い漆塗《うるしぬ》りのスプーンを取り、祖父が軽く振る。

「学校に行こうとすると腹を壊す。それほどの繊細さがある。良いも悪いもない。駄目でもない。そういう性分が自分のなかにある。ただ、それだけだ。それが許せないと責めるより、一度、(3)丁寧《ていねい》に自分の全体を洗ってみて、その性分を活《い》かす方向を考えたらどうだ？」

「活かすって？　どういうこと？　そんなのできるわけないよ。」

「そうだろうか？　繊細な性分は、B人の気持ちのあやをすくいとれる。ものごとを注意深く見られるし、集中すれば思わぬ力を発揮することもある。へこみとは、逆から見れば突出した場所だ。悪い所ばかり見ていないで、自分の良い点も探してみたらどうだ？」

「ない。そんなの。」

「即答だな。」

祖父がスプーンに目を落とした。

「だって、ないから。自分のことだから、よくわかってる。」

それは本当か、と祖父が声を強めた。

「本当に自分のことを知っているか？　何が好きだ？　どんな色、どんな感触、どんな味や音、香《かお》りが好きだ。何をするとお前の心は喜ぶ？　心の底からわくわくするものは何だ。」

「待って。そんなの急にいっぱい聞かれても」

「ほら、何も知らない。いやなところなら、いくらでもあげられるのに。」

からかうような祖父の口調に、美緒は顔をしかめる。

「そんなしかめ面《つら》をしないで、自分はどんな『好き』でできているのか探して、身体の中も外もそれで満たしてみろ。」

「好きなことばっかりしてたら駄目にならない？　苦手なことは鍛《きた》えて克服《こくふく》しないと……。」

「なら聞くが。責めてばかりで向上したのか？　鍛えたつもりが壊れてしまった。それがお前の腹じゃないのか。大事なもののための我慢《がまん》は自分を磨く。ただ、つらいだけの我慢は命が削られていくだけだ。」

祖父がテーブルに並べたスプーンを指差した。

「(4)手始めに、気に入ったさじがあったら、それで食事をしてみろ。良いさじで食物を口に運ぶ感触をとことん味わってごらん。」

「えっ、でも……。」

戸惑いながらも梱包していないスプーンと、コレクションが納まった箱を美緒は一つずつ見る。祖父が集めたものは、どれも色や形が美しい。そしておそらく外見のほかにも祖父の心をとらえた何かがある——。しだいに興味がわいてきて、次々とスプーンが入った箱を開けて見る。

木材、金属、動物の角。さまざまな材質のスプーンを持ったあと、最後に残った箱を開けた。

赤や黒、赤紫色に塗られた木製のスプーンが出てきた。無地もあるが、金箔《きんぱく》などで模様が描かれたものや、虹《にじ》色に輝く装飾《そうしょく》が施されているものもある。

一本、一本見ていくなかで、シンプルな黒塗りのスプーンに心惹《ひ》かれた。手にすると、スプーンの先から柄《え》に向かって、真珠色の光が走った。

「おじいちゃん、これはうるし？」

祖父はうなずいた。

「これがいい、これが好き。おじいちゃん、このスプーンをください。」

「美緒はこれが好きか。どうしてこれを選んだ？」

「直感？　何かいい感じ。」

祖父の目がやさしげにゆるんだ。目を細めるとやさしく見えるところは、(注4)太一と似ている。

ほめられているような眼差《まなざ》しに心が弾み、黒いスプーンを見る。

幼い頃《ころ》、壁《かべ》にかかった視力検査表で視力を調べられたことがある。
(5)黒いスプーンを右目に当て、おどけてみた。
「視力検査……。」

一瞬、不審《ふしん》そうな顔をしたが、祖父はすぐに横を向いた。口もとに軽くこぶしを当てて、笑っている。

おどけた自分が猛烈《もうれつ》に恥ずかしくなり、美緒はスプーンを握った手を膝《ひざ》に置く。

たいして面白くもないだろうに、祖父は目を細めてまだ笑っていた。


（伊吹有喜《いぶきゆき》『雲を紡ぐ』による）

(注1) クロス＝布。
(注2) ホームスパン＝手で紡いだ太い羊毛糸を手織りにした厚手の織物。
(注3) 汚毛＝フンなどがついて汚れている、まだ洗っていない羊毛。
(注4) 太一＝美緒の「またいとこ」で、工房を手伝う大学生。

問1、本文中の、A来歴を披露する、B人の気持ちのあやをすくいとれる の意味として適当なものを、次のアからエまでの中から一つ選べ。（各2点）

A　ア、これまでたどってきた経過や歴史を語って聞かせる。
イ、素材や作られた工程について細かく語って聞かせる。
ウ、作り手が経験してきた人生の道筋を語って聞かせる。
エ、どんなところが魅力なのかくわしく語って聞かせる。

B　ア、人の感情を読み取って相手に合わせて話すことができる。
イ、人が言われて嫌になる言葉を予測し避《さ》けることができる。
ウ、人の心の動きを細かいところまで思いやることができる。

エ、人が不安に感じている様子を察して慰《なぐさ》めることができる。

問2、本文中に、(1)同じことは私たちの仕事にも言える。とあるが、どういうことか。その説明として最も適当なものを、次のアからエまでの中から一つ選べ。（4点）

ア、優れた職人は、良い品を熱心に探して愛用するコレクターによって育てられる。

イ、優れた職人が作り上げた品はバランスが取れており、軽やかで使い心地がよい。

ウ、優れた職人は、使い続けるうちに天上のもののように軽くなっていく品を作る。

エ、優れた職人が作り上げる品は、見た目の美しさよりも使い心地を優先している。

問3、本文中に、(2)私って本当に駄目だな。とあるが、ここでの美緒の気持ちの説明として最も適当なものを、次のアからエまでの中から一つ選べ。（4点）

ア、仲が良くて楽しそうだと思って入った合唱部の輪に入れず、時間を無駄《むだ》にしてしまったと後悔した。

イ、勧誘されるまま合唱部に入った経緯《けいい》を思い出し、一人で決められない自分の決断力のなさを恥じた。

ウ、合唱が好きでもないのに部活に参加していたのは不誠実だと気づいて、部員に申し訳ないと思った。

エ、合唱が好きだという動機もないままに、ずっと合唱部にいただけの自分に気づいて情けなくなった。

問4、本文中に、(3)丁寧に自分の全体を洗ってみて、とあるが、どういうことか。その説明として最も適当なものを、次のアからエまでの中から一つ選べ。（4点）

ア、嬉しいこともつらいことも体験してきた過去を振り返り、自分が何に喜びを感じるのか改めて考えて、自分を心地よさで満たしてみること。

イ、長所を覆《おお》い隠していた欠点を、汚毛の汚れを洗うように一つ一つ取り除くことで、本来持っている長所がはっきりと見えるようにすること。

ウ、いいところと悪いところが混じり合っている自分自身をよく観察し、様々な面を細かく見つめ直して、改めて自分について考えてみること。

エ、完璧《かんぺき》な人間であろうとするあまり自分を責めてばかりいた、過去の暗い気持ちを洗い流し、前向きな明るい気持ちを取り戻そうとすること。

問5、本文中に、(4)手始めに、気に入ったさじがあったら、それで食事をしてみろ。とあるが、この時の祖父の意図はどういうものか。その説明として最も適当なものを、次のアからエまでの中から一つ選べ。（4点）

ア、落ち込んで食が進まない美緒を案じ、気に入ったさじを使わせることで食べる意欲を取り戻させ、元気づけようとしている。

イ、気に入ったものを見つけて実際に使うことを通して、自分の心が好きなものに向かっていく喜びを体感させようとしている。

ウ、職人が丹精を込めて作り上げた品を使わせることで刺激を与え、美緒自身のものづくりに対する意欲を高めようとしている。

エ、優れた道具を普段使いさせることで、長年使うことでしか得られない手仕事ならではの味わいを感じ取らせようとしている。

問6、本文中に、(5)黒いスプーンを右目に当て、おどけてみた。とあるが、このときの美緒の様子の説明として最も適当なものを、次のアからエまでの中から一つ選べ。（4点）

ア、自分をほめてくれているような祖父の反応にうれしくなって、いつになく気分が高まり、ついつい子供っぽくふざけてみせた。

イ、自分の思いを受け止めてもらえたことに安心して、幼い頃の気分がよみがえり、わざと子供のようにふるまって祖父に甘《あま》えた。

ウ、素直に自分の感想を言ってしまったことが恥ずかしくて、おどけたふりをして顔を隠し、照れている自分を悟られまいとした。

エ、高価なものの価値をよく知る祖父に、品質を見抜く力を認められたことが誇らしくて、見る目のある自分を自慢《じまん》したくなった。

問7、本文の記述に関する説明として最も適当なものを、次のアからエまでの中から一つ選べ。（4点）

ア、人とうまく関われない孫娘と、好きなことを貫《つらぬ》く祖父との小さな衝突を淡々と描いている。工芸品の色や質感を語り合う中で、美緒が何とか祖父を理解しようとする場面である。

イ、自尊心が強く傷つきやすい孫娘と、職人気質《かたぎ》で頑固な祖父との対話を描いている。工芸を音楽にたとえた会話を通して、不器用な二人が徐々に打ち解けていく場面である。

ウ、敏感《びんかん》で悩《なや》みを抱える孫娘と、ものづくりの世界で生きてきた祖父との交流を描いている。工芸品に託《たく》した祖父の言葉に触れて、少しずつ美緒が変わっていく場面である。

エ、芸術に鋭い感性を示す孫娘と、同じ感性を持つ祖父との師弟関係を平易な表現で描いている。工芸家を目指す美緒と、師である祖父のひそかな喜びを記す場面である。

東京都立産業技術高等専門学校

時間 50分　満点 100点　解答 P66　2月16日実施

出題傾向と対策

●漢字の読み書き、国語知識、小説文、論説文の四題構成。漢字の読み書きと国語知識は基本から標準レベルが大半だが、出題範囲が幅広いのが特徴。小説文と論説文のレベルも標準だが、記述問題が少ないためか、課題文はいずれも長く、設問のレベルも全体的にやや難しめである。
●漢字と国語知識は取りこぼしがないように、日ごろから授業だけでなく問題集などにもあたっておくこと。小説文と論説文は、長文を読み切るための「読解体力」を養うために過去問および長文の問題をこなしておくこと。

注意　答えは、特別の指示のあるもののほかは、各問のア・イ・ウ・エのうちから、最も適切なものをそれぞれ一つずつ選んで、その記号を記入しなさい。また、答えに字数制限がある場合には、、や。や「なども それぞれ一字と数えなさい。

一　漢字の読み書き　よく出る

次の各文の――を付けたかたかなの部分に当たる漢字を楷書《かいしょ》で書きなさい。

(1) 市のチョウシャを建て替える。
(2) テンマドから月明かりが差し込む。
(3) 昔からのデントウを守った製法が味の決め手だ。
(4) セルフレジで商品をセイサンする。
(5) 米をタワラに入れて保管する。
(6) 校庭にはミキの太いケヤキが植わっていた。
(7) 山々の木々が秋色にソまっていく。
(8) 自動車税は各都道府県にオサめる税金だ。
(9) 周囲の意見に耳をカそうとしない。
(10) 喜びイサんで友人とともに出かける。

二　漢字知識・漢字の読み書き・品詞識別・仮名遣い

次の各問に答えなさい。

〔問1〕左の漢字の〇で囲まれた部分は楷書で書くと何画目か。

座

〔問2〕よく出る　基本　熟語の構成には、同じような意味の漢字を重ねたもの、反対または対応を表す漢字を重ねたもの、上の漢字が下の漢字を修飾《しゅうしょく》したもの、上の漢字が下の漢字の目的語・補語になっているもの、上の漢字が下の漢字を打ち消しているもの、上の漢字が主語で下の漢字が述語になっているものの六種類がある。次の熟語の構成のうち他の三つと異なっているのはどれか。

ア、実行　イ、既成　ウ、予知　エ、挑戦

〔問3〕基本　次の各文の――を付けたかたかなの部分に同じ漢字が当てはまるのはどれか。

ア、会議ではイ論が続出した。
　　出会ってすぐにイ気投合した。
イ、道路ヒョウ識がより分かりやすいものに変更される。
　　自動運転分野をヒョウ的に技術開発が進められる。
ウ、箇タンに組み立てられた。
　　間違いをタン的に指摘《してき》された。
エ、壁画《へきが》を修フクする。
　　名画をフク製する。

〔問4〕基本　次のうちで送りがなの付け方として適切なのはどれか。

ア、逃る　イ、誤る　ウ、施こす　エ、耕やす

〔問5〕次の各文の――を付けた「ない」のうち、品詞が他の三つと異なるのはどれか。

ア、出発まであまり時間がない。
イ、最後まで協力は惜《お》しまない。
ウ、ほめられて喜ばない人なんていない。
エ、続編が楽しみで発売日まで待てない。

〔問6〕基本　次の古文の一節を音読するとき、――を付けた箇所の読み方として適切なのはどれか。

> 内より、大殿《おほいどの》にまかでたまへれば、例の、うるはしうよそほしき御《おほん》さまにて、心うつくしき御けしきもなく苦しければ（『源氏物語』「紅葉賀」）

ア、ウルワシウ　イ、ウルハシウ
ウ、ウルワシュウ　エ、ウルハシュウ

三　(小説文)漢字の読み書き・語句の意味・内容吟味・表現技法

次の文章を読んで、あとの各問に答えなさい。（＊印の付いている言葉には、本文のあとに〔注〕があります。）

夏休み一週間前、どこかふわついた雰囲気《ふんいき》が漂《ただよ》う放課後。机の上に置かれた一枚の紙を、夏佳《なつか》はじっと見つめている。

進路調査票。

終礼でそんなものが配られた。どの高校へ通うか、第三希望まで書いて提出しろということらしい。期限は九月末なので時間の猶予《ゆうよ》はあるが、そうはいっても気が重い。そもそもこの町の周辺にどんな高校があるのか、夏佳はあまり分かっていない。どの高校の名前を書いたところで意味がないように思える。

どこへ行っても水泳を続けるだけだった。

「夏佳、どうする？」

「おあ」

隣に秋穂《あきほ》が立っていた。驚いた夏佳を、秋穂が「変な声」と笑う。秋穂も進路調査票を持っていて、それをぴらぴら揺《ゆ》らしている。

「どの高校書く？　私も夏佳と同じ高校の名前書いておこうと思って」

投げやりに言うので、夏佳は「そんな適当でいいの？」と笑う。すると秋穂は胸を張る。

「いいよいいよ。夏の後ろを秋が追う、それが大事だから」

「また言ってる」

(1)いつもの台詞《せりふ》に夏佳は呆《あき》れるが、秋穂はそれをよそに続けた。

「それに、私は大学で東京に行ければそれでいいから」

「東京？　何で？」

「だって、東京ってキラキラしてるじゃん。色んな人がいて、それぞれが自分らしく生きていて、自信を持っている」

秋穂は胸を張っていた。が、夏佳には東京がそんな理想郷のようなところだとは(a)到底思えない。

「……今も秋穂はキラキラしてるよ」

夏佳は呟《つぶや》く。教室で人を引きつける秋穂は、夏佳から見ればよほど眩《まぶ》しい存在だった。そんな彼女が自分に話しかけてくるのはほとんど奇跡に思える。

「え、照れるよお」

秋穂が夏佳を進路調査票でぺしぺしと叩《たた》く。これは鬱陶《うっとう》しい。夏佳はその打撃を払《はら》い除《の》け、「でも」と続ける。

「東京、そんなにいい場所じゃないよ」

「そんなことない、ここことは全然違うから。私は将来、東京でとんでもないものに出会って、波瀾《はらん》の人生を展開するんだよ」

自信の根拠が夏佳には分からないが、余計なことを言っても角が立つのでとりあえず頷《うなず》いた。その自信が少し羨《うらや》ましかった。

「じゃあ、東京に行くまでの間は何するの？　それまでの時間がもったいない」
(2)夏佳の言葉に、秋穂がきょとんとした。
「え、うーん、全力で楽しむとかじゃない？　もったいないなんて考えたことないよ」

秋穂は首を傾《かし》げる。*衒《てら》いのない表情。そこには恐れが全くなくて、夏佳の心がざわざわ震えた。

頭の中で二十五メートルプールの水面が揺れている。夏佳はその間を往復する。何かに焦《あせ》り、このままではいけないと泳ぎを繰り返すが、傍《はた》から見ればそのプールからは出られないままだ。ふと泳ぐのを止めてプールに足を付けたとき、その横を秋穂が走り抜ける。学校指定の青いリュックを背負い、軽《かろ》やかな足取りのまま、プールから遠ざかっていく。

その想像の中でも、秋穂はにっこり笑っていた。

自分は何に囚《とら》われているんだろう。


「……私は将来なんて分かんないや」

夏佳は匙《さじ》を投げるように言い、席を立った。未来のことを考えてもお腹は膨《ふく》れないし、何かが変わる訳でもない。

「今日も自主練？」

秋穂に尋《たず》ねられ、「そうだよ」と答える。声が暗くならないように気を付けた。

「偉いね、頑張れ」

「……ありがと」
(3)秋穂の言葉には何の棘《とげ》もなくて、だからこそ自分が嫌になりそうだった。
職員室で鍵《かぎ》を受け取り、プールに向かう。更衣室《こういしつ》で着替え、プールサイドに出てくると、先ほど脳内に浮かんだのと同じ水面が広がっている。

何かに負けそうになるが、ぐっと堪《こら》えて辺りを見回す。するとと屋根付きのベンチにギターのケースが置かれている。十太《じゅった》はアンプを運ぶ途中だった。

あの日、十太が水の中へ飛び込んできた日以来、自主練のプールの定員が一人から二人に増えた。でもそれ以外に変わったことはなかった。夏佳はいつも通りの練習を今日も繰り返そうとしている。

「……やっほ」

ぎこちなく手を振ると、「おう」と頷きが返ってくる。それ以上、何か会話が続くこともない。夏佳は飛び込み台の方へ向かい、軽く準備運動を始める。

夏佳には大会が迫っていた。この地方の水泳連盟によるジュニア大会が今週末に開かれるのだ。中学生が出られるものとしては大きい部類に入った。実のところ、夏佳は大会が少し苦手だ。どうしても緊張《きんちょう》してしまい、実力を出し切れたと心から思えるような泳ぎを中々できないのだ。

その緊張をどう扱っていいか分からないまま、今日も泳ぎを繰り返す。

夏佳が練習を始めると、十太もギターを弾き始めた。十太は定期的に新たな譜面《ふめん》を持ち込み、違う曲を習得しているようだった。夏佳はその演奏をBGMにしながら泳いでいく。


互いがそれぞれ集中し、自分の練習をする。本当にそれだけの時間だ。

やがて、十太があるフレーズを弾き始めた。お気に入りの曲なのか、十太は練習のたびにこれを弾いていた。耳残りのいい、どこか切ない音のまとまり。

夏佳が泳ぎに集中すると、特定の何かを考えるのは難しくなる。意識が体に向くことで、頭の中が空白地帯になっている。そこへ朧《おぼろ》げに流れ込むのがこのフレーズだった。
(4)夏佳はそれを聞くでもなく、ただただ薄《うつす》らと感じている。透明な夢を見るような心地。
十太は同じフレーズを何度も繰り返す。そこに迷いはないように思える。夏佳は音に*耽溺《たんでき》する十太が羨ましかった。十太は何かを強く信じていて、そこに疑問などないのだろう。

練習に一段落をつけ、プールから上がる。すると、ベンチにいる十太は演奏を止めて手元を凝視《ぎょうし》している。どうしたのかと思って近くへ行くと、十太はギターを肩から(b)提げたまま、手元にラジオを持っていた。だが、そこから鳴るのはノイズだけだ。

「それ、どうしたの？」

「ラジオ」

「それは見れば分かるけど」

夏佳はかくりと肩を落とす。そういうことじゃない。

「何でラジオなんて持ってきたの？　しかも周波数合ってないし」

「……最近、この周波数の辺りで変な電波を拾うんだ」

「変な電波？」

夏佳は首を傾げた。十太はラジオに視線を落として話し続ける。

「FMラジオなんだけど、喋《しゃべ》りも広告もなしで、ひたすら音楽が流れてるだけ。そんな放送が数時間続いてる」

「な、何それ」

ラジオに疎《うと》い夏佳に詳細は分からないが、確かに妙な番組だ。ノイズを垂れ流すラジオに思わず目をやる。十太も同じところを見つめている。

「……でも、どれもいい曲なんだ。細かく色んな音が入っていて、新しい。どれもすっごくセンスがいい」

その言葉は静かに興奮を帯びている。どうしたらこんな風に夢中になれるんだっけ。

「電波が入ったら聴かせてあげるよ」

十太と目が合う。夏佳は何故《なぜ》か物悲しくなって呟く。

「楽しそうだね」

自分の冷たい声に驚き、すぐに後悔した。こんな(c)口調で話すつもりはなかった。十太が何かを汲《く》み取ったのか、少しだけ視線を彷徨《さまよ》わせると、また夏佳に目を合わせる。

「夏佳は水泳、楽しい？」

十太はこちらを向いていたのに、まるで海を眺めているような遠い目をしていた。

楽しいよ。

そう口にしようとして言葉に詰《つ》まる。浅い呼吸に呑《の》み込まれる。

何か言わなければいけないのに何も言えない。楽しいと言うだけでいいのに。

グラウンドから跳ねるような声が聞こえた。フェンス越しに目をやると、野球部員の男子が陸上部員の女子にホースの水でちょっかいを掛けていた。グラウンドの水撒《みずま》きに乗じて四、五人がはしゃいでいる。

プールサイドの視線に気付き、陸上部の女子の一人がこちらへ手を振った。秋穂だった。

楽しそう。

また冷めた感情が湧《わ》く。そんな自分に驚き、慌《あわ》てて手を振り返す。秋穂は夏佳の反応に満足したのか、こちらへ背を向けて野球部の男子を追い駆《か》ける。

「……楽しいとか、分かんないよ」

気付けばそんなことを口にしていた。

「私は楽しいから泳いでいるんじゃない。オリンピック中継で観た選手に憧《あこが》れたの。あんな風に泳ぎたいから、あんな場所で泳ぎたいから、今も泳いでる」

夏佳にとって、将来は今と地続きだった。どうしても辿《たど》り着きたい未来があって、それに向かって藻掻《もが》かなければいけない。そう思い続けて今日まで泳いできた。

「私が泳いでいる間に、みんなは友達とじゃれて、はしゃいで、笑ってる。でも私はそういうやり方が分かんないんだよ。憧れを叶《かな》えるために、泳ぐことしかできない。……いや、憧れを叶えるためなのかすら、あんまり分かってない」

あのオリンピック選手の姿をいつでも容易《たやす》く思い出せる。水と溶け合うようにしてぐんぐんと泳ぎ進める彼女がいつまでも脳裏《のうり》にいる。でも、彼女のようには全然泳げない。その姿はあまりに遠い。

水泳に打ち込めば打ち込むほど、クラスメイトとの距離《きょり》は離れていく。けれど、脳裏で泳ぐ選手にもまるで追いつけない。それなのにどうして泳いでいるんだろう。自分で望んで泳いでいるはずなのに、惨《みじ》めさが拭《ぬぐ》えない。

思考が渦《うず》を巻きながら沈んでいく。(5)夏佳が俯《うつむ》いたとき、十太が口を開いた。

「海は好き？」

「え？」

十太はフェンスに手を掛け、遠くを眺めている。(6)高台の下に広がる小さな町。真《ま》っ青《さお》な空と、さらに青い海。薄く広くどこまでも漂う潮の匂い。引っ越してきて一年数か月、未だに鼻がつんとする。

「……あんまり好きじゃない。泳ぐと肌が痛いし、しょっぱい。潮風も何だか慣れない」

正直に答えた。

「そっか」

十太は夏佳の答えには興味がないように見える。何で突然そんなことを聞いたんだろうと首を傾げていると、十太が呟く。

「俺《おれ》、波が好き」

「波？」

「うん。波は何度も打ち寄せる。それが好き」

十太はフェンスから離れ、ベンチに腰掛ける。ギターを構え、先ほどのフレーズをまた弾く。

（青羽悠「凪に溺れる」による）

〔注〕衒《てら》いのない――わざとらしさがない。
耽溺《たんでき》――夢中になって、他のことを顧《かえり》みないこと。

〔問1〕**よく出る** 本文中の――を付けた(a)～(c)の漢字の読みを書きなさい。

(a)到底　(b)提げた　(c)口調

〔問2〕(1)いつもの台詞《せりふ》に夏佳は呆《あき》れるが、秋穂はそれをよそに続けた。とあるが、ここでいう「それをよそに続けた」の意味に最も近いのは、次のうちではどれか。

ア、夏佳の反応に驚いて話をそらした

イ、夏佳の反応に勢いづいて話をした

ウ、夏佳の反応に気付かず話を急いだ

エ、夏佳の反応に構わずに話を進めた

〔問3〕(2)夏佳の言葉に、秋穂がきょとんとした。とあるが、この表現から読み取れる「秋穂」の様子として最も適切なのは、次のうちではどれか。

ア、良き理解者であると信じていた夏佳が将来のことについて厳しい口調で質問してきたので、どのようになだめたらよいか分からずに立ち尽くしている様子。

イ、同じ考えを持っていると確信していた夏佳が将来のことについて全く異なることを考えていたので、どのように話を合わせたらよいか分からずにとぼけている様子。

ウ、いつも軽口をたたき合っていた夏佳が将来のことについて思いがけないことを言ってきたので、どのように返答したらよいか分からずに戸惑っている様子。

エ、真面目な話題に触れることをさけてきた夏佳が将来のことについて正面から聞いてきたので、どのようにあしらったらよいか分からずに必死に考え込んでいる様子。

〔問4〕**思考力** (3)秋穂の言葉には何の棘《とげ》もなくて、だからこそ自分が嫌になりそうだった。とあるが、「嫌になりそうだった」わけとして最も適切なのは、次のうちではどれか。

ア、調子のいい言葉で機嫌を取ろうとする秋穂の軽薄な態度に接していると、将来のことを一生懸命考えようとする自分の熱意が空虚なもののように思えてくるから。

イ、心にもない言葉で励まそうとする秋穂の浅はかな態度に接していると、他人の言葉にしっかり耳を傾けてきた自分の努力が無意味なもののように思えてくるから。

ウ、裏表のない言葉で応援しようとする秋穂の素直な態度に接していると、正直な気持ちを表に出すことのできない自分の性格がつまらないもののように思えてくるから。

エ、易しい言葉で根気強く話そうとする秋穂の誠実な態度に接していると、言葉を選ばずに思うがままに発言してしまう自分の言動が未熟なもののように思えてくるから。

〔問5〕(4)夏佳はそれを聞くでもなく、ただただ薄《うっす》らと感じている。とあるが、この表現から読み取れる「夏佳」の様子として最も適切なのは、次のうちではどれか。

ア、ジュニア大会が迫る中で水泳を続けることに対する不安は尽きないが、十太のギターの演奏をかすかに意識しながら余計なことまで考えずに練習に没頭することができている様子。

イ、ジュニア大会が迫る中で将来に対する漠然《ばくぜん》とした迷いを感じていたが、十太のギターが奏《かな》でる切なくも魅《み》力的《りょくてき》な新曲に強く背中を押されて泳ぐことを楽しむことができている様子。

ウ、ジュニア大会が迫る中で弱点を克服《こくふく》するためのアイデアはなかなか思い浮かばないが、悩みつつもギターを練習する十太の姿勢に感化されて水泳に打ち込むことができている様子。

エ、ジュニア大会が迫る中であまり準備が進まない日々が続いていたが、十太のギターの演奏を繰り返し聴いているうちに次第に緊張がほぐれてきて満足のいく練習ができている様子。

〔問6〕(5)夏佳が俯《うつむ》いたとき、十太が口を開いた。とあるが、「俯いた」ときの「夏佳」の気持ちに最も近いのは、次のうちではどれか。

ア、クラスメイトとの付き合いをあきらめて退路を断《た》ってひたすら水泳だけに打ち込んできたものの、結局は中途半端《ちゅうとはんぱ》な成績しか残すことができないと自分の才能を見限っている。

イ、オリンピック選手になりたいという強い思いで水泳を始めてはみたものの、友人たちと疎遠になる中で少しずつ過去の決断が間違っていたと考え始める自分に腹が立っている。

ウ、テレビで観た選手たちのようになるために苦しい練習も一人で耐《た》え抜いてきたが、いつの間にか目標を見失っていることに気付いて新しい環境で出直すことを決意している。

エ、オリンピック出場という夢を実現するために同級生と過ごす時間を削ってまで水泳に向き合ってきたが、思うような成果も出ずに悪い想像にばかり囚われて落ち込んでいる。

〔問7〕(6)高台の下に広がる小さな町。真《ま》っ青《さお》な空と、さらに青い海。薄く広くどこまでも漂う潮の匂い。とあるが、この表現について述べたものとして最も適切なのは、次のうちではどれか。

ア、プールから見える景色について暗い色味を強調することで、不安定な夏佳の気持ちに重なるように表現している。

イ、プールから見える景色について色や匂いを用いて感覚的に述べることで、海に近い町の情景を鮮明に表現している。

ウ、プールから見える景色について町と海との位置関係を説明することで、学校の立地を分かりやすく表現している。

エ、プールから見える景色について空と海に限定して述べることで、自然豊かな町であることを間接的に表現している。

四 (論説文)漢字の読み書き・段落吟味・語句の意味・文脈把握・内容吟味

次の文章を読んで、あとの各問に答えなさい。(*印の付いている言葉には、本文のあとに〔注〕があります。)

社会のパラダイム*の転換とともに人々のライフスタイルが変革され、それに応じて都市はその形態や構造を変容させてきた。農耕社会から工業社会への産業構造の転換、人馬の時代から鉄道や自動車の時代への移動手段の転換、情報社会の到来によるグローバル化などを挙げることができる。(第一段)

わが国に目を向けると、明治以降は欧米《おうべい》の文化や技術が流入し、その後も震災や戦争を(a)経て、都市の姿は大きく変わってきた。1960年代の高度成長によって、資本と労働力が都市に集中し、地価高騰《こうとう》や環境悪化を招き、人口は郊外へと移動した。これにより職住分離のライフスタイルが生まれた。高度成長とともにモータリゼーションも進展すると交通問題が顕在《けんざい》化《か》し、車社会に対応した道路網の整備が進んだ。地方都市では自家用車の普及が公共交通の経営を圧迫し、路面電車や路線バスの廃止《はいし》が相次いだ。人口の郊外《こうがい》化とともに、自動車でアクセスしやすく広大な駐車場《ちゅうしゃじょう》を完備した郊外のロードサイドショップやショッピングセンターが発展し、自動車でアクセスしにくい中心市街地の商店街は(b)衰退した。情報社会が到来し、電子商取引(EC)の普及によって、買い物は自宅にいながら済ませることも可能となった。モータリゼーションによって従来の零細《れいさい》商店を駆逐《くちく》してきた大型ショッピングセンターも、現在はECの脅威《きょうい》にさらされ、その持続可能性に疑義が生じている。(第二段)

現在、わが国は世界でも経験したことのない人口減少社会を(c)迎えている。これまでのような経済発展を前提とした都市経営は成り立たない。モータリゼーションによってかつて郊外に無秩序《むちつじょ》に開発された住宅団地群は住民の高齢《こうれい》化に悩《なや》まされ、空き家問題も深刻となっている。都市5・0時代*における都市構造と人々のライフスタイルはどのようなものだろうか。(第三段)

現在わが国で議論されている未来都市の姿として、「コンパクトシティ」の概念がある。(1)コンパクトシティという発想は、人口減少に起因する多くの問題、商空間や住空間の空洞化による経済活動の停滞《ていたい》問題、税収減少によるインフラを含《ふく》む公共サービスの維持《いじ》困難問題など、経済効率性を踏まえた議論である。(第四段)

しかし、デジタルテクノロジー*が発達することで、その大部分がカバーできる可能性があることを想定すると、このまま提唱どおりコンパクトシティが進展するかどうかは疑わしい。たとえば高齢者は買い物をしたり、医療《いりょう》サービスを受けたりするうえで制約が多いが、ＥＣのさらなる発達と、ＩＴリテラシー*を有した世代が高齢世代となることにともない、買い物問題は解消され、自動運転に代表される次世代モビリティの発達により、たとえ高齢者であっても移動の選択肢が増えることが予想される。医療サービスもＩＴ活用による遠隔《えんかく》医療の利用可能性もある。（第五段）

コンパクトシティという考え方はわが国の社会構造から考えると最適解かもしれないが、土地に対する愛着の強いわが国において、スムーズに実現するとは考えにくい。（第六段）

一方、「スマートシティ*」という言葉は早くからもてはやされ、今も議論されているが、それはＩｏＴ*やＡＩを活用した効率性や利便性の観点で語られる場合が多い。Ｓｏｃｉｅｔｙ５・０*はこの延長上にあり、効率化・省力化だけでなく新たな価値創造にも重きが置かれているが、人間中心デザインやコミュニティの観点では十分な議論がなされているとはいいがたい。（第七段）

経済的合理性が最優先された都市４・０を超えて、情報技術の発展とともにつくられるべき都市５・０の姿はどのようなものであろうか。ＭａａＳ*の概念に代表される次世代モビリティによって人々の移動は現在よりもより自由になるはずであるが、デジタルテクノロジーの発達によって通勤や買い物のためにわざわざ外出する必要性が生じなくなる。次世代モビリティを活用して未来の都市生活者は何をしに、どこへ行くのかといえば、デジタルツールでは得られない体験が味わえる地域固有の個性や人との出会いを求めて出かけていくのではないだろうか。（第八段）

未来都市は、かつて見られた人々が集《つど》い交わる生き生きとした人間中心のコミュニティ社会へ回帰するであろう。具体的には、都市生活者を支援するテクノロジーによって、住・働・遊の境界が曖昧《あいまい》になり、近づいていく。その結果、これまで以上に幅広い人々が出会い、豊かなコミュニケーションが形成される。(2)都市デザインはそれを支援《しえん》するものでなければならない。（第九段）

産業構造の転換を経て、都市生活者のライフスタイルは職住近接から職住分離に変化したが、未来都市では情報技術などの発達によって、再び職住近接ないし職住同化に回帰するのではないだろうか。職住近接となり、街には散歩する人、友人に会いに来る人、買い物をする人、観光する人、リモートワークに励む人など、目的の異なる人が混在した「ミクストユース」の都市空間が出現するだろう。東《とう》京《きょう》の街でいえば、渋谷《しぶや》は少なかったオフィス床を増やして商業中心の街から脱却《だっきゃく》し、競争力を高めようとしているし、ほぼオフィスのみの街であった丸《まる》の内《うち》は、仲通りに商業機能を誘致《ゆうち》して休日にも賑《にぎ》わいを生むことに成功した。六本木《ろっぽんぎ》は、複数の大型再開発によってオフィスや商業やアートを含む娯楽《ごらく》機能が加わり、多面的な性格を帯びるようになった。しかし、これらのミクストユースは、地域や街区の中にオフィスの箱や店舗《てんぽ》の箱が個別に混在しているにすぎず、空間的には隔離《かくり》されている。ＤＸ*を経た都市は、複数の用途が空間的にも同化することが考えられる。用途の混在が発展し、商業空間でもあるが仕事もできるし、人と憩《いこ》うこともできる。それでいて自宅のような落ち着いた時間が過ごせる、都市のリビングのような空間が、公地・民地を問わず都市全体に広がりをみせるだろうことが望ましいのではないか。（第十段）

今後、都市のキャラクターはグローバル化とローカル化に二極化するのではないだろうか。東京でいえば、新宿《しんじゅく》などのターミナルシティや、渋谷や銀座《ぎんざ》などの超広域集客型市街地は、国際都市として現在以上にグローバル化すると考えられ、これらと近隣型商店街の中間的存在の吉祥《きちじょう》寺《じ》、下北沢《しもきたざわ》、自由《じゆう》が丘《おか》のような集客市街地は、その商圏《しょうけん》がより小さくなってローカル化し、近隣型商店街に近づいていくのではないか。現在の商業規模を維持するためには、周辺人口を増加させて地域経済を維持することが必要となる。そして現在の地域密着の近隣型商店街はさらにローカル化色を強めるだろう。ＥＣやショッピングセンターの影響を受けない業種が生き残り、それ以外の業種は淘汰《とうた》される可能性があるが、地域住民の緩《ゆる》やかなコミュニティの場として再構築されることで生き残ることができると考えられる。コンパクトシティ施策の推進によって、人口は一定の集約化は進むが、必ずしも利便性の高い交通結節点に集約されるわけではなく、都市環境の豊かなエリアに集まり、現在のパワーバランスが変わる可能性がある。それは、適度な都市の空隙《くうげき》を含んだ多核《たかく》分散型の都市構造となるだろう。(3)人口減少によって都市が縮退していく中でも悲観するべきではない。量（＝規模としての都市）は縮小するが質（＝そこでの体験や出会い）を豊かなものにしていくことで、その街に愛着が生まれ、結果として持続可能な都市が生まれる。その鍵《かぎ》となるのが人間中心のデザインである。（第十一段）

デジタルテクノロジーを活用することで人間が現在のさまざまな制約から解放され、前述のような未来都市が実現したとしても、それは都市という器ができるにすぎない。そこに生き生きした人間の活動が生まれて真のＤＸ、すなわち人間中心都市が実現する。都市にオープンスペースを設けただけでは生き生きした人間の活動は生まれない。大切なのはコミュニティの創造である。人口減少や高齢化によって従来の地縁型コミュニティは衰退している。一方で、ＮＰＯや民間企業や教育機関などを含む主体横断型の新しいコミュニティが出現し、街づくりの担《にな》い手《て》として力を発揮しはじめた。さらに「ＩＣＴ」によってＳＮＳなどの仮想空間でのコミュニティも生まれている。これらの新しいコミュニティの構成員は必ずしも居住者とは限らない。近年注目されているのは「関係人口」という概念である。関係人口とは、「定住人口」でもなく、観光に来た「交流人口」でもない。地域や地域の人々と多様に関わる人々のことを指す。地域に深く関与していたり、関与したいと思っている、非居住者ながらその地域に強い愛着を持つファンのような存在である。それはその地域で働く人や学ぶ人かもしれないし、通い詰《つ》めるお店がある人かもしれない。(4)国土交通省の報告書では、地域の街づくりの担い手になる人を「活動人口」と呼ぶなら、定住人口の中の活動人口比率を高めるだけでなく、関係人口の中に活動人口を求めることも、人口減少社会の中では重要であると指摘《してき》している。

（第十二段）

　定住人口が減少しても活動人口を維持拡大することで街は生き生きする。関係人口はこれまで人口減少社会の中での地域再生の文脈で語られることが多かったが、未来都市における人間中心都市の実現においても重要な役割を果たすと考えられる。関係人口を増やすためには、居住者だけで閉じることなく外に開かれた緩やかなコミュニティの受け皿をつくることが肝要で、その受け皿の一つとして多様な人々が集まることができる「場」づくりが求められる。このような「場」は、空虚なオープンスペースでは成立せず、人々のニーズを満たす「機能」と、人々をつなげる「仕組み」が必要であると、前出の国土交通省の報告書は指摘している。（第十三段）

　人が街を選択する物差しが転換する中で、地域の活動人口を増やすためには、人を惹《ひ》きつけるその地域にしかない個性「ならでは」を育てていくことが重要である。地域の「ならでは」は、その地域に対する愛着や誇り＝「シビックプライド」につながり、定住人口と関係人口の増加にもつながる。シビックプライドを醸成《じょうせい》するためには、市民一人ひとりが地域社会に積極的に関与することが大切である。(5)街を消費するのではなく、ともに育ててゆくことで、市民にとってその街が特別な存在となる。（第十四段）

　市民のアクションがシビックプライドの醸成につながった例は多い。たとえば、わが国一の繁華街《はんかがい》として知られる東京都中央《ちゅうおう》区銀座地区には、市民が考える「銀座らしさ」を守るための「銀座ルール」が存在する。新規出店者やビルの建て主に、ルールへの理解を求め街の景観を守っている。東京都目黒《めぐろ》区自由が丘地区は、地区南側を流れている九品仏《くほんぶつ》川が1974年に*暗渠《あんきょ》化され緑道として整備された際に、その場所が放置自転車で覆《おお》い尽くされてしまった。それを、地域住民らが自己負担で自治体の管理地である緑道にベンチを設置して、自転車の放置を解消することに成功した。近年注目されている「戦略的都市計画」の先駆《さきが》けともいえる取り組みにより、質の高い滞留《たいりゅう》空間を市民の力で創出した実績を持つ。現在では九品仏川緑道は地区を代表する都市景観となっており、市民の誇りとなっている。

（第十五段）

　効率重視の都市がグローバル化する中で、いかにローカリティを生み出すかが、シビックプライドの醸成やコミュニティの創造には不可欠である。公園や緑地などの自然環境資源、老舗《しにせ》や繁盛店《はんじょうてん》などの商業環境資源、居住者と関係人口を含む非居住者が交流する緩やかなコミュニティの存在、地域通貨の運用などのローカルシステムの構築など、地域の「ならでは」を探し育てていく取り組みは、都市5・0時代において、人々に選ばれる街になるための重要な要素といえるだろう。それぞれの地域が都市国家のような独自性と個性を持つことで、人間中心都市が実現する。（第十六段）

（末繁雄一「魅力ある都市の未来像」による）

〔注〕パラダイム――ある時代や分野において人々が共有するものの見方や考え方の枠組《わくぐ》み。
都市5・0時代――人間中心にデザインされた都市の時代。
デジタルテクノロジー――情報技術、情報通信技術、人工知能、ビッグデータなどのデジタル技術の総称《そうしょう》。
ITリテラシー――IT（情報技術）を使いこなす能力。
スマートシティ――情報技術などの先端技術を駆使《くし》して効率的に運営管理する環境配慮型《はいりょがた》都市。
IoT――情報通信機器だけでなくさまざまな物をインターネットにつながるようにすること。
Society5・0――デジタルテクノロジーを最大限に活用して実現される未来社会。
MaaS――デジタルテクノロジーを用いた新たな移動サービスのこと。
DX――デジタル・トランスフォーメーションの略で、デジタルテクノロジーを活用して製品やサービス、ビジネスモデルなどを変革すること。
暗渠化《あんきょか》――河川《かせん》や水路を地中に埋設すること。

〔問1〕よく出る 基本 本文中の――を付けた(a)〜(c)の漢字の読みを書きなさい。
(a)経て　(b)衰退　(c)迎えて

〔問2〕この文章の構成からみた第三段の役割を説明したものとして最も適切なのは、次のうちではどれか。
ア、それまでに述べてきた内容に対する反論を紹介することで論点を明確にしている。
イ、それまでに述べてきた内容を受けて問題を提示することで論の展開を図っている。
ウ、それまでに述べてきた内容を簡潔に整理することで論旨《ろんし》を理解しやすくしている。
エ、それまでに述べてきた内容についての具体例を列挙することで論を補強している。

〔問3〕(1)コンパクトシティという発想は、人口減少に起因する多くの問題、商空間や住空間の空洞化による経済活動の停滞《ていたい》問題、税収減少によるインフラを含《ふく》む公共サービスの維持《いじ》困難問題など、経済効率性を踏まえた議論である。とあるが、ここでいう「踏まえた」の意味に最も近いのは、次のうちではどれか。
ア、克服《こくふく》した　イ、疑問視した
ウ、切り捨てた　エ、念頭に置いた

〔問4〕思考力 (2)都市デザインはそれを支援《しえん》するものでなければならない。とあるが、「それ」が指し示す内容を本文中の語句を用いて四十字以内でまとめて答えなさい。

〔問5〕思考力 (3)人口減少によって都市が縮退していく中でも悲観するべきではない。とあるが、筆者がこのように述べたのはなぜか。次のうちから最も適切なものを選びなさい。
ア、人口減少によって、集客市街地は生き残り策としてのグローバル化による地域経済の維持を選択せざるを得ないにしても、外国人居住者の今後さらなる増加は確実なので、結果として持続可能な都市が生まれることになるから。
イ、人口減少によって、地域密着型の近隣型商店街は商業規模の縮小が避《さ》けられないが、もともとECやショッピングセンターの影響を受けない業種から構成されているので、結果として持続可能な都市が生まれることになるから。
ウ、人口減少によって、超広域集客型市街地以外の街は集客力が低下し商圏が小さくなるにしても、街が提供するさまざまな体験や出会いを豊かにすることで街への愛着も生まれ、結果として持続可能な都市が生まれることになるから。

エ、人口減少によって、都市はグローバル化とローカル化との二極化に進むことになるが、どちらの場合であっても交通の利便性が高ければ将来の街の人口増加は見込まれるので、結果として持続可能な都市が生まれることになるから。

〔問6〕思考力 (4)国土交通省の報告書では、地域の街づくりの担い手になる人を「活動人口」と呼ぶなら、定住人口の中の活動人口比率を高めるだけでなく、関係人口の中に活動人口を求めることも、人口減少社会の中では重要であると指摘《してき》している。とあるが、ここでいう「関係人口の中に活動人口を求める」ことに当てはまるのは、次のうちではどれか。

ア、地域の街づくりの一環として行っている公園の美化活動に、休日を利用して公園にジョギングにくる他県在住の大学生らにもボランティアとして参加してもらっている。

イ、地域の街づくりの一環として行っている観光キャンペーンとして、城址《じょうし》公園を訪れた観光客に地域の特産品を紹介したパンフレットを配布し、地域振興に役立てている。

ウ、地域の街づくりの一環として行っている子どもキャンプ大会の運営補助を、地域に在住する高校生に広く呼びかけており、毎年十名前後の高校生が参加している。

エ、地域の街づくりの一環として行っている河川敷の清《せい》掃《そう》を地域の各町内会にお願いし、昨年は街づくりのすぐれた取り組みとしてテレビでも大きく取り上げられた。

〔問7〕(5)街を消費するのではなく、ともに育ててゆくことで、市民にとってその街が特別な存在となる。とはどういうことか。次のうちから最も適切なものを選びなさい。

ア、街を利用する人々がその街で買い物を楽しむだけでなく、自己負担をいとわずにオープンスペースを提供するようにすれば、非居住者にとってもその街が地域住民と同じような愛着が持てる街になるということ。

イ、地域住民が街の資源が使い尽くされないためのルールを創り出し、その街を訪れる人たちに理解を求めることによって街が発展すれば、地域住民にとってその街が人々から選ばれる住みよい街になるということ。

ウ、地域住民が互いに協力し合ってその街にしかない「機能」と「仕組み」を探し出し、人を惹きつける質の高い街づくりに成功することによって、地域住民にとってその街が独自の実績を持つ街になるということ。

エ、街を利用する人々が街の提供するさまざまなサービスを受けるだけではなく、その街にしかない個性を共同で創出し積極的に関わることで、街を利用する人々にとってその街が誇りの持てる街になるということ。

私立高等学校

愛光高等学校

時間 60分　満点 100点　解答 P68　1月16日実施

出題傾向と対策

●現代文二題、古文一題の問題構成。文章の分量はさほど多くないが、特に論説文は、文章をきちんと読み込み、理解していないと解けない設問が多い。記号問題も比較的難易度が高く、記号だからと言って甘く見ないこと。古文は比較的オーソドックスな出題である。

●現代文は読解問題が中心であるので、問題演習を重ね、短い時間で正確に論旨を読み取る力を身につけたい。また、漢字で点を落とさないよう気をつけたい。古文は文法や語彙といった基本的な事項をきちんと身につける。

一（論説文）漢字の読み書き・内容吟味

次の文章を読んで、後の問いに答えなさい。

現代の日本社会では、人々を結びつけているのは、「普通」と呼ばれる基準である。「普通」とされている基準に合わせることで、自分が多くの人と一緒であることを確認する。しかしその「普通」とは明確には何のことかがよくわからず、自分で選んだり決めたりしたものでもない。私たちは「普通」と呼ばれる他律的な基準を、暗黙のうちに強制されている。「普通」の代わりに「空気」という言葉を使ってもよいかもしれない。ここで、「普通」とされていることは、「平均的」とか「通常の」を意味するのではない。「普通」とは、どこからともなく世間が求めてくる、個人が到達すべき水準のことを意味している。つまり、生徒らしい服装をするのが「普通」であり、女性は男性よりも周囲に気づかいするのが「普通」であり、サラリーマンはコレコレの髪型をするのが「普通」であり、会社の暗黙の慣習に合わせるのが「普通」であり、学校では協調行動ができるのが「普通」である。ここでの「普通」とは能力ばかりを指しているのではない。暗黙の規律やローカルな慣習、多くの人が同調している流行に従うのが「普通」である。「普通」とは、「それに合わせよ」という、どこから発せられているのかわからない命令である。公私を厳密に切り分け、公の場では私事をaつつしみ、公の流れを妨げてはならない。その公の流れこそが、「普通」であり、「空気」である。そして、実際には、「普通」を命じているのは特定の権威や権力である。その権威と権力の流れに逆らうのは「普通」ではない。したがって、①「普通」という言葉には、権威や権力への恭順と、それに従う人々への同調という二つの圧力が働いている。

多くの人々は、この押し付けられた他律的な規律を内面化し、それに合わせようと固執しつつも、そうなりきれないでいる。そして、そこから生じた自己否定的な感情を他者へと投げつけ、「普通ではない」他者を排除しようとする。本人は「普通」になろうと頑張っているのに、②「普通」ではないくせに「ノウノウと生きている」人々が許せなくなる。とりわけ犯罪者は公を害する者であり、どんなに小さな過ちでも社会のbちつじょを乱す不届き者である。こう考える「普通」を重んじる人たちは、犯罪者に対して厳罰を与えて排除すればよいと考えている。日本人がいつまでも死刑を廃絶しないのは、死こそが一番てっとり早い排除の方法だからである。日本の社会は、この「普通」、すなわち、権威や権力への恭順によって個人が結びついている階層的な構造をしている。したがって、「普通」に従わない人々は、社会の絆《きずな》そのものの破壊者に思えてくる。障害やcしっかんのある人、海外からの移住者に*スティグマが貼られるのは、「普通」によってしか社会が成り立たないと信じられているからである。

「普通」によって成り立っている社会には対話はない。対話をするならば、何が尊ぶべき規範であるかを議論できるだろう。それはこれまでの「普通」とは異なる規範かもしれない。だから、③権威と権力に執着する者は対話を恐れる。

*先に述べたように、哲学対話の問いは、私達《たち》の世界の分類法を「～とは何か」という問いによって問いただす。それは、現在の私たちの社会における物事の区別の仕方と、それにdともなう物事の扱い方を再検討しようとする。「礼儀とは何か」と問うときに私たちは、何が礼儀であり、どのような行動をとれば人に礼を尽くしたといえるのかを改めて議論する。それは、現在の社会における社会的な関係を考え直すことである。「仕事は何のためにあるのか」と問うことは、労働が人間にとってどのような意義を持つのか、生活と仕事のバランスや仕事の社会的な意味を問い直すことである。それは、社会の労働のあり方を変更する可能性を探ることである。「なぜ」という問いで、私たちはさまざまな事象と行為の究極の目的を探る。「なぜ勉強するのか」という問いは、現在の勉強が自分の将来の人生のあり方と目的にどのようにつながっているのかを問い直している。哲学対話が、子どもに考えさせ、子どもに対話させるのは、他者とともに人間の世界を組み直していくためである。④対話は、「普通」を求める階層的な社会では決して得られない人間的な絆によって社会を連帯させるのである。

最終的に私が主張したいことは、哲学対話を教育する目的は平和の構築の仕方を学ぶことにあることである。

事実として、民主主義国家内では市民戦争が起きることはほとんどなく、また民主主義国家間でも戦争がきわめて生じにくい。これは、民主主義がすべての人間が参加できる開かれた対話を基礎にした社会であることから来ている。哲学対話が民主的な社会の構築に資するとすれば、それは平和の構築にも資するはずである。

しかし対話と平和の関係は、さらに緊密である。子どもの哲学の第一の意義は、真理を探究する共同体に誰をも導き入れ、互いが互いの声をeけいちょうし、自分を変える準備をしながら対話を行うことにある。これは戦争を止める最後の平和的手段なのだ。対話は、平和を作り出し、それを維持する条件だからである。対話とは、国際社会に見られるように、戦争を回避するための手段である。また、平和は対話を行うための条件である。平和とは対話できる状態のことであり、対話することが平和を保証する。対話において、人は互いの差異によって同じ問いに結びつく。対話し合えない人として特定の「非合理な」他者を対話の相手から外していくことは、もはや互いに互いを変化させる契機を失うことである。自らを変化させることのない人々の間には、妥協以外には、争いの可能性しか残されていない。平和とは、人々が対話できる状態だと定義できるだろう。

したがって、⑤対話の文化を構築することとは平和構築に他ならない。対話は、戦争を、互いに結びついた差異へと変換する。対話すること、しかも誰もが参加できるもっとも広いテーマによって哲学的な対話をすることは、子供の教育にとって、読み書き算盤《そろばん》よりも先に、もっとも優先すべき必須の活動である。読み書き算盤は、平和でなければ学べないからである。読み書き算盤といった日常生活の基本的スキルは、日常生活が成り立ってはじめて役に立つ。

しかし平和構築においては、対話を持続することと同じほど、対話を開始することが重要である。*本章の冒頭のエピグラフでリンギスが指摘したように、対話する相手を限ってしまうことは、その外部に敵を作ることに結びついていく。ここでも同じ問題が生じてくる。対話を拒否する者、対話の中に入ろうとしない者に対して、どのように対話の中に誘っていくのか。ここにこそ平和教育の最大のポイントがある。学級で対話を行えば、学校という制度を利用して、形式的には全員の参加を促すことができるだろう。しかし対話は、そうした制度による一種の強制によらずに、すべての人に参加を促し、対話の輪を広げ、そこで誰もが話しやすいルールを生成し、共通の問いについて論じ合う自律的な過程である必要がある。この過程を子どもたちが学ぶこと、教室の中だけではなく、教師や家族、地域の人々とさまざまなテーマで語り合う機会をもてること、⑥これこそが平和構築としての教育につながることだろう。

対話的な教育は、民主教育の基礎であり、平和の基礎である。生き方としての民主主義は、対話によって、とりわけ公共に開かれた哲学的な対話によって陶冶《とうや》される。子どもの哲学とは平和の構築の実践であり、平和への準備である。ユネスコは、一九九五年の「哲学のためのパリ宣言」のなかで中等教育レベルでも哲学教育を推進し、さらに包括的なカリキュラム開発を行うよう各国政府に求める政策勧告をしている。それは、平和教育という観点からも妥当なことである。

私は、結論として、⑦学校がある国と地域では子どもの哲学は必修化すべきであり、そして学校のない国と地域では、子どもの哲学を草の根で実施すべきであると考える。

（河野哲也『人は語り続けるとき、考えていない』
※本文を改めた部分があります。）

[注]
*スティグマ……不名誉で一面的な評価。
*先に述べたように……筆者は、この本文よりも前の部分でも哲学対話について説明している。
*本章の冒頭のエピグラフでリンギスが指摘したように……筆者は、この本文の掲載されている章の冒頭で「しかしながら、二人の人間が暴力を放棄してコミュニケーションをとり始めると、彼らは外部の人間とはコミュニケーションのない暴力的な関係に入る。」（アルフォンソ・リンギス『何も共有していない者たちの共同体』野谷啓二訳）という一節を引用している。なお、「エピグラフ」とは、巻頭や章の冒頭に記された短い文のことである。

問一、よく出る 基本 点線部a「つつしみ」、b「ちつじょ」、c「しっかん」、d「ともなう」、e「けいちょう」を漢字に直しなさい。送りがなの必要なものはそれも書きなさい。

問二、難 傍線部①『普通』という言葉には、権威や権力への恭順と、それに従う人々への同調という二つの圧力が働いている」とありますが、ここではどういうことを言っていますか。その説明として最も適切なものを、次の中から一つ選び、記号で答えなさい。

ア、私たちは、身近な権威や権力が自分に向けて発する「普通」であれという命令を受け入れることだけではなく、同様にその命令に従っている多くの人々と同調していくことも求められているのだということ。

イ、私たちは、「普通」であることを命じる権威や権力に従順であることだけではなく、その権威や権力に押し付けられた他律的な規律を周囲の人々にしっかりと守らせることも求められているのだということ。

ウ、私たちは、「普通」であることをいつの間にか強制してくる権威や権力に逆らわないことだけではなく、同時にその権威や権力に従う世間の人々に合わせて行動することも求められているのだということ。

エ、私たちは、社会の中で「普通」であるとされる権威や権力に従うことだけではなく、時には公私を厳密に切り分け、公の流れを妨げないように世間の流行に従って生きることも求められているのだということ。

オ、私たちは、特定の権威や権力に従い「普通」であることだけではなく、同じように「普通」という基準に従う人々と協調しながらも個人として様々な能力を身につけていくことも求められているのだということ。

問三、傍線部②『普通』ではないくせに『ノウノウと生きている』人々」とありますが、ここではどういう人々のことを言っていますか。その説明として最も適切なものを、次の中から一つ選び、記号で答えなさい。

ア、皆が何とか「普通」になろうとして苦しんでいるのに、その苦しみを味わわずに平気で「普通」から逸脱している人々。

イ、「普通」になろうと頑張っても「普通」になれずに、そこから生じた自己否定的な感情を他者へと投げつけている人々。

ウ、自分は「普通」になろうと努力していないにもかかわらず、「普通」ではない他者を強制的に排除しようとする人々。

エ、「普通」であることをやめて罪を犯しているくせに、罪を犯したことをあまり気にしないで平然と生きている人々。

オ、実際は「普通」であるとは言えないのに、自分は「普通」であるかのように思い込んでのんきに生きている人々。

問四、**よく出る** 傍線部③「権威と権力に執着する者は対話を恐れる」とありますが、これはなぜですか。説明しなさい。

問五、傍線部④「対話は、『普通』を求める階層的な社会では決して得られない人間的な絆によって社会を連帯させる」とありますが、ここではどういうことを言っていますか。その説明として最も適切なものを、次の中から一つ選び、記号で答えなさい。

ア、対話は、決まり切った社会の規律の問題点を洗い出し、今の社会を変える方向に多くの人々を駆り立てる役割をもつということ。

イ、対話は、「なぜ」という問いによって「普通」の意味を問い直し、新たな「普通」の基準を人々に考えさせるものだということ。

ウ、対話は、同じ目的をもった人とともに学ぶことの大切さを子どもに教え、勉強することの意味を再検討させる機会だということ。

エ、対話は、考え方の違う様々な人々と共に新しい社会をつくるために、自分達の世界の見方を検討し直そうとする行為だということ。

オ、対話は、他者とともに人間の世界を組み直していくためにあるので、多くの人々が今の社会に適応していくようになるということ。

問六、傍線部⑤「対話の文化を構築することとは平和構築に他ならない」とありますが、このように言えるのはなぜですか。その説明として最も適切なものを、次の中から一つ選び、記号で答えなさい。

ア、対話をしていく中で人々は、自分と合わない他者を、争うことなく平和に対話の相手から外していけるようになるため、対話ができる状態を構築することは戦争が起きる可能性を低くすることだといえるから。

イ、対話をしていく中で人々は、自分と他者との違いを前提において自分達が話し合うべき問題を共有し、各自が自身のあり方を見直そうと考えるようになるので、異なる考えをもつ他者と争うことがなくなるから。

ウ、対話をしていく中で人々は、戦争はお互いの差異を認めないことによって生まれるものであることを理解できるようになるため、この差異を認めて維持し続けることによって平和を守っていこうとするようになるから。

エ、対話をしていく中で人々は、自分とは異なる考え方の存在に気づくことで、自分を変化させながら他者と協力し合い、無駄な争いをすることなく効率よく平和を作り上げていくことが大切だと思うようになるから。

オ、対話をしていく中で人々は、自らを変化させるつもりのない人々を言い争うことなく説得し、他者に頼らず自らが自分のあり方を変えていこうとすることで、対話が可能で平和な状態を維持しようとするから。

問七、傍線部⑥「これこそが平和構築としての教育につながることだろう」とありますが、ここではどういうことを言っていますか。その説明として最も適切なものを、次の中から一つ選び、記号で答えなさい。

ア、争いの起きない平和な環境を作るための道筋を考えることは、すべての人が対話に参加できるような共通のルールを生成することにつながるということ。

イ、誰もが自律的に参加したいと思えるようなレベルの高い対話の内容を考えることは、考え方の異なる人々と平和的に語り合うことにつながるということ。

ウ、対話に全員を参加させるために、どうやって学校という制度を利用するかを考えることは、子どもたちが争いを起こさなくなることにつながるということ。

エ、対話の中で誰もが納得できる結論を出せるようになる方法を考えることは、争いを減らし、少しずつ平和を実現していくことにつながるということ。

オ、どうすれば全員が自ら対話に参加できるようになるかを考えることは、対話の相手が限定されることによって起きる争いを無くすことにつながるということ。

問八、**難** 傍線部⑦「学校がある国と地域では子どもの哲学は必修化すべきであり、そして学校のない国と地域では、子どもの哲学を草の根で実施すべきであると考える」とありますが、このように筆者が考えるのは何のためですか。説明しなさい。

二 (小説文)語句の意味・内容吟味

次の文章を読んで、後の問いに答えなさい。

> 次の文章は、浮世絵師の歌川広重が「東海道五十三次」を世に出す前の話である。ある日、広重のもとに、見知らぬ*版元の保永《ほえい》堂竹内孫八が訪ねてきた。以下は、保永堂と広重の対話の場面である。

「栄林堂からは近頃あまり出しておりませんそうで」

「出しておりません」

広重は*定《じょう》火消《びけし》同心の以前に戻ったように、そっ気ない口調で言った。栄林堂岩戸屋喜三郎は、横山町二丁目の*書《しょ》肆《し》で、広重はここから武者絵や美人絵を数多く出している。だがいつからか栄林堂の注文は間遠になり、近頃は全くつき合いが途切れたままだった。

「どうしてそうなりました？」

「どうして？」

広重は保永堂の顔を見た。色の黒い、職人のような顔をしたこの男は、思ったよりもa無躾《ぶしつけ》な人間のようだった。

「どうしてということはないですな。つまりは私の絵が下手で、気に入らないということに尽きるんじゃないですかな」

「あたしの見たところ……」

保永堂は、広重の視線を追うように、光る眼《め》を絡ませてきた。

「栄林堂は、あなたの筆を見誤っていますよ」

「どういうことですかな」

広重はやや煩わしい気分になっていた。そう言えば、この男はどういう用件で来たかをまだ言っていないと思った。栄林堂のほかに、広重はこれまで、永寿堂とか、山口屋、錦樹堂という版元から*錦絵《にしきえ》を出し、*狂歌本や*合巻本の挿《さし》絵《え》も描いている。こうした名の知れた版元とのつき合いの間に、保永堂という版元の名前を聞いたことはなかった。

「つまり、あなたは武者絵など描くべきでないのです。栄林堂は眼がない」

「ほう」

広重は漸《ようや》くこの男に興味が動くのを感じた。男は広重がいままで描いてきたものについて、何かを言おうとしているのだった。そうであれば、何を言いたいのか聞くべきだった。慎重に、広重は訊《き》いた。

「それで？」

「あたしはあなたがいままで描いたものをほとんど見ているつもりです。失礼だが、ひょっとしたら、あなたの絵についてあなたご自身が気づいていない点も見ているかも知れません」

「………」

無気味なことを聞く、と思った。版元と会っているとき、作品の出来についてあれこれと話が出る。とくに気性の明けっぴろげな永寿堂などは、他人も自分と同じだと思い込んでいるように、遠慮会釈《え》もない酷評を加えて、酷評することに生き甲斐《がい》を感じているようなところがある。

そういう批評は、概《おおむ》ね微笑で受け流せる性質のものだった。そうはおっしゃるが、ここは動かせない、というような余裕がこちら側にある。そして彼等《ら》の批評はその余裕を崩すほどのものでないことが多かった。

だが保永堂は、そういう批評とは別のことを言おうとしているようだった。①広重は心の中に微《かす》かな動揺が萌《きざ》すのを感じた。保永堂に背中を見られているような不安がある。しかもこの男は、長い間自分の背を見つめてきたというではないか。

「*一立斎《いちりゅうさい》先生」

保永堂は断定するように言った。

「武者絵も、役者絵も、その美人絵ですら先生には似あわない」

「………」

「これです」

保永堂は、積み重ねた錦絵を膝の上に摑《つか》み上げると、すばやくめくった。その指の動きで、保永堂は長い間、錦絵を扱って飯を喰《く》っている人間であることを示した。

「それは去年出したものだ」

「そう*川正《かわしょう》の東都名所です。これは」

保永堂はもう一枚の錦絵を示した。

「それは*東都名所拾景、八年前に永寿堂から出している」

「お気づきかどうか知りませんが、あたしの見るところ先生の本領はこのあたりにあります。東都名所は、そう評判になりませんでした。それがなぜかお解《わか》りですか」

「さあ」

広重は苦笑した。

「ほかにうまい方がいらっしゃるし」

「これですか」

保永堂の指は、また口上を述べながら売る品を揃《そろ》える*香具師《やし》のように、すばやく動いて二枚の絵を胸の前にかざした。

一枚は画面一パイを痩身《そうしん》の富士が占め、細かな白い雲がその背後に漂っている。異様に赭《あか》い肌をした富士だった。もう一枚は、天を突き上げる針のように尖《とが》った富士である。空は蒼《あお》いが、その裾は漆黒の闇が埋め、鋭い稲妻がその闇をひき裂いている。

②それは、いつも広重を胸苦しく圧迫する風景だった。*富《ふ》嶽《がく》三十六景——。大版全四十六枚の前人未到の風景画だった。その風景によって、北斎はいまも江戸の寵児《ちょうじ》だった。

「どう思われますか」

「言うまでもなく絶品ですな」

広重は言ったが、不意に衝《つ》き上げてきたものに動かされて言った。

「だが言わせてもらえば、臭みがある。たとえば*山師風とでもいうか」

富士は北斎そのものだった。傲然と北斎が聳《そび》えている。普段思っていることだ。だが言ってから、広重はすぐに後悔した。言うべきではなかった。北斎の富士がどう匂おうと、それが有無を言わせない絶品であることは疑いようがないのだ。その奇想、手法……。北斎はそれまでの生涯をその絵の中に投げ込んでいた。それを超える風景は、あり得ない。

保永堂の頰に、微笑が浮かんだ。この男が家へ入ってから、初めて見せた笑いだった。

「ごもっともです」

③保永堂は言ったが、すぐに微笑を消して、広重の川正版「東都名所」の一枚を指でつついた。

「しかしあなたはここまでしか来ていない」

b辛辣な言い方だった。保永堂の細長い指は東都名所の中の「忍ケ岡蓮池之図」をつまんでいる。だが保永堂はその絵を貶《おと》しめたのではなかった。

「ここまでしか来ていないが、しかしこれも」

保永堂の指は、いそがしく両国橋に宵月を配したもう一枚を取り上げて示した。

「あなたがほんとうは風景描きだと白状している絵です」

保永堂は妙な言い方をしたが、広重には彼の言うことがよく解った。出来のよし悪《あ》しは別にして、川正から出すために東都名所を描いたとき、広重は描きたいものを描いたという感じがした。その感じは、八年前に永寿堂から東都名所拾景を出したときにはなかったものである。それは予感のようなものだった。描きたいものを描いた感じの中に、微かに見えたものがある。浮世絵の世界にはまった自分と、漠とした未来が、その風景の中に描き出された気がし、そのことに自分自身でいくらか驚いたのだった。

だがそれは自分でも不確かなことで、まして他人に言うべきことではなかった。保永堂の言葉は、「*一幽斎描き東都名所」から、いわば④広重の予感のようなものを読み取ったと言っているのだった。

「そうかも知れませんな」

⑤広重は慎重に言い、改めてこの男が言いたがっていて、未《いま》だ隠しているものに興味を持った。深い興味だった。

「しかし風景なら北斎先生がいらっしゃる」

「これですか」

保永堂は今度は、富嶽三十六景の中の「遠江《とおとうみ》山中」の富士の絵を出した。画面を斜めに巨大な木材が横切り、その上に乗った樵夫《きこり》が鋸《のこぎり》を入れている。富士は木材を支えた足場の間に顔を出していた。その富士が、広重には北斎その人のように見えた。やはり自信に満ち、傲然と聳えている。広重はその絵を見つめながら言った。

「こうした絵は、私には描けない」

「こういう絵を描く必要はありません、先生」

不意に保永堂は囁《ささや》くような小声になっていた。

「あなたを風景描きだと申しあげました。そうは言っても、失礼ながら今までのところ、お描きになったのは海のものとも山のものとも言えない風景です。だが、お解りになりませんか」

保永堂の声はいよいよ低くなった。それでいて顔は赤らみ、眼は熱っぽく光っている。

「あなたの風景には誇張がない。気張っておりません。恐らくそこにある風景を、そのまま写そうとなさったと、あたしはみます」

それは北斎のように奇想の持ち合わせがないからだ、と言いかけて広重はふと声を呑《の》んだ。そうではなかったと思ったのである。たとえ奇想が湧いても、北斎のようには描かないだろう。風景はあるがままに俺を惹《ひ》きつける、と思ったのである。

「そこが肝心です。北斎先生の手法は、なるほど c未曾有《みぞう》のものですが、一回限りのものです」

保永堂は断定するように言った。

保永堂は、この長い前置きの後で、東海道*の宿場を風景にする話を持ち出したのだった。

（藤沢周平『旅の誘い《いざない》』　※本文を改めた部分があります。）

［注］　＊版元……書籍や浮世絵などの出版元。
＊定火消同心……定火消は、江戸市中の防火と警備にあたった幕府の職名。同心はその中の下級役人。広重は以前、定火消同心だった。
＊書肆……書物の出版や販売をする店。
＊錦絵……多色刷りの浮世絵。
＊狂歌本……狂歌(滑稽や風刺を詠んだ短歌)を集めた本。
＊合巻本……江戸時代後期に流行した、絵入りの読み物。
＊一立斎……広重の号。号とは、画家などが本名とは別に用いる名。
＊川正の東都名所……広重が川正（川口屋正蔵）より出版した東都（江戸）の名所を描いた浮世絵。
＊東都名所拾景……「東都名所」より前に出版した広重の浮世絵。
＊香具師……祭礼や縁日などに、露店を出して見世物や物売りなどをする人。
＊富嶽三十六景……富嶽とは富士山のこと。富士山を主題とした北斎の浮世絵。
＊山師……一発大儲《おおもう》けをねらうような人。
＊一幽斎……広重が「一立斎」の前に用いていた号。
＊東海道の宿場を風景にする話……後に「東海道五十三次」として出版され、世間で大いに評判となることとなる。

問一、**よく出る** **基本** 点線部a～cの語の本文中の意味として最も適切なものを、次の中からそれぞれ一つずつ選び、記号で答えなさい。

a「無躾な」
ア、物怖《ものお》じしない　イ、飾り気のない
ウ、礼儀をわきまえない　エ、愛想のない
オ、油断ならない

b「辛辣な」
ア、手厳しい　イ、意地の悪い
ウ、率直な　エ、核心をついた
オ、不愉快な

c「未曾有の」
ア、未だに評判の　イ、誰も真似《まね》できない
ウ、極めて優れた　エ、人の意表をつく
オ、これまでに例がない

問二、傍線部①「広重は心の中に微かな動揺が萌すのを感じた」とありますが、広重がそのように感じたのはなぜですか。その理由として最も適切なものを、次の中から一つ選び、記号で答えなさい。

ア、広重の今までの作品に対する保永堂の批評は微笑で受け流せる性質のものではなく、広重の弱みにつけこむものだったから。
イ、広重のこれまでの作品について、広重が見て見ぬふりをしてきた欠点を保永堂に指摘されるかもしれないと思ったから。
ウ、広重の今までの作品について、他の版元のように面と向かって酷評するのでなく、保永堂が遠回しに批評してきたから。
エ、広重の背中を長年追いかけてきたという保永堂の熱意におされ、その思いに自分は応えられているだろうかと思ったから。
オ、広重のこれまでの作品について、広重自身が自覚していないことを保永堂が見抜いているかもしれないと思ったから。

問三、傍線部②「それは、いつも広重を胸苦しく圧迫する風景だった」とありますが、北斎の「富嶽三十六景」が「いつも広重を胸苦しく圧迫する」のはなぜですか。その理由として最も適切なものを、次の中から一つ選び、記号で答えなさい。

ア、「富嶽三十六景」はある種の臭みを感じさせるが前人未到の風景画であり、その奇想と手法によって北斎がいまもなお江戸の寵児であることが広重には苦々しく思われるから。
イ、「富嶽三十六景」は北斎の奇抜な発想と手法によって言うまでもなく絶品の風景画だとは言えるものの、見ているうちに胸の内から不意に臭みのようなものが衝き上げてくるから。
ウ、「富嶽三十六景」には富士を通して北斎独自の驚くべき発想や手法がこれ見よがしに表現されており、そこに臭みを感じるものの、自分には描けない優れた風景画には違いないから。
エ、「富嶽三十六景」には富士のかたわらに傲然とした北斎が描かれており、そうした奇抜な着想や手法は臭みとも言えるが、やはり有無を言わせぬ絶品であることに疑いはないから。
オ、「富嶽三十六景」には北斎の生涯のすべてが投げ込まれており、臭みはあるが北斎そのものを代表する作品であり、これまでの北斎の描いた風景画の中でそれを超えるものはないから。

問四、傍線部③「保永堂は言ったが、すぐに微笑を消して」とありますが、保永堂が「すぐに微笑を消し」た理由として最も適切なものを、次の中から一つ選び、記号で答えなさい。

ア、有名な北斎の風景画には到底かなわないと広重が思っていることを知って思わず微笑《ほほえ》んだが、すぐに話をもとに戻して、広重自身の風景画の特徴についてここでしっかり話そうと思ったから。

イ、それまでの会話の調子とは異なり、北斎のこととなると抑えきれずに批判する広重に圧倒され、調子を合わせるように思わず微笑んだが、ここで笑うのはやはり広重に対して失礼だと思ったから。

ウ、世間で大いに評判の北斎に対して、まだ作品がそれほど売れていない広重がついむきになって批判したことに思わず微笑んだが、その広重の思い上がりをここできちんと正そうと思ったから。

エ、北斎の風景画に対して広重が本音をもらしたことで、ようやく思うように話が進められそうで思わず微笑んだが、そこですかさず広重の風景画に対する自分の考えをはっきり述べようとしたから。

オ、北斎の風景画にはどこか臭みがあるという広重の指摘に、なるほどその通りだと共感して思わず微笑んだが、やはり自分はそれとは別の意見をもっているということを示そうとしたから。

問五、**難** **思考力** 傍線部④「広重の予感のようなもの」とは、具体的にはどのようなことですか。わかりやすく説明しなさい。

問六、傍線部⑤「広重は慎重に言い、改めてこの男が言いたがっていて、未だ隠しているものに興味を持った」とありますが、「この男が言いたがっていて、未だ隠しているもの」とはどのようなものだったか、説明しなさい。

問七、本文中における保永堂の役割や人物像の説明について、最も適切なものを、次の中から一つ選び、記号で答えなさい。

ア、次第に関心を寄せてくる広重の表情を冷静に見つめながら、広重に風景画の才能があるかどうか見極めようとしている。

イ、広重の様子をうかがいながら会話を重ね、広重に自分の本領を意識させて、次の風景画を描くようにしむけようとしている。

ウ、すでに評判の北斎と今後評判になるはずの広重の間に入って、版元として抜け目なく二人にうまく取り入ろうとしている。

エ、北斎の作品を持ち出し広重を挑発しながら反応を見て、広重が本気で北斎を負かしたいと思っているのか探ろうとしている。

オ、北斎を意識する広重の心情を受け止め、広重を慰めることで自信を取り戻させ、風景画家として自立させようとしている。

三 (古文)文法・動作主・口語訳・内容吟味

次の文章を読んで、後の問いに答えなさい。

鵯《ひよどり》*、小鳥どもをあつめて謂《い》つて云《い》はく《言うには》、「汝《なんぢ》ら畑の作物につき、または庭の菓《このみ》を喰《く》らふに、いらざる高ごゑ《大声で》をして、友を呼びさわぐによりて、人その来たり集まるを知りて、網をはり、黐《もち》*を置くなり。我冬になり、山に食物なき時は、人家《じんか》に来たりて、縁先にある南天の実をa【喰らふ】ども、亭主知る事なし。①あまりのをかしさに、立ちざま《飛び立つ瞬間に》大きなる声をして、礼をいひてかへるなり。万一黐にかかりても、少しもさわがず、身をb【すくむ】て、そつとあをのけ《仰向け》になりて、ぶらさがり居れば、はご*は上に残り、身ばかり下に落つる時、こそこそと飛んでゆくなり。汝らは、黐にかかりたる時、あわてさわぎ、ばためく《ばたばたする》故に、惣身《体全体に》に黐をぬり付けて、動くこともならずして、Xとらへらるる、②不調法の至りなり」と、i才智がましく語る。

末座より鷦鷯《みそさざい》*といふ小鳥、笑つて云はく、「人は鳥よりもかしこくて、一たびこの手にあひたる者は、下にも細きはごを置き、例のごとくぶらさがりて、下へ落つれば、下なるはごを、Yせなかに付け、おもひよらぬ事なれば、さすがの鵯殿も、あわてさわぎ給《たま》ふ故に、惣身に黐をぬりてとらへらるる事は同じ事なり。世間小智の人、皆鵯のごとし。おのれ才覚を用ひて、一旦しあふせたる《成し遂げた》事あれば、自満《じまん》《自分で満足して》して、いつもかくのごとくとおもへり。天下の人豈皆愚かならんや*。人はその巧《たくみ》を知りて、重手*をうつにより、今までの才覚の巧、皆iiいたづらになり、③かえつて仇《あだ》となりて、禍《わざはひ》をまねく事をしらず。」

（『田舎荘子』 ※本文を改めた部分があります。）

[注] ＊鵯……全長は27㎝前後で、鳴き声は「ひいよひいよ」とやかましい。
＊黐……「鳥もち」のこと。粘着性の物質で鳥や昆虫を捕まえるのに使う。
＊はご……木片や竹・縄などに鳥もちを塗りつけた、鳥を捕る道具。
＊鷦鷯……日本の野鳥でも最小種のひとつで、全長は11㎝前後。
＊天下の人豈皆愚かならんや……天下の人はどうして皆愚かであろうか、いや、そうではあるまい。
＊重手……念のための二重の計略。

問一、**よく出る** **基本** a【喰らふ】・b【すくむ】を、それぞれ本文に合うように適切な形に直しなさい。

問二、**よく出る** **基本** 二重傍線部X「とらへらるる」・Y「せなかに付け」の主語として最も適切なものを、次の中からそれぞれ一つずつ選び、記号で答えなさい。

ア、鴨　　イ、小鳥ども　　ウ、鵜鶘
エ、世間小智の人　　オ、天下の人

問三、よく出る 基本 点線部ⅰ「才智がましく」・ⅱ「いたづらに」の意味として最も適切なものを、次の中からそれぞれ一つずつ選び、記号で答えなさい。

ⅰ「才智がましく」
ア、胸を張って　　イ、ずる賢く
ウ、思慮深く　　エ、出しゃばって
オ、利口ぶって

ⅱ「いたづらに」
ア、悪ふざけに　　イ、不必要に　　ウ、むだに
エ、いい加減に　　オ、現実に

問四、よく出る 基本 傍線部①「あまりのをかしさに」とありますが、なぜですか。その理由として最も適切なものを、次の中から一つ選び、記号で答えなさい。

ア、亭主は大騒ぎをする小鳥がいることには気がつくのに、遠慮して静かにしている鴨を捕まえることは忘れていたから。
イ、亭主は冬になって作物の収穫が終わったので、わざわざ南天の実を食べに来る鴨のことなどは相手にしないから。
ウ、亭主は畑で作物を食べる小鳥のことを用心していても、縁先で南天の実を食べる鴨のことは気に留めていないから。
エ、亭主は小鳥に作物を食べられまいと工夫するが、下手に騒ぐことなく南天の実を食べる鴨には気がついていないから。
オ、亭主は挨拶をせずに作物を食べる小鳥は捕まえ、食べた後に礼を言う鴨は見ていないふりをして許してくれるから。

問五、傍線部②「不調法の至りなり」とありますが、どういうことを指して言っているのですか。説明しなさい。

問六、傍線部③「かへつて仇となりて、禍をまねく事をしらず」とありますが、「鴨」の場合には、どうなると言っているのですか。何が「仇」となるのかも含めて説明しなさい。

市川高等学校

時間 50分　満点 100点　解答 P69　1月17日実施

出題傾向と対策

●随筆文、小説文（省略）、古文、漢字の大問四題構成。今年は漢字問題の分量が大きく減った。古文は文章が二つ出題され、かなりの長文である。字数制限のある記述は、昨年と同様二問で、随筆文と小説文に各一問である。
●現代文は文章も長くなく比較的読みやすいが、古文は長文で内容も難解なので、古文を速く正確に読む練習を積む。今回のような物語も含め、さまざまなジャンルの古文に慣れておくとよい。話の要点を的確にとらえ、解釈する読解力を養うことが重要。

【注意事項】解答の際には、句読点や記号は1字と数えること。

一 （随筆文）内容吟味

次の文章は、永田和宏《ながたかずひろ》『あの午後の椅子』の一部である。これを読んで、後の問いに答えなさい。なお、出題に際して、本文には表記を一部変えたところがある。

[1]世はデジタルの時代である。デジタルに対する語はアナログ。「あいつはアナログ人間だから」などという言い方には確かにどこか軽侮の思いが混じっているのを見ると、どうやらアナログ＝時代遅れ、デジタル＝時代の先端、と言った意識が共有されているようである。

デジタルと言うと、いかにも数学的世界と思いがちである。もともとデジットは指を意味し、指折り数えて数値化することがデジタル化である。だから当然、そこは数字の支配する世界。コンピューターの言語が、基本的には0か1で書かれていることは誰もが知っていよう。われわれ普通の人間には、およそ理解の及ばない別世界の雰囲気である。

しかし、もっと身近なところで、私たちが自然（＝世界）を見て、そこに何かを見つけ、それを誰かに伝えようとするとき、この行為はまさにデジタル化以外のものではない。

私たちを取り巻く自然、あるいは世界は連続した空間である。連続量であると言ってもいい。その自然のなかで何かを認識するとき、私たちは連続した世界の一部を切り取っているのである。何も意識していないとき、自然は全体として我々を包んでいるが、そのなかに何かを見ようとすると、あるいは何かを感じようとすると、とたんに[2]それは全体のなかの〈一部〉になってしまう。デジタル化というのは、連続量を離散的に表すことにほかならず、このような認識は、まさにデジタル化にほかならない。

そしてそれを表現しようとする。表現に用いるのは主として言葉であるが、言葉で表現するということ、そのことがデジタル化の最たるものなのである。連続量、しかも無限の要素からなる世界を、たかだか何万字と言った有限の言葉に当てはめようとするのだから、このデジタル化にはそうとうな無理があるのは言うまでもない。[3]言葉と言葉のあいだには、どうしても埋められない空隙《くうげき》、間隙が存在するほかはないのだ。

「何と言ったらいいのか」「言葉が見つからない」とか、「言葉で言えないくらい」とか、あるいは「筆舌に尽くしがたい」などの便利な言葉が用意されているが、いずれも多くの場合は、世界を埋めようとする言葉の不如意、また言葉と言葉のあいだの埋まらない間隙を言うことが多い。

夫を亡くして一人になった女性がいるとする。彼女にもっとも切実な感情は、「寂しい」であり「悲しい」であろうことは想像に難《かた》くない。日常会話のなかで「とても寂しいのよ」と言ったとき、どんなに寂しいのか、改めて尋ねるなどということは、誰もしないだろう。尋ねなくてもわかっているからである。

しかし、ほんとうにわかっているのだろうか。彼女がいまどのように寂しいと感じているのか、「寂しいということ」はわかっても、どのように寂しいのか、どれほど寂しいのか、「寂しい」という形容詞は、何も答えてくれない。

形容詞とは本来そのようなものなのである。『広辞苑《こうじえん》』は、「①もとの活気が失せて荒廃した感じがする。②欲しい対象が欠けていて物足りない。満たされない。③孤独がひしひしと感じられる。④にぎやかでない。ひっそりとして心細い。」と説明するが、それ以上に〈個別の寂しさ〉について何も語らない。要するに「楽しい」や「にぎやかだ」「陽気だ」などとは違う感情であると言っているに過ぎないのである。

　改めて考えてみれば、これで感情の伝達が成り立つのが不思議なのである。これで会話が成り立つ理由はただ一つ、聞く方は、自分のその時の体験、あるいは他の人からの伝聞や書物などから得た知識などを総動員して、相手のいまの状況を推し量るのである。つまり自分の感情移入によって相手の「寂しい」をわかったようなつもりになるのである。

　そして話す方は、相手がそのように自らの体験から推し量って自分の気持ちを汲《く》んでくれることを期待して「寂しい」という形容詞を相手に〈預ける〉のである。ここでは[4]言う方も、聞く方も、「寂しい」という形容詞を互いに交換しているだけであることは言うまでもないだろう。

　最近、私が強い違和感を持つのは、若い世代が限られた数の形容詞でコトを済ましてしまう傾向についてである。その代表が、若い女性たちの会話に頻出する「カワイイ」であろうか。それに「めっちゃ」がつけば立派な女子言葉。男女共通の代表的形容詞は「ヤバい」であろう。この「ヤバい」も本来の危険だという意味からははるかに遠い意味内容で使われ、「めっちゃヤバい」が「とても旨《うま》い」にもなると言うから驚く。

　一時的な時代の流行と大目に見ておいてもいい、単なる〈現象〉なのではあろう。しかし、言葉の表面的な意味だけではなく、自らの内面を見つめるという行為をスキップして、出来合いの形容詞だけで間に合わせてしまうという表現のあり方を考えると、それは[5]かなりうそ寒い状況を映しているのではないだろうか。

　形容詞による会話、あるいは対話は、お互いに内面を語らないことを前提にした情報交換なのである。「寂しい」と言って、ほかならぬ〈私〉がどのように寂しいのかについては触れない、あるいは触れてほしくない、そんな意思表示が形容詞の使用だと言ってもいい。本当は、その形容詞のあとに、個別の状況とか、具体的な状況や出来事とかが縷々《るる》語られて初めて、「寂しい」という形容詞が、それを発した人の感情を引き連れて感受されるはずなのである。

　形容詞に頼らないという覚悟、拙くとも自分で掘り当てた言葉で、自分の内面の、心の深くに漂っている感情を伝えたい、そんな努力を外しては、会話による心の伝達は成り立ち得ない。

　友人関係で、それ以上立ち入って欲しくないから形容詞でという場合は確かにあるだろう。「今日はいいお天気ですねえ」だけで済ませたい相手もあるのであり、そんな相手とは「めっちゃヤバい」を交換して、時間をやり過ごすというのもいいのかもしれない。

　しかし、これが夫婦とか、親子とかの会話に侵入してくるとどうなるのか。いきなり結論的なもの言いになってしまうが、私は、家族のあいだの会話では、できるだけ形容詞を使わない会話がなされることが理想だと思う人間である。

　形容詞を使わないで自分の感情を伝えるのは、相当に面倒なことである。「今日は悲しいので一人にしておいてくれ」と言うところを、「悲しい」を使わないで言おうとすれば、仕方なくどんなことがあって悲しいのか、どんな風に悲しいのか、そんなこまごまとした具体を引っ張り出して話さなければならなくなる。必然的に話は長くなり、言う方も面倒だろうが、聞く方ももっと面倒なのである。

　しかし、その時間がかかって面倒だという煩わしさこそが、本来の会話に必要な要素なのだと思うのである。時間がかかる、忍耐を必要とする、相手の言おうとすることを漏らさず聞き取る努力を必要とする、そんなもろもろの煩わしい努力こそが、夫婦の、あるいは親子の会話あるいは対話を、その二人にしかできない血の通った気持ちの伝達に導くのである。

　二人が同じようにそんな努力をしたいと思える場合の方が少ないだろう。話す方がその気にならなければ成立しないが、聞く方が聞こうという気にならなければ、これまた成立しない。対話の成立には双方の努力が必須であるが、一方がちょっとひよったり、かわしたりしようとするとき、どうしても形容詞に逃げてしまう。

　しかし、形容詞を敵だと思えるようになれば、そこに自《おの》ずから自分の言葉で語り、相手の内側の言葉に耳を傾けるという関係が成立する条件が整うのである（もちろんこれで完成というわけではない）。

　私たち夫婦は、他の一般的な夫婦と較《くら》べれば、たぶん圧倒的に会話の時間の長い夫婦だったのだろうと思う。しかし、妻が亡くなってみて、私が今もっとも悔いているのもまた会話の時間に対する、私自身の忍耐の不足だったということにほかならない。もっと聞いてやればよかった、そのための時間を惜しむのではなかったという後悔は、誰からも責められないゆえにいっそう深く自らに刺さってくるのである。

問1、――線1「世はデジタルの時代である」とあるが、一般の人々にとって「デジタル」はどのようなものとして意識されているのか。その説明として最も適当なものを次の中から選び、記号で答えなさい。

ア、感覚的なアナログと対立し、論理的に構成されている難解なもの。
イ、時代の先端であり、数値によって成り立つ理解することの困難なもの。
ウ、時代遅れのアナログと較べて、最新の技術が用いられている優れたもの。
エ、最先端のものであり、すべてが数字によって構成されている便利なもの。
オ、一部の人々が使用できるものであり、数値に支配された複雑なもの。

問2、――線2「それは全体のなかの〈一部〉になってしまう」とあるが、それはどういうことか。その説明として最も適当なものを次の中から選び、記号で答えなさい。

ア、人間が認識したものは、連続した空間である自然から切り取ったものになってしまうということ。

イ、人間を取り巻く自然は、連続した空間である自然とは異なる世界になってしまうということ。

ウ、人間が認識したものは、連続した空間である自然から説明できる部分を切り出したものになってしまうということ。

エ、人間を取り巻く自然は、離散的な空間である自然をより細かく区切ったものになってしまうということ。

オ、人間が認識したものは、離散的な空間である自然から抜き出した一部になってしまうということ。

問3、――線3「言葉と言葉のあいだには、どうしても埋められない空隙、間隙が存在するほかはないのだ」とあるが、それはなぜか。その説明として最も適当なものを次の中から選び、記号で答えなさい。

ア、無限の要素からなる世界を表現しつくすほど、人間はまだ言語を生み出していないから。

イ、言葉の組み合わせは無限であるはずなのに、人間は言葉を有限だと思い込んでいるから。

ウ、無限の要素からなる世界を有限の言葉で表せるほど、人間は言葉の扱いに習熟していないから。

エ、言葉の組み合わせは無限にあるにもかかわらず、人間が扱える組み合わせには限りがあるから。

オ、無限の要素からなる世界を有限の言葉で表そうとしても、人間が表現できるものには限りがあるから。

問4、――線4「言う方も、聞く方も、『寂しい』という形容詞を互いに交換しているだけである」とあるが、それはどういうことか。その説明として最も適当なものを次の中から選び、記号で答えなさい。

ア、話し手は相手が気持ちを汲んでいることを知らずに「寂しい」を使い、聞き手は感情移入して「寂しい」を理解したつもりになっており、互いに個人の体験については何も話し合っていないということ。

イ、話し手は相手が自分の気持ちに立ち入ることを嫌って「寂しい」を使い、聞き手は自分の体験や知識から「寂しい」を理解したつもりになっており、互いに個人の内面については何も話し合っていないということ。

ウ、話し手は相手が察してくれることを期待して「寂しい」を使い、聞き手は感情移入して「寂しい」を理解したつもりになっており、互いに寂しさの具体的な中身については話し合っていないということ。

エ、話し手は相手がわかってくれることを期待して「寂しい」を使い、聞き手は相手の今の気持ちを無視して「寂しい」を理解したつもりになっており、互いに寂しさの内容を何も話し合っていないということ。

オ、話し手は相手が理解してくれることを期待して「寂しい」を使い、聞き手は自分の体験や知識から「寂しい」を理解することで、互いに寂しさの具体的な内容について話し合っているということ。

問5、難 思考力 ――線5「かなりうそ寒い状況」とあるが、それはどのような状況か。80字以内で説明しなさい。

問6、難 筆者が理想とする「会話」とはどのようなものか。その説明として最も適当なものを次の中から選び、記号で答えなさい。

ア、話し手が具体的に状況を語って自分の内面を伝えようとし、聞き手も相手の言葉を確実に理解して内面を知ろうとする。形容詞を使わずにそうした煩わしい努力を両者がすることで友好的な人間関係を可能とするもの。

イ、話し手が多くの言葉を用いて自分の内面を伝えようとし、聞き手も相手の言葉を漏らさず聞き取って内面を理解しようとする。形容詞だけに頼らずそうした煩わしい努力を両者がすることで心の交流を可能とするもの。

ウ、話し手が細かく状況を語って自分の内面を伝えようとし、聞き手も相手の状況を推し量って内面を知ろうとする。形容詞に頼ることなくそうした煩わしい努力を両者がすることで良好な人間関係を可能とするもの。

エ、話し手が詳細な状況を語って自分の内面を伝えようとし、聞き手も相手の言葉に細心の注意を払って内面を知ろうとする。形容詞に頼らないでそうした煩わしい努力を両者がすることで心の伝達を可能とするもの。

オ、話し手が具体的な事例を用いて自分の内面を伝えようとし、聞き手も自分の体験や知識を活用して内面を知ろうとする。形容詞を用いることなくそうした煩わしい努力を両者がすることで感情の伝達を可能とするもの。

二 (省略)岡本かの子「家霊」より

三 (古文)内容吟味・口語訳

【文章Ⅰ】は『横笛草子《よこぶえぞうし》』、【文章Ⅱ】は『平家物語《へいけものがたり》』の一部である。「横笛」という女性と恋仲であった「滝口」は、それを快く思わない父親から勘当されてしまった。その後、「滝口」は「横笛」の前から姿を消し、出家して嵯峨《さが》の往《おう》生院《じょういん》で仏道修行に励んでいた。一方、「横笛」は「滝口」の失踪を悲しんでいたが、「滝口」の居場所を知り、やっとのことでそこにたどり着くことができた。以下の文章は、どちらもそれに続く場面である。これを読んで、後の問いに答えなさい。なお、出題に際して、本文には表記を一部変えたところがある。

【文章Ⅰ】

内より、下《しも》の僧を出《いだ》し、「いづくより」と問ひければ、「横笛と申す者にて候《さぶら》ふ。滝口殿にもの申さん」と申す。1横笛と聞くよりも、胸うち騒ぎ、障子の隙《ひま》より見給《たま》へば、裾《すそ》は露、袖は涙にしをれつつ、まことに、尋ねわびたるとうち見えて、柴《しば》の戸に立ち添ひて、しづしづとしたる有様《ありさま》なり。古《いにしへ》の有様に、なほまさりてぞおぼえける。見れば目もくれ、心も消え入るばかりなり。いづれを夢とも思ひ分かず、また思ふやうは、このうへは走り出て、変《かは》る姿を一《ひと》目《め》見せばやとは思へども、心に心をひきとどめ、逢《あ》はぬ怨《うら》みはなかなかに、二度《ふたたび》ものを思はせん、無慙《むざん》や横笛が、三《み》年《とせ》ばかりの情《なさけ》をしのびて、尋ね来《きた》るこころざし、何に譬《たと》へん方もなく、袂《たもと》を顔におしあてて、泣くよりほかのことぞなき。下の僧申すやう、「この寺へは、女人《にょにん》の参らぬ所なり。そのうへ、滝口とやらんは、聞きもならはぬ人ぞかし。はやはや帰り給へ」とて、柴の編戸《あみど》をおし立てて、その後、音もせざりけり。[2]横笛、これを見給ひて、「情なの有様や、昔に変らで、今も契《ちぎ》らんと言はばこそ、変りし姿ただ一目見せさせ給へ」と、「※時雨《しぐれ》に濡《ぬ》れぬ松だにも、また色変ることもあり、火の中《なか》水の底までも、変らじとこそ思ひしに、早くも変る心かな。ありし情をかけよと言はばこそ、みづからもともにさまを変へ、同じ※庵室《あんじつ》に住居《すまゐ》して、御身は花を摘むならば、みづからは※水を掬《むす》び、※一つ蓮《はちす》の縁とならばやと思ひ、これまで尋ねて参り、※夫妻は二世《にせ》の契りと聞きしかど、今生《こんじやう》の対面さへかなふまじきか、あさましや、親の不孝《ふけう》をかうぶりて、かやうにならせ給へば、みづからを深く怨みさせ給ふも理《ことわり》なり。思へばまた、みづからは、御身故《ゆゑ》に、深き思ひに沈み、たがひに思ひ深かるべし」と、涙を流し申すやう、「さても、古は、※雲を動かす雷も、思ふ中をばよもさけじと、契りつる言の葉は、今のごとくに忘れず、※睦言《むつごと》の袖の移り香《が》は、今も変らずにほへども、いつの間にかは変りはて、[3]うたての滝口や」とて、声も惜しまず泣きければ、滝口、これを見て、あまり歎《なげ》くもいたはし、せめては声なりとも聞かせばやと思ひて、かくなん、

あづさ弓そるを怨みと思ふなよ[X]まことの道に入るぞ嬉《うれ》しき

【文章Ⅱ】

滝口入道むねうちさわぎ、障子のひまよりのぞいてみれば、まことに尋ねかねたるけしきいたはしうおぼえて、いかなる道心者《だうしんじや》も心よわくなりぬべし。やがて人を出して、「まッたく是《これ》にさる人なし。門《かど》たがへでぞあるらむ」とて、つひにあはでぞかへしける。横笛なさけなううらめしけれども、力なう涙をおさへて帰りけり。滝口入道、同宿《どうじゆく》の僧にあうて申しけるは、「是もよにしづかにて念仏の※障碍《しやうげ》は候はねども、あかで別れし女に此住《このすま》ひを見えて候へば、たとひ一度は心強くとも、又もしたふ事あらば、心もはたらき候ひぬべし。暇《いとま》申して」とて、[4]嵯峨をば出でて高野《かうや》へのぼり、※清浄心院《しやうじやうしんゐん》にぞ居たりける。横笛も様をかへたるよし聞えしかば、滝口入道一首の歌を送りけり。

そるまではうらみしかどもあづさ弓[Y]まことの道にいるぞうれしき

※時雨に濡れぬ松…ここでは「色が変わらない松」の意。
※庵室…僧や尼の住居のこと。
※水を掬び…ここでは「手で水をすくって」の意。
※一つ蓮の縁…ともに極楽浄土に生まれ変わる縁。
※夫妻は二世の契り…夫婦の契りは現世と来世の二世にわたる。
※雲を動かす雷も、思ふ中をばよもさけじ…雷のような人知を超えた力が作用しても、決して二人の仲を裂くことは出来ないだろう。
※睦言の袖の移り香…男女が寝室で愛し合い、言葉を交わした際に移った香のこと。
※障碍…妨げとなるもののこと。
※清浄心院…高野山にある寺院のこと。

問1、――線1「横笛と聞くよりも」とあるが、横笛の声を聞いた後の滝口について説明したものとして不適当なものを次の中から1つ選び、記号で答えなさい。

ア、滝口は、涙を流しながらしょんぼりと立っている横笛の姿を見て、以前よりも横笛の容姿が美しくなっていると感じ、すぐにでも出て行って出家した今の姿を見せてやりたいと思った。
イ、滝口は、別れてから三年もの月日が経っているにもかかわらず、自分への愛情を失わずに尋ねて来てくれた横笛の深い愛情にひどく感動し、涙が溢《あふ》れてきてしまった。
ウ、滝口は、今ここで出て行って横笛と再会したら、再び別れの悲しみを味わわせることになってしまうので、会うわけにはいかないと考え、横笛との再会を断念した。
エ、滝口は、自分のことを探し回って尋ねて来てくれた横笛の姿を目《ま》の当たりにして動揺し、今の状況が夢か現実か区別がつかなくなってしまった。
オ、滝口は、姿を現そうとしない自分に泣きながら会いたいと訴える横笛の気持ちに応えてやりたいと思ったが、下の僧から「出て行ってはならない」と言われ、言葉を失ってしまった。

問2、――線2「横笛、これを見給ひて」とあるが、ここで横笛の語った自身の心情の説明として適当なものを次の中から2つ選び、記号で答えなさい。

ア、昔のような恋仲に戻りたいとは言わないが、成長した姿を滝口に一目だけでも見てもらいたいと思っている。
イ、自分も出家して滝口と往生院で仏道修行に励み、来世もともに極楽浄土に生まれ変わりたいと思っている。
ウ、自分と恋仲になったことで父親に勘当されてしまったのだから、滝口が自分を恨むのも当然だと思っている。
エ、決して二人が別れることなどないという約束を破ったのだから、滝口には出て来て謝罪して欲しいと思っている。
オ、忘れられないほど辛《つら》い目に遭わされたのに、それでも滝口を愛《いと》おしく思ってしまう自分を情けないと思っている。

問3、――線3「うたての滝口や」の意味として最も適当なものを次の中から選び、記号で答えなさい。

ア、気の毒な滝口様ですねえ
イ、薄情な滝口様ですねえ
ウ、立派な滝口様ですねえ
エ、やさしい滝口様ですねえ
オ、不潔な滝口様ですねえ

問4、――線4「嵯峨をば出でて高野へのぼり」とあるが、滝口が嵯峨を出て高野山へと向かったのはなぜか。その説明として最も適当なものを次の中から選び、記号で答えなさい。

ア、他の僧に頼んで横笛を追い返してもらうことができたものの、横笛は執念深い性格なので、近日中にもう一度自分に会いにやって来るに違いないと思い、その前に往生院から姿を消してしまいたいと思ったから。
イ、今回は自ら横笛を説得して追い返すことができたものの、横笛に自分の居場所を知られてしまった以上、いつ再び横笛が来るか不安で、このまま往生院にいても集中して仏道修行に取り組むことなどできないと

思ったから。

ウ、他の僧に頼んで横笛を追い返してもらうことができたものの、嫌いになって別れたわけでもないので、もし再び横笛が尋ねて来たら、その時は自分の気持ちもどうなってしまうかわからないと思ったから。

エ、今回は自ら横笛を説得して追い返すことができたものの、涙を堪《こら》えながら恨めしそうに帰っていく横笛の姿に同情したため、もし再び横笛が尋ねて来たら、その時は仏道修行を続けられないだろうと思ったから。

オ、他の僧に頼んで横笛を追い返してもらうことができたものの、久しぶりに見る横笛の美しい容姿に心を奪われたため、もし再び横笛が尋ねて来たら、その時は横笛への恋情を抑えきれないかもしれないと思ったから。

問5、難 ……線X「まことの道に入るぞ嬉しき」・……線Y「まことの道にいるぞうれしき」の内容について説明したものとして最も適当なものを次の中から選び、記号で答えなさい。

ア、X・Yともに滝口が自分の心情を詠《よ》んだもので、Xは「僧として往生院で仏道修行に励むことができて嬉しいのだ」という内容であるのに対し、Yは「横笛と仲直りし、今後はともに仏道修行に励みながら暮らせることが嬉しいのだ」という内容を表している。

イ、Xは滝口が自分の心情を詠んだもので、「横笛が出家するために往生院まで来てくれたことが嬉しいのだ」という内容であるのに対し、Yは横笛が自分の心情を詠んだもので、「自分も滝口同様に、出家することができて嬉しいのだ」という内容を表している。

ウ、X・Yともに滝口が自分の心情を詠んだもので、Xは「横笛に出家の素晴らしさを伝えることができて嬉しいのだ」という内容であるのに対し、Yは「横笛から逃れ、静かに清浄心院で仏道修行に励むことができるようになって嬉しいのだ」という内容を表している。

エ、Xは滝口が自身の心情を詠んだもので、「横笛に出家の素晴らしさを理解してもらえたことが嬉しいのだ」という内容であるのに対し、Yは横笛が自分の心情を詠んだもので、「滝口から出家しないかと誘ってもらえたことが嬉しいのだ」という内容を表している。

オ、X・Yともに滝口が自分の心情を詠んだもので、Xは「出家して仏道修行に励むことができて嬉しいのだ」という内容であるのに対し、Yは「横笛が自分と同じように出家し、仏道修行に励むという話を聞いて嬉しいのだ」という内容を表している。

四 漢字の読み書き　よく出る

次の各文の――線のカタカナを漢字に直しなさい。

1、部活動の定期エンソウ会に出席する。

2、フンソウの深刻な地域で取材する。

3、弁護士はホウソウ界の人間だ。

4、はぐれてしまった仲間をソウサクする。

5、彼はアオミドロやワカメといったソウルイの研究者だ。

大阪星光学院高等学校

時間 60分　満点 120点　解答 P70　2月10日実施

出題傾向と対策

●小説文（省略）、論説文の二題構成は例年どおり。どちらも長文で、読解問題が中心であるが、漢字の書き取り、語句の意味、脱文挿入問題が含まれている。記述問題が、昨年の二問総字数二百字から、四問総字数三百七十字と負担が倍増した。選択肢は長くて紛らわしいものが多い。

●問題数はさほど多くないので、記述問題の占める配点比率は高く、その得点が合否を決めると思われる。記述力の養成が肝要。選択肢も紛らわしいものが多いので、常に文章中に正否の根拠を求める丁寧な読みを心がける。

一 （省略）寺地はるな「夜が暗いとはかぎらない」より

二 （論説文）漢字の読み書き・文脈把握・内容吟味・要旨

次の文章を読んで、後の問いに答えなさい。

稽古は「からだ」を重視する。肉体のaクンレンではない。しかし精神修養でもない。では「からだ」とは何か。そして*1「心身一如《しんじんいちにょ》」とはどういうことなのか。

ここでいう「からだ」は「自分のからだ」である。他人の身体ではない。人間一般の身体でもない。「自分がからだである」ということを問題にする。

自分がからだである。からだに支えられて生きている。一見、当然に聞こえるこの事実が、しかし、しばしば忘れられている。西洋近代科学の理論地平*2では、この「からだ」の視点が、理解されにくいのである。【Ⅰ】

たとえば、医者が患者を診察する。その時、医者は患者という他人の身体を診ている。医者の語る身体は、診察の対象である。そのように、客体（対象）となった身体を、

ここでは「肉体」と呼ぶ。【Ⅱ】

それに対して、ここで考えたいのは、患者自身にとっての「からだ」である。歯が痛くてたまらない。その痛んでいる「からだ」を冷静に観察することなどできない。痛くて仕方がない、今まさに痛んでいる「生きられているからだ」である。【Ⅲ】

ということは、たとえ自分のからだであっても、自分で自分を観察する場合は、「からだ」とは言わない。それは「肉体」である。そして、観察しているのは、からだを忘れた観察主体である。観察の対象となった肉体（客体 object）を、からだから離れた自分（身体性をもたない主観 subject）が観察している。【Ⅳ】

「からだ」は対象にならない。見ることができない。ところが、他方で、見る主観でもない。「からだ」は、対象 object[*3] でもないが、主観 subject でもない[*4]。そうした地平（主客二元論的な地平）とは異なる位相の出来事なのである。【Ⅴ】

からだは生きることができるだけである。[①]一人称として体験されるだけである。

「自分はからだである」という当たり前のことを、あらためて言葉で語ると、これほど奇妙な表現になるというまさにその事実が、既にこの問題の困難を物語っている。「自分はからだである」と、あらためて自覚することは、私たちの自己理解に大きな[b]ヘンヨウをもたらす出来事なのである。

試しにもう一度、場面を換えて考え直してみる。今度は、鉄棒の逆上がりを練習する子どもと、それを指導する教師である。教師の視点から見ると「腰の動き」に問題がある。しかしそこで語られる「腰の動き」は、観察された他人の「肉体」の動きである。

それに対して、子ども本人には「腰の動き」が見えない。その子は自分の腰を対象として観察することなどできずに、（奇妙な表現だが）腰を生きている。[c]ミジめさや悔しさとともに、なぜできないのか分からないまま、上手に持ち上がらない自分のからだを生きている。そうした「からだである自分」が、稽古の思想が語る「からだ」なのである。

あらためて用語を整理しておく。「肉体」とは、観察の対象となった身体である。人は肉体を観察することは出来るが、肉体を生きることは出来ない。それに対して、「からだ」は観察できない。「自分がからだである」という意味で、からだを生きることが出来るだけである。からだは、対象となったとたん、肉体になってしまう。そして、「身体」という言葉は、「肉体」と「からだ」を含めた、より一般的な意味で用いることにする。

稽古は「からだ」で行う。からだの動作の反復が、稽古の基本である。そして稽古が進むと、考えなくても、からだが自然に動くようになる。

しかし「からだが自然に動く」とは、自動運転とは違う。オートマチック[*5]な条件反射でもなければ、マニュアル通りの[d]ダセイ的な繰り返しでもない。確かに、実際の稽古の場面においては、ダセイ的な反復や条件反射的な自動運動になることが多い（そして面白くないと語られる）。しかし、本来稽古が追求している「からだの自然な動き」は、それとは違う。[②]そうした自動運動に留まることがない潜在性を秘めている。

「肉体」と「からだ」の違いで言えば、自動運動が「肉体」の動きであるのに対して、稽古が追求する動きは「からだ」の動きである。

「肉体」は意識と対立する。そして意識は肉体を操作しようとする。初心者はピアノを弾く場合、指の動きを意識し、間違わぬよう指を操作する。意識が肉体（指）を操作しようとする。そして、肉体（指）が意識の期待に沿わない場合、思い通りに弾くことができないと嘆く。つまり、稽古は（最初のうちは）、意識によって肉体をコントロールし、意のままに、肉体が動くことを目指していることになる。

それに対して、「からだ」は、意識と一体である。名人は、自分の指の動きなど意識しない。名人はからだで弾く。頭で考え指を動かすのではなく、名人はからだであり、からだが弾く。あるいは、からだ（指）が音楽の調べに乗って舞う。

状況を頭で判断するのではなくて、状況の中にいるからだが、その時その場に最もふさわしく、周囲と響き合う。その時その場に応じて、そのつど、新しく動き始めるということである。

それはスキル[*6]に頼っていてはできないが、スキルなしでもできない。スキルを身に付けたからだが、スキルに縛られることなく自由になる時に初めて可能となる。

そう考えてみれば、その「自由な動き」とは好き勝手な動きではないことになる。自分一人が動きたいように動くのではない。周囲の人やその場の状況のなかで、その時その場にふさわしい仕方で動く。

それを、「からだが自然に動く」という。稽古はそうした「からだ」を求め、型は、そうした「からだ」の土台なのである。

稽古が目指す舞台（試合）は予測不能なハプニングに満ちている。スキルやマニュアルが通用しない。では、ハプニングに「備える」ためにはどうすればよいか。

予測できないのであれば準備のしようがない。想定外の事態に対して「備える」という言葉はふさわしくないのだが、「型」の知恵は、ハプニングに対応する身体を育てようとする。不測の事態においては、その時その場に即して、自在に自分を変えてゆかねばならない。そうした可能性に開かれた身体を育てる知恵が「型」である。型は、ある種の「即興性」を可能にする身体の土台なのである。

「型」という言葉を聴くと、多くの学生は、固く締め付けられた窮屈な枠を連想する。「型に従う」とか「型に縛られた」という言葉の通り、自由な動きを制約する、例えば「鋳型」のような、枠組みである。

ところが、同じ「型」という言葉が、ある場面においては、創造性の土台を意味する。型があるから即興性が可能となり、型が土台となって初めて自在な動きが可能になる。自由でしなやかな動きを根底で支える「基礎・基本・土台」。

それは、型の習得プロセスを、二つの異なる場面に分けて考えてみれば、理解しやすくなる。

まず、型を習い始める場面である。子どもが型を習う時、型は、外在的な規範として、子どもを固く締め付ける。型は子どもの内側からは出てこない。外から（大人から・伝統から）、決まり事として、教え込まれる。型は、子どもの自然な身のこなしの延長上に、自然発生的に成り立つのではなくて、その道を進むためには、ともかく習得しておかねばならない規則なのである。

　ところが、そのように「押し付けられた規則」に留まっている限り、子どもが型を身に付けたことにはならない。「型が身に付く」とは、もはや、押し付けられた規則ではなくなること。何度も繰り返すことによって、型が、自分のからだの自然な動きとなり、その動きが自らの内側から自然に生じるように感じられる、ということは、意識されなくなって初めて「型が身に付いた」と語られる。

　さて、そのように「型が身に付いた」時、その型は、自然な動きを押しとどめない。むしろ動きを促す。より広がりのある動きを促し、より多様な展開を可能にする。

　あるいは、型が身に付いた場合、内側から湧き起る勢いに「のる」ことができる。逆に、型がない場合は、身体から湧き起る勢いに振り回されてしまい、その奔放な勢いを生かすことができない。

　型が身に付くとラクになり、型を意識することがなくなる。「練習は覚えるためにするが、稽古は忘れるためにする」と言われるのは、そういうことである。型は、身体の内側から湧き起る勢いに「のる」ための、最も合理的な「からだの理」である。その道の先人たちの知恵のeケッショウなのである。

　ところが、「型に縛られる」という事態が生じる。型が新たな展開にとっては窮屈になる。言い換えれば、今までの型には納まり切らない動きが、内側に育ってきたということである。それまで型によって支えられてきた動きが、それ以上の展開を始め、もはや型の中に納まり切らなくなる時、型が窮屈になり、「型に縛られる」と感じられる。

　そこで「型から離れる」という事態を迎える。もはや型に縛られることなく、型から離れ、より自在な境地に進む。ということは、この場合も、型の習得が最終目的ではなかったことになる。③型は、その型を超えてゆく可能性を内に秘めて、習得されるのである。

　さて、こう理解してみれば、型がなぜ「ハプニングに対応する身体を育てる」知恵であったか少しは見えてくる。型は、からだの内側の動きを促すための土台であり、その道の先人たちが様々な経験を重ねる中で最も基本とした「からだの流れ」である。ハプニングに対応するためには、その型を原点として、そこから動き始めるのがよい。

　しかもその型は、新たな動きを開始してゆくためのゼロ地点であるから、動きが混乱する時、そのつど立ち戻るべき原点でもある。あるいはそこから出発することが、最も創造性を豊かに広げる。そうした意味において、④「型」は、（その「道」における）最も合理的な「からだの理」と理解されるのである。

（西平直《にしひらただし》『稽古の思想』より）

＊1　「身心一如」…稽古が目指そうとする、身体と心が一体となるような境地。
＊2　理論地平…ある理論に基づいて考察していく際に、その思考が及ぶ範囲。
＊3　主客二元論…世界を、観察する主体と観察される客体の二つに分けて捉えようとする考え方。
＊4　位相…ものの見方。次元。
＊5　オートマチック…自動的に動くこと。
＊6　スキル…学んで身につけた特殊な技能。

問1、**よく出る** **基本** ══線部a〜eのカタカナを漢字に直しなさい。

問2、**よく出る** 次の文を入れるのに最も適当な箇所を、【Ⅰ】〜【Ⅴ】の中から選び、記号で答えなさい。

> そうした「からだである自分」が主題なのである。

問3、——線部①「一人称として体験されるだけである」とありますが、「からだ」を「一人称として体験する」ことの例として最も適当なものを次の中から選び、記号で答えなさい。

ア、座禅を組んで心が落ち着くと、普段は気にしないような木々の葉を揺らす風の音がはっきりと聞こえてくる。
イ、人差し指に突然激しい痛みを感じたので明かりの下に行って目を凝らして良く見てみると、鋭いトゲが刺さっている。
ウ、バットにボールがインパクトする瞬間に、無意識のうちにグリップを握る両手にぐっと力を入れていることに気づく。
エ、中学生最後の公式戦で、一点をリードしたまま試合終了を告げる長い笛の音を聞いた途端に涙があふれ出てくる。
オ、大好物のイクラをご飯の上にたっぷりのせて食べ、イクラが口の中でプチプチとはじけるような食感を想像する。

問4、**難** **思考力** ——線部②「そうした自動運動に留まることがない潜在性を秘めている」とありますが、ここでいう「潜在性」とはどういうことですか。本文中の言葉を用い、次の空欄に当てはまる形で三十字以内で説明しなさい（句読点も一字に数えます）。

稽古を積んだ「からだ」が、［三十字以内］可能性を持つということ。

問5、**難** ——線部③「型は、その型を超えてゆく可能性を内に秘めて、習得される」とありますが、これはどういうことですか。その説明として最も適当なものを次の中から選び、記号で答えなさい。

ア、子どもに本来備わる身のこなしの延長上に習得され、練習を繰り返すことによって身に付けられる型は、からだの自然な動きになじむようになるが、稽古が進んで新しい境地に達した時には使いものにならなくなり、より上級の型を習得しなくてはならなくなる可能性を持っているということ。
イ、何度も繰り返すことによって内在化し、意識しないでも自分のからだの動きを豊かに導き出すことができる土台となる型は、稽古を積み上げていき、からだが新たな展開を始めるようになった時に、そこから離れてより自在な境地へと進展していく可能性をあらかじめ含み持っているということ。
ウ、当初は外在的な規範として教えられるが、すぐに身に付いてまるで自分の内側から生じる動きとして感じられるようになる型は、いつまでもそれを頼りにしていてもより広がりのあるからだの動きに導いてはくれないので、いずれそこから離れて自分独自の動きを追求する段階へ展開する可能性を最初から持っているということ。

エ、その道を進むために習得しておくべき規則として与えられ、繰り返していくうちに自分のからだの自然な動きとなる型は、からだの動きを縛り付けるものではなく、むしろそれが原動力となってからだの内側から湧き起こる勢いを取り込み、その延長上に新たな境地を開いていく可能性に常に開かれているということ。

オ、習い始めのうち自由な動きを制約するように感じられるが、修練を経ることで自分の身に付く型は、からだの内側から湧き起こる勢いに乗じて動くための助けになるが、その動きが型に備わる枠から抜け出そうとする段階にまで達すると、自然と型自体が進化して新しい境地に至る可能性を秘めているということ。

問6、**難** **思考力** ——線部④『型』は、(その「道」における)最も合理的な『からだの理』と理解される」とありますが、「型が最も合理的なからだの理」であるとは、どのようなことを述べているのですか。百五十字以内で説明しなさい(句読点も一字に数えます)。

問7、**難** **思考力** 本文で述べられている内容として最も適当なものを次の中から選び、記号で答えなさい。

ア、筆者は、西洋近代科学の理論地平に基づいた考え方では稽古の思想における「からだ」について正しく理解することが困難であると述べることによって、西洋近代科学の限界を指摘しそれに代わるまったく新しいものの考え方を提示しようとしている。

イ、「自分はからだである」ということを説明するために、医者と患者の例や教師と子どもの例を取り上げたのは、筆者が高い教育を受けて専門的な知識を身につけると他者の身体を観察対象として捉えてしまう傾向があることを指摘するためである。

ウ、筆者が「肉体」と「からだ」を対比的に位置づけて述べるのは、ある動作を習熟していく際に、意識的に肉体をコントロールするのではなく、意識と一体である「からだ」が自然と動き出すことを目指す稽古の思想の特徴を明らかにするためである。

エ、「稽古は忘れるためにする」という言葉は、型に習熟するとやがてそれを意識しなくなるということを意味するが、筆者はそれに加えて、さらに次の境地に進むために身に付いた型にいつまでも縛られていてはならないという内容を込めている。

オ、「型に縛られる」「型から離れる」という二つの事態は、型の中にあらかじめ備えられている本質的な要素であるが、筆者はそれらが「からだ」に同時に起こることで、ハプニングの際に型の持つ創造性が最も豊かに広がることになると考えている。

開成高等学校

時間	満点	解答	
50分	100点	P71	2月10日実施

出題傾向と対策

●例年の論説文、小説文、古文の大問三題構成から論説文、古文の二題構成へと変更された。設問形式は大半が記述でマーク問題や漢字の読み書きが若干ある。論説文、古文とも高いレベルの読解力・思考力・記述力を要求する。記述量が非常に多いので、時間配分の考慮は必須。

●何よりも記述対策が重要。傍線の説明やまとめだけでなく、文章間の比較・関係提示といった課題に関しても適切にヒントを探してまとめる、という作業を身体に定着させる。慣れたら時間内に仕上げる訓練を行う。

■一■■二■とも、句読点・記号も一字として数え、マス目のある解答欄については、一マスに一字しか書かないこと。

■一■（論説文）内容吟味・漢字の読み書き

次の二つの文章A・Bを読んで後の問に答えよ。Aは禅を世界に広めた鈴木大拙の「「自由」の意味」(一九六二年「読売新聞」掲載)の一部、Bはマリ共和国出身のウスビ・サコ京都精華大学学長の『アフリカ出身サコ学長、日本を語る』(二〇二〇年)中の「「自由」を問い直す」の全文である。(Aの▼は、出題上の記号である。)

A

近ごろ自分は「自由」という言葉の本来の意味について、あちこちで随分しゃべったり書いたりする。機会あるごとに、これからも、いくらでも「自由」の宣伝をやりたいと思う。それは「自然」と同じく「自由」には、東洋伝来の思想系統が、深く根をおろしているからである。

「自然」と同じく「自由」の、自の字の意味を、はっきり知っておかなくてはならぬ。この自には自他対立の意義を含まないで、ただ一面の自である、すなわち絶対性を持つ自であることを心得ておくべきだ。「自由」は、この絶対の自がそれ自らのはたらきで作用するのをいうのである。それゆえ、ここには拘束とか羈絆《きはん》とか束縛などという思想は微塵《みじん》もはいっていない。すなわち「自由」は、積極的に、独自の立場で、本奥の創造性を、そのままに、※任運自在に、遊戯三昧《ゆうぎざんまい》するの義を持っている。

「自由」は、今時西洋の言葉であるフリーダムやリバティのごとき消極的・受身的なものではない。はじめから縛られていないのだから、それから離れるとか、脱するなどいうことはない。漢文的にいうと、任運騰騰《※とうとう》、騰騰任運、また妙好人※浅原才市翁《あさはらさいちおう》の方言まじりの表現を借りると「……どんぐり、へんぐりしているよ、今日もくる日も、やあい、やあい」である。何ともかとも、とらえどころのないところから出て来るはたらきは、遊戯《ゆげ》自在というよりほかない。

▼

先年アメリカで出た小説みたいな本に、子供の生活を描いたのがあって、それが一時は、ベスト・セラーになった。その中に、次のような会話がある。子供がしばらく留守し、帰って来たので、家のものが尋ねた。

「お前どこへ行っていたの？」　〔Where Did You Go?〕
「外にいた。」　〔Out.〕
「何していたの？」　〔What Did You Do?〕
「何もしていないの。」　〔Nothing.〕

これだけの会話だが、自分はこれを読んで「ここに1東洋的「自由」の真理が、いかにも脱洒《だつしゃ》自在に挙揚《きよよう》せられている。実に菩薩《ぼさつ》の2キョウチだ」と感心した。子供の「外にいた」は、英語の「アウト」の訳のつもりだが、「アウト」を日本語で、どう3タンテキにいいかえるべきか。「外にいた」では少し長すぎる。「外」というと、日本語では、ちょっとぶっきら棒にきこえるようだ。子供が、「どこにいたの？」に対して、何の屈託《くつたく》もなく「アウト」と答えるとき、内も外も余り変わりのないような、子供の気持ちがほの見える。

それから、次の「何もしていないの」には、無限の妙味がある。子供心理の全面が、何らの飾りもいつわりもなしに、赤裸々底に出ている。大人から見ると、子供は、とんだり、はねたり、種種様々の遊びをやったにきまっている。「何もしない」は、客観的に見ると、大いなる虚誕である。ところが、子供の主観から見ると、百般の活動態はいずれも遊戯でしかないのだ。何らの努力もなければ、何らの目的も意識せられぬ。ただ4キョウの動くにまかせ、そのままに飛躍跳動したにすぎないのである。当面の子供から見れば、何もしていないのだ。春の野に鳥が啼《な》いたり、若駒《わかごま》が駆けまわるのと、何も変わらぬ。何らの目的をも意識していない。こうすれば、こうなるものとも、考えていない。やむにやまれぬ大和心さえも、ないのである。これを仏教者は、ことに他力宗徒は「修羅《しゅら》の琴のひきてなしに、自ら鳴る」ようだという。誠にその通りである。老子の「無為」である、東洋人のよくいう「無我無心」である。ここに「自由」の真面目が活躍する。

※　任運＝運命に任せること。
※　騰騰＝くよくよせず意気高らかに生きること。
※　浅原才市＝浄土真宗の篤信者（妙好人）で信心を詠んだ詩で知られる。一八五〇～一九三二年。

B

「自由」とは何か。

これは、私が最も大事だと考えている問いの一つである。学長になって、新しく「自由論」という科目が共通教育としてつくられ、私が担当している。「自由とは」という問いに対して、学生たちが考える時間だ。

この授業を担当した背景には、京都精華大学が語ってきた「自由自治」を理解し、自由を捉え直す機会の一つにしたいという思いがあった。

京都精華大学全体が、徐々に徐々に「自由＝無責任」にシフトしていないか。「ここでは好きなことができるんだ」「好き勝手にしていい」「何でもええやん」と。

それが、精華の自由なのか？　そこが誤解されたままで、精華のよさを維持することはできないのではないかと、私は思っていた。

大学ができた一九六〇年代は、「集団的自由」が追求された時代だった。

集団的自由とは何かというと、「学生」の自由であり、「黒人」の自由や「マイノリティ」の自由。いわゆる「マス」の自由である。

誰かが誰かの自由を奪っている、という現状に対して、自分自身は考えなくても、「みんなで自由を求めるぞ」と団結していればよかった。

つまり、集団がパッケージで自由を獲得し、その集団の中に入りさえすれば、自分は考えなくても戦えるし、「何かやっている」という気になれた。

今はグローバル化の波の中で、集団よりも個が中心になっていく時代へと変化している。個人が主体になってきた中で、自由や解放というものが、全て自分自身に依存する社会になっている。強者や支配者がいて、支配者に対して運動を起こせば自由になった時代と、今は違うはず。自分を自由にするのも、不自由にするのも、全て自分。自由の位置づけは、変わってきている。

「自由論」の授業では、自由のために戦ってきた人もいれば、自由を求めて運動してきた人たちもいるという歴史的事実を共有する。その後ワークショップをして、みんなで考える。

「自由」に、私は答えを持っていない。

それにしても、学生たちの考える自由の条件はというと、ちょっと変わっている。

自由を実現するために必要なことを問うと、こんな答えが返ってくる。

「スクールバスの本数を増やしてほしい」
「休憩を増やしてほしい」
「授業を減らしてほしい」

何もかもが、「ほしい」なのである。

どうやら、「他者が、誰かが自分に自由を与えてくれる」と、学生たちは誤解しているようだ。大学という場は、どうすれば自由を手に入れられるかということを、自分の価値観で判断して行動する場であるはずなのに。

個人が中心になる時代には、個人が尊重されると同時に、自由だって個人で獲得しなければならない。それは、集団の戦いよりもある意味で難しく、誰かが与えてくれるものではないはずなのに、なぜか期待して待っている。
「誰か私を自由にして」って、なんでやねん！
自由が必要であれば、自分で獲得するしかなく、自分自身の意識で自由にするしかない。

日本に来た当初の私は、この国で外国人として暮らすのはとても不自由だと感じていた。自分を自由にするにはどうすればいいか、自分で考えた。そして、外国人を支援する組織を立ち上げ、「ワールドフェスティバル」を開催して外国人とつながった。
自ら、不自由を自由に変える努力をした。
自由というのは、もらうものではなく、誰かが与えるものでもなく、自分で手に入れるものである。さらにそれに伴う責任を負う。自由には自治が伴うということである。
それが、精華が掲げる「自由自治」である。

問一、A の文章において筆者が考える「自由」の意味をまとめて説明している文を二つ、▼より前から探し、それぞれその初めと終わりの四字を抜き出して示せ。

問二、難 思考力 傍線1「東洋的「自由」」とあるが、筆者の言う「東洋的自由」とはどのようなものか。文章全体をふまえ、できる限り自分の言葉で三〇字以内で説明せよ。

問三、思考力 B の文章において筆者が否定的に捉えている自由について、三点、それぞれ二五字以内で説明せよ。ただし、文末を「自由。」にすること。

問四、難 思考力 A と B では「自由」についての考え方に相違がある。
①A の考え方から B の「自由」に対する反論を、論点をしぼって簡潔に述べよ。
②B の考え方から A の「自由」に対する反論を、論点をしぼって簡潔に述べよ。

問五、よく出る 傍線2〜4を漢字にせよ。楷書で一画ずつ丁寧に書くこと。

三 (古文)内容吟味・動作主・文法

次の文章は、御伽草子《おとぎぞうし》の中の「一寸法師《いっすんぼうし》」という話の一部（一部かなづかい・表記などを改めたところがある）である。摂津の国（今の大阪）の難波《なにわ》の里に、おじいさんとおばあさんが住んでいた。おばあさんは四十歳になるまで子どもができず、住吉《すみよし》神社に子を授けてくださいとお願いしていた。その願いがかなったのか、四十一歳でかわいらしい男の子を授かるが、その子は背丈《せたけ》が一寸（約三センチメートル）だったので「一寸法師」と名づけられた。よく読んで後の問に答えよ。なお、文中の（＝　）はその直前の語句の説明、または、現代語訳である。

A　年月経《としつきふ》るほどに、はや十二三になるまで育てぬれども、背《せい》も人ならず、つくづくと思ひけるは、ただ者にてはあらざれ、ただ化《ば》け物風情《ふぜい》にてこそ候《さうら》へ。われら、いかなる罪の報いにて、かやうの者をば、住吉よりたまはりたるぞや。あさましさよと、見る目も不便《ふびん》なり。夫婦《ふうふ》思ひけるやうは、あの一寸法師めを、いづかたへもやらばやと思ひけると申せば、やがて、一寸法師、このよし承《うけたまは》り、親にもかやうに思はるるも口惜《くちを》しき次第《しだい》かな、いづかたへも行かばやと思ひ、刀なくてはいかがと思ひ、針を一つ、うば（＝老母）に請《こ》ひ給《たま》へば、取り出《い》だしたびにける（＝お与えになった）。すなはち、麦藁《むぎわら》にて柄鞘《つかさや》をこしらへ、都へ上《のぼ》らばやと思ひしが、自然（＝万が一）舟なくてはいかがあるべきとて、またうばに、「御器《ごき》（＝お椀《わん》）と箸《はし》とたべ（＝ください）」と申《まう》しうけ、立ち出《い》でにけり。住吉の浦より、御器を舟としてうち乗りて、都へぞ上りける。

〜都に出た一寸法師は、三条の宰相殿《さいしょうどの》という人の所で養われることになる〜

B　かくて、年月送るほどに、一寸法師十六になり、背はもとのままなり。さるほどに、宰相殿に、十三になり給ふ姫君《ひめぎみ》おはします。御かたちすぐれ候へば、一寸法師、姫君を見奉《たてまつ》りしより、思ひとなり、いかにもして案をめぐらし、わが女房《にょうぼう》（＝妻）にせばやと思ひ、ある時、打撒《うちまき》（＝神前に供える米）取り、茶袋《ちゃぶくろ》に入れ、姫君の臥《ふ》しておはしけるに、はかりことをめぐらし、姫君の御口にぬり、さて、茶袋ばかり持ちて泣きゐたり。宰相殿御覧じて、御尋ねありければ、「姫君の、わらは（＝わたし）がこのほど取り集めて置き候ふ打撒を、取り給ひ御参り（＝召し上がり）候ふ」と申せば、宰相殿おほきに怒《いか》り給ひければ、案のごとく（＝なるほど）、姫君の御口に付きてあり。まことに偽りならず。かかる者を都に置きて何かせん、いかにも失ふ（＝殺す・追放する）べしとて、一寸法師に仰《おほ》せつけらるる。一寸法師申しけるは、「わらはがものを取り給ひて候ふほどに、とにもかくにもはからひ候へとありける」とて、心の中《うち》に嬉《うれ》しく思ふこと限りなし。姫君は、[1]ただ夢の心地《ここち》して、あきれはててぞおはしける。一寸法師、「とくとく（＝はやくはやく）」とすすめ申せば、闇へ遠く行く風情にて、都を出でて、足に任せて歩《あゆ》み給ふ。御心の中、推《お》しはからひてこそ候へ。[2]あらいたはしや。一寸法師は、姫君を先に立てて出でにけり。宰相殿は、あはれ、このことをとどめ給へかしとおぼしけれども、継母《ままはは》（＝血のつながりのない母）のことなれば、さしてとどめ給はず。女房（＝貴人の家に仕える女）たちも付き添ひ給はず。

〜二人は船に乗って出てゆくが、風に流されて、人が住んでいそうもない島にたどり着いた〜

C　舟より上がり、一寸法師は、ここかしこと[3]見めぐれば、いづくともなく、鬼二人来《きた》りて、一人は打出《うちで》の小槌《こづち》を持ち、いま一人が申すやうは、「呑《の》みて、あの女房取り候はん」と申す。口より[4]呑み候へば、目の内より出でにけり。鬼申すやうは、「これはくせものかな。口をふさげば、目より出づる」。一寸法師は、鬼に呑まれては、目より出でて飛び歩《あり》きければ、鬼も怖《お》ぢをののきて、「これはただ者ならず。ただ地獄に乱《らん》（＝反乱）こそ出で来たれ。ただ逃げよ」と言ふままに、打出の小槌、杖《つゑ》、しもつ（＝細い木の枝で作った鞭《むち》）、何に至るまでうち捨てて、極楽浄土の乾《いぬゐ》（＝西北の方向）の、いかにも暗き所へ、やうやう逃げにけり。さて、一寸法師は、これを見て、まづ打出の小槌を濫妨《らんぼう》（＝

略奪）し、「われが背を、大きになれ」とぞ、どうど打ち候へば、ほどなく背大きになり、さて、このほど疲れにのぞみたることなれば、まづまづ飯を打ち出《いだ》し、いかにもうまさうなる飯、いづくともなく出でにけり。不思議なるしあはせとなりにけり。

＊文章中の「給《たま》ふ」はその前の語を尊敬語にする語。「おはす」も尊敬語で、「いらっしゃる」という意味。
＊文章中の「候《さうら》ふ」は丁寧語で、現代語の「です・ます」にあたる。
＊文章中の「ばや」は「〜したい」と訳す。
＊Bの終わりから三行目「給へかし」の「かし」は、「給へ」を強める意を表す。

問一、思考力 Aで、一寸法師が家を出たのは、どのような理由によるものか。四〇字以内にまとめて説明せよ。

問二、難 思考力 Bの傍線1「ただ夢の心地して、あきれはててぞおはしける」とあるが、そうなったわけを、次の文の【　】ア〜ウを補って説明を完成させよ。なお、アとイは三〇字以内で、ウは二〇字以内で答えること。

姫君を妻にしたいと思って一寸法師が立てた【　ア　】という計画によって、宰相殿は【　イ　】という決断を下したが、その決断を一寸法師から知らされた姫君は【　ウ　】から。

問三、Bの傍線2「あらいたはしや」は、登場人物の心情を表したものではなく、語り手の感想と考えられるものである。これと同様の表現をAから一〇字以内で抜き出せ。

問四、Cの文章中の傍線3〜6の部分は、すべて「……ば」の形になっているが、この中で、現代語に訳そうとすると、一つだけ訳し方の異なるものがある。その番号を答えよ。

問五、B・Cの文章の内容と一致するものを次から一つ選んで、番号で答えよ。
①一寸法師が針の刀で鬼の目や口を突いて回ったことで、鬼が逃げ出してしまった。
②姫君が逃げ出さないようにするために、一寸法師は、自分の前方に姫君を歩かせた。
③鬼は地獄に反乱が起きたのをいいことに、極楽に行くチャンスだと思い、極楽に逃げて行った。
④宰相殿は一寸法師の話を聞いて、姫君に対する処遇を決めたが、後になってそのことを悔やんだ。
⑤継母や女房は姫君を嫌っていたので、一寸法師に連れていかれる姫君を見て、内心喜んで送り出した。

関西学院高等部

2月10日実施

時間 60分　満点 100点　解答 P73

出題傾向と対策

●論説文二題（一題省略）、古文一題の大問三題構成。論説文では、問題文の分量はさほど多いとは言えないが、全て記述式の問題で、自分で文章をまとめる力が要求される。また、設問も若干捻ったものが多い。一方古文は各分野の問題がバランスよく出題されている。

●まずは、記述式の問題に慣れること。分からなくても自分で答案を作り、模範解答と比較し、何が足りないかを研究することが合格への近道。また、漢字や古文の知識など、基礎基本を疎かにせず、知識の定着を図りたい。

一 （論説文）漢字の読み書き・内容吟味

次の文章を読んで問に答えなさい。ただし、出題の都合上、一部改変しているところがあります。

ゴリラの社会にも民主主義がある、と言ったら驚かれるだろうか。

ゴリラは体重二百キログラムを超える巨大なオスを中心に、数頭のメスと子どもで群れを作って暮らしている。オスの体重はメスの二倍近くあり、メスにはない白銀の毛が背中にあってよく目立つ。これはゴリラのオスが外敵を引き寄せ、メスや子どもたちを守るような特性が進化してきた結果である。だから、オスは常に堂々とした態度をとり、まさにリーダーの威厳を保っているように見える。

その典型がドラミングと呼ばれる行動だ。二足で立ち上がって両手で交互に胸をたたくのだが、注目を引くようにわざわざ大仰に振る舞う。他の群れと出会ったときや、興奮したとき、休息を終えてみんなで歩きだそうとするときなどによく見られる。メスや子どもたちは、オスにしたがって採食の旅に出かける。

しかし、メスたちがオスの後についていかないことがある。よく見知った場所であまり危険がないことがわかっているようなときは、メスたちは思い思いの方向に歩きだす。そして互いにブウブウという低い声でうなる。その声が多いほうにだんだんと集まり、やがてまとまって一斉に歩きだすのである。リーダーは不要でもひとりで行動するのは怖い。そこで声を交わし合って希望の多い方向へ同調するのだ。これがゴリラのデモクラシー*1である。リーダーのオスが置いてきぼりを食うこともあるし、あわてて引き返してくることもある。

Aこんなときのオスはなんとも決まりが悪そうに見える。たかがゴリラというなかれ。人間も大して変わらないことをやっている。平和なときはめいめいが勝手なことをやろうとし、でも、ひとりでは不安だからなるべく多くの仲間がいるほうへ同調する。しかし、さらに不安が増すと強いリーダーを求め、その力が導くままに歩もうとする。ゴリラと違うのは、集団の規模が圧倒的に大きいこと、それに声のあげ方がゴリラと違うことである。人間の世界では、もはやどの方向に声が多いのか判別するのが難しくなっているのだ。

かってベネディクト・アンダーソンは、国民国家を「想像の共同体」と呼んだ。新聞などマスコミによって情報が共有されるようになり、過去の大惨事や歴史的事件を共通の記憶としてもてるようになったことが国民国家の建設を可能にしたというのだ。

しかし、今の日本の国民は果たして情報を共有できているだろうか。東日本大震災を国民共通の記憶として胸にとどめているだろうか。「新聞は本当のことを伝えない」「テレビは伝えてほしいことを報道しない」といった意見が飛び交っている。原子力の安全について、放射能汚染の影響について、政府や専門家の間で大きく意見が割れている。納得するような答えが出ないままに、新しい政策が実行されていく。人々がこれまでよりどころにしてきたマスコミという公共の掲示板への信頼は崩れ、不安に駆られた人々はインターネット、ツイッター、フェイスブックなどさまざまなソースから情報を得ようとしている。

しかし、そうしたネットを流れて伝えられる人々の声の多くは無名のささやきである。声の①ショザイもその大きさも数もはっきりしないことが多い。それを受けとる人々はどの声にしたがったらいいか判断できないでいる。だから突如として声が大きくなって大群衆が行進をはじめたり、突然理由もわからないままに②チンセイ化したりするのだ。

B議会制民主主義の機能も低下している。これまで国民の政治参加は、選挙に投票して議員を選ぶことだった。選ばれた議員は人々の信頼と期待にこたえるように全力を尽くすことになっていた。しかし今、その議員が自分たちの意見を代表してくれずにいるように見える。経済は悪化し、国際情勢も緊迫し、人々は大きな不安に駆られて強いリーダーを待ち焦がれるようになっている。

問題はそのリーダーたちである。ゴリラのリーダーはメスや子どもたちに置いてきぼりにされれば、あわててその後を追う。いくら威張っていても、群れの仲間がついてきてくれなければリーダーとしての役割を発揮することができないからである。でも日本のリーダーたちは後ろをふり返らない。ゴリラのオスのようにドラミングをして③キョセイを張るのはうまいが、みんなが違う方向へ歩きはじめても頑《がん》として方針を変えない。みんなの声に耳を傾けているとはとても思えない。

長らく市民が前提としてきた熟議による民主主義はどこへ行ってしまったのか。この行きづまりの状態を打開するには、確かな情報を共有する公共圏を再構築し、C人々の信頼に足るリーダーシップを確立することが急務だろうと思う。私たちは今、ゴリラの民主主義すら力として行使できなくなっているのである。

長らく、感情は理性と対立する概念だった。感情は身体に寄り添う情動で、衝動や欲望に強く結びついている。これに対して理性は、自他の意識を前提に物事の道理をわきまえて判断する高次の知的作用で、人間だけが生みだした精神の営みとされた。両者はしばしば拮抗《きっこう》し、感情の急激な高まりは理性の働きを④ソガイする。その葛藤《かっとう》を克服し、理性によって感情をコントロールすることが、社会人となるために必要であると考えられてきた。

しかし、感情と理性は常に対立するものではない。むしろ理性を働かせるために感情が必要となる場合が多い。たとえばプラットホームで電車を待つ列にならんでいるとき、割りこんでくる人に対し無性に怒りがこみ上げて注意してしまう。理不尽な政策に抗議したいと思いながら行動に出ることを躊躇《ちゅうちょ》していたとき、シュプレヒコール*2に背中を押されて街頭デモに加わる。これらの感情は、他者の行いに気を配らずに自分勝手に行動する者へ怒り、自分の思いを他者と同調させて実現したいという欲求によって生まれる。それは人が社会的に生きるために不可欠な心の動きだ。サルや類人猿の行動を見ていると、人間の理性は感情の進化の上に思考という心の働きが加わって生まれてきたことがわかる。サルは仲間の態度に敏感に反応する。仲間が悲鳴をあげれば、何をめぐってだれとトラブルがあるかを理解する。そして、そこに介入するかどうかを判断するのだ。当事者がどちらも自分と親しくなければ、あるいは自分より強ければ介入しない。親しければ加勢するが、D強いほうの味方になることが多い。サルはいつも、どの仲間が強いか弱いかを知っていて、強いサルに加勢してトラブルを抑えようとするのである。ところが、ゴリラやチンパンジーだと、どちらか一方に加勢するよりもトラブルそのものを抑えようとする。ゴリラは攻撃したほうをいさめるし、当事者より小さいゴリラが介入することもある。チンパンジーもよくけんかに割りこんで仲裁するし、傷ついた者を抱いてなぐさめる。これはゴリラが体の大きさにとらわれずに、互いに対等でありたいという気持ちを、チンパンジーはトラブルが広がることをおそれる気持ちを強くもっているからだ。その基本的な感情がもとになって彼らの社会は作られている。

人間も類人猿たちと同じような感情をもっている。弱い者を助けたいし、不公平には⑤イキドオる。他者のトラブルに敏感なのは、人間が同調しやすく、自分が巻きこまれることを期待したりおそれたりするからだ。人間は身近に起こった他者のトラブルを放ってはおけない。自分の行為が正しいか間違っているかを考える前に、すでにそのトラブルに巻きこまれていることが多い。早急決断を求められているときに複数の選択肢があれば、自分の感情のおもむくほうにかじを切ってしまうことがよくある。理性はその行動に後で理由をつけるにすぎないことだってあるのだ。サルも類人猿も人間も、視覚によって物事を判断する。見たことが事実であるし、不明なことを見て確かめようとする。だから、見られているときとそうでないときとでは、同じ人間でも行為を変えることがある。道徳はまず、人に見られているときの行為を教えてくれる。その規範を内面化し、人に見られていなくても行うようになるのが社会人の条件で、それが理性の源泉になるのだ。しかし、昨今の生活状況の変化は見られる機会や意味を減らし、感情に重きを置いた行為を選択させているように見える。窓を閉め切った家で、冷暖房の効いた快適な暮らしを営む一方、近所の人々とのつき合いはなくなった。朝出かけるときも夕方帰宅するときも、人とあいさつすることさえ少なくなった。インターネットのおかげで自由に情報にアクセスできるので、だれにも相談せずに知識を得たり判断したりできるようになった。他者を否定することも肯定することも、自分ひとりの判断で行えるようになった。それは他者の存在を考慮せず、自分の感情のおもむくままに行動する傾向を助長してしまう。[E]かつて感情は理性の働きを助け、行為を発動させるエンジンの役割を果たしていた。今それは、社会の実感をともなわず、自らの身体に忠実に動くように人々を駆り立てている。

（山極　寿一『ゴリラからの警告』）

＊1　デモクラシー――民主主義または民主制（民主政）。人民が主権を持ち行使する政治。
＊2　シュプレヒコール――大勢で同じ言葉を一斉に唱えること。転じて、集会やデモなどで訴えや標語などを全員で一斉に叫ぶこと。

問一、**よく出る** **基本** ――線部①～⑤のカタカナを漢字になおしなさい。

問二、傍線部Aについて、こんなときのリーダーが、「なんとなく決まりが悪そうに見える」理由を説明しなさい。

問三、傍線部Bについて、「議会制民主主義の機能」が低下したことによって、人間がどのような状況におかれることになると筆者は考えているか、説明しなさい。

問四、傍線部C「人々の信頼に足るリーダー」とあるが、「人々の信頼に足るリーダーシップ」には何が必要だと筆者は考えているか、説明しなさい。

問五、傍線部Dについて、サルは「強いほうの味方になることが多い」とあるが、必ずしもゴリラはそうではない。その理由を説明しなさい。

問六、**難** 傍線部Eについて、「かつて感情は理性の働きを助け、行為を発動させるエンジンの役割を果たしていた」とあるが、近年、感情が理性の働きを助ける役割を果たさなくなってきた要因は何か、文章の内容をふまえて説明しなさい。

二 （省略）原研哉「日本のデザイン」より

三 （古文）内容吟味・動作主・古典知識

次の文章を読んで問に答えなさい。

＊1筑紫《つくし》にありける＊2檜垣《ひがき》の御《ご》と言ひけるは、いとらうあり、をかしくて世を経たる者になむありける。年月[A]かくてありわたりけるを、＊3純友《すみとも》が騒ぎにあひて、家も焼けほろび、物の具もみな取られ果てて、[B]いみじうなりにけり。かかりとも知らで、＊4野大弐《やだいに》、討手の使に下りたまひて、それが家のありしわたりを[a]たづねて、「檜垣の御と言ひけむ人に、いかで＊5あはむ。いづくにか住むらむ」と[b]のたまへば、「このわたりになむ住みはべりし」など、供なる人も言ひけり。「あはれ、かかる騒ぎに、いかになりにけむ。＊6たづねてしがな」とのたまひけるほどに、かしら白き嫗《おうな》の、水汲《く》めるなむ、前よりあやしきやうなる家に[c]入りける。ある人ありて、「これなむ檜垣の御」と言ひけり。いみじうあはれがりたまひて、[d]呼ばすれど、恥ぢて来《こ》で、かくなむ言へりける。

むばたまのわが【　C　】髪は白川の水は汲むまでなりにけるかな

と詠みたりければ、あはれがりて、[D]着たりける袙ひとかさね脱ぎてなむやりける。

『大和物語』

＊1　筑紫――九州地方の旧国名。
＊2　檜垣の御――宿場などで歌舞をなした遊女の名。
＊3　純友が騒ぎ――藤原純友が朝廷に反逆した平安時代の争乱。
＊4　野大弐――大弐の職に就いていた小野《おの》好古《よしふる》。朝廷から純友討伐を任命され兵を挙げた。
＊5　いかであはむ――どうにかして会いたい。
＊6　たづねてしがな――ぜひ訪ねたいものだな。

問一、**よく出る** 傍線部A「かくてありわたりける」とあるが、「檜垣の御」はもともとどのような生活を送っていたのか、説明として最も適当なものを次の中から選び記号で答えなさい。
ア、多くの苦労を乗り越えて、人とは違う暮らしをしていた。
イ、様々なことに経験を積み、風流な暮らしをしていた。
ウ、功績をあげてほうびをもらい、豊かな暮らしをしていた。
エ、芸の鍛錬が実を結ばず、衣食に困る暮らしをしていた。
問二、**よく出る** 傍線部B「いみじうなりにけり」とあるが、「檜垣の御」は、純友の騒ぎの後、どのような生活を送ることになったのか、説明として最も適当なものを次の中から選び記号で答えなさい。
ア、騒乱に巻き込まれ、住まいや調度品、衣服などすべてを失ってしまい貧しい暮らしとなった。
イ、騒乱に出兵したが、敵兵によって一家もまるごと滅ぼされ、家財を持たないみすぼらしい暮らしとなった。
ウ、騒乱に出くわし、家屋も炎に包まれて失い、火消しの道具も使い切られ、不安な暮らしとなった。
エ、騒乱に感情移入することなく、身辺整理をして芸の道を極めようと努め倹約する暮らしとなった。
問三、**よく出る** **基本** ――線部a～dの中で、主語となる人物が異なるものを一つ選び記号で答えなさい。

問四、【　C　】に当てはまる語を考えて漢字一字で答えなさい。

問五、思考力 傍線部Dについて、「袙《あこめ》」とは貴族の装束のことであるが、「野大弐」が「檜垣の御」にこのようにしたのはなぜか、説明しなさい。

共立女子第二高等学校

時間 50分　満点 100点　解答 P74　2月10日実施

出題傾向と対策

●論説文、小説文、古文の三題構成は例年どおり。出題形式は、空欄補充、選択肢、抜き出し、記述など多岐にわたる。論説文、古文は、基礎的な読解力があれば対応できるが、小説文は、選択肢が紛らわしいので丁寧な読みが、また、記述問題も深読み力が要求される。

●漢字の読み書き、語句の意味、接続詞の用法、歴史的仮名遣い、文学史の知識などの基礎的な国語力の養成に努めるとともに、小説文に関しては人間関係や心情の推移を丹念にたどりながら読み進める読解力の涵養が必須。

一 (論説文)漢字の読み書き・文脈把握・慣用句・内容吟味・要旨

次の文章を読んで、後の問いに答えなさい。(本文には一部改めたところがある)　(計40点)

本を読みはじめても、途中で投げ出す人は少なくない。そうしてやめてしまったことが嫌な思い出になる。その結果、もともと苦手だった本が、ますます苦手になる悪循環が生じる。

また、本を読みはじめてもなかなか集中できない、という悩みもある。五分も読んだら飽きてしまい、他のことをやりたくなる人である。こういう人には、何時間も本にかじりついていられる「本の ① 」と呼ばれる人種が不思議でならない。

最初に結論を述べると、②本はちゃんと読まなくてもよいのである。途中で「この本はあまりおもしろくないな」と感じたときは、そこでやめてもよい。たとえば、読み進めていくうちにその本の著者に対して「私とは見方が違う」「価値観や意見が合わない」と思うことがある。さらに「生い立ちがあまりにも違うので共感できない」と発見することもあるだろう。

そういうときには、あっさり読むのをやめてかまわないのである。(a)テイコウ感が生まれたことには何らかの理由があるもので、我慢して続きを読む必要はないのだ。同じジャンルでもより頭に入りやすい本はあるので、そうした自分に合う本に乗り換えればよいのである。合わない本に時間を費やすのはそもそも無駄であり、そのまま続けていたら読書が嫌いになってしまう。

読書とは自分にとって何らかの「意味」があればよいので、その意味は人と違っても一向にかまわない。本を読むのはそれくらい気楽なものなのだ。いい加減でよいから一番自分らしい読書をすればよいのである。

ここで、読書に関する多くの人たちの思い込みを払拭《ふっしょく》しておきたい。多くの人は、本を読む行為を勉強と同じように捉《とら》えている。本は熟読し、書いてあることをしっかり頭に入れなくてはならない、と考える人は多い。無意識にこうした ③ があり、それが読書を一番遠ざけているのである。

実は私にも「どうしても読めない本」というのはある。買ってはみたものの、読んでも内容がさっぱり頭に入らない。こうした本に出会うことも残念ながら(b)カイムではない。ここで銘記《めいき》すべきことは、読めない本は誰にでも存在するというありふれた事実である。

人でも本でも、相性というものがある。相性が悪ければさっさと諦《あきら》める。どうしても読み進められない本は相性が悪かったと割りきり、相性のよい本に乗り換える。私の経験でも自分に向く本はどこかで見つかるものである。本も人もご縁の賜物《たまもの》で、人生の途上で必ず出会いがある。 A 、自分に合わない本は読まないことが鉄則となるのである。

実は、本には途中でやめてよい本と、やめられない本がある。そもそもこうした二種類があることから認識していただきたい。途中でやめてよい本は好きな個所から読んでも、飛ばし読みしてもよい。読む間はじっくり読むのだが、どこで中止してもかまわない本である。

これに対して、最後まで読まないと意味のない本がある。

B、映画は最初から最後まで見ないと理解できないもので、流れる時間をそのまま体験する。④音楽も同じく連続性のある時間を要求するアイテムである。

それに対して、美術館に展示されている絵画はどれから見てもよい。自分の持ち時間に合わせて観賞できるし、好きな絵だけを見てもよい。すなわち、不連続の時間で情報を得られるものである。これと同じく、細切れの時間で読む本がある。たとえ細切れでも、読書が積み重なればそれなりの情報が得られる。

音楽と絵画の違いと同様に、読書にもこうした違いがあることを認識していただきたい。⑤「音楽的な読書」と「絵画的な読書」という二つの異なる読み方である。そして、読書の敷居を低くするためには、絵画的な非連続の読書を受け入れることから始めるとよいのである。

ここで「音楽的な読書」と「絵画的な読書」について少し説明を加えておこう。「音楽的な読書」とは小説など文学作品を読む読書である。冒頭からじっくりと状況や登場人物とつきあいながら、小説の醸しだす世界にどっぷりと(c)ツカッテいく。あるいは、推理小説なら、犯人は誰かと思考をめぐらせながらぐいぐいと読み進めていく。手に⑥握りながらページをめくる場合もあるだろう。

いずれも、印刷された文字を最初から順番に読み進めることを前提にして書かれており、読者もそうした読み方を行う。そして、この読み方にはあまり技術的な要素はいらない。むしろ、余計なことを考えずに、ただ楽しんで読めばよいのである。

これに対して、本書で提案する読書術は、こうした「音楽的な読書」とは対極にある「絵画的な読書」のための技術である。換言すれば、文学作品やミステリー小説以外は、本書の読書術で読んだほうが楽に、かつ効率よく読み進められる。一冊の本を限られた時間で、とりあえず最後まで読破するには、「絵画的な読書」が適しているのだ。

ただし、文学作品でも、「音楽的な読書」ではなく「絵画的な読書」をしたほうがよいときもある。それは⑦長編の作品や古典と言われる文学作品の場合である。たとえば、トルストイ『戦争と平和』やプルースト『失われた時を求めて』など、文庫本で何冊にもなる長編小説を「音楽的な読書」で読みこなすのは容易ではない。

こうした作品を娯楽として楽しんで読むこと自体は大変すばらしいが、一方で「教養」として一部を齧《かじ》り読みすることも大切だと私は考える。まったく読んだことがないよりも、少しでも読み齧ったほうが(d)ダンゼンよいのである。

こうした際には、長編の概要と読みどころを示した「あらすじで読む文学作品」のような本が役に立つ。NHK－Eテレの番組『100分de名著』も便利だろう〔中略〕

「絵画的な読書」を念頭に置くと、そもそも本は一ページ目から読む必要はない。今の自分にとって、関心のあるところだけ読めばよいのである。自分に関係ある内容や、何となく閃《ひらめ》いた個所から始めたらよい。

そして、必要のないところは、どんどん飛ばし読みすればよいのだ。最後まできちんと読む必要はさらさらない。本を飛ばさずに読んだが、最後まで読んだかどうかをチェックされることは、まずありえないし、本を読破することは勲章でも何でもないのである。

C、時間が経ったらわかるようになる本も、世のなかには結構ある。古典と言われるような本がそうだ。世紀の大古典も、自分に関係なかったら無理して読む必要はないのだ。今はご縁がなかったと考えて、あっさり捨てればよい。

そういう本は、だいぶ経ってから役に立つことがある。よって、長い人生の楽しみに取っておこう。あとになってから、自分で再発見するのである。ああそうだったのか、と膝《ひざ》を⑧つことがある。そのときのために、本棚に置いておくのも悪くはない。

（鎌田浩毅『理科系の読書術』による）

問一、よく出る 基本 二重傍線部(a)「テイコウ」、(b)「カイム」、(c)「ツカッテ」、(d)「ダンゼン」のカタカナを漢字にしなさい。ただし、必要に応じて送り仮名も付すこと。（各1点）

問二、よく出る 基本 空欄A～Cにあてはまる語を次から選び、それぞれ記号で答えなさい。（各2点）

ア、では　イ、また　ウ、しかし
エ、よって　オ、たとえば　カ、なぜなら

問三、よく出る 基本 空欄①・⑥・⑧にあてはまる漢字一字をそれぞれ答えなさい。（各2点）

問四、傍線部②「本はちゃんと読まなくてもよいのである」とあるが、その理由として適当でないものを次から選び、記号で答えなさい。（4点）

ア、同じジャンルでもより相性のよい本を見つけて乗り換えればよいから。
イ、本を読んでも分からない内容は周りの人から教えてもらえばよいから。
ウ、相性の悪い本を読み続けていると読書自体が嫌いになってしまうから。
エ、読みにくい本を読むことに時間を費やすのはそもそも無駄であるから。

問五、空欄③にあてはまる語を次から選び、記号で答えなさい。（4点）

ア、危機感　イ、責任感
ウ、違和感　エ、義務感

問六、傍線部④「音楽も同じく連続性のある時間を要求するアイテムである」とは、どのようなことか。最も適当なものを次から選び、記号で答えなさい。（4点）

ア、音楽も好きな所だけ聴いたり途中で止めたりすることで、細切れの時間を積み重ねていくものであるということ。
イ、音楽も自分の持ち時間に合わせて自由に聴くことができ、わずかな時間で十分に楽しめるものであるということ。
ウ、音楽も最初から最後まで通して聴かないと意味がなく、流れる時間をそのまま受け入れるものであるということ。
エ、音楽も本来は冒頭から順に聴いていくべきだが、聴きたくない部分は飛ばすことができるものであるということ。

問七、難 傍線部⑤「『音楽的な読書』と『絵画的な読書』という二つの異なる読み方」について、

(1)「音楽的な読書」とは、どのような読み方か。「～と

いう読み方」につながるように、本文中の言葉を使って説明しなさい。（4点）

(2)「絵画的な読書」とは、どのような読み方か。「〜という読み方」につながるように、本文中の言葉を使って説明しなさい。（4点）

問八、傍線部⑦「長編の作品や古典と言われる文学作品の場合」は、なぜ「絵画的な読書」をしたほうがよいのか。理由を「〜から」につながるように、本文中から二十五字以内で抜き出し、その最初と最後の五字を答えなさい。（句読点や「」などの記号も一字とする）（4点）

二（小説文）漢字の読み書き・文脈把握・品詞識別・内容吟味・主題

次の文章を読んで、後の問いに答えなさい。（本文には一部改めたところがある）（計40点）

〔高校生の美緒は学校に通えずにいたが、ある時ふとしたことがきっかけで、一人家を出て、岩手県の祖父紘治郎のところを訪ねた。祖父の営む染織工房は、今は親戚の川北裕子が切り盛りしており、その息子の太一も手伝っている。美緒はそこに入門することになった。本文はその初日の様子を描いている。〕

「あの……『じゃじゃじゃ』って、方言ですか？」

太一が言ったのと同じ言葉を今朝、工房のOGからも聞いた。挨拶をしたとき、白髪の女性がまず最初に放った言葉だ。

方言だよ、とぶっきらぼうに太一が言う。

「たとえば、こたつで湯呑《ゆの》みを倒したら『じゃじゃじゃ』。さっきは台所でペットボトルを床に落として……」

「A したから『じゃじゃじゃ』？」

「そんなところ。お父さんは言わアない？」

「聞いたことイない」

「やだな、東京に染まっちゃって。紘治郎先生はあれでよく言うけどね」

祖父が言っているのも聞いたことがウない。そもそもいつも冷静な祖父が驚くところが想像できエない。紡いでいる糸がしだいに細くなってきた。ペダルを踏む足をゆるめ、糸車の速度を落とすが、太くはならオない。

「あの、糸がどんどん細く……」

「それは左手で引き出す量の問題だ」

太一が椅子をつかむと、背後に座った。そこから左手を糸に伸ばす。

耳の近くで声がした。

「左手、離せ。右手も。ペダルの足はそのまま踏んでて」

美緒が両手を離すと、太一が背後から糸と羊毛に手を伸ばした。美緒の代わりに左手で糸をつまみ、右手で羊毛を押さえている。

太一の邪魔をしないように身を小さくして、彼の両腕の間に美緒は納まる。背中から包み込まれているようで落ち着かない。しかしその指が繰り出す光景に目を奪われた。

まとまりなく空気をはらんでいた羊毛は、太一の骨張った指に触れると、白く美しい糸に姿を変えていった。まるで ① あるもののように、羊毛は太一の指にじゃれつき、次々と身をよじらせて糸になっていく。

「生きてるみたい……」

生きてるよ、と耳元で声がした。

「羊毛は死んだ動物のものじゃない。生きている動物の毛をわけてもらうんだ。だから人の身体をやさしく包んで守ってくれる」

話をしながらも、太一の腕は繊細に動く。こちらの身体に触れないように気を付けているのが伝わってきて、それほど怖くない。

隣を見ると、彼の顔が間近にあった。

伏し目がちに糸をじっと見ている。男の人の顔をこんなに間近で見るのは初めてだ。

太一があわてて身体を離した。

「何？　どうかした？　顔が近いってか？」

手が離れたはずみで糸が切れた。あっ、と太一が声をあげる。

「ごめん、切れた。切れたどころか……ややこしいことになってる。ごめん、ちょっとどいて」

太一が手早く糸車を(a)触って調整した。怒っているような様子に、再び怖くなる。

最初からこうして席を替わって、隣で見ていればよかった。

それでも羊毛が意志を持っているかのように糸になる光景が目に焼きついている。太一が糸を紡ぐところをもっと見ていたい。

糸をつなげて元の状態に戻すと、太一が立ち上がった。

「じゃあ、俺、上に行くから。適当にお茶とか飲んで頑張って」

怒ったように言うと、急ぎ足で太一が階段に向かっていく。

②力なく椅子に座り、美緒は糸車のペダルを踏む。

また、人の気にさわることをしてしまった。

自分の表情、振る舞い、言葉。その選択がいつもうまくできない。そして、まわりを不愉快にさせてしまう。父や母がいつも不機嫌で、祖母が小言ばかり言うのも、そのせいだ。

でも、どんな顔をして、どう話せば、みんなに嫌われずにすむのだろう？

悩んでいてもペダルを踏んで手を動かすと、羊毛は糸になっていく。

気が付くと、裕子が机に置いた羊毛はすべて糸になっていた。糸車の脇に置かれた袋から新しい羊毛を出し、再び紡ぐ。

ただいま、という裕子の声に、美緒は我に返った。

※常居《じょい》の天窓から降り注いでいた光が朱色になっている。

あたりはすっかり夕方になっていた。

「美緒ちゃん、今朝洗った毛は取り込んだ？」

「あ、まだです」

「もう、いいよ。急いで取り込んで」

はい、と答えて、美緒は手を止め、作業場に走る。

干してあった羊毛のザルに駆け寄ると、思わず声が出た。

「うわ、ふわふわ、わあ、真っ白」

ザルのなかには、純白の羊毛がこんもりと入っていた。

朝見たときは、濡《ぬ》れてぺったりとしていたのに、太陽の熱を B と含み、綿菓子のように盛りあがっている。

手にのせると、そのやわらかさに思わず右頬《ほお》に当てていた。

　ああ、と思わず声がもれた。真っ白なホイップクリームのような毛の感触に、頬がとろけそうになる。

　世の中にこんなに柔らかく、温かいものがあるなんて。

「※汚毛、好きかも。汚毛、いいかも。こんなに柔らかくなるなら、すっごくいい」

　つぶやいた自分に笑い、今度は羊毛を両頬に当てる。ほんのりと洗剤の甘い香りがして、幸せな気持ちがわき上がってきた。

　羊の毛は、なんてやさしいものなのだろうか。

　晴々した気持ちで、三つのザルを座敷に運び、裕子に声をかけた。

「裕子先生、取り込みました」

「ありがとう。太一に頼んでおいたのに、何をしてたんだろうね」

　裕子が乾いた羊毛を手にした。

「まあ、いいか。ああ、これはいい毛だ」

　羊毛をつまんだ裕子が満足そうに笑っている。

「あの、いい毛じゃないときもあるんですか？」

「思ったより固かったりすることはある。人と一緒で、羊も体つきや(b)気性がそれぞれ違うから、毛にも個体差が出るのよ」

　裕子が常居に行くと、羊毛が入っていたビニール袋を手にした。

「③あれ、美緒ちゃん、ずいぶん紡いだね……」

　大きな袋には、もうひとつかみしか毛は残っていない。戸惑った顔で裕子は袋を見ている。

「すみません、そこからどんどん出して使ったんですけど。もしかして、そんなに出しては駄目だった、とか？」

　うーん、と裕子がつぶやいた。

「いいよ。私がちゃんと言わなかったから。……糸はどんな感じ？」

「うまく紡げなくて。太さがまちまち」

　裕子が、糸車から紡いだ糸が巻きとられた部品をはずした。

「最初はみんなこんなもの。はい、どうぞ」

「これ、次はどうしたら、布になるんですか？」

　うーん、と④裕子が困った顔になった。

「紘治郎先生ならいいアイディアが浮かぶかも知れないけど、今回は記念にとっておくか、邪魔になるなら捨てるか」

　手にした膨大な糸に美緒は目を落とす。

「えっ……捨てる？　ゴミ？　ゴミ扱い？」

「ごめん、ゴミっていうのには語弊があるけど、商品としての使い道はないの」

「ほぐして、また糸紡ぎの練習に使えるとか……」

「できない」

　［C］言うと、裕子が羊毛が入った袋の口を閉めた。

「この仕事は紡ぎも染めも、すべて一発勝負。織りは少しならやり直しがきくけど」

　ビニール袋に入った白い羊毛を美緒は眺める。夢中になって糸を紡いでしまったが、これも元はあの臭い毛だったのだ。

「この羊毛、裕子先生が洗ったものですよね。さっきみたいに少しずつ」

「そうだよ」

　裕子が糸車を片付け始めた。

「何に使う予定のもの？　練習用とかじゃなく……」

「ここにある羊毛は全部、服地やショールに使う最上級の羊毛。練習用はない。すべてが本物」

　そんな貴重な羊毛を全部、出来損ないの糸にしてしまったのか。
　⑤手にした糸が軽いのに重い。
「羊毛って、高い、ですよね。こんなに量あるし」

「値段はピンからキリまで」

「私が駄目にしてしまったこの羊毛、おいくらなんですか。ごめんなさい」

　裕子が糸車を座敷の奥にある物入れに片付けた。

「いいよ、気にしなくて。本物と真剣勝負で向き合ったほうが必死になるし、上達も早い。そういう方針だから、そんなの最初から織り込み済み。ただ、下働きってのは遊びではないから」

　はい、と答えたら、裕子が腕を組んだ。

「わかってる？　美緒ちゃんはもう一人で洗える？　汚毛？」

「えっ、無理。絶対無理です」

「一回聞いただけでは忘れちゃうでしょう。今日はメモやノートをまったく取ってなかったけど、覚えてる？」

　たしかに何も書かずに作業をしていた。これがもし学校の授業で、テストに出ると聞いたら、真剣にノートを取っていたのに。

「すみません、［D］」

「真剣に覚えてくれるなら、私もできるだけのことをするけど。言われたことって、記録につけないと忘れるものでしょ、違う？　学校の授業じゃないから何度も言わないよ。それから、うちに限らず新入りは十時と言われたら、十時に来るんじゃなく、三十分前には来るもの。掃除や準備があるからね」

「十時って聞いたから……」

　わかってる、と裕子がうなずいた。

「九時半って言えば、ちゃんと来るコだったってのはわかってるよ。今日も十分前にきちんと来ていたからね。でも学生ならそれでいいけど、職人は十分前じゃだめなの。上の人が時間を言ったら、何も言われなくても三十分前に来て、支度をしておく(c)心構えがなければ。これは職人に限らず、どこの職場でも新人は同じこと」

「はい……」

「なんで笑ってるの、美緒ちゃん。何が面白いの？」

　裕子の言葉に、美緒は顔に手をやる。

「えっ、嘘《うそ》……笑ってました？」

　裕子がため息をついた。

「⑥薄笑いをね。今の若い人ってみんなそう。こっちが本気でものを言っても、何を熱くなってんのって感じでふわっとかわされる」

「そんなつもりじゃなくて。癖、なんです」

　小声で言ったら、「癖？」と裕子がたずねた。

「私の癖……直したいんだけど」

　その先を言おうとしたが、うまく言えない。でもなんとか気持ちを伝えたくて、裕子を見る。

わかった、と裕子がなだめるように言った。

「疲れたでしょ、今日はお疲れ様。もう帰っていいよ。さて、もう一人、言ってきかせなきゃいけないコがいるな」

太一、と裕子が二階に声をかけた。

「降りてきなさい」

「その声、怒ってる？　何かあった？」

「あったから呼んでるの！」

のっそりと太一が階段を降りてきた。迎え撃つように、裕子が階段の下に歩いていく。

「あんたね、美緒ちゃんにちゃんと教えた？　羊毛を取り込むのも忘れて。ずっと上にひきこもっていたんでしょ」

やばい、と太一が頭をかいた。

「忘れてたよ。ごめん、取り込んでくる」

太一が作業場に行こうとした。その手を裕子はつかむ。

「もう、やった。あんたね、美緒ちゃんをきちんと指導しなさいよ。妹だと思って、ちゃんと面倒を見て」

「いや、妹だと急に言われてもさ」

「責任を持って教えて。軽い気持ちで、うちの仕事をされては困るのよ」

自分のせいで太一が叱られている。

手にした糸を見ると、わくわくしながら糸紡ぎをした時間を思い出した。でもその結果、(d)極上の羊毛を台無しにしてしまった。
⑦ぽたりと、糸に涙が落ちた。涙は止まらず、ぽたぽたと糸の上に落ち続ける。あわてて手でぬぐうと、裕子が振り返った。
「な、なんで泣いてるの？　美緒ちゃん。私、そんなきついことを言った？」

「違います……違うんです、そうじゃなく」

太一が首のうしろを軽く掻《か》いた。

〔伊吹有喜『雲を紡ぐ』による〕

※常居＝「じょい」という、神棚を踏まないよう設えられた二階まで吹き抜けになった部屋のこと。
※汚毛＝毛糸を製糸する前の刈り取ったままの、まだ汚れのついた羊毛のこと。

問一、よく出る 基本 二重傍線部(a)「触（って）」、(b)「気性」、(c)「心構（え）」、(d)「極上」の漢字の読みをひらがなで書きなさい。（各1点）

問二、よく出る 基本 空欄[A]〜[D]にあてはまる語を次から選び、それぞれ記号で答えなさい。（各1点）
ア、うっかり　イ、きっぱり　ウ、たっぷり
エ、すっかり　オ、びっくり

問三、基本 点線部ア〜オの「ない」のうち、形容詞はどれか。すべて選び、記号で答えなさい。（完答で4点）

問四、空欄[①]にあてはまる語を漢字一字で答えなさい。（4点）

問五、難 傍線部②「力なく椅子に座り、美緒は糸車のペダルを踏む」とあるが、この時の美緒の気持ちとして最も適当なものを次から選び、記号で答えなさい。（4点）
ア、太一の見事な作業の様子に見入ってしまい、その一方でうまく作業できずにいる自分に苛立ちを感じている。
イ、もっと一緒に作業をしていたかったのに、なぜか二階に上がってしまった太一に疑問を感じてしまっている。
ウ、自分のふるまいの幼さ、未熟さに恥ずかしさを感じながらも、自分の個性だと前向きに捉えようとしている。
エ、太一が気分を害してしまったと思い込み、その原因となった自分の言動の至らなさをもどかしく思っている。

問六、傍線部③「あれ、美緒ちゃん、ずいぶん紡いだね……」とあるが、この時の裕子の気持ちとして最も適当なものを次から選び、記号で答えなさい。（4点）
ア、予想以上に美緒が作業を進めていたことに驚き、もっと細部にわたって注意しておくべきだったと後悔している。
イ、ここまで作業が進むとは思っていなかったので、もっと早く教えておけばよいものができたはずと反省している。
ウ、美緒の思っていた以上の上達ぶりにただただ感心しながら、今後の指導方針をあらためて考え直そうとしている。
エ、一生懸命に取り組む美緒の姿を見て、技術はまだつたないけれど続けることが大切なのだと励まそうとしている。

問七、難 傍線部④「裕子が困った顔になった」のは、どうしてか。その理由を三十字以内で説明しなさい。（4点）

問八、難 傍線部⑤「手にした糸が軽いのに重い」のは、どうしてか。その理由として最も適当なものを次から選び、記号で答えなさい。（4点）
ア、本当はふんわりと仕上がるはずの糸が、自分の技術ではうまくできないことを認識させられたから。
イ、自分をやさしい気持ちにしてくれたのに、羊毛を無駄にしてしまったことに責任を感じているから。
ウ、職人として一人前になるためには並たいていの努力ではなれないということを思い知らされたから。
エ、羊毛の値打ちもわからないのに、ただ楽しいだけで入門した自分の愚かさを恥ずかしく思ったから。

問九、思考力 傍線部⑥「薄笑い」とあるが、美緒が「薄笑い」を浮かべてしまうのはどうしてか。「…ように」につながるように、本文中から十五字以内で抜き出して答えなさい。（4点）

問十、難 傍線部⑦「ぽたりと、糸に涙が落ちた」とあるが、この「涙」に込められた思いとして適当でないものを次から選び、記号で答えなさい。（4点）
ア、せっかく楽しく作業できたのに羊毛をうまく糸にできなかった自分のことをふがいなく感じている。
イ、直そうにもどうしたらよいかわからない自分の短所について指摘され、悲しい気持ちになっている。
ウ、何をしてもうまくいかない自分を情けなく思い、自立して周囲に迷惑をかけたくないと思っている。
エ、どうして自分のせいでまわりが不機嫌になったり争うことになってしまうのかとつらく思っている。

三 (古文)仮名遣い・内容吟味・古典知識

次の古文を読んで、後の問いに答えなさい。（計20点）

※1武州《ぶしう》に※2西王《さいわう》の阿闍梨《あじやり》といふ僧ありけり。「御年は、いくらに①ならせたまひさふらふぞ」と、人の問ひければ、「六十に余りさふらふ」といふに、七十に余りて見えければ、不審に覚えて、「六十には、いくらほど余りたまへる」と問へば、「十四余りてさふらふ」といひける。遥かの余りなりけり。七十といへるよりも六十といへば、少し若き心地して、②※3かくいひける。人の常の心なり。
※4色代《しきだい》にも、「御年よりも、遥かに若く見えたまふ」といふは嬉しく、「ことのほかに老いてこそ見えたまへ」といえば、心細く※5本意なきは、③人ごとの心なり。

［注］
※1　武州＝中国の地名。
※2　西王の阿闍梨＝武州の寺の僧。阿闍梨は僧の階級。
※3　かく＝このように。
※4　色代＝お世辞。
※5　本意なき＝不本意である。

問一、よく出る 基本 傍線部①「ならせたまひさふらふぞ」の読みをひらがな（現代仮名遣い）で答えなさい。（4点）

問二、傍線部②「かくいひける」とあるが、「かく」は何を指しているか。本文中から抜き出して答えなさい。（4点）

問三、傍線部③「人ごとの心」とは「人間誰しもが持つ心」という意味であるが、ここでは具体的にどのような心のことであるか。簡潔に説明しなさい。（4点）

問四、「西王の阿闍梨といふ僧」の年齢は何歳か。漢数字で答えなさい。（4点）

問五、基本 本文の出典である『沙石集』は、鎌倉時代に成立したとされる説話集である。同じジャンルに属さない作品を次から選び、記号で答えなさい。（4点）

ア、万葉集　イ、発心集　ウ、古今著聞集
エ、今昔物語集　オ、十訓抄

久留米大学附設高等学校

時間 60分　満点 100点　解答 P75　1月24日実施

出題傾向と対策

●論説文、小説文（省略）、古典文の三題構成。古典文は昨年は漢文の書き下し文だったが、今年は古文からの出題となった。設問はいずれも知識・論理・読解力・思考力を幅広く問うもので、特に三の問七で複数資料の比較に基づく記述の出題があったことは着目すべきである。

●文章内容の正確な読解と論点整理を重視する高校であることを念頭に置いて、日頃から現・古・漢についてのかたよりのない学習を心がける。また記述も重視されているので、過去問演習できちんと訓練しておくとよい。

注意　設問で、字数を指定している場合は、句読点などを含んだ字数である。

一 (論説文)文脈把握・内容吟味・語句の意味・漢字の読み書き

次の文章は、ヨーロッパの近代社会が重要な概念だと考えてきた「連帯」について、その問題点を考察した文章である。よく読んで、後の問いに答えよ。

自然と人間の歴史をみると、そこでは三つの関係が複雑にからみ合ってきた。ひとつは相互にいかなる害も与えないような共存の関係である。たとえば人間が川から水を汲み、ささやかに山菜や茸《きのこ》、マキなどを採取したとしても、自然に大きな変動を与えることはなかったように、である。第二に相互に恵みを与える、という関係があった。自然は人間に対してさまざまな恵みを与えるが、逆に人間が溜池や水路、水田をつくり、一部の山の木を切ったりすることによって暮らしやすい環境が与えられていく生物もいた。人間の活動が生物の多様性を高めるという一面もまたあったのである。

そして第三は対立する関係だった。いうまでもなく人間による大規模な開発は自然を衰弱させる。だが自然もまた洪水や津波、地震や a フンカなどを起こして人間に禍《わざわい》をもたらしてきた。自然と人間のあいだには、共存、互恵、対立という三つの関係が複雑にからみ合いながら展開してきたのである。

とするとと自然と連帯するとはどうすることなのか。①人間にとって都合のよい部分だけと連帯するというのでは、自然そのものと連帯したことにはならないだろう。といって、今日の山村の動物被害の問題をもふくめて、「禍」としての自然とも連帯するというようなことが可能なのだろうか。

実際には②人と人との連帯でも同じことが成立するのである。人と人の間にも、お互いにいかなる b ソンショウも与えないような共存関係も成立するし、お互いに恵みを与えるような関係もありうる。ところが対立的な関係もまた成り立つのである。だから対立的な部分もふくめてどう連帯するのかを考えなければ、しょせん強者による都合のよい連帯になってしまう。連帯の出発点が他者のかけがえのなさを認め、手を差し伸べあうというところにあるなら、対立する他者のかけがえのなさも認められなければならないだろう。この問題が解決されないかぎりは、どんなに「美しい連帯の物語」を語ったとしても、しょせんそれは、ヨーロッパ近代が生みだした理念を他者に押しつける連帯でしかなかったという、近代・現代的な連帯の負の側面を c 払拭するものではない。

自然との関係においても、また人との関係においても、共存、互恵、対立の三つの関係が存在する。とするとこの問題に対して、③資本主義も市民社会や国民国家も成立していない時代の人々はどのように対応してきたのだろうか。

日本についてみるなら、まず第一に気付くことは個人と個人の連帯ではなかったことである。個人の基盤には共有された世界があった。たとえば村は個人が集合している場所ではなく、共有された世界に個人が参加している場所である。そしてこの共有された世界を基盤にして、人々はときに自然と連帯し、ときに他の村という別の共有された世界と連帯してきた。

第二に共有された世界をとおしておこなわれる連帯の基本は、④折り合いをつけることにあった。正しい理念にもとづいて連帯しようという発想ではなく、さまざまなかたちで現れてくる自然をふくむ他者と、折り合いをつけていくということである。

たとえば自然と人間の間にある共存、互恵、対立という三つの関係は、そのいずれもが自然と人間の関係の本質であり、そのどれかが正しく、どれかが誤っているわけではない。自然と人間が存在するというそれ自身の内に矛盾が内在しているのである。そうである以上、矛盾とつき合っていくことが連帯である。とするなら自然と人間との間に生じるさまざまな関係と折り合いをつけていくことにしか、共に生きていく道筋は生まれない。そして折り合いをつけようとすると、それは個の力で成しトげ(d)られるものではなかった。共存、互恵の関係ならまだよいが、対立とも折り合いをつけようとすると、どうしても共同の力が必要になってくる。たとえば氾濫する川とも折り合いをつけようとすれば、共同で堤や河畔林をつくり、遊水池を設け、それでも氾濫したときには水が引いた後の復旧を共同でおこなっていくことが必要だった。共有された世界を介して対応したからこそ、対立する自然とも折り合いをつけることができた。

ここから私たちはいくつかの教訓を学ぶことができる。近代以降生まれてくる連帯は、正しい理念にもとづいておこなわれるものと考えられてきた。だから、たとえば弱者と連帯するのは正しいこと、つまり正義だったのである。そして連帯の出発点は個人の意志にあると考えられてきた。それに対して日本の伝統的な民衆の発想は、正義を求めるのではなく矛盾を受け入れていくことであり、連帯の出発点は［A］の方にあった。

（内山節『怯《おび》えの時代』より）

問一、〔思考力〕傍線部①「人間にとって都合のよい部分だけと連帯する」とあるが、ここでの「連帯」とはどのような「連帯」か。それを説明した次の文の空欄Ⅰ・Ⅱに入る適当な言葉を空欄内の指定字数に従って本文中より抜き出し、答えよ。

自然との関係には［Ⅰ・二〇字以内］のに、［Ⅱ・五字以内］要素は排除するということ。

問二、〔思考力〕傍線部②「人と人との連帯でも同じことが成立する」とあるが、筆者はここでどういうことを述べようとしているのか。それを説明した次の文の空欄を本文中の言葉を用いて埋めよ。

人と人との間でも［　　］という解決すべき課題があるということ。

問三、傍線部③「資本主義も〜対応してきたのだろうか」とあるが、筆者は日本についてどのように対応してきたと述べているか。最も適当なものを次の中から一つ選び、記号で答えよ。

ア、個人が、共同体を通してつながり合い、共存・互恵の関係を強化して、問題に対応しようとしてきた。
イ、個人が、自分自身を犠牲にして共同体の他の人たちに合わせ、協力して徹底的に問題に立ち向かってきた。
ウ、個人が、他者に対して、かけがえのない存在だという意識を持つことができており、協働を実現していた。
エ、個人が、共同体の一員として、共同体内の他者や他の共同体、自然と協働し問題を解決しようとしてきた。
オ、個人が、単に集まるのではなく共同体として世界を共有し、その力を頼みにして問題を解決しようとした。

問四、傍線部④「折り合いをつけること」とはどうすることか。「…こと。」に続くように、三〇字以内で説明せよ。

問五、空欄Aに当てはまる言葉を本文中より五字以上十字以内で抜き出し、答えよ。

問六、〔思考力〕ヨーロッパ近代が生み出した「連帯」における問題点はどこにあると考えられるか。それを説明した次の文の空欄Ⅲ・Ⅳに入る適当な言葉を空欄内の指定字数に従って答えよ。

［Ⅲ・十五字以内］という考えが欠けていたゆえに、［Ⅳ・二十五字以内］連帯になってしまったという点。

問七、点線部a〜dについて、漢字は読みを答え、カタカナは漢字にせよ。

二 （省略）瀧羽麻子「夜明けのレタス」より

三 （古文）口語訳・仮名遣い・内容吟味・文法・古典知識

次の【甲】・【乙】の古文を読んで、後の問いに答えよ。

【甲】

今は昔、小野篁《おののたかむら》といふ人おはしけり。嵯峨帝の御時に、内裏(a)に札を立てたりけるに、「無悪善」と書きたりけり。帝、篁に、「読め」と仰せられたりければ、「読みは読み候ひなん。されど恐れにて候へば、①え申し候はじ」と奏しければ、「ただ申せ」とたびたび仰せられければ、「［A］なくてよからんと申して候ふぞ。されば君を呪ひ参らせて候ふなり」と申しければ、「おのれ放ちては誰か書かん」と仰せられければ、「さればこそ、申し候はじとは申して候ひ②つ」と申すに、御門、「さて何も書きたらん物は読みてんや」と仰せられければ、「何にても読み候ひなん」と申しければ、片仮名の子文字を十二書かせて給ひて、「読め」と仰せられければ、「ねこの子こねこ、［B］」と読みたりければ、御門微笑(b)ませ給ひて、③事なくてやみにけり。

（『宇治拾遺物語』巻第三の十七「小野篁広才の事」）

【乙】

嵯峨帝の御時、「無悪善」と書きける落書ありけり。野相公に見せらるるに、「［A］なくてよし」とよめり。「悪」は「［A］」といふよみのあるゆゑ、帝の御気色悪しくて、「さては臣が所為か」と仰せられければ、「かやうの御疑ひ侍るには、智臣、朝にすすみがたくや」と申しければ、帝、

一伏三仰不来待
書暗降雨恋筒寝

と書かせ給ひて、「これをよめ」とて、たまはせけり。

月夜には来［C］人待たる
かきくらし雨も降らなむ恋ひつつも寝む

とよめりければ、御気色直りにけりとなむ。「落とし文は読むところにとがあり」といふこと、④これより始まるとかや。童べの打つむきさいといふものに、「一

つ伏して、三つ仰げる」を、「月夜」といふなり。

（『十訓抄』中　七ノ六）

（注）「小野篁」＝平安時代初期の漢学者、歌人。
「片仮名の子文字」＝平安時代初期は、片仮名の「ネ」に「子」の字を用いた。
「落書」＝政治や社会を風刺する匿名の文書。
「野相公」＝小野篁のこと。
「むきさい」＝当時の遊戯の一種。四本の細長い柶《さじ》を投げてその表裏の数で駒を進めて遊ぶ。

問一、難 点線部a「内裏」・b「微笑」のここでの読みを、歴史的仮名遣いで平仮名で答えよ。

問二、思考力 傍線部①「え申し候はじ」について、
(1)現代語訳として適当なものを、次の中から一つ選び、記号で答えよ。
ア、きっと申し上げないでしょう
イ、申し上げるわけがありません
ウ、申し上げることはできません
エ、おそらく申し上げるでしょう
オ、もう申し上げてしまいました
(2)なぜそう言ったのか。「…から。」に続くように、理由を簡潔に答えよ。

問三、基本 傍線部②「つ」を文法的に正しく改めたものとして適当なものを、次の中から一つ選び、記号で答えよ。
ア、て　イ、つら　ウ、つり
エ、つる　オ、つれ

問四、難 思考力 空欄A・B・Cに当てはまる言葉を平仮名で答えよ。ただし、Aは二文字、Bは七文字、Cは一文字とする。

問五、思考力 傍線部③「事なくてやみにけり」とはどういうことか。「…こと。」に続くように、簡潔に説明せよ。

問六、難 傍線部④「これより始まるとかや」とあるが、「これ」が指す内容として適当なものを、次の中から一つ選び、記号で答えよ。
ア、小野篁は嵯峨帝を批判した落書を読み、罰せられそうになったこと。
イ、小野篁は嵯峨帝を批判した落書を書いた張本人として、罰せられたこと。
ウ、小野篁は嵯峨帝を批判した落書を解読し、厚遇されたということ。
エ、小野篁は嵯峨帝を批判した落書を書いたが、罰せられることはなかったこと。
オ、小野篁は嵯峨帝を批判した落書の漢詩を読み解き、称賛されたこと。

問七、難 思考力 【甲】・【乙】各話の後半の内容は、「小野篁」という人物のどのようなことを伝えようとしていると考えられるか。その共通点と相違点を簡潔に説明せよ。

慶應義塾高等学校

時間 60分　満点 100点　解答 P76　2月10日実施

出題傾向と対策

●例年現代文二題が基本だが、違う形式の年もあるので注意。昨年は詩とその鑑賞文、今年は明治期の随筆文が出題されるなど、本文の種類も年によって異なっている。随筆文はやや読みにくかったが、小問は文学史や活用などの基本的なものが多かった。出題は、記述問題もあるが、全体として語句補充問題と漢字の読み書きが多い。
●語句補充問題は文脈の把握が必要なので、意識をして問題演習に取り組む。漢字や文法など、基本的な問題も取りこぼさないように、しっかり習得しておくこと。

注意　字数制限のある設問については、句読点・記号等すべて1字に数えます。

一 (論説文)内容吟味・文脈把握・語句の意味・漢字の読み書き

次の文章を読んで後の問題に答えなさい。

私は、①科学が再び文化のみに寄与する営みを取り戻すべきと考えている。壁に飾られたピカソの絵のように、なければないで済ませられるが、そこにあれば楽しい、なければ何か心の空白を感じてしまう、そんな【 1 】としての科学である。世の中に役立とうというような野心を捨て、自然と戯れながら自然の偉大さを学んでいく科学で良いのではないだろうか。好奇心、探究心、美を求める心、想像する力、普遍性への憧れ、そのような人間の感性を最大限練磨して、人間の可能性を拡大する営みのことである。

むろん、経済一辺倒の現代社会では、そんな②原初的な科学は許されない。一般に文化の創造には金がかかる。まして科学は高価な実験器具やコンピューターを必要とするから一定の投資をしなければならず、そうすれば必ずそ

の分の③見返りが要求される。「文化より明日のコメを」という声も絶えることがない。社会もムダと思われるものに金を投ずるのを忌避《きひ》するからだ。それが【　２　】科学とならねばならない要因で、科学者もセールスマンのように次々目新しい商品を用意して社会の要求に迎合していかねばならなくなる。それを逆手にとって、あたかも世の中を1ギュウジっているかのように尊大に振る舞う科学者すら登場するようになった。これほど社会に貢献しているのだから、もっと金をよこせというわけである。金を通しての科学者と社会の綱引き状態と言えるだろうか。

それでいいのかと改めて考え直してみる必要がある。確かに科学には金がかかり、それには社会の支持が欠かせない。「無用の用」にすらならないムダも多いだろう。しかし、ときに科学は世界の見方を変える大きな力を秘めている。事実、科学はその力によって自然観や世界観を一変させ、社会のありように大きな変化をもたらしてきた。社会への見返りとは、そのような概念や思想を提供する役目にあるのではないか。それは万に一つくらいの確率であるかもしれないが、科学の営み抜きにしては起こり得ない貢献である。むろん、天才の登場を必要とする場合が多いが、その陰には無数の無名の科学者がいたことを忘れてはならない。それらの積み上げがあってこそ天才も活躍できるのである。

今必要なのは、「文化としての科学」を広く市民に伝えることであり、科学の楽しみを市民とともに共有することである。実際、本当のところ市民は「役に立つ科学」ではなく、「役に立たないけれど知的なスリルを味わえる科学」を求めている。市民も知的冒険をしたいのだ。それは「はやぶさ」の人気、日食や月食や2リュウセイグンに注がれる目、ヒッグス粒子発見の騒動などを見ればわかる。そこに共通する要素は、④「物語」があるという点だ。科学は冷徹な真理を追い求めているのには相違ないが、その道筋は「物語」に満ちている。科学の行為は科学者という人間の営みだから、そこには数多くのエピソードがあり、成功も失敗もある。それらも一緒に紡ぎ合わせることによって「文化としての科学」が豊かになっていくのではないだろうか。それが結果的に市民に勇気や喜びを与えると信じている。

その「物語」を貫く一つの芯として、科学（および科学者）の【　３　】を据えなければならないと思う。科学には二面性があり、善用も悪用も可能なのである。飼い慣らしていたはずの科学の所産が、ひとつ間違えば大きな災厄となり得る。生活に役立つ3ミンセイ用にも、人を殺す軍事用にも転用できる。人々に大きな利益をもたらす一方、最初から反倫理性を内包している科学もある。科学は、それらをどう考え、社会はどう選択していくべきかを語る「物語」でもなければならない。そのためには、科学者としての倫理を研ぎ澄ませることが必須であろう。

現状において、多くの科学者が社会の【　４　】（扇動?）役を任じている。科学のマイナス面を一切述べず（あるいは過小評価し）、プラス面ばかりを過大に吹聴するばかりであるからだ。特に経済的利得や安全・安心を過大に強調する。おそらく、そのように語ることが世の中の役に立っていると矜持《きょうじ》を持っているためだろう。原子力ムラの人々は原発の良さばかりを喧伝《けんでん》し、その4ヒハン者には圧力を加えてきた。その結果、世の中に伝わるのは原発推進派の声ばかりとなり、それが「安全神話」を生み出す原因の一つにもなった。⑤そのような行動を科学者としての義務と錯覚していたと思われるのだ。

原発が事故を起こした後、原子力の専門家は楽観的な推移ばかりを語り、放射線の専門家は微量放射線は何ら恐れるに足りないと語り続けた。この場合は、マイナス面を過小評価したのである。人々が不安でパニックになってはいけないという配慮からだと言われたが、それは本当に人間を大切にした行為なのだろうか。少なくとも、上からの目線で市民を導いてやっているという傲慢《ごうまん》さは指摘しておかねばならない。

私は、科学者は「社会のカナリア」ともいうべき存在であると思っている。炭鉱に入る鉱夫はカナリアを先頭にする。有毒ガスが少しでも発生していれば、カナリアはそれを感知して鉱夫に知らせるからだ。それと同じように、社会にとって何らかの危険を察知すれば、科学者は前もってそれを市民に知らせる役割を果たせるはずである。専門的知識と経験によって、科学に関わる事項には想像力を発揮できる存在であるからだ。ともすれば善の側面からのみ科学がクローズアップされがちな現代において、事前の警告を与えることは科学者のなし得る⑥社会への大きな貢献なのではないだろうか。「人間を大切にする科学」に、そのような意味合いを込めている。

ここで、私が考える科学者の倫理規範を提示しておこう。科学者は【　５　】いかなる人間も正確な情報を得る権利があるからだ。それがあればこそ、最初は小さな混乱があるかもしれないが、結局人々は次の行動への的確な判断をするのである。いかなる理由があろうとも、情報の隠蔽《いんぺい》や虚偽は科学者の倫理に【　６　】と言わざるを得ない。

そして、科学者は現実を直視しなければならない。いかに自分の気に入らない結果であろうと、それをそのまま受け取ることである。実は、それは普段の研究において極めて自然に行っている行動で、思わしくない結果が出れば誤魔化さず受け入れ、別の方向を探っている。そこで敢えてデータを捏造《ねつぞう》したり偽造したりはしていないはずである。科学的事実は人間の望みとは関係しないという当たり前のことをよく知っているからだ。しかしなぜ、いざ社会的な事件となると現実を糊塗《こと》しようとするのだろうか。これは科学者としての倫理違反なのである。

もう一つは、【　７　】自分の意見が間違っておれば潔くそれを認め、意見を変える点において吝《やぶさ》かであってはならない。これも普段の研究生活では毎日行っている習慣で、自分のアイデアや理論が間違っていればすぐに自然にそれらを修正しているからだ。しかし、いざ対外的な問題になるとメンツや自尊心、5ドリョウの狭さや政治的配慮などから、素直に認められなくなる。これも倫理的過ち以外の何ものでもない。

（池内　了『科学の限界』ちくま新書より。
出題のために一部省略した箇所がある。）

問一、――①筆者は、そのために必要なのはどのようなことだと述べていますか。本文中より二点、それぞれ十五字以上二十字以内で抜き出し、「～こと。」に続くように答えなさい。

問二、【　1　】に本文中より最適な四字を抜き出して入れなさい。

問三、――②とはどのような科学ですか。次の文の空欄［a］に十五字以上二十字以内の、本文中の箇所を抜き出して入れなさい。

［a］ことを通して、人間の可能性を拡大するような科学。

問四、――③の「見返り」とは具体的に何ですか。本文中の五字で答えなさい。

問五、【　2　】に本文中より最適な四字を抜き出して入れなさい。

問六、――④とは具体的にどのようなことですか。本文中の語句を適切に用い、十字以上十五字以内で答えなさい。

問七、【　3　】に入る語を本文中の漢字二字で答えなさい。

問八、**思考力**【　4　】に入る語を漢字二字で答えなさい。

問九、――⑤とはどのような行動ですか。本文中の語句を適切に用い、「～こと。」に続くよう、二十字以上三十字以内で答えなさい。

問十、――⑥の「貢献」とは具体的にどのようなことですか。本文中の語句を適切に用い、四十字以上五十字以内で答えなさい。

問十一、【　5　】【　7　】に入る最適なものを次のア～オからそれぞれ選び、記号で答えなさい。

ア、感情的な世論（一時的なもの）に左右されてはならない。
イ、真実に忠実（知的に誠実）であらねばならない。
ウ、実験結果の再検証を虚心で受け入れなければならない。
エ、何があっても事実を正直に公開しなければならない。
オ、社会に役立つ科学の実現に向けて努力しなければならない。

問十二、**基本**【　6　】に入る最適な語を次のア～オから選び、記号で答えなさい。

ア、あたる　　イ、はかる　　ウ、いたる
エ、かたる　　オ、もとる

問十三、**よく出る** **基本** ――1～5のカタカナを漢字に改めなさい（楷書でていねいに書くこと）。

二 （随筆文）漢字の読み書き・国語知識・語句の意味・文脈把握・活用・内容吟味・意味用法の識別・慣用句・文学史

次の文章を読んで後の問題に答えなさい。＊の付いた語には後に注があります。

御馳走には①旬《しゅん》がまだ早いが、ただ見るだけなら何時《いつ》でも構わない。食料に成る成らないは別として、今頃の梅雨には種々《さまざま》の茸《きのこ》がにょきにょきと野山に生える。

野山に、にょきにょき、と言って、あの形を想うと、何となくおどけてきこえて、大分1アンチョクに扱うようだけれども、とんでもないこと、あれでなかなか凄みがある。

先年、＊麹町《こうじまち》の土手三番町の堀端寄りに住んだ2シャクヤは、ひどい湿気で、遁《に》げ出すように引っ越した事がある。いったい三間《みま》ばかりの棟割り長屋に、八畳も、＊京間《きょうま》で広々として、柱に3唐草彫りの釘かくしなどがあろうという、書院づくりの一座敷を、無理につきつけて、家賃をお邸《やしき》なみにしたのであるから、天井は高いが、床は低い。――大掃除の時に、4床板を剥がすと、下は水溜まりになっていて、溢《あふ》れたのがちょろちょろと②蜘蛛手に走ったのだから恐ろしい。この邸……いやこの【　Q　】へ茸が出た。

生えた……などと尋常なことは言うまい。「出た」とおばけらしく話したい。③五月雨のしとしとする時分、家内が朝の間、掃除をする時、5エンのあかりで気が付くと、畳のへりを横縦にすっと一列に並んで、小さい雨垂れに足の生えたようなもののむらがり出たのを、黴《かび》にしては寸法が長し、と横に透かすと、まあ、④怪《け》しからない、ことごとく茸であった。細い針ほどな一寸法師が、一つ一つ、と、歩き出しそうな気配がある。びっくりして、煮え湯で雑巾を絞って、よくぬぐって、まず⑤退治た。が、暮れ方の掃除に視《み》ると、同じように、ずらりと並んで揃って出ていた。これが茸なればこそ、目もまわさずに、じっと堪《こら》えて私には話さずに秘していた。私が臆病だからである。

何しろ梅雨あけ早々にそこは引っ越した。が、……私はあとで聞いて身ぶるいした。むかしは⑥加州山中の温泉宿に、住居の大囲炉裏《いろり》に、灰の中から、笠のかこみ一尺ばかりの真っ黒な茸が三本ずつ、続けて五日も生えた、というのが、6テヂカな＊三州奇談に出て居《い》る。家族は一統、7加持よ祈禱《きとう》よ、と青くなって騒いだが、私に似ないその主人、肝が据わっていささかも騒がない。茸だから生えると言って、むしっては捨て、むしっては捨てたので、やがて妖《よう》は止んで、一家に何事の触りもなかった――⑦鉄心銷怪。偉い！……とその編者は賞《ほ》めている。私は笑われても仕方がない。なるほど、その八畳にうたた寝をすると、とろりとすると8シタバラがチクリと疼《いた》んだ。針のような茸が洒落《しゃれ》に突《つつ》いたのであろうと思って、もう一度身ぶるいすると同時に、どうやらその茸が、一つずつ芥子《けし》ほどの目を剝《む》いて、ぺろりと舌を出して、店賃《たなちん》の安いのをあざ笑っていたようで、少々⑧癪《しゃく》だが、しかしおかしい。おかしいが、気味が悪い。

能の狂言に「茸」がある。――山家あたりに住むものが、邸《やしき》じゅう、座敷まで大きな茸が幾つともなく出て祟《たた》るのに困《こう》じて、大峰葛城を渡った知音《ちいん》の山伏を頼んで来ると、「それ、山伏と言っぱ山伏なり、何と殊勝な＊か。」とまず威張って、兜巾《ときん》を傾け、いら＊たかの9数珠を揉みに揉んで、祈るほどに、祈るほどに、祈れば祈るほど、大きな茸の、あれあれ思いなしか、目鼻手足のようなものの見えるのが、⑨おびただしく出て、したたか⑩仇をなし、引き着いて悩ませる。「いで、この上は、茄子《なすび》の印を結んで掛け、【　R　】と祈るならば、⑪などか奇特のなかるべき、などか、ちりぬるをわかンなれ。」と祈る時、傘を半びらきにした、中にも毒々しい魔形なのが、＊一の松へ這《は》って出る。これにぎょっとしながら、いま一祈り祈りかけると、その茸、傘を開いてスックと立ち、躍りかかって、「ゆるせ、」と逃げ回る山伏を、「取って嚙《か》もう、取って嚙もう。」と脅《おびやか》すのである。――彼らを軽んずる人間に対して、茸のために気を【　S　】たものである。臆病なくせに私はすきだ。

そこで茸の扮装《ふんそう》は、縞《しま》の着附《きつけ》、括袴《くくりばかま》、腰帯、脚絆《きゃはん》で、＊見徳《けんとく》、＊嘯吹《うそぶき》、＊上髯《うわひげ》の面を被《かぶ》る。その傘の＊逸《いち》もつが、鬼頭《おにず》巾《きん》で武悪《ぶあく》の面だそうである。＊岩茸《いわたけ》、＊灰茸《はいたけ》、＊鳶茸《とびたけ》、＊坊主茸《ぼうずたけ》の類《たぐい》であろう。いずれも、塗笠《ぬりがさ》、檜笠《ひがさ》、菅笠《すげがさ》、坊主笠《ぼうずがさ》を被《かぶ》って出るという。……この狂言はまだ見ないが、古寺の広室《ひろま》の雨、孤屋《ひとつや》の[10]霧のたそがれを舞台にして、ずらりとこの形で並んだら、並んだだけで、おもしろかろう。……中に、紅絹《もみ》の切《きれ》に、白い顔の目ばかり出して褄折笠《つまおりがさ》の姿がある。*紅茸《べにたけ》らしい。あの露を帯びた色は、幽《かす》かに光をさえ放って、たとえば、妖女の艶《えん》がある。庭に植えたいくらいに思う。食べるのじゃあないから――茸よ、取って嚙むなよ、取って嚙むなよ。……


（泉鏡花『鏡花随筆集』岩波文庫より。

出題のために一部表記を変更した。）


「麹町」…現在の東京都千代田区内にある町名。

「京間」…京阪地方で定められた一間を六尺五寸（他地域は六尺）とする尺度に従って作られた部屋。一尺は約三十センチメートル。

「三州奇談」…江戸時代の怪奇伝説集。堀麦水の編。

「言っぱ」…言えば、の意。

「～なか」…～であることか、の意。

「いらたか」…数珠の種類の一つ。

「二の松」…能舞台で、楽屋を出て舞台に進む通路の脇に三本ある松の二本目のもの。

「見徳・嘯吹・上髯」…それぞれ面の種類。

「逸もつ」…群を抜いてすぐれたもの。

「岩茸・灰茸・鳶茸・坊主茸・紅茸」…それぞれキノコの種類。


問一、よく出る 基本 ――1 2 5 6 8のカタカナを漢字に改めなさい（楷書でていねいに書くこと）。

問二、よく出る 基本 ＝＝3 4 7 9 10の読み方を現代仮名遣いのひらがなで答えなさい。

問三、基本 ――①とありますが、茸の旬はいつですか。春夏秋冬のいずれか一字で答えなさい。

問四、――②③④⑧⑨の最適な意味を次のア～エからそれぞれ選び、記号で答えなさい。

② ア、放射状　イ、一直線
　ウ、大量　エ、高速
③ ア、にわか雨　イ、夕立
　ウ、梅雨の雨　エ、春雨
④ ア、間違いない　イ、あやしくない
　ウ、わからない　エ、許せない
⑧ ア、ずるい　イ、腹立たしい
　ウ、感心だ　エ、艶がある
⑨ ア、急に　イ、少しずつ
　ウ、たくさん　エ、きちんと

問五、思考力【 Q 】に本文中より最適な二字を抜き出して入れなさい。

問六、思考力【 R 】に入る最適なひらがな七文字を考えて答えなさい。

問七、基本 ――⑤には、名詞「退治」が動詞化した語が含まれています。この動詞の活用する行と活用の種類を答えなさい。

問八、基本 ――⑥は加賀の国を指しますが、ここは現在どの都道府県に含まれますか。漢字で答えなさい。

問九、――⑦の意味を十字以上二十字以内でわかりやすく答えなさい。なお「銷」は「消」と同じ意味で使われています。

問十、――⑩のここでの最適な読み方を次のア～エから選び、記号で答えなさい。

ア、いろ　イ、かたき　ウ、あだ　エ、きゅう

問十一、――⑪に当てはまる文法的説明を次のア～エから一つ選び、記号で答えなさい。

ア、疑問　イ、仮定　ウ、断定　エ、反語

問十二、【 S 】に最適な語を次のア～オから選び、記号で答えなさい。

ア、失っ　イ、吐い　ウ、取られ
エ、遣っ　オ、落ち

問十三、基本 泉鏡花の作品を次のア～オから一つ選び、記号で答えなさい。

ア、浮雲　イ、一握の砂　ウ、三四郎
エ、雪国　オ、高野聖

慶應義塾志木高等学校

時間 60分　満点 100点　解答 P77　2月7日実施

出題傾向と対策

●昨年の大問二題構成と異なり、小説文の大問一題のみという構成。空欄補充問題が多いという本校の特徴は今年も見られる。選択問題は少なく、字数制限のない記述問題がほとんどである。三年前にも出された、本文の描写をもとに絵を描くという問題が出題された。
●日常生活において馴染みがないような漢字も出題されるので、近代文学に日頃から親しんでおく必要がある。記述問題がかなり多いので、書くことへの抵抗感をなくすよう、考えを記述する練習を継続的に行うとよい。

〔注意〕字数指定のある設問においては、すべて句読点を一字分と数えること。

一 （小説文）漢字の読み書き・文脈把握・内容吟味・段落吟味

次の文章を読んで、後の問に答えなさい。

十月早稲田に移る。①※1伽藍《がらん》のような書斎にただ一人、※2片づけた顔を頰杖《ほおづえ》で支えていると、※3三重吉が来て、鳥をお飼いなさいと言う。飼ってもいいと答えた。しかし念のためだから、何を飼うのかねと聞いたら、文鳥ですという返事であった。

文鳥は三重吉の小説に出て来るくらいだから綺麗な鳥に違いなかろうと思って、じゃ買ってくれたまえと頼んだ。②ところが三重吉は是非お飼いなさいと、同じようなことを繰り返している。うむ買うよ買うよとやはり頰杖を突いたままで、むにゃむにゃ言ってるうちに三重吉は黙ってしまった。おおかた頰杖に[a]想を尽かしたんだろうと、この時初めて気がついた。

すると三分ばかりして、今度は籠をお買いなさいと言い

だした。これもよろしいと答えると、是非お買いなさいと[b]を押す代わりに、鳥籠の講釈を始めた。その講釈はだいぶ込み入ったものであったが、気の毒なことに、みんな忘れてしまった。ただ好《い》いのは二十円ぐらいするという段になって、急にそんな高価《たか》いのでなくってもよかろうと言っておいた。③三重吉はにやにやしている。

　それから全体どこで買うのかと聞いてみると、なにどこの鳥屋にでもありますと、実に平凡な答えをした。籠はと聞き返すと、籠ですか、籠はその何ですよ、なにどこにかあるでしょう、とまるで[c]を攫《つか》むような④寛大なことを言う。でも君あてがなくっちゃいけなかろうと、あたかもいけないような顔をして見せたら、三重吉は頬《ほ》っぺたへ手をあてて、何でも駒込に籠の名人があるそうですが、年寄りだそうですから、もう死んだかもしれませんと、非常に心細くなってしまった。

　何しろ言いだしたものに責任を負わせるのは当然のことだから、さっそく万事を三重吉に依頼することにした。すると、すぐ金を出せと言う。金はたしかに出した。三重吉はどこで買ったか、※4七子《ななこ》の三つ折れの紙入れを懐中していて、人の金でも自分の金でも1悉皆この紙入れの中に入れる癖がある。自分は三重吉が※5五円札をたしかにこの紙入れの底へ押し込んだのを目撃した。

　⑤かようにして金はたしかに三重吉の手に落ちた。しかし鳥と籠とは容易にやって来ない。

　そのうち秋が小[d]になった。三重吉はたびたび来る。よく女の話などをして帰って行く。文鳥と籠の講釈は全く出ない。硝子《がらす》戸を透かして五尺の縁側には日が好く当たる。どうせ文鳥を飼うなら、こんな暖かい季節に、この縁側へ鳥籠を据えてやったら、文鳥も定めし鳴きよかろうと思うくらいであった。

　三重吉の小説によると、文鳥は千代《ちよ》千代《ちよ》と鳴くそうである。その鳴き声がだいぶん気に入ったと見えて、三重吉は千代千代を何度となく使っている。あるいは千代という女に惚れていたことがあるのかもしれない。しかし当人はいっこうそんなことを言わない。自分も聞いてみない。ただ縁側に日がよく当たる。そうして文鳥が鳴かない。

　そのうち霜が降り出した。自分は毎日伽藍のような書斎に、寒い顔を片づけてみたり、取り乱してみたり、頬杖を突いたりやめたりして暮らしていた。戸は二重に締め切った。火鉢に炭ばかり継いでいる。文鳥はついに忘れた。

　ところへ三重吉が門口から[e]勢よく入って来た。時は宵の[f]であった。寒いから火鉢の上へ胸から上を翳《かざ》して、[g]かぬ顔をわざとほてらしていたのが、急に陽気になった。三重吉は※6豊隆を従えている。豊隆はいい迷惑である。二人が籠を一つずつ持っている。その上に三重吉が大きな箱を[h]貴分に抱えている。五円札が文鳥と籠と箱になったのはこの初冬の晩であった。

　三重吉は大得意である。まあご覧なさいと言う。豊隆はその洋灯《らんぷ》をもっとこっちへ出せなどと言う。そのくせ寒いので鼻の頭が少し紫色になっている。

　なるほど立派な籠ができた。台が漆で塗ってある。竹は細く削った上に、色が染《つ》けてある。それで三円だと言う。安いなあ豊隆と言っている。豊隆はうん安いと言っている。自分は安いか高いか2ハンゼンとわからないが、まあ安いなあと言っている。好いのになると二十円もするそうですと言う。二十円はこれで二遍目である。二十円に比べて安いのは無論である。

　この漆はね、先生、3日向へ出して曝《さら》しておくうちに黒味が取れてだんだん朱の色が出て来ますから、――そうしてこの竹は一遍よく煮たんだから大丈夫ですよなどと、しきりに説明をしてくれる。何が大丈夫なのかねと聞き返すと、まあ鳥をご覧なさい、綺麗でしょうと言っている。

　なるほど綺麗だ。次の間へ籠を据えて四尺ばかりこっちから見ると少しも動かない。薄暗い中に真白に見える。籠の中にうずくまっていなければ鳥とは思えないほど白い。何だか寒そうだ。

　三重吉からの頼みである以上、義理で飼うことにした。うまく飼えるか不安ではあったが、家の者の世話も期待することにした。自分は翌朝、遅く起床しながらも、文鳥の餌と水の世話を始めたが、文鳥をまるで生きた宝石のように愛おしむ気持ちが芽生えてきた。その頃自分は小説を連日書いている時期であった。三重吉と豊隆が持ってきていたのは、文鳥のための寒さよけの箱と行水用の替え籠であった。

　明くる日もまた気の毒なことに遅く起きて、箱から籠を出してやったのは、やっぱり八時過ぎであった。箱の中では※7とうから目が覚めていたんだろう。それでも文鳥はいっこう不平らしい顔もしなかった。籠が明るい所へ出るや否や、いきなり眼をしばたたいて、心持ち首をすくめて、自分の顔を見た。

　昔美しい女を知っていた。この女が机に凭《もた》れて何か考えているところを、後ろから、そっと行って、紫の帯上げの房になった先を、長く垂らして、首筋の細いあたりを、上から撫で廻したら、女はものうげに後ろを向いた。その時女の眉は心持ち八の字に寄っていた。それで眼尻と口元には笑いが萌《きざ》していた。同時に格好の好い首を肩まですくめていた。文鳥が自分を見た時、自分はふとこの女のことを思い出した。この女は今嫁に行った。自分が紫の帯上げでいたずらをしたのは縁談のきまった二三日後である。

　餌壺《えつぼ》にはまだ粟が八分通り入っている。しかし殻もだいぶ混っていた。水入れには粟の殻が一面に浮いて、苛《いた》く濁っていた。替えてやらなければならない。また大きな手を籠の中へ入れた。非常に用心して入れたにもかかわらず、文鳥は白い翼を乱して騒いだ。小《ち》さい羽根が一本抜けても、自分は文鳥にすまないと思った。殻は綺麗に吹いた。吹かれた殻は木枯らしがどこかへ持って行った。水も替えてやった。水道の水だから大変冷たい。

　[I]。その間には折々千代千代という声も聞こえた。文鳥も淋《さび》しいから鳴くのではなかろうかと考えた。しかし縁側へ出て見ると、二本の止まり木の間を、あちらへ飛んだり、こちらへ飛んだり、絶え間なく行きつ戻りつしている。少しも不平らしい様子はなかった。

　夜は箱へ入れた。明るく朝目が覚めると、外は白い霜だ。文鳥も眼が覚めているだろうが、なかなか起きる気にならない。枕元にある新聞を手に取るさえ4ナンギだ。それでも煙草は一本ふかした。この一本をふかしてしまったら、起きて籠から出してやろうと思いながら、口から出る煙の行方を見つめていた。するとこの煙の中に、首をすくめた、眼を細くした、しかも心持ち眉を寄せた昔の女の顔がちょっと見えた。自分は床の上に起き直った。寝巻きの上へ羽織りを引っ掛けて、すぐ縁側へ出た。そうして箱の蓋をはずして、文鳥を出した。文鳥は箱から出ながら、千代千代と二声鳴いた。

三重吉の説によると、馴《な》れるにしたがって、文鳥が人の顔を見て鳴くようになるんだそうだ。現に三重吉の飼っていた文鳥は、三重吉が傍《そば》にいさえすれば、しきりに千代千代と鳴きつづけたそうだ。のみならず三重吉の指の先から餌を食べるという。自分もいつか指の先で餌をやってみたいと思った。

次の朝はまた怠けた。昔の女の顔もつい思い出さなかった。顔を洗って、食事を済まして、初めて、気がついたように縁側へ出て見ると、いつの間にか籠が箱の上に乗っている。文鳥はもう止まり木の上を面白そうにあちら、こちらと飛び移っている。そうして時々は首を伸ばして籠の外を下の方から覗《のぞ》いている。その様子がなかなか[5]ムジャキである。昔紫の帯上げでいたずらをした女は襟の長い、背のすらりとした、ちょっと首を曲げて人を見る癖があった。

粟はまだある。水もまだある。文鳥は満足している。自分は粟も水も替えずに書斎へ引っ込んだ。

昼過ぎまた縁側へ出た。食後の運動かたがた、五六間《けん》の廻り縁を、歩きながら書見するつもりであった。ところが出て見ると粟がもう七分がた尽きている。水も全く濁ってしまった。書物を縁側へ抛《ほう》り出しておいて、急いで餌と水を替えてやった。

次の日もまた遅く起きた。しかも顔を洗って飯を食うまでは縁側を覗かなかった。書斎に帰ってから、あるいは昨日のように、家人《うちのもの》が籠を出しておきはせぬかと、ちょっと縁へ顔だけ出して見たら、はたして出してあった。その上餌も水も新しくなっていた。自分はやっと安心して首を書斎に入れた。途端に文鳥は千代千代と鳴いた。それで引っ込めた首をまた出して見た。けれども文鳥は再び鳴かなかった。けげんな顔をして硝子越しに庭の霜を眺めていた。自分はとうとう机の前に帰った。

［　Ⅱ　］。書きかけた小説はだいぶんはかどった。指の先が冷たい。今朝埋《い》けた佐倉炭は白くなって、薩摩五徳に懸けた[6]テツビンがほとんど冷めている。炭取りは空だ。手を敲《たた》いたがちょっと台所まで聞こえない。立って戸を開けると、文鳥は例に似ず止まり木の上にじっと止まっている。よく見ると足が一本しかない。自分は炭取りを縁に置いて、上からこごんで籠の中を覗き込んだ。いくら見ても足は一本しかない。文鳥はこの華奢《きゃしゃ》な一本の細い足に総身を託して黙然として、籠の中に片づいている。

自分は不思議に思った。文鳥について万事を説明した三重吉もこのことだけは抜いたと見える。自分が炭取りに炭を入れて帰った時、文鳥の足はまだ一本であった。しばらく寒い縁側に立って眺めていたが、文鳥は動く気色もない。音を立てないで見つめていると、文鳥は丸い眼をしだいに細くし出した。おおかた眠たいのだろうと思って、そっと書斎へ入ろうとして、一歩足を動かすや否や、文鳥はまた眼を開いた。同時に真白な胸の中から細い足を一本出した。自分は戸を閉《た》てて火鉢へ炭をついだ。

小説はしだいに忙しくなる。朝は依然として寝坊をする。一度家のものが文鳥の世話をしてくれてから、何だか自分の責任が軽くなったような心持ちがする。家のものが忘れる時は、自分が餌をやる水をやる。籠の出し入れをする。しない時は、家のものを呼んでさせることもある。自分はただ文鳥の声を聞くだけが役目のようになった。

それでも縁側へ出る時は、必ず籠の前へ立ち止まって文鳥の様子を見た。たいていは狭い籠を苦にもしないで、二本の止まり木を満足そうに往復していた。天気の好い時は薄い日を硝子越しに浴びて、しきりに鳴き立てていた。しかし三重吉の言ったように、自分の顔を見てことさらに鳴く気色はさらになかった。

自分の指からじかに餌を食うなどということは無論なかった。折々[7]キゲンのいい時は麺麭《ぱん》の粉などを人指し指の先へつけて竹の間からちょっと出してみることがあるが文鳥はけっして近づかない。少し無遠慮に突き込んでみると、文鳥は指の太いのに驚いて白い翼を乱して籠の中を騒ぎ廻るのみであった。二三度試みた後、自分は気の毒になって、この芸だけは永久に断念してしまった。今の世にこんなことのできるものがいるかどうだかはなはだ疑わしい。おそらく古代の聖徒《せいんと》の仕事だろう。三重吉は嘘を吐《つ》いたに違いない。

ある日のこと、書斎で例のごとくペンの音を立てて侘《わび》しいことを書き連ねていると、ふと妙な音が耳に入った。縁側でさらさら、さらさらいう。女が長い衣の[8]スソを捌《さば》いているようにも受け取られるが、ただの女のそれとしては、あまりに[9]仰山である。雛壇を歩く、[10]ダイリ雛の袴《はかま》の襞《ひだ》の擦《こす》れる音とでも形容したらよかろうと思った。［　Ⅲ　］。すると文鳥が行水を使っていた。

水はちょうど替え立てであった。文鳥は軽い足を水入れの真ん中に胸毛まで浸して、時々は白い翼を左右にひろげながら、心持ち水入れの中にしゃがむように腹を圧《お》しつけつつ、総身の毛を一度に振っている。そうして水入れの縁にひょいと飛び上がる。しばらくしてまた飛び込む。水入れの直径は一寸[11]五分ぐらいに過ぎない。飛び込んだ時は尾も余り、頭も余り、背は無論余る。水に浸かるのは足と胸だけである。それでも文鳥は欣然《きんぜん》として行水を使っている。

自分は急に替え籠を取って来た。そうして文鳥をこの方へ移した。それから如露《じょろ》を持って風呂場へ行って、水道の水を汲んで、籠の上からさあさあとかけてやった。如露の水が尽きる頃には白い羽根から落ちる水が珠《たま》になって転がった。文鳥は絶えず眼をぱちぱちさせていた。

昔紫の帯上げでいたずらをした女が、座敷で仕事をしていた時、裏二階から懐中鏡で女の顔へ春の光線を反射させて楽しんだことがある。女は薄紅くなった頬を上げて、繊《ほそ》い手を額の前に翳しながら、不思議そうに[12]マバタキをした。⑥この女とこの文鳥とはおそらく同じ心持ちだろう。

日数が立つにしたがって文鳥はよく囀《さえず》る。しかしよく忘れられる。ある時は餌壺が粟の殻だけになっていたことがある。ある時は籠の底が糞でいっぱいになっていたことがある。ある晩宴会があって遅く帰ったら、冬の月が硝子越しに差し込んで、広い縁側がほの明るく見えるなかに、鳥籠がしんとして、箱の上に乗っていた。⑦その隅に文鳥の体が薄白く浮いたまま止まり木の上に、有るか無きかに思われた。自分は※8外套の羽根を返して、すぐ鳥籠を箱のなかへ入れてやった。

翌日文鳥は例のごとく元気よく囀っていた。それからは時々寒い夜も箱にしまってやるのを忘れることがあった。ある晩いつもの通り書斎で専念にペンの音を聞いていると、突然縁側の方でがたりと物の13クツガエった音がした。しかし自分は立たなかった。依然として急ぐ小説を書いていた。わざわざ立って行って、何でもないといまいましいから、気にかからないではなかったが、やはりちょっと聞き耳を立てたまま知らぬ顔ですましていた。その晩寝たのは十二時過ぎであった。便所に行ったついで、気がかりだから、念のため一応縁側へ廻って見ると——

籠は箱の上から落ちている。そうして横に倒れている。水入れも餌壺も引っ繰り返っている。粟は一面に縁側に散らばっている。止まり木は抜け出している。⑧文鳥はしのびやかに鳥籠の桟にかじりついていた。自分は明日から誓ってこの縁側に猫を入れまいと決心した。

翌日文鳥は鳴かなかった。粟を山盛り入れてやった。水を漲《みなぎ》るほど入れてやった。文鳥は一本足のまま長らく止まり木の上を動かなかった。午飯《ひるめし》を食ってから、三重吉に手紙を書こうと思って、二三行書き出すと、文鳥がちちと鳴いた。自分は手紙の筆を留めた。文鳥がまたちちと鳴いた。出て見たら粟も水もだいぶん減っている。⑨手紙はそれぎりにして裂いて捨てた。

翌日文鳥がまた鳴かなくなった。止まり木を下りて籠の底へ腹を圧しつけていた。胸の所が少し14フクらんで、小さい毛が漣《さざなみ》のように乱れて見えた。自分はこの朝、三重吉から例の件で某所まで来てくれという手紙を受け取った。十時までにという依頼であるから、文鳥をそのままにしておいて出た。三重吉に会ってみると例の件がいろいろ長くなって、いっしょに午飯を食う。いっしょに晩飯を食う。その上明日の会合まで約束して宅《うち》へ帰った。帰ったのは夜の九時頃である。文鳥のことはすっかり忘れていた。疲れたから、すぐ床へ入って寝てしまった。

翌日眼が覚めるや否や、すぐ例の件を思い出した。いくら当人が承知だって、そんな所へ嫁にやるのは行く末よくあるまい、まだ子どもだからどこへでも行けと言われる所へ行く気になるんだろう。いったん行けばむやみに出られるものじゃない。世の中には満足しながら不幸に陥って行く者がたくさんある。などと考えて楊枝《ようじ》を使って、朝飯を済ましてまた例の件を片づけに出掛けて行った。

帰ったのは午後三時頃である。玄関へ外套を懸けて廊下伝いに書斎へ入るつもりで例の縁側へ出て見ると、鳥籠が箱の上に出してあった。けれども文鳥は籠の底にそっ繰り返っていた。二本の足を硬く揃えて、胴と直線に伸ばしていた。自分は籠の傍に立って、じっと文鳥を見守った。黒い眼を眠っている。瞼《まぶた》の色は薄蒼《うすあお》く変わった。

餌壺には粟の殻ばかり溜まっている。15啄むべきは一粒もない。水入れは底の光るほど涸《か》れている。西へ廻った日が硝子戸を洩れて斜めに籠に落ちかかる。台に塗った漆は、三重吉の言ったごとく、いつの間にか黒味が脱《ぬ》けて、朱の色が出て来た。

⑩自分は冬の日に色づいた朱の台を眺めた。空になった餌壺を眺めた。空しく橋を渡している二本の止まり木を眺めた。そうしてその下に横たわる硬い文鳥を眺めた。

★A【自分はこごんで両手に鳥籠を抱えた。そうして、書斎へ持って入った。十畳の真ん中へ鳥籠をおろして、その前へかしこまって、籠の戸を開いて、大きな手を入れて、文鳥を握って見た。柔らかい羽根は冷えきっている。

拳を籠から引き出して、握った手を開けると、文鳥は静かに掌の上にある。自分は手を開けたまま、しばらく死んだ鳥を見つめていた。それから、そっと座布団の上におろした。そうして、烈《はげ》しく手を鳴らした。】

十六になる※9小女《こおんな》が、はいと言って敷居際に手をつかえる。自分はいきなり布団の上にある文鳥を握って、小女の前へ抛り出した。小女はうつむいて畳を眺めたまま黙っている。自分は、餌をやらないから、とうとう死んでしまったと言いながら、※10下女の顔をにらめつけた。下女はそれでも黙っている。

自分は机の方へ向き直った。そうして三重吉へ葉書をかいた。「家人が餌をやらないものだから、文鳥はとうとう死んでしまった。たのみもせぬものを籠へ入れて、しかも餌をやる義務さえ尽くさないのは残酷の至りだ」という文句であった。

自分は、これを投函《だ》して来い、そうしてその鳥をそっちへ持って行けと下女に言った。⑪下女は、どこへ持って参りますかと聞き返した。どこへでも勝手に持って行けと怒鳴りつけたら、驚いて台所の方へ持って行った。

しばらくすると裏庭で、子どもが文鳥を埋めるんだ埋めるんだと騒いでいる。庭掃除に頼んだ植木屋が、お嬢さん、ここいらが好いでしょうと言っている。［Ⅳ］。

翌日は何だか頭が重いので、十時頃になってようやく起きた。★B【顔を洗いながら裏庭を見ると、昨日植木屋の声のしたあたりに、小さい※11公札が、※12蒼い※13木賊《とくさ》の一株と並んで立っている。高さは木賊よりもずっと低い。庭下駄を履いて、日影の霜を踏み砕いて、近づいて見ると、公札の表には、この土手登るべからずとあった。※14筆子の手跡である。】

午後三重吉から返事が来た。⑫文鳥は可哀相なことを致しましたとあるばかりで家人が悪いとも残酷だともいっこう書いてなかった。

（夏目漱石「文鳥」より）

※1　伽藍　僧侶の修行する閑静な寺院の建物。
※2　片づけた顔　すっきりと落ち着いた表情の顔。
※3　三重吉　小説家の鈴木三重吉のこと。夏目漱石の門下生。
※4　七子　目の粗い織り方をした織物の名称。
※5　五円札　当時の紙幣。現在の五万円ほどの価値があったと思われる。
※6　豊隆　夏目漱石の門下生。三重吉の後輩。
※7　とうから　「とっくに」の意。
※8　外套の羽根　肩掛けがついている男性用のコートの肩掛けの部分。下の絵を参照すること。

※9　小女　家に雇われて家事などの仕事をする若い女性。現在では使われない名称。
※10　下女　前注の「小女」に同じ。

※11 公札　知らせたいことを書いて地面に立てた札。
※12 蒼い　草木が青々と生えている様。
※13 木賊　常緑性のシダ植物。竹のように節があり、鉛筆ほどの太さで、一メートルほどの高さまで成長する。
※14 筆子　夏目漱石の長女。当時八歳であった。

問一、**よく出る** 点線部1～15のカタカナは漢字に直し、漢字はその読みをひらがなで書きなさい。漢字は楷書ではっきり書くこと。

問二、空欄 a ～ h に当てはまる漢字をそれぞれ一文字で書きなさい。

問三、傍線部①「伽藍のような書斎にただ一人、片づけた顔を頬杖で支えている」について、次の各問に答えなさい。

(一)「書斎」が「伽藍のような」と表現されているのは、それが「文鳥」を飼う「自分」にとってこの小説の最後でどのような場所になったからか。その説明として最も適切なものを次から選び、記号で答えなさい。

ア、古今の文芸作品を堪能できる場所。
イ、死そのものに向き合うおごそかな場所。
ウ、小説の執筆に専念できる場所。
エ、昔の女性への思いに浸れる場所。
オ、友人たちを招くのにふさわしい場所。

(二)「片づけた顔を頬杖で支えている」という「自分」の様子は、「文鳥」のある様子と重ね合わせて描かれている。その「文鳥」の様子を最もよく表している一文を抜き出し、その最初の五字を答えなさい。

(三) 前問(一)・(二)を通して考えると、「自分」は「文鳥」とどのような点で異なるか。次はその解説文である。「頬杖」がどのような行為かを考えて、空欄に当てはまるように適切な表現を補いなさい。

> 文鳥と違って自分は［　　］という点。

問四、傍線部②「ところが三重吉は是非お飼いなさいと、同じようなことを繰り返している」とあるが、「三重吉」が同じような言葉を繰り返したのはなぜか。次はその解説文である。空欄 a ～ e に当てはまる語句を後から選び、その記号を答えなさい。ただし、同じ記号は一度しか使ってはならない。

> 「三重吉」は「自分」に「文鳥」を［a］が、かといって「三重吉」自身が「文鳥」を［b］ことは避けたいので、「自分」に［c］と考えている。しかし「自分」の頬杖をついた様子を見て［d］気持ちを感じたので、言葉のやりとりを楽しむように、あえて［e］と言った。

ア、飼う　イ、買う
ウ、飼わせたい　エ、買わせたい
オ、飼いたくない　カ、買いたくない
キ、飼いなさい　ク、買いなさい

問五、傍線部③「三重吉はにやにやしている」、④「寛大なことを言う」とあるが、そのような様子から「三重吉」のどのような下心が読み取れるか。具体的に説明しなさい。

問六、傍線部⑤「かようにして金はたしかに三重吉の手に落ちた」とあるが、「手に落ちた」という表現から「自分」の「三重吉」へのどのような気持ちが読み取れるか。わかりやすく説明しなさい。

問七、空欄 Ⅰ ～ Ⅳ に当てはまる文を次から一つずつ選び、記号で答えなさい。ただし、同じ記号は一度しか使ってはならない。

ア、自分は書きかけた小説をよそにして、ペンを持ったまま縁側へ出てみた
イ、自分は進まぬながら、書斎でペンを動かしていた
ウ、書斎の中では相変わらずペンの音がさらさらする
エ、その日は一日淋しいペンの音を聞いて暮らした

問八、傍線部⑥「この女とこの文鳥とはおそらく同じ心持ちだろう」とあるが、「自分」はどのような点で「同じ心持ち」と考えているか。次はその解説文である。空欄に当てはまるように適切な表現を考えて補いなさい。

> ［　　］がわからず不思議に思う気持ち。

問九、傍線部⑦「その隅に文鳥の体が薄白く浮いたまま止まり木の上に、有るか無きかに思われた。自分は外套の羽根を返して、すぐ鳥籠を箱のなかへ入れてやった」について、以下の各問に答えなさい。

(一) ここで「自分」には「文鳥」がどのようなものに見えてしまっているか。簡潔に説明しなさい。

(二)「外套の羽根を返して」とはどのような行動か。その時の「自分」の気持ちもふまえて、わかりやすく説明しなさい。

問十、**難** 傍線部⑧「文鳥はしのびやかに鳥籠の桟にかじりついていた」とあるが、ここで「かじりついて」いる姿が「しのびやか」であるというのは、「文鳥」のどのような様子を表しているか。なぜその様子になったのかもふまえて、簡潔に説明しなさい。

問十一、**新傾向** **思考力** 傍線部⑨「手紙はそれぎりにして裂いて捨てた」とあるが、前の段落からここまでの本文をふまえて、この時「自分」が「三重吉」に書きたいと思っていた「手紙」の内容を不足なく復元しなさい。

問十二、**難** 傍線部⑩「自分は冬の日に色づいた朱の台を眺めた。空になった餌壺を眺めた。空しく橋を渡している二本の止まり木を眺めた。そうしてその下に横たわる硬い文鳥を眺めた」とあるが、この時「自分」が「そうして」の前と後とで「眺めた」ものをどのような事実として捉えているのか、その違いを簡潔に説明しなさい。

問十三、★A【自分はこごんで両手に鳥籠を抱えた。…(中略)…そうして、烈しく手を鳴らした。】とあるが、この一連の「手」をめぐる描写から、「自分」のどのような気持ちが読み取れるか。次はその解説文である。空欄 X に当てはまる語句は文中から五字で抜き出し、空欄 f ～ i に当てはまる語句は後から選び、その記号を答えなさい。ただし、同じ記号は一度しか使ってはならない。

> 「自分」は、まるで［X］になったかのように、［f］を心の中で［g］に受けとめているが、その思いを［h］と家人には［i］にふるまおうとする

気持ち。

ア、奇異　イ、厳粛
ウ、風雅　エ、攻撃的
オ、積極的　カ、両義的
キ、生き物の定め　ク、季節の推移
ケ、鳥籠の深化　コ、気づかれたい
サ、知られたくない　シ、伝えたい

問十四、思考力 傍線部⑪「下女は、どこへ持って参りますかと聞き返した。どこへでも勝手に持って行けと怒鳴りつけたら、驚いて台所の方へ持って行った」とあるが、ここからどのような言葉の上でのおもしろさが読み取れるか。わかりやすく説明しなさい。

問十五、★B【顔を洗いながら裏庭を見ると…（中略）…筆子の手跡である。】について、以下の各問に答えなさい。

（一）ここから読み取れる「自分」の見た光景を簡単に絵で描きなさい。

（二）「公札の表には、この土手登るべからずとあった。筆子の手跡である」からどのような言葉の上でのおもしろさが読み取れるか。二点指摘しなさい。

問十六、傍線部⑫「文鳥は可哀相なことを致しました」とあるが、この「は」によって「文鳥」以外にも「自分（先生）」に対する「可哀相」だという気持ちが表れているようにも読める。それはどのような意味で「可哀相」だと「三重吉」は思っているのか。わかりやすく説明しなさい。

問十七、「自分」の思い出す「女」と、「三重吉」の「例の件」の「女」とを「文鳥」に重ね合わせた時、それら三者が共通する存在であることを最もよく表している文を含む段落を抜き出し、その最初の五字を答えなさい。

慶應義塾女子高等学校

時間 60分　満点 非公表　解答 P78　2月10日実施

出題傾向と対策

●小説文、俳句を含む論説文、論説文という大問三題構成。漢字の読み書き、品詞分解、古典文学史など知識を問う問題は例年どおり配されている。本文は短く読みやすいが、記述問題がかなり多く、難度も高い。選択問題はほとんど見られない。

●文法問題や文学史問題、空欄補充問題は基本的なレベルなので、記述問題対策に重点を置く。本文の内容を正確にまとめ上げる問題だけでなく、深い読解力と考察力を要する問題もあるので時間をかけて力を養っておく。

一 （小説文）漢字の読み書き・文脈把握・内容吟味・文節・活用

次の文章を読んで、あとの設問に答えなさい。

ふたつのその小さな国は隣りあっていた。東側の国には王が君臨し、西の国には共和制が敷かれていた。ふたつの国は遥《はる》か昔はひとつの国だった。だから同じ言葉を話した。そして両国のあいだで俗にことわざ戦争と呼ばれる争いがあったことは汎《ひろ》く知られている。

ことわざ戦争という名の通り、争いのきっかけはことわざだった。王制の国には昔から「河に降る雨」という俚諺《りげん》*があって、それは役立たずあるいは能無しという意味であるのだが、共和国の首相が私的な場で王をその語をもって形容したのである。悪口というものは足が速い。そのことは翌々日の午後には王の臣下たちの知るところとなっていた。もちろん臣下の怒るまいことか。

王国の文化を統《す》べる臣下が三日後に共和国に[1]赴き、首相に面会を求め、おもむろに[2]イカンの意を伝えた。

首相は失言を後悔していたが謝るのも業腹だったので、言い逃れることにした。つまり我が国では「河に降る雨」という俚諺は人を貶《おとし》める言葉ではない、と X を切ったのである。

臣下の怒りは沸騰したが、冷静を装い、尋ねた。ではお国において、それはいかなる意味を有せるや、と。

首相ははつかに*言葉に窮したが、ひとたび口を開くと弁舌さわやかに以下の言辞を[3]弄した。

河に降る雨は幸運な運命に際会した者という意味である。なんとなれば雨も水であり、河も水である。同族に混じったわけであるから雨は幸せであろう。

小賢《ざか》しいことをと[A]臣下の腹立ちはいっそう深くなったが、おのが[4]サイチでは首相に太刀打ちすることは難しいと看《み》た。

御身の言葉を王にしかと伝えます、とだけ云い、臣下は王国に戻った。

臣下は言葉通り、隣国の首相の言を一字一句違《たが》えず、王の前で繰りかえした。

王は怒りを表さなかった。単純に怒るにはあまりにも ア であったのだ。少時《しばらく》黙し、ややあって口を開いた。

隣国の首相はずいぶんと言葉を操る才に長《た》けているようだ、考えてみれば隣国は詩において名高い国、そしてわが国もまたそれにいささかも劣るところはない詩の国である。どうだろう、隣国と我が国とで[5]戯れに詩の戦をするのは。

王はさらに語を継いだ。

それぞれひとりずつ詩人を出して競わせるのだ、なかなか優雅ではないか。

王の提案は隣国の首相に伝えられた。その際、戯れに、という言葉も添えられていたが、むろんそれは表向きのことだった。首相は国の威信をかけた勝負を挑まれたことを理解し即座に受けてたつと決めた。

かくしてことわざからはじまった諍《いさか》いは詩の戦と変じた。

王は詩人同士の一騎打ちを提案し、首相も肯《がえ》んじたが、問題は勝ち負けをどうやって決めるかだった。誰が審判を務めるのか。

その問題も王が解決した、勝ち負けを時に[6]ユダねたのである。つまり一騎打ちを一冊の書物にして優劣を後世の者の判断に任せることにしたのだ。

内心負けることを恐れていた首相はほっと胸を撫《な》でおろした。そして王はほんとうに戯れのつもりなのかもしれないと考えた。

一対一の戦の当日は［Y］にみるほどの快晴で国境をなす河に架かる橋の上で国を代表するふたりはまみえた。橋の王国側には巨《おお》きな人波が見えた。共和国側も同様だった。

共和国を代表する詩人は文学院の要職にある銀の髪の紳士だった。詩人は世界中のそして古今のあらゆる詩に通じていた。王国を代表する人物は小柄で赤ら顔の婦人だった、銀髪の詩人は婦人の身なりが粗末であることを看てとり、侮辱されたように思った。

怒りにまかせ、共和国の詩人は半神のごとき*御稜威《みいつ》をもって虚空《こくう》から十九の言葉をもぎとり、脚韻の装飾をほどこして婦人に投げつけた。

詩人の言葉の美しさに橋の両側に押し寄せた人々は驚嘆し、王国側は負けを覚悟した。勝ち負けは形としては後世にゆだねられていたが、大勢の者が瞬時に分明になると考えていた。

戦はそれで終わったと共和国の詩人は考えた。赤ら顔で肉の厚い婦人はいま怯《おび》え、震えているではないか。

共和国の詩人の考えは間違っていた。婦人はゆっくりと顔をあげて、看るとその顔には笑みがあった。震えているのではなく笑っていたのだった。詩人はなぜ笑うのかと婦人に尋ねた。

存分に力を振るえるのが嬉《うれ》しいのです。Bあなたさまの言葉にはわたしの言葉に耐える強さがあります。

その言葉を聞いて詩人は激怒した。なんという思いあがり。

荒い布のスカートを穿《は》いた太り肉《じし》の婦人は口を開いてひとつの文を口にした。それは嵐が映る鏡であり口のように見える獣であり果実のなかの夜だった。婦人はさらに短い文を幾つかゆっくりと唇から解き放った。

Cその語を耳にして、山の端にかかる雲は形を変じ、老いた石は嗚咽《おえつ》をもらした。

王国の婦人は黄魚街の洗濯女ではないかと後に噂《うわさ》された。戦に臨んだふたりが語った言葉は王の約束通り一冊の書物となった。その書物はどこの図書館でも簡単に読むことができる。ふたりのどちらが優れた詩人だったのか、王の国と首相の国いずれが勝ったのか、D判断するのは貴方《あなた》である。

（西崎憲『未知の鳥類がやってくるまで』より）

＊俚諺…民間に言い伝えられてきたことわざ。
＊はつかに…わずかに。
＊御稜威…神がかった強い力。

問一、よく出る 点線部1～6のカタカナを漢字で、漢字の読みをひらがなで書きなさい。

問二、基本 ［X］・［Y］に最もよくあてはまる語をひらがな二字で記しなさい。

問三、［ア］に最もよくあてはまる語を次のひらがなから選び、漢字で答えなさい。

せいじつ　　ぼんよう　　せんさい

けんめい　　しょうじき

問四、傍線部Aとなったのは、なぜですか、説明しなさい。

問五、傍線部Bの言葉から、婦人の心情を説明しなさい。

問六、傍線部Cについて、この一文が表現していることは何ですか、説明しなさい。

問七、難 思考力 傍線部Dのように書かれているのはなぜですか、説明しなさい。

問八、基本 本文中の＝＝の部分を、例にならって品詞分解し、それぞれの品詞名を答えなさい。ただし、活用のあるものは文中での活用形も答えなさい。

（例）

これ	は	今年	の	試験問題	です
名詞	助詞	名詞	助詞	名詞	助動詞 終止形

二（俳句を含む論説文）内容吟味・韻文知識・古典知識

次の文章を読んで、あとの設問に答えなさい。

俳句はA非常に翻訳しにくいものです。まず、〝てにをは〟の活用の問題があります。〝この道は〟と〝この道や〟がどう違うか、なかなか説明できません。B慣れている人や俳人にとっては、〝この道は〟と〝この道や〟はずいぶん違うのです。

それから芭蕉が唱えたことですが、俳句の場合、取り替えのできない言葉を用いなければならない。もし、ほかの似たような意味の言葉に取り替えられるなら本物の俳句ではないのです。『去来抄《きょらいしょう》』に有名な話があります。芭蕉の

行く春を近江《あふみ》の人と惜しみける

という句に対し、当時軋轢《あつれき》を生じていた門人の尚白《しょうはく》は、C〝近江〟は〝丹波〟に、〝行く春〟は〝行く歳〟にも取り替えられると非難したということです。これに対して、同じ門人の去来《きょらい》は「D尚白が難あたらず。湖水朦朧《もうろう》として春をおしむに*便有《たよりある》べし」と反論し、芭蕉も「古人も此国《このくに》に春を愛する事、*おさ〱都におとらざる物を」と応じています。このことから、俳句がいかに、取り替えることのできない絶対的な表現でなければならなかったかがわかります。

（ドナルド・キーン『日本文学を読む・日本の面影』より）

＊便…ゆかり。
＊おさ〱…けっして。

問一、傍線部Aについて、これはなぜですか、説明しなさい。

問二、傍線部Bについて、俳句において〝この道は〟と〝この道や〟はどのように違いますか、説明しなさい。

問三、難 傍線部Cについて、尚白がこのように発言したのはなぜですか、説明しなさい。

問四、傍線部Dについて、去来がこのように発言したのはなぜですか、場所を含めて説明しなさい。

問五、よく出る 基本 次の文は、『おくのほそ道』の冒頭です。［X］・［Y］に最もよくあてはまる語を漢字で記しなさい。

月日は百代の［X］にして、行きかふ年もまた［Y］なり。

三 〈論説文〉漢字の読み書き・文脈把握・内容吟味

次の文章を読んで、あとの設問に答えなさい。

日本には、個人主義が確立していないとよく言われます。集団主義で同調圧力に負けてしまう。違う意見を持っていても、集団が決めたことにはおとなしく従う、と。

この個人主義と訳される〈individualism〉という英語は、一九世紀初めごろ造語された当初は、負の意味で使われていました。そして実は、遥《はる》かに古くから存在した「デモクラシー」も、A永く負の価値を負わされてきたと言えます。

フランス人のアレクシ・ド・トクヴィル（一八〇五～一八五九）が書いた『アメリカのデモクラシー』という本があります。彼がアメリカへ行ったのは一八三〇年代の初めで、ちょうど〈individualism〉（個人主義）という言葉が出てきた頃でした。

〈democracy〉の〈demos〉は「大衆」という意味で、〈cracy〉は「統治」です。〈aristocracy〉といえば「貴族統治」という意味ですから、〈democracy〉も、統治形態の一つで、本来は「民主主義」ではなく「民主統治」「民主政」と訳すべきものです。

トクヴィルは名前からもわかるようにもともと貴族の出身で、彼の考え方からすれば、大衆が支配する統治システムというのは、本来、好ましくないものだったのでしょうし、実際、問題のアメリカでも、国を形づくる幾つかの歴史的な基本文書では、「デモクラシー」という言葉を使うことは避けられていました。「市民による政治」、あるいは「市民の統治」、あるいは「共和制」というような言葉が使われました。［ア］当時の常識としては、基本的に「デモクラシー」という言葉は、負のニュアンスでしか使用されていなかったことが判《わか》ります。

［イ］、トクヴィルが実見した時代のアメリカでは、どうやら、この欠点だらけの「デモクラシー」なるものを、新しい方法でうまく使いこなしているようだ。トクヴィルはアメリカを旅行して、そのように感じたのでした。

この新しい民主政を目の当たりにしたトクヴィルは、驚きを持ってそれをヨーロッパの読者に紹介しようとするのです。トクヴィルは、「デモクラシー」なるものの本質に〈individualism〉があると書いています。個人主義は、利己主義とは違うが、自分を大事にするという点において、最後にはエゴイズムに陥る。それゆえ、人間の意識は内向きに働き、パブリックな問題に対してはうまく機能しなくなりかねない。それが、当時の「個人主義」に対する了解でした。念のために書きますが〈individualism〉の語源は「不可分割主義」で、ギリシャ語由来の「アトミズム」(atomism)と意味上は全く同じです。社会をそれ以上分割できない単位（つまり個人）にまで1カンゲンする立場、と考えてよいでしょう。それで、デモクラシーも社会のなかの「大衆」（単なる個人の集合）を前提としている。だから、デモクラシーと個人主義とは2イッカツして負の価値を負わされる、それが一九世紀初頭のヨーロッパの普遍的解釈だったのです。

ではアメリカ人がどういう工夫でそれを救っているかというと、あらゆることについてB〈association〉（結社）をつくることで対応している、とトクヴィルは書いています。

結社とは、社会の個人が、［X］的に他者と手を結んで、自分たちの目的を達するために造り上げるコミュニティです。巨大なものもちっぽけなものもあり、まじめなものもふざけたものもあります。お祭りを実施するため、神学校を創設するため、旅籠《はたご》の建設のため、教会を建立《こんりゅう》するため、書物を頒布《はんぷ》するため、僻遠《へきえん》の地に宣教師を派遣するため、およそ新しい事業を起こそうとするとき、アメリカでは必ず結社がつくられる。病院や刑務所や学校も、結社によってつくられるのです。新たな事業の先頭に立つのはフランスなら政府、イギリスなら大領主ですが、アメリカではどんな場合にもそこに結社の姿が見出される、とトクヴィルは賞賛します。

禁酒の「アソシエーション」について、あなた信じられますか？　合衆国では十万単位の人々が、仲間を造って、強い酒を飲まないと公に約束しているんですよ、とこんな調子です。トクヴィルは自身、最初に聞いたときは冗談だと思ったそうです。エゴイズムに陥りがちな個人主義を、人々が手をつなぎあい「アソシエーション」をつくることで3コクフクしている、というのはアメリカにおける最大の発見とみなしています。

個人主義は、近代市民社会の悪い面だと考えられていた。近代以前は、人々は地縁や血縁、あるいは身分制度などでつながり合っていたが、近代では個人主義になったがために人々はお互いのつながりを失って、ばらばらになってしまった。一人ひとりが自然の状態でほったらかしにされている。そういうものの上にたつのが民主主義だとトクヴィルは考えます。これはある意味、近代社会のひとつの4ビョウヘイみたいなものを抉《えぐ》り出していると言えるでしょう。

独立した市民は同時に無力で、一人ではほとんど何をなす力もない。誰一人として仲間を強制して自分に協力させることはできそうにない。だからこそ、無力に陥らないため助け合う方法を考え、アメリカでは結社をつくりだしたのです。

自己決定というのは抜きがたくその個人主義と結びついています。ある人の人生はその人のものだというのは当然のことですが、そして、個人主義では、それでおしまいですが、果たして本当にそうか。アメリカの「結社主義」は、その問いにC一つの答えを出しているのかもしれない。そしてそうだとすると、一人の人間の生涯（死も含めた）は、決してその人だけのものではない、という発想が生まれるようにも思われます。死は自分だけのものではなく、自分を取り巻く様々な共同体に深く関わっている。そういう解釈も可能になります。

（村上陽一郎『死ねない時代の哲学』より）

問一、よく出る　点線部1～4のカタカナを漢字で書きなさい。

問二、よく出る　基本　［ア］・［イ］に最もよくあてはまる接続語を次の中から選び、番号で答えなさい。

1、そして　2、しかし　3、また
4、つまり　5、さらに

問三、［X］に最もよくあてはまる語を次の中から選び、番号で答えなさい。

1、基本　2、常識　3、本質
4、客観　5、自発

問四、傍線部Aについて、これはなぜですか、説明しなさい。

問五、傍線部Bについて、どのような問題に対応していますか、二点説明しなさい。ただし、「問題」という言葉で終わるように書くこと。

問六、**難** 傍線部Cについて、「一つの答え」とは何ですか、「自己決定」という言葉を含めて説明しなさい。

國學院高等学校

時間 50分　満点 100点　解答 P79　2月10日実施

出題傾向と対策

●論説文、小説文、古文、漢字の四題構成。論説文の内容はやや難しい。設問は傍線部や空欄前後の丁寧な読解を前提としたものが多い。小説文、古文の内容はやや平易。設問も標準的である。全体的に言葉の意味についての知識が正解と関係することが多い点に注意する。

●接続語、二字熟語、形容表現（修飾語）、慣用句、漢字、古典文法の知識量が正答率を左右するので日頃から幅広い知識を身につけておく。また「標準」から「やや難」レベルの論説文に親しみ、読解力も鍛えておくこと。

一 （論説文）文脈把握・内容吟味

次の文章を読んで、後の問いに答えなさい。

小説(1)「楢山節考《ならやまぶしこう》」が発表された時、衝撃をもって受け止められたのは、ただ棄老《きろう》伝説を甦《よみがえ》らせ、忘れていた黒く重い影を読む者に突きつけたからだけではありません。それのみであったなら、昔は酷《むご》いことが行われていたものだと驚き、今はそのようなことのない世の中になっているのに安堵《あんど》して終ったかもしれない。

「楢山節考」には、しかしもう一つの切実なドラマが含《ふく》まれている。前に触れたおりんの自らすすんで山に行こうとする意志と、それを実行せねばならない家族、とりわけ息子・辰平との間に生ずるドラマです。楢山は四つも山を越えた先にある道もない山なのだから老人が歩いて行ける筈《はず》はない。辰平の背負《しょ》う背板に乗って行くのです。（ a ）息子は自分で母親を捨てに山道を辿《たど》らねばならない。なんとも辛い道程です。そこは胸締め付けられる場面ではありますが、それを実行させるおりん自身の姿に一層深い感動を覚えます。おりんはいやいやながら山に捨てられるのではなく、自ら進んでそこに行こうとするのです。

おりんは山へ行くかなり前から準備にとりかかっています。出かける際の振舞酒や、山で坐《すわ》る莚《むしろ》などは三年も前に作っています。気にかかっていた息子の後妻も来てほとんど心残りがなくなりますが、もう一つだけ済ませねばならないことがある。

年を取っても一本も抜けることのなかった歯を恥じて、A自分でそれを欠く仕事です。楢山まいりに向う時には「歯も抜けたきれいな年寄り」（新潮文庫『楢山節考』、以下同）になって出発したいとの願いをおりんは抱いています。そこで上下の前歯を火打石で叩いてこわそうとするけれど丈夫な歯は容易に欠けてくれない。遂には石臼《いしうす》の角にぶつけて上の前歯をようやく二本欠くことに成功する。予約を取っては歯科医のもとに通い、虫歯の治療《ちりょう》をしたり入れ歯を作ったりに励む我々には考えも及ばぬような行為《こうい》です。どうしておりんはそんなことをするのか。食べる物の乏《とぼ》しい村では、年を取っても揃《そろ》ったままの歯は食欲の旺盛《おうせい》さ、食い意地の強さを窺《うかが》わせ恥ずべき姿と感じられるからです。

同時にその裏には、「歯も抜けたきれいな年寄り」という言葉からも察せられるような「年寄り」の姿とか形なるものが存在していたことを想像させます。年寄りらしい年寄り、老人らしい老人の存在です。そこを目指して老いて行くことの出来る理想のモデル、と言ってもいいかもしれない。そして今日では、そのようなモデルを容易に見出し得ないことに気づきます。年寄りらしくない年寄りにはいくらでも出会えるのに、いかにも年寄りの名にふさわしい、といった年寄りを見つけるのは難しい。

おりんが目指す「きれいな年寄り」は、［　Ⅰ　］

けれど人間を古い共同体の掟《おきて》から解放し、酷い風習から自由にした動きそのものが、一方ではおりんの思い描く「きれいな年寄り」を追放したことも見逃されてはなりますまい。つまり、おりんの描く理想の老婆《ろうば》像は「楢山まいり」の時代のものであって、世の中が変れば最早《もはや》通用しなくなったとしても不思議ではありません。

どの時代とどの時代との間にも、似たような関係はあると思われます。安土桃山時代と江戸期との間にも、江戸期と明治との間にも、明治と大正・昭和の間にも、昭和も敗戦前と戦後との間にも、夫々《それぞれ》大きな暮しの変化があったろうし、人々はそれを乗り越えて生きて来た。そしておそらく、各時代時代の老人像というものが生み出されて来たに違いありません。（ b ）その像の輪郭は、現代に近づくにつれ次第《しだい》にぼやけて来ているのではないでしょうか。とりわけ二十世紀半ばの敗戦以降、つまり戦後にはいると我々の老人像は急速に曖昧なものとなって来る。敗戦前まではまだそれなりのリアリティーのあったB「隠居[(2)]」という言葉が死語と化したのもその端的な表れの一つでしょう。

そういう時代を生きる我々であるからこそ、「楢山節考」のおりんの姿に一層衝撃を受けるのではないか。おりんがそうありたいと願う「きれいな年寄り」のイメージ自体が確固とした老人像を提起しているのは事実ですが、それに自分を近づけ、重ね合わせて行こうとする彼女の意気込みそのものに打たれずにいられない。（ c ）「きれいな年寄り」になろうとする意志そのものが鮮烈な老人像を描き出しているのです。そこには、ひたすら何かになろうとする人の姿が浮かび上る。そして何かになろうとする結果は死なのです。

しかしその死は自殺とは全く別の方向を指している。自殺は個人的な生の（ w ）であり生の（ x ）ですが、おりんの「楢山まいり」は家族をはじめとする村人達の暮しを背景にした生の（ y ）であり、生の限りない（ z ）に他ならない。それを表現する人物像がおりんという七十歳になろうとする老婆の姿として読む者に迫って来ます。息子を励ますようにしてその背で山に向うおりんは、その時自分が願っていた「きれいな年寄り」へと昇華しているのではないでしょうか。

おりんにそれが可能であったのは、彼女の人柄《ひとがら》による部分もあったかもしれませんが、それ以上に年寄りの生きる規範というものが村の暮しの中に確立し、あるべき老人の姿を思い描くことが出来たからです。七十歳という年齢の区切りがあることも、自分の生の形を見定める上での手がかりになる。

それに比べれば、C現代の老人は自己の姿を捉《とら》え難くなっている、とも言えます。建前としては老人は大切にされ、「お年寄り」などと「お」をつけてニュースなどで呼ばれてはいるものの、実態は老人の扱い方は次第に冷やかなものへと進みつつあるようです。少なくとも政治における制度面の改革を見る限り、老人が大切にされているとは思われない。その上、寿命《じゅみょう》は延び続けているのですから老後は長くなり、どこかで終りという終点が見えない。つまり表面上は大事にされているかのような状態のまま、「お年寄り」は長寿に向けて押し流されて行く。

しかも、老人はかくあるべしといった規範の形さえ見当たらない。絶対的貧困の中でおりんが自分のものとしたような張りのある精神は持とうとしても持ちようがない。そういう困難の前に今の「お年寄り」は立たされているのではないか。老いることの難しい時代が到来したのです。それは個人の努力によって解決し得る類の問題ではありません。いわば時代の課した条件なのですから、まずそれを正面から受け止めた上で、ではどうすれば前向きに老いて行くことが出来るかを模索《もさく》し続けねばならないでしょう。

還暦《かんれき》（数え六十一歳）、古稀《こき》（数え七十歳）、喜寿《きじゅ》（数え七十七歳）、傘寿《さんじゅ》（数え八十歳）、米寿《べいじゅ》（数え八十八歳）、卒寿《そつじゅ》（数え九十歳）、白寿《はくじゅ》（数え九十九歳）、といった年齢の節目があり、そこまで生きた命を祝う習慣のあった頃は老いに明確な形がありました。言葉として残ってはいても、今はそれを心から祝うことは稀《まれ》でしょう。むしろ、その種の節目を無視して生き続けることの方が好ましく感じられる時代になっているからです。命はのっぺりとした棒の如《ごと》きものと化し、ただ先へ先へと延びて行くことだけが重視されているような気がします。

（黒井千次《くろいせんじ》『老いるということ』による）

〔注〕(1)「楢山節考」…深沢七郎《ふかざわしちろう》の短編小説。民間伝承の棄老伝説を題材とした作品。棄老伝説とは、役に立たなくなった老人を山に棄《す》てたという伝説。

(2)隠居…勤めを辞めたり家督《かとく》を譲《ゆず》ったりして気ままに暮らすこと。

問一、**よく出る** 空欄《くうらん》（ a ）～（ c ）に補うのに最もふさわしい語の組み合わせを、次の選択肢の中から選び、番号を答えなさい。

①（a）しかし　（b）つまり　（c）むしろ
②（a）しかし　（b）そして　（c）むしろ
③（a）つまり　（b）そして　（c）たとえば
④（a）つまり　（b）しかし　（c）むしろ
⑤（a）そして　（b）つまり　（c）たとえば

問二、傍線《ぼうせん》部A「自分でそれを欠く仕事」をするのはなぜだと考えられるか。その理由として最もふさわしいものを、次の選択肢の中から選び、番号を答えなさい。

①共同体の中において食欲の旺盛さを表してしまう健康な歯は、家族にも知られないように処理するしかなかったから。
②共同体で生活するだけでも周囲への配慮《はいりょ》が必要なのに、健康な歯を持つ老人を抱える苦労までさせたくなかったから。
③共同体の掟に逆らってでも、自らの身体を傷つけて、自分の理想とする老人のイメージに近づこうとしたから。
④共同体の中で死んでいくものが「きれいな年寄り」のままでは、恥ずべきものとして笑われてしまうから。
⑤共同体の掟の中で理想とされている「年寄り」になることができなかったので、形だけでも近づけようとしたから。

問三、空欄 I には次の（あ）～（え）を並べ替えた文章が入る。並べ方として最もふさわしいものを、後の選択肢の中から選び、番号を答えなさい。

（あ）それを打破してよりよい生活を呼び寄せようとするのは当然の歩みです。
（い）厳しい暮しの条件が作り出し、共同体の掟として強制されたものであったろうと思われます。
（う）近代化とはその道程でもあったのでしょう。
（え）そして長い歳月をかけて暮しは次第《しだい》に豊かなものとなって来た。

①（い）→（あ）→（え）→（う）

②（あ）→（い）→（え）→（う）
③（あ）→（う）→（え）→（い）
④（い）→（う）→（え）→（あ）
⑤（い）→（え）→（う）→（あ）

問四、傍線部B「『隠居』という言葉が死語と化した」とあるが、その背景にはどのような事情があると筆者は考えているか。その説明として最もふさわしいものを、次の選択肢の中から選び、番号を答えなさい。
①昔は「老人はかくあるべし」といった制度が運用されていたが、現在は形骸《けいがい》化してしまっているから。
②昔は各時代時代の明確な老人の形が生み出されたが、現在はその輪郭がぼやけたものとなっているから。
③昔は老人も張りのある精神を持っていたが、現在は若くありたいという願望しか持たなくなっているから。
④昔の老人は時代の課した条件に惑わされていたが、現在では誰でも「きれいな年寄り」になっているから。
⑤昔の老人は長寿であることに敬意が払われたが、現在は煙たがられていて心から祝われることは稀だから。

問五、空欄（ w ）～（ z ）に補うのに最もふさわしい語の組み合わせを、次の選択肢の中から選び、番号を答えなさい。
①（w）終り　（x）失敗　（y）完了　（z）堕落《だらく》
②（w）疑問　（x）否定　（y）停止　（z）肯定《こうてい》
③（w）悲観　（x）停滞《ていたい》　（y）完了　（z）延命
④（w）悲観　（x）失敗　（y）完結　（z）堕落
⑤（w）終り　（x）否定　（y）完結　（z）肯定

問六、**思考力** 傍線部C「現代の老人は自己の姿を捉え難くなっている」とあるが、それはなぜか。その理由として最もふさわしいものを、次の選択肢の中から選び、番号を答えなさい。
①ニュースで「お年寄り」などと呼ばれるように老人は大切に扱われているようでいて、実際には冷遇《れいぐう》されていることに老人が戸惑っているから。
②政治における制度面の改革により老人の扱い方に成功を収めた結果、平均寿命が延び続けてお年寄りという概念がなくなりつつあるから。
③医療《いりょう》の進歩や介護の充実により老いることの難しい時代が到来し、自分が年齢を重ねているのかどうかわからないほど老人たちを迷わせているから。
④古い共同体の掟のために、自然と各時代の理想の老人像が生まれてきたが、現在に至り、その掟からの解放によってその理想像があいまいになったから。
⑤節目を無視して生き続けようとする現代の老人に対し、その周囲にいる人々は、長寿であることを心からではなく形式的にしか祝うことができないから。

三 （小説文）文脈把握・内容吟味・主題

「僕」は横浜山の手の、先生も生徒も西洋人ばかりという学校に通っている。まだ日本に絵の具の少ない時代、「僕」は友人ジムの絵の具の美しさに見とれ、こっそりそれを盗んでしまう。やがてそのことが他の生徒たちに知られてしまうところとなり、「僕」は友人たちによって、「僕の好きな受け持ちの先生」の部屋に連れていかれることになった。本文はそれに続く場面である。これを読んで、後の問いに答えなさい。

　やがてその部屋の戸をジムがノックしました。ノックするとはいってもいいかと戸をたたくことなのです。中からはやさしく「おはいり」という先生の声が聞えました。僕はその部屋にはいる時ほどいやだと思ったことはまたとありません。

　何か書きものをしていた先生は、［Ⅰ］とはいって来た僕たちを見ると、少し驚いたようでした。が、女のくせに男のように頸《くび》の所でぶつりと切った髪の毛を右の手で撫《な》であげながら、いつものとおりのやさしい顔をこちらに向けて、ちょっと首をかしげただけで何の御用という風をしなさいました。そうするとよく出来る大きな子が前に出て、僕がジムの絵具《えのぐ》を取ったことを委《くわ》しく先生に言いつけました。先生は少し曇った顔付きをして真面目にみんなの顔や、半分泣きかかっている僕の顔を見くらべていなさいましたが、僕に「それは本当ですか」と聞かれました。本当なんだけれども、僕がそんないやな奴だということを、どうしても僕の好きな先生に知られるのがつらかったのです。だから僕は答える代《かわ》りに本当に泣き出してしまいました。

　先生は暫《しばら》く僕を見つめていましたが、やがて生徒たちに向って静かに「もういってもようございます」といって、みんなをかえしてしまわれました。生徒たちは少し物足らなそうにどやどやと下に降りていってしまいました。

　先生は少しの間なんとも言わずに、僕の方も向かずに自分の手の爪《つめ》を見つめていましたが、やがて静かに立って来て、僕の肩の所を抱きすくめるようにして「絵具はもう返しましたか」と小さな声で仰《おっしゃ》いました。僕は返したことをしっかり先生に知ってもらいたいので深々と頷《うなず》いて見せました。

「あなたは自分のしたことをいやなことだったと思っていますか」

　もう一度そう先生が静かに仰った時には、僕はもうたまりませんでした。A ぶるぶると震えてしかたがない唇を、噛《か》みしめても噛みしめても泣声が出て、眼からは涙《なみだ》がむやみに流れて来るのです。もう先生に抱かれたまま B 死んでしまいたいような心持ちになってしまいました。

「あなたはもう泣くんじゃない。よく解《わか》ったらそれでいいから泣くのをやめましょう、ね。次《つ》ぎの時間には(1)教場に出ないでもよろしいから、私のこのお部屋にいらっしゃい。静かにしてここにいらっしゃい。私が教場から帰るまでここにいらっしゃいよ。いい」と仰りながら僕を長椅子《ながいす》に坐《すわ》らせて、その時また勉強の鐘がなったので、机の上の書物を取り上げて、僕の方を見ていられましたが、二階の窓まで高く這《は》い上った葡萄蔓《ぶどうづる》から、一房《ひとふさ》の西洋葡萄をもぎって、［Ⅱ］と泣きつづけていた僕の膝の上にそれをおいて、静かに部屋を出て行きなさいました。

　一時［Ⅲ］とやかましかった生徒たちはみんな教場にはいって、急にしんとするほどあたりが静かになりました。僕は淋《さび》しくって淋しくってしようがないほど悲しくなりました。あの位好きな先生を苦しめたかと思うと、僕は本当に悪いことをしてしまったと思いました。葡萄などはとても喰《た》べる気になれないで、いつまでも泣いていました。

　ふと僕は肩を軽くゆすぶられて眼をさましました。僕は先生の部屋でいつの間にか泣寝入りをしていたと見えます。少し痩《や》せて身長《せい》の高い先生は、笑顔を見せて僕を見おろしていられました。僕は眠ったために気分がよくなって今まであったことは忘れてしまって、少し恥《はずか》しそうに笑いかえしながら、慌《あわ》てて膝の上から辷《すべ》り落ちそうになっていた葡萄の房をつまみ上げましたが、すぐ悲しいことを思い出して、笑いも何も引込んでしまいました。

「そんなに悲しい顔をしないでもよろしい。もうみんなは帰ってしまいましたから、あなたもお帰りなさい。そして明日はどんなことがあっても学校に来なければいけませんよ。あなたの顔を見ないと私は悲しく思いますよ。きっとですよ」

そういって先生は僕のカバンの中にそっと葡萄の房を入れて下さいました。僕はいつものように海岸通りを、海を眺めたり船を眺めたりしながら、つまらなく家に帰りました。そして葡萄をおいしく喰べてしまいました。

けれども次の日が来ると僕はなかなか学校に行く気にはなれませんでした。お腹が痛くなればいいと思ったり、頭痛がすればいいと思ったりしたけれども、その日に限って虫歯一本痛みもしないのです。仕方なしにいやいやながら家は出ましたが、[Ⅳ]と考えながら歩きました。どうしても学校の門をはいることは出来ないように思われたのです。けれども先生の別れの時の言葉を思い出すと、僕は先生の顔だけはなんといっても見たくてしかたがありませんでした。僕が行かなかったら先生はきっと悲しく思われるに違いない。もう一度先生のやさしい眼で見られたい。ただその一事《ひとこと》があるばかりで僕は学校の門をくぐりました。

そうしたらどうでしょう、先《ま》ず第一に待ち切っていたようにジムが飛んで来て、僕の手を握ってくれました。そして昨日のことなんか忘れてしまったように、親切に僕の手をひいて[Ⅴ]している僕を先生の部屋に連れて行くのです。僕はなんだか訳がわかりませんでした。学校に行ったらみんなが遠くの方から僕を見て「見ろ泥棒《どろぼう》の譃《うそ》つきの日本人が来た」とでも悪口をいうだろうと思っていたのに、こんな風にされると気味が悪いほどでした。

二人の足音を聞きつけてか、先生はジムがノックしない前に戸を開けて下さいました。二人は部屋の中にはいりました。

「ジム、あなたはいい子、よく私の言ったことがわかってくれましたね。ジムはもうあなたからあやまってもらわなくってもいいと言っています。二人は今からいいお友達になればそれでいいんです。二人とも上手に握手をなさい。」と先生はにこにこしながら僕たちを向い合せました。僕はでもあんまり勝手過ぎるようでもじもじしていますと、ジムはぶら下げている僕の手をいそいそと引張《ひっぱ》り出して堅く握ってくれました。僕はもうなんといってこの嬉しさを表せばいいのか分らないで、C唯《ただ》恥しく笑う外《ほか》ありませんでした。ジムも気持よさそうに、笑顔をしていました。先生はにこにこしながら僕に、

「昨日の葡萄はおいしかったの。」と問われました。僕は顔を真赤《まっか》にして「ええ」と白状するより仕方がありませんでした。

「そんならまたあげましょうね。」

そういって、先生は真白な(2)リンネルの着物につつまれた体を窓からのび出させて、葡萄の一房をもぎ取って、真白い左の手の上に粉のふいた紫色の房を乗せて、細長い銀色の鋏《はさみ》で真中からぷつりと二つに切って、ジムと僕とに下さいました。真白い手の平に紫色の葡萄の粒が重《かさな》って乗っていたその美しさを僕は今でもはっきりと思い出すことが出来ます。

僕はその時から前より少しいい子になり、少しはにかみ屋でなくなったようです。

それにしても僕の大好きなあのいい先生はどこに行かれたでしょう。もう二度とは遇《あ》えないと知りながら、僕は今でもあの先生がいたらなあと思います。秋になるといつでもD葡萄の房は紫色に色づいて美しく粉をふきますけれども、それを受けた大理石のような白い美しい手はどこにも見つかりません。

（有島武郎《ありしまたけお》『一房《ひとふさ》の葡萄《ぶどう》』による）

〔注〕(1)教場…教室。
(2)リンネル…リンネン。亜麻《あま》の繊維《せんい》を原料とした糸や織物の総称。

問一、空欄[Ⅰ]～[Ⅴ]に補うのに最もふさわしいものを、それぞれ次の選択肢の中から選び、番号を答えなさい。ただし、同じ記号を二度使用してはならない。
①がやがや　②ぶらぶら　③しくしく
④どぎまぎ　⑤どやどや

問二、傍線部A「ぶるぶると震えてしかたがない唇を、噛みしめても噛みしめても」とあるが、唇を噛むことの本文中での意味として最もふさわしいものを、次の選択肢の中から選び、番号を答えなさい。
①怒りをこらえる。
②言葉が出そうになるのを止める。
③悔しさを意識する。
④気持ちの高ぶりを抑える。
⑤恐怖をまぎらす。

問三、傍線部B「死んでしまいたいような心持ち」とあるが、それはどのようなものか。その説明として最もふさわしいものを、次の選択肢の中から選び、番号を答えなさい。
①自分のしたことは人の道に反することであり、尊敬する先生にだけは知られたくないと思っていたのに、先生に知られ厳しく叱られたことに、激しい恥辱を感じている。
②自分のしたことがどんなに友人を傷つけたかはわかっていても、自分なりの理由があり、「僕」を理解しているはずの先生がそれも聞かず、頭ごなしに説教を始めたことに強い絶望を抱いている。
③自分のしたことはもう友人に知られてしまっていて仕方ないとあきらめているが、先生に知られることで話がより大きくなってしまうことに、この上ない恐怖を感じている。
④自分のしたことを改めて恥じるとともに、知られたくないと思っていたことが先生の知るところとなり、大好きな先生に対していたたまれない気持ちになっている。
⑤自分のしたことを深く後悔しているだけでなく、尊敬する先生に自分のしたことを知られ、罪を強くとがめ

られてしまい、先生から軽蔑《けいべつ》されることになるのではないかと恐れている。

問四、傍線部C「唯恥しく笑う外ありませんでした」とあるが、このときの「僕」の気持ちとして最もふさわしいものを、次の選択肢から選び、番号を答えなさい。

①絵の具の事件で、登校すればジムや他の友達に悪口を言われると思っていたが、ジムも友人たちも自然に機嫌を直してくれたので、もう「僕」をいじめたりしないと確信している。

②絵の具の事件で、ジムや他の友達と顔を合わせることに不安を感じていたが、急に解決し、そのことに驚きとまどいながらも安堵《あんど》している。

③絵の具の事件で、先生から自分の罪としっかり向き合うように諭《さと》され気が重かったが、ジムがあっさり許してくれたことで、気弱な自分を情けなく思っている。

④絵の具の事件で失った先生からの信頼をいかにして回復すべきか悩《なや》んでいたが、ジムが許してくれたことで先生も「僕」を理解してくれたと感じている。

⑤絵の具の事件で先生から嫌われたと思い込み、もう登校したくないと考えていたが、先生はすでに「僕」を許してくれており、安心している。

問五、傍線部D「葡萄の房」とあるが、本文の中で葡萄はどのような意味を持って描かれているか。その説明として最もふさわしいものを、次の選択肢の中から選び、番号を答えなさい。

①本文中葡萄は、「僕」の心の象徴として、「僕」の悲しみや涙、笑顔とともにあり、時間とともに「僕」の成長を表現する中で、のちに心のとげのような小道具として印象的な存在となっている。

②本文中葡萄は、揺れ動く「僕」のそばにあり、時に「僕」を癒《いや》し、時になぐさめ、のちに大好きな先生のイメージと重なり、「僕」の心に懐《なつ》かしく思い出される存在になっている。

③本文中葡萄は、「僕」の心の葛藤《かっとう》とともにあり、友人との切ない出来事の中で「僕」の動揺を受け止め励まし、のちに少年時代の幼さを振り返る時も、「僕」に警鐘を鳴らし続ける存在になっている。

④本文中葡萄は、幼い「僕」の過ちを鮮やかで美しい紫色のイメージで染め上げて美化し、それを振り返る今も「僕」に甘酸っぱい過去を思い出させる存在となっている。

⑤本文中葡萄は、先生に代わって「僕」のそばにあって悲しみを和《やわ》らげ、「僕」が改心するために大きな役割を果たし、大人になってからも優しく見守る存在となっている。

三 (古文)仮名遣い・口語訳・動作主・文法・内容吟味

次の文章は『竹取物語』の一節である。かぐや姫の姿を一目見たい帝《みかど》（天皇）は、狩りにでかけるふりをしてかぐや姫に会うことを計画する。かぐや姫の住まいの敷地に入ることに成功し、満ちあふれる光の中に座る美しい姫を見つける。次の文章を読んで、後の問いに答えなさい。

これならむと思《おぼ》して、《これがあのかぐや姫であろうとお思いになって、》逃げて入《い》る袖《そで》をとらへ《奥へ入る（かぐや姫の）袖を》たまへば、《とらえなさると、》面《おもて》をふたぎてさぶらへど、《袖でかくしておそばに控えているけれども、》初めよく御覧じつれば、《ご覧になっていたので、》類《たぐひ》なくめでたくおぼえさせ《すばらしいとお思いになって、》たまひて、「ゆるさじとす」《「逃がさないぞ」とおっしゃって、》とて、率《ゐ》ておはしまさむ《連れていらっしゃろう》とするに、《とすると、》かぐや姫答へて奏《そう》す。《(1)奏上する。》「おのが身は、《「私の身は、》この国に生《うま》れてはべらばこそ、使ひたまはめ、《(2)宮仕えさせることもおできになるでしょうが、》いと率ておはしましがたくやはべらむ」《連れていらっしゃるのはとても難しくございましょう」》と奏す。《と奏上する。》帝、「などかさあらむ。なほ率ておはしまさむ」《「どうしてそのようなことがあろう。やはり連れておいでになろう」とおっしゃって、》とて、(3)御輿《おほんこし》を寄せたまふに、《御輿を（屋敷に）お寄せになると、》このかぐや姫、きと《急に》影になりぬ。はかなく口惜《くちを》しと思して、《お思いになって、》げにただ人《びと》にはあらざりけりと思して、《ほんとうにふつうの人ではなかったよ》「さらば、《「それならば、》御供《とも》には率て行かじ。元の御かたちとなりたまひね。《お姿になってください。》それを見てだに帰りなむ」《せめてそれを見てから帰ろう」》と仰《おほ》せらるれば、《とおっしゃると、》かぐや姫、元のかたちになりぬ。

（『竹取物語』による）

〔注〕(1)奏上する…天皇に申し上げる。

(2)宮仕え…宮中（天皇の居所）に仕えること。

(3)御輿…天皇や貴人の乗る輿。輿とは乗り物の名で、人を乗せて数人が担いで運ぶ。

問一、**基本** 傍線部A「たまへ」は現代仮名遣《づか》いでは「たまえ」となる。同様に、傍線部が現代仮名遣いでは表記が変わるものを、次の選択肢の中から一つ選び、番号を答えなさい。

①初めよくご覧じつれば
②なほ率ておはしまさむ
③めでたくおぼえさせたまひて
④はかなく口惜し
⑤元のかたちになりぬ

問二、**基本** 傍線部B「面」について、この場合の意味に相当する熟語を、次の選択肢の中から一つ選び、番号を答えなさい。

①表面　②図面　③工面　④路面　⑤顔面

問三、傍線部C「類なく」の意味として最もふさわしいものを、次の選択肢の中から選び、番号を答えなさい。

①関係なく　②不思議と　③抜群に
④所在なく　⑤思いのほか

問四、**基本** 次の中から主語がかぐや姫であるものを一つ選び、番号を答えなさい。

①面をふたぎてさぶらへど（二行目）
②類なくめでたくおぼえさせたまひて（三行目）
③率ておはしまさむとするに（四行目）
④御輿を寄せたまふに（九行目）
⑤口惜しと思して（十行目）

問五、本文中で、現代語訳として「そうではございませんので」と補うことができる箇所はどこか。次の選択肢の中から一つ選び、番号を答えなさい。

①「面をふたぎてさぶらへど」（二行目）の後
②「率ておはしまさむとするに」（四行目）の後

③「この国に生れてはべらばこそ、使ひたまはめ」（五行目）の後
④「御輿を寄せたまふに」（九行目）の後
⑤「げにただ人にはあらざりけりと思して」（十行目）の後

問六、傍線部D「いと率ておはしましがたくやはべらむ」とあるが、かぐや姫がそのように言うのはなぜか。その理由として最もふさわしいものを、次の選択肢の中から選び、番号を答えなさい。
①かぐや姫はこの国に生まれたが、帝に仕えることは容易ではないから。
②かぐや姫はこの国に生まれたのに、帝に仕えたいとは思わないから。
③強引《ごういん》に自分に接近してきた帝に、かぐや姫はついて行きたいと思えないから。
④かぐや姫はこの国に生まれた者ではなく、帝に仕えることができないから。
⑤強引に自分と結婚しようとする帝に、かぐや姫は抵抗《ていこう》を感じているから。

問七、傍線部E「げにただ人にはあらざりけり」とあるが、誰がどうしたことに対してこのように思ったのか。その説明として最もふさわしいものを、次の選択肢の中から選び、番号を答えなさい。
①かぐや姫が、違う世界から来たことを隠そうとしていたこと。
②かぐや姫が、急に姿を消してしまったこと。
③帝が、かぐや姫の屋敷に大胆に入り込んだこと。
④かぐや姫が、突然訪問してきた帝を丁重にもてなしたこと。
⑤帝が、狩りを装ってまでかぐや姫を見ようとしたこと。

問八、本文の内容と合致するものを、次の選択肢の中から一つ選び、番号を答えなさい。
①帝はかぐや姫との対面を果たせたことに興奮するあまり、姫に声をかけることができなかった。
②帝はかぐや姫の姿に夢中になり、姫の気持ちを確かめることもなく、自分のもとに置いておこうと考えた。
③帝が予告もなく自分の前に現れたことでかぐや姫はひどく困惑し、無礼な態度をとって帝を怒らせてしまった。
④かぐや姫は帝の誘《さそ》いに乗ることはなく、屋敷にあった御輿で逃げてしまったので、帝はあきらめるしかなかった。
⑤かぐや姫は、望みがかなわない悔しさのあまり影と化してしまった帝をあわれに思い、本当の姿を見せることにした。

四 漢字の読み書き　よく出る　基本

次の傍線部と同じ漢字を含むものを、それぞれ後の選択肢から一つずつ選び、番号を答えなさい。

(1)大学でケイザイ学を学ぶ。
①アルバイトのケイケンがある。
②職場の人間カンケイに悩む。
③人口が増加ケイコウにある。
④防犯のためケイビ員を雇《やと》う。
⑤専門家の意見にケイハツされる。

(2)古寺のたたずまいにユウキュウの歴史を感じる。
①ユウダイな景色を眺める。
②ユウシュウな人材を確保する。
③何が起きてもユウチョウに構える。
④ユウリョウ道路を利用する。
⑤公園にユウグを設置する。

(3)川底に土砂がタイセキする。
①タイレツを組んで行進する。
②畑にタイヒをまく。
③掃除当番をコウタイする。
④俳優としてブタイに立つ。
⑤身分証をケイタイする。

(4)できるハンイで協力する。
①犯人をホウイする。
②家具の位置をイドウする。
③健康をイジする。
④先輩としてのイゲンを見せる。
⑤健康診断《しんだん》でイジョウが見つかる。

(5)手紙をフウトウに入れる。
①贈《おく》り物をホウソウしてもらう。
②大学でホウリツの勉強をする。
③ホウケン的な思想に反発する。
④テニスボールがホウブツ線を描く。
⑤地震で家屋がホウカイする。

(6)自分のシンネンを貫く。
①職場のシンネン会に参加する。
②シンシュクする素材でできた衣服。
③相手のメールにヘンシンする。
④学術のシンコウを図る。
⑤準決勝にシンシュツする。

(7)キリツ正しい生活を送る。
①提出のキジツに間に合わない。
②交通キセイが行われる。
③キケンな場所で遊ばない。
④キカン車に乗って旅する。
⑤彼女はコウキ心が強い。

(8)会社で高いチイにつく。
①電車がチエンする。
②珍しい切手のカチを調べる。
③都市のチアンを守る。
④座席のハイチを決める。
⑤チイキ社会の活性化を目指す。

渋谷教育学園幕張高等学校

時間	60分
満点	100点
解答	P80
1月19日実施	

出題傾向と対策

●論説文、小説文（省略）、古文の三題構成。論説文と小説文は文章量・質ともに標準からやや難レベル。古文は文章量こそ少ないが内容は標準からやや難。設問は丁寧な読解を必須とし、記述式の問題では見つけた複数のヒントをまとめ直す作業が求められる。文学史も必出である。

●過去問の丁寧な演習が効果的である。傍線や空欄前後部分の読解の正確さは、そのまま正答率に反映する。また時間内にきちんと処理できるよう、ペース配分の訓練も行っておく。知識は日頃からコツコツ蓄積しておこう。

一 （論説文）漢字の読み書き・内容吟味・文脈把握

次の文章を読んで、後の問いに答えなさい。

日本に住むイギリス人の友人から招かれたことがあった。郊外のどこにでもありそうな日本家屋であったが、家のなかは万事イギリス風で、家族みな暮らしを楽しむ風が偲ばれるようであった。そうするうち、招じられるままに玄関を入って、思わず脚が竦《すく》んでしまった。昔の家なら上がり框《かまち》という、三和土《たたき》と廊下とのわずか十㎝ほどの段差のところで、躓《つまず》きそうになったのである。先導していた当家の主人は、外からの歩様をいささかも緩めることなく、ごく自然にこの段差を越えて、廊下を奥まで進んでいってしまった。こちらが、一瞬、脚を絡ませているのに気がついた家人は、日本人客の多くがおなじように狼狽《うろた》えると庇《かば》ってくれたものである。罠に掛かるのを楽しんでいるようにも見えたが、それは見当違いの僻目《ひがめ》であろう。

家のなかでは外履きを脱いで素足かスリッパに履き替えるという日本の習慣は、おそらく世界のなかでも稀有な部類に入るだろう。夏期の高温多湿を凌ぐのに高床式としたから、家中を外履きで歩き回るのを嫌ったのだとか、椅子や寝台を使わず床に直接座ったり横たわったりしたこと、また畳という厚手なマット様のものを床に敷き詰めるようになったことなども、内外を区別する要因になったのだといわれている。それにひきかえ、日本や朝鮮半島を除く大抵の地域では、内外をとわず四六時中、履物を身につけることで、履物はほとんど衣服とおなじ感覚で捉えられ、裸足になることは着衣を脱ぐこと同然と考えるようになったという。その結果、ベッドで横になるとしても、本格的に睡眠するいがいは靴を履いたままだし、夜なども床に入る瞬間まで素足にならないという習慣ができてしまった。

履物は、人類が直立二足歩行を始めてからも、かなり長いあいだ必要性を感じなかった日用道具のひとつである。いまもなお素足で生活の不自由を厭わない人びとが世界にはたくさんいるし、原始的生活を想像させるイメージでも、装飾具や腰覆いはつけながら、なぜか履物に類するものは(a)足許にない。足は、顔とおなじように、いやそれいじょうに苛酷な自然条件に耐えうるものなのであろう。ということは、紀元前二〇〇〇年ころとされる履物の起源以降、わずか四千年間における履物の変遷は、まことに驚異的、文字どおり長足の進化を辿ったということになる。ましてや、それが人類史のなかでも文明の時代といわれる時期とぴったり符合していることを考えると、履物を交点としたさまざまな文化現象（たとえば、建物の構造や意匠、敷物、靴下等の服飾観、人びとの清潔感の変化、履物に起因する各種(b)シッペイ、歩行をめぐる人間工学、そしてもちろん履物自体の構造や意匠、運動靴などの機能性、素材の入手法や開発、製造技術、社会的記号性等々）が、この間に顕《あらわ》れてきたことは容易に想像がつく。

ここで、文化と国家の問題を考えるために履物の話をもち出したのは、しかし、そうした履物の文化史を始めるためではない。冒頭に示した逸話は、文化という社会的な約束事、いわば観念の産物にすぎないものが、人間の生理、生体としての物理的機能をも拘束するということを再確認するためであった（①ことの真意が、精神と肉体の分離を謳う心身二元論への対置にあることはいうまでもない）。

つまり、靴を履いたまま家のなかには上がらないという生活習慣があるからこそ、それを日々実践する人間は玄関先で、どうしても脚が一歩先に進まないのである（そうした生活習慣のことを、われわれは文化と呼んでいる）。それは、呪縛と呼んでもよいような肉体への拘束ではあるが、たとえば、空き巣狙いや強盗、押し込みがこれを平然とやってのけることを考えると、その呪縛も、自文化に対する関わり方、その時間と場所によって可変的であることも分かる（泥棒も、まさか自宅では履物を脱ぐだろう）。この同じ事態を人間の側から見れば、人間は文化(c)ヒ拘束の存在だと表現することができる。それは、人間が無媒介な存在、すなわち実体的存在であるとする伝統的主体主義の言表に対する反省の表現でもあることはいうまでもない。

人間は観念の動物であるといわれるが、個人の特殊な観念ではなく、複数、多数の人間による共同的な観念（これを「共同主観性（Intersubjectivity）」と呼ぶこともある）が、個々の人間の生理に大きな影響を及ぼしている例は、ほかにもたくさんある。冒頭で紹介した蹴躓《けつまず》きの一件は、筋肉の物理的な機能に関わる事例であるが、そうした文化的な拘束は人間の生体的機能のすべてにわたっているのである。たとえば、聴覚に関する例では、さまざまな動物の鳴き声の違いが比較文化の話題としてよく紹介されている。イヌは、日本で「ワンワン」と鳴き、イギリスでは「bow wow」と吠える。ネコは「ニャーニャー」に対して「mew」、ニワトリは「コケコッコー」と「cock-a-doodle-doo」、ヒツジは「メーメー」と「baa baa」という具合に、その対照ぶりは異文化への好奇心を掻き立てるに十分なほど鮮やかである。

それらは、いうまでもないことながら、それぞれの動物の種類が違っているのでも、聴く条件が異なっているのでもない。同一の音源に対して、まったく違う感覚的反応をするのである。つまり、おなじイヌの鳴き声を聴いても、日本人には「ワンワン」としか聴こえないのであり、英語人には「bow wow」いがいには聴こえないということなのである。音声を分析する機器にかければ、どちらもおなじ測定結果が出されるわけで、とすれば、物理的な因果関係の問題ではなく、文化的な認知の問題だということになろう。人間がたんなる受容器官ではなく、文化的な（文化ヒ拘束の）生き物である(d)所以がここにある。

　動物の鳴き声は、その動物が人間の生活に近しいほど多種多様な鳴き声をもっている。それは、日々の生活の必要から生み出されたからにほかならない（同一の魚の名称が、各地で異なっていたり、成長するごとに名称が変わったりするのもおなじ理由による）。いずれにせよ、現象に対する名付け、すなわち言葉と深い関係にあることは事実で、そうすると、同一言語内の方言にしろ、異言語にしろ、言葉の種類とおなじ数だけ鳴き声の表現も可能だといえるだろう。ということは、人間が動物の鳴き声を聴くということとは、音の刺激に対して言葉を当てるという手続を踏むのではなく、むしろ、[X]とさえいっても過言でないことになる。そのことは、たとえば劇画などで多用される擬声語（onomatopoeia）を見たときに鮮明に実感できることでもある。音は、本来、それ自体不可視のものではあるが、文字化することで、音の実態そのものが実在性を増すことがありえるのである。ただ、これも、その擬声語を含む言語（ないし表記法とその音声化の規則）を知っていることが前提になっているわけで、その意味においても、やはり文化拘束的というほかない。

　聴覚が文化によって左右されるという例は、虫の音の捉え方にも表れている。日本では、秋の夜長を彩るさまざまな虫の音は、季節の徴表として風流とも野趣溢れるものとも受け取られているが、西欧においては、たんなる自然世界の音、ときには雑音とさえ受け止められているという。これは、右脳／左脳の受容器官の違いから説き起こされた興味深い知見ではあるが、②それを正の価値として生理的に育む過程が日常的伝承や積年の知的遺産など文化的な影響下になされてきたことは間違いないし、ましてや、そこから齎《もたら》されるさまざまな波及効果（詩歌に詠み込んだり、心理療法に応用したり、サウンドスケープといわれる環境音楽に採られたり）が文化的な内容を豊富にもっていることはいうまでもない。

　そもそも人間の感覚器官がきわめて限定された範囲でしか実在の世界と向き合えないことは、多くの生理学的な知見が教えてくれている。聴覚には周波数の可聴域があるし、視覚にも可視光線の範囲と可視のための諸条件がある。触覚や嗅覚はさらに習慣性が強く、受容の錯誤や麻痺すらが起こる。味覚にいたっては、文化拘束性が一段と高まるばかりか、好き嫌いに始まる個体差が著しく、ほとんど客観的な受容の事実を確定することは困難である。ことほどさように、感覚を媒介するかぎり、人間はひじょうに小さな窓からのみ実在世界を眺めているにすぎないのである。

　それでも、これらはどれもまだ物理化学的な刺激・受容、いわば客観的に同定できる段階での限定なのだが、これに文化的なバイアス（歪み）が加わるのだから、③人間が針の穴を通すようにして世界を覗き見ていることは明らかだ。裏返していえば、人間が語っている世界は、客観的に受け取った実在そのものの世界ではなく、むしろ人間が構想した、主観による世界だと考えた方が、却って正直というものだろう。しかも、その主観は、地域によって、また、それぞれの歴史によってさまざまに異なるものであることも注意しておきたい。人間は、そうした主観という眼鏡を通してしか世界が見られないのである。この、独我的な主観ではなく、複数の人間が協働してつくりあげる共同的な主観こそが文化にほかならない。絶海の孤島で生まれ育った人間（ありえないが）には、文化は存在しない。

（山本雅男『近代文化の終焉』による）

問一、**よく出る** ——部（a）～（d）のカタカナを漢字に、漢字をひらがなに直しなさい。

問二、**思考力** ——部①「ことの真意が、精神と肉体の分離を謳う心身二元論への対置にあることはいうまでもない」とあるが、ここで筆者が主張しようとしていることの説明として最も適当なものを選びなさい。

ア、家の中では外履きを脱がないという習慣が筆者を狼狽えさせたことは、日本人として培ってきた文化がとっさの時に行動を規定するということなので、観念的な約束事と身体的活動が相互に関係していることは明らかだということ。

イ、家の中では外履きを脱がねばならないという観念が、友人宅の玄関で筆者を緊張させ、躓かせたように、文化はときに人間を強迫し、人間の行動を阻害するので、肉体が精神の支配下にあることは自明であるということ。

ウ、日本家屋でありながら中はイギリス風であることに違和感を覚え、筆者が脚を竦ませたように、文化的な慣習が人間の身体的行動に影響を与えているのだから、精神と肉体が密接に関連しているのは明白だということ。

エ、家の中では外履きを脱ぐ習慣のないイギリス人の友人も、日本家屋に住めばその暮らしを楽しむようになることから、異なる文化圏であっても、身体の振る舞いは自ずと似通ってくることになるのは当然だということ。

オ、日本家屋でありながら、中では外履きを脱がないという習慣に気づけなかった筆者は、脚が竦んでしまったが、それは家屋の構造上の問題であり、文化という精神的な働きが身体を束縛しているとまでは言えないということ。

問三、空欄[X]に入る言葉として最も適当なものを選びなさい。

ア、言葉が音を可視化する

イ、言葉に音が作用する

ウ、言葉が音を利用する

エ、言葉が音を創出する

オ、言葉を音が変質させる

問四、**思考力** ——部②「それを正の価値として生理的に育む過程」とあるが、その内容を四十字以上五十字以内で説明しなさい。

問五、**思考力** ——部③「人間が針の穴を通すようにして世界を覗き見ている」とあるが、どういうことか。「針の穴」の意味がわかるように説明しなさい。

二 （省略）永井龍男「そばやまで」より

三 (古文)口語訳・内容吟味・古典知識

次の文章を読んで、後の問いに答えなさい。

故(＊1)相州禅門《さうしうぜんもん》のうちに(＊2)祗候《しこう》の女房ありけり。腹悪しく、たてたてしかりけるが、ある時、成長《せいぢやう》の子息の同じく仕へしけるを、いささかの事によりて、腹を立てて打たんとしけるほどに、物にけつまづきていたく倒れて、Ⅰいよいよ腹を据ゑかねて、禅門に、「子息某《それがし》、わらはを打ちて侍るなり」と訴へ申しければ、「不思議の事なり」とて、「(＊3)かの俗を召せ」とて、「まことに母を打ちたるにや。」と問はる。「まことに打ちて侍る」と申す。母しかしか申すなり」と問はる。禅門、「Ⅱかへすがへす奇怪なり、不当なり」と叱りて、①所領を召し、流罪に定まりにけり。

②事苦々しくなりける上、腹も漸《やうや》く癒《い》て、あさましく覚えければ、母また禅門に申しけるは、「腹の立つままに、この子を、打ちたると申し上げて侍りつれども、まことにはさる事候はず。大人気なく彼を打たんとして、倒れて侍りつるを、Ⅲねたさにこそ訴へ申し候ひつれ。まめやかに御勘当候はん事はあさましく候ふ。許させ給へ」とて、けしからぬほどにまたうち泣きなど申しければ、「さらば召せ」とて、召して、事の子細を尋ねられけるに、③「まことにはいかで打ち候ふべき」と申す時、「さては、など始めより、ありのままに申さざりける」と、禅門申されければ、「母が打ちたりと申し候はん上には、我が身こそいかなる咎《とが》にも沈み候はめ。母を(＊4)虚誕《きよたん》の者には、いかがなし候ふべき」と申しければ、「いみじき④至孝の志深き者なり」とて、大きに感じて、別の所領をそへて給ひて、殊《こと》に不便の者に思はれけり。

⑤末代の人には、有り難く、珍しくこそ覚ゆれ。

（『沙石集』による）

《註》＊1　相州禅門……鎌倉幕府執権、北条時頼のこと。
＊2　祗候……お側近く仕える。
＊3　かの俗……ここでは、子息のこと。
＊4　虚誕……嘘つき。

問一、……部Ⅰ「いよいよ腹を据ゑかねて」、Ⅱ「かへすがへす奇怪なり」、Ⅲ「ねたさにこそ訴へ申し候ひつれ」の訳として最も適当なものを、それぞれ選びなさい。

Ⅰ「いよいよ腹を据ゑかねて」
ア、どうにも格好がつかなくなって
イ、とうとう覚悟を決めざるを得なくなって
ウ、いっそう怒りを我慢することができなくて
エ、さすがに気持ちの落ち着けどころがなくて
オ、なんとしても肝が据わる状態にはならないで

Ⅱ「かへすがへす奇怪なり」
ア、本当に不届きである
イ、何となく納得がいかない
ウ、どう考えても嘘をついている
エ、何はともあれおかしなことだ
オ、何度聞いても不思議なことだ

Ⅲ「ねたさにこそ訴へ申し候ひつれ」
ア、何とも羨ましくて訴え申し上げました
イ、腹立たしさのあまり訴え申し上げました
ウ、憂さ晴らしを訴え申し上げていましたのに
エ、引け目を感じて訴え申し上げられませんでした
オ、恥ずかしくて訴え申し上げずにいられませんでした

問二、──部①「所領を召し、流罪に定まりにけり」と同じ内容の語句を、本文中から漢字二字で抜き出しなさい。

問三、──部②「事苦々しくなりける」とは、どういうことか。その説明として最も適当なものを選びなさい。
ア、子息への罰は、今後も女房を苦しめ続けることになると悟ったということ。
イ、女房が当初思っていた以上に、子息に対する処罰が重くなったということ。
ウ、女房の一方的な思い込みが、子息への厳罰という形で裁定されたということ。
エ、私的な問題を公の裁定にまで持ち込んだことを、気恥ずかしく思ったということ。
オ、子息に対する処置は、禅門にとって利益が少ないということに気づいたということ。

問四、──部③「『まことにはいかで打ち候ふべき』」の内容を説明したものとして最も適当なものを選びなさい。
ア、子息が禅門に、母の訴えている通り、本当に母のことを叩いたのだと訴えている。
イ、禅門が子息に、本当は母のことを叩くことなどしなかっただろうと確認している。
ウ、子息が禅門に、母のことを叩くことなどできるはずがないということを答えている。
エ、禅門が子息に、どうして母のことを叩くことができたのかということを問うている。
オ、女房が子息に、本当はまったく母を叩かなかったではないかと、泣いて責めている。

問五、──部④「至孝の志」とあるが、この逸話における「至孝の志」を説明したものとして最も適当なものを選びなさい。
ア、どのような逆境に立たされようとも、子の運命として、親の望む将来へと進もうとした意志。
イ、どのような処罰が下ろうとも、親の仕える人物の裁定には従い、親を困らせまいとした意志。
ウ、どのように勘違いされようとも、親の顔に泥を塗らぬよう、従順に生きていこうという意志。
エ、どのような親であろうとも、子として生まれたからには、命を差し出す覚悟でいようとした意志。
オ、どのように理不尽な目に遭おうとも、子のつとめとして、親に真心を尽くしていこうとした意志。

問六、思考力 ──部⑤「末代の人には、有り難く、珍しくこそ覚ゆれ」について、語り手はどのような感慨を覚えているのか。その説明として最も適当なものを選びなさい。
ア、真実を見通して寛大な裁定を下せる禅門は、当世の人々にとっての希望であると評価している。
イ、仏法の衰えた末世にも関わらず、孝行心に篤い者がいたということを趣深く感じ、称賛している。
ウ、道徳心が薄れた世にも関わらず、心温まる出来事が起こったことに驚き、禅門の治世を称えている。
エ、子息のような恩愛に満ちた人物の存在は、将来の人々にとっては滅多にない模範になると思っている。
オ、禅門や子息のように思いやりのある人物が多く出る

ことと、禅門の治世が長く続くことを願っている。

問七、よく出る 基本 この文章の出典である『沙石集』と同じ分野（ジャンル）に属する作品を選びなさい。

ア、枕草子
イ、源氏物語
ウ、竹取物語
エ、平家物語
オ、宇治拾遺物語

城北埼玉高等学校

時間 50分　満点 100点　解答 P81　1月22日実施

出題傾向と対策

●論説文、漢字と基本的知識、小説文の大問三題構成。大問の順番は年によって異なるが、内容やレベルは昨年と同様であった。記述問題は二十五～四十字程度のものが三問あり、選択問題と抜き出し問題がバランスよく出題されているのも例年どおり。論説文や小説文の出題のなかにも、ことわざなどの基本的な知識の出題がある。

●まずは、漢字や文法などの基本的な知識をしっかり学習する。記述問題や選択問題にも慣れが必要なので、論説文、小説文ともに問題演習を繰り返しじっくり行うこと。

○文字は楷書《かいしょ》で丁寧に書くこと。
○特に漢字の書き取りは、トメ・ハネにも注意すること。
○文字に制限がある記述式の問いに関しては、句読点や記号等を含めること。

一（論説文）内容吟味・文脈把握・慣用句

次の文章を読んで後の問いに答えなさい。（計35点）

わたしたちがなすaプロジェクトはみな、先取りとか前《まえ》屈《かが》みのかたち、言ってみれば未来の目標に向けていま自分たちがなすべきことを設定する、そんな前傾姿勢《ぜんけいしせい》のかたちで取り組まれる。時を駆《か》るにあたって障害《しょうがい》になるものはすべて排除《はいじょ》される。少しでも効率的に早く未来を手に入れることが望まれる。企業《きぎょう》活動について言えるのと同じことが、人生の折節《おりふし》についても言えるだろう。ひとびとが待てなくなっていること、あるいは世の中が待ってくれなくなっていることの背景《はいけい》には、時を駆る①こういうメンタリティがわたしたち近代人に深く浸透《しんとう》してきているという事情があるのではないかと思われる。

しかし、未来との時間的なかかわりは「時を駆る」「めざす」というかたちばかりをとるものではない。「時を駆る」のちょうど反対方向のかかわりが、何かの「訪《おとず》れを待つ」ということだ。あるいは「機が熟《じゅく》すのを待つ」ということだ。これは未来というものに自分のほうから何か仕掛《しか》けるのではなく、向こう側から何かがやってくるのを待つという、一見したら【　b　】な姿勢である。

「訪れを待つ」というのは、偶然《ぐうぜん》に身を開いておくということである。あいだに何が起こるかわからないからそれをも含《ふく》めて、長い眼で見る、そして自然に機が熟すのを待つ、要は、時が満ちるのを待つということである。

農耕ということが社会的な生産行為《こうい》の中心であったような時代は、この「機が熟すのを待つ」というのは、農業の最大の秘訣《ひけつ》であった。作物は焦《あせ》って育てようとすれば、かならず失敗する。台風が来るかもしれない、干《かん》ばつになるかもしれない、そんな人間にはどうにもならない自然環境《かんきょう》の偶然、さらには植物が自然に熟《じゅく》するためにどうしても必要な時間、そういうものへの配慮《はいりょ》というのが農耕というとなみにおいてはもっとも本質的な意味をもつ。焦ってはならないのだ。細心の注意を払《はら》いつつ、不慮《ふりょ》の出来事への準備もしながら、しかし機が熟すまで待つ、それが肝心《かんじん》なのだ。

ここにも味な日本語があって、「【　c　】せる」という言葉がある。これはものがおのずから熟成《じゅくせい》するのを待つということだ。酒やさまざまの発酵《はっこう》食品をおいしくいただくには、発酵のために必要な時間をしっかり置かなければならない。その時間をくぐり抜《ぬ》けてはじめてそれらは奥深《おくぶか》い味になる。ここでは、時間の経過を何の介入《かいにゅう》もしないでじっと待つことが肝要《かんよう》だ。

これを、「イニシアティヴの放棄《ほうき》」と言いかえてもよい。自分が何か仕掛けるのではなくて、向こうが勝手に熟成するのを待つ——子育ての場合なら、［　I　］——ということである。

育児のみならず、高齢《こうれい》者の介護《かいご》、障害者《しょうがいしゃ》の介助《かいじょ》などケア全般《ぜんぱん》について、このことは言えるように思う。ケアにおいていちばん大事なのは、相手を励《はげ》ますことではなくて、相手が心の深くに抱《かか》え込《こ》んでいる困難《こんなん》について、きちんと、そしてじっと聴《き》いてあげることだ。「そんなふうに思ってはいけない」と言うのではなく、「ああ、そんなふうに思うのですね」と、いったんそのひとのしんどい思いを受けとめ、肯定《こうてい》してあげることだ。そしてそこからそのひとが立ち直ってゆくのを、ひたすらじっと待つ……。

もちろん何でも待っていれば解決するというものではない。政治や経済《けいざい》にはやはりプロジェクト、つまりは前に投げかけることが必要だ。けれどもこの「プロ」※の心性ですべてを進めればやがて【　d　】穴を掘《ほ》ることになる。プロジェクトの姿勢、つまり時を駆る心性は、もう一つ別の姿勢、つまり訪れを待つ心性によって裏打《うらう》ちされ、補完《ほかん》されていなければならない。

右に述べたように、「待つ」ということの核心《かくしん》には「イニシアティヴの放棄」ということがある。「イニシアティヴの放棄」とは、イニシアティヴを相手方に委ねるということである。

「待つ」ということをフランス語で attendre と言う。英語の attend にあたる言葉である。英語の attend には「待つ」という意味はごく弱くしか含《ふく》まれておらず、むしろ「仕える」「付《つ》き添《そ》う」「随行《ずいこう》する」「世話をする」「傾聴《けいちょう》する」「診療《しんりょう》・看護《かんご》する」などの意味で使うことが多い。さらにラテン語の原語 attendere には、「拡《ひろ》げる」とか「伸《の》ばす」という意味もある。これらの意味を全体として考えあわせてゆくと、「待つ」ということには、自分が自分の主人であるという囲いから身を放つということ、つまりは②何でも「自分が、自分が」という姿勢を緩《ゆる》めるという意味があると考えられる。

近代人は、「自由」ということを、何でも自分の意のままになること、つまりは自分が自分の主人であること、自《じ》己《こ》決定の主体であることに求める傾向《けいこう》がある。けれどもこれは近代人の思い上がりで、わたしたちには自分の存在《そんざい》すら自分の自由にはならない。ひとはたがいに支えあうことなしには生きてゆけない弱い存在だからだ。ということは、自分が何をなすべきかを考えるときに、ひとは自分がしたいことだけでなく、ひとが自分に期待していることにどう応えるかという視点《してん》からも考えなければならないということである。これを「待つ」という主題と関連づけて言うと、ひとは「待つ」自分だけでなく、「待たれている」自分についても考えなければならないということである。

自分を「待つ」者としてではなく、「待たれている」者として受けとめる。これがホスピタリティの思想である。ホスピタリティの語源《ごげん》にあるのはラテン語の hospes、つまり「客」という語である。が、この語、奇妙《きみょう》にも「客」を意味するだけでなく、それとは反対の「主」をも同時に意味する。この hospes から派生《はせい》した言葉に hospice や hospital、hotel や host ／ hostess という、日本人にもよく知られた言葉がある。これは「客」を「主」の座《ざ》に上げるというところから来ている。「客」が「主」に反転するのである。逆の言い方をすれば、「主」は「【　e　】」だということでもある。死を前にしたひと、病人、旅人、ゲスト……、これらの「客」を「主」の席につかせるのが、看護師や医師、ホテルマンやホスト、ホステスの本来の仕事だということだ。相手を立てること、相手がいちばん心地よく思う状態へともっていってあげること、これがホスピタリティということだ。モダン・ジャズでは、各楽器奏者《そうしゃ》※がインプロヴィゼーションを交代で奏《かな》でる。交代で主役になり、交代で伴奏《ばんそう》役になるのだ。③ケアといういとなみのみならず、モダン・ジャズのセッションもまた、この意味でホスピタリティの精華《せいか》なのではないかと思われる。

（鷲田清一《わしだきよかず》著《ちょ》『わかりやすいはわかりにくい？』による。一部省略がある。）

（注）※「プロ」の心性……接頭辞「プロ～」に含まれる「あらかじめ」「先に」「前方に」などの意識。

※インプロヴィゼーション……即興演奏《そっきょうえんそう》。

問1、思考力 ①こういうメンタリティ　とありますが、これを説明した次の空欄《くうらん》にあてはまる内容を、効率的、障害の二つの言葉を使って四十字以上、四十五字以内で書きなさい。ただし、二つの言葉を使う順序は問いません。（6点）

［　　　　　］ようとするメンタリティ。

問2、本文中の空欄［　I　］にあてはまる内容として最も適切なものを、次のア～エの中から一つ選び、その記号を書きなさい。（4点）

ア、子どもが腹を減らして食べものを要求してもあえて与えず、できるだけ無関心を装《よそお》って接触《せっしょく》する回数を減らし、距離《きょり》を置きながら子どもが親に期待しなくなるのをひたすら待つ

イ、子どもが無謀《むぼう》な挑戦《ちょうせん》をしようとしても表面上はあえて反対せずに、密《ひそ》かにあらゆる手段《しゅだん》を用いて裏《うら》から手を回して成功体験をさせることによって自信を持たせ、成長するのを待つ

ウ、子どもがいろいろ冒険《ぼうけん》をして、ときには痛《いた》い目にあっても放っておいて、少し離《はな》れたところから静かに見守り、子どもが自分で気づくのを待つ、そう子どもが勝手に育つのを待つ

エ、子どもが自分の将来について無知であるがゆえに実現困難な夢を思《おも》い描《えが》いたとしても、親と学校の力強い指導によって親が現実的と考える効率的な目標に方向性を変えるのを待つ

問3、②何でも「自分が、自分が」という姿勢を緩めるとありますが、何でも「自分が、自分が」という姿勢を排除することを何と言っていますか。これ以前の本文中から探し、十字で書き抜きなさい。（4点）

問4、③ケアといういとなみのみならず、モダン・ジャズのセッションもまた、この意味でホスピタリティの精華なのではないかと思われる。とありますが、次は、筆者が考えるモダン・ジャズのセッションとホスピタリティの共通点についてまとめたものです。空欄ア、イにあてはまる言葉を本文中から探し、それぞれ十八字と十二字で書き抜きなさい。（6点）

モダン・ジャズのセッション	各楽器演奏者が即興演奏を奏でる際に［　ア　］。
ホスピタリティ	語源の hospes が［　イ　］という意味を持つ。

問5、本文に書かれている内容と合致《がっち》するものを、次のア～エの中から一つ選び、その記号を書きなさい。（5点）

ア、農耕といういとなみにおける自然環境の偶然、不慮の出来事の代表例である台風や干ばつは人間にはどうにもならない。

イ、近代の企業のプロジェクトでは、未来の目標に向けていま自分たちがなすべきことを設定することが肝心であり、決してイニシアティヴの放棄などがあってはならない。

ウ、育児のみならず、高齢者の介護、障害者の介助などケアにおいていちばん大事なのは、何よりも相手に温かい言葉をかけて優《やさ》しく励ますことだ。

エ、ひとはたがいに支えあうことなしには生きてゆけない弱い存在だから、常に自分が自己決定の主体であることを意識して自分が何をなすべきかを考えなければならない。

問6、[a]プロジェクト　とありますが、企業のプロジェクトに必要な姿勢を、「時を駆るメンタリティ」以外に、次の空欄に合うように五字で抜《ぬ》き出《だ》しなさい。（2点）

□□□□□メンタリティ。

問7、本文中の空欄【 b 】にあてはまる語として最も適切なものを、次のア～エの中から一つ選び、その記号を書きなさい。（2点）

ア、能動的　　イ、受動的

ウ、絶対的　　エ、相対的

問8、**基本** 本文中の空欄【 c 】にあてはまる動詞《どうし》を、自分で考えて二字で書きなさい。（平仮名でもよい。）（2点）

「□せる」（ものがおのずから熟成するのを待つ。）

問9、**基本** 本文中の空欄【 d 】にあてはまる漢字一字を、自分で考えて書きなさい。（2点）

【 d 】穴を掘る（滅《ほろ》びる原因を自ら作ってしまう。）

問10、**思考力** 本文中の空欄【 e 】にあてはまる内容として最も適切なものを、次のア～エの中から一つ選び、その記号を書きなさい。（2点）

ア、主の主　　イ、主の客

ウ、客の主　　エ、客の客

二　漢字の読み書き・活用・熟語

次の設問に答えなさい。（計30点）

問1、**よく出る** **基本** 次の――部の漢字には読みがなをつけ、かたかなは漢字に改めなさい。（各2点）

①彼はダキョウすることを知らない。

②父は短編小説をシッピツ中です。

③自分の非をサトる。

④騒動のカチュウの人となる。

⑤とんでもない災いをもたらす。

⑥群衆の混乱を一度に鎮める。

問2、**基本** 次の――部の動詞の活用の種類を、ア～エの中から一つずつ選び、その記号を書きなさい。（各2点）

1、ぼくと一緒にきて下さい。

2、セーターをきたらよく似合った。

3、ケーキをきったら形が崩れた。

ア、五段活用　　イ、上一段活用

ウ、下一段活用　　エ、変格活用

問3、**基本** 次の四字熟語の空欄にあてはまる漢字を書きなさい。（各2点）

1、異【　】同音

2、絶【　】絶命

3、【　】刀直入

問4、次の慣用句の空欄にあてはまる生物（動物・植物・魚・虫など）を書きなさい。（平仮名でもよい。）（各2点）

1、【　　】の子を散らす（大勢のものがあちこちに逃げていく様子）

2、腐っても【　　】（優れているものは腐っても価値がある）

3、窮鼠《きゅうそ》【　　】をかむ（弱いものも追いつめられると反撃する）

三　（小説文）内容吟味・文脈把握

次の文章を読んで、あとの問いに答えなさい（計35点）

中学に入学してすぐ、少年はあだ名を付けられた。名付けたのは、最初のホームルームの自己紹介で「趣味は友だちにあだ名をつけることです」と言って教室を沸《わ》かせた藤野だった。

小学六年生のときは、少年と藤野は別のクラスだった。六年生の二学期に転入した少年には、まだ、これといったあだ名が付いていなかった。

だから――「わしが決めちゃる」と勝手に宣言した藤野は、ろくに考えもせずに、きっぱりとした口調で言った。

「おまえ、どもるけえ、ドモじゃ」

ひどいあだ名だった。そんなのやめてくれと怒っても、藤野は「これがいちばんわかりやすかろうが」と譲らず、しまいにはゲンコツまで頭上に掲げた。

藤野は、乱暴で、短気で、わがままで、おせっかいな奴《やつ》だ。マンガに出てくるようなガキ大将で、小学生の頃から友だちに付けていたあだ名も、ぜんぶ、マンガに出てくるみたいにわかりやすい。

目が悪くてレンズが渦を巻いたような分厚い眼鏡をかけている高橋は「ウズマキ」、小学二年生の社会科見学でバスに酔って吐いてしまった丸山は「ゲロヤマ」、学年でいちばん太っている大野は「フーセン」……。

だが、藤野は、あだ名で相手をからかったりはしない。渦巻きのような眼鏡だから「ウズマキ」、渦巻き眼鏡が格好悪いとかおかしいとか、そんなことは関係ない。わかりやすいかどうか――それ以外のよけいなものはなにも入っていない。

「なんが気に入らんのな。どもりじゃけえドモ、あたりまえのことじゃろうが」

きょとんとした顔で言う。おとながよくつかう「悪気はない」というやつだ。

「嘘《うそ》じゃなかろ？　ほんまにどもるんじゃけえ」――そう言われると、少年も悔しさや恥ずかしさをこらえて、うなずくしかなかった。

①「のう、ドモ。おまえ、なしてどもるようになったんか」
真顔で訊《き》かれると、少年もつい笑ってしまう。藤野は、吃音《きつおん》をからかっていじめるには性格が単純すぎるし、同情したり気を遣ったりするには鈍感すぎる。

「いけんのは、カ行とタ行だけなんじゃろ。面白《おもしれ》えもんじゃのう、どもりいうんは」

素直に感心されると、ほんとうに、笑うしかない。②自分の吃音のことを友だちとしゃべって笑うなんて、生まれて初めてだった。

もっとも、藤野が期待していたようには「ドモ」のあだ名は広まらなかった。男子はいままでどおり少年を苗字《みょうじ》で呼んだし、女子の何人かは「ドモ」のあだ名は「かわいそう」だと藤野に文句をつけたらしい。

「かわいそうもなんも、どもりはどもりじゃろ？　わかりやすいし言いやすいけん、わし、自信があったんじゃけどのう」

納得がいかないふうに首をひねる藤野に、少年は言った。

「わけのわからんこと言うオンナは、しばいちゃればええのに」

「そうじゃろ？　そうじゃろ？　せっかくええあだ名を考えてやったのに、オンナはアホなんじゃけえ……」
③そんな鈍さが――よかった。
友だちにはわかりやすいあだ名を付ける藤野だったが、自分で付けた自分のあだ名は、意味も由来もひどくわかりづらい。

ゲルマ――。

テレビのヒーロー番組に出てくる、悪の秘密結社の名前みたいな響きだ。

「ゲルマニウム・ラジオの『ゲルマ』なんよ」と教えてくれたのは、ウズマキの高橋だった。五月の連休が明けて間もない頃のことだ。

小学五年生の夏休みに、藤野が親友と二人で作ったゲルマニウム・ラジオが、市の子ども科学展で入選した。そのラジオの名前が、『ゲルマ』だったのだ。

「親友て誰なんか。ウチのクラスにおるんか？」

「まあ、おる言うたら、おるんじゃけど……」

高橋は教室を見まわして、藤野の姿がないのを確かめてから、窓際の最後列の席に顎《あご》をしゃくった。

入学以来ずっと空いている席――出席簿に名前が載っているのに一度も学校に来ていない吉田の席だった。

「吉田のあだ名は、『ギンショウ』いうんよ。ゲルマが付けたんじゃ」

「なに？　それ」

「ドモ、おまえ、ギンショウと会《お》うたことなかろ」

「うん……」

「ほいでも、話ぐらいは知っとるんじゃろ」

小さくうなずいた。

吉田は去年の夏の終わりに、隣の市の施設に送られた。少年がこの街に引っ越してくるのと入れ替わりの形だった。

施設に送られた理由は、窃盗――五年生の終わり頃からずっとつづいていたのだという。

最初のうちは、同級生のシャープペンシルや消しゴムを盗《と》る程度だったが、やがてよその教室にも忍び込むようになった。

「わしらの学年は、みんな被害者なんじゃ」と高橋はまた苦笑する。

そのあたりまでは、盗みがばれたときも親が謝って、なんとか事を収めていた。

だが、六年生に進級した頃から、吉田は友だちの給食費や学級費にも手をつけるようになり、最後は夏休みにスーパーマーケットで万引きをして補導されたのだった。

「ああいうんは病気と同じなんよ。どんどん悪うなるし、施設に行っても治らんかもしれんて、母ちゃん言うとった」

高橋は、やれやれ、というふうに分厚い眼鏡を掛け直して、話を藤野のことに戻した。

ゲルマと吉田は一年生の頃からの付き合いだった。親友というより兄弟に似ていたのだという。おせっかいな兄貴が藤野で、おとなしい弟が吉田。藤野はいつも吉田にはっぱをかけたり、どやしたりする。そのくせ誰かが吉田をいじめると必ずかばって、ときには上級生のグループに殴りかかることもあった。

「ゲルマは世話好きじゃけん、ギンショウみたいにしょぼくれた者が身近におったら、ほっとけんのよ」

わかるような気がする。

「まあ、ギンショウは半分うっとうしそうじゃったがの」

――それも、なんとなく。

吉田と藤野が仲良くなったいちばんの理由は、二人とも機械いじりが大好きだということだった。

五年生に進級したときに二人はそれぞれハンダゴテを親に買ってもらい、簡単な電気工作を始めた。④夏に初めて二人で作ったゲルマニウム・ラジオ――『ゲルマ』を、藤野は科学展に勝手に応募した。製作者の名前も吉田一人にした。

なぜ――とは、少年は高橋に訊《き》かなかった。

答えの見当はだいたいついていた。

藤野は悪い奴ではない、ほんとうに。

だが、あきれはてるほど、単純で、鈍感で、無神経なのだ。

『ゲルマ』は科学展で銀賞をとった。藤野は大喜びして、「天才じゃ天才じゃ」とみんなの前で吉田を褒《ほ》めちぎった。『ゲルマ』が二人の合作だということを知っている連中には、ゲンコツ交じりに厳しく口止めして、最後は「わしが手伝《てつど》うたんは名前を付けたことだけよ」と、しつこいほど繰り返した。

藤野はさらに、銀賞をとった記念に、と吉田と藤野のあだ名を変えた。

藤野は、「ゲルマ」。

吉田は、「ギンショウ」。

それが藤野なりの、吉田への友情だったのだろう。

相手の気持ちをなにも考えていない、身勝手な友情――。

「わしらはみんな前のあだ名の『フーさん』と『よっちゃん』のほうがええと思うとったんじゃけど、ゲルマはとにかく舞い上がっとったし、言いだしたら聞かん奴じゃけえ」
⑤だが、そのあだ名が広まるにつれて、吉田はしだいに元気をなくし、藤野としゃべることも目に見えて減っていっ

たらしい。

少年にも、吉田の困惑や怒りや悲しみはわかる。

「ほいでもう……泥棒はいけんよ、やっぱりの」

高橋はぽつりと言って、ためらいながら、つづけた。

吉田が盗みを覚えた頃、被害者はいつも藤野だった。

「五年生の秋頃から、ゲルマ、しょっちゅう物をなくしとったんよ。整理整頓せんからじゃとか、落とし物が多すぎるとか、よう先生に叱《しか》られとった」

すでにみんなは、犯人は吉田なんじゃないかと薄々勘づいていた。

だが、藤野は一度も吉田を疑わなかった。先生に叱られるときも、なにも言い訳めいたことを言わなかった。

⑥「のう、ウズマキ……それって……」

「わからん。そげなことゲルマに訊けるわけないし、わしらがギンショウの泥棒のことを噂《うわさ》でしゃべっとるだけで、これじゃったけん」

高橋は「これ」のところでパンチのしぐさをして、さらに話をつづけた。

「修学旅行のときも、ゲルマ、小遣いをなくしたんよ。財布に入れとった五百円札が、のうなっとった」

藤野はそのことを黙っていた。誰にも話さず、騒がず、土産なしで家に帰って、小遣いはぜんぶジュースを買って遣ったと言って、母親に叱られたらしい。

「もしゲルマが旅行のときに言うとったら、もう、犯人はギンショウで決まっとったよ。学校でも有名になっとったし、先生らも家庭訪問したり、ギンショウの父ちゃんと母ちゃんを学校に呼んだりしとったけん」

吉田は施設に送られる前に、いままで表沙汰《ざた》になっていなかった盗みのことも打ち明けた。藤野の小遣いのことも、その話で初めてわかった。なくしたことになっていた藤野のシャープペンシルやキーホルダーやメモ帳も、吉田の自宅の机の、鍵《かぎ》の掛かる抽斗《ひきだし》の中から見つかった。

藤野は小遣いのことを黙っていた理由を先生に訊かれて、「落としたと思うて、恥ずかしいけん言わんかった」と答えたらしい。抽斗に隠されていた自分の物についても、「これはギンショウにやったんじゃ」「落としたんをギンショウが拾うたんよ」「わしのと違うわ、こげなボロっちいの」と言い張って、親や先生を感心させたりあきれさせたりした、という。

「ゲルマはギンショウのこと、ほんまに好いとったけん……べつにホモとは違うけどの」

高橋は無理やりオチをつけ、「ゲルマには言うなよ、いまの話」と釘《くぎ》を刺して、話を終えた。

少年は黙って高橋の背中を見送った。

口元がもぞもぞする。どんな顔をすればいいのかわからない。⑦悔しいような、情けないような、悲しいような、腹立たしいような、せつないような、嬉《うれ》しくなるような……。

「アホじゃの」とつぶやいて、ため息をついてみた。表情とも呼べない中途半端なその顔が、いまの気分にいちばんぴったりくるように思えた。

（重松　清著『ゲルマ』による。）

問1、①「のう、ドモ。おまえ、なしてどもるようになったんか」　とありますが、藤野はなぜこの質問をしたと考えられますか。最も適切なものを、次のア～エの中から一つ選び、その記号を書きなさい。（4点）

ア、純粋にどもるようになったことを不思議に思っただけだから。

イ、出会ったばかりなのでおどしておこうと思っただけだから。

ウ、どもることを気にしないようになぐさめようと思ったから。

エ、かくしごとをせずに何でも話せるようにしたいと思ったから。

問2、難　思考力　②自分の吃音のことを友だちとしゃべって笑うなんて、生まれて初めてだった。　とありますが、なぜ今まで吃音のことを友達と話す機会がなかったのですか。次の空欄にあてはまる内容を、本文にある、解答に必要だと思われる三つの言葉と、たいてい、きまずく　の二つの言葉を使って三十字以上、四十五字以内で書きなさい。ただし、本文の言葉はそのまま使えなければ語尾を変化させてもかまいません。また、指定された二つの言葉を使う順序は問いません。（6点）

友だちと吃音が話題になるときには、［　　　］から。

問3、難　思考力　③そんな鈍さが――よかった　とありますが、なぜそう言えるのですか。その時の少年の気持ちを説明した次の文の空欄にあてはまる内容を二十五字以上、三十五字以内で書きなさい。（6点）

藤野がドモというあだ名をつけたことに［　　　］から。

問4、④夏に初めて二人で作ったゲルマニウム・ラジオ――『ゲルマ』を、藤野は科学展に勝手に応募した。製作者の名前も吉田一人にした。　とありますが、なぜ藤野はそうしたのですか。その答えを説明した一文として最も適当なものを本文中から探し、はじめの五字を書きなさい。（4点）

問5、⑤だが、そのあだ名が広まるにつれて、吉田はしだいに元気をなくし、藤野としゃべることも目に見えて減っていったらしい。　とありますが、どうしてそうなったと思われますか。その時の吉田の気持ちを説明したものとして不適切なものを、次のア～エの中から一つ選び、その記号を書きなさい。（5点）

ア、藤野が自分だけの手柄として騒げば騒ぐ程、結果的には嘘をついていることになって罪悪感を感じてしまうから。

イ、合作だと知っている友達から自分が藤野の発言を訂正しないことを責められているような気持ちになるから。

ウ、藤野からはいつも何かしてもらうばかりで、逆に藤野に何もしてやれないという無力感を味わうことになるから。

エ、自分だけの手柄として褒められれば褒められる程友達に一目置かれるようになって、自分が偉くなったような気分になるから。

問6、⑥「のう、ウズマキ……それって……」　とあります

が、この後に続く言葉として最も適切なものを、次のア～エの中から一つ選び、その記号を書きなさい。（5点）

ア、「ゲルマはわざとしらないふりをしていたのかなあ」

イ、「ゲルマはわざとギンショウに盗ませていたのかなあ」

ウ、「ゲルマは本当にわからなかったんだよ」

エ、「ゲルマはギンショウがじゃまだったんだよ」

問7、⑦悔しいような、悲しいような、腹立たしいような、せつないような、情けないような、でも、なんともいえず嬉《うれ》しくなるような……。とありますが、このときの少年の気持ちを説明したものとして最も適切なものを次から一つ選び、その記号を書きなさい。（5点）

ア、吉田が盗みを覚えてしまったのは藤野の身勝手な友情のせいだと思うと腹立たしいが、自分に嫌なあだ名をつけた藤野が困ったことを思うと嬉しくなる。

イ、藤野が早く吉田の盗みのことをおとなに話せば吉田の盗みも癖にならなかったと思うと腹立たしいが、仕返しができた吉田の気持ちを思うと嬉しくなる。

ウ、藤野が吉田を大切に思う気持ちが吉田に通じなかったことが悔しいが、いなくなった吉田の代わりに自分が藤野に大切にされていることがわかり嬉しくなる。

エ、藤野が吉田を大切に思う気持ちが吉田には重荷になっていたと思うとせつないが、藤野が吉田を必死に守ろうとしたことを思うと嬉しくなる。

昭和学院秀英高等学校

時間	満点	解答	
50分	100点	P82	1月18日実施

出題傾向と対策

●論説文、小説文、古文という三題構成は昨年同様。問題文は長く、難易度も高めである。知識を問う設問は小説文の慣用表現、古文の文学史以外はなくなった。記述は論説文・小説文各一題（70字）などと減少した。古文も問題文が長めで内容理解を求める設問を含んでいる。

●問題量は相変わらず多く、選択肢自体の文章が長いものも多いので、時間を意識して解答する必要がある。選択肢は本文との丁寧な照合に基づいて解答するような訓練が必要になる。

＊　字数制限のある場合は、句読点なども字数に含めます。

＊　設問の関係上、原文を一部省略しています。

一 （論説文）漢字の読み書き・内容吟味

次の文章を読んで、後の問いに答えなさい。（計45点）

科学者をめざすためには、まず科学（サイエンス）が何であるかを正しく知る必要がある。

サイエンス（science）の語源はラテン語で「知識・原理（scientia）」で、「分ける（scindere）」ことに関係している。①日本語でも、「分かる」という言葉が「分ける」や「分かつ」と関係しているのは興味深い。

科学で「分かる」と言う場合、確かに対象となる自然現象を分けながら理解している。つまり、「ここまでは分かる、ここから分からない」という線を引き、少しずつ分かる部分を増やしていくのが科学研究だと言える。しかし、対象が複雑な場合は、一筋縄ではいかない。謎が謎を呼んで、分かろうとしているのに、逆に分からないことの方がたくさんあることが明らかになることも多い。

科学が分けることならば、対象を分けてうまく分類ができてしまえば科学研究は終わりかというと、そんなことはない。むしろ分類することは科学研究の始まりであって、終わりではないのである。科学は、常に②一歩踏み込んだ説明を必要とする。

たとえば、蝶《ちょう》をたくさん集めたとしよう。まず、Aズカンと照らし合わせて蝶の名前を調べ、色や形で分類して、生息地や採集時期を正確に記録すれば、蝶に対する経験的な知識は、かなり深まることだろう。しかし、これでは蝶のコレクターと変わらない。単なるコレクターから科学者に脱皮できるかどうかは、その先の分析にかかっている。

蝶に共通した固有の性質（たとえば、羽にある鱗粉《りんぷん》）を見つけ、それがどのような法則によって多様に変化するかを考えること、それが分析である。多様性の根底にある法則を発見するためには、対象の本質をとらえる分析力が必要となる。

つまり、科学研究を一言で表すならば、「自然法則の解明」に他ならない。物理学者＊R・P・ファインマンの次の言葉は分かりやすい。

自然を理解しようとするときの一つのやり方は、神々がチェスのようなすぐれたゲームをやっているのを想像してみることです。こうした観察から、ゲームのルールや、Bコマの動きのルールがどうなっているかを分かろうとするわけです。

このように、自然界のルール、すなわち自然法則を「分かる」ことが、科学研究である。

科学について、『広辞苑（第五版）』では、「体系的であり、経験的に実証可能な知識。物理学・化学・生物学などの自然科学が科学の典型とされるが、心理学、言語学などの人間科学もある」と定義している。確かに科学そのものは「体系的であり、経験的に実証可能な知識」であるが、科学研究は、知識を越えたその先の「分かる」という領域にある。だから、科学研究は、科学という知識体系と区別して考える必要がある。

多くの人は、科学は正しい事実だけを積み上げてできていると思うかもしれないが、それは真実ではない。③実際の科学は、事実の足りないところを「科学的仮説」で補いながら作り上げた構造物である。科学が未熟なために、本来必要となるべき鉄骨が欠けているかもしれないのだ。新しい発見による革命的な一揺れが来たら、いつ Cトウカイしてもおかしくないくらいである。

だから、「科学が何であるか」を知るには、逆に「何が科学でないか」を理解することも大切だ。科学は確かに合理的だから、理屈に合わない迷信は科学ではない。それでは、占いや心霊現象についてはどうだろうか。

占いは、当たらないことがあるから非科学的なのではない。天気予報は、いつも正確に予測できるとは限らないが、科学的な方法に基づいている。また、お化けや空飛ぶ円盤の存在は、科学的に証明されてはいないわけだが、逆に「お化けが存在しない」ということを証明するのも難しい。なぜなら、いつどこに現れるかも分からないお化けを徹底的に探すことはできないわけで、結局見つからなかったとしても、「お化けが存在しない」と結論するわけにはいかない。ひょっとして今この瞬間に自分の目の前にお化けが現れるかもしれないからだ。

哲学者のK・R・ポパー*は、科学と非科学を分けるために、次のような方法を提案した。反証（間違っていることを証明すること）が可能な理論は科学的であり、反証が不可能な説は非科学的だと考える。検証ができるかどうかは問わない。

そもそも、ある理論を裏づける事実があったとしても、たまたまそのような都合の良い事例があっただけかもしれないので、その理論を「証明」したことにはならない。しかも、ある法則が成り立つ条件を調べるといっても、すべての条件をテストすることは難しい。むしろ、科学の進歩によって間違っていると修正を受けうるものの方が、はるかに「科学的」であると言える。

一方、非科学的な説は、検証も反証もできないので、それを受け入れるためには、無条件に信じるしかない。科学と非科学の境を決めるこの基準は、「④反証可能性」と呼ばれている。反証できるかどうかが科学的な根拠となるというのは、⑤逆説めいていて面白い。

たとえば、「すべてのカラスは黒い」という説は、一羽でも白いカラスを見つければ反証されるので、科学的である。しかし、「お化け」が存在することは検証も反証もできないので、その存在を信じることは非科学的である。逆に、「お化けなど存在しない」と主張することは、どこかでお化けが見つかれば反証されるので、より科学的だということになる。一方、「分子*など存在しない」という説は、一つの分子を計測装置でとらえることですでに反証されており、分子が存在することは科学的な事実である。

科学の知識は、経験による根拠を必要としない数学の Dコウリのような「アプリオリ*な知識」と、経験を根拠としていて反証できる「アポステリオリ*な知識」とに、大きく分けられる。たとえば、「エネルギー保存の法則*」はアプリオリな知識であり、「風が吹けば桶屋《おけや》がもうかる」というのは、アポステリオリな知識である。

ここで、反証できるアポステリオリな知識しか科学的と認めないならば、ちょっと極端である。これでは、簡単に証明したり取り下げられたりする理論ばかりが「科学的」ということになってしまい、果たして科学は進歩するのか、という疑問が生ずる。

科学理論の発展という観点から、アメリカの科学史家のT・S・クーン*は、ある一定の期間を代表して手本となるような科学理論（たとえば天動説）を「パラダイム（範例）」と名づけて、新しいパラダイム（たとえば地動説）へと世界観が Eヘンカクしながら科学が進歩するということを、豊富な例をもとに主張した。

このように、科学的仮説は検証と反証をくり返しながら発展していく。科学における仮説の役割がとても大きいことは、数学者・物理学者のH・ポアンカレ*がはっきりと述べているところでもある。

しかし、科学者が述べる説が、いつも仮説の形を取っているとは限らない。科学者の単なる思いつきや予測はあくまで意見にすぎず、科学的な仮説とは違う。科学者は仮説と意見をきちんと分けて述べる必要があるが、一般の人にはその区別がよく分からないので、両者を混同することで誤解が生じやすい。

科学的な仮説に対しては、それが正しいかどうかをまず疑ってみることが、科学的な思考の第一歩である。仮説を鵜呑《うの》みにしたのでは、科学は始まらない。

ラテン語の「コギト・エルゴ・スム」（われ思う、ゆえにわれあり）というR・デカルト*の言葉は、「われ疑う、ゆえにわれあり。」と解釈する方が実際の意味に近い。これは、疑っている「私」の存在を疑うことはできない、ということなのである。

ただし、自分の意見を「われ思う、ゆえに真なり」のように見なすようになったら、もはや科学者としては終わりである。科学にとって実証性こそが命であり、これを失うことは科学を放棄するのに等しい。危険なのは、一般の人々に向けて自分の考えを述べているうちに、仮説と意見の境についての感覚が麻痺《まひ》してしまうことである。そのため、科学者が書いたエッセーの中にもずいぶん無責任な意見があるのだ。

一般向けの科学についての本を手に取ったら、どの程度科学的な良心に従って書かれているかを見抜く眼力が必要である。科学的な厳密さに対する感覚は、どのような証拠があるのか、どうして別の説ではいけないのか、と仮説と意見を見分けるべく批判的に考えることによってのみ磨かれる。科学が分かるには、そのような思考の積み重ねが大切なのだ。

（酒井邦嘉『科学者という仕事』より）

*R・P・ファインマン……（一九一八～一九八八）アメリカの物理学者。ノーベル物理学賞受賞。
*K・R・ポパー……（一九〇二～一九九四）イギリスの哲学者。
*分子……原子の結合体で、物質がその化学的性質を保って存在しうる最小の構成単位と見なされるもの。
*アプリオリ……「先天的」の意。後天的な経験に依存せず、先立つものとして与えられていること。
*アポステリオリ……「後天的」の意。経験や学習によって得られること。
*エネルギー保存の法則……外部からの影響を受けない物理系（孤立系）においては、その内部でどのような物理的ある

いは化学的変化が起こっても、全体としてのエネルギーは不変であるという法則。

＊風が吹けば桶屋がもうかる……ある出来事が巡り巡って思いがけないところに影響を及ぼすということ。

＊T・S・クーン……（一九二二〜一九九六）アメリカの哲学者、科学者。専門は科学史及び科学哲学。

＊H・ポアンカレ……（一八五四〜一九一二）フランスの数学者、物理学者。

＊R・デカルト……（一五九六〜一六五〇）フランスの哲学者、数学者。

1、傍線部A〜Eのカタカナを漢字に直しなさい。（各2点）

2、傍線部①「日本語でも、『分かる』という言葉が『分ける』や『分かつ』と関係しているのは興味深い」とあるが、筆者が「興味深い」と考えるのはどうしてか。その理由として最も適切なものを次のア〜オの中から選び、記号で答えなさい。（5点）

ア、日本語の「分かる」という言葉とラテン語の「分ける（scindere）」という言葉の根底に共通して存在しているものは、対象となる自然現象を少しずつ分けながら理解しようとする姿勢であって、科学（サイエンス）が画期的であるのはこうした姿勢に基づいていると考えたから。

イ、サイエンス（science）の語源がラテン語で「分ける（scindere）」ことに関係しているように、対象となる自然現象をさまざまな方法で「分け」、そこに固有の性質を見出しながらそれを正確に観察するという科学研究の手法は、洋の東西を問わず共通のものであると考えたから。

ウ、科学が西欧社会で発展してきたことは、サイエンス（science）がラテン語の「分ける（scindere）」を語源としているところからも明確であるが、日本語の「分ける」という言葉が「分かる」ことと関係しているように、日本でも科学が生まれる可能性はあったと考えたから。

エ、「分ける」ことによって対象についての知識を少しずつ増やしていくという科学研究の本質が、サイエンス（science）の語源であるラテン語の「知識・原理（scientia）」や「分ける（scindere）」だけでなく、日本語の「分かる」や「分ける」にも関係していると考えたから。

オ、「分ける」や「分かつ」と関係する日本語の「分かる」という言葉は、「分ける（scindere）」というラテン語に由来する科学（サイエンス）とは何の関係も持っていないはずなのに、両者の間に「分ける」ことで「分かる」ことを導き出すという普遍性が見出せると考えたから。

3、傍線部②「一歩踏み込んだ説明」とは何か。文中から10字以内の語句を抜き出して答えなさい。（5点）

4、新傾向 傍線部③「実際の科学は、事実の足りないところを『科学的仮説』で補いながら作り上げた構造物である」とあるが、次に示すのは、この文章を読んだ五人の生徒が、「科学的仮説」について話し合っている場面である。最も適切な意見を述べているものを次のア〜オの中から選び、記号で答えなさい。（5点）

教師…本文には「科学的仮説」になる場合の例と、ならない場合の例がいくつか挙げられていますが、それでは、「宇宙には生命が存在する惑星が地球以外にもある」という主張は、本文の論旨に従うと「科学的仮説」になるでしょうか、ならないでしょうか。話し合ってください。

ア、生徒A…「宇宙には生命が存在する惑星が他にもある」という主張は、現在、実際に他の惑星へ行って生命の存在を検証することが不可能だから「科学的仮説」とはなり得ないけれど、将来科学技術が進歩して宇宙旅行が可能になれば「科学的仮説」となり得ると思うな。

イ、生徒B…そうかなあ。宇宙を探索して生命が存在する惑星を発見するという検証は可能だよね。でも、その時、生命が存在する惑星を発見できなかったとしても、それで生命が存在する惑星はどこにもないという反証は成り立たないんだから「科学的仮説」にはならないよ。

ウ、生徒C…僕はね、「宇宙には生命が存在する惑星が他にもある」という主張は、宇宙の中で地球にしか生命がいないという現実によって反証されているし、無数にある惑星の中には生命が存在する星もあるはずだという検証も可能なんだから「科学的仮説」になると思うよ。

エ、生徒D…たしかに、はやぶさのような惑星探査機が何らかの生命の痕跡を地球に持ち帰れば検証は可能だよね。でも、実際に惑星探査機が生命の痕跡《こんせき》を採集して帰還するといった可能性はほとんど無いんだから、この主張を「科学的仮説」とすることはできないんじゃない。

オ、生徒E…地球から宇宙船を送って宇宙を探索して、生命が存在する惑星を発見したら報告するという方法が確立されれば、この主張は検証できるよね。一方で、地球にしか生命は存在しないという反証も成り立っているんだから、この主張は「科学的仮説」になるはずだよ。

5、傍線部④「反証可能性」とは何か。70字以内で説明しなさい。（10点）

6、傍線部⑤「逆説めいていて面白い」とあるが、筆者はどのようなところを「逆説めいている」と言うのか。その説明として最も適切なものを次のア〜オの中から選び、記号で答えなさい。（5点）

ア、反証によって仮説の間違いを証明することが仮説の科学的な正しさを証明するという論理に、否定できるから肯定できるという、一見すると真理とは思えないような矛盾が存在しているところ。

イ、反証できることが仮説の科学的根拠になるという論理が、誤りを証明したことが正しさを証明することになってしまったという、本来の目的とは正反対の結果を生み出してしまっているところ。

ウ、反証の間違いを証明することで仮説の科学的な正しさを証明しようとする論理に、遠回りをすることが真理への近道だという、一見すると矛盾とも思われるような真理が内包されているところ。

エ、反証によって仮説の誤りを証明できればその仮説は科学的に成立するという論理に、間違いと言えるから成り立つという、一般的な理屈からすれば矛盾のように思われる論理が存在するところ。

オ、反証が間違っていれば仮説が科学的に成立するという論理が、無いことが有ることを証明するという、一見すると真理に背いているように見えて実は真理をついている論理になっているところ。

7、**難** 次のア～オの中から本文の内容に合致するものを一つ選び、記号で答えなさい。（5点）

ア、科学研究とは対象となる自然現象を分けて観察しながら少しずつ経験的な知識を増やしていくことであるが、その際に必要となるのは、観察する対象を集めて終わってしまうコレクターのような姿勢ではなく、対象となる自然現象の中に固有性や多様性を見つけ出そうとする分析力である。

イ、一般的に科学はすでに実証された事実や知識の集積であるかのように思われているが、実際の科学は事実の不足を「科学的仮説」によって補っている構造物のようなものであるから、科学の発展のためには新しいパラダイムによって「科学的仮説」の実証性が証明されなければならない。

ウ、「科学が何であるか」を知るには、逆に「何が科学でないか」を理解することも大切ではあるが、ポパーが提案した「反証可能性」という、科学と非科学の境を決める論理を用いれば、お化けや空飛ぶ円盤が存在するということも、「仮説」の立て方次第で科学的であるということができる。

エ、非科学的な説は検証も反証もできないので無条件に受け入れることしかできないが、こうした検証も反証もできない説は、どんなに科学が進歩しても科学的な説として修正されるということはないから、むしろ間違っていると修正を受けるものの方が科学的な説であるということができる。

オ、科学にとって仮説は大きな役割を果たしているが、科学者の仮説と意見を区別することは一般の人にとっては難しいので、科学者が書いた文章を読むときには科学的良心を見抜く眼力を持ち、どこに証拠があるのかと批判的に考えて、科学的な厳密さに対する感覚を磨くことが大事である。

二（小説文）慣用句・内容吟味

次の文章を読んで、後の問いに答えなさい。（計37点）

> 「わたし」の姉は、独特の感性をもち、子供の頃から「変わり者」と呼ばれていたが、十七歳で詩人となり、デビュー作が大ヒットした。しかし二作目の評価は芳しくなく、評論家から酷評された。次の文章は、もうすぐ十七歳の誕生日を迎える「わたし」が、数日前に起こった「彼」との出来事を回想している場面である。

休みの間に、わたしは十六歳から十七歳になる。誕生日はできれば彼と一緒に過ごしたい、とわたしは内心ねらっていた。[a]十七歳を、姉が詩人になった年齢を、ひとりで迎えたくない。

おとなしくて目立たない彼とは、二年になってはじめての席替えで前後の席になるまでは、特に接点がなかった。真後ろに座ってみてはじめて、なかなか感じがいいと気づいた。色白でととのった顔立ちも、聡明《そうめい》そうな低い声も、細くてさらさらの髪も清潔な襟足も、いい。物静かな雰囲気も好みだった。

話しかけた理由は、でも別にある。

彼はよく本を読んでいた。どれもぶあつく、長編小説のようだが、書店のカバーがかかっていて題名や著者はわからない。背中越しに中身をうかがってみても、細い活字が所狭しと並んでいるのが確認できるだけで、文章までは読みとれなかった。

一学期の期末試験明けに彼が広げていた本は、しかしこれまでと様子がちがっていた。ページの余白が多く、紙の端を縁どるように色刷りで幾何学模様がほどこされ、一見すると絵本のような印象も受ける。

「詩、好きなの？」

わたしが思わず声をかけると、彼は[A]けげんそうに振り向いた。中腰になっていたわたしは、自分の椅子に座り直した。

「いや、そういうわけじゃないけど」

答えた彼は、少し考えて続けた。

「でも、これはすごく好き」

[b]好きと言われたのはわたしではなく、その本だった。つまり、姉の書いた詩だった。くらっときてしまうなんて、ばかみたいだと自分でも思う。運命かも、と感じるなんて、本当にわたしはばかだった。

一昨日の晩、数学の問題集や漢字のドリルと一緒に、①わたしは姉が出した二作目の詩集もかばんに入れた。デビュー作しか読んでいないと言っていた彼に貸すつもりだった。ついでに、作者が自分の姉だと打ち明けてしまってもいいとも考えていた。彼の気を引きたかったのではない。むしろ反対に、無愛想な反応こそを期待していた。彼なら、ふうんそうなんだ、とこともなげに流してくれそうな気がした。これまでわたしが好きになってきた、平凡な男の子たちとは違って。

文学少年ふうのおとなびた男子に、わたしは弱い。自分の世界を大事にするあまり同級生とも距離を置いているような、現実社会にはさほど関心がないような、クールでそっけない態度に、どういうわけかひかれる。自分の持っていないものだからだろうか。趣味が悪いと友達にからかわれつつも、②変わり者と呼ばれるクラスメイトばかりが気になってしまう。

妹さんは、普通なんですね。

さかのぼっていくと、結局そこへたどり着くのかもしれない。*あの教師にしてみれば、ほめるつもりで口にしたのだろう。わたしと姉がまるで違うと知り、ほっとしてつい本音がもれたのだ。「普通」というのがやがてわたしを縛る呪いの言葉になるなんて、思ってもみなかっただろう。

これまでの恋がことごとくうまくいかなかったのも呪いがかかっているせいではないかと、わたしは半ば本気で疑っている。

　流れはだいたい決まっている。まず、わたしが熱心にアプローチする。はじめのうち、向こうはつれない。恋愛なんて俗っぽい、興味がない、という顔をしている。それでも追いかけていると、ようやく心を開きはじめる。ところが、あこがれの彼と至近距離で向きあってみて、わたしははたと気がついてしまう。個性的だとか変わっているとか噂《うわさ》され、周りに一目置かれているその相手が、実は友達の目を気にしていたり、保守的な考えかたの持ち主だったり、さして感性が鋭いわけでもなかったりすることに。

　凡人だと思われたくないという自意識は、わたしにもわかる。痛いくらいわかる。ただ、それなら努力すればいいと思う。凡庸な自分が気に入らないなら、変わる努力をするべきじゃないか。うわべだけとりつくろい、あいつはなにか違うと純朴な同級生に感心されて悦に入っている場合ではない。③小細工をするくらいなら、正直にかまえていたほうがまだましだ。

　彼と昼を食べに入ったファストフードの店で、注文したハンバーガーの待ち時間に、わたしはテーブルに詩集を出した。

「ああ、これ」

　表紙を見るなり、彼は言った。

「もう読んだ?」

「いや」

　彼は即座に答えた。

「読んでない。二作目はいまいちだって聞いたから。ひとつめと比べて、まったく話にならないって」

　いやな予感がした。

「あ、ごめん。このひとが好きなんだっけ」

　うつむいたわたしをのぞきこんだ彼は、けれどいつものように上品で知的に見えた。少し^Bばつが悪そうでもあった。

「ううん、別に。たまたま家にあったから持ってきてみただけ」

　^cわたしはとっさに首を振った。いやな予感を払いのけるように、何度も。

「そっか。ファンってわけじゃないんだ」

　彼がほっとしたように息をついた。

「だけど、やっぱり才能ってすり減るのかな。よく作家とかでもあるよね、デビュー作にすべてを注ぎこんで、その後は抜け殻っていう。なんか、ちょっと気の毒だよなあ」

　ふだんと変わらず低い声に、うきうきした調子がうっすらとにじんでいて、④わたしは絶望的な気分に襲われた。＊例の評論家のにやついた近影写真を、得意そうにふくらんだ小鼻を、頭から追い出そうとつとめた。

「若いうちに売れすぎると、ちやほやされて調子に乗って、だめになっちゃうのかも。結局、天才なんてめったにいるもんじゃないんだよな」

　したり顔で言い足した彼の小鼻も、心なしかふくらんでいるように見えた。^d重ねられた批評の言葉には、どれも聞き覚えがあった。

「そもそも芸術的に優れてるのと、世の中で売れるっていうのは違うかもしれない。わかるひとにだけはわかるっていうか」

　困ったものだとでも言いたげに、肩をすくめる。自分こそ、言うなれば「世の中」の意見を克明になぞっているということは、気にならないのだろうか。それとももしかしたら、気がついていないのだろうか。

「それか、最初もまぐれあたりだったのかな?」

　そうかもね、と調子を合わせておけばいいのはわかっていた。詩集をかばんにしまって、じきに運ばれてくるハンバーガーにかぶりつけば、話はここで終わる。

　^eわかっていたのに、言ってしまった。

「そういうの、読んでから言ったほうがいいんじゃない?」

　彼の顔がみるみるうちにひきつった。

　わたしだって、えらそうなことは言えない。とりたてて才能を持っているわけでもない。普通であることそのものを、否定するつもりもない。ただ、それをごまかしたがるのはかっこわるい。まして、できあいの意見を借りて賢《さか》しげにわかったようなことを言い立てるなんて、ださすぎる。

　わたしはかっこわるくなりたくない。ださくなりたくない。そのための努力は惜しみたくない。

「ていうか、文句があるなら自分で書いたら?」

　^f心の中では、これまで何度となく言ったことのあるせりふだ。でも、実際に口に出したのは、はじめてだった。

　わたしはそのまま席を立ち、まっすぐ家に帰って、牛乳を一気飲みした。

（瀧羽麻子『ぱりぱり』より）

＊あの教師……「わたし」の姉の担任の教師。姉の後、「わたし」の担任となった。

＊例の評論家……「わたし」の姉の二作目の詩集を酷評した評論家。

1、二重傍線部A・Bについて、この場合の意味として最も適切なものを次のア〜オの中からそれぞれ選び、記号で答えなさい。（各2点）

A「けげんそうに」

ア、貴重な読書の時間を邪魔されたことを、腹立たしく思ったように

イ、後ろの席からいきなり声をかけられたことに、内心驚いたように

ウ、相手がなれなれしく接してきたことを、疎ましく感じたように

エ、さほど親しくない人に話しかけられたことを、あやしく思ったように

オ、話しかけられた理由がわからず、相手の真意を探っているように

B「ばつが悪そう」

ア、失礼な発言をしたことに気づき、申し訳なくなったような様子

イ、世間知らずだと思われたと感じ、恥ずかしくなったような様子

ウ、好きな子を悲しませてしまい、情けなくなったような様子

エ、謝罪を受け入れてもらえず、いたたまれなくなったような様子

オ、相手を傷つけてしまったと思い、気まずくなったような様子

2、傍線部①「わたしは姉が出した二作目の詩集もかばんに入れた」とあるが、それはなぜか。最も適切なものを次のア～オの中から選び、記号で答えなさい。（5点）

ア、姉のデビュー作の詩集を気に入ってくれた彼なら、二作目の詩集もきっと読んでくれており、世間的な評価をくつがえすような感想を述べてくれると思ったから。

イ、平凡な男の子たちとは違う彼なら、詩集の作者が「わたし」の姉だということも世評も関係なく、独自の視点で好意的な感想を述べてくれると思ったから。

ウ、自分の世界を大事にしている彼なら、「わたし」が詩集の作者の妹だとわかっても無関心な態度でいてくれると感じ、気楽に付き合えると思ったから。

エ、多くの文学作品を読んだ彼なら、「わたし」が世間的に評価されていない詩人の妹だと知っても、遠慮することなく詩集の感想を述べてくれると思ったから。

オ、姉の詩を好きだと言った彼なら、二作目の詩集も高く評価してくれ、姉へのバッシングで傷ついた「わたし」の心に寄り添ってくれると思ったから。

3、傍線部②「変わり者と呼ばれるクラスメイトばかりが気になってしまう」とあるが、「わたし」が気になってしまう「変わり者」のクラスメイトとはどのような人のことか。最も適切なものを次のア～オの中から選び、記号で答えなさい。（5点）

ア、自分らしくありたいと思いながらも周囲の環境に影響されてしまう「わたし」とは違い、自分の主義主張に自信を持ち、相手にはっきりと伝えることができる人。

イ、普通であることを嫌いながらもどこか安心している「わたし」とは違い、高校生とは思えない達観したものの考え方をし、孤高の存在として一目置かれている人。

ウ、周りの意見に左右されている「わたし」とは違い、自分の世界に没頭することに楽しみを見いだし、友人がいなくても現代社会に適応できなくても気にしない人。

エ、姉との比較や教師の評価を気にしてしまう「わたし」とは違い、他者に流されることなく自分の世界の中で静かな時を過ごす独特な雰囲気をもっている人。

オ、特別でありたいと願いながらも平凡に生きるしかない「わたし」とは違い、日常の中でも自分の才能を発揮し、マイペースに充実した生活を送れている人。

4、傍線部③「小細工をするくらいなら、正直にかまえていたほうがまだましだ」とあるが、「正直にかまえる」とはどういうことか。本文中の語句を用いて10字以上15字以内で説明しなさい。（5点）

5、傍線部④「わたしは絶望的な気分に襲われた」とあるが、なぜ「わたし」は「絶望」したのか。70字以内で説明しなさい。（10点）

6、**新傾向** 点線部a～fからわかる「わたし」の姉に対する感情の説明として不適切なものを次のア～カの中から二つ選び、記号で答えなさい。（各4点）

ア、点線部a「十七歳を、姉が詩人になった年齢を、ひとりで迎えたくない」という叙述から、姉がプロの詩人となった年齢に自分も何か特別なことをしたいという、強い対抗心を抱いていることがわかる。

イ、点線部b「好きと言われたのはわたしではなく、……つまり、姉の書いた詩だった」という叙述から、姉を疎んじながらもどこかで姉の才能を誇りに思っており、もっと評価されるべきだと考えていることがわかる。

ウ、点線部c「わたしはとっさに首を振った。いやな予感を払いのけるように、何度も」という叙述から、詩に関して非凡な才能をもつ彼が姉の才能を理解できないはずがないと、必死に自分に言い聞かせていることがわかる。

エ、点線部d「重ねられた批評の言葉には、どれも聞き覚えがあった」という叙述から、評論家の辛辣な言葉が記憶に残るくらい、「わたし」も内心では姉の詩集が評価されなかったことに傷ついていたことがわかる。

オ、点線部e「わかっていたのに、言ってしまった」という叙述から、「わたし」が彼に反論しても姉は喜ばないとわかっていながら、それでも黙っていられないほど「わたし」が姉の詩に惹《ひ》かれていることがわかる。

カ、点線部f「心の中では、これまで何度となく言ったことのあるせりふだ」という叙述から、心のどこかでは尊敬している姉の作品を酷評した人達に対して、「わたし」が内心ではずっと不満を抱いていたことがわかる。

三 （古文）仮名遣い・内容吟味・動作主・古典知識

次の文章を読んで、後の問いに答えなさい。（計18点）

今は昔、薬師寺の別当*僧都といふ人ありけり。別当はしけれども、ことに寺の物も使はで、極楽に生まれん事をなん願ひける。年老い、病して、死ぬるきざみになりて、念仏して消え入らんとす。無下に限りと見ゆる程に、よろしうなりて、弟子を呼びていふやう、A「見るやうに、念仏は他念なく申して死ぬれば、極楽の迎へいますらんと待たるるに、極楽の迎へは見えずして、①火の車を寄こす。こはなんぞ。かくは思はず。何の罪によりて、地獄の迎へは来たるぞといひつれば、車につきたる鬼どものいふやう、この寺の物をひととせ、五*斗《と》借りて、いまだ返さねば、その罪によりて、この迎へは得たるなりといひつれば、我いひつるは、②さばかりの罪にては、地獄に落つべきやうなし。その物を返してんといへば、火の車を寄せて待つなり。さればとくとく一*石《こく》ずきやうにせよといひければ、弟子ども*手惑ひをして、いふままにずきやうにしつ。その鐘の声のする折、火の車帰りぬ。さてとばかりありて、火の車は帰りて、極楽の迎へ今なんおはすると、手をすりて悦びつつ終はりにけり。

その坊は薬師寺の大門の北の脇にある坊なり。今にその形失せずしてあり。③さばかり程の物使ひたるにだに、火の車迎へに来たる。まして寺物を心のままに使ひたる諸寺の別当の、地獄の迎へこそ思ひやらるれ。

（『宇治拾遺物語』より）

*別当……寺務を担当する僧。

*斗・石……ここでは米の容量の単位。一斗＝一八リットル、

一石＝一八〇リットル。

＊一石ずきやう……僧に米一石分、経を読ませること。

＊手惑ひ……大あわてすること。

1、**よく出る** 二重傍線部「いふやう」の読みを現代仮名遣いで答えなさい。（2点）

2、傍線部①「火の車」はどのようなものか、それを言い表している文中の5字の語句を抜き出して答えなさい。（2点）

3、**難** 点線部A「見るやうに」から始まっている、別当の言葉はどこで終わるか。最後の7字を抜き出して答えなさい。（3点）

4、傍線部②「さばかりの罪」とあるが、どのような罪のことか。罪の内容を説明している部分を本文中より25字以内で探し、その最初の5字を抜き出して答えなさい。（3点）

5、傍線部③「さばかり程の物使ひたる」の主語として最も適切なものを次のア～オの中から選び、記号で答えなさい。（3点）

ア、薬師寺の別当僧都　イ、弟子

ウ、極楽の迎へ　エ、地獄の迎へ

オ、車につきたる鬼ども

6、**難** 次に示すのはこの文章の作者がいいたかったことについて生徒たちが発言している場面である。本文の内容に合致しない意見を次のア～オの中から一つ選び、記号で答えなさい。（3点）

ア、生徒A…極楽に往生するための条件はきびしいんだね、わずかな米を、お寺から借りて返さないだけでも地獄へ連れて行かれるんだから。

イ、生徒B…そうだね。極楽往生は、当時の人々、特に出家した人が第一の望みとしていたことだから、それがかなわないとなると、周りの人もとてもあわてたろうね。

ウ、生徒C…ここに書かれているのは僧侶だから、お寺のものを思いのままに横領する人たちが多かったのかな。その人達に警告したかったのだろうな。

エ、生徒D…無欲であることが求められていた僧が、お寺の財産を私物化することが横行していて、作者はそれを苦々しく思っていたんだね。

オ、生徒E…あの世へは何も持って行くことは出来ないのに、物欲にとらわれてしまう人間の悲しい本性を嘆く気持ちが書かれているよ。

7、『宇治拾遺物語』と同じジャンル（文学形態）の作品を次のア～オの中から一つ選び、記号で答えなさい。（2点）

ア、枕草子　イ、徒然草　ウ、今昔物語集

エ、平家物語　オ、源氏物語

巣鴨高等学校

時間 60分　満点 100点　解答 P83　2月12日実施

出題傾向と対策

●論説文、小説文（省略）、古文の大問三題構成という、現代文二題に古文一題の構成は昨年同様。本文の分量は多くないものの、情報量は多い。また、記述式の問題も字数は三十字、五十字程度だが出題された。短時間で的確に読み書きすることが求められる。

●問題演習を通じて決められた時間内で問題を解く練習を重ねたい。また、記述問題は必ず実際に書いてみること。古文は読解以外にも文法や文学史が出題されており、基本的な知識は必ず身につけておきたい。

注意事項　字数指定のある問題は、句読点やかぎかっこなどの記号も字数に含めます。

一（論説文）漢字の読み書き・内容吟味

次の文章を読んで、後の問いに答えよ。

「ポピュリズム」というのは定義のむずかしい言葉である。政治用語として頻用されているが、それは必ずしもその語の定義についての集団的合意が成立していることを意味しない。

術語（注・専門用語）の定義は、ふつう同一カテゴリーに属する他の語との差異に基づいて理解される。だから、「民主主義」の定義ははっきりしている。democracy は誰が主権者であるかによる分類法であるから、これの対義語は「王政（monarchy）」や「貴族政（aristocracy）」や「寡《か》頭政《とうせい》（oligarchy）」や「無政府状態（anarchy）」などである。だから、誰かが「民主主義を廃絶せよ」と主張したとすれば、その人は代替するどれかの政体の支持者であることを明らかにしなければならない。

だが、「ポピュリズム（populism）」は①そうはゆかない。というのは、ポピュリズムについては、その対義語が何であるかについての合意がまだ存在しないからである。

②欧米の政治学の論文を読むと、ポピュリズムはほぼ例外なく「これまでの秩序を揺るがす不安定なファクター（注・要因）」という意味で使われている。だが、そのときの「これまでの秩序」が何を指示するかはその語が利用される文脈によって、ひとつひとつ違っている。だから、トランプの統治についても、ドイツの移民政策についても、イギリスの貿易政策についても、ヴァチカンの宗教政策についても、「これまでの秩序」を揺るがす動きには「ポピュリズム」というタグが付けられる。それらのすべてに一貫している定義を取り出すことは難しい。

こういうとき、一意的に定義されていない語でものごとを論ずる愚《ぐ》を冷笑する人がいるけれど、私はそれには与《くみ》さない。「一意的に定義されていない語」が頻用される場合には、間違いなくそこには「これまでの言葉ではうまく説明できない新しい事態」が発生しているからである。そういう場合は、用語の厳密性よりも、「新しい事態」の前景化を優先してよいと私は考えている。

では、ポピュリズムという一意的な定義が定まらない語によって指称されている「新しい事態」とは何なのか？

私見によれば、ポピュリズムとは「今さえよければ、自分さえよければ、それでいい」という考え方をする人たちが主人公になった歴史的過程のことである。

個人的な定義だから「それは違う」と口を尖《とが》らす人がいるかも知れないけれど、別にみなさんにこの意味で使ってくれと言っているわけではない。

「今さえよければいい」というのは③時間意識の縮減のことである。平たく言えば「サル化」のことである。「朝三暮四」のあのサルである。

春秋時代の宋《そう》にサルを飼う人がいた。朝夕四粒ずつのトチの実をサルたちに給餌《きゅうじ》していたが、手元不如意《ふにょい》になって、コストカットを迫られた。そこでサルたちに「朝は三粒、夕に四粒ではどうか」と提案した。するとサルたちは激怒した。「では、朝は四粒、夕に三粒ではどうか」と提案するとサルたちは大喜びした。

このサルたちは、未来の自分が抱え込むことになる損失やリスクは「他人ごと」だと思っている。その点ではわが「当期利益至上主義」者に酷似している。「こんなことを続けていると、いつか大変なことになる」とわかっていながら、「大変なこと」が起きた後の未来の自分に自己同一性を感じることができない人間だけが「こんなこと」をだらだら続けることができる。その意味では、データをごまかしたり、仕様を変えたり、決算を[a]フンショクしたり、統計をごまかしたり、年金を溶かしたりしている人たちは「朝三暮四」のサルとよく似ている。

「朝三暮四」は自己同一性を未来に延長することに困難を感じる時間意識の未成熟（「今さえよければ、それでいい」）のことであるが、「④自分さえよければ、他人のことはどうでもいい」というのは自己同一性の空間的な縮減のことである。

集団の成員のうちで、自分と宗教が違う、生活習慣が違う、政治的意見が違う人々を「外国人」と称して[b]ハイジョすることに特段の心理的抵抗を感じない人がいる。「同国人」であっても、幼児や老人や病人や障害者を「生産性がない連中」と言って切り捨てることができる人がいる。彼らは、自分がかつて幼児であったことを忘れ、いずれ老人になることに気づかず、高い確率で病を得、障害を負う可能性を想定していないし、自分が何かのはずみで故郷を喪《うしな》い、[c]イホウをさすらう身になることなど想像したこともない。見知らぬ土地を、飢え、渇《かわ》いて、さすらい、やむにやまれず人の家の扉《とびら》を叩《たた》いたときに、顔をしかめて「外国人にやる飯はないよ」と言われたときにどんな気分になるものかを想像したことがない。

自分と立場や生活のしかたや信教が違っていても、同じ集団を形成している以上、「なかま」として[d]グウしてくれて、飢えていればご飯を与えてくれ、渇いていれば水を飲ませてくれ、寝るところがなければ宿を提供することを「当然」だと思っている人たち「ばかり」で形成されている社会で暮らしている方が、そうでない社会に暮らすよりも、「私」が生き延びられる確率は高い。嚙《か》み砕《くだ》いて言えば、それだけの話である。

「倫理」というのは別段それほどややこしいものではない。「倫」の原義は「なかま、ともがら」である。だから「倫理」とは「他者とともに生きるための理法」のことである。他者とともにあるときに、どういうルールに従えばいいのか。別に難しい話ではない。「この世の人間たちがみんな自分のような人間であると自己利益が増大するかどうか」を自らに問えばよいのである。

例えば、渋滞している高速道路で走行禁止の路肩を走るドライバーは他のドライバーたちが遵法的《じゅんぽうてき》にじっと渋滞に耐《た》えているときにのみ利益を得ることができる。全員がわれ先に路肩を走り出したら、彼の利益は失われる。だから、彼は「自分以外のすべての人間が遵法的であり、自分だけがそうでないこと」を、つまり、「自分のようにふるまう人間が他にいない世界」を願うようになる。

これが「非倫理的」ということである。

これはある種の「呪い」として機能する。だって「私のような人間がこの世に存在しませんように」と熱心に祈っているわけなんだから。この「呪い」は弱い酸のようにゆっくり、でも確実に彼の生命力を殺《そ》いでゆくことになる。祈りの力を[e]アナドってはならない。

もう一度言うが、倫理というのは別に難しいことではない。今ここにはいない未来の自分を、あるいは過去の自分を、あるいは「そうであったかもしれない自分」を、「そうなるかも知れない自分」を「自分の変容態」として、受け容《い》れることである。そのようなすべての「自分たち」に向かって、「あなたがたは存在する。存在する権利がある。存在し続けることを私は願う」という祝福を贈ることである。

⑤倫理的な人というのが「サル」の対義語である。

だから、ポピュリズムの対義語があるとすれば、それは「倫理」である。私はそう思う。たぶん、同意してくれる人はほとんどいないと思うけれど、私はそう思う。

自己同一性が病的に萎縮して、「今さえよければ、自分さえよければ、それでいい」と思い込む人たちが多数派を占め、政治経済や学術メディアでそういう連中が大きな顔をしている歴史的趨勢《すうせい》（注・物事が進み向かう様子。現在から将来への移り変わり）のことを私は「サル化」と呼ぶ。

「サル化」がこの先どこまで進むのかは、私にはよくわからない。けれども、サル化がさらに亢進《こうしん》（注・ある気持ちや病勢などが高ぶり、進むこと）すると、「朝三暮四」を通り越して、ついには「朝七暮ゼロ」まで進んでしまう。論理的にはそうなる。そのときにはサルたちはみんな夕方になると飢え死にしてしまうので、そのときにポピュリズムも終わるのである。

哀しい話だ。

「サルはいやだ、人間になりたい」という人々がまた戻ってくる日が来るのだろうか。来るとよいのだが。

（内田《うちだ》　樹《たつる》「サル化する世界　――ポピュリズムと民主主義について」による）

問1、よく出る　基本　点線部a～eのカタカナを、それぞれ漢字に改めよ。

問2、よく出る　傍線部①「そうはゆかない」とあるが、筆者は「ポピュリズム」という言葉に対してはどういったことができないと考えているのか。三十字以内で答えよ。

問3、傍線部②「欧米の政治学の論文を読むと、ポピュリズムはほぼ例外なく『これまでの秩序を揺るがす不安定なファクター』という意味で使われている」とあるが、「ポピュリズム」という言葉が使われているのはどういったことの表れであると筆者は考えているのか。「こと」に続くように、本文中から三十五字以内で探し、その初めと終わりの五字を抜き出して答えよ。

問4、傍線部③「時間意識の縮減」とあるが、これにあてはまる態度としてふさわしいものを、次のア～エから一つ選び、記号で答えよ。

ア、未来の自分が抱え込むことになるリスクや損失を、全く想定できない。

イ、将来にリスクを予知していても、リスクの当事者としての意識を持てない。

ウ、未来で手に入れることができる利益と現在の利益とを、冷静に比較できない。

エ、現時点で手に入る利益に惑わされ、未来で手にし得る利益を捨ててしまう。

問5、傍線部④「自分さえよければ、他人のことはどうでもいい」とあるが、この考えについての筆者の意見としてふさわしいものを、次のア～エから一つ選び、記号で答えよ。

ア、人が自分の利益のみを考えていくと、世の中から博愛、平等といった重要な価値観が失われてしまう。

イ、人が他者に対する思いやりを失っていくと、結果として社会を殺伐としたものにしてしまう。

ウ、人が他者の利益より自己の利益を重視していくと、自分の属する集団がばらばらになってしまう。

エ、人が他者を顧みないようになると、結果として自分自身の生存を危うくしてしまう。

問6、難　思考力　傍線部⑤「倫理的な人というのが『サル』の対義語である」とあるが、そのように言えるのはなぜか。次の文の空欄にふさわしい言葉を十五字以内で答えよ。

「倫理的な人」は、「サル」とは逆に自己同一性を[　　　　　]にまで感じることができるから。

問7、次に示すのは、この文章を読んだ四人の生徒がその内容について話している場面である。本文の内容と一致しない発言を、次のア～エから一つ選び、記号で答えよ。

ア、「最後に『サルはいやだ、人間になりたい』という人々が戻ってくるのを願っているのは、自身を含めた全ての人間が暮らしやすくなるという考えが筆者にあるからだと想うんだ。」

イ、「なるほど。人々の生活が豊かになり、お腹《なか》も満たされていけば、『今さえよければ、自分さえよければ、それでいい』という考え方をする人も減っていくはずだしね。」

ウ、「自分と同じような気持ちの人が増えていくとみんなが幸せになれるかどうかを、僕ら一人一人が考えていくことも大切だよね。」

エ、「でも、筆者は倫理的な人という意味での人間が増えていくかどうかは楽観視していないね。」

二（省略）安岡章太郎「球の行方」より

三（古文）文法・内容吟味・仮名遣い・口語訳・古典知識

次の文章を読んで、後の問いに答えよ。

今は昔、遣唐使《けんたうし》の、唐《もろこし》にある間に妻を設けて子を生ませつ。①その子いまだいとけなき程に、日本に帰る。妻に契《ちぎ》りて曰《いは》く、「異《こと》遣唐使行かんにつけて、(注1)消息《せうそこ》やるべし。またこの子、乳母《めのと》離れん程には迎へ取るべし」と契りて帰朝しぬ。母、遣唐使の来るごとに、「消息やある」と尋ぬれど、敢《あ》へて音もなし。母大きに恨みて、この児《ちご》を抱《いだ》きて日本へ向きて、児の首に「遣唐使それがしが子(注2)」といふ札を書きて結ひつけて、「(注3)宿世《すくせ》あらば、親子の中は行きあひなん」といひて、海に投げ入れて帰りぬ。

父、ある時(注4)難波《なには》の浦の辺《へん》を行くに、沖《おき》の方に②島の浮《うか》びたるやうにて、白き物見ゆ。近くなるままに見れば、童《わらは》に見なしつ。あやしければ馬を控へて見れば、いと近く寄りくるに、四つばかりなる児の白くをかしげなる、波につきて寄り来たり。馬をうち寄せて見れば、大きなる魚の背中に乗れり。従者《ずさ》をもちて抱き取らせて見ければ、首に札あり。「遣唐使それがしが子」と書けり。「さは我が子にこそあり[X]。唐にて言ひ契りし児を問はずとて、母が腹立ちて海に投げ入れてけるが、しかるべき縁ありて、かく魚に乗りて来たるなめり」とあはれに覚えて、いみじうかなしくて養ふ。遣唐使の行きけるにつけて、この由《よし》を書きやりたりければ、母も今は③はかなきものに思ひけるに、かくと聞きてなん、希有《けう》の事なりと悦《よろこ》び[Y]。

さてこの子、大人になるままに手をめでたく書きけり。魚に助けられたりければ、名をば魚養《うをかひ》とぞつけたり[Z]。(注5)七大寺の額《がく》どもは、これが書きたるなりけりと。

（『宇治拾遺物語《うじしゅういものがたり》』による）

(注) 1　消息……手紙。
2　それがし……だれそれ。文章で人物の名を伏せる時に使う言葉。
3　宿世……宿命・運命。
4　難波……今の大阪市およびその周辺の古い呼び名。
5　七大寺……奈良の東大寺・興福寺・元興寺・大安寺・薬師寺・西大寺・法隆寺の総称。

問1、よく出る 基本 空欄X・Y・Zにふさわしい言葉の組み合わせを、次のア～エから一つ選び、記号で答えよ。
ア、X　ける　Y　けり　Z　けれ
イ、X　けれ　Y　ける　Z　けれ
ウ、X　ける　Y　けり　Z　ける
エ、X　けれ　Y　ける　Z　ける

問2、傍線部①「その子いまだいとけなき程」とは、その子がどういう時か。その答えとしてふさわしいものを、次のア～エから一つ選び、記号で答えよ。
ア、まだ親の情が移っていない時
イ、まだ乳母を必要としている時
ウ、まだ髪の毛が生えていない時
エ、まだ四つになったばかりの時

問3、傍線部②「島の浮びたるやうにて、白き物」について、次の(1)・(2)の問いに答えよ。
(1)「やうにて」の「やう」を、現代仮名遣いのひらがなに改めよ。
(2) 難 「島の浮びたるやうにて、白き物」とは、よくよく見定めると何であったのか。本文中の言葉を踏まえて、三十字以内で具体的に答えよ。

問4、傍線部③「はかなきものに思ひける」の解釈としてふさわしいものを、次のア～エから一つ選び、記号で答えよ。
ア、父親がもはや迎えには来てくれないと思っていた
イ、息子がもはや死んでしまったものだと思っていた
ウ、自分のことなどもはやどうでもいいと思っていた
エ、二人の愛はもはや終わってしまったと思っていた

問5、本文の内容としてふさわしいものを、次のア～エから一つ選び、記号で答えよ。
ア、母は遣唐使が来るたびに父の安否を尋ねたが、父の心変わりを知っていた者たちはわざと口を閉ざした。
イ、母は我が子が父親とめぐりあうことを心から願って、自らの名を書いた札をその子の首に結びつけた。
ウ、父はそれ相応の縁があってめぐり会えたのだと深く感激して、その子のことをとてもかわいがった。
エ、父はその子がめでたく成人したので、その子の手形を押した大魚の画を額に入れて七大寺に奉納した。

問6、よく出る 基本 『宇治拾遺物語』と、文学上同じジャンルに属する古典作品を、次のア～エから一つ選び、記号で答えよ。
ア、『竹取物語』　イ、『平家物語』
ウ、『徒然草』　エ、『今昔物語集』

高田高等学校

時間 40分　満点 50点　解答 P84　1月31日実施

出題傾向と対策

●昨年度と同様、論説文(省略)、小説文、古文の大問三題からなる。現代文、古文のいずれも、漢字の読みや慣用句の意味を含む国語の基本的な知識とともに、文章の大意や表現を問う設問が出題される。

●現代文では漢字や慣用句、また古文では主語やキーワードを補う設問など、文意を把握するために必要となる基本的な知識を着実に身につけておく。文章の大意や表現を問われるので、ふだんからさまざまな種類の文章に慣れ親しみ、文章を読み解く力に磨きをかけておきたい。

一 (省略)森博嗣「科学的とはどういう意味か」より

二 (小説文)語句の意味・内容吟味・漢字の読み書き・品詞識別・文脈把握

次の文章を読んで、あとの問いに答えなさい。(出題にあたり一部表記を改めました。)

その日、彼は夕方というには少し間がある時刻にバスに乗っていた。取引先の重役の家に不幸があり、彼は出入り業者の営業責任者として、通夜《つや》の準備の手伝いに行くところだったのだ。

*ターミナル駅からはタクシーで行くつもりだったが、時間に多少余裕があったこともあり、ファクシミリで送ってもらった略図がバスの停留所からになっていたこともあって、バスで行くことにした。

バスに乗るのは久しぶりだった。都内のマンションに住む彼は、通勤には電車を使うだけであり、仕事ではタクシーと地下鉄でほとんど①用が足りていた。

乗客の大半は女性か老人で、あとは制服姿の中、高校生

がいるだけだった。彼がバスに乗り込んだ時、席はまだ二つ、三つ空いていたが、あえて座らなかった。②座ったあとで、席を譲らなければならなくなるのがいやだったからだ。譲ることがいやなのではなかった。譲るべきかどうか悩まなくてはならないこと、席を立っても相手が素直に座ってくれずバツの悪い思いをすること、さらに自分が譲ることでその近辺に座っている人たちに小さな罪悪感を覚えさせてしまうことがいやだったのだ。だから、彼は電車の中でもめったに座ることがなかった。

彼は降車口の近くに立って、壁面に貼られている結婚式場やエステティックサロンの広告を眺めていた。

その時、不意に声がした。

「これ、もらっていただけませんか」

それはごく③オダやかな声だったが、静かなバスの中ではことさら大きく響いた。

彼が声のする方に眼をやると、降車口より少しうしろの二人掛けの席に品のよさそうな老女が座っており、手に半分に切られた太い大根が握られていた。そして、その隣には、すぐ前の一人掛けの席にいる少女の母親と思われる女性が座っていた。どうやら、老女がその若い母親に④大根をあげようとしているらしい。

（　⑤　）ことに若い母親が戸惑っていると、老女は弁解するように言った。

「ひとりなもので、一本では多すぎるんですよ。でも、一本でなければ買えないし……」

若い母親が⑥あいまいに頷《うなず》くと、老女はまた言った。

「これ、もらってくださると助かるんですけど」

「いえ、でも……」

たぶん、その老女はターミナル駅のどこかの食料品売り場で買い物をしてきたのだろう。そこで大根を一本買った。それはひとり暮らしの生活ではもてあますほど太くて長い大根だったが、その売り場には一本単位でしか売りに出ていなかった。いや、もしかしたら、その老女は、たとえ半分売りがあったとしても、大根は一本で買いたいという思いがある人だったのかもしれない。そして、ビニール袋に入れる際、あまりにも長いため半分に切ってもらっておいた……。

彼はすぐに視線をまた広告に戻したが、その老女を見て母親を思い出さないわけにいかなかった。彼の母親もまた、大根は一本でしか買いそうもないタイプだったからだ。

母親は東京から一時間ほど離れた地方都市に住んでいた。父が死んでからは古い借家にひとりで暮らしている。狭いマンションで一緒に暮らすよりは気楽だろうと思い、また、母親自身もそう言うのでひとりで暮らしてもらっている。

しかし、ひとりで暮らすということは、日々の生活の中で、この老女のように大根の半分をどうしようかと悩むことでもあったのだ。彼は初めて母親がひとりで暮らしているということの意味が理解できたように思えた。これまでは、あえてそのことは考えないようにしてきたところがあったのだ。

「もらっていただけませんか」

老女がまた言った。

「⑦ええ、でも……」

若い母親のためらいの言葉を耳にしながら、なんとかもらってくれればいいが、と彼はひそかに願っていた。

「ひとりだとこんなには食べ切れないんですよ」

若い母親は、ようやくもらうべきだと判断したらしく、どういうことになるのかと振り返って見つめていた少女に、いただこうかしら、と相談するように言ってから、老女に向かって訊ねた。

「ほんとにいただいちゃって、いいんですか?」

「どうぞ、どうぞ」

「それじゃ遠慮なく」

すると、老女は嬉しそうに言った。

「無駄にならなくてよかったわ」

そのやりとりを聞いて、彼だけでなく、⑧バスの中にホッとした空気が流れたのがわかった。

老女は前の席に座っている少女に声を掛けた。

「おいくつ?」

「九歳」

「まあ、大きいのね」

老女はそう言うと、ひとりごとのようにつぶやいた。

「うちの孫の方がひとつお姉ちゃんだわ」

その瞬間、⑨彼の胸が痛んだ。自分にも十歳の息子がいる。その老女が自分の母親でもよかったのだ。

あるいは、自分の母親も買い物をするたびに大根の半分に心を悩ませているかもしれない。そうした意味では、自分が親子三人で送っている安定した東京での生活も、離れて住む母親にいくつもの小さな悩みを押しつけることで成り立っているといえなくもないのだ。

もちろん、母親は一緒に暮らそうと言っても断るだろう。しかし……とバスの中で彼は思っていた。自分は、席を譲るべき人が眼の前に立っているのにもかかわらず、気づかぬふりをして⑩たぬき寝入りをするような男と、ほとんど同じことをしているのではあるまいか、と。

（沢木耕太郎『彼らの流儀』より）

（注）＊ターミナル駅…鉄道・バスなどの路線の終着駅。

問一、**よく出る** **基本** 傍線部①「用が足りていた」とありますが、ここでの意味として、最も適当なものを次のア～オから選びなさい。

ア、必要とされていた　イ、重宝がられていた
ウ、不足していた　エ、節約できていた
オ、十分であった

問二、傍線部②「座ったあとで、席を譲らなければならなくなるのがいやだった」とありますが、なぜですか。理由の一つとして最も適当なものを次のア～オから選びなさい。

ア、仕事で疲れているので、目前に老人が立った時、できることなら席を譲りたくないから。
イ、席を譲ろうとしても、相手が素直に受け入れず、気まずい思いをするかもしれないから。
ウ、席を譲ることで、近くに座っている人たちに尊敬の念を持たれることが恥ずかしいから。
エ、席を譲ることによって、まわりの乗客たちに、自分だけが気取っていると思われるから。
オ、バスに乗ると、以前お年寄りに席を譲ったときの苦い経験が必ずよみがえってくるから。

問三、**よく出る** **基本** 傍線部③「オダやかな」の「オダ」

と同じ漢字を含むものを、次のア～オから一つ選びなさい。
ア、ダンボウ器具　イ、ヘイオン無事
ウ、オンシツ栽培　エ、ヘイワ主義
オ、チョクリツ歩行

問四、よく出る 基本 傍線部④「大根をあげようとしているらしい」の「らしい」と同じ用法を含む言葉を、次のア～オから一つ選びなさい。
ア、かわいらしい人形　イ、男らしい性格
ウ、学生らしい服装　エ、わざとらしい態度
オ、明日は晴れらしい

問五、基本 空欄⑤に入る語句として、最も適当なものを次のア～オから選びなさい。
ア、理不尽な　イ、重大な　ウ、ささいな
エ、唐突な　オ、強引な

問六、傍線部⑥「あいまいに頷く」とありますが、どのような様子ですか。最も適当なものを次のア～オから選びなさい。
ア、もらってあげたいが、母と子で食べ切れるかどうかわからず心配している様子。
イ、いきなりのことで、もらってよいか、断るべきか、自分でも判断がつかない様子。
ウ、もらってあげたいが、静かなバスの中で目立つことは避けたいので迷っている様子。
エ、すぐにでももらいたいが、厚かましく思われたくないので、周りをうかがう様子。
オ、母に似ている人から大根をもらうことに強い抵抗があるので、困り果てている様子。

問七、思考力 傍線部⑦「ええ、でも……」とありますが、あとに続く言葉として、最も適当なものを次のア～オから選びなさい。
ア、見ず知らずの方からいただくわけにはいきません。
イ、そんな高価なものを受け取るわけにはいきません。
ウ、半分ほどいただいただけでは、使い道に困ります。
エ、人目が気になるのでいただくわけにはいきません。
オ、今は私の方から何もお返しするものがありません。

問八、傍線部⑧「バスの中にホッとした空気が流れた」とありますが、なぜですか。最も適当なものを次のア～オから選びなさい。
ア、大根をもらってほしいという老女の申し出を、ほかの乗客が受けずにすんだから。
イ、老女の思いが若い母親に伝わり、遠慮することなく母親が大根を受け取ったから。
ウ、若い母親の娘が反対せずに、大根をもらうことを認めたことがうかがえたから。
エ、ものが粗末に扱われる時代に、半分の大根が有効利用されることになったから。
オ、バスの乗客から運転手までもが、老女の一挙手一投足に関心を寄せていたから。

問九、傍線部⑨「彼の胸が痛んだ」とありますが、なぜですか。最も適当なものを次のア～オから選びなさい。
ア、半分の大根をもてあましていた老女にも十歳の孫がいることを知り、他人事と思わずもっと率先して自分が半分の大根をもらってあげればよかったという後悔の念を持ったから。
イ、十歳の息子に対して父親らしいことを何もしてあげられていないことに気づかされ、これからは少しでも一緒にいる時間を作って、息子の面倒を懸命にみようという気持ちを抱いたから。
ウ、彼の母親も東京から離れてひとりで住んでいるため、目前の老女がもてあました半分の大根のように、たくさんの悩みを母親に押しつけて、自分たち家族は安らかに生活しているということが分かったから。
エ、母親からの一緒に住みたいという申し出を自分が断ったため、母親は東京から離れた場所でひとり小さな悩みを抱えながら暮らさなくてはいけないことに対して、申し訳なく思うから。
オ、いくつもの小さな悩みを遠く離れた母親に押しつけることで、自分たちの東京での生活が成り立っていることに気づき、一刻も早く母親を東京へ連れてきて一緒に住むべきであると確信したから。

問十、傍線部⑩「たぬき寝入りをするような男と、ほとんど同じことをしている」とありますが、どういうことですか。最も適当なものを次のア～オから選びなさい。
ア、実際の状況を無視して、好き勝手にふるまうこと。
イ、周囲と関わることが苦痛で、どうしても我慢できないこと。
ウ、現実を直視することが面倒で、投げやりな態度をとること。
エ、目の前の出来事に対して、気づかないふりをしていること。
オ、自分なりに考えて、一つの結論を出そうとしていること。

三 (古文)内容吟味・口語訳

次の文章を読んで、あとの問いに答えなさい。(出題にあたり一部表記を改めました。)

＊常州の東城寺《とうじょうじ》に、教王房《きょうおうぼう》の法橋円幸《ほっきょうえんこう》と云《い》ひて、寺法師＊にて学生《がくしょう》＊ありけり。ある時、弟子《でし》共に《弟子たちに》云《い》はく、「世間の人は愚かにて、①思ひもよらぬ事を思ひはからひたり《考えもつかないことを(私は)思いついた》。杵《きね》一つにて臼《うす》二つを搗《つ》く様《方法》あるべし。一つの臼をば常の如《ごと》く置き、一つの臼をば下へ向けて吊《つ》るすべし。さて杵を上《あ》げ下《おろ》さむに、二つの臼を搗くべし」と云ふ。弟子の云はく、「②上の臼には物がたまり候《そうろ》ふべくはこそ、搗き候はめ」といへば、「この X こそありけれ《その欠点があったな》」とて、③詰《つ》まりけり。

(『沙石集』より)

(注)　＊常州…常陸《ひたち》国、今の茨城県。
＊寺法師…滋賀県三井寺の法師。
＊学生…学問修行を専門とする僧。

問一、傍線部①「思ひもよらぬ事」とありますが、その内容として、最も適当なものを次のア～オから選びなさい。
ア、一本の杵で二つの臼を一人で搗くとき、臼を二つ地

面に並べて設置すれば、交互に杵を上へ下へと移動させることによって、一度に二つの臼を搗くことができるということ。
イ、一本の杵で二つの臼を一人で搗くとき、臼の一つを地面に置き、臼のもう一つを、杵を持つ人の頭上に吊るして設置すれば、一度に二つの臼を搗くことができるということ。
ウ、一本の杵で二つの臼を二人で搗くとき、たとえ杵は一本しかなくても、地面に並べた二つの臼を二人で交互に搗けば、一度に二つの臼を搗くことができるということ。
エ、一本の杵で二つの臼を二人で搗くとき、たとえ杵は一本しかなくても、臼の一つを地面に置き、臼のもう一つを頭上に吊るして設置すれば、一度に二つの臼を搗くことができるということ。
オ、二本の杵で二つの臼を二人で搗くとき、臼の一つを地面に置き、臼のもう一つを頭上に吊るして設置すれば、一度に二つの臼を搗くことができるということ。

問二、傍線部②「上の臼には物がたまり候ふべくはこそ、搗き候はめ」とありますが、その意味として、最も適当なものを次のア～オから選びなさい。
ア、吊るした臼に搗く物がたまるのでしたら、搗けもしましょうが。
イ、吊るした臼に搗く物がたまるので、搗くことができるはずだ。
ウ、吊るした臼に搗く物がたまらないのでしたら、搗くことができるでしょう。
エ、吊るした臼にふり上げた杵が届くのでしたら、搗けもしましょうが。
オ、吊るした臼にふり上げた杵が届くので、搗くことができるにちがいない。

問三、空欄Xに入る漢字一字の言葉として、最も適当なものを次のア～オから選びなさい。
ア、技　イ、欲　ウ、勇　エ、難　オ、災

問四、傍線部③「詰まりけり」とありますが、だれが、どのような理由で言葉を詰まらせたのですか。最も適当なものを次のア～オから選びなさい。
ア、この作品の作者は法橋円幸に関する事実を知ったとき、言葉を詰まらせた。
イ、東城寺の他の僧侶たちは法橋円幸の発言に納得がいかず、言葉を詰まらせた。
ウ、法橋円幸は弟子の言葉から自分の発言の間違いを知り、言葉を詰まらせた。
エ、弟子たちは法橋円幸の思いもしなかった発言にあきれて、言葉を詰まらせた。
オ、世間の人は法橋円幸から愚かであると馬鹿にされて、言葉を詰まらせた。

拓殖大学第一高等学校

時間 50分　満点 100点　解答 P84　2月10日実施

出題傾向と対策

●漢字の読み書き、論説文、古文の大問三題構成は例年どおり。論説文は長文であることに加えて図表や資料を併用して複合的な視点から問題を捉える形式になっている。古文も二つの文章が出され、共通点を確認するといった新傾向を踏まえた問題構成となっている。
●長めの課題文の早く、かつ正確な読解に加え、図表分析や複数資料比較といった実用的・論理的思考力が要求されている。こうした傾向を踏まえた問題集に早くから取り組んでいくことが必要である。

注意事項　本文からの抜き出し問題および記述問題については、句読点やかっこもそれぞれ一字に数えます。

一 漢字の読み書き

次の各問いに答えよ。
問一、次の傍線部のカタカナを漢字に直せ。
1、サイキをかけて練習に取り組む。
2、彼女はレイタンな人物に見える。
3、この小説にはヒアイを感じる描写が多い。
4、ハイスイの陣の覚悟を持って試合に臨む。
5、主人公がヒレツな仕打ちを受ける。
問二、次の傍線部の読みを平仮名で答えよ。
1、自らの力で勝利を手に入れた。
2、人々を扇動する。
3、思わず吐息をもらす。
4、家族の生活が双肩にかかる。
5、健やかな成長を見守る。

一（論説文）内容吟味・文脈把握・語句の意味

次の文章と図は、安宅和人『シン・ニホン』の一部である。これを読んで、後の問いに答えよ。

【文章】

今世の中で起きている変化については、経済、科学技術、地政学的な重心という視点でここまでかなり広範に見てきた。しかし、意図的に触れなかったことが1つある。それは我々生命すべての住む母体であり家である地球の状況だ。

人間は植物のように太陽や水、空気、地下からの栄養素だけで生きることはできない。食物が必要であり、立ち返る場所として豊かな緑・自然が必要だ。またその前提となる気候にある程度の安定性が望まれることは明らかだ。①それぞれの視点で見てみよう。

枯渇する水産資源

まず食物。日本は世界に冠たる水産王国だ。土地は世界のすべての陸地の0・25％（61位）に過ぎないが、海岸線の長さは各国総和の3・8％で世界で6番目。また、魚を食べることが我々の文化の中心の1つにあること、日本文化のアイデンティティの1つであることは言うまでもない。その主役というべき海産資源について見てみよう。

サバは廉価で栄養価の高い魚であり、マグロなどの食物連鎖の高い位置に位置する魚たちの餌としても重要だ。あたかも無限にいるかのように思いがちだが、太平洋のマサバはかつて漁獲量が147万トン（1978年）もあったのが1990年には2万トンにまで減るというほぼ［Ⅰ］に近い状況だった（図1）。2016年では漁獲量33万トンと［Ⅱ］基調に見られるが、70年代の平均の3分の1程度であり予断を許さない情勢だ。

また夏の暑さを乗り越えるために万葉集の時代から食べられてきたウナギももはや［Ⅰ］に近い状況にある。ニホンウナギの稚魚は1960年頃に200トン以上捕れていたが、今は4トン程度しか捕れていない。50分の1以下だ。

ウナギは卵からの養殖方法が実質的にない。②国内流通量（4・8万トン：うち輸入3・3万トン）のほぼすべてが漁獲によるものではなく、稚魚から餌を与えて育てる養殖、蓄養で育てられたものだ。漁獲による天然うなぎは輸入を除く1・5万トン中、68トン（国産の0・45％）しかないのだ。また、輸入といっても、ほぼすべてが日本の資本が多く入った中国・台湾の拠点で生産されている。これらも基本すべてが蓄養であることも言うまでもない。

（中　略）

米国北部からカナダの東海岸にかけて広がるグランドバンクスは数世紀にわたり世界最大のタラ漁場であることを誇ってきた。年100万トン単位の莫大な量のタラが捕れ、1969年のピーク時には400万トンを超えていたという。しかし1990年には150万トンを割るようになり、1992年以降タラはカナダ政府の判断により禁漁になった。それ以来、資源［Ⅱ］の兆しは見えていない。2003年にカナダ政府の専門委員会が調べたところ、群れの数は過去30年で97％減少していることがわかり、極めて［Ⅰ］の危険が高い種に指定された。

（図1）　マサバの漁獲量推移

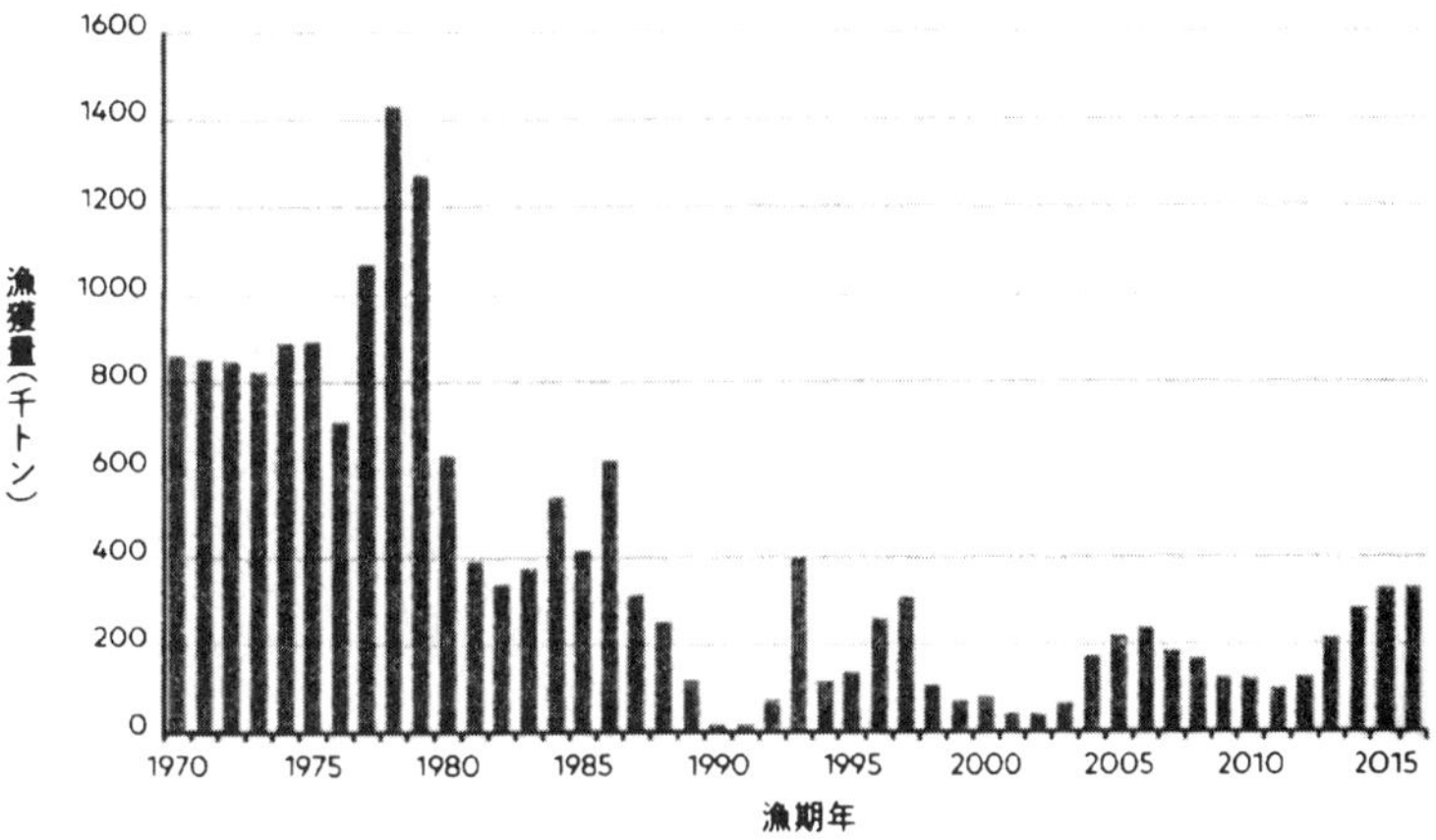

資料：水産庁　第29回太平洋広域漁業調整委員会資料　2018年11月28日

地球上の大型生物の質量構成

次に、地球上の生命の中における人間及び人間の周りの動物たちの存在について見てみよう。これはユヴァル・ノア・ハラリの『ホモ・デウス』（河合書房新社　2018）に出てくる③息を呑むデータを描き直したものだ。（＊図は省略）

地球上の大型動物の質量構成を見てみると、人間が3億トン（27％）、家畜7億トン（64％）、野生動物1億トン（9％）という少々驚くべき情況だ。この星の上にいる動物は9割以上が人間世界のものなのだ。家畜とて無限に飼えるわけではない。しかも彼らのCO_2やメタン排出が無視できない問題であることはこの20年来、議論になってきたとおりだ。

森林の隠れた課題

問題などないかのように見える森林にも課題が多い。写真（＊写真は省略）は美しい奥会津の一風景だが、よく見ると杉とヒノキばかりの森になっている。戦後の復興期から高度成長期にかけて、天然の森の木をひたすら倒して使い、その後、これらの真っすぐ、かつ景気よく伸びる樹種ばかりを植えた結果、日本中至るところで同様の現象が起きている。この［Ⅲ］性の低い森は花粉症の大きな要因の1つでもある。

アロマセラピーでよく使われるヒノキチオールが虫除けにもなることからわかるとおり、このような森はあまり多様な野生動物の生息には適していない。実際、これだけが理由ではないものの、かつて大量にいた多様な野生動物は死滅したか、もしくは絶滅に瀕しているものが多い。前項の数字に表れているとおりだ。

日本ではシカの大量発生などがよく話題になっているが、これは自然の豊かさを示すものではなく、[A]生態系（エコシステム）が全体としてバランスを崩してしまっていることの一面を表しているにすぎない。この結果、本来いなかった南アルプスの高地にまでシカが広がり、高山植物がほとんど食べ尽くされるということすら起きている。

よくオオカミが（100年前に）消えたことがシカの大量発生の原因だと言われるが、それよりも、日本の山村から人がいなくなったために農地や森林の管理ができなくなったことが理由としては大きいという。田畑が放棄され、森林に手入れがされなくなったところにシカが侵入するようになり、栄養価の高い食物がたくさんあるために増えすぎ、奥山のほうにまで拡大したということだ。

森の[Ⅲ]性喪失は全世界的な問題でもある。かつて地球上のさまざまな場所に数多くいたゾウ、ヘラジカ、バイソン（これらは日本列島にも相当数いたことがわかっている）、ヒョウ、ライオン、オオナマケモノなど多くの大型動物も、人間が登場してから大半が絶滅してしまった。原因については人類の餌食になったという説と気候変動によるものという説が入り混じっているが、多くの大陸で見られる人間の上陸と大型生物の消滅タイミングの合致度合いを見る限り、我々人類の先祖がいなければ起きなかった部分が相当あることは否み難いだろう。

あれほど緑の多いヨーロッパにおいても、本物の天然林はほとんど残っていない。ドイツが誇るシュヴァルツヴァルト（黒い森）も植林されたトウヒを中心とする人工林だ。ほぼ唯一の例外とされるビアロウィエージャ原生林（総面積1500平方キロ：ポーランドとベラルーシの国境をまたぐ）は厳重に保護され、一度も皆伐されることなく全ヨーロッパ史を生き延びてきたとされるが、その46平方キロほどの中心部すらも、決して手つかずではない。

人間の圧倒的なエネルギー消費

我々地球上の生物の大半にとって、生きることは呼吸することだ。[B]何らかの炭素化合物を体内で酸化させ、そこからエネルギーを取り出し、水と炭酸ガス（CO_2）を吐き出す。

このCO_2が（おならや家畜のゲップなどに特に多く含まれる）メタンなどと共に温暖化の原因になっていることが明らかになって久しい。

みなさんが一日生きているとどの程度のCO_2を吐き出されているか計算したことがあるだろうか。エネルギー源のすべてが炭水化物であるとして考えてみると、比較的に簡単に計算できる（実際にはおおよそ炭水化物60％、脂肪25％、タンパク15％）。炭水化物の生み出すカロリーがグラムあたり4kcal（タンパクもほぼ同じ）、一人あたりの消費カロリーがおおよそ2000kcalなので、すべてのカロリーが仮に炭水化物から来ているとすると1日約500グラムの炭水化物を消費していることになる。500グラムの炭水化物は733グラムのCO_2を生み出すので1年に換算すると733×365＝268kg＝約0・27トン。実際には家畜がそれなりの数がいる。世界全体の質量構成通り、家畜が人間の約2・4倍おり、質量（体重）あたりのCO_2排出量が同じレベルとすると年間0・27トン×2・4≒約0・65トン乗ってくるので一人年0・92トンとなる。

正直この程度であればそれほど問題はない。杉人工林1ヘクタール（100メートル四方：約3000坪）で年8・8トンのCO_2を吸収するので、1ヘクタールの森で9・6人分、1平方キロで960人分のCO_2がまかなえる。ちなみに日本の土地の森林面積割合は67・0％、25・3万平方キロ存在しているので、すべてが杉林であると仮定すると、25・3万×960＝2・4億人分の吸収余力があることになる。

ただ、問題は現代社会のCO_2を生み出す量が、この生物学的な排出とは比較にならないほど多いことにある。実は日本人は一人年間9・5トン、人間自体の呼吸量の35倍強のCO_2を排出している。電力、産業用途のエネルギー、交通機関の推進力を生み出すために必要なエネルギー量が膨大なためだ。IPCCのレポートにあるとおり、この大半が化石燃料とセメント由来だ。この値に人間や家畜の呼吸を含めると、年一人あたり[Ⅳ]トンものCO_2を生み出していることになる。これは体重が平均70kgの人間がそのまま大きくなったとすると、なんと2・7トン、半ば象になったも同然の値ということになる。日本に1・2億頭以上の象がいる世界を想像してほしい。

この結果、当然のことながら地球上の余剰熱エネルギーは加速度的に増加している。残念ながら現在のところ、地球上では水しか膨大な熱を吸収する余力がないため、膨大な海がひたすら熱を吸収している。米国海洋大気庁（NOAA）のレビタスらの調べによると1985年から2005年までの20年だけで海洋に溜まっている熱量は10倍以上にのぼる。

成長の前に星がもたない

北極や南極の氷山が急激に溶けていることに心を痛めている人は僕だけではないだろう。一方、これらの氷の融解による熱吸収がなかったら今とは比較にならない気温上昇がすでに起きていた可能性が高い。海面上昇問題など課題は多いが、④氷があったことが僥倖《ぎょうこう》とすら言える状況だ。

ただ、雪や氷の表面が失われるということは、加速度的に地球が熱を蓄積しやすくなることを意味している。アルベド（albedo）と呼ばれる地球の太陽放射の反射率が大きく変わるからだ。

（中　略）

この海洋に蓄積される熱量の大幅な上昇に伴い、海面の上昇気流は極めて発生しやすくなっている。すでに北米では晩秋から冬でも台風と呼ぶべき巨大な低気圧が時折来るようになって久しい。その強い低気圧に北からの寒気が流れ込み、時折、ニュージャージー州など東海岸北部では氷点下10度以下になって氷結している。爆弾サイクロン（Bomb cyclone）と呼ばれる気象現象だ。

（安宅和人『シン・ニホン　AI×データ時代における日本の再生と人材育成』より）

問一、傍線部①「それぞれの視点」とあるが、視点は何点あるか。次の中から一つ選び、記号で答えよ。

ア、8つ　イ、7つ　ウ、4つ
エ、3つ　オ、2つ

問二、空欄[Ⅰ]・[Ⅱ]に入る語として最も適当なものを、次の中からそれぞれ選び、記号で答えよ。
ア、悪化　イ、限界　ウ、絶滅
エ、減少　オ、輸出　カ、輸入
キ、回復　ク、増加　ケ、増殖

問三、空欄[A]、[B]に入る接続詞として最も適当なものを、次の中からそれぞれ選び、記号で答えよ。
ア、もちろん　イ、つまり　ウ、なぜなら
エ、したがって　オ、むしろ

問四、**思考力** 傍線部②ウナギの「国内流通量」を表すグラフとして最も適当なものを、次の中から選び、記号で答えよ。（グラフにおける単位はすべて、トンとする）

ア
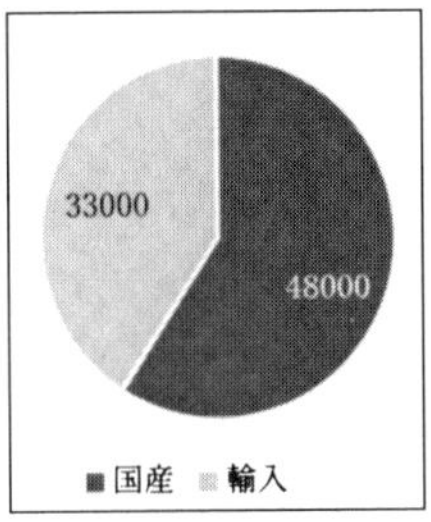

イ
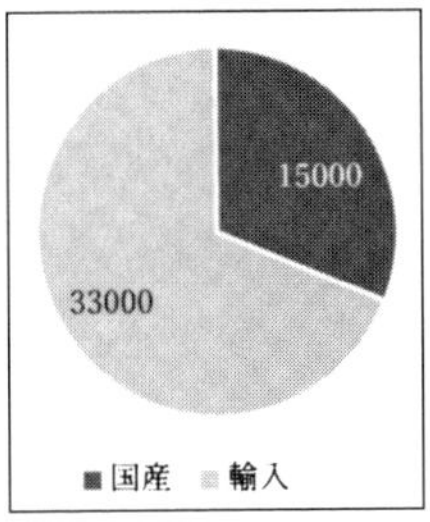

ウ
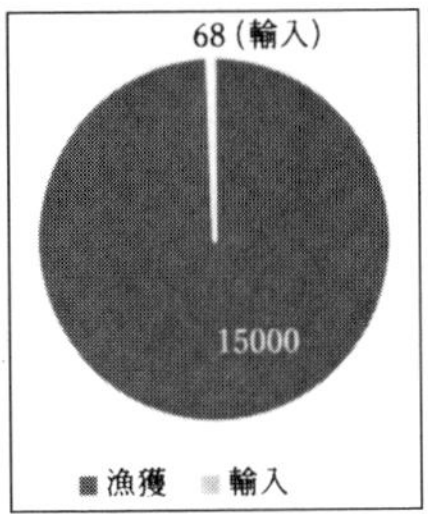

エ
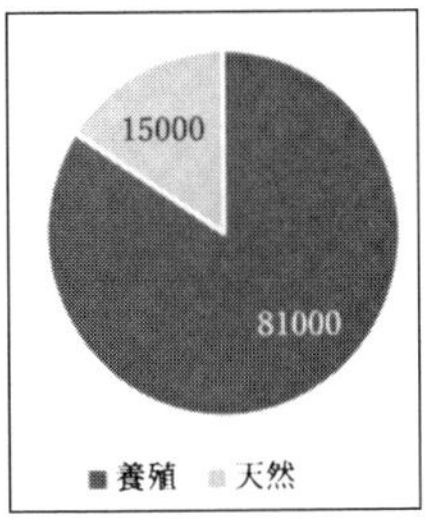

問五、傍線部③「息を呑むデータ」とあるが、この部分に関する以下の問い（i）・（ii）に答えよ。
（i）傍線部③における「息を呑む」の意味として最も適当なものを、次の中から選び、記号で答えよ。
ア、驚きで一瞬息をとめること
イ、深刻に受け止めて黙ること
ウ、強い不安で息もできないこと
エ、素晴らしさに言葉を失うこと
オ、意外な事実に気持ちを乱すこと
（ii）傍線部③の「データ」の内容と、それに対する筆者の見解の説明として最も適当なものを、次の中から選び、記号で答えよ。
ア、人間と家畜と野生動物で、地球上の生物の9割を占めており、すでに多すぎることに加え、CO_2排出の観点からも、もう増やすべきではない。
イ、人間と家畜と野生動物で、地球上の生物の9割を占めており、すでに多すぎることに加え、今後の自然界に与える負の影響が大きすぎる。
ウ、人間と家畜で、地球上の生物の9割を占めており、すでに多すぎることに加え、CO_2排出の観点からも、もう増やすべきではない。
エ、家畜と野生動物で8億トンであり、この数字を見れば、人間世界が自然界にどれほど影響を与えてしまっているかがよくわかる。
オ、人間と家畜で10億トンであり、この数字を見れば、人間世界が自然界にどれほど影響を与えてしまっているかがよくわかる。

問六、空欄[Ⅲ]について、当てはまる言葉を、本文中から二字で抜き出して答えよ。

問七、**思考力** 空欄[Ⅳ]について、当てはまる数字を小数点第一位まで答えよ。

問八、**思考力** 傍線部④「氷があったことが僥倖とすら言える状況」とあるが、どういうことか。四十字以内で説明せよ。

問九、本文の内容に合致するものを、次の中からすべて選び、記号で答えよ。
ア、水産資源は不安定な状況であり、場合によっては危機的ですらある。
イ、人間の存在により、生態系の微妙な均衡が崩れてしまっている。
ウ、まったく手つかずの森は存在せず、人間が介入している。
エ、最近、CO_2が温暖化の原因となっていることが明らかになった。
オ、現在ある森林では地球上にいる大型生物が呼吸により吐き出すCO_2を吸収しきれない。

問十、次に示すのは、【文章】を読んだ拓大一高生が、その後、【資料】（環境基本法）について調べたあとに行った座談会における【会話文】である。これを読んで、後の問い（i）・（ii）に答えよ。

【資料】環境基本法（抜粋）

（環境の恵沢の享受と継承等）
第3条　環境の保全は、環境を健全で恵み豊かなものとして維持することが人間の健康で文化的な生活に欠くことのできないものであること及び生態系が微妙な均衡を保つことによって成り立っており人類の存続の基盤である限りある環境が、人間の活動による環境への負荷によって損なわれるおそれが生じてきていることにかんがみ、現在及び将来の世代の人間が健全で恵み豊かな環境の恵沢を享受するとともに人類の存続の基盤である環境が将来にわたって維持されるように適切に行われなければならない。

（環境への負荷の少ない持続的発展が可能な社会の構築等）
第4条　環境の保全は、社会経済活動その他の活動による環境への負荷をできる限り低減することその他の環境の保全に関する行動がすべての者の公平な役割分担の下に自主的かつ積極的に行われるようになることによって、健全で恵み豊かな環境を維持しつつ、環境への負荷の少ない健全な経済の発展を図りながら持続的に発展することができる社会が構築されることを旨とし、及び科学的知見の充実の下に環境の保全上の支障が未然に防がれることを旨として、行われなければならない。

（国際的協調による地球環境保全の積極的推進）
第５条　地球環境保全が人類共通の課題であるとともに国民の健康で文化的な生活を将来にわたって確保する上での課題であること及び我が国の経済社会が国際的な密接な相互依存関係の中で営まれていることにかんがみ、地球環境保全は、我が国の能力を生かして、及び国際社会において我が国の占める地位に応じて、国際的協調の下に積極的に推進されなければならない。

【会話文】
生徒A　【文章】でも【資料】でも言っているように、環境は（　X　）なのに、その環境が破壊されつつあるというのは大変なことだよね。
生徒B　うん。どうにか対策を考えないといけない問題だけど、どうすればいいかな。
生徒C　【資料】にも書いてあるけど、環境への負荷を減らすしかないよ。だから、（　Y　）のがいいんじゃないかな。
生徒D　たしかに。そうすれば【文章】で筆者が問題としていることへの解決策にもなりそうだね。

（i）空欄（　X　）に当てはまる八字を、【資料】から抜き出して答えよ。
（ii）【資料】に書かれていることをふまえて、空欄（　Y　）に当てはまる内容として最も適当なものを、次の中から選び、記号で答えよ。
ア、徐々に経済の規模を縮小させていきながら、環境をもとに戻すように努力する
イ、国際的協調を前提として、経済的に負荷をおってでも、環境をもとに戻す
ウ、環境破壊を防ぎつつ、生態系を立て直すためには、人為的に環境を作り変える
エ、社会が持続的に発展するように積極的に経済活動を行って、科学を発達させる
オ、科学的根拠に基づき環境破壊を防ぎながら、社会が発展し続ける方法を考える

三 (古文)内容吟味・口語訳・文学史

次の【文章I】と【文章II】は、それぞれ『十訓抄』の一節である。これを読んで後の問いに答えよ。

【文章I】
(注1)小野宮《をののみやの》右大臣《うだいじん》とて、①世には賢人右府と申す。若くより思はれけるは、身にすぐれたる才能なければ、なにごとにつけても、その徳あらはれがたし。まことに(注2)賢人を立てて、名を得ることをこひ願ひて、ひとすぢに廉潔《れんけつ》の振舞《ふるまひ》をぞし給《たま》ひける。かかれど人さらに許さず。かへりてあざけるたぐひもあるほどに、あたらしく家を造りて、(注3)移《い》徙《し》せられける夜、火鉢なる火の、御簾《みす》のへりに走りかかりけるが、やがても消えざりけるを、しばし見給ひけるほどに、やうやうくゆりつきて、次第に燃え上がるを、人(注4)あさみて寄りけるを制して、消さざりけり。火、大きになりける時、笛ばかりを取りて、「車寄せよ」とて、出で給ひにけり。いささか物をも取り出づることなし。

これより、おのづから賢者の名あらはれて、帝よりはじめ奉りて、ことのほかに感じて、もてなされけり。かかるにつけては、げにも家一つ焼けむこと、かの殿の身には②数にもあらざりけむかし。

ある人、のちに③そのゆゑを尋ね奉りければ、「わづかなる走り火の、思はざるに燃え上がる、ただごとにあらず。天の授くる災《わざはひ》なり。人力にてこれを(注5)きほはば、これより大きなる身の大事出で来べし。なにによりてか、あながちに家一つを惜しむにたらむ」とぞいはれける。

(注1)小野宮右大臣…藤原実資《ふじわらのさねすけ》。博識で、欲がなく心が清らかであることから、賢人右府といわれた。「右府」は右大臣。
(注2)賢人を立てて…賢人のふるまいをして。
(注3)移徙…引越。
(注4)あさみて…びっくりして。
(注5)きほはば…争うならば。

【文章II】
(注6)絵仏師《ゑぶつし》良秀《りやうしう》といふ僧ありけり。家隣より火出で来たりぬ。(注7)おしおほひてければ、大路へ出でにけり。人の書かする仏もおはしけり。また、ものもうちかづかぬ妻子なども、(注8)さながらありけり。それをも知らず、身ばかり、ただ一人出でたるを(注9)ことにして、むかへのつらに立てりけり。

火、はやわが家に移りて、煙、炎、くゆりけるを見て、おほかたさりげなげにてながめければ、(注10)知音どもとぶらひけれども、さわがざりけり。「いかに」と見れば、むかへに立ちて、家の焼くるを見て、うちうなづき、うちうなづきして、時時笑ひて、「あはれ、(注11)しつる所得かな。④年ごろわろく書きけるものかな」といふ時、とぶらひ来たる者ども、「こはいかに。⑤かくてはあさましきことかな。(注12)ものつき給へるか」といへば、「(注13)何条、もののつくべきぞ。年ごろ(注14)不動尊の火炎を悪しく書きけるなり。はや、見取りたり。これこそは所得よ。⑥この道を立てて、世にあらむには、仏をだによく書き奉らば、百千の家も出で来たりなむずるものを。我党《わたう》こそさせる能をもおはせねば、物を惜しみ給へ」といひて、あざわらひて立てりけり。そののちにや、良秀の「よぢり不動」とて、人々めであへりけり。

(注6)絵仏師…仏像・仏画の製作や寺院の装飾に携わった僧侶。
(注7)おしおほひてければ…炎が家を覆ったので。
(注8)さながらありけり…すべて家の中にいた。
(注9)ことにして…なすべきことと考えて。
(注10)知音…親友。
(注11)しつる所得…うまく手に入れた儲け。
(注12)ものつき給へるか…何か霊がお憑きになったのか。
(注13)何条…どうして。
(注14)不動尊…五大明王の一つ。不動明王。悪魔降伏のため、憤怒の相で、背に火炎を負う。

問一、傍線部①「世には賢人右府と申す」とあるが、【文章I】ではどのような点を賢人らしいと評価しているか。その理由として最も適当なものを次の中から選び、記号で答えよ。

ア、火鉢の火が燃え広がるのを予見していた点。
イ、焼けても惜しむものを持っていなかった点。
ウ、火事を天の災いだと考え抵抗しなかった点。
エ、自分よりも周囲の人々の安全を優先した点。

問二、傍線部②「数にもあらざりけむかし」とあるが、その理由として最も適当なものを次の中から選び、記号で答えよ。
ア、右大臣は過去にも火事を経験しており、家が一つ焼けるくらいのことは、もはやたいしたことではないから。
イ、右大臣はなるべく物を持たない質素な生活を心がけており、失っても惜しむほどのものは持っていないから。
ウ、右大臣は何より自分自身や周囲の人が無事であったことを嬉しく思い、家が焼けたことは気にしていないから。
エ、右大臣は賢人と呼ばれることが嬉しかったので、それと比べれば家を失うのは悲しむほどのことではないから。

問三、〈思考力〉傍線部③「その」が指し示す内容を、二十字以内で答えよ。

問四、傍線部④「年ごろわろく書きけるものかな」とあるが、何を「わろく書きける」のか、【文章Ⅱ】の中から六字で抜き出して答えよ。

問五、傍線部⑤「かくてはあさましきことかな」の解釈として最も適当なものを次の中から選び、記号で答えよ。
ア、こんなふうでは本当にすばらしいことであるよ
イ、このようではなんともあきれたことであるよ
ウ、こんな様子では非常に奥ゆかしいことであるよ
エ、このようになってはとても喜ばしいことであるよ

問六、傍線部⑥「この道」とはどのような道のことか。最も適当なものを次の中から選び、記号で答えよ。
ア、画法を極めて絵仏師として生きる道
イ、仏教の悟りに至るため修行をする道
ウ、人脈を広げて多くの家を生み出す道
エ、賢人として常に自身の徳を高める道

問七、〈思考力〉【文章Ⅰ】と【文章Ⅱ】に関する説明として最も適当なものを次の中から選び、記号で答えよ。
ア、【文章Ⅰ】と【文章Ⅱ】はどちらも火事の場面を描いているが、右大臣は落ち着いて笛を持って避難するという賢人らしい振る舞いを見せたのに対し、良秀は慌てて一人で避難をしたことを悔やんでいた。
イ、【文章Ⅰ】と【文章Ⅱ】では自宅で火事が起きたときの行動が若干異なっており、右大臣と良秀に対する周囲の評価もそれぞれであるが、どちらも常人離れした考え方をしているという点で一致している。
ウ、【文章Ⅰ】と【文章Ⅱ】はどちらも自宅が火事になったときに取るべき行動を描いており、火を消すことよりも大事なものを見極めて、落ち着いて避難したほうが良いという教訓的な内容になっている。
エ、【文章Ⅰ】と【文章Ⅱ】ではどちらも自宅を火事で失ったことで共通しているが、右大臣は天が授けた災難であったとがっかりしたのに対し、良秀は大きな火炎を見ることができたことを喜んだ。

問八、〈よく出る〉『十訓抄』は鎌倉時代の説話集である。同じ時代に成立した作品を次の中から選び、記号で答えよ。
ア、平家物語　イ、今昔物語集
ウ、源氏物語　エ、おくのほそ道

多摩大学目黒高等学校

時間 50分　満点 100点　解答 P86　2月10日実施

出題傾向と対策

●漢字の読み書き、資料を読み解く問題、古文、論説文、小説文（省略）の大問五題構成。現代文の二題は問題自体は字数の多い記述もなく平易であるが、本文の文章量が多いので時間配分に気をつけたい。古文は文法・知識などバランスよく出題されている。
●過去問題等を利用し、問題演習を重ねることで解答のペース配分をつかみたい。また、選択問題も与えられた選択肢からただ選ぶのではなく、自分で「こうではないか」と考えることで、学力も上がっていく。

注意事項　句読点、「　」も一字と数えます。

一 漢字の読み書き 〈よく出る〉〈基本〉

次の①～⑩の――線部について、漢字をひらがなに、ひらがなを漢字に改めなさい。（各1点、計10点）

①相手をふくじゅうさせる。
②ほそく説明をする。
③こくもつを収穫《かく》する。
④問題点をけんとうする。
⑤親こうこうをする。
⑥金銭を貸借する。
⑦利己的な考え方を直す。
⑧末永くお幸せに。
⑨浅学非才の私。
⑩筆耕料。

二 グラフの読み取り・文脈把握

次にあげた資料は「自転車に関する消費者事故等の傾向について」（消費者庁）の一部です。この資料をもとに、高校一年生の四人の生徒が、話し合いをしています。資料と話し合いの記録を見て、後の問いに答えなさい。　（計10点）

A　高校に入学して、最寄り駅まで自転車で行くようになったんだ。歩くより楽で、速いよね。
B　ぼくも最寄り駅までチャリだよ。でも、この前転んじゃって腕をめちゃめちゃすりむいちゃった。
C　見せて！　うわ～痛そう。……そういえば、こんなグラフを見つけたんだけど。見てこれ。自転車事故でどんなけがをして、どれくらいの期間、治療したかというグラフ。
D　へえ。一八五件の分析なんだね。Bくんのすりむいたのは「擦過傷」という分類だね。これで見ると［イ］という人が多いんだね、Bくんは？
B　ぼくもそうだったよ。Aさんはけがしたことない？
A　私じゃないけど、お姉ちゃんが一か月くらい治らなかったことがある。
C　じゃあ、お姉さん［ロ］だったの？　［ロ］が一か月以上治療にかかった人の最も多い理由だね。
A　ううん、ねんざだったんだけど。「挫《ざ》傷」ってのにあてはまるのかな。九件あるみたい。
C　いや、ねんざは「捻挫」でしょ、もっと少ないみたいだね。脱臼《きゅう》とあわせて治療に一か月かかったのは一件だ。
D　脱臼や捻挫は［ハ］かかった人が一番多いみたいね。
C　でも、自転車でけがをすると結構大変なんだね。治療期間で一番多いのが［ニ］だもん。［ロ］の次に「その他の傷病及び諸症状」というのが多いんだね。
B　うん、これは他の分類に当てはまらないものを全部寄せ集めた分類だけどね。
D　小さなけがで済めばいいけれど、やっぱり自転車は気を付けなくちゃね。

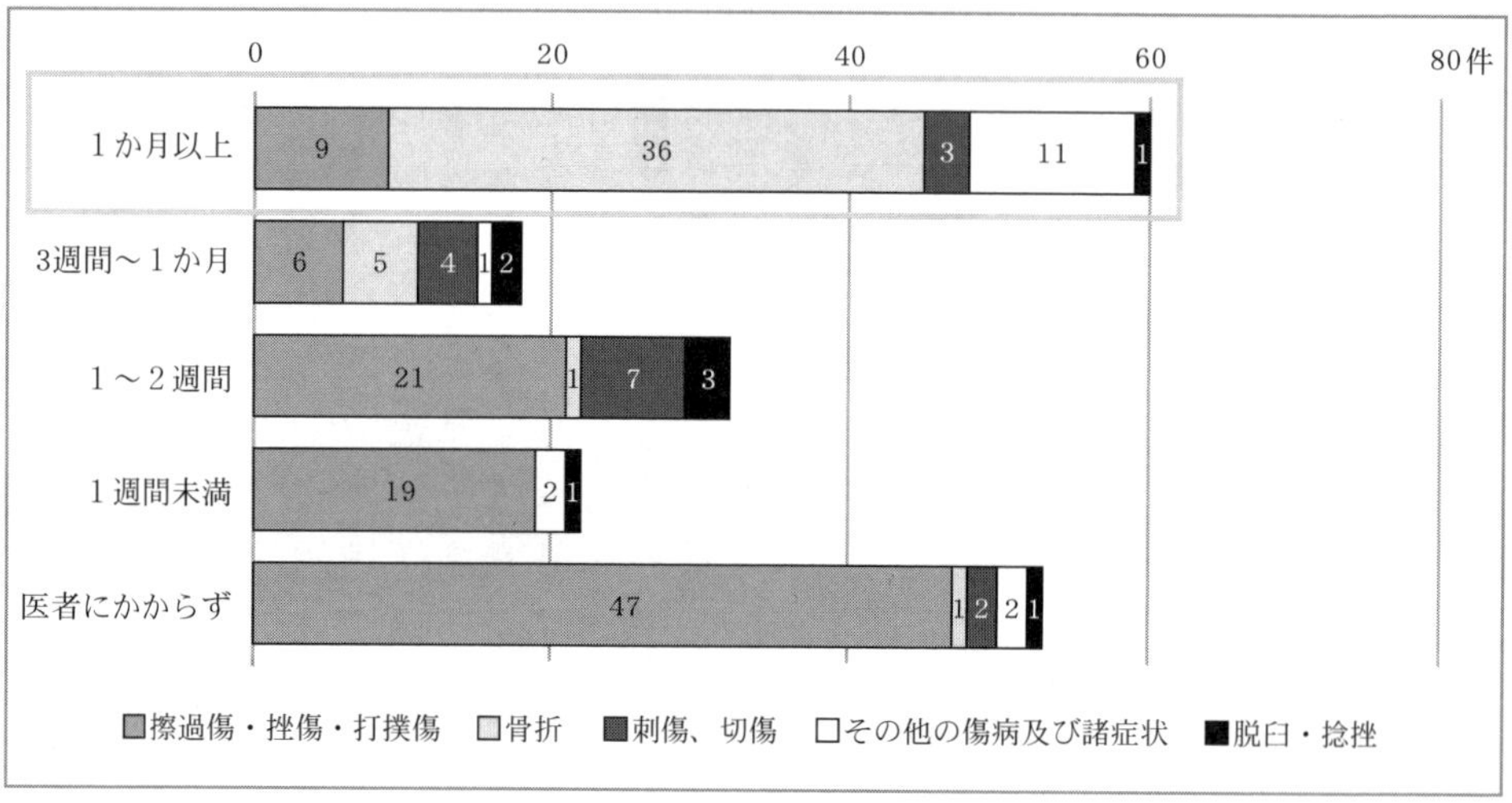

問一、グラフの説明として、最も適当なものを次の1～5から選び、番号で答えなさい。　（1点）
1、横軸に件数を取り、件数が少ない場合の分析がしやすい。
2、けがの種類をまとめず細かく分類し、詳細な分析がしやすい。
3、治療期間を細かく区分し、治療費にいくらかかったかがわかりやすい。
4、けががそれぞれ何パーセントか種類別に読み取れるようになっている。
5、治療に要した期間とその内訳の件数がそれぞれ読み取れるようになっている。

問二、［イ］、［ハ］、［ニ］に入れるのに最も適当なものをそれぞれ次の1～5から選び、番号で答えなさい。　（各2点）
1、一か月以上　2、三週間～一か月
3、一～二週間　4、一週間未満
5、医者にかからず

問三、［ロ］に入れるのに最も適当なものを次の1～5から選び、番号で答えなさい。　（1点）
1、擦過傷・挫傷・打撲傷
2、骨折
3、刺傷・切傷
4、その他の傷病及び諸症状
5、脱臼・捻挫

問四、資料から読み取れることとして、最も適当なものを次の1～5から選び、番号で答えなさい。　（2点）
1、擦過傷でも一か月以上を治療に要することがある。
2、骨折しても病院に行かなかった人もいる。
3、擦過傷・挫傷・打撲傷を負った人が一番多いが、そのうち半数以上の人が医者にかかっていない。
4、医者にかからなかった擦過傷・挫傷・打撲傷の人よりも、治療に一か月以上かかった擦過傷・挫傷・打撲傷と骨折の人の数の方が多い。
5、治療期間を問わず骨折をした人の数は、治療期間が一週間未満の人の数の二倍以上である。

三 (古文)仮名遣い・内容吟味・古典知識

次の文章を読んで後の問いに答えなさい。　（計20点）

無益のことをなして時を移す《すごす》を、愚かなる人とも、僻事《ひがごと》する人とも言ふべし。国のため、君のために、止むことを得ずしてなすべき事多し。①その余りの暇《いとま》、幾《いく》ばくならず。思ふべし、人の身に、止むことを得ずしていとなむ所、第一に食ふ物、第二に［A］、第三に居る所なり。人間の大事、この三つには過ぎず。ア飢ゑず、寒からず、風雨にをかされずして、閑《しづか》に過ぐすを楽とす。ただし、人皆病あり。イ病《やまひ》にをかされぬれば、その愁《うれひ》忍びがたし。医療を忘るべからず。［B］を加へて四つの事、求め得ざるを［C］とす。この四つ欠けざるを［D］とす。この四つの外を求め営むを［E］とす。四つの事倹約[注]ならば、誰の人か足らずとせん。

（『徒然草』より）

注　○僻事…まちがったこと。道理にはずれたこと。
○倹約…四つのことを最小限度にきりつめて生活すること。

問一、よく出る　基本　――ア「飢ゑず」、イ「病にをかされぬれば」を現代仮名づかいに直し、すべてひらがなで書きなさい。（ア2点、イ3点）

問二、よく出る　――①「その余りの暇、幾ばくならず。」とあるが、どういうことか。最も適当なものを次の1～5から選び、番号で答えなさい。（3点）
1、国家や君主から命じられた仕事は、やめることができないということ。
2、国や君のために仕事をし続けた後は、休暇が待っているということ。
3、やるべきことを終えた後の休暇は、非常に楽しみであるということ。
4、やらなくてはならないことをした後の暇は、あまり残らないということ。
5、愚かな人はやるべきことに時間をかけすぎ、暇はあまりないということ。

問三、難　［A］に入れるのに最も適当な言葉を次の1～5から選び、番号で答えなさい。（3点）
1、家族　2、着る物　3、働く所
4、友人　5、飲む物

問四、難　［B］に入れるのに最も適当な言葉を漢字一字で答えなさい。ただし、本文に含まれる漢字は入らないものとする。（3点）

問五、［C］～［E］に入れる言葉の組み合わせとして、最も適当なものを次の1～5から選び、番号で答えなさい。（3点）
1、C「富めり」　D「貧し」　E「驕《おご》り」
2、C「貧し」　D「驕り」　E「富めり」
3、C「貧し」　D「富めり」　E「驕り」
4、C「驕り」　D「貧し」　E「富めり」
5、C「富めり」　D「驕り」　E「貧し」

問六、よく出る　基本　本文は『徒然草』の一部である。この作品の作者として、最も適当なものを次の1～5から選び、番号で答えなさい。（3点）
1、吉田兼好　2、鴨長明　3、松尾芭蕉
4、清少納言　5、紫式部

四（論説文）内容吟味・文脈把握

次の文章を読んで後の問いに答えなさい。なお、設問の都合で本文には一部省略した部分がある。（計30点）

青年期は内向の時代と言われる。①自分の内面に目が向かうようになるという意味だ。青年期に日記をつけ始めたけれども、いつの間にかやめてしまった。そんな話をよく聞くが、日記をつけるという行為は、まさに自己との対話である。

自分の内面というのは、外の世界の出来事と違って、何ともとらえどころのないものである。そのため、得体の知れない自分を前にして、大いに戸惑うことになる。そこに青年期の最大の課題である自己の探求が始まる。これに関しては、『〈自分らしさ〉って何だろう?』（ちくまプリマー新書）で詳細に解説したので、ここでは簡単に触れるだけにする。

自己の探求が始まるといっても、今は「自分とは何か?」などと難しい顔をして思い悩んだり、「自分らしく生きるといっても、どうしたらいいんだろう?」「自分はどうしたいのだろう?」などといった心の中に渦《うず》巻く葛藤《かっとう》をめぐって、友だちと真剣に語り合ったりする雰囲気ではない。場の空気が重たくならないように気をつかい、軽いノリで冗談を言って笑い合う。そんな友だちづきあいをしながらも、やはり心の中の揺れは収まらない。家に帰ってひとりになり、周囲への気づかいがなくなると、心の中の不安や迷い、苛立《いらだ》ちと向き合わざるを得なくなる。

こうして、児童期までの気楽にありのままに生きる即自存在から、絶えず自分と向き合い葛藤する対自存在へと移行していくのである。

自己の探求が始まる前提として、自己意識の発達がある。たとえば心理学者のモンテマイヤーとアイゼンは、九歳から一八歳の子どもたちを対象に「私はだれですか?」（Who am I?）という質問に二〇回答えさせるという調査（自分はどんな人か、どんな特徴があるかを答えさせるもの）を行い、その回答を三〇のカテゴリーに分類している。

その結果、年齢と共に、身体的特徴、持ち物、居住地、名前などの［イ］・外面的な特徴による自己記述が減少し、実存的な個性化の意識、思想・信念、自己決定の感覚、対人関係の取り方、心理的特徴、個としての統一性の意識、職業的役割などの内面的特徴による自己記述が増加することが示されている。

このような自己意識の発達に伴い、「見る自分」と「見られる自分」の分離がしだいに鮮明化し、「見る自分」による「見られる自分」のつくり直しが活発に行われるようになる。

つまり、この世に誕生して以来、幼児期・児童期を通して、親のしつけをはじめとする社会化の圧力のもとに［ロ］につくられてきた自分を改めて見つめ直し、自分なりに納得のいく自分へと主体的に組み立て直すようになる。いわゆる主体的な自己形成の始まりである。

変わったことを言って注目されようとするのも、逆に目立たないようにおとなしくするのも、「見られる自分」を意識するからであり、自己意識の高まりによるものである。楽しく盛り上がらなければと思い、ウケ狙いの冗談を連発し、みんなと別れてひとりになったとたんに、「ちょっとやりすぎたかな」と後悔したりするのも、「見られる自分」

をめぐる葛藤であり、自己意識がもたらすものである。

　このように、青年期になると「見られる自分」をめぐる葛藤が心の中で渦巻くようになる。

　自分のことが気になり出すと、他者のことも気になり始める。周囲の友だちのことがとても気になる。自己意識の高まりが強烈な比較意識を生みだすのだ。

　他者との比較がもたらす効果には、二つの方向性がある。たとえば、青年期になると、人からどう思われるかがやたら気になる自分に対して、「人の目を意識しすぎなんじゃないか」「自分はちょっと神経過敏になりすぎてないか」などと気に病んだりするものである。

　［A］、他の人も同じように人の目がやたら気になる自分を気に病んでいるということがわかれば、「自分だけじゃないんだ」「自分がおかしいわけではないんだ」と思うことができ、とりあえず安心する。

　自己意識が高まる青年期には、人からどう見られるかを非常に気にするようになる。［B］、遠慮なく何でも話せるほど親しくなっていない相手と話す際には、「何を話せばよいのだろう」「場違いなことを言ってしまわないかな」などといった不安が頭をもたげてくる。［C］、「好意的に見てもらえるだろうか」「変なヤツと思われないだろうか」というように、相手の反応に対する不安もある。

　そのような対人関係にまつわる不安を対人不安と言うが、青年期には対人不安が強まるものである。

　対人不安については、『「対人不安」って何だろう？』（ちくまプリマー新書）で詳しく解説したが、授業で対人不安の話をすると、授業後の一〇分間レポートには、大半の学生が「まるで自分のことを言われているようだった」といった反応をすると同時に、「みんなもそうなんだと聞いて安心した」「自分だけじゃないのだとわかってホッとした」などと書いてくる。

　［D］、他者との比較により、みんなも似たような心理傾向があるのだとわかれば、自分の心理状態の妥当性が保証され、安心することができる。

　一方で、他者との比較により、自他の違いを意識するようになるといった側面もある。

　たとえば、友だちと話していて、自分が当たり前と思う理屈がどうしても通じないとき、価値観の違いを痛感する。

　人を傷つけるようなことを平気で言う友だちに対しては、その無神経さに呆《あき》れるし、自分だったら怒るに違いないと思うようなことを言われても平気で笑い飛ばす友だちに対しても、立派だなあと思いつつも、感受性の違いを感じる。

　このように他者との比較により、自他の違いが浮き彫りになり、自分の特徴に改めて気づかされるということがある。その際、まだ人生経験が浅い青年期には、あまり自信がないために、自己卑下的反応に陥《おちい》りがちである。

［Ⅰ］

　こんな具合に、他者に圧倒され、自分がちっぽけな存在に感じられるということも起こりがちである。

　啄木《たくぼく》の『一握の砂』に収められた、つぎの二つの短歌は、②そのような心理状態に陥りがちな青年期の心模様を描いたものとみることもできるだろう。

［Ⅱ］

（『石川啄木全集』第一巻、筑摩《ちくま》書房）

　個性とか独自性などというと、心地よい響きがあるかもしれない。だが、それが孤独をもたらす面もある。

　言ってみれば、僕たちはみんな［ハ］存在で、独自な世界を生きているからこそ、お互いにわかりあいたいと思っても、共感できないことがあったり、理解できないことがあったりするのである。

　どんなに親しい間柄であっても、人と人との間には、どうしても乗り越えることのできない溝《みぞ》がある。どんなに似た者同士の親友がいたとしても、けっして取り換えのきかない独自な人生を生きている。

　［ニ］にも相性がよく、価値観も似ているため、何でもわかり合えると思っていた親友にさえ、自分の気持ちをわかってもらえなかったりする。

　いくら言葉を尽くして説明しても、どうしてもわかってもらえない。返ってくる言葉から、お互いの考え方にズレがあることがはっきりと感じられる。そんなとき、無性にさみしくなり、やっぱり人間って孤独な存在なんだなあと思う。

　このようなさみしさに襲われるのは辛《つら》いことではあるけれども、生きている限り、そこから逃げるわけにはいかない。だれもがそうしたさみしさを抱えて生きているのだ。

　自分はだれとも異なる独自な存在であり、どんなに親しい間柄でも完全にわかり合えることはないと気づくことによって、自分の人生は自分で責任をもって背負っていかねばならないといった覚悟ができる。

　それを③個別性の自覚という。

　人間の個別性を自覚するのは、心の成熟の徴《しるし》でもあるが、とても厳しく辛いことでもある。

「未熟であること、孤独であることの認識はまだまだ浅い。何を書きたいのだろうか？　家族と共に生活していると、何も考えずにいても楽しく過《す》ごせるのだ。けれども、母は、父は、昌之《まさゆき》は、ヒロ子ちゃんは、どれだけ私を知っているのであろうか、どのような事で悩んでいるのか、何をやりたがっているのか知っているのであろうか。」（高野悦子『二十歳の原点』新潮文庫）

　これは、立命館大学の学生だった高野悦子の日記だ。これまで慣れ親しんできた家族。今でも一緒にいると心から寛《くつろ》ぐことができる家族。そんな身近な家族でさえも、こちらの心の中がわからない。何を悩んでいるのかを知らない。

　このような気づきは、まさに個別性の自覚と言っていいだろう。個別性の自覚は強烈な孤独を感じさせる。どんなに身近な相手にもわからない心の世界を生きていることを自覚するとき、無性にさみしくなる。

　そうした個別性の自覚は、青年期の真《ま》っ只中《ただなか》にいる人を［ホ］な気分にさせる。先程の石川啄木の短歌もそうだが、立原道造の詩には、青年期特有の［ホ］な気分に親和性の高いものが漂っている。

「逝《ゆ》いた私の時たちが
私の心を金《きん》にした　傷つかぬやう傷は早く恢《なお》るやうに
と

昨日と明日との間には

ふかい紺青の溝がひかれて過ぎてゐる
（中略）
おぼえてゐたら！　私はもう一度かへりたい
どこか？　あの場所へ　（あの記憶がある
私が待ち　それを　しづかに諦《あきら》めた——）」
（「夏の弔《とむら》ひ」『萱草《わすれぐさ》に寄す』日本図書センター所収）
「おまへが　友を呼ぼうと　拒《こば》まうと
おまへは　永久孤独に　餓《う》ゑてゐるであらう
行くがいい　けふの落日のときまで」（「晩秋」同、所収）

個別性の自覚は、自分の人生は自分で責任をもって背負っていかねばならないという自覚を促す。

でも、自分の人生に責任をもつといっても、どうしたらよいかわからない。自分が何をどうしたいのかもわからない。自分が一体どんな人生を望んでいるのかもわからない。自分がどこに向かっているのか、どこに向かうべきなのかもわからない。

自分らしく生きたいというのは、だれもが口にするセリフだが、どうしたら自分らしく生きられるのかがわからない。そもそもどんな生き方が自分らしいのかさえわからない。

個別性の自覚が芽生える時期は、このような④アイデンティティをめぐる問いが心の中で活性化し始める時期と重なる。それがまた青年期を生きる者を苦しめることになる。

後から振り返ると、自分の人生を大きく左右した出来事がいっぱい詰まっているのが青年期である。

（榎本《えのもと》博明『「さみしさ」の力』より）

問一、——①「自分の内面に目が向かうようになる」とあるが、なぜか。最も適当なものを次の1～5から選び、番号で答えなさい。（2点）

1、年齢と共に自己意識が発達し、「見る自分」と「見られる自分」がはっきり分かれてくることで、「見られる自分」を自分の納得のいくものへとつくり直そうとするようになるから。

2、自己と対話しようと青年期に日記をつけ始めたとしても、多くの人は長く続けることができず、その結果、とらえどころのない自分に戸惑い続けることになるから。

3、自己とは、幼児期・児童期を通して、親や学校など社会の圧力のもとに一方的につくられてきたものであり、常に他者と比較されることで心理的安定がはかれるものだから。

4、現代の風潮として、場の空気を重くするような真剣な自己との向き合い方は好まれず、結果的にウケ狙いの冗談を言っては後悔したりするということが多くなるから。

5、得体の知れない自分を前に、「自分とは何か」を友だちと真剣に語り合うことができるのは青年期しかなく、そのことによって対自存在から即自存在へと人は移行していくものだから。

問二、よく出る 基本 イ ～ ホ に入れるのに最も適当な言葉をそれぞれ次の1～5から選び、番号で答えなさい。ただし、同じものを二度以上用いてはいけません。なお、文章中に ホ は二ヶ所あります。（各1点）

1、個性的　2、受動的　3、性格的
4、感傷的　5、客観的

問三、よく出る 基本 A ～ D に入れるのに最も適当な言葉をそれぞれ次の1～5から選び、番号で答えなさい。ただし、同じものを二度以上用いてはいけません。（各1点）

1、また　2、つまり　3、とくに
4、しかし　5、そんなとき

問四、 I に入れるのに適当な文を、次の1～5から三つ選び、番号で答えなさい。（各1点）

1、元気に部活に励んでいる友だちと比べて、部活にも入っていないし、何も打ちこむもののない自分を淋《さび》しく思う。

2、明るく誰にでも親切で、異性からも人気のある友だちを見て、女性に話しかけられない自分を奥ゆかしい人間だと思う。

3、授業中に積極的に発言する友だちを見るたびに、羨《うらや》ましく思うとともに、なかなか発言できない自分を情けなく思う。

4、好きなものを買い、好きなことを自由にしてよいと親からも認められている友だちと比べて、お小遣いも家庭でのルールも決められている自分は、なんて不自由なんだろうと憤《いきどお》りを感じる。

5、社交的でユーモアたっぷりに話し、いつもみんなの輪の中心にいる友だちと比べながら、口べたでろくにおもしろい話もできず、いつも聞き手になるばかりの自分を振り返って、なんてつまらない人間なんだろうと自分が嫌になる。

問五、——②「そのような心理状態」とあるが、どのようなものか。具体的に表現している部分を、本文中から二十四字で抜き出しなさい。（2点）

問六、思考力 II に入れるのに適当な石川啄木の短歌を、次の1～5から二つ選び、番号で答えなさい。なお、「／」は本来改行されていることを表す。（各3点）

1、はたらけど／はたらけど猶《なほ》わが生活楽《くらしらく》にならざり／ぢつと手《て》を見《み》る

2、世《よ》わたりの拙《つたな》きことを／ひそかにも／誇《ほこ》りとしたる我《われ》にやはあらぬ

3、たはむれに母《はは》を背負《せお》ひて／そのあまり軽《かろ》きに泣《な》きて／三歩《さんぽ》あゆまず

4、わがこころ／けふもひそかに泣《な》かむとす／友《とも》みな己《おの》が道《みち》をあゆめり

5、ふるさとの訛《なまり》なつかし／停車場《ていしゃば》の人《ひと》ごみの中《なか》に／そを聴《き》きにゆく

問七、——③「個別性の自覚」はなにを人にもたらすか。本文中から四字で抜き出しなさい。（4点）

問八、——④「アイデンティティ」を言い換えた言葉を、本文中から五字で抜き出しなさい。（4点）

五 **（省略）伊集院静「ぼくのボールが君に届けば」より**（計30点）

中央大学杉並高等学校

時間 50分　満点 100点　解答 P87　2月10日実施

出題傾向と対策

●昨年同様、漢字の読み書き、情報の読み取り、古文、要約、長文の論説文の大問五題構成。憲法前文などに用いられた漢字、短文やグラフの正確な内容の把握などの基本から本文の大意のまとめ、精緻な文章の読解力を問う書き抜き問題まで、国語力がトータルに試されている。

●新聞記事や論説文、小説文などを読むことで、基本的な漢字の知識や読解力を着実に身につける。文章の要約や書き抜きの設問を解くためには、さまざまな文章を精読しておく。古文は注を参考に内容を把握すること。

一 漢字の読み書き　よく出る　基本

1～6の文中の――線部(a)～(h)について、漢字はひらがなで読み方を示し、カタカナは漢字に改めなさい。

1、われらは平和を維持し、(a)センセイと隷従、圧迫と偏狭を地上から永遠に(b)ジョキョしようと努めてゐる国際社会において、名誉ある地位を占めたいと思ふ。われらは全世界の国民が、ひとしく恐怖と欠乏から免かれ、平和のうちに生存する権利を有することを確認する。

（日本国憲法　前文による）

2、私は元来、栄養学というものには、あまり信用をおいていなかった。理由は、無闇とカロリー、カロリーというからである。人間は機関車とちがうという、人道主義的誇りからも、どうしても(c)ショウフク出来なかったのである。それで新婚当時、細君が女学校と料理の講習会とで教わったばかりの知識をふり廻《まわ》して「松茸《まったけ》なんて、栄養になりませんよ。カロリーがほとんど無いんですから」と主張しても、私は平気で松茸を喰《く》っていた。

（中谷宇吉郎「老齢学」による）

3、たしか寺田寅彦氏の随筆に、猫のしっぽのことを書いたものがあって、猫にあゝ云《い》うしっぽがあるのは何の用をなすのか分らない、全くあれは無用の(d)長物のように見える、人間の体にあんな邪魔物が附いていないのは仕合せだ、と云うようなことが書いてあるのを読んだことがあるが、私はそれと反対で、自分にもああ云う便利なものがあったならば、と思うことがしば〳〵である。

（谷崎潤一郎「客ぎらい」による）

4、初め一概に野卑滑稽としか映らなかった胡地《こち》の風俗が、しかし、その地の実際の風土・気候等を背景として考えてみるとけっして野卑でも不合理でもないことが、しだいに李陵にのみこめてきた。厚い(e)ヒカク製の胡服でなければ朔北《さくほく》の冬は凌《しの》げないし、肉食でなければ胡地の寒冷に堪えるだけの精力を貯えることができない。

（中島敦「李陵」による）

5、税務署長のその晩の下宿での仕度ときたら実際科学的なもんだった。

まず第一にひげをはさみでぢゃきぢゃき刈りとって次に(f)キハツ油へ木タールを少しまぜて茶いろな液体をつくって顔から首すぢいっぱいに手にも塗った。鼻の横や耳の下には殊に濃く塗ったのだ。

（宮沢賢治「税務署長の冒険」による）

6、藤井聡太棋聖が、三連勝で(g)ノゾんだ第四局にも勝利し、二冠を達成した。八段昇級も同時に果たした彼の(h)センセキは圧倒的だ。

（新聞記事による）

二 内容吟味

次の問1、2の各設問に答えなさい。

問1、思考力 次の文章の内容と合致するものを後から二つ選び、記号で答えなさい。

（日本では）サクラ類に対する学名の属名として、ラテン文字のケラスス（*Cerasus*）を用いている。これまでサクラ類の属名はプルヌス（*Prunus*）を用いる場合が多かったのだが、近年ではケラススが用いられることが増えている。どのような理由で変わってきたのだろうか。もともとプルヌスとはスモモ（英語だとPrune）のことであるので、サクラをプルヌス属とする場合、スモモやモモ、ウメ、ウワミズザクラなども含んだ大きなグループとなり、世界では四〇〇種を超える。これを広義のサクラ属ということができる。一方、ケラスス属は、セイヨウミザクラやヤマザクラなどだけしか含まず、一〇〇種ほどである。これを、狭義のサクラ属という。

伝統的にはサクラ類の種数が多いロシアや中国では狭義のサクラ属を用い、種数が少ない西ヨーロッパや北米では広義のサクラ属を使う例が多かった。日本では東京大学の大場秀章が一九九二年にサクラ類を狭義のサクラ属に分類する論文を発表して以来、狭義のサクラ属を用いる例が増えている。

（勝木俊雄『桜』による　作問のため本文を改めた箇所がある）

ア、アメリカでサクラがプルヌス属に分類されたのは、約四〇〇種ものサクラがあったからである。

イ、サクラ類は国や時代により異なる属に分類されるが、一九九〇年当時の日本のサクラ類は、プルヌス属に分類されていた。

ウ、狭義のサクラ属を用いるロシアや中国の方が、広義のサクラ属を用いる西欧や北米よりもサクラに関心がある。

エ、日本では、伝統的に「花」といえばサクラを指し、一〇〇種にのぼるサクラ類を狭義のサクラ属に分類してきた。

オ、比較的サクラ類が多いロシアでは、スモモやウワミズザクラとは区別して、サクラ類を現在の日本と同じケラスス属に分類した。

問2、思考力 次のグラフは、インターネット利用のルールの有無に関するアンケート結果です。グラフから読み取れることとして、適当でないものを一つ選び、記号で答えなさい。

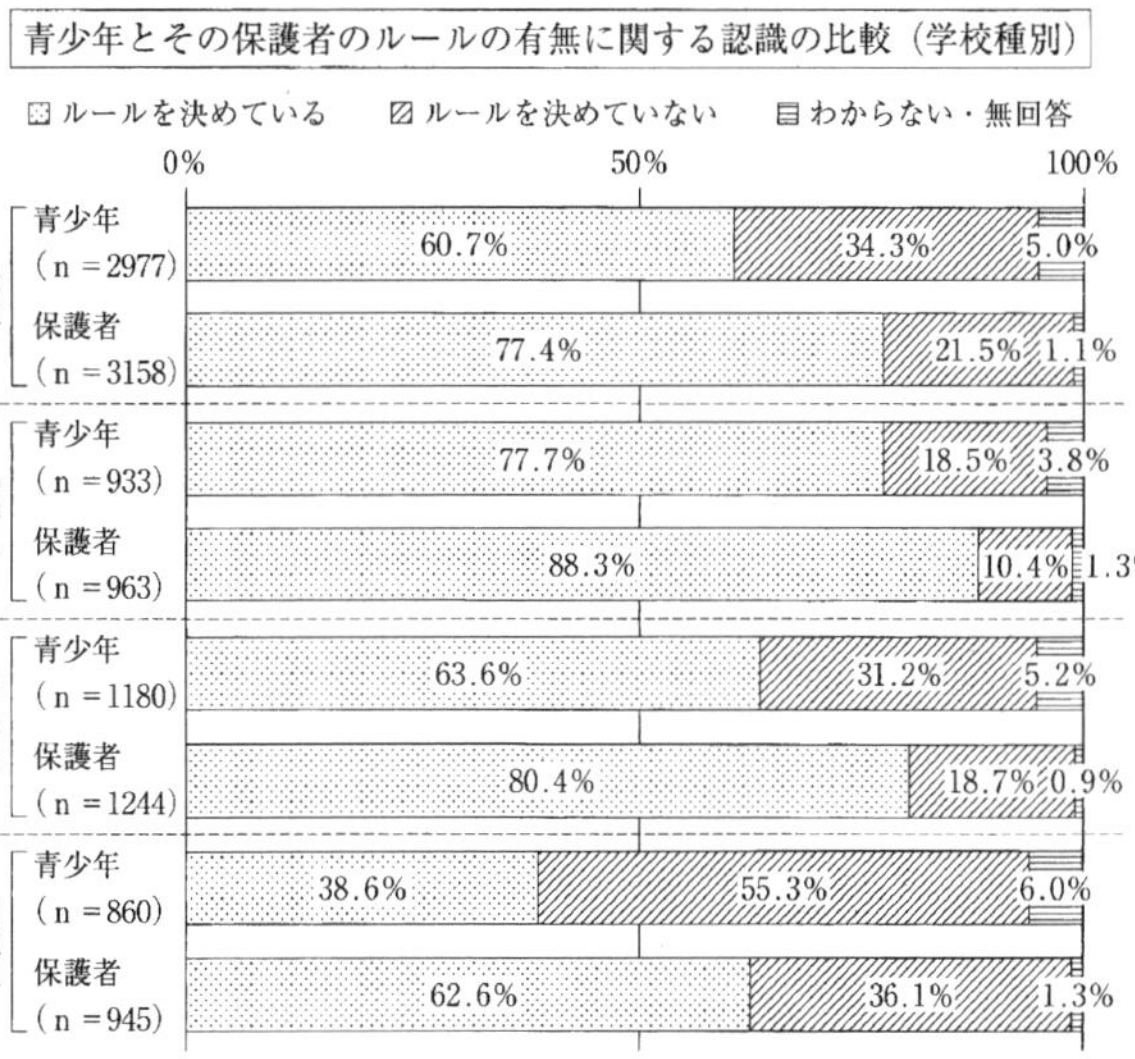

（令和元年度　青少年のインターネット利用環境実態調査
　　　調査結果（速報）令和二年三月　内閣府）

ア、どの学校種においても、インターネット利用のルールを決めていると認識している割合は、児童・生徒に比して、保護者の方が高い。
イ、高校生の保護者の六〇％以上が、子どものインターネット利用に関して、なんらかのルールを定めていると考えている。
ウ、中学生のおよそ三分の二が、自分の家ではインターネット利用のルールを決めていないと考えている。
エ、学校種が上がるにつれて、保護者が青少年のインターネット利用のルールをもうける率が減少している。
オ、小・中・高生の約六割が、家庭でのインターネット利用のルールを認識している。

三 （古文）内容吟味・動作主

次の文章は『勝五郎再生記聞』の一節です。本文を読んで後の設問に答えなさい。

松村完平が物語に、大坂に声いと善くて、今様《いまやう》の長謡《ながうた》といふものを謡ひて業とする男ありき。ある日ものへ行く途《みち》にて、山伏※1体なる男に会へり。行き違ひながら、そなたの声のめでたきをしばし我に貸してよと言ふを、道行きぶりの戯言《ざれごと》と思ひて、笑ひつつ(1)唯《う》といひて行き過ぎけるが、※2三日ばかりありていたはることもなきに、ひしと声かれて出でず。

されどかの異人に声を貸したることに※3つゆ心づかず、住吉神社は※4産土《うぶすな》の神なれば、(2)祈らむと思ひて出で行きける途にて、またかの山伏体なる人来たり会へり。※5先つころ我が請へるごとく声を貸しながら、そを忘れて、産土の神に申し祈らむとするこそ心得られね、汝《なんち》かしこに祈らば、※6極めて我を(3)罪し給はむ。然《さ》もあらば、我また汝に※7からき目を見せむものぞ。然らむよりは、しばしのほどなれば、まげて貸してよと言ふに、始めて先に声を借らむと言ひし時に、唯《いらへ》しつることを思ひ出して、卒《にはか》に恐ろしくなりて、※8極めて産土の神に祈るまじと、堅くちぎりて途より立ち帰りけり。

さて三十日ばかりありて、物へゆく途にて、またかの異人に行き逢ひけるに、その方の声は今返すべし、受け取りてよと言ふに、はや声もとのごとくになりぬ。

かくて異人この報いをなすべしとて、※9呪禁の技を授けるが、よろづの病に験《しるし》ありて、後には謡うたひの業を止めて、この呪禁のみして、世をやすくおくりしといふ。

※1　山伏…修験道の修行をする人
※2　いたはることもなきに…病気になったわけでもないのに
※3　つゆ心づかず…少しも気づかず
※4　産土の神…生まれた土地の守り神
※5　先つころ我が請へるごとく…先日私がお願いしたように
※6　極めて…きっと
※7　からき目を見せむものぞ…つらい思いをさせるのだぞ
※8　極めて産土の神に祈るまじ…決して産土の神には祈るまい
※9　呪禁…まじないをして災い・たたりをはらいきよめようとすること

問1、――線部(1)「唯といひて」とありますが、何を引き受けたのですか。最も適当なものを次の中から選び、記号で答えなさい。
ア、めでたいことばで祝福すること
イ、自分のすばらしい声を貸すこと
ウ、自分が得意とする長謡を教えること
エ、山伏姿の男の技と自分の長謡の技とを交換すること
オ、自分の代わりに神社で長謡を謡う機会を与えること

問2、――線部(2)「祈らむ」とありますが、何を祈ろうとしたのですか。最も適当なものを次の中から選び、記号で答えなさい。
ア、山伏姿の男に再会すること
イ、生まれた子供が健康に育つこと
ウ、自分の声を元に戻してもらうこと
エ、奉納する長謡を見事に謡いきること
オ、長謡の技術がもっと早く上達すること

問3、――線部(3)「罪し給はむ」とありますが、Ⅰ 誰（4字）がⅡ 誰（6字）を罰するというのですか。本文中からそれぞれ抜き出しなさい。

問4、本文の内容と合致するものを次の中から一つ選び、記号で答えなさい。
ア、長謡を生業とする男は住吉神社の祭礼に長謡を奉納することを快く引き受けた。
イ、長謡を生業とする男は三十日程度声が出なくなってしまった。
ウ、山伏姿の男は声を借りたまま三十日程度過ごしたがとうとう異人に声を取られてしまった。
エ、山伏姿の男はせっかく借りた美声を産土の神に取り上げられそうになった。
オ、長謡を生業とする男は呪禁の技を用い大坂周辺の人々を病気で苦しめた。

四 （論説文）要旨

次の文章を①～③の条件にしたがって、八十字以上百字以内で要約しなさい。

①三文で要約すること
②第二文の書き出しを「しかし」、第三文の書き出しを「つまり」で始めること
（……。しかし……。つまり……。）
③解答欄（20字詰×5行、原稿用紙＝省略）の一マス目から書き始め、句読点も一字に数えること

従来の文法から外れた言語表現を「誤り」だと切り捨てる人は多い。しばしば、「～という言い方は誤った日本語ですね」「こんな使い方はしませんからね」などという声を聞く。「正しく」「美しい」ことばを使おうという意識が高い人々からの声だ。だが、それらを「誤った」ことばだと簡単に見なしてしまっていいのだろうか。

いったん「誤り」だととらえると、そのことばが生まれた背景や本質が見えなくなってしまう。例えばスポーツの試合で良い結果を収めたとき、最近の選手はこぞって「感謝しかない」と言う。スポーツに限らず、若者が「〇〇しかない」と謝意や喜びを表す場面が格段に多くなったような気がする。「正しい」言い方は、「感謝してもしきれない」だろう。「〇〇しかない」は、「あと十分しかない」「自分にはもう勉強しかない」等、本来追い詰められたようなニュアンスで使われる表現である。

なぜこのように謝意や喜びを伴う表現に転換されたのだろうか。「しかない」は、確かに悲観的なニュアンスが含まれるが、一方で追い込まれたからこそ自分が選ぶのはそれしかない、だからやるぞ、という力強い覚悟も感じられる。例えば「薬で治らなければ、手術しかない」などのように、「しかない」に込められた、それを自分で選び自分で受け入れるという決意を含んだ表現として、強い意志や気持ちを伝えうる表現として定着したのではないだろうか。

長い歴史を経て、現代の社会は多様性が確保され、生きる上での選択肢も豊富に用意されるようになった。同時にその中で、自分の意志で選び取ることの重要性も説かれるようになり、教育においても主体性を育成することに主眼が置かれるようになった。この「～しかない」は、若者が数ある感情表現の選択肢の中から、強い意志をもってその一つの表現を選び取ったのだという主体性をアピールする心理から創出されたという見方ができる。このように、「誤り」だとされる表現の生じた理由を考察すると、社会の様相が見えてくるのだ。

「誤った」ことばであるとして指摘される表現も、時代の流れの中で生じている言語変化の一断面である場合もある。おしなべて「誤り」だと片づけるのではなく、人々の間でそれなりに定着している言語現象には、相応の存在理由があるのだという視点を持つことを、私達は忘れてはならない。

この世界は研究対象の宝庫である。一見そんなものに注目しても仕方がないのでは、という事物を対象とした研究は世の中に数多く存在する。しかしそれらの研究から、優れた考察が生み出されているのも事実なのである。

（本文は本校で作成した）

五 （論説文）内容吟味・文脈把握

次の文章を読んで後の設問に答えなさい。

[1] ロック以降のイギリスおよびスコットランドの哲学の関心は、ロックが構想するような近代社会において、どうやって道徳を語りうるかということに向けられました。実際のところ、その当時（かつまた部分的には現代においても色濃く）キリスト教は人々の生活の中に残っています。しかし、何が道徳的に正しく、何が間違っているかという判断を、単に「聖書にそう書かれているから」という理由だけで説明することは、次第にできなくなっていきました。「神」に頼らずにどうやって道徳を語りうるのか。アダム・スミスがその系譜に属するスコットランド学派は、「共感」という概念によって、その問題を解決しようとしたのでした。

[2] 「共感」という概念に関しては、それなりにバラエティに富んだ議論があるのですが、ここではスミスの議論だけを見ます。(1)スミスにおける「共感」が他の学者とも違って特殊だったのは、共感することそれ自身を「快楽」と考えた点にありました。後の功利主義にも通じる快楽主義の立場ですが、(2)共感を快楽とすることでスミスは、ある種の「道徳」を導くことに成功するのです（『道徳感情論』）。

[3] 考えてみてください。苦しみであっても、他者の感情に共感することが快楽だとすれば、人はより多く、たくさんの人と共感しようとするでしょう。だとすれば人は、自らの快楽を求めて、自然に多数の共感を得られる行動をとるようになると予想できます。たくさんの人に認められることをすれば多く共感することができますし、共感されることにもなるはずです。そうすることで本人もより多くの快楽を得られるとスミスはいうわけです。アダム・スミスによれば、そうやって人は、より多くの共感をもとめることで自然に、偏りのない「公平な観察者」の立場に立つように方向付けられます。いわゆる「道徳的な振る舞い」といわれるものは、そのように他者の広い共感を求める各人の欲求から自然に導かれるというのがスミスの議論だったのでした。このような「道徳」の機能は、実際に現代のわれわれの社会でしばしば見られるものでもありますし、スミスの話に「共感」する読者も少なくないでしょう。

[4] さてしかし、このような「道徳」が、実際に望ましいかどうかについてはなお議論のありうるところです。具体的に、どのようなものが公平な観察者の立場から認められるのかを考えてみましょう。スミスの議論は、よりたくさんの人に認められるほど、たくさんの快楽を得られるという構造を示しています。が、具体的にどのような行為が、多くの人に認められるのかは、いっていません。(3)いい／悪いがどうやって決まるかという話をしているわけですから、アダム・スミス自身が具体的な行為を挙げて「これがいい」といってしまったら、そのこと自体、本当に「公平な観察者」の立場から認められるのか、あらためて議論しなければならなくなるわけです

ね。だから、スミスとしては、その部分を明記せず、オープンにしておくということが自分の議論の説得性を高めるためにも必要なことになっているわけです。

[5] しかし、まさに内容についてはオープンであるということが、問題にもなりえます。「公平な観察者」と聞いて多くの人がイメージするのは、道徳的に品行方正な立場であるかもしれません。しかし、スミスの議論で、道徳が道徳として機能するために必要なことは、単に「それが一般的であること」だけです。ですので、例えば、一時期の流行でみなその気になるようなものについても、「道徳」として機能することが十分にありうるのでした。しかも、その可能性をスミス自身がきちんと指摘しているのが面白いところです。

[6] つまり、何が正しいか間違っているかの基準は、スミスの議論では、それが「流行っているかどうか」でもいいといわれているのです。「みんなそう思っている」ということが、世の中の唯一の善悪の基準になるとスミスはいうのです。興味深いことに、このことは、単に(4)スミスの理論でそういわれているという以上に、いまわれわれが生きている社会の現実の少なくともひとつを示しているのではないでしょうか。

[7] しかし、スミスの話が本当に面白いのはこの先です。スミスのこの「道徳」の議論が、まさに今日われわれが知っている経済学の基礎になっているというのが興味深い点です。しかも十分にひねりが効いていることには、この(5)道徳論と経済学の繋《つな》がりは「みんなそうやってだまされている」という(6)欺瞞《ぎまん》論によって支えられているのです。「ビッグ・ウェーブ」には乗ることが「正義」だし、それが経済発展の基礎にもなっている。だけど、結局のところそれって「みんなだまされている」ということなのだけどね、とスミスはいっているのです。これはどういうことでしょうか。

[8] アダム・スミスによれば、流行に左右される善悪の基準は絶対ではありえません。そもそも絶対に正しいなんてことは誰にもいえないのだとスミスはいいます。人間というのは時々の流行にだまされながら、その都度その都度、自分がよかれと思うことをするので精一杯だというわけです。「哲学者」（スミスは悪い意味で使っています）は、だまされないように流行の外に立とうとしますが、だからといって彼に「絶対に正しいこと」が分かるわけでもないだろう、と。社会における善悪が実際に「流行」で決まっているとするならば、人間にできるのはそれにだまされることでしかないのではないか。むしろ、人がそうやってだまされることで、社会は実際に発展するし「道徳」も一応は成立する。人間の本性はそうしてわれわれ自身をだましつつ、世の中を発展させていくものなのだというのがスミスの議論だったのです。そこでも、誰も真理は知りえないという「不可知論」がこの議論の前提になっていることが分かります。真理を探究する「哲学者」などいらないというわけです。

[9] ※1経済学の原理として有名な「見えざる手」という言葉は、この欺瞞論の文脈で出てきます。各人は「自由」であり、好き勝手に振る舞いますが、それで社会がバラバラになるわけではない。人々はまさに「自由」であることで、自らの快楽を求めて流行にだまされます。それは必ずしも各人にとっていい結果をもたらすものではないものの、社会全体で見ると「神の見えざる手」が働いているかのように、道徳的規範と経済的発展を実現するとスミスはいっていたのでした。これ以上ないくらい(7)皮肉の効いた「経済社会」の描写を、経済学の創始者と呼ばれる人が示しているというのが面白いと思いませんか。

（荒谷大輔『資本主義に出口はあるか』より）

※1　経済学の原理として有名な「見えざる手」…「神の見えざる手」とも。人間が自由に好き勝手な経済活動を行っても、まるで神様の見えない手が働いたかのように、結果的にはバランスの取れた経済状態が実現するということ。

問1、——線部(1)「スミスにおける「共感」」とありますが、その例として適当でないものを次の中から一つ選び、記号で答えなさい。

ア、物語に登場する人物の勇気ある生き方に感情移入する。

イ、Twitterに投稿した自分の書き込みに「いいね！」がつく。

ウ、昼食を食べ損ねおなかをすかしていたところ、先輩に同情される。

エ、人間と腸内細菌の共生のありかたに感動する。

オ、第一志望の高校に合格した友人を我がことのように喜ぶ。

問2、——線部(2)「共感を快楽とすることでスミスは、ある種の「道徳」を導くことに成功するのです」とありますが、なぜ「共感を快楽とすること」で「ある種の「道徳」を導くこと」ができるのですか。その理由として最も適当なものを次の中から選び、記号で答えなさい。

ア、他者に共感し、他者から共感されること自体が快楽でもあるので、人は進んで他者に認められるようなことをしようとするから

イ、苦しみであっても、他者の感情に共感することは快楽を得られる行為なので、人は進んで他者の苦しみを引き受けようとするから

ウ、「道徳的な振る舞い」をすることが他者から共感され快楽を得られる方法なので、人は進んで「道徳的な振る舞い」をしようとするから

エ、「公平な観察者」になることは他者からの共感を得られ、その共感は快楽を伴うものなので、人は進んで他者に対して公平に接しようと心がけるようになるから

オ、自らの快楽を求めることは本来恥ずかしいことなので、その快楽が他者の共感を得られるよう、人は進んで自分が「道徳的」であるかのように行動しようとするから

問3、**よく出る** **思考力** ——線部(3)「いい／悪いがどうやって決まるかという話をしている」とありますが、「いい／悪い」がどのように決まるかについて次のように説明しました。空欄に当てはまる語句を、本文中からそれぞれ抜き出しなさい。（記号は一字と数える。）

何がいい行いで何が悪い行いであるかという [I]

（5字）が有効に機能するためには、［Ⅱ（13字）］が重要なのであり［Ⅲ（4字）］であるか否かは必ずしも「道徳」の問題とは結びつかないのである。

問4、――線部(4)「スミスの理論」とありますが、［6］段落までの「スミスの理論」の説明として、適当でないものを次の中から選び、記号で答えなさい。

ア、スミスの話は、キリスト教に頼らずにどのようにして道徳を語りうるかという系譜の中にある。
イ、スミスの話は、共感することそれ自体が快楽であると論じたところに特徴がある。
ウ、スミスの話は、具体的にどのようなことがいい行為なのかを決めないところに特色がある。
エ、スミスの話は、「公平な観察者」の立場など人間は目指すことができないと論じたところに面白みがある。
オ、スミスの話は、机上の空論ではなく、現実世界にも一定程度当てはまるところに興味深さがある。

問5、よく出る 思考力 ――線部(5)「道徳論と経済学の繋がり」とありますが、その「繋がり」を次のように説明しました。空欄に当てはまる語句を、本文中からそれぞれ抜き出しなさい。（記号は一字と数える。）

経済学では、みんなもやっているからという理由で、多くの人が同じ行動を取り、そのことが［Ⅰ（4字）］の土台を作るというように考えられている。それと同様、スミスの道徳論においても、［Ⅱ（6字）］でみんなが正しいと思っているようなものであったとしても、それは「道徳」として成り立つのである。どちらも結局のところ［Ⅱ］に［Ⅲ（12字）］という点において一致しているのである。

問6、――線部(6)「欺瞞論によって支えられている」とありますが、スミスは「欺瞞論」において何を主張しようとしているのですか。最も適当なものを次の中から選び、記号で答えなさい。

ア、善悪の基準は流行に左右されるため、絶対的なものではありえないということ
イ、人間は流行にだまされながら、自分がよかれと思うことをするので精一杯であるということ
ウ、「哲学者」は流行にだまされないようにしているが、「哲学者」に「絶対に正しいこと」は分からないということ
エ、人間の本性はわれわれ自身をだましつつ、世の中を発展させていくものなのだということ
オ、「不可知論」は、誰も真理を知りうることはできないと定義づけられるということ

問7、――線部(7)「皮肉の効いた「経済社会」」とありますが、それはどのような「社会」ですか。その説明として最も適当なものを次の中から選び、記号で答えなさい。

ア、各人が好き勝手に振る舞うことによって、結果的に人々を縛り付ける道徳的規範ができあがってしまう社会
イ、一見「自由」に行動しているように思えるものの、実際のところ人々が神の意思によって動かされてしまっている社会
ウ、人々が「自由」であることで流行にだまされてしまうにもかかわらず、その行動が道徳的規範や経済的発展の実現に繋がっていく社会
エ、道徳的規範は「神」に頼らず人によって実現できるはずであったにもかかわらず、結局のところ「神の見えざる手」によって道徳的規範が実現されてしまう社会
オ、道徳的規範や経済的発展は、各人にとって必ずしもいい結果をもたらすわけではないのにもかかわらず、全体的にみると規範や発展を求める方向へ動いていく社会

問8、次のア～オの選択肢のうち、本文の内容と合致しないものを一つ選び、記号で答えなさい。

ア、他者の感情に共感すること自体が快楽なのは、キリスト教が人々の生活の中に色濃く残っているためである。
イ、人は他者の感情に共感しようとするだけでなく、他者からの共感を得るために行動しようとする。
ウ、スミスが唱える「公平な観察者」とは、品行方正な人のことではなく、多くの共感を求め、偏りのないものの見方をしようとする人物のことである。
エ、どのような行動が人間にとって具体的に道徳的であるのかをスミスが語らないのは、道徳的規範がどのようにして形成されるのかを議論しているからである。
オ、スミスの道徳論は、人間を流行にだまされる存在として捉えているが、その前提にあるのは絶対に正しいことなど誰にも分からないという「不可知論」である。

東海高等学校

時間 50分　満点 100点　解答 P88　2月2日実施

出題傾向と対策

●論説文、小説文（省略）の大問二題。漢字や慣用句などの基本的な国語の知識に加え、長文の読解に関する応用問題が組み合わされている。今年は二題とも他者との共生をテーマとした文章題が出題されており、自分と社会との関わりも含めて問う、非常に高度な問題である。

●漢字や慣用句など、基本的な国語の知識はさまざまな文章に触れ、着実に習得しておくこと。論説文は論理の展開を押さえて筆者の主張を、小説文は本文の表現に着目して登場人物の心情を読み取る力が求められる。

【注意】字数が指定されている場合は、句読点やカッコなども文字として数えること。

一 （論説文）漢字の読み書き・国語知識・内容吟味・文脈把握

次の文章を読んで、後の問いに答えなさい。なお、設問の都合で本文の段落に番号を付してある。

1 言葉に寄りかからず、具体的な状況の中で考える。私が強くそう念じる背景にあるのは、実際に、気になって警戒しているある言葉があるからです。

2 それは「多様性」という言葉です。あるいは「ダイバーシティ」[注1]「共生」といった言葉もそう。延期になった東京オリンピックの大会ビジョンに始まり、[a]キギョウの広告や大学のパンフレットなど、いまあらゆるところでこの言葉が使われています。便利で、私自身も止むを得ず使ってしまうことがあるのですが、この氾濫ぶりは異常だと思います。

3 もちろん、人が一人ひとり違っていて、その違いを尊重することは重要です。「多様性」の名の下に行われている取り組みには、こうした違いを尊重し生かすことに[b]コウケンするものもあるでしょう。しかし、「多様性」という言葉そのものは、別に多様性を尊重するわけではない。[A]むしろ逆の効果すら持ちうるのではないかと感じています。

4 重度障害を持つ国会議員に対する批判、あいちトリエンナーレの企画展に対する抗議・脅迫と展示中止、冷え切る日韓関係。現実の日本で進んでいるのは、多様性の尊重とは真逆の、分断の進行です。

5 そこにいったいどんな[c]カンヨウの精神や生きた優しさがあると言うのでしょうか。私は二〇一九年の半年間、在外研修でボストンに暮らしていたのですが、帰国して一番違和感を覚えたのはそのことでした。街中を覆う「多様性キャンペーン」と、実態として進む分断。誰もが演技をしているように見えてゾッとしたことを覚えています。

6 もしかすると、「多様性」という言葉は、こうした分断を肯定する言葉になっているのかもしれない、とそのとき思いました。多様性を象徴する言葉としてよく引き合いに出される「みんなちがって、みんないい」という金子みすゞの詩は、一歩間違えば、「みんなやり方が違うのだから、それぞれの領分を守って、お互い干渉しないようにしよう」というメッセージになりかねません。

7 つまり、多様性は不干渉と表裏一体になっており、そこから分断まではほんの一歩なのです。「多様性」という言葉に寄りかかりすぎると、それは単に人々がバラバラである現状を肯定するための免罪符のようなものになってしまいます。

8 ウエストン[注2]は、「相対主義は反社会的な態度になりうる」と言います。「相対主義」とは、「多様性」という言葉が用いられるときの背景にあるような、「人間一般」「身体一般」「他者一般」のような絶対的なものを疑い、さまざまな価値の違いを尊重しようとする考え方のこと。すでに述べたように、多様性の尊重そのものは大前提として重要であり、その意味では相対主義は不可欠な視点です。けれどもそれが「他人のことには干渉しないようにしよう」という自己弁護につながるとき、ウエストンはそれが[B]反社会的なものになると言うのです。

> 相対主義の決まり文句「他人のことに口を出すべからず」は、それゆえ、反社会的な態度となる。思考を停止させるだけではない。社会全体が関わってくる問題の場合には、そこにおいてどれほど意見が異なっていようとも、なお理を尽くして、お互いを尊重しつつ、なんとかして協調していけるよう道を探らねばならないのに、この決まり文句によって、そこから目をそらしてしまうのだ。（……）倫理とは、「他人のことに口を出すべからず」が問題解決として役に立たない――どれほど意見が分かれていようとも、一緒に問題を解決していかなければどうしようもない――、まさにそのような問題に照準を当てたものだということになる。私たちは、ともに生きていかねばならない。だから、なおも考え続け、語り続けねばならない。これこそが、倫理そのものであり、倫理的にふるまうことにほかならない。

9 つまり、多様性という言葉に安住することは、それ自体はまったく倫理的なふるまいではない。そうではなく、いかにして異なる考え方をつなぎ、違うものを同じ社会の構成員として組織していくか、そこにこそ倫理があると言うのです。

10 これに対し、さわる[注3]／ふれることは、物理的な接触ですから、その接触面に必ず他者との交渉が生じます。物理的であるからこそ、さわる／ふれることは、避けようもなく「他人のことに口を出す」行為なのです。他者を尊重しつつ距離をとり、相対主義の態度を決め込むことは不可能。この意味でさわる／ふれることは、本質的に倫理的な行為だと言うことができます。

11 ただし、倫理は単に具体的な状況に埋没するものではない、という点にも注意が必要です。確かに、「一般」を前提にしないことが、倫理を道徳から区別する重要な特徴です。けれども、ただひたすらその状況の内部から価値を主張することもまた、倫理的ではありません。状況の複雑さに分け入り、不確実な状況に創造的に向き合うことで、

「善とは何か」「生命とは何か」といった普遍的な問いが問いなおされる。あるいは異なる複数の立場のあいだにも、実は共通の価値があることが見えてくる。倫理的な営みとはむしろ、具体的な状況と普遍的な価値のあいだを往復すること、そうすることで異なるさまざまな立場をつなげていくことであると言うことができます。

12 そうは言っても、異なる考え方をつなぐというのは、[X]は易しで実際に行うのは容易ではありません。

13 分断ではない多様性を、どのように考えていけばよいのか。思い出すのは、マサチューセッツ工科大学（ＭＩＴ）の廊下で見た、あるチラシです。

14 チラシの左半分には学生らしき黒人女性二人が写っています。そしてその右側には、大きな文字でこう書かれていました。「Be your whole self.」それは、理工系の学生に向けて副専攻で人文社会系のコースを履修するように案内するチラシでした。

15 Be your whole self.「ありのままのあなたで」と訳したくなりますが、ややニュアンスが異なるでしょう。なるほどと思ったのは、「まるごとのあなた whole self」という表現でした。大学生で、遺伝子工学を専攻していて、アフリカ系アメリカ人で、南部出身で、女性で、演劇にも興味があって……例えばそんな複数の側面を持つあなたを、隠さず全部出していい。ニュートラルな「遺伝子工学の研究者」ではなく、アフリカ系アメリカ人として、あるいは女性として、遺伝子工学を研究することこそが強みなのだ。そう投げかける姿勢がこの「whole」には含まれているように感じました。

16 つまりそのチラシがうたっているのは、人と人のあいだにある多様性ではなくて、一人の人の中にある多様性なのでした。あるいはむしろ「ᶜ無限性」と言ったほうがよいかもしれない。その「すべて」を、まずは自分が尊重しようというのが、そのチラシが伝えようとしているメッセージでした。

17 これだと思いました。それは、私が実際に障害のある人たちと接するなかで得た実感に、ピタリと合うものでした。

18 人と人の違いを指す「多様性」という言葉は、しばしばラベリングにつながります。あの人は、視覚障害者だからこういう配慮をしましょう。この人は、発達障害だからこういうケアをしましょう。もちろん適切な配慮やケアは必要ですが、まさに倫理ではなく道徳の領域で、個人が一般化された障害者のカテゴリーに組み込まれていく。いつもいつも同じ役割を演じさせられるのは、誰だって苦しいものです。

19 当たり前ですが、障害を持つ人はいつでも障害者なわけではありません。家に帰ればふつうのお父さんや年頃の娘かもしれないし、自分の詳しい話題になれば、さっきまでᵈカイジョしてもらっていた人に対して先生になることもあるでしょう。ある先天的に全盲の男性などは、私の知る限り、収入面だけ考えても、三足の[Y]を履いています。本業はシステムエンジニアだけど、インターナショナルスクールで点字を教えていて（使用言語はもちろん英語）、音楽活動でも収入を得ています。料理が得意で揚げ物もするし、若い頃はデートの前にどの道を歩こうかᵉモウソウを膨らませていました（ただし音的に）。

20 こうした一人の人が持つ多様性は、実際にその人と関わってみないと、見えてこないものです。一緒にご飯を食べたり、ゲームをしたり、映画を見に行ったりするふつうの人付き合いのなかで、「〇〇の障害者」という最初の印象が、しだいに相対化されてくる。フレーベルの恩物《おんぶつ》（注4）が、実際に手にとって回してみることによって初めて、立方体という見た目の形とは違う「円柱」という性質をあらわにしたように、人も、関わりのなかでさまざまな顔を見せるものです。人と人のあいだの多様性を強調することは、むしろこうした一人の人のなかの無限の可能性を見えにくくしてしまう危険性を持っています。

21 このことは、裏を返せば、「目の前にいるこの人には、必ず自分には見えていない側面がある」という前提で人と接する必要があるということでしょう。それは配慮というよりむしろ敬意の問題です。この人は、いま自分に見えているのとは違う顔を持っているのかもしれない。この人は、変わるのかもしれない。変身するのかもしれない。ᴰいつでも「思っていたのと違うかもしれない」可能性を確保しておくことこそ、重要なのではないかと思います。

（伊藤亜紗《あさ》『手の倫理』）

（注）
1　ダイバーシティ――多様性。多様な人材を積極的に活用する考え方。
2　ウエストン――アメリカの哲学者。
3　さわる／ふれる――筆者は「さわる／ふれる」という触覚による人との関わりを明らかにすることをこの著作のテーマとしている。
4　フレーベルの恩物――積み木や棒などから構成される幼児用の教育玩具。

問1、**よく出る** **基本** 点線部a～eのカタカナを漢字に改めなさい。

問2、**よく出る** **基本** 空欄X・Yに入る語を、慣用表現であることを踏まえて、次の各群の1～5のうちからそれぞれ一つずつ選び、番号で答えなさい。
X　1、結ぶ　2、望む　3、言う　4、祈る　5、やめる
Y　1、草鞋《わらじ》　2、草履《ぞうり》　3、下駄《げた》　4、足袋《たび》　5、靴

問3、傍線部A「むしろ逆の効果すら持ちうる」について、次の（i）・（ii）に答えなさい。
（i）「逆の効果」を一五字以内で説明しなさい。
（ii）このような事態が生じるのはなぜか。三〇字以内で説明しなさい。

問4、傍線部B「反社会的なもの」とはどういう態度か。その説明として最適なものを、次の1～5のうちから一つ選び、番号で答えなさい。
1、「他者一般」のような捉え方を疑問視し、様々な価値を尊重しようと言いつつ、異なる考えの人を同じ社会の構成員と認めず排除するような態度。
2、社会で意見をすり合わせるべき問題について、異なる意見に口を出さない代わりに自らの意見を強く主張し、社会集団の調和を乱すような態度。
3、「人間一般」のような絶対的な観念を疑って互いを

尊重しようとせずに、意見の対立する集団を非難し、社会の分断を加速させるような態度。

4、価値の違いを尊重する考えの下、他人のことには干渉しないという問題に対して思考を停止し、それに社会全体が目を向けようとしないような態度。

5、異なる価値を尊重し干渉しないという名目をたてに、意見の対立を避けて社会全体で解決すべき問題に対して向き合おうとしないような態度。

問5、思考力 傍線部C「無限性」を言い換えている部分を、本文中から一五字以内で抜き出して答えなさい。

問6、傍線部D「いつでも『思っていたのと違うかもしれない』可能性を確保しておく」とあるが、どういうことか。その説明として最適なものを、次の1～5のうちから一つ選び、番号で答えなさい。

1、人と関わる際、相手は不満足な現状から脱して成長するかもしれないと常に考え、人の可能性を信じる心構えを持っておくということ。

2、人と関わる際、相手は自分の期待と異なる側面がいろいろあるかもしれないと常に心にとどめ、落胆しないように気をつけておくということ。

3、人と関わる際、相手は自分と異なる考えを持つかもしれないという前提に立って相手の考えを尊重し、いつも敬意を抱いておくということ。

4、人と関わる際、一人の人には計り知れないほどの未知の側面が必ずあるはずだと信じる姿勢を崩さず、人を敬う姿勢を保っておくということ。

5、人と関わる際、人は必ず外見とは異なった内面を持つものだと考え、外見に惑わされない注意深さをいつも持っておくということ。

問7、思考力 本文の内容について、教師と生徒が話し合っている以下の会話内の空欄を、六〇字以内で適切に埋めなさい。

教師――筆者の論点を理解するために、第11段落を中心に考えてみましょう。まず、「倫理」の「重要な特徴」である「『一般』を前提にしないこと」とは？

生徒――一人ひとり違う人間を一緒くたにして考えず、人それぞれが持つ価値の違いを大事にすることから出発しよう、ということだと思います。

教師――その通りです。その上で、「多様性という言葉に安住すること」（第9段落）、つまり口では価値の違いを尊重しようと言っているのに、異質な他者と深く関わろうとしないような態度を、筆者は「まったく倫理的なふるまいではない」（同）と批判します。言葉が人との関わりを妨げることもあると警戒しているのです。

生徒――「人と人の違いを指す『多様性』という言葉は、しばしばラベリングにつながります」（第18段落）と言っているのも同じことですね。

教師――そうです。言葉だけに頼らず、人と直接関わることを通して一人ひとり異なる状況を具体的に捉え、それに「創造的に向き合うこと」（第11段落）が大事だと筆者は言うのです。そうすることで、［　　　　］のです。

二（省略）志賀直哉「流行感冒」より

同志社高等学校

時間 50分　満点 100点　解答 P89　2月10日実施

出題傾向と対策

●論説文と小説文の大問二題構成は例年どおり。昨年、一昨年と大問二題を通じて一問のみ出題されていた記述問題が、今年は三問（二十字以内が一問、字数指定なしが二問）に増えた。漢字、語句の意味、接続詞補充などの基礎的な設問は例年どおり配されている。

●選択肢にはおおむね紛らわしいものはなく、空欄補充問題も基礎的な学力を問うレベルである。記述問題対策に時間をかけ、わかりやすく的確にまとめ上げる記述力を養っておくこと。

一（論説文）内容吟味・文脈把握・要旨・漢字の読み書き

次の文章を読んで後の問いに答えなさい。

社会の分断を語るうえで、想像力の問題は、決定的に重要である。

これは、井上達夫が強調する「リベラリズムの反転可能性テスト」の問題と関わっている。反転可能性テストとは、相手の立場になったとき、自分の批判を相手の立場にたった自分が受け入れられるかを問い返すことである。これは、先に触れた「公正」の重要な前提でもある。要は、①体罰を受ける立場に自分が立ってもなお、同じ行為を相手にできるかどうかを考えられるかどうか、ここに公正か否かの分岐点がある。

想像力を失った社会は深刻である。なぜならば、反転可能性テストをくぐり抜け、相手の立場に立って物事を考えるとしても、［A］、リベラリズムの公正の基準を満たそうと努力しても、相手の立場を想像できないのであれば、正しく、相手の立場に立って物事を考えることは難しいからである。ときには、「俺はいやだけど、あいつは受け入れるだろう」と**カンタン**に思い込むことができるかもしれない。

注意しておきたいのは、この想像力が失われ、分断が加速されたという側面にくわえて、②以前からじつは存在していた分断線が「可視化」されることがありうることである。

私が東日本大震災の一カ月後に南相馬に取材に行ったときのことである。そのとき、津波で全壊した工場を片付けていたある男性に出会った。彼は工場の経営者だったが、取材中に堰《せき》を切ったように飛び出したのが、同じ県内の別地域、中通りへの不満だった。彼は、福島県では、知事がほとんど中通り出身者だったこと、そのことが浜通りの発展を遅らせてきたことを、延々と四〇分ほど話しつづけた。

地域内の対立は日本全国どこでもよく聞く話である。だが、この事例では、原発事故という過酷な経験によって、隠れていた問題や不満が一気に噴出したわけだ。平常時には見えなかったものが、ひとたび歯車が**クル**うと可視化される。想像力の欠如が分断を生み出した可能性と同時に、存在しつつも見えなかった分断が、[B]事故や生活水準の悪化、外国人労働者の増大などをきっかけに、一気に顕在化してしまう可能性を考えることも重要である。

哲学者の中村雄二郎は、鈴木忠志との対談本『劇的言語』で、興味深いケガレの意識について語った。かつて荘園領地で殺人が起きると、加害者は当然罰せられるが、被害者と加害者が立ち寄った家も焼き払われたそうなのだ。いわば、日本では不吉なことが起こったら、それにかかわるすべてをなかったことにしていたわけである。中村は、ネガティブなことは「なかったこと」にすることが日本の共同体の知恵、システムだったと言う。

こうした「③臭いものに蓋をする」ような日本社会の特性は、現在にも引き継がれている。**テンケイ**的な事例をあげれば、ポーランドにあるアウシュヴィッツ収容所のように、悪い過去、暗い記憶に関わるものもきちんと残しておこうとする海外と、敗戦とともに多くの歴史資料を燃やしてしまい、それらを「なかったこと」にしてしまった日本との違いは際立っている。

東北でも震災後に残った倒壊した**ケンゾウ**物、いわゆる震災遺構がなくなりつつある。「当事者」はそれを見るのは辛《つら》い、なくしてほしいと言う。おそらくは④それに配慮した結果なのであろう。だが、その場合の「当事者」とは誰をさすのだろうか。原発事故は、福島の人びとにとっては一刻も早く忘れたい凄惨な記憶だろう。だが、同時に、原発事故は、人類全体が直面する大きな課題でもある。その課題と関わりのある何かを、住民の感情や思いだけで判断し、破壊してしまってよいのかという問題は最後まで残される。

⑤これは「公正」の裏返しの問題でもある。福島をはじめとする東北の人びとの立場にたてば、震災遺構は辛いものだから、その感情に逆らってまで維持することは難しい。だが、人間にとって、この記憶をなかったことにしてしまうことが望ましいかどうかは、また別の判断が必要だろう。

いずれにせよ、押さえておかなければならないのは当事者の感情のみを基準にすることは、「臭いものに蓋をする」ことと紙一重の危険性があるということである。どう記憶や現実を教訓として遺していくのか。いまの日本人がそれぞれの生活や政治的な立場があって、にわかにこの答えを出せないとするならば、せめて、⑥データのかたちで後世の検証に耐えうるようにアーカイブ化しておくべきだ。

日本では、公文書管理法ができたのがつい最近、二〇〇九年のできごとである。それまでは、公文書の保存について法的な規定すら整備されていなかったわけだが、これは現実に起きたことを忘れ去ることを認めてきたに等しい。この過去は繰り返されてはならない。

少なくとも民主主義国家である以上、政府は自らが行なったことについて説明責任を果たさなければならないし、人びとはそれを知る権利を持っている。政府の意思決定の過程を記録し、公文書館で保管し、将来的に公開していく**シク**みを整えることは、非常に地味ではあるが、大切な作業である。

臭いものに蓋をすれば、相手が見えず、理解できないのであるから、[C]想像力を育むこともできないだろう。さらにいえば、相手が見えず、理解できずにいたとすれば、無意識のうちにあちらとこちらの分断線を引くことにもつながるだろう。問題を直視し、お互いを理解しあい、[D]想像力を培っていくためにも、記録を残していく努力は、分断社会の深化を食い止めるための絶対条件ではないだろうか。

「固定化され、想像力を失った日本社会」津田大介
『分断社会・日本　なぜ私たちは引き裂かれるのか』より
岩波ブックレット　952

問一、**基本** 傍線部①とあるが、「公正」な判断として最も適切なものを次より選び、記号で答えなさい。
ア、体罰を行うことは認めるものの、受けるのはいやだ。
イ、体罰を行うことを認めないから、受けるのもいやだ。
ウ、体罰を受けるのはいやだから、行うことも認めない。
エ、体罰を受けるのはいやであるから、行うことを認める。
オ、体罰を受けるのはいやでないが、行うことは認めない。

問二、**よく出る** 空欄A～Dに入る語として最も適切なものを次より選び、それぞれ記号で答えなさい。
ア、おそらくは　イ、つまり
ウ、そして　エ、例えば

問三、傍線部②とあるが、具体的にはどのようなことか。「…こと。」に続くように二〇字以内で答えなさい。

問四、傍線部③とあるが、それはどのようなことか。問題文中から抜き出しなさい。

問五、傍線部④が指し示す内容を問題文中の語句を用いて説明しなさい。

問六、傍線部⑤とあるが、その説明として最も適切なものを次より選び、記号で答えなさい。
ア、悪い過去や暗い記憶をきちんと残そうとする際に、公正な判断が当事者の心を傷つける結果となること。
イ、相反する立場にある二つの当事者に対し、公正な判断を行おうとすれば矛盾が生じ、結論が出ないこと。
ウ、当事者の置かれている状況を想像し、ものを考える際に、相手に共感しすぎて公正な判断を見誤ること。
エ、自分は公正な判断を行ったつもりでも、相手の立場

に立ってみるとその受け入れには困難を感じること。

オ、相手の立場を尊重して導き出した公正な判断が、他の視点から考察すると適切ではない場合があること。

問七、傍線部⑥とあるが、その理由として最も適切なものを次より選び、記号で答えなさい。

ア、当事者の感情だけではなく、人間全体にとっての教訓も尊重する必要があるから。

イ、当事者の感情に逆らうことは難しく、記憶をなかったことにする必要があるから。

ウ、当事者が忘れたい記憶は消しつつ、人間全体の課題は教訓とする必要があるから。

エ、当事者の感情を基準にすることで、人類の貴重な記憶を維持する必要があるから。

オ、当事者の現実と同じように、日本人全体の記憶も教訓として遺す必要があるから。

問八、難 問題文全体の趣旨として最も適切なものを次より選び、記号で答えなさい。

ア、個々の立場の違いから判断を下せない問題に対し、将来的に適切な検証を行うためには記録を残し、まずは分断社会の深化に歯止めをかける必要がある。

イ、想像力を育てられなければ、都合の悪いことをなかったことにする社会が維持されるだけであり、記録を残す努力のみがその改善をもたらすのである。

ウ、後世の検証のために記録を残すことが、相手の立場を想像し、我が身と置き換えて判断する力を養い、分断社会に歯止めをかける不可欠の手段となる。

エ、「臭いものに蓋をする」という共同体のシステムが、当事者を社会から消失させ、想像力を失わせる原因であり、記録を残すことは有効な解決手段である。

オ、公文書を記録しないということは、現実に起こったことを忘れ去るのと同じであり、そのような社会では相手を見ることも理解することも不可能である。

問九、よく出る 基本 問題文中のカタカナを漢字にあらためなさい。

カンタン　**クル**　**テンケイ**　**ケンゾウ**　**シク**

二 (小説文)内容吟味・文脈把握・語句の意味・鑑賞・漢字の読み書き

次の文章を読んで後の問いに答えなさい。

昭和二〇年の敗戦まで、各学校には天皇・皇后両陛下の写真（御真影）が飾られていた。主人公の父親は女学校の校長だったが、用務員による火の不始末で校舎とともに御真影も焼失してしまった。

「しかし御真影を燃やしちゃ校長の責任になるのだろう。」

「そうかも知れないね。」

「一体命に代えても出さなくちゃならないんじゃ無いのか。」

「それはそうだ。」

私は聞耳を立てて一言も洩《も》らすまいとした。しかし会話はそれ以上進まなかった。要するに彼等《ら》もまた無関係の人であったのである。が、彼等の間にも、御真影の焼失という事が何かしらの問題になっていて、それが父にとって重大なのだという事だけは感知された。

その中《うち》に群集の中に「校長先生が来た。校長先生だ。」と云《い》う声が起った。

その時、私は向うの煙りの中から、崩れた壁土を踏みながら、一人の役人と連れ立って此方《こっち》へやってくる父の姿を見た。門のほとりにいた群集は、自《おの》ずと道を開いて二人の通路を作った。平素の威望と、蒼白《そうはく》なその時の父の顔の厳粛さが自《ひと》りでに群集の同情に訴えたのである。二人は歩き進んだ。そして、私ははっきり父の顔を見る事が出来た。広い薄あばたのある顔がある陰鬱《いんうつ》な白味を帯びて、充血した眼《め》がむしろ黒ずんだ光りを有《も》っていた。そして口の右方《みぎかた》に心持皺《しわ》を寄せて、連れを**カエリ**みて何か云おうとしたが、止《や》めた。

①私は進んで小さな声で「お父さん。」と呼んでみた。何か一言父に向って云わなくちゃならぬような悲痛なものを、父はうしろに脊負《せお》っていたのである。

父は黙って四辺《あたり》を見廻し、やっとその声の主なる私を見つけるとむしろ**フシン**がった顔附《かおつき》をした。そして何とも答えずに連れの人とそそくさ去ってしまった。私は父が私だと認めたのかどうかを思い惑った。しかし再び呼びかける勇気はなかった。それで一人父の後ろ姿を眺めながら、涙ぐましく指を噛《か》んだ。

古い群集は散って、新らしい群集が、更に多くの数を以てその席を満たした。そしてそこでも新らしく御真影の噂《うわさ》と、父の話が聞かれた。そしてそこに長い間佇立《ちょりつ》しているのを認めた。ある人々はこの小さな息子がそこに長い間佇立しているのを認めた。しかしその眼が涙ぐんでいるのを見出す程には、この少年に興味を持たなかった。

しばらくして家へ帰ると、父も帰っていた。しかし書斎に入ったきり、見舞いの人が来ても不快だからと断って出て来なかった。私は兄から父が何か大変心痛しているのだという事を聞いた。そして母からは書斎に人の入るのを禁じて、何か一生懸命書き物を調べている由《よし》を教えられた。

［　A　］不安が家中に漲《みなぎ》った。誰も彼も爪尖《つまさき》で歩くような思いで座敷を出入した。すべての緊迫した注意が書斎に向けられた。家中はしんとしていた。そして書斎から起る音は紙一枚剝《め》くる音でも異常な響《ひびき》をもたらした。ただ時々、この白《し》らみ渡った静寂に僅かな動揺を与えるものは、寝ている姉の**クウキョ**な咳《せき》であった。

お昼になると母が襖《ふすま》の前で、（中に入ることを禁じられているので）

「お昼ですが、御飯を召上ってはいかがです。」と父に呼びかけた。襖を隔てた書斎の中では、何か紙をぴりぴりと裂く音がした。そしてその次の瞬間には父の錆《さ》びた重みのある声が響いた。

「俺はまだ食べたくない。あとにする。」

②母はその声の中《うち》に明かに何物かに対する腹立たしさと、何物かに対する信念を読んだ。しかもその声が何となく焦《い》ら立って老人のそれに（a）彷彿しているのを悲しく感じた。

母は黙って襖の前で首を**タ**れた。

父は三時になっても四時になっても出て来なかった。そして書斎ではことりという音もさせなかった。夕飯になっても出て来る様子がなかった。家中の人は眼を見合わすのさえ（b）憚るようになった。お互いの眼の中に疼《うず》いている不安をお互いに見たくなかったのである。

とうとう堪《こら》え切れなくなった母は、母らしい智慧《ちえ》で父の様子を知る一策を案じ出した。母は私を隅の方に呼んでこの方策を授けた。それは私が厳重に禁められている囲みを破って、無邪気に書斎に侵入して、父の動静を見て来るというのである。

「お前ならね。お父さんだってきっと怒りはしないよ。いいから知らない振りをして入って行って御覧。」

と母は云った。母にとっての父は、子にとっての父よりもある場合遥《はる》かに怖ろしいものであった。私はこういう母の眼の中にある弱きものの哀願をぼんやり心に沁《し》みて聞いていた。そして私の心はまずこの母に対して大任を果しうる嬉《うれ》しさと、無邪気の仮面の下に隠れて行動する快感とに閃《ひら》めいた。それで妙な雄々しさを感じながらその云い附けに従う事になった。

私は書斎の襖の前に立って、しばらく躊躇《ちゅうちょ》した。自分の今行おうとする謀計に対する罪悪の意識が、ちらと頭に浮んだのである。しかしそれはすぐ消えた。③それより大きな感情上の勇気と好奇心とがそれを圧倒したのである。私は鳥渡《ちょっと》身じまいを直して、それから自分が飽くまで無邪気を**ヨソオ**い得るという大なる自信の下《もと》に、襖の引手をするりと引いた。

八畳の書斎の中央に、一閑張《いっかんば》りの机を前にして父は端然と坐《すわ》っていた。そしてその眼はじっと前方遠くを見凝めていた。机の上には一冊の和本と、綴《と》じた稿本とが載せてあった。私はすぐに父が詩を作っているのだなと思った。そして父の姿に予期していた動揺の少しも現われていないのに落胆をさえ感じた。父の体全体には平静があるのみであった。しかしその永遠を見凝めている眼の中に、永遠に訴えている懊悩《おうのう》のあるのを、どうしてこの少年が見出し得よう。私は今朝の父と、今の父とに明かな変化を認めてしまった。けれどもその変化が一つは動一つは静であるだけで、等しく同じ懊悩の表現であるのを知らなかったのである。

「お父さん、どうして御飯をたべないの。」

私は咄嗟《とっさ》の間にそう聞いた。父は静かに顔を私に向けた。広い白い薄あばたのある顔がしばらくじっと私の方に疑い深く向けられていた。

「食いたくなったら食いにゆく。」父は云った。そして叱るよりは、願うような軟《やわら》かさを含《ふく》して、「④辰夫。おまえも此処《ここ》へ入って来ちゃいけないぞ。」と云った。

私はその平穏な叱責を聞くと、もう二の句を次ぐ勇気はなく、逃げるようにして室《へや》を出た。そして母には見えただけの平静を告げた。母はさすがにこの息子の力説する程父の平静には安心しないで、却《かえ》って幾度か首を傾《かし》げた。

岩波文庫『父の死』久米正雄より

問一、傍線部①とあるが、私がこのように呼びかけた理由として最も適切なものを次より選び、記号で答えなさい。

ア、父のために家族の誰よりも先に駆けつけたことを気づかせたかったから。

イ、思いつめた父の表情に死をもって償おうとする決意を感じなかったから。

ウ、父を責める人々の中にたった一人の味方がいることを伝えたかったから。

エ、責任の重さを自覚し、一刻も早く信用回復に努めてほしいと思ったから。

オ、誰よりも事の重大さを自覚する父の苦悩を感じ、胸が苦しくなったから。

問二、**基本** 空欄Aに入る語句として最も適切なものを次より選び、記号で答えなさい。

ア、息をついたような　イ、息を潜めたような

ウ、息があがったような　エ、息を弾ませたような

オ、息をのんだような

問三、傍線部②とあるが、母が読み取った父の心情として最も適切なものを次より選び、記号で答えなさい。

ア、御真影を焼失させた責任を自分が負うことに割り切れなさを抱きながらも、校長としてその職責を全うしようと強く思っている。

イ、御真影を焼失するという取り返しのつかない事態の責任を負うことに絶望を感じながらも、何とか打開策をさぐろうとしている。

ウ、好奇の目を自分に向けた群集に対して憤りを覚えながらも、弁解の余地がないことを痛感し、責任の重さにうちひしがれている。

エ、事情を察することなく日常と同じ言葉をかける家族にいら立ちを感じる一方、事件に家族を巻き込まない策を必死で考えている。

オ、御真影を焼失した責任の重さに押しつぶされそうになりながらも、家族に対する威厳を守るため、気丈に振る舞おうとしている。

問四、**よく出る** 二重傍線部（a）（b）の意味として最も適切なものを次より選び、それぞれ記号で答えなさい。

（a）彷彿《ほうふつ》
ア、漠然とした疑問をいだく
イ、過去の行いに恥を感じる
ウ、思い出して怒りを覚える
エ、ありありと思い浮かべる
オ、普段とはちがって見える

（b）憚《はばか》る
ア、ためらって譲る
イ、はっきりと拒む
ウ、自ら進んで行う
エ、相手を気づかう
オ、遠慮して避ける

問五、**思考力** 傍線部③とあるが、それはどういうことか。問題文中の語句を用いて説明しなさい。

問六、傍線部④とあるが、この時の父の心情として最も適切なものを次より選び、記号で答えなさい。

ア、家族の眼を逃れて自分がしていることを、息子に見抜かれてしまったのではないかと感じ、うろたえている。

イ、まだ幼い我が子には察することのできない事情だと思い、普段の自分と同じように振る舞おうと努めている。

ウ、我が子の自分に対する態度から、今起こっている事態にふさわしくない関心を感じとり、不快に思っている。

エ、隠すべき心の迷いを読み取られたと直感し、我が子を安心させるためにどう対応すべきか決めあぐねている。

オ、何気ない会話が親子にとって最後のものになると悟

り、もっと愛情を注いでやればよかったと後悔している。

問七、問題文の解説として最も適切なものを次より選び、記号で答えなさい。

ア、父に降りかかった災難、姉の病に押しつぶされそうになっている母と、当事者でありながら母の不安を受け止めようとしない父とのすれ違いを、純粋な私のほほえましい行動によって軽妙に描いている。

イ、父の覚悟と母の不安を察した私が持ち前の機知によって明るく振る舞い、ひと時の平穏を回復しようと努めるが、場違いな言動によってかえって家庭内の空気が重苦しくなっていくさまを描いている。

ウ、母の内面をまったくうかがい知ることのできない私がいつもの調子で書斎に入り、書き物をしている父に声をかけることで叱られ、ようやく我が家を圧迫する問題の深刻さに気付く様子を描いている。

エ、問題を直視して役職にふさわしい責任を果たそうとする父と、不安を募らせる母との間にあって、事態の深刻さを十分に認識できない私が無邪気に振る舞おうとすることで、静寂と緊張が際立つさまを描いている。

オ、父の心情を理解できない母と、子ども心に事の重大性を感じる私との策略に、思いつめていた父も思わず気の緩みを覚え、深刻な空気のなかでほんのわずかな明るさがもどってくる様子を描いている。

問八、**よく出る** **基本** 問題文中のカタカナを漢字にあらためなさい。

カエリ　フシン　クウキョ　タ　ヨソオ

東大寺学園高等学校

時間 60分　**満点** 100点　**解答** P90　2月6日実施

出題傾向と対策

●論説文（省略）、小説文、古文の大問三題構成は例年どおりだが、昨年出題された「グラフ分析」はなかった。設問形式は選択式と記述式の混合で、記述量は解答時間を考慮すれば多め。設問内容は知識、内容・心情・理由把握など。記述は思考力を要求する傾向が強い点に注意。

●記述問題については、拾い上げたヒントをどう組み立て直すかが重視されており、解答時間が大きな課題となる。分析力・思考力・記述力に関して日頃から手際よく対処するための訓練を行う必要がある。

注意　字数制限のある問題については、句読点や符号も一字に数えること。

一 （省略）円城塔「虚実の間に」より

二 （小説文）品詞識別・内容吟味

次の文章を読んで、後の問いに答えよ。

> 高校に入学したばかりの「僕」（松岡清澄《きよすみ》）は、小さい頃から裁縫や刺繍《ししゅう》を趣味にしている。「僕」は、近々結婚する予定の姉が、式で華やかなドレスを着ることを、ある理由で拒絶していると聞いて、姉にふさわしいドレスをなんとかして自分の手で作ってあげたいと考えている。

昼休みの教室には、机をくっつけたいくつもの島ができていた。大陸と呼びたいような大所帯もある。中学の給食の時間とは違う。めいめい仲の良い相手と昼食をともにすることができる。

入学式から半月以上過ぎた。僕は教卓の近くの、机みっつ分の島にいる。宮多を中心とする、五人組のグループだ。

宮多たちは、にゃんこなんとかという僕の知らないスマホゲームの話で盛り上がっている。猫のキャラクターがたくさん出てきて戦うのだという。ゲームをする習慣がないから、意味がよくわからない。さっきからぜんぜん会話に入れない。課金とかログインボーナスという単語が飛び交っている。もう、相槌《あいづち》すら打てなくなってきた。

祖母の顔を思い出して、懸命に話についていこうとした。だって友だちがいないのは、よくないことなのだから。家族に心配されるようなことなのだから。

「なあ、松岡くんは」

宮多の話す声が、途中で聞こえなくなった。ふいに高杉くるみが視界に入ったから。

世界地図なら、砂粒ほどのサイズで描かれる孤島。そこに彼女はいた。箸でつまんだたまごやきを口に運んでいる。唇の両端がきゅっと持ち上がった。虚勢を張るわけでもなく、おどおどするでもなく、たまごやきを味わっている。

①<u>その顔を見た瞬間「ごめん」と口走っていた。</u>

「え」

「ごめん。俺、見たい本あるから席に戻るわ」

ぽかんと口を開ける宮多たちに、背を向ける。

図書室で借りた、世界各国の民族衣装に施された刺繍を集めた本を開く。宮多たちがこの本に興味を示すとは到底思えない。わかってもらえるわけがない。ほんとうは『明治の刺繍絵画名品集』というぶあつい図録がよかった。残念ながらそちらは貸出禁止になっていたのだ。どのように糸を重ねてあるか、食い入るように眺める。ここはこうなって、こうなってて。勝手に指が動く。

ふと顔を上げると、近くにいた数名がこっちを見ていた。男女混合の四人グループのうちのひとりが僕の手つきを真似《ま》て、くすくす笑っている。

「なに？」

自分で思っていたより、大きな声が出た。他の島の生徒たちが気づいて、こちらに注目しているのがわかった。宮多たちも。でももう、あとには引けない。

「なあ、なんか用？」

まさか話しかけられるとは思っていなかったのか、ひとりがぎょっとしたように目を見開く。その隣の男子が「は？　なんなん」と頬《ほお》をひきつらせた。

「いや、なんなん？　そっちこそ」

べつに。なあ。うん。彼らはもごもごと言い合い、視線を逸《そ》らす。教室に、ざわめきが戻る。②遠くで交わされるひそやかなささやきや笑い声が、耳たぶをちりっと掠《かす》めた。

校門を出たところでキヨくん、と呼ばれた。振り返ったその瞬間に、強い風が吹く。

キヨくん。小学校低学年の頃のままに、高杉くるみは僕の名を呼ぶ。当時は僕も彼女を「くるみちゃん」と親しげな感じで呼んでいたのだが、学年が上がるにつれて会話の機会が減り、今ではもうどう呼べばいいのかわからない。

「高杉さん。くるみさん。どっちで呼んだらええかな？」

「どっちでも」

名字が高杉というだけで塾の子らに「晋作《しんさく》」と呼ばれていた時期があって嫌だった、なので晋作でなければ、なんと呼ばれても構わアないらしい。

「高杉晋作、嫌いなん？」

「嫌いじゃイないけど、もうちょい長生きしたいやん」

「なるほど。じゃあ……くるみさん、かな」

歩いていると、グラウンドの野球部やサッカー部の声がどんどん遠くなっていく。今日は世界がうっすらと黄色くて、遠くの山がぼやけて見えた。春はいつもそうだ。すべての輪郭があいまいになる。

「あんまり気にせんほうがええよ。山田くんたちのことは」

「山田って誰？」

僕の手つきを真似て笑っていたのが山田某《なにがし》らしい。

「私らと同じ中学やったで」

「覚えてない」

個性は大事、というようなことを人はよく言うが、学校以上に「個性を尊重すること、伸ばすこと」に向いてない場所は、たぶんない。柴犬《しばいぬ》の群れに交じったナポリタン・マスティフ。あるいはポメラニアン。集団の中でもてはやされる個性なんて、せいぜいその程度のものだ。犬の集団にアヒルが入ってきたら、あつかいに困る。

アヒルはアヒルの群れに交じれば見分けがつかなくなる。その程度のめずらしさであっても、学校ではもてあまされる。浮く。くすくす笑いながら仕草を真似される。

「だいじょうぶ。慣れてるし」

けど、お気遣いありがとう。そう言って隣を見たら、くるみはいなかった。数メートル後方でしゃがんでいる。灰色の石をつまみあげて、しげしげと観察しはじめた。

「なにしてんの？」

「うん、石」

うん、石。ぜんぜん答えになってない。入学式の日に「石が好き」だと言っていたことはもちろんちゃんと覚えていたが、まさか道端の石を拾っているとは思わなかった。

「いつも石拾ってんの？　帰る時に」

「いつもではウないよ。だいたい土日にさがしにいく。河原とか、山に」

「土日に？　わざわざ？」

「やすりで磨くの。つるつるのぴかぴかになるまで」

放課後の時間はすべて石の研磨にあてているという。ほんまにきれいになんねんで、と言う③頬がかすかに上気している。

ポケットから取り出して見せられた石は三角のおにぎりのような形状だった。たしかによく磨かれている。触ってもええよ、と言われて、手を伸ばした。指先で、しばらくすべすべとした感触を楽しむ。

「さっき拾った石も磨くの？」

くるみはすこし考えて、これはたぶん磨かへん、と答えた。

「磨かれたくない石もあるから。つるつるのぴかぴかになりたくエないってこの石が言うてる」

石には石の意思がある。駄洒落《だじゃれ》のようなことを真顔で言うが、意味がわからない。

「石の意思、わかんの？」

「わかりたい、といつも思ってる。それに、ぴかぴかしてないときれいやないってわけでもオないやんか。ごつごつのざらざらの石のきれいさってあるから。そこは尊重してやらんとな」

じゃあね。その挨拶があまりに唐突でそっけなかったので、怒ったのかと一瞬焦《あせ》った。

「キヨくん、まっすぐやろ。私、こっちやから」

川沿いの道を一歩踏み出してから振り返った。④ずんずんと前進していくくるみの後ろ姿は、巨大なリュックが移動しているように見えた。

石を磨くのが楽しいという話も、石の意思という話も、よくわからなかった。わからなくて、おもしろい。わからないことに触れるということ。似たもの同士で「わかるわかる」と言い合うより、そのほうが楽しい。

ポケットの中でスマートフォンが鳴って、宮多からのメッセージが表示された。

「昼、なんか怒ってた？　もしや俺あかんこと言うた？」

違う。声に出して言いそうになる。宮多はなにも悪いことをしていない。ただ僕があの時、気づいてしまっただけだ。自分が楽しいふりをしていることに。

いつも、ひとりだった。

教科書を忘れた時に気軽に借りる相手がいないのは、心もとない。ひとりでぽつんと弁当を食べるのは、わびしい。でもさびしさをごまかすために、自分の好きなことを好きではないふりをするのは、好きではないことを好きなふりをするのは、もっともっとさびしい。

好きなものを追い求めることは、楽しいと同時にとても苦しい。その苦しさに耐える覚悟が、僕にはあるのか。

⑤文字を入力する指がひどく震える。

「ちゃうねん。ほんまに本読みたかっただけ。刺繡の本」

ポケットからハンカチを取り出した。祖母に褒められた猫の刺繡を撮影して送った。すぐに既読の通知がつく。

「こうやって刺繡するのが趣味で、ゲームとかほんまはぜんぜん興味なくて、自分の席に戻りたかった。ごめん」

ポケットにスマートフォンをつっこんだ。数歩歩いたところで、またスマートフォンが鳴った。

「え、めっちゃうまいやん。松岡くんすごいな」

そのメッセージを、何度も繰り返し読んだ。

わかってもらえるわけがない。どうして勝手にそう思いこんでいたのだろう。

今まで出会ってきた人間が、みんなそうだったから。だとしても、宮多は彼らではないのに。

いつのまにか、また靴紐《くつひも》がほどけていた。しゃがんだ瞬間、川で魚がぱしゃんと跳ねた。波紋が幾重にも広がる。太陽の光を受けた川の水面《みなも》が風で波打つ。まぶしさに目の奥が痛くなって、じんわりと涙が滲《にじ》む。

きらめくもの。揺らめくもの。目に見えていても、かたちのないものには触れられない。すくいとって保管することはできない。太陽が翳《かげ》ればたちまち消え失《う》せる。だからこそ美しいのだとわかっていても、願う。布の上で、あれを再現できたらいい。そうすれば指で触れてたしかめられる。身にまとうことだって。そういうドレスをつくりたい。着てほしい。すべてのものを「無理」と遠ざける姉にこそ。きらめくもの。揺らめくもの。どうせ触れられないのだから、なんてあきらめる必要などない。無理なんかじゃないから、ぜったい。

どんな布を、どんなかたちに裁断して、どんな装飾をほどこせばいいのか。それを考えはじめたら、いてもたってもいられなくなる。

それから、明日。明日、学校に行ったら、宮多に例のにゃんこなんとかというゲームのことを、教えてもらおう。好きじゃないものを好きなふりをする必要はない。でも僕はまだ宮多たちのことをよく知らない。知ろうともしていなかった。
⑥靴紐をきつく締め直して、歩く速度をはやめる。

（寺地はるな『水を縫う』集英社刊）

(一) **よく出る** 点線部ア〜オの「ない」の中で、品詞が異なっているものを一つ選び、その記号と品詞名を答えよ。

(二) 傍線部①「その顔を見た瞬間『ごめん』と口走っていた」とあるが、それはなぜか。その説明として最も適当なものを、次のア〜エの中から一つ選び、記号で答えよ。
ア、友人から仲間はずれにされ孤立させられている幼なじみの様子を見て、自分も同じような立場に立たされるのではないかと心配になってきたから。
イ、友人も少なく寂しそうに感じられる幼なじみの姿を見て、自分だけが楽しくしていることが申し訳ないという気持ちになってしまったから。
ウ、他人の目を気にしながら孤独に耐えている幼なじみの姿を見て、自分がさりげなく助けてあげたいという気持ちが自然とわき起こってきたから。
エ、他人に迎合することなく平然としている幼なじみの様子を見て、自分がやりたくないことはやめてしまいたいという気持ちになったから。

(三) **思考力** 傍線部②「遠くで交わされるひそやかなささやきや笑い声が、耳たぶをちりっと掠めた」とあるが、「僕」のどのような心情を表現しているか。わかりやすく説明せよ。

(四) 傍線部③「頬がかすかに上気している」とあるが、「頬が上気している」とはどのような様子を表しているか。その説明として最も適当なものを、次のア〜エの中から一つ選び、記号で答えよ。
ア、相手に反論されて逆上している様子。
イ、言い訳をしながら恥じらっている様子。
ウ、物事に熱中することで興奮している様子。
エ、恥ずかしい姿を見られ決まり悪い様子。

(五) 傍線部④「ずんずんと前進していくくるみの後ろ姿は、巨大なリュックが移動しているように見えた」とあるが、ここから「僕」の心情についてどのようなことが読み取れるか。その説明として最も適当なものを、次のア〜エの中から一つ選び、記号で答えよ。
ア、ほのかに好意を寄せる相手の話に共感することができずに突き放されてしまったことで、「僕」と「くるみ」との距離が開いていくように感じられたということ。
イ、「僕」にはよく分からない趣味のことであったが、思うがまま屈託なく話してくれる「くるみ」が、自信に満ちた頼もしい人物に感じられたということ。
ウ、石を一生懸命に集めていると聞いたので、「くるみ」が重たい石を背負いながらも強がっている姿が「僕」の心に浮かんできて、切なく感じられたということ。
エ、「僕」にとっては理解しがたいような趣味で楽しむことができる「くるみ」が、自分とはかけ離れた遠い存在であるかのように感じられたということ。

(六) 傍線部⑤「文字を入力する指がひどく震える」とあるが、それはなぜか。その説明として最も適当なものを、次のア〜エの中から一つ選び、記号で答えよ。
ア、今まで言えなかった本当のことを相手に打ち明けると、自分が孤立してしまうのではないかと緊張感が高まっているから。
イ、自分のことを心配してくれている相手に、自分が思っていることを率直に伝えるのは身勝手すぎるとためらっているから。
ウ、自分の本心を相手に打ち明けたとしても言い訳にしかならないので、許してはもらえないと弱気になっているから。
エ、よい友人になってくれるかもしれない相手に対して、何をどう話したらいいのか思いつかずにあせっているから。

(七) **難** **思考力** 傍線部⑥「靴紐をきつく締め直して、歩く速度をはやめる」とあるが、これは「僕」の心情を暗示していると考えられる。その心情を一〇〇字以内で説明せよ。

三 （古文）口語訳・内容吟味・動作主

次の文章を読んで、後の問いに答えよ。

*家康公、天下を治めたまふ。この御代《みよ》に、賢臣義士多き中に、*板倉伊賀守《いたくらいがのかみ》、京都の*所司代《しよしだい》として訟《うつたへ》を聞き、理非を決断せらるるに、貧賤《ひんせん》の者とても、富貴《ふうき》の人とても、へつらふ色もなく、Aくだせる体《てい》なし。しかる間、上下万民、裁許をよろこんで、奇なるかな妙《たへ》なるかなと、讃嘆《さんだん》する人、ちまたにみてり。「一滴舌上《ぜつじやう》に通じて、大海の塩味《えんみ》を知る」とあれば、①その金語《きんご》の端《はし》をいふに、余は知りぬべきや。

しかる時、*越後《ゑちご》にて、山伏《やまぶし》、宿を借りぬ。その節《せつ》、国主の迎《むかひ》に、亭も罷《まか》り出《い》づるに、かの山伏のさしたる刀、こしらへといひ、作りといひ、世にすぐれたる物なるを借りて行き、いまだ宿に(Ⅰ)帰らざる間に、*一国徳政《いつこくとくせい》の札《ふだ》立ちけり。Bさるほどに亭主帰りても、刀を(Ⅱ)返すことなし。山伏こらへかね、しきりにこふ。宿主、返事するやう、「その刀、借りたるところ、*実正《じつしやう》なり。されども、②徳政の札立ちたる上は、この刀も流れたるなり。さらさら返すまじき」といふ。*出入りになりければ、双方江戸に(Ⅲ)参り、大相国御前《だいしやうこくおんまへ》の沙汰になれり。

そのみぎり、板倉伊賀守、*下向《げかう》あり、御前に侍《はべ》られし。「この裁許いかに」と御諚《ごぢやう》あるに、謹んで、「③造作もなき儀と存じさうらふ。幸ひ、札の上にて、亭主が借りたる刀を流しさうらはば、また山伏が借りたる家をも、みな*山伏がに仕《つかまつ》るべきものなり」と申し上げられしかば、大相国、御感《ぎよかん》はなはだしかりし。④当意即妙の下知《げぢ》なるかな。

(『醒睡笑《せいすいしよう》』による)

〔注〕 *家康公――江戸幕府初代将軍、徳川家康(一五四二～一六一六)。後の「大相国」も同一人物を指す。

*板倉伊賀守――徳川家康に仕えた大名、板倉勝重《かつしげ》(一五四五～一六二四)。

*所司代――訴訟の処理などを担当した役所の長官。

*亭――宿の主人。後の「亭主」「宿主」も同一人物を指す。

*一国徳政――越後の国に出された、借金や借財を貸し主に返さなくてもよいという政令。

*実正なり――間違いなく事実である。

*出入り――訴訟沙汰。

*下向――江戸に出向くこと。

*山伏がに――山伏の物に。

(一) よく出る 点線部A「くだせる体なし」・B「さるほどに」の本文中における意味として最も適当なものを、次のア～エの中からそれぞれ一つずつ選び、記号で答えよ。

A「くだせる体なし」
ア、厳しい罰を与えない
イ、軽んじる様子はない
ウ、身体を痛めつけない
エ、あわれむ素振りはない

B「さるほどに」
ア、そうなるまでに
イ、ずいぶん時がたって
ウ、ちょうどその時
エ、そうしているうちに

(二) 難 傍線部①「その金語の端をいふに、余は知りぬべきや」とあるが、どういうことか。その説明として最も適当なものを、次のア～エの中から一つ選び、記号で答えよ。

ア、その金言が意味するとおり、板倉伊賀守の一言には人生の深い教訓が込められているので、その裁きを受けた者は皆その教えを肝に銘じ更生したということ。

イ、その金言が意味するとおり、板倉伊賀守の名声はあっという間に世間に広まり、彼のもとには裁きを望む人々が大勢押し寄せるようになったということ。

ウ、その金言が意味するとおり、裁きの評判をわずかに耳にするだけでも、板倉伊賀守の仕事ぶりがいかにすばらしいかを容易に理解できるだろうということ。

エ、その金言が意味するとおり、慈悲深くも厳しさをにじませる裁きの場に立ち会えば、誰しも板倉伊賀守が人徳をそなえた人物だと納得するはずだということ。

(三) 二重傍線部(Ⅰ)「帰らざる」・(Ⅱ)「返す」・(Ⅲ)「参り」の、それぞれの主語にあたる人物の組み合わせとして最も適当なものを、次のア～オの中から一つ選び、記号で答えよ。

ア、(Ⅰ)山伏 (Ⅱ)宿主 (Ⅲ)宿主と山伏
イ、(Ⅰ)山伏 (Ⅱ)山伏 (Ⅲ)板倉伊賀守と山伏
ウ、(Ⅰ)宿主 (Ⅱ)宿主 (Ⅲ)板倉伊賀守と山伏
エ、(Ⅰ)宿主 (Ⅱ)山伏 (Ⅲ)板倉伊賀守と山伏
オ、(Ⅰ)宿主 (Ⅱ)宿主 (Ⅲ)宿主と山伏

(四) 傍線部②「徳政の札立ちたる上は、この刀も流れたるなり。さらさら返すまじき」の解釈として最も適当なものを、次のア～エの中から一つ選び、記号で答えよ。

ア、徳政令が出されたからには、この刀も借り主のものになったのだ。よって、決して刀を返すつもりはない。

イ、徳政令が出されたことで、この刀も価値がなくなったのだ。よって、いまさら返すほどのものではないだろう。

ウ、徳政令が出されたときには、この刀はすでに手元にはなかったのだ。よって、どうしても刀を返すことができない。

エ、徳政令が出されたことで、この刀は役所が預かることになったのだ。よって、勝手に返すわけにはいかない。

(五) 難 傍線部③「造作もなき儀と存じさうらふ」という発言について説明したものとして最も適当なものを、次のア～エの中から一つ選び、記号で答えよ。

ア、裁判に時間がかかっていることをとがめる家康に、板倉伊賀守が、どちらかに非があるかは明らかなのですぐに決着するはずだと応じている。

イ、判断の難しい訴えをどのように裁けばよいかと問う家康に、板倉伊賀守が、簡単な理屈で解決するので心配には及ばないと応じている。

ウ、皆が納得する解決策はないかと尋ねる家康に、板倉伊賀守が、徳政令の趣旨を山伏が誤解しているのでそれを正せばよいと応じている。

エ、こじれた裁判を誰にまかせるべきかと相談する家康に、板倉伊賀守が、裁きに慣れている自分こそがその役目にふさわしいと応じている。

(六) 思考力 傍線部④「当意即妙の下知なるかな」とあるが、板倉伊賀守の裁きのどのような点を「当意即妙」だと言っているのか。六十字以内で説明せよ。

桐朋高等学校

時間 50分　満点 100点　解答 P91　2月10日実施

出題傾向と対策

●随筆文一題、詩および詩の作者に関する論説文一題（省略）の大問二題構成。現代文のみではあるが、どちらも文章の分量が多く、記述式の問題も多く、難易度は高い。高度な読解力、思考力、記述力が求められる。

●常日頃からさまざまな分野の文章に触れ、読むことに慣れ、教養を高めておきたい。また、問題演習を通じて決められた時間内で問題を解く練習を重ねたい。特に記述問題は重点的に取り組む必要がある。漢字の書き取りや熟語の組み立て、慣用句の問題は基礎事項を疎かにしない。

一　(随筆文)熟語・慣用句・内容吟味・文脈把握・漢字の読み書き

次の文章を読んで、後の問に答えよ。

二〇一九年三月某日。

腹ごしらえのために、近所のファミレスに行った。となりの席には、小学二、三年生と思われる男児ふたりと、その母親らしき四人連れ。学校あるいは習い事の帰りなのだろう。食事はとっくに終えたらしく、子どもたちはゲーム機で遊んでいて、母親たちはお喋《しゃべ》りに花を咲かせている。聞き耳をたてていたのではないが、「ほら、〇〇ちゃんのお母さんって、日本人じゃないから……」と聞こえてくる。続けて、もう一人の女性も声を低める。

「韓国人なのよね」

まるで、そのことが決定的な①欠落のような口ぶりにわたしは《　A　》を疑った。母親たちの会話を聞きつけて、

「うえー、〇〇のママ、韓国人なの？」

ゲーム機で遊んでいた男の子が言う。もう一人の子も、うげえ、などと同調している。心拍数が一気に早まるのを感じながら、子どもたちではなく、②かれらの母親のようすをわたしは盗み見する。しかし、どちらの女性も息子たちを特にたしなめない。それどころか、母親のうちのひとりはこう続けた。

「それに、あそこのおうち、パパがいないからね……」

ふたりの母親が含み笑いを浮かべるのを、わたしは確かに目撃する。フォークを握る手が震えた。息が苦しくなってくる。しかし、隣席の母親たちはひきつづきお喋りにいそしみ、子どもたちもふたたびゲームに集中している。要するに四人とも、何もなかったかのように、ありふれた午後の続きを送っている。でも、かれらの隣にいるわたしは、何もなかったかのように自分の時間に戻ることはできなかった。

——うえー、〇〇のママ、韓国人なの？

母親たちが、息子の発言を叱らないのは当然だ。③かのじょたちの息子であるからこそかれらは、そのような発言をしたのだから。

——〇〇ちゃんのお母さんは日本人じゃないから。

ぎこちなくフォークを動かすものの、好物のパスタの味がまったくしない。食欲など失せてしまった。

どこにでもいそうな、ごくふつうの男の子たちは、かつてのわたしの同級生だったとしてもおかしくはない。かれらの母親は、いつかのわたしの同級生の母親のうちのだれかと、よく似ているのかもしれない。

わたしは、日本人ではないという理由でクラスメートや友だちと思っていたひとから馬鹿にされたり、からかわれたりしたことは、幸いにも、めったになかった。少なくとも、わたし自身がはっきり自覚できるようなかたちでは。けれどもそうだからといってわたしは、自分は運がよかったのだ、とは言いたくない。それは、運などで、左右されるようなことではないのだ。

（うまれつきの差別者はいない。環境が差別者をつくるのだ……）

とうとうわたしは、握っていたフォークを半分空になったお皿のうえに叩きつける。けっこうな音だったと思う。母親の一人がこちらを見た。かのじょが《　B　》を呑むのがわかった。わたしはかのじょを見つめる。いや、［　I　］といったほうが正確だ。けれども、ことばが出てこない。数秒ほど、そのような状態が続いたあと、あちらのほうから声をかけられる。

「……あの、どうかしました？」

——〇〇ちゃんのお母さんって、日本人じゃないから

……

と言っていたほうの母親だ。どうかしました？　信じられないと思った。このひとたちは、自分たちの発言がどんなものなのかまるでわかっていないのだ。④わたしは深呼吸ののちに口を開く。

「こちらの聞き違いでなければ、先ほど、おともだちのお母さんは日本人じゃないから、という会話をしてませんでした？……」

子どもたちがゲーム機から顔をあげる。わたしは子どもたちと目を合わせる。

「……苦手な友だちはだれにでもいるよ。でも、その子のお母さんがナニジンとかは関係ないんだよ」

ふたりの男児はaトマドっていたようだったが、わたしはかまわず続ける。

「日本には、日本語が理解できる外国の人もいっぱいいるんだよ。日本語は日本人にしかわからないと思って、外国の人たちが聞いたら悲しくなるようなことは言わないで」

日本人のように見えるし、日本の一員として生きてはいるけれど、日本以外の国にも根がある人たちがこの国にはたくさんいる。わたしは自分こそがそういう一人なのだとまでは言わなかった、いや、言えなかった。

「この方の言うとおりよ。わかった？」

わたしのことばを引き取り、子どもたちにそう言い聞かせたのは、どうかしました？　と声をかけてきたほうの女性だった。このひとは根っからのわるいひとではないのだろう、という思いが胸をよぎる。⑤そのとたん、狂おしくなってくる。わたしは伝票をつかんで立ち上がる。お皿には半分パスタが残ったままだったが、これ以上、ここにはいられないと思った。隣席に近づく。子どもたちはふたりともうつむいていて、もうわたしのことを見ていなかった。わたしは気づいていた。ふたりいる母親のうち、もう一人

は始終わたしと目を合わせようともしなかった。韓国人なのよね、と言っていたほうのひとだ。どんな顔をしたらいいのかわからなかったのだろう。いずれにしろわたしは、《C》を打ったように静かになった隣席の四人を前にして、申し訳ない気持ちが芽生える。わたしのせいで、かれらにとって楽しいはずの午後にけちをつけてしまったことが急に心苦しくなる。ほんとうは、お父さんがいないおうちの何がいけないんでしょうか？　とも言いたかった。けれども、これ以上はわたしのほうが耐えられそうにない。それでわたしは自分で自分に言い聞かせる。もういい。もう十分だ。これぐらいにしておこう。わたしはかのじょたちに謝る。突然すみませんでした。そして礼を言う。こういうことを言わせてくださってありがとうございます。

――〇〇ちゃんのとこ、お父さんいないから……

――だって、あの子は日本人じゃないもんね。

血まみれになるほどではない。けれども、わたしはあのとき確かに、まろやかな午後のファミレスで交わされたことばの孕《はら》む棘《とげ》に刺されたのだ。刺されたとはいっても、耐えようと思えば耐えられる程度の痛みではあった。でもわたしは、⑥その痛みに気づかないふりをすることができなかった。

（〇〇ちゃんやそのお母さんは、いま、堂々と生きていられてるんだろうか？）

この「棘」に刺されながらも刺されたことすら気づかぬまま痛みに耐えているだれかのためにもわたしは、ここに「棘」があるのだと堂々と声にしなければならない。そう思うからこそ、わたしはどちらかといえば不愉快なこの出来事についてあちこちで積極的に話した。

＊

「……かのじょたちに絶妙のタイミングで気づきを与えたという意味では、自分がしたことは正しかったと思っている。かのじょたちにとってはそのせいで、よい一日が台無しになったとしてもね。

ただ、わたしは？

わたしの気持ちは？

なぜ、わたしのほうが、聞く耳をもってくれた日本人たちに感謝をしなければならないの？

なぜ、わたしのほうが、こんな会話はこの国ではありふれてるんだからいちいち噛みつかず、流そう。それが日本人のなかに溶け込んで暮らすときの、一種のbショセイ術だって昔から知ってるでしょ、と自分に言い聞かせなければならないの？

なぜ、わたしのほうが、自分の悲しみや憤りを示すうえで、ここまで気を払わなければならないの？

――この国はだんだん窮屈になった。言いたいこともののびのび言えなくなった。

ひょっとしたら、わたしの存在は、ごくふつうの日本人たちにそのように思わせてしまっているの？

たとえそうであるとしても、わたしは、わたしたちは、いつまで日本人たちに気を遣わなければならないの？

この国にいさせてくれてありがとう、となぜ、わたしは請わなければならないの？

こういうことを言わせてくださってありがとうございます？

なぜ、わたしはあのとき離れる間際に、感謝などしてしまったのだろう？

――もう二度と、わたしや、ほかのどんなひとにも、こういうことを言わせないでください。

むしろ、そう言えばよかった。いや、そう言うべきだったのだ……」

はじめこそ、話しながら憤怒のあまり、涙ぐんだこともあった。この話をするわたしに耳を傾けただれもが、そのように憤る私を慰め、cハゲましてくれた。そのおかげもあり、決して愉快とは言えない出来事に遭遇した衝撃は徐々に和らいだ。そうして冷静さを取り戻すにつれて、ファミレスで遭遇した〝差別的〟な態度の母親と息子たちを話題にするときの自分が、「正しさ」に酔い痴《し》れてはいないか不安をおぼえるようになった。わたしは早々と気づいていた。この話をするときに、日本語が理解できるのは日本人だけではない、と半ば叫ぶように同意を求めるdシュンカンの自分には、どのような異論をも挟ませないeカタクなさがみなぎっている。何しろ、この話を聞いてくれたひとたちは口を揃えて、あなたは正しいことを言っている、とわたしをなだめてくれたのだから。

――わたしは正しい。

その感覚は、やわらかな「棘」に刺された痛みを声にしようとするわたしを鼓舞する。ただし、その感覚が行き過ぎるとわたしの声は甲高くなるばかりで、とたんに聞き苦しくなってくる。どんなに正しいことでも、聞く耳を持ってもらえないのなら意味はない。正しければ正しいほど、キイキイとけたたましく喚《わめ》くだけでは届かない。とはいえ、ただ正しいことを正しいと訴えるのに、どうしてこんなにも得たいの知れない何かに対して忖度《そんたく》しなくてはならないのだろうとも思う。

要するに、たった今もわたしは、⑦「正しさ」に溺《おぼ》れることなく、自分が言葉にするべきことを言葉にする、その責任の果たし方を模索しているのだ。

（温又柔「やわらかな『棘』と、『正しさ』の震え」による）

問一、**よく出る** **基本** ――線部①「欠落」と熟語の構成（組み立て方）が同じものを次の中から選び、記号で答えよ。

ア、授受　イ、前進　ウ、換気
エ、削除　オ、公立

問二、**よく出る** **基本** 空欄《A》～《C》にそれぞれ漢字一字を補い、意味の通る表現にせよ。

問三、――線部②について。「わたし」が「母親のようす」に注意を払っているのはなぜか。その説明として最もふさわしいものを次の中から選び、記号で答えよ。

ア、子どもたちには悪意がないので、怒りを母親にぶつけようと機会をうかがっているから。
イ、母親が「わたし」にどのような感情を抱いているのか、必死に読み取ろうとしているから。
ウ、子どもたちの差別的な言動に対して母親がどのような態度をとるか、見届けようとしているから。
エ、子どもたちの差別的な発言を「わたし」が許せずにいることを、母親に気づかせようとしているから。

問四、**よく出る** ――線部③について。「わたし」がこのように判断するのは、「わたし」のどのような考えに基づいているか。それを説明した次の文の空欄を補うのに最もふさわしい十字の表現を本文中からさがし、抜き出して答えよ。

・［　　　　　］という考え。

問五、空欄［Ｉ］を補うのにふさわしい表現を、五字程度で考えて答えよ。

問六、**難** ――線部④について。深呼吸している「わたし」の状態として最もふさわしいものを次の中から選び、記号で答えよ。

ア、迷いを断ち切っている状態。
イ、不安な気持ちを紛らわせている状態。
ウ、差別的な言動を嘆いている状態。
エ、高ぶる気持ちを落ち着かせている状態。

問七、――線部⑤について。このときの「わたし」の心情を説明せよ。

問八、本文中からは次の一文が脱落している。どこに戻すのが最もふさわしいか。ふさわしい箇所を本文中の＊印よりも前からさがし、直後の五字を抜き出して答えよ。

・あるいは、わたしがうっとうしかったのか。

問九、――線部⑥「その痛みに気づかないふりをする」とは、どういうことか。説明せよ。

問十、**思考力** ――線部⑦について。「『正しさ』に溺れる」とは、どのような態度のことだと筆者は考えているか。また、そのような態度は何をもたらすことになるか。説明せよ。

問十一、**よく出る** **基本** ――線部a～eのカタカナをそれぞれ漢字に改めよ。

三 （省略）長田弘「食卓一期一会」／長谷川宏「幸福とは何か」より

豊島岡女子学園高等学校

時間 50分　満点 100点　解答 P91　2月11日実施

出題傾向と対策

●論説文二題という構成。選択問題が中心で、六十字以内の記述問題が一二（省略）それぞれに一問ずつ配されている。漢字問題は一の本文中から三問出題されている。

●一の文章は読みやすいが、二は用語が難解で中学生には読みづらい。選択肢は二つまでは比較的容易に絞り込めるが、その先が難しいという作りのものが多い。本文に根拠を求めながら、細かく吟味する力が試される。記述問題は、本文の内容をつなげて記述する形で取り組みやすい。指定字数内に過不足なくまとめる練習を。

一（論説文）内容吟味・文脈把握

次の文章を読んで、後の一から八までの各問いに答えなさい。

（ただし、字数指定のある問いはすべて句読点・記号も一字とする。）

さきほども触れたように、写真が発明されるとポートレイト[*1]撮影はまたたくまに世界に広まっていきました。ただ、この頃の技術は未熟でしたから、写真に撮られた人たちがまず味わったのは、①ひどい苦痛でした。

当初は撮影時間が数分もかかり、その間、少し頭が揺れただけでも画像はぶれて不鮮明になります。それを防止するために、写真館ではお客の頭を固定し、体を支えるための支柱を用いました。その不自由な姿勢のために強張《こわば》って不機嫌になった表情が、そのまま定着してしまうことも少なくなかった。

また、写真家がその人の表情をよく撮れたと考えても、できあがった写真を見たお客から「自分はそんな顔をしていない！」と②クレームをつけられることもしばしばありました。別人の写真を自分の顔だとして指さす人もあったといいます。

なぜこういう事態がおこったかといえば、それまで自分の顔を客観的に見た人がとても少なかったからです。自分の顔なら鏡で見ていたのではないか？　そう疑問に思う人がいるかもしれません。

ですが、じっさいはいま私たちが使っている明るく反射する鏡の製法も、また写真とほぼ同じ時期である一八三五年に、ドイツで発明されたものなのです。それ以前の鏡は高価だったこともあり、大衆には普及していません。分厚い壁で囲まれた西洋建築の室内は電気照明もなくうす暗く、自分の顔を鮮明に把握していた人は少数であったのです。

心理学の本を読むと、人は自分の顔を現実よりも良いものとして認識しているとありますが、当時であればなおのことでしょう。自分の姿形に対して、より主観的なイメージを持っている人たちにとって、ありのままの姿を克明につきつけることは幻滅をもたらしたのです。

写真は客観的に、そして精細に事実を描写する。私たちはそれを信じて写真を見て、その写された物事について検討するわけです。しかし、ポートレイト写真において、③そのように撮って欲しい人は、じつはあまりいないのです。それに気づいた写真家たちは、客観性を保ちながらもお客を満足させる技術の開発に取り組むようになっていきました。

現代では鏡を見たことのない人も、生まれてから写真に写されたことのない人もまずいません。記憶のないうちから自分の写真は撮られ続けてきました。一九世紀のように「これは自分ではない」というクレームをつける人もいませんが、そのぶん自分の「写真写り」や「写真映え」というものをよく知っています。

理想的なイメージを求める自己愛（ナルシシズム）を満足させるための、撮影技術もより高度になっている。ありのままの姿から魅力を発見して、そのうえにこうあって欲しいという理想のイメージを重ねる技術を、写真家たちは求められるのです。

それは被写体の顔をその時代の基準となる美しさや健康

観に沿ったものに近づけ、さらに社会的な地位に応じたものにするための進化、ということができるでしょう。

いつの時代も、熱心な写真家は斬新な撮影手法を取り入れます。それは被写体への光の当て方（ライティング）、ポーズの付け方、構図、撮影場所やスタジオのセット、そして画像の修整方法など多岐にわたります。こうして次々と新たなスタイルのポートレイトが生まれ、それらのなかで広く人気を集めた手法が定番、あるいはテンプレート＊2となっていくのです。

テンプレート化した撮影方法は、さらに効率化されることで広く普及し、写真の産業化について大きな役割を果たします。前節で触れた名刺判写真は、そのテンプレートをつくった最初のケースともいえるでしょう。

当時の写真スタジオのセットを見ると、書斎や居間など、上級階級の生活空間を再現していることがわかります。奥の壁には片側に寄せられた分厚いカーテンがあって、椅子やソファや石柱が設《しつら》えられています。あるいは緑豊かな庭園が描かれている背景なども使われました。

机の上には、その人物の社会的な地位や職業を表すための、本や楽器などの小道具が置かれている。被写体は、ときにそれらを手に持っていることもある。フォーマルな装いで、やや斜めを向いた姿勢で、全身か膝から上が写されていることが多い。顔に笑顔はなく、真剣な面持ちをし、その目線はレンズを見返すのではなくどこか遠い眼差《まなざ》しをしている。

この時代の写真を見ていると、全体的に被写体がなにか背景に嵌《は》め込まれているような印象を持ちます。写された人の社会的な役割は伝わってきても、個性はその役割の背景に隠れてしまって見えにくいからです。写真のセットが示しているのは、その時代の標準となっている社会一般の価値観なのでしょう。つまり自分はその標準的な価値を体現した、洗練された人物であるという証明書、あるいは④パフォーマンスなのです。

そんな一九世紀にあって、⑤人物の個性が生き生きとしてより強く伝わってくるポートレイトも誕生しています。写されたその人が、まさに息をしているように感じられる、ありのままの姿を写していると思わせてくれるような写真。それをいち早く実践したのが、パリで写真館を開いていたナダールという人物でした。

ナダールは当時の文化人たちをよく写したことで知られます。たとえば夭逝《ようせい》した詩人のアルチュール・ランボー、著名な画家のウジェーヌ・ドラクロアやエドワール・マネ、オペラの作曲で知られるジョアキーノ・ロッシーニ、小説家では『レ・ミゼラブル』を書いたヴィクトル・ユゴーに『三銃士《さんじゅうし》』のアレクサンドル・デュマなど、今でも人気を保っている作品を作った表現者たちが少なくありません。

そのような歴史的人物の持っていたであろう生き生きとした雰囲気が、ナダールの写真にはあります。親しみに溢《あふ》れた表情でこちらを見つめ、いまにも言葉を発しそうです。ナダールはなぜこのような表情を捉えられたのでしょうか。そこには二つの要素があるように思えます。そのひとつは撮影方法です。

これらの写真でナダールはとても単純な撮り方をしています。セットを使わず灰色のバックの前に人物を配置し、全身の四分の三ほどを画面に入れています。照明は斜め上の高い天窓から射しこむ光を利用していて、表情を立体的に浮かび上がらせています。それによって私たちの意識を顔に集中させているのです。そのため、彼らと対話しているように感じられます。

もう一つは写真家と被写体との関係です。じつはナダールにとってこれらの被写体は、個人的な友人であり活動を支持していた仲間でした。公私にわたってお互いのことをよく知っており、鷹揚《おうよう》な人柄だった彼のスタジオには仲間たちが集い、新しい文化が花開いたサロンでもあったのです。だからこそ被写体はレンズの前で自分を装うことなく自然体でふるまえました。そして、その微細な表情の変化を、親しみやすさと洞察力を持ったナダールは素早くすくい取ることができたのです。

それから約一五〇年、いまや撮影機材やソフトウェアによる撮影終了後の画像処理（専門用語では〝ポスト・プロダクション〟といいます）の発達によって、⑥人のあらゆるナルシシズムと理想像は写真に反映できるようになりました。それでもなお最も基本的で重要なことのひとつが、被写体と写真家との関係のあり方であることに変わりはありません。

ナダールの写真は、被写体の表情に見るものの意識を集中させる撮影技法と、コミュニケーションの重要さを教えてくれるのです。⑦それがポートレイト写真の古典中の古典と呼ばれる理由でもあります。

現在の写真スタジオではあまり細かいセットを用いて演出することはなく、ナダールが撮ったようなシンプルなスタイルで撮影されています。スタジオに用意される道具類としては、背景紙と椅子くらいのものです。もちろん、そのシンプルなスタジオでも被写体の表情や服装、ポーズ、そしてライティングによって作り出される顔の陰影などによって、社会的な役割を示す「〜らしさ」が表現されています。ことに公的または社会的な役割を果たす写真にとって「らしさ」は欠かせないものなのです。

（『写真のなかの「わたし」　ポートレイトの歴史を読む』　鳥原《とりはら》　学《まなぶ》）

〔注〕＊1　ポートレイト＝肖像。
＊2　テンプレート＝型。

問一、——線①「ひどい苦痛でした」とありますが、なぜ「苦痛」だったのですか。その理由として最も適当なものを次のア〜オの中から一つ選び、記号で答えなさい。

ア、写真家が写真を撮られる人の希望を叶《かな》えるために工夫を凝らさねばならなかったから。

イ、写真家がよく撮れたと思う写真でも、撮られた人にクレームを入れられることがあったから。

ウ、写真に撮られる人が写真の画像を鮮明にするために不自由な姿勢の維持を求められたから。

エ、写真に撮られる人が頭を固定された不機嫌な表情の写真しか撮ってもらえなかったから。

オ、写真技術が未熟であるために写真家も写真に撮られる人も満足する写真にならなかったから。

問二、——線②「クレームをつけられることもしばしばありました」とありますが、写真に撮られた人はなぜ「クレームをつけ」たのですか。その理由として最も適当なものを次のア～オの中から一つ選び、記号で答えなさい。
ア、当時の人々は自己愛が強く自分は美しい姿をしていると考えていたため、完成した写真に満足できなかったから。
イ、当時、自分の顔を鮮明に把握していた人は少なく、自分の顔は現実より良いものだと考えていた人が多かったから。
ウ、当時の鏡は高価で大衆に普及しておらず室内も薄暗かったため、人々は自分の顔に対して興味を持たなかったから。
エ、当時の写真技術では鮮明な写真を撮ることが難しく、多くの写真がぼやけて自分の顔がはっきりわからなかったから。
オ、当時の鏡は写真より正確に人々の姿を映し出すため、撮られた人がその写真の姿を受け入れることができなかったから。

問三、よく出る 基本 ――線③「そのように」とありますが、「その」の指す内容を「ように」につながるように、本文中から十八字で探し、最初の五字を抜き出しなさい。

問四、難 ――線④「パフォーマンス」とありますが、どのようなパフォーマンスですか。その説明として最も適当なものを次のア～オの中から一つ選び、記号で答えなさい。
ア、上流貴族の家で社会的な地位を象徴する小道具を持って写ることで、世間の人々に被写体の社会的価値を知らせるもの。
イ、高級そうな椅子やソファに腰かけて上半身だけを着飾って写すことで、洗練された人物であることを装おうとするもの。
ウ、書斎など上流社会を思わせる背景でフォーマルな服を着て写真を撮ることで、身分が低いことを隠そうとするもの。
エ、上流階級を思わせる背景で社会的な地位や職業を表す小道具を使うことで、写された人の社会的な役割を表現するもの。
オ、社会一般の価値観を表現したセットの中で真剣な顔を写すことで、被写体のすばらしい人柄を印象付けようとするもの。

問五、思考力 ――線⑤「人物の個性が生き生きとしてより強く伝わってくるポートレイト」とありますが、それを撮る上で重要なことは何ですか。六十字以内で説明しなさい。

問六、――線⑥「人のあらゆるナルシシズムと理想像は写真に反映できるようになりました」とありますが、「ナルシシズムと理想像」を反映できるようになったのはなぜですか。その説明として最も適当なものを次のア～オの中から一つ選び、記号で答えなさい。
ア、鏡の普及により被写体がありのままの自分の姿を知ったことで、「写真映え」を意識し映るようになったから。
イ、被写体自身が自分の魅力を見出し、被写体が求める理想のイメージに近付ける技術を撮影者に獲得させたから。
ウ、被写体のありのままの美しさや魅力を引き出すためのコミュニケーションを撮影者が取れるようになったから。
エ、写真を撮られ慣れている現代の被写体はカメラを向けられると瞬時に、理想の自分を表現することができるから。
オ、写真画像の修整技術が向上したことにより、被写体が求める理想の姿にいくらでも加工できるようになったから。

問七、――線⑦「それがポートレイト写真の古典中の古典と呼ばれる理由でもあります」とありますが、「古典中の古典」とはどういうことですか。その説明として最も適当なものを次のア～オの中から一つ選び、記号で答えなさい。
ア、ナダールの写真は、ポートレイト写真の長い歴史の中で大変高い評価を受けているということ。
イ、ナダールの写真は、一九世紀でごく一般的な撮影方法を使用したものであるということ。
ウ、ナダールの写真は、一五〇年続くポートレイト写真の歴史で一番古いものであるということ。
エ、ナダールの写真は、今となっては誰も見向きもしない古い技術を駆使したものであるということ。
オ、ナダールの写真は、現在の写真家が皆憧れる高度な撮影技術を使用したものであるということ。

問八、思考力 本文の内容と一致するものとして最も適当なものを次のア～オの中から一つ選び、記号で答えなさい。
ア、一九世紀の写真家は鮮明な写真を撮るために、被写体に無理を強いてきた。その被写体の苦痛に気付いたナダールは写真技術を向上させることに努めた。そして現在、写真加工の技術は高度なものとなり、被写体が満足する仕上がりの写真を完成させることができるようになった。
イ、一九世紀の写真は被写体が満足するできのものはほとんど撮れず、クレームを受けることも多かった。クレームに悩んだナダールはコミュニケーションを重視し、自然体の写真を撮ることに成功した。現在はスタジオのセットなどを工夫し、より満足度の高い写真を撮ることができるようになった。
ウ、一九世紀の写真は、一般的でなかった鏡の代わりに被写体自身の顔を見せる役割を担っていた。しかし苦痛を伴うため不機嫌な表情の写真が多く、自然体の写真を撮るためにナダールは様々な工夫を凝らした。そして現在、より自然な表情を撮るためにコミュニケーションを重要視するようになった。
エ、一九世紀の技術では被写体の望む写真を撮ることはできず、写真家は背景などを工夫することで技術を補っていた。ナダールは背景をよりシンプルなものにすることで被写体の魅力を引き出すことに成功した。現在は様々な背景を使用することで、被写体の希望に沿った写真を撮るようになった。
オ、一九世紀の写真技術は未熟であったため、鮮明な写真を撮るために被写体は多くの我慢を要求された。ナダールはより自然な姿を撮りたいと考え、被写体とコミュニケーションをとった。そして現在、写真加工の技術は高度なものとなり、被写体が満足する仕上がりの写真が出来上がるようになった。

三

(省略)岡田美智男「人とロボットとの生態学的コミュニケーション」より

灘高等学校

時間	満点	解答	
70分	100点	P92	2月10日実施

出題傾向と対策

●現代文二題と古文一題の大問三題構成は例年どおり。現代文の本文は、論説文の年もある。本文はいずれも読みやすいが、字数指定のない記述問題の難度は高く、本文の要旨の読み取りが求められる問いも見られた。記述問題は、解答用紙が東大と同じように行数のみの指定になっている。模範解答は一行十六字程度で作成した。

●丁寧に読み取り、時間内に解答を作成する練習だけでなく、全体を見渡して要旨をつかむ練習も必要。類題に多く取り組み、記述問題の出題形式に慣れておきたい。

◎解答に字数制限のある場合、句読点などの記号も字数に数える。

一 (随筆文)漢字の読み書き・内容吟味・文脈把握・主題

次の文章は、二〇二〇年五月末に書かれたものである。よく読んで、後の問いに答えよ。

いうまでもなくコロナ禍がもたらした最大の災いは、「集うこと」の不可能性である。「空気の共有」に対する、全世界の人々の忌避感である。わたしにしても、時折人と会うとき、これまでとは違って半無意識に顔をそむけ、距離をとっている。仲の良い人に対しては、思わず「申し訳ない……。」と思ってしまう。ふつうだったらこれは「何かあったの？　ずいぶんよそよそしいけれど……。」といぶかられる距離だ。そしてこの自己隔離によって最も[A]ダゲキを受ける芸術ジャンルの一つが音楽にほかならない。

文学の場合なら一人で誰とも会わず読むのが常態であるから、非常時にとても向いた芸術形式だといえる。美術も音楽に比べれば「[B]コドクな鑑賞」の側面が強い。一枚の絵を前に何千人もの人が群がって、抱き合って熱狂している光景など、想像もつかないだろう。それにたとえ美術館が[C]ヘイサになったとしても、「絵がなくなってしまう」などということは起きない。絵は(盗難されたりしていない限り)ちゃんとそこにある。しかし音楽は違う。音楽は空気振動をリアルタイムで共有する芸術形式なのだから、人と人が空気を共有しなくなったら、なくなったも同然なのだ。とても脆《もろ》い。しかし同時に、複数の人が空気振動を共有するからこそ、音楽だけがもつあの興奮と熱狂と一体感は生まれる……。

今わたしは「人と人が空気を共有しなくなったら音楽は消える」と書いた。いぶかる人も多いだろう。「いや、そんなことないよ、こんなときでも自分は音楽を熱心に聴《き》いているよ？」と。それは違うと、敢《あ》えていおう。人が今聴いているもの。それはネットなどの電気メディアを通した音楽だ。「振動する空気をリアルタイムで共有する」という音楽の本質的な部分が、そこにはない。だから世界中のほとんどの人がこのところ、生の音楽をまったく聴いていないはずなのである。わたしたちが今生きているのは、[1]世界中から音楽が消えてしまった社会だ。前代[D]ミモンの事態である。

多くの音楽家たちが、今までにも増して精力的にストリーミングを行い、自分たちのメッセージを伝えようとしているのは[E]シュウチのとおりだ。しかし問題は「電気メディアを通して伝えられる音楽は果たして音楽なのか？」ということだ。三輪眞弘《みわまさひろ》は電気メディアと音楽のかかわりを、最も根本的なところから考え直すようなラディカルな作品を世に問い続けてきた作曲家であるが、彼は「録音された音楽」と「生の音楽」とは根本的に別ものであり、前者は「音楽」ではないということを明確にするべく、「録楽」という[F]ガイネンを提唱している。三輪によれば「音楽」とは本来、今そこに人間がいて、今その場で聴かれるもの以外ではあるはずがないのであり、複製技術によって不在の人間が奏でる何かは「録楽」ではあっても「音楽」ではない。それは[2]映画やテレビドラマが演劇でないのと同じなのである。

緊急事態宣言が発せられて以後、「ネット帰省」や「ネット飲み会」や「ネット会議」が X 化しつつあることはいうまでもない。また音楽雑誌のサイトを見ると、ストリーミングされるコンサートの予定がずらりと並んでいる。まるで新聞のテレビ欄のようである。今はもうほとんど三輪のいう「 Y 」しか世の中にはない。コロナ禍をきっかけに今後、人間のさまざまな「集い」のネット化が急速に進むだろう。そのとき人は再び音楽を聴くために「集う」だろうか、「空気を共有する」ことを厭《いと》わないであろうか、それとも「音楽もネットで出来ちゃうじゃん?」となるか?

そもそもコンサートのような場所に出かけて、押し合いへし合いしながら首を伸ばしてステージを見るのは、なかなか体力のいることだ。自分の前の席に背の高い人が座っていてステージがよく見えないなど、他人の身体が妙に気になって音楽自体にあまり集中できないといったことも起きがちである。そして近年、生活の全般にわたって、他者の身体の集合を「うざい」――出来れば回避したい――と感じる感覚は、われわれの中で昔より確実に[G]ゾウフクしてきた。

例えば生の声ではなく人工の声で歌う初音《はつね》ミクに人が惹《ひ》かれるのも、こうした生々しい身体への忌避感からであろう。プラスチック化したクリーンな身体/声の方が気楽なのである。一九六〇年代にすでに、コンサート活動を完全停止して、スタジオ録音しかしなくなったことで知られるピアニストのグレン・グールドも、このスタジオへの「ひきこもり」の理由として、コンサートに集まってくる人々の熱気への反射的な恐怖感を挙げていた。そして現代社会とはまた、不用意な身体接触に対して[H]ヨウシャない社会でもある。うかつに他者の身体に触ることを、それは許さない。[3]もうすでに身体的な自己隔離はずいぶん前から始まっていたのだ。

コロナ禍を機に合奏などもネットが主流になっていく可能性はあるし、それは歴史の必然的な[I]キケツかもしれない――こんなことを知人のイタリア女性に話した。すると彼女は急にとても悲しそうな顔になって、「そんなのは人生じゃない! 人と集まって、一緒に歌って、一緒に食べて、一緒にコンサートに行く――それがライフだ、ほかのものは全部労働(レイバー)だ、レイバーしかなくなったら人生の意味なんてない! しかるべき時が来たら、私は何が何でも集まる!」と叫んだ。

身体接触への恐怖は、コロナ禍が通り過ぎても、相当深く人の記憶に刻まれるだろう。ポスト・コロナ時代にあって、人はそれでも何とか集おうとするだろうか、それとも人に触れること自体を怖がるようになってしまうか。私は前者だと信じたい。集うのを恐れ始めたら、それはもう人間が人間ではなくなるということなのだから。

(岡田暁生《おかだあけお》「Distancing――自己隔離して聴く音楽」による)

問一、**よく出る** **基本** 二重傍線部A~Iのカタカナを漢字に改めよ。

問二、傍線部1「世界中から音楽が消えてしまった社会だ」とあるが、この「音楽」とはどのようなものか、答えよ。

問三、傍線部2とあるが、「映画やテレビドラマ」のどのような点が「演劇」と異なるのか。わかりやすく答えよ。

問四、 X ・ Y に入れるのに適当な漢字二字の言葉を、それぞれ問題文中から抜き出して答えよ。

問五、**思考力** 傍線部3「もうすでに身体的な自己隔離はずいぶん前から始まっていた」とあるが、どういうことか、答えよ。

問六、**難** **思考力** この文章で、筆者は「音楽」についてどのようなことを主張しようとしているのか。この問題文全体の主旨を踏まえて、答えよ。

二 (随筆文)内容吟味・文脈把握

次の文章を読んで、後の問いに答えよ。

昨今では、文人科学者というイメージはすっかり廃れてしまった。だいいち、漱石《そうせき》や*寺田《てらだ》の時代はもちろん、*中谷《なかや》の時代に比べても、科学者の数は格段に増えており、多様性が増している。ならば身近な存在として受け入れられているかといえば、必ずしもそうでもないようだ。科学者はむしろ、一般人から縁遠い存在になっているような気がする。

たとえば、東京大学で研究しているぼくの連れ合いが経験した逸話を紹介しよう。大学の前からタクシーに乗り、「お客さん科学者なの?」と問われて「そうだ。」と答えると、その個人タクシーの高齢男性ドライバーは「一度聞いてみたかった。」と言ってこう尋ねたという。

「四人で飯食いに行って、お新香《しんこ》が三つしかないのにいきなり食っちゃう。八人で中華料理食いに行ってエビが九つあったら二つ食っちゃう。研究者は[1]そういう人だと聞いているけどどうですか。」

わが賢妻は、「そういう人もいるけれど、一般社会と比べて有意な差はない。」と答えたとか。そのタクシードライバーがそれで納得したかどうかはともかく、この逸話は、世の中には科学者をこう見ている人がいるという有益な教訓になる。しかも、さまざまな客を乗せるタクシードライバーの証言なのだから重みがある。

科学者は自己中心的な変わり者という見方は一方的な偏見である。ただし、科学者の実像が世間からは見えないということは言えそうだ。なにしろ、日本の大学生は、七割方文系なのだ。そして、科学は難しくてよくわからない、理系の学生は根暗でオタクっぽいという固定観念がすっかり定着している。

たとえば、二〇〇四年に内閣府が一八歳以上の二〇〇〇人あまりに対して実施した「科学技術と社会に関する世論調査」を見てみよう。それによれば、「科学者や技術者は、身近な存在であり、親しみを感じるという意見についてどう思うか」という質問に対して、「そう思う」あるいは「どちらかといえばそう思う」と答えた人の割合は一六パーセントであるのに対し、「そう思わない」あるいは「あまりそう思わない」と答えた人の合計が七四パーセントにも達している。

ほかにも科学者や最先端科学をめぐるさまざまな調査が行われているが、総じて人びとは科学技術に対して、期待と不安という*アンビバレントな感情を抱いている。生活を便利にしてくれるが、暴走すれば悪にもなりうるという漠とした不安を抱いているのだ。そうしたマイナスイメージが生じる理由の一つは、科学技術を推進している人間の顔が見えないこと、もう一つは、科学技術をコントロールしているのかわからないことかもしれない。それは、科学技術者が縁遠い存在と思われていることとも通じている。

　こうした状況は日本にかぎったことではなく、先進国に共通するものである。そこで、科学を社会に浸透させ、科学技術の発展が人びとの生活をより豊かで安心できるものにするための方策をみんなで考え、2科学技術のシビリアンコントロールを実現するための、サイエンスコミュニケーションという活動理念が提唱されている。

　専門家と素人《しろうと》の間の垣根を取り払い、コーヒーやワインを飲みながら気楽に科学について語り合うサイエンスカフェなどは、そうした活動理念の中から芽生えたイベントである。そこでの目標は、とりあえず、科学のネタが日常会話の中であたりまえのように話題にされるような土壌が醸《かも》し出されればいいなというものだ。

　あるいは、科学者や技術者も、日常生活の意外なところで科学が役立っているし、科学にちょっと触れるだけでものの見方が変わりうることを、積極的に発信していく必要もある。そのためには、当然、コミュニケーション力が必要となる。

　二〇〇五年は世界物理年だった。アインシュタインが、特殊相対性理論、光量子説による光電効果の理論、ブラウン運動の理論という歴史的な三つの論文を発表した「奇跡の年」一九〇五年から一〇〇年ということで、国連で決議され、世界中でさまざまな記念行事が開かれた。その中で、イギリス、ブリストル大学の物理学者マイケル・ベリーがユニークな企画を提案した。題して「タクシードライバーのための物理学」。タクシーに乗っている間に話せる話題で、しかも物理学がいかに日常生活とかかわっているかを納得してもらえるような話を、五〇〇語以下という文字制限付きで『フィジクス・ワールド』という物理学の雑誌上で募集したのである。

（中略）

　しかしちょっと待てよとも思う。すべてのタクシードライバーがみな、科学に無関心ともかぎらないではないか。あるいは、物理学に無関心、あるいは無知なタクシードライバーに物理学のおもしろさを「教えてあげよう」と思うのは科学者の傲慢さの表れではないのか。

　たとえば、わが賢妻が体験したもう一つのタクシー・トーク。神戸のタクシーに乗り、「神戸は夜景がきれいですね。」と水を向けたところ、「色と欲が渦巻いてます。」と返された。これはいけないと、「今日は寒いですね。」と話題を転じたところ、「一〇〇万年後に来てもろたらあったかくなってます。」と□ネタが返ってきたという。さまざまなお客を乗せ、ラジオをつけっぱなしにしているタクシードライバーを侮《あなど》ってはいけない。

　ただ、この企画を思いついたマイケル・ベリー教授の父親はロンドンのタクシードライバーで、お客と話をするのが大好きだったという。しかも、ベリーがこの企画を思いついたそもそものきっかけは、空港から勤め先の大学の物理学科までタクシーに乗ったときに、「お客さんはこの物理学科の人？」と聞かれ、物理学者という人種は毎日いったいなにをしているのか、「賢い人たちに違いないのだろうけど、浮世離れしているんじゃないの。」と尋ねられたことだった。

　そこでベリーは、理論物理学が日常生活に恩恵をもたらしている例を二つ話したという。一つは音楽のCDプレーヤー。これはレーザーを利用しており、その原理はアインシュタインが一九〇五年に提唱した光量子説の応用である。もう一つ、そのタクシーに装着されていたカーナビだって、アインシュタインの相対性理論を応用しているものだから、これも一九〇五年に端を発している。すなわちどちらの装置も、アインシュタインが予想もしていなかったような形で実用化され、万人が気軽に音楽を聴《き》いたり、不案内な土地を運転できるようになったという話をしたのだという。

　いや実際には、タクシードライバーからの意表をつく質問に、しどろもどろながらなんとか答えられたというのが実情らしい。つまり、タクシードライバーに物理学の話をすると聞くと、何も知らない素人に科学の知恵を授けてやるという傲慢な態度と思われがちだが、ベリー先生の場合は、そういえば理論物理学はいったい何の役に立っているのかという自問自答を迫られたのである。彼はそこで、話のネタを共有すべく、企画コンペを提案することにしたという次第である。

　3おそらく、たいていの科学者がいちばん戸惑う「素人」からの質問は、「何の研究をしているのですか」というものだろう。

　コミュニケーション力を養うトレーニングに、「エレベーター・トーク」というものがある。これは、エレベーターの前でたまたま出会ったちょっとした知り合いから、「最近は何やってんの。」と聞かれたとして、エレベーターが来て、目的階に着いて別れるまでに自分の近況を説明する訓練である。一般には、一期一会《いちごいちえ》の機会を活《い》かして自分を売りこむためのセールストークの訓練として使われている。

　では実際にはどういう話が有効なのか。「うんまあ、ドロソフィアのヘッジホッグファミリーの研究をしているんだけどね。」などというのは愚の骨頂である。それを言うならたとえば、「昆虫の脚はどうやってできるのかを研究しているんだよ。」とまず言ってしまう。そうすれば相手は、「へえ、何それ？」と乗ってくる。そこで、「ヘッジホッグっていう遺伝子がどういうタイミングでスイッチオンされるかとか、そういうことを調べているのさ。」ともっていく。「えっ、ヘッジホッグってハリネズミのことでしょ。ハリネズミと昆虫がなんで？……」となれば、まあ成功だろう。ただ、昨今の高速エレベーターだと、相手が話に乗ってきたとしても、途中でおしまいになりかねない。

　件《くだん》の寺田寅彦は、句誌に書いた「即興的漫筆」をまとめ、一九三三（昭和八）年に『柿の種』と題した短文集を編んだ。その冒頭の短文では、日常の世界と詩歌の世界を隔てる境界を一枚のガラス板に見立て、その通路には小さな穴があるが、「始終ふたつの世界に出入りしていると、この穴はだんだん大きくなる。しかしまた、しばらく出入りしないでいると、自然にだんだん狭くなって来る。」と書いている。これは、日常の世界と科学の世界についても言えることなのではないか。

　あるいは、『柿の種』の巻頭には次のような断章がある。

棄《す》てた一粒の柿の種
生えるも生えぬも
甘いも渋いも
畑の土のよしあし

手前勝手に換言するなら、科学の種をまくだけではだめで、[4]種が育つ畑の手入れも怠ってはいけないということなのだろう。

（渡辺政隆《わたなべまさたか》『一粒の柿の種──科学と文化を語る』による）

注　＊寺田・中谷──寺田寅彦《てらだとらひこ》・中谷宇吉郎《なかやうきちろう》。寺田寅彦は、夏目漱石の弟子で物理学者。中谷宇吉郎は、寺田寅彦の弟子で物理学者。
＊アンビバレントな感情──相反する感情。

問一、傍線部1「そういう人」とあるが、これはどのような人か。問題文中から十字以内で抜き出して答えよ。

問二、傍線部2「科学技術のシビリアンコントロール」とあるが、これはどういうことか、説明せよ。

問三、問題文中の□に当てはまる言葉を自分で考えて答えよ。

問四、傍線部3とあるが、『『何の研究をしているのですか』』という質問に科学者が戸惑うのは、どのようなことが難しいからか、答えよ。

問五、思考力 問題文全体を通して何度も取り上げられる「タクシードライバー」はどのような人物として扱われているか、答えよ。

問六、難 思考力 傍線部4「種が育つ畑の手入れも怠ってはいけない」とあるが、これはどういうことか、説明せよ。

三 (古文)内容吟味

次の文章は、信濃国《しなののくに》(現在の長野県)松代藩《まつしろはん》の家老であった恩田木工《おんだもく》の事績を記したものである。よく読んで、後の問いに答えよ。

先だつて、「＊慰《なぐさ》みに致す分は＊博奕《ばくえき》にても苦しからず」と御領内の者どもへ申し触れられ候《さふら》ふ故、常々商売に致す者ども、[1]旗の揚げ時と心得、所々にて盛んに博奕繁昌《はんじやう》せしかば、おびたたしく身代《しんだい》を潰《つぶ》す者ありしかば、[2]またまた＊御触《おふれ》には、「慰みの博奕に負け、難儀に及び候ふ者は、御救ひ下され候ふあひだ、遠慮なく真直《まつすぐ》に訴へ出づべし」と、御領分中へ触れまはりしかば、所々より難儀なる者ども願ひ出で候ふにつき、御吟味の上、「誰々《たれたれ》を相手にして慰み致し候ふや。」と御尋ねこれある故、元来御免の事なれば、＊陳ずる事なく、その相手を、負け候ふ者より勝ち候ふ者どもを、いちいち申し立てしかば、木工殿《もくどの》承り、勝ち候ふ者どもへ申し渡され候ふは、「何月何日までに、右の勝金きつと返済致すべし。」と申し渡され候へば、皆々「その儀は迷惑至極に存じ奉り候ふあひだ、御免下さるべし。」と相願ひ候へば、「しからば、その方どもは博奕を商売に致し候ふや。先だつても申し渡し置き候ふ通り、商売に致す博奕は＊天下の御法度《ごはつと》なれば、相背き候ふ者これあるにおいては、きつと＊曲事《くせごと》申しつくべく候ふ。これによつて、その方どもは、定めて慰みに致し候ふことなるべし。」「[3]なるほど、慰みにつかまつり候ふ。」「しからば、商売にせし事ならば格別、慰みにして人の身代を潰させるといふことはあるまじきことなり。これによつて、[4]右勝ち候ふ者どもより、きつと返済致すべく候ふ。もし遅滞に及び候はば、きつと曲事申しつくべし。」と申し渡し候ふにつき、「[5]かしこまり奉り候ふ。」と御《お》請《う》け申し上げ、右の金子、負け候ふ者の方へ相渡し候ふ故、負け候ふ者は一文《いちもん》も損失なしに受け取り、勝ち候ふ者どもは、その席にて遣《つか》ひ捨《す》て候ふ分は不足に相成り、よんどころなく借金致し、負け候ふ者方へ相払ひ候へば、勝ち候ふ者の方が却《かへ》つて損金に相成り候へば、その後は、慰みにも博奕致し候ふ者は勿論《もちろん》、紙一枚にても賭けの勝負致し候ふ者一人もこれなく、制せずしておのづから御領分博奕止めに相成り候ふとかや。

（『日暮硯《ひぐらしすずり》』による）

注　＊慰み──娯楽。
＊博奕──賭け事。賭博《とばく》。
＊御触──藩の法令の布告。
＊陳ずる事──ごまかしをいうこと。
＊天下の御法度──幕府の禁制。
＊曲事──処罰。

問一、傍線部1「旗の揚げ時」とあるが、これはどういうことか、答えよ。

問二、傍線部2「またまた御触には」とあるが、この「御触」とはどのような内容か、答えよ。

問三、傍線部3「なるほど、慰みにつかまつり候ふ」について、次のA・Bの問いに答えよ。
A　だれが、だれに答えた言葉か。答えよ。
B　「慰みにつかまつり候ふ」と答えたのはなぜか、説明せよ。
問四、傍線部4「右勝ち候ふ者どもより、きつと返済致すべく候ふ」とあるが、「勝ち候ふ者」が「返済」しなければならないのはなぜか。理由を答えよ。

問五、傍線部5「かしこまり奉り候ふ」と答えた者はこの時どう思っていたのか。最も適当なものを次のア～オから選び、記号で答えよ。
ア　恩田木工の一定しない裁定に、戸惑いながらも従おうと思っている。
イ　恩田木工の温情ある申し渡しに、喜んで受け入れようと思っている。
ウ　恩田木工の厳しい申し渡しに、受け入れざるをえないと思っている。
エ　恩田木工の道理にかなった裁定に敬服し、受け入れようと思っている。
オ　恩田木工の理不尽な申し渡しに、受け入れを拒否しようと思っている。
問六、難 思考力 恩田木工の法令の布告はどのような点が優れているか。具体的に答えよ。

西大和学園高等学校

時間 60分　満点 100点　解答 P93　2月6日実施

出題傾向と対策

●論説文・小説文（省略）・古文の大問三題構成は変わらず。大問それぞれが内容の多岐にわたる小問から構成されていること、問題の形式も選択・空所補充・記述と多様であることも変更はない。論説文と小説文の問題文は標準的だが、古文は長文で本格的な難問が含まれる。

●解答は本文を的確に読み解けば導くことができるものが多い。選択問題は選択肢どうしを比較する解き方、記述問題は本文の記述を利用してまとめる練習が必要。古文は主語に注意して読み進める力が求められる。

〔注意〕各問題とも特に指定のない限り、句読点、記号なども一字に数えること。

一（論説文）漢字の読み書き・文脈把握・熟語・内容吟味

次の文章を読んで、あとの問いに答えよ。

今でこそ、当たり前になっているが、明治になって日本に輸入された様々な概念の中でも、「個人 individual」というのは、最初、特によくわからないものだった。その理由は、日本が近代化に遅れていたから、というより、①この概念の発想自体が、西洋文化に独特のものだったからである。

一つは、一神教であるキリスト教の信仰である。「誰も、二人の主人に仕えることは出来ない」というのがイエスの教えだった。人間には、幾つもの顔があってはならない。常にただ一つの「本当の自分」で、一なる神を信仰していなければならない。だからこそ、元々は「分けられない」という意味しかなかった individual という言葉に、「個人」という意味が生じることとなる。

もう一つは、論理学である。椅子と机があるのを思い浮かべてもらいたい。それらは、それぞれ椅子と机とに分けられる。しかし、机は机で、もうそれ以上は分けられず、椅子は椅子で分けられない。つまり、この分けられない最小単位こそが「個体」だというのが、分析好きな西洋人の基本的な考え方である。

動物というカテゴリーが、更に小さく哺乳類に分けられ、ヒトに分けられ、人種に分けられ、男女に分けられ、一人一人にまで分けられる。もうこれ以上は分けようがない、一個の肉体を備えた存在が、「個体」としての人間、つまりは「個人」だ。国家があり、都市があり、何丁目何番地の家族があり、親があり、子があり、もうそれ以上細かくは分けようがないのが、あなたという「個人」である。

逆に考えるなら、個人というものを束ねていった先に、組織があり、社会がある。こうした思考法に、②日本人は結局、どれくらい馴染んだのだろうか？

「個人」という概念は、何か大きな存在との関係を、対置して大摑《おおづか》みに捉える際には、確かに有意義だった。――社会に対して個人、つまり、国家と国民、会社と一社員、クラスと一生徒、……といった具合に。

［ I ］、私たちの日常の対人関係を緻密に見るならば、この「分けられない」、[A]首□一□した「本当の自分」という概念は、あまりに大雑把で、硬直的で、実感から乖離《かいり》している。

信仰の有無は別としても、私たちが、日常生活で向き合っているのは、一なる神ではなく、多種多様な人々である。

また、社会と個人との関係を、どれほど頭の中で[a]チュウショウ的に描いてみても、朝起きて寝るまでに現実に接するのは、会社の上司や[b]ドウリョウ、恋人やコンビニの店員など、やはり具体的な、多種多様な人々である。とりわけ、ネット時代となり、狭い均質な共同体の範囲を超えて、背景を異にする色々な人との交流が盛んになると、彼らを十把一絡《じっぱひとから》げに「社会」と括ってみてもほとんど意味がない。

私たちは、自分の個性が尊重されたいのと同じように、他者の個性も尊重しなければならない。繰り返しになるが、相手が誰であろうと、「これがありのままの私、本当の私だから！」とゴリ押ししようとすれば、ウンザリされることは目に見えている。私たちは、極自然に、相手の個性との間に調和を見出そうとし、コミュニケーション可能な人格をその都度生じさせ、その人格を現に生きている。それは[c]ゲンゼンたる事実だ。なぜなら、コミュニケーションが成立すると、単純にうれしいからである。

その複数の人格のそれぞれで、本音を語り合い、相手の言動に心を動かされ、考え込んだり、人生を変える決断を下したりしている。つまり、それら複数の人格は、すべて「本当の自分」である。

にも拘《かかわ》らず、選挙の投票（一人一票）だとか、教室での出席番号（まさしく「分けられない」整数）だとか、私たちの生活には、一なる「個人」として扱われる局面が依然として存在している。そして、自我だとか、「本当の自分」といった固定観念も染みついている。そこで、日常生きている複数の人格とは別に、どこかに中心となる「自我」が存在しているかのように考える。あるいは、結局、それらの複数の人格は表面的な「キャラ」や「仮面」に過ぎず、「本当の自分」は、その奥に存在しているのだと理解しようとする。

この矛盾のために、③私たちは思い悩み、苦しんできた。

［ II ］、どうすればよいのか。

「自我を捨てなさい」とか「無私になりなさい」とかいったことは、人生相談などでも、よく耳にする。しかし、そんな悟り澄ましたようなことを聞かされても、じゃあ、どうやって生きていけばいいのかは、わからない。自分という人間は、現に存在している。この「私」は、一体、どうなるのか？　無欲になりなさい、という意味だとするなら、出家でもするしかない。

私たちには、生きていく上での足場が必要である。その足場を、対人関係の中で、現に生じている複数の人格に置いてみよう。その中心には自我や「本当の自分」は存在していない。ただ、人格同士がリンクされ、ネットワーク化されているだけである。

不可分と思われている「個人」を分けて、その下に更に小さな単位を考える。そのために、本書では、「分人」(dividual) という造語を導入した。「分けられる」という意味だ。

しかし、自我を否定して、そんな複数の人格だけで、どうやって生きていけるのか？

尤《もっと》もな疑問である。そこで、ここからは、どうすればそれが可能なのかを、順を追って、dテイネイに見ていきたい。

［Ⅲ］、イメージをつかんでもらいたい。

一人の人間の中には、複数の分人が存在している。両親との分人、恋人との分人、親友との分人、職場での分人、……あなたという人間は、これらの分人の集合体である。

個人を整数の1だとすると、分人は分数だ。人によって対人関係の数はちがうので、分母は様々である。そして、ここが重要なのだが、相手との関係によって分子も変わってくる。

関係の深い相手との分人は大きく、関係の浅い相手との分人は小さい。すべての分人を足すと1になる、と、ひとまずは考えてもらいたい。

分人のネットワークには、中心が存在しない。なぜか？分人は、自分で勝手に生み出す人格ではなく、常に、環境や対人関係の中で形成されるからだ。私たちの生きている世界に、唯一絶対の場所がないように、分人も、一人一人の人間が独自の構成比率で抱えている。そして、そのスイッチングは、中心の司令塔が意識的に行っているのではなく、相手次第でオートマチックになされている。街中で、友達にバッタリ出会して、「おお！」と声を上げる時、私たちは、無意識にその人との分人になる。「本当の自分」が、慌てて意識的に、仮面をかぶったり、キャラを演じたりするわけではない。感情を隅々までコントロールすることなど不可能である。

④分人をベースに自分を考えるということと、単に「自我を捨てる」ということとはどこが違うのか？

私たちは、生きていく上で、継続性をもって特定の人と関わっていかなければならない。

そのためには、誰かと会う度に、まったく新しい自分であることはできない。出社する度に、自己紹介から始めて、一から関係を結び直すという、バカげた話はない。

私たちは、朝、日が昇って、夕方、日が沈む、という反復的なサイクルを生きながら、身の回りの他者とも、反復的なコミュニケーションを重ねている。

人格とは、その反復を通じて形成される一種のパターンである。

この人とは、こういう態度で、こういう喋り方をすると、コミュニケーションが成功する。それに、eフズイして、B□怒□楽様々な感情が自分の中で湧き起こる。会う回数が増えれば増えるほど、パターンの精度は上がってゆく。また、親密さが増せば増すほど、パターンはより複雑なコミュニケーションにも対応可能な広がりを持つ。それが、関係する人間の数だけ、分人として備わっているのが人間である。

［Ⅳ］、他者とは必ずしも生身の人間でなくてもかまわない。ネット上でのみ交流する相手でもかまわないし、自分の大好きな文学・音楽・絵画でもかまわない。あるいは、ペットの犬や猫でも、私たちは、コミュニケーションのための一つの分人を所有しうるのだ。

（平野　啓一郎『私とは何か』による）

問一、二重傍線部a～eのカタカナを漢字に直せ。楷書で丁寧に書くこと。

問二、空欄［Ⅰ］～［Ⅳ］にあてはまる最も適当なものを、次の中からそれぞれ一つずつ選び、記号で答えよ。同じ記号は一度しか使えない。

ア、まず　イ、たとえば　ウ、また
エ、ならば　オ、ところが

問三、点線部A、Bの空欄に適切な漢字を一字ずつ入れて、四字熟語を完成させよ。

問四、傍線部①「この概念の発想自体が、西洋文化に独特のものだった」とあるが、「この概念」は「西洋」のどのような姿勢から生まれたのか。その説明として最も適当なものを、次の中から一つ選び、記号で答えよ。

ア、宗教的観点では、一なる神を信仰するために自分を高めていく必要があると考え、また論理学的観点では、個人という単位から社会を捉えようとする姿勢。

イ、宗教的観点では、一なる神を信仰するために本当の自分を作る必要があると考え、また論理学的観点では、物を永遠に小さい単位分まで分析して考えようとする姿勢。

ウ、宗教的観点では、一なる神に対峙《たいじ》するのは唯一の真なる自分であると考え、また論理学的観点では、物を可能な限り小さい単位まで分析して考えようとする姿勢。

エ、宗教的観点では、一なる神に対峙するのは真なる顔を持つ自分であると考え、また論理学的観点では、物事をできるだけ大きな枠組みから出発して考えようとする姿勢。

オ、宗教的観点では、一なる神に対峙するのは普段と異なる自分であると考え、また論理学的観点では、椅子と机を別個に分け、それぞれを最小単位だと考えようとする姿勢。

問五、思考力 傍線部②「日本人は結局、どれくらい馴染んだのだろうか」とあるが、「本当の自分」という考え方に日本人が馴染めなかったのはなぜか。五十字以内で説明せよ。

問六、傍線部③「私たちは思い悩み、苦しんできた」とあるが、なぜか。その説明として最も適当なものを、次の中から一つ選び、記号で答えよ。

ア、私たちは、複数の人格を有しているのに、唯一の本当の自分という固定観念に囚われてしまっているから。

イ、私たちは、本当の自分が存在するはずなのに、相手ごとに表面的な「キャラ」を作る必要があるから。

ウ、私たちは、多種多様な人とかかわるのに、唯一の本当の自分という軸を持って接する必要があるから。

エ、私たちは、本音を語り、相手から信用されるために、常に唯一の本当の自分になることを求められるから。

オ、私たちは、中心となる自我を意識するあまり、人に本当の自分を表現することができなくなっているから。

問七、思考力 傍線部④「分人をベースに自分を考えるということと、単に『自我を捨てる』ということとはどこが違うのか」とあるが、これについて次の各問いに答えよ。

（1）「自我を捨てる」とは、どのようであることか。それが説明されている箇所を二十二字で抜き出し、初めと終わりの三字を答えよ。

（2）「分人をベースに自分を考える」とは、どうすることか。六十字以内で説明せよ。

二（省略）辻村深月「世界で一番美しい宝石」より

三（古文）動作主・口語訳・内容吟味

内の大臣（『殿・大臣・大殿』も同じ。）の妻である西院の上（二人の男子『中将・侍従』と、一人の女子『姫君』の母。）は、体調を崩したので、今後の子どもたちのことを気がかりに思っている。次の文章を読んで、あとの問いに答えよ。

内の大臣の西院の上、この春の頃よりなにとなくわづらひ給へば、例の御事にやと思すに、さもなく、Aおどろおどろしくは見え給はぬものから、いつとなく世を心細げに思して、うち泣きなどし給ふを、殿はいかに思しなるにかとあやしう静心なく思されて、①御祈りなど始め給へど、はかばかしき験《しるし》も見え給はず、同じさまにのみ物（注1）などもつゆ見入れ給はず程経るをかなしう嘆く。前斎宮（注2）に、姫君の御事を御心地の隙（注3）にはこまやかに書き続けきこえさせ給ふを、いかなるべき御心にかといとあはれに思さる。何事も御心広きやうにて、はらから（注4）などもあまたおはせぬに、限りなく思ひ交はし給へば、御訪ひなども隙なくこまやかにⅠ思しやるを、内の大臣はありがたうもとかしこまり申し給ふ。

かくて秋も過ぎぬ。弱りゆく虫の声々も②わが身の上と思さる。紅葉を誘ふ木枯らしも殊に身にしむ心地して、この度ばかりやと思さるるままに、姫君をつゆも傍《かたは》ら去らずもてなし給ふ。このほどとなりては御命もむげに弱々しくなりまさり給ふ。つねはⅡ消え入りのみし給ふを、大臣は悲しう（注5）思ひきこえ給ふ。③いかにして前斎宮にいま一度対面し奉らんと思しけるをもり聞き給ひて、いと悲しう思せば、忍びてⅢ渡り給へるを、限りなく嬉しと思したるさまあはれなり。ありしにもあらず影のやうにて臥し給へるを見給ふに御心も惑ふばかりにて、今までおぼつかなくて過ぐしてけるよと限りなく思さる。いとたゆげにあるかなきかの御様ながらも、君達のことをいとうしろめたげにのたまひていみじく泣い給ふ中にも、

「中将・侍従などは男に侍れば、心やすきかたも交じり侍る。姫君のいまだいはけなきほどを、④かひなき我さへ行き隠れ侍りなんこと、いと悲しくうしろめたく侍る。大殿もただ今はおろかならずものし給へど、男はこまかならぬものなれば、いかやうにかさすらへんと思ひ侍るなん、限りあらん道にもやすかるまじき心地ぞし侍る。御心ざしのほど思ひ知りて侍れば、さりとも、はかなきさまには御覧じ放ち給はじ。行く末変はらずはぐくませ給へ」

など、さまざまに頼みきこえて、いと弱げに言ひもやらず泣い給ふ。かくのたまひ続くるを聞き給ふにおろかに思されんやは。互に涙にくらされ給ひながら、

「⑤姫君の御事はゆめゆめうしろめたくな思ひきこえ給ひそ。いかでかつゆおろかに侍るべき。分くかたなくこの年頃頼もしきかたにも思ひ侍りつるを、うち捨ててたちまちに先立ち給はんことといと悲しく」

とてBせきかね給へるに、いといたく更けぬれば、

「今はとく帰り給ひね」

とのたまひながら、

「またいつかは」

と思すに心細く悲しくて、ひき留めきこえ給へば、帰り給ふべき心地もし給はねど、明け方になりぬれば乗り給ふ。

（『苔の衣』による）

（注1）物などもつゆ見入れ給はず程経る…「食事などにも全く見向きもなさらない状態で時が経ってゆく」ということ。

（注2）前斎宮…「西院の上」の姉。

（注3）御心地の隙にはこまやかに書き続けきこえさせ給ふ…「ご気分がましな時にはひまを見つけてこまごまと書き続けてお願い申し上げなさる」ということ。

（注4）はらからなどもあまたおはせぬに、限りなく思ひ交はし給へば…「ご兄弟なども多くはいらっしゃらないので、西院の上は、前斎宮とお互いにとても親密にしていらっしゃるので」ということ。

（注5）悲しう思ひきこえ給ふ…「悲しく思い申し上げなさる」ということ。

問一、点線部Ⅰ「思しやる」、点線部Ⅱ「消え入りのみし給ふ」、点線部Ⅲ「渡り給へる」の主体（主語）は誰か、次の中から最も適当なものをそれぞれ一つずつ選び、記号で答えよ。その際、同じ記号を何度使ってもよい。

ア、内の大臣　イ、西院の上　ウ、前斎宮
エ、姫君　オ、中将・侍従

問二、二重傍線部A「おどろおどろしくは見え給はぬものから」、二重傍線部B「せきかね給へる」とあるが、それらのことばの本文中の意味として最も適当なものを次の中からそれぞれ一つずつ選び、記号で答えよ。

A「おどろおどろしくは見え給はぬものから」
ア、西院の上はとても機嫌が悪くお見受けされたのに
イ、西院の上はとても重い症状にお見受けされたのに
ウ、西院の上はそれ程不機嫌にはお見受けされないが
エ、西院の上は特に重い症状にはお見受けされないが
オ、西院の上は特に軽い症状にはお見受けされないが

B「せきかね給へる」
ア、前斎宮は御せきをこらえていらっしゃる
イ、前斎宮は御叱責をしかねていらっしゃる
ウ、前斎宮は涙をおさえかねていらっしゃる
エ、前斎宮は顔を少し赤らめていらっしゃる
オ、前斎宮は席につこうとしていらっしゃる

問三、傍線部①「御祈りなど始め給へど、はかばかしき験も見え給はず」とはどういうことか。最も適当なものを次の中から一つ選び、記号で答えよ。

ア、病気を治すため加持祈祷を始めたので、少しずつ西院の上の病気は快復したということ。
イ、病気を治すため加持祈祷を始めたが、西院の上の病気はよくはならなかったということ。

ウ、病気を治すため加持祈祷を始めたが、西院の上の気持ちは病気以外に移ったということ。
エ、仏道修行としてのお祈りを始めたが、西院の上が帰《き》依《え》することは許されないということ。
オ、仏道修行としてのお祈りを始めたので、観音菩薩が夢に現われなさるはずだということ。

問四、傍線部②「わが身の上と思さる（ご自分の身の上のような気がなさる）」とあるが、西院の上はどのように思っているということか。三十五字以内で説明せよ。

問五、**難** 傍線部③「いかにして前斎宮にいま一度対面し奉らん」とあるが、西院の上が前斎宮になんとしてでももう一度会いたいと思っているのはなぜか。「…ため。」に続くように、十字以内で説明せよ。

問六、傍線部④「かひなき我さへ行き隠れ侍りなんこと、いと悲しくうしろめたく侍る」とあるが、どういうことか。最も適当なものを次の中から一つ選び、記号で答えよ。ちなみに「さへ」は「〜までも」と訳をする「添加」の意味を表す副助詞である。
ア、西院の上は、自分でさえ生きていくのが困難なこの世の中で幼い姫君が生きていくことはできないと姫君の死を確信したということ。
イ、西院の上は、姫君が幼く非力である上に、守ってやれなくなるかもしれないと考え、姫君のことを気がかりに思っているということ。
ウ、非力な姫君がひとりで生きていけるように教育を施した西院の上は、しっかりと育った姫君のことを頼もしく思っているということ。
エ、西院の上は、男兄弟と一緒に育てたことで力強く育った姫君に対し何もしてやれることはないと感じ、悲しく思っているということ。
オ、西院の上は、生き生きとした姫君を目の当たりにすることで、老い先短い自分の運命をはかなく感じ、悲しく思っているということ。

問七、傍線部⑤「姫君の御事はゆめゆめうしろめたくな思ひきこえ給ひそ」を口語訳せよ。

問八、**難** 二段落目の内容としてふさわしくないものを一つ選び、記号で答えよ。
ア、生気のない姿で臥せっている西院の上を見て、前斎宮はもっと早く来ればよかったとひどく嘆いた。
イ、息子の中将や侍従は男なので、自分が死んでも何とでもなるだろうと西院の上は気楽に考えている。
ウ、今は夫が姫君を大切にしてくれているが、自分亡き後どのようになるかと西院の上は心配している。
エ、西院の上の言葉に心を打たれ、前斎宮は何とか不安を取り除いてやろうと西院の上に言葉をかけた。
オ、今生の別れになることはないと分かり、また夜も明けはじめたので西院の上は仕方なく車に乗った。

法政大学国際高等学校

時間	満点	解答	
50分	100点	P95	2月12日実施

出題傾向と対策

●漢字の読み書き、論説文、随筆文（省略）の大問三題構成。古典は例年出題されていない。論説文、随筆文ともに文章が長く、レベルが高い。例年どおり選択問題が中心だが、難しい設問もいくつかある。言語知識がないと解けない問題が多いのも特徴である。

●問題文が長く、やや難解なので、過去問などを利用して短時間で要旨を読み取る練習が必要である。漢字や言語知識、内容把握や心情把握などの問題演習を積んで、高い国語力を身につけておく。

一 漢字の読み書き　よく出る

次のA・Bの問に答えなさい。　（計10点）

A、次の①〜⑤の各文中の――線をつけた漢字の読み方を、ひらがなで書きなさい。　（各1点）
①決勝戦で惜敗した。
②前途を嘱望される。
③薄氷を踏む思い。
④気分を損ねる。
⑤心情を吐露する。

B、次の⑥〜⑩の各文中のカタカナを漢字で書きなさい。　（各1点）
⑥書類がサンランしている。
⑦経営フシンにあえぐ。
⑧犯罪組織を一網ダジンにする。
⑨現代社会へのケイショウ。
⑩夜空に星がマタタく。

【三】（論説文）漢字知識・文脈把握・内容吟味　（計49点）

次の文を読んで、後の問に答えなさい。

「義理と人情」ということばは、われわれが日常A自明のこととして使っていることばである。しかし、その厳密な意味を探ろうとすると、これほど厄介《やっかい》なことばもまた少ない。常識的に考えると、義理とは義務であり、公的世界にかかわる人倫《じんりん》[注1]である。それにたいして人情は、人間の欲望や感情の自然なはたらきであって、私的世界にかかわるものである。すなわち「義理と人情」という対概念を、同じ意味の異なった対概念に置き換えると「公と私」ということになる。

ごく大まかに事をすませようとする人には、Bこれでよいのかもしれない。【　i　】、われわれが「義理と人情の板ばさみ」などと言うとき、社会的責務と、自己の人間性にもとづく要求や情緒との葛藤《かっとう》に悩むわれわれの心的状態を示すことがかなりにあるのである。

【　ii　】、問題はそれですむのだろうか。もしそうであれば、「義理と人情」の対立や葛藤ということは人類に普遍《ふへん》的な現象であって、事新しく問題とするにはあたらない。しかし、義理・人情の問題を簡単に人類的・普遍的現象とみなすわけにはいかない。まず第一に義理が公に相当するとしても、日本の公ということばは、西洋でいう公共(public)とは意味がちがう。さらにまた、われわれは「義理と人情」とを対立させて使っている一方、「あの男は義理人情を解する男だ」とか、「近ごろの若い者は義理人情を解さなくなった」などというように、義理・人情をわかちがたい同性質の一組の概念として使っている。こうなると、「義理と人情」を簡単に「公と私」というように［　C　］するわけにはいかない。

義理は、西洋でいうような「義務」と全面的に一致するものではない。【　iii　】「お義理でする」などと言うときには、一種の社会的制裁があるために厭々《いやいや》すること、ベネディクト[注2]流にいえば「不本意ながらもそれに従わねばならぬもの」を意味する。このとき義理は、われわれの心とは無関係な外的な社会的制裁力や拘束《こうそく》力をもつ社会的規範《きはん》や習俗《しゅうぞく》を意味する。

しかし他方、義理は、われわれのD情的なパーソナルな人間関係において成立する人倫という意味合いをももっている。この人間関係からは、親子や夫婦や恋人同士のような特定の親密な関係は除かれねばならないが、［　E　］人間関係とは異なる情的なパーソナルな人間関係をつなぐ精神的紐帯《ちゅうたい》[注3]という意味で、義理ということばを今日でも使っているのである。たとえばわれわれが、友人や自分を信頼してくれている人びとのことを思い浮かべながら、「Aにたいして義理が悪いから」と言って、あることをしたり、しなかったりするばあいのごときが、それである。義理がこのような意味で使われるとき、義理と人情とは公と私というように対立したものではなく、「義理人情」は一組のものとして使われ、情的でパーソナルな人間関係に成立する一種の人倫、心のありかたを意味する。このばあい、義理と人情とはともにある温かい、ウェットな性格をもった人間関係に根ざした心情道徳、ということになる。

この二つは今日の義理の二つの相反した極における用法であるが、いずれにしても、義理は個人の傾向性[注4]に反した義務とか、道徳的格律[注5]とか、社会的責務という性格をもっていない。「傾向性—義務」が西欧《せいおう》社会の内面道徳の軸であるとすれば、「権利—義務」ということもやはり西欧社会の他の軸、すなわち外的社会規範の軸であろうが、情的でパーソナルな人間関係において成立する「義理—人情」はそれとも異なる。だとすれば、われわれは「義理と人情」を、西欧的な意味での「公と私」とに置きかえる試みを放棄《ほうき》しなければならない。

では義理とは何だろう。今まで見てきた義理の今日的用法から判断すれば、義理には「冷たい義理」と「温かい義理」の二種類がありそうだ。冷たい義理というのは、われわれがいわゆる「お義理でする」ばあいの義理——われわれの主観的気持にそくしていえば、「する」というより、むしろ「させられる」と言ったほうがぴったりする——のことである。すなわち、われわれの心に、あるやりきれなさを感じさせる制裁力や拘束力をもつ社会規範や習俗という意味の義理がこれにあたる。F義理自身の冷たさとともに、義理的行為をするわれわれの心の冷たさもそこにある。温かい義理というのは、情的でパーソナルな人間関係において成立する心情道徳、われわれの内的規範、という意味での義理である。おそらくわれわれの生活の中に機能している義理の大半は、この二つの義理の世界にまたがって、明瞭《めいりょう》な輪郭《りんかく》[注6]をもたないもやもやしたものであろうが、われわれが義理の性格をはっきりさせようと思うならば、このような二つのタイプの義理に分類することが、大切な作業だと思う。

しかしなぜ義理という一つのことばにこうした相反した意味が含まれているのだろうか。この問題に答えるためには、義理とは何か、ということをもう一度考え直してみなければならない。

私は、義理についてこう考えている。義理とは、もともとわれわれが親子とか夫婦とか恋人同士とかの特定の親密な関係（このばあい、自と他とのあいだに障壁《しょうへき》を感じないことが重要な条件である。この障壁を感じ始めたら、親子の関係にも夫婦の関係にも、義理の風がはいりこむ）以外の他の人から何らかの好意をうけたばあい、これにたいして応え、なんらかの仕方で返しをしようという人間の自然な感情に由来している。しかしこれだけではまだ十分ではない。この好意を与えた人、受けた人はおたがいに顔を知っている狭いサークル（共同体）に所属している。このサークルの人びとは、好意を受けた人が与えた人にその返しをすることを期待し、好意に応え、返しをするか否かによって、その一員として認めるかどうか、ということを判定する。こうした人類に普遍的な社会現象が、たんにその場かぎりのものに終わらず、一つの習俗として、その社会の生活規範になったものが義理なのである。

このように義理という生活規範には、好意を与えた人と好意を受けた人とのあいだの人間関係が長期にわたって存続すること、さらに彼らの所属する社会が［　G　］であることが、その成立の基本条件である。

ところでこのさい、好意を与えた人と好意を受けた人の関係も時には親しく、時にはうとましくなる。また好意を返そうと思う人とそれを見守る社会の関係も、情的な紐帯でつながれたり、それが切れて、外的強制によるつながりになったりする。[H]われわれの生活の場で経験する義理は、相反した性格の、温かい義理と冷たい義理なのである。

　このように、義理は一見相反した性格をもっている。義理が、外国人にとってはもちろん、われわれ日本人にとってわかりにくいのも、また義理という観念が同一人間に拒絶反応をおこさせたり、好意反応をおこさせたりするのも、義理のもつ、このあいまいな自己矛盾的性格によることが多い。しかし、この二つの相反した性格をもつ義理に一つの[I]性がある。それは、この義理が、だれかへの義理、何物かへの義理であって、そうした関係を超えた普遍的格律ではない、ということだ。友人や仲間への義理、知人への義理、主君への義理、恩人への義理、隣り近所への義理、取り引き関係への義理、組合への義理、――義理の現象形態は無数にあるが、それはわれわれのだれかへの義理、何物かへの義理、という基本性格をもっている。すなわち[J]義理は、普遍主義（universalism）の立場に立つ倫理ではなく、個別主義（particularism）の立場に立つ倫理である。このようなタイプの倫理がなぜ成立したか。それは、われわれの社会が個別主義的社会であったからにほかならない。今この問題に深入りすることは避《さ》けよう。ここではさしあたって、義理が、関係において成立する倫理、規範であることを指摘《してき》しておけばよい。

　われわれのいう人情にもこれに似た性格がある。さきにしるしたように、人情というとわれわれはふつう、ある普遍的な人間性を考える。そしてこの普遍的な人間性に根ざした欲望や感情の自然なはたらきを人情と考えている。人情に国境なし、とよくいわれるように、人情が基本的にこのような性格をもつことは否定できない。しかし、われわれが義理・人情というときの人情には、それとは異なったニュアンスが含まれているのではなかろうか。他にたいする思いやりとか共感の念を、われわれは人情ということばで呼んで、人間としてのさまざまの欲望とは異なるニュアンスをそこにもたせているようである。もしこうした意味の人情ということばを英訳すれば、human nature と訳すよりも、sympathy とか empathy とか訳した方がぴったりくることが多いのである。

　こうしてみると、義理も人情もともに個別主義的性格の社会や文化の産物であることが推察される。われわれがだれかとの、そして何ものかとの関係を重要視し、これとの関係を積極的にもしくは消極的に維持《いじ》強化しようとするとき、その関係の規範的側面が義理であり、心情のはたらきの面が人情である。そしてこの関係が好ましいときに、義理は温かい義理となり、[K]義理と人情の区別は厳密にはつかなくなる。なぜなら、このとき義理は規範とはいっても、心情の倫理なのだから。しかし、このだれかとの関係が好ましくないが、われわれが生きていくためにやむを得ずこの関係を維持しようとするとき、義理は冷たい義理となり、義理と人情は対立するのである。義理はこのとき、われわれにとってよそよそしい、外的拘束力であり、外的規範である。そして人情はそれに対応して、他者との共感的関係を閉じて、[L]自己の欲望の主張を始めようとする。もしくは生きる条件がもっときびしいときには、注7擬制《ぎせい》された共感関係を[M]しようと努力するのである。

（源《みなもと》　了圓《りょうえん》『義理と人情』より）

注1　人倫　人間としてとるべき態度。
注2　ベネディクト　一八八七年～一九四八年。アメリカ合衆国出身の文化人類学者。
注3　紐帯　人と人とを結びつける大切なもの。
注4　傾向性　人の性質の傾向。性格的な特徴。
注5　格律　世間で広く認められている行為の基準。
注6　輪廓　「輪郭」と同じ意。
注7　擬制　ここでは、本質は違っているのに見せかけだけでとりつくろうこと。

問1、――線部A「自明」と同じ意味で「自」が使われている熟語を次の中から一つ選び、番号で答えなさい。（2点）
1、自賛　2、自炊《じすい》　3、自動　4、自治

問2、――線部Bの「これ」は何をさすか。もっとも適当なものを次の中から選び、番号で答えなさい。（3点）
1、「義理と人情」と「公と私」とが概念上対立するものとして置かれること。
2、「義理」と「人情」を対義語として当たり前のように使うこと。
3、「義理と人情」を慣用句として扱い、厳密な意味を考えないこと。
4、「公と私」を「義理と人情」と同じ意味の対概念とすること。

問3、よく出る【 ⅰ 】～【 ⅲ 】に入るもっとも適当な語を次の中からそれぞれ選び、番号で答えなさい（一つの選択肢は一度しか使えません）。（各2点）
1、しかし　2、すると
3、たしかに　4、たとえば

問4、[C]に入る語としてもっとも適当なものを次の中から選び、番号で答えなさい。（2点）
1、規格化　2、一般化
3、矮小化《わいしょうか》　4、相対化

問5、――線部Dは具体的にどのような行動としてあらわれるか。その例としてもっとも適当なものを次の中から選び、番号で答えなさい。（2点）
1、もう何年も会っていないが、小学校時代の恩師には毎年年賀状を出している。
2、駅までの道がわからず困っている老人に出会ったので、一緒に駅まで行くことにした。
3、町内会のきまりで月に一度は公園の掃除当番をやっている。
4、優勝に向けて団結力を高めるため、クラス全員でおそろいのTシャツを買うことになった。

問6、[E]に入る語としてもっとも適当なものを次の中から選び、番号で答えなさい。（2点）
1、ずうずうしい　2、なれなれしい
3、とげとげしい　4、よそよそしい

問7、難 ――線部Fとあるが、そこに「冷たさ」があるのはなぜか。もっとも適当なものを次の中から選び、番号で答えなさい。（3点）
1、その行為は健全な社会の一員としての責任を全うするために行われるものであるから。

2、その行為は他者との関係性とは無縁な個人の信条に基づいてなされるものであるから。
3、その行為はもっぱら社会との関係で自分が不利益を被らないためになされるものであるから。
4、その行為は他者に対する配慮《はいりょ》よりも自身の利益を優先して行われるものであるから。

問8、[G]に入るもっとも適当なものを次の中から選び、番号で答えなさい。　(2点)
1、秩序《ちつじょ》を重視する社会　2、規範意識が薄い社会
3、閉鎖《へいさ》的な共同体　4、拘束力が弱い共同体

問9、――線部Hとあるが、筆者はこうした規範意識が日本社会のどのような特徴を土台にして発生したと捉《とら》えているか。それを示す八文字以内の語句をこの箇所の次の段落中から見いだし、次の形に合うように答えなさい。　(3点)
日本社会が[　　　　]であったから。

問10、[I]に入る適切な漢字二字の熟語を、次の語群から組み合わせて答えなさい。　(3点)
語群【同・通・協・異・共・特】

問11、――線部Jは、ここではどういうことを言っているのか。もっとも適当なものを次の中から選び、番号で答えなさい。　(3点)
1、「義理」とはどんな条件下でも発生する規範ではなく、ある特定の条件が偶然にも整った時に確認される約束事であるということ。
2、「義理」は誰もが想像できる概念ではなく、特定の経験を持つ者がその経験を通じて初めて理解のできるものであるということ。
3、「義理」は人間を平等に捉えようとする人には無縁のもので、偏見を持って人を仕分けるような人に生じる見方であるということ。
4、「義理」とは特定の関係の中で生じるものであって、関係性を持たない者同士の間にこれが発生することはないということ。

問12、――線部Kとあるが、それはなぜか。その根本的な理由としてもっとも適当なものを次の中から選び、番号で答えなさい。　(3点)
1、「人情」も外的強制力の支配から無縁ではないから。
2、「義理」も情的な紐帯でつながれているから。
3、「義理」が情的な拒絶反応を生じさせる原因にもなるから。
4、「人情」の自己矛盾的な性格が自己抑制へと傾くから。

問13、難 ――線部Lとあるが、それはなぜか。もっとも適当なものを次の中から選び、番号で答えなさい。　(3点)
1、自己の個別性を守ろうとする思いに駆《か》られるため。
2、他者を攻撃することで自己を守ろうとするため。
3、もともと外的拘束力を疎ましく感じていたため。
4、共同体の倫理崩壊《ほうかい》を暴露したい衝動に駆られるため。

問14、難 思考力 [M]に入るもっとも適当な語を次の中から選び、番号で答えなさい。　(2点)
1、拒絶　2、維持　3、強制　4、推察

問15、次の1～5の説明のうち、本文の内容に合っているものには○を、合っていないものには×を、それぞれ答えなさい。(全て○、全て×の解答は不可)　(各2点)
1、「義理と人情」の対立や葛藤は、人類にとって普遍的な現象であって、事新しく問題とするにはあたらない。
2、「義理」の自己矛盾的性格とは、その観念が同一の人間に拒絶反応を起こさせたり、好意反応を起こさせたりすることから由来する。
3、「人情」とは、もっぱら普遍的な人間性に根ざした欲望や感情の自然なはたらきをいう。
4、「人情」が個別主義的な性格をもつのは、それが関係において成立する倫理、外的規範であるからにほかならない。
5、「義理」や「人情」は、その対象となる人との関係性の良し悪しによって、「温かい」あるいは「冷たい」性質を帯びる。

三 (省略)小池昌代「抱擁」より　(計41点)

明治大学付属中野高等学校

時間	満点	解答
50分	100点	P95

2月12日実施

出題傾向と対策

●大問四題構成で、一が長文の論説文なのは例年どおり。国語知識、空所補充、抜き出し、内容に関する記述など、設問が多岐にわたり、二十問と数が多いことも同様。記述は本文の語句を用いて形を整える形式である。二～四は熟語知識を問うものと漢字の読み書きが出題された。

●論説文の難易度は普通程度だが、長文のうえ、設問が多いので読む速度が要求される。本文を読みながら解答していく練習が必要である。漢字は日常で使わない語彙からも出題されているので、しっかり準備しておくこと。

一 (論説文)文脈把握・文・内容吟味・語句の意味・熟語

次の文章は、園池公毅『植物の形には意味がある』の最後の第10章です。本文中、前の章に言及している箇所がありますが、読解・解答には影響がありません。以下の本文を読んで、後の問いに答えなさい。(字数指定がある問いでは、句読点・記号なども一字として数えます。)

本章では、最後のまとめとして、植物の形の多様性を生み出す生物と環境とのかかわりについて考えてみることにします。

一口に環境といっても、植物を支える[X]の機能が直接かかわる要因だけでも、光や二酸化炭素、水、風などさまざまなものがあることをこれまで見てきました。そして、植物にとって[X]がどれだけ大事だったとしても、その植物がその環境で繁栄しつづけられるかどうかは、[X]だけでは決まりません。生命の進化を考えると、①最終的には植物が子孫をどれだけ残せるかという一点から評価されることになります。光合成ができなければ、普通の植物は子孫を残せませんが、逆にいくら光合成ができ

ても、子孫をつくれなければ1代でおしまいです。

　数多くの環境要因に対する植物の応答の仕方が、どれだけ子孫を残せるかという一点によって評価されるのは、ちょうど、学校で多くの科目の試験があるけれども、それらの総合点で進学や留年が決まるのといっしょです。さて、そこで、小学校のころを思い出していただきたいのですが、クラスにはたいてい○○博士というのがいて、昆虫なり、電車なり、特定のことについてならこの子に聞けばわかるという子供がいたのではないかと思います。そのような子供は、特定の狭い範囲についてはいわばスペシャリストですが、その範囲を外れると、必ずしも知識が豊富なわけではありません。専門家タイプといってよいでしょう。一方で、特に何かに深い洞察を示すわけではないけれども、何事もそれなりにこなす万能タイプの子供も当然います。

　生物の環境に対する応答についても、同様に②専門家タイプと万能タイプが見られます。第1章で議論したサボテンなどは、さしずめ専門家タイプの横綱でしょう。砂漠のような極度に乾燥した環境では、その専門家としての技量が③遺憾なく発揮されますが、日本のように普通に雨の降る環境では、逆に④普通の植物に圧倒されて、生きていくことができません。一部の高山植物なども専門家として捉えることができるでしょう。何を好き好んで高山の厳しい環境に生きているのだろうと思うかもしれませんが、下界で⑤［Ⅰ］象［Ⅱ］象とくだらない競争を繰り広げるよりは、高山の厳しい環境に特化して専門家として孤高を生きるほうが楽なのかもしれません。

　［A］、「雑草」といわれる植物は、どちらかというと万能タイプでしょう。ある程度環境が違っても、そこそこ生きていくことができるので、あちらこちらで目にします。［B］、ここでいう「万能」は、「すべての条件で一番である」という意味ではないことに注意する必要があります。実際には「広い範囲の条件でそこそこである」という意味です。そもそもすべての条件で一番であったら、その植物が全世界を覆い尽くしてしまうでしょう。［C］、万能タイプの植物は、特定の環境においては、その環境に特化した専門家タイプの植物に負けてしまいます。これが植物の多様性を生み出すひとつの要因となっています。

　例えば、タンポポと高山植物のコマクサをさまざまな環境条件で栽培した場合、コマクサは、⑥特定の環境条件以外では生きていけないのに対して、タンポポは比較的広い範囲の環境条件で生きていけるでしょう。しかし、高山にコマクサとタンポポを並べて植えれば、必ずコマクサが生き残るでしょう。専門領域においては人より優れているからこそ、専門家といえるわけです。

　そうすると、⑦場合によって面白い現象が見られます。アカマツはどちらかといえば万能タイプで、さまざまな環境に侵入することができます。ところが、実際にアカマツが生えている場所は、土地が痩せているなど、他の植物から見るとあまり食指が動かない場所が多いのです。ただし、これはアカマツが痩せた土壌に特化した専門家であるということではありません。実際には、アカマツを単独で植えれば、痩せた土地よりも肥えた土地でよりよく生育します。しかし、肥えた土地では、そこに特化した専門家との競争に負けるので、痩せた土地でも肥えた土地でも生育できる万能タイプのアカマツが、実際には痩せた土地に見られるようになるのです。

　では、さまざまな要因の組み合わせで決まる環境において、それぞれの要因に対して別々の反応の仕方をする植物のうち、どの植物が生き残るかは、どのようにして決まるのでしょうか。

　まず、簡単な例で考えてみましょう。例によって砂漠を考えてみます。砂漠に生きる植物にとって重要なのは、どれだけ乾燥に耐えられるかという乾燥耐性です。もちろん、乾燥耐性が同じなら、「強い光を有効に利用できる」「高温に強い」「夜昼の温度差が大きくても平気」といった別の要因で優劣が決まることもあるかもしれません。しかし、砂漠においては、乾燥耐性に少しでも差があれば、それによって生き残れるかどうかがほぼ決まってしまいますから、おそらくは植物の性質で評価されるのは乾燥耐性に絞られるでしょう。その場合、学校の成績を数学のテストだけで決めるようなものですから、おそらく特定の専門家タイプの植物が他の植物を大きく引き離して有利になるでしょう。⑧砂漠の植生が単調であって、少数の種類の植物によって占められている理由はこのあたりにありそうです。

　一方で、より極端ではない環境ではどうでしょうか。その場合には、光や温度、水などさまざまな要因が絡み合いますから、⑨ひとつの特別な要因によって生存が決まるということはないでしょう。つまり、先ほどの学校の例でいえば、すべての教科の試験の総合点で評価される場合に相当します。ただ、試験の総合点といっても、全科目の平均をとるのか、それとも主要教科に重みをつけるのか、さらには日ごろの平常点を考慮するのか、一筋縄ではいきません。同様に、どの環境要因が重視されるかは一概にはわかりませんし、さらにそれらの要因は季節とともに変化していくことも考えられますから、単にひとつの時点で、その環境の要因を一回評価すればよいというものでもありません。時とともに、どの植物が一番有利になるかは移り変わっていくでしょう。いわば、いろいろな科目の抜き打ち試験が毎日のようにある学校のようなものです。

　しかも、サボテンのように乾燥耐性というひとつの環境要因にぴったり合うように自分の体を変えた場合、それによって光を受ける効率など、別の環境要因に対しては、むしろマイナスの作用をもたらしかねません。言葉を変えれば、別の環境要因にも対応しようとすると、サボテンのように乾燥耐性に特化するのは難しくなるわけです。結果として、多くの植物は万能型にならざるを得ません。すると、乾燥耐性などのそれぞれの要因に対して完全に対応することはできなくなりますから、砂漠におけるサボテンのように、他を引き離して圧倒的に有利になる植物は存在しなくなります。温和な環境が、多様な生命に満ちあふれている理由はこのようなところにあるのでしょう。

　ひとつあるいはごく少数の要因によって評価される場合には、その要因に［⑩］した少数の生物が他の生物に比べて非常に［⑪］になるのに対して、数多くの多様な要因によって評価される場合には、ひとつの正解は得られず、さまざまな「解」が存在して多様性が生み出されるのです。

　生物の多様性の源泉について整理してみましょう。多様性のひとつの源は、さまざまな環境要因の相互作用です。

ひとつの環境要因に特化すると、別の環境要因に十分適応できないことが多様性を生み出します。さらに、その環境要因が一定ではなく、時間とともに変化していくことも多様性を生み出します。第5章で取り上げたカタクリは、早春という季節の専門家といってもよいでしょう。特定の環境が実現する時期がそれぞれ存在することによって、複数の種類の植物が同じ場所に生育することが可能になるわけです。

そして、もうひとつ状況を複雑にするのが、植物自身の環境への影響です。例えば、見渡す限り平らな地面が広がっている環境を想像してください。そこには日陰ひとつありませんから、直射日光の下では光が強すぎて枯れてしまう植物は入り込むことができません。しかし、⑫そこに直射日光を好む大きな植物が先に入り込めば、今度はそこに、その植物による日陰ができます。そうすれば弱い光を好む植物も入り込めるようになります。これは、ごく単純化した設定ですが、一般に、植物が生長することによって環境自体もダイナミックに変化します。そして、そのことが環境に多様性をもたらし、ひいては生物の多様性を増すのです。

また、⑬病気や害虫の存在も植物の多様性を左右します。例えば、水田ではイネの病気や害虫が大きな問題となります。この原因のひとつは、イネを好む害虫や病原菌にとって、水田は、大きな食糧貯蔵庫のようなものである点にあります。害虫が一本のイネを食べ終えて周りを見回せば、いくらでもイネがあるわけですから、ひょいと隣に移動して新しいイネにありつくことができます。害虫にとってはまさに天国です。

植物は、そのような食害を防ぐために、害虫にとっては毒になる成分を体につくることがあります。しかし、一部の害虫は、その毒を解毒する仕組みを進化させることがありますから、結局はいたちごっこです。イネは一般的な意味での毒はもちませんが、葉はケイ酸を含んでいて硬く、外敵に食べられにくくなっています。それでも、進化の過程で、今度はケイ酸を含む葉でも食べることができる昆虫が現れることになります。イネばかり植わっていれば、そのような昆虫を避けることはできません。人間は殺虫作業に追われることになります。

しかし、もし、多様な植物が地面を覆っているなかで、同じ種の植物がぽつん、ぽつんとしか生えていなかったらどうでしょう。それぞれの植物は、それぞれの⑭防御手段をもっています。その防御をかいくぐるように進化した害虫もいるはずですが、それは、特定の防御の手段をもつ植物に対してのものです。つまり、その害虫が食べることができるのは、特定の種類の植物に限られるわけです。そうすると、防御手段をかいくぐってある植物を食べたとしても、その植物を食べ終えて周りを見回すと、周囲は種類の異なる別の防御手段をもっている植物です。その害虫が食べられる植物は見つかりません。多様な生態系のなかでは、⑮水田のようにはいかないのです。つまり、単調な生態系のなかの植物ほど害虫などに弱いことになりますから、害虫や病気の存在は、生態系を多様化する方向にはたらくはずです。

植物の多様性を生み出すものは、環境要因の多様性に加えて、時間的な変化、[⑯]が[⑰]に及ぼす影響、そして外敵との駆け引きがあります。それらを単純化して理解するのは簡単ではありません。しかし、生命が周囲の環境と密接にかかわりながら進化してきた結果、現在の多様性が生まれたことだけは確かです。そして、その多様性こそが、地球の生態系を安定に保ち、維持することに役立っているのです。

あるひとつの場所で環境がどれだけ多様かを実感するのは難しいかもしれませんが、そこに生えている植物の多様性を観察すれば、環境の多様性を見積もることができます。それは、都会のなかの公園でも構いませんし、そこにきちんと植えられている植物だけに限る必要もありません。むしろ、⑱人間がタネをまいたわけではないのに顔を出した植物にこそ、環境の多様性の秘密が潜んでいるのです。

問一、思考力 [X]に共通して当てはまる言葉を、本文中から抜き出して答えなさい。

問二、――線①「最終的には」が直接かかっていく部分はどこですか。次の（ア）～（カ）の中から選び、記号で答えなさい。

（ア）子孫を　（イ）どれだけ
（ウ）残せるか　（エ）一点から
（オ）評価される　（カ）なります

問三、――線②「専門家タイプ」の植物を、次の（ア）～（カ）の中からすべて選び、記号で答えなさい。

（ア）アカマツ　（イ）イネ　（ウ）カタクリ
（エ）コマクサ　（オ）タンポポ　（カ）サボテン

問四、――線③「遺憾なく」の意味を、次の（ア）～（エ）の中から選び、記号で答えなさい。

（ア）十分に　（イ）ある程度
（ウ）最後まで　（エ）意外にも

問五、――線④「普通の植物」とありますが、ここでいう「普通」とはどのようなことですか。「ということ。」に続くように、本文中から最も適切な表現を抜き出して答えなさい。

問六、――線⑤が「雑多なつまらない者たち」という意味の四字熟語になるように、[Ⅰ]・[Ⅱ]に当てはまる漢字をそれぞれ答えなさい。なお、[Ⅰ]と[Ⅱ]には反対の意味を持つ漢字が入ります。

問七、[A]～[C]に当てはまる言葉を、次の（ア）～（カ）の中からそれぞれ選び、記号で答えなさい。

（ア）あるいは　（イ）しかし　（ウ）ただし
（エ）しかも　（オ）従って　（カ）一方で

問八、――線⑥「特定の環境条件」とありますが、ここではどのような「環境」を指していますか。本文中から抜き出して答えなさい。

問九、思考力 ――線⑦「場合によって面白い現象が見られます」とありますが、どのような点が「面白い」のですか。本文中の言葉を用いて答えなさい。

問十、――線⑧「砂漠の植生が単調であって、少数の種類の植物によって占められている理由」とは何ですか。本文中の言葉を用いて三十字以内で答えなさい。

問十一、――線⑨「ひとつの特別な要因」を説明するために示されたたとえを、本文中の言葉を用いて答えなさい。

問十二、[⑩]・[⑪]に当てはまる言葉を、それぞれ本文中から抜き出して答えなさい。

問十三、――線⑫「そこ」の指示内容を、本文中から抜き出して答えなさい。

問十四、――線⑬「病気や害虫の存在も植物の多様性を左右します」とありますが、「病気や害虫の存在」は、どのような影響を与えますか。本文中から十字以内で抜き出して答えなさい。

問十五、難 ――線⑭「防御手段をもっています」とありますが、本文中に書かれている「防御手段」を、それぞれ十字以内で二つ答えなさい。

問十六、――線⑮「水田」をたとえた表現を、本文中から抜き出して答えなさい。

問十七、難 ⑯ ・ ⑰ に当てはまる言葉を、それぞれ本文中から抜き出して答えなさい。

問十八、難 ――線⑱「人間がタネをまいたわけではないのに顔を出した植物にこそ、環境の多様性の秘密が潜んでいるのです」とありますが、どうしてそう言えるのですか。理由として最も適切なものを、次の（ア）～（エ）の中から選び、記号で答えなさい。

（ア）雑草は幅広い環境条件でも生育でき、専門家タイプの植物の生育を妨げるから。
（イ）多様な植物が生育可能であることで、多様な環境の存在も推測可能となるから。
（ウ）単調な生態系の中に他の植物が生育することで、多様な環境が形成されるから。
（エ）想定を超えた植物の生育は、環境の多様性の秘密に人知が及ばない証拠だから。

問十九、難 次の文は本文中から抜いたものです。どこに入れるのが適切ですか。その直前の五字を答えなさい。

【その環境からその種類の植物は消え去るでしょう。】

問二十、難 本文の内容と合うものを、次の（ア）～（カ）の中から二つ選び、記号で答えなさい。

（ア）多様な環境に適応するために、多くの植物は万能タイプにならざるを得なかったのである。
（イ）環境における多様性とは、万能タイプの植物が特定の環境に満ちあふれていることである。
（ウ）植物の多様性は、さまざまな環境に適応可能な万能タイプの植物によって支えられている。
（エ）生物の多様性に必要なものは、時間的にも外界との関係においても、適応できる力である。
（オ）環境を多様化する試みは、その地域に合った専門家タイプの植物を生育させることである。
（カ）植物の多様性こそが、地球の生態系を安定に保ち、維持することに役立っているといえる。

二 漢字知識・熟語

次の①～⑤の四字熟語には、A、Bそれぞれ一字ずつ誤りがあります。それぞれの正しい漢字を組み合わせて、二字熟語を作りなさい。

（例）A 短刀直入（「短」が「単」の誤り）
　　 B 大言壮吾（「吾」が「語」の誤り）　答え　単語

① A 疑心暗気　B 彩色兼備
② A 雲産霧消　B 危機一発
③ A 一鳥一夕　B 通過儀令
④ A 古事来歴　B 親類援者
⑤ A 周人環視　B 高明正大

三 熟語

次の①～⑤の言葉が示す様子を、後の語群の漢字を組み合わせた熟語で答えなさい。

①まじまじ　②まごまご　③かんかん
④いらいら　⑤ふかふか

軟　凝　燥　視　当　激　焦　惑　柔　高

四 漢字の読み書き

次の①～⑦の――線部を漢字に改め、⑧～⑩の――線部の読みをひらがなで答えなさい。

①試合に負け、カイコンの念が募る。
②人生のキロに立たされる。
③貸した本を返すようにサイソクする。
④キンチョウのあまりにせりふを忘れる。
⑤素晴らしい演技で観客をミリョウする。
⑥調査を進めるに従って、資料がボウダイになる。
⑦がっかりしている子供をナグサめる。
⑧暫時、息が止まるほど驚いた。
⑨両者の意見を勘案して妥協点を考える。
⑩逃亡の企てが発覚した。

明治大学付属明治高等学校

時間 50分　満点 100点　解答 P96　2月12日実施

出題傾向と対策

●昨年同様、論説文一題と漢字の書き取り十問の出題。論説文は昨年の一万三千字を超える長さから九千字弱になったが、長文であることに変わりはない。記述問題も、総字数で四百字前後で、50分の試験時間でこなすにはかなりの速読・速解力が必要である。語句の空欄補充問題も、文章全体を読まなければ答えられず、難問。

●長めの論説文を、指示語・接続語などに気をつけ、文脈と要点を押さえながら読んでいける読解力と、記述力の養成を心がける。漢字の書き取り練習も怠りなく。

注意　字数制限のある問題については句読点・記号を字数に含めること。

一（論説文）文脈把握・内容吟味・慣用句・文学史・要旨

次の文章を読んで、あとの問いに答えなさい。ただし、【　】は語句の意味で、解答の字数に含めないものとします。（計80点）

ヨーロッパと日本の窓は、ガラスと紙というきわめて対照的な特性をもつ素材が用いられてきた。材料から見ると、ガラスというすべすべとした無機質な（　A　）と、紙という有機質の柔らかい感触の不（　A　）は、単なる素材の違いだけでなく、ここから日欧の基層の文化の特徴を比較することができる。

ガラスは原石である石英を精製してつくられた。これは通常、アルカリ・ガラスといわれ、従来、添加物にソーダ灰を用いたが、十六世紀ごろから、ソーダ灰より炭酸カリを含んだ方が透明度の高いガラスがつくられることがわかった。そのためカリ分の多い灰を森林のブナの原木を焼いて手に入れた。こうして必然的に、ガラスの精製は森のなかでおこなわれるのが常となった。その結果、原石を溶解する燃料としての材木と、カリ分を添加するためのブナ林が大量に伐採された。

ルネサンス期のヨーロッパではフランスのロレーヌ地方、ドイツのライン河河畔、南ドイツ、①ボヘミア（チェコ）がガラスの製造地となり、しだいに増大する需要をまかなうようになった。これらの地域は、森林と（　B　）に恵まれていたからである。なお、もうひとつの透明ガラスの製法として、鉛ガラスがあったが、これはイギリスで開発された。

近代に入るとガラスの需要がますます増え、各地で森林が大々的に伐採された。原木がなくなれば作業場は、新天地を求めて移動した。なお森と同時に（　B　）が必要とされたのは、ガラス製品を各都市へ輸送するためである。中世後期から一六〇〇―一八〇〇年ごろまで、ガラスの製造技術は家内工業的なギルド【同業者の組合】によって守られ、他者の参入を拒んでいた。結婚も同業者の一族でおこなわれ、閉鎖的な社会集団を形成した。領主はガラス製造業を保護していたが、地域ではかれらは相変わらず村人から孤立した移動集団であった。ガラスのみならず、陶器やセメントの製造にも同様に燃料の材木を多量に必要としたので、森のなかで製造されていた。

かつてボヘミアは森林が鬱蒼《そう》と茂る豊かな自然に恵まれていた。とくに手つかずのブナ林、原料の石灰石と無水珪《けい》酸、河川としてモルダウという、ガラス工業の立地条件がすべてそろっていた。その上、この地を治めていたハプスブルク家は、重要なガラス産業を保護した。こうしてルネサンス以降、神聖ローマ帝国下で、需要の増したガラス製造のために、ボヘミアの樹木が大々的に伐採され、森が荒廃した。

現在、チェコを旅すればすぐわかることであるが、かつて豊かであった森林地帯は減少し、もはやボヘミアの森の面影はない。チェコスロヴァキアが戦後の共産圏における工業部門を担ったということもあるが、それ以前からのガラス生産が荒廃の一因であったことは疑いない。現在でもボヘミア・ガラスが有名であるけれども、以上のような②負の歴史を内包していたのである。

ガラス工場はボヘミアだけでなく、ヨーロッパ各地の森を破壊し続けた。製法も移動式の手工業から固定化した近代工場による大量生産方式に変化した。しかしその後も、工業地帯においてガラス産業は他の製造業と同様に、汚染物質の排出などで環境破壊に関与した。これも、ヨーロッパ文明の自然観が生みだした現象のひとつにほかならない。

十七世紀には酸化鉛を使用することによって、透明度の高いクリスタルガラスを比較的安価に製造することができるようになった。さらに十九世紀後半から、合成ソーダが開発され、工場で透明な板ガラスが大量生産されたので、コストダウンがおこなわれた。二十世紀にはフロート法という板ガラスの製法が開発され、この世紀は「鉄とガラスの時代」といわれるようになった。

今やコンクリート、鉄、ガラスという素材の特徴をもった建築が主流を占め、これは一戸建て、集合住宅、高層ビルにみられる共通の原則となる。その目指すところは開放性と光の取り込みである。なお、近年、多用されるようになってきた強化ガラスは、ガラスの弱点である割れやすさを克服した画期的製品で、ガラスの需要を飛躍的に拡大するものであった。やがて大都会のグローバル化が進展し、窓面積をますます拡大し、都市のなかで次々に「ガラスの増殖化」が進んだ。こうして③ガラスは現代の無機質な都市風景の顔となり目となったのである。

ガラスは日常生活のなかで身近な存在となってきたが、とりわけその透明性が、ガラス窓の最大の利点である。ドイツではガラスが曇っていると、そこから悪魔が覗《のぞ》くという言い伝えがあるので、主婦はピカピカに磨くのを日課にしている。人びとはガラス窓が汚れているのをとくに嫌い、ガラス拭きをしない人を怠け者とみなした。日本人の留学生にはその感覚がわからず、家主に窓の汚れを注意されても、おせっかい焼きと感じるだけである。しかしこの文化摩擦には、ヨーロッパ文化の本質的な問題が含まれている。

ガラスは障子より断熱効果があるが、緯度が高く冬がきびしい中欧、北欧ではさらに二重窓とすることが多い。環境意識が高いドイツのフライブルクの住宅には、三重のガラス窓の使用例もある。これは空洞部に断熱ガスを封じ込め、徹底したエコロジーを追求したもので、エコガラスという名で一般化している。この種の窓は、自然の音も排除して、居住する自己の世界の静寂を生みだす。自然の音が聞きたければ、窓を開ける。ここにも④ヨーロッパ人のあくまで人間中心の世界観が認められる。

ヨーロッパ人と日本人は緯度の関係からか、目の感受性と構造が異なるので、光の問題を考える際に、まずこの身体的な差を念頭においておかねばならない。ヨーロッパでは室内でも、電灯の直射光線をいやがるから、ほとんど間接照明が主流である。ドイツの大学図書館での経験であるが、学生たちは暗くなっても目の前のスタンドを灯《とも》さず、本を読んでいた。どうして明かりを点《つ》けないのか聞いてみたが、それでもじゅうぶん本が読めるという。またドイツ人の車に同乗し、夜間にアウトバーン【ドイツの高速道路】を走行すると、カーブでも道路の照明灯が暗く、不安を感じることが多い。運転するドイツ人に確認すると、よく見えるという返事である。逆にかれらは夏の直射日光が苦手で、サングラスを掛けないと、まぶしすぎるので我慢ができないのである。

もちろん空気の乾燥度、あるいは透明度による光度の違いがあるとはいえ、ヨーロッパ人も光に対する感受性は鋭い。晩秋から冬にかけての日光は乏しく、早く夕暮れが訪れ、曇天の薄暗い日々が続く。それだけに燦々《さんさん》と【光り輝く様子】光線が注ぐ春から夏にかけて、かれらは光を求めて戸外へ出る。その際、日本人と異なる点は、ヨーロッパ人が日光を人間の力によって物理的にコントロールしようとすることである。

日本の障子は自然の移り変わりのまま、間接光を［　C　］が、ヨーロッパではそれと異なり、窓ガラスの光の透過性を、カーテンという厚手の布によって、直接的に遮断し、光を物理的にコントロールする。南側に向いた窓の場合に、とくに光を加減する必要性が高かったが、これは人間の意志による自然の支配の一例といってもいい過ぎではないであろう。

ヨーロッパのカーテンは、もともと窓を覆うものではなく、王侯貴族の天蓋つきのベッドの周囲を囲むものだった。というのも、かれらの使用する寝室が広く、冬場には部屋の暖房がじゅうぶんでなかったので、寒気を防いで保温する必要があったからだ。また天蓋つきベッドのカーテンには装飾的役割もあった。中世ヨーロッパでは、絨毯《じゅうたん》やタペストリーという室内飾りがつくられたが、ここには高価な金糸を縫いこんだ刺繍《しゅう》がほどこされ、装飾品のひとつとして珍重された。とくに壁のタペストリー、肖像画、壁画によって王侯の城や邸宅は飾られ、絢爛《けんらん》豪華な装飾文化が花開いた。そのため十六世紀の終わりまで、室内では窓はそれほど重要視されずに、むしろ天蓋つきベッドのカーテンや壁の装飾が重要とみなされていた。

たしかに歴史的に見れば、ルネサンス時代でも板ガラスの製造が困難であったので、窓ガラスも小さく、［　D　］という必要性はあまりなかった。したがって本来のカーテンの需要は少なかったといえる。その後、バロック時代の十七世紀あたりから、板ガラスの製造技術が発達するにつれて、開口部である窓ガラスが大きくなり、カーテンがガラス全面を覆う方式に変化した。

窓のカーテンには四つの役割があったが、一つ目はいうまでもなく、［　D　］ためである。二つ目は、プライヴァシーの保護であるが、ガラス窓が普及し窓面積が増えると、とくに夜、外部の視線をさえぎるためにカーテンが用いられた。三つ目には、ガラス窓は比較的熱伝導がいいので、カーテンを使って中に空気層をつくり、保温効果をねらった。四つ目は、室内の（　E　）要素にある。カーテンの色やデザインによって、室内の雰囲気を変化させることができた。インテリアとしてのカーテンは、十七世紀のヴェルサイユ宮殿様式がヨーロッパ・モードとなり、フランス以外でもヨーロッパの王侯貴族の邸宅においても、これが主導的役割をはたした。

日本家屋には更新、建替えという発想があり、もっとも有名なものは伊勢《いせ》神宮の遷宮制度である。よく知られているように、ふつう二〇年に一度宮を移し変えるというのは、建築技術を伝承するという意味もあるが、本質的には日本人の思想や建築観をあらわしているといわれる。台風、水害、（　F　）に襲われる経験から、日本では永遠や絶対ではなく、（　G　）の思想が重要視され、それが建築にもみられるのである。自然に逆らわないこのような発想が一般化したのであろう。

障子紙もかつては最低年一回、年末に張り替え、正月を迎えていた。これは一種の禊《みそぎ》とも解釈され、気持ちを入れ替える再生の通過儀礼のようなものであった。一新するという特性が、独自の精神文化を形成してきた。日本の美意識でははかなさ、一瞬に美の真髄を見いだす文化があり、それは紙という素材とも無関係ではない。

動物学者モースが来日したとき、日本の住宅に興味を示し、『日本人の住まい』を残したが、そのなかに障子について、外国人の細かい観察が記されている。

> ときには思いがけず障子紙に小さな穴が開いたり破れ目ができたりする。これを修理するに当たって、つねに真の芸術的感性を発揮する日本人は、われわれアメリカ人のよくするように紙を四角に切り取って貼ることはせず、桜や梅の花といった美しい形に切り抜いたもので破れ目を塞ぐ。このように風流な仕方を見るにつけても、わが国の田舎《いなか》家などでときおり見かけるのだが、破れた窓ガラスを修理する場合に、残念ながら日本人による必要性があると思うことがよくある。（斎藤正二・他訳）

なにげない光景の描写であるが、モースは障子の修理においても、⑤繊細な日本人の美意識を鋭く洞察している。こうして障子は破れたり、季節によっては張り替えたりして、再生の循環を繰り返してきたのである。

障子はもともと畳のうえに座る文化とともに受け継がれてきた。したがって椅子の文化と異なり、障子の部屋では目線が下に位置する。事実、床から一〇―三〇センチ程度の下支え板から障子を張っていく。開け閉めも本来のマナーでは座っておこなうことになっていた。たとえ障子が破れていても、「うつくしや障子の穴の天の川」（一茶）と、小さな穴から壮大な宇宙的広がりを展望する美的感覚をもっていたのである（李御寧《イーオリョン》『「縮み」志向の日本人』参照）。

障子とガラスという素材の違いは、ヨーロッパが石の文化、日本が木の文化というテーゼのヴァリエーションであるが、これは日常の身の回りにある素材の違いにも当てはまる。[1]日本の場合、木の素材を生かした自然の木目のままを利用することが、感覚的に合致しているのに対し、ヨーロッパでは[　H　]という美的感覚をもっていたのである。

日本の風土は春、ぼんやりと霞《かすみ》がかかり花曇りという風景が一般的である。梅雨はいうにおよばず、夏も高温多湿で、水田はたえず水蒸気を蒸発させ、空気は湿気を含んで透明性を欠くことが多い。日本人にとっては、霞《かす》んでいる状態に違和感は少なく、澄んだ風景よりむしろ、ぼんやりとかすむ光景の方に情緒を感じる傾向が強い。

日本ではヨーロッパと異なり、物理的に光を遮断はしない。日本人は庇《ひさし》を深くして光線をやわらげ、障子によってそれを半透明で通過させた。さらにすだれを垂らしたり、朝顔や蔓《つる》科の植物を植えたりして、木もれ日を楽しみながら夏の直射日光の跳ね返りを排除した。住環境において、このような工夫をこらしたのが、日本建築の特徴であった。

[2]、日本において光と影はヨーロッパのように二項対立ではなく、太陽の移動によって濃淡をともなった無数の段階がみられた。そこから瞬間、瞬間を愛《め》でる美意識が生まれる。日本の詩人も光と闇に関して、きわめて敏感であった。詩人・立原道造の『暁と夕の詩』でも「夜と朝の間」のうつろいを詠《うた》ったものが出色【きわだって優れていること】であるが、ここにも日本の移りゆく瞬間の美学が強く感じられる。

こうして障子、よしず、のれん、御簾《みす》は日本の気候風土と深いかかわりのなかで生まれ、人びとはその生活に馴染《なじ》んできた。障子から柔らかな光が差し込み、庭の木々の影も障子に映り、独特の造形美をつくりだす。影も日光や雲の状態によって、一瞬のうちに変化していく。またその薄明かりは、「おもかげ」というイメージと結びつく。障子がつくりだす半透明性が、日本人の繊細な精神性を生みだしてきたといっても過言ではない。ものごとをあからさまにいわない曖昧さの文化も、障子の半透明の文化と密接にかかわっている。谷崎潤一郎は『陰翳礼讃《えいらいさん》』のなかで次のようにいっている。

もし日本座敷を一つの墨絵に喩《たと》えるなら、障子は墨色の最も淡い部分であり、床の間は最も濃い部分である。私は、[（　I　）を凝らした]日本座敷の床の間を見る毎《ごと》に、いかに日本人が陰翳の秘密を理解し、光りと蔭《かげ》との使い分けに巧妙であるかに感嘆する。

日本文化の再評価の言葉であるが、現在の生活から見れば、暗くて不便であるけれども、薄明かりの陰影が日本的な独特の情緒をただよわす。これを幽玄の世界やわび、さびと結びつけることは可能である。日本昔話、怪談の世界は、かつて日本の闇、薄暗がりの背景があったので、リアリティと迫力が増したのである。

谷崎はヨーロッパ建築を見習った建物について、「……室内に蔭と云《い》うものが一つもなく、見渡したところ、白い壁と、赤い太い柱と、派手な色をモザイクのように組み合わせた床が、刷りたての石版画のように眼に沁《し》み込んで、これがまた相当に暑苦しい」と苦言を呈している。これはたんに谷崎だけでなく、日本文化を愛でる人の共通した美的感覚であった。

[3]⑥谷崎が金銀の華麗な装飾を否定しているのかといえばそうではない。興味深いことに谷崎は、蒔絵《まき》などの絢爛豪華な世界についても次のように述べている。

派手な蒔絵などに施したピカピカ光る蠟《ろう》塗りの手箱とか、文台《ぶんだい》とか、棚とかを見ると、いかにもケバケバしくて落ち着きがなく、俗悪にさえ思えることがあるけれども、もしそれらの器物を取り囲む空白を真っ黒な闇で塗り潰し、太陽や電燈《とう》の光線に代えるに一点の燈明《みょう》か蠟燭《そく》のあかりにして見給《たま》え、忽《たちま》ちそのケバケバしいものが底深く沈んで、渋い、重々しいものになるであろう。古《いにしえ》の工藝《げい》家がそれらの器に漆を塗り、蒔絵を画く時は、必ずそう云う暗い部屋を頭に置き、乏しい光りの中における効果を狙ったのに違いなく、金色を贅《ぜい》沢に使ったりしたのも、それが闇に浮かび出る工合《ぐあい》や、燈火《ともしび》を反射する加減を考慮したものと察せられる。

もはや解説するまでもなく、ここには日本の美の世界に対する深い洞察がうかがえる。日本にも金箔《ぱく》を用いた工芸作品や襖《ふすま》絵などの伝統があったが、実際にそれを見る場合、部屋は薄暗い状態が多かった。日本独特のにぶい金色の美しさは、その背景から生みだされたものである。

[2]ヨーロッパと日本では、光と闇の理解が違うので、両者の金色の解釈が異なる。[1]ウィーンの画家クリムトは日本の蒔絵や尾形光琳《りん》の絵に影響を受けたが、金をふんだんに使ったかれの代表作に対しても、ヨーロッパ人は日本人とは異質な、華麗な金を愛でるという感覚で理解したにちがいない。芸術鑑賞においても、それを生みだした風土がいかに大切であるかがわかるのである。

襖と障子はもともと部屋を仕切るために用いられ、襖は仕切りのみでなく、絵を描いて部屋の雰囲気を出し、障子は障子紙を張り、光を導き入れる役割をはたしていた。日本の場合、襖は障子のヴァリエーションといえよう。それは同様に部屋を区切り、開閉が可能である。その場合、絵が描かれる襖絵のモティーフは多様であるが、自然、（　J　）が描かれることが多く、日本では人びとが自然に囲まれた世界を求めた証《あかし》である。[3]一般家庭ではヨーロッパのように華美な絵画ではなく、色調を抑えた淡い色合いのものが好まれてきた。

障子は開け閉めによって開口部の面積を自由に可変することができる。いうまでもなくそれは、敷居と鴨《かも》居の間を障子が移動するからである。障子を開けると、部屋は境界がなくなり、庭の自然と一体化する。春の自然の息吹《いぶき》、夏の濃い緑、秋の落ち葉、寒々とした冬、そして雪景色、その移り変わりを肌で敏感に感じ取ることができる。俳句の季語、時候の挨拶状にみられる細やかな自然観の生まれるゆえんである。

とくに障子は日本の音の文化に貢献してきた。ガラスは音を遮断したが、それと違って障子は音を通過させる。水の音、風の音、虫や小鳥の声、木々の葉のすれる音、季節のなかで暮らしてきた日本人の細やかな感覚とつながる。最も敏感なのは聴覚であって、それは日本の擬声音、擬態音というオノマトペの発達とも深くかかわっている。

水に関して思いつくものでも、チョロチョロ、サラサラ、ザアザア、シトシト、ジャブジャブ、ポツポツ、ザブンザブンなど、すぐにいくつか浮かんでくる。風の音でもヒューヒュー、ソヨソヨ、ザワザワ、ゴーゴー、動物の鳴き声でもチュンチュン、カーカー、コロコロ、ニャーニャー、ピィピィ、ゲロゲロ……など［（　K　）に（　L　）がない］。とくに幼児言葉、マンガやアニメにもオノマトペはよく登場し、日本人の耳は言語、文化にも大きな影響をおよぼしていたのである。

オノマトペは感覚的な主観を表現するときに多用されるので、客観的表現を重視する欧米語より、情感を重視する日本語の方が多い。また⑦宮沢賢治の童話や小説では独特のオノマトペが、なつかしいノスタルジアを醸《かも》しだす。それは自然と一体化して暮らしてきた、先史時代からの日本人の情感を再現するような役割をはたしている。

吉田兼好が指摘するように、もともと日本の風土における、家屋の構造は、夏の高温多湿を凌《しの》ぐための先人の知恵が込められていたのである。部屋の通風を考えれば、⑧可変性という開放型の障子が夏には不可欠であったということが理解できる。日本家屋は風通しが第一に考えられ、それによって涼しさを求めたのである。逆に冬は炭火を入れた火鉢という局所的な暖房ということになるが、それでも暑さ寒さを自然環境の一部として取り入れてきたのである。

日本人の融通無碍《むげ》【臨機応変であること】の思想は、自然との折り合いのなかから生みだされてきたといえる。自然を重視したブルーノ・タウトも、日本の住居は仮住まいであると規定している。畳はまるで自然の草の上にすわっている印象を与え、家も「風の道」を想定しながら、自然のなかで生活をしてきた日本人の知恵を強く感じることができる。

（浜本隆志《たか》『「窓」の思想史』より・一部改変）

問一、文中の（　A　）、（　B　）にあてはまる最適な言葉を本文より抜き出しなさい。ただし、（　A　）は漢字三字、（　B　）は漢字二字で答えなさい。（各3点）

問二、――部①「ボヘミア（チェコ）がガラスの製造地となり」とありますが、ボヘミアがガラスの製造地となったのはなぜか、その理由を五十字以内で答えなさい。（5点）

問三、――部②「負の歴史を内包していた」とありますが、「負の歴史」とはどういうことか、答えなさい。（4点）

問四、**思考力** ――部③「ガラスは現代の無機質的な都市風景の顔となり目となった」とありますが、ガラスが「都市風景の顔となり目となった」とは、どういうことか答えなさい。（5点）

問五、――部④「ヨーロッパ人のあくまで人間中心の世界観が認められる」とありますが、光に対するヨーロッパ人の「人間中心の世界観」は、どのようなものだと筆者は述べていますか、答えなさい。（4点）

問六、文中の［C］に入る最適な言葉を本文より九字で抜き出しなさい。（3点）

問七、文中の［D］に入る言葉を、本文の言葉を用いて十字以内で考えて答えなさい。（3点）

問八、**難** 文中の（　E　）、（　G　）に入る最適な言葉を本文よりそれぞれ漢字三字、漢字二字で抜き出しなさい。（各3点）

問九、**基本** 文中の（　F　）、（　J　）に入る最適な四字熟語を次のア～オより選び、記号で答えなさい。（各3点）

ア、花鳥風月　イ、空前絶後　ウ、晴耕雨読
エ、栄枯盛衰　オ、天変地異

問十、――部⑤「繊細な日本人の美意識」とありますが、具体的にどのようなことを指しますか、答えなさい。（4点）

問十一、**よく出る** **基本** 文中の［1］～［3］に入る最適な言葉を次のア～オより選び、記号で答えなさい。ただし、同じ記号は二度使えません。（各2点）

ア、しかし　イ、あるいは　ウ、たとえば
エ、したがって　オ、もしくは

問十二、文中の［H］に入る適切な言葉を次のア～オより選び、記号で答えなさい。（3点）

ア、カーテンをつけることで保温する
イ、装飾を施し室内を飾る
ウ、冷たい石の感触を生かす
エ、外部の視線をさえぎる
オ、プライヴァシーを保護する

問十三、文中［（　I　）を凝らした］は「風流のきわみをつくす」、［（　K　）に（　L　）がない］は「数えきれないほど多い」という意味の慣用句となるように、（　）に適する言葉をそれぞれ入れなさい。ただし、（　I　）、（　K　）は漢字二字で答えなさい。（各2点）

問十四、**難** ――部⑥「谷崎が金銀の華麗な装飾を否定しているのかといえばそうではない」とありますが、谷崎は金銀の華麗な装飾のどのような点を評価しているか、答えなさい。（4点）

問十五、**よく出る** **基本** ――部⑦「宮沢賢治の童話や小説」とありますが、宮沢賢治の作品を次のア～オよりすべて選び、記号で答えなさい。（完答で3点）

ア、『よだかの星』　イ、『ごんぎつね』
ウ、『セロ弾きのゴーシュ』　エ、『蜘蛛《くも》の糸』
オ、『注文の多い料理店』

問十六、――部⑧「可変性という開放型の障子」とありますが、この「障子」は「部屋の通風」だけではなく、他にどのような利点があると筆者は述べているか、答えなさい。（5点）

問十七、**思考力** 筆者がこの文章で述べている日本とヨーロッパの自然観を五十字以内で説明しなさい。（7点）

二 漢字の読み書き　よく出る　基本

次の1～10の文中の（カタカナ）を漢字で書きなさい。（各2点、計20点）

1、（ジュンボク）な人柄。
2、発言を（テッカイ）する。

3、彼は（セイレン）潔白だ。
4、海底に（マイボツ）した遺跡。
5、（リンカク）をはっきり描く。
6、駅の（ザットウ）をかき分ける。
7、働いて（ホウシュウ）を得る。
8、蜂が花粉を（バイカイ）する。
9、兄のように（シタ）う。
10、着物のほつれを（ツクロ）う。

洛南高等学校

時間 60分　満点 100点　解答 P97　2月10日実施

出題傾向と対策

●小説文、論説文（省略）、古文の大問三題構成は昨年と同じ。出題形式は、選択肢、抜き出し、空欄補充、記述と多岐にわたる。小説文と論説文では六十字以内と五十字以内の記述問題が出題され、いずれも難問。選択肢も紛らわしいものが多く難しい。古文では語句の意味の問題の他に、大意や文脈の理解を求められる問いも。

●選択問題は文章の内容を丁寧に対照できる力を、小説文の記述問題は、本文を正確に読み取るとともに、出題の意図も的確に押さえて解答する力を身につけておく。

一 （小説文）漢字の読み書き・文脈把握・内容吟味・主題

次の文章を読んで、あとの問いに答えなさい。

かつて「天才高校生作家」と呼ばれた榛名忍《はるなしのぶ》は、競歩《きょうほ》でオリンピックを目指す八千代篤彦《やちよあつひこ》を取材し、再起をかけて一篇《いっぺん》の長編小説を書き上げた。忍は、自分らしい《歩き》ができずに苦しむ八千代に完成した小説を渡そうとしている。

「できたんだ」

抱えていたリュックから、紙の束を取り出した。大きなダブルクリップで留められたA４のコピー用紙が、百五十枚。自宅のプリンターで印刷し、リュックに詰め込んでここまで運んできたから、四隅がところどころ折れている。

原稿を見下ろして、八千代が息を吸った。［ a ］顔で、ゆっくりと手を伸ばす。両手で原稿を受け取ると、その重さに一瞬驚いたようだった。

「重いだろ」

先回りして忍が言うと、静かに首を縦に振った。

「小説って、重いんだよ」

強《こわ》ばった表情のまま、八千代が原稿を捲《めく》る。瞳が揺れて、口が真一文字に結ばれていく。

「俺が読んでいいんですか」

「もちろんだよ。二年以上、取材させてもらったんだから」

「編集さんは読んだんですか？」

「まだ。送ってすらいないから」

八千代に原稿を渡したら、百地《ももち》さんに送ろう。そう考えて輪島《わじま》まで来た。

「明日がレースだし。いろいろやり切ったあとに、気が向いたら読んで」

八千代の目が再び原稿に向く。生唾を呑《の》み込む音が、忍にもはっきりと聞こえた。［ b ］顔だ。

「丁寧な感想をくれとか、批評してくれとか、①カンシュウしてくれとかじゃないから。俺が渡したかっただけだから」

久々に完成させた長編小説を前に、怯《おび》えているのは忍の方かもしれない。誰かと共有することで、その恐怖を振り払いたいのだろうか。

「読みます」

噛《か》み締めるように八千代は言った。忍の目を真っ直《す》ぐ見据えて、頷《うなず》いた。心強い読者だな、と笑って礼を言おうと思ったら、彼は忍が座っていたベンチに腰を下ろした。

原稿を膝にのせて、小説のタイトルが書かれた一枚目を、捲った。

「え、今から読むの？」

「どうせ部屋に戻ってもやることがないです」

いや、でも。忍がもごもごと繰り返しているうちに八千代は原稿の二枚目を捲ってしまう。「明日レースだろ？」とやっと忍が言ったら、［ c ］顔をされてしまった。

しばらく、ベンチに座っていた。姿勢良く原稿を読み続ける八千代がすぐ側《そば》にいる。紙を捲る音がするたびにうなじがざわざわして、②ガマンできずにホテルを飛び出した。

まだ自分の泊まるホテルにチェックインしていないことを思い出し、できるだけ時間を掛けてホテルに向かい、チェックインを済ませた。部屋に入ったはいいが、ベッドに横になってもテレビを点《つ》けても、八千代が今どのあたりを読んでいるか気になって落ち着かない。シングルルームの中を忙《せわ》しなくうろうろした末、仕方なくホテルを出た。

50キロのレースも長いが、本を読むのだって同じくらい時間がかかる。長編小説一本を、八千代は何時間かけて読むだろう。

空がオレンジ色の夕焼け半分、紺色の夜空半分に混ざり合っている。その下を、忍は再び明日のコースへと向かった。一周2キロのコースを、一人で歩いた。選手達のような研ぎ澄まされたフォームではなく、普段通りの自分の歩き方で、石畳の歩道を歩いた。

靴の裏から石畳の冷たさが這《は》い上がってくる。それでも忍は足を止めなかった。寒さに安心する。空気の冷たさに肌が強ばるのが、心地いい。

こうやって、小説を書く苦しみを、誰かの目に触れる恐怖を、これがなくなったら自分は何者にもなれないという不安を、誤魔化《ごまか》しながら生きていくんだろう。誤魔化し切れなくなって、自分で自分の心を何度も折るんだろう。

道の両端に点々と立つ街灯に、明かりが灯《とも》りだした。石《いし》灯籠《どうろう》を模した背の低い街灯が、明日のコースをぼんやりと浮き上がらせる。

覚悟というには、柔らかすぎるかもしれない。一つの街灯の前で立ち止まって、忍は思う。でも、やっぱり、書き続けること以外に、自分の鼓動や呼吸を確かめる方法がわからない。不器用で要領が悪い。上手に夢を見られない。ついでに言えば、きっと上手にも生きられない。それでも、歩き続けた先にぼんやりと灯る明かりがあると信じている。ただ、それを信じて歩いている。

上手に夢を見られなかった人へ。いつか夢を諦めなくてはいけない人へ。それでも足掻《あが》いてしまう人へ。足掻いた上でやはり去らなければならなかった人へ。小説を書こう。俺は、そんな風に生きていこう。

自分の両足を見下ろし、いつか八千代から教わった競歩の歩形を真似《まね》た。靴の踵《かかと》で石畳をならし、腰を左右に揺らし、体全体を使って歩く。

10mほど歩いて、すぐに普通の歩き方に戻った。車が何台か自分を追い越して行って恥ずかしくなったのと、③やっぱり、自分の歩き方で歩こうと思ったからだ。

結局、コースを二周した。それでもまだ早い気がして、八千代の泊まるホテルの裏から海を眺めた。すっかり夜になってしまったから、綺麗《きれい》な景色が見えるわけでもない。ヨットハーバーや駐車場、マリンパークの一角を、暗がりに波の音だけを聞きながら歩いた。縁石や階段に腰掛けてみたけれど、すぐにまた歩き出す。

そんな無益な時間が、どうしても必要だった。小説だって同じだ。無益だと思う人には無益だ。読んだところで腹が満たされるわけでも、お金が得られるわけでもない。でも、必要だった。必要だったから忍は小説を読んできた。必要だったから、書いてきた。

遠くに聞こえたり近くに聞こえたり忙しない海の音に耳を傾けながら、今日はこんなことばかり考えているなと④笑いが込み上げてくる。

さて、次はどこに行こうか。そう思って、立ち止まったときだった。

力強い足音が、聞こえたのは。よく知る長身が、暗がりを泳ぐように近づいてきたのは。

「ここにいた!」

珍しく声を張った八千代が、小走りでやってくる。手には、ダブルクリップで留められた原稿の束があった。

「よく、ここにいるってわかったな」

「人間は落ち込んだとき海に行くって、先輩が言ったんじゃないですか。去年、館山《たてやま》で」

「いや、俺、別に落ち込んでないし。ちょっとナイーブな気持ちになってただけで」

「なんで俺が読んでるだけでナイーブになるんですか」

「うるさい。そういうものなんだよ」

息を吸った。無意識に握り締めていた両手から力を抜こうとしたのに、できなかった。

「……どうだった」

遠回しに聞くことも、できなかった。

「レース前に、なんて酷《ひど》い小説を読ませるんですか」

忍の前に仁王立ちして、八千代が声を凄《すご》ませる。

「人が明日、世界陸上を……ついでに今後の人生も賭けてレースに出ようとしてるときに、大学で伸び悩んでる競歩選手と崖っぷちの売れない小説家が主人公の小説なんて読ませて。しかも主人公、最後のレースで負けるじゃないですか。競歩、引退してるじゃないですか。アスリートの道を諦めて普通に生きていく選択をしてるじゃないですか。小説家は小説家で、売れない自分のまま業界にしがみつく決意なんてしちゃってるし。なんですかこれ。本人達は納得してるかもしれないけど、読んでるこっちは辛《つら》すぎますよ。読むって言ったの俺ですけど、よくもまあ……こんな辛い小説、輪島まで持って来ましたね」

原稿を忍の前に掲げて、八千代は一気に捲《まく》し立てた。肩で息をしながら、忍のことを睨《にら》みつける。

彼は、怒るに違いないと思った。主人公の二人を《勝たせなかった》ことを。二人が《負け》を嚙み締めて次の場所へ向かう終わり方を、八千代だけは許さないと。

「面白かったよ」と言ってほしいなら、他の人に読んでもらう。それこそ百地さんだったら、どれほど修正が必要だと判断しても、「面白かったです」とまずは言うだろう。

それでも、彼に読んでほしかった。

「でも、面白かった」

波音に紛れるような擦《かす》れた声で、八千代は首を縦に振った。何度も何度も振った。

原稿を両手で握り締めて、八千代は今度は小さく頷いた。

「小説の中に、俺がいました。調子がいいときの俺の《歩き》が、この中にありました」

やはり、何度も何度も頷いた。

「高畠《たかはた》でのレースのとき、こうやって歩けば50キロで勝てるって、確かに見えたんです。なのに、輪島に向けて練習してるうちに、どうやって歩いてたのかわからなくなった。どれだけ練習しても、自分の映るビデオを観ても、わからなかった。強かったときの自分が見つからなかった。でも、この小説の中にいたんだ。調子よく歩いているときの俺が、先輩の小説の中にちゃんといたんだ」

上擦った声で言った八千代が、胸の前で原稿を抱える。まだ本にすらなってない。なるかもわからない紙の束を、大事そうに抱きしめる。

「俺に小説の善し悪《あ》しはわかりません。これで先輩が救われるのか、ちゃんと売れるのか、偉い人に評価されるのか、そういうのはわからないです。わからないけど、俺にとっては⑤凄く大事な本になるということは、よくわかります」

「気が早いな」

もう充分だと思ってしまう自分に、⑥忍は溜《た》め息をこぼした。この小説が八千代以外の目に触れることなく、本になることもなく消えていったとしても、悔いはないかもしれない。

「逃げちゃ駄目ですよ」

忍の真意を見透かしたように、八千代が言う。穏やかだけど鋭利な、呪いのような言葉だった。

「どんなに辛くても、最前線で戦ってください。俺も歩き続けられる限り歩きます」

ああ、わかったよ。言われなくてもわかってるよ。⑦肩を震わせて、そう言った。口からこぼれるのは笑い声なのに、涙が込み上げてくるような感覚がする。涙は出ないのに、体の芯を焼くような熱量だけが、忍の中で渦巻いていた。

（額賀《ぬかが》　澪《みお》『競歩王』）

問一、よく出る　基本　――線①②のカタカナをそれぞれ漢字に改めなさい。

問二、難　[a]～[c]にあてはまることばとして、それぞれ次のア～オの中から最も適当なものを選び、記号で答えなさい。ただし、同じ記号は二度使えません。

ア、邪魔するなという
イ、愁《うれ》いに沈んだような
ウ、何か――神々《こうごう》しい何かを前にしたような
エ、とんでもないものを渡されてしまった、という
オ、自分には――いや、誰にもどうすることもできないという

問三、思考力　――線③「やっぱり、自分の歩き方で歩こうと思った」とありますが、このときの忍のようすはどのようなものですか。次のア～オの中から最も適当なものを選び、記号で答えなさい。

ア、競歩選手のように美しい歩き方で人生を歩むのではなく、小説を書く苦しみを誤魔化さずに、たとえ要領が悪くとも小説を前向きに書こうとしている。
イ、小説を書くことでしか自分を確認できない不器用さを受け止め、夢に振り回されてしまう人のために小説を書こうと、あらためて希望を見出している。
ウ、車が自分を追い越していったことで夢にしがみつく無様な自身があらわになったように思えたが、それでも小説に向き合い続けようと心に決めている。
エ、上手に夢を見られない自分だからこそできることがあると思い直し、小説を書き続けることが、夢に翻弄される人たちに希望をもたらすと信じている。
オ、要領の悪さを受け入れ、夢にしがみつく人たちに寄り添うことで、小説に対しても自身の夢に対しても真正面から向き合うことができると考えている。

問四、難　――線④「笑いが込み上げてくる」とありますが、このときの忍のようすはどのようなものですか。次のア～オの中から最も適当なものを選び、記号で答えなさい。

ア、必要とされることのない小説をこれからも書き続けねばならないことに悩んでばかりいて、自分のあまりの滑稽さにあきれている。
イ、たとえ小説が一般的には無益なものであったとしても、必要としてくれる人は必ずどこかにいるということに思い当たり、ひそかに喜んでいる。
ウ、自分にとって必要だったからこそ小説と関わってきたのだと、これまでの自分の生き方を何度も振り返っていることを苦々しく思っている。
エ、小説が夢に向かう人への励みになることを一日の中で強く感じ、小説家としての自分が必要とされていることをうれしく思っている。
オ、無益に思える時間や必要とされない小説を必要とする自分に向き合うことで、小説家であることにこだわるしかないのを馬鹿らしく思っている。

問五、難　――線⑤「凄く大事な本になる」とありますが、それはなぜですか。そのことについて生徒A～Dが話し合った次の会話を読み、[Ⅰ]～[Ⅲ]にあてはまることばを、それぞれ指示された字数で文章中から抜き出して答えなさい。（句読点などは一字とします）

生徒A「最初に忍が『どうだった』と聞いたとき、八千代が『なんて酷い小説を読ませるんですか』って答えたからドキッとしちゃった。でもその後、『面白かった』『凄く大事な本になる』って言ってるんだよね。これはどういうことだろう」
生徒B「『酷い小説』と言ったのは、小説の主人公二人が競歩選手と小説家という、八千代と忍とどこか重なる二人でありながら、『[Ⅰ（二十五字）]』だったからだろうね」
生徒C「八千代が『読んでるこっちは辛すぎますよ』と言うのもわかるね。でもそれ以上に、八千代にとって大事なことが忍の小説にはあったはずだよ」
生徒D「この小説は、忍が八千代に『[Ⅱ（十四字）]』うえで書いた作品だというのが重要じゃないかな。その期間に、忍は八千代の姿を深く深く見つめ、そこで掴《つか》んだことを小説の中で表現したんだと思う」
生徒A「そうか。だから八千代は忍の小説を読んで、見失っていた『[Ⅲ（十四字）]』を再び掴むことができたんだね。忍が八千代の姿を真剣に見つめたからこそできた、八千代を苦悩から救ってくれた小説。八千代にとって『凄く大事な本になる』のも納得だ」

問六、難　思考力　――線⑥「忍は溜め息をこぼした」とありますが、このときの忍の心情を六十字以内で説明しなさい。（句読点などは一字とします）

問七、――線⑦「肩を震わせて、そう言った」とありますが、このときの忍のようすはどのようなものですか。次のア～オの中から最も適当なものを選び、記号で答えなさい。

ア、何よりも八千代に自分の小説を認めてもらえたことをうれしく思っていたが、八千代にあらためて小説を書き続けるよう頼まれると、何となく不安な気持ちが押し寄せ、行き場のない思いにとらわれている。

イ、小説家としての自分を評価した八千代のことばをきっかけにして、結局自分は小説を不器用なりに書くしかないのだとあらためて気づき、誰かのためになる小説を書くことの喜びをかみしめている。

ウ、八千代に自分の小説を認められ、小説家として書き続けてほしいと言われたことで、小説家としての自身も評価されたように感じ、たとえどんな困難があろうとも小説を書き続けようと強く思っている。

エ、小説から遠ざかろうとしたことを八千代に見抜かれてしまったことで、歩き続けられる限り歩くと心に決めた八千代同様、いつまでも小説を第一線で書き続けるという悲壮な決意をしている。

オ、無益だと思っていた自分の小説が八千代に肯定されたことで、言いようのない喜びが湧き上がり、今後は万人のためではなく誰かに必要とされる小説を書き続けることを心に決めている。

二 (省略)石黒浩「アンドロイドは人間になれるか」より

三 (古文)口語訳・内容吟味・古典知識

次の文章を読んで、あとの問いに答えなさい。

物まなびに心ざしたらむには、まづ師をよくえらびて、その立てたるやう、教へのさまを、よく考へて、[注一]従ひそむべきわざなり。さとりにぶき人は、①さらにもいはず、元より、さとりとき人といへども、おほかた始めに従ひそめたるかたに、おのづから心は引かるるわざにて、その道の筋わろけれど、わろき事をえさとらず。また後にはさとりながらも、年頃のならひは、さすがに②捨て難《がた》きわざなるに、我《が》とかいふ[注二]禍神《まがかみ》さへ立ちそひて、とにかくに[注三]しひごとして、なほその筋をたすけむとするほどに、つひに善き事は③えものせで、世の限り[注四]ひがことのみして、身ををふる類ひなど、世に多し。かかる類ひの人は、つとめて深く学べば、[注五]学ぶまにまに、いよいよわろき事のみ盛りになりて、おのれまどへるのみならず、世の人をさへまどはすことぞかし。かへすがへす[a]より、師をよくえらぶべきわざになむ。

(『うひ山ふみ』)

注一　従ひそむ……教えに従い学びはじめる。
注二　禍神さへ立ちそひて……「禍神」は「不吉なことをなす神」のことで、この部分は「我」つまり「自我」「意地」が「禍神」にたとえられており、「我」のせいで、あってはならないことまで起こるということを表している。
注三　しひごと……でたらめ。こじつけ。
注四　ひがこと……誤り。間違い。
注五　学ぶまにまに……学ぶにつれて。

問一、基本 ――線①「さらにもいはず」③「えものせで」の意味として、それぞれ次のア～オの中から最も適当なものを選び、記号で答えなさい。

①さらにもいはず
ア、言うまでもないが
イ、改めて言わないが
ウ、言わない方がよいが
エ、言うに事欠かないが
オ、新たに言う気もないが

③えものせで
ア、口にすることなく
イ、相手にもしないで
ウ、なにもできずに
エ、話の種にもせず
オ、思いもかけずに

問二、難 ――線②「捨て難きわざなる」とありますが、どうして捨てがたいのですか。次の[　]にあてはまる部分を文章中から二十五字以内で抜き出し、その始めと終わりの四字で答えなさい。(句読点は字数に数えません)

[　　　　]から。

問三、[a]にあてはまる、文章中の最も適当な二字のことばを答えなさい。

問四、難 学問を志すにあたって、師とする人物をしっかり選んでおかないと、どのような誤りが生じると筆者は述べていますか。文章中に挙げられている例として正しくないものを、次のア～オの中から一つ選び、記号で答えなさい。

ア、自分が初めて学んだ師の説に心ひかれ、悪いものだと気付かない。
イ、自分の師の説が間違っているとわかっていても捨て切れずにいる。
ウ、我を通して自説を曲げず、世間の人を自分の学問に引き込もうとする。
エ、筋の通らないことばかりをして、その生涯を終えてしまうことになる。
オ、学んでいるうちに自分が迷うだけでなく、他人までも迷わせてしまう。

問五、基本 この文章は、江戸時代の国学者、本居宣長の著した随筆です。日本の古典文学において「三大随筆」と呼ばれている作品を、古い順に並べたものとして正しいものを、次のア～カの中から一つ選び、記号で答えなさい。

ア、方丈記 → 徒然草 → 枕草子
イ、方丈記 → 枕草子 → 徒然草
ウ、枕草子 → 徒然草 → 方丈記
エ、枕草子 → 方丈記 → 徒然草
オ、徒然草 → 枕草子 → 方丈記
カ、徒然草 → 方丈記 → 枕草子

ラ・サール高等学校

時間 70分　満点 100点　解答 P98　1月24日実施

出題傾向と対策

●現代文二題、古文一題の問題構成。今年の論説文は「天気の子」や「新型コロナウイルス」といった時事ネタが話題となっており、日頃から時事問題にどれだけ関心を持っているかで文章理解に差が出たと思われる。

●過去問題や予想問題などを使って演習を重ねること。自分で書くことこそが実力アップの近道であるから、記述問題は必ず自分で答えを書いてみてから模範解答に当たること。漢字や文法、古語の意味など基礎的な問題もきちんと身につけておくこと。

一 (論説文)内容吟味・文脈把握・漢字の読み書き

次の文章を読んで、後の問いに答えよ。(字数制限のある問題については、句読点も一字と数える。) (計35点)

今年もまた、記録を塗りかえる豪雨災害が起きてしまった。そのすさまじい①ハンランの映像を目にした時、ふと、1年前に見た「天気の子」のことを思い出した。幅広い支持を得たアニメ映画だが、実は優れてA倫理的な問いを内包する作品である。

舞台は異常気象で雨が降り続く2021年の東京。神津島から家出をしてきた少年が、天気をコントロールできるという「晴れ女」の少女と出会う。2人は「晴れ」を呼ぶビジネスを始めるのだが、実は、その力を使いすぎると、副作用として地上での彼女の存在が消えていき、「天空」に召されてしまうのだ。

しかし少年は、そのような運命にあらがい、勇気を出して積乱雲の中から少女を救出する。ここまでならば単なる青春ファンタジーなのだが、重要なのはそこからである。本来はB「人柱」となるはずだった少女を奪還した結果、気象のバランスは大きく崩れる。雨はいつまでも、何年も降り続き、ついに東京の東側はほとんど水没してしまう。物語は、武蔵野台地の端にまで海岸線が迫った、田端付近の風景で終わる。

つまり主人公の少年は、少女を救い出した②ダイショウとして、首都の水没を招いたのだ。そんな「からくり」が広く共有されているわけではないが、もしその事が「権力」に知られたら、安全保障を理由にこの2人は、大きな不幸を背負わされる可能性もあっただろう。そんな[C]雰囲気が物語には埋め込まれている。

誰かが犠牲になって共同体を守る、という「美談」は昔からたくさんある。だが、Dこの作品はちょうどその※ネガになっている。同調圧力が強く、世間の目を気にしながら生きる人が多いと言われるこの国で、「世間様」をまるごと敵に回し、個人の幸福を追求する「身勝手な」姿を、新海誠監督は描き切った。そんな作品が、2019年の映画の国内の興行収入1位となったのだ。

1年前は、個人と社会の利害がこれほど極端に対立することなど、ありそうにないと思われた。だが新型コロナウイルス感染症の拡大は、若干構図は異なるものの、似通った緊張感を日々、私たちに強いている。

当然ながら感染症は、患者個人のみならず、社会的にも影響を及ぼす。私たちのちょっとした行動が、社会に不利益を与えるかもしれない。しかもそれは不確実性が高く、多くの場合、責任の所在は③フメイリョウである。しかしそれでも、時には特定の個人に非難が集中し、実際、人権侵害というべきことも起きている。

また、周知の通り、感染症のリスクと、社会経済的な不利益のバランスをどうとるのか、という対立は深刻である。前者は直接、人々の健康を損なうが、経済的な危機は人々の生活基盤を破壊する。日本人の自殺の原因は、「健康問題」に次いで「経済・生活問題」が多いことを思い出せば、E両者をバランスする天秤《びん》は、どちらの側にも人の命が乗っていると考えなければならない。

すでに私たちは「天気の子」で描かれたような世界に、ある意味で入り込んでいるのだ。「究極の選択」を至るところで迫られる私たちは、一体どう判断すべきなのだろう。たとえば先日、イベントの参加人数の上限が④カンワされたが、それによって生活が救われる多くの人たちがいる一方で、確率的に低くても、イベントが拡大したために感染し、場合によっては命を落とす人も、出てしまうかもしれない。因果関係ははっきりしなくても、可能性としてはそういうことが考えられる。

問題は、その詳細な確率の値や、行動変化による影響の程度が、事前にはよく分からないという点だ。

Fこのような場合、一つ参考になるのが自動運転などで使われてきた「フィードバック制御」の考え方である。これは、動的に対象を制御する際に、その動きをセンサーで監視し、目標との差を検出、その結果をコントローラーに戻すことで、動きを目標に近づける仕組みである。

自転車で言えば、ハンドルを右に切り、曲がり過ぎたと認識したら左に戻し、また行き過ぎたら右に、ということを細かく繰り返すことだ。原理は単純だが、ここで最も重要なのは、センサーの情報を得てからコントロールに反映させるまでの時間が、十分に短いことである。そうでなければ、制御対象はめちゃくちゃな動きをしてしまうだろう。

これを感染症対策に当てはめるならば、感染の広がり方のデータを、細かく、素早く、政策に反映させることが大切、ということになるだろう。ただでさえ⑤センプク期間や検査による※タイムラグがあるのだから、データに変化が確認された際には、即座に対応することが肝要だ。

また、きめ細かな調整が必要なので、対象の※メッシュは小さく分割すべきであり、間違っても全国一律といった雑な対応をしてはならない。

首都圏での感染の再拡大が報じられているが、政府は「Ｇｏ Ｔｏ キャンペーン」を進めるという(7月15日現在)。常識的に考えれば、比較的感染が少ない地域を選び、精密に感染者数を監視しながら、まずは少しだけ舵《かじ》を切るべきだろう。結果が良ければ、少し程度を強め、範囲を広げる。悪化したら即座に舵を戻す。こうしたフィードバックを繰り返して最適値を探るのが、結局のところ、健康と社会経済の価値の和を最大化する早道ではないか。

功利主義も万能ではないが、少なくとも、合理性を軽視すれば不幸は増える。「私たちの政府」に対し、粘り強く、理性的行動を求めたい。

（神里達博「月刊安心新聞」二〇二〇年七月十七日　朝日新聞）

語注　ネガ＝明暗や色相が、実際の被写体とは逆になった画像。
　タイムラグ＝時間上のずれ。
　メッシュ＝地域を網の目のように区切ったもの。

問一、思考力 傍線部A「倫理的な問いを内包する作品である」とあるが、この作品が内包している「問い」とはどのような問いか。「という問い。」に続くように、五十字以内で答えよ。

問二、基本 傍線部B「『人柱』となる」の説明にあたる表現を、本文中から十五字以内で抜き出して記せ。

問三、空欄Cに入れるのに最も適切な語を次のイ～ホの中から選び、符号を記せ。

イ、青臭い　ロ、ウソ臭い　ハ、泥臭い
ニ、キナ臭い　ホ、水臭い

問四、傍線部D「この作品はちょうどそのネガになっている」とあるが、この作品のどのような内容が「そのネガ」なのか。最も適切なものを次のイ～ホの中から選び、符号を記せ。

イ、二人の「晴れ」を呼ぶビジネスが世間の人々に喜ばれたということ。
ロ、力を使い過ぎたため、彼女が消え「天空」に召されてしまったこと。
ハ、「からくり」が「権力」に知られ、二人が不幸を背負わされたこと。
ニ、積乱雲の中から少女を救出し、個人の幸福をひたすら追求したこと。
ホ、少女を奪還した結果、気象のバランスが崩れ、首都が水没したこと。

問五、思考力 傍線部E「両者をバランスする天秤《びん》は、どちらの側にも人の命が乗っている」とはどういうことか。五十字以内で説明せよ。

問六、傍線部F「このような場合、一つ参考になるのが自動運転などで使われてきた『フィードバック制御』の考え方である」とあるが、「フィードバック制御」の考え方を参考にした感染症対策とはどうすることか。八十字以内でまとめよ。

問七、よく出る 基本 点線部①～⑤のカタカナの語を漢字に改めよ。

三 （小説文）漢字の読み書き・語句の意味・内容吟味・品詞識別・文節

次の文章を読んで、後の問いに答えよ。（字数制限のある問題については、句読点も一字と数える。）　（計45点）

竹森稜太《りょうた》竜皇・名人（俺）と、挑戦者千桜夕妃《ちざくらゆき》七段の竜皇戦は、最終局を迎えた。

ここまでの六局、千桜さんは一度として八時間の持ち時間※を使い切っていａない。それどころか六局とも終局した時点で、俺より持ち時間が一時間以上多かった。

彼女がインタビューや取材の際に、時々、言う言葉がある。

対局中に相手が考えていることが分かるというものだ。

将棋とは、この世で最も互いを思い合う競技であり、対局によっては思考の大半が、相手が何を考えているかを考察する時間になる。手番が向こうにある時、相手が次に指す手だけを予想しているわけじゃない。場合によっては、探るべきは相手自身になる。生い立ち、性格、現在の立場、あらゆるものが盤上に繋《つな》がっている。

次に指す手が百パーセント分かっても、素人《しろうと》では棋士に勝てｂない。しかし、棋士同士なら話は別だ。相手が考えていることが分かれば、絶対的に有利になる。

千桜さんは三択くらいまでにＡシボれる盤面であれば、次に指される手は、ほぼ確実に当てられるという。最初に聞いた時は、①はったりだと思ったけれど、対局を何度も経験した今なら分かる。あの言葉は真実だ。

俺が長考して指した手には、ほとんど時間をかけずに切り返してくるからだ。俺が答えを選ぶより早く、こちらの手を確信し、応手を考え始めていたとしか考えられｃない。

将棋のソフトは日進月歩で強くなっている。開発者の努力の成果だと理解している人間が多いけれど、それは理由の半分でしかｄない。将棋は時間制限のある勝負だ。ソフト自体が改良されなくても、コンピューターの処理速度が速くなれば強くなる。

思考の速さは棋力とイコールだ。持ち時間の短い棋戦で、若い棋士の方が好成績を残しているのも、それが理由である。

そして、千桜さんの強さの真髄も、そこにある。

全棋士の中で、いや、もしかしたら歴代の棋士たちの中でも、ずば抜けて思考が速いのだ。

「指したくｅない方に誘導されている気がする」

千桜さんに負けた棋士たちが、そんな言葉を口にする姿を幾度も見ている。

数十分、時には一時間以上考えて指した手を、ものの数秒で切り返されるせいで、そう誤解してしまうのだろう。

だが、真実は違う。彼女は対局者の手を、対局者自身より先に確信し、切り返しの手をじっくりと考えているだけだ。そこに気付いていない棋士たちは、思考を誘導されているという疑心暗鬼に陥り、焦り、飲まれていく。

瞬時に返せるわけがない複雑な手を、たとえ一秒で返されても、決して焦ってはいけない。マジックでも、Ｂカンで最善手を返してきたわけでもない。そこには、きちんと理屈がある。単に彼女が人の心を読むことに長《た》けているだけだ。

何度も自分に言い聞かせながら、慎重に盤面を追い、指していった。

一日目の対局が俺の封じ手※で終わった時点で、彼女の残り時間は、五時間半となっていた。一方の俺は二時間半である。

三時間の差は大きいが、先手有利で進んでいた形勢は、中盤でひっくり返した。

既に盤面は終盤に差し掛かっている。

明日、二時間半あれば大丈夫。番狂わせは絶対に起きないはずだ。

前日、俺が選べた手は三択ではなかった。

少なくとも七つの手で悩み、一時間以上考えて封じ手を決めている。

俺が最終的に選んだのは、七つの選択肢の中で、最もセオリーから外れた手だ。対局者が千桜さんでなければ、あの手は選ばなかったと言ってもいい。

読み合いに強い相手だったからこそ選んだ奇手だった。彼女の能力をリスペクトしつつ、既に優勢となっている盤面を確実に進めるための手だった。

それなのに、封じ手が明かされ、盤面が動くと、彼女は五秒で切り返してきた。

思わず、声が出てしまった。

②「嘘《うそ》でしょ」

一晩あったのだ。彼女には俺の手を予想する時間が沢山あった。だが、いや、だからこそ、俺は時間を調整し、予想が難しい封じ手を選べる盤面に誘導していた。

これ以上ないほどに特異な封じ手を選んだのに、彼女は完璧に読み切っていた。

俺が放った奇天烈《きてれつ》な一手により、今朝までの考察がすべて無駄になる。そういう作戦だった。一晩の熟考を[C]トロウに変えて精神を削り、予想外の手に対する考察で、時間と体力を奪う。

用意してきた作戦は、五秒で[D]ハサンになった。[f]しかも無駄になった[g]だけじゃない。

この手を完璧に読んでいたということは、ここから先の盤面についても、[h]ありあまる時間で考察してきているということだ。

俺の残り時間は二時間半。彼女は五時間半。倍以上違う。有利な形勢で進めていても、ここからの時間の使い方次第では……。

ここに至り、完璧に理解することになった。

千桜さんもコンピューターによって強くなった棋士だが、俺とは[i]決定的な違いがある。それは、その独特な能力が、対人戦に特化していることである。

彼女は対局中、相手をよく見ている。呼吸、視線、手の動き、汗、一挙手一投足から、相手の心を読み取っている。

自分の手番の時でさえ、時折、顔を上げてこちらの様子を確認していることからもそれが分かる。

俺は対局中、自分の手を、最強の将棋ソフトに近付けることに集中している。

一方で、彼女はＡＩの思考過程を[E]ノウリに走らせながら、敵の心まで探っている。

[j]もしも彼女が二つの能力を十全に操れているなら、俺の上位互換ということにならないだろうか。考えてみれば、何年か前に飛王戦の予選で勝利した時も、コントロールして勝ったわけじゃない。偶然に近い勝ち方だった。

③七局目の終盤にして、初めて冷や汗が背中を伝った。

体力やタイトル戦の経験だけじゃない。自力でも俺が上だと思っていた。

だが、本当は違うんだろうか？　体調が万全なら、棋界最強は、ＡＩの強さと、人の心を読む力を併せ持つ、千桜夕妃なのか？

……いや、違う。落ち着け！

仮に考察が正しかったとしても、今、盤上で優勢なのは俺だ。

どう見たって追い詰めているのは、こっちの方だ。

④焦るな。飲まれるな。それが千桜夕妃の作戦だ！

彼女が五秒で切り返してきた手は、俺も予想していたものだ。それに対する返しも既に考えていた。しかし、俺はそこからたっぷり十五分を考察に使った。

準備していた手を再考察するためではない。平常心を取り戻すためだった。

封じ手直後の五秒で、正直、度肝を抜かれた。

本当に相手の考えていることが読める人間なのだと、恐怖すら感じた。

しかし、俺は思い出すことが出来た。千桜さんの持つ特異な雰囲気に飲まれた棋士たちが、彼女に負けてきたのだ。

時間は使い切って構わない。肝要なのは最後まで平常心を保つことだ。

彼女は強い。けれど、俺はもっと強い。

真正面から戦えば負けやしない！

終盤戦、盤面が進めば進むほどに、どんどん持ち時間の差が埋まっていった。

誰がどう見ても苦しいのは彼女だ。

起死回生の一手を探るため、彼女は考えるしかない。

相手が指す手が読めても、自分が指す手は一人で決めなければならない。

長考が続くようになり、リズムの良い彼女の将棋は死んだ。

⑤ポーカーフェイスだった眼差《まなざ》しに、険しい表情が浮かび、重たそうな咳《せき》も増えている。

彼女の覚悟は分かっている。世界的な※インフルエンサーとなった彼女が竜皇になることで、将棋界にどれだけの光がもたらされるかも理解している。

女であることも、肺に問題を抱えていることも、知っている。

それでも、負けてやるわけにはいかない。

俺は名人にして竜皇であり、五冠だ。現役最強の棋士なのだ。

勝たなければならない。彼女が真に強い棋士だからこそ、⑥俺が倒さなければならない。

（綾崎隼『盤上に君はもういない』より）

語注　持ち時間＝自分の手を考えるために与えられた制限時間。

封じ手＝将棋の対局がその日だけで済まない時、次の手を、指さずに書いて密封しておく。翌日それを開いて、以後の勝負を進める。

インフルエンサー＝世間に与える影響力が大きい人物。

問一、**よく出る** **基本** 二重傍線部Ａ～Ｅのカタカナの語を漢字に改めよ。

問二、**基本** 傍線部①「はったり」、⑤「ポーカーフェイス」の意味として最も適切なものを次のイ～ホの中からそれぞれ選び、符号を記せ。

①「はったり」

イ、できもしないことを大げさに言うこと。

ロ、過去の失敗をとりつくろって言うこと。

ハ、他人の威光をかさに着て言うこと。

ニ、思いつきで窮地を切り抜けようと言うこと。
ホ、能力を誇示せず控えめに言うこと。

⑤「ポーカーフェイス」
イ、熱意で目が血走っていること。
ロ、視線が相手を射抜くようであること。
ハ、全く無表情であること。
ニ、不敵な笑みを浮かべること。
ホ、順調で浮き足立っていること。

問三、傍線部②「『嘘《うそ》でしょ』思わず、声が出てしまった」とあるが、この時、竹森はなぜ「嘘でしょ」と声が出てしまったのか。七十字以内で説明せよ。

問四、傍線部③「七局目の終盤にして、初めて冷や汗が背中を伝った」とあるが、この時竹森はどう感じているのか。最も適切なものを次のイ～ホの中から選び、符号を記せ。
イ、竹森は、経験という面では自分の方が千桜よりも上だと自負していたが、千桜が特異な能力を人知れず身につけていたことが分かったため、眼前の危機を切り抜けるにはもう偶然に頼るしかなくなったと絶望している。
ロ、竹森は、封じ手を五秒で覆された最終局、押し殺していた心を敵に読まれたらどれほど精神が乱れていくかが身にしみて分かり、体調を崩してまで現役最強の自分を全力で倒しにかかる千桜の執念に、震える思いである。
ハ、竹森は、将棋ソフトのおかげで現役最強の地位を得たが、敵の心を読む力をも駆使する千桜が台頭してきたことに衝撃を受け、普段から将棋ソフトよりも人間を相手に練習を積むべきであったと猛省している。
ニ、竹森は、将棋ソフトで上達しＡＩの強さを持つという点では千桜と変わらないが、ＡＩの強さと敵の心を読む力の両方とも自分より長《た》けている千桜に圧倒されつつあり、現役最強の地位を失いそうだと恐れおののいている。
ホ、竹森は、経験も棋力も千桜より上だと思っていたが、千桜がＡＩの強さと敵の心を読む力の両方を持つため、仮に千桜の体調が良く、千桜が二つの力を目一杯働かせたなら現役最強の自分も敵《かな》わないのではないかと焦っている。

問五、**難** 傍線部④「焦るな。飲まれるな。それが千桜夕妃の作戦だ！」とあるが、竹森が考えている千桜の作戦を、七十字以内で説明せよ。

問六、傍線部⑥「俺が倒さなければならない」とあるが、この時、竹森はどのようなことを考えているのか。最も適切なものを次のイ～ホの中から選び、符号を記せ。
イ、肺に問題を抱えている千桜に、しばしば長時間にわたる戦いを強いられるであろう現役最強の地位を引き継ぐのは無理があるため、最終局で倒し今後を諦めさせた方がいいと考えている。
ロ、千桜は女性で病弱であり、彼女が勝てば将棋界に注目が集まるのかもしれないが、勝利をめぐむ必要などなく、自分は現役最強の棋士として真剣勝負で臨まねばならないと考えている。
ハ、相手の心を読み取れない自分には勝ち目がないことを悟ってしまったが、現役最強だと自己暗示をかけることで平常心を取り戻し、彼女の体調の悪いうちに逆転勝ちで締めくくりたいと考えている。
ニ、自分の現役最強の信念を千桜に読心術で読み取らせ、心理的にも追い込むことで、これまでの千桜の作戦はまったく通用しない相手と対局しているのだと分からせたいと考えている。
ホ、相手の指す手を先回りして読むことで世界的に有名になれた千桜は、反面、駒の動かし方がまだまだ未熟なので、ここで現役最強の自分が全力を出してとどめを刺さなくてはと考えている。

問七、**基本** 点線部ａ～ｅ「ない」の中から、自立語を二つ選び、符号を記せ。

問八、**基本** 点線部ｆ「しかも」、ｇ「だけ」、ｈ「ありあまる」、ｉ「決定的な」、ｊ「もしも」の品詞名をそれぞれ漢字で記せ。ただし、助詞の場合は、「□助詞」の形で種類を含めて記すこと。

問九、**基本** 太線部「あの手は選ばなかったと言ってもいい」を、例にならって単語にわけよ。
例　私／は／中学生／だ。

三　(古文)内容吟味・口語訳

次の文章を読んで、後の問いに答えよ。　（計20点）

江州《ごうしう》にてある里侍《さとさぶらひ》、長《たけ》二※間《けん》ばかりの蛇を切り、ちまたこぞりて「①蛇切《じやきり》」と呼ぶ。この人の住所は琵琶湖《びはのうみ》の東なり。「その浦に蛇あり」「つねに湖の底にすむ」など言ひふれり。しかるに何者のわざにや、かの侍の門に、「この浦の蛇、御退治しかるべし」と札に書きて貼《を》す。侍見て「筆まめなること」とて引きまくりて捨てけり。また次の夜も「ぜひ殺したまへ」とて貼す。これも取りて捨つるに、後には捨てても捨てても、札六七枚八九枚も貼して、あまつさへ雑言悪口す。※軽忽《きやうこつ》なること言ふばかりなし。侍見て、「今はあるにし、なきにし、②殺さではかなはぬ」と思ひ、我もぜひなく札を立てたり。「我不幸《ふかう》に蛇を殺す。人たのまぬに蛇切と呼ぶ。うれしきにもあらず。また手柄と思はねば自讃《さん》したる事もなし。しかるにこの浦に蛇あるよしにて、我をさしづしたまふ。すこぶる難儀なれども、また一人に選ばるるも、③かつは面目《めんぼく》なり。これやむことえがたし。下官《やつがれ》いかでか辞せんや。幸《さいは》ひ来月幾日《いくか》は庚寅《かのえとら》にして吉日なり。巳《み》の刻に退治申すべく候《さふら》ふ。その浦へ御寄りあるべく候ふなり」と書けり。もろ人見て、「札のおもて聞こえたり。無理なる所望にこそ」と言ひ合へり。

かくて④其《そ》の日になるに侍も幕ひかせ、かしこにゆけば、見物も群れつれて来る。⑤時にのぞめば、侍酒あくまで酌《く》みて裸になり、下帯《したおび》に脇差し差して、※千尋《ちひろ》の底に入る。あはやと見るに上がらず。しばしして浮かめり。息をとくとつぎて、「ささて蛇やあると右往左往見るに、⑥もとなきか、あれど出《い》でぬか、蛇と思ふものもなし。しかれどもこなる岸の下に広さ三間四方ばかりのうつろあり。この洞《ほら》に水の動くにうつろふて、光りもの見えたり。さてこそと思ひ、ａやがて側《そば》に寄り、二刀三刀《ふたかたなみかたな》刺すに、ｂあへてはたらきもせず。いかさま合点ゆかぬものなり。今一度ゆきて取りて帰るべし」と言ひ、長き縄を取り寄せ、その端を下帯につけ、また入ると見えしが、やがて上がり、「引きあげよ」と言ふ。人々寄りて、これを引くに、具足《ぐそく》、甲《かぶと》着たるもの引きあげたり。その時見物一度にどつと褒むる声やまず。さてよく見ればよろひ武者の入水《じゆすい》したると見えて、すぢほねの差別もなく凝《こ》りたる躰《てい》にして、甲、具足、太刀、差添《さしそへ》も金《こがね》作りなり。c よの物錆《さ》び腐れども、金は全《また》うしてこの侍、徳を得たり。保元《ほうげん》寿永か、あるは建武延元の頃の、しかるべき大将にやと言へり。⑦見物のものも「天晴《あつぱれ》、蛇を殺せる勇士かな」と褒めてかへりしと。

（『御伽物語』巻三より）

語注　間＝長さを測る単位。一間は約1.8メートル。
軽忽なること＝軽はずみなこと。
千尋＝非常に深いこと。
うつろ＝空洞。

問一、よく出る 基本 点線部a「やがて」、b「あへて」のここでの意味と、c「よ」の意味を表す漢字として最も適切なものを次のイ〜ホの中からそれぞれ選び、符号を記せ。

a やがて
イ、徐《おもむ》ろに
ロ、いつか
ハ、その内
ニ、すぐに
ホ、すこし

b あへて
イ、わざわざ
ロ、まったく
ハ、一緒には
ニ、たまたま
ホ、出会えて

c よ
イ、世
ロ、夜
ハ、余
ニ、予
ホ、代

問二、傍線部①「蛇切《じやきり》」と呼ばれた里侍《さとさぶらひ》が用いている「我」以外の一人称を、本文中から抜き出せ。

問三、傍線部②「殺さではかなはぬ」とあるが、どうしてそう思ったのか。説明せよ。

問四、傍線部③「かつは面目《めんぼく》なり」とあるが、どうしてそう言うのか。説明せよ。

問五、思考力 傍線部④「其《そ》の日になるに」、⑤「時にのぞめば」とあるが、次に掲げるのは「其の日」を含むカレンダーと時刻表である。これに基づけば、「其の日」の「時」とは、何日の何時頃となるか。数字で答えよ。

1 癸亥	2 甲子	3 乙丑	4 丙寅	5 丁卯	6 戊辰	7 己巳
8 庚午	9 辛未	10 壬申	11 癸酉	12 甲戌	13 乙亥	14 丙子
15 丁丑	16 戊寅	17 己卯	18 庚辰	19 辛巳	20 壬午	21 癸未
22 甲申	23 乙酉	24 丙戌	25 丁亥	26 戊子	27 己丑	28 庚寅
29 辛卯	30 壬辰					

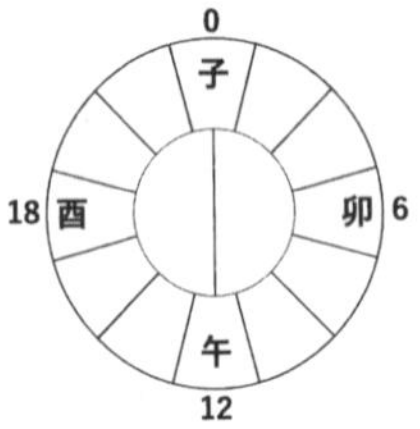

問六、傍線部⑥「もとなきか、あれど出《い》でぬか」を主語を明確にして現代語訳せよ。

問七、傍線部⑦「見物のものも『天晴《あつぱれ》、蛇を殺せる勇士かな』と褒めてかへりし」とあるが、どうしてそう褒めたのか。最も適切なものを、次のイ〜ホの中から選び、符号を記せ。

イ、最初は渋っていたが最後には、江州の里侍が琵琶湖の底の蛇を退治してくれたから。
ロ、見物人の目に映ったのは、下帯姿だった蛇取りの名人のきらびやかな姿だったから。
ハ、以前蛇を殺した勇士だけあって、琵琶湖の底で金の武具を見つけ、手に入れたから。
ニ、保元から延元の頃に名の知れ渡った大将が、琵琶湖の浦の蛇を退治してくれたから。
ホ、琵琶湖の底の空洞から、入水したよろい武者の救出を何度も試みて成功させたから。

立教新座高等学校

時間	満点	解答
60分	100点	P99

2月1日実施

出題傾向と対策

●昨年の論説文二題、小説文一題から、随筆文一題（省略）、論説文一題、小説文一題に。論説文は、文章は難しいが問題は紛らわしい選択肢も少なく平易。小説文は文章、問題とも平易。漢字の読み書き、空欄補充、語句の意味、内容吟味、選択肢、既述がバランスよく配されている。

●読解問題が三題で、本文の総字数がかなり多くなるので、文章を素早く正確に読み取る力が必要とされる。論説文はキーワードと段落の要点を、小説文は登場人物の心情を押さえて読んでいくこと。漢字の学習も必須。

一 （省略）杉本博司「苔のむすまで」より

二 （論説文）漢字の読み書き・文脈把握・ことわざ・内容吟味・鑑賞・表現技法

次の文章を読んで、後の問に答えなさい。

「よいひと」とはどんなひとをいうのだろうか。

たいていの人間に期待できそうなことはきちんとしてくれるひと。そういうひとは信頼できる。よいひとと呼んでよい。他人のためになるが誰もがするとはかぎらないことに尽力するひと。それならますますそうだ。こういうひとはむしろ、立派なひと、尊敬すべきひとと呼べそうだ。そういうひとが大勢いれば助かるし、よいひと自身も他のよいひとに助けられ、みながその恩恵に浴する。だから、以上のタイプのよいひととは、私たちが一緒に生きていくのに役立つひとのことである。

ところで、私たちは別のタイプのひとも立派に思い、尊敬する。たとえば、自己ィタンレンを怠らぬアスリート、創作に没頭する芸術家、つねに工夫を凝らす職人、などなど。自分の生き方をみずから選びとってロ精進している点に、私たちは感心する。

　道徳と倫理は同じ意味で使われる場合もあれば、使い分けられる場合もある。使い分けられるときのその違いは大まかにいって「よいひと」の意味のこの二つの要素に対応している。道徳とは、私たちが一緒に生きていくために守るべき行為規範の体系である。私たちの共同生活の破綻を防いだり（たとえば、「ひとを傷つけてはいけない」）、共同生活をいっそう有意義にしたり（たとえば、「ひとには親切にすべし」）する教えがそこに含まれている。

　これにたいして、倫理は本人の生き方の選択に関わる。先に挙げたアスリートや芸術家の例にかぎらず、誰もが自分の人生を選んでいる。だから、倫理に含まれる教え（たとえば、「自分の能力を伸ばすべし」「自分の一生を大切にせよ」）もどのひとにもあてはまる。

「道徳と倫理のそういう使い分けは初耳だ」といわれるかもしれない。もっともだ。その違いはラテン語の mos とギリシア語の ethos に由来する。どちらも慣習を意味するが、ethos のほうは気高い性格という意味も含意する。「道徳」という日本語はラテン語起源の、英語でいえば moral の訳語にあてられる。「倫理」という日本語はギリシア語起源の、英語でいえば ethic の訳語にあてられる。

　だから、日本語の道徳と倫理という語に上のような区別はもともとないけれども、ラテン語とギリシア語のこの語源を反映させて、世間のきまりをハ遵守する生き方を道徳的、矜持《きょうじ》ある生き方を倫理的と呼び分けることができる。

　上の説明では、世間のきまりに自分が従うか否かの倫理的決断が自由にできるように聞こえるかもしれない。その点を強調する思想もある。自分で自分の生き方を選ぶ決断を称揚する実存主義がそれであり、ひとえに自己に誠実であることを重視する。

　けれども、私たちはたいてい生まれ育ってきた環境に影響されて自分の生き方を選んでいる。すると、生き方の選択に関わる倫理と世間のきまりという意味の道徳は、結局、同じことに帰着するのか。いやそうではない。道徳について説明したときに用いた「私たちが一緒に生きていく」という語句に注意しよう。日常に使う言語、生まれ育つなかで身につける習俗や文化の伝統、さらには宗教がほぼ一緒のひとたちからなる結びつきを共同体と呼ぶ。これにたいして、文化や伝統や宗教が違っていてもその違いから相手を否定することなく一緒に生きていけるようにする結びつきを社会と呼ぼう。

　近代化とは、価値観を共有する者たちから成る共同体が価値観の異なる人びとに開かれてゆく過程である。現代の多くの国々は母語が異なる移民を受け容《い》れている。こうした価値多元社会では、誰でも自分がよいと思う生き方を追求してよいし、本人が選んだ生き方を尊重すべきだという考えが社会に共通の規範として認められている。この規範は［A］に属す。

　これにたいして、多様な生き方の選択肢とその選択肢のなかから自分の生き方を実際に選ぶことは——自分が生まれ育った共同体のなかで身につけた生き方を選ぶ場合もあれば、あるいはそれに反発して社会のなかで見聞した別の生き方を選ぶ場合もある——［B］に属す。たとえば、「私はカトリックの教えにしたがって生きる」という決断は［C］に属し、「他のひとは別の宗教を信じてよいし、何の宗教も信じなくてもよい」という態度は［D］に属す。

　先に道徳を世間のきまりと呼んだが、世間という語は共同体を連想させるかもしれない。正確にいえば社会のきまりである。だから、「［①］に入れば［①］に従え」や「長いものには巻かれろ」という教えは、同質性を好む共同体のなかで摩擦なく生きていくための実用的な知恵ではあっても、自分で考えることを放棄しているから上記の意味での倫理ではないし、②他人の生き方への抑圧につながる点で上記の意味での道徳でもない。

　すると、こうした教えがいまだに力をもち、ギリシア語やラテン語に由来する区別がもともとない日本では、倫理も道徳も結局は「既存の慣習に順応せよ」という命令にすぎないのではないか。その点の検討は大切である。とはいえ、そういう疑念をもつことのできたひとは、これまで説明されてきたことを理解したからこそそう問うたわけだ。その説明は日本語でなされた。だから、倫理と道徳の違いや近代社会の価値多元主義を日本語で思い描くこともできるはずである。

　さて、以上のように倫理と道徳は使い分けられるのだが、他方で、倫理と道徳はほぼ同じ意味でも使われている。というのも、よいひととは、力点が置かれる程度の差はあれ、二つの要素をニカねそなえたひとのことだからである。

　たとえば、本人が選んだ生き方のせいで他人の不利益や危害を招くひとは、よいひとだとはとてもいえない。逆に、すべきことをきちんと果たしていても、その行為が正しいとか相手のためになると自分で判断してそうしたのではなく、他人の指示や非難や賞賛に動かされてしたのなら、よいひととはいいがたい。そういうひとは間違った対応はしなくても、故障していない機械をあてにする程度にしか信頼できない。

　優れた哲学者たちもそう考えていた。古代と近代それぞれを代表する哲学者を例に引こう。アリストテレス（紀元前三八四—紀元前三二二）はなすべきことを無意識にではなく、みずから選択し、しかもそれがよいことと思うから行ない、そのうえいつでもふさわしいふるまいのできる構えのできたひとが善き人間であると説き、イマヌエル・カント（一七二四—一八〇四）は、なすべきことをそれがなすべきであるから行なうことを道徳性と呼んで、なすべきことをしているにしてもそれ以外の理由で行なう適法性から区別している。

　以下、「倫理的かつ道徳的」といちいち記すのもホワズラわしいので、とくに両者の違いを注意しなくてはならない場合を除いて、両者を同時に含んでいるときには「倫理的」および「倫理」という表記で一貫することにしよう。

　倫理は、「何々すべきだ／しなくてはならない／してもよい／してはならない」といった規範を含んだ判断や、「何々するのはよい／悪い」という価値を含んだ判断で言い表わされる。価値の表現は「卑怯《ひきょう》だ」「高潔だ」など多種多様だが、「よい」「悪い」で代表させておく。

　他方、規範や価値を含む判断とは別に、「何々がある」「何々は何々である」という種類の判断がある。この種の判断はさらに二種類に分かれる。

　そのひとつは、世界のなかにあるもの（「国際司法裁判所は国際紛争を法的に解決する機関である」）、あったもの（「カンブリア紀には三葉虫がいた」）、将来あるだろうもの（「永続的に使える人工臓器」）、世界のなかに起きていること（「平均気温が上昇しつつある」）、起きたこと（「一九三六年に二・二六事件が起きた」）、将来起こるだろうこと（「二〇五〇年、日本の人口は一億人を割るだろう」）を伝える判断である。

　これらの判断については、判断の内容が現実のものやできごとと一致していることが観察や経験によって確証されれば、その判断は真である。どれほど複雑な推論や複雑な装置を介してであれ、究極的には目で見、手で触れるなど五感の働きで真偽が確証できる。こうした判断から成り立つ学問は実証科学と呼ばれる。自然科学のすべてと社会科学の多くの分野やその下位領域がここに属す。

　もうひとつの種類は、「$x^2+1=0$には実数解はない。虚数iを用いてはじめて解を得る」というふうに、その学問の前提となるとりきめと論理規則だけでその真偽が決まる判断である。数学や幾何学や論理学はこうした判断から成り立っている。

　倫理的判断は「がある」「である」のどちらの種類とも違う。論理的整合性だけにもとづく判断でもなければ、世界の現実を伝えもしない。というのは、倫理的判断は現実を伝えるのでなく、現実を創り出そうとする判断だからである。人間の行為によって世界をその判断が推奨するかたちに変えていこう、あるいはその判断が警告しているふうに世界がならないように抑止しようと呼びかけているのである。

　「すべきだ／しなくてはならない／してもよい／してはならない」が呼びかけであることは明らかだ。これに比べて、「よい／悪い」は一見そうみえないかもしれない。「約六五〇万人のユダヤ人を殺害したホロコーストは世界史上まれにみる悪行である」という判断は「ナチズムは約六五〇万人のユダヤ人を殺害した」という判断と同じく過去のできごとを事実として伝えているように思われるかもしれない。だが、「悪行」という語は判断する主体がその事実をどのように受けとめ、価値づけているかを表わしている。

　しかも、それはその場かぎりの感情的反応ではない。善悪の判断を下すにはそれに応じた理由がある。その理由が「特定の人種に属しているというだけで人間を殺してはならない」というものであるとすれば、ホロコーストについて上の判断を下したひとは同じ理由があてはまる別のできごと（たとえば、ルワンダのツチ族虐殺）を、それぞれの事態の特殊性に留意しながらも、同様に悪行と呼ぶだろう。同じ論拠が成り立つすべての事態に同じ評価を下す。倫理的判断は③普遍妥当性要求――すなわち、「同様の事態なら、いつでもどこでも誰がすることでも、同じ判断があてはまる」という主張――を含んでいる。

　ただし、それはあくまで要求であって、自然法則が、たとえば、重力加速度が地球上のどこでもあてはまるようには、他の可能性を排除することができない。いいかえれば、別の人間が同じ事態を別様に受け止める可能性を排除できない。だから、「倫理はひとによって違う」ともいわれる。

　だが、この表現は粗忽《そこつ》である。反対の判断を下したふたりのどちらも自分の考えが相手にもあてはまると思っている点を看過しているからだ。ある特定の生き方を奉じているひとは他人にも同じ生き方を勧めるだろう。普遍妥当性要求のために、見解の相違は深刻な対立になりやすい。それゆえ、前述のように、各人が選択する生き方・考え方で同じ信条の人びとのあいだであてはまる倫理の次元と社会の構成員全員にあてはまる自他の選択の自由（この場合には信仰の自由）を尊重する道徳の次元とが区別される。

　その道徳すら脅かされうる。たとえば、ある人種の絶滅が正しいと考える人間は今後も出現するかもしれない。しかも、その人間はそれを自分の生き方、倫理だと主張するかもしれない。しかし、その人間が自分の考えを主張することを許されているのは、道徳が他のひとと等しくその人間にも信条の自由や言論の自由を認めているからだ。それなのに、彼の考えの中身は自他に平等に権利を与える道徳を否定している。それゆえ、彼の考えは自分の立場を掘り崩す自己矛盾を犯している。だから、その主張を倫理として認めることはできない。


（品川哲彦『倫理学入門』）

問一、**よく出る** **基本** 傍線部イ～ホについて。カタカナは漢字に直し、漢字は読みをひらがなで記しなさい。

問二、**基本** 空欄[A]～[D]について。「道徳」が当てはまる場合はア、「倫理」が当てはまる場合はイをそれぞれ答えなさい。

問三、**基本** 空欄[①]に当てはまる漢字一字を答えなさい。

問四、傍線部②「他人の生き方への抑圧につながる」とあるが、ここでの「他人」を具体的に表している箇所を、文中から十字で抜き出しなさい。

問五、**思考力** 傍線部③「普遍妥当性要求」について、本文の内容に合致しているものを次の中から選び、記号で答えなさい。
ア、そもそも社会で生きている限り、事実の価値づけは他人と変わらないので、普遍妥当性要求は発生しない。
イ、普遍的な倫理と呼べるものは存在せず、人によって異なる倫理を尊重すべきなのだが、普遍妥当性要求がそれを難しくする。
ウ、普遍妥当性要求は理想であって常に成立するとは限らないので、自分は自分であるとして他人は関係ないという立場をとることになる。
エ、他人と自分の倫理はそれぞれ異なるので、普遍妥当性要求によって互いの生き方を調整しながら生きることになる。

問六、本文の表現に関する説明として適当なものを次の中から選び、記号で答えなさい。
ア、外国語を話題にすることで、外国と比較したときに日本文化が特殊であることを読み手に示している。
イ、逆説的な表現を随所に用いることで、読み手に注意深く読むことをうながし、独創性を強調している。
ウ、具体例は取り上げず、一貫して抽象的な説明を続けることで、主張の展開を格調高いものにしている。

エ、想定される疑問や反論に言及したり、補足の説明をしたりすることで、主張に説得力を与えている。

三 (小説文)文脈把握・内容吟味・主題

次の文章を読んで、後の問に答えなさい。

ある田舎の小学校に、一人の青年の教師がありました。その青年は、真実に小さな子供たちを教えたのであります。

二年、三年と、青年は、そのさびしい変化のとぼしい田舎にいるうちに、［A］、都へ出て勉強をして、もっと出世をしたいと考えました。それで、ある日のこと、自分の平常《へいぜい》教えていた生徒たちを、自分の前に集めて、

「私は、もっと勉強をしたいと思いますから、せっかくみなさんと親しくなって、毎日、この学校へきていっしょに暮らしましたが、お別れをしなければなりません。どうか、みなさんも勉強をして、大きくなって、みんないい人間になってください」といいました。

これを聞いていた子供たちは、目に涙をためて、うなだれていました。みんなは、このしんせつな先生に別れるのを、心から悲しく思ったのであります。

生徒たちは、みんな寄り集まって、先生になにか記念品をさしあげたいということを相談しました。なにをあげたらいいだろう? すると、

「先生は、まだ懐中時計を持っていなされない」と、一人がいいました。みんなは、先生のことは、なんでもよく知っていたからです。なるほど、そうだった。永く私たちを記念してもらうために、先生に時計を買ってあげよう、ということになりました。

みんなは、先生にあげるのだといって、喜んで、いくらかずつの金を出し合いました。そして代表された数人が、町へいって、一個の時計を求めてまいりました。生徒らは、代表者が求めてきた時計を一度ずつ、そのかわいらしい小さな手にとってながめました。そして、①この時計が長く先生のそばを離れないと思うと、心からうれしそうに喜びました。

年の若い先生は、みんなからのこの真心のこもった時計をもらって、どんなに喜ばしく思ったでありましょう。厚く礼をいって、彼は、このさびしい、都から遠く離れた村を、都に向かって、みんなに別れをつげて出発したのでありました。

彼は、都会に出ました。多年教師をしていて、積んでおいた金で、下宿屋の窓の下で勉強をしました。春、夏、秋、冬は、そこでたったのであります。それにつけて、彼は机の上においてあった時計が、たゆまず、休まずに、カチカチと時をきざんでいるのを見ながら、自分のいた、さびしい田舎のことを思い出しました。

「あの子供たちは、大きくなったろう。そして、やはり、あちらに林が見え、こちらに山が見える学校で、毎日勉強をしていることだろう……」と思うと、目の前に、かわいらしい、目のくるくるした顔がいくつも浮かび出てみえたのでありました。

彼は、［B］、それに鼓舞されたように、勉強をつづけました。そして、この社会に出る関門であった、むずかしい試験を受けたのでした。幸いに彼は、それに合格することができたのであります。

②こうして彼は、あのさびしい田舎の小学校にいた時分、頭に描いた希望の半分を達しました。その後、彼は、ある役所に勤めました。それから、もっといい下宿に移りました。毎日、彼は、朝出かける前に、時計のねじを巻くことを忘れませんでした。小学校の生徒の贈った時計は、いつも彼の身体からはなれなかったのであります。彼は、前の下宿にいる時分、ある日のこと、ちょっとしたはずみに、時計を落として机の角で、時計の裏側に小さなへこみを作ったのであるが、その後は毎日、ねじを巻くたびに、この傷は、彼の目にとまるのでした。

「惜しいことをしたもんだ」と、はじめは、そのたびごとに、傷痕《きずあと》を指さきで、なでていったのです。しかし、いつ忘れるということもなく、だんだんそのことが気にかからぬようになりました。

数年の後、彼は、いままで勤めていた役所から、ある会社に移りました。しかもいい位置にすわるようになりました。

彼の服装は、いままでとは変わらなければなりませんでした。服装ばかりでなく、いっさいが変わらなければなりませんでした。彼は、旧型の大きな安時計を下げて、会社にいくことを気恥ずかしく感じました。

「ずいぶん長くこの時計も役にたったものだ。もうしかし、③これに暇をやってもわるくはあるまい。これほど使えばたくさんというものだ」と、彼は思いました。

彼は、その時計を古道具屋に売りました。そして、小さな新型の時計を求めました。さすがに新しい時計を求めて、時計屋から外に出て、にぎやかな往来を歩いたときは、彼は、昔、自分の教師をしていたあのさびしい田舎の小学校と、そのあたりの景色を思い出して、目に描かずにはいられなかったのでした。

けれど、彼にとって、いま、昔のみすぼらしい自分のことを考えることは、むしろ苦痛でありました。ほんとうに、そのことはくだらない。自らなにも厭世《えんせい》的にならなくともよさそうなものだ。すべて過去というものは、陰気なことでうまっていると、彼は思ったのであります。

さらに数年の後には、彼は、会社でもっともはばのきく重役でありました。だれが今日のようすを見るもので、その昔、青年時代を、田舎の小学校で、よれよれになった袴《はかま》をはいて、鼻たらし子供を教えていた、あのみすぼらしかった姿を想像するものがありましょう。

彼は、大きな、いかめしいいすにふんぞりかえっていました。頭髪はきれいに分けて、口ひげを短く刈り、金縁の眼鏡をかけています。そして、最新流行ふうの洋服を着て、プラチナの時計のくさりが、ガラス窓からはいる、灰色の空の光線に鈍い光を反射していました。

彼は、あの大きな旧型の時計を売ってから、その後いくたび時計を取り換えたでありましょう。

最近まで持っていた金時計は、彼が、ある夜のこと、ねじをすこし強く巻いたかと思うと、ぜんまいが切れてしまいました。さっそく、修繕はさしたものの、［C］、その故障の起こった時計をいつまでも持っている気にはなれなかったのです。

それで、彼は、プラチナの時計にそれを換えたのであり

ました。高価なプラチナの時計は、いま彼の持っている時計でありますが、やはり完全な機械ではないとみえて、標準時より一日に三分間おくれるのでありました。

彼には、なにより自分が、完全な最良な時計を持たないという不満がありました。しかし、この時計にかぎって、そんなことはないはずだと思っているので、当座、彼は、社にくると、給仕に気象台へ電話をかけさせて、時間を問い合わせたものです。給仕は、彼の顔を見ると、またかといわぬばかりの目つきをしました。しかし、後になっては、どうしても三分間遅れるということを確かめると、それでも自分の時計は正確だ、標準時のほうがまちがっているとはいわれなくなって、彼はどうしたら真に正確な時計が得られるかと、茫然《ぼうぜん》いすにもたれながら、べつに自分はすることもないので、そんなことを妄想していたのであります。

ある日、みんなの仕事の休み時間に、彼はポケットから、プラチナの時計を取り出して、どうして遅れるのだろうということを、ため息といっしょにだれに向かっていうとなく、歎《たん》じたのでありました。

これを聞いていた人たちは、口々に合づちを打って、

「私どもの時計は、どうせ安物ですが、七分も進みます」と一人がいうと、また、一人は、

「私のは振り止まりがする……」といって、みんなを笑わせました。

「七分ならいいが、僕のは、十分も遅れる」と、あちらでいったものもあります。

このとき、やはり、彼らの中の一人で、

「僕の時計は、感心に正確です」と、いったものがありました。

重役は、プラチナの時計を握ったまま、こういったものの方をながめました。しかし、彼の目は、どこやらに侮蔑を含んでいました。

(標準時に合わせば、やはり狂っているのだ)と、心の中で笑ったからです。

このとき、彼は、それを言葉には表さずに、ものやさしく、

「どれ、君の時計を、ちょっと見せたまえ」といいました。

自分の時計を正確だといった男は、急に、恐縮してしまいました。

「私のは、ごく旧式で、大きい型のです」といって、頭をかくと、④みんなが声をたてて笑いました。

その男は、べつに、臆するところなく、自分の時計を重役の前に持っていって、テーブルの上においたのであります。

彼は、男の差し出した時計を手に取ってながめていました。そして、ふいに、裏側のへこみに目を止めると、驚きのためにその顔色は変わったのでした。

しかし、彼のこの微妙な心理の推移を、そばの人々がわかろうはずがありません。ただ、あまり重役が熱心に、つまらない時計を凝視しているのを不思議に思ったくらいでありました。

「君、僕のこのプラチナの時計と交換しようじゃないか」と、重役はいいました。

みんなは、重役が冗談をいうにしては、あまりまじめなので、どうしたことかと一図《いちず》に笑うこともできなかったのです。

「ほんとうに、君、交換してくれないか」と、今度は、重役のほうから頼むようにいいました。

みんなは、相手の男が、喜んで交換するものと思いました。なかには、一種うらやましそうな目つきをさえして、このようすをながめていたものもあります。

男は、さもその当時のことを思い出すように、しんみりとした調子で、

「この時計は、私にとっては忘れられない記念の品であります。私が労働をしていました時分に、やっとの思いで、露店でこの時計を求めたのでした。その日から、この時計は、今日まで苦労を私といっしょにしてきました。私は、この時計を売ったり、交換したりすることはできませんが、あなたが愛してくださるなら、あなたに差しあげます」といって、男は、この時計を重役に進呈しました。重役は、時計に対する奇遇と、この男の話に少なからず感動しましたが、彼は、ただちに、そのことを口に出していうほどの卒直《そっちょく》さをもっていませんでした。彼は、[D]、驚きの色をかくしながら、

「露店で買ったという、この時計は、狂わないかね」と、たずねました。

すると、男は、誇り顔に、重役を見つめて、

「一分も狂いません。おそらく、一秒も狂わないかもしれません。標準時に、毎日、きちんと合っています」と、答えました。

これを聞いて、この会社の中で、不思議に感じなかったものはありませんが、[E]重役は、あの村の子供たちが、自分のために贈ってくれた時計がそんなに正確なものであったかと、真に驚いたのでありました。

彼は、男の進呈した時計をもらって、自分の家へ帰りました。彼は、もしもこれが、昔、自身の持っていた時計でなかったら、けっして、この時計をもらわなかったにちがいありません。

その日、彼は、終日、その時計を前において、じっとながめていました。いままで忘れていた、過去のいろいろのことが、ありありと目に浮かんできました。そして、じっと見ているうちに、この時計の鈍い光の中から、自分の苦学時代がよみがえり、また、あの男の物語った、あの男の過去が幻となって、目に映るような気がしました。彼は、涙ぐましい気さえされて、眠る時分には、これをまくらもとにおいて、そのカチカチと秒を刻む音を聞きながら、いつになく安らかな眠りにはいったのでした。

彼は、風がすきまから吹き込んで、破れた障子のブウブウと鳴る寒村の小学校の教壇に立っているのでした。彼は、若く、そして、よれよれになった袴をはいています。しかし、熱心に、児童の顔を見守っていました。

「みなさん、大きくなったら、どんな人になろうと思いますか」

彼は、生徒らに向かって、こういう問いを出したのでした。すると、あちらにも、こちらにも、かわいらしい手が上がって、先生！　先生！　と、争って呼ぶ声が聞こえたのでした。彼は、その中の一人を指すと、その子は立って、「いい人間になります」と、答えた。

彼は、その子供に向かって、

「いい人間って、どんな人ですか?」と、たずねた。その子供は躊躇《ちゅうちょ》なく、りんごのようにほおをほてらして、「世の中のために働く人になります」と、答えた。

彼は、子供の純情さに、覚えず感動した。同時に、夢から彼はさめたのであります。はね起きて床《とこ》の上にすわりました。そこで、すぐに十数年の昔になった、あの時分のことを思い出したのです。

「⑤ああ、おれは、いままでほんとうに、社会のために、どんなことをしておったか?」と、こう彼は思った。なお、カチカチいっている時計の音は、しばらくの間、無邪気な子供らの笑い声に聞こえていました。

（小川未明「小さい針の音」）

問一、よく出る 基本 空欄 A ～ E に当てはまる語を次の中から選び、それぞれ記号で答えなさい。

ア、いつしか　イ、かえって　ウ、けっして
エ、ことに　オ、ようやく　カ、さながら
キ、もはや

問二、傍線部①について。なぜ「この時計が長く先生のそばを離れないと思うと」、生徒たちは「心からうれしそうに喜」べるのか。その理由を説明しなさい。

問三、傍線部②「こうして彼は、あのさびしい田舎の小学校にいた時分、頭に描いた希望の半分を達しました」とあるが、残り半分の「希望」が達成されたことを端的に表している一文を探し、最初の五字を抜き出しなさい。

問四、傍線部③「これに暇をやってもわるくはあるまい」とあるが、このように考えた「彼」の心情として適当なものを次の中から選び、記号で答えなさい。

ア、生徒からの思いを振り切ろうとする気持ち。
イ、過去を捨てて心機一転しようとする気持ち。
ウ、長く使った時計に心から感謝しようとする気持ち。
エ、大事にしてきた時計に見切りをつけようとする気持ち。

問五、傍線部④「みんなが声をたてて笑いました」とあるが、なぜ笑ったのか。適当なものを次の中から選び、記号で答えなさい。

ア、今時、ごく旧式で大きい型の時計を持っていたことをおかしく思ったから。
イ、時計が正確だと言ったのに、急に恐縮してしまった様子をおかしく思ったから。
ウ、旧式で大きい型の時計が正確であるはずはないと、男の主張をおかしく思ったから。
エ、誰もが何かしら自分の時計に不満があることがわかって、おかしく思ったから。

問六、傍線部⑤「ああ、おれは、いままでほんとうに、社会のために、どんなことをしておったか?」とあるが、なぜ「彼」はこのように思ったのか。適当なものを次の中から選び、記号で答えなさい。

ア、「いい人間」とは出世した人間のことだと考え、わが身のことばかりを考えて行動していた今までの自分に気付いたから。
イ、教え子たちには勉強するように伝えていたのに、自分は出世のことばかり考え、勉強していなかったことに気付いたから。
ウ、教え子たちの純情さにふれることで、重役になった後、周囲の人間に対し尊大なふるまいをしていた自分に気付いたから。
エ、都会で純真さを忘れ、教え子たちの真心がこもった時計を売るという、無慈悲な行動をしてしまったことに気付いたから。

早稲田大学系属早稲田実業学校高等部

時間	満点	解答	
60分	100点	P100	2月10日実施

出題傾向と対策

●例年どおり、小説文、論説文（省略）、古文の大問三題構成。論説文では例年記述問題が出題されているが、今年も語句指定のある記述が出題された。小説文、古文は選択問題が中心。小説文はやや難解であったが、出題の仕方に工夫がみられた。古典は、出典知識がないと難しい出題もあった。基本的知識も例年どおり出題された。

●古典などの基本的知識をひと通り頭に入れておいた方がよい。さまざまなレベルの問題演習をして、文章の難易度や設問の種類に左右されない読解力を身につけておく。

一 （小説文）内容吟味・文脈把握

次の文章は、吉野せい「洟《はな》をたらした神」の一節である。これを読み、後の問いに答えなさい。

ノボルはかぞえ年六つの男の子である。墾《たがや》したばかりの薄地に播《ま》かれた作物の種が芽生えて、ぎしぎしと短い節々の成長を命がけで続けるだけに、肥沃《ひよく》な地に育つもののふさふさした柔根《やわね》とはちがう、むしりとれない芯《しん》を持つ荒根を備える。バランスを外した貧しい食物で育てられていても、細い骨格ながら強靭《きょうじん》に固くしまっている。ノボルはそんな子だ。たまに古いバリカンで虎刈《とらが》りするだけなので、土埃《つちぼこり》をかむった頭髪はぼさぼさと、両耳をかくすほどのびているが、頬《ほお》は丸々としてあどけない。突っ放されたところで結構ひとりで生きている。甘えたがらない。ものをねだりもしない。貧しい生活に打ちひしがれての羽目を外した私たちの1無情なしつけに、時に阿呆《あほう》のように順応している。（中略）

私たちは未だかつて子供のために、玩具《おもちゃ》といえるようなものを買って与えたことがない。ともあれ余裕がないのだ。

誰かにもらったぼろぼろの絵本、つぶれたセルロイド人形、空気のぬけたゴムまりなどは、もう彼等には何の魅力もなくどこかへ突っ込まれてしまった。三月の雛《ひな》人形もなく、五月の鯉《こい》のぼりもない。誰に祝福されるでもなくこの世に生まれたような彼等。しかしそんなことはこうした開拓部落に住んで、人界の風習にうとい子供たちには、一方にこの親たちの 2 親らしい力を持たぬ親であることなど、あまり差し障りにならないようだ。

根元からはなれた場所にまかれた肥料に、根は生きるための敏感な触手をのばす。成長する意志は、その置かれた場所からふさわしい何等かの必要な活動を見事に踏み出すらしい。

白つめ草が咲けば、タズは学校帰りの川原でいくつもの花輪をつくり、まだ固まらないリカの小さい首にまで飾ってやる。梨畑の下に摘み果たして散らした青い小さい実を手当たり次第拾い集めては、土の上に一つ一つを並べて、正しい円形、だ円、四角、三角を描き出す。ひし形、六角形までも。一つの実の抜き差しによって、より正確な図形を整える。幼い知恵によって工夫体得する幾何の芽生えだ。

こんな時はタズの方がやや複雑に、家になり人になり花になり多様化する。ノボルの単一な形の創意よりも、タズには年齢に応じた鑑識の前進があるためだろうか。

タズが四つの時、父のうしろについて日暮れの細道で無心にいった。

　何もねえから花煮てくうべな。
　おてんとうさまあっち行った――

畑にはとり残したふらふら葉っぱに、真黄な花がしんじつに咲いていた。父親は立ち止まってそれをそのままノートに書きつけた。その晩、ほんとに何もない私たちは菜の花を煮て、新しい食味で胃袋を満たしたのである。乏しさをかこつだけの大人の常識に堕したよどみを、その時このばかな母親は、どんなに侘《わび》しく、あえなく恥じたか知れない。

親ばかの情熱は、ある時は又ムキな執念で、わが子のどこかに 3 人に知られぬ高い評価の点数をつけたがる。ノボルのつくる竹トンボ、これが至極すばらしい。両翼の釣合と中心のひねりの均衡がうまくとれているらしく、だれのよりも高く長くとぶ。鉄輪をはめた独楽《こま》のあの快いうなりと、皆が澄んだという 4 回転最中の不動に見える一刻の魅力にみとれて、ノボルは例の洟汁をたらすが、買って欲しいといい出す言葉を持ちはしない。自分の手で堅木のいくつかをこしらえた。鉄輪も心棒もないのっぺらぼうのひょろ長い、みんながバカゴマと軽蔑《けいべつ》するそれを。四つも五つも。表面のでこぼこを小刀でなめすようにけずりとって、中心の心棒の位置をカンで決める。梨袋の補強に使う荏《え》油《の》が空かんにこびりついているのをぼろ切れで拭《ぬぐ》いとって、独楽全体に根気よく磨きをかける。白木の手垢《あか》がかくれて油じみた艶《つや》を持つと、ぐんと格が上がってほんものらしい玩具に見えてくる。そんなとき、私はどうしても細くしなやかな紐《ひも》をつくってやりたくなった。不必要な古い*紅《も》絹《み》裏をさいて、念入りに平均によりを加えて先細りにもじる。鉄輪のコマには麻紐だが、手づくりのバカゴマには布よりの絹紐がふさわしいようだ。彼は喜んで紅紐をきりきりと巻きつけ、小さく腰をかまえ、右手をくるくる回転させながらさっと投げて紅紐を引く。コマは初めは倒れるように大揺れに踊り回るが、少しづつ小回りに変じて、見ている者をはらはらさせながら、極めてひょうきんにまるで全身で笑っているよう、澄むなどという荘重な物々しさとはうらはらにふらふら、ゆらゆら、倒れそうで中々愉快に意気張ってるみたい。ころりと音して細長いからだを横たえた時、ノボルはしょんぼりとしたが、私はばかのように笑いこけた。

土台おもちゃは楽しいものでなければならない筈《はず》だから。大量生産されたものには、整った造型の美、研究された運動の統一した安定があるだろうが、この幼い子の手から生まれたものには、無からはじめた粗野があり、危なっかしい不完全があっても、確かな個性が伴う。おそらく五つが五つ、みんなちがったそれぞれの踊りを潜み持ち、展開してみせるだろう。

「うまくできたな。クレヨンで色塗ったらどうや」

私は心からほめたつもりだが、彼はむっつりと考え込んでいる。しかしもう次の工夫が小さい脳味噌《のうみそ》の中をむずむずと動いているらしい。（中略）

幾日か過ぎて、ノボルは重たい口で私に二銭の金をせがんだ。眉《まゆ》根をよせた母の顔に半ば絶望の上眼をつかいながら、ヨーヨーを買いたいという。一斉にはやり出したもので、私は手につかんだことはないが、滑車の回転の振動と惰性を利用した、饅頭《まんじゅう》を二つ合わせたような形のもので、芯に結んで垂らした糸の操作で生きてるようにある高さまでするすると上下する。他愛ない大人まで夢中にならせた。

初めてねだったいじらしい希望であった。だが私はこんな場合さえ、夢を砕いた日頃の生活から湧く打算を忘れぬ非情さを持つ。二銭の価値は、キャベツ一個、大きな飴玉《あめだま》二十個、茄子《なす》二十個、小鰯《こいわし》なら十五匹は買える額とはじき出す。それならちびた鉛筆で書き悩んでいるタズに新しい長いのを買って与えられる。私は南瓜《かぼちゃ》の煮たのを食べさせながら、出来るだけおだやかにいった。

「ヨーヨーなんてつまんねえぞう。じっきはやんなくなっちまあよ。それよりもなあノボル、梨が出来たら、ほら来年学校さあがんだっぺ。帽子と、カバンと、いろんな本、すずり、筆、鉛筆、ナイフ、それから石盤石筆、帳面、クレヨン、そして新しい下駄なんど！　うんとかっけどみんな買ってやるよ。学校さ上がっと、運動会の帽子だの、白いさるまただの――」

ノボルのまつ毛は、ぱしぱしと絶えずしばたたいていたが、聞いているのかいないのか、黙って南瓜を食い終わると、すっと戸外へ出て行った。何となく不安な思いがかげると同時に、意表外な記憶がしみ出してきた。

*文芸戦線あたりで読んだ、たしか*黒島伝治の作品であったかと思う。

村外れの粉挽《ひ》き小屋で、一頭のやせ牛に石臼《いしうす》をひかせて、頼まれた穀物を挽いて生きている母子二人。その一人きりの小さい息子が、コマを回す引綱が二銭と一銭の二通り、雑貨屋の店にさがっている。太さも長さもはっきりちがう。息子は皆の持ってる二銭のを欲しいのだが、苦しい母は一銭しかくれない。あきらめて一銭のを買ったが、寸が短いために牽引《けんいん》力が弱い。コマは澄む力がなくへなへなと崩れてしまう。息子は足と両手にからんで一寸でも長くしようと引っ張ってみるが、その骨折りは哀れにも空しい。ついに母が留守したちょっとの間を盗んで、引綱の長さを半径とした一定の円形をゆっくりと回っているやせ牛のうしろから、臼の回転柱にその紐をからみつけて、両手で力限り引っ張りながら自分も回るうちに、片手の紐が指からすべり抜けて、柱の回転力を加えた猛烈な反動で紐は引き外れ、息子はしたたかに円形の中に叩《たた》きころんだ。起き上がる力もないうちに、老《おい》ぼれ牛は息子をふんづけ、幾回となく踏みつぶして、尚粉を挽き続けていた。

コマ紐の二銭、ヨーヨーの二銭、が妙に胸にひっかかって、ただ貧乏と戦うだけの心の寒々しさがうす汚く、後悔が先立って何もかも哀れに思えて来た。午後は歌声も姿も見えないノボルが気になって、タズの背にリカを結わいてからも、仕事の手がいつもよりたるんでいたと見え、疲れたんだら休めと何も知らない父親はいってくれたが、私は頭を振って、陸稲に土寄せする鋤《すき》の柄をますます強く握りしめて振りつづけた。

しかしその夜、吊《つり》ランプのともるうす暗い小屋《こや》の中は、珍しく親子入り交じった歓声が奇態に湧き起こった。見事、ノボルがヨーヨーをつくりあげたからであった。古い傷口が癒着《ゆちゃく》して上下の樹皮がぼってりと、内部の木質を包んで丸くもり上がった得難い小松の中枝がその材料であった。枝の上下を引き切り、都合よく癒着の線がくびれている中央にぐるりと深くみぞを彫り込み、からんだ糸は凧《たこ》糸を切って例のあぶらぼろで磨いて辷《すべ》りをよくした入念な仕上げだ。やや円筒に近く、売り物の形とはちがうが、狂わぬ均衡のカンに振動の呆《ほう》けは見られない。せまい小家の中から、満月の青く輝く戸外にとび出したノボルは、得意気に右手を次第に大きく反動させて、どうやらびゅんびゅんと、光の中で球は上下をしはじめた。それは軽妙な奇術まがいの遊びというより、厳粛な精魂の怖《おそ》ろしい踊りであった。

（昭和五年　夏のこと）

＊紅絹…絹織物の一種。
＊文芸戦線…一九二〇年代に発刊されたプロレタリア文学（労働者の現実を描いた文学）の雑誌。
＊黒島伝治…プロレタリア文学の作家。

問1、――線1「無情なしつけ」についての説明として、最もふさわしいものを次の中から選び、記号で答えなさい。

ア、収穫後に残っていた菜の花を無心に表現した「タズ」の詩心に理解を示さず、花を煮て食べさせてしまった。
イ、「ノボル」が初めてねだった希望を聞いた際にも、日頃の生活の打算を優先し、一銭のお金も渡さなかった。
ウ、「ノボル」の作った手づくりのコマに、絹で作った紐を添えて装飾を施し、コマの商品化を促してしまった。
エ、「タズ」と同様「ノボル」にも、あらゆる我慢を強いてきたが、流行に無関心な開拓民には育て切れなかった。
オ、ヨーヨーをねだる「ノボル」に冷淡な態度で接し、ほんものらしいヨーヨーを作るように仕向けてしまった。

問2、――線2「親らしい力」の内容を説明したものとして、最もふさわしいものを次の中から選び、記号で答えなさい。

ア、安物の舶来品ではなく和製の高価な玩具を与え、子供の審美眼を養うのに必要な財力
イ、開拓生活を送るのに必要な食事を子供に与え、強い肉体を培うための最低限の経済力
ウ、村での生存に必要な品々を独力で作る術を、子供に手とり足とり教えるだけの技術力
エ、世間のしきたりに従って、人並みに子供の成長の節目を祝うのに足りるだけの生活力
オ、玩具の類を一切与えず自ら工夫するように仕向け、子供の潜在能力を引き出す教育力

問3、――線3「人に知られぬ高い評価の点数をつけたがる」とあるが、「私」が「ノボル」の作る「コマ」に「高い評価の点数をつけ」る理由として、最もふさわしいものを次の中から選び、記号で答えなさい。

ア、ノボルの作る「コマ」には、一つとして同じものがなく、それぞれが違った「踊り」を潜み持ち、「おもちゃ」本来の醍醐《だいご》味に満ちているから。
イ、ノボルの作る「コマ」は、「竹トンボ」と同様に高い精度で均衡が保たれており、その品質において「ほんものらしい玩具」を凌《しの》いでいるから。
ウ、ノボルの作る「コマ」は、「整った造形の美」に欠け、不完全な「おもちゃ」に過ぎないが、人を楽しませる力があり案外馬鹿《ばか》にならないから。
エ、ノボルの作る「コマ」には、「危なっかしい不完全」がもたらす独特の魅力があり、「玩具」本来の奇術的な軽妙さを感じとらせてくれるから。
オ、ノボルの作る「コマ」は、「心棒の位置」が定まっており、見る者の心が澄むという、「玩具」本来の「荘重な物々しさ」をたたえているから。

問4、――線4「回転最中の不動に見える一刻」の意味と類似した表現を、この傍線部以降から十四字で抜き出し、最初の三字を答えなさい（句読点は含まない）。

問5、――線5「私は頭を振って～振りつづけた」とあるが、ここでの「私」の心情の説明として最もふさわしいものを次の中から選び、記号で答えなさい。

ア、二銭の金を惜しむあまり、あたかも黒島伝治の作品をなぞるかのように子供との関係が悪化してしまい、収拾のつかない事態に直面して途方に暮れている。
イ、黒島伝治の作品など眼中になく、息子の消息を心配する母親の立場を理解せずに、やみくもに農作業の遅れをなじる父親に対する怒りを抑えられずにいる。
ウ、息子の希望を退けてしまったことで、二銭の金をめぐる悲劇を描いた黒島伝治の作品が意識に上るが、不安を振り払うべく、仕事に打ち込もうとしている。
エ、黒島伝治の作品の示す悲劇的な結末に影響を受け、二銭の金を惜しむことが、子供から創意工夫を引き出すことに繋《つな》がるという信念に揺らぎが生じている。
オ、息子のいじらしい希望に動かされ二銭の金を渡してしまったことが、黒島伝治の作品をなぞるように思わぬ悲劇を生むことを予感し、動揺を隠せずにいる。

問6、この文章についての次の解説文の空欄に入るのにふさわしい言葉を、後の語群の中からそれぞれ選び、記号で答えなさい（同じ番号の空欄には同じ言葉が入る）。

日頃から「乏しさをかこつ」「私たち」夫婦は、子供たちに[1]を買ってあげることができない。だが、ノボルは「置かれた場所」にある手持ちの材料で[2]をこしらえることができる。この文章においては、ノボルの作る[2]と、[3]として流通する[1]は明確に区別されている。

弟の「ノボル」に先立って「タズ」もまた、「実の抜き差し」を繰り返すことで次々に[4]を描き出し、万《まん》華鏡《げきょう》さながらにその「形」を変容させて見せるだろう。「形」なき自然への[5]を深めていくことで見いだされる[6]の発見だ。そうした子供たちの姿は[7]の外部にある開墾地にあって自然との共存を図っていこうとする「私たち」の姿と重なってこよう。子供たちは、ここで生きていくために、いつのまにか親たちに[8]しているのだ。だが、それと同時に、日々[9]する子供たちの[5]眼は、時に[10]を軽々と上回る。

普段は「ものをねだりもしない」「ノボル」が、流行している「ヨーヨー」のために、初めて「二銭の金をせがんだ」時も同様である。[10]に囚われている「私」は、いち早く[7]における「二銭の価値」に頭を占められてしまい、その挙句に、「意表外」にも黒島伝治のある作品を思い出す。自分もまた作中の母と同じ道筋をなぞっているのではないか…。

だが、「見事、ノボルがヨーヨーをつくりあげた」。ヨーヨーの円筒に近い「形」には「確かな個性が伴」い、その「均衡」に「振動の呆け」も見られず、球の運動には[11]さえ宿っている。やはりノボルは「洟をたらした神」だったのだ。

「私」はこの[12]された[3]としての[1]とは異質の[2]に、「コマ」と同様の[13]を見いだし、またしても「笑いこけ」ることとなるだろう。

【語群】

ア、幾何　イ、図形
ウ、前進　エ、順応
オ、売り物　カ、楽しいもの
キ、鑑識　ク、大量生産
ケ、幼い知恵　コ、厳粛な精魂
サ、いじらしい希望　シ、大人の常識
ス、造形の美　セ、玩具
ソ、おもちゃ　タ、人界
チ、食物　ツ、作物

二 （省略）池内了「なぜ科学を学ぶのか」より

三 （古文）内容吟味・古典知識

次の文章は、作者の奥州への旅路（元禄《げんろく》二年春に出発）をもとにした俳諧《はいかい》紀行文から数か所抜粋したものである。これを読み、後の問いに答えなさい。

*黒髪山は霞かかりて、雪いまだ白し。

A　剃《そ》り捨てて黒髪山に更衣《ころもがへ》　曾良《そら》

曾良は、河合氏にして、惣五郎《そうごらう》といふ。*芭蕉の下葉に、軒を並べて、予が薪水の労をたすく。此《こ》のたび、*松嶋、*象潟《きさかた》の眺め、共にせむ事をよろこび、且《かつ》は羇旅《きりよ》の難をいたはり、旅立つ暁、髪を剃りて、墨染《すみぞめ》にさまをかへて、惣五を改めて宗悟とす。よりて[1]黒髪山の句有り。更衣の二字、力ありてきこゆ。

（中略）

[2]曾良は、腹を病みて、伊勢の国、長嶋といふ処に、ゆかりあれば、先立ちて旅立ち行くに、

B　ゆきゆきてたふれ伏すとも萩の原　曾良

と書き置きたり。行くものの悲しみ。残るもののうらみ。*隻鴨《せきあふ》のわかれて、雲にまよふがごとし。予も又、

C　けふよりや*書き付け消さん笠《かさ》の露

（中略）

*露通《ろつう》も、このみなとまで、出でむかひて、美濃の国へと伴ふ。駒《こま》を早めて、*大垣の庄に入れば、曾良も、伊勢より、かけ合ひ、*越人《ゑつじん》も、馬をとばせて、*如行《じよかう》が家に入り集まる。*前川子《ぜんせんし》、*荊口《けいこう》父子、其《そ》の外、[3]したしき人々、日夜とぶらひて、ふたたび蘇生《そせい》のものにあふがごとく、且よろこび、且なげきて、旅のものうさも、いまだやまざるに、[4]長月六日になれば、「*伊勢の遷宮、おがまん」と、又ふねに乗りて、

D　蛤《はまぐり》のふたみに別れ行く秋ぞ

*黒髪山…日光にある男体山。
*芭蕉の下葉に～薪水の労をたすく…芭蕉庵の近くに住み、家事を助けてくれていた、の意。
*松嶋・象潟…ともに、出羽国の景勝地。
*隻鴨…二羽の鴨。
*書き付け…巡礼者が笠に書き付ける「乾坤《けんこん》無住同行二人」の文字。常に仏と共に乾坤（天地）の間を修行する、一所不住の心掛けを意味する。
*露通・越人・如行・前川子・荊口父子…作者の門人たちの名。
*大垣の庄…今の岐阜県大垣にある庄（村のようなもの）。
*伊勢の遷宮…伊勢神宮の式年遷宮。二十年に一度、宮地を改め、社殿や神宝等の全てを新しくする、伊勢神宮最大の祭祀。元禄二年九月十日（内宮）・九月十三日（外宮）に行われた。

問1、――線1「黒髪山の句有り。更衣の二字、力ありてきこゆ。」と言う理由として最もふさわしいものを、次の中から選び、記号で答えなさい。

ア、Aの句の「更衣」は年中行事の一つだが、緑の濃い山の頂に雪が残っている様子から、頭髪を剃り捨てた僧侶《そうりよ》の姿が連想でき、「更衣」が俗世の人間の行事の意味を超え、仏道的な意味を伝えて宗教画のような崇高な美を感じさせているから。

イ、Aの句の「更衣」は年中行事の一つだが、この句を詠んだ曾良は、作者の従僕という身分を捨て出家をし、僧侶として旅に同行しており、伝統行事としての「更衣」の意味ではなく、独り立ちした曾良の清新な心持ちを表しているから。

ウ、Aの句の「更衣」は初夏の季語だが、この句を詠んだ曾良自身、今回の旅に同行するにあたり、僧形に姿を変え俗名から法名に改めており、「更衣」には、季語としての効果だけでなく、曾良のこの旅に向ける意

気込みがこめられているから。
エ、Aの句の「更衣」は初夏の季語だが、春霞と白い雪との淡い色彩感覚に、黒髪山という雄々しいイメージを重ねることで、「更衣」が初夏という特定の季節だけでなく、冬の情景をも連想させて、二重写しの効果を生んでいるから。

問2、――線2「曾良は、腹を病みて、伊勢の国、長嶋といふ処に、ゆかりあれば、先立ちて旅立ち行く」とあるが、この状況を比喩で表現した一文を抜き出し、最初の三字を答えなさい（記号や句読点を含まない）。

問3、難 B・Cの句の説明として最もふさわしいものを、次の中から選び、記号で答えなさい。
ア、Bでは、今まで旅をしてきた師とここで別れることになったが、離れ離れになっても、みすぼらしい萩の花の咲く野原で死にゆかねばならない自分の不安を汲《く》み取って欲しい、と詠んでいる。Cでは、「同行二人」という書き付けを消すと詠むことで、曾良の死への不安に同情しつつも、彼が途中で離脱するせいでこれから一人旅をせねばならない恨みも伝えている。
イ、Bでは、これまで師と一心同体となって旅をしてきたが、病気にかかり自分だけここで旅をやめることになり、ひと気のない萩の咲く野原で倒れても誰《だれ》にも気付いてもらえない恨みを詠んでいる。Cでは、出発時に「同行二人」と曾良とともに書き付けたのに、今はそれを消さねばならないと詠むことで、曾良と死に別れる悲しみを表現し、せめてもの手向けとしている。
ウ、Bでは、病を得て、ここまで一緒に旅をしてきた師と別れねばならず、自分は途中で倒れ伏すかもしれないが、秋にふさわしい萩の咲いている野原で死ねるなら行き倒れても本望だ、と詠んでいる。Cでは、旅の門出にあたり笠の裏に「同行二人」と書き付けたが、今日からは一人で旅をしなくてはならないのでその文言を消さねばならないと詠むことで、惜別の寂しさを伝えている。
エ、Bでは、これまで共に旅をしてきた師と別れ、自分は病身のためここで倒れ伏すことになったが、萩という死のイメージを伴う花の下で死ねるのなら、俳人である師に恥じない死に方であろう、と詠んでいる。Cでは、「同行二人」という書き付けを消すと詠むことで、仏への信心を捨て、これからは俳句一筋で旅をしようと、俳人としての曾良の心意気に応えている。

問4、思考力 ――線3「したしき人々、日夜とぶらひて、ふたたび蘇生のものにあふがごとく」とあるが、ここから当時の「旅」というものの一面を読み取ることができる。ここでの「旅」の説明として最もふさわしいものを次の中から選び、記号で答えなさい。
ア、一時的にせよ憂き世から離れ、浮き世として楽しむという、逃避の場であった。
イ、無事に戻っては来られないかもしれないという、死の覚悟を伴うものであった。
ウ、一般人には捻出《ねんしゅつ》不可能な旅行費を出せるという、財力と権力との顕示であった。
エ、財産を使い果たして最初からやり直すという、人生を仕切り直すものであった。
オ、成し遂げることで常人離れした力を身につけられるという、通過儀礼であった。

問5、――線4「長月六日になれば、『伊勢の遷宮、おがまん』と、又ふねに乗りて」が意味することとして最もふさわしいものを次の中から選び、記号で答えなさい。
ア、九月六日は、この年の伊勢の遷宮の直前の日程である。二十年に一度の大行事を見ようと、旅を終えたばかりなのに更に次の旅へ、作者の気持ちが向かっているということ。
イ、九月六日は、この年の伊勢の遷宮の直前の日程である。まだ暑さの残る夏の終わりに遷宮を見て、新しくなった伊勢神宮で旅の疲れを癒やそうと、作者が考えているということ。
ウ、九月六日は、二十年に一度しかない伊勢の遷宮当日である。このような特別な日に伊勢付近にいるのは神のご加護にちがいないと、作者が思い込んでいるということ。
エ、九月六日は、二十年に一度しかない伊勢の遷宮当日である。暑い盛りの行事であり、旅を終えたばかりの自分には厳しいが見逃すのも惜しいと、作者の気持ちが揺れ動いているということ。
オ、九月六日は、二十年に一度しかない伊勢の遷宮当日である。伊賀出身の作者にとってはさほど珍しいことでもないが、せっかく近くに来たので参拝しないのも体裁が悪いと、作者が思っているということ。

問6、難 Dの句の解説として、正しいものには「○」、間違っているものには「×」と答えなさい。
ア、「蛤」は、貝合の遊びにも使われていたように、貝殻が一対になるもので、それを食す風習のあるひな祭りの行事を彷彿《ほうふつ》とさせることで、夫婦円満を祈る句となっている。
イ、「蛤」や、「二回見る」と「二つの海」との意味を併せ持つ語である「ふたみ」という、海に関連する語を重ねることで、これまでの徒歩での旅とは違い、次は舟での旅になるという目新しさを表現している。
ウ、「ふたみ」に「二見浦」という地名と「蛤の蓋《ふた》と身」を掛けることや、「別れ行く秋」によって、長い旅の後、再会できた曾良をはじめとする弟子達との離れがたい思いを表現している。
エ、「行く秋」という季語を詠みこむことで、春に出発したこの旅が、晩秋に終わりを迎えたという、時間の経過を感じさせてこの作品を閉じる効果を生んでいる。
オ、「別れ行く秋」によって、ただでさえ人々との別れは寂しいものだが、秋の風を感じ始める季節となり、いっそう別れの寂しさが身にしみると表現している。

問7、よく出る この作品の作者の句ではないものを、次の中から一つ選び、記号で答えなさい。
ア、古池や蛙飛びこむ水の音
イ、夏草や兵どもが夢の跡
ウ、五月雨をあつめて早し最上川
エ、閑さや岩にしみ入る蟬の声
オ、春の海ひねもすのたりのたりかな

――〔国語　問題〕　終わり――

MEMO

CONTENTS

2021解答／国語

公立高校

国立高校

私立高校

高等専門学校

公立高等学校

北海道

問題 P.1

解答

一 問一、(1)きょうきゅう (2)ちょぞう (3)せば (4)ほどこ 問二、(1)電池 (2)郷里 (3)刻 (4)絹糸 問三、お待ちください 問四、(1)四(画目) (2)キ 問五、(1)①胃で暮らす微生物が草を分解してできたもの(20字) ②飲み込んだ草を口に戻し、再びかみくだく(19字) (2)深く眠れる時間

二 問一、羊毛 問二、(1)(誤)社(正)舎 (2)(誤)助(正)序 問三、(1)(例1)(私の考える案[Ⅰ]のよさは、)足腰が弱り、もどかしい思いをしている高齢者は、はかどらない屋外の仕事を片付けたいと思っているので、代わりに片付けてあげられることです。(例2)(私の考える案[Ⅱ]のよさは、)寂しい思いをしている高齢者は、誰かと会話をしたいと思っているので、プレゼントを渡す際に話し相手になってあげられることです。(2)相手のためだけではなく自分のためにもなる(20字)

三 問一、いつにも増して、入念に勢い止めの中 問二、雨鱒はじっとして動かず、大きな眼が心平をみていた(24字) 問三、(雨鱒の頭上で、)ヤスの切っ先の狙いがピタリと定まり、あとはいっきに突けばよいところまで追い詰めたことにより、次は必ず仕留めることができると思えたということ。(70字) 問四、ヤスの重さ

四 問一、ア・イ・エ 問二、ウ 問三、ア→ウ→エ→イ

裁量問題 問一、1武士 2つか 3はきゅう 問二、①効率よく伝える ②ジャンルを認識する 問三、何百年も伝承されてきた「型」(14字) 問四、庶民の間に芽生えはじめた個人という意識が、もの珍しいものや新しいものに対する好奇心へと発展していったことを背景にして求められるようになった斬新な表現は、自己表現を求める人びとの心を自由に解き放つ役割を果たした。 問五、ウ

解き方

一 問三、「お待ちになってください」でもよい。 問四、(1)牛偏(うしへん)は「牛」の書き順とは異なる。(2)「技」の部首は手偏(てへん)で、キの「抛」と同じ。 問五、(1)①空欄直後の「栄養を取っており」が第一段落の「栄養の主体」と理解し、その前の部分を書き抜く。②第二段落初めの「微生物にとってもそのままでは分解しにくい」、そのあとの「"反芻"を行う。この繰り返しには長い時間がかかる。」に着目して、その間の部分を書き抜く。(2)本文末尾の「消化に費やすエネルギーが減り……が増える」に着目して、その間の部分を書き抜く。

二 問一、「緑茶」は、上の語が下の語を修飾する形で構成されている。Aの「児童」は、同じ意味の言葉を重ねた形。Bの「羊毛」は、「羊の毛」で「緑茶」と同じ。Cの「不快」は、上の語が下の語を否定する形。Dの「勝負」は、上の語と下の語が対立する形である。 問二、(1)の「庁社」は「庁舎」が、(2)の「順助」は「順序」がそれぞれ正しい。 問三、(1)[3]のⅠは[1]の「足腰が弱り…」に、[3]のⅡは[1]の「一人きりで…」にそれぞれ対応することに着目して記述する。(2)[4]の各感想が、前半は相手のためになっていること、後半は自分のためになっていることだと理解して記述する。

三 川上健一「雨鱒の川」より。 問一、空欄直後の「探りながら」が、第二段落最初の「探った」に対応することを確認し、その直前の内容を書き抜く。 問二、傍線部前の「心平はもう一歩……舞いあがった」の直後の「雨鱒はまだじっとして動かなかった。大きな眼が心平をみていた。」の部分をまとめる。 問三、まず、直前の「もう少しのところまで追い詰めた……次の機会にはきっと仕留めることができる。」が「希望と自信」を示していることを理解する。次に「雨鱒の頭上で、」という与えられた語に着目すると、傍線部の六段落前に「雨鱒の頭上で、切っ先の狙いがピタリと定まった。あとはいっきに突けばよかった。」とある。これらを組み合わせて記述を行う。 問四、「緊張」という語句に着目すると、傍線部2の次の段落に「緊張して」とあり、その次の段落に「もうヤスの重さは感じていなかった」とある。それが最後から四つめの段落では「緊張がとけていった。急にヤスが手に重くなった。」となっている。これらから「ヤスの重さ」が答えとなる。

四 「十訓抄」より。 問一、ア・イは「博雅三位」が、ウは直前の「直衣着たる男」が、エは「直衣着たる男」が吹く笛の音を不思議に思って近寄って見た人、すなわち「博雅三位」が、オは「召す」が尊敬語なので直前の「帝」が、それぞれ主語となる。 問二、①は「行きあひて」、②は「夜ごろになりぬ」にそれぞれ着目する。「行きあふ」とは、出会う、ばったり会う、「夜ごろ」とは、ここ数夜、という意味。 問三、アは「その笛の音、この世にたぐひなくめでたく聞えければ」に、イは「その音を吹きあらはす人なかりけり」に、ウは「こころみに、かれを取りかへて吹きければ、世になきほどの笛なり」に、エは『もとの笛を返し取らむ』ともいはざりければ、ながくかへて」にそれぞれ対応している。

通釈 博雅三位が、月の明るかった夜に、直衣姿で、朱雀門に出かけて、一晩中、笛を吹いていらっしゃったときに、同じように、直衣を着た男が、笛を吹いていたので、(博雅三位は)「だれだろう」と思っていると、その笛の音色は、この世に例がないほど素晴らしく聞こえたので、(博雅三位は)不思議に思って、近寄ってみると、今まで見たことがない人であった。自分ももの言わず、その人も(ものを)言うことがない。このようにして、月夜のたびに、出会って、(笛を)吹くことが、数夜続いた。

その人(相手)の笛の音色が、とりわけ素晴らしかったので、ためしに、笛を取りかえて吹いてみると、この世に(比べるものが)ないほどの(すばらしい)笛であった。その後、引き続き月夜になると、(二人は)出会って笛を吹いたけれど、(相手は博雅三位に)「もとの笛を返してもらおう」とも言わなかったので、長い間取りかえたままで終わってしまった。三位が亡くなったあと、帝が、この笛をお取り寄せになって、当時の笛吹きたちにお吹かせになったが、(三位の出していた)その音色を吹いて出す人はいなかった。

裁量問題 辻惟雄「よみがえる天才1 伊藤若冲」より。 問二、①空欄前の「どの弟子たちにも同じように教えようとする」に着目すると、[6]段落に同様の表現がある。そこで、それを受けた「とても効率がよい」をもとにして記述する。②空欄前の「何らかの共通点」を手がかりに[7]段落の『これは浮世絵だ』と思うことができます……共通の型をもっているからです」に着目する。共通点によってジャンルが認識できると理解して記述する。 問三、「いけばな」に触れている[8]段落に着目すると、型と個性について説明しており、前半が型について、「しかし」以降の後半が個性についてだと分かる。設問の文と照らし合わせると、空欄は型についてであり、指定字数を手がかりにすると、「何百年も伝承されてきた『型』」があてはまる。 問四、設問文の「役

割を果たした」「個人という意識」に着目すると、「個人という意識」については[9]段落に「個人という意識は、表現者それぞれの個性を尊重することにもつながり」「もの珍しいものや新しいものに対する好奇心へと発展」とあり、「役割を果たした」については[11]段落に「自己表現を求める人びとの心を自由に解き放つ役割を果たすものでもあった」とある。これらと傍線部の「誰も見たことのないような斬新な表現」とを組み合わせ、文脈に沿ってまとめる。問五、ア[4]段落には「問題提起」の記述はない。イ[6]段落は、[4]・[5]の段落の内容を具体的に説明している。エ[10]段落は[9]段落を踏まえた、より具体的な記述で「否定」の要素はない。ウが[8]段落は[7]段落を受けて具体的な説明となっていて適切。

青森県

問題 P.6

解答

一 (1)アたんせい　イもうら　ウちゅうぞう　エうながオもう　カ順序　キ簡潔　ク穀倉　ケ臨　コ音　(2)、ア1　イ2

三 (1)いわせぬ　(2)3　(3)さっと立ち走って、酒や水を振りかける(18字)

四 (1)4　(2)「実用的」ということから離れて、「よむ」(20字)　(3)1　(4)A自分のリストにはない語　B自分の言語生活で出会える日本語　(5)自身の使い方と他者の使い方を照合すると異なる使い方をしている(30字)

五 (1)4　(2)形の上でだけ競う　(3)3　(4)Aやめて正解　B自分の居場所がなくなる心細さ(14字)　(5)子どもたちにはっきり気づかないようにした、卑怯な様子(26字)　(6)2

六 (例1)

Aの生き方は、連続する時間を区切って数字で表現するデジタル時計のようなものである。それに対してBの生き方は、連続する時間を区切らずに表現するアナログ時計のようなものである。

私はAを支持する。なぜなら、未来は必ず来るとは限らないからだ。私たちは未来が来ると楽観することによって、厄介なことや重要な決断を先送りしてしまう。だから、現在という瞬間を大切に生きるAを支持する。

(例2)

Aは過去も未来も関係なく、「今」に全力投球する生き方である。それに対してBは、過去は現在の礎で、現在も未来に向かって働きかける、という生き方である。

私はBを支持する。野球のイチロー選手も一本一本のヒットの積み重ねで、前人未到の記録を打ち立てた。人間はある日突然、何か大きなことを成し遂げるのではなく、地道な努力を継続してこそ、明るい未来が拓けると思う。だから私はBの生き方を支持する。

解き方

三 **清少納言「枕草子」**より。(2)㋐の主語は、係助詞「こそ」直前の小童。係助詞「こそ」は「は・も」と同じ働きをする。㋑の主語は、祭文を読む人物。この場合は陰陽師。(3)[　]内の空欄直前の「指示されなくても」に着目する。本文の二重傍線部「いはせぬ」がそれに該当する。小童は陰陽師に何を言わせない(言われなくても先回りする)のかを探すと、『酒、水、いかけさせよ』ともいはぬに」が見つかる。さらに、空欄直後に「様子」とあるので、本文の口語訳の「それをしてまわる様子」に着目する。指示語「それ」を具体的にするように注意。

通釈 陰陽師のもとに(仕えて)いる小童は、すばらしく物事がわかっている。神に祈って罪・けがれを清め、災いを除くことをするために出かけると、節をつけて読んで神仏に告げる言葉などを(陰陽師が)読むのを、人はただ聞いているだけだが、(小童は)さっと立ち走って、「酒、水を振りかけなさい」とも(陰陽師が)言わないのに、それをしてまわる様子が、やるべきことをわきまえ、少しも陰陽師に物を言わせないのは、うらやましい。こういう気のきく者を使いたいものだ、と思われる。

四 **今野真二『広辞苑』をよむ**」より。(1)傍線部のように「ため」を補うことができるのは格助詞。1は接続助詞「のに」の一部、2は形容動詞「さわやかだ」の連用形の一部、3は副詞「すでに」の一部。(2)空欄直後の「という側にちかい」に着目する。本文の第一段落の最後に「という側に少しちかい」とあるので、その直前が空欄の内容にあたる。(3)1は「無意識に行う」が誤り。傍線部の直後に「『よむ』は『考える』ということとセットになっている」とある。(4)空欄Aは傍線部の指示語「それ」に着目すると、直前に「自分のリストにはない語がずいぶんある」とある。空欄Bは伊藤さんの発言の「限界がある」のは何かを本文から探せばよい。傍線部の次の文の「たかが知れている」とは、程度や限度が分かる、という意味。よってこの文の主部を抜き出す。(5)傍線部直前に「そういうことを具体的に知るためにも」とあるので、同段落から指示内容を探す。「言語には」以下はまとめられているので、「母語について……感じるということだ」の内容のなかで「照らし合わせ」から感じる「自身の使い方」と「他者の使い方」の違いを指摘する。

五 **川端裕人「風に乗って、跳べ　太陽ときみの声」**より。(1)4のみ下一段活用、他は五段活用。(2)空欄直後の「バカらしい」に着目し、傍線部の周辺から同様の内容を探すと、三段落前に「そんなのはバカらしすぎる。」とあるので、「そんなの」が指す内容を確認すればよい。(3)空欄直後の「選んでくださった人たちの……のに、実際は…」「いくらがんばっても…」「…責められたりもする」から考える。(4)傍線部㋐の直前で「もともと生徒会なんて向いてない」とあるように、空欄Aには生徒会に否定的な語句が入る。華の後ろ向きな気持ちが凝縮された一文は、「本当に生徒会…」で始まる段落の「1年でやめて正解だ」なので、末尾の「だ」から遡って五字を抜き出す。空欄Bは直後の「小学校低学年の頃に感じた気持ちと同じ」に着目し、本文の「でも、これからは…」で始まる段落の「なんだか……小学校低学年の頃以来かもしれない」の前半部分を、十五字以内で簡潔にまとめる。(5)泣いている子を見つけたあとの華について、「具体的な行動と様子」という指示を踏まえて確認する。また、空欄の直前直後より、「格好よい様子」と比べて「恥ずかしさ」を感じさせる行動でもある。「でも、正直に…」で始まる段落に「視線をそらして、はっきり気づかないようにした。我ながら卑怯だった。」とあり、この部分をまとめる。(6)1は「大きな身振りや手振りで話す」が、3は「会話を交わす」が、4は「最後まで厳しく質問を続ける」が、それぞれ不適。

岩手県

問題 P.9

解答

一 (1)Aめずら　Bがいとう　Cなぐさ　(2)イ　(3)エ　(4)a綺麗で安定した歩形　b一人でも～きられる　(5)ウ　(6)八千代が50キロ競歩に挑戦するように、自分も小説を書こうと決意した(こと。)(32字)

二 (1)A幼　B限　C迷路　(2)イメージが　(3)エ　(4)(詩のことばを、)常識に捉われずに自由な心で読む(こと。)(15字)　(5)ア　(6)a願いごと　b紙風船　cア　(7)X水があふれている川の(風景)(10字)　Yウ

三 (1)畢竟不レ得レ避　(2)(行旅は、)世を渉る(ことと似ている。)　(3)イ　(4)a速やかなる～取る勿かれ。　b相緩急すべし

四 (1)イ　(2)(例)

インターネットは、ほとんどの年代から情報源として重要だと考えられているが、信頼度は低い。

インターネット上の情報を利用する際、私は、信頼できる情報かどうか、本などでも確認するように注意しようと思う。

解き方

一 **額賀澪「競歩王」**より。(2)「棘」は比喩として、人の心を突きさすような悪意や皮肉のこもった態度・発言に対して用いる。(3)傍線部あとの「おろおろ弁明すると思っていたんだろう」がヒント。思っていたが、そうではなかったのだから、おろおろしない、弁明(=言いわけ)しない態度である。(4)「50キロが向いてる」というキーワードを手がかりに、a・bに該当する語を探すと、傍線部前に「お前の綺麗で安定した歩形は、50キロで化けるかもしれない。」とあり、この「歩形」がa直後の「フォーム」に対応している。次にさらに前の方を見ると「一人でも自分のペースで生きられる奴って、50キロの方が合ってる気がして」とあり、これがb直後にある八千代の人間としての「持ち味」であると分かる。(5)まず、直後にある「自分の言葉」が何かを確認するために、直前の「…そう言った」を手がかりにして前の方を見ると、「どれだけ言い訳したって、……競技の世界では結果がすべてですから」とある。これが八千代の発言=自分の言葉である。次に傍線部直後の段落の「負けを認めることを教えたのはお前だったよ」という忍の発言から、結果がすべて=負けを認めろ、という意味であることを理解し選択肢を選ぶ。(6)傍線部の次の文の「50キロを歩く彼と共に、小説家として戦う覚悟を決めよう。」に着目。傍線部=前者が「八千代の『覚悟』」、次の文=後者が「忍の覚悟」である。

二 **柴田翔「詩への道しるべ」・山村暮鳥「春の河」**(「雲」所収)より。(2)主語は述語に対して「何が(は)」にあたる部分。(3)直前の「詩人がたまたま見た」「詩人のまなざし」「優しい輝きを得て」に着目する。「詩人」「優しい輝き」については、その一段落前で「小さな靴にそそがれる明るい光の光源が、孫へ向けられた祖母、つまり詩人その人の愛情」とあるので、これらのヒントを踏まえて選択肢を選ぶ。(4)空欄直前の「詩のことばを」という言葉に着目して傍線部直後の段落を見ると、「読者も社会流通の常識に捉われずに、自由な心で詩のことばを読むことが必要です。」とあるので、この部分をまとめる。(5)Ⅲの詩の最後の部分は「何度でも／打ち上げよう／美しい／願いごとのように」となっているが、これは「美しい／願いごとのように／何度でも／打ち上げよう」が正しい語順である。このように言葉の順序が逆になっている表現技法を「倒置」という。イの「体言止め」は文や句を体言(=名詞)で終える技法。ウの「対句」は言葉の並べ方や形式が同じで意味が対応する二つ以上の句を並べて用いる技法。「月は東に／日は西に」といった形で用いられる。エの「擬人法」は人間ではない主語に対して人間のような性質や行動を述語として用いる技法。「ペンを走らせる」といった形で用いられる。(6)傍線部直前を見ると「自分自身のひそかな願いごとも、美しい紙風船のように」とある。ほぼ同内容が二段落前に『その美しい願いごと』を……紙風船のように」とあるので、aが前者、bが後者となる。「〈美しい願いごとは決して諦めるな〉という〈考え(思想)の詩〉、メッセージの詩へと転換していきます」を踏まえて選択肢を選ぶ。(7)X詩のなかで、詩人が実際に目で見ることができるものは「小さな川々」にである。「あふれてゐる」水の様子である。Y「あふれてゐる」のは春である。「あふれてゐる」とは、こぼれそうなほどたくさんある、ということなので、今が春の盛りであると理解して、該当する選択肢を選ぶ。

三 **佐藤一斎「言志四録」**より。(1)レ点は一字下から上に戻る場合に用いる。「不得」を「得ず」にすることと、「得避」を「避くるを得」にすることの二つが求められているので、それぞれの漢字の間に「レ点」を打つことで書き下し文どおりの読み方になる。(2)直前の「人の世を渉る」は、「人が世渡りをするのは」と訳す。「渉る」は、移動する・向こう側へ行く、という意味で、傍線部の「行」につながる。(3)「処」は場所、「時」は時間を表す語。(4)a「急いては事を仕損ずる」も「急がば回れ」も、急ぐことを否定しているという点を踏まえて本文に戻ると、「速やかなるを欲して以て災ひを取る勿かれ。」が同じ内容である。b空欄前の「柔軟に対応する」という言葉に対応する部分を本文で探すと、傍線部③のあとに「相緩急すべし」が見つかる。つまり、ゆっくりしたり急いだり状況に応じて臨機応変にすべきというのである。

通釈 人が世渡りをするのは、旅をするのと同じようなものである。旅の途中にはけわしいところもあれば平らなところもあり、晴れの日もあれば雨の日もある。結局のところ避けることができない。ただうまく場所や時に応じてゆっくりしたり急いだりするのがよい。早く行き着こうとしてそれで災いに遭うことがあってはならない。(また)ぐずぐずしてそれで約束の期日に遅れることがあってはならない。これは旅に対処する方法であると同時に、とりもなおさず世渡りをする方法である。

四 (1)「資料Ⅰ」を参考に、各メディアの年代別の変化を見たときに、「年代が上がるにつれて……増えている」に合致するのは新聞のみ。テレビは10代から20代で減少、雑誌も20代から30代で減少している。(2)「資料Ⅰ」の「全年代」を見ると、インターネットの情報源としての重要度はテレビに次いで二番めに高いことが分かる。ここから、インターネットは情報源として重要視されていることを理解する。次に「資料Ⅱ」を見ると、インターネットはメディアの信用度に関しては雑誌に次いで二番めに低いことが分かる。これらを踏まえると、インターネットは情報源としては重要視されているが、信用度は低いということになる。ここから導き出される「条件」③の内容は、インターネットの情報の信用度は一般的に高くないので、それだけを信用してはいけない、ということである。さらに(1)で確認したことを考えあわせると、インターネットの情報を信頼するかどうかは、他のメディアの情報も参考にして決めるのがよい、ということになる。資料に出てきているメディアなら「テレビ」「新聞」が当てはまるし、資料に出てきていないものなら、書籍などが当てはまる。これらをまとめて記述を行う。

宮城県

問題 P.14

解答

一 問一、①か ②たの ③とうしゅう ④浴 ⑤旅路 ⑥責務 問二、①イ ②エ 問三、エ 問四、(一)イ (二)ウ (三)ア (四)ウ (五)芝桜を植える利点を、簡潔で分かりやすく示すことができるから。(30字)

二 問一、ア 問二、(一)勝つか負けるかで色分け (二)積み重ねた経験値 問三、輝ける可能性がある 問四、エ 問五、オリンピック後も、スポーツの魅力を発信し、誰かの心を揺さぶることができるように頑張り続けることを決心したから。(55字)

三 問一、イ 問二、スマホやケータイを介したコミュニケーションの問題点。(26字) 問三、A困難や障壁 B他者とはつながれない 問四、思いを伝える難しさを実感しながらも、時間やエネルギーをかけ、言葉をつくして他者とつながろうとする営みのこと。(54字) 問五、ウ

四 問一、つかいて 問二、(一)磨きあげて (二)ア 問三、イ

五 (例)

私はAさんの意見に注目した。私はAさんと同じく、自分の動作に対して尊敬語を用いるなど、敬語が正しく使われていないときに国語の乱れを感じる。敬語は私たちにとって大切な文化の一つだと思う。なぜなら、「おっしゃる」など、たったひと言で相手への敬意を表現できる力が敬語にはあるからである。私は、相手を尊重し互いに敬意を払うことで、穏やかな気持ちが自然と生まれ、よい人間関係が育まれるのではないかと思う。

解き方

一 問四、(二)「話し合い」なので、聞いただけでは分かりにくい言葉を分かりやすく伝える配慮が必要である。Bさんは皆が知っている「一致団結」という言葉を例に挙げて、「一致」という漢字をイメージさせている。(三)Dさんの発言内容では、「花が小さいので、華やかさが足りない」という他の意見を想定していることが分かる。(四)Aさんたちのグループは、そもそも芝桜の「一致」という花言葉が「クラスにぴったりだ」ということから準備を始めたので、「花言葉」について説明する[III]が中心となる。(五)イは一目で要点をつかむのが難しく不適。ウは芝桜の「よさ」だけでなく、「花は小さい」などの良くない点を挙げている点が不適。また、「雑草を防ぐ」という利点も入れていない。アは箇条書きに数字を取り入れていて分かりやすく、感嘆符を用いて強調しているため、印象にも残りやすい。

二 **大崎梢「彼方のゴールド」より。** 問一、「DNA」とは遺伝子の本体のこと。「すり込まれている」は、傍線部前にあるように、「前進」や「進化」に心惹かれ、「むき出しの向上心」に「畏怖や憧憬」を抱くことが、人類に共通する心情であることを示している。問二、(一)明日香がかつてスポーツに対して苦手意識を持っていた理由を探す。(二)空欄Bの直前に「取材をして話を聞くうちに」とあり、直後に「いつかどこかで生かされる」とあるので、「けれどプロ野球…」で始まる段落の「勝っても負けても経験値を積んでいるのだ。いつかどこかでそれが生かされる。」という部分をもとに書けばよい。問三、「疎外感」とは、よそよそしくて近づけない感覚のこと。傍線部直後で「光の粒は自分の中にもある」と表現されているので、「輝く」などの言葉に言い換えられる。問四、「目を細める」とは、嬉しさなどに笑みを浮かべる様子。石渡の嬉しい気持ちを表している。問五、明日香は、「けれどプロ野球…」で始まる段落にあるように、スポーツを通じて、「負けて終わりではなく、道は続いている」ことを学んだ。そして自分にも「道」の上で輝ける可能性があると感じている。では明日香にとっての自分の「道」とは何か。「私はスポーツ…」で始まる段落以降にあるように、「スポーツ誌で、期待に応える記事を書く」ことによって、「誰かの心を揺さぶること」である。明日香は自分の進むべき「道」と自分のなすべきことを見据えている。

三 **好井裕明「違和感から始まる社会学　日常性のフィールドワークへの招待」より。** 問一、傍線部直後に「なぜなら返事をしないと、……繰り返していく。」と、理由が述べられている。問二、「それ」は、傍線部直前の「問題」を指している。「スマホやケータイを介したコミュニケーション」に特有の「問題」とは何か、と問いを投げかけている。問三、傍線部の問いかけに込められているのは、「さくさくと相手を理解」することは「素晴らしいこと」ではない、という筆者の考えである。まずその点を押さえる。この考えは、「これはけっして…」で始まる段落にまとめられている。問四、筆者が「大切」だと考えていることは、「手紙を書いて…」で始まる段落に書かれている。他者を理解し、自分の思いを伝えることは非常に困難であり、だからこそ言葉を駆使し時間やエネルギーを費やして、なんとか伝えようとすることが大切である、と筆者は述べている。利便性をどこまでも追求するスマホからすれば、時間や労力は削るべき「無駄」でしかない。「無駄」とは、役に立たないもののこと。問五、傍線部直後の最終段落に「発想や認識」をどのように転換するかが述べられている。「それだけでは簡単につながることなどできはしない」とあるが、「それ」とは「スマホ」を指している。他者と容易につながることはできないという意味で、スマホは「万能なものではない」と、筆者は述べているのである。

四 **宗長「連歌比況集」より。** 問二、(一)直前の「上を磨くにも、……磨き侍るなり。」という箇所をもとに答える。(二)言葉を置き換えたり取り替えたりして、よりよい表現を追求するのだから、物ごとを念入りに調べてよくする、という意味の「吟味」が合致する。問三、連歌をなぜ細工にたとえたのか、考える。最初の状態から、労力と時間を積み重ねて、根気よくよりよいものを作り出そうとする姿勢が大切であると伝えたいからである。

通釈 そもそも、細工をする人は、まず斧で切り出した木を重ねて、手斧で平らにして、次に鉋をかけて、おもてを磨く際にも、さめ木賊を用いたあとに、ムクノキの葉で磨くのです。連歌の基本もまた同様です。おおざっぱに言葉をつなげてはいけません。どうにかして言葉の上下を繰り返し置き換えて、しかも、粗野な言葉などを、洗練されたやわらかい言葉に繰り返し取り替えて、できるだけよくなるようにこだわるべきです。現代の連歌愛好家が、粗野で聞き慣れない言葉などを目新しそうに付け足すことは、斧で切り出したままで放置しているようなものです。

五 まず、三人のなかでどの意見に着目したのかを示す。次に、その意見に対して、賛成なのか反対なのか、自分の考えを明らかにする。そしてなぜそのように考えるのか、理由を分かりやすくまとめる。理由を記述する際は、「なぜなら……からである。」のような形で、理由を述べていることが明確に伝わるように書くとよい。

秋田県

問題 P.19

解答

二 1、再度考える時間と労力を削減(すること) 2、何を実現すればいいのか明確にし、アイディアを試したり、改良したりする(という手続き)(34字) 3、不満な状態が解消されること(13字) 4、(1)a置き換えられている b道具の形そのもの (2)ア (3)過去の問題解決の工夫を呼び起こし、現在の問題に再び適用することで、正確に美しく問題を解決できる(47字)

三 1、①いちじる ②根幹 ③りじゅん ④迷 2、縮小 3、連用形 4、ア

四 1、(1)わざとわからぬ振り (2)ウ 2、ひとの真似ではなく、自分自身の花を活けてほしい(23字) 3、ア 4、(1)エ (2)いのちその物 (3)(宮中立花会に出て、)自分自身であり、母のいのちでもある花を活けることで、母に長く生きてほしい(36字)

五 1、①いわく ②なにせん 2、ウ 3、献ズ二諸ヲ子罕ニ一 4、(1)玉 (2)b欲張らない c子に優る宝 (3)イ

六 (例)

老子に「足るを知る者は富み、強めて行う者は志有り」という言葉がある。幼い頃、父から教わった言葉だ。たとえば、食べ放題のレストランに行った時、お肉やケーキを皿に目一杯取った時に注意されたことがある。その時は分からなかったが、今ではよく分かる。自分ではもっともっとと思っているのに、結局は食べきれない。足りないと感じているのはお腹ではなく、自分の頭なのだ。満足を知ると頭で分かることは心を豊かにする。その心で努力を続ける者には意志が宿る。言葉には自分に気づきをもたらす働きがあるのだ。

解き方

二 **野村亮太「プログラミング思考のレッスン」より。** 1、傍線部の段落と二つあとの段落に「再度考える時間と労力を削減できる」とある点を押さえる。「道具」を「使い回しができるという性質」によってこの「考える時間と労力」を省くことが可能になるのである。2、傍線部の直後に「問題を解決しようとすると多くの場合には」とある。「問題解決」には、さらに続く文で述べられているように「何を実現すればいいのか明確にする、アイディアを試してみる、うまくいかなければ改良する」手続きが必要になるのである。3、傍線部の直前に「例えば」として、「釘」や「瓶の蓋」の例が挙げられている。これは道具が生み出されるときの背景にある、「欲求」を説明するものである。その「欲求」とは、さらにその前にあるように「目の前にある不満な状態を、なんとか解消したいという欲求」である。4、(1)「ノート」にまとめた説明と本文の表現に対応する箇所を探すとよい。aは「アニメ」に登場する「呪具」と「現実の道具」の違いを押さえる。「現実の道具」には「作用が組み込まれている」のに対して、「呪具」には「作用が」「文字のような表象に置き換えられている」のである。「呪具」に「呪文」が書いてあるのとは違い、「道具」は「道具の形そのもの」が「道具の作用の表れ」と説明されている。(2)本文の最後から三段落めに「現実の道具というのは、アニメに登場する呪具などよりも魅惑的なように私には思えます」とある。この点を押さえれば、「呪具」を「現実の道具」と対比して論じるのは、アの「現実の道具の特徴」を明らかにするためだと分かる。(3)本文の最後から二段落めに「端的にいえば、道具を使った問題解決は、過去に工夫が凝らされた問題解決を再び適用することにほかなりません。」とある。この「端的にいえば」という表現がヒントになる。あとは、設問の条件に『過去』『現在』の二語を用いて」とあるので、「過去の問題解決の工夫」を「現在の問題」の解決にあてはめることで、本文最後の一文にあるように「問題が正確に、かつ、美しく解決される」とまとめるとよい。

三 3、「任せ」には「て」が続いているので、連用形である。4、本文では「与えられた」とあるので、「受け身」となる。

四 **葉室麟「嵯峨野花譜」より。** 1、(1)傍線部の内容をまとめた文章と本文の表現とを対応させて考える。胤舜は、母が見えていないのに見えているように振る舞っているのを知りながら、他流派の二冊の活花図集のどちらの図がよいかを、傍線部前にあるように「わざとわからぬ振りをして」図を選ばせているのである。(2)傍線部の「目頭が熱くな」るは、深い感動のために涙が浮かんでくることを指す。アは「心配」が、イは「芝居をやめさせて」が、エは「哀れみの気持ち」がそれぞれ誤り。2、「いや、そうでは…」で始まる段落で、広甫が「萩尾様はわかったうえでそなたを指差されたのだ」に続けて、そのあとに「そなた自身の花を活けよと言われたのだ」と指摘している箇所に着目する。3、傍線部の前に「胤舜は涙をこらえるように」という様子が描かれている。胤舜は目の見えない母が自分の声がした方を指差す姿に悲しみがあふれ、涙したのである。したがって、正答はアの「悲嘆」となる。4、(1)ポップづくりに取り組む生徒の会話と、本文の表現を対応させて答える。「活花の世界」が、本文では「活花」は「花のいのちその物を活けておる」(「活花は、花の…」で始まる段落)とされている。つまり、活花は心と関わるというわけである。したがって、エの「精神」が合致する。(2)広甫が胤舜に告げる「活花は、花の美しさだけを活けているのではない。花のいのちその物を活けておるのだ。」という言葉に着目する。(3)Ⅲ直前の点線部は「宮中立花会」でどんな花を活けるかを考える胤舜の決意を表している。それは「自分自身であり、母のいのちでもある花」(「いまの胤舜にとって…」で始まる段落)のことである。

五 **「春秋左氏伝」より。** 2、傍線部の前後の文脈を読み取ること。子罕は自分が欲張らないことを宝だと考えており、玉を持つ宋の人が玉を宝だと考えていると言う。だから、もし宋の人が自分に宝を与えたなら、宗の人は宝を失い、玉をもらった自分も宝を失ってしまうのである。したがって、宝を失うのは、ウの宋人と子罕である。3、レ点は一字下から上に返って読み、一・二点は二字以上上に返って読むことを示す記号である。4、(1)aの前に「宋人からの献上品」とある。(2)bは子罕が「宝」のように大事だと考えている箇所に着目する。それは「我は貪らざるを以て宝と為」す、すなわち私は欲張らないことが宝だと考えるということである。cは山上憶良の【Ⅱ】の和歌の意味を考える。和歌では、「銀も金も玉も何になろうかというのに、何にも優る宝は子どもに及ぶだろうか、いや及ばない」と歌われている。子どもは何よりの「宝」というわけだ。(3)子罕と憶良の共通点を考える。dのあとの「自分にとっての宝」という言葉がヒントになる。

通釈 宋の人で宝玉を手にする者がいた。この玉を子罕に献上する。(しかし、)子罕は(玉を)もらい受けなかった。玉を献上する者が言うことには、「宝玉を磨く職人に(この玉を)見せると、その職人は(玉を)宝に変えた。それゆえに進んでこの玉を(あなたに)差し上げるのです。」と。子罕が言うことには、「私は欲張らないことが宝だと考え、おまえは玉が宝だと考えている。もし私に(あなたの玉を)与

えるなら、私たち(は)ともに宝を失うことになる。人々は(自身の)その宝を持つことに及ばないものなのです。」と。

山形県

問題 P.23

解答

一 問一、aあっとう bぬ(りつぶす) 問二、イ 問三、描きたい絵についてのビジョン(14字) 問四、エ 問五、生まれもった才能を発揮して、他の人の心に残る作品を生むこと。(30字) 問六、ア 問七、Ⅰ安心するために、描きやすいものばかり選んでいた(23字) Ⅱ才能があると信じてもらうこと

二 問一、aあいまい bすみ 問二、ウ 問三、ア 問四、(1)インターネット検索の、知りたい情報を瞬時に得ることができるという特徴。(35字) (2)社会に蓄 問五、イ 問六、研究を大発 問七、単なる要素としての情報が構造的に結びつき、全体として体系をなす状態に転化したもので、外に対して開かれているもの。(56字)

三 問一、いにしえ 問二、C 問三、イ 問四、努力すれば、大きな成果をあげる 問五、エ

四 問一、1荷 2寄(せる) 3厳密 4候補 5設営 問二、ウ

五 (例)

資料Aは、ネズミのイラストで興味を引き、重要な部分を大きな文字で書くことで、食品の廃棄を減らすためにスーパーの棚から商品を順に取ってほしいと訴えている。資料Bは、海洋環境を守るためにレジ袋を削減すべきであることを、実際に汚れた海の写真を使って視覚で分かるようにしている。

私も海岸に散乱するレジ袋を見たことがあり、またスーパーでは棚の奥から商品を取ったこともあるので、買い物袋を持ってスーパーに行き、商品は棚に置かれた順に取るようにしたい。

解き方

一 **一色さゆり「ピカソになれない私たち」**より。問二、「ぴんと来ない」は、直感的に理解できないこと。問三、心情は同一場面内で考えるのが原則。質問に答えられなかったのは二段落前の「彼らがしっかりと自作を説明し、確固たるビジョンを持って制作をしていることに驚かされた」からなので、望音が持っていなかったのは自分の描きたい絵画に対する「確固たるビジョン」となる。これを踏まえて十五字以内にまとめる。問四、「目をぱちぱちさせる」は、驚いたり、あきれたりする場合に用いる表現。問五、「大輪の花を咲かせる」とは、夢をかなえて成功をおさめること。太郎の発言で該当するのは傍線部前の「生まれつき途方もない才能があるやつって……いつか絶対に花ひらく」と最後から二つめの段落の「その花は本人への贈り物なだけじゃなくて……他の大勢の人の心に必ず残るものだから」の部分。これらを三十字以内にまとめる。問六、本文は、絵を描くことに対して自信を失っていた望音が、太郎の言葉によって意欲を取り戻すという話。望音はロンドンに行って自信を失ったので、イは「希望に胸を膨らませる」が不適。ウは「自らの絵に誇りを抱く『太郎』」が本文にない。エは太郎の発言に擬人法は用いられておらず不適。問七、Ⅰ直前でBさんは「島から出て行かなくちゃ」と思った望音の気持ちを聞いている。本文からその部分を探すと傍線部3から五つ前の段落以降に「もう島から出て行かなくちゃ。もっと広くて未知の世界に足を踏み入れなくちゃ。」とある。つまり、それまでの望音は「熟知した世界ばかり描くようになっていた」「安心するために……自分の殻に籠城してただ描きやすいものばかり選んでいた」(「でもいつのまにか…」で始まる段落)のである。Ⅱ望音が勇気づけられ、絵を描きたいという気持ちが広がったのは太郎から「才能がある」と言われたからなので、最後から三つめの段落の「誰かに才能があると信じてもらうことが、こんなにも勇気になるのだと望音ははじめて知った」から抜き出す。

二 **吉見俊哉「知的創造の条件　AI的思考を超えるヒント」**より。問二、この「いくら」はあとに「ても」を伴い、「集め」という動詞(用言)にかかるので副詞である。問三、傍線部は、直前の段落に書かれている『情報』と『知識』の決定的な違いを確認」するための具体例。イは「情報の集まりが必然的に知識になる」が不適。情報が集まっても知識になるとは限らない。傍線部の次の段落に「いくら葉や実や枝を大量に集めても、それらは情報の山にすぎず、知識ではありません」とある。ウは「情報と知識を区別するのは間違いである」が、エは「情報技術の進歩が知識の形成には不可欠である」が、それぞれ不適。問四、(1)「その魔法」とは直前にある「瞬時にちょうどいい具合のリンゴの実が手に入る魔法」である。これは「インターネット検索」によって「知りたい情報を瞬時に得ることができる」ことをたとえたものである。(2)傍線部の段落の一文めの「つまり樹木の幹と枝の関係…」に着目し、その直前で述べられている言い換えの内容を押さえる。「幹」は「知識の構造」に、「枝」は「要素の位置関係」にそれぞれ対応しており、設問は「幹」なので前者を字数に合わせて抜き出す。問五、「これ」とは、直前の段落にあるように、「(インターネット検索によって)知りたい情報を瞬時に得ること」である。「対照的」とは、二つの事物の違いが、非常にきわだって認められるさまのこと。つまり反対のことであり、「知りたい情報を瞬時に得ること」の反対の内容を傍線部と同じ段落から探すと「それらの記述をどのように結びつけ、いかなる論理に基づいて全体の論述に展開しているのかを読みながら見つけ出していくこと」が見つかるのでイが合致する。問六、図書館のよさは最後の段落に述べられている。簡単にまとめると、「もっと興味深い事例があるのを読書を通じて発見する」「関連する本から研究を大発展させるきっかけが見つかるかもしれない」ということである。前者は□内の文章にあるので、後者から指定字数をヒントに抜き出す。問七、知識について説明している第三段落の「知識というのはバラバラな情報やデータの集まりではなく、様々な概念や事象の記述……が全体として体系をなす状態を指します」と、最後の段落の「様々な要素が構造的に結びつき、さらに外に対して体系が開かれているのが知識の特徴です」に着目し、指定語句を入れて字数内にまとめる。

三 **『塵塚』**より。問二、主語はA「明詮」、B「明詮」、C「雨」、D「明詮」である。問三、直前の「つとめて」はこの場合、仏教の学問に打ち込んで、という意味であり、「おこたりなかりければ(怠ることがなかったので)」とある。問四、第二段落の「悟られ侍るは」以降に書かれていることをまとめる。「われおろかなりといふとも、まめやかにつとめば、などか至らざるべき(私は愚かであるといっても、まじめに仏教の学問に打ち込めば、どうして高い境地に至らないだろうか、いや至るはずだ)」とあるので、「学問をすれば高い境地に至る」「努力すれば成果が上がる」などを入れればよい。問五、傍線部は「その名を天下に広めなさった」という意味なので、有名になったと考えられる。アは「明詮

を育て上げた慈恵僧正」が、イは「建物がひときわ有名になった」が、ウは「明詮の書いた仏教の書物が人々によって広く読まれた」がそれぞれ本文にない。

通釈 昔、元興寺の明詮といった名僧は、三十数歳過ぎの晩年から仏教の学問に打ち込んで、朝夕怠けることがなかったので、その後は並ぶ者のない学問をきわめた人になって、慈恵僧正とも仏法についての問答をなさいまして、仏教の書物をことごとく見極め明らかになさったということです。

その昔、ある宮殿の軒の下で、雨宿りをなさった時に、屋根の最も高い所から(雨水が)集まり、軒から落ちる雫によって、下の石がくぼんでおりますのを見て、悟られましたのは、雨水というものは、さまざまなものに当たって砕ける柔らかなものである。しかし、その働きが積み重なると、このような雫によって、硬い石をもくぼませる。私はおろかだといっても、まじめに仏教の学問に励めば、どうして(学問を究めた高い境地に)至らないだろうか、いや至るはずだ、と心得て、この心構えを怠らないで(努力を続けて)最後にはその名を天下に広めなさったということです。

四 問二、緑さんはすでに平易な言葉を使っており、同じ言葉を繰り返しても、また同じ意見を述べても、考えの定まっている翼さんを説得することはできない。

福島県

問題 P.28

解答

一 1、(1)おだ (2)し (3)かもく (4)しょうさい (5)垂 (6)借 (7)領域 (8)複雑 2、エ

二 1、E 2、D 3、(1)空あをあと (2)今日なし

三 1、いえば 2、(1)げにさあらん。(2)悪いことをしたのが自分なのか他者なのか(19字) 3、イ

四 1、ウ 2、してはいけないことをしたらどうなるかをきちんと理解させる(28字) 3、エ 4、ア 5、(1)助け舟を出す (2)すっかり弱っている朋典の気持ちを思いやり、姉らしい行動をとることができて本当によかった(43字)

五 1、オ 2、(1)その場の文脈に合わせて即興的に (2)イ 3、ウ 4、エ 5、計画に合わせてその場の思いつきを見直したり、文脈に合わせて文章構成を修正したりして、文に働く二つの力を調整すること。(58字)

六 (例)

十三～十四歳も十五～十九歳も「今の自分が好きだ」と五十パーセント前後が答えている。一方、「今の自分を変えたいと思う」割合は、前者が五十パーセント未満であるのに対して、後者が八十パーセント近くに上る。

中学生では今の自分を肯定しているのに、高校生以上になると今の自分を否定的に捉えるようになるのだ。成長とは今の自分を超え、未来の自分になることである。自分を否定するとは、大人に近づく証しに他ならない。

解き方

一 2、「棚に上げる」は自分の不利や欠点など、不都合なことにはわざとふれないでおくことを指す。したがって、エの場合のように「大切な思い出」には使わない。

二 1、「交互に鳴いて」や「直喩」表現にあたるのは、Eの「谺のごとしかはるがはるに」。2、「春先の情景を描写した言葉」を「鳥の声の印象」として用いているのは、Dの「ひかるなり」にあたり、春の訪れを喜んだものとして読むことができる。3、(1)「俊敏に飛ぶ鳥の動き」「どこまでも広がる壮大な空間」に着目する。Fの「つばくらめ飛ぶかと見れば消え去りて」が「鳥の動き」に、「空あをあとはるかなるかな」が「壮大な空間」に対応している。(2)空欄部前の「数詞の使用」を手がかりに「鳥がどこかへ飛び去ったことを想像させ」る表現を探すと、Bの「今日なし」にあたる。

三 「大学」・「花月草紙」より。2、(1)空欄の前後に着目する。「誰かの悪い行いについて伝えられ」たあとに「答えている」とあるので、本文の「かれはかかるあしき事なしぬ。」と言われて、「げにさあらん。」と答えている場面を押さえる。(2)同じような悪い行いということで、文章IIの第一文と第二文に着目する。「わがあしき」ことは桀紂と比べて安心し、「かれ」の「あしき事」は比べないで認めてしまう。「自分のこと」か「他者のこと」かの違いを理解して記述する。3、傍線部直後の会話文に着目し、「人のあしきにてわがこころをなだめ、人のよきをばねたむ」に合致するものとしてイを選ぶ。

通釈 文章I 堯(と)舜(は)世の中をまとめるのに他者を思いやる仁によって行い、人々(は)これに従ったが、桀(と)紂(は)、世の中をまとめるのに他者を苦しめる力によって行い、人々(は)これに従った。

文章II 自分の悪いことは桀(と)紂を例にあげて安心し、他人のよいことは堯(と)舜を例として出して非難する。「あの人はこのような悪いことをおこなった。」と言えば、「いかにも、そうであろう。」と言う。「この人(は)このようなよいこと(を)しました。」と言えば、「どうだろうか、あやしいものだ。」と言う。「本当に人には悪い心(が)あるものだ。」と言うと、「いい評判を得たいと思うがために、人の悪いことで自分の心を安心させ、人のよいことを妬む気持ちが起こるのである。」と言ったものだ。

四 石川宏千花「青春ノ帝国」より。1、百瀬さんが、「関口くんだけが悪いわけじゃないんだよ」と声をかけてくれ、「うちの親がなにか責任を取ったりするはめにはならないかもしれない」と安心したのである。アは「姉として弟の代わりに責任を取る」が、イは「朋典だけがふざけていたわけではない」が、エは「痛みをこらえて」が、オは「朋典が久和先生に厳しく叱られた」が、それぞれ不適。2、傍線部あとの久和先生と朋典のやり取りのあとに着目する。「してはいけないことをしたらどうなってしまうのかを、きちんと朋典に見せていた」を押さえて記述する。3、傍線部前の「うろうろしながら……待っていた」とは、母の「落ち着かない様子」であり、傍線部のあとに「朋典がいま、本当に弱ってしまっている」とは母に怒られるのではないかと「不安になっている」のである。4、直前の「朋典の頭を手のひらで大きくなで回した」様子から、お母さんが優しく確認していることが分かり、イとエに絞られるが、イの「佐紀の説明が信じられないという思い」は不適。5、(1)朋典に対する行為を六字で表現している箇所を探す。(2)空欄直後の「自分の行動を前向きに受け止める気持ちも生じた」とは、傍線部前の「それでも思う。……お姉ちゃんらしいことができて、本当によかったって。」ということであり、その直前の「人の気持ちを思いやることができ」たということ。これらを指定された字数に収まるようにまとめる。

五 石黒圭「段落論 日本語の『わかりやすさ』の決め手」より。1、助動詞「た」の意味用法を識別する。「近接した」は存続の助動詞。ア・ウは過去、イは希望の「たい」の一部。エは確認を表す。オが傍線部と同じ存続。2、(1)第一段落の末尾に「ボトムアップ式」とは「その場の文脈に合わせて即興

的に」考えて書くことだとある点を押さえる。(2)第三段落に、「流れ」が「近接情報への無抵抗な移行」を指し、「構え」が「意図的に離れること」とある点を踏まえて選択する。3、第四段落に「本書では、段落のなかの文」を『流れ』と『構え』という観点から議論したい」とあり、今後の説明の方向を示していることから考える。4、アは「文章構成の予定に基づいて」が、イは「柔軟に結論を変える」が、ウは「どのような状況であっても正しく判断する」が、オは「何度も内容を確認することによって」がそれぞれ不適。5、傍線部の内容を第四段落以降の趣旨を踏まえ、比喩を用いず詳しく説明する。「融合」は「調整」と言い換える。

茨城県

問題 P.34

解答

一 (一)3　(二)カイトにウソをついてしまい、気まずくなっているが、今度はきちんと本当のことを伝えたいという気持ち。(49字)　(三)1　(四)2　(五)皆さんに紹介したいのは、『ぼくのまつり縫い』という小説です。(30字)

二 (一)1　(二)4　(三)一族皆よせて披露し、振舞わめきけり(17字)　(四)2

三 (一)ア心理学　イ機械工学　(二)4　(三)2　(四)3　(五)役に立たないこと　(六)1　(七)(例)
本をたくさん読む人がいる一方で、全く読まない人も多い。時間がとれないことと、読みたい本が見つからないのが主な理由だ。
そこで、学年や学級に本を置くスペースを設け、いつでも、誰でも本を手にとることができるようにするべきだ。大切なのは、日常生活の中で自然に読書に親しむ環境を作り出すことだと考える。

四 (一)(1)散策　(2)耕　(3)衛星　(4)くわだ　(5)ひんぱん　(6)いど　(二)4　(三)3

解き方

一 **神戸遥真「ぼくのまつり縫い　手芸男子は好きっていえない」より。** (一)本文は「ウソ」「ジンタイソンショー」「ツラくなって」などのカタカナ表記、「しょうがない」(書き言葉では「仕方がない」)「すげーじゃん」などの口語表現により、カイトとユートのやり取りが生き生きと表現されている。1情景描写もさほど出てこないし、ユートとカイトが心理的に隔たっているとも言い難い。2「……」は、どう答えたらいいか悩む様子や言い淀んでいる様子を表している。4「やっぱりカイトの反応はなく、もうぼくがなにをいってもしょうがないのかもって気持ちになりかけた。」など、実際の会話のような心のなかの思いは、不安な気持ちの暗示ではなく、はっきりと書かれている。(二)緊張しているときなどに自分を落ち着かせるため深呼吸をすることが多い。傍線部のすぐ前で「カイトにウソついた」と発言していること、「カイトの返事はない。」とあることから、話を続けることに緊張やためらいを感じている。しかし、傍線部のあとに「けど、カイトにだけは本当のことを伝えるって決めたのだ。」とあることから、話を続けなくてはならないと感じ、深呼吸していると考えられる。(三)カイトが傍線部の発言後、「それで、好きな服作れよ。」と、「いたずらをたくらむように笑って」いたこと、また、「服作れるとか、すげーじゃん。」とユートを認める発言をしていることに着目。カイトはユートが裁縫をするのを応援するために、わざと突き放すような言い方をしたのである。(四)【Ⅲ】の紹介文を読むと、第二段落であらすじが時系列に沿って書かれている。また、内容によって段落分けがされている。一方、【Ⅱ】の読書記録にある「ファッションショーで……出てくれた。カイト、かっこいい!」や「私も裁縫がしたくなった。」「被服部に入部届を出すという結末に安心した。」といった感想は、【Ⅲ】には書かれていない。(五)「私が」という書き出しがヒント。傍線部を語順を変えて書き直すと、「私が」のあとには「紹介したい…」と続くのが自然で、そのあと『ぼくのまつり縫い』で締めくくる。その際「小説」という語句は繰り返さないようにまとめること。

二 (一)四コマ漫画の四コマめなので、話の最後の場面を選ぶことになる。話の最後は、家来が鴈ではなく塩鯛を持って現れたところなので1が合致する。(二)「『我等の道にて仕たる』とあれば、大に悦喜し」とあることに着目。「大に悦喜し」を含めると指定字数内できれいに抜き出せないため、直後の「一族皆よせて披露し、振舞わめきけり」が具体的な行動として適している。(四)「雄一さんが紹介した古典の文章」は、家来が鴈ではなく塩鯛を持ってきたのを見た舅の問いに、聟が答えた場面で終わっている。1は「うそをついていた聟が慌てふためく」が、3は「感動的な結末」が、4は「鴈を何としても手に入れようとする家の子の誠実さ」がそれぞれ不適。

通釈 婿がいた。舅(妻の父親)のところへあいさつをしようとして、ある町を通ったところ、新しい(鳥の)鴈を棚に出して置いてある。二百で購入し、矢を通し(家来に)持たせて行く。舅は婿に会い鴈を見て、「これは」と尋ねたところ、「我々の通った道で仕とめました」と言うと、(舅は)大いに喜び、一族を皆呼んで(鴈を)披露し、振舞い大騒ぎをした。婿は調子に乗り、「もう一度お持ちしよう」と家来と示し合わせ、「私は先に行こう。あとから買ってこい」と言い捨て、先に舅に会うと同時に、「いやおどろいたことにわたしはしあわせもので、また鴈を仕とめました」と言う。舅はやはり立ち自慢気にしている。家来が、塩鯛に矢を突き刺して持って来た。「それでは今の矢は当たらなかったのか」。「さよう、鴈には外れて、塩鯛に当たりました」と。

三 **上田紀行「新・大学でなにを学ぶか」より。** (一)ア自動車製造の具体例が出ている〈3〉段落に着目する。「例えば自動車の製造を考えてみてください。……認知科学や脳科学さらには心理学の視点なしには成り立ちえません。」とあるので「心理学」が入る。イ医療についても〈3〉段落に着目。「また医療においても、……機械工学の分野や……医学・薬学の分野の…」とある。よって「機械工学」が入る。(二)挿入する一文が、「要するに」から始まっていることに着目。挿入する部分の前に述べられていることと、挿入する一文で述べられている内容が一致すればよい。(三)(一)でも触れられているように本文は豊富な具体例が述べられ、筆者の主張がより伝わりやすくなっている。1は「漢語をあまり使わないことで」とあるが、漢語は少なくない。3は「資料を適切に引用して」とあるが、資料の引用はない。4は「推測ではなく事実だけを」とあるが、「…ということも起こりうるかも知れません」(〈1〉段落)、「…人間を考えるアプローチもありうるでしょう」(〈4〉段落)など、推測も述べられている。(四)②のグラフで「楽しく時間を過ごせるから」が一番多く、3の「読書が総合的知を感じる唯一無二の道」ということも本文の最後で触れられている。1「本を読むことが嫌いだから知識や情報が得られていない」かどうかはグラフからは読み取れない。2「興味のない本こそたくさん読むべきだ」とあるが、本文には「まずは自分が興味を感じることを追求しながら」(最終段落)とある。4「テレビやマンガで想像力や空想力を養っている」かどうかはグラフから読み取れない。㈤空欄部の一文の「私たちが勉強する多くのことで……なんて存在しない」に近い言い回しを本文から探すと、最終段落の「この世の学びのうち、役に立たないことなどない」があてはまる。㈥「何か気になることはありますか」という問い方から、意見を引き出そうとする意図が読み取れる。

四 ㈢1の「圧巻」は、他のものに比べてはるかに優れていること、2の「余地」は、物事をさらに行うことができるゆとりのこと、3の「蛇足」は、なくていいもの、4の「推敲」は、文章を書くときにより適した表現を求めて考えを練ること。「最後のシーンがなければ」と言っていることから考える。

栃木県

問題 P.39

解答

一 1、(1)せんぞく (2)そうかい (3)うるお (4)なぐさ (5)ぞうり 2、(1)漁港 (2)率 (3)招待 (4)縮 (5)熟練 3、(1)エ (2)省略 (3)イ (4)ア 4、ウ

二 1、いわいごと 2、エ 3、ウ 4、黒石を連想させる夜に生まれ、誕生月が良月である十月だから。(29字) 5、イ

三 1、ウ 2、絶対音や音の種類が違う「ドレミファソラシド」であっても、同じように聞こえる(という不思議な現象。)(37字) 3、ウ 4、ア 5、読者の中に既知の「物語」があることで、結末までの見通しをもって小説を読み進めることができるから。(48字) 6、エ

四 1、ア 2、イ 3、ウ 4、姉のことを理解せずに作ったドレスは姉に似合わないだろう(と考えたから。)(27字) 5、清澄の率直な言葉に勇気をもらったことでこみ上げてくる感情を、見せまいとしているから。(42字) 6、イ

五 (例)

世の中にあって便利なものとして、私は、交通系ICカードを挙げる。日本には、スイカなどのICカードがあるように、他国にも交通系ICカードがある。私は、台湾に行ったときに、言葉も文字もほとんど分からないなかでも、ICカードを使って切符を買わずに電車に乗り、目的地に着くことができて、とても便利に感じた。

世の中が便利になることについて、私は、言葉の壁を超える助けになると考える。海外からの観光客の方が日本国内を旅行するときも、ICカードを持っていれば負担が軽減し、旅行を楽しむことに集中できる。便利になることで、言葉を気にせずに出かけることができ、交流が活発になるはずだと考える。

解き方

二 **石川雅望「天羽衣」**より。2、それぞれ直前の「　」の会話文前に①は「磯田言ひけるは」、②は「三保の長者しばし打ち案じて」とある。3、傍線部前の「御身と我と、……相共に、妻の出産せる事」が「不思議」だと言っている。4、「黒」と「良」に分けて考える。傍線部を含む三保の言葉の「時は十月なり。十月は良月なり。」から「良」を取り、一方「御身の子は夜生まれ……」とあり、それを受けた「黒白を以て、昼夜になぞらへし事」から、夜に生まれた子を「黒」、昼に生まれた子を「白」としているのが分かる。また、なぜ「黒白」なのかというと、二人が碁仲間だからである。5、第二段落中盤の「さては子どもの代に至りても、ますます厚く交はるべし。」がイに合致する。

通釈 十月の初めのころ、いつものように、碁を打っていると、三保の長者の妻が急に出産の気配があって、苦しんだので、家の中が大騒ぎしたところ、困難なく、男の子を産んだ。磯田も、この騒ぎで、碁を打つのを途中でやめて、そのまま家に帰ったが、こちらもその日の、夜になって、妻である人が、同じように男の子を産んだ。両家とも、かなりの富豪であったので、出産の祝い事として、出入りをする人は、引きも切らない。にぎやかなことは、いまさら言うまでもない。

そうして一日二日を過ごして、長者の二人が会って、互いに出産の喜びを、言い交して、磯田が言ったことには、「あなたと私と、いつも碁を打って遊んで、仲良く話をしている中に、一日の内に、お互いに、妻が出産したことは、不思議だと言える。やあ、この子どもたちは、今から兄弟の約束をして、生涯親交を失わないようなことが、願うところである。」と言うと、三保も喜んで「それならば子どもたちの代に至っても、ますます厚く交際することになるだろう。」と言って、盃を取り交わして、一緒に誓いをした。磯田が、「名前を、どのように呼ぶのがよいだろうか。」と言うと、三保の長者はしばらく考えて、「(生まれた)時は十月である。十月は良い月である。あなたの子は夜に生まれ、私の子は、昼に生まれたので、私の子は、白良と呼び、あなたの子は、黒良と呼ぶのは、どうだろうか。」と言うので、磯田はほほえんで、「黒白で、昼夜になぞらえたことはおもしろい。白良は、さきに生まれ出たので、兄と決めよう。」と言って、その時から、ますます仲良く、交際をした。

三 **石原千秋「読者はどこにいるのか　書物の中の私たち」**より。1、「逆説」とは、一見、真理にそむいているようにみえて、実は一面の真理を言い表している表現のこと。空欄直前の「まだ知らない世界をもう知っている」は、一見おかしいが、本文の論理によって導き出される一面の真理である。2、指示語なので傍線部前の「絶対音や音の種類が違うのに不思議な現象だ。」や「『ドレミファソラシド』の音階は……同じように聞こえる。あるいは、……同じ『ドレミファソラシド』に聞こえる。」をまとめる。3、傍線部の段落の最後に「二つの前提が想定できる」とあり、それが次の段落にある、「想像力が『全体像』を志向する」ことと、「『全体像』を知っている」ことである。見る人が「立方体」というものを知っていて、知っているからこそ「九本の直線」に奥行きを想像するのである。4、傍線部の次の段落を参考に考える。「既知の『物語』」は、自分が経験して知っていることであり、我々はそれをもとにして、想像力を働かせるのである。5、傍線部前後の内容から、読者は既知の「物語」を持ち、「知っているゴール(結末)」に向けて読んでいるので安心して読めるのだと理解して、字数内で記述する。6、アは「筆者の主張と対立」が、イは「筆者の考えに普遍性があることを強調」が、ウは「欧米の文学理論と自身の理論との違いを明示」が、それぞれ本文の内容と合致しない。

四 **寺地はるな「水を縫う」**(集英社刊)より。1、空欄前の「どんどんドレスの縫い目をほどいていく」に着目する。2、傍線部のあとの「でも仕事してる姉ちゃん、すごい真剣っぽかった。」から考える。3、「自分で決めたこと」とは、ドレスを作り直すことである。アはまだドレスをほどきはじめていないし、イの前後は水青の仕事の話、エの前後は清澄の今後の可能性の話なので、挿入文とつながらない。4、作り直そうとする理由は、傍線部前の清澄の言葉にあるように、「わかってない僕がつくったこのドレスは、たぶん姉ちゃんには似合わへん。」と考えたからである。5、清澄

は、高齢ながら水泳を始める「わたし」を「がんばってな。」「今からはじめたら……六年になるやん。」と「まっすぐに」応援している。その言葉に勇気をもらい、感情が溢れそうになっているのを必死でこらえているのである。6、最後から五段落めにある「男だから、とか、……そういうことをなぎ倒して、きっと生きていける。」に着目する。

群馬県

問題 P.43

解答

一 (一)ウ　(二)実物を見せて、語と実物を結びつけてもらおう　(三)ア　(四)生活上の活動や行為と言葉が結びついた実践的なやり取りを経ること。(五)イ・エ

二 (一)エ　(二)ア　(三)くわしく刺しゅうの歴史を学び、刺しゅうにこめられた思いや人々の暮らしをもっと知りたいと考えるようになっていたということ。(四)ウ

三 (一)とりあえず　(二)イ　(三)①イ　②ウ

四 (一)ア　(二)新衣　(三)エ

五 (一)①起きる　②断る　③演奏　④順延　(二)①あこが　②ゆ　③えつらん　④ぶよう

六 (一)イ　(二)イ　(三)A・D・E　(四)Ⅰエ　Ⅱア　(五)(例)

グラフを見ると、出版市場全体が減少傾向にあっても電子出版が増加していることや、それでも依然として紙の出版が高い割合であることが読み取れます。自分にとって、電子書籍はまだあまりなじみがなく、本は書店で買うものであり、紙で読むものだと思っています。ただ、今後は、様々な場面で電子化が進み、紙の本と電子書籍を上手に使い分けることが必要となるのだろうと考えています。

解き方

一 近内悠太「世界は贈与でできている　資本主義の『すきま』を埋める倫理学」より。(一)「最初に…」で始まる段落以降で、子供に言葉を学ばせるのに「直示的定義」は成功しないという話を展開していることに着目する。そのあとで、野球という別の角度から同じ「直示的定義は成功しない」ことを説明している。(二)「これ」について傍線部直後から何が「不可能」なのかを考えると、直後の段落より「直示的定義」のことだと分かる。しかし、それでは指定された条件を満たさないので、直示的定義を説明している箇所を探すと、直前の段落に「これを直示的定義といいます。実物を見せて、語と実物を結びつけてもらおうとするわけです。」とあり、「語と……もらおう」が条件に合致する。(三)直後の段落に「窓を指差したとき……『外』という意味として把握される可能性もあるし、『透明』という意味、『四角いもの』……などとして逸脱して解釈される可能性もあります。」とあり、これに合致するのはア。(四)傍線部を含む一文が「つまり」で始まっていることに着目。「つまり」の前後は同じ内容を表しているから、（野球というゲームを）「とにかく実践を通してやってみなければ『ファール』の意味は分かりません」ということになる。実践を通した言語の習得については、「では、どのように…」で始まる段落以降に「それは親や周囲の大人から……活動と言語的コミュニケーションが合わさったやり取りを通して、徐々に学習してきたのです」「『窓』という語がどのような生活上の活動や行為と結びついて使われているかという点に、『窓』の意味があると言うことになります」とある。この部分を中心に、「どのような過程を経る」かという設問の指示に合わせてまとめる。(五)窓や野球の事例を使っていること、他の書物からの引用が二箇所あることからイとエが合致する。ア「　」に挟まれている語句は「窓」「ファール」など、具体的なものがほとんどである。ウ「一文ごとに改行」されてはいない。オ文末を「です」に統一すると、丁寧で親しみやすい印象が生まれる。

二 寺地はるな「水を縫う」（集英社刊）より。(一)一つめの空欄直後に「裾のあたりにだけごく控えめに野の花を刺しゅうしようと……さりげなく。」とあることから、目立たない、普通、という意味のエが合致する。(二)直前の「ほう、ほう。」と大きく頷いた紺野さんの態度を受けて傍線部のような感想を抱いているのである。イ紺野さんは「改善点」を述べてはいない。ウ「僕」は紺野さんの反応を「必要以上に大げさ」と感じてはいない。エ「世界の刺しゅうに関心を持っている」のは、紺野さんではなく「僕」。(三)傍線部直前に「目標というほどたしかなものではなかった欲求が、言葉にした瞬間に輪郭を得た。」とあるのに着目。輪郭を得た「欲求」が具体的に書かれているのは直前の段落なので、そこをまとめる。(四)傍線部前で刺しゅうの歴史や人々の思いなどを「知りたいんです、もっと。」と「僕」が口にしたのに対し、紺野さんは「すごいなあ。壮大やなあ。」「壮大な弟ができてうれしいわ。」と答え、「僕」の思いを受け止めている。また、「熱くなる頬」とは照れや興奮で血が上っていることを表しているのでウが合致する。ア「知識を披露」したいと思っていたわけではない。イ「他人に褒められようと大げさに伝えてしまった」ことが分かる部分は本文にはない。エ刺しゅうを始めたきっかけとして祖母は出てくるものの、「それだけではない」とし、「刺しゅうはずっと昔から世界中にあって、手法はいろいろ違うのに、そこにこめられた願いはみんな似てる」ことへの興味の方を紺野さんに語っている。

三 「十訓抄」より。(一)語中・語尾の「はひふへほ」は、現代仮名遣いでは「わいうえお」になる。(二)男法師が大勢やってきたのをきっかけに帰るのは、静かに花を見ていた女房である。(三)①夏斗さんの最初の発言に「『連歌』は……どちらにしても難しそう」とあること、冬香さんの発言に「『星まぼる犬』は、当時のことわざみたいなもので、『身分不相応の高望みをする』という意味を持つ」とあるのに着目。身なりだけで女房をばかにし、連歌を仕掛けるなどという分不相応なことをしたと感じ、言い返したのであるから、「星」は女房、「犬」は男法師などとなる。②「猿丸」と言われたのに対し、「星まぼる犬」と、とっさでありながら機転を利かせたうえに相手をやり込める表現をしている。

通釈　ここ最近のことである、最勝光院が梅盛りである春に、上品な雰囲気がある女性が一人、釣殿の辺りにたたずんで、花を見ていると、男法師たちが群れあって入ってきたので、無作法であると思ったのだろうか、帰ろうと出ていくのを、（女性が）着ている薄衣が、ことのほかに黄ばみ、すすけているのを（男法師たちが）笑って、

　花を見捨てて帰る猿丸であるよ

と連歌を仕掛けてきたので、すぐさま

　星を見つめる犬が吠えるのに驚いて

と（上の句を）つけた。人々は恥ずかしがって、逃げていった。

この女性は俊成卿の娘であり、すばらしい歌よみであったのだが、目立たないようにみすぼらしい格好をしていたとか。

四 「世説新語」より。(一)返り点は下から上に返って読むときに付ける。「衣」から「送」の字へは二字以上離れるので一・二点を用いる。(二)持ち帰らせたときの伝言に「衣、新を経

ざれば、何に由りてか故ならん。」とあるので、答えは「新衣」となる。㈢「衣、新を経ざれば、何に由りてか故ならん。」という発言を受けて、好きではない新しい衣類を着ていることから、妻の主張が理解できると感じたのである。

通釈 桓車騎は、新しい衣類を着ることを好まなかった。入浴後、妻が、わざと新しい衣類を用意した。車騎は、大変に怒り、急いで持ち去らせた。妻は、更に(持ってきた新しい衣類を)もう一度持って行かせ、伝言して言うことに、「衣類というのは、新しいときを経なくては、どうして古くなるでしょう。」と。桓公は、大いに笑ってこれ(妻が入浴後に用意していた新しい衣類)を着た。

六 ㈠携帯に合う話をしているから、「勝つ」という意味のイ「軍配が上がる」が入る。アの「肩を並べる」は互角である、ウの「花を持たせる」は勝利や名誉をゆずり、相手を立てる、エの「一日の長がある」は経験や知識・技能などに少しばかり優れていること、という意味。㈡Aさんの二番めの発言の「なるほど。」、Cさんの最初の発言の「それは少し分かる気がするよ。」と二番めの発言の「確かにそういう感覚もわかるけれど」、Eさんの「それは確かに便利な点だよね。」に見られるように、相手の意見を受け止め尊重したうえで自分の意見を述べている人が多い。ア最終的にどちらがいいかの結論は出ていない。ウ「訴えかけるように」というより、自分の感じたことを淡々と述べている。エ「相手の意見に対して徹底的に批判」している様子は読み取れない。㈢冒頭で「紙の本に魅力を感じる」と述べているAさん、「本には、実際に読むだけでなく、並べて置いておくという側面もあると思うな」と述べているDさん、「紙の本の場合は歴史が古いから、ずっと昔の本だって手に入れて読むことができる」と述べているEさんの三名が紙の本の良さを述べている。㈣IはDさんの意見であるエが、IIはBさんが兄の動作として話していたアが、それぞれ合致する。

埼玉県

問題 P.47

解答

一 問1、イ 問2、ウ 問3、I海外に行く IIどんな絵を描くのか 問4、自分の卒業制作のプランは自己模倣でしかなく、もっと広くて未知の世界に足を踏み入れる必要がある(46字) 問5、ア・エ

二 問1、(1)だっこく (2)じんそく (3)もよお (4)縦断 (5)易 問2、ウ 問3、イ 問4、(1)イ (2)エ (3)すること

三 問1、ア 問2、イ・オ 問3、身体と環境との即応を感じ取って、自分を異なった存在にする(28字) 問4、出会ったと 問5、踏みならされた道路を進まずに、細かな失敗と修正を繰り返しながら、どこでもない目的地を探し続ける(47字)

四 問1、わずらいなかりけり 問2、おがくずの用意 問3、ウ 問4、エ

五 (例)

資料から、多くの人が挙げた理由が、「自分がどうしたい」のではなく「人や地域や社会に働きかけたい」ということを読み取った。

私はいままでボランティア活動に参加した経験はない。しかし、さまざまな災害が起こった時に報道される、ボランティア活動に参加する人々の姿に接すると、自分でも機会があれば他の人や地域や社会の役に立つ働きをするように心がけたいと考えている。

解き方

一 **色さゆり「ピカソになれない私たち」**より。問1、傍線部の「ほほ笑んだ」とアの「苦笑い」、ウの「うらやましさ」はそれぞれ合致しない。エは「アーティストへの道を譲ってくれた」が不適。問2、傍線部に続く「その理由は…」「望音は…」で始まる二つの段落の内容がウと合致している。問3、Iは傍線部の前にある「望音」の会話文から「必要がない」に続く語句を、IIは「太郎」の会話文のなかから「見てみたい」内容にあたる語句を、それぞれ指定字数を手がかりに探す。問4、指定された語句「卒業制作」「未知」を本文から探し、その周囲の表現を用いてまとめる。問5、アの「離島出身」は「太郎」ではなく「望音」である。エに挙げられている例は「擬人法」ではない。

二 問2、「指し」は五段活用。アの「し」とエの「信じ」はサ行変格活用、イの「まね」は下一段活用、ウの「笑っ」は五段活用「笑う」の音便形。問3、二重傍線部「だ」は断定の助動詞。アは過去の助動詞「た」が「ん」に続くことで濁音化したもの。エも同じく過去の助動詞「だ」が直前の動詞「やわらぐ」のイ音便形につながったもの。ウは形容動詞「静かだ」の終止形活用語尾。イが断定の助動詞なので合致する。問4、(1)「話し合いの様子」のなかでBさんの二つめの発言に解答が示されている。(2)エのようなフリップは見にくく分かりにくいものになり、本来の目的から外れてしまう。(3)「するのは」の「の」は「こと」と置き換えられるので、受ける部分も「こと」を使う。

三 **河野哲也「人は語り続けるとき、考えていない 対話と思考の哲学」**より。問1、傍線部あとの「カヌーを漕いでいるときの方が…」以下の内容がアと合致している。問2、ア〜ウからは「乗馬」について、エ・オからは「セイリング」について適切なものをそれぞれ選ぶ。アは「自然との対話」「初心者は、ときに難解な言葉を容赦なく馬に浴びせてしまう」が、ウは「誰にでも快適をもたらす」がそれぞれ誤り。エは「多忙な労働を絶え間なく続ける」が誤り。問3、傍線部を含む段落の「散歩」「トレッキング」について説明した表現から、「…を感じ取る」「…する」といった言い回しを手がかりに、あてはまる言葉を探して指定字数にまとめる。問4、何を「さがし」ているかを手がかりに指定字数を参考に答えを探す。問5、傍線部のあとの「踏みならされた道路を進むことではありえない」「細かな失敗と修正を繰り返し」に着目し、指定字数内でまとめる。

四 **兼好法師「徒然草」**より。問2、直前の「とりためけん用意(準備)」とは何かを考える。問3、直前の「乾き砂子の用意やはなかりける。」の話し手は誰か。問4、最後の「乾き砂子を設くるは、故実なりとぞ」が解答になる。ア事前に砂を敷いておいてもぬかるみは防げない。イ「車で道具を運ぶ」ことの善し悪しを述べてはいない。ウこの文章に限定されたことではなく一般的なことである。

通釈 宗尊親王のお住まいで、御蹴鞠の会があったときに、雨が降ったあとで、まだ庭の土が乾いていなかったので、どうしたらよかろうと相談があったところ、佐々木隠岐の入道が、おがくずを車に積んで、たくさん差し上げたので、庭一面にお敷きになって、庭土のぬかるみの問題は解決した。「(隠岐の入道がおがくずを)集めた準備はめったにない素晴らしいことだ。」と、人々は感心しあった。

このことをある人が話題にしたところ、吉田中納言が、「乾いた砂の準備はなかったのだろうか。」とおっしゃったので、恥ずかしいことであった。(そのときは)すばらしいと思ったおがくずは、下品で、(蹴鞠の庭に敷くには)不釣り合いなものであった。庭の整備を取り仕切る人が、乾い

た砂を準備するのは、昔からのならわしだ(ということだ)。

五 グラフの回答5項目のうち、上位2項目は他者や社会に対するもので、それに続く3項目は自分についてのものであることに着目し、第一段落をまとめる。第二段落はそれを踏まえた自分の考えを経験を交えてまとめる。実体験がなければ新聞やテレビで知ったことでも構わない。

千葉県

問題 P.53

解答

二 (1)たずさ　(2)せんりつ　(3)しょうあく　(4)きんせん

三 (1)群　(2)奏　(3)任務　(4)推移　(5)博覧

四 (1)②　(2)ウ　(3)イ・エ　(4)ウ　(5)(人間は)豊かな教養を備えておかなければ、困難に立ち向かう力を得ることができない。(36字)　(6)Ⅰ命をつなぐ　Ⅱア

五 (1)ア　(2)(a)幼い頃　(b)イ　(c)たくさんの祝福と希望　(3)エ　(4)ウ　(5)Ⅰ内面の成長にともなってものの見方や感じ方が変化する(25字)　Ⅱ友情

六 (1)エ　(2)(a)イ　(b)(i)ア　(ii)しぼることもできないくらいの深い悲しみ(19字)　(3)ウ　(4)イ　(5)窮鳥入ルレ懐ニ時ハ、猟師モ不レ捕ラレ之ヲ。

七 (例)

Bで「そうだ・まあそうだ」と回答した人の割合は約六割である。これは、謙虚さの表れだと考える。私も他人と比較して、自分の技能は得意なこととして取り上げるほどではないと思い、口には出さないからだ。

自己評価を高めるには、他人との比較ではなく、過去の自分より前進することを目指せばよい。私は英語での会話がなかなか上達しないが、少しでも以前より自分の英語が通じた体験をすると、成長を実感できるからだ。

解き方

四 **桑子敏雄「何のための『教養』か」**より。(1)②の「そうでない」の「ない」は形容詞、その他は助動詞である。(2)空欄aの直前に「与えられる」という言葉がある点を押さえる。「与えられる」は受け身なので、アかウのいずれかが答えになる。そこで空欄bの直後に着目すると、「選択の存在こそ人間が自由であることの根幹」だとあるので、「自らの意思」が入る。(3)傍線部Bのあとに、「よりよい選択とは、わたしたちの願望の実現をもたらす選択、いわば幸福な状況をもたらす選択」で、「そうでない選択が誤った選択、不幸をもたらす選択が悪い選択である」とある。しかし、この選択は「よい選択をしたと思っても、選択の状況が変化するなかで不運が生じることもある」のだ。(4)傍線部の四つあとの段落に「『教養は人間の根である』というのは」とあるので、そのあとの部分に着目する。(5)傍線部の二つあとの段落に、教養は「人がさまざまな困難に遭遇するとき、その困難に打ち克つ力となって、その人を守る」とある点を押さえる。教養は「枝葉や花」ではなく「根」なのである。(6)Ⅰは【1】の二段落めに「わたしたちは命をつなぐために、たくさんのことを選択する」とある。Ⅱは【2】の結末に着目する。すなわち、教養は「最善の選択肢を選択するための能力」である。「目の前に現れてくる選択肢を選択肢として認識」するために必要な力なのである。イは「多くのことを学び知るほど幸福感が増し」が、ウは「効率のよい方法で実行していく」が、エは「自分の身を危険にさらさないために」が、それぞれ不適。

五 **柚木麻子「本屋さんのダイアナ」**より。(1)傍線部の直前で彩子が「怪訝そうに首をひねる。」とある点を押さえる。「首をひね」ったのは、ダイアナが『赤毛のアン』が面白いのは『アンの青春』までで、それ以降は「恋愛や結婚がメインになって面白くない」と言っていたからである。イは「大人である自分に子ども向けの本を提案した」が、ウは「出版社を受ける自分の目的には適していない」が、エは「自分の気持ちを前向きにする本であるとは思えず」が、それぞれ不適。(2)(a)空欄Ⅰの前後に着目する。「長年疎遠だった」二人が「本の話題」で近づいていく様子の「直喩で表した箇所」を本文から探す。傍線部Bのあとに、「幼い頃はぐくまれた友情も」「本を閉じた時の記憶と空気が蘇るように、いくつになっても取り戻せるのではないだろうか」とある。(b)傍線部が意味するのは、「本の話」が二人の関係を近づける「魔法みたいだ」ということである。アは「過去の自分の発言を忘れずに覚えていてくれたこと」が、ウは「彩子から話しかけられている事実に有頂天になり」が、エは「彩子との関係を修復する努力を怠ってきた自分」が、それぞれ不適。(c)傍線部の二つあとの段落にあるように、彩子は「ダイアナは本屋さんが大好き」だから、自分も「いつか必ず、たくさんの祝福と希望をお客さんに与えられるようなお店を作りたい」と考えるのである。(3)傍線部の直前で彩子はダイアナに「あのさ、今日、仕事何時に終わるの?」と「しなやかな意志を感じさせる声」で誘いかけている。彩子は再び二人が親密な関係になることを期待しているのである。(4)傍線部は彩子とダイアナの二人が親密な関係に戻っていく様子を表している。アは「本への純粋な愛情」が、イは「大人になって気が付いた相手の長所」が、エは「二人の間に存在したわだかまり」が、それぞれ不適。(5)Ⅰは傍線部B直後のダイアナの言葉がヒントになる。「本当にいい少女小説は「小さい頃でも大人になっても」「何度だって違う楽しみ方ができる」のである。それは、続く段落にあるように内面の成長にともなって「新しい発見を得ることができる」ためである。Ⅱ傍線部B以降の文脈を読み取るとよい。「優れた少女小説」は「新しい発見」や「自らの成長」を気づかせる。と同時に、「幼い頃はぐくまれた友情もまた」取り戻すのである。

六 **「平治物語」**より。(1)傍線部の直前に着目する。男は「謀叛の人の妻子にてぞましますらん。叶ふまじ」、すなわち、「(常葉が)謀反を起こした人の妻子だと思われるから、宿を貸すことはできない」と言ったのである。(2)(a)「ぞ」「なむ」「や」「か」は連体形、「こそ」は已然形につながる係助詞である。傍線部は「ぞ」が「ける」に係って前の語を強調している。(b)(i)傍線部の主語は「宿をお借りしたい」と言った人物、すなわち常葉である。(ii)傍線部の直前に「落つる涙も降る雪も、左右のたもとに所せく」とある点に着目する。常葉は幼子を連れているにもかかわらず、宿さえ借りられず深い悲しみに暮れていたのである。(3)傍線部Dの直後にある現代語訳を押さえる。「主の女」は常葉を「同じ女どうし」として宿に迎え入れたのである。アは「戦に巻き込まれたくない」が、イは「謀叛人の妻と子が現れたことに驚き」が、エは「世間から非難される」が、それぞれ不適。(4)傍線部直前の「かひがひしき身」という表現を押さえる。「身」とは「身分」のことである。(5)返り点は一字以上後ろから前に戻って読むことを指示する記号のこと。たとえば、「レ点」は一字、「一・二点」は二字以上、「上・中・下点」は「一・二点」を挟んで後ろから前に戻って読む返り点である。

通釈 ある小屋に立ち寄って、(源義朝の妻常葉は)「宿をお借りしたい。」と言うと、宿の主人の男が出て(常葉を)見て(男が言うには)、「今時、夜がふけてから、幼い人々

を引き連れて迷われていらっしゃるのは、謀反を起こした人の妻子でいらっしゃるのではないでしょうか。（あなたの思いは）叶えられません。」と、男は内へ入ってしまった。（常葉は）落ちる涙も降る雪も、左右の袖をぐっしょりぬらし、柴の編戸に顔をあてて、（袖にかかる涙も雪も）絞りかねて立ち尽くしていた。宿の女将が（外に）出て（常葉を）見て言うことには、「私たちは頼りになるような身分ではないので、謀反を起こした人に味方したからといって、責められることはまさかないだろう。（身分が）高い者も低い者も同じ女どうしです。お入りください。」と言って、常葉を（宿の）中へ入れて、さまざまにもてなしたので、（常葉は）生きた心地になった。

七「日本の高校生に『自己評価』について質問した結果」について、グラフの評価項目とその回答に対する考えと理由を説明する。まずは、グラフのA～Cの項目のうち一つを選ぶ。例ではBの「私には、あまり得意なことがないと思う」を取り上げている。グラフでは、約六割が「そうだ・まあそうだ」と答えていることから、自己評価がそれほど高くはないことが読み取れる。このことは、謙虚さの表れとも意味づけられるだろう。このような「自己評価」の低さを「高めるため」には、他人との比較ではなく、過去の自分を対象に、評価の軸を置き換えてみるとよいだろう。このような自分の考えと理由についての説明に加え、設問における三つの〈条件〉や〈注意事項〉を押さえて書くこと。

東京都

問題 P.58

解答

一 (1)かがや (2)かい (3)けいしゃ (4)と (5)かわ

二 (1)富 (2)吸 (3)独奏 (4)車窓 (5)清潔

三 〔問1〕ア 〔問2〕ウ 〔問3〕イ 〔問4〕エ 〔問5〕イ

四 〔問1〕エ 〔問2〕ア 〔問3〕ウ 〔問4〕イ 〔問5〕（例）

私にとっての記憶の拠り所となるものは、近くの図書館のいすと机です。幼いころは毎日通い、わくわくしながら本を読みました。あの読書体験が私の好奇心の原点です。今そのいすと机を見ると懐かしく思い出します。

懐かしさは、自分を肯定し、気持ちが未来にひらかれる感情だと筆者は述べています。私は、夢中で読書したころを振り返り、改めて自分の知的好奇心の原点を大切に思いながら、将来の夢にむかって努力しています。

五 〔問1〕ウ 〔問2〕ア 〔問3〕エ 〔問4〕ウ 〔問5〕（編集部注：〔問5〕は出題に不備があったため、受験者全員を正解としています）

解き方

三 **伊吹有喜「雲を紡ぐ」**より。〔問1〕「私の部屋に持っていっていい？」と聞くのは、自分の部屋でじっくり読んでみたいという気持ちの表れ。幼い頃に読んでも好きに感じられなかった本の絵のきれいさ、美しさに気づかせてくれたり、頭をなでてくれた祖父への親近感もあって、祖父の本をじっくり読んでみたくなったのである。美緒は「十二人の踊る姫君」と「水仙月の四日」の本は持っていないので、イの「自分の本……研究して」は不適。ウのようなわざとらしい意図によるものでもない。また、美緒の関心は染色や織物にあり、エの「本の好みや選び方」ではない。〔問2〕アの「祖父が曾祖父の厳格さに反発する気持ちをもっていた」ということは書かれていない。また、ノートに書かれていたのは、染めの色を再現するための科学的データなので、イの「芸術的表現を追求」も不適。エの「色彩を絵画的に描く」も不適。「視覚的に描」かれているのは、ウにあるように「二人の異なる筆跡」。〔問3〕傍線部あとの「ただ……寂しくはあったな。それでも、娘に美緒と名付けた……いいと思ったよ。」という祖父の言葉と合うのはイの前半。また、直後で「しばらく黙っ」ていたのは「美緒に伝える言葉を探していた」からで、イが全体的に合致する。〔問4〕「大量のノート」からは「曾祖父と祖父の研究の重み」を、直前の祖父の言葉からは「自分の名前に込められた父の思い」を、直後の「このノートを使いこなせれば……染めることができる。」、そのあとの美緒の言葉の「……染めも自分でやってみたい」からは染色への美緒の気持ちを、それぞれ読み取ることができる。アは「父が……家業の継承への期待」が、イは「…戸惑い、自分の拙さを強く感じ」が、ウは「父が……家業を継がなかった真意を測りかねて」などが、それぞれ不適。〔問5〕傍線部前の「染めは大人の仕事だ。熱いし、危ない。」「色は決まったか？……まだ、です。探してるけど。」「決断力に欠けていることを指摘され」、直後の「ショールの色だけではない。……この夏ずっと祖父の家で過ごすか。……決断もつけられずにいる。」などの語句に着目して考える。

四 **堀部安嗣「住まいの基本を考える」**より。〔問1〕第二段で、ポルトガルでの体験について「これも自分の中に潜在的にあった記憶の断片のようなものがつながったから」と述べられていることに着目。このことに触れている選択肢はエ。〔問2〕傍線部の第四段の内容と各選択肢の内容を比較検討する。傍線部前の「自分自身が時間や経験を積み重ね」、直前の「その進化した感情、視点によって、伝統や慣習の中にある、人、営為、原風景を〝誇り〟に思うことができるようになっている」ことを踏まえた選択肢はア。〔問3〕第六段は「しかし」という逆接の接続詞で始まり、「懐かしさに対して認識を誤ってしまうことが多いように思います」とあり、それまで筆者が述べてきた「懐かしさ」とは異なる、誤った認識による「懐かしさ」＝「前向きな姿勢や未来への可能性」が感じられない「懐古的な」懐かしさ、「〝懐古の商品化〟や〝郷愁のパッケージ化〟」について書かれているので、ウかエとなるが、エのように「一つ一つ詳しく分析」はしていない。〔問4〕傍線部の「世の中が更新し続けるもので埋め尽くされてゆく」に対応するのが、イの「急速に物事が更新され続ける現在」、「建築こそは動かずにじっとしていて」に対応するのが「変わらずそこにあり続ける建築」、「慣れ親しんだ変わらない価値」を言い換えたのが「人の記憶の原風景となり得る存在」で、イが傍線部をほぼ言い換えた内容であることに着目する。アは「未来への前向きな意志をもつことが難しい世の中」が、ウは「新たな建造物には懐古的な工夫が必要」が、エは「明るい未来……変化を止めることが重要」が、それぞれ文章の内容と合わない。〔問5〕まず「具体的な体験や見聞」を取り上げ、次にそれについての「自分の意見」という二段落構成にすると書きやすいが、「体験や見聞」の内容と「意見」が論理的につながるような内容にすること。

五 **蜂飼耳・駒井稔「鴨長明『方丈記』」**（光文社新書「文学こそ最高の教養である」所収）・**鴨長明・久保田淳「無名抄」**より。〔問1〕本文の冒頭で「素朴な疑問ですが……そういう思いはあったのでしょうか。」という駒井さんの疑問に対する、「どうなんでしょう、わかりませんね。……想像するのが意外と難しい。」という蜂飼氏の見解を受け、「この作品は……こうやって生きている……一味違う力を強く感じます。」とウの「作品の受け入れられ方に関する『方丈記』の評価を述べて」、次の「後の『平家物語』にも影響が…」という蜂飼氏の発言を引き出していることに着目する。〔問2〕「開かれている」は、拒まないという意味。つまり、さまざまな受け取り方をされるのを拒まない＝受け取り方は読む人に任されている作品、ということ。そのようにできる理由は、傍線部直前に書かれている「現代に読むときに、……個人的な来歴や気持ち、……自然描写の美しさ、……ある種の臨場感」というさまざまな話題が書かれているからである。〔問3〕現代語訳の末尾に「情趣も内にこめられ、歌の姿もすなおな歌こそいつまでも見ていられるものです」とあるが、それに対応する原文は「風情もこもり、姿もすなほなる歌こそ見とほしは侍れ」。〔問4〕長明が言うところのアの「不運」は、主に神官として禰宜になれなかったことであり、和歌や音楽の面では才能を開花させ、周囲の人々にも認められていたので、アの「才能」は内容が誤りで、エの「才能が開花しない」も不適。イの「歌人ではなく『方丈記』の作者だと世間で思われていた」は、当時のことではなく現代のことなので合わない。傍線部の蜂飼氏の言葉の直前の駒井氏の「本人がそう思っても…」と、そのあとの蜂飼氏の「そうです。あと、後鳥羽院。…」の発言をまとめているのがウ。

東京都立　日比谷高等学校

問題 P.65

解答

一 (1)じょうせき　(2)こうむ　(3)さんぎょう　(4)いたけだか　(5)てれんてくだ

二 (1)異存　(2)講　(3)生半可　(4)寒心　(5)有象無象

三 〔問1〕ウ　〔問2〕イ　〔問3〕ア　〔問4〕真剣に射撃に取り組む覚悟を決めたのではなく、この道に導いてくれた友人に報いたいという思いが力みとなり、それが真面目に見えただけだという思い。(70字)　〔問5〕イ　〔問6〕エ

四 〔問1〕エ　〔問2〕ア　〔問3〕進化は、生物が環境に適応するための変化だが、それが必ずしも他より優れることにはならないということ。(49字)　〔問4〕ウ　〔問5〕(例)

私はサッカーを見るのもするのも好きだ。特にメッシが大好きだ。彼はサッカーの申し子としか言いようがない。しかし、サッカー部に入り、実際にやり始めて気付いた。メッシばかりいても駄目なのだ。

私のチームには、誰よりも足の速い者やドリブル抜群の者、ゆったり構えているようで一対一では絶対抜かれない者やいつでも冷静に適切な指示がしっかり出せる者、そんな皆がそろって初めて強いチームができる。

世の中も同じ。色々な人、生き物がいて、その時々で元気な人や生き物が替わっても元気な社会がいいのだ。

解き方

三 あさのあつこ「アスリーツ」より。〔問1〕傍線部(1)の直前の「『え？』質問の意味が解せない。」、傍線部(6)の前後の「『はぁ？』……冗談？」からは、沙耶が監督の質問の意図や言葉の意味をはかりかねている気持ちが分かるのでウかエになるが、エの「閉口し」は合わない。「顎を引い(てい)た」は、相手の話や説教などをよく聞こうとするときの姿勢。〔問2〕「それで」は直前の「標的です。練習のときとは違って……違ってて」を受けている。標的が練習のときとどう違っていたのかは、あとの方で「誰かのため……知らぬ間に消えていた。ただ、標的だけがある。」「やはり消えていく。緊張も昂ぶりも……消えていく。沙耶とライフルと標的だけが残った。」と述べられていて、それと合うのはイの後半。〔問3〕二行前にも「でも、わかる。」とあり、その前の「できる限り、言葉にしてみぃ。その努力はこれから先、必ずおまえのためになる。」という監督の言葉が「わかる」ということ。沙耶は今日なぜ400点台を出せたかわからず、また言葉で説明することもできなかったが、それを言葉にして他人に伝えられれば、当然自分にもわかり、それは「必ずおまえの(成長の)ためになる」と監督は言っているのである。〔問4〕傍線部のあとに沙耶の思いが書かれているが、「真面目なんかじゃない」なら何だと思っているのかを考え、傍線部のあとに「真面目ではなく力みだ。それ(＝力み)が……(真面目に見えただけだ)。」とあるのに着目する。これを答えの軸にし、なぜ「真面目」ではないのかや、「力み」の内容を付け加える形でまとめる。「真剣に射撃と取り組む覚悟ができたわけでもない。」「花奈は射撃という未知の世界に導いてくれた」「花奈に報いなくっちゃ。」などに着目する。〔問5〕直前の「いつの間にか、心にあったこと、漠然と感じたこと、沙耶なりに考えたことをあらかた」とあるのに合うのはイ。アの「次々と本音が口から出て」は、「ぼそぼそと」と合わない。ウの「語るつもりではなかった自分の中学時代のこと」、エの「考えたことをまとめていくうちに」もそれぞれ不適。〔問6〕監督の言葉が少ないのは、質問する形で沙耶の考えを整理させ語らせるためであって、アのような「性格」によるものではない。また、沙耶は試合中の自分の様子や気持ちを回想しているが、「試合に立ち向かう……姿」や「試合中の緊迫した」場面とは言えず、イも不適。会話のなかの「……」は沙耶が自分の考えをまとめている場面であり、ウのように「話がかみ合っていない」からではない。内容との食い違いがないのはエ。

四 更科功「若い読者に贈る美しい生物学講義　感動する生命のはなし」より。〔問1〕傍線部(1)の直後の「よく目にするのはA……これだと、ヒトは進化の最後に現れた種で、一番優れた生物であるかのような印象を受ける。しかし陸上生活への適応という意味では、Bのような系統樹の方がわかりやすい。」という説明に合っているのはエ。アンモニアを「尿酸」の形に変えて水を使わず体外に排出できるトカゲやニワトリの方が「陸上生活に適応している」ので、水中生活のコイから一番離れた右端にくるのである。〔問2〕「計算が得意な生物」、つまり知性を発達させたヒトの脳は大量のエネルギーを使うので、「食糧事情が悪」く変化した環境には適応できないので絶滅するかもしれず、「計算が得意」というのは必ずしも「優れている」「進化」とは言えないということ。脳が大量のエネルギーを使うのは、アのように「本能的な要素では劣っている」ということではない。〔問3〕二段落前の「あらゆる条件で優れた生物がいない以上、進化は進歩とはいえない。生物は、そのときどきの環境に適応するように進化するだけなのだ」とあるのに着目する。ここから分かることは、進化＝環境に適応するように変わって(変化して)いくこと、進歩＝優れた生物になること、という違いであり、「進化は進歩とはいえない」のだから、「進化」しても優れたものにはならない、ということである。これらのことを軸にまとめる。〔問4〕直前の「もしも進化が進歩だったり……生物多様性は実現していなかっただろう。」という文の意味を正しく捉えること。進化は進歩ではなく、世界が「生存の偉大な連鎖」でなく、一直線の流れではなく多岐に分かれる流れがあったから、現在のようにみごとな生物多様性が実現した、という意味で、ウの内容と合う。「存在の偉大な連鎖」は「近代の西洋的世界観」ではないのでアは不適。イ・エは「存在の偉大な連鎖」という考え

方を正しいものとする前提に立っているので誤り。〔問5〕身の回りのものごとで、「全てが同じ」であるよりも、「さまざまに違うものが存在すること」によって、そのことがかえってプラスに働いている例を考える。

東京都立　青山高等学校

問題 P.70

解答

一 (1)はくしゃ　(2)のどもと　(3)ろうかく　(4)ひつじょう　(5)げんとう

二 (1)票田　(2)願　(3)支　(4)委任　(5)製版

四 〔問1〕ア　〔問2〕ウ　〔問3〕イ　〔問4〕意思が伝わったという無根拠な感覚　〔問5〕発信者は意味から言葉を創発し、受信者は言葉から意味を創発する(30字)　〔問6〕(例)

受信者は発信者の言葉から、発信者の意図する通りの意思を想像するとは限らないと本文にあるが、改めて本当はそうなのだと感じた。確かに私も話をしていて、「そうじゃない」と思うこともあったが、言い直すことで真意は伝わった。そこで、発信者は初めから相手が誤解しない表現を心がけることが大切だと考える。だから、生徒Bのお母さんも、最初から「お茶を入れて」と言えば、温かいお茶が飲みたいという意思が伝わったと思う。

五 〔問1〕イ　〔問2〕エ　〔問3〕ア　〔問4〕咲きぬべきほどの梢、散り萎れたる庭など(19字)　〔問5〕ウ

解き方

四 **森山徹「モノに心はあるのか　動物行動学から考える『世界の仕組み』」**より。〔問1〕傍線部以降の文章から、対比を押さえる。まず傍線部の段落では「音という物理現象」の「伝わる過程」が「空気という媒質を振動」させて「受信元であるあなたの鼓膜を振動させる」ことであると述べられている。次にさらにあとを見ると、「意思の伝達過程」が「糸のような媒質を介し、受信元へ達する出来事ではない」とある。つまり、媒質の有無が対比のポイントであることが分かる。〔問2〕直後の「それは」という指示語を手がかりにしてあとの方を見ると「受信元において、意思は……『自発的』に生成される」「受信元における意思の自発性は、『発信者の発した言葉に込められた意思とは無関係に』……生成される」と繰り返されているので、この点を踏まえて選択肢を選ぶ。〔問3〕傍線部について筆者が考えていることは、傍線の二段落以降に書かれている。まず、「私が、あなたに意思が伝わったと感じさえすれば、意思が伝わったことになる」とあり、その一つあとの段落で、「『ありがとう』を、『相手に意思が伝わったかどうかわからない不安』を感じながらも、発するのです」とあるので、この二つの内容と合う選択肢を選ぶ。〔問4〕【図3】を見ると、「違和感」は「ありがとう」という吹き出しのあとにあることが分かるので、本文で「ありがとう」にまつわる感覚の話を探すと、「この不安を…」で始まる段落に、「ありがとう」のまわりに「意思が伝わったという無根拠な感覚」「意思の伝達感」「後付けの意思の伝達感」という三つの感覚の記述がある。このなかから、無根拠な感覚＝違和感、という関係から解答を確定する。〔問5〕「創発型コミュニケーション」の具体的な説明が直後の段落にある。「発信者において『意味』が自発的に生じ、続いて言葉が創発されます」「次に言葉を受け取った受信者において新たな『意味』が創発され」とあるので、ここから、「発信者」意味→言葉の創発／「受信者」言葉→意味の創発、という関係を読み取ってまとめる。〔問6〕意思や意味は発信者と受信者の間でそれぞれ、自発的に創発されるもので、それとは別の仕方で言葉に意思や意味が入っているわけではない、というのが筆者の主張である。次に、生徒A～Dの発言を見てみると、A＝意思は伝わる、B＝意思は伝わらない、C＝遠回しな表現だと意思は伝わらない、D＝言葉でなくても意思は伝わる、と分けられる。最後に設問は「相手に自分の意思が伝わるにはどのようなことが大切だと考えるか」について書くことを求めているので、作文には、〇〇が大切、というなんらかの提案が入っていなければならない。この、本文の内容＋生徒の発言＋提案によって解答を作る。解答例は、本文の内容＝筆者の意見を支持する立場から、生徒Bの発言をもとにして、言い方を工夫するのが大切、という提案を、具体例をあげながら行った。

五 **奥野卓司「鳥と人間の文化誌」**より。〔問1〕傍線部の「その意味」という指示語を踏まえて前を見ると直前に「華やかでないもの」という言葉があり、その具体的な内容が一段落前で「ワビ、サビ的な暗く静かなもの」として示されている。〔問2〕直後の「風雅」は風流・おもむき深さ、「風俗」は風流と世俗、「風狂」は風雅に徹すること、という意味。これらと似た意味の言葉を選ぶ。〔問3〕傍線部の現代語訳を確認すると「家族との別れを悲しんでは、鳥の声にも心が痛む思いがする」となっている。さらに次の段落には「ここでの『鳥』は、聖なる予告をする存在」とあるので、ここから、聖なる予告であっても聞くと心が痛む、となる。〔問4〕「移ろう」とは、状態が変化してゆく、という意味。『徒然草』の「咲きぬべきほどの梢、散り萎れたる庭」という言葉のなかには、咲いていない→咲いている→散った、という状態の変化＝時間の経過が含まれており、それを「見所多けれ」と言っているので、この部分を解答とする。〔問5〕傍線部の「季節と生き物の周期性」とは、季節の周期性と生き物の周期性(との重なり)ということで、その点については前の方で鳥類と季節との関係として示されており、傍線部前でも「季節ごとの生き物や農作物の成長」とまとめられている。これに対して「日本人は……風雅を感じてきた」と直前で述べられているので、こうした点を踏まえて選択肢を選ぶ。

東京都立　西高等学校

問題 P.75

解答

一 (1)たいせき　(2)しょうあく　(3)じちょう　(4)けいせいさいみん

二 (1)縦走　(2)柱石　(3)域内　(4)不易流行

三 〔問1〕イ　〔問2〕エ　〔問3〕ア　〔問4〕エ　〔問5〕無意識でも廉太郎を凌ぐ演奏をする幸への妬みが、幸がいたからこそ成長できたという自覚により、自分を鼓舞する思いに変化した。(60字)　〔問6〕ウ

四 〔問1〕ウ　〔問2〕イ　〔問3〕イ　〔問4〕ア　〔問5〕ウ　〔問6〕エ　〔問7〕(例)

(題名)世界観・人生観の基になるもの

知識の構造とは、様々な事実についての記述を構造的に結びつけ、体系化していく論理の展開のことだと述べられているが、とするなら、知識の構造を読み取るというのは、筆者のものの見方・考え方を読み取ることであり、私たちを取り巻く世界を体系的に理解し、その中で自分がどう生きていくのかという生き方を考え、身につけることではないか。つまり、知識の構造とは、その人の世界観・人生観の基になるものだと思う。

五 〔問1〕イ　〔問2〕この世界にいつのまにかやってくる不思議な力の現れ(24字)　〔問3〕エ　〔問4〕ア　〔問5〕エ

解き方

三　谷津矢車「廉太郎ノオト」より。〔問1〕直前の「幸は声を荒らげた。」、傍線部あとの「ここまで荒れているとは」などに着目すると、イの「傷つきいらだった幸」の、「鋭く拒絶する声」の様子が読み取れる。アは「他者に自分の怒りを共有してもらおう」が、ウは「意気消沈している幸」が、エは「自信を失いつつある幸」が、それぞれ不適。〔問2〕傍線部あとに続く廉太郎の言葉、「百万語を費やすより、音で語らったほうが手っ取り早いと思いませんか。」ということを含んでいるのはエ。アが紛らわしいが、「重奏」なので、「自分が渾身の演奏をする」だけでは不適。〔問3〕傍線部前の「廉太郎は舌を巻く。……心の入らない演奏で廉太郎を凌ぐ腕を見せている。……幸に対する妬み」に対応するのが、アの「彼女の演奏に衝撃を受けた廉太郎」で、そのあとに続く「廉太郎のピアノが音色を変えた。……音の一つ一つがよりシャープに、そして清涼なものへと変わった。」に対応するのが、同じくアの「ピアノが明瞭でさわやかな音色になった」なので、アの内容が矛盾しない。イは「ケーベルの指示で重奏した時よりも廉太郎がピアノの腕を上げていることに気付き」が不適。傍線部あとの二人の会話にあるように、幸は、廉太郎が「この演奏の途中で腕を上げた」ことに気付いたのである。ウは「廉太郎が彼女の演奏とは関わりなくのびのびと演奏している」が不適。エは「嫌な出来事を忘れ音楽を楽しもう」が、傍線部直後の段落にある「これこそが本来の幸田幸だ。共に曲を形作る仲間すらも追い立て、焼き尽くす。」とあるのと合致しない。〔問4〕「ばつ悪げに」は、心のなかに恥ずかしいとか困ったという気持ちがあって、体裁が悪い様子の意。本文前半の「本心を言えば…」で始まる段落にあるように、廉太郎の訪問に「散々新聞で叩かれているわたしを笑いに来た」と声を荒げていた幸が、重奏中に自分が廉太郎を誤解していたこと、傍線部直後のせりふにある、「…祝いに来たっていうのは本当みたい」ということ、同じせりふにあるように、純粋に音楽と向き合う廉太郎に比べ、つまらない世評のことを「深く考え」振り回されている自分が「馬鹿馬鹿しくなる」ことなどに気付き、それで「自分を恥ずかしく」思ったのである。〔問5〕点線部xの「ずるい。」は、点線部前と直後にあるように「廉太郎の放つ音に無意識に反応」するだけの「演奏で廉太郎を凌ぐ腕を見せ」る「幸に対する妬み」から出た言葉であり、点線部yの「だから」は、直前の「幸が廉太郎の前に立ちはだかる壁であり……そのおかげで成長できた」ということを指している。そして、「僕も頑張らなくちゃなりません」には、自分を励まし元気づける(＝鼓舞する)心情が感じられる。以上のことを踏まえ、「六十字以内」にまとめる。〔問6〕アは「様々な分野で女性が活躍し始めた明治という時代の風潮を感じ取れる」が不適。そうであるなら延が敢えて男言葉を使う必要はないし、「過熱していた…」で始まる段落の「新聞は女性留学無用論を展開」することもない。エの「彼女が廉太郎を敵視しつつ」も合わない。イかウか紛らわしいが、イの「手を緩めているかのようだった」からは、「演奏することの戦いのような厳しさ」は感じ取れない。一方、ウの「バイオリンの暴風」からは「音楽に込められた激しい熱情」が、「蓋の奏でる密やかな音」からは「一つの場面が終わるときの静かな調和」が感じ取れる。

四　吉見俊哉「知的創造の条件　AI的思考を超えるヒント」より。〔問1〕直後の「情報社会論は…」という、傍線部の内容を説明した文と合致するのはウの前半。また、ウの後半は、「当時の情報社会論は、今日のネット社会の到来を正確に予言していたのでは必ずしもありません」という傍線部直前の文とも合っている。アの「誰もが情報を……発信するようなこと」、イの「インターネットの……大流行といった現象」、エの「誰もが発信できる社会の到来」は、当時は考えられていなかったことなので、いずれも不適。〔問2〕傍線部直後の段落の要点を押さえること。「普通の人々にとっての情報や知識へのアクセシビリティが爆発的に拡大した」「インターネットを通じ、誰もが情報発信者になっていった」ことの二つに触れている選択肢はイ。ここで問題になっているのは「大型コンピュータの開発」ではないので、アは不適。ウの「対面」でなくても「遠隔地でも対話できる」は、黒電話でも可能なことなので不適。エの「マスコミ……地位が相対的に低下する」は書かれていないこと。〔問3〕直後の「作者性と構造性という二つの面で質的な違い」を押さえること。作者性については本の場合、傍線部以降の同段落と次の段落で述べられているように「作者がはっきりしている」し、間違いがあったときは「本の作者が責任を負う」のに対し、ネット情報は「みんなで集合的に作り上げ」「みんなが共有して責任を取る」という違いがある。また、構造性については、ネット情報が「知識という…」で始まる段落にある「バラバラな情報やデータ」であるのに対し、本の知識はその前の段落にあるように「情報が、既存の情報や知識と結びついてある状況を解釈するための体系的な仕組み」となっていることを踏まえて選択肢を選ぶ。〔問4〕まず、「情報と知識の質的な違いを曖昧にしてしまう」理由、つまり、「情報と知識の違いがわかりにくくなる・情報と知識が同じようなものに感じられる」理由を問われていることを押さえて各選択肢の末尾を見ると、イの「情報収集能力が衰えていくから」と、ウの「検索システムの方がより優秀に感じられるから」は質問に直接答えたことにはならないので除外でき、アの「同等に感じられるから」か、エの「両者に質的な違いはないために、評価が曖昧になるから」のどちらかに絞られる。ただし、「インターネットによる検索結果」と「体系的な知識を持った人が出した答え」に違いがなくても、それは結果が同じように見えるだけで、質的に同じではないので、エも除外できる。〔問5〕傍線部を含む段落および次の段落で筆者が強調している本の読み方を読み取る。「著者がそれらの記述を……全体の論述に展開しているのか」＝「要素を体系化していく方法」＝「論理的展開を読み込んで」いくことの大切さが述べられているので、そのような経験に触れている選択肢を選ぶ。〔問6〕第一段落から第四段落までは、インターネットが爆発的に普及した現代までの情報社会の歩みを歴史的に説明し、「検索によるネット上の…」で始まる段落からは、(ネット)情報と知識(図書館の本)との「作者性と構造性」という二つの面での質的な違いについて述べている。そして、「知識というのはバラバラな…」で始まる段落からは、「インターネットの検索システムの、さらにはAIの最大のリスク(問題点)」について言及し、「今のところ、必要な情報を…」で始まる段落からは、検索システムの優位性と「知識の構造を読み取ること」ができないという限界について述べている。つまり、エのような構成になっていることが分かる。

五　多田一臣「『万葉集』の言葉の世界」(「現代思想」19年8月臨時増刊号所載)より。〔問1〕同じ段落の末尾に、「竹の『節』から、ヨが前後に明確なしきりをもつ空間であることが確かめられる」とあることに着目して考える。アは「前後にある空白の期間」が、ウは「空間を物理的に仕切る」が、エは「時空どうしが継続性を保っている」が、それぞれ不適。〔問2〕「季節の…」で始まる段落以下季節の推移について述べた部分に、「季節もまた、この世界にいつのまにかやってくる不思議な力の現れとして意識されていた。」とあるのに着目する。「季節もまた」の「もまた」は、前に述べた昼と夜の移り変わりと同じように、の意味。〔問3〕「このような」＝「秋の霊威が……この世界に充ちてくると、世界全体が秋のまっただ中になる。」という「意味で、季節は……空間性をもつものだった」というつながりになる文であることから考える。アの「風景を支配していく」、ウの「風景を変える」のは、「桜の開花や紅葉」や「春や秋の気配」ではなく「季節の霊威」なので、どちらも不適。〔問4〕「筆を起こす」の「起こす」は、新たにものごとを始めるという意味。「筆を起こす」は書き始めること。〔問5〕最終段落に「古代の日本人は……外界を絶対的なものとして捉え……霊威を受けとめるような感性……をもっていた」とあることや、問2で考えたように時間や季節の移り変わりも「この世界にいつのまにかやってくる不思議な力の現れとして意識されていた」ということと合う選択肢を選ぶ。

東京都立　立川高等学校

問題 P.83

解答

一 (1)ほま　(2)ひつじょう　(3)えんかく　(4)とくしん　(5)せっぱん

二 (1)関　(2)相好　(3)閉口　(4)落成　(5)明鏡止水

三 〔問1〕ウ　〔問2〕ア　〔問3〕イ　〔問4〕ア　〔問5〕エ　〔問6〕ウ

四 〔問1〕一八世紀までの哲学は、平易な言葉で書かれており、内容理解のための前提知識は不要で、対話的側面があった。一方、一九世紀以降の哲学は、専門知識の理解が必要な難解なものとなり、対話を無用とするようになった。(100字)　〔問2〕哲学が専門的学問として分野ごとに細分化されていくことは、社会に存在する常識や知識や技術を、市民の視点から人間の根本的な価値に照らし合わせて再検討するという哲学の役割から遠ざかることになるから。(96字)　〔問3〕イ　〔問4〕エ　〔問5〕オ　〔問6〕ウ

五 〔問1〕エ　〔問2〕客　〔問3〕イ　〔問4〕ア　〔問5〕イ

解き方

三 **はらだみずき「銀座の紙ひこうき」**より。〔問1〕傍線部の前後に「へっ、理工書？　冬風社が？」「うちは専門的な理工書は扱ってないんでね」とあるのに着目する。以前に売ったことのある冬風社の本と聞いて、いったんは関心を持ったものの、現在出版している本は自分の店では売れないものだと分かり、興味を失ったのである。〔問2〕「おれは本が好きで、勤め人をやめてこの商売をはじめた。……うちにはうちの役割があると思ってやってるのさ。」という店主の言葉を聞いて、航樹は「会社をやめた自分は、果たして自分の役割を……自分はなんのために、出版社に転職……営業であれ、もっと自分らしいやり方で……やるべきじゃないのか。」と自分への疑問が沸き、仕事への思いを見つめ直している。〔問3〕「肩の力を抜いた」は、「反省する様子」には使わないので、ウは不適。「肩の力を抜いた」理由は、傍線部直後の「マニュアルばかりを頼りにするのも、書店を坪数で選ぶのも、考えものだ。……経験しなければわからないことがある」と気付いたから。〔問4〕「名刺」を渡すのは、自分の所属を示したり、名前を覚えてほしいとき。「所属」は名刺を渡さなくても、小さな書店の店主と相手に分かっているし、初めに渡すことをせず別れ際に渡したのは、航樹との語り合いを通して航樹に好感を抱き、また会うことを期待し、名前を知っておいてもらおうと思ったからである。〔問5〕「よしっ」と「わざと気持ちを声に出」すのは、自分に気合い(活)を入れて、やる気を奮い立たせるときの行為。そんな気持ちになったのは、店主の名刺に印字された言葉を見て、「人生を変える本との出合い。まさに自分が何度か経験したことでもある。そんな本と読者との出合いを手伝うことが、今の自分の仕事でもあるのだ。」と思ったから。〔問6〕Cの「目を細め」るは、うれしいことがあったり、愛らしいものやほほ笑ましいものを見たりして、ほほ笑んで目を閉じ加減にすることを表す慣用句で、「懐かしい本を見付けたことでうれしさを感じている店主の様子」を表している。アは「航樹の気の弱い性格」が、イは「大きい本屋では難しい返品」が、エは「番線印を押す瞬間を航樹に見せようとする」が、それぞれ不適。

四 **河野哲也「人は語り続けるとき、考えていない　対話と思考の哲学」**より。〔問1〕「大きな違いは二つある」とあるので、その二つについて対比されている内容をまとめる。「ひとつは、後者(一九世紀以降の哲学)が、「専門用語を駆使」し、「難解」で、「それ以前の理論についての知識なくしては理解できなくなった」＝「専門知識の集積を要求する」のに対し、一八世紀の啓蒙主義時代の哲学は、「平易な日常の言葉で書かれ」、「理解するのに前もっての知識はいらない」＝「事前の知識はいらない」ということと、「もうひとつの違いは」、一九世紀以降の哲学の「対話的な側面の消失」に対し、「一八世紀までの近代哲学は、対話を内容としている著作がじつに多い」とあるのに着目し、これらの内容を指定字数内に短くし、対比する形でまとめる。〔問2〕「哲学という学問の役割」について直接説明した部分はないので、「役割」と同義の言葉を探すと、冒頭部分に「哲学は既存の知識の再検討を主な任務としている」とあり、「任務」がそれにあたる。そして、その「任務」＝「役割」の内容は、「社会に存在している常識や知識や技術を、人間の根本的な価値に照らし合わせてあらためて検討すること」、さらにその際、「いかなる専門家からでもない……ひとりの人間ないし市民からの視点」をとるべきこと、ということになる。また、傍線部の「これ」は、傍線部前の「一九世紀以降の哲学は……時代が続いた」の部分を指しているが、要約すれば、哲学が学問として専門化して分野ごとに細分化されていったことを指している。これらの内容を入れて、一九世紀以降の哲学のどんなあり方が哲学本来のどんな任務(＝役割)を果たすにあたり、隘路に踏み込んでしまった(＝障害になった・遠ざかった・果たせなくなった)のか説明する。〔問3〕傍線部あとの「ここでいう全体性とは、……人間が人間としてつながる全体性」「対話は、……人々を共通のテーマによって架橋し共同させる。」「専門化による分断を、対話によって縫い合わせる」「対話を組み込み、社会の分断と人間と自然の分断を克服しなければならない」などから、傍線部の「対話」は、イの「異なる立場の人々」を「結びつけられる」「営み」のことであることを読み取る。アは「人間の差異を均質的なものに統合し、共通の価値観を生み出す働き」が、ウは「規範と秩序が生まれ、社会に対する人々の信頼が高まる」が、エは「専門家による啓蒙が進み」が、それぞれ不適。〔問4〕点線部A直前の「一般の人々はすでに対話の重要性について気がつき始めている」ということの具体例として「哲学カフェ」「子どもの哲学」「哲学

プラクティス」を順に挙げる構成になっていることに着目する。〔問5〕①の「調べ……発表して」、⑤の「翌月の利益を予測」、⑦の「数学の……難しい問題を解く」は、どれも「哲学的なテーマ」とは言えない。〔問6〕後ろから三つめの段落の末尾に、「哲学対話が求めているのは、他者とともに真理を追求し……他者とともに共同の世界を作り出していく知が求められている。」と述べられていることから考える。

五　**滝川幸司「菅原道真　学者政治家の栄光と没落」**より。〔問1〕漢詩の一句めと二句めは国司の仕事に力を尽くしていること、三句めはかつて宮中の宴に侍ったこと、四句めは今は都を離れた海辺の任地にいることを詠んでいることから考える。〔問2〕「客」に「たびびと」とルビが振ってあることや「自分を……旅先にいると表現している」とあることから考える。「客(カク)」は、旅や旅人のことで、「客死(＝旅先で死ぬこと)」「客舎(＝旅館)」などの「客」である。〔問3〕イの「漢詩の伝統を受け継いで、俗事にまどわされない人物としての釣人」を詠んだのは、讃岐での「釣魚人」を詠んだ作ではなく、「都時代」の漢詩なので、「適当でない」。法制史学者の瀧川政次郎の評と合っているのはア。ウも「釣魚人は、讃岐で実際に見、そのうえで表現されている」が、エも「すべての詩の韻字に『人・身・貧・頻』の四字を用いている」「詩の第一句目はすべて『何人に寒気が早いのだ』という問いで」とあるのに、それぞれ合っている。〔問4〕「道真は讃岐赴任を愁えながら、このように讃岐の人民を詠み、国司の職を詠む」と合うのはア。「国守としての立場ではなく、問民苦使の立場で詠んだという見解もあるが」と述べているのは、筆者自身が「国守としての立場で詠んだ」と考えているから。イは「観念的な漢詩の詠み方を否定しよう」が不適。そのような明確な意図をもって詠んだのではない。〔問5〕儒家からの「漢詩や漢詩人など政治に無用だという批判」に対して、道真は「地方政治の問題・課題を漢詩を用いて表明し、告発すること」で「政治に有用な詩作を試み」、「詩人無用論への反駁」を行ったことから考える。アは「都で漢詩人が広く重用されるべきだと訴える」が、ウは「自分が信望の厚い国守であることを都に誇示しようとする」が、エは「儒家への対抗勢力として政治的な問題解決を目指す」が、それぞれ不適。

東京都立　国立高等学校

問題 P.90

解答

一　(1)たいせき　(2)はんと　(3)ひげ　(4)きょう　(5)いちねんほっき

二　(1)差益　(2)堂　(3)節　(4)一日　(5)奇想天外

三　〔問1〕エ　〔問2〕ウ　〔問3〕ア　〔問4〕1きれいな目で見つめられるとドキリと　2妙な居心地の悪さを感じ　〔問5〕イ　〔問6〕エ

四　〔問1〕ウ　〔問2〕イ　〔問3〕1対象を解体し、分析し、他の何かと関連付けて化学反応を起こす　2自分の手であたらしく問いを設定し、世界に存在する視点を増やす　〔問4〕ア　〔問5〕自己との関係性の中でとらえ直し、自分なりの解釈(23字)　〔問6〕エ　〔問7〕(例)

現代の情報環境の中で私達は安易な情報発信をしがちであり、ともすれば発信は他者の意見の反復あるいはただの否定に終わり、発信者自身の姿も見えない。有意義な情報発信のために必要なのは、発信を行う自分自身との関わりである。目にした意見と自分自身がどのように関係し、どうあらねばならないのか、そのことを吟味できるようになることが重要だと思った。日頃から自分を取り巻く社会や人々に関心を持ち続けたいと考える。

五　〔問1〕ア　〔問2〕イ　〔問3〕エ　〔問4〕イ　〔問5〕ア

解き方

三　**和泉実希「空までとどけ」**(「野球小僧　野球青春小説特別号ＣＲＯＳＳ」所載)より。〔問1〕石川先生の言った「演奏の場」という言葉によって、春菜には「そう考えれば……意外と楽しいかもしれない」「周囲の反応を見るのは嫌いではない」と新たな認識が生まれている。アの「音楽の本質的なあり方」までは考えていない。〔問2〕「気がついたように」は比喩だが、「影が気がついたように春菜を見た」は擬人法でもある。直前の段落に「そのシルエットが誰であるのか春菜にはわかる。幼いころから見てきた影だ。」とあるので、春菜は恒太をすぐに認識したが、それでも「恒太」ではなく「影」と表記したのは、通常では暗くて判別できない状況だからである。〔問3〕「それ」とは直前の「(甲子園における)照りつける陽射しと、白い光と大きな声援。」を示す。「それを消すように」とあるので、アの「現実に戻って打ち消そうとしたから」が合致する。エの「自分の心は変わったのだと、まだ知られたくなかった」「たりする」に続くので、行動が入る。〔問4〕1・2とも「したり」はそのあとの心情である。野球の応援よりもコンクールを大切にしている春菜の「後ろめたさ」を表す行動は、恒太が「春菜も楽しみだろ、甲子園」と言ったあとの「問われてドキリとする」「妙な居心地の悪さを感じて口を開く」「顔を見られたくないと思ってしまった」などである。このなかから、指定の字数で空欄に入るものを選ぶ。〔問5〕風は二つの場面に出てくる。最初は恒太に会う直前で「気候はだいぶ暖かくなってきたけれど……ほんの少し肌寒い。」と微妙な季節の変化を表し、二つめは恒太が「〝努力〟って〝才能〟かなんかだと思ってない？」と言った直後で、「風が吹く。鳥肌が立つ。肌寒い。」とあるように春菜の心情を表している。〔問6〕春菜の思いを順に追うと、部員たちの空気に「気持ちが落ちて行く感覚を覚えた」「気分が沈んだ(憂鬱)」が、恒太に会い「なんとなくほっとする(安堵)」。恒太から「楽しみだろ、甲子園」と言われ「春菜は、『うん、そうだね。』と……笑顔を引っ込め」「自分の中に隠している何かを見据えられているような、そんな感覚(一時逃れ)」になり、恒太の「俺は、別に自分がすごいなんて思わない。」という言葉が「春菜を不安にさせ(不安)」、最後は「今はコンクールが一番。その一言を、どうしても恒太には伝えることができないでいる(罪悪感)」となる。

四　**宇野常寛「遅いインターネット」**より。〔問1〕傍線部の主語は直前の「読むこと『から』書くというルートをたどる」ことであり、「この世界の『流れ』」とは、傍線部前の「書くことから読むことを覚える」という流れなので、正解はウ。ア「読む訓練をするための情報環境が失われてしまった」とは書かれていない。イ「読むことと書くことを区別せずに同時に……」が誤り。二段落めに「訓練の起点は『書く』ことになる」とある。エ「読むことが特殊な価値をもつ行為になった」も書かれていない。〔問2〕「往復運動」を簡単にまとめると「書く」→「読む」→「書く」となるので、正解はイとなる。アは「脊髄反射的に書く習慣の上に」が、ウは「素早く情報発信ができるように習慣づける」が、エは「読むことと書くことを並行して訓練する」が誤り。〔問3〕現代に求められる「読む」力は四段落めの最後に書かれている。「書く力」は五段落めに「その対象の投げかけに答えることで、新しく問題を設定すること」「自分の手であたらしく問いを設定し、世界に存在する視点を増やす」とあるので、指定の字数に合致する後者を選ぶ。〔問4〕『いいね』の外側にある」のは直前の「こうした価値の転倒」である。「価値の転倒」とは直前の段落末尾の「あらたな問いが生まれ」「世界の見え方が変わる」ことなので、単に賛同するだけではなく、異なる認識を持つことである。イ「論評をするような発信」は「いいね」することではない。ウ「否定的な意見の発信」ではなく異なる認識を持つことである。エ「自分の利益となる発信」とは書かれていない。〔問5〕「自分の物語」には『批評』の言葉が必要」と述べられているので、「他人の物語」と「自分の物語」の違いは「批評」の有無である。「批評」とは「自分以外の何かについての思考」であり、設問の「自己以外の何かについて、□がなされているかどうかという違い。」とも合致する。つまり□に入るのは、「思考＝批評」であり、それは「事実の一側面と、自己との関係性を考える行為」「対象と自分との関係性を記述する行為」「自己幻想と自己の外側にある何か(世界)の関係性について言葉にすること」なので、共通する傍点部「自己(自分)との関係性」を使って字数内にまとめる。〔問6〕a一段落めで現状分析、二・三段落めで問題提起をしたあと、対象を分析し、新たな問題を設定し、自己との関係性について言葉にすべきであると繰り返し述べているので内容と合致する。b本文の最後には「不可避に自己幻想の肥大化するこの時代に」とあり、「時代を超えた普遍的主張」ではない。c「若い人々に警鐘を鳴らしている」が誤り。「若い人々」と対象を限定しているわけではない。d「対象との距離感を設定しにくい」とは書かれていない。e二〜三段落めで問題提起をしているので合致する。f「異なる立場の主張」には触れていない。〔問7〕本文の趣旨「安易な情報発信が行われている現状」「対象を分析し、新たな問題を設定し、自己との関係性について言葉にする」などを踏まえて書く。

五 高橋英夫「西行」より。〔問1〕傍線部は口語訳に「風雅というものは、天地自然に則って、四季の移り変わりを友とする」とあり、解説では『風雅』とは……『自然』の折々のあらわれを自分の『友』とすることによって醸し出されてゆくものである」とある。〔問2〕「逆説」とは、一見、真理にそむいているようにみえて、実は一面の真理を言い表している表現を言う。その説明は、傍線部の次にある「人間はおのれを無たらしめて……煌めきの一瞬を把捉するのでなければならない。」「おのれを『無』に……『風雅』を実現すること」の部分である。つまり、自分を無にしつつ、おのれの眼と心のすべてを使って自然の美しさを見い出し、作品として定着させよと述べているので、イが合致する。〔問3〕直前の「こういう」が示すのは、傍線部を含む文の冒頭の『風雅』という詩の成立を、閃めきの一瞬をとらえることによってのみ可能であると考え」ることである。〔問4〕傍線部は直前の「縁と興にしたがって詠めば、花ならぬ花も花となり、月ならぬ月も月となる」ことであり、これは「明恵上人伝記」の「歌の言葉はあくまでも概念であって……このことを心得て、心を自由にして詠むのがよい」の具体例となっている。つまり、概念によって趣は生じると述べているのである。〔問5〕イ「芸道の根底を貫くものを追求した、西行」が誤り。最初の方に「芭蕉がはじめから西行を究極的な場所に位置づけていたとはいえない。」「しかしこれらはまだ西行を景物の中でとらえているとしか言えない。」とあり、「野ざらし紀行」の段階では、西行の景物に敬意を払っているにすぎない。ウ「静」と「動」という観念によって、宇宙の諸現象を制止・定着させるというのは、土芳ではなく芭蕉の文学観である。エ「人を思いやる心を持って和歌を完成する」という記述はない。

東京都立　新宿高等学校

問題 P.97

解答

一 (1)けいそう　(2)とこ　(3)かいそう　(4)きょうじゅ　(5)賀詞　(6)飼料　(7)相好　(8)面従腹背

二 〔問1〕エ　〔問2〕イ　〔問3〕ア　〔問4〕イ　〔問5〕ア　〔問6〕エ　〔問7〕ウ

三 〔問1〕ウ　〔問2〕イ　〔問3〕A環境を操作する能力が非常に高い　B地球の多くの場所がヒトにとって都合のよいように変化させられ、さまざまな生物が次々に絶滅する(45字)　〔問4〕ア　〔問5〕(例)

授業で公害病について調べた時、人間が環境に与える影響の大きさを知った。当時は、社会全体に経済成長を優先し環境を後回しにする風潮があった。この時、土地の漁師の方は魚の異変を感じ取っていたが、その声は受け止められなかった。結果として人間だけでなく、生態系も大きく傷つけてしまった。

発展を追い求める意見だけでは、生態系を壊し、人間も快適に生きられない。多様な意見が人間の行動を見直すきっかけになる。

四 〔問1〕①イ　②ア　〔問2〕エ　〔問3〕いわながひめをかえしたまいしによりて　〔問4〕イ　〔問5〕A生命を全うして散る　B時ならず散る　〔問6〕ウ

解き方

一 名取佐和子「七里ヶ浜の姉妹」より。〔問1〕「森瀬」が違和感を覚えたのは、「いつも場の中心にいるタイプ」だったはずの「美砂緒」が、「一番目立たない端っこ」にいると聞いたからである。その点について「森瀬」は、「梢」の指摘によれば「意外だな」と感じたのであり、イにあるように「もどかしく」感じたわけではない。〔問2〕「強ばる」とは、しなやかだったものがかたくなること。「森瀬」は、「美砂緒」の「小説家」という一言に反応した。今はもう小説を書いていないのに、「小説家」と呼ばれたことで心身がこわばったのである。〔問3〕傍線部は、「森瀬」が発した言葉が、「森瀬」自身を傷つけるということ。なぜ、「萩原さんと俺は……友達でも何でもなかったよな?」という傍線部直前の言葉が「森瀬」を傷つけることになるのか。「森瀬」にとって「美砂緒」は特別な存在だったからである。それは、「梢」の語りによって明らかになる。「もし美砂緒から何か言葉をもらっていれば、……梢はせつなく思った。」(「美砂緒から屈託…」で始まる段落)という部分である。これらのことから考えれば、答えはア。ちなみにエの「すげなく」とは、そっけなく、愛想なくという意。「森瀬」は「美砂緒」にそっけなくされていたわけではない。そもそも関わりがほとんどなかったのである。〔問4〕なぜ「がくりと頭を垂れ」たのかは、「森瀬」の直後の言葉で分かる。「森瀬」は、ヒロインのモデルにしたことを「美砂緒」が嫌がっているのではないかと思っていた。だから「おもしろかったよ」という一言に、緊張が急に緩んだのである。〔問5〕傍線部の少し前から、「森瀬」は驚き、唖然とすることの連続だった。「森瀬の口があんぐりひらく」「森瀬の目が大きくなった」とある。そしてさらに自分の小説が「美砂緒」の「人生の方向転換」をうながしたと聞き、あまりにも意表を突かれたため咄嗟に言葉が出てこなかったのである。〔問6〕「梢」の気持ちは、本文の最後に書かれている。「森瀬」の「目の奥に徐々に光が射してくる」、すなわち小説家としての自覚がしだいによみがえってくるのを、「梢は嬉しい気持ちで見守った」とある。つまり、「梢」は小説家としての「森瀬」を応援している。したがってウかエにしぼられるが、「梢」の発言内容に着目すればエとなる。〔問7〕アは「過去の場面として差し挟まれている」が誤り。イは、「―」は「森瀬」の発言に限らず用いられているので、不適。エは「対比的」がおかしい。

三　更科功「若い読者に贈る美しい生物学講義　感動する生命のはなし」より。〔問1〕[4]・[5]段落で具体例を挙げたのは、[3]段落の最後を受けて、なぜ「いろいろな種類の生物がいた方がよい」のかということを示すためである。それを踏まえたうえで選択肢を吟味していくと、アは「様々な性質の生物が助け合うことによって」とあるのが不適。イは「生物と環境とが影響し合っていることを示すため」ではない。エが紛らわしいが、「種は違っても……同じ生物がいれば」「生物多様性が高まり」というつながりが不適。〔問2〕I [3]・[5]段落に、「生態系」が「安定する」という表現があり、[14]段落にも「生態系は、著しく不安定になっている」とあるので、本文において「生態系」には「安定」するという語が結びつくことが分かる。ⅡB島の「木が一本」と「ヒトが九九人」の場合、「一」と「九九」という数のバランスがよくないと言っているので、「均等」が合致する。〔問3〕[15]段落に、傍線部(1)と同様の「人口が爆発的に増えている」という箇所があるので、その前後をまとめればよい。〔問4〕イは「両者を同時に守る重要性」が不適。[25]段落で、「ヒト」と「自然」のどちらを優先的に考えるかについては「唯一の正解はない」と述べている。ウは「ヒトと他の生物とがせめぎ合いながら生態系を構成してきた歴史」とあるが、そのようなことは書かれていない。エは「生物多様性を守るべきとの結論」とあるが、[22]段落には「地球の生物すべてを対等に扱うことは難しい」とあり、[25]・[26]段落には、だからこそ「ヒトはいろいろな意見を持つ」とある。筆者は、アにあるように、「多様な見解のあり方を認めている」のである。〔問5〕本文の内容を踏まえれば、さまざまな意見に耳を傾け、多様性を認め合うことの大切さについて記述することになるだろう。あるいは、人々が同調してしまうことの危険性について述べる。それに加えて「ヒトを含む生態系を危うくさせる」事例を記述するのは難しいが、自身の「経験」だけではなく「見聞」でもよいので、これまでに得てきた知識を活用して書く。

四　多田一臣「古代文学の世界像」より。〔問1〕①「到来」は、似た意味の漢字を重ねた熟語。イ「由縁」も同様である。ア「季節」と、エ「古式」は、上の漢字が下の漢字を修飾している熟語。ウ「保証」は、下の漢字が上の漢字の目的や対象を示す熟語。②傍線部と、アの「らしい」は、ともに推定の助動詞。イの「しらじらしい」、ウの「かわいらしい」はそれぞれ一語の形容詞。エの「らしい」は、体言を形容詞化する働きがある接尾語。したがって、「社会人らしい」で一語の形容詞となる。〔問2〕傍線部より、「次の伝承」に「桜が異界の霊威を宿す植物である」理由が示されていることが分かる。その伝承のまとめとして、桜には「つよい祝福性」があると筆者は述べている。また「讃美される恋人の姿」にもこうした「桜の祝福性」は顕著に現れていると筆者は指摘する。したがって、「祝福性」について言及しているエが合致する。〔問4〕「神代記」の現代語訳を読めば、「今に至るまで、天皇たちの御寿命は長くない」とされる理由が分かる。〔問5〕「この傍線部より前から抜き出して」という指示に注意する。傍線部の直後に「花の早く咲き散ること」が「不作や疫病蔓延の予兆」とされたとあるので、Bには「花の早く咲き散る」と同じ意味の表現が入ることが分かる。そこで傍線部より前の部分を探すと、「時ならず散る花に凶兆を見た」という箇所が見つかる。さらにAには、Bと対照的な表現が入ると推測できるので、「生命を全うして散る」を抜き出す。〔問6〕傍線部の前に、「満開の桜」には「日常の秩序を超える妖しさ」と「死と隣り合わせの狂気」がある、と書かれている。ア・イは「桜が散ること」について述べているので誤り。

神奈川県

問題 P.105

解答

一　(ア)1あいさつ　2しょうあく　3せきべつ　4と　(イ)a2　b1　c3　d4　(ウ)1　(エ)4

二　(ア)2　(イ)1　(ウ)3　(エ)4

三　(ア)2　(イ)3　(ウ)4　(エ)3　(オ)1　(カ)2

四　(ア)3　(イ)1　(ウ)1　(エ)4　(オ)Ⅰ知りたい情報　Ⅱ個々の要素の位置関係　(カ)2　(キ)4　(ク)3

五　(ア)2　(イ)エネルギー消費量が減少し、二酸化炭素排出量も減るため、環境問題の解決につながる(39字)

解き方

一　(ウ)例文の「に」は「すでに」という副詞の一部。1は副詞「特に」の一部、2は形容動詞「穏やかだ」の連用形の一部、3は格助詞の「に」、4は逆接の確定の接続助詞「のに」の一部。(エ)「書斎はひくゝ」とあることから、筆者は書斎にいると考えられる。また、「空」は開放的でどこまでも高いのに対し、「書斎はひくゝ」と自分の置かれた現状を対照的に描いている。

二　「今昔物語集」より。(ア)冒頭の二文に「尼悲しび……たづね得ることなし。しかるに……放生を行ぜむと思ひて、……行きぬ。」とあるのに着目。尼の難波へ来た目的は放生である。また、傍線部の直前に「これ畜生の類を入れたるなりけりと思ひて」とある。(イ)傍線部の前で、尼が「これを買はむと思ふ故になんぢを待つなり。」と言うのに対し、箱の主が「これさらに生類を入れたるにあらず。」と言い、それでも箱を欲しがる尼に「生類にあらず。」と再度言っている。箱の中身が生き物か生き物でないかが鍵。(ウ)傍線部2と3の間の部分をよく読む。箱の主が逃げたあと、箱の中を見てみると尼があれほど探し求めていた絵仏が入っていたので、そのことを集まっていた街の人々に説明したのである。(エ)1は「『仏』が応えてくれると信じて放生を行った」とあるが、放生を行ったのは徳を積むためであり、すぐ絵仏が見つかると思っていたわけではない。2は「『箱の主』や『市人等』に放生を行うことの大切さを説いた」が、3は「絵仏を盗んだ『箱の主』を許した」が、それぞれ本文に書かれていない。

通釈　尼が嘆き悲しんで、力の及ぶ限り東西に(絵仏を探し)求めたけれども、探し当てることができない。そうであるからにはこのこと(絵仏を盗まれ探し出せないこと)を嘆き悲しんで、放生を行おうと思って、摂津国の難波のあたりに行った。河の近くをあちらこちらする間、市から帰る人がたくさんいた。見ると荷物の箱を樹の上に置いてある。持ち主は見当たらない。尼が聞くと、この箱の中にさまざまな生き物の鳴き声がする。これは畜生を入れているのだと思って、必ずこの箱を買い求めて放とうと思って、しばらく留まって箱の主の来るのを待つ。

ややしばらくして箱の主が来た。尼はこの人に会って言った、「この箱の中からさまざまな生き物の鳴き声がする。私は放生のためにやって来た。この箱を買おうと思ったのであなたを待っていた。」と。箱の主は答えて言う、「これは全く生き物を入れているのではありません。」と。尼はなお強くこの箱を欲しがるが、箱の主は、「生き物ではない。」と争う。その時、街の人たちがやって来て集まり、このことを聞いて言うのには、「すぐにその箱を開けて（箱の中身が生き物でないのが）本当なのかうそなのかを見るのが良い。」と。すると箱の主はほんの少しの間立ち去るような様子で、箱を捨てて姿を消した。訪ねようと思っても行き先を知らない。早く逃げたのだと知って、そのあと、箱を開けて見ると、中に盗まれた絵仏の像がいらっしゃる。尼はこれを見て、涙を流して喜び悲しんで、街の人たちに向かって言った、「私は、以前この仏の像を失って、昼も夜も（この絵仏の像を）求め恋しく思っておりましたのに、今思いがけずお会い申し上げました。うれしいことです。」と。街の人々はこれを聞いて、尼を褒め尊び、箱の主が逃げたのも道理であるよと思って、（箱の主を）憎み悪く言った。尼はこれを喜んで、ついに放生を行って帰った。絵仏を元の寺にお連れ申し上げて、安置し申し上げた。

これを思うに、仏様が、箱の中で音を出して尼にお聞かせになったのだろうが、しみじみと趣深く素晴らしく尊いことである。

三 吉川永青「憂き夜に花を」より。(ア)「自問」の内容は傍線部の直後に述べられている。(イ)傍線部に「言われた元太は」とあるが、言われた内容は直前の部分。弥兵衛が世のため人のために正しいことをしようとしているのに皆が理解しないのは情けない、という発言に対して「正しいとか何とかほざくならよ、……手ぇ動かして火薬作んのが正しいんじゃねえのかい。」と取り合おうともしない返事をされているのである。(ウ)傍線部直後にあるように弥兵衛は「自分は勘違いしていた。」と気づいたのである。その様子を見て、傍線部前にあるように、市兵衛の表情が「七十も近い頬が少しばかり緩んだか」のように見えたのである。つまり、市兵衛は、勘違いに気づき振る舞い方を見直すべきだという自分の考えが、弥兵衛に伝わったのだと感じている。(エ)弥兵衛は世の中を明るくするために水神祭で花火をあげる、屋台を呼び、出店を募るという自分の考えが正しいことには自信を持っている。一方、傍線部5の直前に「世に明るさを取り戻したい。そのために……まず光明を見せねばならない。全ての人が自分と同じではないのだから。」とある。傍線部2と3の間に「水茶屋も屋台の衆も、……鍵屋も他と同じ、去年の夏はろくに稼げず蓄えを吐き出し、切り詰めて切り詰めて、どうにかなっている格好だ。」とあるように、弥兵衛は誘っている相手も鍵屋も同じように苦しいと思っていた。しかし、鍵屋以上に苦しい者も、苦しいなか水神祭で花火をあげたり出店を出したりすることに簡単に賛成できない者もいるのだと、ようやく気づいたのである。つまり、今までの交渉の仕方は「間違ってた」のである。(オ)傍線部の直後に「市兵衛が釘を刺した。ただし、この上なく穏やかな声である。」とある。釘を刺すとは、念押ししておくという意味。穏やかな声で念押ししたということは、市兵衛は、弥兵衛の計画を進めるために後払いや手間賃に応じた結果、鍵屋が費用を全部被ることになったとしても、仕方がないと考えているのである。つまり、ここでの念押しとは、弥兵衛が費用を被ることになるかもしれないことを理解しているか、その覚悟はあるのかと問うているものだと考えられる。(カ)傍線部4に「あたしは正しかった。でも、間違ってたんだ。」とあるように、なぜ賛同してもらえないのかの自問から、市兵衛と元太の「何が正しいか」のやりとりを見たことで弥兵衛は自分と他人は同じではないことに気づき、決意を新たにしている。また、登場人物の発言は「しみったれたこと言いやがって。」「手ぇ動かせ。」「父っつぁんの仰るとおりでござえます。」などに見られるように江戸っ子言葉で描かれている。

四 吉見俊哉「知的創造の条件 AI的思考を超えるヒント」より。(ア)A空欄の前で述べられていることよりも、空欄のあとで述べられていることの方が、個々の要素の位置関係が分からなくても知りたい情報を瞬時に手に入れられる度合いが高まっているので、「さらに」「その上」などの添加の接続詞が入る。B空欄直前に「ネット検索ならば、はるかに短時間で、関係のありそうな本を読むよりもかなり高い確率で求めていた情報には行き当ります」とあり、直後に「ある単一の情報を得るには、ネット検索のほうが読書よりも優れているとも言えるのです」とある。直前に書いてあることが、直後に書いてあることの理由になっているので、「だから」「したがって」などの順接の接続詞が入る。(イ)傍線部直後に「ネット情報の利用はあくまで補助的で、図書館に行って直接文献を調べ、現場へ足を運んで取材をすべきだと主張する人もいます。他方、そんなことをしていては変化に追いつけないので、ネット検索で得た情報をもとに書くことも認めるべき、さらに踏み込んで、書物や事典を参照して書くことと、ネット検索で得た情報をもとに書くことの間に本質的な差はないと主張する人もいます。」とある。(ウ)ネット上のコンテンツの特徴として、傍線部の前で「特定の個人だけが書くというよりも、みんなで集合的に作り上げるという発想が強まる」「誰にでも開かれていること」が挙げられている。また、「複数の人がチェックしているから相対的に正しい」とも述べられている。(エ)傍線部直前の「たとえば」に着目。傍線部は、その前に述べられている「一言でいうならば、『情報』とは要素であり、『知識』とはそれらの要素が集まって形作られる体系」であることの具体例である。また、次の段落では「知識というのはバラバラな情報やデータの集まりではなく、様々な概念や事象の記述が相互に結びつき、全体として体系をなす状態を指します。」とある。(オ)指定された部分の最初の一文に「というのもインターネット検索の場合、社会的に蓄積されてきた知識の構造やその中での個々の要素の位置関係など知らなくても、……、知りたい情報を瞬時に得ることができるわけです。」とある。これと設問の文章は同じことを述べている。(カ)傍線部のあとに「重要なのはそれらの記述自体ではなく、著者がそれらの記述をどのように結びつけ、いかなる論理に基づいて全体の論述に展開しているのかを読みながら見つけ出していくことなのです。」とある。(キ)傍線部直後に「これが、ポイントです。」とあり、以下なぜポイントと言えるのかが説明されている。そのなかで「このように……体系が開かれているのが知識の特徴です。ネット検索では、このような知識の構造には至らない。なぜなら…」とある。つまり、本を読むことでは求めていた情報からさらに深く、幅広く情報を得てそれを知識として体系立てられる可能性があるのに対し、ネット検索では単なる情報しか手に入れられないのである。(ク)3の「誰が責任を負うのか」については第二・三段落に、「情報と知識の違い」については第四〜六段落に、「読書による知識の構造化を

は最終段落にそれぞれ書かれている。検索システムを用いた情報処理と比較しながら論じ」るの

五 ㋐平成30年度の国内貨物の総輸送量は4 7 2, 7 4 7万トンなのに対し、自動車の輸送量は4 3 2, 9 7 8万トンなので、九割を超えている。㋑グラフ1で述べられているのは「一トンキロ輸送するために必要なエネルギー消費量」、グラフ2で述べられているのは「輸送量あたりの二酸化炭素排出量」である。つまり、モーダルシフトを進めていくと、エネルギー消費量が減少し、二酸化炭素排出量も減少すると考えられる。二酸化炭素は地球温暖化の原因と言われているから、環境問題の解決にもつながると考えられる。この内容を、指定された条件に従って書く。

新潟県

問題 P.113

解答

一 ㈠1ゆる　2お　3きんこう　4ひろう　5のうり　㈡1幹　2営　3役割　4統計　5効率

二 ㈠イ　㈡エ　㈢ウ　㈣ア　㈤エ

三 ㈠いえども　㈡ア　㈢ウ　㈣天下のものの上手　㈤イ　㈥未熟なうちから名人の中にまじって、芸道の規律を正しく守り、勝手気ままにしないで、稽古を継続すること。（50字）

四 ㈠イ　㈡人や言葉やモノが行き来する場（14字）　㈢ウ　㈣「社会」における自分のあり方の「かたち」や「意味」は、他者とのやりとりによって生じる関係のなかで決まるということ。（57字）　㈤ア　㈥わたしたちの社会は、モノや言葉、行為をやりとりしながら、共感や感情を増大させたり、抑圧したりすることで生じる人との関係の連鎖により成り立っていることを理解し、現状の他者との関係を見定め、状況に応じて他者とのやりとりの方法を変えていくこと。

解き方

二 ㈠「ゆっくり」は副詞。副詞は用言を修飾する働きをもち、ここでは「歩く」を修飾している。㈡「細かく」は形容詞の連用形。ア「流れる」は動詞の連体形、イ「静かな」は形容動詞の連体形、ウ「しばらく」は副詞、エ「楽しい」は形容詞の連体形。㈢ア「拝見する」は「見る」の謙譲語。絵を見るのは相手であるから、「見る」は尊敬語に直すのが正しく、「拝見する」を使うのは不適。イ「申す」は「言う」の謙譲語。「言う」の主語は「あなた」なので尊敬語に直すべきであり、「申す」を使うのは不適。ウ「まいる」は「行く」の謙譲語。資料を受け取りに行くのは「私」であるから、「行く」を謙譲語にすることで相手への敬意を表すのは正しい敬語の使い方である。エ「召し上がる」は「食べる」の尊敬語。話している相手側ではなく、自分の側に属する人に対しては、自分より上の立場の人であっても敬語を使わない（「父」「上司」なども同様である）。よって、「兄」に対して「召し上がる」という敬語を使うのは不適。㈣傍線部の「起きる」は、カ行上一段活用である。ア「閉じる」はザ行上一段活用、イ「帰る」はラ行五段活用、ウ「眺める」はマ行下一段活用、エ「来る」はカ行変格活用である。㈤問題および選択肢の「から」は全て格助詞であり、「できることから始めてみる」の「から」は起点・順序を表す。アは開始時点、イは材料、ウは原因・理由、エは起点・順序を、それぞれ表す。

三 **兼好法師「徒然草」**より。㈠語中・語尾の「は・ひ・ふ・へ・ほ」は、「わ・い・う・え・お」と発音する。㈡傍線部は形容詞「心にくし」未然形＋推量の助動詞「む」已然形である。「心にくし」は、奥ゆかしいの意味。㈢「一芸」は一つの芸能という意味。「も」は係助詞で、「～さえも」と言う類推の意味を表す。㈣傍線部のあとに、「…世の博士にて、万人の師となる」とあることから前の一文の冒頭「天下のものの上手」を指す。㈤「諸道」は「色々な道」、「かはる」は「変わる」、「べからず」は当然の助動詞「べし」未然形＋打ち消しの助動詞「ず」で、「～はずがない」となる。直訳すると、「色々な道で変わるはずがない」、つまり、どんな道でも同じであるということ。㈥作者の結論は第二段落にあるが、「本文全体を踏まえ」ということから、第一段落後半の「いまだ堅固かたほなるより、……終に上手の位にいたり」と、第二段落の「道の掟正しく、これを重くして放埒せざれば、世の博士にて、万人の師となる」をまとめる。

通釈 芸能を身につけようとする人は、「よくできないような時期には、なまじっか人に知られまい。密かに十分習い会得してから人前に出て行くようなことこそ、たいそう奥ゆかしいだろう」といつも言うようであるが、このように言う人は、一つの芸能さえ習い覚えることはない。まだまったくの未熟なうちから、名人の中にまじって、けなされても笑われても恥ずかしがらず、平然と押し通して稽古に励む人は、生まれつきのその才能はないけれど、稽古の道に停滞せず、勝手気ままにしないで年月を過ごすので、芸が達者であっても稽古に励まない人よりは、最終的に名人の地位に達し、人望も十分にそなわり、人に認められて、並ぶもののない名声を得るのである。

天下第一のその道の名人と言っても、はじめは未熟の評判もあり、ひどい欠点もあったのだ。そうだけれど、その人が、芸道の規律を正しく守り、これを大切にしていい加減なことをしなかったので、世の模範となり、多くの人の師となることは、どんな道でも変わるはずがない。

四 **松村圭一郎「うしろめたさの人類学」**より。㈠空欄Aの前に「ぼくらは、……関係／つながりをとおして、ある精神や感情をもった存在になることができる。」とあり、あとには「『社会』は、……人と人との関わり合いのなかで構築される」とある。「ぼくら」も「社会」も、人と人との関わり合いのなかで生まれるのである。したがって、同内容であることを表す「つまり」が入る。㈡第四段落の最後に、「それが『社会』なのだ」とあるのに着目する。㈢傍線部の直前の段落に「人との言葉やモノのやりとりを変えれば、……変わる。」とあり、傍線部の直前にも「『こころ』も、他者との有形・無形のやりとりのなかで生み出される」とある。㈣傍線部のあとから次の段落にかけて、自分が「他者との関係のなかで決まる」ことについて詳しく説明されており、それは第四段落でも述べられている。この内容を簡潔にまとめる。㈤空欄前後で、わたしたちは社会を変えることができると述べていることから考える。㈥社会がどのようであるのかは、Ⅰの文章の冒頭一つめの問いの答えであり、構築し直すのに必要なことは、Ⅰの文章の冒頭二つめの問いの答えである。Ⅱの文章は一つめの問いの答えの補足と捉えて、全体をまとめる。

富山県

問題 P.116

解答

一 ア、ゆうが　イ、はず　ウ、まんきつ　エ、快晴　オ、築　カ、談笑

二 1、ウ　2、人類の宝のような作品　3、ア　4、何

か生〜く学問　5、エ　6、A一人称の語り手　B「一人称」でしか世界を見ることができない存在　7、イ　8、（文学は、）自分以外の誰かの視点を通して、人間を深く、具体的に描く（ものである。）（27字）　9、他の誰かの身になって考える力だけでなく、自分自身の生き方をも考える力。

三　1、ウ　2、未知の風景に想いをはせること（ができるから。）（14字）　3、Aひとつの場所　B誇らしく思う　4、厳かな声音　5、エ　6、トマトは、栽培する人間が愛情と手間をかけることで立派に育つということ。　7、イ　8、夏実の家のトマトが食べられなくなった　9、悲しみをこらえている隼人をこれ以上悲しませたくなかったから。

四　1、A桃　B巣　2、いられたり　3、ウ　4、柳　5、エ

五（例）

調査結果から、決まったあいさつの言葉に他の言葉を加えたいと考える人や動作、他の言葉で表すほうがよいと考える人が約75％いる。ふだんの生活において、決まったあいさつの言葉だけではもの足りないと感じていることがわかる。

私は、親しさを表すには、決まったあいさつも必要だと考える。親しき仲にも礼儀ありというとおり、相手を大切にする気持ちが伝わる。その上で状況に応じて、気遣う言葉や手を振る動作などがあるとよいと思う。

解き方　**一**　**廣野由美子「物語に描かれている『人間』とは？」**（「スタディサプリ 三賢人の学問探究ノート　人間を究める」所収）より。1、傍線部は限定の副助詞。アはそうなる寸前の状態、イは程度、エは丁度そうなった状態を表す。2、設問文中の「比喩」に着目し、直喩表現の「ような・みたいな」を本文から探すと、冒頭の段落に「人類の宝のような作品」とある。3、空欄前の「とっつきにくい」に着目し、選択肢から類義語を探す。該当するのはウの「困難」だが、空欄直後に「ではありません」という打ち消し表現があるので、困難の対義語「容易」が入る。4、「実学」とは、習った知識が直接、社会生活に役立つ学問、という意味なので、直後の一文にある「何か生活で役に立ち、直接利益をえることに結びつく学問」が、実学を説明した部分である。5、点線部ア〜ウは似た意味の漢字の組み合わせ、エだけが修飾語と被修飾語の関係。6、Aは傍線部の述部「限られています」に着目し、文学作品について具体例を挙げた直前の段落から言葉を探す。一文めに「語り手自身の認知の歪みや価値観の偏り」とあるので、歪みや偏りの主体は「語り手自身」である。ただし二字足りないので、同じ文の「一人称の語り手」の方を抜き出す。Bは直後の「だから」に着目し、同様の表現を本文から探す。傍線部直前の一文の冒頭「そう考えてみると」から、文学作品の例と私たち自身を対比させていることが分かるので、ここから二十二字で探す。7、空欄Ⅱを含む一文の述部「からです」に着目する。原因・理由に呼応する接続語は「なぜなら」である。8、解答の条件に「『視点』という語を用いて」とあるので、傍線部直後の「自分以外の誰かの視点を通して示される物語」が文学である。また傍線部直前の段落に「それこそが文学の、文学にしかできない仕事だ」とあるので、指示語「それ」の内容を明示する。指示語は直前の「人間を深く、そして具体的に描く」ことなので、前述の「自分以外の誰かの視点を通して」のあとにつなげる。9、傍線部の段落に「他の誰かの身になって考える力……自分自身の生き方を考える力」とある。

三　**瀧羽麻子「トマトの約束」**（「女神のサラダ」所収）より。2、傍線部のあとに「夏実自身は生まれてこのかた、金沢市内から出たことすらなかった。」とあるが、設問の「ができるから」には上手く続かない。したがって、その直前の「未知の風景に想いをはせた」を指示に合わせて記述する。3、Aは傍線部前に「もう何十年も、同じ家に住んでる」とあるが、六字では抜き出せない。さらにその前に「ひとつの場所に長いこと住む」とあるので、ここから抜き出す。Bは傍線部の形容動詞「得意そうな」を同義語に変える。4、傍線部の「神妙に」とは、けなげで感心なこと、素直で大人しいこと、という意味。傍線部前の隼人の「重大な秘密……厳かな声音」につられたのである。5、傍線部前の「隼人が求めているのはそんな返事ではないだろう」という記述から、夏実は真剣に答えようとしていると解釈する。アは「夢を思い出した」が、イは「面倒だ」が、ウは「話題を変えたい」が、それぞれ不適。6、傍線部は同じ段落の前半部分と倒置法になっている。本来は「子どもが親を映すのとおんなじ」で「トマトは栽培する人間の……人柄を映すんやよ」となる。よってトマトが「子ども」を、栽培する人間が「親」を、それぞれたとえているので、傍線部の次の文に主語を補えばよい。7、アは「驚き」が、ウは「納得」が、それぞれ不適。エの「歓喜」は言い過ぎ。8、傍線部は直前の「また来年があるよ」を受けた表現。直後の段落にあるように「春先に、隼人の父親の転勤……桜田家は引っ越していった」ので、「あの（夏実の）トマトはもう食べられない」ということである。9、設問文中の「隼人の様子からわかる心情に触れ」るため、傍線部直前の「ひとことも喋らずに下を向いていた」という記述から隼人の心情を推測する。さらに傍線部直後の「隼人をよけいに悲しませてしまう。」から、もともと隼人は悲しんでいたことが分かる。

四　**橘成季「古今著聞集」**より。1、傍線部直前に「その鳥その巣をはこびて、むかひの桃の木に作りてけり」とあるのでAが桃、Bは巣。3、傍線部は、関白殿からの命令書を、二品に届けた使者に対して言った人なので、二品。4、空欄直後の「のうち二本」に着目し、三本以上ある木は柳となる。（前書き参照）5、アは「すべて」が、イは「巣作りに適している」が、ウは「捕らえられてしまう」が、それぞれ不適。

通釈　（鳥は）どう思ったのだろうか、その鳥は自分の巣を運んで、向かいの桃の木に（巣を）作ってしまった。人々が不思議がっていたところ、二日ほどたって、関白殿から柳を献上するように命じられた。二品は、その時別の場所に出かけておられた頃だったので、使者が（二品のいる場所に）向かって命令書を（二品に）届けたところ、すぐに（屋敷に）向って、どれでも取りはからって（木を）掘って（関白殿に）差し上げろとのことを言ったので、使者が二品の屋敷に向かって、その（庭の三本の）柳のうち二本を掘って（関白殿に）差し上げるうち、鳥が（以前）巣を作っていた木を主として掘ってしまった。鳥はこの事を前から悟っていたのだろう。

石川県

問題 P.120

解答　**一**　問1、(1)あ　(2)さいすん　(3)あざ　(4)けいこく　問2、(1)季節　(2)預　(3)招　(4)操縦

二　問1、足　問2、人の笑顔を見て生きる　問3、羽二重餅の味を今までどおりでいくことと、自分が作った小松菜の味噌汁との関係がわからなかったから。（48字）　問4、

エ　問5、ウ　問6、イ　問7、おいしいものを作るだけでなく、羽二重餅を食べることで甦る客の思い出を奪わないために、同じ味を守り続けるということ。（57字）

三　問1、エ　問2、イ　問3、限られた時間のなかで答えが出る問い（17字）　問4、ウ　問5、自分の目と手で得た一次情報と違い、他人の手を通って加工された情報。　問6、Ⅰ言語的生産物　Ⅱ非言語情報をインプットして、そのまま非言語情報として、相手に伝わるようにアウトプットするやりかたがあってもよい（55字）　問7、インプットした情報を、誤解の余地のない表現で、ゆるぎのない論理構成のもと、根拠を示して相手を説得する技術を使って、他者と共有できるように、アウトプットすること。（80字）

四　問1、おもいて　問2、イ　問3、ア　問4、A寺の中に皮を使ったものを入れることを禁止する　B寺の中に皮を使った太鼓がある　C太鼓のばち

五（例）
「興味が次々と変わること」に関する石川さんの意見に私は反対である。なぜなら「石の上にも三年」ということわざにもあるように「長く続ける」ことによって得られるものがとても大事だと考えるからである。
　私は中学一年生の時から野球をしているが、長くやることによって技術的にも精神的にも大きく成長できた。それは短い期間では得られないことである。それに物事に真剣に向き合えば新発見が色々あって飽きることもないと私は思う。

解き方

二　**石井睦美「ひぐまのキッチン」**より。問1、「足を棒にする」とは、長い間歩き続けたり立ち続けたりして、足がひどく疲れる、という意味。問2、直後の「自らが笑って生きる」に対応する内容を傍線部の前から探す。問3、疑問を示す態度なので、二段落あとの「羽二重餅（を今までどおりでいこうと決めたこと）と小松菜の味噌汁とがどうつながっていくのかわからない」に着目して記述する。問5、直前の「ありがとう」という岡本のひと言に対する「謙遜」を示す態度である。問6、直前の「インスタントのダシで」というまりあの言葉は、「いや……インスタントのやつをパッパッてね」という岡本の発言を踏まえた気の利いた受け応えである。問7、岡本の発言を確認すると「うまいもんを作るだけじゃだめなんだ」「変わらない味」「それを食べれば、記憶のなかの味が甦る」「だから変えちゃいけない。……お客さんの思い出を奪っちゃいけない」とある。これらをまとめて記述を行う。

三　**上野千鶴子「情報生産者になる」**より。問1、「外部」は上の語が下の語を修飾している。問2、四段落めの「ノイズは自明性と疎遠な外部とのあいだ、自分の経験の周辺部分のグレーゾーンで発生します」に着目する。A「疎遠な領域」が「縮小」し、B「グレーゾーン」が「拡大」することで、ノイズの発生領域が大きくなる。問3、「手に負える」とは、自分の力で処理できる、という意味。問4、C直前の内容に対し、答えることのできる問いを具体的に立てていることに着目する。D空欄直前では情報生産者になる方法、直後では一次情報を手に入れる方法と、ここで話題が転換されている。問5、直前の「一次情報は…自分の目と手で得た情報」「二次情報は……他人の手を通って加工ずみの情報」を用いて、対比を意識してまとめる。問6、Ⅰ「研究」Ⅲ「アウトプット」と考え、六字の表現を探す。Ⅱ「が前提だが」に続く内容は「基本」に対する例外がふさわしく、傍線部の段落の「しかし非言語情報をインプットして、そのまま非言語情報としてアウトプットするやりかただってあってよいかもしれません。」を用いて記述する。問7、「公共財」とは傍線部前の「学問」「伝達可能な知の共有財」を指しており、言い換えれば、伝達（アウトプット）され共有される学問（研究）であるので、最後から三つ前の段落の「研究という情報生産の特徴は……誤解の余地のない表現で、ゆるぎのない論理構成のもとで、根拠を示して自分の主張で相手を説得する技術……これが論文というアウトプットには求められます」に着目して記述する。

四　**「一休ばなし」**より。問2、「常に来りて」「参学などして」「心地よく思ひて」の接続助詞「て」は、同じ主語の動作を並べる役割を持つ。問4、A第二段落の「へぎに書き付け立てられけるは」のあとにある「この寺の内への皮の類、かたく禁制なり」を現代語で書く。B空欄直後の「矛盾」に着目して、二重傍線部を矛盾の内容が分かるように現代語で書く。C一休の最後の会話に着目。「ばちあたる…太鼓のばちをあて申さん」と、「ばち」の部分に二つの意味が重ねられている。

通釈　一休は、幼い時から、賢い人であったとか。教養ある旦那がいて、常にやって来て、和尚から仏教を学んだりしては、一休が賢いことを気分よく思って、ときどき冗談を言って、問答などをした。

　ある時その旦那が、皮のはかまを着て来たのを、一休は門の外でちらりと見て、（寺の）中にかけ込んで、薄い板に書きつけて立てた（立て札に書いてあった）ことには、この寺の中に皮の類（を持ち込むことは）、固く禁止する。もし皮のものを持ち込む時には、必ずばちがあたるだろうと書いて（立て札を）お置きになった。

　その旦那はこの立て札を見て、「皮の類にばちがあたるならば、このお寺の太鼓はどういたしましょうか」と申した。一休はお聞きになって、「だから、毎日三度ずつ（太鼓の皮には時間を知らせるために）ばちがあたるので、あなたにも太鼓のばちを当てましょう。皮のはかまを着ていらっしゃるから」とたわむれごとを言われたということだ。

五　まず【投書】のなかで、石川さんは「興味が次々と変わること」に関して「好奇心が旺盛な証拠」「素晴らしいこと」と肯定的に捉えていることを確認する。その次に自分がこの意見に賛成か反対かを決める。（例）は反対の立場から「石の上にも三年」ということわざを用いて、長く続けることによって得られるものの話を、自分の体験を具体例として用いながら、石川さんへの反論を付け加える形でまとめている。

福井県

問題 P.123

解答

一　問㈠歯　問㈡都市住民が地方を定期的に訪ねる（こと。）　問㈢関係人口を増やす　問㈣移住・定住を目指さなくてもいいので、人との関わりが多様になり、結果的に移住して定住する人がでてくる（49字）　問㈤ウ　問㈥国や地方公共団体に、関係人口を積極的に受け止める新たな仕組みを検討すること（37字）　問㈦イ

二　問㈠①へいおん　②ぬ　③おそ　④ゆかい　⑤並　⑥任　⑦宇宙　⑧熟　問㈡エ

三　問㈠ア　問㈡イ　問㈢エ　問㈣自分の好きなことを宮多に正直に伝えることで、周囲から孤立してしまうのではないかと恐れる不安な気持ち。（50字）　問㈤aわかっても

らえるわけがない　b相手のことを知っていこう　問㈥ア

四　問㈠いい伝う　問㈡皿を割った女の命が奪われると思ったから。問㈢ア　問㈣エ　問㈤イ　問㈥男が残りの皿を割り、皿を割った罰で命を奪われる人々を命がけで救おうとしたから。(39字)

五　(例)9

私の母は普段の買い物の時、リサイクル素材や再生利用の表示を確認しながら商品を選んでいる。それは、使い終わったらいつかは捨てることになるので、できるだけリサイクルしやすい商品を選びたいからだそうだ。

私も母のように、自分の環境意識を積極的に行動で表すような消費者になりたい。なぜなら、資料Bにあるように、消費者一人一人の意志と行動が集まれば、ゴミを減らし、再利用しやすい商品を増やすことにつながると思うからだ。何となくではなく、買った物に対して責任をもてる買い方をしていきたい。

解き方

一　**田中輝美「関係人口をつくる　定住でも交流でもないローカルイノベーション」**より。問㈠歯車などが回り始めないように、ものを挟んで止めることに由来する慣用句。問㈡傍線部を含む引用文の内容は、次の段落で改めて説明されていることに着目し、そこから十五字の該当部分を抜き出す。問㈢「現実的な選択肢」とは、実現可能な方法の一つ、という意味。傍線部前で述べられているように「定住人口を劇的に増やすのは至難の技」だが、どういうことなら実現可能なのかを捉える。問㈣傍線部から三段落めの終わりの「……可能性もあるでしょう」に着目する。「関わりの階段」を登ることにこだわらないとは、つまり「移住・定住を目指さなくてもいい」ということ。すると、人との関わり方が多様化し、結果的に移住・定住する人が出てくる可能性が期待できる、とある。この流れを指定字数内でまとめる。問㈤ア本文では、「関係人口」を増やすことを考えている人の意見が説明されている。イ指出さんが挙げている例は四つ。エ筆者は、多くの若者世代が地方へ移住することを期待しているのではない。問㈥総務省の委員会による中間報告の内容について、最終段落の「必ずしも移住という形でなくとも、……検討することが望ましい」という提言部分を捉える。「特定の地域に対して想いを寄せ、……貢献しようとする人々の動き」とは「関係人口」のこと。「国や地方公共団体」にどのような「仕組みを検討すること」を求めているのか、指定字数内でまとめる。問㈦ア文章の最初と最後に結論は提示されていない。ウ想定される反論を踏まえた意見は述べられていない。エ他者の意見について紹介し説明しているのであり、異なる自分の意見は主張していない。

二　問㈡ア次の文字へつながる筆脈はない。イつながるように書いた点画の省略がある。ウ点画の省略はない。

三　**寺地はるな「水を縫う」**(集英社刊)より。問㈠「もちろん」は用言を修飾する副詞。アの「ゆっくり」がこれと同じ副詞である。問㈡大好きな石の話に夢中になり、興奮して頬が赤らんだことを表している。問㈢ア清澄を慰めたり、大好きな石について熱心に語ったりしているので「他人との関わりを拒絶」や「殻に閉じこもっている」わけではない。イ清澄を慰めていたかと思うと、大好きな石を拾っているので、必ずしも「友情に厚い」接し方をしているわけではない。ウ場を和ませるために「駄洒落」を言ったのではない。問㈣「指がひどく震える」のは、恐くて文字の入力をためらっているから。具体的には傍線部直前の段落に、清澄の心の葛藤が示されている。「自分の好きなことを好きではないふりをする」のはさびしいが、それを宮多に伝えればひとりぼっちになってしまうかもしれず、清澄はそれを恐れているのである。問㈤a宮多からのメッセージを読んで初めて、一方的に決めつけていた自分に気づいた部分を捉える。b最後から二つめの段落に「僕はまだ宮多たちのことを……知ろうともしていなかった」、その前には「…ゲームのことを、教えてもらおう」とあり、思いを新たにしていることに着目する。つまり、自分も相手のことを知る必要があることに気づいたのである。問㈥この文章全体の特徴は、「僕」という一人称によって、物語とその内面が語られ、主人公の気持ちの動きが分かりやすく描かれている。情景や人物の描写よりも、心の内の葛藤や変化に焦点が当てられている。

四　**伴蒿蹊「閑田耕筆」**より。問㈡前の文に、「もし是を破る者あらば一命を取るべし」とある。問㈢「色」とは顔色のこと。割れた皿をくっつける方法があると聞いて、人々はほっとして、青ざめた顔色がもとに戻ったことを表している。問㈣「いふ」が導く会話は、男がなぜ二十枚の皿を打ち砕き、秘薬があるとうそをついたのか、その理由を語っている部分まで。問㈤直前に「継ぐべき秘薬有り」とあり、つまり、くっつける秘薬があります、と言ったのは、イの「裏に米を舂く男」。問㈥皿を割った罰として命を奪われる人々のことを、男が一人で全ての皿を割ることで救おうとした、という話の本筋を捉えたうえで、主人が感じ入った男の勇気について、指定字数以内でまとめる。

通釈　上野の国のさむらいの家に秘蔵する皿が二十枚あった。もしこれを割る者がいたならば一命を奪おうと、代々言い伝えた。それなのに使用人の女の一人が誤ってその一枚を割ったので、家中の皆が驚き悲しんで、裏で米をついていた使用人の男がこれを聞きつけて、「私の家に秘薬があって、割れた陶器をくっつけると跡がわからなくなります、まずその皿をお見せください。」と言い、皆は落ち着きを取り戻してその男を呼んで見せると、二十枚を重ねて(置いて)じっくりと見るふりをして、持っていた杵で打ち砕いた。人々がこれはどうしたことかと驚いたところ、(その男は)笑って言うには、一枚割っても二十枚割っても、同じく一命を召されるのなら、全て私が割りましたと主人におっしゃられよ。この皿は陶器ですからその一つ一つがいつかは割れる時があるに違いありません、そうしたら二十人の命にかかわることになり、それを私一人の命でつなぎましょう、くっつける秘薬があると言ったのは偽りで、このようにするためでしたと、少しもたじろぐことなく主人の帰りを待ち、主人が帰って来てこの事情を聞きその正義の心から発する勇気に感じ入って、城主へ推薦して侍に取り立てなさったのだが、果たして(その男は)心の清らかな役人だったということだ。

山梨県

問題 P.128

解答

一　一、アおうせい　イゆうきゅう　ウかんさん　エよい　オつつし　二、ア順序　イ朗報　ウ推移　エ照　オ俵　三、お書きになって

二　一、(Aさん)オ　(Bさん)ア　二、ウ　三、次に、近年行われているスポーツを通じた交流についてです。(28字)

四　一、くらわん　二、イ　三、自分より強い者がいて、自分のことをねらっているかもしれない(29字)　四、荘子、畜類の所行を見て走り逃げたる語。

五　一、エ　二、時間感覚のあいまいさ　三、ア　四、加齢で新陳代謝速度が遅くなり、体内時計がゆっくり回っている(29字)　五、(1)イ　(2)C記憶　D大人が現在の感じ方を基準にして、幼少年期の感じ方を当時の記憶をたどって振り返った(40字)　六、(例)

私たちの日常には、たとえ十分とか十五分であっても、することが決められていない空白の時間がある。例えば朝、学校に着いてから始業までには必ずそうした時間がある。わずかな時間だと、何もせずにぼうっと過ごしてしまいがちである。しかしそうした時間に自分がしなくてはならないことの一部、例えば復習のうちの一問だけでも、やってみれば意外とできるものである。考えてみれば、長い時間は短い時間の積み重ねである。私はこれから、与えられた短い時間を有効に使うことを心がけていきたい。

解き方　**一**　三、書いているのが「先生」であり、敬意の対象になる人なので尊敬表現「お～になる」を用いる。尊敬の助動詞「れる」を用いて「書かれて」としてもよい。

二　一、イ「インタビュー」、ウ「グループで話し合った」、エ「アンケートでわかった」は、Aさん・Bさんどちらのスピーチにも含まれていない。Aさんのスピーチにはボランティア活動への参加という体験が、Bさんのスピーチにはホームページや図書館の資料を調べたことがそれぞれ述べられている。二、アはAさんについては正しいがBさんについては不適。イとエはAさんについてもBさんについても不適。三、傍線部の直前まで「ワインを通じた交流」について述べているのに、突然「スポーツです」と続けても内容がつながらないので、スポーツについてどうすることかを述べる必要がある。

四　「**今昔物語集**」より。二、aは「鷺」が「人の打たむとするを知らざるなり」、bはそれを「荘子」が「知りぬ」、cは「蝦」が「鷺の伺ふを」「知らず」なので正解はイ。三、傍線部の文のあとに続く、「我また、鷺を打たむとするに、我に増さる者ありて、我を害せむとするを知らじ。」に基づいてまとめる。

通釈　今となっては昔のことだが、震旦に荘子という人がいたということだ。人柄は立派で知識が広かった。この人が、道を進んで行くときに、沢の中に一羽の鷺がいて、何者かをねらって立っている。荘子は、これを見てこっそり鷺を打とうと考えて、杖を手にして近寄ったところ、鷺は逃げない。荘子は、これを見て不思議に思って、いっそう近寄って見たところ、鷺は、一匹の蝦を食べようとして立っているのだった。それで、人が打とうとしているのを(鷺は)知らないのだと(荘子は)知った。また、その鷺が食べようとしている蝦を見ると、逃げないでいるのだ。これもまた、一匹の小さい虫を食べようとして、鷺がねらっているのを(蝦は)知らないのだ。そのときになって、荘子は、杖を棄てて逃げ出して、心のなかに思うに、「鷺も、蝦も、皆、自分に危害を加えようとする者がいることを知らないで、それぞれ他の者に危害を加えようとすることだけを考えていたのだ。私もまた、鷺を打とうとするときに、自分より強い者がいて、私に危害を加えようとするのを知らないのだろう。そうであるならば逃げるのにこしたことはないだろう」と思って、走り去った。これは、立派な考えである。人というものはこのように考えるべきだ。

五　**福岡伸一「新版　動的平衡　生命はなぜそこに宿るのか」**より。一、空欄Aで始まる段落は直前の段落の「時間の経過」について「どのように把握する」か改めて問い直している。アの逆接、イの並列、ウの順接はいずれも不適。三、ウの「どのような結果になれば自分の仮説を証明できるか検討」、エの「条件をさまざまに変更して実験を考え」は「思考実験」の説明としてそれぞれ不適。イは「自分の仮説を修正している」が不適。四、傍線部の四つ前の段落の「意外に思われるかもしれないが……三〇歳のときに感じる『一年』のほうが長いはずなのだ。なぜか。」で提示された疑問がそのあとに続く段落で説明されているので、その部分から中心となる表現を抜き出してまとめる。五、(1)傍線部前の「歳をとると一年が早く過ぎる」とは、直前の段落にあるように「自分としては半年くらい……すでにもう実際の一年が過ぎ」ているということである。したがって、意識のなかでは一分経っていないのに、実際には一分経っている状態を指すものを選べばよい。(2)C本文で注目されているのが「体の変化」であるのに対して、【資料】で注目されているのは「記憶」である。D空欄のあとの「違いを感じる心理」にあたることがらを【資料】の本文から探してまとめる。五、「時間をどのように使っていきたいか」について適切な材料が具体的経験とともに取り入れられているか、構成が論理的であるか、原稿用紙の使い方が正しいかなどに注意してまとめる。

長野県

問題 P.132

解答　**一**　(1)①お　②よぎ　③あんい　④ずいじ　⑤じゅうなん　⑥いとな　(2)ウ　(3)a即興的　b設計図　(4)エ　(5)「流れ」が無目的に走りだそうとすると、「構え」がストップをかけ、「構え」が「流れ」を無理に押さえつけようとすると、「流れ」が反発するように互いに争い続けること。(80字)　(6)ｉイ　ⅱdなぞらえ　e選択を決めていく　(7)(例)Aは表情やしぐさも使って思いを伝えることができる。Bは相手の受け止め方がわからず誤解が生じることがある。大切な思いを伝える場合は、相手に直接会って誤解なく伝えたいのでAを使いたい。(90字)

二　(1)ア・エ　(2)食品ロスをゼロ　(3)イ　(4)資源だということです　(5)(例)一年間に六百十二万トンの食品ロスが発生しています。これは、一年間に国連が世界八十三カ国へ支援した食料の量三百八十万トンと比べ、はるかに多いことがわかりました。(79字)

三　①基→規　②善→全　③現→著

四　(1)①いちどう　②わざわい　(2)ア　(3)人に勝れりと(4)人としては　(5)功被二天下一、守レ之以レ譲　(6)エ　(7)オ

五　(1)①切実　②群　(2)もうもうと舞い上がる土煙(12字)　(3)ウ　(4)俺は、まだ何に　(5)ｉAかわいている　ⅱB何もさえぎるもののない空　ⅲC一滴も水分　(6)周りを見ないようにしていつも下を向いていたが、まだ何にでもなれるということに気づき、少しずつ将来のことを考えていこうとする前向きな気持ち。(69字)

解き方　**一**　**石黒圭「段落論　日本語の『わかりやすさ』の決め手」**より。(2)傍線部の「ない」は打ち消しの助動詞。アは形容詞の「かぎりない」の一部、イは形式形容詞、ウは打ち消しの助動詞、エは形容詞。(3)第一段落最後に「その場の文脈に合わせて即興的に考えながら文を継ぎ足していくボトムアップ式の活動を『流れ』と呼ぶことにしましょう」とある。また、第二段落に「文章を書く人なら誰でも、アウトラインという名の文章構成の設計図を持っています」「そうしたトップダウン式の活動を『構え』と

呼ぶことにしましょう。」とある。(4)A「流れ」について述べられており、「流れ」は前問で見たように「その場の文脈に合わせて即興的に考えながら文を継ぎ足していく」文の書き方であるから、Aには「つながろう」が入る。また、B・C・Dには「構え」への説明にあたる語句が入る。同じく前問で見たように「構え」とは「アウトラインを作り、それにしたがって文章を書いていこうとする」「トップダウン式の活動」であり、また、林氏の文章からの引用部分の後半に、「新情報を迎えようとする力は、離れようとする力」であり、「意図的に離れることは『構え』と呼びたい」とある。(5)傍線部を含む一文が、「このように」から始まることに着目。前の内容を受けていることが分かるので、その前を見ると、「『流れ』と『構え』はつねに拮抗する存在です。」とあるのに気づく。「拮抗」とは、力に優劣がなく、互いに張り合う、という意味なので、「絶え間ない戦い」と重なる。そのあとから、「流れ」と「構え」の拮抗について、詳しくまとめられているので、この部分をまとめる。(6)引用されている林氏の言葉は、筆者の主張とほぼ同内容のことを言っていることから、cにはイが入る。最終段落の冒頭に「文章を書くことを車の運転になぞらえてみましょう。」とあるので、dには「なぞらえ」が入る。また、同段落の後半に「このように『鳥の目』と『魚の目』、二つの目を調整しながら自らの判断で運転していくさまは、設計図を参考にしながらも、現場の判断で選択を決めていくという文章を書く営みと共通するものです。」とあるから、eには「選択を決めていく」が入る。

三 (1)Ⅰのメモには、時間配分や話す内容、工夫したいことがまとめられていること、「内容」の項目で「調べたこと」と「考えたこと」が別枠に書かれていることからアとエが合致する。イは「写真と資料をそれぞれ一つずつ」とあるが、メモによれば、見せる予定の写真は「混ぜているときの写真」と「たい肥の写真」の2枚である。ウは「アンケート結果を使って」とあるが、メモにアンケートについては書かれていない。(2)青木さんは、反対意見を提示してそれに対する解決策を述べることで、自分の意見を補強しようとしている。それにあたるのは、最後から二段落めの「食品ロスをゼロにすることは、無理だという人もいるかもしれません。」から始まる部分であり、この一文は青木さんの意見とは反対のものである。(3)メモに「よい点」「気になる点」のマークをつけていることからも、評価しながら聞いていることが分かる。アは「自分の考えと比較し」とあるが、山川さん自身の意見はⅣのメモには書かれていない。ウは「青木さんがどのような気持ちで発表をしようとしているか」は、Ⅳのメモからは読み取れない。エは「よい点だけを伝えようとして」とあるが、Ⅳのメモには「気になる点」の項目もある。(4)点線部は「私がわかったことは…」と始まっているので、「○○なことです。」とする。

四 **兼好法師「徒然草」・「孔子家語」**より。(2)傍線部直前に「あらぬ道の筵に臨みて、『あはれ、わが道ならましかば、かくよそに見侍らじものを』と言ひ、心にも思へる事、常のことなれど」とある。「かくよそに見侍らじものを」と悔しがっているのである。(3)傍線部を含む「この慢心」は、直前の一文の「これ」と同じものを指すと考えられる。「これ」は、さらにその前の一文の「人に勝れりと思へる」気持ちである。この部分を「思っている」に合う形で抜き出す。(4)第三段落の冒頭に、「人としては善にほこらず、物と争はざるを徳とす。」とある。「徳」は「美点」であるから、この部分が人としての理想像を示している。(5)一・二点は二字以上上に返って読むときに使う記号であり、レ点はすぐ上の一字に返って読む記号であるから、「被」に二点を、「下」に一点を、「守」と「以」にレ点をつければよい。(6)同じような文の構成で、意味内容が対照的になっている二つの句のことを対句という。ここでは、「…ば、…以てす。」の形が同じで、意味内容が対照的である。(7)どちらの文章も、力がある者ほどそうでないようにふるまうのがよい、という内容である。

通釈 Ⅰ　一つの専門の道に携わる人は、専門外の場に出席して、「ああ、自分の専門の道であったら、こんなに傍観しますまいのに」と言い、心にも思っていることはいつものことであるけれど、まことによくないことと思われる。知らない道をうらやましく思って、「ああうらやましい。なぜ習わなかったのだろうか」と言っておく方がよい。

自分が賢いことを主張して人と争うのは、角のあるものの角を傾け、牙のあるものの牙を咬み出すような(おろかな)ことである。

人として善行をほこらず、人と争わないことを美点とする。ほかに勝ることがあるというのは、大きな短所である。家柄や身分の高さでも、才能や一芸に秀でているのでも、先祖の名誉でも、(自分は)人に勝っていると思っている人は、たとえ言葉に出してこそ言わなくても、内心に多くの欠点がある。慎んでこれを忘れるのがよい。ばかげたことにも見え、人にも非難され、禍さえをも招くのは、ただ、この慢心である。ひとつの道にも本当にすぐれた人は、自ら明らかに自分の欠点を知るが故に、向上心は常に満たされず、ついに人に自慢することはない。

Ⅱ　子路が進み出て言った、敢えてお尋ねします、満ちた状態を保つ方法はありましょうか、と。孔子は言った、賢く知恵がすぐれていると、これを守るために愚かな振りをし、功績が天下を覆い尽くすほどならばこれを守るために謙譲を行い、強い力が世の中を揺り動かすほどならば、これを守るために臆病な振りをし、豊かな財産が天下を保持するほどならば謙虚を心がける。これはつまり満ちた状態を保つにはそれを抑えて、更に抑えるという方法だ、と。

五 **朝倉宏景「雨を待つ」**より。(2)傍線部直後に「そのまま映すかのように、もうもうと土煙が舞い上がった」とある。「映す」と「投影する」は同義語であり、「ように」と直喩で繋がれているので、「千々に乱れる俺の心」をたとえたのが、「もうもうと土煙が舞い上がった」の表現である。(3)試合に負けた悔しさに涙しつつも、報道陣を引き離してくれた「俺」にお礼を言った意外さに美しさ、素晴らしさを感じたのである。アは「反射して見えた」かもしれないが、ここで問題にしているのは外面的なことではない。イは「試合に負けた悲しさを表に出さずに」いるのなら、泣いてはいないはずである。エは横川の姿にいらだちを感じたとの記述はない。(4)「一気によみがえった」とあるように、ここでの甲子園球場のざわめきは、「俺」が「野球人生がこのまま終わってしまうかもしれないという不安を押し隠し、逃げるように甲子園を立ち去った」(「そして、三年生。…」で始まる段落)ときの甲子園のざわめきである。直後に「相変わらず、真夏の太陽は、容赦なく降りそそぐ。」とあることから、続く段落の「俺は、まだ何にでもなれるんや」という状況が当時も今も変わらないと気づいたのである。(5)水を求めているのは、乾燥している証拠である。したがって、Aには「かわいている」「乾燥している」などが入る。B空欄直後に「空の描写だね」とあるので、天候について言及のある傍線部③の近辺を探すと、「何もさえぎるもののない空」が条件に一致する。C二重傍線部の表現から「問いかけの表現に変わった」とあるので、水を撒くことに言及しながら問いかけになっている部分を探すと、最終段落の「一滴も水分の残されていない俺の心の上に、いつか恵みの雨は降ってくるのだろうか?」が見つかる。(6)「視界が少し晴れた気がした」や「めいっぱい目深にかぶっていた帽子のつばを、人差し指の先でそっと押し上げた」は、「俺は、まだ何にでもなれるんや」と気づいたことによるものであるから、今までの「俺」の様子、「俺」が気づいたこと、気づいたことによる「俺」の変化の三点を中心にまとめる。

岐阜県

問題 P.138

解答

一 ①あてさき　②しょうげき　③し　④あざ　⑤こぶ　⑥編　⑦粉雪　⑧植樹　⑨推移　⑩拾

二 問一、イ　問二、A恥ずかしさ　B誇らしさ　問三、(形容詞)寂しい　(活用形)連体(形)　問四、エ　問五、朝美が作文を書いたことで、本当は手放し、別れたくなかった桃子の売却を思い留まる(39字)　問六、ア

三 問一、ウ　問二、イ　問三、A当たり前　Bたくさんの時間と労力　問四、ア　問五、変化や多様性に、注意と関心と、さらには尊敬を払い、自分の立場と、他の立場にいる人びとの主張とを常に見比べる(53字)

四 問一、いう　問二、イ　問三、A古い和歌に託して　B和歌の奥深さ

五 問一、約半数の生徒がうまくできない(14字)　問二、(例)

私は、自分の意見を一方的に押しつけるのではなく、相手が自分で考えたうえで私の意見に同意してくれるように話をもっていくことが大切だと思います。

というのは、クラスで文化祭の出し物を決める話し合いのとき、自分の企画に対する自信と熱意のあまり、強引に自分の意見を押し通そうとしてみんなの反感を買ってしまい、企画を潰されたことがあったからです。

解き方

二 **熊谷達也「桃子」**より。問一、「まったく」は下に打ち消しの表現を伴う呼応の副詞なので、「見せずに」を修飾する。問二、傍線部あとに「寸前の恥ずかしさが瞬時に誇らしさに取って替わり」とあるのに着目する。問三、「寂しい」が「かろ/かっ・く/い/い/けれ/○」と活用する形容詞。下の「思い」という名詞に続くので、連体形。問四、傍線部前の「朝美、わざとあんな作文書いた…」と「…あれだけ大勢の前で……売りたくても売れなくなる……そうやって、あんだのことを上手に操ったのっしゃ。」という静子の言葉から考える。前書きにあるように、桃子を売って電気洗濯機を買おうとしているのは母親ではなく父親の安雄なので、ウは不満の向かう先が違う。問五、「俺にしたって、本当は桃子を手放したくなかった……別れたくなかった……桃子の売却を思い留めるために、朝美があの作文を書いたのだとしたら」とあるのに着目し、これらの言葉を使って、「ことになったから。」に続くようにまとめる。問六、傍線部前の「…洗濯機、買えねぐなってしまったすな」という安雄の言葉に、「…機械よりも家族のほうがずっと大事だっちゃ。」と答えていることから、「桃子と別れずにすむ」のをうれしく思っていることが分かる。

三 **波平恵美子「生きる力をさがす旅　子ども世界の文化人類学」**より。問一、空欄直前の「日本に住んでいない人には決して当たり前ではない」と、空欄直後の「『文化』は、その文化を学びとった人以外の人びとにとっては少しも当たり前ではない」とは同じことなので、換言の「つまり」が入る。問二、「生き」は言い切りの形が「生きる」で、生き—ナイ・生き—マス・生きる—。…と活用する上一段活用の動詞。イの「浴びる」が、浴び—ナイ・浴び—マス・浴びる—。…、とやはり上一段に活用する。問三、A「ルールのかたまり」(第一段落)＝「文化」は「ほとんど意識されない当たり前のこと」、「自分たちにとって当たり前のこと」(第三段落)と、繰り返し「文化」が「当たり前」のことであることが強調されている。B直前直後に「議論していたら……必要となり」とあることに着目し、「議論していたら」「必要」になるものを探すと、本文の空欄の直後の段落に「議論の対象にされ、多数決で決めなければならないとしたら、とってもたくさんの時間と労力が必要となり」というフレーズが見つかる。問四、傍線部直後の「それ(＝困った問題)は」という主語に対する述語(述部)は文末の「相手を説得したり、納得させるだけの説明ができないということです」であることを押さえる。そして同じ段落の後半には、相手を説得したり納得させたりすることができないため、お互いに相手の文化を批判し合い、反感を持ち、さらには相手を否定し、憎んでしまうまでになってしまうことが書かれている。問五、最後から二つめの段落の「そういう状態にならないためには、どうすればいいのでしょうか。」という問いかけに対して、どうすることがいいか(必要か)を述べている部分を探し、指示に従って「ことが必要だと考えている。」に続くようにまとめる。

四 **湯浅常山「常山紀談」**より。問一、語中・語尾の「は・ひ・ふ・へ・ほ」は、現代仮名遣いでは「わ・い・う・え・お」となる。問二、「みの一つだになきぞ悲しき」の部分の現代語訳から考える。「みの」は「実の」と「蓑」の掛詞であることに留意する。問三、Aは「古歌のこころなるべし」の、Bは「驚きて」の、それぞれの現代語訳を読んで考えること。

通釈 太田左衛門大夫持資は上杉宣政の身分の高い家来である。鷹狩に出て雨にあって、ある小屋に入って蓑を貸してくれと言うと、若い女が何も物を言わないで、山吹の花を一枝折って差し出したので、(持資は)「花がほしいのではない」と怒って帰ったが、このことを聞いた人が、「それは

七重にも八重にも花は美しく咲くけれども山吹の実の一つさえないのが悲しいように、(私は貧しく貧したくても)貸す蓑が一つもないことが悲しい

という古い和歌に託して答えた心情でしょう」と言った。持資は和歌の奥深さにはっと気づいて、それから歌道に心をひかれるようになった。

五 問一、Cのグラフから、「…うまく発表することができる」生徒が約半数しかいない(＝約半数の生徒がうまくできない)ことを読み取ること。問二、指示に従い、第一段落で「あなたの意見」を、第二段落で「そう考えた理由」を、論理的につながりのある内容で書くこと。

静岡県

問題 P.142

解答

一 問一、(あ)くうどう　(い)織　問二、イ　問三、岩崎がホームに姿を見せなかったこと。問四、ア　問五、エ　問六、反発してきた岩崎が、絶対に

また戻ってこいよと伝えるためだけに一人だけで列車に乗り込んできたこと。（48字）

二 問一、あ訪 いきみょう う複雑 えおそ 問二、イ 問三、交感神経系 問四、ウ 問五、生死に直結するだいじな情動として進化してきた恐怖に加え、想像力を手に入れたことで未来におこりうるよくない出来事を予想するから。（63字） 問六、ウ

三 問一、表示が掲げられていました 問二、イ→ア→エ→ウ 問三、エ 問四、うかがった（またはお聞きした） 問五、日本の食品ロス量の約半分を家庭が占めており、各家庭での工夫により食品ロス量を減らすことができます。

四 問一、ゆえ 問二、ア・ウ 問三、道理のない訴えと感じられた者の顔かたちを見ると憎くなって自然と怒りを生じるため、口べたな者が恐れるから。 問四、イ

五 （例）
私は賛成の立場だ。人の価値観や哲学は、千差万別である。自分が楽しいからといって、必ずしも周囲の人が楽しいとは限らない。確かに、自分だけで楽しみを独り占めするのは、心が狭いという意見も理解は出来る。しかし、私は両親からも「変わり者だ」と言われ続けて育っている。だから、自分なりの楽しさを周囲の人に伝えて、賛同を得ようとは思わない。よって、私は賛成の立場をとる。

解き方 **一** **阪口正博「カントリー・ロード」**より。問二、「握手」は「手を握る」で、下の漢字が上の漢字の目的や対象を示す。イが同じ構成。アは意味が似ている漢字の組み合わせ。ウは上の漢字が下の漢字を修飾している。エは意味が対になる漢字の組み合わせ。問三、傍線部の直前「それが」に着目する。指示語「それ」は直前部分を指すので、「彼はとうとう今日、ホームに姿を見せなかった」が傍線部の内容だと分かる。あとは、「彼」が誰なのかを明示すればよい。問四、ⓐの部分では「ぶすっ」という擬態語や「ちぇっ」という擬音語を用いて、登場人物の心情や様子が表現されている。イは「対句や倒置法」が、ウは「比喩表現を多用」が、エは「心の中での語りかけ」が、それぞれ不適。問五、傍線部の二段落あとに「ぼくが自分の感情を押し殺しながら生きてきたことは確かだ。」とある。問六、問題のポイントは岩崎の言葉、佐藤が推測したこと、佐藤に対する岩崎のこれまでの態度、の三点である。岩崎の言葉は傍線部直前の「絶対にまた戻ってこいよ。」を指す。佐藤の推測は推量の助動詞「だろう」に着目すれば、傍線部直後の「このことをぼくに伝えるためだけに……列車に乗り込んできた」ことと分かる。岩崎の態度はⓑに「あんなに反発して」とある。この三点を指定字数でまとめる。

二 **齋藤亜矢「ルビンのツボ 芸術する体と心」**より。問二、イだけが下一段活用、他は五段活用。問三、傍線部のことわざは、直前の内容を言い換えたものである。「だから……発揮できる」とあるので、その前の一文が根拠だと分かる。問五、設問文の「多くの動物にとって」をヒントに、12段落「恐怖は多くの動物にとって……」の一文に着目する。そして13段落「人間の場合は……」の部分と合わせてまとめる。理由を述べる場合、文末は「～から」で結ぶ。問六、アは3段落の内容に、イは8段落の内容に、エは最終段落の内容に、それぞれ合致する。ウは「熱帯雨林のような場所にだけ、本当の美は存在する」が不適。本文で「本当の美」については定義されていない。

三 問一、受け身の表現に直すためには、動詞のあとに受け身の助動詞「れる」か「られる」をつける。「掲げ」は下一段活用なので「られる」を用いる。また、助詞「て」に接続するので連用形にする。問二、「食品ロス」を説明しているイが最初に、具体例の導入アが二番めになる。具体例は、「まず」で始まるエが先で、「次に」で始まるウがあとになる。問三、アは自分の力量ではかなわない、イは心配事や悩み事などがあって思案に暮れる、ウは素直に聞き入れられない、がそれぞれの意味。問四、傍線部の「聞いた」人は自分なので、謙譲表現を用いる。「うかがう」のような謙譲語を使うか、「お（ご）～する」の謙譲表現にする。問五、直後の「私たち中学生ができる具体的な方法」をヒントに、図の「家庭系」に着目する。テーマは「食品ロスの削減」なので、必ず「削減する・減らす」という内容にする。

四 **神沢杜口「翁草」**より。問二、アは、口語訳に「参上した」とあるので、周防守のところに参上した茶屋長古。イは口語訳に「うろたえ」とあるので、裁判に訴え出た人。ウは直前の口語訳「世間の評判でございます」と言った人なので、茶屋長古。エは口語訳に「裁決」とあるので、訴訟の処理などを行う周防守。問三、設問文の「周防守の気質を含め」に着目し、傍線部エの直後「非公事と見えたる者の面体……理を言ひ解く事、能はざるべし」の部分を、口語訳を参考にしながら簡潔にまとめる。問四、アは「教訓を固く守り通す」が、ウは「自分の趣味を優先する」が、エは「都合が悪い話は聞き入れない」が、それぞれ不適。

通釈 周防守〔板倉重宗〕は、父伊賀守の任務を受け継いで、二代の名誉を得た。ある時、茶屋長古と言う者が参上したところ、「私周防守の事を、悪く言う批判を聞いたならば、私に言って聞かせよ。私の戒めになるのだ。」と申し上げなさったので、長古が言うことには、裁判の時、道理に合わないように聞こえる方を、お叱りになるため、（訴え出た人が）うろたえまして、話の内容が相違して、ますます道理に合わない訴えになりますと世間の評判でございますと（長古が）言ったところ、周防守は、手を打って、「よく言ってくれた。なるほど役所へ出て裁決する時に、道理のない訴えと感じられた者の顔かたちを見ると、まず憎くなって、自然と怒りを生じるために、それに恐れて口べたな者は道理を説明することが、できなくなるのだろう。今後は心得た。」と言って、それからは茶うすを用意して、これを回しながら訴え出た人の顔を見ずに訴えを聴きなさった。

愛知県

問題 P.146

《Aグループ》

解答 **一** (一)ウ (二)Aア Bオ (三)エ (四)登山の自由とは、社会の管理から自主的に離脱する以上、自分の責任で判断し、自分の裁量で命を管理しなければならない苦しいものである。（64字） (五)イ (六)イ

二 (一)①きんこう ②率 (二)エ

三 (一)イ (二)ア (三)ウ (四)往復運動 (五)ウ

四 (一)イ (二)ウ (三)ア (四)エ

解き方 **一** **角幡唯介「旅人の表現術」**より。(一)筆者が「斜面をグサグサと音を立てながら下山」する一方でスキーヤーは「颯爽と滑り降り」たので、筆者はスキーヤーをウのように「自分とは対照的」で「美しいと感じ」たのである。アは「驚く」「ねたましく思う」が、イは「落胆」が、エは「早く上達したい」がそれぞれ不適。(二)A 2段落冒頭、日帰りで行った三度目の冬富士を「非常に登り応えのある、いい山だった」「日帰りで……なかなかない」と

高く評価しているので、「言うまでもなく」を表す「もちろん」が入る。B富士山が「未知なる存在ではなく」、「単なる地形上のでっぱりに変質してしまった」と空欄後にあるので、すでにそういう状態になっていることを表す「もはや」が入る。㈢[5]・[6]段落にあるように、登山は本来「社会の束縛の及ばない自由な行為」であるのに、弾丸登山の自粛呼びかけや入山料の徴収は「管理された世界の内側で行われる……運動行為」であるので、筆者は「非登山的」だと述べている。アは「登山をスポーツとして世の中に示すための行為」が、イは「登山者に強く警告を与える」が、ウは「自然に対して主導権を握ろうとする危険な行為」がそれぞれ不適。㈣まず「離脱」「責任」「裁量」が[5]段落でどのように使われているかを確認する。登山は「社会の管理から自主的に離脱する」行為であり、「山に登る以上は完全に自分の責任のもとに判断を下し」、「自分の裁量で命を管理しなければならない」とあり、それは「きわめて苦しくシビアなもの」とある。これらを指定字数内にまとめる。㈤ア「彼らを反社会的存在とみなすのは誤りであったことを言い表している」が不適。登山者が「反社会や無頼を気取ったような雰囲気を身にまとっていた」のは、「山と世間を分けて捉える」見方のためである。ウ「外来語を多用」と「富士登山の問題が世界的な広がりをもっている」とは無関係で、本文にも記述はない。エ「単なる地形上のでっぱり」としたのは「社会の関心が失われている」のではなく、富士山が「人間社会の枠組みの内側」に変質したことを表している。㈥ア[2]段落の後半では、富士山が人間社会の内側にあるものへ変質したことを具体例によって述べている。ウ山と文明社会を対比的に論じ、自然破壊については述べていない。エ[5]段落は[4]段落を受けて、登山の本質について筆者の考えを述べている。オ不自由な規則を運用しなければならない状況について述べてあり、「いかに運用するかを説いている」のではない。

三 **石井美保「あいづちと変身」**（「わたしの外国語漂流記 未知なる言葉と格闘した25人の物語」所収）より。㈠思わず現地語が出る理由は、同じ段落の「なぜ……飛び出してしまうのか」を受け、「フィールドに滞在しているうちに、（現地語が）人類学者の身体に深く染み込んで離れないものになるからではないだろうか」とある。㈡ミニバスが横すれすれを猛スピードで追い抜かしたので「肝を冷やした（ひやりとした、驚き恐れた）」のである。「頭を抱えた」は「思い悩んだ」、「肩をすぼめた」は「しょんぼりした、身を縮めて小さくなった」、「目を細めた」は「ほほえみを浮かべた」という意味である。㈢傍線部の文頭「それ」は直前の文の「精霊や呪術師が躍動している現実世界に全身で参入し、その世界を生きること」を示すが、傍線部はこの具体例を通して、現地語を翻訳するなかで身体感覚や世界認識がどう変化するかを述べている。それは[6]段落で「私の身体はそのとき、母国語と現地語を媒介するものになる」「自分自身がしだいに根底から変容してゆき、ついにはどちらが『我』で、どちらが『変身』なのかもわからなくなってくる」と説明されている。つまり、ウの「母国語を通して身につけた他者や世界との関わり方が変化していく経験」である。㈣「異文化に生きる『私』」と「自文化に生きる私」との対立は[6]段落の「没入」と「再帰」に対応し、その両者の繰り返しであるから、「往復運動」となる。㈤アは「認識の変化が人間を成長させる」が、イは「機械的な翻訳……異文化を理解する際の基本」が、エは「異文化の言葉を自国の人びとに伝えられる喜び」が、オは「全身で格闘することでしか自国の文化を本当に理解することはできない」が、それぞれ不適。ウは「言語と身体…」が[1]～[3]段落、「異文化の言語…」が[4]～[6]段落に合致する。

四 **「ひとりごと」**より。㈠道林禅師は「木の末にのみ住み侍りしを（樹上にだけ住んでいましたので）」とある。㈡直前に「汝がこの世を忘れて交はり暮らすこそ」とある。冒頭に、道林禅師は「この世のあまりにはかなきことに堪へわびて」とあるので、「この世を忘れて」とは「この世がはかないことを忘れて」という意味になる。㈢道林禅師は樹上に住むという変わった生活をしているが、はかないこの世で生きる危うさを承知しており、「もろもろの悪を行うな、もろもろの善を行え」という仏法の道理を行うのは、八十歳になった自分でも難しい、と述べたので、優れた見識を持っていると白楽天は思ったのである。イ「道林禅師が……詩作の極意を伝授してくれた」のではない。ウ「仲間意識が芽生えた」とも書いていない。エ道林禅師は仏教を軽んじてはいない。㈣ア「善行を積み重ねる必要」ではなく、善行を積み重ねる難しさを述べている。イ「危険を冒して」「他者を救う」という表現はない。ウ白楽天は道林禅師に敬意を払っているが、忘れてはいけないという内容ではない。エが末尾の一文「和尚云はく…」に合致する。

通釈 中国の道林禅師といった人は、この世があまりにはかないことに耐えられなくなって、樹上にだけ住みましたので、白楽天が見まして、鳥の巣の禅師などと名づけて、「和尚（道林禅師）の住んでいる所はあまりにも危なく見えますなぁ」と言うと、和尚が答えるには、「お前がこの世（のはかなさ）を忘れて（世間と）交わり暮らすことこそもっと危うい」と言った。また、白楽天が問うには、「どのようなものか、仏法（の要）とは」と。和尚が答えるには、「もろもろの悪を行うな、もろもろの善を行え」と。白楽天が言うには、「この道理は三歳の幼い子でも知っている」と。和尚が言うには、「知っていることは、三歳の幼い子でも知っている。行うことは、八十歳の老人でも難しい」と言ったので、白楽天は三礼して去った。

《Bグループ》

解答

一 ㈠ア　㈡ウ　㈢日本の絵は、紙や絹に顔料や岩絵の具で描く平面的な絵なので、線と面でいかに独自の特色を出すかという二次元の世界での工夫に特徴がある。（65字）　㈣イ　㈤エ　㈥（二番目）ウ　（四番目）イ

二 ㈠①と　②散策　㈡イ

三 ㈠ウ　㈡エ　㈢ア・オ　㈣イ　㈤エ・カ

四 ㈠ウ　㈡エ　㈢ア　㈣エ

解き方

一 **平山郁夫「絵と心」**より。㈠ヨーロッパと東洋の絵画の違いは[1]段落と[2]段落で対比されている。[1]段落の「要するに」以降で「（ヨーロッパは）目に見える何か……描くのが当たり前」とあり、[2]段落には「（東洋は）空間を埋め尽くさなければならないという発想を、もともともっていない」とある。㈢[3]段落中盤以降に「紙や絹に顔料や岩絵の具で描く日本の絵は……平面での変化を求めることになった」「平面での変化とは、線と面でいかに独自の特色を出していくかということである」「共通しているのは二次元の世界での工夫である」とあり、これらを指定字数内にまとめる。㈣傍線部「そうはならなかった」とは、油絵が十六世紀以降、急速に普及しなかったことを述べている。理由は、同じ段落の最後に「自分たちの絵画に合う材料を自然に選んだ」「材料が先にあるのではなく……心の面と不即不離の関係で絵画の材料があり……」

とあるので、この二つをまとめたイが正解となる。㈤、ア「ヨーロッパの絵画における三次元への志向」は根本的には変化していない。④段落に「ヨーロッパ絵画の本質は……三次元的な実在感の希求である」とある。イ日本の絵画は「二次元の世界での工夫」であると③段落の最後にあり、「三次元的な実在感を描こうとした」のではない。ウ⑥段落にあるように、明治以降、油絵が普及したが、それは「自国の文化とヨーロッパの文化を融合」させたことではない。同様に、仏教と神道も融合していない。オ②段落にあるように、東洋の山水画は「写実的」ではなく「象徴的」である。エ⑥段落に「ヨーロッパの思想、精神というものまで積極的に導入しようとした」とあるので、これが合致する。㈥、ワルリー画の話題設定をしているオが最初に来て、次にワルリー画を説明するウとなり、ウの最後に述べてある材料についてアで説明し、アの壁に描くという話題を受けて、紙にも描かれる経緯をまとめたイとなり、最後はエの「もう少し調べてみたい」で締めくくっている。

三 **乾ルカ「明日の僕に風が吹く」**より。㈠「破顔する」とは、にっこり笑うことであり、「思いがけなく」とあるのは、叔父と比べられていることを気にしているからである。㈡①段落の「他の漁師に失礼だべ」や、②段落で人命救助したことをこともなげに(なんでもないように)言っていることから判断する。㈢②段落の終わりの部分に着目する。「断崖絶壁の光景を、救いを求めるように思い起こしながら」から有人の戸惑いが、「おせっかいで……面倒くさい。」からわずらわしさが感じられるが、その反面「自分が受け入れられていることはうれしかった」とある。㈣「加工」に着目。「加工」が提案される直前の〈2〉が適する。㈤ア「有人の訪問が本当は歓迎されていない」が不適。イ「自信をもって発言している」が不適。有人は「何度もつっかえ、声を上ずらせ、言葉を途切れさせ」ている。ウ誠は場当たり的な発言が多い。エ④段落の「胸の前でかわいらしく拍手する」や「桃花の手を取り『…めっちゃかわいいの考える！』…」があてはまる。オ周囲を納得させようとはしていない。カ書いてあるとおり。「小さな火花を有人に飛ばした」と比喩も用いられている。

四 **「春秋左氏伝」**より。㈠傍線部の直前に「おおいに恩恵を施して晋がその恩に報いなければ、その(晋の)民(の心)は必ず(晋の君主から)離れるでしょう。」とある。㈡百里は秦伯に問われて、「災を救ひ……道なり。」と答えている。㈢秦伯の発言なので「其の君」は自分のことではない。「何の罪かある」は反語で「何の罪があろうか。いや、何の罪もない」という意味。㈣ア豹は晋に攻め入っていない。イ百里は隣国の災害を救うべきであると述べている。ウ子桑は晋が恩を返さない場合のことも述べている。

通釈 冬、晋は昨年に続き不作であった。(晋は)秦に(使いを送り)米を送るよう願い求めさせた。秦伯(秦の君主)は、(家臣の)子桑に言った。「(晋に)米を与えようか。」と。(子桑が)お答えして言うことには、「おおいに恩恵を施して晋がその恩に報いたら、あなた様は、(晋に)何も求めることはないでしょう。おおいに恩恵を施して晋がその恩に報いなければ、その(晋の)民(の心)は必ず(晋の君主から)離れるでしょう。(晋の民の心が君主から)離れた状態で(晋を)攻撃すれば、味方はいなくなって(晋は)必ず敗れるでしょう。」と。(秦伯は家臣の)百里に言った。「(晋に)米を与えようか。」と。(百里が)答えて言うには、「天災が流行ることは、各国において交互にあることです。災難を救い隣国を憐れむのは、人の行うべき道です。人の行うべき道を実践すれば、よいことがあるでしょう。」と。(晋の家臣の)丕鄭の子で、豹(という者が)、秦にいた。(豹は、父の丕鄭が晋に殺されたので)晋を討つことを願い出た。秦伯が言うには、「晋の君主が悪人でも、その民に何の罪があろうか(いや、何の罪もない)。」と。秦はそこで、穀物を晋に送った。

三重県

問題 P.156

解答

一 ①せま　②かか　③せんせい　④ひろう　⑤補　⑥養　⑦単純　⑧標準

二 ㈠ウ　㈡エ　㈢イ　㈣わからないことに触れるということ(16字)　㈤自分の好きなものをわかってもらえるわけがないと勝手に思いこんでいたことに気づき、自分も宮多たちのことを知ろうと思ったから。(61字)

三 ㈠①　㈡ウ　㈢イ　㈣好奇心が強く、何事にもチャレンジする意欲を持っている(26字)　㈤ア

四 ㈠おわしましける　㈡ア　㈢ウ　㈣友人に等しい

五 ㈠エ　㈡イ　㈢(例1)

手助けをしないのは、「かえって相手の迷惑になるといやだから」と「対応方法がわからないから」の二つの理由が大きいことが分かる。私は、相手の迷惑にならない対応方法が分かれば、手助けをする人が増えると考えた。そこで、地域で開かれるボランティアによる学習会等の案内をSNSで友達に知らせて、一緒に学ぶ人を少しずつ増やしていこうと思う。このような私の行動が、手助けをする人が増えるきっかけになれば、うれしい。

(例2)

私は、恥ずかしいから手助けをしないという理由に注目しました。私も、恥ずかしいからという理由で、困っている人に声をかけることができなかった経験があります。困っている人に声をかけることは、勇気がいることです。しかし、私が、勇気を出して声をかける行動を取れば、それを見た人も、困っている人に声をかけることができるようになるかもしれません。私自身が行動で示すことで、手助けをする人が増えるようにしたいです。

解き方

二 **寺地はるな「水を縫う」**(集英社刊)より。㈠間に「まさか(ネ)道ばたの(ネ)」のように「ネ」を入れて読める場所が文節の切れ目である。㈡アは、いとへん(糸)、イは、ゆみへん(弓)、ウは、さんずい(氵)、エは、ごんべん(言)。㈢「だろ／だっ・で・に／だ／な／なら」と活用するのでイの「形容動詞」となる。ア「形容詞」は活用の語形変化が違う。ウ「連体詞」は活用せず、また主に体言を修飾するのでここでは働きが異なる。エ「副詞」は活用しないので誤り。㈣「くるみとの会話から気づいたこと」が求められているので、会話が終わった部分から字数制限を手がかりに探す。㈤本文の「宮多からのメッセージ」の直後から僕が気づいたことを探し、傍線部の直後の内容とつなぎ合わせて解答を作成する。

三 **小菅正夫「動物がくれた人生で大切なこと。」**より。㈠①のみ「ない」をつけると「いない」と上がイ段音になり、上一段活用。②～④は「ない」をつけると全て「アない」となるので五段活用。㈡「杵」は餅つきなどのときに用いる道具。「柄」はその持ち手のこと。若いころ身につけた技能(は、あとになってもおとろえない)、という意味。㈢アは「すぐにおとなメスに見つかって大騒ぎをされてしまう」が、ウは「おとなメスが穴に口をつけてピーナッツを吸い込む方

法を編み出したため」が、それぞれ誤り。エは全体的に誤り。㈣最後の二段落が、その書き出しから「おとな」と「子ども」の比較になっているので、そこから指定字数を抜き出す。㈤イは「我が子や我が子と同じぐらいの年頃の子どもに食べさせてやる」が、ウは「子どもから一部のおとなのオスへと広がり」が、エは「親から子どもへの手取り足取りの教育で」がそれぞれ誤り。

四「**十訓抄**」より。㈡この場面に関わる人物は御三条院（「おはしまし（ける）」と尊敬語が用いられている）と実政朝臣（「赴きける」と尊敬語は用いられていない）。傍線部の「惜しませ給ひて」には尊敬語「せ給ひ」が用いられているから、ここは御三条院の動作である。㈢一・二点の訓読なので、まず何もついていない文字「甘棠」から一のつく「詠」まで読み、二のつく「作」へ返る。㈣本文最後の「君なれども、……ひとしといへり。」が、設問の「筆者の感想」にあたる部分。空欄に該当する部分を本文から探して字数制限のなかで現代語訳する。

通釈　御三条院が、（まだ）皇太子でいらっしゃった時、学士の藤原実政朝臣が、任地に出発する時に、送別の別れの心を、残念に思われて

（昔周の）国の民が（召伯の善政を慕って、縁のあった）甘棠（やまなしの木）を題にした詩を作ったとしても何年にもわたって宮中で開かれた、楽しかった詩歌の会のことを忘れないでほしい。

（とお詠みになった。）この詩の意味するところは、『詩経』が言うところの、

孔子が言ったことには、甘棠を切ってはいけない、（この木にはあの善政を行った）召伯（の魂）が宿っているのだから

と述べたこと（を踏まえているの）である。

また、（御三条院の）御歌に、

忘れなかったならば、同じ空の下にいると思って、月を見てくれ。遠く離れていて雲居の空まで隔たっていても再び雲居の宮中でめぐり会うときまで

（とお詠みになったのは）、主君であっても、臣下であっても、互いに思い合う心は深く、心の隔たりがないのは、友人に等しいといえる。

五　㈠設問では「ユニバーサルデザイン」について読み取ったことが問われている。□では二段落めで【資料1】のうち「年代別」の比較について述べているので、空欄①は【資料1】の「年代別」の視点であることが分かる。「15～19歳」「20代」の数値と「30代」以上の各年代の数値を比べれば前者が多いことが分かる。㈡アは「今後、ユニバーサルデザインの必要性が高い……『公衆トイレ』を挙げる人の割合が最も大きい」が誤り。「都市空間」のほうが多い。ウは「また、『商店街』の……三番目に大きくなっている」が誤り。「商店街」は最も少ない。エは「年齢が上がるにつれて大きくなっており」が誤り。

滋賀県

問題 P.161

解答

二　1、時間や場所の推移がある　2、単独の〈絵〉は、ある場面の様子が表現されているものであり、〈絵本の画面〉は、順序性をもった複数の絵と言葉によってストーリーになっているもの。　3、イ　4、（例）

私は言葉で伝えたい。なぜなら、絵を用いるときには、相手に伝える印象が具体的にはなるけれども一つに定まってしまうように思えるのに対して、言葉で伝えるときには、状況や内容に応じて、大づかみに述べて相手に想像をしてもらったり、細かく明確に伝えたりする工夫ができ、伝え方の幅も広がるように思えるからである。

三　1、①弁論　②保　③類　④編　⑤模型　2、①こうたく　②ふ　③はず　④うけたまわ　⑤こぶ　3、ウ　4、①や　②（季語）万緑　（季節）夏　③イ・カ

解き方

二　**小野明「絵本の冒険『絵』と『ことば』で楽しむ」**より。1、Ⅰの話題は「画面のつながり」についてのマンガと絵本の違いで、【本の一部】で該当するのは第三段落。「どういうことかというと…」以降で挙げられている内容を踏まえる。2、「単独の〈絵〉」「〈絵本の画面〉」について説明している部分を【本の一部】から探して、それぞれどういうものかを考える。「絵本は画面の…」で始まる段落の「これらがそれぞれ単独で示される時（A／B／C）は、ある情景が描かれた〈絵〉です。」が前者にあたるので短くまとめる。後者も同段落の「これをある順番でならべてみると、俄然、ストーリーを感じるようになる」や続く段落の「言葉が明確なストーリーをもたらして（絵本の画面）となる」などを参考に整理して自分の言葉でまとめる。3、アは「読み手にストーリーの創造性を与えられる」が、ウは「読み手自身がストーリーの方向性を決定できる」が、エは「読み手がつながりのあるストーリーを作る」がそれぞれ不適。イは【ホワイトボード】を参考にするとよい。「入れ換え不可能」とは「必然性」があるということ。4、「絵」「言葉」のどちらを選んだかを明確に示すこと。「よさにふれながら」「理由」を述べることに注意する。

三　3、「見えない」の「ない」は助動詞。アは「切ない」という形容詞の一部。イは補助形容詞といわれるもの。「寒くある」とは言えないのが見分ける手がかり。ウは助動詞。「笑わぬ」と言い換えられる。エは形容詞。「建物がある」と言えるのがイ（補助形容詞）との違い。4、①「切れ字」は俳句で意味の切れ目や感動の中心を表す語。「ぞ・かな・や・けり・ず・ぬ・らむ」などがある。②「万緑」は一面の緑を表す。この句に用いられて季語に認められるようになった。③アは「故郷への思い」が、ウは「青春時代」が、エは「勇気」が、オは「移ろいゆく季節」がそれぞれ不適。

京都府

問題 P.164

解答

一　⑴（イ）　⑵（ウ）　⑶ｂそのゆえはｃ（御）はからい　⑷あは～王や　⑸㈠A南大門B草の字の額　㈡（エ）

二　⑴（ア）　⑵Ⅰ（ウ）Ⅱ（カ）　⑶（エ）　⑷Ⅰ（エ）Ⅱ（キ）　⑸（ウ）　⑹（イ）・（エ）・（オ）　⑺講（演）　⑻（イ）　⑼いちじる（しく）　⑽㈠対話は面倒なこと　㈡粘り強～の対話　㈢（ウ）　㈣Ⅰ（ア）Ⅱ（ク）　⑾（エ）

解き方

一　**橘成季「古今著聞集」**より。⑴傍線部の直前「真草」とは注釈に「楷書と草書を意味し、それぞれの書体を示す」とあるので、傍線部中の「両様に」は二種類で、という意味。（ア）は「二枚ずつ」が不適。⑵アは「仰せ」に従う人なので小野道風。（イ）も「真に」書いた人なので小野道風。（ウ）は「日比の儀あらたまり（改め）て」掲げなさった人なので醍醐天皇。二重傍線部中の「れ」は尊敬の助動詞「る」の連用形。（エ）は「御はからひ」をほめ申し上

げた人なので小野道風。(4)引用の助詞「と」か、動詞「言ふ・申す」を探す。(5)空欄B直後の「掲げた」に着目し、本文から該当する動詞を探す。「草の字の額を、晴れの門にうたれたりけり」とあるので、空欄Bが「草の字の額」に、Aは「晴れの門」になるが、四字では不適なので、三字で「晴れの門」の同義語を探す。空欄Cは「叡慮に叶ひて、かく日比の儀あらたまりて」に着目する。(ア)は「天皇自身の思いとは異なっていた」が、(イ)は「天皇自身の考えとは違っていた」が、(ウ)は「長く続いてきた風習……感覚にも従った」が、それぞれ不適。

通釈 醍醐天皇が、醍醐寺を御建立なさる時、小野道風に(お寺に掲げる)額を書いてさしあげよというようなことを(醍醐天皇が)おっしゃって、額を二枚お与えになった。一枚は南大門、もう一枚は西門に掲げるための物品である。楷書と草書それぞれの書体で一枚ずつ書いたものを、差し出すようにという旨の、勅命(天皇の命令)があったので、命令に従ってそれぞれの書体で書いて献上したところ、楷書で書いた額は(本来なら)南大門の物品であるべきだが、草書の額を、晴れの門(にあたる正門＝南大門)に掲げなさった。小野道風がこれを見て、素晴らしい聡明な天皇だなあと申し上げた。その理由は、草書の額は特に立派に書けたと思っていたので、天皇のご英断に叶って、このように伝統的な作法・慣習を改めて(草書の額を晴れの門に)掲げなさった事は、誠に畏れ多い御配慮に違いない。それを(小野道風が)ほめ申し上げたのだろう。

二 **河野哲也「人は語り続けるとき、考えていない　対話と思考の哲学」より。**(1)空欄Xは設問文の「互いの希望をまとめ」「相互に理解しよう」の同義語を本文中から探す。2段落に「自分の要望と相手の要望をすり合わせ」とあるので、前者は交渉。同段落に「よい関係を保ち、相手を理解し、互いに話を楽しもう」とあるので、後者は交流。空欄Yは直前の「物事の真実について、互いに深く吟味する」の同義語を本文中から探す。2段落の最後に「対話は、何かの真理を得ようとして互いに意見や思考を検討し合う」とある。(2)空欄前後の「日常生活で行われなくなっている」と「日常生活の中にも、思ったよりもたくさんある」をつなぐ語の働きを考える。(3)傍線部aの直前は助詞「は」なので、aは自立語、つまり形容詞「ない」である。よって、直前が助詞になっている「ない」を選ぶ。(4)「膝を突き合わせる」は、互いの膝が触れ合うほど近くに向き合って座る、という意味。(5)傍線部直前の「真摯」は、真面目でひたむきだ、という意味。(6)「もう」は形容詞「近く」を修飾する。用言を修飾するのは副詞。それ以外の「三〇年」と「前」は名詞。(8)傍線部と同じ8段落の具体例に着目する。(10)㈠空欄直前の「容易に相手との意思の疎通が図れないことがある」に着目し、本文中から同様の表現を探す。6段落に「対話は面倒なこと……とりわけ、話が通じないと感じている相手と話し合うこと」とある。㈡空欄直前の「現代社会で抱えている課題に対して必要なのは」何かを考える。現代社会の課題に言及しているのは最終段落。「今の時代に求められているのは……対話ではないだろうか。」に着目する。㈢(ア)は「別の問題点が見つかり、新たな議論を広げる」が不適。(イ)は最終段落に「かりに議論の場で共通の結論を得られなくても」とあるので不適。(エ)は「自分自身のことを理解してもらう」が不適。(ウ)は最終段落の内容に合致する。㈣Ⅰ「説得力のある文章となる」ために必要なものを考える。Ⅱ「自分の意見や主張が深まり」に着目する。(11)(ア)3段落は「日常生活で行われなくなっている」や「日常生活の中にも、思ったよりもたくさんある」のように事実を述べているので、「再度問題提起」が不適。(イ)5段落は「ほとんど対話することなく、日々を過ごしてしまっている」や「私たちは、公共の問題にもう……考え直してみたいと思っている」のように3段落を補強しているので、「反対の内容」が不適。(ウ)7〜11段落は6段落の具体例なので、「反論」が不適。

大阪府

問題 P.167

解答

A問題 **一** 1、(1)まね (2)みちび (3)たいこ (4)せいりょう (5)親 (6)働 (7)早朝 (8)接客 2、ア

二 1、イ 2、イ 3、ウ 4、a(笠の内側まで)雨水がしみ込むことは少ない(うえに、)(13字) b通気性もい

三 1、さすらいける 2、ウ 3、イ

五 (例)

コミュニケーションで最も大切にしたいのは、Aである。たとえば、外国で自分が思うことを相手に伝えられないときも、その国の言葉で一言あいさつができると、次の言葉が生まれてくる。言葉ができなくても、相手との関係が生まれるのだ。コミュニケーションは言葉だけではなく、相手との関係を生み出す共同作業である。その意味で、あいさつは共同作業の一歩を踏み出す言葉の魔法なのである。

B問題 **一** 1、(1)けいしゃ (2)せきはい (3)いど (4)す (5)欠 (6)疑 (7)接客 (8)演奏 2、イ

三 1、エ 2、ア 3、むかい 4、ウ

五 (例)

目標を実現するのに効果的な標語は、Bではないか。それは、「おはよう」というあいさつが相手に何をもたらすかを具体的に示しているからである。「目標」は、「積極的」な「あいさつ」で「気持ちよく学校生活を送る」ことだ。一言のあいさつは笑顔を作る。それは自分の行動によって相手との関係が生まれるということだ。Bのように「おはよう」とはじめに朝の一言を置くことで、生徒も先生も一緒に学校生活を作る言葉をいつも心に留めて置くことができるにちがいない。朝からあいさつの一言を交わすことは、互いの笑顔を生み出す最初の一歩なのである。

C問題 **一** 1、(1)ほうこう (2)す (3)つくろ (4)直 (5)演奏 (6)謝辞 2、無《カレ》レ道《フコト》二人《ノ》之短《ヲ》一、無《カレ》レ説《クコト》二己之《の》長《ヲ》一。

二 1、ア 2、a野趣あふれ b泣く泣く短 3、イ 4、(五音二句が)強引に差し込まれているにもかかわらず、短歌として認定するに足る韻律や調べを保っている(ところに、)(42字)

三 1、ウ 2、イ 3、a(後になって)はじめに考えたこととは異なるよい考えが出てくる(ことは、)(23字) b(年月がたてば)学問はすすんでゆく(ので、)

四 1、B 2、使うことの潜在的可能性という意味では、現在使われている使い方とは別の使い方を人に想像させ、それが現実化する(53字) 3、エ 4、a開かれた建 bこれからの

五 (例)

カタカナ語の使用が増えていくことは、現代語の増大と似ている。近年、「ヤバい」や「エグい」といった言葉が若者

の間で用いられている。いずれも他とは比べられないほど優れている様子に対して用いられ、以前のように悪い意味で用いられてはいない。元の意味とは異なる意味合いで使われているのだ。カタカナと原語もこの関係と似ている。たとえば、チャレンジは英語で乗り越えられない困難な状況そのものを指すのに、日本語では困難に立ち向かう挑戦という意味で使われる。言葉は使う人々によって自在に意味を変える。その意味で、カタカナ語の増大は現代語のように時代を映す鏡であり、今がどういう時代かを考えるきっかけを与える現象である。

解き方

A問題

二 **稲垣栄洋「残しておきたいふるさとの野草」より。** 1、接続詞の設問は、空欄の前後の文脈を読み取る。2、傍線部のあとの段落に「理由」が述べられている。「カサスゲのこの丈夫な繊維が、笠を編む材料として非常に適している。」とある。3、Ⅰの「三角形の茎では中心からの距離がまちまちになってしまうために、隅の細胞までは水が届きにくい」という特徴を表した図を選ぶと、「水が届きにくい」ウとエに絞ることができる。さらに「隅の細胞までは水が届きにくい」ことから、矢印が隅を指しているウが合致する。4、本文の最終段落より、菅笠の特徴は「雨を避けるだけでなく、通気性もいい」ところだと分かる。この本文の内容を字数に合わせてまとめる。

三 1、歴史的仮名遣いを現代仮名遣いに直す設問。「ひ」は「い」と読む。2、友人を連れた連阿が「翁」に武蔵野までの「道の程」を問うと、「翁」が連阿に尋ね返した、という場面である。したがって、話し手はウの「翁」。3、本文は、武蔵野に月を見に行こうと友人を連れた連阿が道中で会った翁に武蔵野までの道のりを尋ねると、翁から江戸には月がないと知らなかったと言われてしまうという物語。したがって、イが合致する。

通釈 連阿という人がいた。月を見ようと考えて友だちを連れて、とりとめもなく歩いていると、物を背負ってやって来る老人に会って、(武蔵野までの)道のりを尋ねると、(老人は)「お前たちは夜をかけてどんな用事があって(武蔵野に向かうのですか)」と尋ねた。「武蔵野の月を見ようと考えて江戸から参りました」と答えると、老人(は)手を打って、「この年になるまで知りませんでした、江戸には月がないようですね」と言った。

五 Aは「あいさつ」がコミュニケーションのはじまりとなり、相手との関係を作るきっかけを生む一言である点を述べるとよい。Bの「相づち」や「うなずき」は、相手とのコミュニケーションを促す行動である。これらの行動は、コミュニケーションを続けていくための潤滑油と捉えることができるだろう。Cの「言葉づかい」は、言葉で相手とコミュニケーションを取るときに気に留めておくべきことである。自分が何をコミュニケーションで大切だと考えるか、その理由を含めて解答を作成する。

B問題

二 1、「せんすべなし」は、する方法がない、ということ。2、傍線部の直前の内容を押さえる。「翁」が特に大切にしていた牡丹の花を「奴」が踏んで折ってしまったのに、二、三日たっても翁は全く怒る気配がなかったのである。3、歴史的仮名遣いを現代仮名遣いに直す問題。「ひ」は「い」である。4、本文に主語を補ったり、訳や注釈を参考にしながら内容を押さえる。ア・イ・エは翁が言った言葉の内容が不適。翁は「楽しむために花を植えるのだから、それのために腹を立てることはない」と言ったのである。したがって、ウが合致する。

通釈 貝原益軒翁は、牡丹を好んでたくさん(庭に)植えられているなか、特に真心をこめて(世話をして)いた花があった。だんだんと(牡丹の花が)咲こうとする頃、翁が家にいらっしゃらないあいだに、奉公人がふざけてその花を踏んで折ってしまった。「これはまあ」と(奉公人は)驚いたが、どうすることもできない。そうこうするうちに翁は帰ってきて、すぐに庭にやってきて、奉公人はひどく汗をかいて生きた心地がしなかった。翁はとてもさりげない様子で、二日三日たったが(牡丹を折ったことについては)何のそぶりもなかった。人々はますます不思議に思った。ある人がこのことを聞いて翁に向かって、「しかじかのことがあったと聞いた。さぞ憎いと思っていらっしゃるだろう」と言うと、翁は微笑んで、「私は楽しみに花を植えています。さてそれのために怒るべきだろうか、いや、腹を立てることはない」と言ったということだ。

三 2、「装飾」は装うことで飾る、ということで、似た意味の漢字の組み合わせ。アの「疾走」は疾く(=早く)走ることで、上の漢字が下の漢字を修飾している。ウの「撮影」は影を撮るで、下の漢字が上の漢字の目的語になって上の漢字の動作で説明している。エの「抑揚」は揚げることと抑えることで、対になる漢字の組み合わせ。イの「到着」は到って着くことで、「装飾」と同じ構成である。

五 Aは「あいさつ」が「すてきな一日」を作ると明確に述べた標語である。一方、Bは目標の「あいさつ」を「気持ちよく学校生活を送る」を「おはよう」「笑顔」と具体化することで読み手に分かりやすく伝えている。どちらの標語が目標の実現に効果的か、条件に従って理由を加えて説明する。

C問題

二 **大辻隆弘「アララギの脊梁」より。** 1、空欄前後の文脈をつかむ。「短歌というもの」は「三十一音からなる」のであり、「成熟した歌人」は「歌の器にふさわしい感情の量を見極めてゆく」とある。「歌作りに慣れるということ」は、この「器の大きさを知る」ことである。2、a立札の何に「心を打たれた」かを本文で確認する。b茂吉がとらなかった手段について述べた箇所を抜き出す。茂吉と「普通の歌人」との対比に着目するとよい。3、「融通無碍」とは一つの見方や考え方にとらわれるのではなく、自由自在にものを見て考え方を変え、よりよく対処していくこと。4、最後の二段落で筆者が述べた内容をまとめた文で用いられた「五音二句」がヒントになる。「五音二句が強引に差し込まれている」ことで、「七句四十一音の新しい定型を作りだした茂吉らしい短歌になっているのである。それは、「破調の歌であるにもかかわらず」「短歌として認定するに足る韻律や調べ」によって「強烈な短歌らしさ」を作り出しているということである。

三 1、傍線部は「どちらを頼ればいいのか」ということ。したがって、ウが合致する。2、傍線部の直前に着目する。同じ人の説で考えがそこかしこで違っていると浮ついた印象がするが、「やはりそうでもない」というのである。アは「自分の説とは異なっている説」が、ウは「人の説を理解する」が、エは「自分の説が他の人の説と同じ」がそれぞれ不適。3、それぞれ空欄直前がヒントになる。aは「後になって」が傍線部あとの「ほどへて後に」と対応する。続く「又異なるよき考への出でくる」を口語訳すればよい。bは「年月がたてば」が、本文最後の一文の「年をへて」と対応している。

通釈 同じ人の説が、あちらこちらが違っていて、同じでないのは、どちらに基づくのがよいかと紛らわしく、きっとその人の説が、すべて浮ついた感じが自然としてくる、それは大方はそうであるけれど、やはりそうでもない。始めから終わりまで説が変わることがないのは、かえって趣がないというところもあることだよ。初めに決めておいたことが、時間がたってから別に異なるよい考えが出てくるのは、常に起こることであるので、初めと変わることがある方がよい。年月がたって学問が進んでいけば、説は必ず変わらないではおかないものなのである。

四 **西沢立衛「続・建築について話してみよう」**より。1、Bだけが連体詞、それ以外は動詞である。2、傍線部の「このような考え方」が指すのは、傍線部前の「人間」が「どう使おうか想像力をかき立てられるような建築」のこと。筆者はそれを同段落の末尾で「開かれた建築」と呼ぶ。「開かれた建築」とは「未来までも含めた使うことの潜在的可能性という意味で」「人間の想像力の広がりが起きること」を引き起こす魅力を持つ建築のあり方である。3、アは「その時代の人間の身体性とつながりをもつ」が、イは「感覚的にしか理解することができない」が、ウは「自分達の生活がそれらを求めるようになったこと」がそれぞれ不適。4、空欄前後の表現を押さえる。a直前の「人間の想像力をかき立てるような魅力を持った」建築を表す「ひとつづきのことば」を指定字数に沿って探す。bは直後の「時代の価値観をつくる契機」が、本文最終段落の「僕らの時代の価値観みたいなものをつくるきっかけ」と対応している。

五 カタカナ語は、「人によって理解度が異なる」ため、「使用しない方がわかりやすい」だろう。その一方で「格好よくて現代風」で「和語や漢語では表しにくい微妙な意味合いを表している」と捉えることもできる。見方を変えれば「言葉の乱れ」とも「表現の多様化」とも言える。言葉は今という時代の特徴を映し出す鏡なのである。

兵庫県

問題 P.173

解答

一 問一、①カ　②ア　問二、イ　問三、ウ　問四、兵五師匠が本校生のためにわかりやすくアレンジした(「日和違い」!!)(24字)

二 問一、エ　問二、予《フル》レ人《ニ》者《ハ》驕《ルト》レ人《ニ》。　問三、aイ　bア　問四、ア

三 問一、いにしえ　問二、ア　問三、ウ　問四、ウ　問五、エ

四 問一、①みちばた　③そんちょう　⑤ほ(められた)　問二、②イ　⑧エ　問三、エ　問四、ウ　問五、ウ　問六、ア　問七、イ

五 問一、Aウ　Bイ　Cエ　問二、知る　問三、イ　問四、エ　問五、aア　b全体として体系をなす　問六、イ　問七、ウ　問八、エ

解き方

一 問一、①傍線部の直前に「天気を尋ねた」とある。②傍線部の直前で占い師が「今日は降る」と言っている。降るのは「雨」である。問二、占い師の一度めと二度めのせりふでは、単語は全く同じで、句点「。」の場所だけが変わっている。問三、【話し合い】で、「種明かしになる部分」と「数日後の場面」は書かないと言っていることに着目する。アは「占い師に仕返しを考える」とあるが、男は占い師に抗議をしただけなので不適。イは種明かしの部分を書いているので不適。エは数日後の魚屋の場面を書いているので不適。問四、空欄直前の「敬語を使わず」という指示に従い、「日和違い」という「体言止め」で終わるようにする。

二 **劉向「説苑」**より。問一、粗末な身なりで耕作していた曽子に対して、領地からの収入で「衣を修めよ」と言ったとあるので、「悪いところを改める」という意味のエ「改修」が適する。問三、a「臣」は君主に対してへりくだって言う一人称。直前に「曽子曰はく」とある。b「子」は目上の人に対する呼び方。直前で「人に予ふる者は人に驕ると」と述べており、この「人に予ふる者」と「子」は同じ人を指す。問四、「我能く畏るること勿からんや」とあるので合致するのはア。イは「何かしら裏があると感じたので」が、ウは「おそれ多いと思ったので」が、エは「おごりの色が見え、魯の君主に不信感を抱いたので」が、それぞれ不適。

通釈 (魯の君主の使者が)言うには、「どうかこれ(領地からの収入)で着物を修繕してください。」と。(ところが、)曽子は受け取らなかった。(使者は)いったん帰ったが、ふたたびやってきた。それでも(曽子は)受け取らなかった。使者が言うには、「先生が相手に請求なさったのではありません。相手が先生に差し上げたいというのです。どうしてそれを受け取らないのですか。」と。曽子が(答えて)言うには、「私はこう聞いております。人から物を受け取った者はくれた人に遠慮するようになり、人に物を与えた者は与えた人に対して尊大になる、と。わが君は、たとえ私にそれをくださっても尊大にならないと存じますが、私が遠慮することなくいられるでしょうか。いや、いられません。」と、最後まで受け取らなかった。

三 **与謝蕪村「新花摘」**より。問一、語頭と助詞以外の「はひふへほ」は「わいうえお」に直す。問二、「荒唐の」は、でたらめな、という意味。言動に根拠がなく、現実味がないさまを表す「荒唐無稽」という四字熟語による。問三、「めでたし」には、現代語と同じく、縁起がよい、という意味のほかに、すばらしい・立派だ、という意味がある。問四、傍線部の文で、「常盤潭北」の持っていた茶碗はもともと「大高源吾が秘蔵したるもの」で、そのあと「余にゆづりたり」とある。問五、傍線部の直前で「のちのちはかの咸陽の釘かくしの類ひなれば」とある。「咸陽の釘かくし」は第一段落で「何を証として」と述べられているように来歴が不確かなものであり、そのようなものをありがたがるのはむなしいと筆者は考えたので、「人にうちくれ」たのである。

通釈 ある人が、咸陽宮の釘かくしであると言って、短剣の鍔に風流につくり直して、腰から離さず愛でて楽しんでいた。たしかに金銀銅鉄の花鳥をちりばめた古い物で、長い年月を経たような心ひかれるものであったのだろう。けれども何を証拠に咸陽宮の釘かくしと言っているのであろうか、でたらめなことだ。かえって「咸陽宮の釘かくし」と言わなければすばらしいのに、残念なことに思われる。

常盤潭北が持っていた高麗の茶碗は、義士大高源吾が秘蔵していたもので、そのころ源吾から(常盤潭北に)伝わって、また私に譲られた物である。偽りなく伝来が明白なものにございますが、何を証拠にするべきか。後々はあの咸陽宮の釘かくしと同類の(来歴が不確かになってしまう)物であるので、そのまま人に与えてしまった。

四 **寺地はるな「水を縫う」**(集英社刊)より。問三、本来であれば「ただ僕があの時、自分が楽しいふりをしていることに気づいてしまっただけだ」であり、語順を変更していることが分かる。問四、傍線部の「ずんずんと前進」という表現から、くるみが勢いよくためらわずに進んでいる様子がうかがえる。相手に左右されることなく、「石が好き」という気持ちに正直に生きているくるみの強さを、清澄は彼女の後ろ姿から感じ取っている。問五、傍線部の前までで、清澄は、昼休みに自席に戻ったのは刺繍の本を読みたかっ

たからだ、と宮多に伝えた。それに対する宮多の返信が、「え、めっちゃうまいやん。松岡くんすごいな」という素直な称賛の言葉だったので、「わかってもらえるわけがない」と「勝手にそう思いこんでいた」清澄は、自分の思いこみを捨てることができ、「心がほぐれていくのを感じ」たと読み取れる。問六、傍線部の「あれを再現」が何を指すかに着目する。直後で「そうすれば指で触れてたしかめられる」「そういうドレスをつくりたい」とあるので、清澄は、触れられないものを、刺繍で布の上に「再現」しようとしていると分かる。触れられないものとは、同じ段落の傍線部前まで述べられているように「たちまち消え失せる」「だからこそ美しい」ものである。問七、文章全体を通した清澄の内面の変化に着目する。傍線部直前の段落で清澄は、宮多に「ゲームのことを、教えてもらおう」と考えている。刺繍が趣味という清澄のことを宮多が受け入れてくれたのと同じように、清澄も宮多の好きなものを知り、「互いの価値観を認め合う」関係になりたいと思ったのである。また、「靴紐をきつく締め直して」という表現からは、清澄が「決意を固めて」いる様子がうかがえる。ここでの決意は、前問で確認したように「理想の刺繍」をしたドレスをつくることである。

五　**吉見俊哉「知的創造の条件　AI的思考を超えるヒント」**より。問三、「作者性」の違いについて、第一段落で「本の場合」は「作者がはっきりしている」とあり、第二段落で「ネット上のコンテンツ」では「みんなで集合的に作り上げる」、「作者性が匿名化され」とある。問四、傍線部直前に「複数の人がチェックしているから」とあり、関わる人の数が内容への信頼につながっていると分かる。問五、傍線部から二つあとの段落で、知識は「バラバラな情報やデータの集まりではなく」「相互に結びつき」「全体として体系をなす状態」のことであると述べられている。問六、傍線部のあとで、「インターネット検索の場合」は「個々の要素の位置関係など知らなくても」「知りたい情報を瞬時に得ることができる」と述べられている。そして次の段落で「AIが発達すればするほど……どんな森を歩いているのかを知る能力を失っていく」とある。ここでの「森」とは関係性を持った知識の総体のことを指す。問七、傍線部の直後に「その論理的展開を読み込んでいけるか」とある。最近はただ「本の表面だけをつまみ食い」して、「自分勝手な論理でつないで読んだ気分になって」いるコメントが多いと批判している。また同じ段落末尾に「著者が本の中で……読んだことには なりません。」とあるので、「著者」の「論理の展開」を読み取ることが重要だと分かる。問八、アの「幹」「枝」「実」は、それぞれ「構造」「関係」「情報」を表すため不適。イの「自分で考えた論理でつなぎ合わせてしまわないよう」にするのは、著者の論理的展開を読み取るときであるため不適。ウの「ネット検索」の特徴は「必要な情報を即座に得る」ことで、その活用法は本文にないため不適。エの「理論面での整合性」は体系化された知識の構造と関係性を表し、「私たちは……」以下は最終段落の「そのなかの一冊に手を伸ばすことから研究を大発展させるきっかけが見つかる」に合致する。

奈良県

問題 P.179

解答

一　㈠A ほ(り)　B 垂(らした)　C やっかい　D 熱(した)　㈡イ　㈢エ　㈣釣った魚を食べることをかわいそうと思ったのに、食べるとおいしく、祖父たちはもう一匹食べられていいなとまで思ったこと。　㈤少々身がまえてしまう　㈥ア　㈦ウ・オ

二　㈠端を発する　㈡エ　㈢ウ　㈣もとより人　㈤歴史地理学は、空間と時間の両方の視角を保って事象の実態へ接近する学問だから。（38字）　㈥イ

三　イ・ウ

四　㈠ように　㈡ア　㈢エ

解き方

一　**三浦しをん「魚の記憶」**（「25の短編小説」所収）より。㈡「ぬかり」は、「手ぬかり」のように用いられ、不用意、失敗のこと。㈢「私」はこの部分では、傍線部前にあるように「釣った魚を食べるとは思っていなかった」という気持ちでいるのでイは不適。アは「祖父」の言葉。ウの内容は本文にはない。㈣前問㈢で考えたことを下敷きにして考え、「私」の気持ちの変化をまとめる。解答の後半は傍線部の直前の段落からまとめられる。㈤「腰が引ける」とは、前向きにとらえられない、ためらいを感じる、などの意味。同じような意味の「身がまえる」が見つかればよい。㈥「妹」に関する描写は、「父はミミズを……」で始まる段落以降の魚を釣っている場面と、「あれあれ、……」で始まる段落の魚の天ぷらを食べる場面である。そこから「妹」の性格を読み取る。㈦アは「改まった言葉遣いで交わされる会話」が、イは「おそるおそる料理をしている様子」が、エは「魚との問答」がそれぞれ不適。

二　**金田章裕「地形と日本人　私たちはどこに暮らしてきたか」**より。㈠「由来する」は、出だし・きっかけがある、などの意味。第一段落の内容確認が第二段落であることを手がかりに、第二段落から該当する表現を探す。㈡この「くる」は、他の動詞（ここでは「もたげ」）について補助的な役割で使われる動詞で、形式動詞・補助動詞という。ア～ウは「来る」という動作を表す本動詞。㈢傍線部からあとの部分をよく読む。フランス語については「評価することはできない」と言いつつも「用務はきわめてスムーズに進行した」とある。また、日本語については「その古めかしい日本語は、現在の日本において、ほとんど使われなくなった。」とある。これらに合った選択肢を選ぶ。㈣設問から判断して、「言葉」「人間社会」を含む一文を文中から探す。五段落めの「もとより人間社会にとって言葉は、意思を疎通し、情報を伝達したり、それを蓄積したりするために不可欠である。」が見つかる。㈤傍線部を含む段落が「歴史地理学」の説明になっていることに着目して、直前の段落にある「時間」「空間」「視角」「事象の実態」「接近」などをキーワードにして指定字数でまとめる。㈥アは「筆者の体験に基づいて仮説を立て」が、ウは「はじめに複数の事例を挙げ」が、エは「身近な課題から書き始め」がそれぞれ不適。

三　イは「糸」の最後の三画の筆順が、ウは「くさかんむり」の筆順が、それぞれ異なっている。

四　**金子吉左衛門「耳塵集」**より。㈡「けいこの時、せりふをよく覚え」から「初日には」と続く。「ね」には根本、という意味で「根」という漢字があてられると考える。㈢アは「その場に合うせりふを即興で話すこと」が、イは「すべてのせりふを十分に理解して話す」がそれぞれ誤り。ウは全体に誤っている。

通釈　私も（舞台の）最初の日は同じように、うろたえたものである。そうはいうけれど、他の人から見てやり慣れた狂言をしているように見えるためには、けいこの時に、せりふをしっかり覚え、（公演の）初日には、すっかり忘れて、舞台で相手のせりふを聞いて、その時に（けいこしたせりふを思い出して）せりふを言うのである。その理由は、いつでも人々と寄り集まったり、あるいはけんかや口論を

するときに、前もってせりふに工夫をして用意しておくはずはない。相手のいう言葉を聞いて、こちらは初めて返事が心に浮かぶものである。狂言は日常をお手本と考えるため、けいこでは(せりふを)しっかり覚え、初日には忘れて舞台に出るべきだということである。

和歌山県

問題 P.182

解答

一 〔問1〕①破 ②似 ③貿易 ④責任 ⑤きそ ⑥うるお ⑦ついとう ⑧にゅうわ
〔問2〕(1)傷つけたりすること (2)おっしゃいました (**または**言われました) 〔問3〕エ 〔問4〕(1)ウ (2)いいだせるなり (3)ア

二 〔問1〕①永久歯 ②食の自立 ③上の世代 〔問2〕う 〔問3〕イ 〔問4〕ア・ウ 〔問5〕ウ 〔問6〕エ 〔問7〕序列で成り立つピラミッド型の社会では、人間は個人の利益さえ獲得すればよいと考えるようになり、他人と気持ちを通じ合わせることができなくなってしまうから。(75字)

四 (例)
カズオは二人のおばあさんを目の前にして、どちらに席をゆずればいいのか迷っている。おばあさんたちやまわりの人にどう思われているか気になり、結局は眠ったふりでごまかしたが、罪悪感を持っている。
電車やバスでお年寄りに席をゆずることは当然だと思われているが、実際に行うには勇気が必要である。だからこそ、余計なことを考えずに条件反射的に行動して、もし断られても気にしないことが大切である。

解き方

一 〔問2〕(1)文の前半で、迷惑をかけ「たり」とある。「たり」は原則二度以上で用いるので、同様に「たり」をつける。(2)目上の人の行った動作なので、「言う」の尊敬語「おっしゃる」を使う。〔問3〕行書は速く書くことができるので、メモに適している。〔問4〕(2)語頭と助詞以外の「はひふへほ」は「わいうえお」に直す。(3)「世の中にある人」は「心に思ふこと」を「言ひ出だせるなり」、つまり「歌に言い表す」とあるので、アが合致する。

通釈 和歌は、人の心を種として、無数の言葉となったものだ。この世に生きている人々は、関わる事柄やするべきことが多いので、その心に思うことを、見るもの(や)聞くものに託して(和歌に)言い表すのである。花の間で鳴く鶯(や)、水に住む蛙の声を聞くと、この世のすべての生きているものは、どれが歌を詠まなかったか、いや詠まないものはなかった。

二 **山極寿一『「サル化」する人間社会』**より。〔問1〕傍線部直前よりほかの霊長類との違いを踏まえたうえで、傍線部から二つめの「一方、人間の…」で始まる段落の内容に着目する。〔問2〕設問文の話題は霊長類の食と社会である。[い]で食の話題が始まり、[う]以降はいずれも人間の食の話題で切り離せない。人類とほかの霊長類の例を並べて対比させているのである。〔問3〕傍線部の文の指示語「この状態」に着目する。同じ段落の冒頭から傍線部の一文の直前までの「ファストフード店や……時代になっています。」がその内容にあたる。〔問4〕傍線部の「その変化」とは、直前の段落で「家族が崩壊……人間はどう変化していく」とあり、続いて「人間社会はサル社会そっくりなかたちに変わっていく」とあることから、家族崩壊による人間社会のサル社会化のことである。これと同じ内容を【Ⅱ】から探す。「家族も共同体も…」で始まる段落がこれにあたる。「互いに協力する必要性も、共感する必要性すらも見出せなく」なると述べているので、アとウが合致する。〔問5〕ⓐ「恩返し」は「互酬性」が、ⓑ「神戸市の職員として」は「帰属意識」が、ⓒ「力になりたい」は「見返りのない奉仕」が、それぞれウと合致する。〔問6〕空欄直後の「帰属意識を持っているからこそ、いろんな集団を渡り歩くことができます」に着目。相反する内容を並列して述べているのでエの「逆説」が合致する。〔問7〕「そんな社会」とは傍線部前の「サル社会のよう」な社会のこと。直前で「サル社会は序列……勝とうとする社会」とあることに着目する。また、一つ前の段落で「サルの社会に近づく」と「他人と気持ちを通じ合わせることはできなくなってしまいます」とあるので、これらの内容を字数制限に注意してまとめる。

四 **重松清「きみの町で」**より。カズオは電車の中で二人のおばあさんを目の前にして、どちらに席をゆずればいいのか考えているが、結局決められず、眠ったふりでごまかしてしまう。カズオの心の葛藤を読み取ったうえで、自分の考えをまとめる。

鳥取県

問題 P.186

解答

一 問一、(1)にな (2)すいこう (3)操る (4)温厚 問二、ア 問三、ア・オ 問四、(1)イ (2)エ 問五、(1)ア (2)ウ

二 問一、ウ 問二、イ 問三、エ 問四、他人から評価されなくても、自分の絵の良さを否定しなくてもよいということ。(36字) 問五、小池に自分の表現の独自性を認められたことをうれしく思うと同時に、自分はふつうの人間とは違うのではないかと不安になった。(59字) 問六、エ

三 問一、エ 問二、ア 問三、ウ 問四、現在の～しまう 問五、(1)A再現性に関する検証 (**または**再現性の検証) B客観性にもとづき、自由に批判や反論が可能である。(24字) (2)情報をオープンにし、真摯に批判を受け、間違いが分かれば修正するという態度。(37字)

四 問一、よさそう 問二、ウ 問三、イ 問四、ア

五 問一、ウ 問二、イ 問三、エ 問四、ウ 問五、(例1)

私は、鳥取県の魅力について「わからない」と答える人が多いのが課題だと考えます。

この課題の解決策として、SNSを活用して、一人一人が実感している鳥取県の良さを、たくさんの人に知ってもらうのがよいと考えます。私は、毎朝眺める大山の美しさや、新鮮な野菜のおいしさに感動します。このような身近にある鳥取県の魅力を、写真や動画を使って発信すれば、多くの人に知ってもらうことができると思います。

(例2)

課題は、鳥取県の産業を魅力的だと思う人が少ないということだ。しかし、情報通信技術が発達した今日、大都市のオフィスにいなくてもできる仕事が増えた。都市で働く私の兄も、帰省した際、テレワークをしていた。

そこで、廃校や空き家をワーキングスペースとして整備し、県外の企業を呼び込むのがよいと考える。自然豊かな暮らしを楽しみながら、都市にいるのと同様の仕事ができることは、大きな魅力になると思う。

(例3)

鳥取県に関して魅力的だと思うものとして「交通の便」を

挙げる人が少ない。確かに、祖母も、バスの便数が少なくて病院や買い物に行くのに苦労すると言っていた。

このことを解決するために、乗り合わせの交通システムを作るのがよいと考える。予約された時間と場所を調整し、相乗りで目的地に送迎することにより、必要に応じた効率的な移動手段を確保し、不便を解消することができるのではないだろうか。

解き方

一 問四、(1)傍線部の「ある」は連体詞。アは副詞、イは連体詞、ウは形容詞、エは形容動詞。(2)傍線部の「ない」は可能の助動詞に接続していること、活用することから助動詞であると考えられる。問五、(1)レ点は一字返って読むときに、一・二点は間に一字以上挟んで返りたいときに使う。

二 **荻原浩「四度目の氷河期」**より。問一、傍線部の前に「名前はクロだけれど、……いろんな色を塗ってみた。茶色や白、太陽の光を浴びた時の黄色。泥んこになった時の土色。」「手前は川で、これは銀色。夏の日差しの強い日には、こんな色に見える。」とあるのに着目。「ぼく」は、自分の目に映ったとおりに描いている。傍線部のあとで描かれているように「両隣のクラスメートから笑われた」ような、本人も「変な絵」と思っているのを、小池は「正直に言って、入選は難しいだろうけど」「俺にはいい絵」と評価している。ア「空想の世界の楽しさ」とあるが、見えたとおりに描いている。イ「物事の様子を巧みに再現して」いれば、クラスメートから笑われたりはしないであろう。エ「ぼく」の絵に「洗練された色使い」と繊細な筆運び」が感じられるという記述はない。問二、傍線部の直後に「小池に褒められてから、急に使う色やかたちを迷いはじめたせいだと思う。」とあるのに着目。また、そのあとの「赤の上に黒を塗り、黄色を重ね、また赤に戻す。そんなことの繰り返し。」という作業から、納得のいく色を求めて試行錯誤している様子が分かる。ア「おざなりに」とは、いい加減な様子。そのような気持ちで絵を描いていたという記述はない。ウ「自分の絵が認められると小池の評価も上がるので」とあるが、そのような記述はない。エ「自分の隠れた絵の才能がようやく認められると気負い」とあるが、自分に絵の才能があると自負していたことが分かる記述はない。問三、「ぼく」は美術展の発表の翌日、小池が授業のない時はいつも美術室にいることを知っていて訪ねたにもかかわらず、空欄の前で「通りかかった」と嘘をついている。問四、傍線部には二つ「ダメ」があるが、最初の「ダメ」は美術展で入賞しなかったことを指すのに対し、あとの「ダメ」は「ぼく」の作品そのものに魅力がないことを指している。これらのことを明らかにし、指定字数でまとめる。問五、「小池の言葉」とは、傍線部の前に述べられている「お前みたいな色使いや筆運びは真似できない。いい絵だよ、これは。ふつうの人間にはできないな」を指す。こう評価されて嬉しい一方で、傍線部の直後で「ねぇ、先生、ぼくはふつうじゃないんでしょうか?」と問うているように、「ふつうの人間にはできないな」と言われたことを心配してもいるのである。よって、小池に独自性を認められ嬉しかったこと、自分はふつうではないのではないかと心配していることの二点を中心にまとめる。問六、トロフィーとは、何かの大会などで入賞したり、功績を讃えられて表彰されたりしたときにもらうものである。トロフィーのように感じられる小池の言葉とは、傍線部前の「何十億分の一にしろ、お前はこの世にお前しかいないんだぜ」であり、傍線部直後には「もっと言えば、……ぼくしかいないのだ。県大会で四位どまりでも、……なんだか誇らしい気分だった。」と続いていることから、他人の評価は関係なく自分が自分であることそのものを評価されていると「ぼく」が感じているのである。

三 **中屋敷均「科学と非科学　その正体を探る」**より。問一、「存在しないことを意味しない」は二重否定だから、言い換えると「存在する」となる。「現状の科学で認識できないことが、存在する」に合致するのはエ。問二、「この領域」とは、直前の段落の「現状の科学で認識できないこと」「〝非科学的〟なもの」であるから、アの「科学の支配が及んでいる領域」は含まれない。問三、傍線部の直前に「そういった」とあることに着目。「石鹸の香り漂うような、清涼感溢れる考え方」とは、同じ段落の「とても科学的な人たち」の『科学的に実証されたものだけを信用すべき』という考え方」を指す。それは、科学的には証明されていないが存在するかもしれないものを切り捨てることであり、ある種合理的な考え方であるが、「違和感」や「危険性」も感じており、必ずしも肯定的ではない。問四、「根拠のはっきりしないものを受け入れる」と相反する内容は第五段落の「科学的に実証されたものだけを信用すべき」である。これと同内容の部分を、傍線部4よりあとから探せばよい。第七段落一文めの「現在の科学の体系の中にあるものだけに自分の興味を限定してしまう」が指定字数の条件を満たしている。「根拠のはっきりしないものを受け入れる」ことの危険性について述べた第六段落を受けて、「しかし一方」から始まっている点に着目できれば見つけやすい。問五、(1)空欄Aと矢印で繋がれている「根拠となる事象の情報がオープンにされている」は第九段落で述べられている「科学的な姿勢とは……」で始まる文の一部である。「科学的な姿勢」と「科学的な態度」はここでは同じ意味であるから、Aにはそのあとにある「再現性に関する検証」が入る。Bは同じく第九段落の「自由に批判・反論が可能である」が解答の中心となるが、これだけでは指定された字数を満たさない。Bに対応する「非科学的な態度」の項目には「客観性ではなく…」とあるので、この批判・反論は客観性にもとづくものであることも加味してまとめる。(2)傍線部の直後に「科学的と呼ばれようが、非科学的と呼ばれていようが、この世で言われていることの多くは不完全なものである。だから、……問題ではない。間違いがわかれば修正すれば良い。」とあり、続く最終段落に「情報をオープンにし、……真摯に批判を受ける姿勢があれば、修正できるものは修正されていくだろう」とある。この「修正による発展」に必要な態度が「物事が発展・展開するために必要な資質」を備えた人間の態度であると言えるので、最終段落の内容を中心にまとめる。

四 **浅井了意「浮世物語」**より。問一、母音が二つ以上続くとき、読み方が変わる。「さう」は「アウ」と母音が続いており、この場合、読みは「オウ」となる。したがって「さう」は「そう」と直す。問二、「かやう」は、このような、という意味で、「まい」は打ち消しの推量を表す助動詞。よって、傍線部は「羽づかいがこのようでは、飛ぶことはできないだろう」の意。羽づかいとは羽の使い方のこと。アは「羽にけがをしているので」が不適。イとエは「羽づかひ」に触れていない。問三、傍線部の「これ」と、その直前の亭主の発言の「あれ」「あの」は、全てその前の「本の白鷺が四五羽うちつれて飛ぶ」を指す。問四、最後の絵描きの発言に着目。亭主は本物の白鷺が飛ぶ様子を指して「あのように描きたいものだ」と言うのに対し、「あの羽づかいでは、私が描いたようには、飛べない」と言っており、本物の白鷺の羽づかいがおかしいと主張し、自分の描いた白鷺の羽づかいのおかしさを認めていないことが分かる。イは亭主は自分で絵を描いてはいない。ウは「注文をつけすぎて」とあるが、本文中に出てくるのは、もっと本物らしく描いて欲しいという一点のみである。エは「自分自身は何もしないのにもかかわらず」とあるが、参考にすべき実物を示している。

通釈 ある者が、座敷を作ってふすまに絵を描かせた。白鷺だけを描いた絵を注文した。絵描きは、「分かった」と言って焼き筆で下絵を描いた。亭主が言うには、「どれも良さそうだが、この白鷺の飛び上がっている様子、羽づかいがこのようでは、飛ぶことはできないだろう」と言う。絵描きが言うには、「いやいやこの飛ぶ様子がもっとも優れたところである」と言うところへ、本物の白鷺が四羽五羽連れ合って飛ぶ。亭主はこれを見て、「あれをご覧なさい。あのように描きたいものであるよ」と言うと、絵描きはこれを見て、「いやいやあの羽づかいであっては、とても私が描いたようには、飛ぶことができないだろう」と言った。

五 問一、「召し上がる」は尊敬語。アの「申し上げる」は謙譲語、イの「返します」は丁寧語、ウの「ご覧になる」は尊敬語、エの「うかがう」は謙譲語。問二、a・bそれぞれの空欄前後を見ると、Aさんの意見を一部受け入れたうえで問題点を指摘していると分かる。cは文末の「から」がヒント。問三、「まず自分たちが地域の魅力を知り、地域に愛着と誇りを持つこと」は、Bさんが提案している活性化策である。また、「ホームページに掲載して、……広く知ってもらう」ことは、Cさんが一貫して主張していることである。問四、ウのように事前に用意した台本のせりふだけを述べるのでは、パネリストが集まって話し合う意味がない。

島根県

問題 P.191

解答

一 問一、1かがや(く)　2かたよ(る)　3ふんさい　4しっそう　問二、1帯　2激(しく)　3豊富　4模型　問三、エ　問四、ウ　問五、ひとえに

二 問一、ウ　問二、ア　問三、1検索　2情報がある目的に合わせて収集、整理されていること(24字)　問四、1ウ　2インターネットの情報は、編集者や校閲者のチェックがないため、間違いが含まれることもある(という課題。)(43字)

三 問一、イルカに餌を食べてもらえない自分など、相手にする価値すらない(30字)　問二、知識も経験も無い　問三、エ　問四、ア　問五、梶はC1になかなか気を許してもらえなかったが、由香はC1にすぐに遊び相手に選ばれたから。(44字)　問六、イ

四 問一、エ　問二、1僧　2上のうすからつく物が落ちてしまう(という欠点。)(16字)　問三、イ

五 問一、イ・オ　問二、ウ　問三、(例1)

私はAがよいと考える。自分自身を振り返ってみても、自分の分担の仕事が終わったら、時間が残っていても終わってしまうことがある。よく見ていないだけで、まだ汚れているところはあるだろう。Aは、私のように早めに終わっていた人たちが、他にもきれいにできる所はないかと気にかけて、時間いっぱい掃除をしようという気になるので、よい標語だと考える。

(例2)

Bの「私もやる」という言葉が効果的だと思います。以前、一人で掃除をしていた私に、他のクラスの生徒が、さっとちりとりを差し出してくれたことがありました。とてもうれしくて、一人でも掃除をしていてよかったと思いました。「一人でやらなくていいんだよ」という言葉からは「見てくれている人がいる」ということが伝わってきて、励みになります。以上のことからBがよいと思います。

(例3)

私はCを選ぶ。コンビニエンスストアのトイレに「きれいに使っていただきありがとうございます」とよく書いてある。それを見ると、きれいに使わなければいけないな、という気持ちになる。Cは、それと同じようなことを感じさせる。「君のおかげ」で「きれいだ、気持ちいい」と言われると、自分から進んできれいにしよう、という気持ちになる。だから、私はCがよい。

解き方

一 福嶋聡「紙の本は、滅びない」・宮嶋茂樹「不肖・宮嶋　メディアのウソ、教えたる！」より。問一、傍線部の「こんな苦労」は、直前の「四苦八苦」、つまり電子端末の再起動のための電源を得る苦労である。本は、傍線部前の会話文にあるように「電源もいらない」のだから、そんな「苦労」をしなくてすむのである。問二、傍線部の「そうした」が指示語なので、直前の段落を見ると、『デジタルネイティヴ』の人口比が大きくなるにつれて媒体はどんどん多様化していくかもしれない。」「さまざまな電子端末でコンテンツに接する割合が増えていくであろう」という「予測」が書かれている。問三、1傍線部の直後に「商品そのものや人物、事柄などの検索に、すばらしい力を発揮してくれる」とある。2傍線部のあとに、筆者が便利だと思う点が列挙されているが、「最も便利だと考えている」のは、「何よりも」以降の「情報が……整理されていること」である。問四、1Aは傍線部直前の段落に「多くの言説を縦糸と横糸に編み込んで『布地』を生み出すのが、『編集』という作業である」とある。Bは傍線部の段落でインターネットの情報について、「…よいものである、……正しいものである保証は、無い」と書かれているので、書籍の方がより情報が正確だと主張していることが分かる。2書籍には「責任を負う者」である編集者や校閲者のチェックがあるので、情報の精度が高い、ということが分かる。逆に言うとインターネットの情報の課題はそれらの人のチェックを受けていないので、「内容の間違い」や「いい加減なこと」があるというのである。

三 木宮条太郎「水族館ガール」(実業之日本社刊)より。問一、傍線部のあとを見ると、由香は傍線部の先輩の行動を見て、「もう相手にする価値すら無いと見られたのだ。」と考えていることが分かる。さらに傍線部の前の部分で、イルカに餌を食べてもらえなかったことに由香がショックを受けており、水族館員として失格なのではないかと気にしていることも読み取れる。問二、傍線部の直前を見ると、イルカのトレーナーは「無知識の新人を採用して、一から仕込む役所や会社のやり方とは、根本的に違う」ので、「知識も経験も無い」自分は「ここにいること自体、間違っている」と感じているのである。問三、傍線部の前後の先生の言葉を見ると、「拒否じゃない。」「C1も気になっていたんだろう。」「『ほれ』とボールを投げてきた」「魚を遊び道具にする」などが見つかる。C1は魚を使って、気になっていた由香に「遊び」を仕掛けてきたということである。問四、X・Yはともに水族館での仕事がうまくいかないことに対して気持ちが沈んでいる場面で、Zは直前の先生の言葉を受けて、自分の勘違いに気づき始めている場面である。問五、傍線部を含む先生の言葉の最初に「トレーナーの仕事は、うまくイルカに遊んでもらうこと。」とある。「初対面」なの

に、C1に「遊び相手」に選ばれ、C1を「遊び気分全開」にした由香を見て、C1に「なかなか気を許」してもらえなかった梶は、先輩としてショックを受けているのである。問六、最後の一文で「先生は楽しげに身を揺する。」とあるので、彼らの成長をほほえましく見ていると言える。

四 **無住「沙石集」**より。問一、傍線部の続きの発言内容から、杵一つでうす二つをつくこと、うすは一つをいつものように置き、一つを下に向けて吊るすということが分かる。問二、1本文は僧と弟子のやりとりであり、直前に「弟子のいはく……といへば、」とあるので、言葉に詰まったのは僧になる。2問一の図と弟子の言葉から考える。弟子は「(上のうすに)つく物をためることができるのでしたら」と不可能な仮定の話をすることで、上のうすの物は落ちてしまうという当たり前のことを指摘しているのである。

通釈 ある時、僧が弟子たちに言うことには、「世間の人は愚かで思いもつかないことを、(私は)思いついた。杵一つで、うす二つをつく方法があるぞ。一つのうすをいつものように置いて、もう一つのうすを下へ向けて吊るすのがよい。そうして杵を上げたり下ろしたりしたら、二つのうすをつくことができる」と言う。弟子が言うことには、「上のうすにもし、つく物をためることができるのでしたら、(私が)つきましょう」と言うので、「その欠点があったな」と言って、(言葉に)詰まってしまった。

五 問一、空欄Ⅰのあとに「掃除に対して意識の低い人がいる」とあるので、そのようにソウマさんに思わせる根拠となる意見のイとオがあてはまる。問二、標語について話し合う場であるはずなのに、空欄Ⅱの前では話題が音楽になってしまっている。またⅡのあとでは「そうでしたね。話を戻しましょう。」と言っているので、Ⅱには、「『標語』についての話し合いに戻すべきだ」という内容の発言が入る。

岡山県

問題 P.197

解答

一 ①ⓑてんかん ⓕねら ②エ ③ア ④自分が大切に育てた苺を、本来の味で食べてほしいと思っている(29字) ⑤ウ ⑥苺を食べた子どもたちの笑顔(13字) ⑦イ

二 ①(1)かわず (2)季語 ②ウ ③X数字に刻まれた Y心の静けさ

三 ①ⓐ結 ⓓ制限 ②ア ③自由の障害 ④イ・オ ⑤ウ ⑥X個人的で主観的なもの Y自分とは違う考え方、ものの見方を得ることで自身を相対化する(29字) Zエ

四 ①ウ ②ア・イ・エ ③(例)(文字で情報を伝えるときには、)ことばを使う文脈や状況に気を付ける必要があります。たとえば、何かを勧められたときに結構ですという返事をすると、相手からは断りとも承諾ともとれてしまうので、意思が明確に伝わる表現を選ぶことが大切です。(99字)

解き方

一 **荻原浩「ストロベリーライフ」**より。②傍線部前で「農家の望月さんでーす」と園の先生から紹介された恵介だが、心のなかでは傍線部直前にあるように「いや、俺は、農家の望月さんじゃなくて」と否定し、「これは親の手伝いで、本業は―」と訂正しようとしていることから、自分はここで手伝っているだけで、「仕方なしにやっている」というエの心情が読み取れる。③傍線部の次の段落以降、理由を説明する具体例が三つ述べられている。一つめは恵介が進路に悩んでいた頃、トマト農家に転向したこと。二つめは「三姉」の進学や入学が毎年のように続いていた時期に、養豚にも手を広げたこと。三つめは「剛子ネエ」が成人式を迎えた年、記念撮影のために納屋を建て替えたこと。また、これらに続く「仕事。…」で始まる段落に、「親父の仕事の『都合』は、じつは俺たちきょうだいの『都合』だった」とあるので、この内容に合致するのはア。④傍線部の前の方の「ふと恵介は…」で始まる段落に「銀河にはまだ一度も、俺の採りたて苺を食べさせてないな」とある。つまり、自分が育てた苺を息子に食べさせたいと思ったのは、恵介が苺作りに一生懸命取り組んできたからである。また、傍線部前で女の子に「ミルクなしで食べてごらん。ほんとうはそのほうがおいしいんだよ」と勧めたのは、ミルクをかけると本来のおいしさが味わえず「もったいない」と思ったからである。直前にあるように「少し前なら、どう食べようが人の好き好きだ、と気にも留めなかった」が、自分が大切に育てた苺なので、本来の味をおいしく味わって欲しいと思っていることが読み取れる。⑤「おずおずと」は、不安や恐れなどから、ためらいながら行うことを表す副詞。⑥恵介が親父に見せてやりたいのは、傍線部直前にあるように自分が育てた苺をおいしそうに食べている子どもたちの「くしゃくしゃの顔」で、つまり笑顔である。⑦アは「短い会話を連続」させて、「恵介のぎこちない態度を表現」が誤り。ウは園児たちを描いた場面に、「先生たちは……牧羊犬のように…園児たちをハウスの中へ追いこんでいく」「ウミネコの群れに小魚を放り投げたような騒ぎ」などの比喩表現が使われているので誤り。エは恵介の行動や気持ちは客観的に描写され、彼の視点ではないので合致しない。園児たちと関わるなかで、恵介は彼らを息子の「銀河」と重ね合わせ、息子と同様に温かい思いで見守っているので、イが合致する。

二 **井上泰至「俳句のルール」**より。②傍線部の直前に、「蛙は鳴き声を鑑賞するものでした。しかし、」とあることから、鳴き声ではなく、水に飛び込む音を手がかりにしたことが分かる。また、一つ前の段落の最後に、「生き物の命の躍動を聞き取った」とある。③X最終段落の「今日のように」で始まる文の最後に「学校や職場での時間は、数字に刻まれたそれです」とある。Y蛙が水に飛び込む音を芭蕉が聞き取ることができたのは、どのような心の状態だったときなのかを表した部分を捉えて、指定字数で抜き出す。

三 **梶谷真司「考えるとはどういうことか　0歳から100歳までの哲学入門」**より。②空欄ABを含む文の直前に「何かから切り離された感じ。自分をつないでいたもの、自分が立っていた地盤から離れる。」とあり、Aにはア～エのいずれが入っても大差ないが、Bについては不安感を抱くのは自分を「支え」ていたものを失ったときなので、アの組み合わせが合致する。③傍線部の二段落あとの「個人の自由にとって他者は〝障害〟とされることが多い」に着目し、さらに続く三段落のなかから、これらを示す五字の言葉を探す。④「利害」の漢字二字は互いに反対の意味を表している。イは「加」える・「減」らす、オは「進」む・「退」くとなるので同じ構成。⑤傍線部の直後の段落に「他者と共にいても、あるいは共にいるからこそ、自由だと感じることもあるのではないか」、その次の段落に「その時他者は、……むしろ前提だったにちがいない。」とある。さらに、続く段落に「この自由の感覚は、成長するにつれて、薄まることはあっても、けっして失われることはないだろう。……私たちを自由にしてくれるのも他者だということは、実は大人になっても変わらないはずだ。」とある。これらの内容と合うもの

を選ぶ。⑥X「哲学対話」における自由の感覚について、最後から二段落めの「感覚じたいが個人的であり、主観的である」を捉える。Y「健太」の発言から、冒頭部分より、なぜ哲学対話によって「自由の感覚」が得られるのかを読み取る。第二・三段落に、「自分とは違う考え方、ものの見方」を聞いた時、開放感を得られる、とある。また、他の人と考えを語り合うことで自らを振り返る、つまり「相対化」することができ、「自分自身から解き放たれる」とある。これらに着目し、自分の言葉で指定字数内にまとめる。Z筆者の言う「両義的感覚」とは何かを押さえる。それは第三・四段落で述べられているように、「自分とは違う考え方、ものの見方を他の人から聞いた時」に抱く感覚であり、従来もっていた自分の考えから「切り離された」不安感と、「新たな視界が開ける」開放感の両方の感覚のことである。エの例がこれにあてはまる。

四 ①傍線部前の光一の発言では「何で来るの?」という返事が勘違いを招いた。「何で」は、「どういう手段で?」とも「なぜ?」とも読み取ることができる。光一は前者のつもりで質問したが、相手は後者の意味に受け取り、「なぜ来るの? 来なければいいのに」と光一が嫌がっているのだと勘違いしたのである。②ウ笑顔を保つことは気持ちよく会話を進めることには有効だが、誤解を生まない工夫とは言えない。オ漢語は同音異義語が多く、かえって誤解を生みやすくなるのであてはまらない。

広島県

問題 P.202

解答

一 1、㋐ていこう ㋑と ㋒はんしゃ 2、肉体 3、吹雪に思い残すことなく赤ぎつねと戦わせてやり、誇りを取り戻させてやりたいから。(39字) 4、イ 5、Ⅰ三年前に赤ぎつねと戦ったとき、深い傷を負い弱りきった経験がある Ⅱ心からいとしいと思う

二 1、㋐乗 ㋑異 2、ア 3、人間の負の感情 4、(1)Ⅰ曲を解釈し、その解釈をオーケストラに伝える。(22字) Ⅲ指揮者の曲の解釈を理解し、音にして表現する。(22字) (2)シラーの詩の人類愛への強い共感を、音楽で表現したいという思いを長年抱き続け、様々なつらい経験を乗り越え、ついに曲を完成させたという、苦悩の後の歓喜(73字)

三 1、い 2、イ 3、春が終われば桜は散ってしまうのに、また次の年に桜が咲くことを期待してしまうこと。4、Ⅱ(Ⅰが柳の場合)いつも柳のように強く、しなやかに物事に対処してほしい (Ⅰが桜の場合)桜のように力強く、人への優しさを大切にしてほしい Ⅲ(Ⅰが柳の場合)四季を通じて、安らぎを感じられる (Ⅰが桜の場合)春にみんなで集まって、桜の美しさを感じられる

四 (例)

「やさしい日本語」は、災害時などに外国人に情報を迅速に、正確に、簡潔に伝えるために始められたものです。そして、普段のコミュニケーションでも役立つものです。

今回の地域の避難訓練には子供も参加します。受付・誘導係をする際には、例えば、地図を示しながら、立ち入り禁止エリアを「ここは入れません。」と説明したり、「厳禁」という言葉を、「絶対にしないでください。」と言い換えたりして伝えるなど、「やさしい日本語」で伝えることを心がけましょう。そうすれば、子供にも情報が分かりやすく伝えられるはずです。

解き方

一 **戸川幸夫「爪王」**より。2、直前に「吹雪の闘魂が、負傷と同時に傷つけられてしまった」とあり、体に受けた傷と心理的な傷とを取り上げていることが分かる。「(生身の体についた)傷は治しえても、気性(=内面)の傷は治すことが困難である」ということ。3、第四段落から、吹雪が赤ぎつねをとり損ねたままにしておくことは、優れた鷹としての誇りにかかわる大問題であると鷹匠が考えていることが読み取れる。また、傍線部の段落と直前の段落から、鷹匠は吹雪が赤ぎつねを仕留めるために周到な準備をしてきたことが分かる。これらから、吹雪には存分に赤ぎつねと戦わせてやりたい、誇りを取り戻させてやりたいという鷹匠の願いを踏まえて、指定字数内でまとめる。4、「手を焼く」とは、触れると火傷をするような状態、つまり対処することに困難を伴う様子を指す慣用句。5、漫画の一コマのもとになった小説の描写部分に着目する。「吹雪は、激しい息遣いをしながら、……誇らしげに待っていた。」ことから、吹雪は激闘の末に赤ぎつねを倒し、誇りを取り戻すことができたことが分かる。Ⅰ吹雪は三年前の格闘で深い傷を負い、かなり弱っていたにも関わらず、今回は赤ぎつねを仕留めることができた。Ⅱ本文第四段落にあるように、鷹匠は「長くない全生命をかけて」吹雪を「名鷹」にしようとしてきており、赤ぎつねとの対決を「死か名誉か」という思いで迎えている。その気持ちに応えるかのように、吹雪はおそれることなく赤ぎつねを倒し、誇らしげに自分を待ってくれていたことが、鷹匠にはうれしくて仕方ないのである。第二段落の「この傷で、……自分のふところにもどってきた吹雪がいとしくてならなかった。」という鷹匠の直接的な感情表現が参考になる。

二 **藤野栄介「指揮者の知恵」**より。2、空欄直前の段落に、クラシック音楽は「一糸乱れぬように」演奏し、「ひたすら美しい音楽を奏でることを目指している」と考えられているようだ、とある。これを受けて、空欄で始まる段落でも、「美しいアンサンブルはクラシック音楽のもつ大切な要素の一つ」とし、「正確で的確な音を演奏するために日々精進し、……演奏家にとって非常に重要なことです」と述べ、前の段落の内容を肯定している。3、傍線部の内容についてそのあとに説明がある。「クラシック音楽は、……心地よいだけの音楽では」なく、「人間の負の感情に触れるものも少なくありません」とまとめられた部分から、指定字数以内で抜き出す。4、(1)指揮者とオーケストラの役割については最終段落に筆者の主張が述べられている。「指揮者が楽譜から……その情熱が音としてどう現れたか」の部分から、指揮者、オーケストラそれぞれの役割を指定字数内でまとめる。(2)ベートーヴェンの「ビジョン・想念・感情」のどこに聴衆は感動するのかについて、本文と【資料】から読み取る。本文では「交響曲第九番」の、「苦悩の後の歓喜」に人は感動する、とある。また、【資料】には、ベートーヴェンがシラーの詩の人類愛に強く共感し、長年それを音楽で表現したいという思いを抱いてきたこと、そして人間関係でつらい経験を重ねたが、その末に念願の曲を完成させたことが語られている。これらの内容をまとめる。

三 **上島鬼貫「独ごと」**より。2、イは本文「冬はしぐれにおもしろく、雪にながめ深し」の内容と合致する。3、傍線部の直前に「春も末になりゆけば、散りつくす」、つまり「春も終わりに近づいていくと、桜の花がすべて散ってしまう」とある。その続きの「また来る春をたのむ」とは、「また次の年の春が来て桜が咲くことを期待してしまう」という意味。4、Ⅱ後輩たちに伝えたいメッセージを、柳あるいは桜のイメージと重ねて考える。豊岡市、小城市の記述

から、柳は「しなやかで耐久力のある」「たくましい生命力」、桜は「力強さや生命力」「優しさや美しさ」という印象が伝わる内容にする。Ⅲ本文と【ノート】の「新古今和歌集」の和歌からそれぞれの木のもつ魅力を捉える。柳は四季を通じて趣があり、人々に安らぎを与えること、桜は花の美しさが人の心を引きつけることを反映した内容にする。

通釈　柳は、桜の花よりもいっそう趣があって美しい。水面に垂れて水の流れにまかせ風に吹かれ、しかも音はしない。夏は笠がなくて休む人に影を作り、秋は一葉が水に浮かんで風の吹くままに漂い、冬は時雨に趣があり、雪の積もった眺めも趣がある。

桜は、その年のその木に初めて咲く花から人の心もうきうきする。昨日が暮れ、今日が暮れと過ぎるうち、あちらこちらに花が満開のころには、花をつけない木々の梢までも美しく見せる。日が暮れて、また明日も来ようと決めていたのに、雨が降ると残念なことだ。このようにして春も終わりに近づいていくと、桜の花がすべて散ってしまう様子を見たといって、また次の年の春が来て、桜が咲くことを期待してしまうけれどそれもむなしい。あるいは遠い山に咲く桜、青葉に隠れるように咲いている遅咲きの桜、若葉の季節の桜の花の趣はそれぞれ同じではない。桜は多くの花にまさり、昔も今も多くの人が趣を感じるきっかけとなっている。

山口県

問題 P.207

解答

一 (一)3(画め)　(二)1ちんざ　2筋　(三)2　(四)じゃまをしないように、アサガオの花を見ているつぐみに寄りそおうと考えたから。(五)朝焼け色の花　(六)つぐみもしっかりとした自分の時間の流れを持って、ゆっくりと着実に成長している(38字)　(七)3

二 (一)1飼　2脳裏　3並　4りゅうき　(二)4　(三)原則的に世界中でただ一つしか存在しない事物を描く(24字)　(四)特定の事物をかたどったフォルムに、他の同種の事物を思い浮かべることができるような普遍性がある場合。(49字)　(五)1　(六)3

三 (一)かえりみ　(二)2　(三)油断せずに努力を継続すること。(15字)

四 (一)3　(二)4　(三)故郷が恋しくて早く帰りたい(13字)

五 (一)3　(二)1　(三)あぜ道を譲り、年長者を敬う(13字)

六 (一)1　(二)4　(三)うかがいますのでご覧になって(14字)

七 (一)2　(二)(例)

読書の楽しさは、読む人それぞれが自由に想像できることだと思います。

授業で、友達と同じ本の一場面を絵に描いたことがありました。完成した絵を見せ合ったとき、同じ場面について描いたのに、登場人物や背景の描き方が全く違っていて驚きました。同じ本を読んでも、読む人によって思い描く世界がそれぞれに異なるということを実感しました。また、友達と語り合うことで自分の世界も広がるように感じました。

これからも、読書を通して自由に想像することを楽しんでいきたいです。

解き方

一 **森島いずみ「ずっと見つめていた」**より。(三)傍線部と選択肢は全て動詞の五段活用。傍線部は未然形。1は連用形。2は未然形。3は仮定形。4は終止形。(四)傍線部の前に「つぐみはひたすらアサガオのつぼみを見つめつづけた」とある。そのつぐみの横に「座りなおした」ということは、まだまだ時間がかかることを理解し、つぐみに寄りそおうとしているということである。また、「そっと」とあるから、つぐみのじゃまをしないように配慮していることも分かる。(五)傍線部で表現されているのは朝焼けの風景で、「空以外のもの」は朝顔の花である。(六)傍線部のあとに「ぼくの、弱くて小さかった妹は、しっかりと自分の時間の流れを持って生きてきたのか。」とあるのに着目。「弱くて小さかった」と過去形になっているから、現在のつぐみは弱くて小さい姿から着実に成長していること、つぐみが自分の時間の流れを持っていることの二点を中心にまとめる。(七)傍線部あとの「朝の食卓は…」以降、短い文章が並ぶ。また、「…朝ごはん。」という体言止めも見られる。1は「擬音語や擬態語を用いて」が、2は「対句表現や反復法が用いられることで」が、4は「客観的な語りに変わることで」がそれぞれ不適。

二 **阿辻哲次「日本人のための漢字入門」**より。(二)空欄のあとの文は、空欄の前に書かれている具体的なことを一般化して述べている。(三)傍線部の直後に「絵画として描かれる事物は、原則的に世界中でただそれ一つしか存在しない。」とある。これと、設問で提示されている文が同じ意味になるように、空欄に合わせて形を変えればよい。(四)第三段落の空欄直後に、「文字とは絵画として描かれるフォルムに普遍性をあたえたものと定義できる」とある。そのあとから傍線部の直前まで、「山」を例として「…『山』というフォルムを見れば、だれでも山という事物を思い浮かべることが可能となる」「そしてこの場合……どの山でもかまわない。」と続く。これらを文字全般の話題として一般化して説明すればよい。(五)X段落に「ただしこれはあくまで『絵画的』に描いたものであって、絵画そのものではない。」とあるように、象形文字という最も絵画に近い形の文字ですら「絵画」ではない、と述べることを通じて、絵画と文字の違いを明らかにしようとしている。2は「『絵画』との共通点を強調している」が不適。3は筆者は象形文字を「『文字』と『絵画』の両方の性質をあわせもつ記号」とは述べていない。また、「これまでの論を否定して」もいない。4「問題提起を繰り返している」のではなく、これまでに述べた持論を補強している。(六)3の「水滴が降ってきている様子」が「具体的な事物の特徴」と言える。1は「記号化して示すことで抽象的な」とあるので不適。2と4は、その字の成り立ちを説明しているに過ぎない。

三 **「わらんべ草」**より。(一)語中・語尾の「はひふへほ」は、現代仮名遣いでは「わいうえお」になる。(二)傍線部直前の文では器用な者は「覚えたつもり」で深めることができず「いい加減」になるとある。直後の文でも「覚えていないことはうまくいくはずがない」とある。したがって、「覚えていない」ため「深く追究」できないとする2が合致する。(三)文の初めに「器用なる者は頼みて必ず油断あり。」とある。また、文末に「退屈なく精を出したるは藝になづまず、後によくなると言へり。」とあることから、油断せずに努力を「継続」することが大切だと考えられる。語句の指定に注意すること。

通釈　昔の人は言う。器用な者は(自分の器用さを)あてにして必ず油断がでる。不器用な者は自分のことを気にかけ、遅れまいと励むので(やがて器用な者を)追い越す。学問もこのようであると言える。器用な者は覚えたつもりになり根本を深く問わず、いい加減である。覚えなければ追究しないのと同じである。心に染み入りよく覚えたことでも忘れるのはよくあることで、どれほど賢く器用だとしても覚えていないことはうまくいくはずがない。不器用な者で、うんざりして気力を失うこともなく懸命に励んでいる者は修練によって身についた技能に行きなやまず、少しずつ上達すると言える

四「**東関紀行**」より。㈠音が同じ二つの言葉を掛けて、二つの意味を持たせる修辞技法を「掛詞」という。1「序詞」は和歌である特定の言葉を引き出すために、音やイメージの連想からその前に置かれる修辞的語句のこと。引き出す語と引き出される語に、特に決まりはない。2「枕詞」は特定の語句を導くために前に置かれる修辞的語句で、導く語と導かれる語のセットが決まっている。4「係り結び」は、文中に「ぞ」「なむ」などの係助詞を挟むことで、文末の活用語の活用形が変化するもの。㈡「虫の音」は秋を象徴するもので、それが消え果てていると言うのだから、秋の終わりと冬の到来を示すと考えられる。㈢二文めに「懐土の心に催されて」とあるのに着目。また、和歌でも「帰るべき春をたのむ」と述べていることから、故郷を恋しく思い、早く帰りたいと考えているると推測される。

通釈 聞き慣れた虫の音も次第に消え果てていき、松を吹き下ろす山頂からの強い風だけがますますはげしくなっていく。故郷を恋しく思う心にさそわれて、つくづくと遠い都の方を眺めるそのとき、一列に連なる雁が雲に消えゆく様子も寂しい。

春には再び故郷に帰ることを頼みにして田の面の雁も鳴いて旅の空に出たのであろうか

五「**十八史略**」より。㈠一つ下の字から上の字に返って読むときにはレ点を用いる。㈡二文めに「田を争ひ決すること能はず」とあり、最後の一文に「乃ち西伯を見ずして還り」とあることから、西伯に会って意見を聞くために周に来たのである。㈢周の国で二人が見たものは、「皆畔を遜り、民の俗皆長に譲る」姿であるから、ここを文に合うようにまとめる。

通釈 西伯はいつくしみ深い政治を行い、各国の領主は西伯に従っていた。虞と芮は田を取り合って解決することができなかった。そこで周に行った。周の国に入って耕す者を見ると、みなあぜ道を譲り、人々はみな年長者を敬っていた。(虞と芮の)二人は(田を争って解決できず西伯を訪ねようとした自分たちを)恥ずかしく思い、互いに言ったことに、「私が争っていることは、周の人が恥とすることである」と。それで西伯には会わずに帰り、お互いにその田を譲り合って取らなかった。

六㈠和語は訓読みの語で構成される。1の「野原」だけが訓読み＋訓読みの組み合わせ、ほかは全て音読み＋音読み。㈡空欄の前の文と意味が一致する四字熟語は「温故知新」である。1「日進月歩」は少しずつ絶えず進歩すること。2「一喜一憂」は少しのことで喜んだり悲しがったりすること。3「臨機応変」は状況に応じて適切に対応すること。㈢「行く」の主語は「私たち」なので謙譲語の「うかがう」に直し、「見る」の主語は「公民館の職員」なので尊敬語の「ご覧になる」に直す。

七㈠【資料】の二番めは「友達」が、三番めは「家族」が、四番めは「学校」が、それぞれ働きかけている。

徳島県

問題 P.212

解答

一 (1)(a)よい (b)は (c)けいさい (d)じゅうなん (2)(a)幹 (b)垂 (c)街路樹 (d)砂糖 (3)エ (4)ウ

二 (1)ウ (2)(a)ⓐ言葉にすることで自分を納得させたかった(19字) ⓑ好きなことが仕事と結びついていない(17字) (b)ⓒエ (3)イ

三 (1)A目標や問題を設定する(10字) B問題から意識的に離れる (2)何も思考をしていないつもりでも潜在的に思考が熟しつつある(状態)(28字) (3)イ (4)ⓐ思考を巡らせる ⓑしなやかな精神 ⓒ論理的思考に基づき、注意深く検証をする(19字)

四 (1)あらわし (2)(a)ア (b)直接向かい合っている(10字) (c)3 (3)つれづれな

五 (例)

「あけぼの」を選んだ理由は、豊かな感性から生まれた言葉だと思ったからだ。例えば、「あけぼのの光は、東の空を淡いオレンジ色に染め、やがてゆっくりと白さを増し、山々を輝かせていった。」というように使える。

ゆっくりと夜から朝に変わっていく情景は、短時間のことではあるが、劇的に変わる数分間だ。この「あけぼの」は、その数分間を見事に表している言葉だと思う。また、人々の気持ちや日常の風景を細やかに観察し、繊細に表現してきた昔の人々の感性の豊かさに驚く。受け継がれてきた和語を、これからも大切にして、日々の生活で使っていきたい。

解き方

一 (4)「読み」は助動詞「ます」につながるので連用形。アの「行く(とき)」は連体形、イの「見える」は終止形、ウの「来(た)」は連用形、エの「やめ(ば)」は仮定形。

二 **寺地はるな「水を縫う」**(集英社刊)より。(1)傍線部直後の「休まずに針を動かし続けた」を押さえる。アは「戸惑って」が、イは「眠気が覚めはじめて」が、エは「心が沈んで」がそれぞれ不適。(2)(a)ⓐにあてはまるのは、「清澄」が感じた「くるみ」の「思い」。Aの終わりに、「くるみは僕に話すことでなにか自分を納得させたかったのかもしれない」とある点を押さえる。ⓑは「くるみ」が「清澄」との対話で「自分で不安を拭いさったこと」について書かれた箇所をAから探す。「好きなことと仕事が結びついてないことは人生の失敗でもなんでもない」と「くるみ」が語っている箇所に着目する。(b)Aの「だって、僕がそうだったから」の前後に着目。「清澄」は「石ころなんか磨いて」「なんかの役に立つの？」と「くるみは今までに何度もそんな言葉をぶつけられてきた」ことが自分と似ていると感じたのである。したがって、エの「自分を重ね合わせる」が合致する。(3)アは「清澄の消極的な性格」が、ウは「水がもつ浄化の力」が、エは「もの寂しい場面を明るい雰囲気にしている」がそれぞれ誤り。

三 **大黒達也「芸術的創造は脳のどこから産まれるか？」**より。(1)Aの「準備期」は「まず、第一段階…」で始まる段落の「つまり最初に、達成するべき目標や解決すべき問題を設定する必要があります」を字数に合わせてまとめる。Bの「あたため期」は「しかしこの期間…」で始まる段落の「ただ単に『もう無理だからやめた！』といって別のことをするわけではありません。本人は、意識的に問題から離れている」けれども、「何らかの解決策が自然に出てくるのを無意識的に待っている」と述べられている点を押さえる。(2)設問で問われているのは、「創造的発想が生まれようとしているとき」の「人間の思考」の「状態」である。本文の「第三段階…」で始まる段落で「ひらめき期」は「創造的発想が生まれる期間とされているので、「創造的発想が生まれようとしているとき」とは「あたため期」だと分かる。したがって、

この期間における「何も思考をしていないつもりでも、脳内では潜在的に思考が熟しつつあり」(「しかしこの期間…」で始まる段落)に着目して、状態をまとめる。(3)「補足資料」で述べられているのは、「偶然を必然に化する錬金術」である。それは、「偶然の機会」が「世界に対して開かれた、しなやかな精神」によってもたらされることにほかならない。本文では「偶然の機会」を「天の啓示」、あるいは「アハ体験」と呼んでいる。したがって、イの「新たな説明を加えることで、聞き手に納得させようとした」が合致する。(4)本文の「検証期」について述べられた最後の二段落を参照する。「検証期」で行うのは「論理的思考に基づき」、「より正確な検証を行うためには、第一段階の『準備期』で問題解決に向けて様々な思考を巡らせていた方が良い」と述べられている。末尾にあるように、『検証期』にて注意深く検証をすること」が大切なのである。ⓐⓒには、この本文の内容を踏まえ、あてはまる言葉をまとめる。ⓑは「ひらめいた直観に気づくために」必要なものを「補足資料」から探すと、最後の一文に「世界に対して開かれた、しなやかな精神」が見つかる。

四「**無名草子**」より。(2)(b)本文の現代語訳を手がかりにしながら、遠く離れて長い間会っていない相手からもらった「手紙」について述べられた箇所に着目する。「幾年あひ見ぬ人なれど、文といふものだに見つれば、ただ今さし向かひたる心地して」とある。(c)「心を込めて書いた手紙」について述べられている、「言はまほしきことをこまごまと書き尽くしたるを見る心地は」「あひ向かひたるに劣りてやはある」を押さえる。このような「手紙」は「面と向かっているのに比べて決して劣ってはいない」のである。(3)本文から「一人やるせない日」に対応する言葉を探す。「つれづれなる」とは、しんみりと物思いにふけっている、という意味である。

通釈　この世に、どうしてこんなことがあったのだろうと、すばらしく思われることは、手紙ですよ。遠くの世界に離れ離れになって、何年も会わない人であっても、手紙というものさえ見れば、今、直接向かい合っている気持ちがして、かえって、直接向かい合っては思っているほども言い続けられない心のうちも表し、言いたいことをも細かく書き尽くした手紙を見る気持ちは、すばらしく、うれしく、面と向かっているのに比べて決して劣ってはいない。しんみりと物思いにふけっている時、昔の人の手紙を見つけ出した時は、ひたすらその時の気持ちがして、ひどくうれしく思うものだ。

何事も、ただ向かい合っている間の感情だけですが、これは、全く昔のまま、少しも変わることがないのも、とてもうれしいことです。

五　問われているのは、「日本の和語(大和言葉)」についての考えである。〈条件〉の(B)をヒントに、(C)で指示されている「筋の通った文章になるように」初めの段落で具体例を書き、次の段落でその具体例を踏まえた自分の意見を書く。

香川県

問題 P.216

解答

一 (一)aすいせん　bがくふ　cひび(き)　dげきれい　(二)1　(三)アピアノを弾いている指と同じ(13字)　イひとりで空まわり　(四)2　(五)4　(六)同じ音を聞き、同じ歌を歌うことで、クラスのひとりずつのちがった気持ちがごちゃ混ぜになった状況が変わるのではないかという(思い)(59字)　(七)オレの指か　(八)2

二 (一)さよう　(二)3　(三)人も乗らぬ車　(四)1　(五)2

三 (一)a逆　b許　c改　d優先　(二)自分で選んだり決めたりしたもの(15字)　(三)ア特定の権威や権力　イ暗黙の規律やローカルな慣習、多くの人が同調している流行(27字)　(四)1　(五)2　(六)(哲学対話の問いは)現在の私たちの社会における物事の区別の仕方と扱い方を再検討し、さまざまな事象と行為の究極の目的を探るものであり、他者とともに人間の世界を組み直す(ことで社会を結びつけていく)(72字)　(七)4　(八)3　(九)1　(十)4

四 (例)

私は、若者言葉は話す相手によって、使って良いかどうかをよく考えるべきだと思います。花子さんが言うように、友だち同士では一体感が持てて楽しいというのは同感です。しかし、まだ親しくなっていない人や立場が違う人とは、若者言葉を使わずに話した方が良い関係が築けると思うからです。

以前、私はバス停で知らない人から親しげに若者言葉で話しかけられ、居心地の悪い思いをしたことがあります。そのときは、仲間意識を持つどころか、相手に不信感を抱きました。ですから、若者言葉は相手との関係性によって使い分けることが必要だと思います。

解き方

一 **横田明子「四重奏デイズ」**より。(二)「オレ」が「えっ?ってなった」のは、傍線部直後の「無意識に」「貧乏ゆすりをしていた」ことと、「ひざの上で、両手の指をツンツンとはじいている」ことに気づいて驚いたからである。また、傍線部の前では、「ひとりだけ目立つのもいやだ」「それもわかる。」「なんだか無性にイライラしてきた」とある。(三)ア傍線部の五段落前で、ますます貧乏ゆすりが強くなり、「オレは、はっとした」とあることから、「オレ」はそのとき、「無意識の指の動き」が何を意味するかに気づいている。イ「オレ」は周囲の視線を感じながら、直後で「…って思われたらどうしよう」と不安を感じている。(四)③は動詞・助動詞(動詞型活用)の未然形に付く打ち消しの助動詞「ない」。1は自立語の形容詞「ない」。文節の最初にくることで区別できる。3は形容詞を補助するはたらきの「ない」で、直前に形容詞・形容動詞がくる。4は形容詞「もったいない」の一部。(五)鶴田さんは菅山くんと話をしている最中に泣き出しており、その原因は彼の「いじわるな質問」や鶴田さんをやりこめるような発言であることが分かる。また、「それから二週間。…」で始まる段落以降の内容から、クラス全体があまり熱心に練習しておらず、鶴田さんは「みんなで歌って金賞とれれば、うれしい」「六年最後の行事なんだし。」「みんなで歌おう」という思いで「必死にまとめようとしていた」ことが分かる。1クラス全体がまとまってきたとは言えない。2クラス全体が歌の練習に無気力であったというよりは、個々の行動がばらばらでまとまっていなかったのである。3鶴田さんは金賞をとるためだけにみんなで歌いたかったわけではない。(六)「オレ」の思いは、傍線部の前の二段落に述べられている。「オレ」は「クラスのひとりずつのちがった気持ちが、ごちゃ混ぜになっている」状況を何とかしたいと思っていた。そして、「同じ歌を歌えばいいじゃないか」「同じ音を聞いたらどうだろう」とあることから、自分がピアノを弾くことで変化を起こせるだろうと思ったのである。(七)「オレ」がピアノを弾き始めてから山川さんが歌いだすまでの間を表す部分を探す。(八)最後の二段落に着目すると、「その時の歌の調子に合わせて」や「家での練習も、ラストスパートだ。」といった思いにあてはまるのは2。1は「オレ」が気持ちを明確に伝えることの大切さを認識したり、友人のありがたさを実感したりすることは、本文では特に描かれていないので不適。3は「クラスが思うようにまとまらなくても…必ず成功するだろうと確信している」が不適。4は「合唱を成功させるための方法を何とか見つけようと必死になっている」が不適。

二 「**十訓抄**」より。㈡傍線部直前の「いかなる車か、のけられむずらむ」に着目。「いかなる車」は「どの車」、「の(退)けられ(受身の助動詞「らる」未然形)＋むず(推量の助動詞・終止形)＋らむ(推量の助動詞・終止形)」で、「立ち退かせられるだろうか」となる。㈢「空車」とは中が空っぽの、つまり人が乗っていない車のこと。㈣「いかなる車なりとも」は「どんな車であっても」という意味。「あらそひがたくこそありけめ」は「あらそ(争)ひがた(難)く＋こそ(係助詞)＋あり＋けめ(過去推量の助動詞「けむ」已然形(～だっただろうに)」という構成で、文意は、どんな車でも小松内府と争って車を停める場所を手に入れることはできなかったであろう、となる。さらに、直後の逆接の「ども」に着目すると、ここには小松内府なら、どこでも好きな場所を取って見物できたはずなのに、あえてそうしなかった、という筆者の思いが読み取れる。㈤「六条の御息所のふるき例」とは「車争い」のことであり、後々まで恨みを残すこととなった。そこで、小松内府は人々の面前で争うようなことをせず、あらかじめ準備をして、もめ事が起こらないように配慮しており、筆者はこれに感心したのである。

通釈 小松内府(内大臣平重盛)が、賀茂祭を見物しようと思って、牛車四、五両ほどで、一条大路にお出かけになった。見物の車が立ち並んですき間もない。「どの車が立ち退かせられるだろうか」と、人々が注目していたところ、ある見物に都合のよさそうな所にある車数台を引き出したのを見ると、すべて誰も乗っていない車であった。あらかじめ見物する場所を取っておいて、他人に迷惑をかけまいと、空の車を五両、停めておいたのであった。その当時の内府の栄華をもってすれば、他のどんな車であっても争うことはできなかったであろうけれども、六条の御息所の古い例を好ましくないとお思いになられたのであろう。そのような心配りは、思いやりの深いものである。

三 **河野哲也「人は語り続けるとき、考えていない　対話と思考の哲学」**より。㈡「『普通』とは不確かで」が、傍線部前の『普通』とは明確には何のことかがよくわからず」の言い換えであることに着目する。㈢ア実際にはどこから発せられるのか、つまり命じているのは誰なのか。イ何に従うのが「普通」であるか。アとイのそれぞれの内容について、指定字数を踏まえて[1]段落から探す。㈣傍線部「なろ」は五段活用の動詞「なる」の未然形。㈤[1]～[3]段落から、「普通」によって成り立っている社会とは「普通」を命じている権威や権力と、それに恭順する人々で構成されていることが分かる。つまり、支配、被支配の関係と言え、2の「階層的」があてはまる。㈥[4]段落に「哲学対話」とはどういうものかが説明されている。具体例は除き、「哲学対話」とはどのようなもので、どのようにして社会を結びつけているのかが端的に述べられている部分を探す。すると、現在の社会における物事の区別の仕方と扱い方を再検討するもの、さまざまな事象と行為の究極の目的を探るもの、他者とともに人間の世界を組み直していくことで社会を連帯させるもの、という三つの要素が読み取れるので、これらを指定字数内にまとめる。㈦[7]段落は、前半で「対話は、平和を作り出し、それを維持する条件」と述べ、後半では「平和は対話を行うための条件」と述べている。この内容に沿っているのは4。㈨[1]～[3]段落で、人々が「普通」という基準で結びついている社会には対話がないことを述べたあと、[4]段落で「哲学対話の問い」という新しい話題に転じている。そして、[5]段落以降では、対話と平和の関係を述べたうえで、哲学対話の教育の必要性を説いている。㈩[8]段落から筆者の主張が「対話の文化を構築すること」だと読み取れ、また[7]段落に「互いに互いを変化させる」とあることから、4が合致する。

愛媛県

問題 P.221

解答

一 1、助動詞　2、ウ　3、エ　4、a匿名化　b複数の人がチェックしているから相対的に正しい　5、相互に結びつき、全体として体系をなす(18字)　6、社会的に蓄～に得ること　7、著者が様々な事実についての記述をどのように結びつけ、いかなる論理に基づいて全体の論述に展開しているのかを読みながら見つけ出していく(こと。)(65字)　8、ア

二 1、こぶ　2、とこう　3、いど　4、まかな

三 1、登頂　2、護衛　3飼う　4、散る

四 1、エ　2、あなたは　3、a万石に興味を持った客が、金沢を訪れたら万石へ行く流れを作る(29字)　b地場産業の活性化　c地方を活性化させる　4、ウ　5、イ

五 1、いいこしらえる　2、イ　3、小首かたぶけてしばし沈吟しける　4、aしら露をの初句を消して、月影をと書き改める(21字)　b妙案　c重宝

作文 (例)

私は普段の食生活での「栄養バランス」と「食の豊かさ」の二つを大切にしたいと思う。

資料を見ると、「栄養バランスのとれた食生活を実践したい」人は五〇・一%と高いが、それに比べて「おいしさや楽しさなど食の豊かさを大切にしたい」人は二七・三%と半数程度しかいない。

確かに栄養バランスのとれた食生活は健康のために重要である。健康で丈夫な体を維持するためにはバランスのとれた食事が効果的であることは間違いない。しかし食事は体を維持するためだけでなく心を育てる役割も持つ。おいしい料理や誰かと食べる楽しい食事は心を豊かにする。一方栄養バランスのとれた食事でも、おいしくなかったり、一人ぼっちで食べたりすれば、心が文字通り「味気なく」なってやせ細ってしまう。

だから私は、栄養バランスとおいしさや楽しさの両方を大事にしながら、一回一回の食事を大切にしていきたいと考える。

解き方

一 **吉見俊哉「知的創造の条件　AI的思考を超えるヒント」**より。1、「ない」の用法は、動詞の未然形の下に接続し、意味のうえで「ぬ」に置き換えられる打ち消しの助動詞、不在を表し「ある」に入れ換えても文が成立する形容詞、否定を表し全く変更がきかない形容詞の一部、が代表的である。傍線部は「取材をせぬ」と置き換えられるので助動詞。2、「文節」とは文の構成要素のひとつで、一つの自立語、またはそれに付属語が付いた形。文節は自立語の上で区切ることができる。3、A直前の「定評のある書き手」と直後の「定評を得ようとする書き手」は並列関係にある。B直前には本に対するネット検索の優位性の話があり、直後には読書に対するネット検索の優位性

の話がある。それまで述べたことを踏まえて結論を導くのは「したがって」。4、a空欄前の「本は、誰が書いたのかがはっきりして……書いている。」を「一方」という対立関係の言葉で受けることから、空欄にはネット情報が誰が書いたのかがはっきりしていない、という意味の言葉が入る。b空欄あとの「みんなで集合的に作り上げる」「正しさが相当程度保証されている」という言葉に着目して同一内容の表現を探すと、[4]段落に「複数の人がチェックしているから相対的に正しい」という記述が見つかる。5、傍線部直後に「情報とは……、知識とは…」とあるので、この対比を手がかりにしてあとを見ると「知識というのは……相互に結びつき、全体として体系をなす状態」とある。6、設問が「ネット検索によって、どのようなことが可能となるから」であるから、ネット検索で何ができるのか言及している箇所を探すと、[5]段落末尾の「ネット検索の場合……得ることができる」が見つかる。7、傍線部は「本の読者」の行為である。[6]段落の冒頭に「本を読んだり…」とあるので、以降の文章から「知識の構造を読み取る」に該当する部分を探すと、「重要なのは……読みながら見つけ出していくこと」とある。「読みながら見つけ出していく」が「読み取る」と対応しているので、その前の部分をまとめる。8、ア[5]段落および[8]段落の内容に合致する。ウ「ネット検索の利用を控えることにより」という因果関係は本文にない。エ「それぞれの長所をうまく生かした」という記述は本文にない。

四 楡周平「食王」より。2、傍線部直前の段落に「あなたは…そう考えているのかもしれません」とある。3、a空欄前の「イタリアンと懐石のフュージョン」「事業を拡大」という言葉が、傍線部前の梅森の発言にもあることを確認し、続く同発言のなかの「万石に興味を持ってくださったお客さんが…」の部分をまとめる。b空欄直前直後の「北陸の農産物……つなげる」が、傍線部あとの重則の発言「北陸近辺の食材……つなげたい」を受けた説明である。c空欄直後に「ことを目指して、新事業を行おうとする梅森の考え」とあるので、傍線部から三段落あとの「梅森は……なぜこの事業を思いついたのか」に着目する。4、二つめの空欄のあとにある「一度テストしてみるべきですよね。……遅くはありませんものね」に着目。店を出す目的を達成するために、一度テストしてみるということ。5、最後から十段落以降の「だからこそ、……絶対に失敗できないんです。」「失敗できないのは、……私だって、同じなんですよ。」「是非、……加わっていただきたいんです。」は梅森の決意と提案であり、イが合致する。アは「出店を思いとどまらせよう」が、ウは「梅森にわびよう」が、エは「方便」「梅森の言葉を巧みに利用」がそれぞれ不適。「方便」とは目的のために利用する一時的な手段という意味。

五 「燕居雑話」より。1、語頭以外の「はひふへほ」は「わいうえお」に置き換える。2、直後の「ものぐるほし」とは、ばかげている、どうかしているという意味。誰を「どうかしている」と言っているかを読み取る。傍線部前に「近習の人々もその失礼を怒れども、其角自若として」とある。（設問4の哲也さんと明子さんの一つめの発言を参照）3、設問の「深く考え込んでいる」「具体的な動作とともに」を手がかりにして本文を確認する。「小首をかたぶける」は、首を少しかたむけて考えごとをする、疑問に思うということ。「沈吟」とは、しずかに口ずさむ、深く考え込むという意味。4、a空欄直前の「芭蕉の俳句に対し」を手がかりにして本文を見ると、「しら露を……書き改めけり」とある。「しら露を」が「初句」であることを踏まえてまとめる。b空欄前の「うれしそうに聞いた上で」が本文の「芭蕉常よりも心よげに…」にあてはまることを踏まえて、あとの部分から空欄直後の「評価」「褒めて」に合う言葉を抜き出す。c空欄直前の「画幅」および直後の「大切にしている」を手がかりに、本文の最後を確認する。「重宝」とは貴重な宝物という意味。

通釈 昔、芭蕉の弟子の宝井其角が、ある大名の御前にお呼ばれになって俳諧を行ったとき、大名がこれを見よと言って一幅の掛け軸にしてある絵を出して、其角にお見せになったので、（其角は）それをさらさらと開いて見ると、何とかという絵描きが、萩と月（の絵柄）を非常に趣深く描いているその絵に、芭蕉の添え書きする言葉があって、

　白露をためた萩の花は風が吹いてうねっても露をこぼさないものだなあ

と（俳諧を）終わりまで読んで、其角はとりわけ深く感動した様子で、首を少しかたむけてしばらく深く考え込んでいたが、何を思ったか、そばの硯に置いてある筆を奪い取ると、「しら露を」の（初句の）五文字を消して、「月影を」と書き改めた。大名は非常に機嫌を損ねた様子にお見えになったので、主君である大名の近くに仕える人々も（其角の）その失礼を怒るけれども、其角は落ち着き払った様子で、少しも（大名に）折れ従う気配がなかったので、今となってはどうしようもなくて、彼（其角）は性格がおかしいからなどと取りつくろって言う者がいて、（其角は大名の）御前から退出した。そうして、（大名は）後に芭蕉をお呼びになって、先ほどの話をお話しになったところ、芭蕉はいつもよりもうれしそうに、掛け軸にしてある絵を開いてにこにこしながら、筆を（墨に）ひたして「月影を」と書いてあるそばに、この五文字は其角の素晴らしい思いつき（である）と書きそえたので、大名もご機嫌が直られたということである。この一幅（の掛け軸）は、現在に至るまで芭蕉其角の書き損じの掛け軸（にしてある絵）ということで、その大名家の貴重な宝物の一つであるとかいうことだ。

作文 資料において注目すべきポイントは、数値の高いところ、数値の低いところ、共通しているところ、対立しているところ、現在の社会問題に関係するところの五つである。解答例は「栄養バランス」と「食の豊かさ」の対立に着目し、食の豊かさの大切さを強調しながら両立を目指すような形でまとめている。

高知県

問題 P.225

解答

一 (一)1れいこう　2もよお　(二)1痛快　2預　(三)13(画)　(四)ア　(五)1 4　2イ　3ア　(六)1エ　2体育祭ではその成果を発揮した。3C

二 (一)責任　(二)エ　(三)彼女の発言によって、私たち日本人にとっては当たり前であった相互依存が、「相互依存を許してやる能力」という価値があるものだということに気づかされたから。(75字)　(四)ウ

三 (一)今の社会は情報量が増えどんどん上書きされているために、人々は最新の情報しか見えなくなっているが、一方で忘れるからこそ新しい情報を受け取れるとも言えるということ。(80字)　(二)岡本さんは、じっくり読む読み方を肯定している。岡本さんは中身の深い本は何回読んでも新たな発見があると述べているが、私の読書の経験でも同じことがあったので、私もじっくり読むことを大切にしたいと思う。(98字)

四 ㈠わきまえぬやからは　㈡イ　㈢息　㈣ウ

解き方

一 ㈣ア以外はすべて対義語の関係。㈤1単語に分けると「陽／が／かげる／と／不思議がっ／て／きき耳／を／たて」となり、助詞は「が・と・て・を」の四つ。2ラ行五段活用動詞「なる」の連用形。3イは「擬態語を用いて」が、ウは「反復を用いて」が、エは「五音と七音の言葉を重ね」が、それぞれ不適。㈥2第一段落最終文「体育祭ではその成果を発揮しました」の文末が敬体（丁寧語）である。3Cの「下級生の感謝の言葉」が「下級生への感謝の言葉」の誤り。

二 山本喜久江・八代京子「多文化社会のコミュニケーション　買いかぶらず、決めつけない基本スキル」より。㈠第一段落最後の「自分の言動に責任を持つことは、ひとつの大きな課題」に着目する。㈡傍線部の「バランス」に着目すると、ウとエに絞られるが、ウは「国際社会ではどちらも重視」が不適。㈢傍線部の直前から「私にとって『相互依存』は当たり前の感覚で……その良さに気づくこともなかった」筆者が、彼女の発言によって「その良さ」に気づかされた、ということを読み取る。「その良さ」とは次の段落で「相互依存を許してやる能力」だと確認している。㈣アは「多文化社会の問題点を指摘」と「多文化社会の価値観の影響を受けることのないように」が、イは「人間関係を構築することの難しさ」と「それぞれエピソードを交え」が、エは「国際社会のあるべき方向を示し」と「日本の社会に変化……交えながら語り」が、それぞれ不適。

三 岡本裕一朗・深谷信介「ほんとうの『哲学』の話をしよう　哲学者と広告マンの対話」より。㈠「情報の上書きの高速化」とは直前の段落の「新しい情報がどんどん追加され……スピードもどんどん速くなっています」ということで、「人間の記憶の短命化」は、そのあとの「結果、人はどんどん情報を忘れていって、……思います。でも……できるとも言える」にあたる。これを指定字数内にまとめる。㈡岡本さんは傍線部を含む発言の最後で「じっくり読む」ことを肯定していて、その理由として最後の発言で「新たな発見がある」ことや「記憶と想起が繰り返され、想起の精度が高まる」ことを挙げている。これらに触れつつ、自分の考えとその理由を述べる。

四 「伊曾保物語」より。㈡ア・ウ・エは宿の主だが、イだけは飯をふるまわれた修行者（法師）。㈢「具足したる」とは、備わっている・持っている、という意味なので、自分自身に備わっているものを一字で抜き出す。㈣本文最後の「おろかなる」や「道に迷へる」に着目すると、ウが適切。

通釈 ある修行者が、修行の途中で日が暮れて、小さな粗末なあばら屋に、一夜の宿を借りた。主は情け深い人で、「善行をして、成仏の縁を結ぶために」と言って（宿を）貸した。時期は冬の荒れ果ててさびしい霜が降りる夜なので、手足が凍えて（年を）かがめていたので、自分の息を吹きかけて（体を）温めた。しばらくしてあと、熱いご飯を食べようとして、息を吹いて（ご飯を）冷ましたところ、主がこの様子を見て、「奇妙な僧の行為であることよ。冷たい物を熱い息を出して温め、熱い物は冷たそうな息を出して冷ましましたよ。いかにも普通の人のしわざには見えない。悪魔が（この世に）現れてきたものだ」と愚かにも恐がって、夜明け前になって（僧を）追い出した。

その（お話の）ように、きわめて心が愚かな者は、自分の身に備わっていることさえも理解できずに、ややもすると迷いがちである。これほどの事さえ理解しない者は、善い事を見るとかえって悪いと思うのだろうか。あらかじめこれを心得なさい。これは、ちょっと聞くと、愚かなようだけれど、人が世の中にあって、道に迷っている事は、あの主が、人の息が熱いものとぬるいものとを、理解できなかったのに異ならない（＝同様の）ものである。

福岡県

問題 P.230

解答

一 ⑴問一、自分と向き合う静寂な時間　問二、B　問三、3　問四、1　問五、一人で行動できる人は、自分に自信があるため、一人の時間をもつことで思考が深まり、人間に深みが出て、頼もしく見えるから。（59字）　⑵問一、E　問二、こどく　問三、3　問四、4　問五、2・5

二 問一、回数券の最後の一枚　問二、必死に／唇／を／噛ん／で／我慢し／た（／）　問三、B　問四、⑴母の退院の日が遠ざかってしまう　⑵感謝　⑶母のお見舞いのために河野さんが運転するバスに乗るのも今日で最後になる（34字）

三 問一、いずれもよさそう　問二、名人　問三、本の白さぎが四五羽うちつれて飛ぶ（。）　問四、⑴ア他人の評価を受け入れない（12字）　イ自分の未熟さに気付かない（12字）　⑵慢

四 （例）

私は平山さんに共感できる。平山さんは食べ物の量や食べる時期のことを大事にしているが、それは「かしこく買う」という考えにつながっており、私も「かしこく買う」ことが食品ロス削減を実現するためには大切だと考えているからである。

これを踏まえて私が自分にできることはBである。買い物するときには、安さや量の多さに引きずられるのではなく、それがいま本当に必要なのか、それを消費するのにどれくらい時間がかかるのかを考えて、必要な分量の物を買おうと思う。

解き方

一 榎本博明「『さみしさ』の力　孤独と自立の心理学」より。⑴問一、傍線部の「自分の世界に沈潜する」という言葉を手がかりにしてAを見ると、末尾に「一人になって自分の中に沈潜しないと聞こえてこない」とあり、その前を見ると「自分と向き合う静寂な時間」とあるので、これが沈潜する条件であると分かる。問二、傍線部の「目の前の刺激に反応する」という言葉を手がかりにしてあとを見ると、Bに「読めば反応せざるを得ない」「メッセージに反応する」「情報に反応する」「外的刺激に反応する」とあり、この部分で具体的に示されている。問三、直前の「本に書かれた言葉や視点に刺激を受け、それによって心の中が活性化」および傍線部の「思考の活性化」を手がかりにして選択肢を選ぶ。1は「他者に対して説得力のある意見を主張」に合う内容が本文に存在しない。問四、まず空欄の前部と空欄との関係から、各空欄のイメージを確定する。前部には「自分自身の内側から何かがこみ上げてくる」「心の声が聞こえてくる」という言葉があり、これは傍線部③直前の「心の中をさまざまな言葉が飛び交う」「自らの内側から飛び出してきた言葉」と類似関係にあると分かる。そしてそれらが傍線部③の「活性化」というプラスイメージの言葉につながっている。そうしたつながりを持つ空欄前部の言葉はウとエにつながっているので、ウとエはともにプラスイメージの言葉でなければならない。逆にアとイはマイナスイメージの言葉が入る。問五、設問の『一

人で行動できる人は、』に続けて」「自信、思考という二つの語句を必ず使うこと」という二つの指示に気をつけて傍線部の前後を見ると、前に「一人でいられないのは、自分に自信がないからだ……弱々しく見えるし、頼りなく見える。」とあり、後ろに「一人で行動できる人は頼もしい。一人の時間をもつことで思考が深まり、人間に深みが出る。」とあるので、これらをまとめる。(2)問一、【ポップの下書き】にある「一人はかっこ悪い」が述べられているのはEのみ。問三、「意識改革をはかる」の「はかる」は、目的を表し、図ると書く。1は重さで量る、2は推測・推量で測る・量るのいずれも用いる。4は時間で計るを用いる。問四、三画目と四画目が連続しているように書かれている。問五、2「比喩」は用いられていない。5「対照的な内容の語句を同じ組み立てで並べる」ような表現は用いられていない。

二 **重松清「バスに乗って」**(「小学5年生」所収)より。問一、直前の「最後から二枚目の回数券を――今日、使った。」という言葉を手がかりにして類似表現を探すと、最後から五段落めに「回数券の最後の一枚」とある。問二、「必死」は、必ず死ぬ、という意味で用いるときだけが名詞で、死ぬ気で全力を尽くすこと、という意味で用いるときには「必死だ」を終止形とする形容動詞となる。「唇」は名詞。「を」は助詞。「噛ん」は動詞「噛む」連用形の撥音便化したもの。「で」は助詞「て」が濁音化したもの。「我慢し」は動詞「する」が漢語の名詞「我慢」についたもので、サ変動詞として扱われる。「た」は過去・完了・存続の助動詞。問三、目に映る対象のかたちが揺れてはっきりしなくなるのは泣き出すことの比喩表現である。泣いていない状態から泣く状態へと変化する部分を確認すると、【B】の前が「急に悲しみが胸に込み上げてきた(=泣きそうだがまだ泣いていない)」、【B】のあとが「泣いた」となっている。問四、(1)直後の「少年の不安や悲しみ」という言葉を手がかりにして本文に戻ると、「その声に…」で始まる段落に「回数券を使いたくないんだ」「新しい回数券を買うと、そのぶん、母の退院の日が遠ざかってしまう」とあるので、この部分が少年の「不安や悲しみ」の中身であると理解する。(2)直後の「気持ちを回数券に書いて伝える」を手がかりにして本文に戻ると、最後から三段落めに「回数券に書いた『ありがとうございました』」とあるので、この気持ちを漢字二字で表す。(3)「母」「河野さん」という言葉が一緒に書いてある場所は【ここまでのあらすじ】である。「少年は、入院した母のお見舞いにバスで行くようになった」「一人で乗ったバスで、整理券の出し方を運転手の河野さんに叱られて」とあるので、ここから、母の入院=河野さんの運転するバスに乗る、という構図を読み取る。次に、本文で母が退院するという話があることを確認し、ここから、母の退院=河野さんの運転するバスに乗らない、という構図を読み取る。母の退院によって、河野さんとの関わりが終わることを惜しむ気持ちが空欄直後の「一抹の寂しさ」につながっていると理解し、これらをまとめて記述を行う。

三 **「浮世物語」**より。問一、「づ」は現代仮名遣いでは「ず」となる。また「さう」は現代仮名遣いでは「そう」となる。問二、空欄直前の「自慢したがる」「未熟な者」の反対の語が漢字二字で何と言うかを考える。「名人」「達人」などが考えられる。問三、直前に「あれ見給へ。」とあるので、亭主が何を見ろと言っているのかを確認すると、その前に「本の白さぎが四五羽うちつれて飛ぶ。亭主これを見て」とある。問四、(1)ア空欄前の「絵についての主人の感想」からの話の流れを【B】で確認すると「こんな羽の使い方では飛ぶことはできないだろう」という主人の感想に対して、絵かきは「いやいや、この飛び方が、この絵のもっともすばらしいところなのだ」と述べているので、他人の忠告に耳を貸さない、他人の意見や評価を受け入れようとしない、といった言葉が入る。イ空欄直前の「実物を参考にせず」「言い張って」という言葉から、自分の考えを変えようとしない、自分の意見を押し通そうとする、といった言葉が入ると推定する。ただし直後に「下手芸」とあるので、これを加えて、下手であるにもかかわらず自分の考えを変えようとしない=自分の未熟さを受け入れない、理解できない、といった言葉が答えになる。(2)アとイで確認した、他人に忠告に耳を貸さず、自分の未熟さを受け入れないような人間の心のありさまを表す言葉は何かを考え、本文に戻ると、【A】【B】それぞれの題が「自慢するは下手芸といふ事」「自慢をするのは芸が未熟だという事」となっているので、「慢心」が答えになる。「慢心」とは、おごりたかぶる心、自分の才能や力を過信する心、という意味。

四 複数の資料のつながりを理解しながら、ひとつのテーマについて論理的に考えをまとめていくことが求められている。基本的には条件2と条件3を順番に考えていけば論理的な作文が可能であるが、条件に合わせて資料同士のつながりをまとめてみると、【資料3】大木さん→【資料1】のこさず食べる→【資料2】B・C、【資料3】平山さん→【資料1】かしこく買う→【資料2】A・B、【資料3】西田さん→【資料1】むだなく作る→【資料2】A・B・C、という形になる。【条件2】の理由を考えるときには、全ての【資料】に共通するテーマである食品ロス削減という点を踏まえて考えると書きやすい。

佐賀県

問題 P.235

解答

一 問1、イ・エ　問2、(例1)

私は【資料Ⅱ】の〈案内〉の方が良いと思う。なぜなら、【資料Ⅰ】はイベントの目的の説明もなく漠然としているのに対し、【資料Ⅱ】は「学校生活について知る」というイベントの目的が具体的に書かれていて、小学生でも分かりやすいと思ったからである。

(例2)

私は【資料Ⅰ】の〈案内〉の方が良いと思う。なぜなら、【資料Ⅰ】はイベントに限定して書いているため、イベントへの参加の呼びかけであることが明らかだが、【資料Ⅱ】はイベントに関係のない保護者説明会のことも書いており、混乱しやすいからである。

二 問1、aくふう　b豊　c衣服　dさ　問2、ア　問3、エ　問4、(人間の中に)新しい環境を選好するという「新奇探索性」を強く持ち、合理性に基づかない判断をする(者がいたから。)(40字)　問5、ウ　問6、イ

三 問1、イ　問2、ア　問3、エ　問4、ア　問5、自分の趣味は誰にも理解されないだろうと決めつけていたが、宮多が肯定的に受け止めたことに驚いたから。(49字)　問6、ウ

四 問1、わらいて　問2、ア　問3、エ　問4、(棹を使うことが)恥ずかしいから作らないのだ(ということ。)(13字)　問5、イ

解き方

一 問1、アは「中学校のPRをするため」が不適。電話番号の記載は、問い合わせなどのためであってPRのためではない。ウは「右上にその期日

を記載」が誤り。右上に書き足したのは案内状の発行日で、運動会の開催期日ではない。オは「関心をひく表現」が不適。むしろ【資料Ⅰ】の見出しの方が特徴的である。カは「〈案内〉の文章で説明している」が誤り。当日説明となっている。

二 **中野信子「空気を読む脳」**より。問2、空欄直前の段落の「一般的には」に着目する。空欄には現代社会において「一般的」な考え方、という文脈になるような選択肢を選ぶ。エの「道徳的」は、必ずしも合理的・論理的とは言えないので不適。問3、合理性に欠けている選択肢を選ぶ。アは「つじつまの合うような選択」が、イは「無用な争いを起こさずすみ分けよう」がそれぞれ不適。ウは「自身が破滅することを望んで」が言い過ぎ。問4、傍線部の段落にある「人間が合理性に基づかない判断をしたからだ」がその理由にあたる。さらに解答欄の「者がいたから」に着目し、傍線部直後の段落にある「新しい環境のほうを選好する『新奇探索性』を強く持っている人たち」を「合理性に基づかない判断をした」人たちだと読み取る。この二箇所を指定字数以内でつなげる。問5、合理性と衝突する以前の問題として「新奇探索性」に言及していなければならない。ウの「買ったばかりのゲームをクリアしたい」が「新奇探索性」にあたる。アは「気がつくと掃除をはじめてしまう」が、イは「練習を怠ってしまう」が、エは「いつまでも大事にしてしまう」がそれぞれ不適。問6、アは「論理的な思考力を磨いていく」が誤り。ウは全体的に誤っている。エは「汎用人工知能の開発に役立てていく」が誤り。イが本文の主旨と最終段落の内容に合致する。

三 **寺地はるな「水を縫う」**(集英社刊)より。問1、「しげしげ」とは念入りによく見るさま、という意味。問2、傍線部前の「個性は大事、というようなことを人はよく言うが……向いていない場所は、たぶんない。」や、直前の「その程度のめずらしさであっても……笑いながら仕草を真似される。」に着目する。イは「自分以上につらい経験」が、ウは「もどかしさ」が、エは「込み上げてくる怒り」がそれぞれ不適。問3、「上気」するとは、興奮して顔を赤くするという意味。ア・イは言い過ぎ。ウは「悩んでいる」が不適。問4、傍線部直前で「好きなもの(趣味の刺繍)を追い求める……その苦しさに耐える覚悟が、僕にはあるのか。」と自問している。イは「自分の趣味を理解してほしい」が、ウは「自分が苦しんでいると誤解された」が、エは「孤独の苦しさから逃れよう」がそれぞれ誤り。問5、傍線部直前の「めっちゃうまいやん。松岡くんすごいな」という宮多からのメッセージは、明らかに好意的な内容である。そして直後の「わかってもらえるわけがない。どうして勝手にそう思いこんでいたのだろう。」に着目し、「わかってもらえないと思っていたが」、「宮多がわかってくれて驚いた(あるいは、うれしかった)から」という二つの要素を指定字数内でまとめる。問6、傍線部から三段落前の「すべてのものを『無理』と遠ざける……無理なんかじゃないから、ぜったい。」という記述から、ウのキヨくんの「前向きな気持ち」が読み取れる。アは「軽く考えていた」「自分の甘さを思い知り」が、イは「周囲に不満を漏らしていた」「好きなことにだけじっくりと取り組もう」が、エは「決して目立たないように振る舞って」「もてはやされたい」がそれぞれ不適。

四 **「荘子」**より。問2、本文三文めの「後は重く前は軽し。」に着目し、前が軽くて後ろが重い水汲み道具を選ぶ。ただし、エは水汲み道具ではない。問3、傍線部あとの「神生定まらざる者は、道の載らざる所なり(自然な生き方ができなくなる)。」に着目する。アは「主体的な生き方」が不適。問4、「為す」は作るという意味(本文冒頭の口語訳参照)で、「ざる」は打ち消しの助動詞「ず」の連体形、「なり」は断定の助動詞「なり」の終止形。問5、問3や全体の内容に合致する選択肢はイのみ。

通釈 畑を作る老人が顔を上げて子貢を見て言うことには、「どうするのかね。」と。(子貢が)言うことには、「木を細工して道具を作る。後ろは重く前は軽い。軽いものを引き出すように水をくめるし、(水が)勢いよくあふれ出るように速やかである。その(道具の)名前を槹と言う。」と。畑を作る老人がむっとして顔色を変えたが笑って言うことには、「私はこれを私の師匠に聞いた。機械的な道具が有る人は、必ず道具による仕事が有る。道具による仕事が有る人は、必ず道具に頼る心が有る。道具に頼る心が心中に存在すると、すみきった心の状態が備わらない。すみきった心の状態が備わらなければ、精神が安定しない。精神が安定しない人は、自然な生き方ができなくなる。私はその道具のことを知っているが、恥ずかしくて作らないのだ。」と。子貢は顔を真っ赤にして恥じ入り、うつむいて(何も)答えない。

長崎県

問題 P.240

解答

一 問一、a困(る)　bとうとつ　c借(りる)　問二、ア　問三、わからないことに触れる　問四、1ひとりになる苦しさに耐えられるか(16字)　2刺繍をするのが趣味だ　問五、ウ　問六、イ

二 問一、ゆえに　問二、ア　問三、エ　問四、Ⅰ他人のためによいことをして、その相手によいと思われ、喜ばれようとする(34字)　Ⅱ自分のことを考えた　問五、ウ

三 問一、a発展　bりこ　c操(って)　問二、A生まれた国　Bウ　問三、エ　問四、ア　問五、1遺伝子　2人間は言語によって利用される運び手に過ぎない(22字)　問六、言語の、それを話す人々の生活や文化、伝統を、未来へ引き継ぐ役割。(32字)　問七、イ

四 問一、オ　問二、1私たちが毎日の生活の中でどれくらいの食べ物を無駄にしているかわかりますか(36字)　2なんと私たち一人ひとりが毎日茶わん一杯分のご飯と同じ量を無駄にしているのです(38字)　問三、3しょうゆ　4c

解き方

一 **寺地はるな「水を縫う」**(集英社刊)より。問二、イは該当部分では、山田たちのことには一切触れていないので不適。ウは「会話がかみ合っていない」が、エは「戸惑っている」が、それぞれ不適。問三、傍線部直前の「似たもの同士で『わかるわかる』と言い合うより」に着目し、それより「楽しい」ことを探す。問四、空欄1のあとに「不安な気持ち」とあるので「好きなものを追い求めること」の代償は何かを考える。空欄2は直後の「勇気を持って打ち明けよう」に着目し、清澄が今まで友人に黙っていたことを考える。問五、アの「擬態語を多用」しているのは「くるみの性格」ではないので不適。イは「複数の登場人物の内面を描く」が、エは「お互いが遠慮のない親密な関係」がそれぞれ不適。問六、傍線部②以降の「自分の席に戻りたかった。ごめん」や、「わかってもらえるわけがない……そう思いこんでいたのだろう。」や、「だとしても、宮多は彼らではないのに。」などから、イ「友だちとの人間関係など……修復することが難しい」が不適。

二 **懐奘「正法眼蔵随聞記」**より。問二、注(3)に「始終…つい

には。結局は。」とあるので、空欄2は「悪しき」が入り、直前に逆接の接続助詞「ども」があるので、空欄1は「善く」が入る。また、空欄3のあとに逆接の接続助詞「ども」があり、「必ずしも吉ならざる」と続くので、空欄3は「吉」の同義語「善く」が入る。問三、傍線部あとの逆接の接続助詞「ども」のあとに「子孫」とあるので、この場合の「一期」は「自分一代・自分の生涯」という意味になる。問四、I傍線部の主部は「人のために善き事をして……悦ばれんと思うてするは」なので、その部分を指定字数以内で口語訳する。II傍線部直前の「自身を思うて」を口語訳する。問五、ウ「釣りを楽しみたい」というのは、自分のことを考えた行為(問四II参照)なので不適。

通釈 世間の人を見ると、前世での行いの結果として現世で受ける報いもよく、一族を繁栄させる人は、皆、心が正しく、まっすぐ、偽りがなく、他人にとっても善い人である。だから、一族を維持し、子孫までも途絶えないのである。心が素直でなく、他人にとって悪いことをする人は、たとえ、一旦は、果報も善く、一族を維持しているように見えるが、結局は悪い人である。たとえ、また、(自分の)生涯は善く全うするけれど、子孫は必ずしも良くないのである。

また、他人のために善い事をして、その相手に善いと思われ、喜ばれようと思ってするのは、悪い事に比べると優れているけれど、やはり、これは、自分のことを考えての行為で、その相手のために、本当に善い事ではないのである。その相手には知られなくても、その人のために心配なことがないようにやっておく、または、未来のことにつき、特定の誰のためとも思わないが、他人のためになるよいことをやっておくのを、本当に、他人にとって善い人と言うのである。

三 齋藤孝「日本語力で切り開く未来」より。問二、条件文中の「Aよりも、Bに影響を受ける」という構文は「AというよりはむしろBである」、または「Aではなく、むしろBである」と同じ構文である。傍線部と同じ段落の最終文「彼は生まれた国ではなく、育った国(第一言語を得た国)を自らの母国とした」に着目し、「ではなく」の直前五字が空欄Aに入る。さらに傍線部の次の一文に「彼のパーソナリティの大部分は英語文化圏で形成されていきました」とあるので、空欄Bの正解はウ。問三、点線部は直後の「アメリカ人」という体言だけを修飾し、活用が無い品詞なので「あの・いわゆる」などと同じ連体詞。問四、傍線部と同じ段落の「世界に衝撃を与えました」に着目する。傍線部は「あることがきっかけとなって、それまで分からなかった実態や本質が急に理解できるようになる」という意味。問五、傍線部の前の段落に「生物は遺伝子によって利用される〝乗り物〟に過ぎない」と書いてあるので、空欄1は遺伝子。次に傍線部中に省略された語句を補うと、人間の「言語」においても、生物の遺伝子と同じことが言える、と言い換えることができる。さらに条件文中の空欄2直前の「同様に」に着目し、空欄2は条件文の前半をそのまま流用する。最後に、傍線部と同じ段落に「この『人間＝言語の運び手論』に当てはめて考えると理解しやすい」とあるので、前述の「生物は遺伝子によって利用される〝乗り物〟に過ぎない」のなかの「生物」を「人間」に、「遺伝子」を「言語」に、「乗り物」を「運び手」にそれぞれ置き換える。問六、傍線部中の「バトン」は明らかに比喩表現なので、前後の段落から同義語を探す。最終段落の「引き継いで」が該当するので、その語句を含む一文「その伝統を、この先も未来へと引き継いでいく」の末尾に、問題文中の「役割」をつけて体言止めにする。ただし、指示語は使えないので「その伝統」を、一文前の「それを話す人々の生活や文化、そして伝統」に言い換え、さらに指示語「それ」を、直前の「言語」に改める。問七、アは「擬人法」が、ウは「言語とは異なる分野の科学者が言語について述べた」が、エは「言語による考え方に違いはない」が、それぞれ不適。

四 問一、【完成したスピーチ原稿】の「このような状況」とは、食品ロスの状況を指すので、一番めのスライドはエ。次に「このスライドに示している活動」とは、フードドライブを指すので二番めはウ。さらに「これら四つの食品」とあるので三番めがオ。問二、空欄1は【話し合い】でBさんが発言した「私たちが毎日の生活……食べ物を無駄にしているか」を問題提起の形にする。空欄2は【スライド】エの下線部を、指定字数以内で強調する。問三、【スライド】イのa～dのうち、cについて各食品をチェックすると、しょうゆの賞味期限が1か月を切っていることが分かる。

熊本県

問題 P.245

解答

一 1、①おね ②寒 ③並 ④中腹 2、いちもう 3、ウ 4、カ行変格(活用)・連用(形) 5、Iウ IIひらく 6、4

二 1、エ 2、筆箱の中身の整理 3、ア 4、(また、)持ち物に書いた名前が薄くなったときは書き直してください(。)

三 1、Iことば II美しい 2、意図する指 3、8(段落) 4、A具体的な内容を伝達(する) Bことばという音声素材のもつ美しさを引き出すことによって美の世界を創り出す(36字) 5、(例)

私の日常の言語生活の中で詩的機能が発揮されている例は「標語」である。標語はルールやマナーを詩的機能によって受け入れやすくする効果を持つ。例えば「こころにゆとりさわやかマナー」という標語は単に「マナーを守れ」と言われるよりもずっと「マナーを守ろう」という気持ちにさせる。だから詩的機能は社会を円滑にするために重要な役割を果たしていると私は考える。

四 1、イ 2、幸との合奏 3、廉太郎のピアノの音色が変わったことに気づき、廉太郎の技術が上達したことを感じ取ったから。(44字) 4、Aオ B音楽への情熱 5、エ

五 1、日和見 2、ア 3、天候を見誤ること(が何度もあった。) 4、くわしく 5、自ら経験を積み修行に励むこと(14字)

解き方

一 3、「映」の総画数は九画、「救」は十一画、「隊」は十二画、「級」は九画、「径」は八画、「郷」は十一画。4、「来」の活用の種類はカ行変格活用で、活用は「こ／き／くる／くる／くれ／こい」。「来た」は「き／た」となるので連用形。5、I上一段動詞は、イ段だけで活用する動詞なので、「ほころびる」の活用は「び／び／びる／びる／びれ／びろ・びよ」となる。「ほころん」は連用形、「ほころび」の撥音便である。活用しない部分は「ほころ」で、「び」は活用している、と考える。II③の空欄前後にある「口を…。笑顔になる。」を踏まえて①②との共通点を考える。6、「体言」とは、活用せず、文の主語となるもので、名詞・代

名詞があてはまる。ここでは「父」「山」「時」「時間」の四つが体言である。

二 1、空欄部の高本さんの会話が「私もそう思います。でも」で始まっていることから、「タオル類」を年度末には取り上げなくてよいと考えていることが分かる。その根拠として「一割」の話をしているので、少ないという評価をしているはずである。2、空欄前の田中さんの「かばんの中身を……整理をしていけば、持ち物をなくしにくくなる」という発言と、上川さんの『かばん』を『筆箱』に置き換えれば、呼びかけに応用できる」という発言を合わせたものが、空欄直前の「今回の呼びかけ」の中身である。3、上川さんが単独で発言している四か所の部分を見てみると、「タオル類の落とし物が……多いのが気になります」「呼びかけてはどうですか」「呼びかけるのはどうでしょうか」「それを使ってはどうでしょう」とあり、二・三・四番めの発言がいずれも「…はどうですか(どうでしょう)」という提案の形になっていることを重視する。4、2の設問で確認した空欄②(筆箱の中身の整理)の提案のあとに「薄くなった名前の書き直しについてもふれます」とあるので、【放送原稿】の空欄にはこの部分が入る。

三 **鈴木孝夫「教養としての言語学」**より。1、Ⅰ直後の「かわりに」という言葉を手がかりに本文を見ると、2段落に「ことばで……言うかわりに、笛の音を使っている」とある。この「笛の音」については5段落に「笛の音に何か特定の意味を託し」とあり、これが空欄後部の「特定の意味を伝える」に対応している。Ⅱ直前直後の「個性的で独創的」「音色を出す」を手がかりに本文を見ると、8段落に「美しい、個性的で独創的な音(色)を出す」とある。2、傍線部前の「警官は……笛の音を使っている」を手がかりにしてあとの方を見ると、7段落に「警官の吹く笛の音は」とあり、そのあとに「警官の意図する指示が、簡潔にそして明確に伝わる」とあるので、「伝わる」が「伝達」に対応すると考えてこの部分を抜き出す。3、10段落は、9段落で述べた詩の特徴にあてはまらない内容を挙げ、11段落では「しかしおしなべて」と9段落の内容と同じことを強調している。同様に「標題音楽」を取り上げたうえで、「しかし全般的に言うならば」と、演奏家が美しく創造的な音を出すために工夫していることを述べている8段落が適切。4、「言語の詩的機能」については9段落と11段落で触れられている。まず、9段落を見ると、「詩と称される言語芸術の分野においては」「ことばは……具体的な内容を伝達することよりも」「響きのよいことば、美しいことば、快適なリズムなどを駆使することで、音声による美の世界を創り出すことを主目的としている」とある。また、11段落には「詩が他の形式の文学、さらには一般の散文と異なるところは」「リズム……独特の手法で、ことばという音声素材のもつ美しさを、極限まで引き出す努力がなされる」とある。よってAの直後にある「言語の本来的な機能」については9段落の「具体的な内容を伝達」を入れ、Bについては9段落と11段落の詩の機能に関するヒントをまとめて記述する。5、13～15段落には「調子や語呂のよい言い方」「耳ざわりのよい、綺麗なことば」「座りのよい表現」「冗談やしゃれ……ことば遊び」「『どのように言う』ことが効果的か」という言葉が並んでいる。これらを踏まえて〈注意〉1の「例」を考えると、標語などがこれに当てはまる。解答例では「心にゆとりさわやかマナー」という交通安全標語を例に挙げながら、詩的機能の効果の重要性を強調するようなかたちで作成した。

四 **谷津矢車「廉太郎ノオト」**より。1「舌を巻く」とは、非常に感心し、驚くさま、という意味。直後の「心の入らない演奏で廉太郎を凌ぐ腕を見せている」「天才」がヒント。2、直前の段落に「鍵盤を必死で叩いた」「曲を追いかけ」「幸のバイオリンの暴風に耐えた」とあるので、ここから鍵盤(＝ピアノ)とバイオリンで一つの曲を演奏すること(＝合奏)を「廉太郎」の視点で(＝つまり「幸との合奏」というかたちで)記すことが求められていると理解する。3、傍線部直前の「あなた、この演奏の途中で腕を上げたんじゃない?」「かも、しれません」という会話を手がかりに、演奏の途中で何があったのかを前の方で確認すると、「廉太郎のピアノが音色を変えた」「よりシャープに、そして清涼なものへと変わった」とあるので、幸はこの変化に気づいて「腕を上げた(＝上達した)」と言ったことが分かる。「伸びしろ」とは、今後成長してゆく可能性や見込み、という意味。4、A直後の「崩さない延」を手がかりに〈延のピアノの描写〉を見ると、「四角四面」という言葉がある。「四角四面」とは、きわめてまじめで堅苦しいこと。B〈合奏を通しての幸の変化〉にある「演奏に力が戻った」「ぎらぎらと目を輝かせた」から、演奏に積極的に取り組む気持ち＝情熱が戻ったのだと理解する。5、傍線部の「僕も頑張らなくちゃなりません」が何を頑張ることなのか、という観点から冒頭のあらすじを見ると、「瀧廉太郎は、恩師に指摘された演奏時の右手のたどたどしさに悩んでいた」とある。この悩みを克服することを「頑張る」と言っているのである。

五 **渋川時英「薫風雑話」**より。1、「業」とは、仕事・職業のこと。冒頭で「父」が「伊豆の船児某」であり、その職業が「日和見」(【Ⅱ】参照)であることを理解する。2、「妙」とは、言葉にできないほどすぐれていること・非常に巧みなこと・美しいこと。直後の「上手なりし」を手がかりにする。3、「子」がどのような状況だったのかを前の方で確認すると「しかるに度々見損あり。」とあるので、これを【Ⅱ】の「日和見」の説明に照らし合わせて考えると、しばしば天候の予測に失敗する＝しばしば天候を見誤る、となる。4、語頭以外の場所にある「はひふへほ」は「わいうえお」に置き換える。5、空欄直前の「家系や親の教えだけに頼る」を手がかりに【Ⅰ】を見ると、「おのづから修行がおろそかになりて、父の伝のみを受け見習ひ、自分に因みたることなければ」とあり、【Ⅱ】の「日和見」の説明には「その技術は個人の経験に基づくもので」とあるので、ここから、修行をおろそかにせず、自分自身の力で経験を積むことが大切だと理解して、簡潔にまとめる。

通釈 徳川吉宗が将軍として国を治めていた時代、伊豆の船頭の某という人をお呼び寄せになって、日和見となさった。(船頭は)三十年ほどの間に一日も見損なう(天候の予測を見誤る)ことがない。その子が、父の仕事を継いで、現在の日和見である。しかし何度も見損ないがある。この(子の)父はもともと船頭で長年海の上を行ったり来たりして、命を懸けて天候を学習した人間なので自然とそこ(天候の予測)が非常に巧みになって(天気の予測の)名人であったが、子は父の地位や財産を譲り受けて衣食(暮らし)が豊かなので、自然と修行がおろそかになって、父からの教育だけを受けてそれを見習い、自分で苦労することがないので、細やかに注意を払って稽古をしないから(天候を見誤るの)だろう。武芸の家の(後を継ぐ)人間などは、最もわきまえておかなければならないことである。

大分県

問題 P.250

解答

一　問一、(1)蒸(し)　(2)専属　(3)宣誓　(4)すた(れて)　(5)ひんぱん　問二、(1)ア　(2)例文を書く　(3)イ

二　問一、ウ　問二、文字を入力　問三、(1)個性　(2)刺しゅうするのが趣味である僕のことをわかってくれるのではないか(31字)　(3)好きなものを追い求めること　問四、エ

三　問一、労働を投下～は生まれる　問二、知識や情動、倫理や美しさといった無形の要素　問三、ウ　問四、費用を節約することができるとともに、その場所ならではの個性を保つことができる(38字)　問五、イ

四　問一、かえしぬ　問二、ア　問三、②オ　④ウ　問四、イ　問五、Ⅰエ　Ⅱ倹約しようと

五　問一、イ　問二、ウ　問三、(例)私はメールが適切と考える。Bを見ると、メールを利用したい人の八十一%が「すぐに伝えることができる」を回答理由に挙げている。お礼や感想は記憶が新しいうちが伝えやすいし、早く届くほうが相手にも喜ばれると思ったのがメールを選んだ理由である。

解き方

一　問二、(2)二人の「ことば手帳」の違いに着目する。(3)イは「点画の省略」が不適。

二　**寺地はるな「水を縫う」**(集英社刊)より。問一、アは「わずらわしさ」が、イは「早く帰ってこの石を磨きたい」が、エは「なんとか励ましたい」が、それぞれ不適。問二、設問文に「打ち明けようとする」とあるので、傍線部よりあとの部分から「緊張感が伝わる」部分を探す。「指がひどく震える」がそれに該当する。問三、(1)「石の意思」という言葉がすぐ目につくが、Aさんの言葉のなかで使われているので、他の言葉を探す。点線部X直後の「そこは尊重してやらんとな。」に着目し、同様の表現を「キヨ」に関する記述から探す。本文冒頭に「個性は大事……個性を尊重すること、伸ばすこと」とある。(2)点線部Yは述語が省略されているので、述語を補うと「宮多は彼らではないのに、どうして勝手にそう思いこんでいたのだろう」となる。逆接の接続助詞「のに」を順接で言い換えると「宮多は彼らではないから、わかってもらえるのではないか」となる。さらに、何を「わかってもらえる」かを指定字数以内で明示する。(3)空欄Ⅲ前の「何かを決意した」に着目し、決意の内容がわかる部分を探す。傍線部②の三段落後「好きなものを追い求めること……その苦しさに耐える覚悟」が「キヨ」の決意である。問四、アは「相反する反応」が、イは「心情を比喩を用いて表現」が、ウは「今後の学校生活に対する不安」が、それぞれ不適。

三　**除本理史・佐無田光「きみのまちに未来はあるか？『根っこ』から地域をつくる」**より。問一、傍線部の「従来」と「考え方」に着目する。二段落後の「従来の経済の常識では」が同義語なので、直後の四十二字を抜き出す。問二、【ノート】の変化に着目する。本文①の第二段落に「人びとはこれ以上『モノ』の量的な豊かさを求めるのではなく……無形の要素を重視するようになりました。」とあるので、後半部分が空欄Aにあてはまるが、二十一字では抜き出せない。そこで、別の段落から「モノ」の重要性に言及している箇所を探す。第五段落の「大事な点は」に着目し、直後の指示語「そこに」を除いた二十一字が、空欄Aにあてはまる。問三、アは点線部によって引き起こされた結果(①の第一段落参照)なので不適。イは全体的に不適。エは「技術や知識を持つ職人……価値を失ってしまう」が本文中に書かれていない。問四、「リノベーション」の利点をまとめる。②の第一段落「地域にあるものを……節約する」が一つめの利点で、次に最終段落の内容を、前段落を踏まえてまとめればよい。問五、アは「地域の近代化を進めるための手法」が、ウは「今後の工業化に向けた効率的な開発手法」が、エは「新たな観光資源を開発」が、それぞれ不適。

四　**井原西鶴「日本永代蔵」**より。問二、傍線部前に「旦那(＝市兵衛)は聞かぬ顔して」とあるので、市兵衛は餅を請け取っていない。よって市兵衛が若い者に、餅を請け取ったか尋ねたのである。問三、傍線部②は若い者が主人に指図されなくても、気を利かせて済ませておきましたよ、と得意顔で言っている様子。傍線部④は自分の想像以上に目減りした餅に驚き呆れている様子。問四、「一時ばかり過ぎて」冷めた餅は、「思ひの外に減のたつ」ので、餅から蒸発した水分量まで、余計に多く支払ったことになる。問五、Ⅰアは「友好関係を大切に」が不適。イは「道具の使用法」が不適。杜斤の使い方は教えていない。ウは「商いに取り入れる」が不適。この文章だけでは藤屋の業態はわからない。Ⅱ本文前の設問文の「一代で財産家となった」がヒント。ささいなことにも知恵を働かせ、支出を抑えようとしている。

通釈　十二月二十八日の明け方、急いで(搗き立ての餅を)かつぎ込み藤屋の店にならべて、「請け取って下さい。」と(餅屋が)言う。餅は搗き立てが好ましく、正月らしく見えた。藤屋の主人は聞こえぬふりをして算盤を置い(て無視し)たところ、餅屋は忙しい時で時間を惜しみ、何度か催促するので、気配りができる(藤屋の)若い者が、物の重さを量る道具で(量った分量の餅を)きっちりと請け取って(餅屋を)帰した。二時間程が過ぎて、「さっきの餅を請け取ったのか。」と(主人が)言ったところ、「すでに(代金を)渡して(餅屋は)帰りました。」(と若い者が答えると)「この家に奉公する価値もない者だなあ、温もりの冷めていない(湿って重たい)餅を請け取った事だよ。」と、また、注意を払っていたところ、自分の想像以上に(請け取った餅が)目減りする事を、若い者が恐れ入って、食べもしない餅に(食べるためではなく驚嘆して)口を開けた。

五　問一、自分で経験した具体例を挙げたうえで、自分の考えを書いている。アは、初めに具体例を挙げているので「頭括型」が不適。ウは「新聞やインターネットを使って調べた」が不適。エの「客観的な調査データの結果を引用」をしているのは【資料】Ⓐなので不適。問二、アは「他者とコミュニケーションを取る際」が、イは『メール』はすぐに伝えられる」が、エは「気持ちを伝えやすい」が、それぞれ不適。

宮崎県

問題 P.257

解答

一　問一、ⓐさ　ⓑたたみ　ⓒ復唱　問二、ア　問三、エ　問四、たとえ拙い　問五、新しいことをはじめるのに年は関係なく、今からでもなりたい自分になれるという思い。(40字)　問六、ウ

二　問一、ⓐ芸術　ⓑむじゅん　ⓒ営　問二、イ　問三、エ　問四、ウ　問五、ア　問六、Ⅰは人間が加工しない自然の部分に、人間の力を超えたものに到達する可能性を感じることで、Ⅱは人の清掃活動と自然の風化によって生じるものを、美として慈しむこと。(78字)

四　問一、万法を照す　問二、(一)十一(画)　(二)イ　問三、

見レ賢思レ齊　問四、自分の足りない部分について内省すること。(20字)　問五、エ

解き方

一　**寺地はるな「水を縫う」**(集英社刊)より。

問二、イは思いのほか、ウは案の定、エは心ならずも、という意味の語句。問三、傍線部のあとの「どんどんドレスの縫い目をほどいていく」や「ためらいなくドレスを解体していく」から、深呼吸をして覚悟を決めたのだと分かる。問四、設問文中の「わたし」が「清澄は何をしようとしていると考えたか」に着目する。傍線部のあとの「わたし」の清澄の心中を推測する記述から、「…しようとしている」に相当する表現を探す。問五、設問文中に「清澄の言うように」とあるが、この言葉は七十四歳で新しいことを始めることに若干不安を覚える「わたし」に対し、「でも…」と挑戦を肯定的に捉え、その先の姿を想像していく姿勢の表れである。その思いに「わたし」は心を打たれている。問六、方言の注釈が四つもあるように、ウが合致する。アは「軽やかな感じを与え」が、イは「言い尽くせないほどの感動」が、エは「受け身な性格を暗示」が、それぞれ不適。

二　**栗田勇「日本文化のキーワード――七つのやまと言葉」・原研哉「白」**より。問二、[I]は「日本＝東洋」対「西洋」という二項対立の論説文である。空欄直前の段落が西洋の絵画、空欄を含む段落が東洋や日本の絵画の説明なので、逆接の接続語を選ぶ。問三、傍線部の「革命的」とは、物事が社会生活に重大な影響をもたらすほど急激に発展・変革するような性質、という意味。傍線部を含む段落の「音の鳴っていないところにこそ、じつは真の宇宙の音楽が鳴りひびいている」や、次の段落の「たいへんパラドクシカルというか、矛盾した言い方」が該当する。アは「感覚的に」が、イは「音に形がない」が、ウは「神が作り出すもの」がそれぞれ不適。問四、第一段落は日本人の「間」についての筆者の考えにあたる。第二段落以降でジョン・ケージの現代音楽や水墨画などの具体例を挙げて説明し、本文の最後で「間」が「日本の文化を貫いているのである」と改めて筆者の考えを述べている。アとイは「冒頭で……具体例を取り上げ」が、エは「終末で対立する二つの考えを統合」がそれぞれ不適。問五、第一段落の「清掃に清掃を重ねる一方で、自然はこの寺のきらびやかなものを一枚一枚はぎ取るように風化させてきた。結果として現れてきた枯淡の風情」に着目する。つまり「清掃」「自然」「きらびやかなもの」という三つのキーワードがすべて揃わないと「枯淡の風情」は生まれない。エは「清掃」「自然」が「枯淡の風情」の枠外にあるので不適。問六、設問文中に「日本人と自然との関わり方が分かるように」とあるので、やみくもに最終段落を要約しても意味がない。[I]は自然を話題にする「何もない…」で始まる段落の「つまり人間が加工するよりも……無限の可能性を持っている」の部分を、[II]は「日本の美の核心」として人間の「清掃」と自然の「風化」との関わりを述べた第一段落後半を要約する。

四　**「沙石集」・「論語」・佐久協「ためになる論語の世界」**より。

問一、発言の終わりは引用の助詞「と」を探す。問二、(一)「竟」の画数十一画で引く。(二)本文中の「鏡」は漢和辞典3の「手本。模範。」という意味で使われている。傍線部中の「興廃」は、繁栄と衰退という意味。問三、直前の文字に返る場合は、レ点を用いる。問四、傍線部直前の「他人を見つめる事で」に着目して古文Aの「得失を知り」を、傍線部の「自分に目を向ける」に着目して漢文Bの「内に自ら省る」を、それぞれ口語訳する。問五、[a]は楷書、[b]は行書である。アは「行の中心からずらし」が、イは「行の中心に合わせ」が、それぞれ不適。イの「筆脈」とは、筆順の決まりごとによって文字を書くときの点画のつながりや、文字から文字へのつながりという意味。

通釈　A　昔の人が言うことには、銅を鏡として(鏡に映った自分の姿を見て)衣服や冠を正し、他人を手本として(自分の)長所・短所を知り、遠く過ぎ去った世を先例として、繁栄や衰退の歴史を知り、心を鏡としてあらゆる存在の真理を見比べると言っている。

B　孔子が言うことには、自分より知徳の優れた人に出会ったら(良いお手本として)同じになるように見習い、愚かな人に出会ったら(悪いお手本として)自分の内省材料にするのだ。

鹿児島県

問題　P.261

解答

一　1、(1)貯蔵　(2)耕　(3)額　(4)えんがわ　(5)しょうち　(6)と　2、十(画)

二　1、ウ　2、イ　3、Ⅰ勝てない場所　Ⅱできるだけ競争しなくても生きられる　4、すぐに苦手だと決めてチャレンジをやめてしまうと、得意なことや本当の面白さに気づかず、自分の可能性を広げられなくなってしまうから。(64字)　5、エ

三　1、こう　2、イ　3、ウ　4、Ⅰ賢人　Ⅱ自分のものにしよう　Ⅲ利益に執着している

四　1、エ　2、Ⅰきつい言葉　Ⅱ対等な立場で先生を説得する　3、ア　4、ウ　5、自分たちの意見を精一杯伝えたが、先生からなかなか返事が返ってこないため、説得がうまくいったかわからず不安な気持ち。(57字)

五　(例)

Yの良い点は、従来の考え方だけにとらわれず、現代人に則した意味や用例が書かれているため、時代の移り変わりに柔軟に対応した内容になっていることだ。

その反面、一部の年代や性別の人たちしか使用しない意味や用例、もしくは流行語が書かれる安易さをはらみ、辞書という書物の性格には、ふさわしくない可能性もある。

解き方

二　**稲垣栄洋「はずれ者が進化をつくる　生き物をめぐる個性の秘密」**より。1、傍線部は「偉人」という体言にかかる連体修飾格の格助詞。アは「書いた」にかかる主格の格助詞、イは連体詞「この」の一部、エは、のもの、という意味なので準体格の格助詞。2、aは空欄を含む一文の「理由があります」に着目する。接続語の前後が因果関係にある場合は順接の「もちろん」が入る。bは述部の「ありません」に着目する。打ち消し表現に呼応する語は、少しも・けっして・断じて、である。3、Ⅰは直後の「見つける」に着目。傍線部について説明している直後の段落から「見つける」の目的語を探すと、「オンリー1のポジション」「勝てない場所」「ナンバー1になれない場所」とあるので、指定字数に合致するものを抜き出す。Ⅱは傍線部直後の「そして、『できるだけ戦わない』という境地と地位にたどりついた」に着目する。4、傍線部中の「無限の可能性」に着目し、若者の可能性に言及している段落を探すと、二段落あとの最後の一文に「得意なことを探すためには……捨ててしまわないことが大切」とあるので、なぜ大切なのかを考える。同段落で述べられているように「面倒くさいというだけで……本当の面白さに出会うことはない」から「無限の可能性」を閉ざしてしまうのである。5、「勝者は戦い方…」で始まる段落の「生物の進化を見ても……敗者によってもたらされてきました」や、最終段落に「人類は、

敗者の中の敗者として進化を遂げてきた」とあるように、弱者・敗者でないと進化は出来ないのである。アは「白い花が全て枯れ」ても「黄色い花」が残っているので不適。イは「寒さに強い」ので弱者ではない。ウも「海に潜る力をもっていた」ので敗者ではない。

三 無住「沙石集」より。2、傍線部は、あなた(二人称)という意味。会話主は「その子」なので、子どもからみたあなたは「ある俗」である。3、せりふの冒頭に「ある俗、他人の銀を百両預かり」とあるが、一方では「そこに寄せたり。それ(あなた)の物なるべし」とあるように、お互いに銀は相手のものだと考えている。4、Ⅰ直後の「評価」に着目し、本文中から類義語を探す。三つめの『　』内が二人の評価にあたる。Ⅱは生徒Cの最初の発言の「対比されていると考える」に着目。問3で見たように「ある俗」たちは、銀が相手のものだと考えていたので、反対に「僧二人」は、布施が自分のものだと考えていたことになる。Ⅲは直前の生徒Bの「割愛出家の沙門」に着目する。注釈に「欲望や執着を断ち切って僧になり、仏道修行をする人」とあるので、僧二人は「欲望や執着を断ち切って」おらず、執着している点を和尚に戒められたと考える。

通釈 中国の育王山の僧二人が、仏や僧に施す金銭や品物を争って騒いでいたので、その寺の長老の、大覚連和尚が、この僧二人を戒めて言うことには、「ある世俗の人が、他人の銀を百両預かって置いていたところ、そのお金の主が死んだ後、その子に銀百両を与える。子どもは、(その)お金を受け取らない。『(私の)親は、既に(私に)与えないで、あなたに寄付した。あなたの物であるはずだ』と(子供が)言う。その世俗の人は、『私はただ預かっているだけである。譲り受けたのではない。親の物は子の物になるべきだ』と言って、また(お金を)返した。お互いに言い争って(お金を)取らない、最後は公の役所で判断を仰ぐと、『両者共に賢人である』と。『二人の言うことは当たっている。ぜひお寺に寄付して、死者の菩提を助けなさい』と判断する。この話は、私が直接見聞きしたことである。僧にならず、俗世間で生活する人が、なお利益を貪らない。欲望や執着を断ち切って僧になり、仏道修行をする人が、(どうして)金銭や品物を争うのだろう」と言って、(二人を)寺の決まりに従って追放した。

四 望月雪絵「魔女と花火と100万円」より。1、傍線部は、食いついて離れない、強い相手に粘り強く立ち向かう、という意味なので、エの「あきらめずに交渉し続けよう」が合致する。アは「取りつくろおう」が、イは「あせりつつ真意を質問」が、ウは「さらに文句を言おう」がそれぞれ誤り。2、Ⅰ直後の「自分たちに現状を理解させ」に着目し、本文から同じ表現を探す。傍線部前の「おじさんが…」で始まる段落に「おじさんが厳しいことを言ったのは……きっと私たちに現状を理解させ」とあるので、笹村先生が返した「厳しいこと」を、それより前の部分から探す。Ⅱは直後の「きっかけを与える」の同義語を本文から探す。傍線部のあとにある「とっかかりを用意し」が該当するので、その直前の部分を簡潔にまとめる。3、傍線部の「負けない」は、ひるまない、という意味。イは「恥ずかしく」が、ウは「安心して得意げ」がそれぞれ誤り。エは全体的に合致しない。4、傍線部直後の文の「根本は違うことへの怒りだった……『自分たちの文化祭なのにどうして』って気持ちがあった」の、『　』内で省略された述部を補って考える。本文六段落めの「先生がたに一方的に奪われるのは、おかしい」が省略された述部である。アは「文化祭の廃止は賛成」が、イは「勉強時間が今までより減る」がそれぞれ誤り。エは全体的に誤り。5、傍線部①を含む「加奈は食い下がる」、傍線部③「加奈はもう負けない」、最後から五段落前の「加奈は続ける」などから、自分たちの意見は精一杯伝えたということが分かる。次に、最後から三段落前の「先生は長いことだまった」から、先生からなかなか返事が返ってこないことが分かる。同段落の「何を考えているのかは分からなかった」からは、説得がうまくいったかどうか分からず、傍線部⑤の「汗が背中を伝う」からは緊張からくる不安な気持ちが読み取れる。これらの内容を指定字数以内でまとめる。

沖縄県

問題 P.265

解答

一 問1、ウ　問2、ア　問3、ア　問4、ウ　問5、エ　問6、Ⅰパパは困ったような顔で笑うだけ　Ⅱ肩から力を抜いて笑った(11字)　Ⅲ圭太　Ⅳパパ

二 問1、ようなる　問2、エ　問3、(1)ウ　(2)A煙　Bイ

四 問1、田を耕す者有り。問2、ア　問3、ウ　問4、エ

五 問1、イ　問2、ア　問3、ウ→ア→イ　問4、イ　問5、Ⅰ(例)

発表の仕方については、図書委員と新入生どちらの評価も一番低くなっている。また、オリジナルイベントの紹介は、図書委員は工夫したが新入生の評価は低かった。

Ⅱ(例)

来年度の発表をより良くするためには、オリジナルイベントの紹介を改良する必要がある。なぜなら、図書委員が工夫したにもかかわらず、新入生の評価が低かったからである。アンケートで多かった意見を参考にして、スライドをシンプルにしてポイントを押さえたものにする。また、発表の予行演習を行い、より伝わるように練習するとよい。

解き方

一 重松清「サマーキャンプへようこそ」(「日曜日の夕刊」所収)より。問1、「気詰まり」は、相手や周囲に気をつかって心がのびのびとしないこと。問2、圭太が「誤解されやすいタイプなんだよ」と言ったことに対して、パパは同意できなかった、つまり「周囲の見方」と同じように思ったことが分かる。問3、圭太は、自分ではそんなつもりはないのに、パパから「バカにされたような気がしちゃう」や、友だちから「むかつく」と言われたことを思い出し、「この笑い方がだめなのかな」と気づいて、笑うのをやめてしまったのである。問4、傍線部の前までで、リッキーさんが圭太のことを、「友だちが少ないタイプ」で「あの調子……心配ですよねえ」と批判しており、それに対してパパが「圭太は、いい子です」と反論している。それを聞いたときの気持ちなので、ウが合致する。イは「みじめさ」が不適。問5、リッキーさんは圭太の振る舞いを批判したが、それについて、パパは圭太に何も言わず、ただ「歩けるか?」と心配して、「帰ろう」と言った。それを聞いて圭太は、自分は間違っていない、つまり「あるがままの自分」を認めてもらえたと感じて喜んでいる。問6、Ⅰ圭太から見た、パパの「諦めた」様子を述べている表現を探す。Ⅱパパの「気が楽に」なったことが分かる表現を探す。Ⅲ文章中の「ぼく」は圭太なので、圭太の視点で語られていることが分かる。Ⅳ文章全体を通して、パパの圭太に対する気持ちの変化が描かれている。

三 問1、ア段音＋「う」または「ふ」は、ア段音を同じ行のオ段音にする。問2、傍線部前の、猿と狐のせりふに着目する。二匹は、兎が「嘘をついて」、自分たちに「火を起こさせて」「暖まろう」としたと思ったのである。問3、(1)傍線部直前より、帝釈天は「命あるものすべてのものたちに見せる」ために、月の中に兎を刻み込んだ、とある。(2)A最終段落で、「月の面に雲のやうなる物」があるのは、「この兎の火に焼けたる煙」であると述べられている。B最終段落より、「月の中に兎の有る」は「この兎の形」とある。

通釈 そのときに、猿と狐が、これを見て言うことには、「おまえは何を持ってきたのか。これは、思ったとおりだ。嘘をついて人をだまして、木を拾わせ火を起こさせて、自分はそこで暖まろうとは、憎らしいやつめ」と言った、(すると)兎は、「私には食べ物を探して持って来る能力がない。だから、どうか私の体を焼いてお食べになってください」と言って、火の中に飛んで入って焼け死んだ。

そのときに、(老人に変身していた)帝釈天は、もとの(神の)姿に戻って、この兎が火に飛び込んだときの姿をそのまま月の中に移して、命あるものすべてのものたちに見せるために、月面に刻み込んだ。

だから、月の表面に雲のようなものがあるのは、この兎が火に焼けたときの煙である。また、月の中に兎がいるというのは、この兎の姿なのだ。人間ならば誰しも、月を見るたびに、この兎の行動を思い起こすだろう。

四 問2、傍線部直前より、兎が走ってきて切り株にぶつかって死んだことで、宋人は何もしなくても、兎という「利益」を手に入れられたことが分かる。問3、宋人が待っていたが二度と手に入れることができなかったのは「兎」である。問4、前の段落では、偶然に手に入れた兎を再び得ようと待っていたが、手に入れられず笑い者になった人が描かれている。つまり、前に成功したとしても、次も同じやり方で成功するとは限らない、そのようにするのは愚かなことであると作者は述べているのである。

通釈 宋の国の人に、田を耕す人がいた。(その人の)田の中に切り株があった。(ある時)兎が走ってきて切り株にぶつかり、頸の骨を折って死んでしまった。そこで(宋の国の人は、持っていた)耒を捨てて切り株を見守り、再び兎を手に入れることを待ち望んでいた。しかし、(兎を)二度とは手に入れることはできず、(その人は)国中の笑い者となった。

今、昔の王の政治のやり方で、今の時代の人民を治めようとするならば、それはみな切り株を見守るのと、まったく同じたぐいのことである。

五 問2、これまでの話し合いに区切りをつけて、次に進むことを促している。問3、ア〜ウのスライドの内容だけでなく、【話し合い】の内容を踏まえて判断する。【話し合い】から、一番の「推しポイント」は「オリジナルイベント」、次が「部活動関係の本や雑誌」、そして「図書館の雰囲気」ということが読み取れるので、この順番に並べる。問4、[5]のスライドは、本の貸出と返却に関する内容である。問5、Ⅰ資料を読み取る際は、特徴的な部分を抽出する。また「次年度の発表をより良くするために必要なこと」についての作文なので、改良すべき点にも着目する。「発表の仕方」はどちらからの評価も一番低くなっている。「オリジナルイベントの紹介」は、工夫したが新入生からの評価は低くなっており、両者の評価が異なっていることが特徴として読み取れる。Ⅱ前問で指摘したことを踏まえて書くことに注意する。「…が必要である」「なぜなら……だからである」といった表現を使って、自分の意見をまとめるとよい。

国立高校・高専

東京学芸大学附属高等学校

問題 P.271

解答

一　〔問1〕ⓐ専門　ⓑ明示　ⓒ根幹　ⓓ進展　ⓔ系統　〔問2〕③　〔問3〕②　〔問4〕②　〔問5〕社会の安全性や利便性の向上に使われ、また知能犯罪や意識の操作に使われる（という可能性。）　〔問6〕①・⑤　〔問7〕異なった言語を知ることは、異なった世界の見え方を会得することである。（34字）　〔問8〕④

二　〔問1〕ア⑤　イ④　〔問2〕③　〔問3〕④　〔問4〕②　〔問5〕⑤　〔問6〕④　〔問7〕①　〔問8〕①・⑥　〔問9〕②

三　〔問1〕逐レ鹿入二草中一。〔問2〕③　〔問3〕⑤　〔問4〕④　〔問5〕①　〔問6〕②　〔問7〕①　〔問8〕④

解き方

一　**全卓樹「銀河の片隅で科学夜話」**より。〔問2〕傍線部前後の文脈から考える。「異国の……店先でいくらリンゴと叫んでも、望みの」、あの「独特の芳香を放つ甘い果物」を「得られない」のは、その異国に「リンゴという……音列と、リンゴの存在自体とを結びつけている」「社会的な約束事」がないからである。つまり、「リンゴ」という言葉とそれが指し示す事物が結びついていることに必然性はなく、たまたま日本語のなかでは社会の約束事でそう呼ばれているに過ぎないのである。〔問3〕直後の文で例示されていることから考える。「固まって棒状でも……『キブ』であり」ということと合致するのは選択肢②の後半の内容で、「助数詞『チュト』を伴ってはじめて棒状とメイジされる」と合うのは②の前半である。〔問4〕空欄部前の段落で示されているように「言語の構造が、物体の認知に影響を及ぼしていること」を証明するための実験であることをまず押さえる。さらに、その三段落前以降の内容から、「名詞が形の情報を」「含まない」で「助数詞」を「伴ってはじめて」形状が「メイジされる」マヤ語を話す子どもが、「厚紙の小箱」を見せられてアメリカ人と同じような認知の仕方をしたのは、まだ「助数詞を伴」う言語構造が出来上がっていない、つまり7歳以下の子どもは「まだ助数詞を正しく使えない」からだと推測される。〔問5〕「実用的」とは、理論や実験・試験段階ではなく、使ってすぐ実際の用に役立つ様子のこと。「言語と認知をめぐる研究」が、将来、社会的にどのように役立つ可能性があるか、ということについては、末尾近くの「言語と認知の関係の研究は…」で始まる段落で、「社会の安全性や……意識の操作に使われるだろう」と述べられている。〔問6〕点線部の「結果は企業の規模や業種に……依らなかった」ことは、①の「社会的地位や勤務先にそもそも格差があり…」ということを「排除する役割」を果たしている。また、スウェーデン語話者が「文化的にも経済的にも、そして生活習慣の上でも、多数派フィン語話者と完全に統合されている」ことは、⑤の「スウェーデン語話者は生活習慣を含め独自の文化を持って」いることを「排除する役割」に合致する。〔問7〕傍線部直前の「ちょうど異国の料理の……豊かになるように」は、傍線部の比喩であると同時に、同段落の「すべての日本語話者が……英語を、義務教育で教わるのは……決して無駄ではない。」ということのたとえであり、その理由は段落冒頭の「異なった言語を知ることは、異なった世界の見え方を会得することである。」という一文である。〔問8〕①は「物体をどのように認知するかは民族によって大きく異なり、それが言語構造の違いを生みだす」が誤り。言語構造の違いが認知の違いを生みだすのである。②は「民族間の深刻な対立を引き起こした」が不適。「言語の構造が…」で始まる段落にあるように「学派間の分断の一因となってきた」のである。③は「フィンランドとスウェーデンにおける労災事故の比較研究」ではなく、フィンランド国内におけるフィン語話者とスウェーデン語話者の労災事故の比較である。④は末尾から四つめの「言語習得による新たな認知能力の獲得は…」で始まる段落の内容と合致。⑤は末尾から三つめの段落で「人間活動の巨大電子データの蓄積」が「自由の抑圧に用いられるかもしれない」とその可能性については触れているが、「人々の生活を向上……使われるべき……規制するために用いられてはならない」と断言してはいない。

二　**江國香織「晴れた空の下で」**より。〔問2〕最後の方にあるように「婆さん」は実は「去年の夏、カゼをこじらせて死んだ」のであるが、そのことに触れているのは、③の「ありありと」のみ。「時の流れや人の変化に頓着することなく変わらずにそこにいる」かのように、いるはずのない婆さんの「存在をありありと感じている」のである。〔問3〕Ⅰは春の暖かいよい天気を表す言葉が入るので、「ぽかぽか」「ぬくぬく」「うらうら」のいずれかで決まるが、Ⅱは楽しそうに笑っている様子なので、「くつくつ」が適切。〔問4〕傍線部あとの「はいはい、と言いながら、婆さんは笑顔のままでお茶をいれる。」という反応から、③の「威嚇し」や、④の「腹立たしくなり……困らせて」は不適。また、①のように「わざとおどけて」もない。②のような「記憶の曖昧さを指摘され」た気恥ずかしさを紛らわせ、ごまかすための振舞いである。〔問5〕直前に「ぺんぺん草の葉をむいて、嬉しそうに揺らしながら歩いている婆さん」とあるが、これは⑤の「童心にかえったようにぺんぺん草を摘んで喜ぶ婆さん」という意味である。ぺんぺん草（ナズナ）を使った子どもの遊びがあるが、「婆さん」はその子どもの時の遊びをしているのである。〔問6〕傍線部前の「今これ（＝婆さん）がやるから」と婆さんが生きていると思い込んでいる義父を気の毒に思い、そのあとで「ほんの束の間同情的な顔にな」ったものの、そんな同情の気持ちをさとられまいと、直前で「ことさらにあかるい声で」散歩の話から「おつゆ」の話に話題を変えているのである。〔問7〕本文の始めの方に「昔、婆さんも、手鞠麩のようにやわらかい娘だった。……玉子焼きのようにやさしい味がした」とあるのに着目する。「玉子焼きと手鞠麩のおつゆ」は、①にあるように「婆さんの存在を感じることのできる料理」なのである。〔問8〕点線部ⅰは、小説の場面は春であるが、婆さんが着ている「浴衣」は、婆さんが亡くなった夏のものである。いわば「わし」が現実に見た最後の婆さんの姿であり、あとで「去年の夏、カゼをこじらせて死んだのだ」と気づくことの伏線になっているので、①は合致する。点線部ⅱの「笑顔のまま」は、普段から「わし」のかんしゃくを優しく受けとめていることを表しているので、②は不適。点線部ⅲは「擬人法」の表現ではないので③も不適。点線部ⅳは春という季節の素晴らしさに酔っているのであり、「様々な出会いや別れがある」ことを言っているのではないので④も不適。点線部ⅴで「わしらは」から「わしは」に変わったのは、「婆さん」の死を受け止めたからなので、⑤も不適。点線部ⅵの「食べることと生きることとの、区別がようつかん」のは、食事をきっかけに「婆さん」が生きていた頃の時間が蘇り、「二時間」もかけて食事をしながら、「婆さん」との人生を「生き直」しているからなので、⑥が合致する。

三「**幽明録**」より。〔問2〕「A(は)Bの～する所と為る」は、「AはBに～された」という意味の受け身の表現。〔問3〕ⓐ直後の「衆中に刃」った相手は、太線部前の「報讐せんと欲した」、父の仇の「郷人」。ⓑ馬が行こうとしたのは直前にあるように「古き深穽」。ⓒ前の方から見ていくと、「令怒り」、弓で射ようとした相手は、「杖を挙げ馬を撃」った「一公」。〔問4〕前の方にあるように、父親を殺された「年十余歳」の姚牛が「衣物を売りて刀戟を市ひ、図りて報讐せんと欲」した行為が親孝行だというのである。〔問5〕直前に「州郡の救ふことを論ずる為に」とあることから考える。「為に」は目的ではなく理由を表す言葉。〔問6〕直前にあるように、「古き深穽数処有り、馬将に之に趣かん」としたが、このままでは長官が落とし穴に落ちてしまうと心配し、老人は長官を助けようと馬を杖で撃ったのである。そして直後で「馬驚きて避け、鹿に及ぶを得ず。令怒り」とあることから、事情を知らない長官が狩りの邪魔をされたと思って怒りを感じ、弓で射ようとしたことを読み取る。〔問7〕直前で「君の牛を活かすに感じ」とあることから、何しに来たのか考える。〔問8〕長官の乗った馬が、落とし穴に落ちようとしたときに、馬を杖でたたき、穴の方へ行かないようにしたのが、長官が命を助けた姚牛の父親の幽霊であったことを読み取る。

通釈　項県の人で姚牛という男が、十数歳の時に、父親が同郷の人に殺された。それで姚牛は衣類や家財を売り刀を買って、復讐しようと思った。その後県の役所の前でばったり出会ったので、自分の手で仇を大衆の前で斬り殺した。役人は(姚牛を)捕らえたが、県の長官は(姚牛が)親孝行であることに心を打たれ、それで裁判を引き延ばしているうちに、恩赦にあって(罪を)免れることができた。また州の役所も助命の判決を下したので、何のおとがめも受けなかった。

県の長官がその後狩りに行って、鹿を追って草の中に分け入った。(そこには)古い落とし穴が何か所かあったが、馬がまさにその場所にさしかかろうとしたとき、一人の老人が現れて杖を挙げて馬を撃った。馬は驚いて(それを)避けたので、鹿に追いつくことができなかった。長官が怒って、弓を引き絞り、老人を射ようとした。老人が言うには「この中には落とし穴があります。あなたさまが落ちるといけないと思いまして。」と。長官が、「おまえは何者だ。」と(言う)。老人は跪いて、「わたしは姚牛の父でございます。あなたさまが姚牛を助けてくださったので、お礼にうかがったのです。」と言って、姿を消した。長官は幽冥界のことを身近に感じ取って、それから官職にあった数年間、民に多くの恩恵を施したのであった。

お茶の水女子大学附属高等学校

問題 P.277

解答

一　問一、a修復　bし　cあたい　d革新　e不全　問二、Aオ　Bオ　問三、Ⅰ三　Ⅱ七　問四、体の動き・声の強弱・表情　問五、意思疎通の基盤となるようなものの見方や考え方。(23字)　問六、コミュニケーション力とは自分が使っているコードを破る力である、という主張。　問七、1意見交換をする　2生きる　問八、ウ　問九、1相手の話を誤解することが多く、コミュニケーションの不成立の多いことが分かる。(38字)　2誤解を防ぐことはできないが、読解力を働かせて誤解を減らし、意思疎通をはかろうとすることがコミュニケーションだと思う。

二　問一、Ⅰア　Ⅱオ　Ⅲエ　Ⅳイ　Ⅴウ　問二、ⅲ　問三、Aオ　Bア　Cウ　問四、エ　問五、父親は肉親なので、他人のように思いのままにふるまえないから。(30字)　問六、父親の痩せ衰えた顔の中には陰鬱で人に憐愍を起させるような傷々しい俤があり、それが章三郎の心を惨憺たる感情で満たすから。(59字)　問七、1自分が父親から優しくされない悲しみ　2自分が父親から厳しくされない悲しみ　問八、イ・オ

三　問一、aウ　bエ　cア　問二、ⅰオ　ⅱエ　ⅲイ　問三、エ　問四、わづらふ　問五、オ　問六、生まれかわって猫になったということ。(18字)　問七、おのれ～きこと　問八、イ

解き方

一　**村上慎一「読解力を身につける」**より。問二、A「血気にはやる」とは、感情を高ぶらせて(＝意気込んで)、その感情にまかせて(＝向こう見ずに)激しい行動に走ろうとする、という意味。B「卑近」とは、身近で分かりやすいこと、通俗的(＝俗世間で評判がよい)なものであるということ。問三、直前の「会話が七割」「逆」という語に着目。「言語活動」は「会話」なので、この部分に「三」が入り(Ⅰ)、他が七となる(Ⅱ)。問四、傍線部直前の「うれしい」の言い方を自分のなかで想像し、言葉以外に必要な要素は何かを考える。問五、まず傍線部前後でヒントを探す。直前に「意思疎通ができる」、直後に「プラットホームが壊れているときに、……架橋する。」「通じていないところを通じさせるようにする。」とあるので、ここから、意思疎通の際に、お互い通じ合うための橋のような何かであると理解する。また傍線部⑤のあとにも「プラットホーム」の話があるので、そこも確認すると、「プラットホームが異なるところに何とか架橋しよう」「相手のプラットホーム」「自分のプラットホーム」とあるので、ここから、プラットホーム＝ものの見方や考え方、であると理解して、これらを組み合わせて記述する。問六、直前の「コードを破ってコミュニケーションを図った優れた例」という記述を手がかりにして、前の方で「主張」を探すと、前段落の末尾に「(コミュニケーション力とは)……それがコミュニケーション力、自分が使っているコードを破る力である」とあるので、この部分を「主張」としてまとめる。問七、1空欄直前の「作者がはじめに考えていた」という言葉を手がかりにして本文に戻ると、第一段落に「私は、初めにこやかに談笑しながら意見交換をする人々の姿を思い浮かべた。」とあり、そのあとに「談笑しながら意見交換をする力」とある。2空欄直前の「内田氏による勝海舟の話から」という言葉を手がかりにして本文の勝海舟の話のあとに着目すると、最終段落に『コミュニケーション力』とは、『生きる力』にほかならない」とある。問八、「読解力」については傍線部あとに、「プラットホームが異なるところに何とか架橋しようという場合」「相手のプラットホームがどうなっているか」「自分のプラットホームとどう違うか」「スタートに必須の力は読解力」とあるので、ここから読解力＝プラットホーム(＝ものの見方や考え方)が異なる際に、相手のものの見方や考え方や、自分との違いを読み取る力、と理解する。次に「コミュニケーション力」について、傍線部②の段落に、「(コミュニケーション力とは)コミュニケーションが成立しなくなっている状況で、それでも意思疎通ができる力」「プラットホームが壊れているときに、……何とかして架橋する。通じていないところを通じさせるようにする。」と

あるので、ここから、コミュニケーション力＝異なるプラットホームの間に架橋して意思疎通ができる力、と理解する。最後にこれら二つを重ね合わせて、読解力で相手のものの見方や考え方や、それと自分のものの見方や考え方の違いを理解して何らかのつながりがつけられれば、意思疎通（＝コミュニケーション）が成立する、と考え、これに近い選択肢を選ぶ。問九、1複数の表を比べる時にはその共通点や相違点に着目する。今回はQ1とQ2の「ある」と「ない」の割合がそれぞれほぼ同じである、という点がはっきり見える。「ある」の方に焦点を当てて考えると、Q1は、相手の言おうとしていることが自分に理解できないことがある、Q2は、自分の言おうとしていることが相手に理解してもらえないことがある、ということなので、これを設問の要求する「誤解・コミュニケーション」というキーワードに置き換えて整理し直すと、相手の話を誤解するとコミュニケーションがうまくいかない、ということになる。2設問文に着目。「コミュニケーション上の注意点」「本文の内容を踏まえながら」とあるので、この条件に当てはまる部分を本文から探す。問八で確認したように、傍線部②の段落に「（コミュニケーション力とは）コミュニケーションが成立しなくなっている状況で、それでも意思疎通ができる力」とある。また、傍線部⑤の段落にある「読解力」の説明を踏まえて解答をつくる。

二　谷崎潤一郎「異端者の悲しみ」より。問一、Ⅰ「うとうとと」は、ごく浅く眠る時に用いる表現。Ⅱ「むっと」は、不満や怒りがこみ上げて不機嫌な顔をする時に用いる表現。Ⅲ「ねちねちと」は、性格や態度がしつこい時に用いる表現。Ⅳ「じりじりと」は、物事が少しずつ確実に進む時（もしくは少ししか進まなくていらだつ時）に用いる表現。Ⅴ「せいせい」とは、気持ちがさっぱりする時に用いる表現。問二、ⅲの「たまらない」は動詞「たまる」の未然形に打ち消しの助動詞「ない」がついたもの。残りは全て形容詞。問三、A「けんもほろろに」とは、冷淡で、とりつくしまもない、という意味。「とりつくしまもない」とは、何か働きかけて事態を好転させるきっかけがつかめない、という意味で、オの「とりつくすべもない」も同じ。B「虫を殺す」とは、腹立たしさを我慢する、という意味。C「溜飲を下げる」とは、不平や不満を解消して気分をすっきりさせる、という意味。問四、傍線部の「彼自身の罪」という表現を踏まえ、章三郎の問題点をあとの方で探すと「畢竟（＝結局）それは章三郎が、あまりに親の権力と云うものを無視して懸って、これまでに散々父の根性を僻めてしまった結果なのである。」とあるので、これを根拠として選択肢を選ぶ。問五、直後の「父を全然他人のように感じ、他人のように遇する事が出来たなら、彼はもう少し仕合わせになり得るはずであった」と同段落末の「ただただその人が彼の肉身の父であるために、ほとんどこれに施す可き術がないのである。」という二つの記述に着目。問六、傍線部の「口へ出そうとしない」に着目して前部を見ると、二重傍線部ⅲの直前に「そのために章三郎は口を利くことも……出来なくなる」とあるので、「そのため」が何を指すのかをさらに前の方で確認すると「或る不思議な、胸のつかえるような、頭を圧さえつけられるような、暗い悲しい腹立たしい感情が、常に父親と彼との間に介在して居て」「父親の痩せ衰えた顔の中には、何となく陰鬱な、人に憐愍を起させるような傷々しい俤があって」とあるので、これらを理由としてまとめる。問七、1と2はセットで理解する。分かりやすいのは2の方の悲しみで、傍線部直後に「いっそ親父があくまで強硬な態度を通してくれた方が、かえって此方も気が楽であった。」とあるので、ここから、親父が自分に強硬な態度を示さないことが悲しい、と理解する。1の「元々あった悲しみ」は二つの候補がある。傍線直前には「（親父は）なぜもう少し温かい言葉をかけてくれなかったのだろう」「己も、なぜもう少し、優しい態度になれなかったのだろう」という二つの「悲しみ」が書かれている。ただ、設問は、なぜわざわざ二つの悲しみを考えさせるのかを考慮に入れるなら、対比を意識した解答を求めていると考えるのが妥当。よって、章三郎は優しさと厳しさ、という矛盾する事柄を父親から得られないことに悲しんでいる、という形になるようそれぞれの記述をまとめる。問八、イ「息子が自分の意見に従うまで話を止めなかった」が当てはまらない。二重傍線部ⅳの前の段落に「結局親父は我を折って……捨て台辞を云った揚句に章三郎を放免する。」とあるので、父親は息子が自分の意見に従わなくても話を終えていることが分かる。オ「父親は方言丸出しなところが無教養で」が当てはまらない。「無教養」については空欄Ⅱの前や点線部Aのあとに記述があるが、「方言丸出しなところが」に該当する記述は本文にない。また、「機嫌悪くいらいらしている」のは章三郎の前でだけで、妹や母の前では「好人物」である。

三　菅原孝標女「更級日記」より。問一、a「手」には「筆跡・字」という意味がある。「手習い」の「手」。b「らうたがる」とは「かわいがる」という意味。形容詞「らうたし」は「かわいらしい・愛らしい」という意味になる。c「かしがましく」は形容詞「かしがまし」の連用形で「うるさく」という意味。問二、ⅰ日記文学や随筆文などでは、特に主語が示されていない場合、基本的にその主語は「筆者」となる。ⅱ前後の関係は「いみじう人なれつつ、かたはらにうち臥したり」＝「これ」＝「隠して飼ふ」となっている。ⅲ前の方で、おどろく（＝目が覚める）人が誰なのかを確認すると傍線部③の直後に「わづらふ姉おどろきて」とある。問三、直前の「いみじう人なれつつ、かたはらにうち臥したり」がヒント。人に慣れているということは、誰かに飼われていた可能性がある、ということ。元の飼い主が探しに来るのではないかと思ったのである。問四、古文では「なやむ」は「病気で苦しむ」という意味でよく用いられる。問五、「なほさるにてこそは」には「こそ」という係助詞の下に結びの語が省略されていて、正確には「なほさるにてこそはあれ」となる。これを直訳すると「やはりそうであってこそ、そうであるのだ」となる。何かが起こっているのなら、やはりそれなりのわけがある。そういった時にこのような表現が用いられる。問六、1直前の「夢にこの猫のかたはらに来て」「おのれは侍従の大納言殿の御むすめの」という記述に着目。猫がやって来て→私は大納言殿の姫君が、「かくなりたるなり（＝こうなったのだ）」のだから、それは、猫になった、ということを意味する。問七、会話文の範囲を確認するポイントは、格助詞「と」、副助詞「など」である。設問文で「夢の中で猫が語った内容」という指摘があるので、始まりは「夢にこの猫のかたはらに来て」のあと、終わりは「わびしきことといひて」の「といひて」の前である。問八、イは「来つらむ方も見えぬに、……をかしげなる猫あり」の部分に当てはまる。オは猫が実際に語ったのではなく、姉の夢のなかで語ったのである。

通釈　桜の花が咲いて散るころになるたびに、乳母（母親代わりに自分を育ててくれた人）が亡くなったころだ、とだけ（思って）しみじみとした気持ちになっているところに、同じころにお亡くなりになった侍従の大納言の姫君の筆跡を見ながら、むやみに気の毒に思って（過ごして）いると、五月ごろ、夜ふけまで物語を読んで起きていたところ、やって来た方も分からないのに〔どこからやって来たか分からないが〕、猫がとてものどやかに鳴いていたので、驚いて（鳴いている方を）見ると、とてもかわいらしい猫がいる。どこからやって来た猫なのかと見ていると、姉である人〔私の姉〕が、「しっ。静かに。人〔他人〕に聞かせないで。とてもかわいらしい猫だわ。飼いましょう」と言うと、（猫は）非常に人慣れしていて、（私たちの）そばで横になっている。探している人がいるかもしれないと（思い）、この猫を隠して飼っていると、全然使用人などの下賤な者には近寄らないで、さっと（私たちの）前にばかり居て、食べ物も汚らしいものは、顔をそむけて食べない。姉妹の間にさっとまとわりついて、面白がってかわいがっているうちに、姉が病気になることがあり、家のなかが何となく騒がしく、この猫を北側の部屋にだけ居させて（こちらに）呼ばなかったところ、（猫は）うるさく鳴き騒ぐが、やはり何かわけがあって鳴くのだろうと（思ってそのままに）いると、病気の姉が目を覚まして「どこですか、猫は。こちらに連れて来て」と言うので、（私が）「どうして」と問うと、（姉は）「夢でこの猫がそばにやって来て、私は侍従の大納言殿の姫君が、こうなった〔猫になった〕ものである。こうなるはずの前世からの因縁が少しあって、この中の君〔作者〕が（私のことを）むやみに気の毒に思って思い出しなさるので、ほんのしばらくの間ここに居るのだが、最近は使用人などの下賤な者の中に居て、非常につらいと言って、ひどく鳴く様子は、身分が高く趣がある人だと見えて、目を覚ますと、この猫の声であったので、とてもしんみりとしたのです」とお話しになるのを聞くと、（私も）とてもしんみりとしたのである。

筑波大学附属高等学校

問題 P.282

解答

一 問一、一番大切な～中力を注ぐ　問二、イ　問三、些細なことにも注意を払おうとして、一番大切な部分に注意がいかない状態になること。問四、エ　問五、人間の注意力や集中力には限界があるということ。問六、本当に優先すべき事柄を取捨選択し、状況に応じて力の配分を変えていくこと。（36字）　問七、イ　問八、a業績　b本末　c前提　d小言

二 問一、エ　問二、私の似顔絵ではなく、別の人の似顔絵を描いてほしいのです。（28字）　問三、ウ　問四、イ　問五、エ　問六、ア　問七、相手の役に立つことで、相手も自分も幸せになること。（25字）　問八、エ　問九、aイ　bア

解き方

一 **畑村洋太郎「失敗学実践講義」**より。問一、まず、傍線部のあとの部分に「真面目だからこそ事故が起こる」とあることから、本文中では「真面目」が望ましいことではないことが分かる。事故を起こさないための筆者の提案は、最終段落の「いい加減にやる」であり、これが「真面目」と対になるので、問六とセットで考えると考えやすい。まず、「いい加減にやる」については、最終段落に「優先すべき事柄を取捨選択」し「状況に応じて力の配分を変え」ることである、と書かれている。すると、その反対の「真面目」とは、全ての事柄に全力で注意すること、となる。同内容で指定字数に合う箇所を探すと、「なぜこのような…」で始まる段落の「一番大切なことから……注意力と集中力を注ぐ」が見つかる。問二、「ヤイノヤイノ」は、しつこくせきたてる様子を表す副詞である。問三、傍線部の「いい塩梅だった注意力のバランス」とは、その段落の冒頭の「人間の意識は階層の中でも上位のものに向かって」いる、つまり、大切な部分に注意を払っている状態である。それが「小さなトラブル」への指摘を受けると、「だんだん嫌になって」「目先のことを考えて行動する」ようになり、「一番大切な部分に注意がいかなく」なるのである（「そして…」で始まる段落）。これが「バランスが崩れ」た状態である。問四、「正論」は、「道理にかなった正しい意見」という意味で用いる言葉である。しかし、傍線部の前後を見ると、筆者はその意見を認めたうえで、その指摘では解決できない、と述べている。その「正しさ」は問題解決に向かう「正しさ」ではなく、あくまで表面的な「正しさ」なのである。問五、傍線部に指示語を含むので、前の部分を見ていく。直前の段落には「人間の特性」らしき記述はないが、もう一つ前の段落に「人間の注意力や集中力には限界がある」が見つかる。問六、問一でも見たように、「いい加減にやる」ことは、「優先すべき事柄を取捨選択」し「状況に応じて力の配分を変え」ることである。問七、「ですから…」で始まる段落以降をみると、組織運営についても、個人についても、「人間の注意力や集中力には限界がある」という前提で話を進めているので、イが本文の内容と合致していないと分かる。

二 **山本甲士「ひかりの魔女　にゅうめんの巻」**より。問一、傍線部の「ほっとした表情」は安心した表情である。男性が安心したのは、「似顔絵」をお願いできるかどうか「確信が持てな」かったところに、結衣の「できますよ」という言葉を聞いたからである。問二、「いえ」は否定の言葉である。傍線部の前の結衣は、「さっそく描かせていただきますね」と、男性の似顔絵を描こうとしている。しかし、傍線部のあとの男性のお願いは、その場にいない両親の似顔絵を描いてほしいというものである。「いえ」のあとには、自分ではなく、他の人の似顔絵を描いてほしい、というお願いが続くと考えられる。問三、「お節介」とは、自ら進んで他人の面倒を見るという意味である。「サービス」も他人のために尽力することである。「お客さんに喜んでいただ」くために「自分がしてあげたくてしているもの」と考える。問四、傍線部の前の「そうですか……じゃあ、申し訳ありませんがお願いします」から考えると、結衣の言い分を受け入れたうえで、無料で描いてもらうことに申し訳なさを感じていることが分かる。問五、「土俵」には、議論・交渉などが行われる場という意味があり、同じレベルで競い合う場という意味でも用いられる。「ちゃんとした寿司屋」や「回転寿司店」と「さか寿司」とは、違うレベルで営業をしており、競争する関係ではない、ということである。問六、傍線部のあとを見ると、「似顔絵」という特技は、結衣にとって「誰かが喜んでくれる」「幸せを生み出すツール」であり、やる意味のある、誇れるものである、と書かれている。また、その特技によって「さまざまな人生ドラマを垣間見る楽しみ」もあり、「お客さんたちと、親戚や友人のような関係」が作れ、「喫茶店経営の仕事がより充実したもの」になっているのである。イは「挫折感を封印して」が、ウは「よき相談相手になれる」が、エは「いつも明るくふるまえる」がそれぞれ不適。問七、まず、傍線部の前の「目を見開いて、口が開く」「顔が緩み、目が細くなる」という記述から「似顔絵」を見せられた相手が驚き喜んでいるのが分かる。「魔法」に関する描写として「ひかりさんはうそを操る魔法使いなのだ」がある。「ひかりさん」は、「うそ」を用いて結衣に「似顔絵」というツールに気付かせ、結衣の生活を充実したも

のにしたのである。また「ひかりさん」の言葉として「誰かのお役に立てること以上に幸せを感じることなんてないもの。」がある。誰かの役に立つことで、相手を幸せにし、自分も幸せになるということだろう。実際に結衣は「似顔絵」というツールで自分も充実し、相手も喜ばせている。問八、結衣が回想する過去の出来事は、本文後半にある「ひかりさん」に似顔絵を頼まれたエピソードだけであり、人間関係も「ひかりさん」とのものだけであるので、エのように「回想する場面が繰り返され」「取り巻く人間関係を段階的に捉え」られるとは言えない。

東京工業大学附属科学技術高等学校

問題 P.286

解答

一 問一、ⓐしげき ⓑきょうきゅう ⓒこころよ ⓓこしゅ ⓔいの 問二、(ⅰ)エ (ⅱ)イ 問三、キャノンらは感情反応が内臓の活動変化と無関係なことを証明し、ジェームズ＝ランゲ説に異議をとなえたが、この検討は「骨格筋と大脳皮質とのつながり」を確認していないので、この点について検討する余地があった。(100字) 問四、ウ 問五、ウ 問六、ア 問七、Ⅰエ Ⅱア 問八、ウ 問九、ア

二 問一、ⓐエ ⓑオ ⓒウ ⓓア ⓔウ 問二、Aキ Bイ Cオ 問三、ア 問四、エ 問五、イ 問六、ア 問七、ずっと、不思議に思っていた(13字) 問八、イ 問九、エ 問十、代わり 問十一、(1)ウ (2)写真は相手としっかり向き合おうとする気持ちの表れだが、伯母さんはただ一緒にいてくれる人の代わりが欲しかっただけで、太輔自身と向き合う気持ちが欠けていたから。

解き方

一 **志水彰・角辻豊・中村真「人はなぜ笑うのか 笑いの精神生理学」**より。問二、(ⅰ)「まんざら」という言葉は、下に打ち消しの語をともなうと、必ずしも…ない、という意味になる。(ⅱ)「ちなみに」とは、前の話に簡単な補足をつけるときに用いる言葉。問三、設問に「『ジェームズ＝ランゲ説』を参考に」とあるので、まずは、そのポイントを確認する。第三段落に、感情を経験するプロセスとして、刺激情報→大脳皮質→骨格筋と内臓の活動変化→この変化の情報→大脳皮質→感情経験、という順番が示されている。これに対する「キャノンらの検討」については、続く段落に、内臓と脳との連絡を遮断→感情反応、脳の視床下部の除去→感情反応の消滅、というものであり、ここから「感情を経験するためには……脳のなかのある部分の情報が必要だ」という結論を出している。次に「キャノンらの検討」には何が「不十分か」という観点から両者を見比べると、「ジェームズ＝ランゲ説」のなかに存在する、骨格筋の変化→大脳皮質、の関係性を検討していない、ということが分かるので、この点を踏まえて記述を行う。問四、傍線部のすぐあとに「筋肉からの情報によって感情経験が生じるという点で、ジェームズ＝ランゲ説の新しいバージョン」とある。「筋肉から……生じる」ところはジェームズ＝ランゲ説と同じだが、「この理論」は「表情筋の活動からのフィードバック」が違うと考えられる。つまりトムキンスは、中枢へのフィードバックに関係するいくつかの筋肉のなかで、特に表情筋の活動からのフィードバックを重視している、という点を理解する。問五、まず、傍線部にある「因果関係」が、原因→結果の関係、であることを理解して選択肢を見ると、ウの「泣くということが悲しい気持ちの主たる原因」という記述が「因果関係」に対応していることが分かる。イは喜ぶから笑う、の順番なので傍線部の順番とは逆。次に傍線部の「笑うとおかしく感じる」が、どういう関係なのか、という観点から直前の段落を見ると、『表情筋が活動している場合、感情も経験している』という相関関係」という記述があるので、この「相関関係」が「笑うとおかしく感じる」に対応していると理解する。ウの「泣くと悲しくなる」も「相関関係」に合致する。問六、直前の「脳に供給する血液の温度上昇をおさえる」および傍線部あとの「血流と空気量を変化させることによって、脳に送られる血液の温度を調整している」ことや、カゼをひいて鼻がつまると、つまり空気が送られなくなると「脳に送られる血液を冷却できなくなる」とあることから、血液に空気をあてて冷ます仕組みだと分かる。問七、Ⅰ直前の「空気の温度が低いと快い感情」「温度を上げると不快感」および空欄Ⅱの一段落あとの「ほほえんだり笑ったりといった表情は……温度をも変化させる」という記述を踏まえると、それぞれの空欄は表情の話であり、Ⅰは後部の「血液を冷却」が、温度の低下→快い感情に、Ⅱは空欄あとの「血液の温度を高めてしまう」が、温度の上昇→不快感にそれぞれつながるはず。問八、直後の「こんな理論を知っていたかどうか確かめることはできない」という文に着目しつつ直前の段落を見ると「日本の各地には笑いにかかわるいろいろな伝統的な儀式が伝わっている」とある。また傍線部の段落冒頭には「このような笑いは……笑うことによって喜びや幸福を得ようとする行為」であると述べられており、これが「こんな理論」の中身であると理解できる。これに傍線部の「古人」を重ねると、古人は笑うことによって喜びや幸福を得るような笑いにかかわるいろいろな儀式(行為)を日本の各地で生み出し、伝えてきた(人である)、ということになる。イは「伝統的にとり行ってきた地域の人々」が誤り。この儀式は今でも行われているので、現在行っている人に確かめようと思えば確かめることができる、という点を理解する。問九、傍線部の「理にかなった」の「理」が直前の「こんな理論」と同じであることを押さえたうえで、「こんな」の内容を前の方で確認すると同段落に「笑うことによって喜びや幸福を得ようとする」とあるので、ここから、笑うという行為→喜びという感情、という論理の流れを反映した選択肢を正解とする。

三 **朝井リョウ「世界地図の下書き」**より。問二、A三足揃っていないことは「あった」が、一足もないことは「なかった」という、対立・逆接の関係である。B直前の「受け取りをお願いしたいんですけど」という発言から直後の「受け取った」までの、時間の経過を示す語が入る。C空欄前に「伯父さんがいなくなった。だから伯母さんはその代わりを探した。」とあるので、これを踏まえて選択肢を選ぶ。問三、「あいまいな」とは、はっきりしないこと・紛らわしく確かでないこと、という意味。イは視覚に限定している点が誤り。問四、「でろん」とは、何かが伸び広がっていたり、垂れて出てきている状態を表す擬態語。問五、傍線部の「感覚」とはすぐ前にある「緊張感」のこと。「緊張感」の理由については「あらすじ」を参照する。「彼に伯父さんは日常的に暴力を振るうようになった」とあるので、家に戻ったら伯父さんから暴力を振るわれるのではないか、という思いが「緊張感」につながっている。問六、三足あるはずの伯父さんの履き物が「二足しか」ない状態とは、伯父さんがどこかに出かけていることを意味する。イは「どちらか」が、エは「誰か」がそれぞれ誤り。問七、まず、傍線部の「この家で食べたいもの」に対応するのが設問文の「次の文」の「一緒に暮ら

したいと言い出した伯母さん」である。「この家」でものを食べるということは、伯母さんと一緒に暮らすことを意味する。ということは、この家で食べたいものがわからない、とは、伯母さんの真意が理解できない、ということに対応しているはずである。そうした記述を本文で探す。問八、まず、「これまでのあらすじ」を見ると「伯父さんたちは……亡くなった両親のことなど最初からいなかったかのように扱った。」「実の両親を慕う太輔は……要求を受け入れることができず」とあるので、ここから伯父夫婦は、実の両親を慕う太輔に、両親とのつながり(特に母親とのつながり)を断ち切らせ、伯父夫婦が両親であることを太輔に受け入れさせるために、母親の作ったキルトを捨てた、と推定できる。次に設問文の「伯母さんは手作りのキルトを太輔の誕生日に贈ろうとしていた」理由を確認する。キルトは太輔にとって、母親とのつながりを感じさせるものであった。伯母がキルトを作るということは、自分が太輔の母になる、という意思表示であると考えられる。それを太輔の誕生日に贈り、太輔がそれを受け取れば、太輔が自分(伯母)を母と認めたことを意味すると考えた、と推定できる。これらの条件を満たす選択肢を選ぶ。問九、「足の指をぎゅっと丸める」と、体に力が入る。直後の「伯母さんは、お母さんの……にはなれないよ」という言葉を発する前に、太輔は自分に力を込めた、と思われる。アとエで迷うが、アは「正しい行い」が誤り。何が正しいかはここでは問題になっていない。問十、二つめの[X]の前後を見ると「おれは、伯父さんの……なれない」とあるので、伯父さんにかかわる記述をあとの方で探すと「伯父さんがいなくなった。だから伯母さんはその代わりを探した。」とある。問十一、(1)傍線部の前にある佐緒里のせりふ「みこちゃんってほんといっぱい写真撮るよね」のとおり、太輔の写真も増えることが予想できる。ただ、写真を撮る理由は直接的には書かれていないので、各選択肢を検討してみる。ア「対象をきちんと記録に残す」、イ「家族になろうとする気持ちを表現する」、ウ「相手としっかり向き合おうとする」、エ「対象の境遇を世間に知らしめる」が写真を撮る理由になっているが、まずエが外れる。他の部分ではどうか。アの「どんな問い合わせ……大丈夫」が不適。イ「家族として過ごした日々」とあるが、「あらすじ」にあるように、あくまでも「疑似家族のような関係」なので不適。(2)設問文の「この文章における『写真』の意味」は、(1)で確認したように「相手としっかり向き合おうとする」ものなので、伯母さんが太輔の写真を一枚も撮らなかったのは、伯母さんは太輔に「しっかりと向き合おうとする」気持ちのないことを意味する。伯母さんが欲しかったのは何かというと、[C]のあとに「伯母さんも、おれとおんなじだった。『ずっと一緒にいてくれる』人の代わりを、探さなければいけなくなった。」とあるように、一緒にいてくれる人の代わりが欲しかっただけなのである。こうした点を踏まえて記述をまとめる。

大阪教育大学附属高等学校 池田校舎

問題 P.293

解答

一 問一、ⓐ預 ⓑ交 ⓒ意外 ⓓ南米 ⓔふた ⓕ白日 ⓖつば ⓗ周波数 問二、iオ iiイ 問三、Ⓐ副詞 Ⓑ形容動詞 Ⓒ連体詞 Ⓓ形容詞 Ⓔ感動詞 問四、キトのラジオ局の日本人向けの放送を聞いたり送られてきたベリカードに印刷された写真を心を躍らせて見たりしていたから。(57字) 問五、瑞穂に心配をかけたくはないが、入院中の祖父の容態については不安が募っている。(38字) 問六、③祖父が想像した街として、祖父と共有していたということ。(27字) ④架空の街ではなく、実際に存在する都市だったということ。(27字) 問七、必然 問八、錆の浮いた・そういって 問九、エ・キ

二 問一、Aオ Bイ Cウ Dエ Eア 問二、イ 問三、うつろな部分があるからこそ、形ある部分が役に立つということ。(30字) 問四、此時無レ声勝レ有レ声 問五、ア 問六、(利休)が(朝)がおの(茶湯)ともうし(伝)う。(14字) (有)茶室の床の間の一輪の朝顔。(13字) 問八、見る側の心情まで考慮して、最大限に引き立たせることで、強い驚きと感動を与えるもの(と考えている。)(40字) 問九、無興に 問七、(無)朝顔が一輪も咲いていない庭。 問十、(例)

私は、日常生活のなかの「無の用」として、「友人と会えない時間」を挙げる。今までももちろん、ずっと会っていたわけではない。しかしコロナ禍の休校などにより、学校で当たり前に会えていた友人とも会えない時間が続いた。画面越しに友人の顔を見たり、電話で話したりはできても、やはり友人と会えない時間をとても意識する日々だった。そのぶん、休校が明けて久しぶりに直接会えた時は、本当にうれしかった。会えない時間が長かったからこそ、会っている時間を大切にしようという気持ちになった。「友人と会えない時間」という「無」が、「友人と直接会って話す時間」の貴重さを感じさせるという「用をな」したのだ。

解き方

一 宮下奈都「アンデスの声」(『遠くの声に耳を澄ませて』所収)より。問二、i「記憶のファイルが開いた」は、祖父の言葉がきっかけで、「キト」にまつわる思い出を次々と思い出したということである。ii「傾ぐ」は漢字のとおり「かたむく」という意味である。「私」の中の「キト」のイメージが揺らいでいるのだから「ぐらり」が適切。問四、本文を後半まで読んでいくと、祖父母が、エクアドルのラジオを聴き、報告書を書き、送られてきたベリカードを見る、ということを繰り返していたことが分かる。「キト」についての情報を、言葉と写真で得ていたから、「まるで見てきたかのように」話すことができたと考えられる。問五、祖父は、その様子と、家でないところで寝ていること、「今夜はそばについていたい」という「私」の申し出などを考え合わせると、病気か何かで入院しているのではないかと推測できる。傍線部の前の「だいじょうぶ、すぐにどうこういうことはない」は、母が「私」に心配をかけないように言っている言葉であり、傍線部の「目には光がない」は、本当にそう言い切れる自信がない、つまり、祖父の病気を心配していると考えられる。問六、③は傍線部の前に「じいちゃんの頭の中の街」とあるように、「キト」を祖父の想像上の街として認識していたということ。また、傍線部のあとには「私の頭や胸や……キトは入り込んでいた」とあるので、私もそのイメージを共有していたということが分かる。④は傍線部の前の部分で、想像上の街だと思っていた「キト」の写真を見て、実際にある都市だと理解したということ。問八、「祖母」の心情が行動に表れている部分を探すと、「錆の浮いた銀の平べったい缶を大事そうに取り出し」と「そういって祖母は目尻に皺を寄せ……カードをじっとのぞき込む。」が見つかる。問九、ア「ずっと心の支えになってきた」、イ「ただひたすら甘美な思い出として」、ウ「子供時代の悲しみを象徴」、オ「良いことだと確信」、カ「苦労した記憶」、ク「嫉妬のあまり混乱」、がそれぞれ本

文と合致しない。

二 叢小榕「老荘思想の心理学」・「茶話指月集」・高階秀爾「日本人にとって美しさとは何か」より。問二、Ⅰを読むと、「轂がうつろになっていなければ、車軸が入らない」とあるので、車輪の真ん中の車軸が入る部分のことだと分かる。問三、「利」を役に立つこと、「用」をはたらき、と考えると分かりやすい。本文中盤にいくつか挙がっている例も、うつろな部分のはたらきにより、形ある部分が役に立つ例である。問五、一輪の朝顔の美を楽しむ仕掛けをしたのは、利休(宗易)である。それによって「太閤をはじめ、……目さむる心地したまひ」とあるのだから、「御褒美にあづか」ったのは利休である。問七、Ⅰの最後の段落には「中国伝統の書や絵画」について書かれていて、Ⅱ-2の最終段落でも利休のエピソードを「絵画」にたとえている。照らし合わせると「無」が「庭の花の不在」、「有」が「床の間の花」ということになる。指定字数に合わせて説明を加える。問八、美を一点に凝縮することも、見る側をじらして「不満」や渇望を与えておくことも、その「美」をより引き立たせるためであり、「驚き」や強い印象を与えるためである。問九、傍線部の前に「一輪の花もない庭を見て失望し」とあるので、Ⅱ-1の「朝がほ一枝もなし」のあとを見ればよい。

通釈 千利休の庭に朝顔の花が見事に咲いているということを豊臣秀吉に申し上げる人がいた。そうであるならばご覧になろうと思って朝の茶の湯にご来訪があったが、(庭には)朝顔が一輪もない。当然(秀吉は)不満にお思いになる。それで、(秀吉が)茶室にお入りになると、色鮮やかな朝顔が一輪床の間に活けてある。秀吉をはじめ、従っていた人々は目が覚めるお気持ちになって、(利休は)たいそうお褒めの言葉をいただいた。この話を世間で「利休の朝顔の茶の湯」と申し伝えている。

大阪教育大学附属高等学校 平野校舎

問題 P.296

解答

一 問1、a志向 b過程 c一切 d要件 e承認 問2、たとえばイ 問3、Aカ Bオ Cウ Dエ Eア 問4、Xエ Yイ 問5、自らの存在を透明にできるような普遍的な方法などない(から。)(25字) 問6、未知なるものを自分のなかに取りこみ、その意味を考えることを通して、自分自身が変容する可能性を保っておくということ。(57字) 問7、

もの	か	も	しれ	ない
名詞	助詞	助詞	動詞	助動詞

問8、(例)

私は他の言語や文化を理解するときにはなるべく自分勝手な思い込みを持たないように気をつけることが必要だと考える。私は日本にいるので日本の言語や文化を基準にして他の言語や文化を判断しようとするが、そこで生じた誤解が実際のコミュニケーションの時にトラブルを引き起こすかもしれない。

そうならないように、常に自分の言語や文化と他の言語や文化との関係を反省しながら、自分の考えの枠組みを広げていく心構えで他の言語や文化と向き合いたいと思う。そのためにはまず、相手の立場や状況をきちんと理解すること、そして理解できるために必要な知識を持つことが自分に求められていると私は考える。

二 問1、aア bオ 問2、Aイ Bイ 問3、標的を得てうれしくてたまらないという顔(19字) 問4、(1)七月の側についているように見せかけること。(2)人を配下に置こうとする船岡健のような人間に対抗する、七月のような向こう見ずな人間に、ぼくが敬意をもっているから。(56字) 問5、彼自身～わない

三 問1、aイ bエ 問2、塩漬けを出そうか、いや出すまい(15字) 問3、ア 問4、季節外れの風流のための塩漬けの桜の花を、味覚で判断され否定されてしまったから。(39字) 問5、オ

解き方

一 好井裕明「違和感から始まる社会学 日常性のフィールドワークへの招待」より。問2、「人類学誕生の経緯」「それは当然」に着目。これは前部に人類学に関する話、後部に人類学誕生の経緯に関する話が存在することを意味するので、その条件を満たす場所を探すと、第四段落の第一文と第二文に「人類学」=「フィールドワーク」という話があり、第三文以降には、イギリスが植民地の統治支配のために未開の地を調べる知的実践として、人類学がかたちを整えていったという、人類学誕生の経緯の話がされていることが分かる。よって、第二文と第三文の間に入る。問3、A直前の「社会学は世の中をなんらかの方法で調べ、その結果をもとに研究する営み」という言葉と、直後の「調べ方は多様で」という語が、対立・逆接・否定的補足、という関係になっている。アの「しかし」とカの「もちろん」が候補となる。B直前の「問題となる」とあとの「…ということも大きな問題となる」が、並列の関係になっている。C直前に、普段であれば関係を断ったり、距離をとったりできるが、フィールドワークにはそうした対応はなじまない、とある。これを踏まえて後部を見ると、断ったり距離をとったりせずに、どうするのか、という一例が金子郁容の書籍を通して説明されている。D「ボランティアは続かない。……私が新たに何を得ることができるのかが大事」という部分と、直後の「ボランティアは無償の貢献ではあるが、……私にとっても確実にプラスになり……寄与がある」という部分が、言い換え、同一の関係にある。E直前の「私をつねに『あけておく』ことは、私にとって新鮮で驚きに満ちたこと」という言葉と、直後の「それは同時に、つねに未知の出来事に遭遇し、どうすべきかを悩み考えるというリスクを引きうけること」という言葉が、プラスとマイナスの対立・逆接の関係にある。ここに入るのはアの「しかし」のみである。よってAは、否定的補足を表すカの「もちろん」が入る。問4、X直前直後の「自らの存在と調べようとする現実との関係性や相互の影響のありようを」、「捉え返していく作業」とは、見直し・反省という作業のこと。Y直前の「普段であれば……できるはず」という言葉に近い選択肢を選ぶ。問5、直前の「客観的な調査方法」と傍線部の「幻想だ」という否定表現を手がかりにして、類似した言葉を前後で探すと、空欄Xの前の方に「自らの存在を透明にできるような普遍的な方法などない」とあるので、この部分が理由として対応する。問6、「あけておく」という比喩の説明が求められていることを念頭において、説明がされている場所を探すと、四つあとの段落に「私をつねに『あけておく』ことで、新たな、異なる空気が流れこんでくる。」「その空気を自分のなかにとりこみ、その意味を考えることを通して、私自身がさまざまなかたちに変容する可能性が広がっていく」とあることが分かる。次にこの「空気」という比喩が何を表すのかを確認すると、傍線部の直前に「目の前に展開する出来事……未知なるもの」とあり、最後から二段落めに「未知の出来事」とあるので、

これが「空気」の中身であると考え、これらをまとめる。問8、「本文を参考にする必要はない」という指示が出ている以上、書く内容は自由で構わないが、設問で「自分の考え」が要求されている場合、その内容には論理性が求められていることはもちろんである。論理性を作り出すには、自分の考え、すなわち意見や主張をはっきりと示す、自分の考えについてそれがどういうことなのか、またはその理由をきちんと説明すること。

二 長野まゆみ「ぼくはこうして大人になる」より。問1、a「お手のもの」とは、慣れていてたやすくできること、得意なこと、という意味。b「険のある」とは、表情や態度がとげとげしい、という意味。問2、A直前の「恥をかいたこともない」および直後の「優等生ってのは……頭の悪いヤツが恥をかくのは当然だとも思ってる。」に着目。恥をかきたくない気持ちに近い意味の言葉を選ぶ。「虚栄心」とは、自分を実際より良く見せたい気持ち、という意味。頭の悪いヤツらのように恥をかきたくない、すなわち自分を頭のよい人間に見せたいという気持ちである。B直前の「どうしても問題があれば、担任に相談してほしい。」という七月の発言に対して、空欄前後で「べつに……ないよ」と言っているので、特に問題はない、という意味に近い言葉を選ぶ。「異存」とは、反対の意見という意味。問3、主語は「健」なので、健の表情に関する記述をあとの方で確認すると、一段落あとに「標的を得てうれしくてたまらないという顔」という箇所があり、これが傍線部直後の「これで七月はかなり不利な状況」「彼の学校生活は厳しいものになる」といった記述に対応している。問4、⑴七月がのぞんでいることを前のほうで確認すると、「密談していると思われそうだな。」「それを期待している」「確かにこの状況では、七月の側についたと判断されても仕方がない。」とあるので、ここから七月は「ぼく」に、七月の側についている＝味方である、という役割を望んでいるのが分かる。⑵直後の「彼が無謀な独り相撲に挑もうとするなら、なおのこと。」「船岡健の配下に属する気はない」「そういう向こう見ずな人間に、ぼくは敬意をはらう。」に着目。「無謀」とは、先のことも考えず、乱暴に物事を行う様子で、「独り相撲」とは、結果が期待できない物事に意気込んで取り組むことである。その「無謀な独り相撲」の中身が「船岡健の配下に属する気はない」ということである。「船岡健」は権力的・支配的な人間であるから、七月は船岡健の持つ権力・支配力に抵抗していることになる。そのような七月のあり方を「向こう見ず」と言いつつ「ぼくは敬意をはらう」と肯定している点を踏まえてまとめる。問5、船岡健の利口さを具体的に示している部分を前部で探すと、一段落前に「彼自身が故意に標的となることもあったし、ダメージを克服できない生徒は狙わない」とあるので、この、故意に自分を下げて見せる点や、悪ふざけの相手を選ぶ点が、利口さの具体的な描写であることが分かる。

三 松平定信「花月草紙」より。問1、a「さらなり」とは、言うまでもない・もちろんだ、という意味。b「せんかたなく」は、どうしてよいかわからない・しかたない、という意味。問2、「いかで」には、どうにかして…したい、という願望、どういうわけで、という疑問、どうして…か、いや…ではない、という反語の意味がある。ここでは直後に「封切らず」という言葉があるので、どうして封のされた壺の中の桜の花の塩漬けを出そうか、いや、出さない、という反語の意味になる。問3、直前の「これをもそれと思はんは」という記述の「これ」「それ」の中身を正確に押さえる。「これ」とは、自分が手元に持っている桜、つまり、塩漬けの桜のことを指す。「それ」とはその前の「秋の末つかた……返り咲き……咲くこともあれば」という記述から、秋の終わりに咲く返り咲きの桜である。そのように誤解されるのが「うらみ」なのである。問4、まず、直前の「これは塩気ある花なり……花は塩気なきこそよかりけれ」という「酒飲む人」の発言が、塩漬けの桜の花を食品としての「味覚」のレベルで判断して否定している点を押さえる。次に主人公が桜の花を塩漬けにした目的を本文で確認すると、「夏のころ」「秋の末つかた」「師走のころ」といった春以外の季節に酒と一緒に桜の花をめでるという「みやび（＝風流）」を楽しんでもらうための心づかいであったことが分かる。その「風流」が「塩気」という味覚のレベルで否定されたことは、自分の風流を楽しんで欲しいという心づかいを否定されたことと同じになるので、この点を「悔い」たのである。問5、オの「桜の塩漬けを独り占めしようと思った」が誤り。本文冒頭の「客人のおはするころ」とは、客人がいらっしゃったときに（お出しして風流を楽しんでもらおう）、といった省略を含んでいる。

通釈 桜の花を塩漬けにし、壺に蓄えて、封をつけて置いておいた。客人がいらっしゃる時に（お出ししよう）などとずっと考えて置いていた。夏のころに、客人がいらっしゃったが、酒もお飲みにならないので、そのような時に（桜の花の塩漬けを）出すのも、宝石でできた盃のよさが分からないような気持ちがするからといって〔「酒（盃）に桜」という風流がわからない＝出しても意味がない気持ちがするからといって〕、出さない。また他の客がお越しになった折には、（その客人は）お酒を好みなさるが、風流を好まれないので、どうして（塩漬けを出そうか、いや出すまい）と考えて封を切らない。秋の終わりごろになってしまったので、ちょうどこの時分は返り咲きといって、あちこちの枝に、ちょっとだけであるが、（桜の花が）咲くこともあるので、この自分が塩漬けにした桜の花がその（秋の）桜だと〔春から客人のために取っておいた桜の塩漬けではないと〕（客人が）思うなら、（それは）とても残念だと思って出さない。十二月（年末）のころ、例によって草木を売るところ〔花屋〕では、桜はもちろんのこと、藤なども咲かせて売る〔季節はずれの花を無理やり咲かせて売る〕ということを聞くので、どうしようか、それ〔無理やり咲かせた桜の花〕と（自分の塩漬けの桜）が同じ扱いになってしまうのもとても残念だ、来年の春ももう近い、だからといって、蓄えておいた花を、無駄にするのもよくないと思うが、客人もいらっしゃらないので、しかたなく、（立派な客人ではなく）ただの酒飲みがやって来た時、封を切って花を取り出したところ、その客人はただ見ているだけで（何も風流なことを言わず）、すぐに食べかかりながら〔口に入れながら〕、「これは塩気のある桜の花であるな。最近ある方のところで酒を飲んだ時、盆栽にして植えている桜（の木）をお出しになったので、（その木から散り落ちる桜の花びらを）盃に受けて飲んだ。桜の花は塩気のない方がよいなあ」と言ったのを聞いて、（塩漬けの桜を出したことを）涙を流して後悔したとかいうことである。

広島大学附属高等学校

問題 P.300

解答

一 問1、a想起　b言説　c納得　d機構　問2、iエ　iiウ　iiiイ　問3、○核戦争を招き人類を破滅させるほどの威力を持つもの。(25字)　○長期間の地層処分を要する放射性廃棄物が生じるもの。(25字)　問4、イ　問5、エ　問6、原子力という科学技術の影響力は巨大化していくが、私たちは未来の世代への責任を担わなければならないので、想像力を働かせ、科学技術をどう扱うべきか問い直してほしい(というメッセージ)(79字)　問7、イ　問8、ウ

二　問1、Aエ　Bウ　問2、a要(らぬ)　bかえり(みた)　c口調　問3、Ⅰ腹　Ⅱ息　問4、狩野家の重圧から逃げずに、絵師として生きる道を諦めないでほしいと縫殿助に伝えること。(42字)　問5、ア　問6、エ　問7、(下図)

問8、生きていくつらさや孤独、寂しさを抱えながらも、懸命に生きていこうとする人々の姿。(40字)

三　問1、たくさん降れ　問2、Ⅰ夫と一緒に見たら嬉しいだろうと(15字)　Ⅱかつての自分の恋心と重ねて(13字)　Ⅲ恋しい人は自分のそばにいない。(15字)

解き方

一　**戸谷洋志「科学技術と想像力―ビクティニとトピカ」**(『世界思想』20年春47号所載)より。問2、ⅰとエは婉曲、ⅱとウは推定、ⅲとイはたとえ、アは例示である。問3、傍線部の「そこ」とは「ビクティニ」を指している。「ビクティニ」と「原子力」とのつながりについては、直前の段落で説明されている。問4、「真実らしく」思えない例として傍線部の三段落あとに挙げられているのが、「放射性廃棄物」が自然界に受容可能となるまでにかかる「十万年の期間」である。たとえ「クリティカに基づいて算出」された正確な数字であっても、「私たちにはそれをうまく飲み込むことができない」と述べられている。問5、本文によれば、アの「サイエンス・フィクション」はウを実践する上で有用なものであり、ウは「想像力」によって発見されるべきものである。したがって、エの「想像力と責任」が全体をまとめる小見出しとしてふさわしい。「想像力」と「責任」はキーワードとしてこの部分に頻出している。イはこの部分には書かれていないことなので不適。問6、本文全体から考える。傍線部の「幽閉されていたビクティニに見つめられたとき」とは、原子力という科学技術と向き合い、原子力を扱っていかねばならないときである。そのときに大切なこととは何か、本文に書かれている筆者の主張を読み取る。大切なのは「想像力」である、と筆者は一貫して述べている。筆者から読者への「メッセージ」という形でまとめること。問7、太線部に、「原子力という科学技術に対する私たちの想像力」とあることに注意。ア・ウ・エは、「原子力」と結びつかない内容。イの後半部分が、原子力の持つ威力を想起させる。問8、ウは「科学技術」と「想像力」というキーワードを含んでおり、本文の要旨になっている。

二　**澤田瞳子「春告げの筆」**(『駆け入りの寺』所収)より。問1、A「市井」は「しせい」と読む。問3、Ⅰ「腹をくくる」とは、いかなる結果にもたじろがないよう心を決める、という意。Ⅱ「息をのむ」とは、はっと驚いて息をとめる、という意。問4、まず傍線部の直前の「そもじはこの京の絵師が……おさびさび(残念)や。」という「普明院」の言葉を踏まえる。また、傍線部②直後の「ここから逃げたとて、……仰せられたのです」という「静馬」の言葉にも、「普明院」の意図が示されている。問5、イとウは明らかに違う。エは紛らわしいが、「自覚していなかった」とは読み取れない。また、「無理に平静を保とうとしている」も不適。アの「素直に認められないと意地を張っている」は、何か反論したそうに「薄い唇」を「わずかに」開き、「逃げて……逃げて、それのどこが悪いのですか」と、絵を諦めきれない思いを否定するような発言をしているところからうかがえる。問6、ア「自分の保身にばかり走ろう」とはしていない。イ「妹の円照を心配させている」という記述はない。ウ「逃げてはいけないと懸命に説明している」とあるが、この時点ではそれほど説明はしていない。問7、「二体の雛の背後」に描かれた「桃の枝」は、解答欄にあらかじめ入っているので、「男雛」と「女雛」の二体を描けばよい。まず、「紙の中央」に「大きく両手を広げた男雛」を描き、その隣に「胴にくるりと紙を巻いただけの女雛」を描く。「立ち雛」なので、立っている姿にすること。また、「目鼻立ちや髪の毛は描き入れなくてよい」という指示なので、「彩色の禿げた男雛の烏帽子」、「破れた女雛の帯」を描き込めばよい。「絵の構図を……描け」という設問なので、「貧弱」で「薄汚れ」、「そこそこが破れた古い」様子などは描かなくてもよい。問8、傍線部の「早くに父を亡くし、狩野家の重圧に苦しんできた縫殿助だからこそ」という記述に着目する。また、「縫殿助」が迷うことなく選び描いた、「貧弱な立ち雛」が何を意味しているのかを考える。恵まれなくとも寄り添って、つらさや寂しさや苦しみを抱えて生きようとする人間の姿、春の訪れを待ちながら必死に冬の寒さに耐えようとする人々のけなげな姿が、「縫殿助」の目には見えるのである。

三　**中西進「万葉集　愛の100首」**より。問1、「千重」とは、幾重にも重なっていること。問2、Aは反実仮想の助動詞「まし」があるので、もし夫と二人で見たら嬉しかっただろうに、という意になる。事実に反することを仮に考えて想像しているので、夫は実際には傍らにいないということになる。また、Bは解説文に「わが恋を偲ぼう」とある。「偲ぶ」とは、過ぎ去った人や、遠く離れたものを感慨深く思い起こすことなので、こちらもやはり恋しい人は現在そばにはいないことになる。すなわち、降る雪を見ながら、不在の恋人に思いを寄せる二首ということになる。

国立工業高等専門学校
国立商船高等専門学校
国立高等専門学校

問題 P.305

解答

一　(1)イ　(2)エ　(3)イ　(4)ア　(5)エ　(6)ウ

二　問1、Aウ　Bア　問2、ウ　問3、エ　問4、イ　問5、イ　問6、エ　問7、ア　問8、エ

三　問1、aエ　bア　cウ　問2、D　問3、ウ　問4、ア　問5、ウ　問6、イ　問7、エ

四　問1、Aア　Bウ　問2、イ　問3、エ　問4、ウ　問5、イ　問6、ア　問7、ウ

解き方

一　**尾形仂「芭蕉の世界」**より。問1、A「そねむ」とは、他人が自分よりまさっているのをうらみ憎む、という意味。B「吐露する」とは、心のなかに思っていることを隠さず述べる、という意味。問2、傍線部あとの「他のことばに置き換えて……一句として成立する」「まだ他のことばに置き換えうる」と繰り返される言葉がウの「その語を使わねばならない必然性がない」という部分に対応している。問3、直後の「湖水朦朧として」という言葉を手がかりにしてあとの方を見ると、二段落後に「去来が『湖水朦朧として』と言ったのも、そうした湖に寄せる共通の詩情にもとづき、そこに、蘇東坡によって『山色朦

朧』とよまれた西湖のおもかげを重ね合わせてのことにほかならなかった」とある。問4、「比する」とは、くらべる・なぞらえる・比較する、という意味。西湖の美しい景色を、西施という美しい人になぞらえる、ということである。問5、直後の「つまり、これは今日の芭蕉先生の現実の体験の上にもとづき、実際の景色に臨んでの作品」という言葉がヒント。問6、直後の段落の冒頭に「昔の歌人たちも、この近江の国の春光を愛惜したことは、彼らが都の春を愛惜したのにけっして劣らないくらい深かった」という言葉がある。これが傍線部の現代語的言い換えになっている。問7、直前の「芭蕉は『…悦びたまひけり』」という言葉から、芭蕉先生はお喜びになった、という尊敬の意味を読み取る。問8、エは傍線部(3)の一段落あと、傍線部(4)・(5)の段落の内容に合致する。ア「近江という地名に……深い歴史的な意味合いが込められている」、イ「今いる地名を和歌に詠まれた地名に置き換え」、ウ「同じ地で同じ感慨を抱いて句を詠む」はそれぞれ不適。

三 **細田衛士「環境と経済の文明史」**より。問1、a直前の段落の「系」を、直後で「生態系」「河川の流域という系」「経済系」というかたちで具体的に説明している。b前後が、逆接・対立関係になっている。c前後が、言い換え・同一の関係になっている。問2、一文のなかの「その」という指示語と、そのあとの「生物種の中には絶滅するものも出てくる」という言葉から、前部に、生物種の絶滅をもたらす何かが書かれているはず。Dの直前に「定常状態が著しく乱され、物質循環の状態が激変する」という言葉があるので、その結果として一文にあるような事態が生じると理解してDを正解とする。問3、傍線部のあとを見ると「モノの移動は……分子の形……他の元素と結びついた形でも動き回る」とあるので、形を変えていることがポイントである。エは「分子レベル」は正しいが、「表面上は変化しない」が誤り。問4、直前の「系はもはや元の定常状態を保つことができず」と傍線部の「全く異なった定常状態へと移行」と直後の「攪乱の行き着いた末の定常状態において種が絶滅」を組み合わせると、系が元の定常状態を保つことができず、種が絶滅した後に、全く異なった定常状態が生じることが分かる。ウは「生物種の全て」が誤り。ここで言う「種の絶滅」とは、例えば最終段落にあるように「小型哺乳類が、大型爬虫類の恐竜にとって代わる」という次元の話である。

問5、傍線部前の「物質的な流入・流出という意味では閉じている」と「エネルギーの流入・流出という意味では閉じていない」との対比、および「太陽からエネルギー」「自転することによって、常に物質の動きに変動の作用を与えている」という言葉から、外部から物質は入ってこないが、エネルギーは入ってきて何らかの作用を与えていることが分かる。アは「影響は、ますます拡大」が不適。問6、傍線部の「未来永劫であり続ける保証はない」という言葉が何を意味するかを一段落前で確認すると、「地球は生物にとって住みやすい場所であり続けた」「地球という系で生物と無生物が安定的な相互関係を結んでいる」とあるので、これが保てない状態を「未来永劫であり続ける保証はない」と言い換えたことが分かる。問7、直前に「人類は隕石の衝突に匹敵するような環境の変化を地球にもたらしている」とあるので、隕石の衝突は何をもたらしたのかを前の方で確認すると、同じ段落に「隕石の衝突によって地球の環境は激変した……こうして恐竜の時代が終焉した……小型哺乳類が、大型爬虫類の恐竜にとって代わる……この小型哺乳類が人類の祖先」とあるので、この状態に、もう一度隕石が衝突するとどうなるかを考えると、最後に確認した、人類が恐竜と同じ運命をたどる、ということが分かる。

四 **伊吹有喜「雲を紡ぐ」**より。問1、A「来歴」とは、物事がこれまでたどってきた道筋・由来という意味。B「あや」とは、物事の入り組んだしくみという意味。問2、傍線部の「同じこと」の内容は直前にある「軽くて美しい」「バランスが気持ちいい」「食事をすると軽やかで……気分になる」などである。これと同じことが「私たちの仕事」にもあるというのである。問3、直前に「合唱はそれほど好きでもなかった」「輪に入っていると安心できただけだ」とあるのに着目。ア「合唱部の輪に入れず」、イ「一人で決められない」、ウ「部員に申し訳ない」は、本文から読み取れない。問4、「洗う」は「ほんとうのことを探ってはっきりさせること」。傍線部の「全体」については、傍線部前に「自分の性分について考えるのは良いことだが、悪いところばかりを見るのは、汚毛のフンばかり見るのと同じことだ。」とあるので、ここから、良いところも悪いところもあるのが「全体」であることが分かる。問5、少し前の祖父の言葉に「自分はどんな『好き』でできているのか探して、身体の中も外もそれで満たしてみろ。」とあり、この「好き」が傍線部を含むせりふの「気に入った」に、「満たして」が「とことん味わって」に対応していると考える。自分の「好き」で自分を満たすことを重視していると考えて選択肢を選ぶ。問6、直前に「祖父の目がやさしげにゆるんだ。」「ほめられているような眼差しに心が弾み」とあるので、ここから、ほめられているような祖父の眼差しにうきうきした、という心情を読み取る。また「おどける」とは、こっけいなことを言ったりしたりして、ふざける・たわむれる、という意味。問7、ウ「敏感で悩みを抱える」は「リード文」から分かる。「工芸品に託した祖父の言葉」は傍線部(4)および直後の「気に入ったさじがあったら、それで食事をしてみろ。良いさじで食物を口に運ぶ感触をとことん味わってごらん」、「少しずつ美緒が変わっていく」は傍線部(2)の「私って本当に駄目だな」、点線部B直後の「自分の良い点も探してみたらどうだ?」「ない。そんなの。」といったマイナスイメージの記述が、傍線部(5)の前の方で「これがいい、これが好き」「直感? 何かいい感じ。」といったプラスイメージの記述へと変化したことに合致する。アは「小さな衝突」「何とか祖父を理解」が、イは「自尊心が強く」「職人気質で頑固」「不器用な二人が徐々に打ち解けて」が、エは「芸術に鋭い感性を示す孫娘」「師弟関係」「工芸家を目指す美緒」「師である祖父」が、いずれも本文で根拠を確認できない。

東京都立産業技術高等専門学校

問題 P.312

解答

一 (1)庁舎　(2)天窓　(3)伝統　(4)精算　(5)俵　(6)幹　(7)染　(8)納　(9)貸　(10)勇

二 〔問1〕8（画目）　〔問2〕エ　〔問3〕イ　〔問4〕イ　〔問5〕ア　〔問6〕ウ

三 〔問1〕(a)とうてい　(b)さ　(c)くちょう　〔問2〕エ　〔問3〕ウ　〔問4〕ウ　〔問5〕ア　〔問6〕エ　〔問7〕イ

四 〔問1〕(a)へ　(b)すいたい　(c)むか　〔問2〕イ　〔問3〕エ　〔問4〕住・働・遊の境界の曖昧化による幅広い人々の出会いと豊かなコミュニケーションの形成（40字）　〔問5〕ウ　〔問6〕ア　〔問7〕エ

解き方

二 〔問2〕アの「実行」は、実際に↓行う、イの「既成」は、既に↓成る、ウの「予知」は、予め(あらかじめ)↓知る、と、いずれも上の漢字が下の漢字を修飾したもの。エの「挑戦」は、戦いを↓挑む、と、下の漢字が上の漢字の目的語・対象になっている。〔問3〕イは「標識」「標的」で使われている漢字が同じである。〔問4〕アは「逃げる」が、ウは「施す」が、エは「耕す」がそれぞれ正しい。〔問5〕イ・ウ・エが「ぬ」と置き換えられる打ち消しの助動詞、アは置き換えられないので、形容詞となる。〔問6〕語の頭以外の場所にある「はひふへほ」は「わいうえお」に置き換えられる。また、「しう」は現代仮名遣い(もしくは現代の発音)では「しゅう」となる。

三　青羽悠「凪に溺れる」より。〔問2〕「それをよそに」とは、それとは関係なく、それを無視して、という意味。〔問3〕「きょとん」とは、意外な事態に対して、驚きと戸惑いで目を見開いてぼんやりするさま、という意味。ウの「思いがけない」「戸惑っている」が該当する。前後の文を確認すると、秋穂は夏佳の「もったいない」という言葉に対して「もったいないなんて考えたことないよ」と言っているので、ここから、秋穂は夏佳から考えたこともないことを言われて驚き戸惑ったのである。〔問4〕傍線部の「棘」とは、裏にひそんだ悪意や皮肉、という意味。直前の秋穂の「偉いね、頑張れ」という言葉は、裏にひそんだ悪意も皮肉もなく、思ったままの素直な気持ちの表れである。一方夏佳の発言を前の方で確認すると「『そうだよ』と答える。声が暗くならないように気を付けた。」とあるので、ここから夏佳は、裏にある暗い気持ちを隠してわざと明るく答えたのであり、そのような自分を「嫌になりそうだった」のだと理解できる。〔問5〕直前の「泳ぎに集中する」「特定の何かを考えるのは難しくなる」「意識が体に向く」「頭の中が空白地帯」という言葉がヒント。〔問6〕設問が「『俯いた』ときの『夏佳』の気持ち」である点を踏まえつつ、前の方で夏佳に関する記述を確認すると「……楽しいとか、分かんないよ」「私は楽しいから泳いでいるんじゃない。」「オリンピック中継で観た選手に憧れた」「あんな風に泳ぎたい」「それに向かって藻掻かなければいけない」「でも、彼女のようには全然泳げない。」「打ち込めば打ち込むほど、クラスメイトとの距離は離れていく」「脳裏で泳ぐ選手にもまるで追いつけない」「惨めさが拭えない」とあるので、これらと合った選択肢を選ぶ。アは「自分の才能を見限っている」が誤り。〔問7〕傍線部の「小さな町。」「青い海。」「潮の匂い。」のような体言止めは最後の名詞を強調することで、その言葉を印象づけたり広がりを持たせたりする役割を持つ。ここでは体言止めによって「青い海」の、青さ＝視覚、「潮の匂い」の、匂い＝嗅覚が強調され、海辺の「町」の様子が印象づけられている。

四　末繁雄一「魅力ある都市の未来像」より。〔問2〕段落末尾の「都市5・0時代における都市構造と人々のライフスタイルはどのようなものだろうか。」という文に着目。問題を提起する文である。今から考えることのテーマを疑問形で提示することで、考えや論を広げるきっかけを作る役割を持つ。〔問3〕傍線部の「踏まえた」という表現に着目。「踏まえた」とは、ある物事を判断や考え方のよりどころ(根拠)にした、という意味。エの「念頭に置いた」も、覚えていて心にかける(気にかける)、という意味なので、これが最も近い。〔問4〕直前の「その結果、これまで以上に幅広い人々が出会い、豊かなコミュニケーションが形成される。」という記述に着目。まずはこの、人々の出会いとコミュニケーション形成が「それ」の中身であることが分かる。ただし「その結果」とあるので、何の結果なのかを、さらに前の方で確認すると「都市生活者を支援するテクノロジーによって、住・働・遊の境界が曖昧になり、近づいていく」とあるので、この、住・働・遊の曖昧化が「その」の中身であると考え、これを含める形で記述する。〔問5〕まず傍線部前半の「人口減少によって都市が縮退していく」の中身を前の方で確認すると「超広域集客型市街地は……グローバル化」「中間的存在の……集客市街地は、その商圏がより小さくなってローカル化」とあるので、この「ローカル化」が「縮退」であると理解する。次に傍線部後半の「悲観するべきではない」の理由は、直後の「質(＝そこでの体験や出会い)を豊かなものにしていくことで、その街に愛着が生まれ、結果として持続可能な都市が生まれる」である。これら二つの点を踏まえて選択肢を選ぶ。〔問6〕傍線部「関係人口」の中身を前の方で確認すると「関係人口とは、『定住人口』でもなく、観光に来た『交流人口』でもない」「地域や地域の人々と多様に関わる人々」「非居住ながらその地域に強い愛着を持つファンのような存在」とあるので、これを踏まえて選択肢を見ると、アの「休日を利用して公園にジョギングにくる他県在住の大学生」が「関係人口」に該当することが分かる。イは「交流人口」、ウとエは「定住人口」のことである。〔問7〕、まず傍線部前半の「育ててゆく」とは、何を育てることなのか、と考えながら前の方を見ると、「人を惹きつけるその地域にしかない個性『ならでは』を育てていく」とあり、そのあとに「『ならでは』は、その地域に対する愛着や誇り＝『シビックプライド』につながり」とあるので、これが傍線部後半の「市民にとってその街が特別な存在となる」の意味することだと理解する。次に、どのように育てていくのか、という観点からあとの方を見ると「地域住民らが自己負担で」「市民の力で創出した」「市民の誇り」とあるので、これらのヒントを踏まえて選択肢を選ぶ。

私立高等学校

愛光高等学校

問題 P.319

解答

一 問一、a慎み　b秩序　c疾患　d伴う　e傾聴　問二、ウ　問三、ア　問四、対話をすることで、権威や権力によって維持されてきた「普通」という規範が再検討され、自分達にとって当たり前であった価値観が揺らいでしまうから。問五、エ　問六、イ　問七、オ　問八、すべての人に開かれた民主的な社会を実現し、争いのない平和な世界を構築していくため。

二 問一、aウ　bア　cオ　問二、オ　問三、ウ　問四、エ　問五、「東都名所」で初めて自分の描きたいものを描いた気がし、このような風景画こそが自分の本領であり今後進むべき道ではないかと、おぼろげながら広重が感じたということ。問六、北斎の風景画は奇想による一回限りの目新しさしかないが、広重の風景画は風景を誇張せずそのまま写そうとするところに魅力があり、今後が期待されるので、新たに風景画を出さないか、ということ。問七、イ

三 問一、a喰らへ　bすくめ　問二、Xイ　Yア　問三、iオ　iiウ　問四、エ　問五、鳥もちに引っかかった小鳥たちが賢く振る舞えば助かるのに、慌て騒いだ結果、捕まってしまうこと。問六、鵯は自らの知恵で鳥もちから脱出に成功したことに満足するあまり、かえって人間を甘く見てしまい、最終的には人間の計略によって捕らえられてしまう。

解き方

一 **河野哲也「人は語り続けるとき、考えていない　対話と思考の哲学」**より。問二、「恭順」は「命令に対してつつしんで従うこと」。また、「同調」は「ある人の意見に賛成し、同じ行動をとること」。これらを反映しているのはウ。アは、権力が身近なものかどうかは本文中からは読み取れない。イの「その権威や権力に押し付けられた他律的な規律を周囲の人々にしっかりと守らせること」は同調ではない。エは「社会の中で『普通』であるとされる権威や権力」が不適。権威や権力が、私たちに「普通」であることを求めてくるのである。オは「個人として様々な能力を身につけていくことも求められている」が不適。問三、傍線部を含む段落の冒頭に、「多くの人々は、この押し付けられた他律的な規律を内面化し、それに合わせようと固執しつつも、そうなりきれないでいる。」とある。これが「普通」の人の姿である。つまり、「普通」の人は、「普通」の人が抱えている、なりきれない悩みを持っていないのである。イは「普通」の人たちであり、『普通』ではないくせに『ノウノウと生きている』人々」を排除しようとする側の説明。ウは『普通』ではない他者を強制的に排除しようとする」が、エは「罪を犯しているくせに、罪を犯したことをあまり気にしないで平然と生きている」がそれぞれ不適。オは「普通」ではない人が「自分は『普通』であるかのように思い込んでのんきに生きている」かどうかは本文中からは読み取れない。問四、傍線部の直後に「哲学対話の問いは、私達の世界の分類法を『～とは何か』という問いによって問いただす。それは、現在の私たちの社会における物事の区別の仕方と、それに伴う物事の扱い方を再検討しようとする。」とあるのに着目。権威や権力は、人々に「普通」を命じてきた側であり、「普通」が再検討され、揺らぐことがあれば都合が悪い。だから対話を恐れるのである。問五、傍線部の直前に「哲学対話が、子どもに考えさせ、子どもに対話させるのは、他者とともに人間の世界を組み直していくためである。」とある。また、傍線部③を含む段落の冒頭に、『普通』によって成り立っている社会には対話はない。」とある。逆に言えば、対話のある社会には多様性があるのであり、これらに一致するのはエ。ア「決まり切った社会の規律の問題点を洗い出し」とあるが、対話は再検討するだけで、問題点を洗い出すわけではない。イ「新たな『普通』の基準を人々に考えさせる」のでは、新たな排除の基準が生まれるだけで社会の構造は変わらない。ウ「同じ目的をもった人とともに学ぶことの大切さ」が不適。オ「多くの人々が今の社会に適応していくようになる」が不適。問六、直前に「したがって」とあることから、傍線部の内容は、前の段落を受けて述べられていることが分かる。「子どもの哲学の第一の意義は、真理を探究する共同体に誰をも導き入れ、互いが互いの声を傾聴し、自分を変える準備をしながら対話を行うことにある。」「対話において、人は互いの差異によって同じ問いに結びつく。」とあるのに着目。これらに一致するのはイ。アは「争うことなく平和に対話の相手から外していけるようになる」が、ウは「差異を認めて維持し続けることによって平和を守っていこうとする」が、エは「無駄な争いをすることなく効率よく平和を作り上げていくことが大切だと思うようになる」が、オは「自らを変化させるつもりのない人々を言い争うことなく説得し」が、それぞれ不適。問七、傍線部の「これ」が指しているのは、「この過程（＝対話を拒否する者、対話の中に入ろうとしない者に対して、どのように対話の中に誘っていくのか）を子どもたちが学ぶこと、教室の中だけではなく、教師や家族、地域の人々とさまざまなテーマで語り合う機会をもてること」である。これに一致するのはオ。アは「すべての人が対話に参加できるような共通のルールを生成することにつながる」が不適。イ「誰もが自律的に参加したいと思えるようなレベルの高い対話の内容」とあるが、対話のレベルと参加の有無との関連性は本文中では述べられていない。ウ本文中で述べられているのは、学校という枠の中では強制的に参加させることもできるが、現実社会ではそうもいかない、ということであり、「どうやって学校という制度を利用するか」ではない。エ「対話の中で誰もが納得できる結論を出せるようになる方法」とあるが、対話の中でお互いの違いを認め合うことが大切なのである。問八、「事実として…」で始まる段落の「哲学対話が民主的な社会の構築に資するとすれば、それは平和の構築にも資するはずである。」、次段落の「対話は、平和を作り出し、それを維持する条件」、次段落の「読み書き算盤は、平和でなければ学べない」辺りを中心にまとめる。

二 **藤沢周平「旅の誘い」**より。問二、傍線部の前の会話の場面で保永堂が「失礼だが、ひょっとしたら、あなたの絵についてあなたご自身が気づいていない点も見ているかも知れません」と話しているところと、傍線部の直後に「保永堂に背中を見られているような不安がある。」とあるのに着目。広重が気づいていない広重についての何かを保永堂が知っているのではないかと思っているのである。アは「弱みにつけこむ」が、イは「広重が見て見ぬふりをしてきた欠点」が、ウは「保永堂が遠回しに批評してきた」が、エは「その思いに自分は応えられているだろうか」がそれぞれ不適。問三、傍線部のあとで、広重が富嶽三十六景を見て、「言うまでもなく絶品」と言いながらも「…臭みがある。たとえ

ば山師風とでもいうか」と言っているのに着目。山師とは、[注]によれば「一発大儲けをねらうような人」とあり、作品から感じるあざとさや強い自己主張を「臭み」と表現しているのである。これに一致するのはウ。ア北斎が江戸の寵児であることを苦々しく思ってはいない。イ広重が富嶽三十六景を見て感じる臭みは「山師風」のものであり作品に対するものであるから、「見ているうちに胸の内から不意に」衝き上げてくるものとは種類が異なる。エ「富士のかたわらに傲然とした北斎が描かれ」てはいない。富士が北斎であるというのは、あくまでも例えの話である。オは広重を胸苦しく圧迫する理由が述べられていない。問四、富嶽三十六景について意見を述べるまで、広重は保永堂を警戒していた。しかし、広重がつい本音を述べたことにより、保永堂は自分の意見を聞いてもらいやすくなっていると感じたのである。ア保永堂が来た目的は、「広重自身の風景画の特徴」について語ることではない。イ「調子を合わせるように」笑ったのではない。ウ「広重の思い上がりをここできちんと正そう」が不適。オ「自分はそれとは別の意見をもっている」とあるが、披露されていない。問五、傍線部直前の「保永堂の言葉」とは、二段落前の「あなたがほんとうは風景描きだと白状している絵です」のことを指す。これに対して、広重は「描きたいものを描いたという感じがした」「だがそれは自分でも不確かなことで、まして他人に言うべきことではなかった。」と感じているから、この辺りを中心にまとめる。問六、傍線部のあとの部分で「隠しているもの」に触れている。「あなたの風景には誇張がない。気張っておりません。恐らくそこにある風景を、そのまま写そうとなさったと、あたしはみます」「北斎先生の手法は、なるほど未曾有のものですが、一回限りのものです」とあり、北斎の絵と比較したうえで広重の絵をほめていて、そのうえで東海道五十三次の話を持ち出しているから、この内容をまとめる。問七、ア既に風景画の才能があると見込んで訪ねてきている。ウ「抜け目なく二人にうまく取り入ろうとしている」かどうかは本文からは読み取れない。エ保永堂は、広重と北斎で勝ち負けを決めさせようとは考えていない。オ広重を慰めているような描写はない。

三 **佚斎樗山「田舎荘子」**より。問一、a「喰らふ」はハ行四段活用。うしろに「ども」と続くから、已然形にすればよい。b「すくむ」はマ行下二段活用。後ろに「て」とあるから、連用形にすればよい。問四、傍線部直前の「汝ら畑の作物につき……亭主知る事なし。」がおかしかった内容。ここをうまくまとめているのはエ。ア亭主は鴨が騒ぐまで鴨の存在にも気づかなかった。イ・ウ鴨を相手にしないなら、帰り際に大騒ぎしても気にしない。オ見ていないふりをしてはいない。問五、傍線部の直前、「汝らは……動くこともならずして、とらへらるる」が不調法の中身であるから、ここを訳せば良い。問六、鴨は鳥もちにかかったが脱出した時のことを成功談として語っているから、まねかれる「禍」は鳥もちにかかって、捕らえられてしまうことだと考えられる。つまり、自分の知恵で鳥もちから脱出したことに満足していることが、仇となるのである。

通釈　鴨が、小鳥どもを集めて言うには、「あなたたちは畑の作物について、または庭の菓子を食べるのに、不要な大声を出して、友を呼び大騒ぎするから、人が鳥の集まっているのに気づいて、網を張り、鳥もちを置くのである。私は冬になって、山に食べ物がない時には、人間の家に行って、縁先にある南天の実を食うけれど、家の主は気づかない。あまりのおかしさに、飛び立つ瞬間に(わざと)大きな声を出して、礼を言って帰る。万が一鳥もちにかかっても、少しも騒がず、身を縮ませて、そっと仰向けになって、ぶら下がっていれば、はごは上に残り、身体だけが下に落ちる時に、こそこそと飛んで行く。あなたたちは、鳥もちにかかった時、慌てて大騒ぎし、ばたばたするからこそ、体全体に鳥もちを塗りつけることになり、動くこともできなくて、捕らえられてしまうのは、気の利かないことの極みであるよ」と、利口ぶって語る。

末座にいた鶺鴒という小鳥が、笑って言うことに、「人は鳥よりも賢くて、一度このような目に遭った者は、下にも細いはごを置いて、例のようにぶら下がって、下へ落ちると、下にあるはごを背中につけて、思いも寄らないことなので、さすがの鴨殿も、慌て騒ぎなさいますので、全身に鳥もちを塗って捕まえられるのは同じことであります。世間のこざかしい人は、皆鴨のようだ。自分の才覚を使って、一旦成し遂げたことがあると、自分で満足して、いつもこのよう(にうまくいくの)だと思う。天下の人はどうして皆愚かでありましょうか。いや、そうではあるまい。人はその巧みさを知り、念のための二重の計略を仕掛けることにより、今までの才覚(によってなしえたこと)の巧みを皆無駄にし、かえって仇となって災いを招くことをご存知ないのだ。」

市川高等学校

問題 P.325

解答

一 問1、イ　問2、ア　問3、オ　問4、ウ　問5、若い世代が限られた既成の形容詞ばかりを用いることによって、会話は自らの内面を語ることのない単なる情報交換となり、血の通った心の伝達ができなくなるという状況。(78字)　問6、エ

三 問1、オ　問2、イ・ウ　問3、イ　問4、ウ　問5、オ

四 1、演奏　2、紛争　3、法曹　4、捜索　5、藻類

解き方

一 **永田和宏「あの午後の椅子」**より。問1、傍線部と同じ段落に「デジタル＝時代の先端」とあり、次の段落に「われわれ普通の人間には……雰囲気である。」とある。問2、まず「自然」を「離散的な空間」であると説明しているエとオは誤り。「自然」は「連続した空間」であると傍線部の段落冒頭にある。アとウが近いが、ウは「説明できる部分」に限定しているので誤り。人間が見たり感じたりしようとすると、たちまち世界の一部を切り取ってしまう、と本文にはある。問3、まず選択肢の前半を比較し、イとエを消去できる。傍線部前にあるように「無限」なのは「世界」である。次に後半を比較すると、アとウは本文に書かれていない内容であることが分かる。傍線部の直前の「無限の要素からなる世界を……有限の言葉に当てはめようとする……無理がある」と合うのはオ。問4、選択肢は、前半が「話し手」、後半が「聞き手」の説明になっている。まず傍線部の直前を読むと、「話し手」の説明としてアとイが不適であると分かる。また傍線部の前の段落に、「聞く方」は「自分の感情移入によって」「わかったようなつもりになる」とあるので、ウを選ぶ。「形容詞を互いに交換しているだけ」とは、「寂しい」という言葉をやりとりしているだけで、「具体的中身については話し合っていない」ということ。問5、「うそ寒い」とは、「なんとなく寒い」ということ。どういう状況を指すのか、傍線部の前後の段落から読み取る。まず、筆者が「違和感」を覚えているのは、若

い世代が限られた「形容詞」のみを多用して会話をしている現象についてである。なぜその現象を危惧するのかといえば、「形容詞」に頼る会話は、互いの「内面」を語ることのない、ただの「情報交換」に過ぎず、「心の伝達」ができないからである。そうした状況を、筆者は「かなりうそ寒い状況」と表現している。問6、選択肢の前半を比べてみてもほとんど差異はないので、後半部分に着目する。本文で筆者が繰り返し述べていることは、「形容詞」を使わずに会話することによって「心の伝達」、「血の通った気持ちの伝達」をすることの大切さである。これを踏まえれば、ア「友好的な人間関係」、イ「心の交流」、ウ「良好な人間関係」は不適だと分かる。さらに、オの「自分の体験や知識を活用して」という箇所も不適。「聞き手」に必要なのは、時間をかけて相手の内面の言葉にひたすら「耳を傾ける」ことだと筆者は述べている。

三「**横笛草子**」「**平家物語**」より。問1、オの「下の僧から『出て行ってはならない』と言われ」が誤り。滝口は、自分で自分の心をひきとどめた。問2、ア「成長した姿を……見てもらいたい」、エ「謝罪して欲しい」、オ「自分を情けない」がそれぞれ誤り。問3、「うたて」は、形容詞「うたてし」の語幹で、「不快だ、いとわしい」の意。この傍線部の場合、滝口の心変わりを責めているので、「薄情だ、つれない、無情だ」などと訳す。問4、まず選択肢の前半部分に着目。横笛を追い返した際、自分で説得したのか、それとも他の僧に頼んだのか。【文章Ⅱ】の本文に「やがて人を出して」とある通り、他の僧に頼んだのでイ・エは誤り。さらにア・ウ・オを比べ、本文の「あかで別れし女」(=未練があって別れた女性)という箇所を訳出しているウを選ぶ。問5、二首の歌に詠みこまれた心情の違いを読み取る問題。Ⅰ・Ⅱという二つの文章を出題した理由はこの設問にあると言ってもよい。ポイントは、【文章Ⅱ】の「横笛も様をかへたるよし聞えしかば」を正確に読み取れるかどうかである。ここから横笛もまた出家し尼となり、それを滝口が伝え聞いたということが分かる。すなわちYは、そのことを嬉しく思う滝口の歌である。

通釈　【文章Ⅰ】中からは、身分の低い僧を出し、「どこから(来られたか)」とたずねたので、(横笛は)「横笛と申す者でございます。滝口様にお話があります」とお答えする。横笛と聞くやいなや、(滝口の)胸は高鳴り、障子のすきまからご覧になると、(横笛の)裾は露に、袖は涙に濡れしおれていて、まことに、(滝口を)捜しあぐねたことと見えて、柴の編み戸に寄りかかって、しょんぼりとした様子である。昔の姿より、もっとすばらしく思われた。(その様子を)見ると目もくらみ、正気もなくなるほどである。(滝口は)どれが夢とも(現実とも)はっきり分からないで、また思うことには、このうえは走り出て行って、(出家して)変わる姿を一目見せたいとは思うが、(自分で自分の)心をひきとどめ、逢わない恨みはあるだろうが、(ここで逢うと)かえってふたたびもの思いをさせるだろう、かわいそうに横笛が、三年ほどの情愛を思い詰めて、たずねてきた気持ちは、何にたとえようもなく、(滝口は)袂を顔に押し当てて、泣くよりほかはない。身分の低い僧は、「この寺は、女の人の来られない所です。そのうえ、滝口とかいう人は、聞いたこともない人ですよ。さっさとお帰りください」と、柴の編み戸を閉めきって、その後は、物音もしなかった。横笛は、これをご覧になって、「情けない態度ですね、昔と変わらず、今も契りを結ぼうというのならばともかく(そうではないのだから)、変わった姿をただ一目お見せになってください」と申し、「時雨に濡れない松(色が変わらない松)でさえも、また色が変わることもあり、火の中や水の底までも、変わるまいと思っていたのに、早くも変わる心ですね。前のような情けをかけよと言うのならばともかく(そうでないのだから)、私もともに姿を変え(出家して)、同じ一つの庵室に住み着いて、あなた様が花を摘むならば、私は手で水をすくって、ともに極楽浄土に生まれ変わる縁となりたいものと思い、ここまでたずねて参りました、夫婦の契りは現世と来世の二世にわたると聞いていましたが、この世での対面さえかなわないのでしょうか、悲しいことですね、親の勘当を受けて、このようにおなりになったので、私を深くお恨みなさるのももっともです。思えば、また、私も、あなた様ゆえに、深いもの思いに沈み、たがいに思いは深いことでしょう」と、涙を流し申すには、「それにしても、昔、雲を動かす雷も、恋する仲を決して引き裂くことはできないだろうと、契ったことばは、今のことのように忘れませんし、むつまじく愛し合い語らった際の袖の移り香は、今も変わらず匂っていますけれど、いつの間に変わり果てたのか、薄情な滝口様ですね」と申して、声も惜しまず泣いたので、滝口は、これを見て、あまりに嘆いているのもかわいそうだ、せめては声だけでも聞かせたいものだと思って、このように(おっしゃった)、

髪を剃るのを恨みに思わないでくれ、(出家して)真の悟りの道に入るのこそ本当に嬉しいことだから

【文章Ⅱ】滝口入道は胸騒ぎがし、ふすまの隙間からのぞいてみると、本当にやっと探し当てたような様子がかわいそうに思われて、どんな道心を固く持つ者でも情にほだされてしまいそうである。まもなく(中から)人を出して、「全くここにはそんな人はいない。家を間違えたのだろう」と言って、とうとう会わないで帰した。横笛は情けなく恨めしく思ったが、どうにもならず涙をこらえて帰った。滝口入道は、同じ坊に住む僧侶に向かって申すには、「ここもたいそう静かで念仏の差し障りはないのですが、未練があって別れた女性にこの住居を見られましたので、たとえ一度だけは強い意思でふるまったものの、また慕い寄ってこられたならば、(私の)心も動揺するでしょう。(ここから)おいとまして(出ます)」と言って、嵯峨を出て高野山へ登り、清浄心院にいた。横笛も尼になったといううわさを耳にしたので、滝口入道は一首の歌を送った。

私は髪を剃り出家するまでは悲しんでいたが、今はあなたも仏道に入ったと聞いてうれしい

大阪星光学院高等学校

問題 P.329

解答

一　問1、a訓練　b変容　c惨　d惰性　e結晶　問2、Ⅲ　問3、エ　問4、その時その場に応じて、そのつど、新しく動き始める(24字)　問5、イ　問6、「型」は先人たちが様々な経験から導き出したからだの動きの土台なので、それを身に付けることで誰もがからだの内側から湧き起こる勢いに自然にのることが可能になり、また舞台で予期せぬ事態に直面してからだの動きが混乱した時に立ち戻り、そこから再び動き出して豊かな創造性を広げていくための原点になるということ。問7、ウ

解き方

一　西平直「**稽古の思想**」より。問2、「そうした」という指示語に着目し、「からだである自分」について述べている段落のあとに入れる。【Ⅰ】の前

では「自分のからだ」「自分がからだである」ということが、【Ⅲ】の前では「患者自身にとっての『からだ』」「生きられているからだ」のことが述べられているので、【Ⅰ】か【Ⅲ】のどちらかに入れることになるが、「そうした『からだである自分』が主題なのである。」という文は、「からだである自分」について説明した最後でまとめる文なので、【Ⅲ】に入れるのがふさわしい。問3、アは外界の事象を感知することなので論外。イは【Ⅳ】の前の「自分で自分を観察する場合」にあてはまり、不適。ウの「バットにボールが……ぐっと力を入れている」のは、「一人称として体験される」ことであるが、そのことに「気づく」のは、やはり「自分で自分を観察している場合」にあてはまる。オの「食感を想像する」の主語は「観察主体(自分)が」であるので、不適。エの「…笛の音を聞いた途端に涙があふれ出てくる」のは、意識的行為ではなく、喜びという心と、涙があふれ出るからだとが一体となった境地であり、「一人称として体験される」ものと言える。問4、「潜在性」の内容を問われているが、それを探すと分かりにくいので、「自動運動に留まることがない」ものとはどんなもの(こと)か探す。それは「ダセイ的な反復や条件反射的な自動運動」とは違う、「本来稽古が追求している『からだの自然な動き』」によるもので、三つあとの段落に書かれている、「からだ」と「意識」が一体の「名人」の動きであると言えよう。「状況を頭で判断するのではなく……周囲と響き合う」(可能性)とも言えるが、指定字数をオーバーするので、同じことを言い換えた「その時その場に応じて、そのつど、新しく動き始める」(可能性)を答える。問5、文章の後半部「稽古が目指す舞台…」以下に書かれている、「型」の定義や「型が身に付いた」段階から「型から離れる」段階までのからだの動きを読み取り、各選択肢の内容と対照し、文章と合わないものを除外していくこと。アの「子どもに本来備わる身のこなしの延長上に習得され……身に付けられる型」は「型は子どもの内側からは出てこない」「子どもの自然な身のこなしの延長上に、自然発生的に成り立つのではなくて」とあるのと矛盾。ウの「すぐに身に付いて」「自分独自の動き」、エの「常に開かれている」、オの「自然と型自体が進化して」などは、いずれも本文中には書かれていない。「『型』という言葉が……創造性の土台を意味する……型があるから即興性が可能となり、型が土台となって初めて自在な動きが可能になる……自由でしなやかな動きを根底で支える」、「『型が身に付いた』時……より広がりのある動きを促し、より多様な展開を可能にする」、「『型から離れる』という事態……型に縛られることなく、型から離れ、より自在な境地に進む」などとあるのと合致するのはイ。問6、直前に「そうした意味において」とあるので、その指示内容を捉え、「からだの動き」という観点から、「どうした意味において」「型」が「最も合理的な『からだの理』と理解される」のか説明すること。「型が身に付いた場合、内側から湧き起る勢いに『のる』ことができる」、「型は、からだの内側の動きを促すための土台」、「先人たちが様々な経験を重ねる中で最も基本とした『からだの流れ』」、「動きが混乱する時、そのつど立ち戻るべき原点」、「新たな動きを開始してゆく」とき「そこから出発することが、最も創造性を豊かに広げる」などの内容をまとめる。問7、「肉体」と「からだ」について、「客体(対象)となった身体を、ここでは『肉体』と呼ぶ」、「意識は肉体を操作しようとする」、「意識によって肉体をコントロール」、「『からだ』は、意識と一体である」、「状況の中にいるからだが、その時その場に最もふさわしく、周囲と響き合う(＝新しく動き始める)」などと述べられているのと合致するのはウ。

開成高等学校

問題 P.332

解答

一 問一、○「自由」～である。○すなわち～ている。問二、何事にも縛られず、あるがまま無我無心に物事を行うというもの。(30字)　問三、○無責任に好き勝手なことを何でもしていいという自由。(25字)　○自分で考えなくても集団の中にいれば得られる自由。(24字)　○自分以外の誰か、他者によって与えられる自由。(22字)　問四、①Bは不自由という縛りを前提として意識・努力・判断・責任などを自由に持ち込み、自由を不自由なものにしている。②Aは不自由という現状を無視して無責任で身勝手な「衝動」を自由と勘違いし、ただのやりたい放題を肯定している。問五、2境地　3端的　4興

二 問一、化け物のようで育てたくないと両親に思われていることを知り、残念に思ったから。(38字)　問二、ア姫君の口の端に米粒を付けて、自分の打撒を食べたことにする(28字)　イ姫君にどのような罰を与えるかは、一寸法師にすべて任せる(27字)　ウ自分の罪にまったく身に覚えがなかった(18字)　問三、見る目も不便なり　問四、6　問五、④

解き方

一 鈴木大拙「新編　東洋的な見方」・ウスビ・サコ「アフリカ出身　サコ学長、日本を語る」より。問一、設問の「意味をまとめて説明している」とは、定義している、ということなので、自由とは…である、…という意味である、といった記述を含む一文を探す。第二段落に「『自由』は、この絶対の自がそれ自らのはたらきで作用するのをいうのである。」と「すなわち『自由』は、積極的に、独自の立場で、本奥の創造性を、そのままに、任運自在に、遊戯三昧するの義を持っている。」という文がある。問二、「東洋」であることが、直接的・間接的に強調されている部分を文章から探すと、まず第三段落に「『自由』は、今時西洋の言葉であるフリーダムやリバティのごとき消極的・受身的なものではない。はじめから縛られていない」とあるので、ここから、東洋的自由＝積極的・能動的・縛られていない、というポイントを間接的に押さえる。次に最終段落を見ると、「何らの努力もなければ、何らの目的も意識せられぬ。」「何らの目的をも意識していない。」とあり、ここで東洋的自由＝努力や目的といった「縛り」がない、というかたちで第三段落の主張が繰り返されていることが分かる。さらに同じ段落をさがすと、「ただ興の動くにまかせ、そのままに飛躍跳動した」「無我無心」とあるので、ここから、東洋的自由＝興味・関心に従って、あるがまま無我無心に動く、ということを理解する。これらのポイントを自分なりの言葉で言い換えてまとめる。問三、まず文章の最初の方に「ここでは好きなことができるんだ」「好き勝手にしていい」「何でもええやん」という言葉があり、それを筆者は「自由＝無責任」「それが、精華の自由なのか?」「誤解」という言葉で否定していることを確認する。次に一九六〇年代の話として「集団的自由」「自分自身は考えなくても、『みんなで自由を求めるぞ』と団結していればよかった」「集団がパッケージで自由を獲得し、その集団の中に入りさえすれば、自分は考えなくても戦える」といった言葉があり、それを筆者は「自由や解放というものが、全て自分自身に依存する社会になっている」「自分を自由にするのも、不自由にするのも、全て自分。」という言葉で否定して

いることを確認する。そして「学生たちの考える自由の条件」の話として「何もかもが、『ほしい』なのである。」「どうやら、『他者が、誰かが自分に自由を与えてくれる』」「誰か私を自由にして」という言葉があり、それを筆者は「学生たちは誤解している」「自由だって個人で獲得しなければならない」「なんでやねん！」という言葉で否定していることを確認する。問四、Ａの考え方は、問二で確認しているので、Ｂの考え方を文章で見てみると、「自由自治」「自由や解放というものが、全て自分自身に依存する」「自分を自由にするのも、不自由にするのも、全て自分」「大学という場は、どうすれば自由を手に入れられるかということを、自分の価値観で判断して行動する場」「自由だって個人で獲得しなければならない」「自由が必要であれば、自分で獲得するしかなく、自分自身の意識で自由にするしかない」「自ら、不自由を自由に変える努力をした。」「自由というのは……自分で手に入れるものである。さらにそれに伴う責任を負う。」「自由には自治が伴う」とあるので、ここから、自由とは自分が意識と責任をもって行動し、努力で手に入れるものである、とまとめることができる。とするとＡとＢとの対立の「論点」として浮上するのは、Ａ＝はじめから縛られていない、Ｂ＝自由は(縛られている状態から)自分で獲得するもの、Ａ＝無我無心・無意識、Ｂ＝自分自身の意識、Ａ＝何らの努力もなければ、何らの目的も意識せられぬ、Ｂ＝自分の価値観で判断・努力して手に入れる・責任を負う、ということである。よって①Ａの立場からＢの「自由」に対する反論を行う際には、Ｂは縛られている／自分を意識しすぎている／努力・判断・責任といったものを自由に持ち込み、自由を不自由にしている、といった形になるし、②Ｂの立場からＡの「自由」に対する反論を行う際には、Ａは不自由という現状を無視している／無責任で身勝手な主張を行っている／ただのやりたい放題を肯定しているように見える／それは自由でなくただの「衝動」である、といった形になる。これらを踏まえてそれぞれ記述をまとめる。

三「**御伽草子**」より。問一、Ａの「一寸法師、このよし承り、親にもかやうに思はるるも口惜しき次第かな、いづかたへも行かばやと思ひ」の部分がヒント。ただし「このよし」の中身が「あの一寸法師めを、いづかたへもやらばやと思ひける」であり、その理由が「はや十二三になるまで育てぬれども、背も人ならず」「化け物風情」である一寸法師を育てることを「罪の報ひ」「あさましさよ」と両親が考えた、という点までを踏まえて記述をまとめる。問二、ア空欄直後の「計画」がＢの「はかりこと」に対応していることを踏まえて、その前の方の「打撒取り、茶袋に入れ」とあとの方の「姫君の御口にぬり、さて、茶袋ばかり持ちて泣きゐたり」「姫君の、わらはがこのほど取り集めて置き候ふ打撒を、取り給ひ御参り候ふ」という部分を、一寸法師の計画という視点からまとめ直す。イ宰相の決断については、Ｂの「かかる者を都に置きて何かせん、いかにも失ふべしとて、一寸法師に仰せつけらるる。」の部分が対応している。ポイントは、姫君を殺してもよいし、追放してもよい、それを行うのは(どうするかを決めるのは)一寸法師である、ということ。ウ傍線部の「夢の心地」が、起こっていることが現実ではないという気持ちであると理解したうえで、その起こっていることが前の方の「わらはがものを取り給ひて候ふ」である点を踏まえて記述をまとめる。問三、Ａの「見る目も不便なり」の直前にある「と」が、会話内容・思考内容・引用の終わりを示す助詞であることに着目。始まりがどこなのかを確認すると、前の方に「つくづくと思ひけるは、」とあるので、この直後から両親の思考内容が始まっていることが分かる。そうした両親の様子を見て不便と思っているのは両親以外の人間、つまり「語り手」である。問四、「見めぐれば」「呑み候へば」「打ち候へば」「のぞみたることなれば」はいずれも活用語の已然形＋(接続)助詞の「ば」の形になっている。この「已然形＋ば」には大きく①原因・理由、②単純接続、という二つの意味があり、それぞれ①…ので、…だから、②…すると、…したところ、と訳する。6の「ば」のみが原因―結果の関係。問五、Ｂの「宰相殿は、あはれ、このことをとどめ給へかしとおぼしけれ」という部分が④の「後になってそのことを悔やんだ」に対応している。①「針の刀で……突いて回った」、②「逃げ出さないように」、③「反乱が起きたのをいいことに」「極楽に行くチャンス」、⑤「嫌っていた」「内心喜んで」がそれぞれ不適。

通釈 Ａ　年月が経つうちに、早くも十二三(歳)になるまでに育てたが、背丈も人間のようではなく、(おじいさんとおばあさんは)つくづくと思ったことには、(この一寸法師は)ただ者ではなく、ただ化け物のようなものでございます。私たちは、どのような罪の報いとして、このような者を、住吉(の神)からいただいたのだろうか。情けないことよ、と見るのも気の毒(なほどに嘆いていた)。夫婦が思ったことには、あの一寸法師のやつを、どこかにでも行かせたいと思っていると申すと、そのうち、一寸法師は、このことをお聞きし、親にもこのように思われるのも残念なことだな、どこかへ行きたいものだ、と思って、刀がなくてはどうか(どうしようもない)と思って、針を一つ、老母に(くれるように)お願いになると、(老母は針を)取り出してお与えになった。すぐに、麦わらで柄や鞘(刀のつばや入れ物)を作って、都に上りたいと思ったが、万が一舟がなかったらどうすることができようか(いや、どうすることもできない)と考えて、また老母に「お椀と箸をください」とお願い申し上げて受け取って、出発した。住吉の海岸から、お椀を舟として乗りこんで、都へ上った。

Ｂ　こうして、年月を送っているうちに、一寸法師は十六になり、背丈はもとのままである。そうしているうちに、宰相殿(のところ)に、十三になりなさる姫君がいらっしゃる。お顔だちが美しかったので、一寸法師は、姫君を拝見した時から、(姫君を)恋い慕う気持ちとなり、どうにかして案をめぐらして、自分の妻にしたいと思い、ある時、神前に供える米を取って、茶袋に入れて、姫君が横になって(眠って)いらっしゃる時に、計略をめぐらして、姫君のお口にぬって、そうして、茶袋だけを持って泣いていた。宰相殿はそれをご覧になって、お尋ねがあったので、(一寸法師は)「姫君が、わたしが今回取り集めて置きました神前に供える米を、お取りになって召し上がりなさったのです」と申すと、宰相殿は非常に怒りなさったので、なるほど、(神前に供える米は)姫君のお口に付いている。本当に偽りではない。このような者を都に置いていてどうすることがあろうか(いや、どうしようもない)、殺すなり追放するなりどうにでもせよと言って、一寸法師にご命令なさる。一寸法師が(姫君に)申したことには、「わたしのものをお取りになってございますので、どうとでも(好きなように)対処しなさいと(いうご命令が)あったのです」と言って、心の中ではこれ以上ないほど嬉しい思いであった。姫君は、ただ夢のような気持ちがして、あきれはてていらっしゃった。一寸法師は「はやくはやく(出ていきましょう)」と(姫君に)すすめなさるので、(姫君は)闇に向かって遠くへ行くようなありさまで、都を出て、足(の向く方向)に任せてお歩きになる。(姫君の)ご心中、推しはかられます。ああ、お気の毒なこと。一寸法師は、姫君を先に立てて出ていった。宰相殿は、ああ、このことをおとどめなさってくださいと(母親に対して)お思いになるけれども、(本来とめる役割であるはずの母親は)継母なので、あまりおとどめにならない。女房たちも付き添いなさらない。

C　船から上がって、一寸法師は、あちらこちらを見まわしてみると、どこからともなく、鬼が二人やって来て、一人は打出の小槌を持ち、もう一人が(小槌を持った鬼に)申すことには、「(一寸法師は)呑み込んで、あの女房を奪いましょう」と申す。(鬼は)口から(一寸法師を)呑みますと、目の中から出て来た。鬼が申すことには、「これはしたたかな奴だな。口をふさいだら、目から出てくる」。一寸法師は、鬼に呑み込まれるたびに、目から出てきて飛びまわったので、鬼も恐れおののいて、「これはただ者ではない。ただもう地獄に反乱が起こったのだ。ひたすら逃げろ」と言うとすぐに、打出の小槌、杖、しもつ(細い木の枝で作った鞭)、何もかも捨て去って、極楽浄土のある西北の方向の、いかにも暗いところへ、かろうじて逃げていった。さて、一寸法師は、これを見て、まず打出の小槌を略奪し、「私の背丈を、大きくなれ(るようにせよ)」と言って、どすんと打ちますと、すぐに背丈が大きくなり、さて、このごろ疲れに直面していたので(疲れていたので)、まず飯を打ち出すと、いかにもうまそうな飯が、どこからともなく出てきた。(一寸法師は)思いがけず幸せになったのであった。

関西学院高等部

問題 P.335

解答　**一**　問一、①所在　②沈静　③虚勢　④阻害　⑤憤　問二、リーダーでありながら、自分で群れの進む方向を決められていないから。問三、自分たちが選挙で選んだ議員が自分たちの声を代弁せず、悪化する社会情勢により不安に駆られて強いリーダーを求めるようになる。問四、市民の声に耳を傾けること。問五、ゴリラは体の大きさにとらわれずに、互いに対等でありたいという気持ちを持ち、トラブルそのものを抑えようとするから。問六、他人との社会的関わりがなくなり、また、自分ひとりで判断することが容易になったため他人と同調して自分の思いを実現することもなくなったので、他人から見られることを考慮しなくなったこと。

三　問一、イ　問二、ア　問三、c　問四、黒　問五、純友の騒ぎのあと、すっかり老け込み落ちぶれてしまった檜垣の御をかわいそうに思ったから。

解き方　**一**　**山極寿一「ゴリラからの警告　人間社会、ここがおかしい」**より。問二、「決まりが悪い」は、他に対して面目が立たず恥ずかしい、という意味。傍線部の「こんなとき」は、直前の「リーダーのオスが置いてきぼりを食うこともあるし、あわてて引き返してくることもある。」を受けている。つまり、リーダーという本来なら群れを率いる立場でありながら、メスたちに進む方向を決められて、リーダーシップを発揮できずにいることが恥ずかしいのである。問三、本来の議会制民主主義のあり方とは、傍線部のあとにあるとおり、「選挙に投票して議員を選ぶ」と、「選ばれた議員は人々の信頼と期待にこたえるように全力を尽く」し、市民の声を政治に反映させるものである。しかし、その機能が低下し、「その議員が自分たちの意見を代表してくれずにいるように見える」のである。問四、傍線部の前の段落に、「ゴリラのリーダーはメスや子どもたちに置いてきぼりにされれば、あわててその後を追う。いくら……変えない。みんなの声に耳を傾けているとはとても思えない。」とある。だからこそ信頼を得られないのだから、信頼に足るリーダーになるためには、市民の声に耳を傾ける必要がある。問五、設問に「必ずしもゴリラはそうではない。」とあるが、ゴリラはサルのように強い方の味方になるのではなく、「トラブルそのものを抑えようとする」(傍線部の二文あと)。さらに傍線部の五文あとに、「これはゴリラが体の大きさにとらわれずに、互いに対等でありたいという気持ちを、……強くもっているからだ。」とあるので、この部分を設問に合う形にまとめればよい。問六、傍線部Dを含む段落の冒頭に、「感情と理性は常に対立するものではない。むしろ理性を働かせるために感情が必要となる場合が多い」とあり、「これらの感情は、他者の行いに気を配らずに自分勝手に行動する者へ怒り、自分の思いを他者と同調させて実現したいという欲求によって生まれる。それは人が社会的に生きるために不可欠な心の動きだ。」とある。しかしながら、現代社会においては「…近所の人々とのつき合いはなくなった。朝出かけるときも夕方帰宅するときも、人とあいさつすることさえ少なくなった」(最後の段落)、つまり、他人との社会的な関わりが減少している。また、「インターネットのおかげで自由に情報にアクセスできるので、だれにも相談せずに知識を得たり判断したりできるようになった。」(最後の段落)とあるように、何か行動を起こすのに他人と同調する必要性もなくなった。つまり、生活環境の変化により、理性を発動させる必要が少なくなっているのである。

三　**「大和物語」**より。問一、「かくて」が指すのは、直前の「いとらうあり、をかしくて世を経たる者になむありける」である。「らうあり」は「労あり」で、「経験を積んでいる」の意。ア「人とは違う暮らし」、ウ「功績をあげてほうびをもらい」「豊かな暮らしをしていた」にあたる部分は本文中にはない。エ「芸の鍛練が実を結ばず」「衣食に困る暮らしをしていた」にあたる部分も見当たらない。「あやしきやうなる家に入りける」という部分はあるが、これは純友の騒ぎのあとの話である。問二、傍線部の直前に「純友が騒ぎにあひて、家も焼けほろび、物の具もみな取られ果てて」とある。イ「騒乱に出兵した」、ウ「火消しの道具も使い切られ」、エ「身辺整理をして芸の道を極めようと努め」の記述は本文中にはない。問三、a・b・dの主語は野大弐、cの主語は檜垣の御。問四、「むばたまの」は「髪」「夜」など、黒いものを導く枕詞。空欄の直後に「髪」とあることから、「黒」が入って黒髪となる。問五、檜垣の御の詠んだ和歌を聞いて「あはれがりて」袙を与えたことから、すっかり落ちぶれて老けきってしまった檜垣の御を哀れがったものと考えられる。

通釈　筑紫の国にいた檜垣の御という人は、たいへん物事によく通じて、風情があって経験豊富な者である。長い間このように暮らしていたのを、純友の騒ぎに遭い、家も焼けてなくなってしまい、調度品も皆取られ切ってしまい、たいそう貧しい暮らしになってしまった。そうとも知らないで、野大弐が、討ち手の使いで下りなさって、その人(檜垣の御)の家のあった辺りを訪ねて、「檜垣の御という人に、どうにかして会いたい。どこに住んでいるのだろうか」とおっしゃるので、「この辺りにお住みだった(はずですが)」とお供の者も言った。「ああ、このような騒ぎに、どうなってしまったのか。ぜひ訪ねたいものだな」とおっしゃるところに、白髪頭の老婆が、水を汲んで、前を通りみすぼらしい家に入った。ある人がいて、「あの人が檜垣の御である」と言った。たいそう気の毒がられて、お呼びになるけれど、恥ずかしがって出て来ず、このように言った。

　私の黒かった髪は白川のように白くなり、(しかもこの騒ぎで)白川の水を汲むまでに落ちぶれてしまいました

と詠んだので、しみじみと気の毒に思い、着ていた衵(男性の装束の下着)をひと重ね脱いで(檜垣の御に)与えた。

共立女子第二高等学校

問題 P.338

解答

一 問一、(a)抵抗 (b)皆無 (c)浸(かって) (d)断然 問二、Aエ Bオ Cイ 問三、①虫 ⑥汗 ⑧打 問四、イ 問五、エ 問六、ウ 問七、(1)(印刷された)文字を最初から順番に読み進める(という読み方) (2)最初から読む必要はなく、自分が関心のあるところだけ読む、あるいは自分に関係のあるところから読み始める(という読み方) 問八、「教養」と〜とも大切だ(から)

二 問一、(a)さわ (b)きしょう (c)こころがま (d)ごくじょう 問二、Aオ Bウ Cイ Dア 問三、イ・ウ 問四、命 問五、エ 問六、ア 問七、美緒が紡いだ糸が使いものにならないことを伝えづらかったから。(30字) 問八、イ 問九、みんなに嫌われずにすむ(ように)(11字) 問十、ウ

三 問一、ならせたまいそうろうぞ 問二、「六十に余りさふらふ」 問三、実際の年齢よりも若く見られたいという心 問四、七十四 問五、ア

解き方

一 **鎌田浩毅『理科系の読書術 インプットからアウトプットまでの28のヒント』**より。問三、①直前にあるように「何時間も本にかじりついて」いる人が「本の虫」。「虫」は一つのことに熱中している人のことで、「勉強の虫」などとも使う。⑥ものごとを見たり聞いたりしながら、その成り行きがどうなるかと緊張したり興奮したりするのを表す慣用句が「手に汗(を)握る」。⑧急に何かに気づいたり感心したり納得したりするのを表す慣用句が「膝を打つ」。問四、傍線部直後の段落の「同じジャンルでもより頭に入りやすい本はある」「合わない本に時間を費やすのはそもそも無駄であり……読書が嫌いになってしまう。」、「人でも本でも…」で始まる段落に「相性のよい本に乗り換える」などとあるのに着目する。イの「周りの人から教えてもらえばよい」ということは書かれていない。問五、直前の「本は熟読し……頭に入れなくてはならない」と考える」のは「義務感」。問六、「同じく」は、「映画」と同じくということ。つまり、直前で述べられているように音楽も映画同様、「最初から最後まで見ないと(聴かないと)理解できないもので、流れる時間をそのまま体験する」ものだということ。問七、(1)次の段落で「音楽的な読書」の例として文学作品を挙げ、さらに次の段落で、「印刷された文字を最初から順番に読み進めることを……読者もそうした読み方を行う」とまとめている。「そうした」の指す「印刷された……読み進める」ということを答えればよい。(2)(中略)の直後の二段落に「絵画的な読書」の読み方がまとめられているので、要点を押さえてまとめること。「一ページ目から読む必要はない」「自分にとって、関心のあるところだけ読めばよい」「自分に関係ある内容……始めたらよい。」などに着目してまとめる。問八、「絵画的な読書」とは、作品冒頭から全体を通して読むのではなく、問七の(2)で考えたように部分部分を飛び飛びに読む読み方であるが、同じことを言っているのが、傍線部の次の段落にある「一部を囓り読みする」なので、その前後の言葉を入れて「一部を囓り読みする」ことの意義を抜き出す。

二 **伊吹有喜『雲を紡ぐ』**より。問三、「ぬ」に言い換えられるのは打ち消しの助動詞、言い換えられないのが形容詞。ア・エ・オは、それぞれ「言わぬ」「できぬ」「ならぬ」と言い換えられるので助動詞。問四、直後で、羊毛が「太一の指にじゃれつき、次々と身をよじらせて糸になっていく」様子を、美緒が「生きてるみたい」と言っていることから、何があるものにたとえられているか考える。問五、直前の太一が「怒ったように言う」ことに対して、直後で美緒が「また、人の気にさわることをしてしまった。」「まわりを不愉快にさせてしまう」と悔やみ、以降の段落で「どう話せば、みんなに嫌われずにすむのだろう?」と「悩んで」いることから考える。問六、「あれ……ずいぶん」という言葉から感じられるのは、美緒が予想以上に作業を進めていたことへの驚きであるが、直後で「戸惑った顔で裕子は袋を見ている。」のは、「裕子が机に置いた羊毛」だけでなく、傍線部よりあとの方の描写で分かるように美緒が袋に入っていた羊毛＝「最上級の羊毛」まで使い、「貴重な羊毛を全部、出来損ないの糸にしてしまった」から。そして、そうなった原因は「私がちゃんと言わなかったから」だと言っていることから、美緒に「袋」の中の羊毛は使わないよう注意しておかなかったことへの「後悔」が感じられる。問七、直前の「これ、次はどうしたら、布になるんですか?」という美緒の質問に、答えられないので「うーん」と言葉に詰まり、「困った顔になった」ことを押さえ、なぜ答えられないのか説明する。傍線部あとの「邪魔になるなら捨てるか」や「商品としての使い道はない」などに着目し、美緒の紡いだ糸がどんなものになってしまったか考える。問八、そもそも毛糸は軽いもの。それが重く感じられるのは、直前にあるように「貴重な羊毛を全部、出来損ないの糸にしてしまった」という後悔と自責の念から。問九、「『……ように』につながるように」の設問文に注意。つまり、「『薄笑い』を浮かべてしまうのはどうしてか」と問われているが、原因・理由(＝私の癖)を答えるのではなく、「目的」を答えなければならないことが分かる。傍線部⑥の近くにはそれについて触れた言葉はないが、前半で太一が二階に上がってしまったあとで、美緒が一人で糸を紡ぎながら、「自分の表情……いつもうまくできない。そして、まわりを不愉快にさせてしまう。……どんな顔をして、どう話せば、みんなに嫌われずにすむのだろう?」と悩んでいる箇所から、裕子の話を聞きながら「薄笑い」を浮かべてしまう無意識(＝癖)の「目的」にあたることを考える。問十、どの選択肢も前半は美緒の弱点、至らない点に触れていて紛らわしいが、各後半部のア「自分のことをふがいなく感じている」、イ「悲しい気持ちになっている」、エ「つらく思っている」という気持ちは読み取れるものの、ウの「自立して」という気持ちは書かれていない。

三 **無住『沙石集』**より。問一、語中・語尾のハ行音は「ワ・イ・ウ・エ・オ」と読むので、「ならせたまいさうらうぞ」となるが、問題は「さうらう」である。「saurau」の「au」は「オー」となり、「ソーロー」と読んで現代仮名遣いの表記では「そうろう」と書く。問二、七十と言うより、六十と言った方が少し若い気持ちがするので言った言葉である。問三、年よりも若く見えると言われて「嬉しく」なるのはどんな心

があるからか。問四、「六十と余り十四」ということは、つまり「七十四」である。問五、「万葉集」は奈良時代に成立した、現存する最古の和歌集。

通釈 中国の武州に西王の阿闍梨という僧がいた。「お年は、いくつにおなりでございますか」と、人が尋ねると、「六十を越しました」と言うが、七十過ぎに見えたので、いぶかしく思って、「六十歳を、いくつほど越しなさったか」と尋ねると、「十四越しました」と言った。ずいぶん越していることだ。七十と言うよりも六十と言うと、少し若い気持ちがして、このように言ったのである。人間誰しもが持つ心である。

お世辞にも、「お年よりも、ずいぶんと若く見えなさる」と言われるのは嬉しく、「格別に年老いて見えなさる」と言われると、心さびしく不本意なのは、人間誰しもが持つ心である。

久留米大学附設高等学校

問題 P.343

解答

一 問一、Ⅰ共存、互恵、対立の三つの関係が存在する(19字)　Ⅱ対立的な　問二、対立的な関係の相手とどう連帯していけばよいのか　問三、エ　問四、対立した同士が譲り合い、妥協し合って解決をはかっていく(こと。)(27字)　問五、共有された世界　問六、Ⅲ対立する相手もかけがえがない(14字)　Ⅳヨーロッパ近代の生んだ理念を他者に押しつけるだけの(25字)　問七、a噴火　b損傷　cふっしょく　d遂(げ)

三 問一、aだいり(またはうち)　bほほゑ　問二、(1)ウ　(2)読めば犯人だと疑われてしまう(から。)　問三、オ　問四、Aさが　Bししのここじし　Cぬ　問五、小野篁はとがめられることがなかったという(こと。)　問六、ア　問七、(共通点)高い能力と豊富な知識がある点。(相違点)【甲】は自分の博識に自信を持っていたが、【乙】は博識に自信を持つあまり、思慮深さが足りなかった点が違っている。

解き方

一 **内山節「怯えの時代」**より。問一、Ⅰ空欄直前の「自然との関係には」という表現に着目し、傍線部前の「自然と人間のあいだには、共存、互恵、対立という三つの関係が複雑にからみ合いながら展開してきたのである」という文を確認する。次に、同じことが傍線部③の直前に指定字数内で記されていることを確認する。Ⅱ傍線部の「都合のよい部分だけと連帯する」という表現を手がかりにしてあとの方を見ると、傍線部②のあとに「対立的な部分もふくめてどう連帯するのかを考えなければ……都合のよい連帯になってしまう」とあるので、ここから空欄Ⅱの直後にある「排除」されている要素が「対立的な部分」であることが分かる。問二、傍線部の「同じこと」の中身を前の方で確認すると、一段落前に『禍』としての自然とも連帯する」とある。次に空欄直後の「解決すべき課題」という表現に着目して傍線部のあとを見ると、「対立的な部分もふくめてどう連帯するのかを考えなければ」「この問題が解決されないかぎりは」とあるので、これを「人と人との連帯」という観点からまとめ直す。問三、設問文の「日本について」という表現に着目してあとの方を見ると、一段落後の冒頭に「日本について」とあるので、この段落のポイントを押さえる。「個人の基盤には共有された世界があった」「共有された世界に個人が参加している」「共有された世界を基盤にして、人々は…自然…他の村という別の共有された世界と連帯してきた」とあるので、これらの要素を踏まえて選択肢を選ぶ。ただし「連帯」については、問二で確認したことを踏まえ、アの「共存・互恵の関係」だけでは不十分であることも理解する。問四、「折り合い」とは「折り合う」という動詞が名詞化したものである。「折り合う」は、対立した同士がゆずり合って解決をつける、妥協する、という意味。問五、空欄直前の主語が「日本の伝統的な民衆の発想は」であることを確認し、問三で見た「日本について」の段落を見直すと、「共有された世界を基盤にして、人々はときに自然と連帯し、ときに他の村という別の共有された世界と連帯してきた」とあるので、この「基盤」が空欄直前の「出発点」に対応していることが分かる。問六、設問文にある「ヨーロッパ近代が生み出した『連帯』」の話が傍線部②の段落にあることを確認し、そのポイントを押さえる。そこで空欄Ⅲ直後にある、欠けていた考えについては、「対立する他者のかけがえのなさも認められなければならないだろう」とあるので、ヨーロッパ近代はこれを考えなかったことが「問題点」であることが分かる。次に空欄Ⅳ直後の、問題のある「連帯」が「ヨーロッパ近代が生みだした理念を他者に押しつける連帯でしかなかった」に対応すると考え、それぞれをまとめる。

三 **「宇治拾遺物語」「十訓抄」**より。問一、b「ほほえ」の「え」が「ゑ」となる。問二、(1)「え～打ち消し」は「不可能」を表す。(2)あとの「さればこそ、申し候はじ…」に着目。帝から疑われてしまうことを恐れたのだ。問三、直前の「こそ」という係助詞は文末の活用する品詞を已然形にする。問四、A三つめのAに着目。「悪」にどういう読みがあると「帝の御気色」が悪くなるのかを考える。B「子」には、訓の「こ」、音の「シ」、十二支の「ね」の三通りの読み方があるので、これを組み合わせて読んだのである。「猫(の)子(は)子猫、し(の)子(は)子じし」の意。Cもとの文の「不来待」の「不」の部分に対応する。終止形は「ず」であるが、直後が体言なので連体形の形にする。問五、なにごともなく無事済んだ、ということ。問六、「落とし文は読むところにとがあり」(だから、不用意に読まない方がいい)という警句は「このこと」から始まった、ということなので、「このこと」は、篁がなぞ解きのような文を読めたため、書いた犯人だと思われ、罰せられそうになったことを指す。問七、共通点については、甲乙いずれも、小野篁は帝から出された、読みの課題に即座に正しく答えている。つまりそれだけの知識と能力があるということを意味する。相違点については、【甲】は、「何にても読み候ひなん」という自信たっぷりな言葉から、【乙】は『落とし文は読むところにとがあり』というふこと、これより始まるとかや」という筆者の評から、どんなことを伝えようとしたのかを考える。

通釈 【甲】今となっては昔のことであるが、小野篁という人がいらっしゃった。嵯峨帝のお治めになっている時に、御所に札が立ててあり、「無悪善」と書いてあった。帝は、篁に、「読め」とおっしゃったので、(篁は)「読むことは読みましょう。しかし恐れ多いことでございますので、申し上げることはできません」と帝に申し上げたので、(帝は)「ともかく申せ」と何度もおっしゃったので、(篁は)「さがなくてよいだろう〔【表の意味】悪い性質が無いのはよいだろう【裏の意味】嵯峨帝はいなくてよいだろう〕と申しております。つまり君〔帝〕を呪い申し上げているのでございます」と申したところ、(書いた本人以外に読めるはずがないと思った帝は)「お前以外に誰が書くだろうか〔お前が書いたのだろう〕」とおっしゃったので、(篁は)「だからこそ、申し上げませんと申したのです」と申し上げたところ、帝は、

「ところで何でも書いてあるようなものは確かに読めるのか」とおっしゃったので、(篁は)「何であっても読みましょう」と申し上げたので、(帝は)片仮名の「子」の文字を十二(個)お書きになって、「読め」とおっしゃったので、(篁は)「ねこの子こねこ、しし〔獅子〕の子こじし」と読んだので、帝はほほえまれて、(この事は)無事に済んだのだった。

【乙】嵯峨帝の御治世に、「無悪善」と書いた落とし文〔政治批判などを書いて、目立つ場所に落としておく文書〕があった。(帝が)小野篁にお見せになったところ、「悪」は「さが」という読みがあるので、(篁は)「さがなくてよし」と読んだ。帝の御機嫌が悪くて、「さてはお前のしわざか」とおっしゃったので、(篁は)「そのようなお疑いがございますならば〔才能がある人間は言葉を使って自分を呪うのではないか、といった疑いを帝がお持ちになるならば〕、すぐれた臣下は、朝廷〔帝が政治をとる場所〕には出てきにくいのではありませんか」と申したので、帝は、

一伏三仰不来待　書暗降雨恋筒寝

とお書きになって、「これを読め」とおっしゃって、(篁に)お与えになった。

月夜には、来ないあなたを待ってしまいます
空が曇って雨も降って欲しい。(そうすれば私もあきらめて)あなたを恋しく思いつつ眠るのに

と(篁が)詠んだので、(帝の)御機嫌は直ったということである。

「落とし文というものは読む方〔読むことができる人〕が責めを負う」という警句は、このできごとから始まるという。子どもたちの遊ぶ「むきさい」というものに、「一つ伏して、三つ仰げる〔一枚がうらで、三枚がおもて〕」の状態を「月夜」と言うようである。

慶應義塾高等学校

問題 P.345

解答

一 問一、○「文化としての科学」を広く市民に伝える(こと)(19字)　○科学の楽しみを市民とともに共有する(こと)(17字)　問二、無用の用　問三、自然と戯れながら自然の偉大さを学んでいく(20字)　問四、経済的利得　問五、役に立つ　問六、成功や失敗などのエピソード。(14字)　問七、倫理　問八、先導　問九、原発の良さばかりを喧伝し、批判者に圧力を加える(こと。)(23字)　問十、専門的知識と経験によって、社会にとっての危険を察知し、前もってそれを市民に知らせること。(44字)　問十一、5エ　7イ　問十二、オ　問十三、1牛耳　2流星群　3民生　4批判　5度量

二 問一、1安直　2借家　5縁　6手近　8下腹　問二、3からくさ　4ゆかいた　7かじ　9じゅず　10きり　問三、秋　問四、②ア　③ウ　④エ　⑧イ　⑨ウ　問五、座敷　問六、いろはにほへと　問七、ザ(行)上一段(活用)　問八、石川県　問九、精神力の強さが、怪異を起こらなくさせる。(20字)　問十、ウ　問十一、エ　問十二、イ　問十三、オ

解き方

一 **池内了「科学の限界」より。**問一、本文を読み進めていくと、第四段落冒頭に「今必要なのは、…」の一文が見つかる。ここに必要な要素が二点述べられているので、問題文の条件にも合致する。問二、空欄直前に「そんな」とあるので、その前の「なければないで済ませられるが、……なければ何か心の空白を感じてしまう」から考える。「無用の用」は、役に立たないように見えるものでも、実は大切な役割を果たしているという意味の言葉である。問三、「原初的」は、物事の一番初めの様子。つまり、行われ始めたころの科学ということである。傍線部直前に「そんな」とあるので前を見ると、「自然と戯れながら……学んでいく」が見つかる。これは、科学の原初的な姿と言える。問四、「見返り」とは、人から受ける利益へのお返しとして提供する、金品や労力のことであり、ここでは、前にある「一定の投資」に対する実質的な成果と考える。直後に「明日のコメ」とあるが、問題文に「具体的に」とあるので、他の部分を探す。傍線部を含む段落の冒頭に「経済一辺倒の現代社会」とあるのも考え合わせると、「現状において…」で始まる段落の「経済的利得」が適切。問五、空欄の前後に、「ムダと思われるものに金を投ずるのを忌避する」ことがそのようになる要因だと書かれている。問四で見たように、「見返りが要求」されるのである。空欄のあとにあるように、「社会の要求に迎合」し、「社会に貢献」する科学、つまり「役に立つ」科学が求められるということである。問六、傍線部のあとに「『物語』に満ちている」の言い換えとして、「数多くのエピソードがあり、成功も失敗もある」とある。問七、空欄部の段落の最後に「科学者としての倫理を研ぎ澄ませることが必須であろう」とある。「倫理」は人としての正しい行動規範という意味である。この段落以降、科学(科学者)の倫理について述べられていく。問八、空欄直後の「(扇動?)」をヒントに考える。次の段落に「上からの目線で市民を導いてやっている」とあるので、同音の「先導」が思い当たる。問九、指示語なので前を見ていくと、二文前に「原子力ムラの人々」の具体的な行動が書かれているのが見つかる。問十、傍線部の前に「事前の警告を与えることは」とあるので、これの言い換え部分を探すと、二文前に「社会にとって何らかの危険を……市民に知らせる」が見つかる。そしてそれは科学者が「専門的知識と経験」を持っているからこそできる役割だとも書かれている。問十一、5空欄直後の「いかなる人間も正確な情報を得る権利がある」から考える。同段落の最後の一文にある「情報の隠蔽や虚偽」もヒントになる。7直後に「自分の意見が間違っておれば潔くそれを認め、意見を変える」とある。続く一文でも述べられているように研究や実験で出た結果が「自分のアイデアや理論」と違っていた場合も、その事実を素直に受け入れる、ということである。問十二、「もとる」は「反する」という意味の言葉である。「倫理にもとる」という形で使われることも多いので覚えておく。

二 **泉鏡花「くさびら」**(「鏡花随筆集」所収)より。問三、きのこの句は一般的には秋である。問四、②「蜘蛛手」は蜘蛛の足のように一か所から四方八方に分かれていること。③「五月雨」は、陰暦五月頃の雨で、梅雨に降る雨のこと。④「怪(け)しからない」は「けしからぬ」「けしからん」と同義と考えてよい。⑧「癪」は腹が立つこと。⑨「おびただしい」は数が非常に多いこと。問五、直前で「邸」を言い直しているのがポイントである。「邸」には「立派な住宅」という意味があるが、前の部分を見ると、あまり良い物件ではなさそうである。また、次の段落を見ると、茸が出たのは「畳のへり」と書かれている。畳敷きの部屋、つまり「座敷」が適切。問六、空欄を含む山伏の祈禱の後半に「ちりぬるをわか」とあるので、その前の七文字「いろはにほへと」と推測できる。問七、「退治る」は「たいじ-ナイ／たいじ-マス／たいじる」と活用する。問八、加賀の国は現在の石川県の一部である。問九、傍線部の前にある三州奇談では、「肝が据わった」主人により「妖は止ん」だとある。「鉄心」は鉄のように強い心、

強い精神力のことで、「銷怪」は、怪異を消す、つまり怪異が起こらないようにすること。問十、「仇(あだ)をなす」は、「恨みに思う」「敵対する」「復讐する」などの意味の決まった言い方である。問十一、「などか」は、「どうして」という疑問・反語の意味の副詞。また「奇特」は、ここでは「不思議な効果」という意味で考える。山伏は「祈れば、どうして不思議な効果がないだろうか、いや、効果はある」と言いたいのだから、正解はエとなる。問十二、「気を吐く」は、威勢のいいところを示すことである。問十三、泉鏡花は、明治から昭和にかけて活躍した小説家で、代表作は「高野聖」。

慶應義塾志木高等学校

問題 P.348

解答

一 問一、1しっかい　2判然　3ひなた　4難儀　5無邪気　6鉄瓶　7機嫌　8裾　9ぎょうさん　10内裏　11ごぶ　12瞬　13覆　14膨　15つ いば　問二、a愛　b念　c雲　d春　e威　f口　g浮　h兄　問三、(一)イ　(二)文鳥はこの　(三)(文鳥と違って自分は)他者の死を受け止め、死とは何かということについて考えることができる(という点。)　問四、aウ　bイ　cエ　dカ　eキ　問五、文鳥とその文鳥を飼うための籠を買う費用を高く見積もり、その金を預からせてもらうこと。問六、「三重吉」は金が欲しいと思っているということを承知しながらも、断ることなく、文鳥を買うための金を渡す「自分」の、「三重吉」に対する親しみと愛情。問七、Ⅰエ　Ⅱウ　Ⅲア　Ⅳイ　問八、外部から何かが自分の身に注がれたことを感じたが、一体何が注がれたのか　問九、(一)生命力が感じられず、まるで生と死の狭間を漂っているかのような、非現実的ではかないもの。(二)一刻も早く文鳥を箱の中へ入れ、寒さから救ってやりたいと気がせいて、外套を脱ぐ間も惜しんでいる行動。問十、猫に籠を倒されて、止まり木も餌も水もなくなったという危機的な状況にありながらも、声高に助けを求めることはせず、それでも必死に生きようとしている健気な様子。問十一、昨晩、猫が縁側に入り、文鳥の籠を箱から落としてしまった。その際、水入れも餌壺も引っ繰り返ったものだから、少し弱ったかもしれない。今日、粟も水も十分に入れてやったのだが、鳴くこともなく、止まり木に止まって動かないままである。一体どうしたらよかろうか。問十二、文鳥が息づいていた痕跡が生々しく残る生の空間がいまだに存在する一方で、同時に文鳥の確実な死が現前しているという事実。問十三、X古代の聖徒　fキ　gイ　hサ　iエ　問十四、「自分」は文鳥の死骸を、どこへでも「勝手に」、つまり下女の持っていきたい所へ「持って行け」と命じたのだが、下女は「勝手」を「台所」の意味だと勘違いしたため、「台所」へ持って行ってしまったこと。問十五、(一)(下図)　(二)○死んだ文鳥を埋めた墓を「土手」と表現している点。○「登る」ほどの高さは全くない、低い土まんじゅうに過ぎないのに「登る」と表現している点。問十六、愛おしさを感じていた文鳥が死に、心のなぐさめを失って、淋しさと喪失感を味わっているだろうという意味。問十七、翌日眼が覚

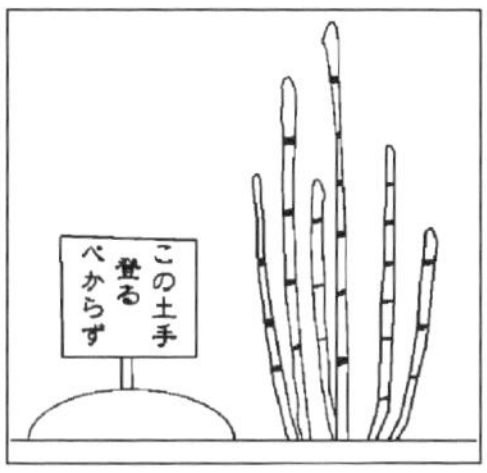

解き方

一 夏目漱石「文鳥」より。問二、c「雲をつかむ」とは、物事の漠然としてとらえどころのないさま。d「小春」とは、陰暦十月の別称。しばしば春に似た温暖な晴天が現れることからこのように呼ぶ。f「宵の口」は、日が暮れてまもない時。問三、(一)本文の★Aの部分が、「伽藍のような書斎」で文鳥の死と向き合う場面である。(二)「頬杖」とは、ひじを立てて手のひらで頬を支えること。片方の手で頭を支えている姿勢が、空欄Ⅱから始まる段落の最後にある、文鳥の一本足でじっと身を支えている様子に重なる。この二文は、「片づく(片づける)」という表現を用いている点も同じである。(三)「頬杖」という体勢から受ける印象の一つが「考える」ことであるとすれば、文鳥と「自分」との相違点はまず、「考える」ことができるか否かである。さらに(一)を踏まえるという条件に従えば、「死と向き合う」ことができるのは「自分」のみである。文鳥は、死とは何であるかということすら知らぬまま、ただ死んでいく。問四、「買う」と「飼う」という同訓異字を意識した軽妙なやりとりである。問五、籠は「好いのは二十円ぐらいする」とずいぶん高く見積もり、そんなに高くなくてよいと言われると「にやにや」し、肝心の買い方についてははっきりとしたあてがないような曖昧なことを言っているので、とにかくまず金を預けて欲しいと思っていることがうかがえる。「三重吉」のその「下心」は、「何しろ…」で始まる段落の「…依頼することにした。」という箇所からも感じられる。すると、すぐ金を出せと言う。」「手に落ちた」はまんまと三重吉のものになった、の意。問六、「三重吉」が金を欲しがっていることを十分に承知しながら、拒否することなく勧められるままに金を預けるというところに、門下生への愛情がうかがえると言えよう。問七、空欄の前後をよく読み、適合するものを選んでいく。たとえば、Ⅰのあとには「その間には」とあるので、長い時間を示す言葉が空欄に入ると予測できる。したがって「その日は一日…」とあるエを選べる。問八、文鳥は「水道の水」を上からかけられている。「女」は、鏡の反射によって「春の光線」を顔に当てられている。問九、(一)「薄白く浮いたまま」、「有るか無きか」という表現から考える。(二)生命力を感じさせずはかない雰囲気をまとう文鳥を見て、うろたえて急ぐ「自分」の様子が表現されている。外套を脱ぐ間も惜しみながら、腕を動かしやすいように羽根を返したのである。問十、「しのびやか」とは、ひそかに、ということ。「かじりついて」とは、離れないようにしっかりとしがみついている様子。命の危うい危機的な状況に置かれながらも、鳴くこともせず、それでいて必死に生きようとしている姿である。問十一、傍線部前に、「手紙を書こうと思って、二三行書き出すと」、文鳥が鳴いたので「筆を留めた」とあり、また、文鳥が鳴き、粟と水が減っていることを確認すると「手紙はそれぎりにして裂いて捨てた」とあることに着目すると、そのことを心配し、相談する内容だったはず。「手紙」を「復元」するという問題なので、文体もできる限り「自分」の文体に近づけて書けるとよい。問十二、畳みかけるような「眺めた」の連続で、「自分」の心境を描いている。「冬の日に色づいた朱の台」は、買ったばかりの「黒味」からの変化を表し、文鳥の生きた時間の推移を感じさせる。「餌壺」と「二本の止まり木」は、文鳥が愛らしく生き生きと動いていた姿を想起させる。それらは生の痕跡であり、今も続いている日常である。その一方で、もはや覆せない確実な死が、非日常として目の前に「横たわる」。「自分」はこの生と死を順に「眺め」ている。問十三、文鳥をそっと扱う静かな手の動きと、一転して荒々しい振る舞いに着目し、「自分」

の心理をたどる。問十四、「勝手」の二つの意味によって生まれる食い違いの面白さである。問十五、(一)ポイントの一つは、「木賊」と「公札」の高低差である。(二)子どもならではの表現の面白さがある。小さな子にとっては、わずかな土の盛り上がりも「土手」のように感じられるのかもしれない。問十六、文鳥のしぐさや姿をつぶさに観察し、「いつか指の先で餌をやってみたい」と期待するなど、「自分」は文鳥に愛着を覚えていた。文鳥は、「伽藍のような書斎」で黙々とペンを動かし続けている「自分」の淋しい日常に、変化と彩りを与えてくれる存在となっていた。問十七、「三重吉」の「例の件」の「女」は、「そんな所へ嫁にやる」ことが問題となっている。「自分」の思い出す「女」に、「紫の帯上げでいたずらをしたのは縁談のきまった二三日後である」。また、「翌日眼が覚める…」で始まる段落にある、「いったん行けばむやみに出られるものじゃない。」という表現は、鳥籠に入れられたまま出ることのできない文鳥にもそのままあてはまる。

慶應義塾女子高等学校

問題 P.353

解答

一 問一、1おもむ　2遺憾　3ろう　4才知　5たわむ　6委　問二、Xしら　Yまれ　問三、賢明　問四、共和国の首相が王を貶める悪口を言ったことだけでも腹立たしいのに、首相は謝罪もせず、白々しくへりくつをこねて言い逃れようとしたから。問五、共和国の詩人の詩に力を感じ、自分の言葉の力を発揮して心置きなく戦える好敵手と出会えたことを確信して、大きな喜びを感じている。問六、雲や石などの自然までもが強く心を動かされ、姿を変えてしまうほど、婦人の詩の言葉が大きな力を持っていたということ。問七、物語の結末を読者の想像力に委ねることによって、言葉の優劣とは決定できるものではなく、読む行為を通じて読者がその都度自由に感じるものであるということを表すため。問八、

なかなか	優雅で	は	ない	か
副詞	形容動詞	助詞	形容詞	助詞
	連用形		終止形	

二 問一、日本語の助詞や助動詞の複雑な意味を正確に翻訳することが難しいうえに、俳句に用いられている言葉の一つひとつを、他と取り替えることのできない絶対的な表現として訳すことは極めて困難であるから。問二、「この道は」の「は」は係助詞であり、「この道」という事柄を他と区別して提示するという意味になるが、「この道や」の「や」は俳句においては切れ字としてはたらくため、「この道や」でいったん表現を区切り、詠嘆・余情を生み出すことになる。問三、俳句は取り替えのできない言葉を用いなければならないという芭蕉の提唱に従えば、「近江」という地名や「行く春」という季節に必然性がないということを指摘し、批判しようとしたから。問四、近江の琵琶湖に霞がたなびく春の風景は、昔から愛されてきたものなので、「近江」と「行く春」を惜しむこととは分かちがたく結びついており、他の言葉と取り替えることはできないから。問五、X過客　Y旅人

三 問一、1還元　2一括　3克服　4病弊　問二、ア4　イ2　問三、5　問四、「デモクラシー」とは、本来は統治形態の一つであり、大衆が支配する統治システムは、貴族たちからは好ましくないものとして考えられていたから。問五、○近代市民社会において、地縁や血縁、身分制度などによるつながりが失われたため、人々がばらばらになり無力化したという(問題。)　○個人主義は、最終的にはエゴイズムに陥ってしまい、公的な問題に対してうまく機能しなくなるという(問題。)　問六、自分を取り巻く様々な共同体と深く関わるなかで、人間は自己決定ができるということ。

解き方

一 **西崎憲「未知の鳥類がやってくるまで」**より。問二、X「しらを切る」とは、知っているのに知らないふりをすること。問三、空欄アの直前に「単純に怒るにはあまりにも」とあるので、その部分とのつながりを考えると「凡庸」、「誠実」、「正直」は当てはまらない。また、このあとの王の提案内容を考えると、「賢明」がふさわしいことが分かる。「懸命」ではないので注意する。問四、傍線部に「腹立ちはいっそう深くなった」とあるので、そもそもの腹立ちの理由と、さらに腹立ちを深めさせた理由の二点を説明する。問五、傍線部の直前に「存分に力を振るえるのが嬉しいのです。」とある。問六、万物の心を揺り動かす、圧倒的な言葉の力である。それに対して、「共和国の詩人」の「言葉の美しさ」は、「人々」を「驚嘆」させたという表現にとどまっていることにも着目。問七、詩の「優劣」を「判断」する「後世の者」とは、実は「貴方」自身であると、ここにきて急に読者は物語のなかへ当事者として引きこまれることになる。結末が読者に委ねられ、閉じることのない物語の世界が読者に向けて開かれると同時に、言葉に優劣をつけることはできないというメッセージを読者は受け取ることになる。

二 **ドナルド・キーン「日本文学を読む・日本の面影」**より。問一、傍線部Aの直後に「まず、〝てにをは〟の活用の問題があります。」とあり、少しあとに「それから芭蕉が唱えたことですが、…」とあるので、この二点を説明する。問二、問いに「俳句において」とあるので、「この道や」の「や」が俳句のなかでは「切れ字」として機能することを説明する。問三、傍線部の直前に「当時軋轢を生じていた」(＝当時仲が悪くなっていた)とあることもヒントになる。弟子である尚白は師の矛盾を突き、痛烈に批判しようとしたのである。「取り替えられる」は、その言葉を使う必然性がないということ。問四、芭蕉の句は「昔から文人や歌人たちが愛してやまなかった琵琶湖に舟を浮かべて、私もまた近江の人とともに過ぎ行く春を惜しんだことであった。」という意。去来は、「近江」の琵琶湖の春景色と、「行く春」を惜しむこととは、切り離すことのできない絶対的な結びつきがあると反論したのである。

三 **村上陽一郎「死ねない時代の哲学」**より。問二、ア空欄の直前に述べられている内容を、空欄のあとにまとめているので「つまり」が入る。イ空欄の直前で「デモクラシー」の「負のニュアンス」について述べ、空欄の直後に、「デモクラシー」の新しい使いこなし方について述べているので、「しかし」を入れる。問三、空欄の直後に「自分たちの目的を達するために」とあるので、「自発」がふさわしい。外からの働きかけによって「結社」を造るのではなく、「お祭りを実施する」「神学校を創設する」などの自分たちの目的に応じて自ら「コミュニティ」を造るのである。問四、「個人主義」より「遥かに古くから存在した」「デモクラシー」の「負の価値」の理由なので、「個人主義」の「負の価値」の理由とは異なるという点に注意。問五、まず、傍線部より二段落後に、「エゴイズムに陥りがちな個人主義を、人々が手をつなぎあい…」とある。なぜ「個人主義」が「エゴイズム」に陥るのか、またなぜ「エゴイズム」に陥ることが問題となる

のかについては、傍線部より前の部分で説明されている。次に、もう一つの問題は、「個人主義は…」で始まる段落の「近代以前は、人々は地縁や血縁、あるいは身分制度などで…」という箇所に示されている。その箇所からさらにあとの部分に、「だからこそ、無力に陥らないため助け合う方法を考え、アメリカでは結社をつくりだした」とあるように、人々がばらばらになり無力化してしまったという問題も、「結社」が克服したのである。問六、傍線部の直前の「その問い」とは何か。個人主義においては「ある人の人生はその人のものだ」とされるが、「果たして本当に」そうなのか、という問いである。そして直後を見れば、この問いに対する「一つの答え」とは、そうではない、ということだと分かる。すなわち、ある人の人生はその人だけのものではない、ということ。では、その人だけではなく誰のものなのかということについては、本文の最後の部分に書かれている。一人の人間の生涯は、その人を「取り巻く様々な共同体」に深く関わっており、アメリカの「結社主義」がそのことを示しているとまとめられている。

國學院高等学校

問題 P.356

解答

■一 問一、④　問二、⑤　問三、①　問四、②　問五、⑤　問六、④

■二 問一、Ⅰ⑤　Ⅱ③　Ⅲ①　Ⅳ②　Ⅴ④　問二、④　問三、④　問四、②　問五、②

■三 問一、②　問二、⑤　問三、③　問四、①　問五、③　問六、④　問七、②　問八、②

■四 (1)①　(2)③　(3)②　(4)①　(5)③　(6)③　(7)②　(8)⑤

解き方

■一 **黒井千次「老いるということ」**より。問一、(a)前後は視点が逆になっているが、同じ事柄の言い換えになっていて「つまり」が適当。(b)前後が対立・逆接の関係になっているので、「しかし」が適当。(c)は前部より後部が重要であることを示しているので「むしろ」が適当。問二、直後に「楢山まいりに向う時には『歯も抜けたきれいな年寄り』になって出発したいとの願い」とあり、続く二段落のなかで「『歯も抜けたきれいな年寄り』……『年寄り』の姿とか形なるものが存在していた」とあるので、そうした「年寄り」の形に自分を近づけようとして、歯を欠く仕事を行ったと理解する。④は「共同体の中で死んでいく」が誤り。問三、空欄直前の「おりんが目指す『きれいな年寄り』」と直後の「おりんの思い描く『きれいな年寄り』を追放した」という流れに着目し、その流れに合うように並べる。まず、その時代を表す言葉が空欄直後の「古い共同体の掟」「醜い風習」であることを確認し、冒頭に(い)を置く。次に(あ)の「それを打破してよりよい生活」の「それ」は(い)の「厳しい暮し」「共同体の掟」を指しているので、(い)の次に(あ)を置く。次に(う)の「近代化とはその道程」の「その道程」が(え)の「長い歳月をかけて暮しは次第に豊かなものとなって来た」の「長い年月をかけて……なって来た」ことであることを確認し、(う)の前に(え)を置く。問四、直後の「その端的な表れ」という語に着目し、何の端的な表れなのか、ということを傍線部の前で確認すると、「老人像」「その像の輪郭は、現代に近づくにつれ次第にぼやけて来ている」「我々の老人像は急速に曖昧なものとなって来る」とある。問五、空欄の段落の末尾の「おりんは、その時自分が願っていた『きれいな年寄り』へと昇華している」という記述に着目。「きれい」という言葉がプラスイメージであることから、おりんの死は肯定的に捉えられていることが分かる。ならば、その逆の「自殺」は、マイナスイメージ＝否定的となるので、この対比を的確に踏まえた選択肢を選ぶ。②は(w)の「疑問」が誤り。問六、直前の「それに比べれば」という言葉を手がかりにして前の段落を見ると、「年寄りの生きる規範というものが村の暮しの中に確立し、あるべき老人の姿を思い描くことが出来た」とあり、これを踏まえて直後の段落では「現代」の話として「老人はかくあるべしといった規範の形さえ見当たらない……老いることの難しい時代が到来した」とあるので、ここから、村の暮しの中にあった規範がなくなったことが傍線部の理由であることが分かる。

■二 **有島武郎「一房の葡萄」**より。問一、Ⅰ「どやどや」とは、大勢の人が騒がしく出入りするさま、という意味。直後の「はいって来た僕たち」がヒント。Ⅱ「しくしく」とは、鼻をすすりながら弱々しく泣くさま、という意味。直後の「泣きつづけていた」がヒント。Ⅲ「がやがや」とは、大勢の人がうるさく話をしているさま、という意味。直後の「やかましかった生徒たち」がヒント。Ⅳ「ぶらぶら」とは、急がずのんびり歩くさま、という意味。直後の「歩きました」がヒント。Ⅴ「どぎまぎ」とは、予想外の状況や威圧された状況にうまく対応できずにあわてるさま、という意味。直前の「ジムが飛んで来て、僕の手を握ってくれました」「親切に僕の手をひいて」がヒント。最初の問題文の説明で、ジムは僕が絵の具を盗んだ相手である点を踏まえる。問二、「唇を噛む」とは通常、くやしがるさま・怒りをこらえるさま、という意味だが、ここでは「唇を、噛みしめても噛みしめても泣声が出て、眼からは涙がむやみに流れて来るのです」とあるので、涙が出て来そうなほどの「気持ちの高ぶりを抑える」という意味で用いられている。問三、前の方で先生と僕の関係を確認すると、第二段落に「どうしても僕の好きな先生に知られるのがつらかったのです」とあるので、ここから、僕は先生のことが好きである点を踏まえる。次に傍線部の直前の段落に「あなたは自分のしたことをいやなことだったと思っていますか」とあるので、ここから、僕は先生に自分の行為の反省をうながされている、と判断する。④の「いたたまれない」とは、自分のしたことの恥ずかしさに我慢できない、という深い反省の気持ちを示している。①は「厳しく叱られた」が、⑤は「強くとがめられて」がそれぞれ誤り。問四、「僕」はジムの絵の具を盗んだのだから、非難され嫌われても仕方がないのに、盗まれたジムの方から一方的に許され、さらに傍線部直前で「僕の手をいそいそと引張り出して堅く握ってくれ」たことに対して、意外であるとともに「嬉しさ」を感じている。問五、本文の葡萄に関する記述を確認すると、「(先生は)一房の西洋葡萄をもぎって……僕の膝の上にそれをおいて」(「あなたはもう…」で始まる段落)、「先生は、笑顔を見せて……僕は……少し恥しそうに笑いかえしながら……葡萄の房をつまみ上げましたが、すぐ悲しいことを思い出して……」(「ふと僕は…」で始まる段落)、「先生は僕のカバンの中にそっと葡萄の房を入れて下さいました」(「そういって先生は…」で始まる段落)、「先生は……葡萄の一房をもぎ取って、……ジムと僕に下さいました」(最後から三つ前の段落)、「僕の大好きなあのいい先生はどこに行かれたでしょう。……葡萄の房は紫色に色づいて美しく粉をふきますけれども、それを受けた大理石のような美しい手はどこにも見つかりません」(最終段落)などが見つかる。これらの記述を踏まえると、②の「揺れ動く『僕』」「『僕』を癒し、時になぐさめ」「大好きな先生のイメージと重なり」「懐かしく思い出される」が先に出したヒントに対応していることが分かる。

三「**竹取物語**」より。問一、語の頭以外の「はひふへほ」は現代仮名遣いでは「わいうえお」に置き換えられる。問二、直後の「ふたぎて」の現代語訳が「袖でかくして」となっている。袖でかくすのは、顔である。問三、「類なし」とは「並ぶものがない・最もすぐれている」という意味。問四、冒頭の「逃げて入る袖をとらへたまへば」の現代語訳が「奥へ入る（かぐや姫の）袖をとらえなさると」となっているので、袖をとらえたのは、帝であることが分かる。①の「さぶらふ」は「おそばに控える」という謙譲語で、動作主が帝より身分の低い者であることが分かる。問五、③に着目。「この国に生れてはべらばこそ」の「はべらば」は「侍る」の未然形＋「ば」で、仮定条件を表す。仮定なので、実際はそうではない、という意味が含まれる。問六、直前に「おのが身は、この国に生れてはべらばこそ、使ひたまはめ」とある。つまりかぐや姫は、私はこの世界に生まれた者ではないので、私を連れていらっしゃるのは難しい、と言っているのである。問七、傍線部前の「このかぐや姫、きと影になりぬ」がヒント。急に「影」になってしまうことのできる人は、普通の人ではない、という点を理解する。問八、②本文の『ゆるさじとす』とて、率ておはしまさむとする」に着目。ここから帝は、かぐや姫の気持ちを確認するつもりがないことが分かる。①は「声をかけることができなかった」が、③は「無礼な態度」が、④は「御輿で逃げてしまった」が、⑤は「影と化してしまった帝」がそれぞれ誤り。

通釈　（帝は）これがあのかぐや姫であろうとお思いになって、奥へ入る（かぐや姫の）袖をとらえなさると、（かぐや姫は）顔を袖でかくしておそばに控えているけれども、（帝は）以前によくご覧になっていたので、（かぐや姫のことを）この上なくすばらしいとお思いになって、「逃がさないぞ」とおっしゃって、連れていらっしゃろうとすると、かぐや姫は答えて奏上する。「私の身は、この国（世界）に生まれておりましたら、宮仕えさせることもおできになるでしょうが、（私はこの国に生まれた者ではございませんので）連れていらっしゃるのはとても難しくございましょう」と奏上する。帝は「どうしてそのようなことがあろう。やはり連れておいでになろう」とおっしゃって、御輿を（屋敷に）お寄せになると、このかぐや姫は、急に影になってしまった〔見えなくなってしまった〕。

（帝は）は努力もむなしく残念であるとお思いになって、ほんとうに（かぐや姫は）ふつうの人ではなかったよとお思いになって、「それならば、お供には連れていくまい。（だから）元のお姿になってください。せめてそれを見てから帰ろう」とおっしゃると、かぐや姫は、元の姿になった。

渋谷教育学園幕張高等学校

問題 P.362

解答

一 問一、(a)あしもと　(b)疾病　(c)被　(d)ゆえん　問二、イ　問三、エ　問四、日常的伝承や積年の知的遺産などの文化的影響によって虫の音を肯定的に捉える聴覚が育てられたということ。(50字)　問五、人間の感覚器官は、感覚自体の有限性と文化的なバイアスによって、きわめて限定された範囲でしか実在の世界と向き合えないということ。

三 問一、Ⅰウ　Ⅱア　Ⅲイ　問二、勘当　問三、イ　問四、ウ　問五、オ　問六、イ　問七、オ

解き方

一 **山本雅男「近代文化の終焉『人・モノ・情報』を見る眼」**より。問二、直後の「つまり」を手がかりにして、そのあとを見ると「生活習慣があるからこそ……脚が一歩先に進まない」「それは、呪縛と呼んでもよいような肉体への拘束」「人間は文化被拘束の存在だ」とあるので、ここから文化が肉体を呪縛・拘束する、という点を押さえる。問三、空欄部あとの「そのことは」を手がかりにして、あとを見ると、「文字化することで、音の実態そのものが実在性を増す」とあるので、これを文字が音の実在性を作っている、と理解する。問四、傍線部の「それ」「正の価値」「生理的に育む」という語を手がかりにして前後を見ると、傍線部前の「虫の音」が「それ」に、「季節の徴表として風流とも野趣溢れるものとも受け取られている」が「正の価値」に対応していることが分かる。また直後の「日常的伝承や積年の知的遺産など文化的な影響」は、何が育まれたのか、という中身であり、それによって育まれた「生理」が、虫の音を聞く「聴覚」であることを理解して記述をまとめる。問五、傍線部の「針の穴」が、とても小さいもの、せまいもの、であるという点を踏まえて前後でヒントを探すと、一段落前に「人間の感覚器官がきわめて限定された範囲でしか実在の世界と向き合えない」「感覚を媒介するかぎり、人間はひじょうに小さな窓からのみ実在世界を眺めている」とあるので、この、きわめて限定され、ひじょうに小さな窓である「感覚器官」の話が解答に必要となる。さらに傍線部直前に「これに文化的なバイアス（歪み）が加わる」とあるので、ここから、感覚器官のせまさと文化的なバイアスによって少ししか実在世界を捉えられない、ということも合わせて解答をまとめる。

三 **無住「沙石集」**より。問一、Ⅰ「いよいよ」は、ますます・いっそう、という意味。また「…かぬ」は、…できない・…するのが難しい、という意味。Ⅱ「かへすがへす」は、かさねがさね・つくづく（本当に）、という意味。また「奇怪」は、けしからぬ、という意味。ここでは、母親を打つ（＝なぐる）という行動に対する評価としてふさわしいものを選ぶ。Ⅲ「ねたさ」は「ねたし（妬し）」が名詞化したもので、いまいましさ・腹立たしさ、という意味。問二、点線部Ⅲ直後の「勘当」とは、罰すること・とがめること、という意味で、傍線部①の内容と合致する。問三、「苦々し」とは、非常に不愉快だ（＝笑えない・しゃれにならない）という意味。直前の「所領を召し、流罪に定まりにけり。」とあとの方の「まめやかに御勘当候はん事はあさましく候ふ。」という記述から、女房が、それほどまでに大ごとになるとは思っていなかったのである。問四、まず、直前の「尋ねられける」は、お尋ねになった、という尊敬表現で、直後の「申す」は謙譲表現なので、会話主は身分の低い方、すなわち子息か女房であると理解する。次に会話内容が「まことにはいかで打ち候ふべき（＝実際にはどうして打つことができますでしょうか、いやできない）」となっているので、先ほど「まことに打ちて侍る」と言っていた子息が、母を打っていない、と言っているのである。問五、「至孝」とは、この上もなく孝行なこと、という意味で、直前の「母を虚誕の者には、いかがなし候ふべき（＝母を嘘つきの者とは、どうしてできましょう）」という、子息が母を大切に思う気持ちを指している。問六、「末代」とは、末世・仏法の衰えた時代という意味。「有り難し」とは、めったにない・めったにないほどすばらしい、という意味。問七、「沙石集」は鎌倉時代中期の仏法説話集。アの「枕草子」は平安時代中期の随筆文。イ

の「源氏物語」は平安時代中期の物語。ウの「竹取物語」は平安時代前期の作り物語。エの「平家物語」は鎌倉時代初期の軍記物語。オの「宇治拾遺物語」は鎌倉時代初期の説話集。

通釈　北条時頼のもとにお側近く使える女房がいた。意地が悪く、腹を立てやすかったが、ある時、同じく(北条時頼に)仕えていた成長した(自分の)息子を、ささいなことで、腹を立てて打とうとしたときに、物につまづいて激しく倒れて、いっそう怒りを我慢することができなくて、時頼に、「息子である誰それが、私を打ちました」と訴え申したところ、「けしからぬことである」ということで、「その息子を呼び寄せよ」と(命じて呼び寄せ)て、「本当に母を打ったのか。母はこれこれと申しているようだ」と(息子に)尋ねられた。(息子は)「本当に打ちました」と申し上げた。時頼は、「本当に不届きである、道理に外れている」と叱って、(息子の)持っていた土地をお取り上げになり、(息子は)流罪となることが決まったのであった。

事態がまったく面白くない状態になった上に、腹立ちもやっとおさまって、(息子の所領取り上げと流罪という事態を)驚きあきれることだと思われたので、母はまた時頼に申したことには、「腹の立つにまかせて、この子のことを、(私を)打ったと申し上げましたけれど、本当はそういうことはございません。(私が)大人げなく彼を打とうとして、倒れましたことを、憎らしいと思って(腹立たしさのあまり)訴え申し上げました。本格的に法に当てはめて処罰をなさるのはあまりにもひどいことでございます。(息子を)お許しください」と言って、異様なほどにまた泣いたりし申し上げましたので、(時頼は)「ならば(息子を)呼び寄せよ」と(命じ)て、呼び寄せて、細かい事情をお尋ねになったところ、(息子は)「実際にはどうして(母を)打つことができますでしょうか(いや、打つことなどできません)」と申すので、「そうならば、なぜ始めから、ありのままに申さなかったのか」と、時頼が申し上げなさったので、(息子は)「母が(息子が自分を)打ったと申します以上は、我が身はどのような罰にも沈みましょう(罰を受けましょう)。母を嘘つきの者とは、どうしてできましょう(いや、できません)」と申したので、(時頼は)「(この者は)すばらしい(親)孝行の気持ちが深い者である」と言って、大いに感心して、(元々持っていた土地に)別の土地を付け加えて賜って、特別にかわいがる者とお思いになった。

仏法のおとろえた時代の人としては、めったにないほど、珍しいことだと思われる。

城北埼玉高等学校

問題 P.365

解答

一　問1、時を駆るにあたって障害になるものをすべて排除し、少しでも効率的に早く未来を手に入れ(ようとするメンタリティ。)(41字)　問2、ウ　問3、イニシアティヴの放棄　問4、ア交代で主役になり、交代で伴奏役になる　イ「客」が「主」に反転する　問5、ア　問6、訪れを待つ　問7、イ　問8、寝か　問9、墓　問10、エ

二　問1、①妥協　②執筆　③悟　④渦中　⑤わざわ　⑥しず　問2、1エ　2イ　3ア　問3、1口　2体　3単　問4、1くも　2たい　3猫

三　問1、ア　問2、たいていいじめられるか同情されたり気を遣われたりしてきまずくなったりするしかなかった(42字)　問3、わかりやすさ以外の理由がまったくなかったことがはっきりした(29字)　問4、それが藤野(または「ゲルマ」は)　問5、エ　問6、ア　問7、エ

解き方

一　**鷲田清一「わかりやすいはわかりにくい？——臨床哲学講座」**より。問1、傍線部の「メンタリティ」とは、思考の傾向のことである。「こういう」とあるので、傍線部の前の部分を見ていくと、設問の指示にある「障害」と「効率的」という言葉を含む二文が見つかる。この二文の内容は、思考の傾向と言えるので、説明文の文末に合うようにまとめる。問2、空欄の前後にあるダッシュ記号(—)内は具体例を提示している。直前に「自分が何か仕掛けるのではなくて、向こうが勝手に熟成するのを待つ」とあるので、これにあてはまる例を選ぶ。イとエはこちらから「仕掛け」ていると言えるし、アは「熟成」とは言えない。問3、問2で確認した「自分が何か仕掛けるのではなくて、…」という姿勢がこれにあてはまり、言い換えとして「イニシアティヴの放棄」が見つかる。「イニシアティヴ」は「主導権」「自分が先にすること」という意味の言葉なので、傍線部の『自分が、自分が』という姿勢」と重なる。問4、表の説明部分を参考にして、傍線部を含む段落を見ていくと、「モダン・ジャズ」では「インプロヴィゼーション」で「交代で主役になり、交代で伴奏役になる」とある。また、「ホスピタリティ」の語源の「hospes」は「客」を意味すると同時に「主」を意味すると書かれている。指定字数の言い換えとして「『客』が『主』に反転する」が見つかる。問5、アは第四段落の記述と合致する。ウ「温かい言葉をかけて優しく励ます」は本文で述べられていないし、イ「イニシアティヴの放棄などがあってはならない」、エ「常に自分が自己決定の主体であることを意識して…」がそれぞれ本文と合致しない。問6、第二、第三段落に、「時を駆る」の反対方向のかかわりとして「訪れを待つ」が挙げられている。問7、自分から「仕掛ける」のではなく向こうから来るのを「待つ」のであるから、「自分の意志ではなく、他のものによって動かされる」という意味の「受動的」を選ぶ。問10、「主」から見たら相手は「客」であるが、相手を主体として考えれば、「主」は相手にとっての「客」、つまり「客」にとっての「客」となる。

三　**重松清「ゲルマ」**(「きよしこ」所収)より。問1、傍線部のあとの部分から、藤野には「からかっていじめ」たり、「同情したり気を遣ったり」という意図がないことが分かる。藤野は本当に疑問に思っているから聞いたのである。問2、傍線部の「生まれて初めてだった」ということは、今までの友だちはほとんどの場合、藤野とは逆だったということである。つまり、問1で確認したように「からかっていじめ」たり、「同情したり」「気を遣ったり」したのである。これらが「解答に必要だと思われる三つの言葉」となる。また、傍線部の前後から、そのような同情をしない藤野に好感を持っていること、「かわいそう」と言う女子を不快に感じていることも分かる。「たいてい」そういう反応をされ、「きまずく」なるから、吃音について笑って話すことがなかったと考えられる。問3、本文の最初から読むと、藤野はあだ名をつけるときに「わかりやすいかどうか」だけを考えていることが分かる。傍線部の前の会話からも、悪意なく「わかりやすいし言いやすい」ことしか考えていない、「よけいなものはなにも入っていない」ことが分かったから、それを心地よく感じているのである。問4、科学展で銀賞をとったあとの藤野の行動を見ると、吉田を褒めることで、いじめられがちで「しょぼくれた」吉田を、周囲に認めさせようとしているのが分かる。吉田を思っての行動だったという

ことである。解答が複数考えられるが、藤野が吉田のことを思っているということが書かれている部分を抜き出せばよい。問5、傍線部のあとに「少年にも、吉田の困惑や怒りや悲しみはわかる」とあるので、エ「偉くなったような気分になる」が不適。問6、傍線部の前の部分を見ると、吉田の盗みの被害者だった藤野が、「なにも言い訳めいたことを言わなかった」とある。単純な藤野が被害を主張しないということは、知っていてかばったのではないか、と推測できる。問7、「少年」は、藤野が吉田を思う気持ちが裏目に出て、吉田の「困惑や怒りや悲しみ」につながり、結果的に吉田の盗みにつながったことを理解し、つらくせつない気持ちになっている。一方で、藤野が最後まで吉田をかばい続けたことについては、友だち思いでまっすぐな藤野らしさが貫かれていることに好感を持っている。

昭和学院秀英高等学校

問題 P.370

解答

一 1、A図鑑 B駒 C倒壊 D公理 E変革 2、オ 3、自然法則の解明 4、イ 5、科学と非科学の境を決める基準であり、反証が可能な理論は科学的とし、反証が不可能な説は非科学的だと考え、検証できるかどうかは問わないこと。(68字) 6、エ 7、オ

二 1、Aエ Bオ 2、イ 3、エ 4、凡庸な自分をごまかさないこと。(15字) **または** 平凡な自分をさらけだすこと。(14字) 5、彼は、独自の感性を持つ、姉を評価してくれる人間だと期待していたのに、姉の詩集を読みもせずに、世の中の意見をなぞって得意気に批判してきたから。(70字) 6、ウ・オ

三 1、いうよう **または** ゆうよう 2、地獄の迎へ 3、ずきやうにせよ 4、この寺の物 5、ア 6、オ 7、ウ

解き方

一 **酒井邦嘉「科学者という仕事 独創性はどのように生まれるか」より。** 2、ア「科学(サイエンス)が画期的である」かどうかを論じた文章ではない。イ「科学研究の手法」を論じてはいない。ウ「日本でも科学が生まれる可能性はあった」のかは問題でない。エの冒頭の『分ける』ことによって……増やしていく」は「科学研究の本質」ではない。3、傍線部の次の段落が「たとえば」で始まり、「説明」の例を挙げ、そのあとの「つまり」に始まる段落でまとめていることから、解答になる表現を見つけられる。4、「地球以外に生命の存在する惑星はない」「地球にしか生命は存在しない」などは成り立たない証明であり、そこに依拠するア・ウ・オは誤り。エも「可能性はほとんど無い」ことを根拠にするのは無理。5、「反証可能性」は直前で「科学と非科学の境を決めるこの基準」とされている。二段落前に述べられた「K・R・ポパーは、科学と非科学を分けるために、次のような方法を提案」とあり、ここに解答の手がかりを見つけることができるので、この段落の主旨を字数制限のなかでまとめればよい。6、「逆説」とは一般的な考え方からすれば矛盾するように捉えられることである。ア「一見すると真理とは思えないような矛盾」、イ「本来の目的とは正反対の結果」、ウ「遠回りすることが真理への近道」、オ「反証が間違っていれば仮設が科学的に成立するという論理」などがともに誤り。7、オは本文の最後の部分の内容と合致している。

二 **瀧羽麻子「ぱりぱり」より。** 1、A「けげんそう」の意味としてア〜ウは適切でない。オは「話しかけられた理由がわからず」が誤り。B「ばつが悪い」の意味としてはア〜オに明らかな誤りはないので、選択肢の前半から選ぶ。イ〜エはともに不適。アのように「失礼な発言」「申し訳なく」と捉えるよりは、オ「相手を傷つけて」「気まずく」のほうがふさわしい。2、三文あとの「無愛想な反応こそを期待していた」がヒントになる。ア「世間的な評価をくつがえすような感想」を期待していると考える根拠はない。ウ「気楽に付き合えると思った」は読み取れない。エ「世間的に評価されていない詩人」はあたらない。オ『わたし』の心に寄り添ってくれる」は読み取れない。3、傍線部直前の「自分の世界を大事にするあまり……そっけない態度」に最もよく合致するのはエ。4、「小細工をする」の内容が、傍線部直前の「凡庸な自分が気に入らないなら、変わる努力をするべき」にあたることに気づけば解答が作れる。5、「わたし」は「彼」が「姉」の詩集を読んでくれていたことから「姉」についてどう思っていると考えているかを、解答の前半に据えて、傍線部前後の「彼」の言動から、事実がどうだったのかを読み取ってまとめる。点線部dが手がかりになる。6、ウは「詩に関して非凡な才能をもつ彼」が不適。オは『わたし』が彼に反論しても姉は喜ばない」かどうかは読み取れないので誤り。

三 **「宇治拾遺物語」より。** 2、傍線部を含む文が「極楽の迎へは見えずして、火の車を寄こす」とあるので、「極楽の迎へ」と対立するものが「火の車」である。3、通常、会話文の直後には「と言ふ」などと、引用の「と」が用いられるので、それを手がかりに探せばよい。この問題では「こはなんぞ。……来たるぞといひつれば」という僧都の言葉と、「鬼どものいふやう、この寺の物を……得たるなりといひつれば」という「鬼ども」の言葉、さらに「我(=別当僧都)いひつるは、さばかりの……返してんといへば」という僧都の言葉が挟み込まれていることに注意して判断する。4、「罪」の内容は3で確認した別当僧都の言葉のなかで「その罪によりて…」と説明されているので、指定字数で抜き出せばよい。5、直後の「火の車」が誰を迎えに来たのかを考えればよい。6、「合致しない」ものを探す。ウ・エは本文の最後の部分から読み取れるので内容に合致している。オは「人間の悲しい本性を嘆く」ことが本文の主眼とは言えない。7、『宇治拾遺物語』は説話集でウと同じ。アは清少納言、イは兼好法師で、ともに随筆。エは軍記物語。オは紫式部の書いた作り物語。

通釈 今となっては昔の話だが、薬師寺の別当僧都という人がいた。別当の務めにはあったが、特別に寺の物を使い込むこともしないで、(死後は)極楽に生まれることだけを願っていた。年をとって、病気になって、(いよいよ)死ぬのだという時になって、念仏を唱えて死の時を迎えようとしていた。いよいよもう臨終だというときになって、少しよくなって、弟子を呼んで言うことに、(お前たちが)見ているように、念仏を熱心にして死ぬのだから、極楽のお迎えがいらっしゃるだろうと心待ちにしていると、極楽のお迎えは来ないで、火の車がやって来た。これはどういうことだ。こんなことになるとは思っていなかった。何の罪を犯したせいで、地獄のお迎えが来たのだと言ったところ、車に付き従って来た鬼たちの言うことには、この寺の米をある年、五斗借りて、まだ返していないので、その罪で、この迎えはやってきたのだと言ったので、私が言ったことには、その程度の罪では、地獄に落ちるはずのことでもない。その借りた米を返してしまおうと言ったところ、火の

車をそばに寄せて待っている。そこで早く早く米一石分お経を読めと言ったので、弟子たちが大あわてをして、言われたとおりお経を読んだ。その(お経を読み終えたときの)鐘がなったとき、火の車は帰っていった。さてしばらくたって、火の車が帰ってしまって、極楽のお迎えが今こそやって来るだろうと、(別当僧都は)手をこすりあわせて喜びながら亡くなった。

その僧坊は薬師寺の大門の北の脇にある僧坊であった。今でもその建物は失われずに建っている。(この別当僧都は)たったそれほど(五斗ほど)のわずかな米を使い込んだだけでさえ、火の車が迎えに来たのである。ましてや自分の寺の物を思うように使い込んだりするいろいろな寺の別当のところには、地獄の迎えがやってくるだろうと思いやられるのである。

巣鴨高等学校

問題 P.376

解答

■一 問1、a粉飾　b排除　c異邦　d遇　e侮　問2、同一カテゴリーに属する他の語との差異に基づき理解されること。(30字)　問3、「これまで～生している(こと)　問4、イ　問5、エ　問6、空間的・時間的に離れた自分(13字)　問7、イ

■三 問1、エ　問2、イ　問3、(1)よう　(2)大魚に乗り唐から流れて来た、男が唐に置いて来た自分の子ども。(30字)　問4、イ　問5、ウ　問6、エ

解き方

■一 **内田樹「サル化する世界」**より。問2、傍線部を含む一文が「だが」から始まることに着目。前の段落の内容を受けて「そうはゆかない」と言っていることが分かる。直前の段落では、「術語」は一般的に同一カテゴリーの別の語との差異に基づき理解され、対義語を明示することができると述べられているから、どのように理解されるのか、の部分をまとめる。問3、傍線部の次の段落で、一意的に定義されていない(明確に定義づけられていない)語でものごとを論ずることについて述べられている点に着目したい。「『一意的に定義されていない語』が頻用される場合には、間違いなくそこには『これまでの言葉ではうまく説明できない新しい事態』が発生しているからである。」とある。ポピュリズムもまた「一意的に定義されていない語」であるから、ポピュリズムが使われているのは「これまでの言葉ではうまく説明できない新しい事態」が発生していることの表れであると考えられる。よって、この部分を、指示された形に合うように抜き出せばよい。問4、傍線部の段落の、二段落後に、「『こんなことを続けていると、いつか大変なことになる』とわかっていながら、『大変なこと』が起きた後の未来の自分に自己同一性を感じることができない人間だけが『こんなこと』をだらだら続けることができる。」とある。つまり、未来を予測することはできても、自分自身がその当事者であるとは考えられないのである。問5、傍線部の段落の次の段落からの二段落で、傍線部で述べている内容を具体的に説明している。筆者の意見が述べられているのは傍線部から二つめの段落で、「自分と立場や生活のしかたや信教が違っていても、同じ集団を形成している以上、『なかま』として遇してくれて、……『当然』だと思っている人たち『ばかり』で形成されている社会で暮らしている方が、そうでない社会に暮らすよりも、『私』が生き延びられる確率は高い。」とあるが、この「そうでない社会」は、「他者を顧みない人ばかりの社会」と言い換えられる。ア・イ・ウは全て「他者を顧みない人ばかりの社会」で起こりうることではあるが、本文中で筆者が危惧していることとして述べられてはいない。問6、「サル」は現在の自分から近い範囲の自分にしか自己同一性を感じることができない。その「サル」の考え方を表した言葉が「今さえよければ、自分さえよければ、それでいい」(「私見によれば…」で始まる段落)であり、「『今さえよければいい』というのは時間意識の縮減」(二つあとの段落)であり、「『自分さえよければ、他人のことはどうでもいい』というのは自己同一性の空間的な縮減のことである」(さらに三つあとの段落)と述べている。一方、「倫理というのは別に難しいことではない。今ここにいない未来の自分を、あるいは過去の自分を、あるいは『そうであったかもしれない自分』を、『そうなるかもしれない自分』を『自分の変容態』として、受け容れることである。」(「もう一度…」で始まる段落)とある。こちらの言葉を用いて十五字以内でまとめるのは難しいので、サルに欠けているもので使われている表現を使ってまとめる。問7、イの「人々の生活が豊かになり、お腹も満たされてい」くことと、「『今さえよければ、自分さえよければ、それでいい』という考え方をする人」が減ることの因果関係は、本文中には述べられていない。

■三 **「宇治拾遺物語」**より。問1、係結びの知識を問う設問。過去の助動詞「けり」の活用は、(未然形)けら(連用形)〇(終止形)けり(連体形)ける(已然形)けれ(命令形)〇。Xは上に「こそ」があるから、已然形の「けれ」、Yは「聞きてなん」の「なん」が「なむ」なので、連体形の「ける」、Zは「ぞ」が上にあるので連体形の「ける」。問2、「いとけなし」は「幼い」の意味。これだけでは判断しづらいが、遣唐使の言葉に「乳母離れん程には迎へ取るべし」とあることから、別れた時にはまだ乳母を必要としていたのである。問3、(2)傍線部のあとに、「童に見なしつ」「首に札あり。『遣唐使それがしが子』と書けり。」と続くのに着目。母親が海に投げ入れたのが、無事に父親の元に着いたのである。「本文中の言葉を踏まえて」「具体的に」と指示があるので、遣唐使の子どもであること、なぜ島のように海に浮いていたのかを明らかにしてまとめる。問4、「はかなくなる」は「死ぬ」の意味。問5、ウが、空欄部Xのあと、「『…しかるべき縁ありて、かく魚に乗りて来たるなめり』とあはれに覚えて、いみじうかなしくて養ふ」と一致する。アは「父の心変わりを知っていた者たちはわざと口を閉ざした」が、イは「父親とめぐりあうことを心から願って」と「自らの名を書いた札を」が、エは「その子の手形を押した大魚の画を額に入れて七大寺に奉納した」がそれぞれ本文の内容と一致しない。問6、『宇治拾遺物語』は説話集。アの『竹取物語』は作り物語、イの『平家物語』は軍記物語、ウの『徒然草』は随筆、エの『今昔物語集』は説話集。

通釈 今となっては昔のことだが、遣唐使が、唐にいる間に妻を設けて子どもを産ませた。その子どもがまだ幼い時期に、(遣唐使は一人で)日本に帰った。妻に約束して言うことには、「別の遣唐使が行くのに合わせて、手紙をやろう。またこの子が、乳母の手を離れる頃には迎えて引き取ろう」と約束して帰朝した。母は、遣唐使が来るたびに、「手紙はあるか」と尋ねるけれど、全く音沙汰がない。母は大いに(遣唐使を)恨んで、この子どもを抱いて日本の方を向いて、子どもの首に「遣唐使だれそれの子」という札を書いて結びつけて、「運命というものがあるならば、親子の仲であるのだからきっと出会えるだろう」と言って、海に投げ入れて帰った。

父は、ある時難波の浦の辺りを行くと、沖の方に島が浮いているように、白いものが見えた。近くなるがままに見ると、子どもに見えた。不思議に思って馬を止めて見ると、とても近くに寄って来るが、四歳くらいの子どもで（肌が）白くかわいらしい様子なのが、波に連れられて寄ってきた。馬を近寄らせて見ると、大きな魚の背中に乗っている。従者に抱き取らせて見たところ、首に札がついている。「遣唐使だれそれの子」と書いてある。「これは我が子ではないか。唐で（引き取ると）約束した子どもの安否を問うこともないといって、母親が腹を立てて海に投げ入れたのが、しかるべき縁があって、このように魚に乗ってきたのだろう」としみじみと心を動かされて、たいそうかわいがって育てた。遣唐使が唐に行く時に、この経緯を書いて手紙をやったところ、母も今は死んだものだとばかり思っていたので、このように聞いて、滅多にないことであるよ、と、喜んだ。

さて、この子であるが、大人になるにつれて文字を立派に書いた。魚に助けられたので、名前を魚養とつけた。七大寺の額などは、この人が書いたものだということだ。

高田高等学校

問題 P.379

解答

二 問一、オ　問二、イ　問三、イ　問四、オ　問五、エ　問六、イ　問七、ア　問八、イ　問九、ウ　問十、エ

三 問一、イ　問二、ア　問三、エ　問四、ウ

解き方

二 **沢木耕太郎「彼らの流儀」**より。問一、慣用句の意味を問う設問。「用が足りる」は「役に立つ、間に合う」の意。問二、傍線部の直後に理由が語られている。「譲るべきかどうか悩まなくてはならないこと、席を立っても相手が素直に座ってくれずバツの悪い思いをすること、さらに自分が譲ることでその近辺に座っている人たちに小さな罪悪感を覚えさせてしまうことがいやだった」のである。アは「仕事で疲れている」が、ウは「尊敬の念を持たれること」が、エは「自分だけが気取っている」が、オは「席を譲ったときの苦い経験」が、それぞれ不適。問三、「オダやかな」は「穏やかな」。アは「暖房」、イは「平穏」、ウは「温室」、エは「平和」、オは「直立」。問四、「あげようとしているらしい」の「らしい」は推量の助動詞。「どうやら」を語の上につけて識別するとよい。ア「かわいらしい」、イ「男らしい」、ウ「学生らしい」、エ「わざとらしい」は、「どうやら」をつけることができない、形容詞の一部である。問五、傍線部③の直前で、「老女」が「これ、もらっていただけませんか」と言っている。この「老女」の声について「不意に」と語られている点を押さえると、「若い母親」が何に「戸惑っ」たのかが見えてくる。「母親」は「老女」の「唐突な」呼びかけにどう対処していいかがわからなかったのである。問六、「あいまいに頷く」行動は、「老女」の「唐突な」お願いに「若い母親が戸惑っている」様子を表している。アは「母と子で食べきれるかどうかわからず心配している」が、ウは「目立つことは避けたい」が、エは「厚かましく思われたくない」が、オは「母に似ている人から大根をもらうことに強い抵抗がある」が、それぞれ不適。問七、傍線部の直前に「老女」が「もらっていただけませんか」と言っていることに対して、「母親」が「ええ、でも……」と答えている点を押さえると、もらうことができないと答えようとしていることがわかる。イは「高価なもの」が、ウは「使い道」が、エは「人目」が、オは「お返しするもの」が、それぞれ不適。問八、傍線部の直前までのやりとりから判断するとよい。アは「ほかの乗客」が、ウは「母親の娘が反対せずに」が、エは「半分の大根が有効利用されること」が、オは「運転手までも」が、本文に書かれている内容でないため、それぞれ不適。問九、傍線部の直後に「その老女が自分の母親でもよかったのだ。」とあり、「安定した東京での生活も、離れて住む母親にいくつもの小さな悩みを押しつけることで成り立っている」という自戒の言葉がある点に着目する。アは「もっと率先して自分が半分の大根をもらってあげればよかった」が、イは「父親らしいことを何もしてあげられていない」が、エは「母親からの一緒に住みたいという申し出を自分が断った」が、オは「一刻も早く母親を東京へ連れてきて一緒に住むべきである」が、それぞれ不適。問十、傍線部の直前にある、「席を譲るべき人が眼の前に立っているのにもかかわらず、気づかぬふりをして」という表現を押さえる。「たぬき寝入り」とは、寝入ったふりをすることである。アは「好き勝手」が、イは「苦痛」が、ウは「投げやりな態度」が、オは「自分なりに考えて」が、それぞれ不適。

三 **無住「沙石集」**より。問一、傍線部の直後の内容を押さえる。杵一つで臼二つを搗く方法として、一つの臼をいつものように地面に置き、もう一つの臼を杵の下に向けて吊るすと語っている。したがって、アは「臼を二つ地面に並べて」が、ウは「地面に並べた二つの臼」が、エ・オはともに「臼を二人で搗くとき」が、それぞれ不適。問二、弟子が師の円幸に言ったのは、「上の臼に物がたまるのであれば、搗くこともできるでしょう」ということである。傍線部の語句や前後の文脈から意味を判断したい。問三、本文の現代語訳に「その欠点があったな」とある。「欠点」に相当するのは、エの「難」である。問四、設問に「だれが、どのような」とある点を押さえる。円幸が自分の思いついたアイデアを弟子に話したところ、弟子からそのアイデアの盲点を指摘されたのである。「言葉を詰まらせた」のは「円幸」である。

通釈 常陸国の東城寺に、教王房の法橋円幸という、三井寺の法師にして学問修行を専門とする僧がいた。ある時、弟子たちに（円幸が）言うことには、「世の中の人々は愚かなもので、（彼らが）考えもつかないことを（私は）思いついた。杵一つで臼二つを搗く方法がきっとあるだろう。一つの臼をいつものように（地面に）置き、（もう）一つの臼を（杵の）下に向けて吊るすのである。そうすると杵を上げ下げすれば、二つの臼を搗けるだろう」と言った。弟子が言うことには、「上の杵に物がたまるのでしたら、搗けもしましょうが」と言うと、（円幸は）「その欠点があったな」と（言葉を）詰まらせた。

拓殖大学第一高等学校

問題 P.382

解答

一 問一、1再起　2冷淡　3悲哀　4背水　5卑劣　問二、1みずか　2せんどう　3といき　4そうけん　5すこ

二 問一、エ　問二、Ⅰウ　Ⅱキ　問三、Aオ　Bイ　問四、イ　問五、(i)ア　(ii)ウ　問六、多様　問七、10・4　問八、本来なら気温上昇が起こるのに氷の融解のお陰で気温上昇が抑えられた幸運な状況。（38字）　問九、ア・イ・ウ　問十、(i)人類の存続の基盤　(ii)オ

三 問一、ウ　問二、エ　問三、火が燃え広がるのに消さ

なかったこと。(18字)　問四、不動尊の火炎　問五、イ　問六、ア　問七、イ　問八、ア

解き方　**二　安宅和人「シン・ニホン　AI×データ時代における日本の再生と人材育成」より。**問一、直前で並列関係になっている事柄は「食物が必要」「豊かな緑・自然が必要」「気候にある程度の安定性が望まれる」の三つである。問二、Ⅰ一つめの空欄直前の「147万トン……もあったのが……2万トンにまで減る」、二つめの空欄直後の「200トン……4トン程度」、三つめの空欄直前の「群れの数は過去30年で97%減少」という減少の度合いが何に近いかを考える。Ⅱ一つめの空欄直前の「2万トン……2016年では漁獲量33万トン」がヒント。一度激減したものが再び増加している。問三、A直前の「自然の豊かさを示すものではなく」および直後の「生態系……が全体としてバランスを崩してしまっている」から、対立を含み後部を強調する接続詞を選ぶ。B直前の「呼吸すること」と直後の「何らかの……CO_2を吐き出す」は同一内容の言い換えである。問四、傍線部直後から、国内での総流通量が4・8万トン、うち輸入が3・3万トン、残りは国産で1・5万トンであることが分かる。問五、(ⅱ)直後の段落の内容を整理し直すと、地球上の大型動物は人間と家畜が9割を占め、CO_2やメタンの排出という点からも、家畜をこれ以上増やすことはできないということになる。問六、一つめの空欄前の「杉とヒノキばかりの森」が「この[Ⅲ]性の低い森」と同一であることを理解する。また、二つめの空欄直後の「かつて……数多くいたゾウ……など多くの大型動物も……大半が絶滅してしまった」は「[Ⅲ]性喪失」と同一である。これらはいずれも、種類の多さ・少なさに関する記述なので、空欄には種類の多さを表す言葉が入る。問七、社会が生み出す量が9・5トン。それに「人間や家畜の呼吸」で出る量を足した数が入るはず。後者の数値は、二つ前の段落に0・92トンとある。問八、「僥倖」とは「思いがけない幸せ・偶然の幸運」という意味。これを踏まえて、直前の「氷の融解による熱吸収がなかったら……気温上昇がすでに起きていた可能性が高い」を簡潔にまとめ直す。問九、アは、本文「枯渇する水産資源」の部分に「予断を許さない情勢」とある。イは本文「森林の隠れた課題」の部分で「生態系(エコシステム)が全体としてバランスを崩してしまっている」「多くの大型動物も、人間が登場してから大半が絶滅」「人類の先祖がいなければ起きなかった部分が相当ある」と指摘されている。ウは本文「森林の隠れた課題」の部分の最後末尾の段落に「ビアロウィエージャ原生林……は厳重に保護され」「その……中心部すらも、決して手つかずではない」とある。エのCO_2と温暖化の関係、オの大型生物の呼吸を示した記述は本文にはない。問十、(ⅰ)空欄直前の「環境は」という定義的表現と、直後の「その環境が破壊されつつある」に着目して「資料」の第3条を見ると、「人類の存続の基盤である限りある環境が……損なわれるおそれが生じてきている」とある。(ⅱ)空欄直前の「環境への負荷を減らす」に着目して「資料」の第4条を見ると、「経済の発展を図りながら持続的に発展する」「科学的知見の充実」とあるので、これらを参考にして選択肢を選ぶ。

三　「十訓抄」より。問一、第二段落の「これより……賢者の名あらはれて」という記述に着目。「これ」とは自分の家が火事になっても消そうとしなかったことを指すが、設問は「どのような点を賢人らしいと評価しているか」なので、消さなかった理由に賢人らしさがあると考えて最終段落を見ると、「天の授くる災なり…」とある。ここから、天からの災に人力で抵抗すれば、より大きな災いが身に起こると考えた点が、賢人としての評価であることが分かる。問二、文頭の「かかるにつけては」が「このようになるのなら」という理由を指している。直前の「おのづから賢者の名あらはれて……もてなされけり」を根拠にして選択肢を選ぶ。問三、直後の「ゆゑを尋ね奉りければ」に着目。「…人力にてこれをきほはば、これより大きなる身の大事出で来べし」と考えた右大臣がとった行動をまとめる。問四、「わろく」の終止形は「わろし」で「よくない」という意味。あとの「年ごろ不動尊の火炎を悪しく書きけるなり」と対応している。問五、「あさまし」は「驚きあきれる」という意味。問六、直後の「仏をだによく書き奉らば」や、主人公が「絵仏師良秀」であることがヒント。問七、「文章Ⅱ」の最終段落の「右府の振舞に似たり」に着目。右大臣と絵仏師良秀の共通点は、自分の家が火事になっているのに消そうとしないということであり、「文章Ⅰ」も「文章Ⅱ」も、これを普通ではないこととしている。問八、イとウは平安時代、エは江戸時代の作品である。

通釈　【文章Ⅰ】小野宮右大臣といって、世間では賢人右府と申し上げる(人がいた)。若いころから思っていらっしゃったのは、自分自身にすぐれた才能がなければ、何事につけてもその人徳は(世間の)人に知られにくい。本当の賢人のふるまいをして、名声を得ることをひたすら願い求めて、ひたすら清くて正しい振る舞いをなさっていた。しかし(世間の)人はまったく(右大臣のことを)認めない。かえって笑いものにするような連中もいた時に、(右大臣が)新しく家を造って、引っ越しなさった夜に、火鉢にあった火が、御簾のへりに飛び移って、すぐには消えなかった(その火)を、(右大臣は)しばらく御覧になっていたうちに、だんだん煙が立ち上がってきて、次第に燃え上がるのを、(まわりの)人がびっくりして近寄って来るのを制止して、消させなかった。火が、大きくなった時、笛だけを持って、「車を寄せろ」と言って、(家から)お出になられた。(笛以外の)どんなものも持ち出さなかった。

これ以来、自然と賢者(として)の名声が(世間に)知れわたって、帝をはじめ申し上げて、(みんなが)格別であると感心して、(右大臣は)もてはやされた。このように(名声を得ることに)なるのなら、本当に家一軒が焼けること(など)、あの殿(右大臣)にとっては特に問題でもなかったのだろう。

ある人が、のちにその(火が燃え広がるのに消さなかった)理由をたずね申し上げたところ、「ほんの少し飛び移った火が、思いがけなく燃え上がるのは、ただごとではない。天が(私に)授けたわざわいなのだ。人の力でこれを争う(対抗して消す)ならば、これ(火事)よりも大きな事件が自分に起こっただろう。どうして、無理に家一軒を惜しむ価値があるだろうか(家にはそれほどの価値はない)」とおっしゃった。

【文章Ⅱ】絵仏師良秀という僧がいた。隣の家で火事が起こった。炎が家を覆ったので、(良秀は)大通りに出た。(良秀の家には)人が(依頼して)書かせていた仏(の絵)もいらっしゃった。また、着物も着ていない妻子なども、すべて家の中にいた。それも気にかけず、自分だけ、ただ一人で出ていくのをなすべきことと考えて、道の向かいがわに立っていた。

火は、すでに自分の家に燃え移って、煙や、炎が、くすぶっているのを見て、普通に何事もないように眺めていたので、親友たちが(心配して)訪れても、(良秀は)さわぐことはなかった。(親友たちは)「どうしたんだろう」と(良秀

を）見ると、（良秀は）道の向かいがわに立って、（自分の）家が焼けるのを見て、何度も何度もうなずいて、ときどき笑って、「ああ、うまく手に入れた儲けだな。長年下手に書いていたものだな」と言うので、訪れて来た者たちは「これはどういうことだ。このようではなんともあきれたことであるよ。何か霊がお憑きになったのか」と言うと、（良秀は）「どうして、霊が憑くはずがあろうか（霊など憑いていない）。長年不動尊の火炎を下手に書いていたのだ。もはや、見て確かめた。これこそ儲けだ。画法を極めて絵仏師として生きる道で身を立てて、世の中で暮らしていこうとするからには、仏さえうまく書き申し上げるなら、百・千の家も出てくるに違いないでしょうなあ（百軒・千軒の家が建てられるぐらいにお金が得られるに違いない）。おまえさんたちこそ、たいした才能も持っておられないので、物を惜しみなさるがいい」と言って、（親友たちを）あざ笑って立っていた。そのあとであろうか、良秀の（仏画を）「よじり不動」と言って、人々がほめ合ったという。
　ばかばかしく聞こえるかもしれないが、（この良秀の振る舞いは）右府（小野宮右大臣）の振る舞いに似ている。

多摩大学目黒高等学校

問題 P.387

解答

一 ①服従　②補足　③穀物　④検討　⑤孝行　⑥たいしゃく　⑦りこ　⑧すえなが　⑨せんがく　⑩ひっこう

二 問一、5　問二、イ5　ハ3　ニ1　問三、2　問四、2

三 問一、アうえず　イやまいにおかされぬれば　問二、4　問三、2　問四、薬　問五、3　問六、1

四 問一、1　問二、イ5　ロ2　ハ1　ニ3　ホ4　問三、A5　B3　C1　D2　問四、1・3・5　問五、他者に圧倒され、自分がちっぽけな存在に感じられる　問六、2・4　問七、さみしさ　問八、自分らしさ（または自分の特徴）

解き方

二 問一、グラフを見ると、治療にかかった期間ごとに分けられていることが分かる。また、それぞれのグラフは、症状によって項目が分けられている。1は、「件数が少ない場合の分析がしやすい」が、2は「けがの種類をまとめず細かく分類し」がそれぞれ不適。3は「治療費にいくらかかったかがわかりやすい」とあるが、治療費についてはこのグラフからは読み取れない。4は「けががそれぞれ何パーセントか種類別に読み取れるようになっている。」とあるが、パーセントではなく件数での表示である。問二、イBくんの「擦過傷」は各グラフの一番左側の項目に分類される。擦過傷の人が一番多いのは、一番下の「医者にかからず」。ハ「脱臼や捻挫」は各グラフの一番右の項目。一番多いのは1〜2週間。ニ治療期間で一番多いのは、総件数が一番多い「1か月以上」。問三、「1か月以上」のグラフを見ると、一番多いのは骨折で三十六件である。問四、1擦過傷・挫傷・打撲傷の合計で9件、1か月以上かかっているケースがあるものの、9件のうち何件が擦過傷なのかは分からない。2「医者にかからず」に骨折は一件含まれているので、資料から読み取れることである。3「擦過傷・挫傷・打撲傷」の人のうち、病院に行った人数は五十五件で、医者にかからずの四十七件よりも多い。4医者にかからなかった擦過傷・挫傷・打撲傷は四十七件、治療に一か月以上かかった擦過傷・挫傷・打撲傷と骨折は四十五件で、医者にかからなかった方が多い。5骨折は四十四件で、倍以上にはならない。

三 **兼好法師「徒然草」**より。問一、ア「わゐうゑを」は現代仮名遣いでは「わいうえお」。同様に語頭以外の「はひふへほ」は「わいうえお」。問二、「その」が指すのは直前にある「止むことを得ずしてなすべき事」。問三、「食」「住」と並んで人間の生活に大事であるとされるのは、「衣」。問四、空欄の直前で「医療を忘るべからず」と述べているのに着目。「本文に含まれる漢字は入らない」と指示があることから、医療に関係のある本文に関係ない一字は「薬」であると推測できる。問五、「人の身に、止むことを得ずしていとなむ所」である「衣・食・住・薬」を求め得ざる状態であるから、Cには「貧し」が入る。欠けていない状態であるDには「富めり」が入り、「この四つの外を求め営む」のは欲を欠いた状態である。問六、吉田兼好は「徒然草」の作者。鴨長明は「方丈記」を、松尾芭蕉は「おくのほそ道」を、清少納言は「枕草子」を、紫式部は「源氏物語」をそれぞれ書いた。

通釈 無駄なことをして時を過ごす（人）を、愚かな人であるとも、まちがったことをする人であるとも言える。国のため、君主のために、止むをえずするべきことは多い。そのあまりの暇は、いくらもない。考えてみるとよい、人の身において、やめられずに営む物、第一に食べる物、第二に着る物、第三に住むところである。人間にとって大事なのはこの三つに過ぎない。飢えず、寒くなく、風雨にさらされないで、静かに過ごすことを楽とする。ただし、人は皆病気になる。病に冒されれば、その辛さは耐え難い。医療を忘れてはならない。薬を加えて四つのことを、求め得ないならば、それを貧しいというものだ。この四つが欠けていないのを豊かであるとする。この四つ以外のものを求め活動するのを驕った態度だとする。四つのことが倹約であれば、誰が不足と思うだろうか、いや、不足とは思わない。

四 **榎本博明『「さみしさ」の力　孤独と自立の心理学』**より。問一、1「このような自己意識…」で始まる二段落の内容と一致する。2「多くの人は長く続けることができず、その結果、とらえどころのない自分に戸惑い続けることになるから」とあるが、そのような記述は本文中にはない。3「自己とは、幼児期・児童期を通して、親や学校など社会の圧力のもとに一方的につくられてきたもの」とあるが、それを見つめ直し主体的に組み立て直していくのが青年期である。4「真剣な自己との向き合い方は好まれず」とあるが、真剣な自己との向き合いを話題とするような友人付き合いが好まれないのである。5「『自分とは何か』を友だちと真剣に語り合うことができるのは青年期しかなく」とあるが、本文三段落めには「真剣に語り合ったりする雰囲気ではない」とあるし、「『対自存在』から『即自存在』へと人は移行していく」という記述は本文中には見当たらない。問二、イ直前の「身体的特徴、持ち物、居住地、名前など」は、誰が見てもわかる特徴であるから、5の「客観的」が入る。ロ直前に「社会化の圧力のもとに」とあること、直後に「…自分を改めて見つめ直し、自分なりに納得のいく自分へと主体的に組み立て直すようになる」とあることから、主体的の反対に当たる2の「受動的」が入る。ハ直後に「独自な世界を生きている」とあるから、1の「個性的」が入る。ニ直後に「相性がよく、価値観も似ている」とあるから、3の「性格的」が入る。ホ空欄を含む段落の一つ前の段落の最後に「どんなに身近な相手にもわからない心の世界を生きていることを自覚するとき、無性にさみしくなる。」とある。この「無性にさみしい」気持ちを表すのは4の「感傷的」。問三、

A空欄の直前に「青年期になると、人からどう思われるかがやたら気になる自分に対して、……気に病んだりするものである。」とあり、直後に「他の人も同じように人の目がやたら気になる自分を気に病んでいるということがわかれば、……とりあえず安心する。」とあるのに着目。自分と他人が同じ悩みを抱えていることがわかると「安心する」のだから、5の「そんなとき」が入る。B直後に「遠慮なく何でも話せるほど親しくなっていない相手と話す際には」とあるので、3の「とくに」が入る。相手が自分の人物像を知らない分、余計にどう見られるかが気になるのである。C空欄のあとに続く文章が「…相手の反応に対する不安もある」となっている点に着目する。これは、空欄の直前で述べた「…などといった不安が頭をもたげてくる」に、別の不安を累加しているのである。よって、1の「また」が入る。D空欄の直後の「他者との比較により、みんなも似たような心理傾向があるのだとわかれば、自分の心理状態の妥当性が保証され、安心することができる」は、空欄の直前の「授業で対人不安の話をすると……などと書いてくる。」を一般化している。よって、2の「つまり」が入る。問四、空欄の前に「あまり自信がないために、自己卑下的反応に陥りがちである」とあり、空欄の後ろに「他者に圧倒され、自分がちっぽけな存在に感じられる」とあるので、他者と自分の人物像を比較して、自分に負の感情を抱いているものを選ぶ。問五、「そのような」とあるので、傍線部より前を見ると、前の段落の「他者に圧倒され、自分がちっぽけな存在に感じられる」が条件に合う。問六、他者と自分を比較した歌を選べばよい。1は生活苦を歌ったもの、3は母の老いを歌ったもの、5は郷愁を歌ったもの。問七、傍線部を含む一文が「それ」から始まっていることに着目。この「それ」は、直前の段落の内容を受けている。また、傍線部を含む段落の三段落前には「返ってくる言葉から、お互いの考え方にズレがあることがはっきりと感じられる。そんなとき、無性にさみしくなり、やっぱり人間って孤独な存在なんだなあと思う。」とある。この「考え方にズレがある」「人間って孤独な存在」は、「それ」が指す「どんなに親しい間柄でも完全にわかり合えることはない」と一致する。よって、個別性の自覚によってもたらされるのは、傍線部の二段落前にある「さみしさ」。問八、アイデンティティは「自己同一性」などと訳されるが、「私が他の誰でもない私であること」である。

中央大学杉並高等学校

問題 P.392

解答

一 (a)専制 (b)除去 (c)承服 (d)ちょうぶつ (e)皮革 (f)揮発 (g)臨 (h)戦績

二 問1、イ・オ 問2、ウ

三 問1、イ 問2、ウ 問3、Ⅰ産土の神 Ⅱ山伏体なる男 問4、イ

四 従来の文法から外れた言語表現は「誤り」だと切り捨てられやすい。しかし、その表現が生じた理由を考察すると、社会の様相が見えてくる。つまり、人々の間で定着している言語現象には相応の存在理由があるのである。(100字)

五 問1、エ 問2、ア 問3、Ⅰ善悪の基準 Ⅱ「それが一般的であること」 Ⅲ品行方正 問4、エ 問5、Ⅰ経済発展 Ⅱ一時期の流行 Ⅲ「みんなだまされている」 問6、エ 問7、ウ 問8、ア

解き方

二 勝木俊雄「桜」より。問1、アは本文に「種数が少ない西ヨーロッパや北米」とあるので、「アメリカ」に「約四〇〇種ものサクラがあった」が誤り。ウは「ロシアや中国」と「西欧や北米」を比べると前者の方が「サクラ類の種数が多い」と本文にあるが、それが「サクラに関心がある」ためだとは書かれてない。エは、日本で「サクラ類を狭義のサクラ属に分類」するのは、一九九二年以降に多くなるので誤り。問2、問1と異なり、「適当でないもの」を選ぶことに気をつける。ウは「中学生のおよそ三分の二」が「ルールを決めていない」とあるが、グラフを見ると中学生の「31.2%」、すなわち「およそ三分の一」だと分かる。したがって、ウが誤りである。

三 平田篤胤「勝五郎再生記聞」より。問1、傍線部の前に「そなたの声のめでたきをしばし我に貸してよ」とある。問2、傍線部の前に「ひしと声かれて出でず」とあり、「住吉神社」の「産土の神」に祈ろうと出かけている。問3、話をしているのが誰なのかを押さえる。「長謡を生業にする男」が自分の声を元に戻してもらおうと住吉神社に向かっていたところ、「かの異人」すなわち「山伏体なる男」に出会ったのである。この「山伏体なる男」が「長謡を生業にする男」に対して、「産土の神」に声を戻してもらうために神に祈れば、「産土の神」が自分、すなわち「山伏体なる男」を罰しなさるだろう、と言ったのだ。問4、アは「住吉神社の祭礼に長謡を奉納する」が誤り。住吉神社へは声を元に戻すために向かったのである。ウは「とうとう異人に声を取られてしまった」が、エは「美声」を借りた「山伏姿の男」が「産土の神」にその声を取り上げられそうになった点が、オは「呪禁の技」が「大坂周辺の人々を病気で苦しめた」という点がそれぞれ誤り。

通釈 松村完平の物語に、大阪に声(が)とてもよくて、今様の長謡というものを謡うことを生業にする男がいた(話がある)。ある日ある所へ行く途中で、(長謡を生業にする男は)山伏姿の男に会った。すれ違うときに、(その男は)そなたのすばらしい声を少しの間私に貸してもらえるかと言ったので、(長謡を生業にする男は)ゆきずりの戯れ言と思って、笑いながらいいですよと答えて通り過ぎたが、三日ばかり経って病気になったわけでもないのに、ぴたりと声(が)枯れて出なくなった。

しかし、(長謡を生業にする男は)あの見知らぬ男に声を貸したことに少しも気づかず、住吉神社は生まれた土地の守り神なので、(声を治すために)お祈りをしようと思って出かける道の途中で、またあの山伏姿の男がやって来て会った。先日私がお願いしたように(そなたが自分の)声を貸したのに、それを忘れて、産土の神に(声が治るように)お祈りを捧げようとするのは納得ができない、あなた(が)産土の神に祈れば、きっと神は私を罰しなさるだろう。そうであれば、私もまたあなたにつらい思いをさせるのだぞ。それよりは、しばらくの間なので、(神に祈る)気持ちを変えて(声をしばらく)貸してもらえるかと言うので、(長謡を生業にする男は)やっと以前に声を借りようと(山伏姿の男が)言った時に、(いいですよと)答えたことを思い出して、急に恐ろしくなって、決して産土の神には祈るまいと、固く心を決めて道の途中で帰って行った。

さて三十日ほど経って、ある所へ行く道の途中で、またあの見知らぬ男とすれ違ったのだが、(その男は)そなたの声を今返すことにしよう、受け取りなさいと言うと、すぐに声はもとの通りになった。

そして見知らぬ男(は)この報いを返そうと考えて、まじないをして災いやたたりを祓い清める技術を授けたが、こ

の呪禁の技にはあらゆる病気に効き目(が)あって、後に(長謡を)歌う仕事を辞めて、このまじないだけで、世の中を易々と送ったという。

四 設問の条件を押さえて、「従来の文法から外れた言語表現」を「誤り」だと片づけるのではなく、その表現が生じた理由を考察することで、「社会の様相」が見出される点をまとめる。まずは、三文で構成すること。次に、第二文を「しかし」、第三文を「つまり」で書き出す点を踏まえ、二文めが一文めと反対の内容になり、三文めが二文めをまとめた内容となるように書くこと。最後に、解答用紙は一マスめから書き始め、字数制限に従い、原稿用紙の使い方を守ってまとめるようにしたい。

五 **荒谷大輔「資本主義に出口はあるか」**より。問1、傍線部の直後に、「他の学者とも違って特殊だったのは、共感することそれ自身を『快楽』と考えた」とある。3段落の冒頭で分かるようにスミスは、「苦しみであっても、他者の感情に共感すること」を「快楽」と捉えたのである。アは「物語に登場する人物」の「生き方」が、イは「自分の書き込み」についた「いいね！」が、ウは「先輩に同情される」ことが、オは「高校に合格した友人」が、それぞれ「他者の感情」を指していると分かる。エの「人間と腸内細菌の共生のありかた」は「他者の感情」ではないので、誤り。問2、傍線部の直後に着目する。「他者の感情に共感することが快楽」であるため、「人はより多く、たくさんの人と共感しようとする」。「自らの快楽を求めて、自然に多数の共感を得られる行動をとるようになる」というわけである。この「より多くの共感をもとめることで自然に」方向付けられる立場に立つことを「ある種の『道徳』」と呼んでいるのである。イは「他者の苦しみを引き受けようとする」が、ウは「『道徳的な振舞い』をすること」が「快楽を得られる方法なので」が、オは「本来恥ずかしいことなので」がそれぞれ誤り。迷うのはエだが、「『公平な観察者』になること」が「他者からの共感を得られ」るのではなく、「他者からの共感」が「快楽を伴うもの」である結果として「『公平な観察者』になる」のである。因果関係が逆であるため、エは誤りである。問3、5と6の段落の内容に着目する。Ⅰは直前の「何がいい行いで何が悪い行いであるか」と同じ意味の語句、「善悪の基準」が入る。Ⅱは「善悪の基準」が「機能」するために「重要」なのは、本文で「単に『それが一般的であること』だけです」とある点を押さえれば分かる。Ⅲは直後の「『道徳』の問題とは結びつかない」という表現が、本文で「『公平な観察者』と聞いて多くの人がイメージするのは、道徳的に品行方正な立場であるかもしれません」と対応していることを読み取る。問4、「スミスの理論」の説明として「適当でないもの」を選ぶ設問。エは「『公平な観察者』の立場など人間は目指すことができない」が誤り。問5、7と8の段落に書かれた内容を押さえる。Ⅰは直後の「土台」という言葉が鍵になる。傍線部の直後を見ると、「『ビッグ・ウェーブ』には乗ること」が「経済発展の基礎にもなっている」とある。設問では「みんなもやっている」ことが何かの「土台」になると説明されているので、何かにあてはまるのは「経済発展」である。Ⅱは8段落で人間は「時々の流行にだまされながら」「よかれと思うことをする」、あるいは「社会における善悪が実際に『流行』で決まっている」とある。設問に「記号は一字と数える。」とあるので、『流行』あるいは「時々の流行」と答えたいところだが、指定された6字の字数に合わない。そこで傍線部の前後に似た言葉がないかを探すと、5段落に「一時期の流行」とあるのが見つかる。設問の条件にも目を配りつつ、本文の内容を押さえて語句を見つけなくてはならない。Ⅲは「経済学」も「スミスの道徳論」も「どちらも結局のところ」「『みんなだまされている』」点で一致しているのである。8段落にも「人間にできるのはそれにだまされることでしかない」とあり、「だまされることでしかない」が12字と指定された字数と合致するものの、主語がないのでより適切なのは前者の「みんなだまされている」。問6、8段落で、人は「だまされることで、社会は実際に発展するし『道徳』も一応は成立する」とあり、すなわち「人間の本性」は「自身をだましつつ、世の中を発展させていくもの」であるというのが「スミスの議論だ」とまとめている。したがって、ア・イ・ウ・オはいずれも本文で触れられている内容であるが、スミスの主張とは異なる。問7、傍線部の直前にスミスによる「経済学の原理」として知られる「見えざる手」の説明がある点を押さえる。「見えざる手」とは、人は「好き勝手に振る舞い」「必ずしも各人にとっていい結果をもたらすものではないものの、社会全体で見ると」「道徳的規範と経済的発展を実現する」というもの。したがって、アは「結果的に人々を縛り付ける道徳的規範」が、イは「実際のところ人々が神の意志によって動かされてしまっている」が、エは「『神』に頼らず人によって実現できるはずであったにもかかわらず」が誤り。オはやや迷うが、「各人にとって必ずしもいい結果をもたらすわけではない」のは「道徳的規範や経済的発展」ではなく、「好き勝手に振る舞」う各人の「自由」である。問8、アは「共感」が「快楽」なのは「キリスト教」の影響だと本文では書かれていない。

東海高等学校

問題 P.397

解答 **一** 問1、a企業　b貢献　c寛容　d介助　e妄想　問2、X3　Y1　問3、(i)社会の分断を肯定する効果。(13字)　(ii)人との違いを尊重すると、互いに干渉しないようになりうるから。(30字)　問4、5　問5、一人の人のなかの無限の可能性(14字)　問6、4　問7、普遍的な問いが問いなおされたり、共通の価値が見えてきたりして、社会の中で異質な他者同士が協調して生きていく道が開けてくる(60字)

解き方 **一** **伊藤亜紗「手の倫理」**より。問2、X「言うは易し」は「言うは易く行うは難し」の略で、「口で言うのはたやすいけれども、それを実行するのは難しい」の意。Y「二足の草鞋」は「二足の草鞋を履く」を言い換えた表現。「二足の草鞋」とは「両立しえないような二つの職業を兼ねること」を指し、「二足の草鞋」は直後で触れられている「本業はシステムエンジニア」「インターナショナルスクールで点字を教え」「音楽活動でも収入を得」る三つの職業を兼ねる人物に用いられた表現である。問3、3段落の冒頭部分「もちろん」とそのあとの「しかし」に着目する。「多様性」とは「人が一人ひとり」の「違いを尊重すること」だが、「『多様性』という言葉」は「不干渉と表裏一体になっており、そこから分断」(7段落)につながる恐れがあるというのだ。したがって、(i)は「『多様性』という言葉」が多様性の意味とは逆の「分断」を肯定する効果があることを、(ii)はその理由が6段落で示されているように「みんなやり方が違う」ために「お互い干渉しないようにしよう」としてしまう点にあることを押さえる。問4、傍線部を含む一文の二か所の「それ」は、いずれも直前の文の「相対主義」を指している。「相対主義」の「反社会的態度」は、次の「相対主義の決まり文句」以下に述べられている。「社会全体が関わってくる……しまうのだ。」の部分がそれ。それに合った選択肢を選ぶ。1は「異なる考えの人を同じ社会の構成員と認めず排除する」が、2は「自らの意見を強く主張し、社会集団の調和を乱す」が、3は「意見の対立する集団を非難し」が誤りだと分かる。まぎらわしいのは4だが、「それに社会全体が目を向けようとしないような態度」が誤り。問5、傍線部の前後から「無限性」が意味する内容を押さえる。直前の「あるいはむしろ」で「無限性」が「一人の人の中にある多様性」を指すことが分かる。一五字以内という字数制限からより適切な文言を探すと、[20]段落に「一人の人のなかの無限の可能性」とあるのが見つかる。問6、傍線部を含む[21]段落の内容を押さえる。「『思っていたのと違うかもしれない』可能性を確保しておく」とは「『目の前にいるこの人には、必ず自分には見えていない側面がある』という前提で人と接する」ということである。本文では、それを他者への「配慮」ではなく、「敬意の問題」と呼んでいる。1は「相手は不満足な現状から脱して成長する」が、2は「落胆しないように気をつけておく」が、5は「外見に惑わされない注意深さをいつも持っておく」が誤り。まぎらわしいのは3だが、「相手は自分と異なる考えを持つかもしれないという前提」が誤りである。本文で述べられているのは、「自分には見えていない側面がある」という前提である。問7、設問で「教師」が最後に、「言葉だけに頼らず、人と直接関わることを通して一人ひとり異なる状況を具体的に捉え、それに『創造的に向き合うこと』」について述べているが、その内容が「第[11]段落」にあると指示されている。そこで、[11]段落に着目すると、「倫理」とは「普遍的な問いが問いなおされ」、「共通の価値があることが見えてくる」ことで、「異なるさまざまな立場をつなげていくことである」点が浮かび上がってくる。

同志社高等学校

問題 P.399

解答

一 問一、ウ　問二、Aイ　Bエ　Cア　Dウ　問三、隠れていた問題が噴出し、対立が顕在化する(こと。)(20字)　問四、ネガティブなことは「なかったこと」にすること　問五、見るのが辛いので震災遺構をなくしてほしい、という東北の人びとの感情。　問六、オ　問七、ア　問八、ア　問九、簡単　狂　典型　建造　仕組

二 問一、オ　問二、イ　問三、ア　問四、(a)エ　(b)オ　問五、無邪気さを装いながら、書斎に侵入して父の様子を見てくるという計画に多少の罪悪感を覚えたが、母の頼みを聞き入れて任務を果たせる嬉しさと、無邪気を装って勇ましく行動するということへの快感の方が、罪悪感よりはるかに大きかったということ。　問六、イ　問七、エ　問八、顧　不審　空虚　垂　装

解き方

一 津田大介「固定化され、想像力を失った日本社会」(「分断社会・日本　なぜ私たちは引き裂かれるのか」所収)より。問一、体罰を受ける立場に立つ→体罰を受けるのはいやだ→同じ行為を相手にできるかどうか→できない、という順序で考えるということ。問二、空欄Aの直前にある「相手の立場に立って物事を考えるとしても」を、直後で「リベラリズムの公正の基準を満たそうと努力しても」と言い換えているので、「つまり」が入る。空欄Bの直後には、「分断」を「可視化」するきっかけとなる事柄の例が挙げられているので、「例えば」が入る。空欄Cを含む文の文末が「だろう」となっているので、「おそらく」が適当。空欄Dには、「つまり」も「例えば」も「おそらく」も当てはまらないので、「そして」しかない。問三、「可視化」とは目に見えるようにすること。これと似た意味の「顕在化」が空欄Bを含む段落にあることに着目する。「隠れていた問題や不満」が、「過酷な経験」などをきっかけに「一気に噴出し」、それによって「対立」が目に見えるようになるということである。問四、傍線部の直前にある「こうした」に着目すれば、その前に言い換えられる箇所があると推測できる。ちなみに「臭いものに蓋をする」とは、「悪事や醜聞などを、他人に知られないように一時的な手だてで隠す」こと。問五、「それ」は、傍線部直前の『当事者』はそれを見るのは辛い、なくしてほしいと言う」を指している。この『当事者』はそれを見るのは」の「当事者」と「それ」を具体的に言い換えると、東北の人びとは震災遺構を見るのは、となる。これらをまとめればよい。問六、本文における「公正」とは、相手の立場にたって物事を考えることである。すなわちこの場合、「公正」であろうとするならば、「東北の人びとの立場」にたち、震災遺構を破壊することになる。しかし筆者は傍線部と同じ段落で「人間にとって……必要だろう」と述べている。問七、「アーカイブ」とは、記録・資料などを集めて保管すること。震災の「記憶や現実」を「アーカイブ化」する意味を段落の内容から読み取る。問八、イ「想像力を育てられなければ……社会が維持されるだけ」とは書かれていない。ウ「記録を残すこと」が「相手の……力」を養うわけではない。エ「『臭いものに蓋をする』という共同体のシステム」が「当事者を社会から消失させ」るという説明はおかしい。オ「そのような社会では……不可能である」というのは言い過ぎである。

二 久米正雄「父の死」より。問一、傍線部の直後に、「悲痛なものを、父はうしろに脊負っていた」とある。また、傍線部の前には、「蒼白なその時の父の顔の厳粛さ」という表現もある。ただならぬ様子の父に、「私」はひと言呼びかけずにはいられなかったのである。問二、空欄の直後にあるように、「不安が家中に漲っ」ており、「すべての緊迫した注意が書斎に向けられ」ているような状況なのだから、イの「息を潜めたような」が適当である。「息を潜める」とは、存在を気づかれないよう、息づかいをおさえてじっとしている、の意。問三、傍線部の「何物かに対する腹立たしさ」とは、ウの「群集」に向けられたものでも、エの「家族」に向けられたものでもない。またイとオは、「腹立たしさ」についての説明がないため不適。問五、傍線部の「それ」とは、直前の「自分の今行おうとする謀計に対する罪悪の意識」である。この罪悪感よりも、「勇気」と「好奇心」の方がはるかに大きかったということ。「勇気」と「好奇心」については、前の段落に具体的に書かれている。問六、傍線部直前の「叱るよりは、願うような軟かさを含して」に着目する。父は穏やかに優しく諭したのである。ア「うろたえている」、ウ「不快に思っている」、エ「決めあぐねている」、オ「後悔している」はいずれも不適。問七、エ以外はいずれも本文の内容と明らかに異なっている。エの「事態の深刻さを十分に認識できない私」という記述は、傍線部③の次の段落の「しかしその永遠を見凝めている眼の中に、永遠に訴えている懊悩のあるのを……知らなかったのである。」という箇所と合致している。

東大寺学園高等学校

問題 P.403

解答

一 ㈠ア・助動詞　㈡エ　㈢男なのに刺繍に興味を持っている自分をからかうようなまわりの様子にいらいらしている。㈣ウ　㈤イ　㈥ア　㈦自分の好きなことが人に受け入れられたことをきっかけにして、今度は姉に自分と同じ気持ちを味わってほしいと思うとともに、自分自身ももっとわからない人やもののことを知ろうと考え、前向きになっている心情。(98字)

二 ㈠Aイ　Bエ　㈡ウ　㈢オ　㈣ア　㈤イ　㈥宿の主人の言い分を受け入れ、その言い分をそのまま利用して宿の主人が間違っていることを即座に宿の主人にわからせている点。(59字)

解き方

一 **寺地はるな「水を縫う」**(集英社刊)より。
㈠「ない」にはいくつかの用法がある。具体的には「さりげない」のような形容詞の一部、「寒くない」「傘がない」のような形容詞、「働かない」のような打ち消しの助動詞が代表的である。「ぬ」と置き換えられる「ない」が打ち消しの助動詞、「ある」に置き換えられる「ない」が形容詞、全く変更がきかない「ない」が形容詞の一部。㈡傍線部の「その顔」を手がかりにして傍線部前の高杉くるみの様子を確認する。「…孤島。そこに彼女はいた。」「虚勢を張るわけでもなく、おどおどするでもなく」とあるので、ここから、高杉くるみは孤立しているが、平然としていることが分かる。次に直後を見ると「ごめん。俺、見たい本がある」とあるので、「僕」はやりたいことのあることが分かる。㈢傍線部の「笑い声」を手がかりに前を見ると、「男女混合の四人グループのうちのひとりが僕の手つきを真似て、くすくす笑っている。」とある。また本文前の説明を見ると、『僕』(松岡清澄)は、小さい頃から裁縫や刺繍を趣味にしている」とあるので、これらから、男なのに(女がするような)刺繍に興味を持っている「僕」のことをまわりが笑っていることが分かる。また傍線部前の「なに?」「なあ、なんか用?」「いや、なんなん?　そっちこそ」という「僕」の発言から、「僕」はそうしたまわりの様子にいらいらしているのである。㈣「上気」とは、頭に血がのぼって興奮すること、何かに夢中になって顔が熱くなること、という意味。ここでは「石が好き」な高杉くるみが、石の話をしているときの心情を想定して選択肢を選ぶ。㈤直後を見ると「わからなくて、おもしろい。」「わからないことに触れるということ。」「そのほうが楽しい」とあるので、ここから、わからないことを肯定的に考えることとのつながりを持つ選択肢を選ぶ。㈥直前の二つの段落に「借りる相手がいないのは、心もとない」「ひとりでぽつんと弁当を食べるのは、わびしい。」「好きなことを好きではないふりをするのは……もっともっとさびしい。」「好きなものを追い求めることは……とても苦しい。」「その苦しさに耐える覚悟が、僕にはあるのか。」とあるので、これらから「僕」は好きなものを追い求めて一人になることをおそれていることが分かる。㈦これまでの「僕」の出来事を振り返りつつ、傍線部前の内容を重ね合わせる。まず、㈡で確認したように、「僕」は孤立していても平然としている高杉くるみの様子を見て自分がやりたくないことはやめてしまいたいと思った(エ)。そして㈤で確認したように、「僕」はずんずんと前進する高杉くるみの後ろ姿を見て、彼女を自信に満ちた頼もしい人物に感じる(イ)と同時に、わからないことに触れる楽しさも実感する(傍線部④の直後)。そして㈥で確認したように、「僕」は孤立する恐怖を抱えつつ(ア)、自分の本心を宮多に知らせ、わかってもらえる(傍線部⑤以降)。ここからわかるのは、孤立を恐れず好きなことを貫く高杉くるみの影響と、わからないことに触れる楽しみと、勇気を出して好きなことを貫く大切さの三点である。これらを踏まえて傍線部前のポイントを押さえていくと、「…ドレスをつくりたい。……すべてのものを『無理』と遠ざける姉にこそ。」「あきらめる必要などない。無理なんかじゃない」「宮多に例のにゃんこなんとかというゲームのことを、教えてもらおう」「僕はまだ宮多たちのことをよく知らない。知ろうともしていなかった」とある。ここから分かるのは、姉に本当に望んでいるものをあきらめて欲しくない気持ちと、自分からわからないこと(人)に向かっていこうとする気持ちの二点である。これらを重ね合わせて記述を行う。

三 **安楽庵策伝「醒睡笑」**より。㈠A直前の「富貴の人とても、へつらふ色もなく」を踏まえて考える。B「さるほどに」は「そうこうしているうちに」という意味。㈡直前の「讃嘆する人、ちまたにみてり」という言葉から、世間の人々が板倉伊賀守のことを感心してほめる理由として傍線部の話が続いている。アは「裁きを受けた者」が誤り。㈢(Ⅰ)の前で宿から出ていった人は誰か、(Ⅱ)の前で刀を借りた人は誰か、(Ⅲ)直前の「双方」とは誰と誰のことなのかをそれぞれ確認する。㈣傍線部の「上は」が「以上は＝からには」、「流れた」が「所有する権利が流れた＝借り主のものになった」、「さらさら…まじき」が「決して……するつもりはない」にそれぞれ対応している。㈤「造作」とは「手間や費用のかかること・面倒」という意味。また直後の「幸ひ……みな山伏に仕るべきものなり」は、宿の主人が「借りたものは自分のものだ」というのであれば、山伏が借りた宿は山伏のもの、という理屈を述べている。㈥「当意即妙」とは「その場にぴったり合ってすばらしい」という意味。ここでは板倉伊賀守が、宿の主人が言っている理屈を受け入れ、その理屈をそのまま利用して、宿の主人が間違っていることを即座にみずから理解させる、というやり方で問題を解決している。

通釈　家康公が、天下を治めていらっしゃる。この御治世に、すぐれた臣下や義を守る臣下が多い中で、板倉伊賀守は、京都の所司代として(人々の)訴えを聞き、(訴えが)道理にかなっているかどうかを決断なさる時に、(相手が)金持ちであっても、へつらう様子もなく、貧乏で賤しい身分の者でも、軽んじる様子はない。そんなわけで、身分の上下を問わずすべての人が、訴訟の採決〔決定〕をよろこんで、(こんなすばらしい採決を下せるのは)めずらしいことだ、すぐれたことだと、深く感心してほめる人が、世間に満ちていた。「一滴舌上に通じて、大海の塩味を知る〔一滴舌の上に海水を乗せただけで、大海の塩の味を知る＝物事の一部分を見ただけで全体を推し量ることができる〕」と(いうことわざが)あるが、(人々は板倉伊賀守の)すばらしい裁きの一部を言う〔言ったことを耳にする〕だけで、それ以外のこと(板倉伊賀守の全体としての仕事のすばらしさ)を理解できたのではないか(理解できたのだろう)。
さてそんな時、越後〔新潟県〕で、山伏が、宿を借りた。その時、国主〔その地域を治める大名もしくは大名と同等の人〕の出迎えのため、宿の主人も(自分の家)から出かけようとするときに、あの山伏がさしていた刀が、見た目も、作られ方も、非常にすばらしいものである(刀)を借りて行き、(その宿の主人が)まだ宿に帰らないうちに、一国徳政の札が立った。そうしているうちに宿の亭主は帰ってきても、刀を(山伏に)返すことがない。山伏はがまんできずに、何度も(刀を返すように)求める。宿の主人が返事するには、「おまえの刀を、借りたということは、間違いなく事実である。しかし、徳政の札が立った以上は、この刀(をおまえが所有する権利)も流れた(なくなった)のである。(だから)絶対に返すつもりはない」と言う。訴訟沙汰になったので、(山伏と宿の主人の)双方が江戸に参上し、家康公の御前での裁判になった。

その時、板倉伊賀守は、江戸に出向いており、(家康公の)御前にひかえていた。「この裁判の決定はどうか(どうするのがよいか)」と(家康公からの)お言葉があったので、(板倉伊賀守は)つつしんで、面倒もないことだと思っております。さいわいに、(徳政の)札の上で(札の命令によって)、亭主が借りた刀(を山伏が所有する権利)を流しますのでしたら、また山伏が借りた家(の権利)も、(宿の主人から流れて)すべて山伏の物にしなければならないはずでございます」と申し上げられましたので、家康公は、大いに感心なさったのだった。(この時の板倉伊賀守の裁きは)当意即妙の「その場にぴったり合ったすばらしい」裁きであったことだ。

桐朋高等学校

問題 P.407

解答　**一**　問一、エ　問二、A耳　B息　C水　問三、ウ　問四、環境が差別者をつくる(という考え。)　問五、睨(にら)みつけた　問六、エ　問七、自分が口にしたことは間違っていないと思うものの、自分の言葉に対する女性の反応を見て、その人が根っからの悪意の持ち主ではないのだと実感したことで、自分の伝え方が正しかったのか悩ましく思う気持ちが生まれ、いたたまれない思いになっている。　問八、いずれにし　問九、自分が感じ取ったささやかな悪意によって、自分がわずかに傷つけられたことを認識しながらも、(日本人に溶け込んで暮らすための処世術に従って)何もなかったことにしてその場をやり過ごそうとすること。　問十、「正しさに溺れる」とは、自分の主張は正しいのだという思いが強くなりすぎることで、相手のことを考えずに、一方的に強い主張をしつづけてしまう態度のことだと筆者は考えており、そのような態度は相手の聞く耳を閉ざし、結果としてこちらの主張が届かないという状況をもたらすことになる。　問十一、a戸惑　b処世　c励　d瞬間　e頑

解き方　**一**　**温又柔「やわらかな『棘』と、『正しさ』の震え」**(「対抗言論　反ヘイトのための交差路」1号所載)より。問一、「欠落」は「欠ける」「落ちる」と似たような意味の漢字が重なっている。アの二字は「授ける」「受ける」と反対の意味。イは「前に」「進む」で修飾・被修飾の関係。ウは「気を」「換える」で動詞と目的語の関係。エは「削る」「除く」で似たような意味。オは「公が」「立てる」で主語・述語の関係。問二、「耳を疑う」は聞き間違いではないのかと驚くこと、「息を呑(の)む」はハッとして驚くこと、「水を打ったよう」は、その場に居合わせた大勢の人が静まり返っている様子をそれぞれ指す。問三、傍線部の直後に、「しかし、どちらの女性も息子たちを特にたしなめない。」とあることから、母親が差別的な発言をした子どもをたしなめるのではないかとうかがっていたことが分かる。問四、傍線部の「かのじょたちの息子であるからこそ」とは、差別的な発言をする母親に育てられているから、と言い換えられる。これと同義なのは、「(うまれつきの…」で始まる段落にある、「環境が差別者をつくる」である。問五、「ふたりの母親が…」で始まる段落に「フォークを握る手が震えた。息が苦しくなってくる。」とあり、また空欄のあとに「信じられないと思った。このひとたちは、自分たちの発言がどんなものなのかまるでわかっていないのだ。」とあることから、筆者が、母親たちが差別的発言をしたことに対しショックを受け憎悪を抱いていることが分かる。この心情を反映した「見つめる」よりも適切な表現を考える。問六、直前に「このひとたちは、自分たちの発言がどんなものなのかまるでわかっていないのだ。」とあり、傍線部の直後で堰を切ったように話し始めていることから、心を落ち着かせているのだということが分かる。問七、傍線部の「狂おしくなってくる」という心情は、「どうかしました?」と発言しなぜ睨みつけられているのか全く理解していないと思っていた母親が、「この方の言うとおりよ。わかった?」と自分の正しい主張をすんなり受け入れたことで筆者が「このひとは根っからのわるいひとではないのだろう」と感じたことにより生まれている。＊の直後にもあるとおり、自分の正しさには疑問を持たないものの、悪意のない相手に対して適切な伝え方だったのか、思い悩んでいるのである。問八、空欄Cの直前に「いずれにしろ」とあるのに着目したい。「いずれにしろ」は「どちらにせよ」と言い換えられるが、「いずれにしろ」の前には「どんな顔をしたらいいのかわからなかったのだろう。」という一つの予測しか述べられていない。よって、「あるいは、わたしがうっとうしかったのか。」という一文は、この二文の間に挿入するのが適当である。問九、「痛み」とは、悪意のある言葉で負った心理的な痛手のことを指す。また、「気づかないふりをする」については、二重傍線部bを含む段落に述べられているので、そこを中心にまとめる。問十、「溺れる」は、何かに夢中になって心を奪われること。よって、「『正しさ』に溺れる」は自分は正しいのだという気持ちが強くなりすぎてしまうこと。そのような態度がもたらすものについては、一つ前の段落に「正しければ正しいほど、キイキイとけたたましく喚くだけでは届かない。」とあるように、強く主張すればするほど相手の心に本当には届かなくなる、という状況である。

豊島岡女子学園高等学校

問題 P.409

解答　**一**　問一、ウ　問二、イ　問三、客観的に、　問四、エ　問五、単純なセットで被写体の表情に焦点を置き撮影することと、写真家と被写体がコミュニケーションを取り、親しい関係性を築くこと。(60字)　問六、オ　問七、ア　問八、オ

解き方　**一**　**鳥原学「写真のなかの『わたし』　ポートレイトの歴史を読む」**より。問一、まず、この「苦痛」を味わったのは誰なのかということを確認する。それは傍線部の直前にある通り、「写真に撮られた人たち」である。したがって選択肢ア・イ・オは不適だと分かる。次に、傍線部の直後から「苦痛」の内容を読み取る。長い撮影の間、頭を固定され、支柱に支えられた不自由な姿勢を保たねばならなかったことが「ひどい苦痛」だったのである。それを説明しているのはウのみ。ウには「維持」とあるので、撮影時間の長さについても説明されている。エにあるように「不機嫌な表情の写真」を撮られたことが「ひどい苦痛」だったということではないし、「不機嫌な表情の写真しか」と限定

してしまっている点も誤り。問二、傍線部の次の段落に、お客が写真に「クレームをつけ」た理由が明確に述べられている。それは、「それまで自分の顔を客観的に見た人がとても少なかったから」である。またその次の段落にも「自分の顔を鮮明に把握していた人は少数であった」と言い換えられている。選択肢のなかでこの点を説明しているのはイしかない。問三、傍線部の直前に指示内容がある。自らの肖像写真を撮ってもらおうとするとき、ありのままの姿を客観的に写してほしいと思う人は実は少ないのだということ。問四、選択肢の前半部分にはほとんど差異はない。したがって、後半部分を比較する。当時の写真によって何を表現しようとしたのかということだが、ウ「身分が低いことを隠そうとする」、オ「すばらしい人柄を印象付けようとする」は、どちらも本文に書かれていないので明らかに誤り。イは「装おうとする」が不適。またアの「社会的価値」とは、傍線部前の「写真のセット」に示されているものであり、「被写体」自身の「価値」が写真に示されているわけではない。エの「社会的な役割」は、傍線部の段落前半に「写された人の社会的な役割は伝わって」くると書かれているので正しい。問五、本文の「ナダールはなぜ…」で始まる段落に、「二つの要素」があると述べられている。したがって「…ことと、…こと。」という形で二点記述する。同じ段落に「そのひとつは撮影方法です。」とあり、その次の段落に、それがどのような撮影方法であるかが具体的に述べられている。セットを使わずに自然光を利用するという単純な撮り方で、表情を立体的に捉え、被写体の顔に見る者の意識を集中させるという撮影方法である。これをまずまとめる。二点めは、「もう一つは写真家と…」で始まる段落に書かれている。写真家と被写体がコミュニケーションを取り、互いをよく知ることが重要であると述べられている。これをまとめればよい。問六、傍線部の直前に、「…によって」とあり、そこに理由が述べられていることが分かる。「撮影機材」や「画像処理」の発達によって、自分の理想像を作り出すことが可能になったのである。このように説明しているのはオのみ。問七、「古典」とは、「学問・芸術などの分野で、古い時代に作られ、長年の評価を経て現在も高い価値を認められている作品」のこと。文脈からも、このような意味で用いられていることが判断できる。問八、内容合致を問う設問では、消去法で答えを絞り込んでいく。アは「その被写体の苦痛に気付いたナダールは」という箇所が誤り。ナダールが苦痛の軽減のために写真技術を向上させたなどとは、書かれていない。イは「クレームに悩んだナダールは」が誤り。本文にない内容である。また、「現在はスタジオのセットなどを工夫し」という箇所も違う。最後の段落に「現在の写真スタジオではあまり細かいセットを用いて演出することはなく」と書かれている。ウはまず写真は「鏡の代わり」だったという記述が誤り。次に、「不機嫌な表情」が多かったので、ナダールは「自然体」の写真を撮るための「工夫を凝らした」というつながりも誤り。さらに、「現在」は「コミュニケーションの重要性を重視するようになった」とあるが、コミュニケーションの重要性は、ナダールが一九世紀にすでに明らかにしていたことなので不適。エは「現在は様々な背景を使用することで」が誤り。最後の段落に、現在はナダールのような「シンプルなスタイル」で撮影が行われているとある。

灘高等学校

問題 P.412

解答

一 問一、A打撃　B孤独　C閉鎖　D未聞　E周知　F概念　G増幅　H容赦　I帰結　問二、実際の人間が奏でた空気振動を、リアルタイムにその場所で共有するもの。問三、生身の人間が目の前で演じる演技ではなく、電気メディアによって複製されたものを見ている点。問四、X常態　Y録楽　問五、コロナ禍による「空気の共有」への忌避感よりも前から、他者との身体接触を互いに回避する傾向が強くなっていたということ。問六、人が集い空気を共有する「音楽」は、現在の相互隔離の傾向のなかでもなくしてはならない、根源的な人間らしさに関わる芸術であるということ。

二 問一、自己中心的な変わり者　問二、科学技術が暴走しないように、科学者や技術者だけでなく、一般市民が科学技術に深く関与すること。問三、温暖化　問四、専門的な研究内容を、予備知識のない人に手短に分かりやすく説明すること。問五、科学者を縁遠い存在だと思いつつ、科学者や科学に対する興味や偏見を持っていたり、もしくは無関心だったりする一般人の代表のような人物。問六、科学者が発信力を磨いて積極的に情報を発信することで、科学や科学者を一般の人にとって身近なものにし、科学を社会に浸透させること。

三 問一、賭博を始めるのによい時　問二、娯楽の賭博で負け財産を失い困っている者は、助けるので訴え出なさい。問三、A賭博に勝った者(が、)木工殿(に答えた言葉。)　B金儲けの賭博は幕府の禁制であり、娯楽と言わないと処罰されるから。問四、自分たちがやっている賭博が金儲けでなく娯楽であることを証明するため。問五、ウ　問六、娯楽の賭博を規制しないことで領民の正直な申し出を促し、娯楽であることを理由に賭博に勝った者に損をさせ、最終的に賭博を領地から全廃させたこと。

解き方

一 **岡田暁生「Distancing――自己隔離して聴く音楽」**（『ニューサポート高校『国語』vol.34』所載）より。問二、傍線部の前の部分から、筆者は「振動する空気をリアルタイムで共有する」ものを「音楽」だとしているのが分かる。さらに傍線部の次の段落では、三輪眞弘の説を引用して、「今そこに人間がいて、今その場で聴かれるもの」が「音楽」であり、「複製技術によって不在の人間が奏でる何か」は「音楽」ではないとしている。問三、傍線部の前後を見ると、「それは……と同じなのである。」となっていて、「録楽」と「音楽」が、「映画やテレビドラマ」と「演劇」にそれぞれ対応していることが分かる。「録楽」と「映画やテレビドラマ」の共通点は、電気メディアによって複製されたものであるということである。問四、X当たり前になることを「常態化」というが、第二段落に「文学の場合なら一人で誰とも会わずに読むのが常態である」とある。Y空欄の前を見ると、緊急事態宣言後はネット化した「音楽」、つまり三輪の言う「録楽」ばかりになっていることが分かる。問五、傍線部の「身体的な自己隔離」とは、第一段落に「自己隔離」とあるように、他者と同じ場所に集い、触れるということをしないことである。「もうすでに」「ずいぶん前から」とは、「コロナ禍」より前から、ということである。傍線部の二文前にある「現代社会」、そして一段落前にある「近年」に着目すると、自分が他者の身体を回避したがる、という内容と、他者からも身体接触を許されない、という内容が見つかる。問六、最終段落に「集うのを恐れ始めたら、……人間が人間ではなくなる」とあり、一つ前の段落には一イタリア女性の言葉として「人と集まって……それがライフだ」とある。筆者にとって「音楽」は集うものであるから、「音楽」は「人間らしさ」であり、「人生」だ、ということになる。それぞれが自己隔離する厳しい現状ではあるが、「何とか集おう」としてほしい、というのが筆者の願いである。

二 **渡辺政隆「一粒の柿の種――科学と文化を語る」**より。問一、傍線部が指示語なので前の部分を見ると、周囲が見えず、自分のことしか考えない人の例が挙がっている。同内容の部分を探すと、二段落後に「科学者は自己中心的な変わり者という見方は…」が見つかる。問二、「シビリアンコントロール」とは、軍が軍人によって暴走するのを防ぐために、政治家などの文民が軍事力を統制することである。科学技術に置き換えると、科学者や技術者だけで取り扱うのではなく、傍線部直前に「みんなで考え」とあるように一般市民も科学技術に深く関与する、ということ。問三、空欄の前のタクシードライバーの言葉は、一〇〇万年後には暑くなるということで、つまり、地球温暖化の話である。問四、二段落後の具体例にあるように、「ドロソフィアのヘッジホッグファミリーの研究」と自分の研究をそのまま言ったのでは、相手に伝わらない。「素人」に分かるように説明するには、工夫が必要なのである。問五、本文に出てくるタクシードライバーの特徴を挙げていくと、「科学者を縁遠い存在だと思っている」「科学者に対する偏見を持っている」「科学者に質問するなど、興味はある」「科学に無関心な人も、そうでない人もいる」となる。これは一般市民の科学、そして科学者に対する態度と重なる。問六、傍線部の「畑」の土の類義語として、本文中盤の「専門家と素人…」で始まる段落に「科学のネタが日常会話の中であたりまえのように話題にされるような土壌」が見つかる。この周辺の段落では本文前半の「科学者は縁遠い」という状態を脱却し、科学を社会に浸透させる取り組みなどが示されている。そして後半の「科学者のコミュニケーション力」の話題につながっている。傍線部の前の寺田寅彦の「ガラス板」の例が示唆するのは、科学者が日常と科学を行き来しない、つまり両者をつなぐ努力をしないと、科学と日常は離れていってしまうということ。そのような環境では、優れた科学も科学者も育たないのである。

三 **「日暮硯」**より。問一、「旗を揚げる」は、何かを始めるという意味の言葉である。娯楽であれば賭博をしてもよい、というお触れにより、早速賭博を始めようとしている人たちがいるのである。問二、傍線部の前にある「身代を潰す」は、賭け事などで全財産を失う、ということ。お触れにある「あひだ」は、「ので」という意味。お触れは、娯楽の賭博で全財産を失い困っている者は助けるので訴え出よ、という内容である。問三、A本文の中ほどにある「木工殿承り、勝ち候ふ者どもへ申し渡され候ふは」から交互に発話していると考えると、賭博に勝った者が木工殿に言っている言葉だと分かる。B傍線部の前の部分で、木工殿は「金儲けで行う賭博は幕府の禁制で処罰されるはずだから、お前たちがやっていたのは娯楽の賭博だろう」と言っている。それを聞いて、賭博に勝った者たちは、ここで娯楽でないと言えば処罰されるわけだから、「確かに娯楽だ」と答えたのである。問四、傍線部は木工殿の言葉である。傍線部の前に「これによつて」とあるので、前の部分を見ると「慰みにして人の身代を潰させるといふことはあるまじきことなり」とある。本来の賭博であれば、大きな金の動きがあって当たり前だが、娯楽であれば、全財産を失う人が出るわけはない、ということである。つまり、賭博に勝った者たちが返済しないと、その賭博は娯楽ではなく金儲けだということになってしまうのである。問五、まず、賭博に勝った者たちは、当然儲けた金は返したくないはずである。しかし自分たちで「娯楽」と言ってしまった手前、木工殿のやや強引な論法にも言い返せない。また、「遅れても処罰する」というかなり厳しい申し渡しに、しぶしぶ従わざるを得ないという状況なのである。問六、木工殿のお触れの優れている点として、まず、一つめのお触れで、娯楽の賭博を不問にしておいたことで、負けた者が正直に申し出て、賭博に勝った者をつかむことができたということ。そして、「商売」と「慰み」という言葉をうまく使って彼らに損をさせ、誰も賭博をしなくなったことの二点が挙げられる。最終的に賭博を領地から全廃させることが目的だったのである。

通釈 先日、「娯楽でする分には賭博をしてもかまわない」と御領地の者たちへ告げ知らせなさるので、常々金儲けをしている者たちは、賭博を始める好機だと考え、あちこちで盛んに賭博が繁盛したので、ひどく財産をなくす者がいたので、再び出したお触れには、「娯楽の賭博に負け、困難な状態になっている者は、お救いくださるので、遠慮なく正直に訴え出よ」と御領地内へ触れ回ったので、あちこちから困窮している者たちが願い出たので、念入りに調べたうえで、「誰々を相手にして娯楽をしたのか」と尋ねたところ、もともと許されていることなので、ごまかしを言うことなく、その相手を、負けた者から勝った者たちを、一人一人申し立てたので、木工殿がお聞きし、勝った者たちへ申し渡しなさるには、「何月何日までに、(申し渡し文の)右(に書いてある)勝った金を必ず返済せよ。」と申し渡しなさるので、皆は「そのことは、この上なく困り申し上げますので、お許しください。」と願い出るので、「そうであるならば、おまえたちは賭博を金儲けで行っているのか。先日も申し渡し置いたとおり、金儲けでする賭博は幕府の禁制であるので、背いた者がいた場合は、必ず処罰を申し付けることになる。このことから、おまえたちは、きっと娯楽で行っているはずだ。」「確かに、娯楽で行っております。」「それならば、金儲けで行ったことならば別だが、娯楽で人の全財産をなくすということはあるはずがないことである。このことから、右(に書いてある金額を)勝った者たちから、必ず返済しなくてはならない。もし遅れ滞ることになったならば、必ず処罰を申し付けるだろう。」と申し渡しましたので、「謹んでお受け申し上げます。」とお受け申し上げ、右の金銭を、負けた者の方へ渡したので、負けた者は一文の損失なく受け取り、勝った者たちは、その場所で使い捨てた分は不足になり、仕方なく借金し、負けた者の方へ払ったので、勝った者の方がかえって損失になったので、その後は、娯楽で賭博をする者はもちろんのこと、紙一枚でも賭けの勝負をする者は一人もなく、規制せずに自然と御領地の賭博をやめさせることになったそうだ。

西大和学園高等学校

問題 P.416

解答

一 問一、a抽象 b同僚 c厳然 d丁寧 e付随 問二、Ⅰオ Ⅱエ Ⅲア Ⅳウ 問三、A(首)尾(一)貫 B喜(怒)哀(楽) 問四、ウ 問五、多種多様な人と関わる私たちの日常的な対人関係からすると、大雑把で硬直的で実感と乖離しているから。(48字) 問六、ア 問七、(1)誰かと～ること (2)継続性をもって特定の人と関わるうえで、環境や相手次第で変わる複数の人格の集合体として自分を考えるということ。(54字)

三 問一、Ⅰウ　Ⅱイ　Ⅲウ　問二、Aエ　Bウ　問三、イ　問四、弱っていく虫の声から死に向かう自分のことを想像しているということ。（33字）　問五、幼い姫君のことを頼む（ため。）　問六、イ　問七、姫君の御事は決して気がかりに思い申し上げなさるな　問八、オ

解き方

一 平野啓一郎「私とは何か 『個人』から『分人』へ」より。 問四、「宗教的観点」についての説明と「論理学的観点」についての説明の、両方が正しくなければ正解にならない。イ・オは前者について誤っており、ア・エは後者について誤っている。問五、傍線部の含まれる段落に続く『個人』という概念は……人々である」の部分を用いて指定字数でまとめる。問六、直前の「この矛盾」の指す内容が「思い悩み、苦しんできた」理由である。イは全体が本文と合わない。ウ「唯一の本当の自分という軸を持って接する必要」と、エ「常に唯一の本当の自分になることを求められる」がそれぞれ誤り。オは「本当の自分を表現することができなくなっている」が誤り。問七、(1)傍線部の近くから指定字数に合致する箇所を拾い出す。「そのためには」がヒントになる。(2)傍線部の四段落前から、「分人」の説明となっている表現を用いてまとめる。「あなたという人間は、これらの分人の集合体である」「環境や対人関係の中で形成される」「継続性をもって特定の人と関わっていかなければならない」などがキーワードになる。

三「苔の衣」より。 問一、Ⅰ「御訪ひなども……思しやるを」を「内の大臣はありがたう」と受けているから、点線部は訪問する人（前斎宮）が主語。Ⅱ「消え入りのみし給ふ」のは誰か。Ⅲ西院の上が傍線部③のようにあるのを「もり聞き給ひて」「渡り給ふ」のは誰か。問二、A「見え給はぬ」と打ち消しがあるので、ア・イは誤り。「おどろおどろし」の意味からオは誤り。西院の上の様子としてここではウの「不機嫌」は不適。B動詞「せきかぬ」は「(涙を)せきとめることができない」という意味。問三、ここの「御祈り」は病気を治すためであるのは明らかなので、エ・オは誤り。アは否定文ではないので誤り。ウの「病気以外に移った」は本文に記述がない。問四、「弱りゆく虫の声」を「弱っていく(＝病気が悪化していく)私(＝西院の上)」にたとえている。問五、「姫君をつゆも傍ら去らずもてなし給ふ」という西院の上の様子が手がかり。あとの西院の上の会話文「中将・侍従などは……うしろめたく侍る」もヒントになる。問六、「さへ」は「〇〇に加えて～までも」の意味を表す。傍線部の直前にある「姫君のいまだいはけなきほどを」の部分が「〇〇に加えて」にあたる。この構成が正しく反映されている選択肢はイしかない。問七、「ゆめゆめ」はあとに否定表現を伴って「けして～ない」という意味を表す。「な」はあとに禁止の終助詞「そ」を伴って「～しないでほしい」という意味を表す禁止(否定)の副詞。「きこえ給ひ」は謙譲語＋尊敬語で「～申し上げなさる」と訳す。「うしろめたし」は「気がかりに思う」という意味。以上の諸点に注意して訳文を作る。問八、本文と選択肢を照合しながら考える。アは「今までおぼつかなく……思さる」に合致。イは「中将・侍従などは……交じり侍る。」に合致。ウは「大殿もただ今はおろかならず……思ひ侍るなん」に合致。エは「姫君の御事は…」という「前の斎宮」の会話文の内容を指している。オの「今生の別れになることはないと分かり」とは本文に書かれていない。

通釈 内の大臣の西院の上は、この春の頃より何ということなくご病気がちでいらっしゃったので、いつもの(持病の)ご様子だろうかとお思いになっていたが、そういうわけでもなく、(西院の上)は特に重い症状にはお見受けされないが、いつも生きているのを心細い様子にお思いになって泣きなどなさるのを、殿は(西院の上が)どのようにお思いかとふしぎに落ち着く心もなくお思いになって、(病気を治すための)加持祈祷などをお始めになったが、(西院の上の)病気によい兆しは見えなさらずに変わりもなく食事などにも全く見向きもなさらない状態で時が経ってゆくのを悲しく嘆きなさる。(姉である)前斎宮に、姫君の御様子を、ご気分がましな時にはひまを見つけてこまごまと書き続けてお願い申しなさるのを、(前斎宮は)どうするのがよいのだろうかとしみじみ不安にお思いになる。(前斎宮は)何事にもひろいお心をお持ちで、ご兄弟なども多くはいらっしゃらないところから、(西院の上は前斎宮と)お互いにとても親密にしていらっしゃり、ご訪問なども間があくことなくこまごまとお心遣いなさるのを、内の大臣はめったにないたいへんありがたいことと恐縮なさる。

このようにして秋も過ぎていった。だんだん弱々しくなっていく虫の声を聴くにつけても(西院の上は)自分の身が死に近づいているのをお感じになる。紅葉が散るのを誘う木枯らしも特に我が身にしみて感じられて、今度ばかりは(もう命も果てるのだろう)とお思いになるにあわせて、姫君を全くおそばから離すことなく大切になさる。このころになると残りのお命もかなり弱々しげにおなりのようである。通常ならば、もう命も終わってしまわれそうにばかり見えなさるのを、大臣は悲しく思い申し上げなさる。(西院の上は)なんとかして前斎宮にもう一度お目にかかり申し上げたいとお思いになっているというのを(前斎宮は)誰からともなくお聞きになって、たいそう悲しくお思いになったので、こっそりと(西院の上のもとへ)参上なさったのを、(西院の上が)これ以上はないほどお喜びになる様子はしみじみ趣深く思われる。(西院の上が)以前とは違って影のようになってお休みになっていらっしゃるのをご覧になるにつけても(前斎宮は)お心も乱れてしまうご様子で、今までなんとも気がかりにすごしてきたことよときりがなくお思いになる。いかにもだるそうで、生きているのかいないのか分からないご様子ながらも、男のお子様たちのことをたいそう気がかりのご様子であるとおっしゃってたいそうお泣きになるそばから、

「中将や侍従などは男なので、安心してお任せする方々もいらっしゃいます。姫君はまだ幼くていらっしゃるので、頼りにならない私まで死んでしまうようなことになったら、たいそう悲しくて心残りでございます。大殿もまだ今のうちは(子どもたちを)粗略に扱うこともなくていらっしゃいますが、男というのは情が細やかなわけではないので、(将来は)どのようにゆくあてがなくなってしまうかもしれないと思います。限りある命とはいえ、安心できない気持ちがいたします。(前斎宮様の)お気持ちをお知りになっていれば、そうはいっても、(大臣は)いい加減な気持ちで見捨てなさらないでしょう。将来もいままでと変わらずお育てください」などさまざまにお頼み申し上げて、たいそう心弱げに言いつくしもなさらずお泣きになる。このようにお話し続けになるのを聞きなさって(前斎宮は)粗略にお思いになることができようか(できまい)。お互いに涙をお流しになりながら、(前斎宮は)

「姫君の御事は決して気がかりに思い申し上げなさるな。どうしてすこしでも粗略に思い申し上げましょうか、そんなはずはありません。区別することなくここ数年間頼りに思ってまいりましたのに、お子様たちを残してすぐにでもお亡くなりになりそうなことはたいへん悲しいことです」と(前斎宮は)涙をおさえかねていらっしゃるうちに、夜もた

いそう更けてしまったので、「今は早くお帰りなさいませ」とおっしゃりながら(西院の上は)「こんどはいつお会いできるのでしょう」とお思いになるのも心細く悲しくて、(前斎宮を)引き留め申し上げなさると、お帰りになることができる気持ちもならないけれど、明けがたになったので(前斎宮は帰りのお車に)お乗りになる。

法政大学国際高等学校

問題 P.419

解答

一 A①せきはい ②しょくぼう ③はくひょう ④そこ ⑤とろ B⑥散乱 ⑦不振 ⑧打尽 ⑨警鐘 ⑩瞬

二 問1、3 問2、4 問3、i3 ii1 iii4 問4、2 問5、1 問6、4 問7、3 問8、3 問9、(日本社会が)個別主義的社会(であったから。) 問10、共通 問11、4 問12、2 問13、1 問14、2 問15、1× 2○ 3× 4× 5○

解き方

二 源了圓「義理と人情　日本的心情の一考察」より。問1、「自」には「みずから(自分から、自分で)」と「おのずから(ひとりでに、自然に)」という二つの意味がある。「自明」は「おのずと明らかなこと」なので3「自動(ひとりでに動くこと)」が正解。問2、「これ」は直前の『義理と人情』という対概念を……置き換えると『公と私』ということになる」を指す。問4、空欄を含む一文『義理と人情』を簡単に『公と私』というように C するわけにはいかない」と似た文が、同じ段落の初めの方にある。「義理・人情の問題を簡単に人類的・普遍的現象とみなすわけにはいかない」がそれ。したがって、「人類的・普遍的現象とみなす」に対応する言葉を選ぶ。問5、傍線部Dの具体例は同じ段落に「友人や自分を信頼してくれている人びとのことを思い浮かべながら……あることをしたり、しなかったりするばあい」とある。問7、傍線部の二段落あとに「このサークルの人びとは、好意を受けた人が与えた人にその返しをすることを期待し……その一員として認めるかどうか、ということを判定する」とある。つまり、義理とは3のように「社会との関係で自分が不利益を被らないためになされるもの」なのである。問8、空欄の前の段落には、義理が成立するのは「狭いサークル(共同体)」だとある。問9、次の段落には「このようなタイプの倫理がなぜ成立したか」という問題提起の答えとして「われわれの社会が個別主義的社会であったから」と書かれている。問10、空欄の直前には「二つの相反した性格をもつ義理に一つの」とあるので、「共通(性)」となる。問11、直前の「すなわち」に着目すると、傍線部は直前の「それは、この義理が、だれかへの義理、何物かへの義理であって……という基本性格をもっている」という部分をまとめたものだと分かるので、4「特定の関係の中で生じるもの」となる。問12、傍線部の直後に「なぜなら」と理由が説明されている。「このとき義理は……心情の倫理なのだから」とあるので、2「情的な紐帯(結びつけるもの)でつながれているから」となる。問13、直前に「他者との共感的関係を閉じて」とあり、傍線部には「自己の欲望の主張を始めようとする」とあるので、1「自己の個別性を守ろうとする」ためと考えられる。3は紛らわしいが、外的拘束力を「もともと」感じていたのではない。問14、直前の「生きる条件がもっときびしいときには」に着目する。生存条件が苛酷になれば、どんな関係であっても共感関係を「維持」しなければ生存できない。問15、1第三段落に「義理・人情の問題を簡単に人類的・普遍的現象とみなすわけにはいかない」とある。2空欄Ⅰを含む段落に、義理の自己矛盾的性格によって「同一人間に拒絶反応をおこさせたり、好意反応をおこさせたりする」とあるので正しい。3最終段落に「義理も人情もともに個別主義的性格の社会や文化の産物である」とあるので不適。4最終段落に「心情のはたらきの面が人情である」とあるので、人情は内的規範である。5最終段落に「関係が好ましいときに、義理は温かい義理となり」「だれかとの関係が好ましくないが……義理は冷たい義理となり」とあるので正しい。

明治大学付属中野高等学校

問題 P.422

解答

一 問一、光合成 問二、(カ) 問三、(ウ)(エ)(カ) 問四、(ア) 問五、広い範囲の条件でそこそこである(ということ。) 問六、Ⅰ有 Ⅱ無 問七、A(カ) B(ウ) C(イ) 問八、高山の厳しい環境 問九、万能タイプのアカマツが痩せた土地に見られる点。 問十、砂漠では乾燥耐性の面で少しでも有利な植物だけが生き残るから。(30字) 問十一、いろいろな科目の抜き打ち試験 問十二、⑩特化 ⑪有利 問十三、見渡す限り平らな地面が広がっている環境 問十四、生態系を多様化する 問十五、毒になる成分・ケイ酸を含む葉 問十六、大きな食料貯蔵庫 問十七、⑯植物 ⑰環境 問十八、(イ) 問十九、まいです。 問二十、(エ)(カ)

二 ①鬼才 ②散髪 ③朝礼 ④縁故 ⑤公衆

三 ①凝視 ②当惑 ③激高 ④焦燥 ⑤柔軟

四 ①悔恨 ②岐路 ③催促 ④緊張 ⑤魅了 ⑥膨大 ⑦慰 ⑧ざんじ ⑨かんあん ⑩くわだ

解き方

一 園池公毅「植物の形には意味がある」より。問一、「光や二酸化炭素、水、風」などが要因となる機能は何かということ。また、三つめの空欄から二つあとの文が「光合成ができなければ…」で始まっていることに着目する。問二、「かかっていく部分」というのは、「最終的には」どうなるかを表す部分である。問三、五つの植物についてそれぞれ本文中で触れられているので、それぞれ対応させて判断していく。(ア)三段落あとで「アカマツ」は万能タイプ・専門家タイプ両方に触れられているが、基本的には「万能タイプのアカマツ」という記述に従う。(イ)「イネ」は文脈から判断できる。(ウ)「生物の多様性…」で始まる段落で「カタクリ」は「早春という季節の専門家」と述べられている。(エ)「コマクサ」と、(オ)「タンポポ」は傍線部から二つ目の段落で並列に比較されている。(カ)「サボテン」は傍線部のあとで「さしずめ専門家タイプの横綱でしょう」と述べられている。問四、「遺憾」は「心残りなこと」という意味でその打ち消しなので「心残りがない」＝「十分である」ということになる。問五、「普通」はここでは「万能型」と置き換えて考えられる。傍線部の次の段落から、「万能タイプ」の説明になっている表現を抜き出せばよい。問六、「有象無象」のこと。読み方は「うぞうむぞう」。問七、A直前の段落が「専門家タイプ」の植物について述べられているのに対して、ここからは話題を転換して「万能タイプ」について述べられている。Bは直前の内容について限定を加える内容が続く。Cは前後が逆接になっている。問八、「コマクサ」は高山植物なので、高山の環境に言及した表現があてはまる。問九、解答は傍線部以降に述べられている。「アカマツ」の「万能タイプ」にはふさわしくない現象を読み取る。問十、傍線部は「このあたりにありそうです」と続くので、解答は傍線部より前に書かれていると考える。本文中の語句を用いつつ、設問に適合するように、（ここでは「理由」の説明になるよう）まとめる。問十一、「たとえ」であるから、本文のテーマ（植物）とは直接関わらないことがらに着目する。「光や温度、水などさまざまな要因が絡み合」ったものをたとえたのが「すべての教科の試験の総合点」であり、「どの植物が一番有利になるかは移り変わっていく」。それに対し、「ひとつの特別な要因」をたとえたのが、「いろいろな科目の抜き打ち試験」である。問十二、「ひとつあるいはごく少数の要因によって評価される」ものとして、前段落では「サボテンのように……自分の体を変えた」例を挙げているが、そのことを「サボテンのように乾燥耐性に特化する」と言い換えている。そして、「砂漠におけるサボテン」は「圧倒的に有利になる」と言っている。問十三、傍線部の直前の文にある「そこ」も指示対象は同じで、共通して表されている環境がさらにその直前に述べられている。問十四、二つあとの段落の末尾で、「害虫や病気の存在は、生態系を多様化する方向にはたらく」と述べている。問十五、具体例は、「イネ」と「害虫」の関係について述べた傍線部の直前の段落に書かれているのでそこから適するものを探す。問十六、「水田」という単語を手がかりに、「水田」について説明されている表現を探すと、二つ前の段落に解答部分が見つかる。問十七、全体の内容のまとまりごとに考えて、ここまでに述べられた内容を当てはめていくと、最初に「環境要因の多様性」（「数多くの…」で始まる段落以降）について述べられていることに気づく。さらに、「そして、もうひとつ状況を複雑にするのが、植物自身の環境への影響です」（「そして…」で始まる段落）と続いている。ここを手がかりにして考えていく。問十八、（ア）「専門家タイプの植物の生育を妨げる」とは書かれていない。（ウ）「多様な環境が形成」される理由として不適。（エ）「人知が及」ぶかどうかは述べられていない。問十九、ある環境下で、ある種の植物がなくなってしまうことを述べたあとにあてはまる文である。問二十、（ア）「多くの植物は万能タイプにならざるを得なかった」、（イ）「万能タイプの植物が特定の環境に満ちあふれている」、（ウ）「万能タイプの植物によって支えられている」、（オ）「専門家タイプの植物を生育させる」が、それぞれ不適。

二 A・Bの順で解答の熟語になるわけではないことに注意する。

三 それぞれ読みは、①ぎょうし、②とうわく、③げきこう、④しょうそう、⑤じゅうなん。

四 ①「悔」と「侮」の違いに注意。②意味は「わかれめ」。⑧「ぜんじ」と読まないように注意。

明治大学付属明治高等学校

問題 P.426

解答

一 問一、A透明性　B河川　問二、ブナ林、原料などという立地条件がそろっており、さらに統治していたハプスブルク家の保護があったから。（49字）　問三、ガラス産業の発展に伴い、ボヘミアの樹木が伐採され、森が荒廃したこと。問四、開放性と光の取り込みを目指してガラスを用いた建築が主流となり、割れやすさを克服した強化ガラスの多用によって、窓面積がますます拡大したこと。問五、光をカーテンという厚手の布によって、直接的に遮断し、物理的にコントロールするもの。問六、半透明で通過させた　問七、外からの光を遮断する　問八、E装飾的　G再生（または循環）　問九、Fオ　Jア　問十、障子紙の破れ目を修理するときに、桜や梅の花といった美しい形に切り抜いたもので塞ぐこと。問十一、1ウ　2エ　3ア　問十二、イ　問十三、I数奇　K枚挙　Lいとま（または暇）　問十四、真っ黒な闇の中に乏しい光で見ると、にぶい美しさが浮かび出る点。問十五、ア・ウ・オ　問十六、障子を開けると、部屋の境界がなくなり、庭の自然と一体化することで、季節の移り変わりを肌で感じ取ることができる利点。問十七、日本は自然と一体化することを求める考え方で、ヨーロッパは自然を人間の意志で支配する考え方である。（48字）

二 1純朴　2撤回　3清廉　4埋没　5輪郭　6雑踏　7報酬　8媒介　9慕　10繕

解き方

一 **浜本隆志『「窓」の思想史　日本とヨーロッパの建築表象論』**より。問一、A・Bとも二か所あることに注意。Aガラスは光を通し、向こう側が透けて見える素材、和紙は光をいくらか通すものの、向こう側は見えない素材であることから考える。B「（B）が必要とされたのは、ガラス製品を各都市へ輸送するため」とあることと、ボヘミアでガラス製造業が発達した理由として「河川としてモルダウという、立地条件がすべてそろっていた」とあることに着目して考える。問二、傍線部を含む段落の前後の段落でガラスの製法とガラス製造地になれる条件を述べ、二つあとの段落でボヘミアが「森林が鬱蒼と茂る豊かな自然……原料の石灰石と無水珪酸、河川としてモルダウという、ガラス工業の立地条件がすべてそろっていた」と立地条件についてまとめ、「その上……この地を治めていたハプスブルク家は、重要なガラス産業を保護した。」と社会的条件もつけくわえていることに着目する。問三、「負の歴史」は、後世に残した悪い影響のこと。ボヘミアのガラス産業について述べた一つ前の段落以降の「ガラス製造のために、ボヘミアの樹木が大々的に伐採され、森が荒廃した」「豊かであった森林地帯は減少し、もはやボヘミアの森の面影はない」「ガラス生産が荒廃の一因」などに着目し、「森林」についてどんな悪い影響を残したのかまとめる。問四、傍線部は、要するに都市の建築ではガラスが多く使われ、建物の外観の大部分を占めて一番目立つ存在になった、ということ。ガラスが都市風景で最も目立つ存在になったのは、傍線部直前の「こうして」の指す内容、つまり同段落の「開放性と光の取り込み」を目指してガラスを用いた「建築が主流を占め」、さらに「割れやすさを克服した」「強化ガラス」が「ガラスの需要」を「拡大」し、「窓面積をますます拡大」させたことがその理由である。問五、「人間中心の世界観」とは、人間の都合の良いように自然をコントロールし支配することであるが、傍線部の三つあとの段落に、「これは人間の意志による自然の支配の一例」とあるので、「これ」が指している、光・窓・カーテンの関係について述べている直前の文の内容をまとめる。問六、直後に「ヨーロッパではそれと異なり」と、窓ガラスの光の取り入れ方が書かれているので、空欄Cには「日本の障子」の光の取り入れ方が入るはず。「日本では…」で始まる段落で、日本建築における光の取り入れ方について、「日本ではヨーロッパと異なり、物理的に光を遮断しはしない……庇を深くして光線をやわらげ、障子によってそれを半透明で通過させた。」とあるのに着目。問七、「窓ガラスも小さ」いと何をどうする「必要性はあまりなかった」のか、「窓のカーテン」の「二つ目」の役割は何をどうすることなのか、ということを考える。問八、E直後で述べられている「色やデザインによって、室内の雰囲気を変化させる」「インテリアとしてのカーテン」の役割を、二つ前の段落の「天蓋つきベッドのカーテン」について述べた部分から探す。G同段落にあるように「伊勢神宮の遷宮制度」は宮を「二〇年に一度」「更新、建替え」るものであるが、次の段落に同様の例として「障子紙もかつては最低年一回、年末に張り替え、正月を迎えていた」ことを挙げ、それは「気持ちを入れ替える再生の通過儀礼のようなもの」で、そうやって「再生の循環を繰り返してきた」のだと述べている。問九、F直前の「台風、水害」などの自然災害を表す言葉。J絵の題材となる、自然の美しい風物を表す言葉。問十、直前のモースの『日本人の住まい』からの引用において、「障子」の「修理」の際、どうすることに彼が「繊細な日本人の美意識」を感じ取っているか、具体的にまとめる。問十二、空欄前の「自然の……ままを利用する」日本人の美的感覚に対するヨーロッパ人の美的感覚を表す言葉が入るはずなので、ア・エ・オは不適。ウの「冷たい石の感触」については文中で触れられていないが、イは「ヨーロッパのカーテン…」で始まる段落のカーテンについて述べた箇所に「室内飾りが……装飾品のひとつとして珍重された。……絢爛豪華な装飾文化が花開いた」「壁の装飾が重要とみなされていた」とあるのに合致する。問十四、谷崎が引用文の中で、「ピカピカ光る」「器物」を「真っ暗な闇(暗い部屋)」の中で「燈明か蠟燭のあかりにして」見ると「渋い、重々しいものになる」、作る方も「暗い部屋を頭に置き、乏しい光りの中における効果」を狙い「それが闇に浮かび出る工合や、燈火を反射する加減を考慮した」と述べ、筆者はそれを、日本の金箔を用いた工芸作品は「見る場合、部屋は薄暗い状態が多かった。日本独特のにぶい金色の美しさは、その背景から生みだされた」とまとめていることから考える。問十五、イは新美南吉の、エは芥川龍之介の作品。問十六、「障子は開け閉めによって…」の段落で、「障子を開けると、部屋は境界がなくなり、庭の自然と一体化する……その(季節のとか、四季折々のとかまとめる)移り変わりを肌で敏感に感じ取ることができる」と述べられていることに着目する。問十七、日本の自然観は、最後の三段落の、「自然と一体化して暮らしてきた、先史時代からの日本人の情感」「暑さ寒さを自然環境の一部として取り入れてきた」「自然のなかで生活をしてきた日本人の知恵」などに着目する。ヨーロッパの自然観は、音や日光に対する窓の役割について、「ガラスは障子より…」で始まる段落で「窓は、自然の音も排除して、居住する自己の世界の静寂を生みだす」と述べ、「もちろん空気の…」で始まる段落で「日光を人間の力によって物理的にコントロールしようとする」と述べ、次の段落で、それらは「人間の意志による自然の支配の一例」であると言っていることから考える。

洛南高等学校

問題 P.430

解答

一 問一、①監修 ②我慢 問二、aウ bエ cア 問三、イ 問四、ウ 問五、Ⅰ二人が《負け》を噛み締めて次の場所へ向かう終わり方 Ⅱ二年以上、取材させてもらった Ⅲ調子がいいときの俺の《歩き》 問六、自分の小説が八千代に認められたことに満足してしまい、小説家としてのこれ以上の成功を望もうとしない自分自身に落胆している。(60字) 問七、ウ

二 問一、①ア ③ウ 問二、始めに従～引かるる 問三、始め 問四、ウ 問五、エ

解き方

一 **額賀澪「競歩王」**より。問二、a二年以上かけて完成した労作を前にしたときの態度である。bすぐあとに「怯えているのは忍の方かもしれない」とあるのに着目する。直前の「生唾を呑みこむ音」と合わせ、原稿を渡された八千代の「怯え」を感じさせる表現が入る。c空欄前で八千代が「一枚目を、捲った」、「二枚目を捲ってしまう」と直ぐに読みたがっているのに対し、忍が「え、今から読むの?」「明日レースだろ?」と、直ぐには読んでほしくないような態度をとっていることから考える。問三、傍線部の二段落前の「上手に夢を見られなかった人……去らなければならなかった人」たちのことをまとめて表現したのが、イの「夢に振り回されてしまう人」である。オの「夢にしがみつく人たち」は「夢を諦めなくてはいけない人」と合わない。さらに前の「歩き続けた先にぼんやりと灯る明かりがあると信じている」は、自分が歩き続けた先にある「希望」のことであり、エのような「夢に翻弄される人」の「希望」ではない。ウの「車が自分を追い越していったこと」は、自分が競歩の歩き方で歩いているのを見られて「恥ずかしくなった」理由であり、「夢にしがみつく……あらわになった」ことの理由ではない。競歩選手の歩き方が美しいとは書かれていないので、アも不適。問四、直前の「今日はこんなことばかり考えているな」の「こんなこと」が指しているのは直前の段落の「そんな無益な時間が……書いてきた。」ということ。「ばかり考えている」は、考えていることがポジティブなことではなくネガティブなことばかり、「こんなことばかり考えていてしょうがないな」という思いであり、「笑い」は、滑稽さ、喜び、うれしさによる「笑い」ではなく、苦笑というべきものである。よって、ア・イ・エは除外できる。また、オの「小説家であることにこだわるしかない」という、自分のこれからの生き方への決意はまだついていない。問五、Ⅰ八千代が言う「酷い小説」は「アスリートの道を諦めて普通に生きていく選択」のことだが、字数も合わないし、「二人」にあてはまる表現でもないので、同じことが「二人」にあてはまり、しかも「二十五字」で述べられている表現を探す。Ⅱすぐあとに「その期間に、忍は八千代の姿を深く深く見つめ、そこで掴んだこと」とあるのに着目し、忍が八千代の姿を見つめ、掴んだ「期間」を表す語句を十四字で探す。Ⅲ忍の小説の中に書かれていることで、八千代が「再び掴むことができた」、それまで「見失っていた」ものを「十四字」で探す。問六、傍線部を含む「自分に……溜め息をこぼした」は、「自分にがっかり(=落胆)したこと」。八千代にとって「凄く大事な本になる」と言われた(=八千代に認められた)ことで「もう充分だと思って」しまい、「この小説が……消えていったとしても、悔いはないかもしれない(=小説家としての成功は望まない)」と思う自分に落胆している溜め息である。だから、そんな「忍の真意を見透かした」八千代は、「逃げちゃ駄目ですよ」「(小説家として)最前線で戦ってください」と言うのである。問七、直前の「言われなくてもわかってるよ」は、「逃げちゃ駄目」で「どんなに辛く(=困難があっ)ても、最前線で戦って」小説を書き続けていくよ、ということ。「体の芯を焼くような熱量」は、小説を書き続けようとする強い思いの比喩。アは「何となく不安な気持ち」が、イは「誰かのためになる小説を書くことの喜び」が、エは「小説から遠ざかろうとし

た」が、オは「万人のためではなく誰かに必要とされる小説」がそれぞれ不適。

三　本居宣長「うひ山ふみ」より。問一、①「さらに」は、改めて・新たにで、「さらにもいはず」は、改めて言うまでもない・もちろん、の意。③「え〜で」は、〜できずに、「ものせ」は、ものす（＝何かをする）の未然形。問二、最初に知ったこと、見たことをよく覚え、それにこだわるという人間心理によるもの。問三、冒頭に対応して、肝要なことを繰り返している。問四、本文の「おほかた始めに……えさとらず。」がアに、「さとりながらも……捨て難きわざなる」がイに、「世の限り……身ををふる」がエに、「おのれまどへる……人をさへまどはす」がオにそれぞれ対応しているが、ウの「…引き込もうとする」ことは書かれていない。問五、「枕草子」は平安中期、「方丈記」は鎌倉初期、「徒然草」は鎌倉末期の成立。

通釈　学問に志したなら、まず先生をよく考えて選び、その学説や教えの内容を、よく考えて、（教えに）従い学び始めるべきことである。覚えの悪い人は、言うまでもないが、もとより賢い人といっても、そもそも初めて学んだ説に、自然心引かれるものであって、その説の理屈がよくなくても、よくないことに気づかない。またあとになって（よくないと）理解しながらも、やはり長年の習慣は捨て難く、そのうえ意地という不吉な神まで付け加わって、とにかくこじつけをして、そのよくない説に助勢しようとするうちに、結局は善いことはなにもできずに、後々まで間違いばかりして一生を過ごしてしまう例などが世間には多いものである。このような類の人は、努力して深く学ぶと学ぶにつれて、自分が迷うだけでなく、世の中の人まで迷わせてしまうのである。くれぐれも初めから先生をよく考えて選ぶべきである。

ラ・サール高等学校

問題 P.434

解答

一　問一、個人の幸福と社会の利害が対立したとき、社会に被害を与えてまで個人の幸福を追求するのは悪なのか（という問い。）（46字）　問二、誰かが犠牲になって共同体を守る（15字）　問三、ニ　問四、ホ　問五、感染症のリスクと経済的な危機のどちらかを重視し過ぎるともう一方の問題で命を落とす人が出るということ。（50字）　問六、地域を小さく分割して感染者数を監視し、データに変化が確認されたら即座にきめ細かく政策に反映させることを繰り返して、健康と社会経済の価値の和を最大化すること。（78字）　問七、①氾濫　②代償　③不明瞭　④緩和　⑤潜伏

二　問一、A絞　B勘　C徒労　D破算　E脳裏　問二、①イ　⑤ハ　問三、千桜の今朝までの考察をすべて無駄にするつもりで、最もセオリーから外れた手を封じ手にしたが、千桜に読まれており、五秒で覆されて驚いたため。（68字）　問四、ホ　問五、相手をよく見て、心を読み、相手の打つ手を相手より早く確信し、先を考えて、即座に応手することで、疑心暗鬼に陥らせて平常心を失わせる。（65字）　問六、ロ　問七、d・e　問八、f接続（詞）　g副助（詞）　h動（詞）　i形容動（詞）　j副（詞）　問九、あの／手／は／選ば／なかっ／た／と／言っ／て／も／いい

三　問一、aニ　bロ　cハ　問二、下官　問三、琵琶湖にいるとうわさされている蛇を退治せよという札を何枚も貼られた上に、そこに悪口まで書かれるようになったから。問四、蛇退治を指示されるのは大変だが、自分だけに依頼されることだから。問五、二十八（日）十（時頃）　問六、蛇は元々いないのか、いるけれども出てこないのか。問七、ハ

解き方　一　神里達博「コロナ対策と経済のバランス　細かく舵を切り　最適値探れ」（「朝日新聞」20年7月17日付所載）より。問一、「天気の子」の概要を述べているのは第二段落から第四段落にかけてである。天気をコントロールする力を使いすぎ、人柱として天空に召された少女を主人公の少年は助け出すが、その結果として気象のバランスが崩れ、東京の東側はほぼ水没する。この少年の行動の是非が「倫理的な問い」であるとしているのだから、この内容を一般化して書けばよい。問二、「人柱」とはある大きな目的を達成するために犠牲になった人のことであるから、第五段落初めの「誰かが犠牲になって共同体を守る」が答えとなる。問三、「物騒である」「うさんくさい」の意味のニが正答。イの「青臭い」は未熟であること、ロの「ウソ臭い」はうそのように聞こえること、ハの「泥臭い」は洗練されていないこと、ホの「水臭い」は親しいのによそよそしいことをそれぞれ表現したもの。問四、傍線部前にある「誰かが犠牲になって共同体を守る」美談の反対であるから、ホが正答。イ・ロは個人の幸福の追求に触れていないので不適。ハは作品のなかで実際に起きたことではない。ニは共同体を犠牲にすることに触れていないので不適。問五、「両者」とは、傍線部の直前に書かれている「感染症のリスク」と「社会経済的な不利益」を指し、「どちらの側にも人の命が乗っている」とは、健康を損なっても生活基盤が壊れても、どちらにせよ生きていけないことを指す。問六、傍線部の二つあとの段落冒頭に「これを感染症対策に当てはめるならば」とあるのに着目。このあと三段落で、具体的に述べられているので、この内容をまとめる。

二　綾崎隼「盤上に君はもういない」による。問三、傍線部の前に「最終的に選んだのは……最もセオリーから外れた手だ」「彼女の能力をリスペクトしつつ……」とある。「彼女の能力」とは、前半の「千桜さんは…」で始まる段落にあるように「三択くらいまでに絞れる盤面であれば、次に指される手は、ほぼ確実に当てられる」能力のことである。それに対し、「俺が放った奇天烈な一手により、今朝までの考察がすべて無駄になる。そういう作戦」（二重傍線部Cの前）を立てたのである。それにもかかわらず「五秒で切り返してきた」、つまり、手が読まれていたことに驚いたのである。どんな作戦を立てたのか、どんな手を封じ手にしたのか、実際にはどうなったのか、それに対して「思わず、声が出てしまった」とはどういう感情の表れなのかの四点をまとめる。問四、傍線部の直後に「体力やタイトル戦の経験だけじゃない。自力でも俺が上だと思っていた。だが、本当は違うんだろうか？　体調が万全なら……千桜夕妃なのか？」とあるのに着目。また、傍線部④には「焦るな。」とあることからも正答はホ。イは「千桜が特異な能力を人知れず身につけていた」が、ロは「体調を崩してまで現役最強の自分を全力で倒しにかかる千桜の執念」が、ハは「普段から将棋ソフトよりも人間を相手に練習を積むべきであったと猛省している」が、ニは「AIの強さと敵の心を読む力の両方とも自分より長けている千桜に圧倒されつつあり」がそれぞれ不適。問五、傍線部のあとで、「千桜さんの持つ特異な雰囲気に飲まれた棋士たちが、彼女に負けてきたのだ。」とある。その具体的なエピソードは前半部分の点線部eと二重傍線部Bの間に「彼女は対局者の手を、対局者自

身より先に確信し、切り返しの手をじっくりと考えているだけだ。そこに気付いていない棋士たちは、思考を誘導されているという疑心暗鬼に陥り、焦り、飲まれていく。」とある。そのために、「彼女は対局中、……相手の心を読み取っている。自分の手番の時でさえ、……それが分かる。」（点線部ｉと二重傍線部Eの間）と竹森は考えているので、この内容をまとめる。問六、傍線部の前に「負けてやるわけにはいかない」「彼女が真に強い棋士だからこそ」とある。つまり、相手の実力を認めたうえで真剣勝負すべきだと考えているのである。イは「肺に問題を……引き継ぐのは無理がある」が、ハは「相手の心を読み取れない自分には勝ち目がないことを悟ってしまった」が、ニは「これまでの千桜の作戦は……分からせたい」が、ホは「駒の動かし方がまだ未熟」がそれぞれ不適。問七、ａ・ｂ・ｃは「ぬ」に置き換えられることから、打ち消しの助動詞「ない」だと分かる。助動詞は付属語。ｄは直前の「しか」（限定の係助詞、下に打ち消しの語を伴う）を抜くことで「ある」に置き換えられるので形容詞。ｅは「ない」の前に「は」を入れられることから形式形容詞。

三 「**御伽物語**」より。問一、ａ「やがて」は「そのまま、すぐに」の意味。ここでは「すぐに」の意味で取るのが適当。ｂ「あへて」は下に打ち消しの語をともなって「決して、まったく」の意味。直後の「はたらきもせず」がヒントとなる。ｃ直後に「金は全うして」とあるので、「他のもの」の意味になるのでハが正答。問二、第一段落後半の里侍が立てた札の内容に「下官いかでか辞せんや。」と言っているのは、「里侍」。「下官」のルビ「やつがれ」に着目。問三、傍線部を含む里侍の発言の直前に「侍見て」とある。見たものは、その前に述べられている、「蛇を殺せ」と言う札や悪口を書かれた札のことである。問四、「面目」とは、世間に対して名誉なことである。傍線部の直前に「この浦に蛇あるよしにて、我をさしづしたまふ。すこぶる難儀なれども、また一人に選ばるるも」とあるから、この部分を中心にまとめる。問五、里侍が立てた札のなかに「幸ひ来月幾日は庚寅にして吉日なり。巳の刻に退治申すべく候ふ。」とある。庚寅はカレンダーで見ると二十八日、巳の刻は時刻表の午（十二時）の右隣になるから、十時頃となる。問六、琵琶湖の水のなかにいるとされていたのは蛇であるから、主語は蛇である。問七、文章の内容に一致するのはハ。「以前蛇を殺した勇士だけあって」は、水のなかの不可思議な点を追究すべく再度水に潜って行った里侍の勇気をたたえたものである。イ琵琶湖の底から蛇は見つかっていない。ロ里侍は金の武具を引き上げたのであり、身にまとってはいない。ニ「保元から延元の頃に名の知れ渡った大将」とは、金の武具を身につけていた人のことであるし、琵琶湖の底に蛇はいなかった。ホ里侍は入水したよろい武者を救出しようと思って潜ったわけではない。

通釈 江州〔滋賀県〕にいる里侍が、長さが二間ほどもある蛇を切ったので、周囲の人々はこぞって（この侍のことを）「蛇切」と呼んだ。この人の住んでいるところは琵琶湖の東側である。（琵琶湖は）「その浦〔浜辺〕に蛇がいる」「常に（蛇が）湖の底に住んでいる」などと言われていた。そうすると誰の仕業であろうか、例の侍の家の門に、「この浦の蛇を、退治なさい」と札に書いて貼りつける。侍は（それを）見て「筆まめだなあ」と引きまくって捨てた。また次の夜も「ぜひお殺しなさい」と貼る。これも取って捨てるが、その後には捨てても捨てても札を六、七枚、八、九枚も貼り、それどころか雑言悪口を言う〔札に書きつけてある〕。軽はずみなことは何とも言いようがない。侍は（これを）見て、「今は（蛇が）いるにしろ、いないにしろ、殺さないではいられない」と思い、自分もやむを得ず札をたてた。「私は不幸にも蛇を殺します。人は頼んでもいないのに（私のことを）蛇切と呼ぶ。嬉しくもない。また手柄であるとも思わないから自賛したこともない。そうであるのにこの浦に蛇がいるということで、私に指図なさる〔蛇を殺せと言う者がいる〕。大層難しいことではあるけれど、また（蛇を殺す）ただ一人に選ばれたのも、一方では名誉なことである。これを取りやめることは難しい。私めがどうして断れようか、いや、断れはしない。幸いなことに来月のあの日は庚寅の吉日である。巳の刻に退治し申し上げよう。その浜辺にお寄り下さいますよう」と書いた。人々はこれを見て、「札に書いてあることが話題になっている。無理な願いであることよ」と言い合った。

このようにして（蛇を退治すると侍が言った）その日になったので侍も幕をひかせ、例の場所へ行くと、見物人も群れになってやって来る。その時になると、侍は酒を存分に飲んで裸になり、下帯〔ふんどし〕に脇差し〔短い刀〕をさして、非常に深い底へと入った。あれよと見るが上がらない。しばらくして浮いてきたようだ。息を急いで継いで、「いやまったく蛇がいるかと右往左往して見たところ、元々いないのか、いるけれども出てこないのか、蛇と思われるものはいない。しかしながらこの岸の下に広さ三間四方くらいの空洞がある。この洞に水が動くのに映って、光るものが見えた。これであるかと思い、すぐに近くに寄り、二刀三刀刺すものの、まったくなんの反応もない。どのようなことか納得がいかないものだ。もう一度（洞へ）行って（光るものの正体を）取って帰ってこよう」と言い、長い縄を取り寄せ、その端を下帯につけて、また水の中に入ると見えたのだが、すぐに上がり、「引き上げてくれ」と言う。人々が近くに寄ってきて、これを引くと、具足や、甲を着たものを引き上げた。その時見物人が一斉にどっと褒める声はやむことがない。さてよく見るとよろい武者が入水した様子で、筋や骨の区別もないほど硬くなった身体で、甲や具足、太刀、差添も皆金でできている。他のものが錆び腐ってしまっても、金は完全な姿でこの侍は、徳を得たのである。保元寿永か、または建武延元の頃のそれなりの地位の大将ではないかと言われている。見物の者たちも「あっぱれ、さすが蛇を殺した勇士であることだよ」と褒めて帰ったということだ。

立教新座高等学校

問題 P.438

解答

一 問一、イ鍛錬（または鍛練）　ロしょうじん　ハじゅんしゅ　ニ兼　ホ煩　問二、Aア　Bイ　Cイ　Dア　問三、郷　問四、価値観の異なる人びと　問五、イ　問六、エ

二 問一、Aア　Bカ　Cキ　Dイ　Eエ　問二、自分たちのことを長くおぼえていてもらえると思ったから。問三、さらに数年　問四、エ　問五、ウ　問六、ア

解き方

一 **品川哲彦「倫理学入門　アリストテレスから生殖技術、AIまで」**より。問二、A空欄前の「誰でも自分がよいと思う生き方を……尊重すべきだという考え」は、「道徳と倫理…」で始まる段落で述べられている「私たちが一緒に生きていくために守るべき行為規範」にあたるので「道徳」が入る。同じ理由で、Dの直前の「他

のひとは別の宗教を信じてよいし、何の宗教も信じなくてもよい」という態度も「道徳」。Bの直前の「多様な生き方の選択肢と……別の生き方を選ぶ場合もある」や、Cの直前の『私はカトリックの教えにしたがって生きる』という決断」は、「本人の生き方の選択に関わる」（「これにたいして、倫理は…」で始まる段落）ことなので、どちらにも「倫理」が入る。問三、直後の「同質性を好む共同体のなかで摩擦なく生きていくための実用的な知恵」を教えていることわざが、「風俗や習慣はその土地によって違うから、その土地土地のやり方に従うのがよい」という意味の「郷に入れば郷に従え」。問四、傍線部前にある「同質性を好む共同体のなか」の人びとから見ての「他人」であることから考える。「近代化」の「過程」について述べた箇所（「近代化とは…」で始まる段落）で、「価値観を共有する者たちから成る共同体」と「価値観の異なる人びと」が対比的に挙げられていることに着目。問五、直後の「ただし、それはあくまで…」以下の二段落の内容から考える。「別の人間が同じ事態を別様に受け止める可能性を排除でき」ず「倫理はひとによって違う」（＝普遍的な倫理というものは存在せず、人によって異なる倫理を尊重すべきな）のに、人は「自分の考えが相手にもあてはまると思」い、「他人にも同じ生き方を勧める」（＝普遍妥当性要求の）ため、「見解の相違は深刻な対立になりやすい」ということと合致する選択肢はイ。アは「事実の価値づけは他人と変わらない」が、ウは「自分は自分であるとして他人は関係ないという立場をとることになる」がそれぞれ前述の引用と合わない。また、「普遍妥当性要求」とは、直後で述べられているように「同様の事態なら、いつでもどこでも誰がすることでも、同じ判断があてはまる」という主張なので、エの「普遍妥当性要求によって互いの生き方を調整しながら生きる」も不適。問六、アは外国語を引用しているのは「道徳」と「倫理」の違いを述べるためであって、「日本文化が特殊であること」を述べるためではないので不適。イの「逆説的な表現を随所に用いる」や、「独創性を強調している」も本文と合わない。文章中では、「たとえば」を多用して具体例を挙げ、またそれ以外にも、（　）や「　」を用いて具体例を挙げているので、ウの「具体例は取り上げず」も不適。前半で「…初耳だ」といわれるかもしれない」「…できるように聞こえるかもしれない」「…連想させるかもしれない」などと、「想定される疑問や反論に言及したり」、後半で「ただし、それはあくまで要求であって」と、「補足の説明をしたり」しているので、エが適切。

二 **小川未明「小さい針の音」**より。問二、傍線部の一段落前にあるように、子供たちは「永く私たちを記念してもらうために、先生に時計を買ってあげよう」という思いで先生に時計を贈ったのである。だから、時計が「先生のそばにある限り、先生は自分たちのことを覚えていて（思い出して）くれると思ったのである。問三、冒頭で語られているように、青年は「勉強をして、もっと出世をしたい」という思いで都に出たのであるが、「勉強をつづけ……社会に出る関門であった、むずかしい試験……に合格することができた」（傍線部直前）ので希望の半分は達成したことになる。残りの半分は「もっと出世」することだが、彼はそれを「会社でもっともはばのきく重役」（「さらに数年の…」で始まる段落）になることで達成したのである。問四、傍線部前後で分かるように、それまで大切に使ってきたが、「ずいぶん長く……役にたっ」てきたし、服装に比べ、「旧型の大きな安時計」を「気恥ずかしく感じ」たので、現在の自分にふさわしい「新型の時計」に換えようと、古い時計に「見切りをつけ」たのである。アの「生徒からの思いを振り切ろう」や、イの「過去を捨てて心機一転しよう」という思いはない。また、「これほど使えばたくさん」だろうという気持ちはあるが、ウの「心から感謝」する気持ちは書かれていない。問五、この場面で人びとが話題にしているのは、時計が正確かどうかということ。そんなときに傍線部前で「僕の時計は、感心に正確です」という男がいたので、どんな時計だろうとみんなが思ったところ、男が「旧式で、大きい型のです」と言うので、「旧式で、大きい型」の時計が「正確」なはずはなかろうにとおかしく思い、みんなは笑ったのである。問六、重役の男が、大きくなったら「いい人間になります」「世の中のために働く」と言った寒村の小学校の子供のことを夢に見、そのような純真な子供に比べて、自分は都に出てから自分の出世のことばかり考えて生きてきたのではないかと気づいたときの後悔と反省の思いがこもっていることに着目。

早稲田大学系属早稲田実業学校高等部

問題 P.443

解答

一 問1、イ　問2、エ　問3、ア　問4、研究さ　問5、ウ　問6、1セ　2ソ　3オ　4イ　5キ　6ア　7タ　8エ　9ウ　10シ　11コ　12ク　13カ

二 問1、ウ　問2、隻鴨の　問3、ウ　問4、イ　問5、ア　問6、ア×　イ×　ウ○　エ○　オ×　問7、オ

解き方

一 **吉野せい「洟をたらした神」**より。問1、傍線部の前に「貧しい生活に打ちひしがれての羽目を外した私たちの」とある。「羽目を外す」は、一般的に「調子に乗って度を越す」という意味で使われるが、ここでは、貧しさゆえに何よりもお金をかけないことを優先してしまうようになったということ。ア菜の花を煮て食べたのは、他に食べるものがないからで、子どもへのしつけとは無関係。ウ「コマの商品化を促して」、エ「流行に無関心な開拓民には育て切れなかった」、オ「作るように仕向けてしまった」がそれぞれ本文と合致しない。問2、傍線部の前後に「人界の風習にうとい子供たち」には「差し障りにならない」と書かれている。「人界の風習」とは「人間の世界」の風習、つまり前の部分にある「三月の雛人形」「五月の鯉のぼり」のような世間のしきたりのことである。それらを用意する経済力、生活力がない親であっても、それらのしきたりをよく知らない子供たちには気にならないのである。問3、傍線部を含む段落の次の段落を見ると、「私」は、ノボルのコマに対して、「楽しい」というおもちゃの本質と「確かな個性」を持っている、と評価していることが分かる。問4、傍線部は「回っている時に止まって見える一瞬」という意味である。回転が安定している既製品の独楽は、ノボルのコマのように「ふらふら」「ゆらゆら」しないということである。「十四字」という条件を念頭に傍線部以降を探していくと、「研究された運動の統一した安定」が見つかる。問5、傍線部には、「私」が一心不乱に仕事をする様子が描かれている。前の部分でノボルの希望を突っぱねたあと、黒島伝治の作品を思い出し、「後悔が先立って」、「ノボルが気になって」いたので、その不安や心配を振り払うために仕事に集中していると考えられる。問6、本文の内容に従っ

て空欄を埋めていく。複数箇所に当てはめる言葉に注意。

三 **松尾芭蕉「おくのほそ道」**より。問1、Aの句のあとの部分を見ると、曾良が今回の旅に際して、「髪を剃りて、墨染にさまをかへて、惣五を改めて宗悟とす」とある。「墨染」は僧衣で、「髪を剃」る、「さまをかへ」も全て出家を表す言葉であるので、改名も出家に伴うものだと分かる。旅先の地名である黒髪山と剃髪との対比を描きつつ、四月一日の更衣の日に、僧衣に着替えて臨んだ旅立ちの覚悟を再確認しているのである。問2、傍線部は、曾良が病気になり「先立ちて旅立ち行く」、つまりこれまで二人で旅をしてきた芭蕉と曾良が別々に旅をすることになったということである。Bの句のあとの「隻鴨の…」がそれを比喩的に表した部分である。「ごとし」は「…のようだ」という意味の助動詞なので、それもヒントになる。問3、問2でも見たように、曾良が病気で先に行くこと、二人が別々に旅をすることを踏まえる。Bの句の「とも」は逆接仮定の接続助詞で「たとえ……ても」という意味。「萩」は秋の季語で、「万葉集」にも詠まれるなど古くから愛でられている植物である。Cの句の「書き付け」の「同行二人」は、注釈にあるように本来は「仏」と自分の二人を表すものだが、ここでは芭蕉と曾良の二人を表していると考える。今日から一人旅になるので、その「書き付け」を消そう、と言っているのである。「露」も秋の季語で、「別れの悲しい涙」をイメージさせる語でもある。問4、傍線部の「ふたたび蘇生のものにあふがごとく」は、まるで生き返った人に再会したように、という意味である。当時旅にはさまざまな危険があり、無事に終えることは、それくらい難しく珍しいことだったのだろう。問5、注釈を見ると、遷宮は九月十日と十三日とあるので、「長月六日」を「遷宮当日」としているウ～オの選択肢は不適であることが分かる。また九月はDの句にもあるように当時使われていた太陰暦では秋の終わりなので、イ「夏の終わり」も合致しない。「おがまん」の「ん」は「…しよう」という意味の助動詞で、「伊勢の遷宮を参拝しよう」という、次の旅への意欲がみてとれる。問6、Dの句は「おくのほそ道」の全編の中で最後の句である。「おくのほそ道」の旅は、「行く春や鳥啼き魚の目は泪」の句とともに春に始まっており、それと対になっていると考えられるので、エは○。また、「ふたみ」には蛤の「蓋と身」と伊勢の地名である「二見浦」がかけられている。再び旅に出るということは、蛤の蓋と身が離れるように弟子たちと別れなければならないということであるので、ウも○となる。九月は晩秋で、「秋の風を感じ始める季節」ではないので、オは×。「別れ行く秋ぞ」は「(親しい人々と)別れ行く」と晩秋を表す「行く秋」の掛詞になっている。問7、オ「春の海……」は与謝蕪村の句。

通釈 黒髪山〔男体山〕には霞がかかって、(山に残る)雪はまだ白い。

　黒髪を剃り捨てて僧衣に着替えて出た旅の途中、黒髪山で更衣の日〔四月一日〕を迎えたことよ

一緒に旅をしている、曾良は、姓は河合で、惣五郎という。芭蕉庵の近くに住み、家事を助けてくれていた。今回、松島、象潟の眺望を、一緒にすることを喜び、また旅の苦難を心配し、旅立ちの朝に、髪を剃って、黒染めの僧衣に姿を変えて、(名前も)惣五を改めて宗悟とする。それによって黒髪山の句が生まれた。更衣の二文字が、力強く聞こえる。

(中略)

曾良は、腹の病気になって、伊勢の国の、長嶋というところに、縁者がいるので、先に旅立って行くときに、

　旅を続けもし倒れ伏したとしてもそこが萩の原であれば趣深く本望だ

と書き置きをした。先に行く者の悲しみ。あとに残るもののつらさ。二羽の鴨が分かれて、雲間に迷うようだ。私もまた、

　今日からは同行二人の書き付けを消そう笠の露で

(中略)

露通も、この港まで、出迎えて、美濃の国へと一緒に行く。馬を急がせて、大垣の庄に入ると、曾良も、伊勢から、駆け付け、越人も、馬を走らせて、如行の家に集まる。前川子、荊口父子、そのほか、親しい人々が、朝も晩も訪ねてきて、再び生き返った人に会うように、喜んだり、泣いたりして、旅のつらさも、まだ回復しないうちに、長月六日になったので、「伊勢神宮の式年遷宮を、参拝しよう」と、また舟に乗って、

　はまぐりの蓋と身が別れるように親しい人たちと別れて伊勢の二見浦に行く晩秋であることだ

――〔国語　解答〕　終わり――

MEMO

MEMO

MEMO

2021年入試の出題傾向と2022年の予想・対策

国語

国語は現代文・古文ともに読解が中心で、内容的にはかなり突っこんだ設問が出るので、日頃から着実な読解力を身につけるようにしておこう。基本的な国語知識もマスターしておこう。

2021年入試の出題傾向

2020年と内容・形式ともに大きな変化はないが、話し合い・インタビュー・報告文など実際の言語生活のなかで必要とされる知識や表現方法に関する問題や、図表の読み取りを基本とした条件作文が増える傾向は続いている。さらに、読解問題に話し合いの要素をからめた出題の増加も続いている。公立校では、長文の読解問題を中心として、基本的な内容を多角的に問う総合問題が出題される。国・私立校は長文読解が中心で、設問数の多い学校が多く、内容的にも難解な設問が目につく。記述式は、それほど増加してはいないが、県・校によって多く出題するところもあるので注意したい。

古文・漢文の出題は、純粋な形ではそれほど増えているわけではないが、現代文の中に含まれるケースが多いので、軽視はできない。

韻文については、単独出題はそれほど多くはないが、古文・漢文同様、他の文種に含まれて出題される場合が多い。作文では、図表やポスター、広告などを見ての感想・意見や、学校生活や社会問題に関しての意見を書かせるなど、条件作文がさらに多様化している。

2022年入試の予想・対策

2021年から実施された新課程の指導内容に伴い、中3の範囲からこれらを反映した思考力を問う出題の増加が予測される。

言語生活で必要とされる知識を問う問題や図表の読み取り問題が多様化していることに注意したい。日頃から言葉や社会問題に関心を持つようにしたい。漢字の読み書きは必出であり、常用漢字の読み書きはマスターしておきたい。漢字・熟語や文法の基礎知識もまとめて整理しておくとよい。

もちろん、中心は読解問題であることに変わりはない。論理的文章では、文章構成から論旨をすばやく把握できる力をつけておきたい。また、文学的文章では登場人物の心情の把握が中心となる。作文問題は思考力を問う要としてさまざまな形で出題され、いろいろな条件が課されるので、条件に合った正しい文章が書けるように訓練しておきたい。

志望校の過去問はぜひ研究しておきたい。

2021 年の出題内容一覧

国語		文の種類								内容の分類			
		散文				韻文			古文	読解			
		論説文・説明文	随筆文・紀行文	小説文・伝記文	その他	詩	短歌・和歌	俳句・川柳	古文・漢詩文	内容吟味	文脈把握	段落吟味	要旨・主題
1	北海道	▲		▲					▲	▲	▲	▲	
2	青森県	▲		▲					▲	▲	▲		
3	岩手県	▲		▲		▲			▲	▲	▲		
4	宮城県	▲		▲					▲	▲	▲		
5	秋田県	▲		▲					▲	▲	▲		
6	山形県	▲		▲					▲	▲	▲		
7	福島県	▲		▲			▲		▲	▲	▲	▲	
8	茨城県	▲		▲	▲				▲	▲	▲		
9	栃木県	▲		▲					▲	▲	▲		
10	群馬県	▲		▲	▲				▲	▲	▲		
11	埼玉県	▲		▲					▲	▲	▲		
12	千葉県	▲		▲					▲	▲	▲		
13	東京都	▲		▲	▲				▲	▲		▲	
	東京都立日比谷高	▲		▲			▲			▲			▲
	東京都立青山高	▲		▲						▲	▲		
	東京都立西高	▲		▲					▲	▲	▲		▲
	東京都立立川高	▲		▲						▲	▲		▲
	東京都立国立高	▲		▲						▲	▲		
	東京都立新宿高	▲		▲					▲	▲	▲	▲	
14	神奈川県	▲		▲					▲	▲	▲		
15	新潟県	▲							▲	▲	▲		
16	富山県	▲		▲					▲	▲	▲		
17	石川県	▲		▲					▲	▲	▲		
18	福井県	▲		▲					▲	▲			
19	山梨県	▲		▲					▲	▲	▲		
20	長野県	▲		▲					▲	▲	▲		
21	岐阜県	▲		▲					▲	▲	▲		▲
22	静岡県	▲		▲					▲	▲	▲		
23	愛知県（Aグループ）	▲							▲	▲	▲		
	愛知県（Bグループ）	▲							▲	▲	▲	▲	▲
24	三重県	▲		▲					▲	▲	▲		
25	滋賀県	▲								▲	▲		
26	京都府	▲							▲	▲	▲	▲	
27	大阪府	▲		▲					▲	▲	▲	▲	
28	兵庫県	▲		▲	▲				▲	▲	▲		
29	奈良県	▲		▲					▲	▲			
30	和歌山県	▲	▲	▲						▲	▲	▲	
31	鳥取県	▲		▲	▲				▲	▲	▲		
32	島根県	▲		▲					▲	▲	▲		
33	岡山県	▲		▲				▲		▲	▲		
34	広島県	▲		▲					▲	▲	▲		
35	山口県	▲		▲	▲				▲	▲	▲	▲	
36	徳島県	▲		▲					▲	▲	▲		
37	香川県	▲		▲					▲	▲	▲	▲	▲
38	愛媛県	▲		▲					▲	▲	▲		
39	高知県	▲							▲	▲	▲		
40	福岡県	▲		▲					▲	▲	▲		
41	佐賀県	▲		▲					▲	▲	▲		▲

※新型コロナウイルス感染症対策により学校の臨時休校が長期化したことなどを受けて，高校入試における学力検査の出題範囲から，内容の一部またはすべてが除外された項目：
（出題範囲から内容の一部が除外され，除外されなかった部分から出題された場合は ▲ と表記します）

国語		内容の分類											
		読解		漢字・語句					文法				
		鑑賞	表現技法	漢字の読み書き	漢字知識	熟語	語句の意味	慣用句・ことわざ	品詞識別	意味用法の識別	文・文節	活用	その他
1	北海道			▲	▲								
2	青森県			▲		▲			▲			▲	
3	岩手県		▲	▲	▲						▲		
4	宮城県			▲				▲					
5	秋田県			▲			▲			▲		▲	
6	山形県			▲				▲	▲				
7	福島県			▲				▲		▲			
8	茨城県			▲	▲		▲						
9	栃木県			▲								▲	
10	群馬県		▲	▲			▲						
11	埼玉県			▲					▲				
12	千葉県			▲					▲				
13	東京都			▲							▲		
	東京都立日比谷高	▲		▲									
	東京都立青山高			▲									
	東京都立西高			▲			▲						
	東京都立立川高			▲									
	東京都立国立高			▲									
	東京都立新宿高	▲		▲		▲				▲			
14	神奈川県	▲		▲						▲			
15	新潟県			▲					▲	▲	▲	▲	
16	富山県			▲		▲		▲		▲			
17	石川県			▲		▲	▲	▲					
18	福井県	▲		▲	▲			▲	▲				
19	山梨県			▲				▲					
20	長野県			▲					▲				
21	岐阜県			▲					▲		▲	▲	▲
22	静岡県		▲	▲		▲		▲			▲	▲	
23	愛知県（Aグループ）			▲				▲					
	愛知県（Bグループ）			▲				▲					
24	三重県			▲	▲			▲	▲		▲	▲	
25	滋賀県			▲					▲				
26	京都府			▲			▲	▲	▲				
27	大阪府			▲	▲	▲	▲	▲	▲	▲			
28	兵庫県		▲	▲		▲					▲		
29	奈良県			▲	▲		▲	▲	▲				
30	和歌山県			▲	▲					▲	▲		
31	鳥取県		▲	▲	▲	▲		▲	▲				
32	島根県			▲	▲						▲		
33	岡山県			▲	▲	▲	▲						
34	広島県			▲				▲					
35	山口県		▲	▲	▲	▲	▲					▲	
36	徳島県	▲		▲	▲							▲	
37	香川県			▲			▲		▲			▲	
38	愛媛県			▲			▲	▲	▲		▲		
39	高知県		▲	▲	▲	▲		▲	▲			▲	
40	福岡県			▲	▲						▲		
41	佐賀県			▲			▲						

国語		内容の分類												
		作文			国語知識					古文・漢文問題				
		課題作文	条件作文	短文作成・表現力	文学史	韻文知識	敬語	聞く話す	国語知識	内容吟味	口語訳・動作主	文法	仮名遣い	古典知識
1	北海道			▲			▲			▲	▲			
2	青森県		▲					▲		▲	▲		▲	
3	岩手県		▲							▲				▲
4	宮城県		▲					▲		▲			▲	
5	秋田県	▲						▲		▲	▲		▲	▲
6	山形県	▲	▲					▲		▲	▲		▲	
7	福島県		▲			▲		▲		▲				
8	茨城県		▲	▲						▲				
9	栃木県	▲				▲	▲			▲	▲		▲	▲
10	群馬県		▲					▲		▲	▲		▲	▲
11	埼玉県		▲					▲		▲	▲		▲	
12	千葉県		▲					▲		▲	▲			▲
13	東京都	▲												
	東京都立日比谷高	▲												
	東京都立青山高	▲												
	東京都立西高	▲												
	東京都立立川高													
	東京都立国立高	▲												
	東京都立新宿高		▲										▲	
14	神奈川県							▲		▲				
15	新潟県						▲			▲	▲			▲
16	富山県		▲							▲	▲		▲	
17	石川県		▲							▲	▲		▲	
18	福井県		▲							▲	▲		▲	
19	山梨県	▲					▲	▲		▲	▲		▲	▲
20	長野県		▲					▲		▲			▲	▲
21	岐阜県	▲								▲			▲	
22	静岡県		▲	▲			▲			▲	▲		▲	
23	愛知県（Aグループ）									▲				
	愛知県（Bグループ）									▲				
24	三重県		▲							▲	▲		▲	▲
25	滋賀県	▲				▲								
26	京都府									▲	▲		▲	
27	大阪府		▲							▲	▲		▲	▲
28	兵庫県									▲			▲	▲
29	奈良県		▲	▲						▲			▲	
30	和歌山県	▲					▲			▲	▲		▲	
31	鳥取県		▲				▲	▲		▲			▲	▲
32	島根県		▲					▲		▲			▲	
33	岡山県		▲					▲					▲	▲
34	広島県		▲							▲			▲	
35	山口県	▲					▲			▲			▲	▲
36	徳島県		▲						▲	▲			▲	
37	香川県		▲							▲			▲	
38	愛媛県		▲							▲	▲		▲	
39	高知県		▲				▲			▲	▲		▲	
40	福岡県		▲							▲			▲	
41	佐賀県		▲							▲	▲		▲	

※新型コロナウイルス感染症対策により学校の臨時休校が長期化したことなどを受けて，高校入試における学力検査の出題範囲から，内容の一部またはすべてが除外された項目：
（出題範囲から内容の一部が除外され，除外されなかった部分から出題された場合は ▲ と表記します）

国語		文の種類								内容の分類			
		散文				韻文			古文・漢詩文	読解			
		論説文・説明文	随筆文・紀行文	小説文・伝記文	その他	詩	短歌・和歌	俳句・川柳		内容吟味	文脈把握	段落吟味	要旨・主題
42	長崎県	▲		▲					▲	▲	▲		▲
43	熊本県	▲		▲	▲				▲	▲	▲	▲	
44	大分県	▲		▲					▲	▲	▲	▲	
45	宮崎県	▲		▲					▲	▲	▲		▲
46	鹿児島県	▲		▲					▲	▲	▲		▲
47	沖縄県	▲		▲					▲	▲	▲		▲
48	東京学芸大附高	▲		▲					▲	▲	▲		▲
49	お茶の水女子大附高	▲		▲					▲	▲	▲		
50	筑波大附高	▲		▲						▲	▲		
51	東京工業大附科技高	▲		▲						▲	▲		
52	大阪教育大附高（池田）			▲						▲	▲		
53	大阪教育大附高（平野）	▲		▲					▲	▲	▲		
54	広島大附高	▲		▲			▲			▲		▲	▲
55	愛光高	▲		▲					▲	▲			
56	市川高		▲	▲					▲	▲			
57	大阪星光学院高	▲		▲						▲	▲		▲
58	開成高	▲							▲	▲			
59	関西学院高等部	▲							▲	▲			
60	共立女子第二高	▲		▲					▲	▲	▲		▲
61	久留米大附設高	▲		▲					▲	▲	▲		
62	慶應義塾高	▲	▲							▲	▲		
63	慶應義塾志木高			▲						▲	▲	▲	
64	慶應義塾女子高	▲		▲				▲		▲	▲		
65	國學院高	▲		▲					▲	▲	▲		▲
66	渋谷教育学園幕張高	▲		▲					▲	▲	▲		
67	城北埼玉高	▲		▲						▲	▲		
68	昭和学院秀英高	▲		▲					▲	▲			
69	巣鴨高	▲		▲					▲	▲			
70	高田高	▲		▲					▲	▲	▲	▲	
71	拓殖大第一高	▲							▲	▲	▲		
72	多摩大目黒高	▲		▲					▲	▲	▲		
73	中央大杉並高	▲							▲	▲	▲		▲
74	東海高	▲		▲						▲	▲		
75	同志社高	▲		▲						▲	▲		▲
76	東大寺学園高	▲		▲					▲	▲	▲		▲
77	桐朋高	▲	▲			▲				▲	▲		
78	豊島岡女子学園高	▲								▲	▲		
79	灘高		▲						▲	▲	▲		▲
80	西大和学園高	▲		▲					▲	▲	▲		
81	法政大国際高	▲	▲							▲	▲		
82	明治大付中野高	▲								▲	▲		
83	明治大付明治高	▲								▲	▲		▲
84	洛南高	▲		▲					▲	▲	▲		▲
85	ラ・サール高	▲		▲					▲	▲	▲		
86	立教新座高	▲	▲	▲						▲	▲		▲
87	早実高等部	▲		▲					▲	▲	▲		▲
88	国立工業高専・商船高専・高専	▲		▲						▲	▲		
89	東京都立産業技術高専	▲		▲						▲	▲	▲	

国語	内容の分類											
	読解		漢字・語句					文法				
	鑑賞	表現技法	漢字の読み書き	漢字知識	熟語	語句の意味	慣用句・ことわざ	品詞識別	意味用法の識別	文・文節	活用	その他
42 長崎県		▲	▲				▲	▲				
43 熊本県			▲	▲		▲		▲			▲	
44 大分県		▲	▲	▲								
45 宮崎県	▲	▲	▲	▲		▲				▲		
46 鹿児島県			▲	▲				▲				
47 沖縄県			▲		▲							
48 東京学芸大附高			▲			▲			▲			
49 お茶の水女子大附高			▲			▲		▲				
50 筑波大附高			▲			▲						
51 東京工業大附科技高			▲			▲			▲			
52 大阪教育大附高(池田)			▲		▲			▲				
53 大阪教育大附高(平野)			▲			▲		▲				
54 広島大附高			▲			▲	▲		▲			
55 愛光高			▲			▲						
56 市川高			▲			▲						
57 大阪星光学院高			▲			▲						
58 開成高			▲									
59 関西学院高等部			▲									
60 共立女子第二高			▲				▲	▲				
61 久留米大附設高			▲			▲						
62 慶應義塾高			▲			▲	▲		▲		▲	
63 慶應義塾志木高			▲									
64 慶應義塾女子高			▲							▲	▲	
65 國學院高			▲									
66 渋谷教育学園幕張高			▲									
67 城北埼玉高			▲		▲		▲				▲	
68 昭和学院秀英高			▲				▲					
69 巣鴨高			▲									
70 高田高			▲			▲		▲	▲			
71 拓殖大第一高			▲			▲						
72 多摩大目黒高			▲			▲		▲				
73 中央大杉並高			▲									
74 東海高			▲									
75 同志社高	▲		▲			▲						
76 東大寺学園高			▲					▲				
77 桐朋高		▲	▲		▲	▲	▲					
78 豊島岡女子学園高			▲			▲						
79 灘高			▲									
80 西大和学園高			▲		▲	▲						
81 法政大国際高			▲	▲		▲						
82 明治大付中野高			▲	▲	▲	▲				▲		
83 明治大付明治高			▲				▲					
84 洛南高			▲			▲						
85 ラ・サール高			▲			▲		▲		▲		
86 立教新座高	▲	▲	▲			▲	▲					
87 早実高等部			▲									
88 国立工業高専・商船高専・高専			▲			▲			▲			
89 東京都立産業技術高専		▲	▲	▲		▲		▲				

※新型コロナウイルス感染症対策により学校の臨時休校が長期化したことなどを受けて，高校入試における学力検査の出題範囲から，内容の一部またはすべてが除外された項目：■
（出題範囲から内容の一部が除外され，除外されなかった部分から出題された場合は▲と表記します）

国語

		内容の分類												
		作文			国語知識					古文・漢文問題				
		課題作文	条件作文	短文作成・表現力	文学史	韻文知識	敬語	聞く話す	国語知識	内容吟味	口語訳・動作主	文法	仮名遣い	古典知識
42	長崎県			▲						▲	▲		▲	
43	熊本県		▲							▲	▲		▲	
44	大分県		▲					▲		▲	▲		▲	
45	宮崎県		▲						▲	▲	▲			▲
46	鹿児島県		▲							▲	▲		▲	
47	沖縄県		▲					▲		▲			▲	▲
48	東京学芸大附高									▲	▲			▲
49	お茶の水女子大附高	▲	▲							▲	▲			
50	筑波大附高													
51	東京工業大附科技高													
52	大阪教育大附高（池田）	▲								▲			▲	▲
53	大阪教育大附高（平野）	▲								▲	▲			
54	広島大附高										▲			
55	愛光高									▲	▲	▲		
56	市川高									▲	▲			
57	大阪星光学院高													
58	開成高									▲	▲	▲		
59	関西学院高等部									▲	▲			▲
60	共立女子第二高									▲			▲	▲
61	久留米大附設高									▲	▲	▲	▲	▲
62	慶應義塾高				▲				▲					
63	慶應義塾志木高													
64	慶應義塾女子高					▲								▲
65	國學院高									▲	▲	▲	▲	
66	渋谷教育学園幕張高				▲					▲	▲			▲
67	城北埼玉高													
68	昭和学院秀英高									▲	▲		▲	▲
69	巣鴨高									▲	▲	▲		▲
70	高田高									▲	▲			
71	拓殖大第一高				▲					▲	▲			
72	多摩大目黒高									▲			▲	▲
73	中央大杉並高									▲	▲			
74	東海高								▲					
75	同志社高													
76	東大寺学園高									▲	▲			
77	桐朋高													
78	豊島岡女子学園高													
79	灘高									▲				
80	西大和学園高									▲	▲			
81	法政大国際高													
82	明治大付中野高													
83	明治大付明治高				▲							■		■
84	洛南高									▲	▲			▲
85	ラ・サール高									▲	▲			
86	立教新座高													
87	早実高等部									▲				▲
88	国立工業高専・商船高専・高専													
89	東京都立産業技術高専												▲	

最近3か年の入試の出題内容分析

国語

ここでは、本書の掲載校を中心に約100校を対象として2021年を含めた３年間の問題文の種類と出題内容の分析を行った。入試対策としては、もちろん全体について網羅しておくことは必要であるが、自分の受験する県・学校の傾向を把握しておくことが大切である。

《文の種類》

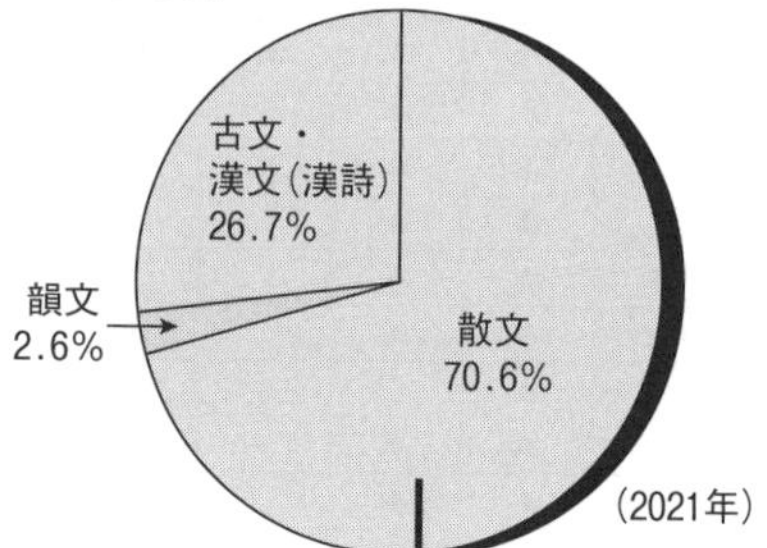

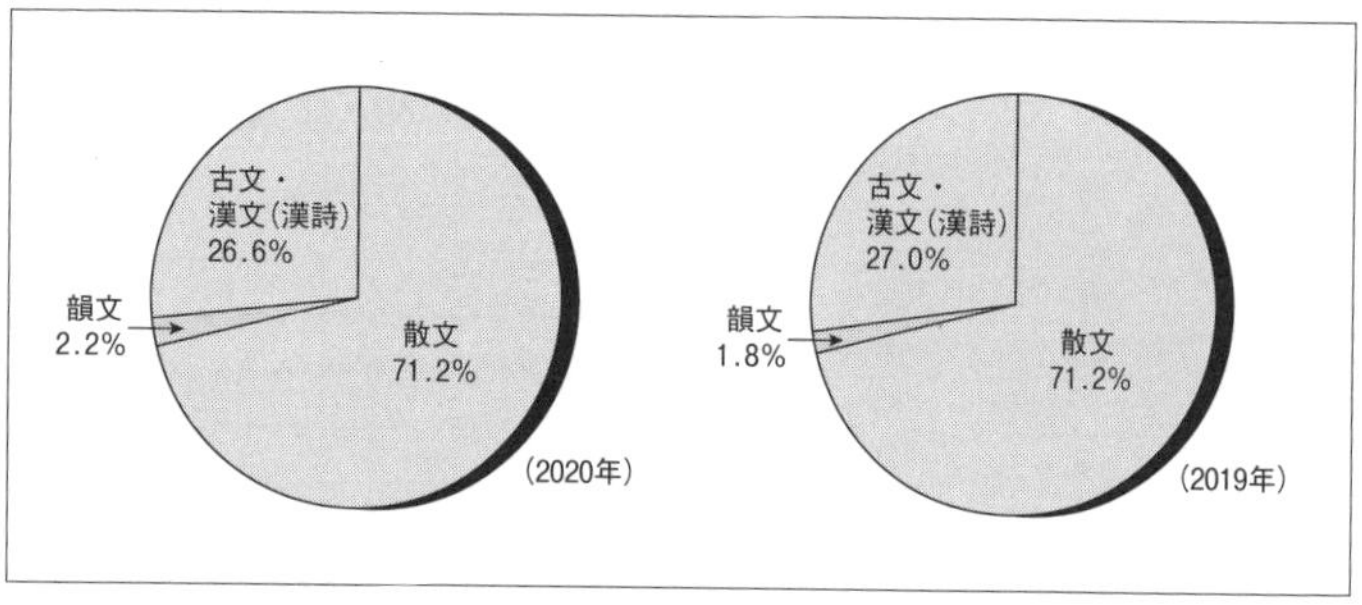

論説文・説明文	49.7%
小説文・伝記文	42.7%
随筆文・紀行文	3.7%
その他	3.7%

《内容の分類》

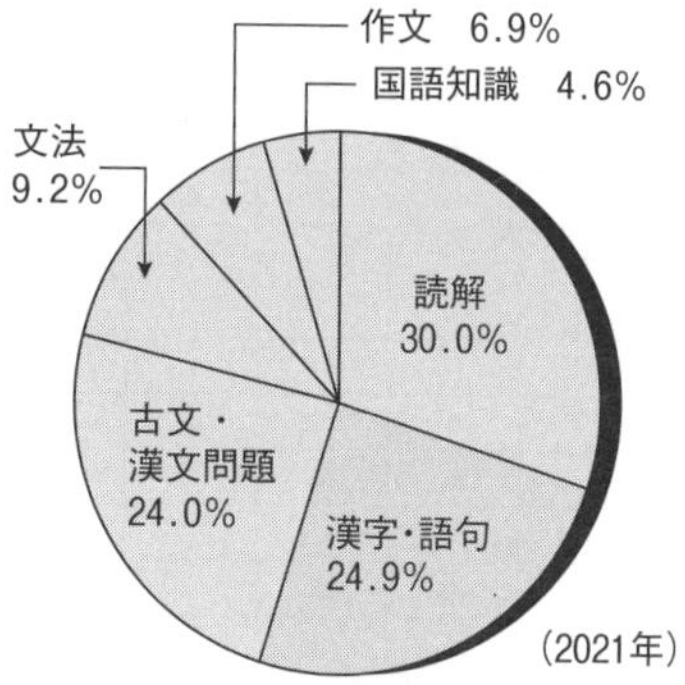

《各出題内容における割合》(2021年)

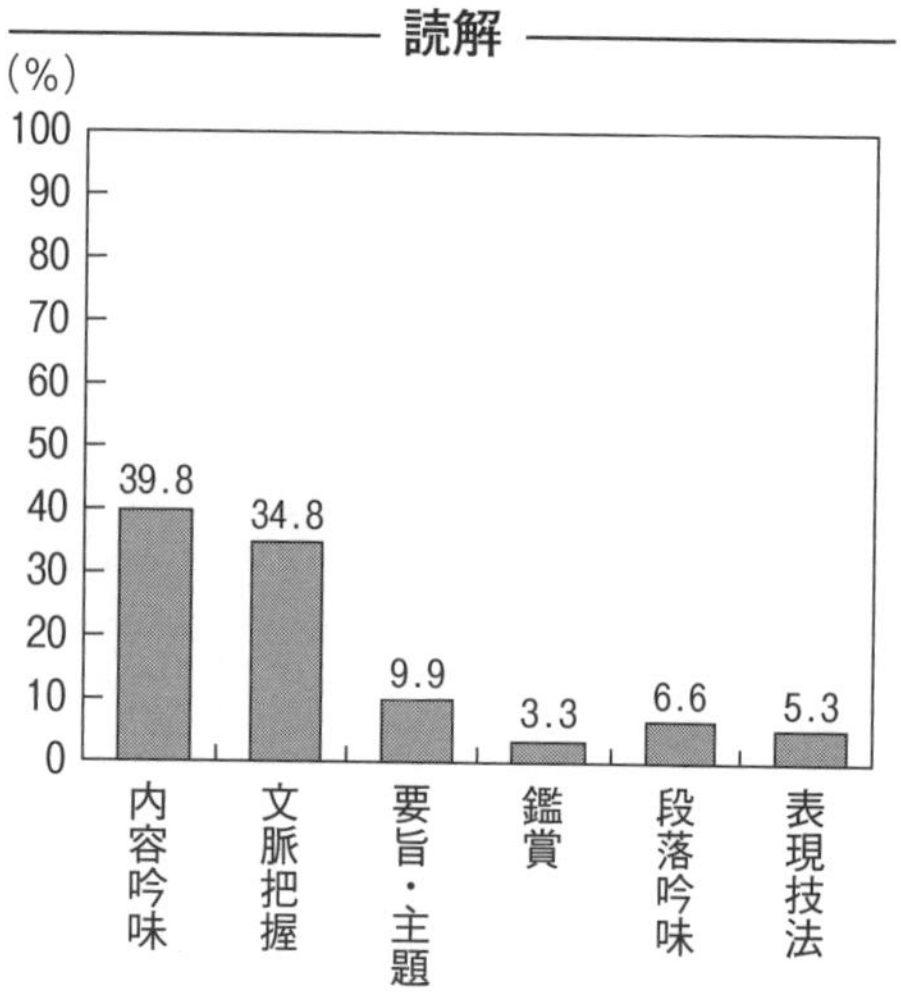

〈最近３か年の出題傾向〉

◎出題される文の種類について

論説文・小説文が中心であることに変わりはない。韻文の単独出題は多くはないが、古文・漢文と同様に他文種に含まれて出題されることがあるので注意したい。一般的には、論説文を中心とした説明的文章と、小説文を中心とした文学的文章をバランスよく出題する傾向が強いが、学校によってはどちらかに力点を置くこともあるので、志望校の傾向は調べておいたほうがよい。古文では、特に公立の場合傍訳が多く、極端な難問になることはない。漢文・漢詩も文法などの基本の勉強を忘れないようにしたい。

◎設問内容について

〈読解〉 国語問題の中心であり、圧倒的に多い分野である。会話文を配し、読解内容を問うものや図表の読み取りをからめる複合問題が増えている。特に資料などを的確に把握するような情報処理能力を求める問題が年々多くなっているが、形に惑わされないことが大切。内容吟味は、「この部分はどんな意味か」「人物の心情は？」といった設問で、いちばん多く出題されている。文脈把握は、穴埋めと指示内容が主力である。要旨・主題はいわば文章の眼目であり、しっかり把握することが他の読解問題を解くうえでも必要となる。比喩(直喩・隠喩・擬人法）や体言止め・倒置法などの表現技法も理解しておきたい。また、小説文での鑑賞問題や記述式にもぜひ対策を立てておきたい。

〈漢字・語句〉 漢字の読み書きは、読解問題同様どこでも出題している。点の取りやすい分野であるだけにミスはしたくない。漢字と熟語の学習は互いに関連をもたせて進めたい。漢字の意味を知ることにより、熟語構成の基本知識にもなる。ことわざ・慣用句や和語・漢語などの語句知識にも目を通しておきたい。また、書写では行書と楷書との違いを整理しておきたい。

〈文法〉 出題率はそんなに高くないが、学習しないと点になりにくい分野である。品詞識別・意味用法の識別が主であるが、単語区分・文節区分・文の成分なども

漢字・語句

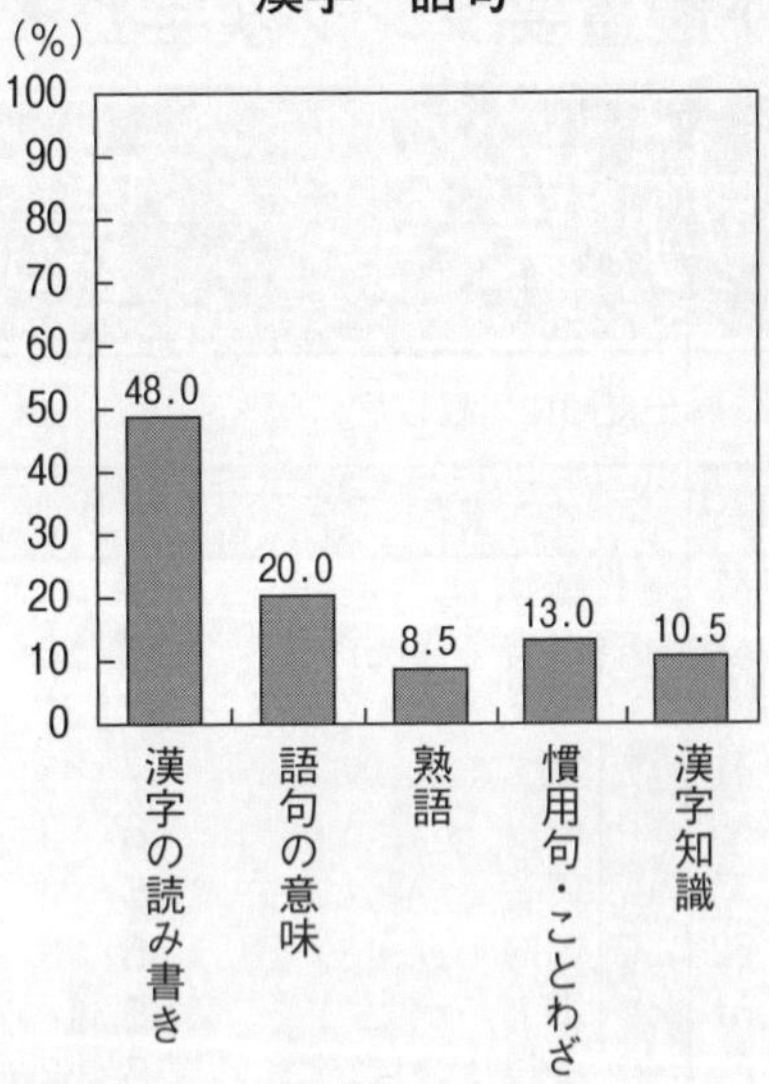

文法

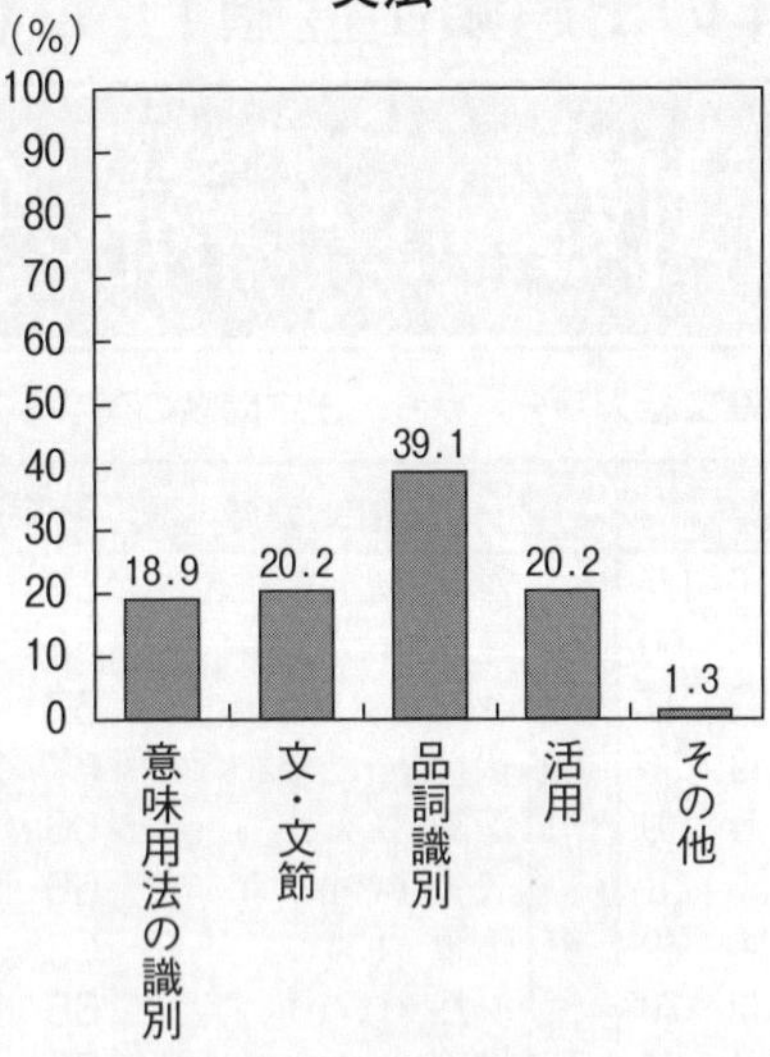

作文

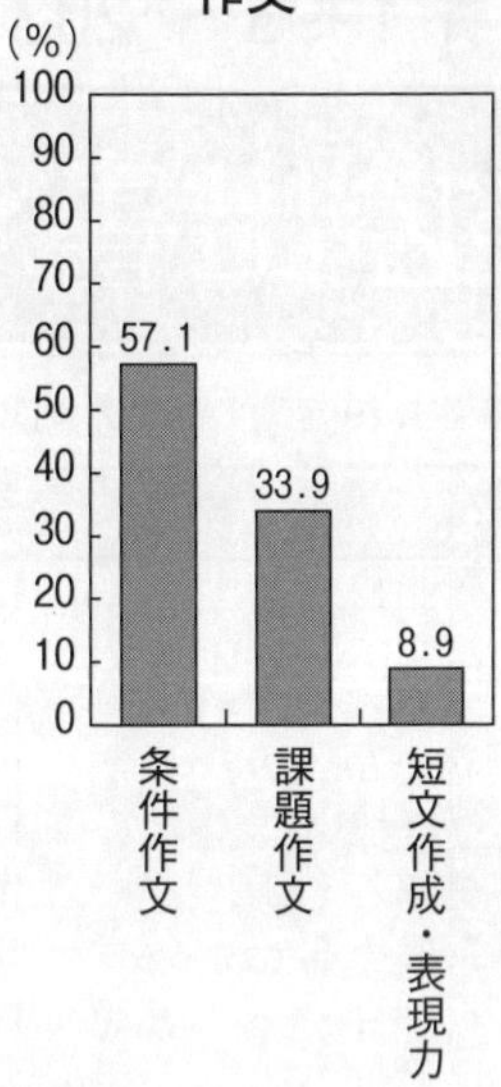

国語知識

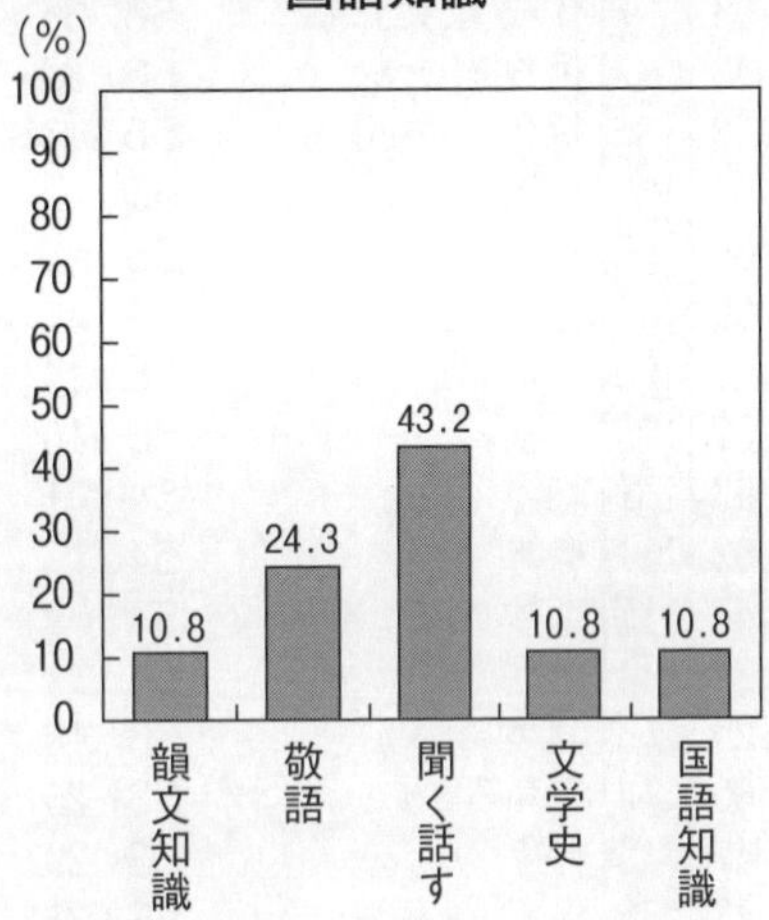

古文・漢文問題

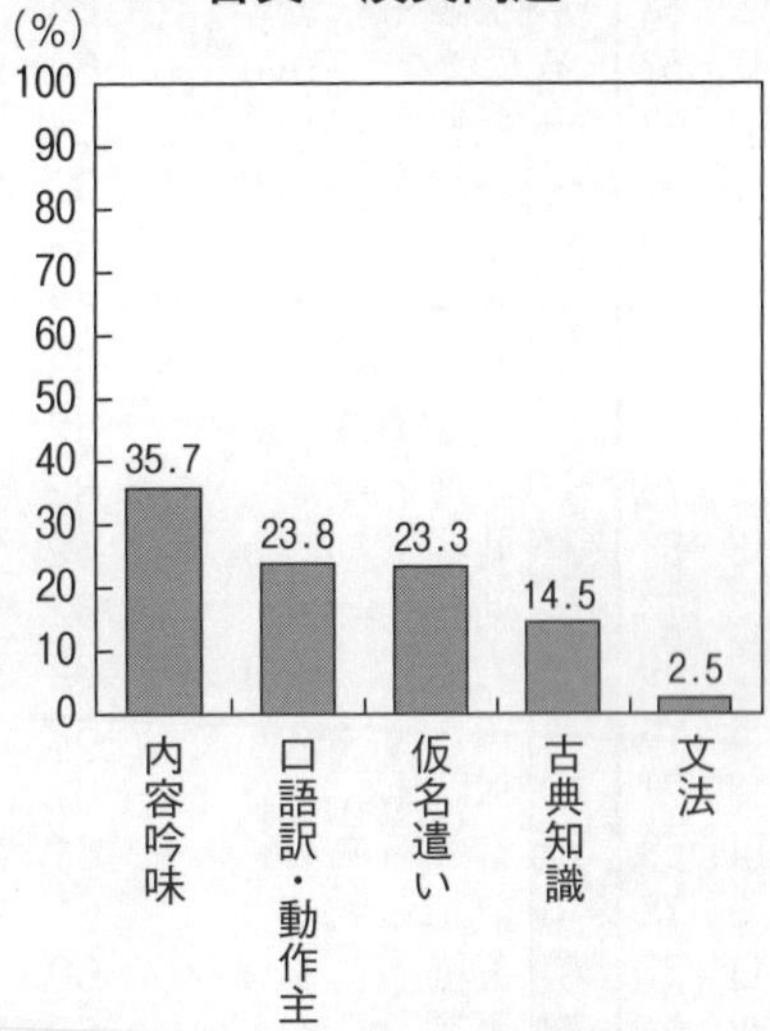

確認しておきたい。品詞識別では、「…に」の形になる形容動詞の連用形に注意したい。また、形容詞の「ない」と助動詞の「ない」の識別はできるようにしておく。「品詞分類表」を完全に頭に入れておきたい。意味用法の識別では、「の」「に」「れる・られる」など特に注意したい。

〈作文〉 条件作文が中心。課題作文や短文作成は少なくなっている。作文は、ほぼ全公立で出題されている。意見文や案内文やスピーチ原稿、絵や写真についての感想などの条件作文の出題が多くなり、内容も多様化している。意見文では、調査結果や各種グラフなどについて意見を書かせるもの、ある意見に対して賛否をはっきりさせ、その理由を書かせるものなどがある。日頃から身の回りの問題や時事問題などに関心を持つように努めたい。また、具体例を挙げ、二段落で、などいろいろな条件がつくので、見落とさないように注意すること。さらに、「書きだしや段落のはじめは一字下げる」などの「原稿用紙の使い方」も確認しておこう。

〈国語知識〉「聞く話す」の分野が増えていることに注意したい。話し合いでの発言の適否やコミュニケーションのしかたなど言語生活一般に関する基礎知識は確認しておきたい。敬語問題は尊敬語・謙譲後・丁寧語の区別、特に尊敬語の「お（ご）～になる」「いらっしゃる」「ご覧になる」、謙譲語の「お（ご）～する」「参る」「伺う」「拝見する」などに注意する。韻文知識は表現技法・季語が中心。基本的なもの、誤りやすいものはチェックしておく。漢詩の形式も確認しておきたい。文学史は、公立では古典に集中している。各時代の主な作品の著者・ジャンルを覚えておく。

〈古文・漢文問題〉 内容吟味・仮名遣い・口語訳・動作主が多い。古文は主語の省略が多いので、つねに動作主は誰か考えて読むことが必要だ。係り結びの法則も理解しておくこと。仮名遣いは、語頭にない「はひふへほ」は「わいうえお」に直す、という鉄則を覚える。漢文・漢詩では、「レ点」「一・二点」の使い方など、訓読の基本を押さえておこう。

★1993～2021年の出題頻出度順!! これが最重要ランク漢字だ★

必出書き取り・読み方漢字一覧

●過去29年間の高校入試問題（旺文社入手分）から、漢字問題の漢字・熟語を頻出度順に掲載した。

順位	漢字・熟語	計	読み	書き	順位	漢字・熟語	計	読み	書き	順位	漢字・熟語	計	読み	書き
1	指摘（してき）	133	6	127	47	対照（たいしょう）	68	1	67	91	衝動（しょうどう）	57	13	44
2	促す（うながす）	123	73	50	47	翻訳（ほんやく）	68	20	48	91	怠惰（たいだ）	57	26	31
3	覆う（おおう）	119	72	47	49	極端（きょくたん）	67	6	61	91	培う（つちかう）	57	31	26
4	漂う（ただよう）	115	59	56	49	遂げる（とげる）	67	26	41	91	諭す（さとす）	57	45	12
5	発揮（はっき）	113	4	109	51	深刻（しんこく）	66	1	65	97	環境（かんきょう）	56	3	53
6	陥る（おちいる）	108	57	51	51	喪失（そうしつ）	66	11	55	97	興奮（こうふん）	56	6	50
7	眺める（ながめる）	105	36	69	51	慎重（しんちょう）	66	14	52	97	端的（たんてき）	56	8	48
8	納得（なっとく）	102	32	70	51	漠然（ばくぜん）	66	15	51	97	膨大（ぼうだい）	56	18	38
9	維持（いじ）	98	14	84	55	排除（はいじょ）	65	4	61	97	凝視（ぎょうし）	56	32	24
9	矛盾（むじゅん）	98	26	72	56	関心（かんしん）	64	2	62	97	拒む（こばむ）	56	33	23
11	容易（ようい）	97	9	88	56	喚起（かんき）	64	6	58	97	体裁（ていさい）	56	36	20
12	穏やか（おだやか）	95	43	52	56	丁寧（ていねい）	64	21	43	97	挑む（いどむ）	56	39	17
12	示唆（しさ）	95	62	33	56	緩和（かんわ）	64	32	32	105	機会（きかい）	55	1	54
14	獲得（かくとく）	94	7	87	60	浴びる（あびる）	63	8	55	105	領域（りょういき）	55	2	53
15	対象（たいしょう）	93	3	90	60	享受（きょうじゅ）	63	28	35	105	特徴（とくちょう）	55	4	51
16	把握（はあく）	92	30	62	60	雰囲気（ふんいき）	63	34	29	105	操作（そうさ）	55	7	48
17	錯覚（さっかく）	90	19	71	60	赴く（おもむく）	63	41	22	105	崩壊（ほうかい）	55	14	41
18	証拠（しょうこ）	87	6	81	64	象徴（しょうちょう）	62	5	57	105	詳細（しょうさい）	55	16	39
18	余裕（よゆう）	87	11	76	64	我慢（がまん）	62	9	53	111	魅力（みりょく）	54	1	53
20	過程（かてい）	86	3	83	64	栽培（さいばい）	62	10	52	111	機嫌（きげん）	54	7	47
20	普及（ふきゅう）	86	13	73	64	刻む（きざむ）	62	15	47	111	奇妙（きみょう）	54	9	45
20	貢献（こうけん）	86	27	59	64	均衡（きんこう）	62	33	29	111	繕う（つくろう）	54	41	13
23	犠牲（ぎせい）	82	4	78	64	担う（になう）	62	33	29	115	脳裏（のうり）	53	16	37
23	浸透（しんとう）	82	8	74	70	保障（ほしょう）	61	1	60	115	委ねる（ゆだねる）	53	25	28
23	概念（がいねん）	82	14	68	70	営む（いとなむ）	61	14	47	115	伴う（ともなう）	53	29	24
26	紹介（しょうかい）	81	3	78	70	額（ひたい）	61	18	43	115	滞る（とどこおる）	53	31	22
26	著しい（いちじるしい）	81	44	37	73	蓄積（ちくせき）	60	7	53	115	強いる（しいる）	53	38	15
28	顕著（けんちょ）	79	28	51	73	遭遇（そうぐう）	60	14	46	120	招く（まねく）	52	2	50
29	抵抗（ていこう）	78	4	74	73	境内（けいだい）	60	52	8	120	秩序（ちつじょ）	52	7	45
29	鮮やか（あざやか）	78	40	38	76	瞬間（しゅんかん）	59	4	55	120	編む（あむ）	52	9	43
29	気配（けはい）	78	45	33	76	分析（ぶんせき）	59	5	54	120	仰ぐ（あおぐ）	52	26	26
29	募る（つのる）	78	50	28	76	循環（じゅんかん）	59	10	49	120	慌てる（あわてる）	52	27	25
33	微妙（びみょう）	77	8	69	76	臨む（のぞむ）	59	20	39	120	凝る（こる）	52	28	24
34	複雑（ふくざつ）	74	1	73	76	催す（もよおす）	59	31	28	120	乏しい（とぼしい）	52	30	22
34	遂行（すいこう）	74	45	29	76	紛れる（まぎれる）	59	33	26	120	浸る（ひたる）	52	31	21
36	徹底（てってい）	73	4	69	76	施す（ほどこす）	59	40	19	120	成就（じょうじゅ）	52	35	17
36	頻繁（ひんぱん）	73	47	26	76	廃れる（すたれる）	59	43	16	120	顧みる（かえりみる）	52	40	12
38	歓迎（かんげい）	72	3	69	76	柔和（にゅうわ）	59	52	7	130	朗らか（ほがらか）	51	17	34
38	収穫（しゅうかく）	72	6	66	85	真剣（しんけん）	58	2	56	130	吟味（ぎんみ）	51	25	26
38	掲載（けいさい）	72	18	54	85	唱える（となえる）	58	14	44	130	掲げる（かかげる）	51	29	22
41	偶然（ぐうぜん）	71	3	68	85	素朴（そぼく）	58	18	40	130	厳か（おごそか）	51	40	11
41	克服（こくふく）	71	22	49	85	輪郭（りんかく）	58	19	39	134	支障（ししょう）	50	2	48
41	操る（あやつる）	71	33	38	85	妨げる（さまたげる）	58	23	35	134	依然（いぜん）	50	3	47
41	遮る（さえぎる）	71	53	18	85	巧み（たくみ）	58	28	30	134	預ける（あずける）	50	4	46
45	駆使（くし）	69	18	51	91	鑑賞（かんしょう）	57	6	51	134	費やす（ついやす）	50	20	30
45	潜む（ひそむ）	69	43	26	91	妥協（だきょう）	57	10	47	134	怠る（おこたる）	50	26	24

順位	漢字・熟語	計	読み	書き
134	風情（ふぜい）	50	29	21
134	携わる（たずさわる）	50	37	13
141	前提（ぜんてい）	49	1	48
141	展開（てんかい）	49	1	48
141	圧倒（あっとう）	49	2	47
141	綿密（めんみつ）	49	3	46
141	傾向（けいこう）	49	4	45
141	緊張（きんちょう）	49	4	45
141	希薄（きはく）	49	9	40
141	過剰（かじょう）	49	11	38
141	口調（くちょう）	49	25	24
150	簡単（かんたん）	48	1	47
150	厳密（げんみつ）	48	4	44
150	後悔（こうかい）	48	4	44
150	要請（ようせい）	48	4	44
150	純粋（じゅんすい）	48	5	43
150	風潮（ふうちょう）	48	6	42
150	避ける（さける）	48	7	41
150	傑作（けっさく）	48	13	35
150	辛抱（しんぼう）	48	14	34
150	既成（きせい）	48	14	34
150	恩恵（おんけい）	48	16	32
150	赴任（ふにん）	48	17	31
150	隔てる（へだてる）	48	31	17
150	弾む（はずむ）	48	37	11
164	繁栄（はんえい）	47	3	44
164	勧誘（かんゆう）	47	5	42
164	衝突（しょうとつ）	47	6	41
164	衝撃（しょうげき）	47	8	39
164	刺激（しげき）	47	9	38
164	意図（いと）	47	10	37
164	険しい（けわしい）	47	17	30
164	不朽（ふきゅう）	47	22	25
164	滑らか（なめらか）	47	26	21
164	被る（こうむる）	47	30	17
174	冒険（ぼうけん）	46	1	45
174	依頼（いらい）	46	4	42
174	滞在（たいざい）	46	5	41
174	脅威（きょうい）	46	8	38
174	円滑（えんかつ）	46	14	32
174	鍛える（きたえる）	46	16	30
174	会釈（えしゃく）	46	28	18
174	厄介（やっかい）	46	29	17
182	反映（はんえい）	45	1	44
182	洗練（せんれん）	45	2	43
182	基盤（きばん）	45	5	40
182	干渉（かんしょう）	45	7	38
182	継承（けいしょう）	45	8	37
182	率直（そっちょく）	45	17	28
182	支度（したく）	45	31	14
189	自慢（じまん）	44	2	42
189	規模（きぼ）	44	2	42
189	到達（とうたつ）	44	3	41
189	根拠（こんきょ）	44	5	39
189	誇張（こちょう）	44	9	35
189	平穏（へいおん）	44	13	31
189	静寂（せいじゃく）	44	20	24
189	唯一（ゆいいつ）	44	23	21
189	携える（たずさえる）	44	28	16
198	創造（そうぞう）	43	1	42
198	習慣（しゅうかん）	43	1	42
198	清潔（せいけつ）	43	1	42
198	基礎（きそ）	43	1	42
198	破壊（はかい）	43	3	40
198	謙虚（けんきょ）	43	8	35
198	抑える（おさえる）	43	28	15
205	妨害（ぼうがい）	42	1	41
205	負担（ふたん）	42	1	41
205	印象（いんしょう）	42	2	40
205	歓声（かんせい）	42	3	39
205	生涯（しょうがい）	42	3	39
205	拡張（かくちょう）	42	4	38
205	普遍（ふへん）	42	4	38
205	耕す（たがやす）	42	5	37
205	散策（さんさく）	42	6	36
205	放棄（ほうき）	42	6	36
205	訪れる（おとずれる）	42	7	35
205	愉快（ゆかい）	42	9	33
205	安易（あんい）	42	10	32
205	由来（ゆらい）	42	10	32
205	帰省（きせい）	42	13	29
205	占める（しめる）	42	14	28
205	岐路（きろ）	42	18	24
205	便宜（べんぎ）	42	25	17
205	為替（かわせ）	42	40	2
224	覚悟（かくご）	41	2	39
224	拾う（ひろう）	41	2	39
224	築く（きずく）	41	4	37
224	匹敵（ひってき）	41	9	32
224	繊細（せんさい）	41	10	31
224	支える（ささえる）	41	10	31
224	握る（にぎる）	41	11	30
224	制御（せいぎょ）	41	21	20
224	凝らす（こらす）	41	23	18
224	戒める（いましめる）	41	26	15
224	偏る（かたよる）	41	27	14
224	抱える（かかえる）	41	30	11
236	操縦（そうじゅう）	40	1	39
236	非難（ひなん）	40	1	39
236	倹約（けんやく）	40	2	38
236	寛容（かんよう）	40	3	37
236	単純（たんじゅん）	40	3	37
236	貴重（きちょう）	40	4	36
236	衰える（おとろえる）	40	9	31
236	尋ねる（たずねる）	40	15	25
236	措置（そち）	40	17	23
236	隅（すみ）	40	23	17
236	披露（ひろう）	40	26	14
247	構築（こうちく）	39	1	38
247	業績（ぎょうせき）	39	1	38
247	抗議（こうぎ）	39	1	38
247	供給（きょうきゅう）	39	4	35
247	効率（こうりつ）	39	5	34
247	媒介（ばいかい）	39	9	30
247	感慨（かんがい）	39	10	29
247	慰める（なぐさめる）	39	19	20
247	閲覧（えつらん）	39	30	9
256	交渉（こうしょう）	38	3	35
256	厳しい（きびしい）	38	5	33
256	垂れる（たれる）	38	6	32
256	冒頭（ぼうとう）	38	6	32
256	偏見（へんけん）	38	7	31
256	該当（がいとう）	38	10	28
256	懐かしい（なつかしい）	38	10	28
256	突如（とつじょ）	38	10	28
256	収拾（しゅうしゅう）	38	11	27
256	凝縮（ぎょうしゅく）	38	15	23
256	伐採（ばっさい）	38	17	21
256	嫌悪（けんお）	38	23	15
256	企てる（くわだてる）	38	24	14
269	賢明（けんめい）	37	1	36
269	期待（きたい）	37	2	35
269	透明（とうめい）	37	5	32
269	範囲（はんい）	37	5	32
269	懸命（けんめい）	37	7	30
269	催促（さいそく）	37	7	30
269	派遣（はけん）	37	8	29
269	備える（そなえる）	37	10	27
269	導く（みちびく）	37	10	27
269	勧める（すすめる）	37	14	23
269	崩れる（くずれる）	37	14	23
269	蓄える（たくわえる）	37	18	19
269	貫く（つらぬく）	37	19	18
269	浸す（ひたす）	37	21	16
269	緩やか（ゆるやか）	37	24	13
269	専ら（もっぱら）	37	28	9
269	折衷（せっちゅう）	37	30	7
286	事態（じたい）	36	1	35
286	迷惑（めいわく）	36	1	35
286	即座（そくざ）	36	2	34
286	携帯（けいたい）	36	3	33
286	困難（こんなん）	36	3	33
286	大胆（だいたん）	36	3	33
286	退屈（たいくつ）	36	3	33
286	柔軟（じゅうなん）	36	4	32
286	試行錯誤（しこうさくご）	36	4	32
286	冗談（じょうだん）	36	5	31
286	比較（ひかく）	36	5	31
286	起伏（きふく）	36	6	30
286	無駄（むだ）	36	6	30
286	困惑（こんわく）	36	12	24
286	克明（こくめい）	36	13	23

★３年分の公立高校入試・作文のテーマがわかる★

過去3か年作文出題内容一覧

県名	2021年	2020年	2019年
青森	トルストイとアインシュタインの二つ名言を読み、第一段落にはそれぞれの生き方の違いとして気づいたことを書き、第二段落には自分の意見を書く。(150～200字)	「美しい」と「きれいだ」の類義語について書かれた文を読み、第一段落には二つの言葉の違いで気づいたことを、第二段落には自分の意見を書く。(150～200字)	「仕事を選択するときの重要な観点」について調査したグラフ資料を見て、第一段落には観点を比較して気付いたことを、第二段落には自分の意見を書く。(150～200字)
岩手	各メディアの重要度と信頼度に関する表・グラフを見て、インターネットの受け止められ方と、インターネットの情報を利用する際、注意することを二段落構成で書く。(75～105字)	直喩を用いて自分が暮らす地域の様子を、第一段落は直喩を用いた表現を書き、第二段落にはその表現によってどのような情景、心情を表現しようとしたかを説明する。(75～105字)	
宮城	「どのようなときに国語の乱れを感じるか」という中学生三人の意見を読み、注目した意見を一つ選び、自分の考えと理由を書く。(160～200字)	「スマホで録画しながら音楽演奏を聞くことに違和感を覚える」という新聞投書を読み、自分の考えとその理由を具体的に書く。(160～200字)	社会人としてこれからの時代を生きていくに当たり、挙げられた三つの要素のなかから自分が大切にしたいものを一つ選び、その理由を書く。(160～200字)
秋田	言葉の大切さについて、心に残っている言葉を一つ取り上げて自分の考えを書く。(200～250字)	自分が考える「外国人に伝えたい日本の魅力」を、伝えたいと思う理由を交えて書く。(200～250字)	未来の世の中の姿の一部として挙げられたa、b、cから最も実現してほしいものを一つ選び、その理由を自分の生活に関連づけて書く。(200～250字)
山形	廃棄物に関する二つの資料を見て、第一段落では資料が何を訴えているか表現の工夫に触れながら書き、第二段落では自分が生活で心がけたいことを体験や見聞を含めて書く。(200～240字)	和辻哲郎と城山三郎の二つの言葉を読み、「自分が成長するために」という題で、第一段落には二つの言葉にどのような考えが読み取れるか、第二段落には自分の体験を含めて考えを書く。(200～240字)	「あなたは、毎日使っている日本語を大切にしていますか」という質問のグラフ結果二つを見て、第一段落にはグラフで気付いたことを、第二段落には自分の体験を含めて書く。(200～240字)
福島	全国の子供・若者を対象にした「今の自分が好きだ」「今の自分を変えたいと思う」の意識調査のグラフを見て、自分自身を変えることについて二段落構成で考えを書く。(150～200字)	外国語や外来語のカタカナ語についての文とグラフ資料を読み、第一段落はカタカナ語の使用で気づいたことを、第二段落には自分の考えを書く。(150～200字)	公園の掃除活動の参加者を呼びかける文章A案、B案を比較して、B案がどう工夫されているか、また、文章を書くうえで大切なことについて自分の考えを二段落構成で書く。(150～200字)
茨城	上田紀行「新・大学でなにを学ぶか」と読書に関する中学生のアンケートグラフ、話し合いを参考に、中学生の読書生活を充実させるための自分の意見を二段落構成で書く。(100～150字)	ある古典の文章とグループでの話し合いの文章を参考に、自分が希望する文化祭の企画を、挙げられたなかから選び、他の企画と比較して賛成を得られるように書く。(160～200字)	ある古典の文章と「生き方の知恵」についての話し合いを読んで、「自分の力の限界を知って行動するのが賢い生き方だ」という考えに賛成か反対か選び、その理由と、古典を読んで考えたことを生活にどう生かすか書く。(160～200字)
栃木	「世の中が便利になること」について、第一段落には自分が便利だと思っているものについて具体例を書き、第二段落には世の中が便利になることについて考えを書く。(240～300字)	日本語に不慣れな外国の人のバスの乗り方について、係員が説明している二つの場面図を見て、自分が外国の人とのコミュニケーションで心がけたいことを二段落構成で体験を交えて書く。(240～300字)	「意見の表明や議論などについてどのような意識を持っているか」いう質問のグラフ結果と、それを見た四人の会話を参考にして、自分の考えを体験を踏まえて書く。(240～300字)
群馬	「紙の出版市場と電子出版市場の合計」のグラフを見て、紙の本と電子書籍について自分の考えを書く。(140～180字)	春に関する言葉で「春分」「若草」「山笑う」のなかから自分が発表したい言葉一つを選び、その理由を書く。(140～180字)	伊藤明夫「40億年、いのちの旅」を読み、ヒトが自滅の道を歩まないための提案を、本文に触れて書く。(140～180字)
埼玉	13～29歳を対象にした「ボランティア活動に興味がある理由」のグラフを見て、第一段落にグラフから読み取った内容を、第二段落に自分の考えを体験を踏まえて書く。(165～195字)	「埼玉県の魅力」について県内在住者対象に調査したグラフ資料をもとに、第一段落に資料から読み取った内容を、第二段落に体験を踏まえて自分の考えを書く。(165～195字)	小・中・高生の「読書量」の調査のグラフを見て、「読書を推進するための取り組み」について自分の考えを体験を踏まえて書く。(195～225字)

県名	2021年	2020年	2019年
千葉	日本の高校生を対象に「自己評価」について質問したグラフ結果を見て、第一段落ではグラフ結果の項目から一つ選び、それに対する自分の考えを、第二段落では「自己評価」を高めるために自分が取り組みたいことを書く。(～200字)	方言に関するグラフ資料と活用事例を読み、第一段落に方言は地元の人にどう効果があるか、第二段落に方言は他の地域の人にどう効果があるか、それぞれグラフから読み取ったことと活用事例をもとに自分の考えを書く。(～200字)	「巨人の肩の上に立つ」というたとえについての生徒と先生の会話文を読み、そのたとえが何を言い表しているか、これからの生活にどう生かしたいか、自分の考えを二段落構成で書く。(～200字)
東京	**東京都**：堀部安嗣「住まいの基本を考える」を読み、「自分の『記憶の拠り所』となるもの」というテーマで自分の意見を発表することになったときの自分の話す言葉を、具体的な体験や見聞も含めて書く。(～200字) **日比谷高**：更科功「若い読者に贈る美しい生物学講義」を読み、自分の身の回りで「多様性」が必要だと感じることがあるか、本文の内容と自分が体験したことを踏まえて考えを書く。(～250字) **青山高**：森山徹「モノに心はあるのか」と本文を読んだ生徒たちの「意思を伝えること」についての話し合いを読み、相手に自分の意思が伝わるには何が大切か、自分の考えを書く。(～200字) **西高**：吉見俊哉「知的創造の条件」を読み、「知識の構造」とは何か、自分の考えを題名もつけて書く。(～200字) **国立高**：宇野常寛「遅いインターネット」を読み、現代の情報環境下に生きる私たちは何を留意するべきか、本文を踏まえ自分の考えを書く。(～200字) **新宿高**：更科功「若い読者に贈る美しい生物学講義」を読み、本文に示された「すべてのヒトが同じ意見を持つのは危険なことなのだ。それはヒトを含む生態系を危うくさせるから」という筆者の主張について、自分の考えを経験を踏まえて書く。(～200字)	**東京都**：福岡伸一「動的平衡3」を読み、国語の授業で「理想の組織」というテーマで自分の意見を発表することになったときの自分の話す言葉を、具体的な体験や見聞も含めて書く。(～200字) **日比谷高**：養老孟司「AI無能論」を読み、筆者の指摘する「人間の情報化」がどのようなものであるか、これに該当する具体的な例を示したうえで、自分の考えを書く。(～250字) **西高**：港千尋「インフラグラム」を読み、人間はどうなっていくと考えるか、自分の考えを文章にふさわしい題名をつけて書く。(～200字) **国分寺高**：猪木武徳「自由の思想史」を読み、著者の言う「一元論」と「多元論」の考え方について、どちらを支持するか、自分の考えとその理由を体験や見聞を含めて書く。(～200字)	**東京都**：齋藤亜矢「ヒトはなぜ絵を描くのか」を読み、「新しい『何か』に出会うこと」というテーマで自分の意見を発表するとき、自分が話す言葉を具体的な体験や見聞を含めて書く。(～200字) **日比谷高**：信原幸弘「情動の哲学入門」を読み、筆者が指摘する情動と価値判断が葛藤・対立することについて経験に基づき具体例を挙げ、自分の考えを二段落構成で書く。二つの段落が論理的につながり、一つの文章として完結するよう書くこと。(～250字) **青山高**：加藤文元「数学の想像力」とこの文章について話し合っている生徒たちの会話文を読み、効果的な対話をするためには「見る」をどのように用いたらいいか、筆者や生徒たちの考えを踏まえ、自分の考えを書く。(～200字) **西高**：船木亨「現代思想講義」を読み、本文に示された「AIによってどうなるのか」について、自分の考えを、ふさわしい題名もつけて書く。(～200字) **国立高**：酒井直樹「ひきこもりの国民主義」を読み、本文に示された「私が社会的な存在であるから、私は変容する可能性をもつ」という筆者の主張について、自分の考えを書く。(～200字) **白鷗・両国・富士・大泉・武蔵高**：堀内進之介「人工知能時代を〈善く生きる〉技術」を読み、自分は社会がどのように変わってほしいと考えるか、「技術」という言葉を用いて具体例を挙げて書く。(～200字)
富山	「親しさの表し方」について、あいさつに関する世論調査結果のグラフを参考に、指定された書き出しの文章に続けて、自分の意見を二段落構成で書く。(180～220字)	四つの俳句から一句を選び、第一段落にその俳句から自分が読み取った情景を説明し、第二段落で表現されている季節の魅力を紹介する。(180～220字)	富山県に関するデータ表から、二つ以上のデータ項目を取り上げ、富山県のよさを第一段落に、第二段落に一段落めを踏まえながら自分が住む地域のよさを具体例を挙げて書く。(180～220字)
石川	「興味が次々と変わること」に関する中学生の新聞投書を読み、自分の意見を指定された三つのことわざから一つ選んで用い、体験を含めて「だ・である。」調で書く。(200字程度)	ある公園の見取り図と、そこで行われるミニコンサートに対する市民の意見を読み、来園者を増やすために公園のどこでコンサートを開くのがよいか、挙げられた3つの場所から選び、その理由を書く。(200字程度)	新聞の見出しの付け方を助言されたメモと、学級新聞の原稿を読んで、自分ならどう見出しを付けるか、その見出しの理由と自分が伝えたいこと、工夫点を「だ・である。」調で書く。(200字程度)
福井	環境に配慮する消費者の10の原則を記した資料A、消費者と社会の関係を記した資料Bを読み、第一段落では資料Aから一つの原則を選び、自分が消費者として体験した行動を書き、第二段落では今後どのような消費者でありたいか自分の考えを書く。(200～240字)	各種サービスに関する二つの資料を見て、日本のサービスはこれからどうなることが望ましいか、第一段落に資料を一つ選び、それと関連づけて考えを書き、第二段落に選ばなかった資料から予想される反論を書いたあと、さらに自分の考えを書く。(200～240字)	スポーツに関する資料A～Dのなかから一つ選び、第一段落に自分はこれまでどうスポーツと関わってきたか具体的に書き、第二段落には選んだ資料の内容を踏まえてこれからの人生の中でどうスポーツと関わっていきたいか、自分の考えを書く。(200～240字)

県名	2021年	2020年	2019年
山梨	福岡伸一「新版　動的平衡」を読み、自分はこれから時間をどう使っていきたいか、学校や家庭などの具体的な経験を入れて書く。(～ 240 字)	砥上裕將「線は、僕を描く」を読み、自分が向上心をもって取り組んだことは何か、そこからどのようなことを考えたか、具体的に書く。(～ 240 字)	若松英輔「種まく人」を読み、自分がこれまで影響を受けた言葉を具体的に挙げ、その言葉からどのようなことを考えたかを書く。(～ 240 字)
長野	食品ロスをテーマにしたスピーチの文章と内容の改善点を指摘したメモを見て、自分ならどのように話すか、実際話すように書く。(60 ～ 80 字)	鎌田浩毅「読まずにすませる読書術」・齋藤孝「読書する人だけがたどり着ける場所」を読み、「本は何のために読むのか？」について、「思考」「人生」の二つの言葉を使い考えを書く。(80 ～ 100 字)	森博嗣「読書の価値」・諏訪正樹「身体が生み出すクリエイティブ」を読み、「知識や経験の大切さ」について、「知識」「経験」「新しい」の三つの言葉を使って、自分の考えを書く。(80 ～ 100 字)
岐阜	「友達との話し合い」についての調査結果（グラフ）を見て、第一段落では自分が友達と話し合うときに一番大切だと思うことを、第二段落ではそう考えた理由を体験を交えて書く。(101 ～ 180 字)	「どのメディアを最も利用するか」を尋ねた二つのグラフ結果を見て、世の中の動きについて信頼できる情報を得るには、どのメディアを利用するとよいか二段落構成で書く。(101 ～ 180 字)	「手紙を手書きで書くこと」についてどう思うか、第一段落には自分の考えを、第二段落にはその理由を具体例を挙げるか、関連調査のグラフ結果を活用して書く。(101 ～ 180 字)
静岡	「自分が見つけた楽しさは、自分の中だけで楽しめばよい。」という発言について、賛成・反対のどちらかの立場で自分の意見を書く。(150 ～ 180 字)	「慣用句などの意味や使い方」について「言葉をもつ本来の意味や使い方を大切にするべきだ」という発言に賛成か反対か、自分の意見を書く。(150 ～ 180 字)	「つなげよう　ひとりひとりの　思いやり」という標語から、どのようなことを考えるか、自分が体験したことなどと関連させて書く。(150 ～ 180 字)
三重	「困っている人に対する手助けについて」のグラフ結果を見て、「困っている人に対して積極的に手助けをする人を増やすための方法」について、自分の意見を書く。(160 ～ 200 字)	ボランティア活動についての話し合いの文を読み、「ボランティア活動の参加者を増やすための工夫」について、ボランティア活動に関するアンケート資料を踏まえながら考えを書く。(160 ～ 200 字)	買い物をしたときのレジ袋を利用することについての会話文を読み、自分の考えや意見を根拠を明確にし、考えが的確に伝わるように書く。(160 ～ 200 字)
滋賀	小野明「絵本の冒険」を読み、自分が中学校生活を絵か言葉で伝えるとしたらどちらを選ぶか、選んだ理由をそのよさに触れながら書く。(100 ～ 140 字)	平田オリザ「対話のレッスン」、敬語についての調査資料、話し合いの文などを読み、意見文の書き方について、自分ならどのように書くか、工夫点を三つ取り上げて書く。(100 ～ 140 字)	今井むつみ「ことばの発達の謎を解く」と、その本についてのノートを読み、言葉の意味の探究を続け、言葉に対する感性を磨いていくには何ができるか、自分の考えを書く。(100 ～ 140 字)
大阪	**A問題**：コミュニケーションについて自分が最も大切にしたいことを三案から一つ選び、その理由を書く。(～ 180 字) **B問題**：中学校で「一人一人が積極的にあいさつをして気持ちよく学校生活を送る」という目標を実現するための二案の標語から一つ選び、その標語が効果的だと考える理由を書く。(～ 260 字) **C問題**：日本語のなかでカタカナ語（欧米からの外来語等カタカナ表記の言葉）の使用が増えることについて、関連資料も踏まえて自分の考えを書く。(～300 字)	**A問題**：生徒に教室を清潔に保つよう呼びかけるための張り紙のことば三案のなかから一つ選び、それが最も効果的に伝わると考える理由を書く。(～ 180 字) **B問題**：中学校の図書室利用を活発にするためのグラフ資料と二つの提案を見て、自分はどちらの提案が効果的と考えるか、資料から読み取れる内容をもとに理由を書く。(～ 260 字) **C問題**：「おもむろに」「檄を飛ばす」の二つのことばの意味について質問した回答結果（グラフ資料）を見て、自分がコミュニケーションを図る際に心がけたいことを、資料を参考にしながら書く。(～ 300 字)	**A問題**：「一期一会」「温故知新」「十人十色」の各四字熟語から、大切にしたい言葉を選び、理由を書く（～ 160 字） **B問題**：2020 年東京オリンピック、パラリンピックの開催に伴い、ピクトグラムを利用した案内用図記号の活用についてどう注意すべきか、挙げられた資料から読み取れるピクトグラムの課題、問題点にもふれて、考えを書く。(～ 260 字) **C問題**：ヨハン・ホイジンガ「ホモ・ルーデンス」の冒頭の一文と平安時代末期に編まれた「梁塵秘抄」の歌の一つを読み、自分が考える「遊び」とはどのようなものか、少なくとも二つの文の一つにふれて、自分の考えを書く。(～ 300 字)
奈良	自分を前向きにしてくれた言葉として、池田晶子「14 歳からの哲学」の文が引用された中学生の文章を読み、自分を前向きにしてくれることについて二段落構成で書く。(100 ～ 150 字)	「未来に伝えたい奈良の魅力」をテーマにしたインタビュー文を読み、自分なら地域の人にどのように気をつけてインタビューするか、二段落構成で書く。(100 ～ 150 字)	文化庁が発表した「言語コミュニケーションの四つの要素」を読み、第一段落には四つの要素から自分が大切だと思うことを一つ選び、第二段落にはその理由を経験に基づいて書く。(100 ～ 150 字)
和歌山	重松清「きみの町で」を読み、主人公の少年の気持ちについて説明したうえで、自分の考えを書く。(141 ～ 200 字)	地域の福祉施設でお年寄りと交流する参加者を呼びかけるため、生徒会新聞に掲載するＡ・Ｂの文案読み、Ｂ案がＡ案より表現が工夫されている部分と、その効果について考えを書く。(141 ～200 字)	「伊曽保物語」所収の古文「鼠の談合の事」を読み、別途挙げられた話と関係の深い三つの言葉から一つを用いて、あらすじを書く。(141 ～ 200 字)

県名	2021年	2020年	2019年
鳥取	「鳥取県に関して魅力的だと思うもの」の調査グラフ結果を見て、「鳥取県の魅力」について第一段落にグラフから読み取った課題を、第二段落で解決策を体験を踏まえて書く。(141 〜 200 字)	生徒会役員選挙で生徒会に立候補するための演説原稿と選挙ポスター二案を見て、自分はどちらのポスターがいいと思うか、選んだポスターの特徴と効果を挙げるとともに、もう一方のポスターの問題点も指摘し、演説の内容も踏まえて書く。(141 〜 200 字)	「ら抜き言葉」についてのスピーチ文と話し合い文、二つの関連資料を踏まえて、「ら抜き言葉」をどう考えるか書く。その際、挙げられた三つの四字熟語から一つ選び、第一段落には資料から読み取れることを、第二段落には選んだ四字熟語に関連させ考えを書く。(141 〜 200 字)
島根	中学校内の掃除についての標語三案からよいと思うものを一つ選び、そのよさを自分の体験を根拠に書く。(150 〜 180 字)	商店街での歩き食べに関するインタビュー回答を読み、自分なら歩き食べについてどのような意見文を書くか、歩き食べを改善する立場で具体的な提案を書く。(150 〜 180 字)	読書に関するインタビュー、話し合いを読んで、「読書の良さ」を伝える放送原稿をアンケートのグラフを取り上げて自分の体験を根拠に書く。(150 〜 180 字)
岡山	「文字で情報を伝えるときに気を付けること」について、自分はどのように気を付けるか、「ことばの誤解が起こる原因」についての資料も踏まえて書く。(80 〜 100 字)	日本語に関する中学生四人の話し合いの文と三つの資料を読み、「芸術家」と「アーティスト」の言葉を使うことについて、話し合いのなかの空欄を補うかたちで、資料を踏まえながら書く。(60 〜 80 字)	「以和為貴」についての生徒の発表と質問を読み、「和」とはどういうことか、一文めは三つの資料を踏まえて具体例を挙げて説明し、二文め以降は「例えば」に続けて書く。(80 〜 100 字)
広島	「やさしい日本語」を紹介し、地域の避難訓練での受付・誘導係をする際に使用することを呼びかける文章を、関連資料等を参考にして書く。(〜 250 字)	ある作文と、作文を書くためのメモと、作文についての生徒の会話を読んで、その作文の題名をアドバイスするなら、自分はどのように書いて伝えるか、考えを二段落構成で書く。(〜 200 字)	ある落語のあらすじと結末の場面と、この落語を朗読するための話し合いの文を読み、この噺の面白さをどう伝えたらいいか二段落構成で書く。(〜 250 字)
山口	読書活動活性化についての話し合と関連グラフを見て、「読書の楽しさ」について自分の経験を踏まえながら書く。(141 〜 240 字)	食品ロスについてのクラスの話し合いと資料を読み、自分が「社会をよりよくするために心がけていきたいこと」について書く。(141 〜 240 字)	地域を PR する観光パンフレット作成のため、観光協会を取材した会話文を読み、自分が「実際に行動して学んだこと」について書く。(141 〜 240 字)
徳島	「あけぼの」「五月雨」「花ぐもり」の日本の和語のなかから日常生活で使ってみたい和語を一つ選び、その言葉を選んだ理由、日常生活でどう使うか考えを書く。(181 〜 260 字)	短歌の鑑賞会で選ばれた石川啄木の短歌と、話し合いの一部を読んで、選ばれた石川啄木の短歌に自分が感じたことを話し合いを参考にして二段落構成で書く。(181 〜 260 字)	「相手との伝え合いで重視していること」について調査したグラフをもとに、自分の考えを書く。第一段落ではグラフから読み取ったことを、第二段落では伝え合いで自分は「言葉に表す」「互いに察し合う」「一概には言えない」のどの立場か、その根拠を書く。(181 〜 260 字)
香川	「若者言葉」の議論の発言を読み、これを踏まえて自分の意見を体験や具体例を示して書く。(150 〜 250 字)	学校の図書委員会が、読書を楽しんでもらうために考えたスローガン二案のうち、自分はどちらを選ぶか自分の体験を示しながら書く。(150 〜 250 字)	合唱コンクールのスローガンの A と B の二つの違いと、どちらを採用するのがよいか自分の意見を具体例を示しながら書く。(150 〜 250 字程度)
愛媛	「普段の食生活で特に力を入れたいこと」のグラフ資料を見て、自分の食生活で大切にしたいことについて、自分の考えとその理由を資料で気づいたこと、自分の体験を交えて書く。(300 〜 400 字)	自分がチームやグループで活動するときに、何を大切にしたいか、「チームやグループに求めらること」に関するグラフ資料を参考にして気づいたことを交えて書く。(300 〜 400 字)	「高校生が考える魅力的な大人のイメージ」のグラフ資料を見て、魅力的な大人のイメージについてグラフから気付いたことを交えて自分の考えを書く。(300 〜 400 字)
高知	岡本裕一郎・深谷信介「ほんとうの『哲学』の話をしよう」を読み、著者の「一冊のテキストをどう読むか」という考えを説明し、著者の考えに触れながら自分の考えを書く。(80 〜 100 字)	池内了「なぜ科学を学ぶのか」を読み、筆者が述べる「化学的な考え方」の具体例としてどのようなものが考えられるか、それについて自分はどう考えるか書く。(100 〜 120 字)	長谷川眞理子「世界は美しくて不思議に満ちている」を読み、文中の筆者の考えについて、自分はどう考えるか理由を明らかにして書く。(100 〜 120 字)
福岡	「食品ロス」の問題についての三つの資料を見て、「食品ロス削減のためにできること」を自分ならどう考えるか、資料を関連させながら二段落構成で書く。(181 〜 240 字)	相手に伝えるときに大切にしたいことについての意見とメモ、伝える手段の特徴を挙げた資料を見て、自分ならどのように伝えるのが大切で効果的か、二段落構成で書く。(181 〜 240 字)	幼稚園幼児とのふれあい活動に関する二つの資料を見て、第一段落には「秋を見つけよう」という活動を行うにあたり、幼児にどのような場面でどう言葉をかけるか資料を参考にして具体的に書き、第二段落ではその理由を資料から情報を取り上げて書く。(181 〜 240 字)

県名	2021年	2020年	2019年
佐賀	地元の小学生を中学校の運動会に参加してもらうための案内状の文章二案のなか、どちらがよいと思うか、自分の考えと理由を書く。(101 ～ 120 字)	学校に通えない子どもの社会問題に関する「セーブ・ザ・チルドレン・ジャパン」の広告と JCIA の HP 資料を見て、自分が考える解決法を二段落構成で書く。(101 ～ 120 字)	修学旅行で予定されている自主研修の計画についての話し合い文を読み、見学の目的を明確にして見学コースを提案する。(60 字程度)
長崎		グループで参加するボランティア活動についての話し合いとチラシを見て、話し合いに欠席した生徒に伝えるべき活動内容と連絡事項を書く。(～ 70 字)	
熊本	鈴木孝夫「教養としての言語学」を読み、本文の内容を踏まえて日常の言語生活における詩的機能について、日常の例を一つ取り上げて自分の考えを書く。(126 ～ 175 字)	本川達雄「生きものとは何か」を読み、「時間の流れる速度」について自分の考えを、筆者の意見にふれながら自分の体験や見聞を交えて書く。(126 ～ 175 字)	中学校の給食委員会が作成する「給食だより」の編集会議の様子を読み、「問題意識をもつことで、行動が変わったあなたの体験」について、自分がどんな問題意識を持ったか、その前と後でどう行動が変わったかを書く。(146 ～ 175 字)
大分	卒業生による講演会の感想やお礼の気持ちを卒業生に伝えるために、メールと手紙のどちらが適切と思うか、自分の考えを「だ・である。」調で書く。(80 ～ 120 字)	ある中学校の生徒会で定められた三つの目標のポスターと生徒の意識調査結果（グラフ）を見て、自分なら三つの目標を設定した理由と達成するための取り組みをどう説明するか、目標のなかから一つ選び、書く。(81 ～ 120 字)	「アバター技術」について書かれた記事を読み、アバター技術の実用化でどのような社会的問題が解決できるか、社会的問題の具体例を一つ絞り、その問題を解決するのにアバター技術が効果的な理由について書く。(81 ～ 120 字)
宮崎		「訪日外国人に宮崎県で観光を楽しんでもらうために必要なこと」について、クラスのグループで提案する際の表現を書く。(～ 90 字)	
鹿児島	辞書に書かれた語釈（語句の説明）に関する会話を読み、語釈の二つの特徴のどちらかを選び、第一段落には選択した特徴のよさを、第二段落にはその特徴によって生じる問題について、自分の考えを書く。(101 ～ 160 字)	「古典をマンガで読むこと」についての議論のためのメモ資料と実際の議論を読み、「古典をマンガで読むことはあまり良くない」という生徒の発言文の空欄を埋めるかたちで、考えを書く。(101 ～ 160 字)	高齢者の世代間交流についての資料と、世代別の言葉に対する調査資料（グラフ）を見て、第一段落には資料から読み取ったことを、第二段落には自分が高齢者とコミュニケーションをとる際、何を心がけたいか書く。(96 ～ 160 字)
沖縄	・図書委員の「新入生を迎える会」終了後、次年度の発表をより良くするために行った二つのアンケート資料（グラフ）を見て、資料を関連させて指摘できることを書く。(60 ～ 80 字) ・上記で指摘したことを踏まえて、「次年度の発表をより良くするために必要なこと」について、①必要だと思うこと、②理由、③具体的な方法の三点を書く。(140 ～ 160 字)	・中学の文化祭の来場者と実行委員のアンケート資料を見て、二つの資料を関連させて読み取れることを書く。(60 ～ 80 字) ・上記で読み取ったことを踏まえて、「次年度の文化祭をより良くするために必要なこと」をテーマに①必要だと思うこと、②理由、③具体的な方法の三点を書く。(140 ～ 160 字)	・自然学習実習先の「やんばる野生生物保護センター」の担当者との電話での会話文を読み、ヤンバルクイナの交通事故に関する二つの資料から読み取れることを書く。(60 ～ 80 字) ・同電話会話文を読み、「沖縄の希少な野生生物を守るために必要なこと」を、①必要だと思うこと、②理由、③対策の三点で書く。(140 ～ 160 字)